W0324034

Winfried Hacker
Arbeitspsychologie

Winfried Hacker

ARBEITSPSYCHOLOGIE

Psychische Regulation von Arbeitstätigkeiten

VEB Deutscher Verlag der Wissenschaften
Berlin 1986

ISBN 3-326-00164-9
Verlagslektor: Peter Hertzfeldt
Verlagshersteller: Michael Kolar
Reihenentwurf: Sonja Wunderlich
Gestalter für Einband und Schutzumschlag: Almut Bading
© 1986 VEB Deutscher Verlag der Wissenschaften
DDR · 1080 Berlin, Postfach 1216
Lizenz-Nr: 206 · 435/45/86
Printed in the German Democratic Republic
Gesamtherstellung: VEB Druckerei „Thomas Müntzer", 5820 Bad Langensalza
LSV 0194
Bestellnummer 571 3581
04600

Meinem Lehrer Werner Straub gewidmet

Inhaltsverzeichnis

Vorwort

Die Wirkungsmöglichkeiten der Psychologie bei der Analyse, Bewertung und Gestaltung von Arbeitstätigkeiten waren noch nie so groß und so offensichtlich wie heute.

Die mit den Mitteln der Mikroelektronik ermöglichten technologischen und organisatorischen Entwicklungen in der Fertigung, der Fertigungsvorbereitung und der Konstruktion, in den Verwaltungen und dem Dienstleistungsbereich einschließlich des Bildungs- und des Gesundheitswesens eröffnen neuartige Chancen und gelegentlich auch Risiken für den arbeitenden Menschen.

Wie Karl Marx darlegte, ist es „die volle Entwicklung des Individuums, die selbst wieder als die größte Produktivkraft zurückwirkt auf die Produktivkraft der Arbeit“ (1983, S. 607).

Das Zurückdrängen körperlich schwerer Arbeit zugunsten koordinatorischer und geistiger Arbeitsanforderungen verlagert die wissenschaftliche Verantwortung für das Nutzen der Chancen und das Vermeiden von Risiken von der Arbeitsphysiologie der energetisch beschreibbaren Muskelarbeit zur Psychologie informationell beschreibbarer geistiger Arbeit. Wo die Psychologie diese Herausforderung nicht annimmt, müssen andere Disziplinen versuchen, die Lücken zu schließen; das tut beispielsweise die kognitive Ergonomie.

Die Arbeitspsychologie verändert dabei ihr Profil. Das ist vor allem durch die Entwicklung ihres Gegenstands bedingt: Die Mehrzahl der Berufstätigen arbeitet nicht mehr in Fabrikhallen, sondern in Büros und im Kontakt mit Kunden. Arbeitsgestaltung ist in großem Umfang Software-Gestaltung, also Gestaltung der Systemunterlagen und Programme von rechnergestützten automatisierten Geräten, Maschinen und Anlagen geworden (Schelle und Molzberger 1983). Das universelle Arbeitsmittel Rechner hält Einzug in den Schulunterricht und in den Alltag beispielsweise des Post-, Sparkassen- oder Bahnkunden. Das Verhältnis von beruflicher Arbeit, Arbeit in gesellschaftlichen Einrichtungen und Organisationen sowie als produktive individuelle Tätigkeit in der Freizeit verändert sich inhaltlich weiter und wird auch zeitlich flexibler (Nasarow 1984).

Die Veränderungen im Profil der Arbeitspsychologie sind des weiteren ein Ergebnis teils theoretischer Einsichten, teils Ergebnis ergiebiger und weniger ergiebiger praktischer Wege und Abwege der Arbeitspsychologie in den letzten drei Jahrzehnten. Die Unerläßlichkeit wahrhafter Wechselbeziehungen zwischen der Allgemeinen Psychologie, insbesondere der Kognitiven Psychologie des Wahrnehmens, des Gedächtnisses und des Denkens sowie der Persönlichkeits- bzw. Differentiellen Psychologie und der Arbeitspsychologie hat sich zugunsten beider Seiten bestätigt, wurde selbstverständlich und organisierte sich in gemeinsamen Projekten beispielsweise zur Mensch-Rechner-Interaktion, zu Expertsystemen oder dem Knowledge-engineering. Damit verschmolzen auch die Anliegen der auf das Einbringen kybernetischen Rüstzeugs orientierten Ingenieurpsychologie mit denen der Psychologie der Arbeitsprozesse insgesamt. Tiefer wurde das Verständnis des Marxschen Arbeitsbegriffs: Der Arbeitsprozeß ist bekanntlich zunächst „... zweckmäßige Tätigkeit zur Herstellung von Gebrauchswerten, Aneignung des Natürlichen für menschliche Bedürfnisse, allgemeine Bedingung des Stoffwechsels zwischen Mensch und Natur, ewige Naturbedingung des menschlichen Lebens und daher unabhängig von jeder Form des Lebens, vielmehr allen seinen Gesellschaftsformen gleich gemeinsam" (Marx 1962, S. 198). Komponenten des Arbeitsprozesses sind „die zweckmäßige Tätigkeit oder die Arbeit selbst, ihr Gegenstand und ihr Mittel . . . Im weitren Sinn zählt der Arbeitsprozeß unter seine Mittel . . . alle gegenständlichen Bedingungen, die überhaupt erheischt sind, damit der Prozeß stattfinde. Sie gehn nicht direkt in ihn ein, aber er kann ohne sie gar nicht oder nur unvollkommen vorgehn" (Marx 1962, S. 193, 195).

„Um zu produzieren, treten sie (die Menschen, W. H.) in bestimmte Beziehungen und Verhältnisse zueinander, und nur innerhalb dieser gesellschaftlichen Beziehungen und Verhältnisse findet ihre Beziehung zur (Einwirkung auf die) Natur, findet die Produktion statt" (Marx 1959, S. 407). Mit dem gründlicheren Befassen mit „diesen gesellschaftlichen Beziehungen und Verhältnissen" wird die Arbeit nicht lediglich als individuelle Tätigkeit, sondern auch als Tätigkeit von Gruppen und in organisatorischen Einheiten und deren sozialökonomischer Einordnung untersucht, bewertet und gestaltet. Damit ist das Trennen von arbeits- und organisationspsychologischen Anliegen auf dem Hintergrunde des marxistischen Arbeitsbegriffs nicht haltbar. Für den gesellschaftlichen Nutzen war sie ohnehin nicht effektiv (Ulich 1983, Greif 1983). Der Titel dieses Buches, also „Arbeitspsychologie", soll diese Integration von arbeits-, ingenieur- und organisationspsychologischen Aspekten ausdrücken.

Der wichtigste und schwierigste nächste Schritt einer in der angedeuteten Hinsicht ausgewogeneren Arbeitspsychologie ist das Verwirklichen der alten Forderung nach dem Projektieren von künftigen Tätigkeiten mit erwünschten Merkmalen. „Wenn eine technische Einrichtung projektiert wird, mit der der Mensch in Wechselbeziehung treten soll, legt der Ingenieur nolens volens die Handlungen des Menschen im voraus fest. Hierbei entsteht für die Psychologie die sehr schwierige Aufgabe der ‚Projektierung der Tätigkeit'. Gelöst werden kann diese Aufgabe nur mit Hilfe einer Theorie, die die Charakteristik und Dynamik der geplanten Tätigkeit des Menschen hinreichend exakt vorherzusagen sowie deren Effektivität zu berechnen erlaubt" (Lomow 1971, S. 1077). Viele Erkenntnisse und Instrumente bewähren sich dafür bereits; Entscheidendes ist aber offen. Die Wechselbeziehungen mit der Differentiellen Psychologie beginnen wirksam zu werden, die mit der Entwicklungs- und der Lernpsychologie sind zu vertiefen. Eine Arbeitsgestaltung als das Projektieren von gesundheits- und persönlichkeitsfördernden Tätigkeiten erweist sich als möglich. Die Konzeption der sequentiell und hierarchisch vollständigen Tätigkeit bewährt sich praktisch beim Untersuchen, Bewerten und Gestalten von Aufgaben durch die jeweiligen Werktätigen selbst oder auch gemeinsam mit ihnen.

Das sogenannte Tätigkeitskonzept, wie es hauptsächlich von Rubinstein, Leontjew und Tomaszewski in der marxistischen Psychologie entwickelt wurde, beweist seine Kraft als Keimzelle der erforderlichen Theoriebildung. Das Überwinden der Gegenüberstellung einer kognitiven Ausführungsregulation und einer motivationalen Antriebsregulation unter anderem durch die „kognitive Zerlegung" des Motivationsvorgangs (Kuhl 1983), das Herausarbeiten der Schlüsselrolle der Ziele als kognitiver Vorwegnahme des Ergebnisses und motivationaler Vornahme seiner Verwirklichung durch eigene Anstrengungen oder der philosophische Ausbau des Konzepts der Wertung (Erpenbeck 1984) sind für die Arbeitspsychologie wichtige Schritte der Weiterentwicklung dieses Konzepts. Daß das Tätigkeitskonzept die gefährliche Abnutzungsphase des modischen und ergebnisarmen Rausches der zu engen Handlungstheorien übersteht, läßt seine unerschöpfte Kraft für die künftige Theorieentwicklung ahnen.

Mit den Beiträgen zu einer sowohl effektivitätssteigernden als auch die Beanspruchung des Menschen optimierenden und damit seine Gesundheit stabilisierenden sowie seine Persönlichkeitsentwicklung fördernden projektierenden Gestaltung von Arbeitsprozessen stellte sich die Psychologie einer Zielstellung der sozialistischen Gesellschaftsordnung auch unter den neuen Bedingungen der technologischen und ökonomischen Entwicklung. Sie zielt auf die „universal entwickelten Individuen" und die „Entwicklung einer Totalität von Fähigkeiten in den Individuen" (Marx 1983, S. 95; 1956, S. 68). Dabei werden auch Auswege aus Gefahren gezeigt, die bürgerliche Humanisten seit Anfang dieses Jahrhunderts für ihre Gesellschaft beunruhigen. Albert Schweitzer schreibt in einem um 1900 begonnenen und zwischen 1914 und 1917 niedergelegten Entwurf: „. . . Es findet ein Organisieren der Arbeit statt, bei dem die durch Spezialisierung ermöglichten Höchstleistungen der einzelnen zusammenwirken. Die erzielten Resultate sind großartig. Aber die geistige Bedeutung der Arbeit für den Arbeitenden leidet. Nur ein Teil seiner Fähigkeiten, nicht der ganze Mensch, wird in Anspruch genommen. Dies übt eine Rückwirkung auf sein Wesen aus.

Persönlichkeitsbildende Kräfte, die in den umfassenden Arbeitsaufgaben liegen, kommen bei den weniger umfassenden, die dementsprechend im allgemeinen Sinne des Wortes geistloser sind, in Wegfall.

. . . An Stelle des normalen Selbstbewußtseins, das aus der Arbeit erwächst, in der er stets aufs neue sein ganzes Überlegen und seine ganze Persönlichkeit einsetzen muß, tritt die an einem vollendet ausgebildeten Teilkönnen sich Genüge tuende Selbstbefriedigung, die über der Einzelfertigkeit die allgemeine Unfertigkeit übersieht.

. . . In der Verwaltung, im Unterrichtswesen und in jeder Art von Betrieb wird der natürliche Spielraum der Betätigung durch Beaufsichtigung und Verordnungen soweit als möglich eingeengt.

. . . Der Unfreie, Ungesammelte und Unvollständige ist aber zugleich noch in Gefahr, der Humanitätslosigkeit zu verfallen" (S. 36f.).

Dieses Buch führt das Anliegen der „Allgemeinen Arbeits- und Ingenieurpsychologie" fort. Obgleich sie in mehreren Auflagen und Sprachen vorliegt, wäre eine überarbeitete Neuauflage den umfassenden Veränderungen nicht gerecht geworden. Das Anliegen bleibt trotz des Bemühens um weitere Abstützungen im Erkenntnisfortschritt ein Wagnis, und es wurden neue Wagnisse erforderlich. Es geht um das Neugestalten der Verbindungen zwischen dem Erkenntnis- und Methodenstand der Allgemeinen Psychologie und den praktischen Anliegen der Arbeitspsychologie: Die kaum übersehbare Fülle praxisbezogener psychologischer Einzelerkenntnisse und Denkansätze versuchen wir mit Hilfe einer praxisbezogenen theoretisch fundierten Konzeption handhabbar zu verdichten. Beileibe nicht alle Belege und Argumente konnten angeführt werden. Vieles ist in der Lehrbuchreihe zur Speziellen Arbeitspsychologie ausgebaut. Sie liefert das spezielle Wissen und Handwerkszeug zum Umsetzen der hier zusammengestellten allgemeineren, d. h. für alle Untergliederungen der Arbeitspsychologie geltenden Grundlagen.

Das Buch wendet sich an Studierende aller Fachrichtungen der Psychologie und an Psychologen, die arbeits-, betriebs-, organisations- oder ingenieurpsychologische Fragen bearbeiten, sowie an klinische, pädagogische und Sozialpsychologen, die auf den „langen Arm des Berufs" bei ihren scheinbar vom Arbeitsprozeß so entfernten Anliegen aufmerksam wurden. Des weiteren soll es wie sein Vorgänger Ingenieuren, Wirtschaftlern, Pädagogen und Trainern, Soziologen sowie Arbeitsmedizinern nutzen. Das kann durch das Befassen mit ausgewählten Kapiteln oder einzelnen Abschnitten erfolgen.

Die Erfahrungen mit der hauptsächlich auszugsweisen Nutzung des Vorgängers dieses Buches veranlaßten zu bewußten Wiederholungen und Anknüpfungen an vorher Dargestelltes in einem größeren Umfange. Damit soll den Gefahren des allzu zusammenhanglosen Benutzens vorgebeugt werden. Um den Übergang zur Originalliteratur zu eröffnen, wird die dort oftmals übliche besondere Terminologie hier nicht vermieden, sondern bewußt eingeführt und erläutert. Nicht beabsichtigt ist ein vollständiges überblicksartiges Referieren aller Konzeptionen, Meinungen und Strömungen. Diese werden vielmehr nach ihrem Nutzen für das hier verfolgte Ziel einer praxiswirksamen Erkenntnisverdichtung in diese eingebaut und dabei nach bestem Wissen und eigener Überzeugung wertend verarbeitet. Das geschieht teilweise auch ohne das Ausformulieren des verfolgten polemischen Anliegens, das in der Regel nur wenige Fachleute interessiert.

Der am Überblick Interessierte sollte sich an Hand der Gliederung jedes Kapitels und seiner Motti zunächst das Anliegen vor Augen stellen und danach beim Durcharbeiten den Kleindruck vorläufig auslassen. Er gibt Beispiele, Einzelheiten und teilweise spezielle Auseinandersetzungen, die den Fachmann interessieren. In einem zweiten Durchgang sollten dann die Beispiele kapitelweise nachgearbeitet werden.

Unbeschadet meiner individuellen Verantwortlichkeit ist dieses Buch eine Gemeinschaftsarbeit. Abgesehen von den zitierten Arbeiten verdanke ich viele unveröffentlichte Erkenntnisse, Anregungen und Hinweise meinen Kollegen und den Studenten unserer Dresdner arbeitspsychologischen Gruppe. Für wichtige Anregungen danke ich den Kollegen des gemeinsamen RGW-Forschungsprojekts sowie Kollegen und Studenten in Bern und in Wien. Sie alle bitte ich um Verständnis, wenn sie wegen der Vielzahl der Anregungen im einzelnen oft ungenannt bleiben. Dr. Wolfgang Bachmann, der sich der Mühe einer Manuskriptdurchsicht auch in diesem Falle unterzog, bin ich für seine unersetzlichen Hinweise zu besonderem Dank verpflichtet. Frau Dr. S. Wolff hat mit bewährter Umsicht das Sachwortregister erarbeitet. Die Herstellung des Manuskripts wäre nicht möglich gewesen ohne die Einsatzbereitschaft von Frau G. Hoffmann, R. Klauschenz, M. Seltmann, U. Tusche, A. Vetters, Herrn Hertzfeldt als Leiter der Abteilung Psychologie und Frau Krenz, die aus einem Papierberg mit Liebe und Umsicht ein Buch entstehen ließ, danke ich ganz besonders. Meine Frau und Thomas machten die Arbeit an diesem Text oft überhaupt erst möglich.

Das Manuskript wurde 1983 abgeschlossen; kleinere Ergänzungen erfolgten bei der Korrektur Ende 1985.

Dresden, im Dezember 1985

W. Hacker

Literatur

Erpenbeck, J.: Motivation. Ihre Psychologie und Philosophie. Berlin 1984

Greif, S.: Konzepte der Organisationspsychologie. Eine Einführung in grundlegende theoretische Ansätze (Schriften zur Arbeitspsychologie Nr. 38). Bern 1983

Kuhl, J.: Motivation, Konflikt und Handlungskontrolle. Berlin 1983

Lomow, B. F.: Zur Rolle der Praxis in der Entwicklung der Theorie der Allgemeinen Psychologie. Sowjetwissenschaft, ges.-wiss. Beitr. 10, 1069–1079, 1971

Marx, K., und F. Engels: Werke, Bd. 42. Berlin 1983

Marx, K.: Zur Kritik der Hegelschen Rechtsphilosophie, Einleitung. In: K. Marx und F. Engels, Werke, Bd. 1. Berlin 1956

Marx, K.: Lohnarbeit und Kapital. In: K. Marx und F. Engels, Werke, Bd. 6. Berlin 1959

Marx, K.: Das Kapital, Bd. 1. In: K. Marx und F. Engels, Werke, Bd. 23. Berlin 1962

Nasarow, J.: Los, kommen wir zu spät zur Arbeit. Sputnik 5, 79–83, 1984

Schelle, H., und P. Molzberger (Hrsg.): Psychologische Aspekte der Software-Entwicklung, München/Wien 1983

Schweitzer, A.: Verfall und Wiederaufbau der Kultur. Gesammelte Werke Bd. 2. Berlin 1971

Ulich, E.: Vorwort des Herausgebers zu S. Greif: Konzepte der Organisationspsychologie. Bern 1983

1. Zur Einführung: Gegenstandsgebiet und Aufgaben der Arbeits-, Ingenieur- und Organisationspsychologie

---

Es [ist] nun einmal nicht zu vermeiden, daß alles, was einen Menschen bewegt, den Durchgang durch seinen Kopf machen muß . . . Die Einwirkungen der Außenwelt auf den Menschen drücken sich in seinem Kopf aus, spiegeln sich darin ab als Gefühle, Gedanken, Triebe, Willensbestimmungen, kurz, als „ideale Strömungen", und werden in dieser Gestalt zu „idealen Mächten" (Engels 1962b. S. 281 f., Hervorhebung von W. H.).

1.1. Gegenstand und Aufgabenbereiche der Arbeitspsychologie

Die Arbeitspsychologie ist eine (Querschnitts-)Disziplin der Psychologie, die jene psychologischen Erkenntnisse und Methoden umfaßt, welche für die Analyse, Bewertung und Bestgestaltung des gesellschaftlichen Arbeitsprozesses bedeutsam sind. Üblicherweise wird „Arbeitspsychologie" als Oberbegriff verstanden, der die ingenieur- und organisationspsychologischen Gegenstände und Anliegen mit einschließt. **Gegenstand** der so verstandenen Arbeitspsychologie ist die psychische Regulation der Arbeitstätigkeiten von organisatorischen Einheiten, Gruppen und individuellen Persönlichkeiten im Zusammenhang ihrer Bedingungen und Auswirkungen.

Hauptanliegen

1. Das **Grundanliegen** der Arbeitspsychologie in der sozialistischen Gesellschaft ist ihre Beteiligung an der interdisziplinären Aufgabe der Steigerung von Effektivität und Arbeitsproduktivität bei gleichzeitiger Förderung der Entwicklung der arbeitenden Persönlichkeit durch psychologische Analyse und Bestgestaltung der Arbeitstätigkeiten und ihrer Ausführungsbedingungen.[1] Die Arbeitspsychologie verfolgt dieses Grundanliegen in verschiedenen Aufgabenbereichen. Die Teilziele der Leistungsverbesserung, der Belastungsoptimierung[2] und der Gesundheits- und Persönlichkeitsförderung sind dabei

[1] Mit dieser Teilnahme am Verändern der Welt des Menschen trägt — nach einer Epoche vorherrschenden Interpretierens — nun auch die Psychologie zu einem alten humanistischen Anliegen bei: „Nur *durch eine erhöhte Praxis* sollten die Wissenschaften auf die äußere Welt wirken; denn eigentlich sind sie alle esoterisch und können nur *durch Verbessern irgendeines Tuns* exoterisch werden. Alle übrige Teilnahme führt zu nichts" (von Goethe 1820, Hervorhebungen von W. H.).
Anders und umzudenken auf die Psychologie mit der 11. Feuerbach-These (Marx 1845, zit. nach Marx 1959 a, S. 7): „Die Philosophen haben die Welt nur verschieden *interpretiert*; es kommt aber drauf an, sie zu *verändern*."

[2] In einer verbreiteten Terminologie auch:
Optimale körperliche und psychische Beanspruchung

untrennbar. Sie ordnet sich damit dem Anliegen der sozialistischen Rationalisierung der materiellen und geistigen Produktion einschließlich der wissenschaftlich begründeten Organisation der Arbeit zu. Das ausdrückliche Einbeziehen nicht lediglich des Schutzes, sondern auch der Förderung der menschlichen Leistungsvoraussetzungen und — noch allgemeiner — der Entfaltung der Entwicklungsmöglichkeiten einer Persönlichkeit durch den Arbeitsprozeß in ihr Grundanliegen ist ein Kennzeichen der Arbeitspsychologie in der sozialistischen Gesellschaft. Die vielfältigen Einzelaufgaben der Arbeitspsychologie lassen sich zwei Aufgabenbereichen zuordnen, nämlich:

— Verbesserungen der Arbeitsaufträge und ihrer Ausführungsbedingungen sowie
— Verbesserungen in den Leistungsvoraussetzungen des arbeitenden Menschen.

Diese beiden Aufgabenbereiche stehen in einem wechselseitigen Voraussetzungsverhältnis, dessen Berücksichtigung und Nutzung ein weiteres Kennzeichen der Methodologie der marxistisch-leninistisch fundierten Arbeitspsychologie darstellt. Veränderte Arbeitsinhalte und -bedingungen verändern über sein Handeln auch den arbeitenden Menschen — ein bedeutsamer Weg der Lenkung und Formung von Menschen. Umgekehrt sind verbesserte Arbeitsinhalte und -bedingungen selbst das Ergebnis menschlicher Arbeit, und es ist darüber hinaus kein Mensch erfolgreich auszubilden oder zu erziehen, der nicht Gelegenheit findet, in seinen gewachsenen Leistungsmöglichkeiten angemessenen, verbesserten äußeren Umständen das Erworbene anzuwenden und sich zu bewähren. Diese dialektischen Wechselbeziehungen werden in der Arbeitstätigkeit verwirklicht.

Im einzelnen löst die Arbeitspsychologie folgende **Schwerpunktaufgaben** bei der projektierenden und der nachträglich korrigierenden Gestaltung von kollektiven und individuellen Arbeitsaufträgen und ihrer Ausführungsbedingungen sowie bei der Entwicklung der Leistungsvoraussetzungen der arbeitenden Menschen (vgl. zusammenfassend Tab. 1.1):

(a) Mitarbeit an der **Verteilung** der in einem technologischen Prozeß (also einem Produktions-, Verwaltungs-, Ausbildungs-, Handelsprozeß usw.) insgesamt anfallenden Funktionen zwischen Mensch und Arbeitsmitteln. Arbeitsmittel sind Maschinen, Anlagen, Rechner mit ihren Systemunterlagen, Hilfsmittel wie Entscheidungshilfesysteme sowie Programme; Ermitteln von vordringlichen Mechanisierungs- und Automatisierungserfordernissen mit dem Ziel des Gestaltens progressiver Arbeitsinhalte und -ausführungsbedingungen, kurz, sogenannter progressiver Arbeitsanforderungen. Diese progressiven Anforderungen vereinen bestmögliche Effektivität mit optimaler psychonervaler Beanspruchung sowie mit Möglichkeiten für die Gesundheitsförderung und die Persönlichkeitsentwicklung im Arbeitsprozeß. Tab. 1.2 illustriert Verbindungen zwischen den Anliegen der Gesundheits- und der Persönlichkeitsförderung an einem Beispiel.

(b) Mitarbeit an der **Übertragung** menschlicher Aufgaben an Maschinen und Programme mit Hilfe der psychologischen Analyse und formalisierten Beschreibung von menschlichen Zuordnungs-, Klassifizierungs-, Entscheidungs- und Problemlöseleistungen. Damit werden Beiträge zur streckenweisen Automatisierung von Konstruktion, Planung, Produktionslenkung, Abrechnung und des Geld- und Warenverkehrs geliefert. Diese Arbeitsrichtung wird auch als psychologische Bionik bezeichnet.

Tab. 1.1: Aufgabensystematik der Arbeitspsychologie

1. Psychologische Arbeitsgestaltung

1.1. Psychologische Beiträge zur Funktionsverteilung Mensch-Maschine

Beispiele:
- Bestimmung von Automatisierungserfordernissen unter den Aspekten der Zumutbarkeit, Zuverlässigkeit, Ökonomie menschlicher Leistungen
- Grundlagen der Automatisierung kognitiver Leistungen durch deren Analyse und Formalisierung (künstliche Intelligenz)
- Entscheidungen über industriell vermittelte oder unvermittelte Signaldarbietung
- Entscheidungen über nutzer- oder programmgesteuerte Mensch-Rechner-Dialogformen

1.2. Beiträge zur Gestaltung von Technologien, Arbeitsmitteln einschließlich Programmen

Beispiele:
- Optimierung von Informationsangeboten hinsichtlich Inhalt, Kodierung, Vereinbarkeit (Kompatibilität) mit erforderlichen Maßnahmen
- Optimierung der Beziehungen zwischen Informationsangebot und Eingriffsmöglichkeiten: Art, Anordnung, Gestaltung von Bedienteilen
- Entwicklung „psychologisierter" Prozeßschemata (Fließbilder) für unanschauliche Prozesse
- Mitarbeit an benutzeradäquater, -führender Programm- (soft-ware) Gestaltung

1.3. Gestaltung kollektiver und individueller Arbeitsorganisation, -verfahren sowie der Kooperation

Beispiele:
- Mitarbeit an Teilung/Kombination von Arbeitsaufgaben unter den Aspekten der Arbeitserweiterung, -bereicherung (progressiver Arbeitsinhalte)
- Schaffen von Grundlagen effektiver Kooperationsformen
- Ermitteln der Bedingungen kollektiver Organisationsformen
- Schaffen von Arbeitsanweisungen für progressive Arbeitsinhalte

1.4. Psychologische Grundlagen der Arbeitsbemessung und Stimulierung

Beispiele:
- Methoden der Anforderungs- und Belastungsermittlung sowie ihre Anwendung
- Anforderungsbewertung
- psychische Wirkungsbedingungen materieller und ideeller Leistungsanreize abklären
- Arbeitszeit- und Pausenregelungen (flexible Arbeitszeit, Schichtorganisation)
- Hilfsmittel der Leistungsbeurteilung

1.5. Psychologische Grundlagen für Arbeitsumgebungsgestaltung

Beispiele:
- Optimierung von Wahrnehmungsbedingungen
- Leistungs- und Verhaltensmodifikation durch psychisch vermittelte Umwelteinflüsse: Lärm; funktionelle Musik; Farbdynamik

2. Psychologische Beiträge zur Qualifizierung sowie Leistungs- bzw. Gesundheitsstabilisierung

2.1. Anforderungsermittlung zur Ableitung von Qualifizierungsinhalten sowie für die Tätigkeits-, Berufs-, Lernwegewahl (vgl. 3.)

Beispiele:
- Anforderungsermittlung bei neuen Aufgaben
- Ableitung effektivitätsbestimmender Leistungsvoraussetzungen (Kenntnisse, Fertigkeiten, Fähigkeiten)

2.2. Ermittlung und Verallgemeinerung optimaler individueller oder kollektiver Arbeitsverfahren

Beispiele:
- Ermittlung und Analyse optimaler Arbeitsverfahren
- Analyse persönlicher Arbeitsweisen
- lehrgerechtes Aufbereiten von Bestverfahren

2.3. Entwicklung und Umsetzung von Lehr/Lernverfahren und -hilfsmitteln

Beispiele:
- Entwickeln von Lernverfahren für Fertigkeiten oder komplexe Arbeitsverfahren für einzelne und Gruppen

Tab. 1.1 (Fortsetzung)

- Entwickeln von Programmen und Bewertungskriterien
- Leitung von Gruppenprozessen (Problemlösegruppen) bei Ermitteln und Vermitteln arbeitsprozeßbezogener Informationen
- Training spezieller Befähigungen, z. B. für Leitungstätigkeiten, die Leitung von Problemlösegruppen, Anleitung selbstorganisierender Kollektive in Anlaufphasen, Kreativitätstraining
- psychologische Mitarbeit an Dispensairebetreuungen mit Übungsprogrammen

2.4. Psychologische Beiträge zur Entwicklung der Arbeitsmotivierung

Beispiele:
- Beteiligung an der Analyse motivierender und hemmender Bedingungen (z. B. Fluktuationsanalysen; Untersuchungen zum Motivationspotential von Arbeitstätigkeiten)
- Beteiligung am Optimieren von Stimulierungssystemen
- psychologische Aspekte der sozialen Betreuung, z. B. psychologische Beratungstätigkeit im Rahmen des betrieblichen Gesundheits- und Sozialwesens

3. Psychologische Unterstützung der Berufs-, Arbeitsplatz- und Lernwegewahl

3.1. Psychodiagnostische Beratung bei Berufswahlproblemen

Beispiele:
- Beratung von Behinderten, Geschädigten, Rehabilitanten
- Mitarbeit an der Zuordnung zu Förderungsprogrammen für Hochbegabte
- Tauglichkeitsermittlungen für Tätigkeiten mit Sonderanforderungen (Höhentauglichkeit; Fahrtauglichkeit im höheren Lebensalter)

3.2. Psychodiagnostische Unterstützung von Lehr- und Lernprozessen

Beispiele:
- Diagnostik zur Zuordnung optimaler Lernwege; Analyse bereits vorhandener Leistungsvoraussetzungen
- Lernfähigkeitsdiagnostik

3.3. Psychodiagnostik im Rahmen gesundheitlicher Überwachungs- und Prophylaxemaßnahmen

Beispiele:
- Psychodiagnostik zur Früherkennung von Gesundheitsbeeinträchtigungen bei gefährdenden Expositionen als Bestandteil von Reihenuntersuchungen
- Diagnostik personeller Gefährdungsdispositionen (beispielsweise als pathogene Überaktivierung) im Rahmen von Reihen-, Einzeluntersuchungen oder ärztlicher Zuweisungen; Auslösen von Therapie/Trainingsmaßnahmen, vgl. Dispensairegruppen (2.3.).

3.4. Psychodiagnostische Mitarbeit bei Unfall-, Havarie- und sonstigen Schadensuntersuchungen und ihrer Vorbeugung

Beispiele:
- Mitarbeit an der Prüfung auf eventuelle Überforderung als möglichem Grund für Schuldausschluß
- Untersuchung auf zeitweilig beeinträchtigte Leistungsfähigkeit
- Untersuchung hinsichtlich subjektiv nicht erkennbarer habitueller Leistungsmängel

---

(c) Bereitstellen von Grundlagen für das Optimieren von **Technologien** und von einzelnen **Arbeitsmitteln**, speziell an ihren Naht- oder Schnittstellen mit dem Menschen

(d) Psychologische Bestgestaltung der **Arbeitsteilung und -kombination** sowie der Möglichkeiten zur Kooperation und Kommunikation im Sinne progressiver Arbeitsanforderungen. Abb. 1.1 und Tab. 1.3 illustrieren diese Arbeitsrichtung.

(e) Ermitteln und Verallgemeinern optimaler **kollektiver Organisationsformen** von Arbeits- und Lernprozessen sowie von individuellen und kollektiven **Arbeitsverfahren**.

Tab. 1.2: Herzinfakt und Arbeitsbeanspruchungen: Beanspruchungs-/Belastungsmerkmale, die von Patienten mit Herzinfarkt signifikant häufiger für ihre Arbeitstätigkeit bejaht werden als von einer Kontrollgruppe (Maschewsky 1980, Tab. 7)

Bei Arbeitern mit erstem Herzinfarkt als ausgeprägter erlebte Belastungen/ Beanspruchungen im Arbeitsprozeß	Signifikanzniveau	
	Gesamtpopulation	Teilpopulation
hohe Unfallgefahr	0.01	
hohe Konzentrationsforderungen	.01	.13
schnelles Reagieren erforderlich	.02	
viel Überlegung nötig	.09	.05
Verantwortung für Fehler anderer	.12	.01
häufiges Warten-Müssen (Einschränkung zeitlicher Dispositionsmöglichkeiten)	.12	
Ärger mit Kollegen	.13	
Eintönigkeit	.17	.17

(Kursiv: Auch in einer Teilstichprobe nur aus Metallarbeitern bestätigter Unterschied. Infarktpatienten sind Totalerhebung für Westberliner Arbeiter zwischen 30 und 64 Jahren; Kontrollgruppe wurde repräsentativ zusammengesetzt. Auswahl von Merkmalen nach Signifikanzniveau bis 0.20.)

(f) Mitarbeit an der **Arbeitszeit**gestaltung, z. B. Pausen- oder Schichtsystemen und an der Gestaltung von **Erholungs**möglichkeiten.

(g) Psychologische Bestgestaltung von **Ausbildungs**verfahren und Ausbildungsmitteln für die Berufsausbildung, die Anlernung, die Umschulung, die Rehabilitation und Arbeitstherapie oder für die polytechnische Ausbildung von Schülern.

(h) Bereitstellen von psychologischen Grundlagen für das Entwickeln von **Arbeitseinstellungen** mit Hilfe der motivational stimulierenden Gestaltung von Arbeitsaufträgen, der motivierenden Qualifikation sowie von motivierenden Formen der Entlohnung und der ideellen Leistungsanerkennung.

(i) Psychologische Grundlagen der **Berufsberatung** und Berufslenkung u. a. mit Hilfe der Diagnostik der Lernfähigkeit der zu beratenden Menschen.

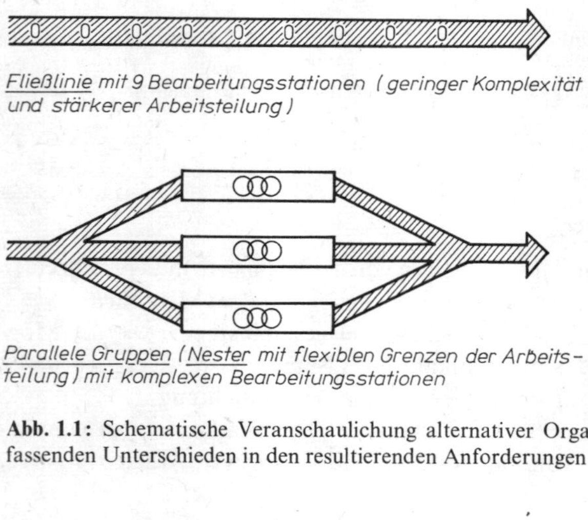

Abb. 1.1: Schematische Veranschaulichung alternativer Organisationsformen einer Fertigung mit umfassenden Unterschieden in den resultierenden Anforderungen.

Tab. 1.3: Schematische Gegenüberstellung ausgewählter Auswirkungen einer vergleichsweise geringeren mit einer hohen Arbeitsteilung bei einer Fließmontage:
Sogar erhebliche ökonomische Verbesserungen bedeuten noch nicht zwangsläufig auch das Erreichen sozialpolitisch befriedigender Auswirkungen (Hacker, Schieritz und Völker 1981)

Ökonomische und soziale Merkmale	Fließmontage mit	
	hoher Arbeitsteilung	vergleichsweise geringerer Arbeitsteilung
Taktzeit (min)	0.9	1.8
Steigerung der Arbeitsproduktivität (%)		
– ohne Leitungs-/Betreuungspersonal		32.4
– mit diesem		21.1
Erlebte Ermüdung	leicht erhöht	unauffällig
Umgestaltungserfordernis im Sinne progressiver Arbeitsinhalte (TBS-K) bei		
– Selbständigkeit/Verantwortung	*dringend*	empfehlenswert
– anregenden geistigen Anforderungen	*dringend*	*dringend*
– Nutzung und Anregung der Qualifikation	*dringend*	*dringend*
– arbeitsbedingter Kollektivbildung	empfehlenswert	empfehlenswert

(j) Psychodiagnostik im Rahmen der Maßnahmen zur Erhaltung und Förderung der **Gesundheit** im Arbeitsprozeß: Früherkennung von arbeitsbedingten Gesundheitsschäden, Diagnostik personeller Gefährdungsdispositionen einschließlich stabilisierter pathogener Selbstbeanspruchungsformen (Seeber 1981).

Eine durchgängige Voraussetzung aller dieser Aufgaben ist schließlich

(k) Das Ermitteln und Bewerten der Art, des Ausmaßes und der Wirkungen psychischer **Anforderungen und Beanspruchungen** als Grundlage für alle Lösungsvorschläge zur Arbeitsgestaltung, Qualifizierung, Berufszuordnung, Arbeitsnormung, Entlohnung, Arbeitszeitregelung und Erholung.

Die psychologischen Erkenntnisse und Methoden sind dazu in einer Form bereitzustellen, die ihre Nutzung auch durch die Werktätigen selbst ermöglicht. Auch sind psychologisch begründete Mindestnormen (z. B. für Pausen) und Höchstgrenzen (z. B. für das zuverlässige Lösen komplizierter geistiger Anforderungen) anzugeben als Untersetzungen von Rahmennormen oder Rahmenstandards, wie beispielsweise für die arbeitswissenschaftliche Qualität industrieller Erzeugnisse die TGL 29432 (Absatz 2.2.2.), die GOST 16456-70 (Punkte 3 und 4) oder für die Beanspruchung und Belastung sowie die arbeitswissenschaftliche Gestaltung von Schnittstellen zwischen Mensch und Maschine die DIN 33400, DIN 33405 sowie beispielsweise für die günstige arbeitswissenschaftliche Gestaltung der Bildschirmarbeit die DIN 66233 und 66234. Deratige Mindestnormen und Höchstgrenzen sind mit besonderer Dringlichkeit für kombinierte Beanspruchungen erforderlich.

Modifikationen weisen die arbeitspsychologischen Aufgaben darüber hinaus auf im Verkehrswesen (Verkehrspsychologie), der Landesverteidigung (Militärpsychologie), dem Betriebsgesundheitswesen sowie bei Teilanliegen des Leistungssports (Sportpsychologie), in der Rehabilitation sowie bei der Analyse von Freizeittätigkeiten mit dem Charakter arbeitsähnlicher Aufgaben.

Die oben für die Aufzählung der Schwerpunktaufgaben gewählte Abfolge spiegelt eine Rangreihe der Vordringlichkeit der Bearbeitung und der Wirkungssicherheit der ableitbaren Maßnahmen wider (Straub 1957, Gniza 1960), deren methodologische Bedeutung im 2. Kapitel erörtert wird. Ein Kennzeichen der marxistisch fundierten Arbeitspsychologie ist schließlich auch, daß diese methodologisch geordneten Aufgaben bearbeitet werden, indem der Werktätige, dessen derzeitige oder künftige Arbeitstätigkeit Gegenstand der Untersuchung ist, Träger oder Mitarbeiter — nicht aber Objekt — der Analyse ist (Straub 1957).

Aufgabenverschiebung mit der Entwicklung der Arbeitsanforderungen

2. Die **Entwicklung** des Charakters und Inhalts der Arbeit beim Ausbau des Sozialismus unter Nutzung des wissenschaftlich-technischen Fortschritts verändert mit den Arbeitsanforderungen auch die Aufgaben der Arbeitspsychologie. Die Mechanisierung und Automatisierung unter Nutzung von Mikroprozessoren und Rechnern für die automatische Regelung von Prozessen und die automatische Informationsverarbeitung tragen dazu ausschlaggebend bei. Rechnergestützte oder automatisierte Technologien verbreiten sich rasch in der Industrie, der Verwaltung, in Dienstleistungsbereichen, in der Ausbildung sowie im industrialisierten Bauwesen und der Landwirtschaft. Mittelfristig betreffen die damit verknüpften Anforderungsveränderungen schätzungsweise die Hälfte der Berufstätigen in hochindustrialisierten Ländern. Die beim Menschen verbleibenden Aufgaben in der automatisierten Produktion und Verwaltung sind vielfach mit wesentlich größerer volkswirtschaftlicher Verantwortung verbunden als in den früheren, nichtautomatisierten Technologien. Die einem Arbeitenden anvertrauten Anlagen haben einen Wert zwischen einigen 10000 Mark (z. B. bei Schreibfacharbeitern mit Bürocomputern) und einigen 100 Millionen Mark (z. B. bei Anlagenfahrern in einem hochautomatisierten komplexen Chemiewerk). Der Stillstand eines automatisierten Arbeitsmittels bedeutet Verluste von weniger als 100 Mark pro Stunde (z. B. Schreibautomaten) bis zu einigen 10000 Mark pro Stunde (z. B. bei einer Chemieanlage).

Zu denken ist an programm- und rechnergesteuerte Werkzeugmaschinen (CNC-Maschinen), festprogrammierte oder freiprogrammierbare Roboter insbesondere in der Montage und in anderen Handhabungsvorgängen (Abb. 1.2), integrierte flexible Fertigungssysteme, Analyse- und Prüfautomaten, Textverarbeitungs- und -erzeugungsautomaten (Abb. 1.3), rechnergestütztes Konstruieren (CAD; vergleiche Abb. 1.4), rechnergestütztes Planen (CAP) und rechnergestütztes Unterrichten (CAI). Die zuletzt genannten vier Beispiele benennen mit automatisierten Informationstechnologien eine spezielle Untergruppe von rechnergestützten Technologien, die neben der Automatisierung algorithmisierbarer geistiger Routinearbeit auch Mensch-Rechner-Dialoge als eine Hilfe bei der verbleibenden nichtalgorithmischen geistigen Arbeit einschließen (Schreyögg u. a. 1978, Frese 1981, Beckmann, Vahrenkamp und Wingert 1979, Hacker 1982a). Die rechnergestützten Teilsysteme werden künftig immer enger miteinander verknüpft. Ein Beispiel dafür ist die Verbindung rechnergestützter Konstruktion mit anschließender rechnergestützter Fertigung in den sogenannten CAD-CAM-Systemen.

Es ist entscheidend, sich zu verdeutlichen, daß es keine zwangsläufigen Konsequenzen der Automatisierung für die Arbeitsanforderungen gibt. Je nach der gesellschaftlich bedingten Automatisierungsstrategie und dem Organisationskonzept sowie dem hinter ihnen stehenden Menschenbild sind entweder förderliche oder beeinträchtigende Konsequenzen der Automatisierung für die arbeitenden Menschen möglich. Die automatisierten Technologien bieten neue Möglichkeiten zur Verbesserung der Arbeitsbedingungen und zur Erhöhung der Arbeitsinhalte insbesondere im Hinblick auf vergrößerte Beeinflußbarkeit durch mehr Freiheitsgrade für die eigene Tätigkeit und ihre Planung, damit für vermehrte Nutzung und Anregung der Qualifikation bis hin zu Doppelberufen, zu vergrößerten und abstrakteren Denkanforderungen, zu vermehrten kooperativen Ar-

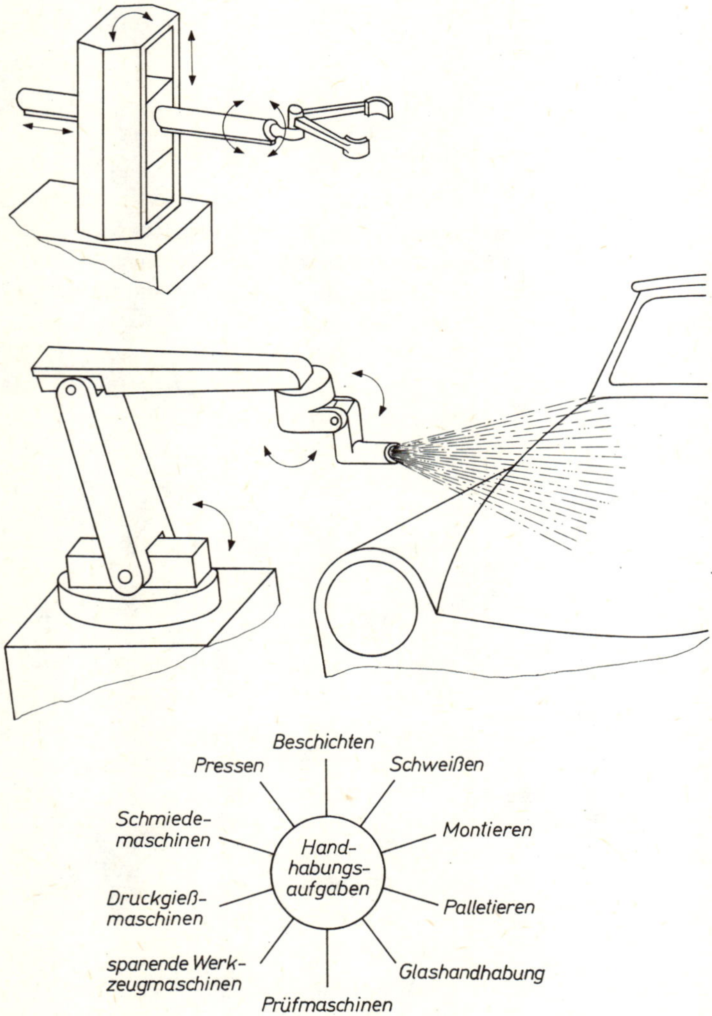

Abb. 1.2: Roboter als fest- oder freiprogrammierbare Handhabungsautomaten sind vielfältig einsetzbar.

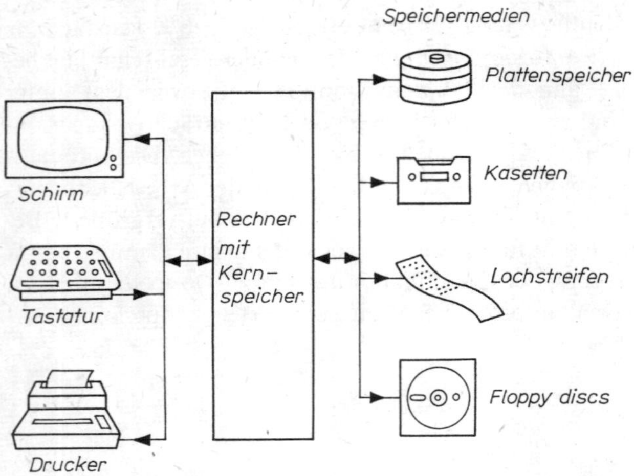

Abb. 1.3: Mögliche Bestandteile eines Textverarbeitungssystems.

beiten in selbstorganisierenden flexiblen Kleingruppen, zu vergrößerten Motivationspotentialen der Arbeitstätigkeit oder zu günstigeren Arbeitszeitregelungen mit Hilfe bedienarmer Schichten bis hin zu Schichten ohne Bedienpersonal (Hinz und Berner 1982, Nagel und Sachse 1982, Ulich 1982).

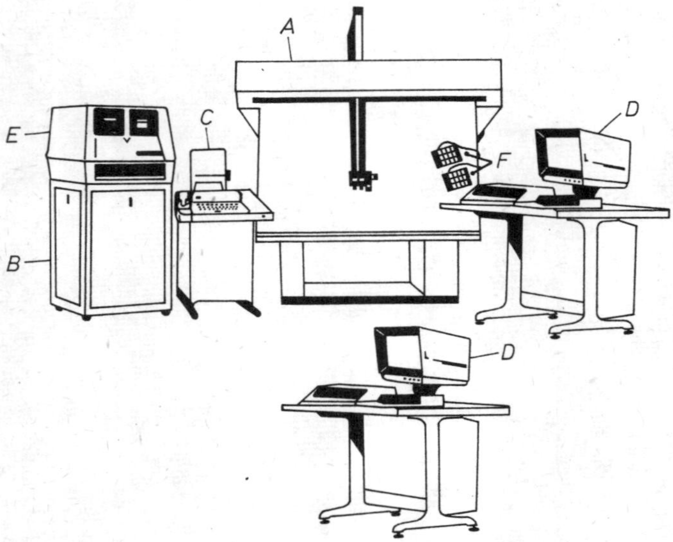

Abb. 1.4: CAD-Station mit zwei interaktiven Konstruktionsplätzen (nach Wingert 1980).
A Zeichenbrett mit Digitalisiereinheit und Zeichenkopf, B Computerkonsole mit Kassetteneinheit, C Bedienungsfernschreiber, D Bildschirmeinheit mit Schreibtastatur und Zeichenplatte mit Lichtgriffel, E Magneteinheit, F Befehlsdrucktastenfelder.

Bei ungenügender arbeitswissenschaftlicher Einflußnahme bereits in der Phase des Entwurfs der automatisierten Technik können aber auch neue Erschwernisse und Belastungen entstehen. Beispiele dafür sind Kontaktarmut bei den Arbeitstätigkeiten, neue Formen von diszipliniert zu realisierender Einförmigkeit, Verantwortung mit hohen Risiken, geringere Durchschaubarkeit und subjektiv erlebbare Beherrschbarkeit der komplizierteren Technik.

Die gegensätzlichen Automatisierungs- und Organisationsstrategien werden häufig unter den Begriffen **„Zentralisierung“** und „Hierarchisierung“ von Vorgängen in zentralen Rechnern und Zerlegung sowie Spezialisierung („Entmischung“) der dezentral verbleibenden Arbeitsaufgaben bei gleichzeitigem Erübrigen von Kooperationserfordernissen erörtert. Derartige Verschlechterungen der Arbeitsanforderungen konzentrieren sich auf Tätigkeiten wie das Beschicken oder das Eingeben von Daten, auf Überwachungstätigkeiten mit Eingriffserfordernissen in seltenen Notfällen oder auf Rest- und Hilfsfunktionen für weitestgehend automatisierte Systeme.

Dem stehen **„dezentrale“** Eingriffs- und Verantwortungsmöglichkeiten bei kollektiv bearbeitbaren komplexen Aufträgen mit einem vom Benutzer geführten Dialog mit dem automatisierten System gegenüber (Gottschalch 1981).

Die nachteiligen Auswirkungen sind jedoch kein unvermeidbarer „technischer Sachzwang“, sondern sie sind bei geeigneten Automatisierungs- und Organisationsstrategien ebenso vermeidbar und erfolgreich reduzierbar wie Arbeitsunfälle oder Berufskrankheiten. Die arbeitspsychologische Mitarbeit muß dazu über die jeweilige Arbeitsaufgabe hinausgehen: Der Arbeitsprozeß muß auch als Lernprozeß begriffen werden, der Disponibilität der arbeitenden Menschen über das gesamte Arbeitsleben für wechselnde Aufgaben zu erzeugen und zu erhalten vermag. Arbeits- und Freizeittätigkeiten einschließlich gesellschaftlicher Aktivitäten und von Weiterbildungsabschnitten müssen in ihren Wechselbeziehungen in die Arbeitsuntersuchungen einbezogen werden. Nur auf diese Weise können die benötigten Beiträge der Psychologie für das Bewältigen der Einheit von Freisetzung und Wiedereinsatz von Arbeitskräften, für das Weiter- und Umlernen bis zum Rentenalter im Arbeitsprozeß selbst und in Weiterbildungsetappen oder für wirtschafts- und sozialpolitisch attraktive Arbeitszeitverteilungen – angefangen von der Arbeitswoche bis hin zur gesamten Lebensarbeitszeit — gewonnen werden.

An erster Stelle der resultierenden Anforderungsveränderungen steht die Erhöhung des Anteils der **kognitiven**, insbesondere der **intellektuellen** Anforderungsteile. Es handelt sich dabei nicht schlechthin um höhere Wissensanforderungen, sondern um spezifische Befähigungen zum Denken, vor allem zum vorausschauenden und planenden Denken in der Produktion, wie es etwa bei der Prozeßregulation, der Mehrmaschinenbedienung oder der Arbeitsvorbereitung erforderlich ist und auch im Neuererwesen schöpferischen Niederschlag findet. Diese Befähigung muß relativ allgemein und auf wechselnde Aufgaben übertragbar sein und zunehmend abstrakte Sachverhalte umfassen. Die Anforderungen an organisierendes und planendes, teilweise schöpferisches Denken auch bei Werktätigen, die nicht in wissenschaftlichen oder Konstruktions- und Entwicklungsabteilungen arbeiten, sind eine Folge der Produktionsverhältnisse in der sozialistischen Wirtschaft.

Als zweite Richtung ist die Verlagerung von **körperlichen Anforderungen** an Kraft, Ausmaß und Bewegungshäufigkeit zu erhöhten Forderungen hinsichtlich Feinheit, Präzision, Abstimmung und Dosierung der Motorik zu nennen. Das gilt nicht nur für

Bedientätigkeiten, sondern durch die zunehmende Verkleinerung der Bauteile auch bei Mikromontagen und Mikrobearbeitungsverfahren. Die Motorik wird integrativer Bestandteil komplizierter kognitiver Vollzüge, u. a. auf Grund der Vermittlung durch motorische und sensorische Zwischenglieder (Manipulatoren und Vergrößerungsinstrumente). Sie wird mithin nicht schlechtweg feiner, sondern wirft kompliziertere sensumotorische Regulationsprobleme auf, die ohne Berücksichtigung der Aufgabensemantik und der beteiligten kognitiven Regulationsvorgänge — also auch von Wahrnehmungsfragen — nicht geklärt werden können.

Das dritte sind Veränderungen in der **Stabilität der Anforderungen**. Mit dem Aufbrechen der erstarrten Berufsstrukturen und der zunehmend rascheren technologischen Entwicklung ist der Beruf nicht länger ein festes, endgültiges System von Anforderungen. Die vielseitige Allgemeinausbildung disponibler Fachleute für wechselnde Aufgaben wird unumgänglich. Die Weiterbildung wird damit eine Daueraufgabe, für die man gelernt haben muß zu lernen. Die Bedeutung der Kenntnisse für die Regulation der Tätigkeit wächst. Neben die Wissensspeicherung tritt dabei wegen der Stoffüberfülle das Reproduzieren im Sinne des Ableitens aus dem Prinzipiellen. Die programmierte Unterweisung wird auch in der Wirtschaft unerläßlich. Psychologisch optimierte Bedienanleitungen und Anlernprogramme gehören zu den Systemunterlagen komplizierter Anlagen in der Volkswirtschaft.

Infolge aller dieser Anforderungsverlagerungen sind schließlich neue Schwerpunkte der **Beanspruchung**, der **Ermüdung** und damit auch der **Erholung** gegeben. Die körperliche Schwerarbeit verliert gegenüber der psychischen Beanspruchung an Bedeutung. Mit den Mitteln der Arbeitsgestaltung müssen nicht nur unzumutbare Grade von psychonervaler Ermüdung sowie Monotoniezustände und arbeitsbedingter Streß verringert werden. Darüber hinaus muß ein gesundheitsförderliches optimales Verhältnis von körperlichen und geistigen Beanspruchungen gesichert werden, das auch dem Bewegungsmangel als einem begünstigenden Faktor von Herz-Kreislauf-Störungen vorbeugt.

Letztlich ist diesen wichtigen Veränderungen im Inhalt und Charakter der Arbeit die wachsende Einheit körperlicher und geistiger Anforderungen gemeinsam, in welcher prinzipiell die körperliche Arbeit durch die geistige (kognitive) reguliert wird. Progressive Arbeitsgestaltung schaltet dabei nicht etwa die geistigen Leistungsbestandteile in der Tätigkeit des Arbeitenden aus, sondern fördert umgekehrt insbesondere ihre selbständigen und schöpferischen Komponenten mit dem erwähnten Doppelziel der Produktivitätssteigerung bei gleichzeitiger Belastungsoptimierung sowie Persönlichkeitsförderung. Immer mehr wird zu den arbeitspsychologischen Aufgaben die Analyse von Denkvorgängen gehören, beispielsweise des Treffens von Entscheidungen, des Klassifizierens und des Lösens von Problemen. Arbeitspsychologie wird mit anderen Worten zunehmend mehr eine Psychologie der Durchdringung körperlicher und geistiger Arbeit, eine Psychologie der intellektuellen — auch der schöpferischen — Vorgänge in den Arbeitstätigkeiten und ihrer Motivierung.

Mit dieser weiteren Zunahme der kognitiven (perzeptiven und intellektuellen) Leistungen sowohl in den Arbeitstätigkeiten der Produktionsvorbereitung wie der Produktion selbst und des Dienstleistungsbereichs steigt die Aussagekraft und damit die gesellschaftliche Verantwortung der Arbeitspsychologie. Die Forderung, technologische Prozesse **beginnend** bei dem **Projektieren der künftigen Arbeitstätigkeiten** zu entwerfen, ist dafür deutlicher Ausdruck (Lomow 1972).

Teilgebiete

Die wachsende Vielfalt der Aufgaben und die Notwendigkeit ihrer rationellen Bearbeitung führen zu einer Differenzierung innerhalb der Arbeitspsychologie in **Teildisziplinen**. Bisher beginnen sich abzuzeichnen:

a) **Allgemeine Arbeitspsychologie**, welche sich vorzugsweise mit den alle Aufgaben durchziehenden, allgemeinen Grundproblemen der psychischen Struktur und Regulation von Arbeitstätigkeiten befaßt (Näheres s. 1.2.);

b) **Spezielle Arbeitspsychologie**, welche die oben aufgezählten Aufgabenkomplexe zum Inhalt hat. Die Aufgabenvielfalt führt darin zur Herausbildung von Teildisziplinen mit unscharfen Grenzen (Abb. 1.5).
Diese Disziplinen sind:

— die Ingenieurpsychologie,
— die Organisationspsychologie,
— die berufsbezogene Lernpsychologie,
— die beratende Psychodiagnostik im Arbeitsprozeß.

Einige dieser Disziplinen umfassen jeweils auch Aspekte, die über die Arbeitspsychologie teilweise hinausgehen. Das ist beispielsweise bei der Ingenieurpsychologie der informationstheoretische Aspekt, bei der Organisationspsychologie der systemtheoretische Ausgangspunkt, organisationswissenschaftliche Aspekte und die enge Beziehung zur Sozialpsychologie.

Die **Ingenieurpsychologie** befaßt sich vorzugsweise mit dem Informationsaustausch in Mensch-Maschine-Systemen mit dem Ziel der bestmöglichen, menschlichen Leistungsmöglichkeiten angemessenen Auslegung der maschinellen Komponenten des Mensch-Maschine-Systems, der zweckmäßigsten Gestaltung der menschlichen Informationsverarbeitung sowie — gemeinsam mit der psychologischen Bionik (Beiträge insbesondere zur „künstlichen Intelligenz") — den Nachbildungen menschlicher kognitiver Leistungen durch technische Systeme (Neumann und Timpe 1970, Lomow 1975, Klix 1971 a).

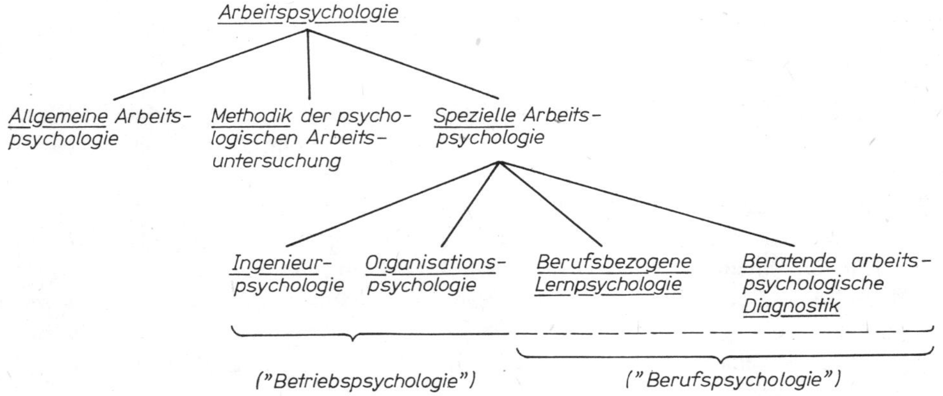

Abb. 1.5: Disziplin der Arbeitspsychologie. (In Klammern Zuordnung von Bezeichnungen, die unter anderen Einteilungsgesichtspunkten gebräuchlich sind.)

Die **Organisationspsychologie** behandelt organisatorische Bedingungen kollektiver und individueller Arbeitstätigkeiten. Im Vordergrund stehen psychologische Aspekte von Organisationskonzepten (Einfluß von Organisationsformen auf das kollektive und individuelle Verhalten, beispielsweise Voraussetzungen, Formen, Folgen der wirksamen Übernahme von Verantwortung für Arbeitsprozesse und Arbeitsmittel durch die Ausführenden), Optimierung erforderlicher Veränderungen von Organisationsformen im Hinblick auf ihre Auswirkungen auf das Arbeitsverhalten, Optimierung von Leitungsformen, Optimierung der Arbeitsteilung und Arbeitskombination sowie der damit bedingten Kooperationsformen in und zwischen Arbeitsgruppen (Weinert 1981, von Rosenstiehl u. a. 1979, Mayer 1978, Yukl und Wexley 1971).

Die **berufsbezogene Lernpsychologie** hat die in Punkt 2 der Tab. 1.1 geordneten Aufgaben zum Gegenstand. Gegenstand der beratenden **arbeitspsychologischen Diagnostik** sind die in Punkt 3 dieser Tabelle systematisierten Aufgaben.

c) **Methodik der psychologischen Arbeitsuntersuchung** mit dem Kernstück der psychologischen Arbeitsstudie (Matern 1983). Hier ist nicht allein und in erster Linie nur die der Arbeitspsychologie eigene Methodik gemeint, sondern jene von der Arbeitspsychologie zu schaffenden Methoden für die Analyse, Bewertung und Normung kognitiver Komponenten von Arbeitstätigkeiten, die im Arbeitsstudium, der Arbeitsnormung und der Arbeitsklassifizierung auch von Arbeitswissenschaftlern, Ingenieuren und Arbeitsmedizinern benötigt werden.

Wenn Gegenstand der Arbeitspsychologie die psychische Regulation von Arbeitstätigkeiten im **Zusammenhang ihrer Bedingungen und Auswirkungen** – mit anderen Worten die Wechselbeziehung von Arbeitsbedingungen einschließlich Arbeitsauswirkungen und psychisch regulierten Arbeitstätigkeiten – ist, so muß von der Analyse dieser Bedingungen und Auswirkungen – kurz von einer psychologischen Analyse der **Arbeitsbedingungen** ausgegangen werden. Wegen der Eingrenzung des Anliegens auf die Allgemeine Arbeitspsychologie werden der Beschäftigung mit den Arbeitsbedingungen zunächst Erläuterungen dieser Teildisziplin vorausgeschickt.

1.2. Inhalt und Funktion der Allgemeinen Arbeitspsychologie

Ein Wissensgebiet „Allgemeine Arbeitspsychologie" war bisher nicht entwickelt und benannt. Daher ist eine Angabe des Gegenstandsbereichs und der Gründe seiner Abgrenzung zweckmäßig.

Die Arbeitspsychologie wurde in der Vergangenheit fast ausschließlich betrachtet als eine „angewandte" Disziplin praktizistischen Zuschnitts, mit unzureichendem theoretischem Fundament und ohne lebendige Wechselbeziehungen zu den sogenannten Grundlagendisziplinen – etwa zur Allgemeinen Psychologie, Persönlichkeitspsychologie, Mathematischen oder Lernpsychologie. Nicht wenige Vertreter der Arbeitspsychologie engten ihr Arbeitsfeld auf einen engen Spielraum zwischen Eignungsermittlung und Bewegungsstudium ein.

Letztlich sind diese Auffassungen Nachwirkungen einer methodologischen Krise der Psychologie zur Entstehungszeit der Arbeitspsychologie, in welcher metaphysische Konzeptionen unter Mißachtung der objektiven Einheit von Bewußtsein und Tätigkeit zum Zerfall u. a. in die praxisferne „reine" Bewußtseinspsychologie und eine Reihe praktizistischer „Anwendungslehren" (z. B. die Psychotechnik) führten (Rubinstein 1958).

Demgegenüber muß die moderne Arbeitspsychologie, ausgerüstet mit dem methodologischen Rüstzeug der marxistisch-leninistischen Philosophie, eine auf die Bedürfnisse der Wirtschaft zugeschnittene psychologische Querschnittsdisziplin sein, die theoretische und praktische Probleme bearbeitet, Grundlagen- wie Zweckforschung betreibt, auf das engste mit der Allgemeinen Psychologie, speziell des Wahrnehmens und Denkens, der Lernpsychologie und Persönlichkeitspsychologie verflochten ist und bei der Lösung psychologischer Fragen von Arbeitsprozessen rückwirkend den Erkenntnisbestand der gesamten Psychologie an wesentlichen Stellen begründet und vermehrt. Denn: „In der *gewöhnlichen materiellen Industrie* ... haben wir ... die *vergegenständlichten Wesenskräfte* des Menschen vor uns. Eine Psychologie, für welche dies Buch, also gerade der sinnlich gegenwärtigste, zugänglichste Teil der Geschichte, zugeschlagen ist, kann nicht zur wirklichen inhaltvollen und *reellen* Wissenschaft werden" (Marx 1955, S. 135). Da die Arbeit die Hauptlebenstätigkeit des gesunden Erwachsenen ist, bildet eine so verstandene Arbeitspsychologie notwendig das Kernstück der Psychologie.

Die Eigenschaften dieser neuen Arbeitspsychologie spiegeln die Anforderungen der wissenschaftlich-technischen Entwicklung unter sozialistischen Produktionsverhältnissen wider:

Solange in der industriellen Arbeit körperliche und elementare geistige Anforderungen vorherrschen, kommt der psychologischen Arbeitsuntersuchung als Grundlage konstruktiver, arbeitsorganisatorischer, ökonomischer und hygienischer Maßnahmen nur untergeordnete Bedeutung zu. In dem Maße, wie jedoch kognitive Leistungen durch die technische Entwicklung zum leistungsbestimmenden Anteil werden, wird auch die psychologische Arbeitsuntersuchung zur unerläßlichen Voraussetzung von Maßnahmen, die den Arbeitsprozeß verändern. Die (Arbeits-)Psychologie wird zur unmittelbaren Produktivkraft. Es genügt nicht länger, nur einzelne möglicherweise nützliche Beiträge zu liefern, sondern im Maße der Rationalisierung einschließlich Mechanisierung und Automatisierung der Produktion wird die Psychologie zu einer Grundlagenwissenschaft von Konstruktion, Arbeitsgestaltung und Betriebsorganisation. Diese Aufgaben kann die Arbeitspsychologie nur erfüllen als Wissenschaft mit einer geschlossenen theoretischen Konzeption, gerichtet auf allgemeingültige Gesetzmäßigkeiten und daher ausgestattet mit hinreichendem Vorlauf vor der Praxis, nicht aber als eine praktizistische Anwendungslehre. Die psychologische Arbeitsuntersuchung unterliegt zugleich inhaltlichen Veränderungen: Ihr Schwerpunkt verlagert sich auf die kognitive Regulation der Tätigkeit. Da der arbeitende Mensch mit informationsverarbeitenden Maschinen kommuniziert, muß die psychologische Analyse die Wechselbeziehungen in komplexen Mensch-Maschine-Systemen isomorph abbilden; um für konstruktive Aufgaben verwertbar zu sein, müssen die psychologischen Angaben in quantifizierter Form erfolgen; der lernpsychologische Aspekt wird gleichzeitig zum Bestandteil jeder psychologischen Arbeitsanalyse. Um diesen neuen Inhalten gerecht werden zu können, wird die psychologische Arbeitsstudie um experimentelle Ansätze im Produktionsbetrieb selbst erweitert, und es entstehen engere Wechselbeziehungen zum Laborexperiment.

In der bisherigen Arbeitspsychologie wurde demgegenüber Psychisches häufig nur soweit untersucht, als das für die Lösung eines akuten praktischen Problems unumgänglich erschien. Das systematische Identifizieren der Gesetzmäßigkeiten der beteiligten psychischen Vorgänge und eine theoretische Konzeption der psychologischen Arbeitsuntersuchung als Basis der Meisterung künftiger Probleme und einer deduktiven Bearbeitung fehlten. Daraus erklärt sich, daß die bearbeiteten Themen zumeist als jeweils besonderes Problem, ohne ihre prinzipielle theoretische Klärung nebeneinander standen. Die Überwindung dieses Zustands ist die Hauptaufgabe unserer Wissenschaft, weil darin die unerläßliche Voraussetzung ihrer Produktionswirksamkeit unter den Bedingungen der wissenschaftlich-technischen Revolution besteht: Ohne die prinzipielle Klärung der psychischen Regulation von Arbeitstätigkeiten sind kein wissenschaftlicher Vorlauf vor der Praxis, keine psychologische Einflußnahme auf das technische Projekt in seinem Entstehungsstadium, keine wissenschaftlich hinreichend fundierte Begutachtung neuer Arbeitsmittel und keine Beteiligung des Psychologen an der Konzipierung neuer Systeme mit optimalen Lösungen — also auch persönlichkeitsförderndon —, etwa der Mensch-Maschine-Funktionsverteilung, möglich.

Diese erforderliche theoretische Fundierung setzt ein neues Verhältnis der Arbeitspsychologie zur Allgemeinen Psychologie voraus. Als Bindeglied wird eine „Allgemeine Arbeitspsychologie" benötigt, die sich vorzugsweise mit prinzipiellen Eigenschaften der psychischen Struktur und Regulation von Arbeitstätigkeiten zu befassen hat. Die perspektivreichen Beiträge, die insbesondere sowjetische Autoren wie Rubinstein (1958), Lomow (1971a, 1974), Leontjew (1979), Galperin (1967a, b) oder Oschanin und Konopkin (1973) und weiterhin von Broadbent (1964), Faverge und Ombredane (1955), Tomaszewski (1978), Straub (1957), Welford (1969, 1980), sowie die neurophysiologischen Grundlagen, wie sie mit besonderem Bezug auf den Arbeitsprozeß Bernstein (1957) und in bestimmter Hinsicht Anochin (1967) und Luria (1973) beigesteuert haben, bestätigen, daß reale Möglichkeiten für das Entwerfen einer Allgemeinen Arbeitspsychologie bestehen. Eine Rahmenkonzeption zeichnet sich ab.

Ihr Ausgangspunkt ist der für die Psychologie zentrale, von Rubinstein weiterentwickelte Regulationsbegriff, der auch für systemtheoretische Erkenntnisse offen ist. Seine Anwendung führt folgerichtig zum Erkennen und zur Makroanalyse des Hauptkettenglieds produktionswirksamer Untersuchungen und Bestgestaltungsmaßnahmen von Arbeitstätigkeiten, nämlich zu der vorrangigen Bedeutung kognitiver Leistungsanteile für die Arbeitsproduktivität sowie für die Entfaltung sozialistischer Persönlichkeitszüge im Arbeitsprozeß.

Im einzelnen wird dabei unter anderem gefragt nach dem Verhältnis von motivationaler und kognitiver Regulation von Arbeitstätigkeiten, nach der Rolle tätigkeitsleitender Gedächtnisinhalte, sogenannter operativer Abbilder oder Modelle der Umwelt und des eigenen Handelns für die Regulation von Arbeitstätigkeiten in Verbindung mit unterschiedlichen Arten von Rückkoppelungsvorgängen, nach dem Inhalt der regulativ wirksamen Ziele, nach den Formen der komplexen regulativen Invarianten im Arbeitsprozeß sowie nach der Ausprägung der Regulationsvorgänge auf verschiedenen Ebenen der Regulation mit unterschiedlicher Stellung in der Bewußtheit und nach einer möglicherweise hierarchischen Ordnung dieser Ebenen. Diese Kennzeichen der psychischen Regulation bestimmen die Ablaufeigenschaften von Arbeitstätigkeiten und damit die resultierenden Leistungen und Beanspruchungen. Daher müssen sie Ausgangspunkt aller Arbeitsuntersuchungen und Arbeitsgestaltungs- und Ausbildungsmaßnahmen sein. Darüber hinaus können die psychischen Vorgänge je nach ihrer Zugehörigkeit zu unterschiedlichen Regulationsebenen des Handelns auch in unterschiedlichem Maße zur Entfaltung persönlichkeitszentraler Fähigkeiten beitragen. Dabei haben intellektuelle Leistungen selbständiger oder schöpferischer Art besonders große Bedeutung. Bei der Kombination bzw. Teilung von Arbeitsaufgaben zwischen verschiedenen Werktätigen können Teilaufgaben mit Anforderungen an verschiedene Regulationsebenen erzeugt werden. Für die Praxis sind Leitgesichtspunkte für das optimale Kombinieren von Arbeitsanforderungen von der Psychologie bereitzustellen (vgl. 12. Kapitel).

Bei der Festlegung von Technologien können in verschiedenem Maße Freiheitsgrade für Arbeitsverfahren mit verschiedenen psychischen Regulationsvorgängen belassen werden. Auch hierzu sind Gestaltungsrichtlinien notwendig. Es bestehen Zusammenhänge zwischen den von den Freiheitsgraden abhängigen Anforderungen an die psychische Regulation und der resultierenden Struktur von Arbeitstätigkeiten einerseits und der in der Tätigkeit selbst erzeugten („intrinsischen") Arbeitseinstellung, den vielfältigen Arten von Arbeitszufriedenheit sowie dem Niveau und der Differenziertheit von Freizeitbetätigungen andererseits (Ulich 1975a). Für das Ausbilden der psychischen Regulationsgrundlagen, insbesondere der operativen Abbilder, sind vorstellungs-, wahrnehmungs-, denk- und sprachgestützte Trainingsverfahren besonders geeignet. Die gleichen Verfahren bieten günstige Möglichkeiten zum Lehren von Arbeitsverfahren, deren Anwendung persönlichkeitszentrale Fähigkeiten nicht nur nutzt — und damit Dequalifizierung verhütet —, sondern dabei weiterentwickelt. Die Eigenheiten der psychischen Struktur und Regulation von Arbeitstätigkeiten bilden insofern den Inhalt einer *allgemeinen* psychologischen Disziplin, als sie nicht nur unter Zurückstellen von individuellen Ausprägungsbesonderheiten darzustellen sind, nicht nur die Führung der Hauptlebenstätigkeit des Menschen betreffen, sondern vor allem gemeinsame und insofern allgemeine Grundlagen aller besonderen arbeits-, organisations- und ingenieurpsychologischen Einzelaufgaben umfassen — von der Konzipierung einer angemessenen Aufgabenverteilung zwischen Mensch und Maschine über die Bedienfeldgestaltung, die optimale Arbeitsteilung und -kombination, wirksame Maßnahmen der Monotonieverhütung, zweckmäßige Aufgabenzerlegungen, für Teillernvorgänge, Anforderungsermittlungen für die Arbeitsbewertung oder für die Eignungsermittlung bis hin zur Nutzung der erzieherischen oder therapeutischen Valenzen einer Arbeitsaufgabe.

Die Merkmale der regulierenden psychischen Struktur von Arbeitstätigkeiten sind in erster Linie bedingt durch den **technologischen Prozeß**. Die Arbeitstätigkeit ist ein Teil des technologischen Prozesses neben seinen mechanisierten und automatisierten Teilen. Technologische Prozesse enthalten auch Festlegungen zur Aufgabenverteilung auf die Arbeitenden. Diese organisatorische Struktur bestimmt die Arbeitstätigkeiten und die Inhalte und Formen ihrer psychischen Regulation maßgebend. Weiterhin ist die regulierende psychische Struktur durch die psychischen Eigenschaften bedingt, die dem Arbeitenden bereits eigen sind.

Welche Beziehungen bestehen zwischen diesen Bedingungen, allgemeiner zwischen den Arbeitsbedingungen, und der regulierenden psychischen Struktur von Arbeitstätigkeiten im einzelnen?

Zur Beantwortung dieser Fragen sind die verschiedenen Wirkungsarten von Arbeitsbedingungen zu erörtern; dieser Erörterung muß eine Definition und Klassifikation vorangehen. Nicht behandelt werden die konkreten Wirkungen einzelner Arbeitsbedingungen, welche Inhalte der speziellen Arbeitspsychologie darstellen.

2. Arbeitsbedingungen in psychologischer Sicht. Vermittlung der Wirkung von Arbeitsbedingungen durch psychische Regulation von Arbeitstätigkeiten

---

Im weiteren Sinne zählt der Arbeitsprozeß unter seine Mittel ... alle gegenständlichen Bedingungen, die überhaupt erheischt sind, damit der Prozeß stattfinde. Sie gehen nicht direkt in ihn ein, aber er kann ohne sie gar nicht oder nur unvollkommen vorgehn (Marx 1962, S. 193, 195).

Alles in der sich entwickelnden Persönlichkeit ist auf diese oder jene Weise von außen bedingt, aber nichts kann unmittelbar von den äußeren Einwirkungen abgeleitet werden ... Die äußeren Einwirkungen werden durch die inneren psychischen Bedingungen gebrochen ... Das Verhalten des Menschen ist durch die Außenwelt, vermittelt durch seine psychische Tätigkeit bedingt (Rubinstein 1962, S. 287, 221).

2.1. Abriß einer psychologischen Arbeitsbedingungslehre

Der Ausgangspunkt psychologischer Untersuchungen und darauf beruhender Gestaltungsvorschläge ist der **technologische Prozeß**. In der industriellen Produktion ist die Arbeitstätigkeit des Menschen Bestandteil des Produktionsprozesses, der neben der Arbeitstätigkeit zunehmend größere, von aktueller menschlicher Tätigkeit verselbständigte maschinelle Fertigungsphasen umfaßt. Ausschlaggebende Eigenschaften der psychischen Regulation von Arbeitstätigkeiten (wie die Möglichkeit zur Antizipation von Tätigkeitserfordernissen, darauf aufbauende Planmäßigkeit oder umgekehrt der Zwang zu unvorhersehbarem anfallsweisem Tätigwerden) sind daher nicht aus der jeweiligen Arbeitstätigkeit selbst, sondern nur aus dem übergeordneten technologischen Prozeß verständlich. Die so eingeordneten **Arbeitstätigkeiten** können wiederum nicht ursächlich, d. h. veränderungswirksam untersucht werden, wenn nicht zuvor Wirkungen und Wirkungsweisen der „erheischten Bedingungen", die teils Bedingungen unmittelbar aus dem Arbeitsprozeß, teils solche aus dem übergeordneten Produktionsprozeß sind, erfaßt sind. Die Erörterung der psychischen Regulation von Arbeitstätigkeiten muß mit der Analyse der Arbeitsbedingungen beginnen, um die im Arbeitsprozeß wirksamen Wechselbeziehungen einzubeziehen: Die selbst untereinander in komplizierten Wechselwirkungen stehenden Arbeits- und die personalen Bedingungen (die Leistungsvoraussetzungen der Menschen) determinieren Struktur und Regulation der Arbeitstätigkeiten; in Arbeitstätigkeiten werden fortlaufend Arbeitsbedingungen verändert und neu – beispielsweise in Form von selbst wiederum als Bedingungen wirksamen Arbeitsergebnissen – geschaffen. Ausgangspunkt einer psychologischen Erörterung der Beziehungen von psychischer Regulation von Arbeitstätigkeiten und Arbeitsbedingungen ist der Sachverhalt, daß die Außenwelt Einfluß gewinnt auf das menschliche Verhalten durch dessen **innere Organisation**, mit anderen Worten durch die Herausbildung einer regulativ wirksamen psychischen Struktur. Es liegt also eine dialektische Determination von Arbeitstätigkeiten und -ergebnissen vor.

2.1.1. Begriff der Arbeitsbedingungen in der Psychologie

Unter Arbeitsbedingungen sind Sachverhalte zu verstehen, die im Produktions- bzw. Arbeitsprozeß auftreten und die Arbeitstätigkeit und/oder das Arbeitsergebnis beeinflussen.

Ein Teil der Bedingungen, unter denen die Tätigkeiten ausgeführt werden, ist für sie notwendig und daher zu optimieren. Ein anderer Teil von Bedingungen ist nicht notwendig; in diesem können sogar beeinträchtigende, also zu beseitigende Sachverhalte enthalten sein.

Zusammen mit dem Auftrag bzw. der selbstgestellten Aufgabe bestimmen die Ausführungsbedingungen der Arbeitstätigkeit die objektiven Anforderungen.

Bei der zu Beginn dieses Abschnitts gegebenen Umschreibung muß berücksichtigt werden, daß als Arbeitsergebnis nicht nur das im Arbeitsauftrag geforderte Produkt betrachtet werden kann, sondern auch alle durch den Arbeitsprozeß – wenngleich nicht zielgerichtet – hervorgerufenen Zustands- und Befindlichkeitsveränderungen des arbeitenden Menschen hierzu gehören. Nur bei dieser Ausweitung der Betrachtung können Persönlichkeitsmerkmale als Ergebnis des gesellschaftlichen Arbeitsprozesses eingeordnet werden.

Es ist nicht möglich, einen allgemeingültigen, festen Katalog von Arbeitsbedingungen, der für beliebige konkrete Arbeitstätigkeiten zu beliebigen Zeitpunkten gilt, aufzustellen. Die Wirkungen von Arbeitsbedingungen sind

- spezifisch (was für eine Arbeitstätigkeit Bedingung ist, muß nicht immer für andere Tätigkeiten Arbeitsbedingung sein – oder nicht gleichartig auf sie wirken);
- historisch (im Rahmen der gesellschaftlichen, darin eingeschlossen der technologischen Entwicklung können Sachverhalte Einfluß auf Arbeitstätigkeiten gewinnen, verlieren oder ihn inhaltlich ändern);
- bedingt (zahlreiche Sachverhalte entfalten ihre Wirkung auf Arbeitstätigkeiten nur unter bestimmten Voraussetzungen äußerer oder innerer – in der Arbeitskraft selbst liegender – Art oder sind in Wirkungsausmaß und Wirkungsrichtung von derartigen Voraussetzungen abhängig).

Es wird im weiteren zu zeigen sein, daß sogar stark ausgeprägte Einwirkungen aus der Umgebung des Arbeitenden – beispielsweise intensiver Lärm – einen bedingten, an weitere Voraussetzungen gebundenen Effekt besitzen können. Umgekehrt können auf den ersten Blick belanglos erscheinende Umgebungssachverhalte beim Vorliegen spezifischer Zusatzbedingungen sehr wohl Auswirkungen auf Arbeitstätigkeiten bzw. -ergebnisse aufweisen.

Für psychologische Arbeitsuntersuchungen folgt, daß das Inventar der Arbeitsbedingungen für konkrete Arbeitstätigkeiten empirisch bestimmt werden muß. Das Prinzip der Identifizierung eines Sachverhalts als Arbeitsbedingung besteht darin, festzustellen, ob Veränderungen in dem fraglichen Sachverhalt zu Veränderungen in der Arbeitstätigkeit oder im Arbeitsergebnis führen.

Steht beispielsweise in Frage, ob die Farbe der Arbeitsunterlage zu den Arbeitsbedingungen einer feinen Montagetätigkeit gehört, so ist zu prüfen, ob Veränderungen der Farbe Arbeitstätigkeit und -ergebnis beeinflussen.

Wenn nicht jeder in den Elementen des Produktionsprozesses einschließlich der Umgebungseinflüsse vorliegende Sachverhalt bereits „Arbeitsbedingung" im psychologischen Sinne dieses Begriffs ist, sondern Arbeitsbedingungen an ihren unmittelbaren oder vermittelten Auswirkungen in Arbeitstätigkeiten und Arbeitsergebnis erkennbar sind, so entsteht eine Schwierigkeit. Tatsächlich vorliegende Auswirkungen können nämlich maskiert, beispielsweise durch höheren Einsatz oder durch Pharmaka kompensiert sein.

Beispielsweise wurden in einem Kunstfaserbetrieb die Auswirkungen unzureichender Arbeitsbedingungen, hier gesundheitsbeeinträchtigender Lärm und mangelhafte Beleuchtung, von einem Teil der Werktätigen medikamentös maskiert und kompensiert (Meyer 1959). Die in einer Lärmabteilung hochsignifikant häufiger auftretenden Kopfschmerzen wurden teilweise regelmäßig durch Kopfschmerztabletten bekämpft, wobei etwa zu drei Vierteln phenacetinhaltige Präparate eingenommen wurden. Diese besitzen neben der analgetischen eine angenehm sedierende und damit stimmungsförderliche Wirkung. Diese kann der Arbeitsleistung zugute kommen. Die „Arbeitsauswirkung Kopfschmerzen" ist damit bei prophylaktischem Einnehmen aufgehoben und die Leistungsbeeinträchtigung möglicherweise kompensiert. Dennoch besteht die Beeinträchtigung des Organismus weiter. Mit anderen Worten:

Bei der Ermittlung von Arbeitsbedingungen müssen die vielfältigen reaktiven Antworten des Werktätigen auf diese in Rechnung gestellt und gleichfalls als arbeitsbedingungsabhängige Veränderungen in Arbeitstätigkeit bzw. Arbeitsergebnis erfaßt werden. Auswirkungen von Arbeitsbedingungen müssen nach alledem gesucht werden:

- im gefertigten Produkt;
- in Zuständen – einschließlich Persönlichkeitsmerkmalen – und Befindlichkeiten des Arbeitenden;
- im Verlauf und in der Struktur der Arbeitstätigkeit sowie
- in der Art und Weise der Auseinandersetzung mit der Gesamtsituation, insbesondere der Aufgabe und ihren Ausführungsbedingungen.

Diese Auseinandersetzung kann beispielsweise in Verbesserungsvorschlägen, Fluktuation oder – bezogen auf das obige Beispiel – im Medikamentenmißbrauch bestehen. Zur differenzierteren Erörterung ist eine Klassifizierung der Arbeitsbedingungen erforderlich.

2.1.2. *Klassifikation von Arbeitsbedingungen aus psychologischer Sicht*

Für arbeitspsychologische Aufgaben bewährt sich eine Einteilung nach der Herkunft der Arbeitsbedingungen, die von Straub vorgeschlagen wurde. Sie ist eine Anwendung der marxistischen „reflektorischen Theorie des Psychischen", welche die Wirkung äußerer Bedingungen der Tätigkeit gebrochen an inneren Bedingungen behandelt, auf die Arbeitstätigkeit (Rubinstein 1962). Diese Einteilung ist konzipiert in erster Linie für Zwecke der psychologischen Arbeitsuntersuchung, speziell der psychologischen Arbeitsstudien; für andersartige, z. B. gesellschaftlich-historische, politisch-ökonomische Anliegen kann eine andere Klassifizierung zweckmäßig sein.

Tab. 2.1 faßt die Einteilung unter Angabe jeweils weniger Beispiele zusammen. Wie jedes vergröbernde Schema kann es einige abwegige Simplifikationen nahelegen. Daher sind bei seiner Betrachtung folgende Zusammenhänge zu berücksichtigen:

Tab. 2.1: Grobschema der Ausführungsbedingungen von Arbeitstätigkeiten für psychologische Arbeitsuntersuchungen (nach Straub)

Einteilung			Beispiele
1. Auf den Arbeitenden einwirkende **Arbeitsbedingungen**	1.1. Allgemeine Arbeitsbedingungen	1.1.1. Gesellschaftlich-ökonomische Ausgangsbedingungen und ihre Folgebedingungen	– Merkmale der Produktionsverhältnisse und ihrer Realisierung, z. B. – – Einheit von Produzent und Eigentümer – – sozialistische Demokratie bei Produktionsleitung; Kollektivität – – Leistungsprinzip – – Einheit von Produktivitätssteigerung und Persönlichkeitsförderung einschließlich Gesundheits- und Arbeitsschutz – Folgebedingungen wie Arbeitszeitregelungen oder Entlohnungsformen
		1.1.2. Raum-zeitliche und Arbeitsumweltbedingungen. Darin Teilgruppe: Natürliche Bedingungen	– Arbeitsort, -raum – Raumbeschaffenheit u. a. einschließlich Licht/Beleuchtung, Lärm, Mikroklima, Luftbeschaffenheit – Witterungseinflüße, Klima
	1.2. Arbeitsplatzspezifische Arbeitsbedingungen		– fester/wechselnder Arbeitsplatz – Technologien und technische Einrichtungen am Platz Werkstoffe am Platz – arbeitsplatzbedingte Kooperations/Kommunikationsformen – durch Arbeitsplatz bedingte Sichtverhältnisse, Haltungen
	1.3. Arbeitstätigkeitsspezifische Arbeitsbedingungen		– für Tätigkeit verfügbare technische Einrichtungen und Programme Vorgeschriebenheitsgrad des Vorgehens, Zeitbindung – tätigkeitsbezogene Arbeitsnormen; Toleranzen – tätigkeitsbedingte Formen der Kooperation/Kommunikation

Tab. 2.1. (Fortsetzung)

Einteilung		Beispiele	
2. Beim Arbeiten als Leistungsvoraussetzungen vorliegende **personale Bedingungen**	2.1. – Habituelle Leistungsvoraussetzungen	2.1.1. Körperliche Leistungsvoraussetzungen	– Konstitution – Allgemein- und Gesundheitszustand – tätigkeitsbezogene Tauglichkeit (z. B. Sinnestüchtigkeit)
		2.1.2. Psychophysische und psychische Leistungsvoraussetzungen	– Einstellungen – Kenntnisse/Erfahrungen – Fertigkeiten – Fähigkeiten
	2.2. Aktuelle Leistungsvoraussetzungen, die während der Auseinandersetzung mit dem Arbeitsauftrag entstehen		– Geübtheit, Ausführungserfahrungen – Motivation für Tätigkeit (Erfolgserleben; Befriedigung) – Ermüdung, Monotoniezustand, psychische Sättigung, Streßzustand

Zunächst ist zu bedenken, daß für praktische Zwecke die Trennung in Arbeitsbedingungen und „personale" Bedingungen, also Leistungsvoraussetzungen, hilfreich ist, jedoch nicht zum Übersehen des dialektischen Verhältnisses dieser beiden Bedingungsgruppen führen darf, da dieses gerade das Wesen des Wirkens von Arbeitsbedingungen kennzeichnet! Aus der Allgemeinen und Persönlichkeitspsychologie ist bekannt, in welchem Maße und auf welche Weise personale Bedingungen des Verhaltens in Lernvorgängen verinnerlicht wurden. Umgekehrt entäußern sie sich in dem Maße, in welchem sie regulative Funktionen für das Verhalten, darunter für Arbeitstätigkeiten, gewinnen. Andererseits wirken Arbeitsbedingungen in noch zu erörternder Weise „gebrochen" an personalen Bedingungen auf Arbeitstätigkeit und Arbeitsergebnis ein und sind nur unter Berücksichtigung dieser Brechung hinsichtlich ihrer Wirkung erklärbar und vorhersagbar. Somit besteht

– eine fortwährende Wechselwirkung zwischen Arbeitsbedingungen und Leistungsvoraussetzungen, wobei
– sich im Arbeitsprozeß die „Grenze" zwischen Arbeitsbedingungen und Leistungsvoraussetzungen regelhaft verschiebt: Arbeitsbedingungen werden z. B. zu Überzeugungen; Leistungsvoraussetzungen führen zu bzw. vergegenständlichen sich in Arbeitsresultaten, welche den Charakter neuer Arbeitsbedingungen gewinnen; und dabei
– sind zahlreiche Arbeitsbedingungen tatsächliche Arbeitsbedingungen im Sinne wirksamer Einflüsse auf Arbeitstätigkeit und Arbeitsergebnis in dem Maße, in welchem sie widergespiegelt innere Bedingungen erzeugen bzw. modifizieren.

Die Mittlerrolle in dieser Wechselwirkung hat die Arbeitstätigkeit. Besonders anschaulich wird dies an den prozeßbedingten Leistungsvoraussetzungen erkennbar, welche erst in der Auseinandersetzung des Werktätigen mit dem Auftrag und seinen Ausführungsumständen entstehen. Beispielsweise kann die rückmeldungsabhängige Erfahrung mit bestimmten Arbeitstätigkeiten – etwa über die erforderliche Kraft und Tiefe des Durchtretens eines Pedals für das Auslösen einer stoßfreien Fahrzeugbeschleunigung – nur in der Ausübung dieser Tätigkeit selbst gewonnen werden.

Es wäre ein verhängnisvoller Irrtum, wenn man diese dialektische Beziehung als zwar theoretisch interessant, aber praktisch bedeutungslos abtun wollte. Eben diese mit der Geste des skeptischen Praktikers vorgetragene Haltung war eine der Ursachen des Scheiterns der traditionellen Betriebspsychologie, der Psychotechnik, an selbst im Rahmen ihrer Gesellschaftsordnung lösbaren Teilaufgaben (vgl. dazu Friedmann 1952). Läßt man das dialektische Verhältnis außer Betracht, so ist bestenfalls eine arbeitsphysiologische, aber keine arbeitspsychologische Analyse, Bewertung und Gestaltung von Arbeitsbedingungen möglich, da die Funktion des Menschen als erlebendes, stellungnehmendes, bewußt gestaltendes, soziales Wesen nicht berücksichtigt ist.

Weiterhin darf innerhalb der personalen Bedingungen nicht das gleichfalls dialektische Verhältnis von aktuellen und habituellen personalen Bedingungen übersehen werden. Aktuelle, durch den augenblicklich ausgeführten Arbeitsprozeß bedingte Leistungsvoraussetzungen können sich zu habituellen Leistungsvoraussetzungen verfestigen, welche wiederum Entstehung und Wirkungsweise aktueller personaler Bedingungen beeinflussen. Ohne Berücksichtigung dieses Sachverhalts bleibt die persönlichkeitsprägende Wirkung des Arbeitsprozesses unverständlich und damit auch die gesellschaftliche Forderung nach Förderung der Persönlichkeitsentwicklung in der Arbeitstätigkeit.

Ein psychologisch relevantes, dialektisches Verhältnis ist aber auch – über die in Tab. 2.1 gegebene Differenzierung der Arbeitsbedingungen hinausgehend – zwischen den Arbeitsbedingungen insgesamt und den Auswirkungen der Arbeitstätigkeiten, den Arbeitsergebnissen, gegeben. Arbeitsbedingungen beeinflussen ex definitione Arbeitstätigkeit und/oder -ergebnis; zahlreiche Arbeitsergebnisse werden wiederum zu Arbeitsbedingungen:

Arbeitsbedingungen → Arbeitstätigkeit → Arbeitsergebnis

Dieses Wechselverhältnis beschränkt sich keineswegs auf Arbeitsbedingungen, etwa in dem Sinne, daß in der industriellen Produktion Arbeitsumgebung, Arbeitsmittel oder Arbeitsgegenstände selbst bereits das Ergebnis der Arbeitstätigkeit anderer Menschen sind. Damit sind wichtige einstellungswirksame Konsequenzen bei der Bewertung derartiger Arbeitsbedingungen durch den betroffenen Werktätigen verknüpft: Entstehen beispielsweise erschwerende Umstände durch natürliche Bedingungen wie die Witterung, so resultieren bei ihrer Bewältigung andere Einstellungen, als wenn sie das Resultat der Arbeit anderer Menschen sind.[1] Auch zahlreiche prozeßbedingte Leistungsvoraussetzun-

[1] Bereits für die Einteilung der Arbeitsbedingungen ist also wesentlich, daß der gesellschaftliche Arbeitsprozeß in mehreren Beziehungsebenen zu charakterisieren ist:
- als Prozeß zwischen Mensch und Natur sowie
- als Prozeß zwischen Menschen.

gen – wie Trainiertheit, Erfahrung, Fähigkeiten, Befriedigung, Einstellungen – sind zugleich Arbeitsergebnisse. Dieser Sachverhalt hat beträchtliche Bedeutung, weil er einen Grundmechanismus des Schaffens erforderlicher personaler Bedingungen erkennbar werden läßt, nämlich den der Entwicklung von Leistungsvoraussetzungen in den Arbeitstätigkeiten, für die sie eine Erfüllungsbedingung darstellen. Neue Arbeitsaufgaben schaffen zugleich die für sie erforderlichen Leistungsvoraussetzungen. Die Bedeutung dieses Mechanismus reicht von der Begründung einer produktionsbezogenen Berufsausbildung, der Bereitstellung von Bewertungskriterien der Ausbildungshilfsmittel (Modellsituationen, Trainingsgeräte) bis zu dem allgemeinen Prinzip der Selbstveränderung des Menschen als Gattung und Individuum im gesellschaftlichen Arbeitsprozeß.

Marx (1959a, S. 533f.) charakterisiert in der dritten Feuerbach-These diesen Zusammenhang wie folgt: „Die materialistische Lehre, daß die Menschen Produkte der Umstände und Erziehung, veränderte Menschen also Produkte anderer Umstände und geänderter Erziehung sind, vergißt, daß die Umstände eben von den Menschen verändert werden und daß der Erzieher selbst erzogen werden muß ... Das Zusammenfallen des Änderns der Umstände und der menschlichen Tätigkeit kann nur als umwälzende Praxis gefaßt und rationell verstanden werden."

Der Arbeitsprozeß führt zu vielfältigen Arbeitsergebnissen. Neben dem erzeugten Produkt als Arbeitsergebnis und in Wechselwirkung mit ihm entstehen als gleichwertige Arbeitsergebnisse zahlreiche Veränderungen beim arbeitenden Menschen. Diese sollen unter psychologischem Aspekt weiter differenziert werden (vgl. zum Überblick Tab. 2.2). Veränderungen *ohne* Rückwirkungen auf die Arbeitstätigkeiten des jeweiligen Menschen stellen einen Grenzfall ohne praktische Bedeutung dar. Veränderungen *mit* Auswirkungen auf die ausgeübte und – bei gegebenen Übertragungsbedingungen – andere Arbeitstätigkeiten sind aktuell oder habituell wirksame prozeßbedingte Leistungsvoraussetzungen. Aktuelle Veränderungen können in habituelle Eigenschaften übergehen. Beispiele für aktuelle Veränderungen sind vorübergehende, geräuschbedingte Vertäubungen, neurovegetative Umstellungen (im Sinne der ergotropen Phase), in der verfügbaren Freizeit zwischen zwei Schichten abzubauende Ermüdungszustände. Beispiele für habitualisierte arbeitsbedingte Veränderungen sind körperliche Trainiertheit oder auch Abnutzungsschäden des Bewegungssystems (vgl. Liste der Berufskrankheiten), Fertigkeits-, Fähigkeits- und Gewohnheitserwerb, die Entwicklung von Einstellungen und Haltungen. Aktuelle wie habitualisierte Veränderungen können auf zwei psychologisch zu unterscheidenden Wegen entstehen; entweder unmittelbar im Prozeß der Aufgabenerfüllung (z. B. Fertigkeitsentwicklung) oder vermittelt durch die Reflexion der Produkte unter dem Aspekt ihrer gesellschaftlichen Wertung (z. B. Bewußtsein des gesellschaftlichen Werts von Leistungen als Komponente des Selbstbewußtseins).

Da zu den Arbeitsergebnissen regelhaft derartige Veränderungen der arbeitenden Persönlichkeit gehören, ist der Arbeitsprozeß ein Mittel zur Erzeugung von Persönlichkeitseigenschaften — nicht nur von materiellen gesellschaftlichen Werten. Die wissenschaftlich fundierte, systematische Nutzung dieser Potenzen für die Entwicklung von

(Fortsetzung der Fußnote 1, S. 39)

Dieser bezieht ein sowohl
– – unmittelbare soziale Wechselwirkungen (Mensch – Mensch) wie auch
– – durch Vergegenständlichung menschlicher Arbeitskraft vermittelte Beziehungen (Mensch – Arbeitsmittel).

Tab. 2.2: Schema der Differenzierung von Arbeitsergebnissen unter besonderer Berücksichtigung der Veränderungen beim arbeitenden Menschen

- Arbeitsergebnis
  - (gegenständliches) Produkt ⇄ Veränderungen beim arbeitenden Menschen
    - Grenzfall: Veränderung ohne Rückwirkungen auf Arbeitstätigkeit
    - Veränderungen mit Rückwirkung auf Arbeitstätigkeit: Arbeitsergebnisse als neue Arbeitsbedingungen
      - aktuelle Veränderungen in den Leistungsvoraussetzungen (vgl. Modifikationen der Struktur der Arbeitstätigkeit, 11. Kapitel) ⇄ habituelle Veränderungen in den Leistungsvoraussetzungen („Selbstveränderung der Persönlichkeit") (vgl. 12. Kapitel)
        - aktuelle Veränderungen:
          - unmittelbar im Prozeß der Aufgabenerfüllung
          - mittelbar (reflexiv) über die Widerspiegelung der Resultate und ihrer gesellschaftlichen Wertung (vgl. 5. Kapitel)
        - habituelle Veränderungen:
          - unmittelbar im Prozeß der Aufgabenerfüllung
          - mittelbar (reflexiv) über die Widerspiegelung der Resultate und ihrer gesellschaftlichen Wertung (vgl. 5. Kapitel)

Leistungsvoraussetzungen, die Förderung der Persönlichkeitsentfaltung und die Lenkung von Menschen erfordert die Aufdeckung der in der psychischen Regulation des Arbeitsprozesses wirksamen Gesetzmäßigkeiten.

Schließlich darf bei der schematisierenden Einteilung der Arbeitsbedingungen der funktionelle Zusammenhang nicht übersehen werden, der für die Ableitung der Anforderungen von Belang ist. Jede Erfüllung eines Auftrags in einer Arbeitstätigkeit stellt Anforderungen an den Arbeitenden. Diese Anforderungen an die Leistungsvoraussetzungen können angegeben werden u. a. als geforderte (Soll-)Tätigkeiten. Dazu wird der Auftrag bezogen auf seine objektiven Ausführungsbedingungen (Arbeitsmittel, Arbeitsgegenstände, Verfahrensvorschriften, raum-zeitlichen sowie Umgebungsbedingungen). Unter den Leistungsvoraussetzungen ist die Gesamtheit der zur forderungsgerechten Erfüllung eines Arbeitsauftrags verfügbaren physischen und psychischen Eigenschaften des arbeitenden Menschen zu verstehen.

In körperlicher Hinsicht sind dazu die von der Arbeitsmedizin ermittelten und bei arbeitsmedizinischen Einstellungs- und Tauglichkeits- bzw. Überwachungsuntersuchungen geprüften Merkmale des Allgemein- und Gesundheitszustands wie Konstitutionseigentümlichkeiten oder Sinnestüchtigkeit zu zählen. Ein Teil dieser körperlichen Leistungsvoraussetzungen (wie komplexe Sinnesleistungen, Funktionseigentümlichkeiten in der höheren Nerventätigkeit) wird wegen seiner unmittelbaren Grundlagenfunktion für psychische Vorgänge häufig unter dem Begriff der psychophysischen Leistungsvoraussetzungen geführt. Psychische Leistungsvoraussetzungen sind Kenntnisse und Erfahrungen, Fähigkeiten, Fertigkeiten und Gewohnheiten sowie Charaktereigenschaften. Unter diesen ist insbesondere zu denken an Einstellungen zu gesellschaftlichen Wertbereichen, zum Kollektiv und anderen Menschen und zu sich selbst — speziell zur eigenen Leistung.

Diese Leistungsvoraussetzungen eines Menschen entstammen der phylogenetisch erworbenen biologischen Grundausstattung und Lernvorgängen bei der bisherigen Ausübung von Tätigkeiten. Über allgemeine psychische Leistungsvoraussetzungen verfügt ein Mensch damit in dem Maße, in welchem die in seiner Lebensgeschichte wiederholt bewältigten Tätigkeiten für Arbeitstätigkeiten gemeinsame, allgemeine Bestandteile enthielten.

Erst im Zusammenwirken der unterschiedenen Arten von Arbeitsbedingungen entstehen die Anforderungen, welche die Struktur einer Arbeitstätigkeit und vermittels dieser ihr Resultat bestimmen (vgl. 3. Kapitel). Überblickt man die oben rubrizierten Arten von Arbeitsbedingungen, so ist die Einordnung von aktuellen und habituellen Leistungsvoraussetzungen in das Gegenstandsgebiet der Arbeitspsychologie einsichtig. Um jedoch die Beziehungen der Arbeitsbedingungen zur Psychologie zu erfassen, muß ihre Wirkungsweise untersucht werden.

2.1.3. Wirkungsarten von Arbeitsbedingungen und ihre Konsequenzen

Wegen weitreichender praktischer und tiefgehender theoretischer Konsequenzen müssen unterschiedliche Wirkungsarten von Arbeitsbedingungen auseinandergehalten werden.

Unter didaktischem Aspekt sollen im folgenden zwei Wirkungsarten als Pole einer ganzen Reihe erörtert werden, zwischen denen realiter fließende Übergänge und enge Verknüpfungen bestehen.

a) Arbeitsbedingungen (AB) können ohne psychische Verarbeitung, *unmittelbar*, in Form einer physiologischen Veränderung der Leistungsfähigkeit des Organismus ($LF_{Org.}$) auf die Arbeitstätigkeit (At) und das Ergebnis (AE) einwirken.

$AB \rightarrow Lf_{(Org.)}$; At, AE.

So wirkt beispielsweise eine mäßige CO-Anreicherung der Raumluft, ohne daß der Arbeitende diese bemerken kann oder muß und sich mit ihr psychisch auseinandersetzen muß, unmittelbar auf die physischen Leistungsvoraussetzungen in Kreislauf- und Stoffwechselvorgängen ein. Oder: Das Leuchtdichteniveau bestimmt die Unterschiedsempfindlichkeiten für Leuchtdichten unmittelbar durch Funktionsveränderungen in dem lichtzuführenden Apparat und den rezeptorischen Elementen der Netzhaut, ohne daß diese bemerkt werden und eine psychische Auseinandersetzung erforderlich wird (Abb. 2.1).

Die nicht an eine psychische Auseinandersetzung gebundene Wirkungsweise führt zu einer vergleichsweise homogeneren Wirkung als bei an psychische Auseinandersetzung gebundener Wirkungsweise.[2]

Die „unmittelbare" Wirkung stellt einen Grenzfall dar; zahlreiche Arbeitsbedingungen vom Typus der Umweltbedingungen wirken zwar einerseits obligatorisch unmittelbar, können aber andererseits fakultativ auch über das psychische Verarbeiten und die ent-

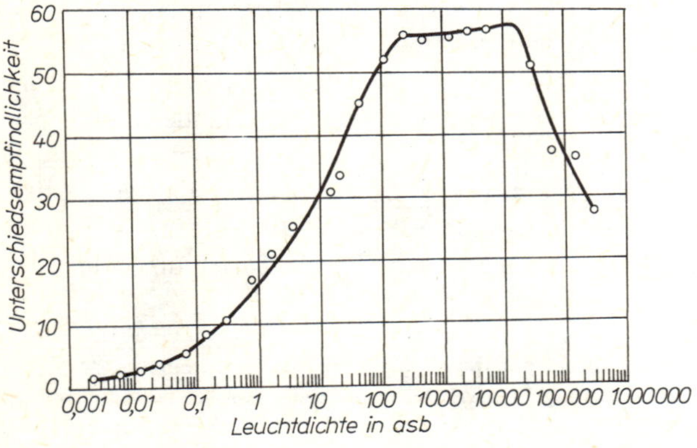

Abb. 2.1: Steigerung der Unterschiedsempfindlichkeit bei zunehmender Leuchtdichte (nach König und Brodhun).

2 Eine vollständig gleichartige Wirkung im Sinne einer mechanischen Determination haben auch die diesem Wirkungsprinzip zuzuordnenden Arbeitsbedingungen nicht. Auch auf dem Niveau der physiologischen Regulation liegt bereits eine dialektische Determination im Sinne einer Brechung an bestehenden organisatorischen Zuständlichkeiten vor. Allerdings ist der Wirkungsspielraum begrenzter. Ein Beispiel liefert die Abhängigkeit der Veränderungen neurovegetativ regulierter Vorgänge von der Ausgangslage im Sinne Wilders (1931). Nähere Darstellungen dazu vgl. Hacker (1958).

stehende Stellungsnahme „mittelbare“ Wirkung gewinnen. So vertäubt beispielsweise ein Geräusch bestimmter Mindestlautstärke in audiometrisch meßbarer Weise, ohne daß es dazu bewußt erlebt werden muß (z. B. auch im Schlaf oder bei einer Bezugssystemverschiebung, wie bei einem Maschinisten, der zwar feine Unregelmäßigkeiten im Maschinenlauf, nicht aber das dauernde Grundgeräusch der ordnungsgemäß laufenden Maschinen hört), und verschlechtert die Leistung, beispielsweise durch Maskierung von Signalen. Gleichzeitig kann durch subjektive Bewertung, z. B. als lästig oder störend, ein **zusätzlicher** leistungsmodifizierender Effekt entstehen. Damit ist bereits dem zweiten Wirkungsprinzip vorgegriffen:

b) Arbeitsbedingungen können über ihre **psychische Verarbeitung** (präziser über die Wahrnehmung und über kognitive und emotionale Bewertungsvorgänge) die psychische Struktur der Arbeitstätigkeit und über diese das Arbeitsergebnis beeinflussen.

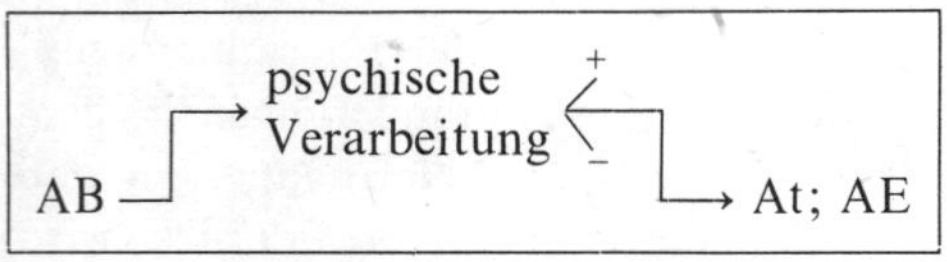

Die psychische Verarbeitung muß dabei nicht notwendig bewußtseinsvordergründig erlebt sein; es gibt Stufen der Bewußtseinsfähigkeit und Bewußtseinspflichtigkeit. Entscheidend ist, daß je nach den Eigenheiten und Ergebnissen der psychischen Verarbeitung objektiv gleichartige Arbeitsbedingungen durchaus verschiedene Auswirkungen auf Arbeitstätigkeit und Arbeitsergebnis aufweisen können. Daher weisen über ihre psychische Verarbeitung wirkende Arbeitsbedingungen sehr verschiedenartige, allein aus dem Wesen dieser Arbeitsbedingungen nicht erklärbare (nicht bedingungsspezifische) Wirkungen auf. Diese sind vielmehr spezifisch für die vermittelnden inneren Bedingungen, im weitesten Sinne für die Beschaffenheit der psychischen Antriebs- und Ausführungsregulation, beispielsweise der Motivierung und der Ziele. Soll mit Hilfe von Arbeitsbedingungen, die diesem Wirkungsprinzip folgen, ein bestimmter Effekt erreicht werden, so müssen die erforderlichen Verarbeitungsbedingungen beim arbeitenden Menschen gesichert werden. Diese Besonderheiten wurden mit dem Sammelbegriff der „bedingten“ Wirkung in Abschnitt 2.1.1. belegt. Rubinstein (1958) bezeichnete diesen Sachverhalt bildhaft als das Wirken äußerer Arbeitsbedingungen gebrochen an inneren, an Persönlichkeitseigenschaften, die sich selbst in vorangehenden Wechselbeziehungen mit der Umwelt entwickelt haben.

So wirkt z. B. eine erhaltene Prämie nicht direkt auf das in der Arbeitstätigkeit eingesetzte Kreislauf- bzw. Muskelsystem und damit auf die Leistung, sondern führt zu motivationalen Veränderungen, und erst diese führen wiederum zu Modifikationen in der psychischen Struktur der Arbeitstätigkeiten. Diese Wirkung kann eine Prämie — im Unterschied zur keineswegs bewußtseinspflichtigen Wirkung klimatischer Bedingungen — auch nur dann entfalten, wenn der mit ihr bedachte Arbeitende davon weiß. Weiterhin kann die gleiche Prämie zu verschiedenen motivationalen Veränderungen in Abhängigkeit von der Stellungnahme des Betroffenen führen — zu Freude, zu Bestätigung und Ansporn oder auch zu einem selbstzufriedenen Auf-der-Stelle-Treten. Oder: Nur durch psychische Vermittlung werden Sachverhalte vom Typus der „störenden Fliege an der Wand“ zur Arbeitsbedingung. Ein tropfender Wasserhahn kann zum Störfaktor werden nicht durch die absolute oder relative Stärke des Geräuschs, sondern vermittels der Bedeutung, die ihm im Verlauf der Zuwendung verliehen wird. Daher wechselt der Störeffekt mit der Zuwendungsweise des Arbeitenden. Es liegt eine bedingte, bewertungsabhängige Wirkung vor.

In welchem Maße die psychisch vermittelte Wirkung von Arbeitsbedingungen dominiert und sogar die unmittelbare Wirkung modifiziert, muß näher erörtert werden:

Als Beispiel wird eine Umweltbedingung gewählt, der Lärm. Ein hoher Lärmpegel schädigt bei längerer Einwirkungszeit bekanntlich nicht nur das Gehör, sondern führt zu vielgestaltigen Disregulationen vorwiegend in vegetativ gesteuerten Körperfunktionen, wie dem Kreislauf, den Verdauungsvorgängen, in dem vom Mittelhirn regulierten Muskeltonus sowie zu Befindensstörungen wie Kopfschmerzen, Appetitlosigkeit, Schlafstörungen und nervöser Gereiztheit. Daneben werden tiefgreifende Beeinträchtigungen der Struktur der unter Lärmeinwirkung auszuführenden Arbeitstätigkeiten (Destruktion beispielsweise in der sensumotorischen Koordination) und über diese ökonomisch meßbare Produktionsverluste hervorgerufen (Rentzsch 1971). Diese durch Strukturzerfall bedingten Verluste wachsen mit dem Lärmpegel.

Obgleich nun – im Unterschied zum Beispiel der Wirkung einer Prämie – diese umfassenden Auswirkungen einer psychischen Vermittlung nicht bedürfen, werden sie durch diese doch modifiziert. Sogar die Auswirkungen intensiven Lärms weisen psychisch vermittelte Komponenten auf. Beispielsweise fiel auf, daß unter gleichen Expositionsbedingungen bei Triebwagenführern der jeweils Bedienende geringere meßbare Gehörvertäubungen aufwies als der Beifahrer. Das würde bedeuten, daß selbsterzeugter Lärm nicht nur weniger stört – eine Binsenwahrheit –, sondern auch objektiv meßbar weniger beeinträchtigt. Hörmann, Mainka und Gummlich (1970) prüften experimentell den Einfluß von Lärm verschiedener subjektiver Wertigkeit (im Sinne von regulativer Bedeutsamkeit für die ausgeführte Tätigkeit) auf psychische und physische Reaktionen. Sie exponierten 3 Gruppen von Versuchspersonen während des Nachfahrens einer Figur („Tracking") einem Geräusch von 95 dB. Dabei war das Geräusch bei

Aufgabengruppe A das Signal für einen Arbeitsfehler;

Aufgabengruppe B das Signal für die forderungsgerechte Ausführung der Arbeitsaufgabe;

Aufgabengruppe C eine ohne eine Arbeitsaufgabe gebotene Reizung.

Für diese drei Aufgabengruppen wurden die zeitweiligen Hörschwellenverschiebungen (Vertäubungen), die elektromyographisch ermittelte Muskelspannung als Zeichen der allgemeinen Aktiviertheit sowie eine skaliert erfaßte subjektive Befindlichkeit bestimmt.

Die verschiedene subjektive Wertigkeit führt zu einer unterschiedlichen subjektiven

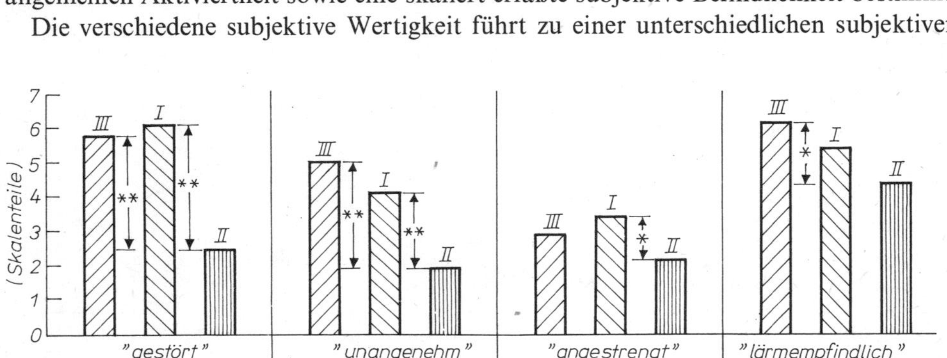

Abb. 2.2: Subjektive Einschätzung in Abhängigkeit vom Bedeutungsgehalt des Geräusches. I Geräusch als Strafe, II Geräusch als Belohnung, III Geräusch neutral (Hörmann u. a. 1970, S. 21).

Beurteilung des Ausmaßes, in dem der Lärm stört, unangenehm bzw. anstrengend wirkt und zu einer unterschiedlichen Beurteilung der eigenen Lärmempfindlichkeit (Abb. 2.2). Für wen das Geräusch die Bestätigung fehlerfreier Arbeit war (Gruppe B), der beurteilte es als weniger störend und die Aufgabe als weniger unangenehm und weniger anstrengend; zugleich schätzte sich diese Gruppe als weniger lärmempfindlich ein, als es die Gruppe A tat, für die das Geräusch fehlerhafte Arbeit signalisierte bzw. die Gruppe C ohne Arbeitsauftrag. Diese beiden Gruppen beurteilten die Situation gleichermaßen als störender, unangenehmer und anstrengender.

Auch die Muskelspannung ist von der Wertigkeit des Geräuschs abhängig (Abb. 2.3). Sie ist bei Gruppe A (Geräusch ist Fehlersignalisation) signifikant größer als bei B (Geräusch bestätigt fehlerfreie Arbeit). Eine gleichartige Wertigkeitsabhängigkeit konnte schließlich für die reversible Hörschwellenverschiebung ermittelt werden (Tab. 2.3):

Das Wesentliche ist klar erkennbar. Ein ausschlaggebender Teil der Lärmwirkung ist psychisch, durch die Funktion des Geräusches in der Regulation der Tätigkeit, vermittelt. Wie damit am Beispiel des Lärms als einer Arbeitsbedingung belegt ist, können die psychisch vermittelten, aufgabenspezifischen Wirkungen von Arbeitsbedingungen sowohl psychischer wie physischer Art sein.

Die gebrochene, psychisch vermittelte Wirkung von Arbeitsbedingungen bedeutet mit anderen Worten gleichzeitig, daß diese in Abhängigkeit von der Arbeitsaufgabe wirken.

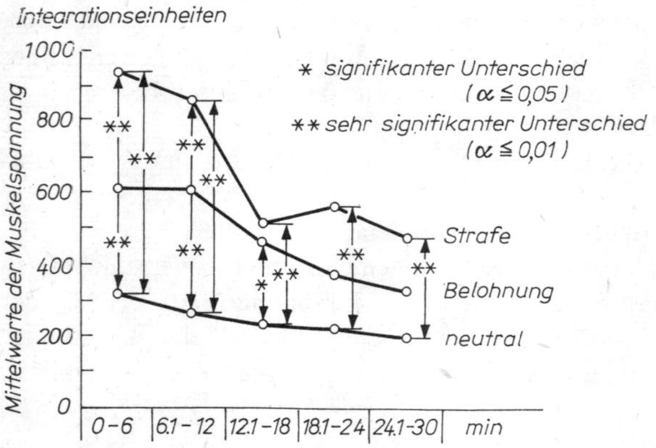

Abb. 2.3: Abhängigkeit des Muskelaktionspotentials vom Bedeutungsgehalt eines Geräusches (Hörmann u. a. 1970, S. 22).

Tab. 2.3: Ausmaß der reversiblen Hörschwellenverschlechterung in Abhängigkeit von der regulativen Bedeutung des Geräusches (Hörmann, Mainka und Gummlich 1970)

Lärmbedeutung	Hörschwellenverschlechterung (dB)	
Geräusch als *Fehler*signalisation	18,1	
Geräusch bestätigt fehler*freie* Arbeit	12,8	signifikant ↕ nicht signifikant
Geräuschexposition *ohne* Arbeitsauftrag	10,2	

Stellvertretend für die zwischen diesen beiden Polen möglichen **Übergangsformen** soll ein Wirkungsprinzip genannt werden, bei welchem Arbeitsbedingungen die physischen Leistungsvoraussetzungen zunächst ohne psychische Verarbeitung beeinflussen, wonach die sich daraus ergebende Leistungsänderung bewußt wird und nunmehr rückwirkend die Aufmerksamkeit auf die ursächlichen Arbeitsbedingungen lenkt:

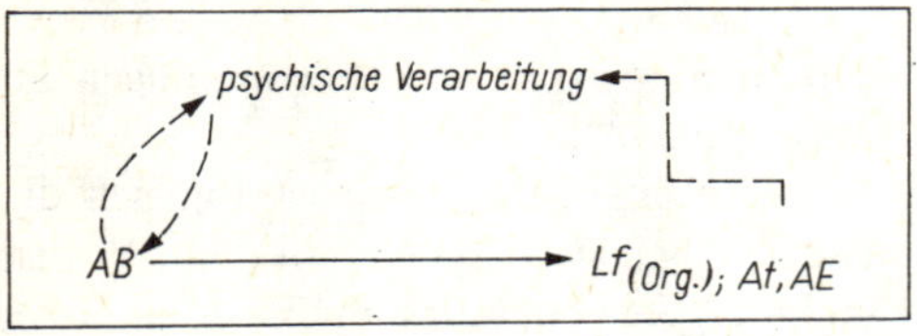

Ein Beispiel ist eine *stark ausgeprägte* CO-Anreicherung in der Raumluft, welche die Aufgabenzuwendung zunehmend erschwert und eine Ursachensuche beim Betroffenen auslöst.

Tab. 2.4 stellt die wichtigsten Wirkungsformen von Arbeitsbedingungen nochmals zusammen. Unabhängig vom Ausmaß der Bewußtheit der eingeschlossenen psychischen Verarbeitungsvorgänge ist für den Arbeitsprozeß das mittelbare, psychische Wirkungsprinzip von Arbeitsbedingungen vorherrschend. Während Arbeitsphysiologie und -hygiene die unvermittelte, physiologische Wirkung von Arbeitsbedingungen analysieren, ist die Arbeitspsychologie auf das zweite, psychisch vermittelte Wirkungsprinzip orientiert.

Tab. 2.4: Zusammenstellung verschiedener Wirkungsformen äußerer Arbeitsbedingungen

Wirkungsformen auf Arbeitstätigkeit und -ergebnis	Beispiele
— Wirkung gebunden an psychische Verarbeitung (Vermittlung)	Lob, Prämie tropfender Wasserhahn
— unmittelbare physische Wirkung, *verbunden mit* (modifizierender) psychischer Verarbeitung (Vermittlung)	Lärm
— unmittelbare physische Wirkung *ohne* psychische Verarbeitung (Vermittlung)	mäßige CO-Anreicherung der Raumluft

Die Erklärung der psychisch — also über Wahrnehmungen und Bewertungen — vermittelten Wirkungen von äußeren Bedingungen, hier spezieller von Arbeitsbedingungen, auf das Verhalten, die Leistung und physiologische Reaktionen muß berücksichtigen:

(1) ihre wahrgenommene und kognitiv sowie emotional bewertete Rolle in der Tätigkeit zur Erfüllung der Aufgaben (Bewertung erster Art: Bewertung der Einwirkungen);
(2) die subjektive Bedeutung dieser Aufgaben für den arbeitenden Menschen;
(3) die Vorhersehbarkeit des Auftretens, des Ausmaßes und der Dauer der Bedingungen (Sauer, Kumpf und Volkmann 1980);
(4) die wahrgenommene Beeinflußbarkeit („Kontrollierbarkeit") im Zusammenhang mit der Freiwilligkeit der Auftragsübernahme und der eigenen sachlichen Kompetenz

(Bewertung zweiter Art: Bewertung der Beeinflußbarkeit überhaupt sowie der Effektivität eigener Beeinflussungsmaßnahmen). Die Beeinflußbarkeit ist ausschlaggebend abhängig von
- den objektiven und erkannten Möglichkeiten (Freiheitsgraden) zu effektiver selbständiger Bewältigung der Anforderungen sowie von
- der eigenen Qualifikation.

In der Praxis sind diese Komponenten der „Brechung“ von Arbeitsbedingungen an psychischen Vorgängen untrennbar miteinander verflochten.

Mit dieser Skizze der Wirkungsprinzipien von Arbeitsbedingungen ist zugleich die Frage beantwortet, ob und gegebenenfalls was die Arbeitspsychologie mit dem Wirken von Arbeitsbedingungen zu schaffen hat: Sie analysiert die bedeutungsmäßig dominante, psychisch vermittelte Wirkung von Arbeitsbedingungen. Mit der Rationalisierung, insbesondere der Mechanisierung und Automatisierung von Produktionsvorgängen und dem damit verbundenen Zurückdrängen körperlich schwerer Arbeit und erschwerender physikalisch-chemischer Arbeitsbedingungen, gewinnt diese psychisch vermittelte und bewertete Wirkung von Arbeitsbedingungen noch an Bedeutung.

Das gilt auch für die noch zu wenig erforschten *kombinierten* Wirkungen von physikalischen und chemischen Bedingungen mit psychischen Anforderungen, also z. B. für Lärmeinfluß bei gleichzeitig vorliegenden Anforderungen an die Daueraufmerksamkeit. Dabei sind unterschiedliche kombinierte Wirkungen auseinanderzuhalten. Man unterscheidet

- unabhängige Wirkungen der kombinierten Einflüsse,
- synergistische, also einander vervielfachende Wirkungen,
- antagonistische, also einander kompensierende Wirkungen.

Damit ergeben sich zusammenfassend mehrere *Konsequenzen* für Arbeitsuntersuchungen und Arbeitsgestaltungsmaßnahmen:
1. Arbeitsbedingungen weisen unterschiedliche Wirkungsformen auf, die bei Arbeitsuntersuchungen und Maßnahmen der Arbeitsgestaltung unterschieden und berücksichtigt werden müssen.
2. Obgleich sie dem arbeitenden Menschen objektiv vorgegeben sind, ist die Wirkung von Arbeitsbedingungen in dominierendem Ausmaß abhängig von der psychischen Verarbeitung durch den produktiv tätigen Menschen und ohne diese nicht erklärbar und nicht vorhersagbar.
3. Im Sinne dieser dialektischen Determination ist die Analyse und Beeinflussung von Arbeitsbedingungen nicht überflüssig, stellt jedoch kein hinreichendes Vorgehen für das Erklären oder Herbeiführen von Auswirkungen dar. In jedem Falle sind Art und Ausmaß der psychischen Vermittlung zu ermitteln und in das entsprechende Maßnahmensystem einzubeziehen.
4. Die psychische Vermittlung stellt in erster Linie eine Bewertung der Einwirkungen bezüglich ihrer Funktion in der Bewältigung der Arbeitsaufgaben durch die Menschen dar. Die Bewertung spiegelt den gesellschaftlichen Charakter des Arbeitsprozesses wider; die im jeweiligen Arbeitsprozeß wirksamen sozialen Beziehungen der Beteiligten besitzen in ihr Hauptbedeutung.

5. Die psychische Vermittlung der Wirkungen von wie auch immer gearteten Arbeitsbedingungen vollzieht sich über Veränderungen in der psychischen Regulation der jeweiligen Arbeitstätigkeiten, die sich in deren Struktur und darüber hinaus in ihrem Ergebnis niederschlagen.
6. Sollen durch Veränderungen in den Arbeitsbedingungen Leistungsverbesserungen der produktiv tätigen Menschen erreicht werden, so müssen im Regelfalle mittelbarer Wirkungen personale Bedingungen (Leistungsvoraussetzungen) gleichfalls verändert werden. Es gibt hierbei keinen spontanen Zwangslauf der Wirkungen von Arbeitsbedingungen:

Das objektiv Bessere muß als besser erlebt werden, damit es bessere Wirkungen zeitigt. Die Bereitschaft der Betroffenen zur Mitarbeit an den Veränderungen der jeweiligen Arbeitsbedingungen muß gewonnen und sie müssen auf umstellungsbedingte Schwierigkeiten rechtzeitig vorbereitet werden. Damit wird der Gefahr der Fehldeutung möglicher umstellungsbedingter Leistungsrückschläge oder Leistungserschwernisse als angebliche Nachteile der veränderten Bedingungen vorgebeugt. Der von manchen „Organisationspsychologen“ als regelhaft unterstellte „Widerstand gegen Veränderungen der Arbeitssituation“ ist hauptsächlich das Ergebnis mangelhafter Vorbereitungen mit den betroffenen Werktätigen selbst.

2.1.4. Zum Problem von Kriterien der Wirkungen von Arbeitsbedingungen. Die Einheit von Arbeitsbedingungen und -auswirkungen

Will man Wirkungen von Arbeitsbedingungen beurteilen, so benötigt man dazu Bewertungskriterien. Kriterien sind erforderlich, wenn verschiedene Auslegungen eines Bedienbereichs, unterschiedliche Beleuchtungsvarianten, verschiedene Anlernmethoden oder unterschiedliche Strategien beurteilt und verglichen werden sollen.

Auf den ersten Blick erscheint im Arbeitsprozeß die Kriterienfrage leicht beantwortbar. Es bietet sich der Ausstoß je Zeiteinheit (bzw. der Zeitaufwand je Produkteneinheit) an. Bei näherer Überlegung erkennt man Probleme: Wie sollen Qualität, Fehler, Ausschuß, Abfallmenge oder das Einhalten der Sicherheitsvorschriften berücksichtigt werden? Welche Gewichtung erhalten diese verschiedenen Ergebnisdimensionen bei ihrer Kombination?

Da die Motivierung der Arbeitenden durch derartige Gewichtungen auf verschiedene Ergebnisparameter orientiert wird und bei ihrer falschen Abstimmung (z. B. zwischen der Lohnwirksamkeit von Menge und Güte) sogar folgenreiche Konflikte provoziert werden können, ist die Berücksichtigung dieser produktseitigen Vieldimensionalität des scheinbar homogenen Kriteriums – ohne dabei zur psychologischen Aufgabe zu werden – von hoher psychologischer Bedeutung. Über die beiden Komplikationen in der **Mehrdimensionalität** und der **gewichtungsabhängigen Kombination** (Ghiselli 1956) hinaus kommt erschwerend hinzu, daß auch ein hinreichend differenziertes und angemessen gewichtetes Geflecht von Produktparametern als Kriterium im Falle psychisch vermittelter Wirkung nicht ausreicht. Die Veränderung einer Arbeitsbedingung kann

- — fehlende oder
- — leistungssteigernde oder
- — leistungsmindernde

} Wirkung haben —

je nach der **motivationsbedingten Reaktion**. Daraus folgt, daß eine objektive Verbesserung von Arbeitsbedingungen nicht notwendig zur Ausstoßverbesserung und umgekehrt eine objektive Verschlechterung nicht notwendig zur Ausstoßminderung führen muß. Verdeutlichen wir den Sachverhalt an Beispielen:

Veränderung einer Arbeitsbedingung im Sinne objektiver Beeinträchtigung

Ist eine Arbeitstätigkeit vorübergehend bei einer zu hohen Raumtemperatur auszuführen, so kann neben den obligatorischen nichtbewußtseinspflichtigen körperlichen Reaktionen der Einsatz — die sogenannte Selbstbeanspruchung oder Anstrengung — vom Betroffenen verändert werden. Strengt sich der Arbeitende weniger an, als er es unter angemessenerer Temperatur täte, so verringert sich der Ausstoß über das Maß des physisch Bedingten hinaus. Erhöht er seinen Einsatz gegenüber dem bei günstigeren Arbeitsbedingungen, so kann die hitzebedingte Ausstoßverschlechterung teilweise oder gänzlich kompensiert werden (der Ausstoß bleibt gleich); es kann sogar eine Überkompensation im Sinne einer reaktiven Anspannungssteigerung mit einer Ausstoßverbesserung resultieren.

Veränderung einer Arbeitsbedingung im Sinne objektiver Verbesserung

Eine bestimmte Veränderung der Leuchtdichte schafft verbesserte Unterscheidungsvoraussetzungen und ermöglicht z. B. bei Farbkontrollen eine feinere Qualitätsdifferenzierung. Diese objektive Verbesserung der Arbeitsbedingungen kann vom Arbeitenden mit einem erhöhten Einsatz beantwortet werden, wodurch die sich ergebende Ausstoßverbesserung das Maß des unmittelbar Unterschiedsschwellenbedingten übersteigt. Umgekehrt kann die verbesserte Arbeitsbedingung zu einem Nachlassen der kompensativen Selbstbeanspruchung (der reaktiven Anspannungssteigerung) führen mit der Folge eines unveränderten oder gar verschlechterten Ausstoßes.

Die Beispiele veranschaulichen, daß für arbeitspsychologische Anliegen der Ausstoß kein ausreichendes Kriterium für die Bewertung von Arbeitsbedingungen ist, sondern die motivationsbedingte Anstrengung des Arbeitenden für die Kriteriumsgewinnung in Bezug gesetzt werden muß zum Ausstoß. Mit anderen Worten muß die Relation von Arbeitsergebnis und Arbeitsaufwand auch als Kriterium der psychischen und physischen Wirkung von Arbeitsbedingungen in der Arbeitstätigkeit des einzelnen Werktätigen herangezogen werden:

$$\text{Effektivität} \sim \frac{\text{Ausstoß}}{\text{Anstrengung}} \text{ bzw. } \frac{\text{Ergebnis}}{\text{Aufwand}}.$$

Nur bei derartiger Betrachtung wird eine isomorphe Abbildung des Komplexes unmittelbarer und psychisch vermittelter Auswirkungen von Arbeitsbedingungen möglich.

Bei zu hoher Temperatur kann in Grenzen gleichbleibender Ausstoß durch erhöhte Anstrengung, also durch sinkende Effektivität auftreten.

Oder: Der bei verbesserter Ausleuchtung wegen Rückgangs der reaktiven Anspannungssteigerung gleichbleibende Ausstoß entsteht bei erhöhter Effektivität.

Damit ergeben sich als Zwischenbilanz einige **Konsequenzen**:

1. Wirkungen von Arbeitsbedingungen können nicht allein anhand des Arbeitsergebnisses abgebildet und beurteilt werden.

2. Aussagen über Wirkungen von Arbeitsbedingungen ohne Kalkül der induzierten Veränderungen der „Selbstbeanspruchung“ sind wertlos für die Charakterisierung der Wirkungseigenart der jeweiligen Arbeitsbedingungen. Um die Wirkungseigenart hinreichend zu kennzeichnen, bedarf es der Erfassung und Beziehungsermittlung von mindestens drei jeweils selbst mehrdimensionalen Sachverhaltklassen, nämlich der fraglichen Arbeitsbedingung, der Anstrengung sowie des Ausstoßes.
   Die Analyse von Veränderungen der psychischen Struktur und der Regulationsweise im Verlaufe der Arbeitstätigkeit ermöglicht Aussagen über Art, Ausmaß und Folgen der Anstrengung sowie der Anstrengungsänderungen.
3. Die Effektivität einer Arbeitstätigkeit besitzt unmittelbare psychologische Relevanz als motivierender Sachverhalt, indem in einem subjektiven Aufwandskalkül das „Sichlohnen oder Nichtlohnen“ eines Einsatzes abgewogen werden kann.

Der eben benannte **Motivierungsbezug** ist noch näher zu erörtern: Die psychisch vermittelte Wirkung von Arbeitsbedingungen kann, soweit sie motivierungsvermittelt ist, unterschiedliche Ansatzpunkte haben. Die Motivierung kann auf eine bestimmte Ausstoßmenge, eine bestimmte Anstrengung und/oder auf eine bestimmte Effektivität gerichtet sein. Zwischen der Anstrengung und dem entstehenden Ausstoß kann dabei nicht unbesehen eine linearproportionale Beziehung unterstellt werden. Vielmehr spricht beim derzeitigen lückenhaften Erkenntnisstand vieles für eine nichtlineare Funktion (s. Abb. 2.4).

Bei der Effektivität müssen — individuell und aufgabenspezifisch unterschiedliche — Aufwands-Ertrags-Relationen berücksichtigt werden, die im Sinne einer Schwelle für die Anstrengungsstimulierung wirken.

Ein Problem einer psychologisch angemessenen Anreizstaffelung besteht beispielsweise in der Ermittlung dieser Schwelle und der Berücksichtigung der oben vermuteten Nichtlinearität.

Je nach dem Bezug der Motivierung werden sich motivierungsbedingte Veränderungen der Arbeitsbedingungen unterschiedlich auswirken. Ist der Arbeitende bemüht, den Ausstoß trotz erschwerter Bedingungen (zu hohe Temperatur) konstant zu halten, so

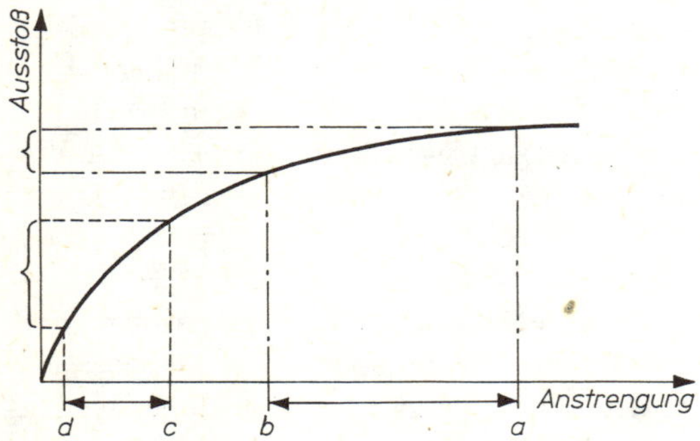

Abb. 2.4: Wirkungen unterschiedlicher Anstrengungsveränderungen bei einem unterstellten nichtlinearen Zusammenhang (modifiziert nach Ryan und Smith 1954).
Wird die Anstrengung z. B. von a auf b gesenkt, so ist eine große Anstrengungsverringerung mit einem nur kleinen Ausstoßverlust verbunden; die Effektivität kann — bei entsprechender Merkmalsgewichtung — dadurch erhöht sein. Dagegen kann die Anstrengungsminderung von c auf d die Effektivität reduzieren, da mit ihr eine große Ausstoßverringerung einhergeht.

muß er seinen Einsatz steigern; versucht er, die Anstrengung konstant zu halten, so sinkt der Ausstoß (vgl. Abb. 2.5):

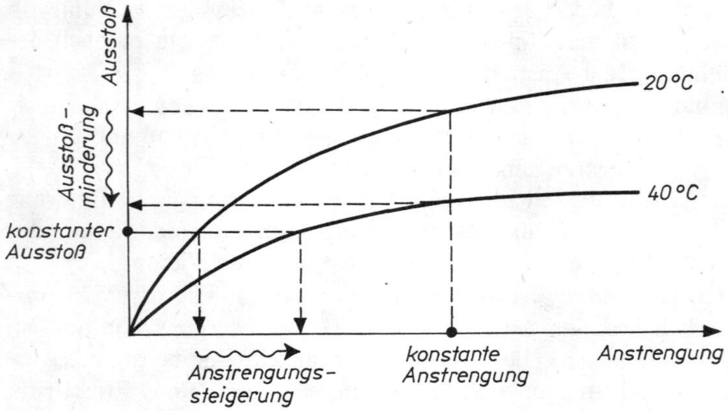

Abb. 2.5: Schematische Darstellung von Auswirkungen der gleichen Veränderungen von Arbeitsbedingungen bei unterschiedlichem Bezug der Motivierung (angenommene Größen; nach Ryan und Smith 1954).

In experimentellen Untersuchungen zur Ermittlung des Einflusses von Arbeitsbedingungen wird häufig versucht, durch geeignete Instruktionen die Anstrengung konstant zu halten. Jedoch scheint sich bei den Versuchspersonen unter Experimentalbedingungen als Vornahme eine konstante Ausstoßmenge durchzusetzen (Ryan und Smith 1954).
Also ist ohne gleichzeitige Kontrolle der komplexen motivierungsabhängigen Variablen „Anstrengung" die Verwertung laborexperimenteller und in der Praxis erhobener Ergebnisse über die Wirkung von Arbeitsbedingungen äußerst erschwert, weil mehrdeutig.[3]
Damit sind die bei der Ermittlung geeigneter Kriterien für die Wirkung von Arbeitsbedingungen zu berücksichtigenden Gesichtspunkte noch nicht erschöpft. Zunächst bedürfen die bisher verwendeten Begriffe **Einsatz** und **Anstrengung** selbst näherer Festlegung unter Angabe reproduzierbarer Ermittlungsvorschriften. In der Beanspruchungs- und Belastungsforschung werden Verfahren entwickelt, welche diese vielseitigen Vorgänge und deren Folgezustände quantifizierend zu erfassen gestatten werden (vgl. dazu einschlägige Darstellungen in der Speziellen Arbeits- und Ingenieurpsychologie 2, Hacker und Richter 1980).
Weiter können Arbeitsergebnisse im Sinne von **Veränderungen beim Arbeitenden** (z. B. Befriedigung, Stolz, Training oder berufsbedingte Erkrankungen, Unfälle oder entwickelte Unzufriedenheiten mit der Folge des Arbeitsplatzwechsels) Kriterienwert besitzen. Daher sind diese personalen Arbeitsergebnisse mit geeigneter Gewichtung neben dem Ausstoß in die Bewertung auf der Ergebnisseite einzubeziehen. Dabei sind besondere

[3] Zahlreiche einschlägige Untersuchungen sind wegen des Fehlers derartiger methodischer Vorkehrungen wenig aussagekräftig. Vergleiche für den englischen Sprachbereich die Kritik bei Ryan und Smith (1954).

methodische Vorkehrungen zur Sicherung der Kriteriumsvalidität[4] erforderlich, da trotz gegebener Korrelation Unfall- und Krankenstand, Fluktuation oder die subjektive Bewertung der Arbeitstätigkeit nicht gänzlich als Ausdruck einer interessierenden einzelnen Arbeitsbedingung interpretiert werden dürfen, sondern je für sich das Resultat eines Geflechts von Bedingungen darstellen. Die Verfahren zur Abspaltung des Anteils einer Einzelvariablen gehören zum Inhalt von Methodendarstellungen (Lienert 1967). Die bereits benannten Konsequenzen ergänzend, gilt damit:

4. Die psychische Vermittlung in Form von Motivierungsvorgängen hat je nach ihrem Bezug auf einen bestimmten Ausstoß, auf ein Anstrengungsausmaß oder auf die Effektivität jeweils verschiedene Auswirkungen.
5. In der Praxis oder im Labor entstandene Befunde zur Wirkung von Arbeitsbedingungen sind ohne strenge Kontrolle der Variablen „Anstrengung" mehrdeutig und bilden damit eine unzureichende Grundlage von Arbeitsgestaltungsmaßnahmen.
6. Neben dem Ausstoß sind die personalen Arbeitsergebnisse im Kriterienkomplex „Arbeitsergebnisse" zu berücksichtigen, wobei die Festlegung ihrer angemessenen Gewichtung und — wegen ihrer mehrseitigen Abhängigkeit — die Prüfung ihrer Validität vorauszugehen hat.

2.2. Stellung der Arten von Arbeitsbedingungen im System arbeitspsychologischer Aufgaben

Mitunter wird behauptet, daß den Arbeitsbedingungen in den Entscheidungen mancher Leiter geringeres Gewicht zugebilligt werde als inneren Bedingungen. Damit ist die Frage nach ihrer angemessenen Gewichtung innerhalb der Aufgaben der Arbeitspsychologie aufgeworfen.

Die Frage besitzt eine methodologische Schlüsselposition in der gesellschaftlichen und erkenntnistheoretischen Orientierung der Arbeitspsychologie. Die Mehrzahl der psychologischen Probleme in der Wirtschaft kann unter verschiedenen Fragestellungen und mit unterschiedlichen Ansätzen untersucht werden, welche zu gleichfalls unterschiedlichen Lösungsvorschlägen führen können.

Beispielsweise kann das Problem des Auftretens von Monotoniezuständen bei Anforderungsstrukturen, die durch eingeschränkten Beachtungsumfang gekennzeichnet sind, unter folgenden Fragestellungen — die jeweils andersartige Untersuchungsansätze bedingen und Ergebnisbereiche betreffen — angegangen werden:

- Einfluß der Arbeitsorganisation (z. B. Kurzpausenregime);
- Rolle des Wissens um den Gesamtfertigungsvorgang und um den vom einzelnen zu bearbeitenden Teil (Ausweitung des Sinnzusammenhangs);
- Möglichkeit der Eignungsauslese angeblich monotoniefester Arbeitskräfte;
- Gestaltung des Leitungsstils zur Beeinflussung der „sozialen Atmosphäre" oder
- Möglichkeiten der Automatisierung monotoniegefährdeter Arbeitsgänge.

[4] Auf Validität und Stabilität der Kriterien können sinngemäß die Darstellungen zu den Gütekriterien psychodiagnostischer Verfahren übertragen werden. Vergleiche zu diesen beispielsweise Lienert (1967).

Alle diese und andere Fragestellungen sind hypothetisch – wenn auch in unterschiedlichem Maße – zur isoliert betrachteten Lösung des bestehenden Problems geeignet. Dennoch sind sie – in größere Zusammenhänge eingeordnet – nicht gleichwertig. Die bewertende Auswahl der zu bearbeitenden Fragestellung ist abhängig von der gesellschaftlich-ökonomisch determinierten Methodologie. Bezogen auf die Gewichtung und Reihung arbeitspsychologischer Aufgabenstellungen sind hauptsächlich folgende methodologische Bewertungsgesichtspunkte wirksam:

- Die Forderung des sozialistischen Humanismus, „daß der *Mensch das höchste Wesen für den Menschen sei*" und es gilt, „*alle Verhältnisse umzuwerfen*, in denen der Mensch ein erniedrigtes, ein geknechtetes, ein verlassenes, ein verächtliches Wesen ist ..." (Marx 1956, S. 385). Daraus folgt eine Gewichtung der Aufgaben nach der Größe ihres Beitrags zur Verwirklichung der Einheit von Produktivitätssteigerung und Förderung der Gesundheits- und Persönlichkeitsentwicklung im Arbeitsprozeß.
- Die Sicherung des Eintritts der erforderlichen Wirkungen sowie die dazu benötigten Aufwendungen. Daraus folgt eine Gewichtung der Aufgaben nach der Wirkungssicherheit und Wirkungsbreite der ableitbaren Maßnahmen unter Berücksichtigung ihrer Realisierbarkeit. Hinsichtlich der Wirkungssicherheit übergeordneter Maßnahmen können nachgeordnete sogar überflüssig werden lassen.
- Der für psychologische Anliegen besonders bedeutsame Sachverhalt der Bestimmtheit des Bewußtseins durch das Sein. Veränderungen im Sein, in den objektiven Arbeitsbedingungen, sind demgemäß der wirksamste Ansatzpunkt für Veränderungen psychischer Vorgänge oder Eigenschaften. Daraus folgt eine Gewichtung der Aufgaben und Maßnahmen nach Ansatzmöglichkeiten in Arbeitsbedingungen – in enger Beziehung zum oben benannten Aspekt der Wirkungssicherheit.

Verdeutlichen wir zunächst die Bedeutung für die Gewichtung der verschiedenen Klassen von Arbeitsbedingungen in der Arbeitspsychologie an Beispielen:

In der Unfallverhütung – etwa bei der Eisenbahn – sind automatisch wirkende Sicherungseinrichtungen wirksamer als das beste Gefahrentraining (welches z. B. aktuelle Konditionsmängel nicht ausschaltet); dieses ist wirksamer als die Auslese „reaktionsschneller" oder besonnener Arbeitskräfte; diese wiederum immer noch wirksamer als das Beschränken auch auf das beste Unfallverhütungsplakat.

Oder: Technische Lärmbekämpfung durch Veränderung der Technologie, Isolierung oder Kapselung wirkt sicherer als Gehörschutzwatte im Gehörgang des Arbeitenden (die häufig vergessen und als unangenehm von vielen abgelehnt wird); der subjektive Gehörschutz (Watte) ist wirksamer und ethisch vertretbarer als ein angeblich „nervenberuhigender" blauer Anstrich im gefährdeten Arbeitsraum.

Oder: Die Automatisierung monotonieerzeugender Tätigkeiten ist wirksamer als das Einführen von erholsamen Kurzpausensystemen. Dieses ist wirksamer und ethisch gerechtfertigter als die Auslese angeblich monotoniefester Arbeitskräfte (für die testtheoretischen Ansprüchen genügende Verfahren ohnehin nicht existieren). Eine gelingende Auslese wäre immer noch vorzuziehen dem Einführen lediglich eines „freundlich-verbindlichen" Leitungstons zwecks Besänftigung Monotoniegeplagter.

Demzufolge kann eine methodologisch begründete **Rangreihe** arbeitspsychologischer Aufgaben aufgestellt werden. In dieser Rangreihe besitzen die verschiedenen Klassen von Arbeitsbedingungen unterschiedliche Rangplätze. Das Prinzip der psychologischen Aufgabenrangreihe besagt (Straub 1957; Gniza 1958):

Die Verbesserung

1. der Arbeitsbedingungen und der **Arbeitsmittel** und der **Arbeitsorganisation** mit Hilfe der Aktivität der Werktätigen, in der sich eine sozialistische Arbeitseinstellung verwirklicht, sowie in Wechselwirkung damit

2. die Verbesserung der Leistungsvoraussetzungen, insbesondere der **Qualifikation**, ist wirksamer und ethisch vertretbarer als
3. das Beschränken auf Eignungsauswahl, oder gar
4. das Beschränken auf verbale oder objektivierte **unspezifische** (d. h. veränderungsbedürftige objektive Bedingungen unberührt lassende) **Verfahren** der psychologischen Leistungsbeeinflussung.

Dieses Rangordnungsprinzip reiht arbeitspsychologische Wege der Lösung praktischer Aufgaben zur Angabe von Bearbeitungsvordringlichkeiten und zur Bewertung der Lösungsgüte. Damit werden weder die in der Rangreihe nachgeordneten Wege unter Vernachlässigung von Wechselwirkungen ausgeschlossen noch die praktisch unerläßliche Kombination verschiedener Wege ungleichen Rangwertes mißachtet: Veränderungen objektiver Arbeitsbedingungen als Ergebnis zielbewußter, planmäßiger und schöpferischer Aktivität von Werktätigen erfordern veränderte Leistungsvoraussetzungen beim Menschen, neue Leistungsvoraussetzungen bedürfen umgekehrt für ihren Einsatz weiterentwickelter objektiver Arbeitsbedingungen. Dennoch sind im Hinblick auf die methodologisch bestimmte Zielstellung die verschiedenen Klassen von Arbeitsbedingungen und die auf sie bezogenen psychologischen Aufgaben in der dargestellten Weise Bestandteil eines Systems von Komponenten ungleicher Wertigkeit.

Es wäre ein Denkfehler, anzunehmen, daß durch dieses Rangordnungsprinzip die sozialistische Persönlichkeitsentwicklung und die Verbesserung der Arbeitsbedingungen der Arbeiterklasse vernachlässigt würden; es geht umgekehrt gerade um das Hervorheben der effektivsten Wege dazu. Im Produktionsprozeß erweist sich die Persönlichkeitsformung vermittels entsprechender Gestaltung auch der Arbeitsbedingungen als besonders wirksam.

Der im Zusammenhang der „Brechung" von Arbeitsbedingungen an inneren Bedingungen verwendete Begriff der psychischen Regulation muß in den folgenden Kapiteln behandelt werden. Als Grundlage dafür wird im 3. Kapitel zunächst allgemeiner nach den psychischen Seiten von Arbeitstätigkeiten gefragt werden.

3. Arbeitstätigkeit und Arbeitshandlung als Gegenstände der Psychologie

Bei dem Tier und der Pflanze gibt die Natur nicht bloß die Bestimmung an, sondern führt sie auch allein aus. Dem Menschen gibt sie bloß die Bestimmung und überläßt ihm selbst die Erfüllung derselben ... Der Akt, durch den er dieses wirkt, heißt vorzugsweise Handlung (v. Schiller, S. 117).

Die spezifisch psychologische Problematik der Tätigkeit als solcher und der Handlung als „Einheit" der Tätigkeit ist vor allem mit der Frage nach den Zielen und Motiven der menschlichen Tätigkeit, nach ihrem Sinngehalt und ihrer Struktur verbunden (Rubinstein 1958, S. 662f.).

Die inneren, psychischen Bedingungen, die den psychologischen Effekt äußerer Einwirkungen auf das Subjekt vermitteln, und die inneren Gesetzmäßigkeiten der von außen bedingten psychischen Tätigkeit aufzudecken, ist die Hauptaufgabe der psychologischen Wissenschaft (Rubinstein 1961, S. 209).

3.1. Arbeitstätigkeit als psychologischer Untersuchungsgegenstand[1]

Grundformen menschlicher Tätigkeit sind Arbeit, Lernen und Spiel. Die für die Entwicklung der Menschheit und des Individuums ausschlaggebende Tätigkeit ist die Arbeit. Der Arbeitsprozeß ist Bestandteil des gesellschaftlichen Produktionsprozesses. Lernen und Spiel sind in ihren Vollzugsweisen und Inhalten von der Arbeitstätigkeit abhängig und auf sie bezogen.

Historische Untersuchungen der kindlichen **Spiele** zeigen ihren Bezug auf typische und für die jeweilige Gesellschaft besonders wichtige, neue Arbeitstätigkeiten; im Rollenspiel werden auch Sozialrollen aus der Berufswelt übernommen. Im Rahmen des Spielerischen verbleibender Sport der Erwachsenen erfüllt häufig absichtlich eingesetzte Ausgleichsfunktionen zur Arbeit.

Lerninhalte sind auch außerhalb der Berufsausbildung auf Erfordernisse des Arbeitsprozesses zugeschnitten und entwickeln sich mit diesen. Die Einführung der Schulpflicht war unmittelbare Auswirkung neuartiger Arbeitsanforderungen nach der industriellen Revolution. Die Organisation des Bildungswesens, die Lehrmittel (Lehrmaschinen, Rechner-unterstützter Unterricht) und Lerntheorien spiegeln die Entwicklung der Produktivkräfte und Produktionsverhältnisse wider.

Alle psychischen Prozesse treten in der Wirklichkeit nur auf als „Seiten" in Tätigkeiten; außerhalb von Tätigkeiten gibt es keine psychischen Erscheinungen. Die Arbeit stellt die Hauptbedingung der Entwicklung psychischer Erscheinungen dar. Diese Bedeutung kommt dabei nicht nur einzelnen Arbeitstätigkeiten eines Menschen zu, sondern dem gesamten gesellschaftlichen Arbeitsprozeß, also den sozialökonomischen Bedingungen, dem Entwicklungsstand der Produktivkräfte und ihrem Verhältnis zu den Produktionsverhältnissen sowie den daraus bestimmten allgemeinen und arbeitstätigkeitsspezifischen Bedingungen der Arbeitstätigkeit. Obgleich der Arbeitsprozeß unter den Bedingungen, welche die Entwicklung des Psychischen beeinflussen, die größte Bedeutung besitzt, ist „Arbeit" keine psychologische Kategorie, sondern eine ökonomische. Wesentliche ge-

[1] Die Abschnitte 3.1. und 3.2. folgen einigen für die marxistisch-leninistisch fundierte Psychologie grundlegenden Gedankengängen von Rubinstein (1958) und Leontjew (1979).

sellschaftliche Gesetzmäßigkeiten des Arbeitsprozesses werden nicht von der Psychologie, sondern von Gesellschaftswissenschaften wie politische Ökonomie, Arbeitsökonomie oder Rechtswissenschaft behandelt. Die Psychologie untersucht die psychischen Aspekte konkreter Arbeitstätigkeiten.

Damit entstehen zwei Fragen. Einerseits ist zu klären, was die **Besonderheiten** der Arbeitstätigkeiten darstellen. Andererseits wird zu fragen sein, was die **psychischen Aspekte** der Arbeitstätigkeiten sind. Beide Fragen können nur gemeinsam beantwortet werden. Arbeitstätigkeiten sind Elemente des gesellschaftlichen Arbeitsprozesses. Dieser Arbeitsprozeß ist „. . . **zweckmäßige Tätigkeit zur Herstellung von Gebrauchswerten**, Aneignung des Natürlichen für menschliche Bedürfnisse, allgemeine Bedingung des Stoffwechsels zwischen Mensch und Natur, ewige Naturbedingung des menschlichen Lebens und daher unabhängig von jeder Form des Lebens, vielmehr allen seinen Gesellschaftsformen gleich gemeinsam" (Marx 1962, S. 198). Komponenten des Arbeitsprozesses sind „die zweckmäßige Tätigkeit oder die Arbeit selbst, ihr Gegenstand und ihr Mittel" (ebenda, S. 193, 195). „Um zu produzieren, treten sie (die Menschen; W. H.) in bestimmte **Beziehungen und Verhältnisse zueinander**, und nur innerhalb dieser gesellschaftlichen Beziehungen und Verhältnisse . . . findet die Produktion statt" (Marx 1959, S. 407).

Die ausschließlich dem Menschen mögliche Form des Arbeitsprozesses ist durch folgende Besonderheiten charakterisiert:

> „Am Ende des Arbeitsprozesses kommt ein Resultat heraus, das beim Beginn desselben schon in der *Vorstellung des Arbeiters*, also schon ideell, vorhanden war. Nicht, daß er nur eine Formveränderung des Natürlichen *bewirkt*; er *verwirklicht* im Natürlichen zugleich *seinen Zweck*, den er weiß, der die Art und Weise seines Tuns als Gesetz bestimmt und dem er seinen Willen unterordnen muß . . . Außer der Anstrengung der Organe, die arbeiten, ist der *zweckmäßige* Wille, der sich als *Aufmerksamkeit* äußert, für die ganze Dauer der Arbeit erheischt" (Marx 1962, S. 193, Hervorhebungen von W. H.).

Die Arbeitstätigkeit als Bestandteil des Arbeitsprozesses hat also folgende psychologisch relevanten Eigenschaften:

1. Sie ist **bewußte, zielgerichtete** Tätigkeit;
2. gerichtet auf die Verwirklichung eines Ziels als **vorweggenommenes Resultat** (Produkt), das
3. vor dem Handeln **ideell** gegeben war;
4. sie wird **willensmäßig** auf das bewußte Ziel hin **reguliert**;
5. bei der Herstellung des Produkts **formt** sich zugleich die **Persönlichkeit**; diese persönlichkeitsformende Wirkung ist nicht auf die Fähigkeiten und Fertigkeiten beschränkt, sondern betrifft auch den **Charakter**;
6. Jede Arbeitstätigkeit, auch die innerhalb der gesellschaftlichen Arbeitsteilung isoliert ausgeübte, ist in ihren wesentlichen Merkmalen **gesellschaftlich** bestimmt. Sie ist stets bezogen auch auf Bedürfnisse anderer Menschen und gewinnt daraus einen ausschlaggebenden Teil ihres Sinns. Sie ist Verwirklichung des gesellschaftlichen Wesens des Menschen in der individuellen produktiven Tätigkeit (vgl. Marx und Engels 1968).

Hauptbedeutung für die Eigenschaften der Arbeit hat der Sachverhalt, daß im Produktionsprozeß, dessen Bestandteil die Arbeitstätigkeit ist, ein gesellschaftlich nützliches Resultat unter festgelegten Bedingungen erzielt werden muß. Damit hat jede Arbeitstätigkeit den Charakter eines Auftrags. Der jeweilige Auftrag ist das grundlegende Ausgangsmoment jeder psychologischen Analyse der Arbeitstätigkeit. Die Arbeitstätigkeit ist in allen ihren Bestandteilen dieser erforderlichen Erzielung eines Resultats untergeordnet. Das findet seinen Ausdruck in weiteren, die oben genannten Merkmale spezifizierenden Eigenheiten:

1. Eigenart der Motivierung

- Das Ziel der Arbeitstätigkeit liegt nicht in ihr selbst, sondern im zu erzielenden Resultat.
- Auf Grund der gesellschaftlichen Arbeitsteilung kann sich das individuelle Motiv der Arbeitstätigkeit nicht letztlich auf das Resultat der eigenen Tätigkeit beziehen. Die wegen der Arbeitsteilung im wesentlichen durch den Lohn vermittelten Bedürfnisbefriedigung bedingt damit eine übergreifende und mehrschichtige Motivierung vermittels der gesellschaftlichen Bewertung (Sève 1973).
- Da in der Arbeitstätigkeit nicht nur Beziehungen zum Resultat, sondern notwendig auch zu anderen Menschen bestehen, sind in den Motiven der Arbeitstätigkeit stets gesellschaftliche Beziehungen widergespiegelt. Die Einstellung des Menschen zur Arbeit ist vorwiegend durch das Erleben dieser objektiven gesellschaftlichen Verhältnisse bedingt.

2. Eigenart des willensmäßigen Einsatzes

Da nicht notwendig die Tätigkeit selbst oder ihr Resultat, sondern erst die über das Resultat sowie die Entlohnung vermittelte Bedürfnisbefriedigung wirksamen Anreiz bietet, ist bewußter, willentlicher Einsatz unumgänglich. Arbeit als gesellschaftlicher Prozeß erfordert ein spezifisches System von Willensvorgängen, dessen Ausprägung untrennbar mit den ihrerseits durch die gesellschaftlichen Verhältnisse bedingten Motiven aus dem Bereiche der Arbeitseinstellung verknüpft ist.

3. Eigenart kognitiver Anforderungen

a) Die ideelle Vorwegnahme (Antizipation) des Resultats als Ziel, das regulative Funktion für die gesamte Tätigkeit erlangt, erfordert komplizierte, besondere kognitive Leistungen. Die Besonderheit ergibt sich aus dem operativen (tätigkeitsregulierenden) Charakter der erforderlichen vorstellungsmäßigen oder gedanklichen Abbilder.

Die kognitiven Prozesse beschränken sich nicht auf das Aufdecken von Ursache-Folge-Beziehungen, sondern haben darüber hinaus das Entwerfen von **Ziel-Mittel**-Beziehungen zum Inhalt. Es werden nicht lediglich Erwartungen abgeleitet, sondern Ziele als Vorwegnahmen und Vornahmen selbst herbeizuführender Sachverhalte aufgestellt.

b) Das geforderte Endergebnis bewirkt, daß Sinn und Erfolg bzw. Mißerfolg jedes Tätigkeitsabschnitts nur bei Bezug auf das als Ziel zu antizipierende Endergebnis erfaßbar sind. Damit sind Planung und Kontrolle (mit den ihnen zugrunde liegenden intellektuellen Prozessen) unerläßlich. Die ausschlaggebenden Rückmeldungen beziehen sich auf das Resultat, nicht auf den Verlauf.

c) Jede Aufgabe (definiert als subjektiv übernommener Arbeitsauftrag) erfordert darüber hinaus das Einhalten bestimmter Bedingungen bei der Herstellung des Resultats, z. B. Normzeiten, Materialverbrauchsnormen, Toleranzen, Sicherheitsvorschriften. Arbeitsauftrag und Erfüllungsbedingungen müssen laufend auf das Neue abgestimmt werden. Dadurch können zumindest Teilaufgaben den Charakter von aufzuwerfenden und zu lösenden Problemen tragen.

Aus dem Letztgenannten folgt, daß Arbeit stets zugleich körperliche und geistige Tätigkeit darstellt. In Abhängigkeit von den Produktionsverhältnissen und der Entwicklung der Produktivkräfte ist das Ausmaß der Anteile verschieden. Unter sozialistischen Produktionsverhältnissen enthält die Arbeitstätigkeit potentiell ein schöpferisches Moment. Das gilt keineswegs allein für künstlerische, forschende oder entwickelnde Tätigkeiten, sondern auch für die Tätigkeiten der Produktionsarbeiter (s. 8. Kapitel).

Mit der Erhöhung der kognitiven Anforderungen im Rahmen des wissenschaftlich-technischen Fortschritts vergrößern sich die objektiven und subjektiven Voraussetzungen für die Ausprägung persönlicher Verrichtungsweisen, **Arbeitsweisen oder Handlungsstile** (Allport 1962, Klimow 1959, 1960, Hacker 1964). Bei wiederkehrenden Aufgabenklassen mit ausreichenden Freiheitsgraden kann sich eine charakteristische individuelle Arbeitsweise – gleichsam eine „Handschrift" der Aufgabenerfüllung im Beruf – herausbilden (vgl. 12. Kapitel). Da diese Arbeitsweisen Persönlichkeitsmerkmale widerspiegeln, eröffnen sie neue, gegenstandsangemessenere Möglichkeiten zur Persönlichkeitserkenntnis in der Arbeitstätigkeit selbst.

Insgesamt ist entscheidend, daß ebenso wie die Motivierung (man denke beispielsweise an den durch den Lohn vermittelten Anteil der Bedürfnisbefriedigung) auch die kognitive Regulation von Arbeitstätigkeiten (Ergebnisantizipation, sprachgestützte Willensprozesse, Planung, ausschlaggebende Rolle der Resultatrückmeldung) nur aus der gesellschaftlichen Arbeitsteilung und der damit erforderlichen Kooperation zu erklären sind. Die wesentlichen Merkmale individueller Arbeitstätigkeiten sind soziale, gesellschaftliche Eigenschaften.

Ziele, Handlungsprogramme oder Pläne, Entscheidungskriterien und anderes individuelles tätigkeitsleitendes Wissen sind in wesentlichem Umfange gesellschaftlicher Herkunft und durch Ausbildung, also durch soziale Prozesse, vermittelt. Ziele und Entscheidungskriterien werden abgeleitet oder wenigstens geprüft an gesellschaftlichen Normen und an verinnerlichten gesellschaftlichen Werten. Wir kommen darauf im Abschnitt 5.5. eingehender zurück.

Als Gegenstand der Arbeitspsychologie wurde oben die psychische Regulation der Arbeitstätigkeiten von **organisatorischen Einheiten, Gruppen und individuellen Persönlichkeiten** als Bestandteil der gesellschaftlichen Arbeitsprozesse benannt. Es sind also wenigstens **drei Analyseebenen und Subjekte von Arbeitstätigkeiten** zu berücksichtigen. Sie sind zwar voneinander abhängig, erfordern aber ein unterschiedliches Herangehen an ihre Analyse, Bewertung und Gestaltung. Zwischen den Ebenen bestehen Wechselwirkungen. Die übergeordneten Ebenen dominieren als Bedingungen im Sinne sowohl von Angeboten (Herausforderungen, „Aufforderungen") als auch von Einschränkungen für die untergeordneten. Daraus folgt:

- Das Verhalten in Arbeitsgruppen und insbesondere die Kooperation und Kommunikation kann systematisch in Abhängigkeit von den sie bestimmenden Organisationsstrukturen von Abteilungen, Betriebsteilen usw. untersucht und erklärt werden. Das Verhalten von Individuen kann in Abhängigkeit von den Inhalten und Strukturen der Arbeitsgruppen untersucht und erklärt werden (Abb. 3.1).

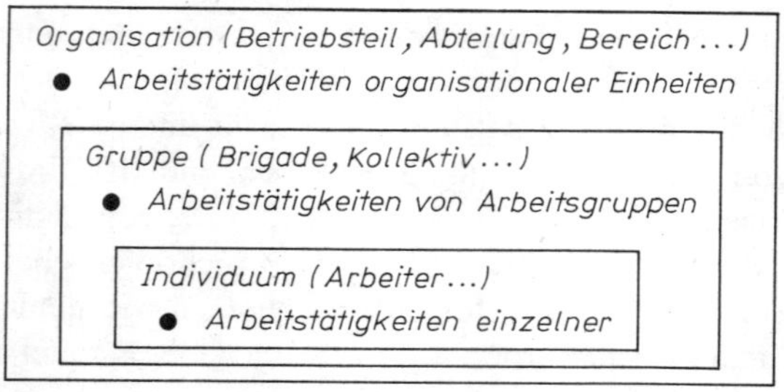

Abb. 3.1: Träger („Subjekt") von Arbeitstätigkeiten sind organisatorische Einheiten, Arbeitsgruppen und Individuen. Umfassendere Einheiten wirken sowohl als Angebote als auch als Einschränkungen von Handlungsmöglichkeiten für nachgeordnete.

Ein Beispiel:
Formen und Wirkungen der Kooperation in Arbeitskollektiven können untersucht werden in Abhängigkeit von
- der Art der Arbeitsteilung zwischen den Abteilungen, insbesondere den vorbereitenden und ausführenden Abteilungen, die beispielsweise tayloristischen oder aber progressiven Prinzipien folgen kann,
- der Anzahl der Organisationsebenen einer Institution, eines Betriebs usw.,
- dem Umfang, in welchem Entscheidungen vorwiegend oder ausschließlich höheren Organisationsebenen zugeordnet sind,
- dem Grad beabsichtigter Überlappungen zwischen Organisationsebenen zur Kommunikationsverbesserung,
- der Durchsichtigkeit der organisatorischen Struktur und den Entwicklungsmöglichkeiten des einzelnen in ihr,
- den Möglichkeiten zur Mitgliedschaft in verschiedenen Gruppen wie beispielsweise der Brigade, einem betrieblichen WAO-Kollektiv und einem überbetrieblichen Neuererkollektiv,
- dem Grad der aufgabenbedingten Flexibilität organisatorischer Lösungen.

- Ein Reduzieren auf das Untersuchen individuellen Arbeitsverhaltens ist zwar möglich; erklärbar und arbeitsorganisatorisch beinflußbar wird es jedoch erst beim Einbeziehen der umfassenderen Arbeitssysteme.
- Arbeitsorganisatorische Gestaltungsmaßnahmen, insbesondere solche, die sich auf das Verteilen bzw. Kombinieren von Arbeitsaufträgen konzentrieren, sind nur effektiv, wenn sie bei der Gesamtaufgabe der einschlägigen organisatorischen Einheit (z. B. dem Betriebsteil) beginnen und von da aus nach untergeordneten Einheiten (z. B. Gruppen, Individuen), also gleichsam von oben nach unten, fortschreiten.

Ein Beispiel:
Soll die Arbeitstätigkeit an einem Arbeitsplatz mit anregungsreicheren, beispielsweise organisierenden und kontrollierenden Verrichtungen „bereichert" werden, so sind Eingriffe in die Arbeitsverteilung in einer Gruppe und eventuell einer Abteilung einschließlich die ihrer Leiter unerläßlich. Die umzuverteilenden Verrichtungen wurden in der Regel bisher von anderen ausgeführt.

- Die Tätigkeit eines Individuums ist eine Teiltätigkeit im Rahmen der Tätigkeit seiner Arbeitsgruppe; die Tätigkeit einer Gruppe ist eine Teiltätigkeit im Rahmen der Tätigkeit ihrer Abteilung.

3.2. Zur Psychologie von Tätigkeit und Handlung

3.2.1. Begriff der Tätigkeit in der Arbeitspsychologie

Tätigkeiten sind Vorgänge, mit denen Menschen ihre Beziehungen zu Aufgaben und ihren Gegenständen, zueinander und zur Umwelt verwirklichen. Die Arbeitspsychologie untersucht konkrete Tätigkeiten mit konkreten gegenstandsbezogenen Aufgaben (Judin 1977). Die ausschlaggebenden Unterschiede zwischen Tätigkeiten ergeben sich aus ihren unterschiedlichen gegenstandsbezogenen Aufträgen bzw. Aufgaben, weil diese den Tätigkeiten ihre jeweilige inhaltliche Richtung geben.

Die zentrale Kategorie einer psychologischen Tätigkeitsbetrachtung ist der Auftrag bzw. seine Interpretation oder Übernahme als Aufgabe deshalb, weil mit der „objektiven Logik" seiner Inhalte entscheidende Festlegungen zur Regulation und Organisation der Tätigkeiten erfolgen (Rubinstein 1958, Miller 1971). Die Aufgabe als eine vierstellige Relation definiert,

- an welchem Gegenstand
- welche Veränderungen
- unter welchen Bedingungen (mit welchen Mitteln, auf welchen Wegen)
- von wem

vorgenommen werden sollen.

Daher stellen „längerfristige Aufgaben, die das menschliche Leben viele Jahre hindurch . . . organisieren und ausrichten, . . . einen wichtigen Bestandteil der Persönlichkeit dar" (Tomaszewski 1981, S. 21).

Das Übernehmen von Aufträgen oder selbstgestellten Aufgaben umfaßt mehrere psychologische Aspekte. Sie bedingen, daß die übernommene Aufgabe eine individuelle Interpretation oder „Redefinition" des objektiven Auftrags zu sein pflegt. Dabei handelt es sich um

- das Ausmaß des Begreifens der enthaltenen und abzuleitenden Forderungen,
- die subjektive Bewertung der erfaßten Forderungen, bezogen auf die Ansprüche, Bedürfnisse und Wertvorstellungen einerseits sowie auf die mehr oder minder zutreffenden Selbsteinschätzungen der Leistungsmöglichkeiten des arbeitenden Menschen andererseits. Für die Tätigkeitsausführung sind die subjektiven Kalkulationen folgender Beziehungen ausschlaggebend:
  - der Beziehung der erfaßten Forderungen zu den Leistungsmöglichkeiten des arbeitenden Menschen sowie

  - der Beziehung des erwarteten Aufwands zum erwarteten Nutzen nebst seiner Instrumentalität[2],
- das aus der Bewertung resultierende Ausmaß an Bereitschaft zum Übernehmen der Forderungen sowie
- das verfügbare Können zur Verwirklichung (Miller 1971, Hackman 1970).

Die Unterschiede zwischen verschiedenen Tätigkeiten ergeben sich also zunächst aus ihren unterschiedlichen Aufgaben, weil diese den Tätigkeiten ihre inhaltliche Ausrichtung geben. Weitere Unterschiede entstehen aus der Form dieser inhaltlichen Ausrichtung, die beispielsweise impulsiv oder willentlich-zielgerichtet sein kann, aus dem zeitlichen Umfang sowie aus der Art der Ausführung der inhaltlichen Ausrichtungen.

Arbeitstätigkeiten sind willentlich-zielgerichtete Tätigkeiten. Anders als bei Lewin (1926) können die Willenshandlungen, die in Arbeitstätigkeiten enthalten sind, nicht dem gleichen Grundtypus von Handlungen zugeordnet werden wie die durch wenig reflektierte Spannungsentladung charakterisierte Affekthandlung. Die Arbeitstätigkeit umfaßt von Affekthandlungen klar unterschiedene willensmäßig gesteuerte, mit gesellschaftlichem Sinngehalt ausgestattete und auf Zweckmäßigkeit der Ausführung hin angelegte Handlungen. Willenshandlungen sind durch einige gemeinsame Merkmale von den „antriebsunmittelbaren Handlungen" abgetrennt:

Ihre Grundlage ist ein bewußtes *Ziel*, dessen Verwirklichung als Vornahme oder *Vorsatz* angestrebt wird. Durch den *Entschluß* zum Handeln erfolgt der Übergang vom bloßen Wünschen zum tatsächlichen Wollen. Die *Erwägung der Handlungswege* und -mittel ist ein weiteres Kennzeichen von Willenshandlungen. Der Antrieb geht also nicht unmittelbar in die Handlung über. Eine auch subjektiv merkliche Zäsur kann beides trennen. Durch psychische Automatisierung und Einbau in übergeordnete Tätigkeitskomplexe können die Vorsatzbildung, der Entschluß und die Mittel-Weg-Erwägung stark reduziert sein. Umgekehrt können aber auch komplizierte Entscheidungen die zwischengeschaltete Phase der Handlungsvorbereitung stark betonen.

Damit ist eine psychologisch wesentliche Beschreibungsebene von Arbeitstätigkeiten eröffnet. Darüber hinaus kann jede Tätigkeit und somit auch jede Willenshandlung hinsichtlich der Eigenarten ihrer *Ausführungsregulation* (z. B. als intellektuell oder als sensumotorisch reguliert) weiter gekennzeichnet werden.

Ein allgemeinpsychologischer Exkurs:
Die allgemeinpsychologischen Merkmale zielgerichteter-willentlicher Handlungen werden am klarsten, wenn man sie typisierend anderen Handlungstypen gegenüberstellt wie in Tab. 3.1. Nicht zielgerichtet-willentlich regulierte Tätigkeiten sind beispielsweise affektive oder triebhafte Tätigkeiten. Bei hirngeschädigten Erwachsenen oder bei entwicklungsgeschädigten Kindern können Tätigkeitsformen mit fehlender oder unzureichender Zielbildung und unzulänglicher willentlicher Regulation vorliegen (Gottschaldt 1954, Luria 1970b). Diese Tätigkeitsformen belegen den inhaltlichen Zusammenhang von Zielbildung, Willensvorgängen und kognitiven Vorgehensmerkmalen. Wir fassen in einer schematisierten Vergröberung verschiedene Varianten nicht willentlich-zielgerichteter Tätigkeiten als „antriebsunmittelbare Tätigkeiten" zusammen (Lersch 1956).

Innerhalb der zielgerichtet-willentlichen Tätigkeiten weiter eingrenzend haben *Arbeitstätigkeiten* einige wesensbestimmende Merkmale, die im folgenden wiederholend systematisiert werden. Sie ergeben sich aus den Merkmalen des Auftrages bzw. der übernom-

[2] Instrumentalität bezeichnet die Wahrscheinlichkeit und das Ausmaß mit dem ein Arbeitsergebnis, z. B. der Lohn, zur Befriedigung weiterer Bedürfnisse außerhalb der Arbeit, also z. B. zu einer Sommerreise an das Meer, führen dürfte (Vroom 1964).

menen Aufgabe. Die vierstellige Relation des Auftragsbegriffs wird im Tätigkeitsbegriff zu einer fünfstelligen differenziert. Sie bezieht aufeinander

- Veränderungsvorgänge informationeller oder energetischer Art,
- an Gegenständen, die den Vorgängen ihre Gesetzmäßigkeiten aufnötigen,
- gerichtet auf vorweggenommene Resultate,
- ausgeführt mit Mitteln und unter Ausführungsbedingungen,
- durch Personen mit Könnensvoraussetzungen für und Stellungnahmen zu den Vorgängen, in denen sie sich selbst verändern.

Tab. 3.1: Gegenüberstellung von antriebsunmittelbaren und zielgerichtet-willentlichen Tätigkeiten

	Antriebsunmittelbare Tätigkeiten		*Zielgerichtet-willentliche Tätigkeiten*
1.	Keine oder vage Zielbildung (unter Umständen wegen Gedächtnis- und damit Antizipationsstörungen)		Abbildungsumformung vor Realitätsveränderung: Erzeugen eines antizipativen und regulativen Abbilds der künftigen Realität (Ziels)
2.	Keine vorherige Bedingungsanalyse	sofortiges externes Probieren	vorgeschaltete Orientierung
3.	Keine interne Weg-Mittel-Prüfung		interne Probephase zur Programmerstellung vor Realisation
4.	Kein Umsetzen von Anweisungen/Hilfen in eigene Regulation. Eingeschränktes Nutzen früher realisierter Programme		abwägendes Nutzen externer Informationen und früherer Programme
5.	Fehlen von zielbezogener Auswahl von Vorgehensschritten und von innerem Sprechen als Selbstregulationsinstanz; Abhängigkeit von aktuellen Einflüssen oder irrelevanten Stereotypien		zielbezogene Auswahl und Abfolgeordnung mit – Zurückstellen – Erinnern – Weiterführen früherer zurückgestellter Schritte
6.	Keine Ordnung der Schritte zum Zwecke der Zielannäherung; keine zielabhängigen Tätigkeitsphasen Zielirrelevante Nebenordnungen, echte Wiederholungen ohne Zielannäherung		zielbezogene Tätigkeitsphasen mit Beitrag zur Zielannäherung; Zurückdrängen zielirrelevanter Einflüsse
7.	Keine Gewichtungen zur Unter-/Überordnung Gleichwertigkeit der Schritte		hierarchische Ordnung: Einzelschritte werden abhängige Bestandteile von – bezogen auf das Oberziel – übergeordneten Zielen und Programmen
8.	Ineffektiver oder fehlender Resultat-Ziel-Vergleich. Keine Korrekturen		Resultat-Ziel-Vergleich und Bewertung. Auch Soll-Ist-Vergleich von Verlauf. Synthese und Gewichtung der Vergleiche. Vergleich wird antizipiert: vorwegnehmendes Folgenkalkül
9.	Keine Strategienentwicklung nach Optimalitätskriterien. Kein hypothesengeleitetes Vorgehen mit testendem Einsatz früherer Programme		Optimalitätsbewertungen von Vorgehensweisen, insbesondere Aufwandskalkulation. Daher hypothetischer Einsatz reproduzierter Programme

Tätigkeitsbegriffe und Untersuchungskonzepte von Tätigkeiten, die dieser fünfstelligen Relation nicht gerecht werden, sondern sie reduzieren, sind dem Wesen der Tätigkeit nicht angemessen.

Für Arbeitstätigkeiten kann man die Merkmale wie folgt präzisieren:

— Arbeitstätigkeiten beziehen sich auf arbeitsteilig gegen Lohn produzierte Gegenstände.
— Die zielgerichteten und dabei antizipierten sowie willentlich regulierten Veränderungen der Gegenstände müssen an die objektiven Gesetzmäßigkeiten des Gegenstandes selbst, die Organisationsformen, die nutzbaren Verfahren und Mittel, die der Arbeitende sich aneignen muß, berücksichtigen.
— Die gegenständliche Veränderung ist stets durch die psychophysischen Leistungsvoraussetzungen, durch erworbene Qualifikationen, durch Bedürfnisse und Ansprüche sowie Absichten der arbeitenden Menschen mitbestimmt.
— Mit dieser Abhängigkeit von Bedürfnissen und Absichten steht die Auswahl und die Ausführung von Arbeitstätigkeiten stets in Wechselwirkung mit gesellschaftlich bedingten Wertvorstellungen.
— Rückwirkungen aus der Tätigkeitsausführung verändern den arbeitenden Menschen, insbesondere seine Qualifikation, seine psychophysischen Zustände und seine Bedürfnisse. In Wechselwirkung mit der Entwicklung der Tätigkeiten entwickelt sich auch der tätige Mensch. Eine ausschlaggebende Bedeutung hat dabei die Möglichkeit des Menschen, sich reflexiv mit seinen Tätigkeiten auseinanderzusetzen und sie beispielsweise selbstkritisch zu bewerten.
— Arbeitstätigkeiten sind in jedem Falle, auch im Grenzfalle kooperationsloser Einzeltätigkeiten, gesellschaftliche Vorgänge. Sie ergeben sich aus der gesellschaftlichen Arbeitsteilung und werden wegen der Erzeugung eines Produkts für andere gegen einen Lohn stets gesellschaftlich bewertet. Diese gesellschaftliche Bewertung wird vom arbeitenden Menschen vorweggenommen und reguliert in dieser Vorwegnahme seine Tätigkeit in ausschlaggebendem Umfange mit.

Jeder Verzicht auf eines dieser Merkmale bei der Analyse, Bewertung oder Gestaltung von Arbeitstätigkeiten kann zu Ergebnissen führen, welche die Wirklichkeit in ihrer Vielseitigkeit nicht zutreffend wiedergeben und dadurch uneffektive Gestaltungslösungen bedingen. Derartige *Reduktionen* der Tätigkeitsanalyse sind in unterschiedlichen Formen verbreitet.

— **Strukturalistische** Reduktionen: Formale, allgemeine Aufbaugesetzmäßigkeiten von Tätigkeiten werden überbewertet bei Vernachlässigung der jeweiligen konkreten Aufgaben, die an konkreten Gegenständen zu erfüllen sind.
— **Individualistische** sowie **interaktionistische** Reduktionen: Interaktionistische Reduktionen sind ein notwendiges Gegenstück der individualistischen. Beide betrachten Tätigkeiten als individuelle Vorgänge unter Vernachlässigung ihrer gesellschaftlichen und sozialen Eigenschaften. Die gesellschaftliche Determination von Tätigkeiten wird fälschlich mit sozialer Interaktion gleichgesetzt. Den Tätigkeiten werden äußerlich Merkmale angeheftet, die aus der sozialen Interaktion, also aus der kooperativen Ausführung und aus arbeitsbedingten Kommunikationen resultieren, jedoch den gesellschaftlichen Charakter der Arbeitstätigkeiten nicht hinreichend kennzeichnen.
— **Kognitivistische** Reduktionen: Die unaufhebbare Einheit von kognitiven und motivationalen einschließlich emotionalen Vorgängen wird hierbei übersehen. Das geht insbesondere zurück auf das Vernachlässigen der entscheidenden Rolle des Ziels in der Regulation von Arbeitstätigkeiten und dabei auch der Unterschätzung der Möglichkeiten des Entstehens von Motiven in den Tätigkeiten selbst.
— **Soziologistische** Reduktionen: Arbeitstätigkeiten werden im Zusammenhang des Prozesses der Menschwerdung betrachtet unter Vernachlässigung des spezifischen Objekt-, Mittel- und Personenbezugs,

aus dem in heutigen konkreten Arbeitsprozessen ingenieurmäßig nutzbare Gestaltungsrichtlinien für spezielle Anliegen des historischen „Hier und Heute" ableitbar sind. Letztlich liegt hierbei eine Reduktion auf Analyseanliegen unter Vernachlässigung der ausschlaggebenden Gestaltungsaufgaben in der gesellschaftlichen Praxis zugrunde.

Zum Vermeiden reduktionistischer Betrachtungen kann das Unterscheiden der jeweiligen *Analyseebenen* von Tätigkeiten beitragen (Lompscher 1979). Tätigkeiten können behandelt werden auf
- der philosophischen Abstraktionsebene von Subjekt-Objekt-Beziehungen,
- der Tätigkeits-Persönlichkeitsebene, die Langzeitwirkungen einzelwissenschaftlich analysiert,
- der Ebene der Analyse der Regulation konkreter Handlungen als „Tätigkeitsbestandteile",
- der Ebene der kognitiven Informationsverarbeitung zur Kennzeichnung der psychischen sowie neurophysiologischen Grundlagen der Regulation von Tätigkeiten und ihrer Handlungen.

Die derzeit verfügbaren Vorgehensweisen und Methoden der Arbeitspsychologie ermöglichen vorzugsweise Aussagen auf der Handlungsebene. Zur Tätigkeits-Persönlichkeitsebene liegen nur wenige Zugänge vor, weil kaum schlüssige Bindeglieder zwischen habituellen Persönlichkeitseigenschaften und aktuellen Handlungsweisen bisher gesichert wurden. Die Arbeitspsychologie stützt sich auf hypothetische Bezüge zu soziologischen und medizinischen Längsschnittaussagen. Auch die Beziehungen zur Informationsverarbeitung aus der Sicht der Kognitiven Psychologie, der Neuropsychologie und der Forschungen zur künstlichen Intelligenz sind vorzugsweise hypothetischer Art, weil diese Untersuchungsrichtungen Elementarvorgänge unter Aussparung ihrer Aufgabenabhängigkeit und der Wechselwirkung innerhalb kompletter Handlungen bevorzugen.

Die theoretische Achillesferse arbeitspsychologischer Untersuchungen ist und bleibt damit für längere Zeit, daß sie – um ihren praktischen gesellschaftlichen Gestaltungsaufträgen gerecht zu werden – fortlaufend zu jenen Übergängen zwischen Ebenen gezwungen ist, für welche ihr die Grundlagendisziplinen einerseits keine gesicherten Mittel zur Verfügung stellen, sie aber andererseits beim Begehen der fragwürdigen Brücken zwischen den Ebenen berechtigt kritisieren, obgleich sie diese „unbegründeten Brückenschläge" zur Legitimation ihrer eigenen Anliegen gern benutzen.

Tätigkeiten haben eine *Makrostruktur* gegenstandsbedingter Art: „Im Gesamtstrom der Tätigkeit, . . . unterscheidet die Analyse . . . einzelne Tätigkeiten anhand der sie initiierenden Motive, des weiteren Handlungen als bewußten Zielen untergeordneten Prozesse und schließlich Operationen, die unmittelbar von den Bedingungen zur Erlangung des konkreten Ziels abhängen.

Diese Einheiten der menschlichen Tätigkeit bilden auch deren Makrostruktur. Die Besonderheit der Analyse, die zur Bestimmung dieser Einheiten führt, besteht darin, daß sie nicht die lebendige Tätigkeit in Elemente zergliedert, sondern die charakteristischen inneren Beziehungen aufdeckt. Dies sind Beziehungen, hinter denen sich Veränderungen verbergen, die im Entwicklungsverlauf der Tätigkeit entstehen. Die Gegenstände selbst können nur im System der menschlichen Tätigkeit die Qualität von Impulsen, Zielen und Werkzeugen erlangen. Herausgenommen aus diesem System, verlieren sie diese Eigenschaften. Zum Beispiel wird ein Werkzeug, das außerhalb seines Zusammenhangs mit einem Ziel betrachtet wird, zu einer ebensolchen Abstraktion wie eine Operation, betrachtet man diese außerhalb ihres Zusammenhangs mit der Handlung, die sie realisiert.

Die Untersuchung der Tätigkeit erfordert die Analyse gerade ihrer inneren *Systemzusammenhänge*. Andernfalls sind wir nicht einmal zur Lösung einfachster Aufgaben imstande, zum Beispiel darüber zu urteilen, ob in einem gegebenen Fall eine Handlung oder eine Operation vorliegt. Außerdem ist die Tätigkeit ein Prozeß ... Eine Tätigkeit kann das Motiv verlieren, von dem sie ins Leben gerufen wurde; dann wird sie zu einer Handlung, die vielleicht eine ganz andere Tätigkeit verwirklicht. Umgekehrt kann eine Handlung selbständig stimulierende Kraft erlangen und zu einer besonderen Tätigkeit werden. Schließlich kann eine Handlung zu einem Verfahren der Erreichung eines Ziels, zu einer Operation transformiert werden, welche unterschiedliche Handlungen zu realisieren imstande ist.

Die Beweglichkeit der einzelnen Struktureinheiten des Tätigkeitssystems äußert sich auch darin, daß eine jede von ihnen zu einer Komponente werden oder umgekehrt Einheiten in sich aufnehmen kann, die zuvor relativ selbständig waren" (Leontjew 1979, S. 108f.).

Oben wurde als wesentliche Besonderheit menschlicher Tätigkeit im allgemeinen und der Arbeitstätigkeiten im besonderen die Möglichkeit zur reflexiven Auseinandersetzung und somit zur kritischen Bewertung eigener Tätigkeiten benannt.

Dieser Sachverhalt ordnet sich ein in das Konzept der Entwicklung des Menschen durch Vergegenständlichung und Aneignung und darin wiederum der Entwicklung des Individuums zum **Subjekt** seiner zielgerichteten Tätigkeiten. „Das Tier ist unmittelbar eins mit seiner Lebenstätigkeit. Es unterscheidet sich nicht von ihr. Der Mensch macht seine Lebenstätigkeit selbst zum Gegenstand seines Wollens und seines Bewußtseins. Er hat bewußte Lebenstätigkeit ..., d. h., sein eigenes Leben ist ihm Gegenstand, ... weil er ein Gattungswesen ist" (Marx und Engels 1958, S. 6).

Diese Eigenart, reflexiv die eigene Tätigkeit zum Gegenstand kritischer Befassung zu machen, entsteht aus zwei Ansatzpunkten, die im Arbeitsprozeß besonders deutlich ausgeprägt sind. Sie entsteht
- aus der Vergegenständlichung der individuellen Tätigkeiten in dinglichen Produkten sowie
- aus den in den Tätigkeiten entstehenden Beziehungen zu anderen Menschen, die sich in ausschlaggebendem Umfange aus der Arbeitsteilung ergeben. „Man bedenke, daß das Verhältnis zu ihm selbst ihm erst gegenständlich, wirklich wird durch sein Verhältnis zu anderen Menschen" (Marx 1966, S. 462).

Aus dem reflexiven Bezug auf die eigene Tätigkeit entstehen wichtige Aspekte des Selbstbewußtseins der Individuen. Es wird häufig auch als Selbstkonzept bezeichnet. Daher können Tätigkeiten im allgemeinen und Arbeitstätigkeiten im besonderen nicht ohne das Beachten dieses reflexiven Bezugs angemessen untersucht, bewertet oder gestaltet werden. Für die praktischen Anliegen der Arbeitspsychologie ist dabei unter anderem an folgendes zu denken.

- Die besonderen tätigkeitsregulierenden Vorgänge, die zum reflexiven Charakter des Bewußtseins gehören:
  - das Handeln nach Vornahmen in bewußter Absetzung von aktuellen Einflüssen, z. B. von Störungen,
  - das Erproben von Handlungswegen in der Vorstellung oder in Gedanken ohne praktisches Ausführen mit einem internen Bezug auf die äußere Realität,
  - das vorausblickende Planen als ein ideelles Vorweggestalten bei einer zunächst noch anders beschaffenen Realität.
- Die bei der Bewertung von Arbeitsanforderungen zu berücksichtigenden Ansprüche der Werktätigen an Arbeitstätigkeiten, z. B. hinsichtlich:
  - der Möglichkeit zum Erzeugen eines relativ abgeschlossenen Ergebnisses in eigener Verantwortung, welches die eigene Leistung sichtbar macht,

– der Möglichkeit zu Arbeitstätigkeiten mit einer erkennbaren Bedeutung auch für andere Menschen oder
– der Möglichkeit zur Kooperation und Kommunikation mit anderen Menschen.

Derartige Ansprüche der Werktätigen an Arbeitstätigkeiten als Ausdruck der reflexiven Auseinandersetzung mit ihnen können zu einer bewußten Selbstentwicklung durch das beabsichtigte Gestalten oder Auswählen von Arbeitsprozessen hinsichtlich ihrer Entwicklungspotenzen werden. Fluktuationsanalysen bieten dafür Belege.

3.2.2. Zur Problematik einer „Psychologie der Tätigkeit“[3]

Eine der wichtigsten Aufgaben der Psychologie von theoretischer – vor allem methodologischer – und produktionspraktischer Bedeutung bestand im Überwinden der passiv-kontemplativen Bewußtseinspsychologie, in deren System Tätigkeit und Handlung keinen angemessenen Platz fanden. In der Arbeitspsychologie bestanden die Auswirkungen dieser Auffassung in der zögernden Hinwendung zur Analyse der psychischen Erscheinungen, die den Arbeitsprozeß regulieren, und im Verweilen bei der methodisch unerläßlichen, aber unzureichenden Analyse von Arbeitsbedingungen.

Die marxistisch-leninistisch fundierte Psychologie hat im Gegensatz zu dieser Konzeption gezeigt, daß die psychischen Aspekte der Tätigkeit ein notwendiger Gegenstand der Psychologie sind. Bewegungen, Handlungen und Taten sind in den Gegenstand der Psychologie einbezogen, ohne daß sie dabei fälschlich zu psychischen Gebilden gemacht werden.

Nur auf diese Weise wurden auch die Fehlkonzeptionen der Verhaltens-„psychologie“ (Reflexologie; Behaviorismus) berichtigt, die fälschlich die Tätigkeit insgesamt zum Gegenstand der Psychologie erhoben und dabei das Psychische als abgehobene Widerspiegelungsqualität entwerten.

Wie realisiert die marxistisch-leninistische Psychologie ihre Position? Zu den markantesten Leistungen sowjetischer Psychologen zählt der Ausbau der These von der Einheit von Bewußtsein und Tätigkeit zu einem differenzierten theoretischen System, das die Wechselbeziehungen zwischen Psychischem und Tätigkeit darstellt, dabei Auffassungen von der Erläßlichkeit des Psychischen (Auffassungen des „physiologischen Reduktionismus“) überwindet, eine genetische (einschließlich historische) Ableitung geistiger Prozesse ermöglicht und die Erkenntnisse der Neurophysiologie einbezieht (vgl. Rubinstein 1962, S. 221, Leontjew 1979). Der Angelpunkt dieser Konzeption besteht darin, daß jede psychische Erscheinung – eingegliedert in die Wechselwirkung zwischen Mensch und Welt – zugleich der Orientierung über die Wirklichkeit und der Regulation der Tätigkeit in ihr dient (Rubinstein 1962, S. 240f.). In dieser Regulationsfunktion für die Tätigkeit besteht die objektive Bedeutung des Psychischen. Bewegung, Handlung und Tätigkeit werden psychisch reguliert. Diese Aussage bezieht sich keinesfalls nur auf kognitive, sondern ausdrücklich auch auf praktisch verändernde Tätigkeiten. Zum Gegenstand der Psychologie gehört eben diese psychische Regulation der Tätigkeit durch

[3] Eingehendere Erörterungen und Erläuterungen der hier verwendeten Begriffe aus der neueren Geschichte der Psychologie finden sich bei Rubinstein (1958, Kapitel 3 und 15).

unterschiedliche Arten motivationaler und kognitiver Vorgänge. Die anderen Charakteristika der Tätigkeit, z. B. biomechanischer oder energetischer Art, liegen außerhalb des Gegenstandsbereichs der Psychologie.

Um der Rolle der Regulation vermittels psychischer Erscheinungen voll gerecht zu werden, muß der bestehende Wechselwirkungszusammenhang bedacht werden: Psychische Widerspiegelungen regulieren die Tätigkeit; durch die regulierte aktive Tätigkeit wird die psychische Widerspiegelung gewährleistet, und diese entwickelt sich in der Tätigkeit. „Demnach geht die Tätigkeit in den Gegenstand der Psychologie ein, aber nicht mit einem besonderen Teil . . . , sondern in ihrer besonderen Funktion, durch die das Subjekt die gegenständliche Wirklichkeit erfaßt und sie in der Form der Subjektivität umgestaltet" (Leontjew 1979, S. 92f.). Der Aspekt der Subjektivität ist in 3.2.1. behandelt. Damit ist die passiv-kontemplative Sichtweise letztlich überwunden vermittels des wesensmäßig aktiven Moments in der reflektorischen Theorie des Psychischen (Rubinstein 1962, Kap. III).

Die auf diesen Grundgedanken sich entwickelnde Psychologie der Tätigkeit enthält mehr als eine Summe der Erkenntnisse über die psychischen Prozesse. Nach Rubinstein ist sie synthetischer und konkreter, berücksichtigt umfassender die aktiven Beziehungen der Persönlichkeit zur Umwelt und ist dem Tatbestand angemessener, daß die in Form von Tätigkeiten realisierten Umweltbeziehungen die psychischen Prozesse formen — und nicht allein umgekehrt die psychischen Prozesse die Umweltbeziehungen gestalten. Verdeutlichen wir uns (teilweise vorgreifend) einige Konsequenzen für die psychologische Arbeitsanalyse: Die augenfälligste Folge ist die Verlagerung der psychologischen Analyse der Arbeitstätigkeiten auf die gnostische (orientierende) Seite des Handelns, die sich aus Afferenzen und Reafferenzen bildet und in einem inneren „Modell" der Situation und der erforderlichen Aktivitäten, z. B. einem Plan zu einem dem äußeren Handeln vorausgehenden sensumotorischen System verdichtet. Dieses „Modell" reguliert über Kontrollprozesse das Handeln. Es kann sich auf das Resultat oder auf den Vollzug der Tätigkeit beziehen, verbalisiert (z. B. Plan) oder unverbalisiert sein (z. B. Stereotyp). Für die wissenschaftssystematische Stellung der Arbeitspsychologie ist wichtig, daß dieses gnostische regulative Glied als Produkt der reflektorischen Hirntätigkeit deren Gesetzen unterliegt. Historischen Bedingungen gehorchend, steht der Gegenstand der Arbeitspsychologie nicht außerhalb naturwissenschaftlicher Bezüge. Mit dieser Verlagerung des Untersuchungsschwerpunktes zum Gnostischen fällt das Vollzugsglied des Handelns nicht aus der arbeitspsychologischen Analyse heraus. Jedoch ändert sich seine Betrachtungsweise: Einen äußerlichen Bewegungsphänomenalismus verlassend, konzentriert sich die Analyse auf die mit den motorischen Akten entstehenden zentripetalen Prozesse, die die Handlungsstruktur bestimmen, indem sie das entscheidende sensumotorische System, das „innere Modell der Handlung", schaffen. Die Bedeutung dieser Konzeption für die Arbeitspsychologie besteht darin, daß mit ihrer Hilfe praktische Arbeitstätigkeiten, „gewöhnliche" Produktionsarbeiten wie Drehen, Bohren, Kranfahren, Weben, Spinnen, Schmelzen oder Montieren hinsichtlich ihrer psychischen Mechanismen, d. h. **psychologisch** untersucht werden können.

Weiter liegt auf der Hand, daß im Gefolge dieser Veränderungen in der psychologischen Sichtweise des Arbeitsprozesses sich das Aufreißen einer Kluft zwischen praktischem Tun und gedanklichem Kalkül (sowie zwischen körperlicher und geistiger Arbeit allgemein) als unhaltbar erweist.

3.2.3. Psychische Aspekte der Tätigkeit

Wenn als psychische Aspekte die Orientierung und Regulation der Tätigkeit zum Gegenstandsbereich der Psychologie gehören, ist näher zu erörtern, welche Sachverhalte damit gemeint sind.

Ausgangspunkt dafür ist die **Aufgabe**. Die psychischen Komponenten der Arbeitstätigkeit werden bestimmt durch die aus dem technologischen Prozeß sich ergebende Arbeitsaufgabe mit ihrem Sinn. Die Aufgabe entsteht beim Übernehmen des objektiven Arbeitsauftrags. Dabei muß das geforderte Ergebnis als Ziel antizipiert und die Ausführungsbedingungen der erforderlichen Handlungen müssen berücksichtigt werden. Das entstehende mehr oder minder adäquate Abbild vom Ergebnis (Ziel) und seinen Erreichungsbedingungen gehört zum „inneren Modell".

„Aufgabe" ist ein psychologischer, „Auftrag" ein rechtlicher und betriebswirtschaftlicher Sachverhalt. Der Arbeitsauftrag ist für die hier behandelte entlohnte Arbeit im Arbeitsvertrag rechtlich begründet und in der Regel in daraus abgeleiteten weiteren rechtlich relevanten Vereinbarungen untersetzt (z. B. in Arbeitsanweisungen, Mengen- oder Qualitätsnormen, Arbeits- und Brandschutzvorschriften). Er spezifiziert die betriebliche Arbeitsteilung und die Funktionsteilung zwischen Mensch und Maschine auf den einzelnen Werktätigen und ist damit die objektive Ausgangsgröße jeder psychologischen Arbeitsanalyse und der Ansatzpunkt von Gestaltungsvorschlägen. Aufträge sind in ihrer Struktur als vierstellige Relationen zu beschreiben und tragen Sollcharakter. Sie umreißen als Rahmenfestlegung, an welchen Gegenständen unter welchen Bedingungen welche Veränderungen mit welchen Mitteln und auf welchen Wegen von wem vorgenommen werden sollen. Der Auftrag und seine Spezifizierungen sind unter sozialistischen Produktionsverhältnissen bei der Realisierung der Eigentümerfunktion der Werktätigen auch ein Gegenstand ihrer Mitwirkung und Mitverantwortung bei der betrieblichen Leitungstätigkeit. Diese Doppelfunktion des Auftrags als Gegenstand eigener Mitwirkung oder Selbstsetzung sowie als verbindlicher Auftrag ist im Maße der subjektiven Realisierung der Doppelfunktion motivational von zentraler Bedeutung. Insbesondere ergibt sich aus dieser Doppelfunktion das wichtige Verhältnis von Fremdvorgabe und Selbstvornahme.

Das Übernehmen des Arbeitsauftrags als Aufgabe schließt mehrere psychologische Aspekte ein, die insgesamt bewirken, daß die übernommene Aufgabe eine individuelle Interpretation des objektiven Auftrags zu sein pflegt. Dabei handelt es sich um

- das Ausmaß des Erfassens oder Begreifens aller im Auftrag enthaltenen Forderungen,
- die subjektive Bewertung der erfaßten Forderungen an den Ansprüchen, Bedürfnissen und Wertvorstellungen einerseits sowie an der mehr oder minder zutreffenden Selbsteinschätzung des eigenen Könnens andererseits. Dabei sind das Kalkül des Verhältnisses der erfaßten Forderungen zu den eigenen Leistungsmöglichkeiten sowie das Kalkül des erwarteten Aufwands zum erwarteten Nutzen für die entstehende Leistung ausschlaggebend. Des weiteren ist beim Übernehmen eines Auftrags als Aufgabe wirksam
- das verfügbare Können zur forderungsgerechten Verwirklichung sowie
- die Bereitschaft zum Übernehmen der Forderungen (Miller 1971, Hackman 1970).

Die Einstellung zum Ziel und den Verwirklichungsbedingungen bildet den **Sinn der Aufgabe** und des Handelns, das diese Aufgabe löst. Der Sinn ist am Aufbau des Handelns entscheidend beteiligt. Selbst einzelne Willkürbewegungen sind von ihm abhängig, wie psychopathologische Untersuchungen (z. B. der Apraxie) erwiesen.

In der psychopathologischen Literatur sind Krankheitsbilder bekannt, bei denen das Ausführen identischer Bewegungsabfolgen von ihrer Einordnung in einen verschiedenen Sinnzusammenhang abhängt. So kann beispielsweise ein Patient zwar seinen Hut an einen Haken hängen, er ist jedoch nicht in der Lage, auf Aufforderung auf den gleichen Haken zu zeigen. „Konkrete" Handlungen gelingen, „abstrakte" nicht, obgleich identische Muskelpartien dafür einzusetzen wären.

Indem die Aufgabe die Art der beteiligten psychischen Erscheinungen und ihre Wechselbeziehungen bestimmt, bedingt sie die psychische Struktur der Tätigkeit (s. 4. Kapitel). Die inneren, psychischen Prozesse haben im Prinzip die gleiche Struktur wie die beobachtbaren Teile des Handelns.

Die Arbeitstätigkeit ist eine funktionelle Einheit motivationaler, volitiver, kognitiver (perzeptiver, mnestischer, intellektueller) und motorischer Vorgänge.

In nur didaktisch zulässiger Vereinfachung können die in Wirklichkeit einheitlichen Vorgänge der psychischen Regulation der Tätigkeit unter dem motivationalen („Antriebsregulation") und unter dem operationalen Aspekt („Ausführungsregulation") betrachtet werden. Die beiden Aspekte dürfen auf keinen Fall mit Phasen der Regulation verwechselt werden.

1. Die **Antriebsregulation** bestimmt, ob gehandelt und welche Tätigkeit mit welcher Intensität ausgeführt wird. Zu dieser Gruppe psychischer Komponenten der Tätigkeit gehören in erster Linie die Absichten, Vornahmen oder Vorsätze einerseits und Bedürfnisse, Interessen, Gefühle, Strebungen oder Überzeugungen andererseits – mithin die Ziele und Motive des Menschen.

Aus der Verbindung wahrgenommener Gegenstände mit den Bedürfnissen und Interessen entstehen in verschiedenem Maße klare und differenzierte Ziele. Diese Ziele können kühl registriert oder leidenschaftlich verfolgt, in unterschiedlicher Weise erstrebt werden. Eine besondere Form des Anstrebens von Zielen wird als willensregulierte oder volitive Tätigkeit bezeichnet. Arbeitstätigkeiten sind insbesondere wegen der – infolge der Arbeitsteilung – durch den Lohn vermittelten Bedürfnisbefriedigung willentlich regulierte Tätigkeiten. Diese sind gekennzeichnet durch bewußtes Erstreben eines subjektiv bedeutsamen Ziels. Diese bewußte Regulation in Willensprozessen wird besonders deutlich bei der Überwindung von Schwierigkeiten der Zielerreichung und an der klaren und stabilen hierarchischen Organisation der Vornahmen.

Willensprozesse unterscheiden unmittelbar zur Befriedigung führende Antriebe und Bedürfnisse von den mittelbar zur Befriedigung führenden Motiven und daraus erwachsenden Vornahmen[4], die der Mensch an den gesellschaftlichen Interessen und Normen bewertet und nach ihnen ausrichtet. Nur bei den letzteren sind Willensprozesse erforderlich. Damit wird deutlich, daß Willensvorgänge ihren Ursprung eben in der arbeitsteiligen gesellschaftlichen Produktion haben, wie Marx betont hat. Differenziertere psychologische Erörterungen der Sozialgenese des Wollens finden sich bei Straub (1935).

Die aufgezählten vielfältigen Formen von Motiven, die im Arbeitsprozeß wirksam sind, sind in ausschlaggebendem Maße gesellschaftlich erzeugt bzw. zumindest geformt und nicht in erster Linie biologischer Herkunft. Auch sind sie nicht kurzerhand nur ein vorauszusetzender Anfangspunkt von Tätigkeit, sondern wie andere psychische Vorgänge werden auch sie in den Tätigkeiten erzeugt, für deren Ausführung sie erforderlich sind.

Arbeitstätigkeiten haben gegenständliche und soziale Auswirkungen, die unterschiedliche Bedeutung für die psychische Struktur der Tätigkeit besitzen. Jede Tätigkeit stiftet vielfältige Beziehungen zu anderen Menschen und zur Gesellschaft insgesamt. Diese sozialen oder gesellschaftlichen Beziehungen bilden das Kernstück der „Einstellung zur Arbeit". Da die Bewertung der gegenständlich-verändernden Seite der Tätigkeit nach

[4] Wegen der Wirkungsparallelitäten von Bedürfnissen und Vornahmen bezeichnete Lewin (1926) diese als „Quasibedürfnis".

ihrer Bedeutung für die Gesellschaft erfolgt, liegt der Schwerpunkt der Motive nicht in der gegenständlichen Ebene, sondern auf der Seite der zwischenmenschlichen und gesellschaftlichen Bedeutung der Tätigkeit. Die gesellschaftliche Bedeutung kann solche Wirksamkeit für die Tätigkeit erlangen, daß die gesellschaftlichen Verhaltensnormen die Tätigkeit bestimmen. Die Psychologie kann also die Zielgerichtetheit der Tätigkeit nicht analysieren im Zusammenhang biologischer Vorgänge zur Bedürfnisbefriedigung, sondern muß bei jeder Untersuchung der psychischen Komponenten die Tätigkeit als sozialen Prozeß betrachten, d. h. vor allem die gesellschaftliche Bedeutung der gegenständlichen Veränderungen einbeziehen. — Während bei der Antriebsregulation jene psychischen Prozesse vorherrschen, die Beziehungen des Menschen zur Wirklichkeit ausdrücken, ist die Ausführungsregulation durch kognitive Prozesse charakterisiert.

2. Die **Ausführungsregulation** bestimmt, auf welche Weise gehandelt wird. Sie ist konzentriert auf die Analyse des Ziels, der Verwirklichungsbedingungen und des Verhältnisses von Zielen und Bedingungen der Tätigkeit zum Zweck der Festlegung, des Einsatzes und der Kontrolle von bedingungsadäquaten Verfahren der Zielerreichung. Dieses notwendige Ermitteln, Einsetzen und fortlaufende Anpassen bedingungsadäquater Wege der Produktherstellung macht die Tätigkeit zum Erfüllen von Aufgaben. Zu dieser Gruppe von psychischen Komponenten zählen daher die Wahrnehmungs-, Vorstellungs-, Denk- und Gedächtnisprozesse.

Schließlich ist bei der Frage nach den psychischen Aspekten der Tätigkeit zu berücksichtigen, daß Tätigkeit sowohl Ausdruck wie prägende Instanz des Bewußtseins ist. Die Veränderung der Umwelt durch die Tätigkeit des Menschen ist zugleich Selbstveränderung der Persönlichkeit, nicht nur Selbstverwirklichung.[5] In der Tätigkeit entstehen gleichzeitig konkrete Gegenstände mit bestimmter Bedeutung und Funktion und bestimmende Eigenschaften der menschlichen Persönlichkeit. Nicht nur Kenntnisse und Erfahrungen, Fertigkeiten und Fähigkeiten werden erworben, sondern auch Einstellungen und Willensprozesse entwickelt und zu Charaktereigenschaften verfestigt. Aus dieser Doppelrolle des Arbeitsprozesses müssen die grundlegenden Prinzipien der Arbeitsgestaltung, Ausbildung und Leitung abgeleitet werden.

In **methodischer Hinsicht** sind bei der Frage nach psychischen Aspekten von Tätigkeiten drei Klassen handlungsbezogener psychischer Sachverhalte zu unterscheiden (ausführlicher hierzu von Cranach u. a. 1980):

— handlungs**leitende** und **veranlassende**, d. h. orientierende und regulierende psychische Vorgänge und Repräsentationen, die tatsächliche Bedingungen und Ursachen von bestimmten Vollzugsformen sind,
— handlungs**begleitende** psychische Vorgänge und Repräsentationen, die zwar beim Handeln auftreten, dieses aber nicht leiten,
— handlungs**erklärende**, -begründende oder -rechtfertigende psychische Vorgänge und Repräsentationen, die Handlungen begleiten oder nachträglich begründen, ohne daß sie tatsächlich wirksame handlungsleitende und handlungsveranlassende Sachverhalte darstellen müßten.

[5] „Nicht mehr eine unfehlbare Maschine in den Händen der Natur, wird er (der Mensch, W. H.) sich selbst Zweck und Ziel der Bearbeitung" (Herder 1957, S. 98).
„Die Tiere werden durch ihre Organe belehrt . . . ich setze hinzu: die Menschen gleichfalls, sie haben jedoch den Vorzug, ihre Organe dagegen wieder zu belehren" (von Goethe 1970, S. 487).

Dabei geht es um zwei Gesichtspunkte: Einerseits sind die bewußtwerdenden und aussagbaren psychischen Sachverhalte („Kognitionen“) nur ein Teil der handlungsleitenden und -veranlassenden Vorgänge, und sie umfassen nicht einmal in jedem Falle alle resultats- und aufwandsbestimmenden handlungsleitenden Vorgänge. Davon ist jedoch unberührt, daß alle zielgerichteten Willenshandlungen, wie sie in Arbeitstätigkeiten vorliegen, wenigstens eine bewußte Vornahme, also das mit Mittel-Weg-Festlegungen verbundene Resultat des Entschlusses zur Zielverwirklichung, aufweisen. Psychische Aspekte der Tätigkeit beinhalten also *mehr* als die aussagbaren psychischen Vorgänge und Gedächtnisrepräsentationen.

Andererseits sind nicht alle im Zusammenhang mit Tätigkeiten auftretenden Kognitionen aktuell tatsächlich handlungsleitend wirksam, wenngleich sie es für spätere Handlungen werden können (vgl. ausführlicher dazu Nisbett und Wilson 1977). Wegen ihrer gründlichen Untersuchung sind hierzu die zumeist nachträglichen handlungsbegründenden psychischen Vorgänge, die sogenannten Attributionen, hervorzuheben. Sie entwickeln sich zumeist bei Erschwerungen der Tätigkeitsausführung und bei selbst- oder fremdveranlaßten Begründungs- oder Rechtfertigungserfordernissen. Sie geben häufig zwar logisch bündige Begründungen des Vorgehens, die jedoch stark vom Wissen um einschlägige Wertnormen und Wirkungszusammenhänge sowie vom Selbstkonzept abhängen. Sie können zu vollständigen „naiven Handlungstheorien“ verdichtet sein. Sie geben also nicht notwendig Einblick in die wirklich handlungsleitenden psychischen Sachverhalte. Allerdings sind begleitend oder erst nachträglich einsetzende Begründungen keine für das Handeln nutzlosen Nebenerscheinungen, sondern sie können einer der Wege zur Ausrichtung individuellen Handelns an gesellschaftlichen Handlungserwartungen sein. Ein wichtiger Weg ist das Antizipieren gesellschaftlicher Bewertungen individuellen Handelns und die Aufnahme dieser Antizipationen in die handlungsveranlassende Vorbereitung künftiger Tätigkeiten.

Die psychischen Aspekte der Tätigkeit beinhalten also mehr als die aktuell unmittelbar tätigkeitsleitenden aussagbaren oder zu erschließenden Vorgänge und Repräsentationen. Oder anders: Nicht alle im Zusammenhang mit Handlungen ausgesagten psychischen Vorgänge und Repräsentationen waren tatsächlich bei einer bestimmten Handlung aktuell veranlassend oder leitend wirksam.

Die Hauptprobleme der Methodik der psychologischen Tätigkeitsanalyse im allgemeinen und der psychischen Arbeitsuntersuchung im besonderen ergeben sich aus diesen Beziehungen (Bainbridge 1980, Leplat und Hoc 1980, Matern 1983).

3.2.4. Die Begriffe „Handlung“ und „Operation“ in der Arbeitspsychologie

a) Der Handlungsbegriff ist der wichtigste Begriff einer Psychologie der Tätigkeit. **„Handlung“** bezeichnet nämlich eine in sich geschlossene Einheit der Tätigkeit. Aus Gründen der Eindeutigkeit soll „Handlung“ nur in diesem engeren Sinne verstanden werden. Die umfassenderen Vollzüge seien als Tätigkeiten bezeichnet (Abb. 3.2).

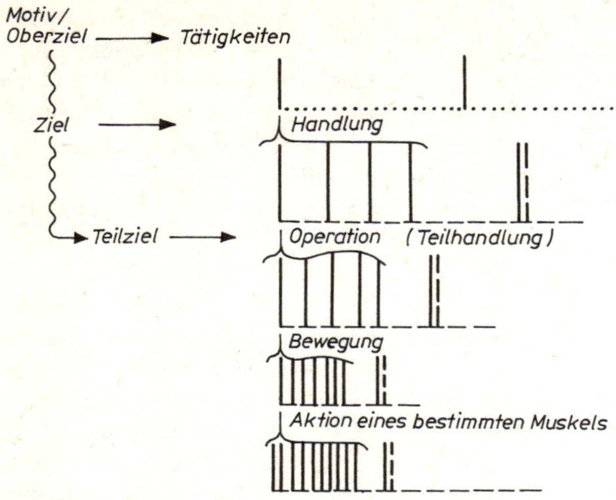

Abb. 3.2: Vereinfachendes Schema des hierarchischen Aufbaus der Tätigkeit.

Handlungen bilden die kleinste psychologische Einheit der willensmäßig gesteuerten Tätigkeiten. Die Abgrenzung dieser Handlungen erfolgt durch das bewußte Ziel, das die mit einer Vornahme verbundene Vorwegnahme des Ergebnisses der Handlung darstellt. Nur kraft ihres Ziels sind Handlungen selbständige, abgrenzbare Grundbestandteile oder Einheiten der Tätigkeit.[6]

„Zwischen den Begriffen Ziel und Handlung gibt es eine ähnliche Wechselbeziehung wie zwischen dem Begriffspaar Motiv und Tätigkeit.

Die Entstehung von zielgerichteten Prozessen, von Handlungen in der Tätigkeit war das historische Ergebnis, als der Mensch zum Leben in der Gesellschaft übergegangen war. Die Tätigkeit der an der gemeinsamen Arbeit Beteiligten wird durch deren Produkt initiiert, das ursprünglich dem Bedürfnis jedes einzelnen unmittelbar entspricht. Auch schon die Entwicklung einfachster technischer Arbeitsteilung erfordert die Bestimmung der Zwischen- beziehungsweise Teilergebnisse, die von den einzelnen Teilnehmern an der kollektiven Arbeitstätigkeit erzielt werden, die aber *an sich* nicht deren Bedürfnisse befriedigen. Ihr Bedürfnis wird nicht durch diese ‚Zwischen'-ergebnisse befriedigt, sondern durch den Anteil am Produkt ihrer gemeinsamen Tätigkeit, den ein jeder von ihnen kraft der im Arbeitsprozeß entstandenen und sie miteinander verbindenden Beziehungen, das heißt der **gesellschaftlichen** Beziehungen erhält.

Es ist leicht einzusehen, daß dieses ‚Zwischen'-ergebnis, dem die Arbeitsprozesse des Menschen untergeordnet sind, für ihn auch subjektiv in der Form der Vorstellung bestimmt werden muß. Das geschieht eben mit der Bestimmung des Ziels, das, nach einem Ausdruck von *Marx*, ‚die Art und Weise seines Tuns als Gesetz bestimmt' " (Leontjew 1979, S. 102f.).

„Die menschliche Tätigkeit existiert nicht anders als in Form einer Handlung oder einer Kette von Handlungen." Tätigkeiten werden „durch eine Gesamtheit von Handlungen verwirklicht, die *Teilzielen* untergeordnet sind, welche aus dem gemeinsamen Ziel abgeleitet werden können" (Leontjew 1979, S. 103f.). Die Rolle dieses gemeinsamen Oberziels kann das Motiv der Tätigkeit übernehmen. Tätigkeiten sind jedoch mehr als nur eine Addition von Handlungen. Ein und dieselbe Handlung kann verschiedene Tätigkeiten verwirklichen.

[6] Der Produktionsprozeß, dessen Bestandteil die in Handlungen gegliederte Arbeitstätigkeit ist, gliedert sich wiederum psychologisch in so viele Teilvorgänge, wie Zustandskontrollen bzw. -eingriffe durch die Arbeitskraft erforderlich sind.

b) **Teilhandlungen oder Operationen** sind nur unselbständige Bestandteile der Tätigkeit, da ihre Resultate nicht als Ziele bewußt werden. Allerdings stellen Teilhandlungen nicht nur Mechanismen dar wie die Bewegungen, da unselbständige, nur in bezug auf das Ziel sinnvolle kurzlebige Teilziele ihrer Regulation dienen können. Teilhandlungen oder Operationen basieren auf vollständig unselbständigen, von der Handlung abhängigen Bewegungen. Gleiche Ziele von Handlungen können mit Hilfe verschiedener Operationen erreicht werden, in Abhängigkeit von den unterschiedlichen Ausführungsbedingungen.

c) Auch **Bewegungen** liegen in unterschiedlicher Komplexität vor. Jede Handlung ist stets notwendigerweise ein psychischer Akt, weil sie bewußt, d. h. zielgerichtet ist; sie hat Ziele, folgt Motiven und erfüllt Aufgaben. Für Bewegungen gilt dies nicht. Jede Handlung schließt über die Komponenten der Antriebsregulation hinaus wesensmäßig kognitive Prozesse ein, sie ist mindestens eine sensumotorische Einheit, in der Regel aber eine Einheit von Wahrnehmungen, Verarbeiten (Urteilen, Behalten, Reproduzieren) und seinerseits wiederum sinnlich und logisch erfaßtem motorischem Verrichten. Die Eigenschaft der sensumotorischen Einheit erfüllen Bewegungen auf Grund der untrennbar mit jeder Aktivität gekoppelten (Re)afferenz auch, allerdings sind diese Bewegungsafferenzen im Unterschied zu den psychischen Kontrollprozessen komplexer Handlungen nicht bewußtseinspflichtig, sondern höchstens bewußtseinsfähig. Die Abgrenzung von Handlung und Bewegung ist also schwerpunktmäßig an die Antriebsregulation gebunden.

d) Aus den Kennzeichnungen von Bewegung, Operation, Handlung und Tätigkeit wird verständlich, daß es selbst bei minutiöser Bewegungsanalyse vom Wesen der hierarchischen, psychisch bedingten Struktur der Tätigkeit her nicht möglich ist, allein aus tabellierten Bewegungen bzw. sogar wenigen standardisierten Elementarbewegungen her aufsteigend psychologisch befriedigend eine beliebige praktische Tätigkeit summierend aufzubauen. Wenn der für einige Anliegen der Arbeitsnormung dabei erzielbare Effekt (Voraussage der benötigten Zeiten und zeitgünstiger Bewegungskomplexe) praktisch verwertbar erscheint, darf daraus noch nicht geschlußfolgert werden, man habe eine in jeder Hinsicht – also auch hinsichtlich der beteiligten körperlichen und psychischen Vorgänge oder des Erlebens des Arbeitenden und der Rückwirkungen auf seine Persönlichkeit – günstige Tätigkeitsstruktur synthetisiert.

Die verwendeten Systeme entstammen nicht umsonst der Welt des Pragmatismus und seiner psychologischen Theorien, den Behaviorismen.

Ebenso irrig wäre die Annahme, eine Handlung durch Angabe der in ihr „enthaltenen" Folge von Elementarbewegungen wesensangemessen charakterisiert zu haben (s. dazu die Kritik Lewins von 1926, S. 14). Hierbei läge auf motorischem Gebiete eine analoge unheilvolle Fehlauffassung von methodisch unerläßlichen Analyseeinheiten als **realen** Einheiten des untersuchten Vorgangs vor, wie sie auf sensorischem Gebiete im Streit zwischen Assoziations- und Gestaltspsychologie um den Empfindungsbegriff bekannt wurde.

Die praktische Bedeutung einer Klärung der psychischen Regulation der Tätigkeit und der Einheitenbildung nach psychischen Strukturkomponenten kann nicht überschätzt werden. Sie besteht, bildlich gesprochen, darin, daß das Psychische die übergeordnete Kommandostelle darstellt; ohne Berücksichtigung ihrer „Befehle" bleiben die Tätigkeiten unverständliche und gar chaotische Vorgangsbündel. Arbeitsanalysen und auf ihnen fußende Gestaltungskonzeptionen (für Mensch-Maschine-Systeme, Arbeitsabläufe, Informationslinien usw.), die über biomechanische Anliegen (z. B. Körperabmessungen) hinausgehen, sind ohne Berücksichtigung der regulierenden psychischen Vorgänge beim derzeitigen Stand der Entwicklung kognitiver Arbeitsanforderungen wertlos. Das gilt von der elementarsten bis zur komplexesten Stufe psychisch regulierter Vollzüge: Wie Bewegungen ohne Bezug auf die übergeordnete Handlung nicht befriedigend kausalkonditional analysierbar sind, können im Falle geplanten Arbeitens Operationsketten und Handlungsfolgen nicht ohne Bezug auf den Plan verständlich werden.

3.3. Psychische Anforderungen einer Arbeitstätigkeit Das Problem des Funktionalismus in der Arbeitspsychologie

In zahlreichen praktischen Zusammenhängen ist nach den Anforderungen einer Arbeitstätigkeit an den Menschen und darunter nicht selten wiederum auch nach den psychischen Anforderungen gefragt.[7] Quantitativ stufende Zusammenstellungen von Anforderungen („Anforderungsprofile") für Arbeitstätigkeiten und Berufe sind als Grundlagen der Festlegung von Ausbildungsmaßnahmen, der Eignungsfeststellung, der Feststellung von Ermüdungsquellen und Arbeitsgestaltungsmaßnahmen unerläßlich.

Die Anforderungen einer Tätigkeit an den Arbeitenden ergeben sich aus dem Arbeitsauftrag und den Arbeitsbedingungen, unter denen er zu erfüllen ist. Derartige – bei Anforderungsermittlungen zunächst in Frage zu stellenden (vgl. Fußnote 7) – Bedingungen sind Arbeitsmittel, Arbeitsgegenstand, organisatorische und Verfahrensvorschriften, räumlich-zeitliche sowie Umgebungsbedingungen. Anforderungen einer Tätigkeit an den Menschen sind die Gesamtheit der für das forderungsgerechte Ausführen benötigten körperlichen und geistigen Leistungsvoraussetzungen. Bei der Anforderungsableitung wird lediglich auf sehr allgemeine (nicht individuelle) Leistungsvoraussetzungen einer Bezugspopulation reflektiert (z. B. gesunde Erwachsene mit einem gesellschaftlich determinierten Grad von Allgemeinbildung). Da sich aber verschiedene Menschen in ihren individuellen Leistungsvoraussetzungen unterscheiden, fällt ihnen das Erfüllen gleicher objektiver Anforderungen beim Ausführen der Tätigkeit unterschiedlich schwer. Aus dem Bezug von Anforderungen auf die individuellen Leistungsvoraussetzungen ergibt sich **der Schwierigkeitsgrad** einer Tätigkeit sowie die Beanspruchung, verstanden als das Ausmaß der Inanspruchnahme der individuellen Leistungsvoraussetzungen durch die Tätigkeit. Diese Beanspruchung kann unter verschiedenen Gesichtspunkten gekenn-

[7] Wir engen – dem Zusammenhang dieses Abschnitts entsprechend – auf die Anforderungen einer Tätigkeit an den Menschen ein. Es gibt ebenso Anforderungen des tätigen Menschen an die objektiven Ausführungs-(Arbeits-)bedingungen. Diese Seite des Gesamtproblems kann nicht ungestraft vernachlässigt werden: Anforderungen einer zu erfüllenden Tätigkeit an den Menschen stehen in untrennbarem Zusammenhang mit der Angemessenheit der objektiven Arbeitsbedingungen. Je unangemessener diese sind, um so höher sind auch die Anforderungen an den Menschen. Anforderungsanalysen ohne Analysen der Aufgabenangemessenheit der objektiven Arbeitsbedingungen stellen einen gefährlichen „Kunstfehler" dar.

zeichnet werden: Das sind der Anteil der beanspruchten bewußten Verarbeitungskapazität an der Gesamtkapazität der Bewußtheit, der Anstrengungsgrad und die Art und der Umfang der beanspruchten Leistungsvoraussetzungen. Insgesamt kann die Beanspruchung als Ausdruck der individuell realisierten Anforderungen aufgefaßt werden. Abb. 3.3 schematisiert diese Beziehungen.

Während die „objektive“ Anforderungsdarstellung für den Vergleich zwischen verschiedenen Tätigkeiten benötigt wird, ist die Darstellung der „realisierten“ Anforderungen erforderlich bei der Betrachtung der vorhandenen Qualifikation, der Vorgehensweisen oder der Auswirkungen von Tätigkeiten auf bestimmte Menschen. Für diese Auswirkungen ist es bedeutsam, wie der arbeitende Mensch selbst die Art und den Umfang der Inanspruchnahme seiner Leistungsvoraussetzungen erlebt, ob er sich angemessen gefordert oder aber unter- oder überfordert sieht. Dieser Sachverhalt wird in der Streßforschung als das sogenannte „Person-Umwelt-Verhältnis“ bezeichnet.

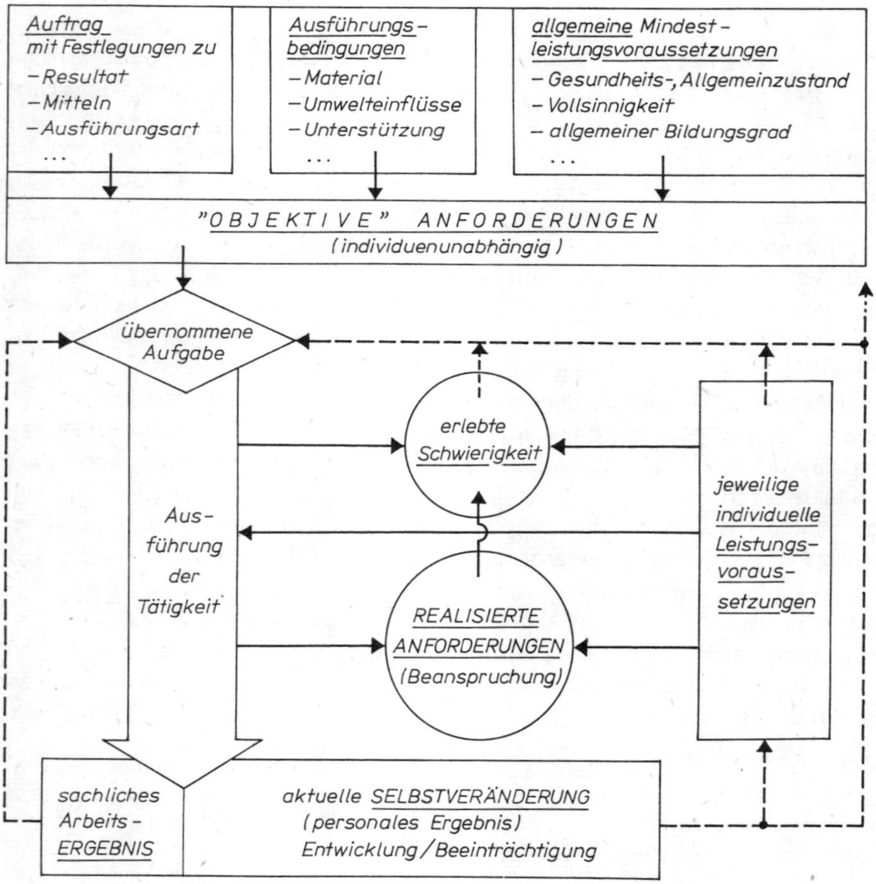

Abb. 3.3: Ableitung des Anforderungsbegriffs als „objektive“, individuumsunabhängige Anforderungen, „realisierte“, individuenbezogene Anforderungen.

Anforderungen können in verschiedener Weise angegeben werden, nämlich hauptsächlich als

— auszuführende Solltätigkeiten mit ihren regulierenden psychischen und ausführenden Teilverrichtungen;
— (psychische) Leistungsvoraussetzungen, und zwar entweder
  — — in Prozeßbegriffen als erforderliche kognitive Operationen (mit den zugehörigen Kenntnissen als „tätigkeitsleitenden Abbildern") oder
  — — in Eigenschaftsbegriffen, insbesondere als erforderliche Fähigkeiten.

Die zu wählende Abstraktionsebene ist u. a. vom psychologischen Anliegen abhängig, also z. B. bei der Bewertung der Persönlichkeitsförderlichkeit anders als beim Ableiten von Trainingsinhalten. Für die Mehrzahl der arbeitsklassifikatorischen, arbeitsgestalterischen und Ausbildungsanliegen erweist es sich als zweckmäßig, Anforderungen durch auszuführende Tätigkeiten zu beschreiben. Dafür sprechen mindestens zwei Gründe:

(1) Durch eine Aufgabe ist nicht ein psychischer Vorgang gefordert, sondern ein bestimmter Ablauf praktischer Tätigkeiten. Zwischen Aufgabe bzw. gefordertem Ergebnis und den psychischen Vorgängen besteht nur ein über die Tätigkeit vermittelter Zusammenhang. Die Forderungen beziehen sich nur mittelbar auf die psychische Regulation, aber unmittelbar auf die Ausführung der Tätigkeit.

(2) Es ist in der Regel nicht möglich, von einem Arbeitsergebnis **bindend** zurückzuschließen auf die für das Entstehen erforderlichen psychischen Abläufe (z. B. Denk-, Vorstellungs- oder Behaltensprozesse).

Auch wenn ein derartiger Rückschluß im Einzelfall möglich ist, kann nicht umkehrbar eindeutig von einem bestimmten Arbeitsergebnis auf einen bestimmten psychischen Voraussetzungsbereich geschlossen werden; es existieren in der Regel mehrere Lösungsmöglichkeiten mit jeweils verschiedenen psychischen Voraussetzungsbereichen. Auch bei wohlumschriebenen Aufgaben besteht in den beteiligten psychischen Prozessen ein vielschichtiges Geflecht von Kompensationsmöglichkeiten. Da dieses vielfältige Geflecht möglicher psychischer Leistungsvoraussetzungen für praktische Zwecke häufig nicht voll erfaßt werden kann (und auch gar nicht erfaßt werden muß), würde ein Schluß von der Aufgabe auf ihre psychischen Bedingungen zum unbeweisbaren „Kurz"schluß. Unter den für arbeitspsychologische Anforderungsanalysen gegebenen Bedingungen ist kein zuverlässiger Schluß von der Aufgabe auf die inneren Leistungsvoraussetzungen — unbeschadet davon, ob sie in Prozeß- oder Eigenschaftsbegriffen gefaßt sind — möglich.

Gegen diesen Sachverhalt wird häufig verstoßen. Besonders gefährlich ist das methodenunkritische Schließen von Aufgaben oder Tätigkeiten auf als Voraussetzung gedachte psychische Funktionen. Jeder abhebend benennbaren Tätigkeit wird im formalen Rückgriff eine sie „bedingende" psychische Funktion oder ein „Vermögen" kurzerhand zugedacht: „Durchsetzungskraft", „Abstraktionsvermögen", „Willenskraft". Auch mit dem verharmlosenden Substantiv „-fähigkeit" sind derartige Regresse verbreitet: „Durchsetzungsfähigkeit", „Abstraktionsfähigkeit", „Umstellungsfähigkeit". Schließlich werden auch ohne „-kräfte", „-vermögen", „-bereitschaften" oder „-fähigkeiten" Ergebnisse dieser problematischen Schlüsse angeboten: „Belastbarkeit", „Handgeschicklichkeit", „Willensbeständigkeit".

Das Problem liegt nicht darin, daß es nicht sinnvoll wäre, von den objektiv vorhandenen Fähigkeiten oder anderen psychischen Eigenschaften zu sprechen. Zielpunkt unserer Kritik ist vielmehr das methodisch unhaltbare Rückschließen von einer Aufgabe oder Tätigkeit auf eine ohne Realanalyse jeweils dazu gedachte psychische Leistungsvoraussetzung. Auf diese Weise ist für jede beliebige Tätigkeit eine beliebige psychische „Kraft", „Fähigkeit", „Bereitschaft" oder ein „Vermögen" konstruierbar. Warum soll beispielsweise die psychische Bedingung für das Kochen eines leckeren Puddings nicht das „Puddingkochvermögen" sein? Richtigkeitsbeweise sind irrelevant.

Namhafte Psychologen wie Wundt (1913) oder Rubinstein (1963) haben seit langem auf die hier vorliegende allgemeinere Problematik aufmerksam gemacht. Holzkamp (1964) hat die unzulässige Vergegenständlichung von Erdachtem zu „Realitäten" hinsichtlich ihrer verhängnisvollen Folgen kritisiert. Gar zu leicht werden bloße Worte als scheinbare Wirklichkeitstatbestände argumentierend und theoretisierend verarbeitet, es entsteht eine „Wissenschaft" der Artefakte.

Höhepunkt dieser Entwicklung ist auf dem Gebiete der Anforderungen die Auffassung der „Kräfte" und „Vermögen" des formalen Rückschlusses als relativ **stabile** Persönlichkeitseigenschaften (Dispositionen mit teilweise mitgedachter Verankerung im nervösen Substrat), die sodann mittels Eignungsprüfverfahren (unter Umständen nach dem Fernerstehenden leicht imponierender faktorenanalytischer Reduktion auf einige Grund-„vermögen") untersucht werden können.

Wenn es aus den angegebenen Gründen zweckmäßig ist, Anforderungen durch zu beherrschende Tätigkeiten zu kennzeichnen, ist das **Vorgehen** wenigstens zu skizzieren:

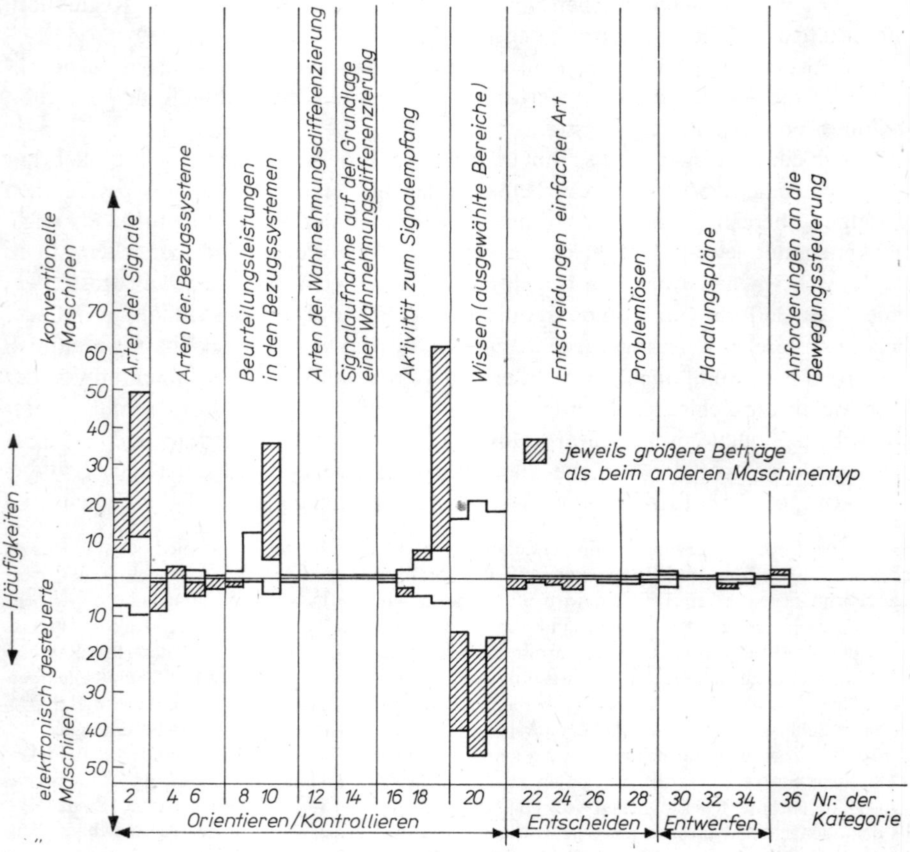

Abb. 3.4: Vergleichendes Anforderungsprofil für Einrichtoperationen beim Drehen auf konventionellen und meßgesteuerten Maschinen (Melzer, Hacker und Vaic 1971 unveröffentl.).

Die Erfassung von Auftrag, objektiven Arbeitsbedingungen und Inventar forderungsgerechter Verrichtungen bildet nur das Ausgangsmaterial der Charakteristik von Tätigkeitsanforderungen. Die psychologische Charakteristik der forderungsgerechten Arbeitstätigkeit muß neben dem Inventar der praktischen Verrichtung die zu beachtenden Informationen, die Regeln des Vergleichens, Bewertens und des Entscheidens umfassen. Durch Herausarbeiten typischer Abläufe sowie Gruppierung nach psychologisch relevanten Gesichtspunkten unter dem Aspekt der Regulationsvorgänge erfolgt eine Verarbeitung und Abstraktion, die theoretischer Kritik standhält und praktischen Bedürfnissen entspricht.

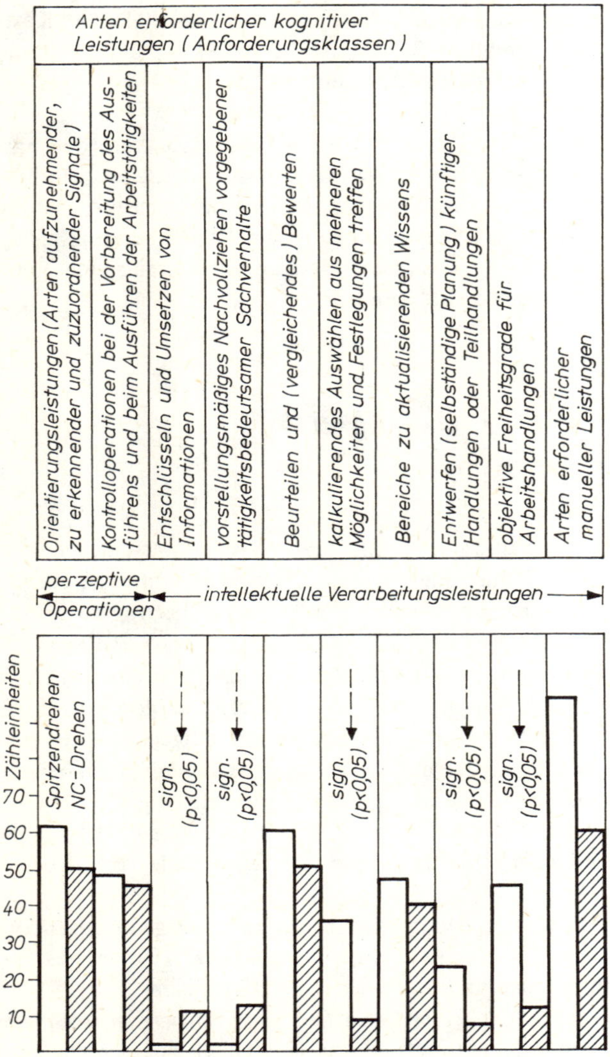

Abb. 3.5: Aus Tätigkeitsabläufen abgeleitete vergleichende Anforderungsprofile für das Vorbereiten, Einrichten, Kontrollieren und Bedienen beim Spitzen- und NC-Drehen (Plath 1974).

Abb. 3.4 und 3.5 zeigen zwei Beispiele von Anforderungsprofilen. In beiden Fällen geht es um einen Vergleich der psychischen Tätigkeitsanforderungen bei unterschiedlichen Maschinentypen. Beide Darstellungen arbeiten mit Prozeßbegriffen und stellen kognitive Operationen sowie die für diese erforderlichen Kenntnisse und tätigkeitsleitenden Abbilder dar. Beim Betrachten beider Vergleiche kann man einige allgemeingültige Sachverhalte erkennen:

Der Wert psychologischer Anforderungsanalysen hängt ausschlaggebend von dem als Analysenhilfe und Darstellungsmittel benutzten **Raster von** Tätigkeits-, Prozeß- oder Eigenschafts**begriffen** ab. Wir werden in Abschnitt 4.3. ein solches Kategorienraster für regulierende psychische Prozesse darstellen und in Abschnitt 4.6. eines für Tätigkeiten.

Anforderungsanalysen müssen des weiteren die Ausprägungen innerhalb der Kategorien **quantitativ stufen**. Diese zahlenmäßige Stufung sollte möglichst nicht nur auf Schätzurteilen basieren, sondern tätigkeitseigene Zähleinheiten nutzen. Hier liegen ungelöste Probleme vor.

Schließlich veranschaulicht ein Vergleich beider Abbildungen, daß Anforderungsanalysen auf unterschiedlichen **Zerlegungsstufen** einer Gesamttätigkeit, z. B. Drehen, in ihre Teiltätigkeiten, z. B. Vorbereiten, Einrichten, Bedienen, durchgeführt werden können. Für die Mehrzahl der psychologischen Anliegen ist eine Aufgliederung bis zu Teiltätigkeiten erforderlich. Nachträgliche Zusammenfassungen unter Berücksichtigung der Zeitanteile der einzelnen Teiltätigkeiten sind möglich.

3.4. Zur Klassifikation von Arbeitstätigkeiten für psychologische Anliegen

Tätigkeiten im allgemeinen und Arbeitstätigkeiten im besonderen unterscheiden sich durch eine Vielzahl von Merkmalen. Daher sind psychologische Erkenntnisse, die bei einer Tätigkeitsgruppe gewonnen wurden, nicht beliebig auf andere übertragbar.

Benötigt wird eine auf die psychische Regulation von Tätigkeiten bezogene Klassifikation, die Gültigkeitsbereiche und damit auch Übertragbarkeitsgrenzen von Erkenntnissen zu bestimmen ermöglicht. Sie ist für die Entwicklung der Psychologie als einer Wissenschaft, die über klar definierte Bereiche von Tätigkeiten verallgemeinbare Aussagen macht, ebenso unerläßlich wie für täglich auftretende praktische Aufgaben bei der Analyse, Bewertung und Gestaltung von Arbeitstätigkeiten. Eine befriedigende Lösung hierfür ist nicht bekannt (Frieling 1980). Die bisher vorliegenden Ansätze bieten jedoch bereits praktische Orientierungshilfen und Erkenntnisse über Merkmale von Arbeitstätigkeiten.

Zunächst können Arbeitstätigkeiten geordnet werden nach den **Eigentumsverhältnissen** an den Produktionsmitteln, unter denen sie ausgeführt werden. Hier interessiert entlohnte Arbeit unter den Produktionsverhältnissen des realen Sozialismus.

Weiter ist die Klassifikation nach der *geforderten Leistung bzw. dem entstehenden Produkt möglich*. Zur psychologischen Klassifikation von Tätigkeiten liegt es zunächst nahe, nach der geforderten **Leistung** bzw. dem entstehenden Produkt vorzugehen und demgemäß etwa Fräs-, Zahnputz-, Dicht-, Briefschreib- oder Backtätigkeit usw. zu unterscheiden. Spezieller auf Arbeitstätigkeiten bezogen mag es zweckmäßig erscheinen, nach der dem Menschen bei seiner Einordnung in einen Produktionsprozeß zufallenden Leistung auf einem entsprechend höheren Abstraktionsniveau einzuteilen, etwa in Kontroll-, Überwachungs-, Steuer-, Wartungs-, Bedien- oder Montagetätigkeiten. Damit ist eine sinnvollere, entwicklungsfähige Einteilungsmöglichkeit benannt, die für die Ableitung einer aufgabenorientierten psychologischen Klassifikation von Arbeitstätigkeiten ausgebaut werden kann. Wir kommen darauf zurück. Eine Klassifikation nach hinreichenden psychologischen Merkmalen ist in beiden Fällen jedoch nicht gegeben. Die Hauptursache dafür ist die mögliche psychologische Heterogenität der nach derartigen Leistungsmerkmalen zusammengefaßten Vollzüge. Darauf hat bereits Lewin (1926) – gestützt auf Blumenfeld – am Beispiel der scheinbar stets Gleiches umschließenden Tätigkeit „Schreibmaschineschreiben" unter Bezug auf unterschiedliche **Geübtheit** aufmerksam gemacht: „In Wirklichkeit ist jedoch das Schreiben der geübten Schreibmaschinistin nicht etwa ein gleichartiger, nur stärker geübter Vorgang wie der der Anfängerin, sondern ein psychologisch von Grund aus andersartiger Vorgang. Das Schreiben der Anfängerin stellt im wesentlichen ein Suchen nach den einzelnen Buchstaben dar. Ein derartiger Orientierungsprozeß läßt sich üben. Man kann Übung im Suchen bekommen. Es wäre jedoch völlig verkehrt, die Handlungen der geübten Schreibmaschinistin als ein derartiges geübtes Suchen charakterisieren zu wollen. Gewiß muß auch sie die einzelnen Tasten anschlagen. Aber selbst wenn man daraus theoretisch folgern wollte, daß immerhin irgendein Suchprozeß stattfinden müsse (in Wirklichkeit kennt die geübte Schreibmaschinistin ihre Maschine so gut, daß sie nicht mehr zu suchen braucht), so ist dieser Vorgang hier jedenfalls zu einem völlig unselbständigen Moment in einem Gesamtgeschehen geworden, dessen Struktur von ganz anderen, hier nicht näher zu erörternden Fakten beherrscht wird. Diesen Gesamtprozeß kann man so wenig als ein Suchen charakterisieren, wie etwa das Schreiben der Anfängerin als ein Fingerheben" (S. 306).

Mindestens gleich wichtig ist eine zweite Tatbestandsgruppe, die verhindert, leistungsmäßig gleich Bezeichnetes als auch psychologisch gleich oder wenigstens ähnlich ansehen zu können, nämlich der **Sinn** oder die Bedeutung der Tätigkeit. Leistungsmäßig gleich bezeichenbare Vollzüge (z. B. Schreiben) können in Abhängigkeit von einem unterschiedlichen semantischen Gehalt völlig verschiedenartige psychische Strukturen aufweisen. Auch das ist eine alte Erkenntnis. Ein anschauliches Beispiel gibt wiederum Lewin: „Denn auch abgesehen von dem rein Motorischen ist z. B. die Handlung des Schreibens etwas psychisch grundlegend Verschiedenes je nachdem, ob man einen Satz in Schönschrift abschreibt oder eine briefliche Mitteilung abfaßt. Nur im ersten Falle geht die Intention der Handlung auf das Schreiben selbst. Das Schreiben beim Briefschreiben ist dagegen gar kein Schreiben in diesem Sinne, sondern ähnlich wie die Mundbewegungen beim Sprechen haben die Schreibbewegungen in der Regel einen bloß akzessorischen Charakter. Sie sind eingebettet in ein durchaus andersartiges Geschehen, z. B. in eine Überlegung, eine Wahl von Argumenten oder besonderen Formulierungen. Die motorische Komponente pflegt dabei ein durchaus *unselbständiges Moment* darzustellen. Das Gewicht dieses Momentes im Gesamtprozeß ist verschieden, je nachdem, ob es sich um die Abfassung eines offiziellen Gesuches, einer geschäftlichen Mitteilung oder um einen Liebesbrief handelt, ob der Verfasser ein eitler oder mehr sachlich eingestellter Mensch ist. Entscheidend ist, daß es mit der Einbettung der Handlung in die umfassendere Handlungsganzheit sinnlos wird, den betreffenden Schreibprozeß als isolierten Vorgang aus sich heraus verstehen zu wollen. Er wird zum unselbständigen Moment eines Geschehens, das nur vom Ganzen her aufgeklärt werden kann. Und zwar wird das Schreiben häufig im wesentlichen zum bloßen ‚Ausdruck' der speziellen psychischen Prozesse beim Briefschreiben, die ihm ihre Struktur aufzwingen" (S. 303).

Eine weitere, mit der eben veranschaulichten zusammenhängende Ursache der psychologischen Vordergründigkeit von Leistungsbegriffen ist schließlich die Veränderung der psychologischen Struktur einer Arbeitsverrichtung beim **Einbau** in eine andere **Gesamttätigkeit.**

Die dabei mögliche Veränderung der psychischen Struktur ist so ausgeprägt, daß sie beispielsweise einen der wichtigsten Bekämpfungswege ermüdungsähnlicher Erscheinungen, nämlich des Monotonieerlebens und der psychischen Sättigung, darstellt. Während Ermüdungserscheinungen durch zeitaufwendige Erholungsvorgänge behoben werden können, genügt bei Monotonie- sowie Sättigungserlebnissen die Einordnung in eine andere Gesamtaufgabe (und damit in einen anderen Sinnzusammenhang) zur schlagartigen Behebung der entstandenen Leistungsbeeinträchtigung. Derartige umfassende Auswirkungen auf die psychische Struktur von Arbeitstätigkeiten lassen sich nur durch deren noch zu behandelnden hierarchischen Aufbau verstehen (s. 3. Kapitel).

Wenn also eine Klassifikation von Tätigkeiten nach Leistungsbegriffen nicht befriedigen kann, müssen angemessenere Gesichtspunkte interessieren. Erforderlich ist eine Einteilung nach **psychologischen Struktur- bzw. Ablaufformen** in Abhängigkeit von der Aufgabe an einem Gegenstand. Beide sind jedoch – soweit überhaupt – bisher vorwiegend außerhalb der Arbeitstätigkeit behandelt worden. Die psychologisch angemessene Klassifikation von Arbeitstätigkeiten ist noch nicht gelöst.

Eine weitere Möglichkeit ist die **Klassifikation nach inhalts-/aufgabenbedingten Strukturformen.** Ordnungen nach der aufgaben- oder inhaltsbedingten regulativen Struktur von Tätigkeiten können im Hinblick auf den Betrachtungsaspekt der Antriebsregulation und den der Ausführungsregulation gebildet werden.

Hinsichtlich der **Antriebs**beschaffenheit ist eine von Lewin (1926) nahegelegte Einteilung in reflektorische, instinktive, affektiv-impulsive und volitive Tätigkeiten gebräuchlich. Wir sahen bereits mehrfach, daß Arbeitstätigkeiten zielgerichtet-willentliche (volitive) Tätigkeiten sind.

Für Ordnungsversuche nach der **Ausführungs**regulation müssen gleichzeitig mehrere Einteilungsmerkmale herangezogen werden (Janes 1980). Das sind:

1. auftrags- bzw. aufgabenbezogene Strukturtypen entsprechend der relationalen Struktur von Tätigkeiten,
2. Gegenstands- und Erzeugnisarten,
3. Kooperationsarten,
4. Komplexitätsgrade, gebildet aus der Anzahl und der Art von anforderungsverschiedenen Teiltätigkeiten,
5. Ebenen der Ausführungsregulation,
6. Vollständigkeit bzw. Unvollständigkeit des Tätigkeitsaufbaues (Volpert 1979).

Im einzelnen:

zu 1: Wir hatten gesehen, daß **Tätigkeiten als mehrstellige Relationen** beschrieben werden können (Aebli 1980, mit Bezug auf Fillmore 1968). Die „Leerstellen" dieser mehrstelligen Relation können neben dem tätigen **Menschen** umfassen den **Gegenstand**, das Erzeugnis oder *Resultat*, die erforderlichen *Mittel*, die möglichen **Adressaten** und einzuhaltende

Ausführungsbedingungen. Mit der Besetzung dieser „Leerstellen" entsteht eine nützliche Ordnung.

Im Arbeitsprozeß geht es um gegenstands- bzw. adressatenbezogene Tätigkeiten (Abb. 3.6). Im Produktionsbereich dominieren dabei **monologisch-erzeugende,** im Dienstleistungssektor (etwa in Schulen, Kindergärten, im Handel, im Gesundheitswesen, in der Gastronomie) und in der darstellenden Kunst dagegen **dialogische** Tätigkeiten. Als eine Kombination sind die dialogisch-erzeugenden Tätigkeiten hervorzuheben, die eine Veränderung im Partner anzielen; beispielsweise durch Kenntniserwerb oder Heilung. Im folgenden seien einengend erzeugende Tätigkeiten näher behandelt: Das Erzeugen kann mit oder ohne Einsatz von Arbeitsmitteln erfolgen. Diese können wiederum nach unterschiedlichen Technisierungsstufen eingeteilt werden. Sie bedeuten qualitativ unterschiedliche Aufteilungen der produktiven Funktionen zwischen dem Menschen und dem Arbeitsmittel bei der Erzeugung von Sachwerten. In der mechanisierten und automatisierten Produktion ist dafür der Begriff „Mensch-Maschine-Funktionsteilung" gebräuchlich. Somit kann weiter unterteilt werden in (monologisches) Erzeugen als

- Arbeit *ohne* Werkzeuge und Maschinen (Beispiel: Massieren),
- Arbeit *mit* Werkzeugen, auch energiebetriebener Art (Beispiel: Montieren mit Zangen oder Lötkolben),
  - als Sonderform könnte die Arbeit mit Werkzeugen an Maschinen, also Wartung und Instandsetzung ausgegliedert werden.

Die **Arbeit mit Maschinen** zerfällt in

- **Bedientätigkeiten:** DerMensch führt hauptsächlich Teile der Fertigung manuell aus. Die Mehrzahl der Eingriffe in den maschinellen Produktionsprozeß bestimmt über

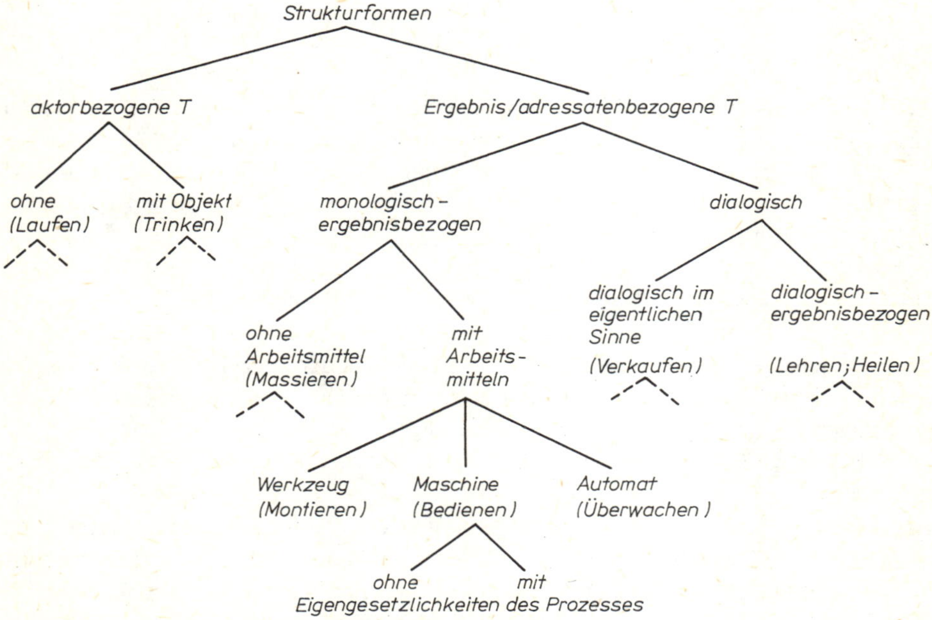

Abb. 3.6: Strukturformen zielgerichteter Tätigkeiten (T); Ausschnitt.

dessen Fortgang oder Stillstand, demgegenüber sind regulierende und kontrollierende Funktionen der Eingriffe anteilmäßig untergeordnet. (Beispiel: Einlegen von Rohlingen, Einrücken, Entnehmen und Ablegen von Halbfertigteilen an einer Presse.)

– **Steuertätigkeit:** Der Mensch reguliert Maschinen bzw. Anlagen mit Hilfe von Meß-, Steuer- und Regelungseinrichtungen. Die Mehrzahl der Eingriffe des Menschen dient der Eingabe von Sollwerten und den Regeln von maschinellen Abläufen. (Beispiel: Führen des Schmelzprozesses in einem Siemens-Martin-Ofen.)
– **Überwachungstätigkeit:** Der Mensch kontrolliert vorwiegend automatisch geführte Prozesse. Er korrigiert erforderlichenfalls die Sollwerte. Die technologischen Prozesse werden überwiegend von Reglersystemen, Mikroprozessoren bzw. Rechnern geführt. Die anteilmäßig vorherrschenden Kontrolltätigkeiten ziehen keineswegs jedesmal regulierende Eingriffe nach sich. Im Normalfall erfolgen auf die Kontrollen hin nur bestätigende, den automatischen Ablauf sanktionierende, nicht aber verändernde Operationen. (*Beispiel*: Tätigkeit in der Meßwarte eines von einem Prozeßrechner gesteuerten Kraftwerks. In einer 8stündigen Schicht kann sich der Zeitanteil mit aktiven, den Prozeß verändernden bzw. regulierenden Tätigkeiten auf wenige Minuten beschränken.)

Erzeugende Tätigkeiten können des weiteren danach psychologisch unterschieden werden, ob und in welcher Weise in ihnen **Eigengesetzlichkeiten** von Prozessen zu berücksichtigen sind. So können Tätigkeiten eingebettet sein in Prozesse, die nach physikalischen, chemischen oder biologischen Gesetzmäßigkeiten ablaufen, und sich dieser Gesetzmäßigkeiten bedienen bzw. sie regulieren. Damit werden die Zeitpunkte, Inhalte und Möglichkeiten für Tätigkeiten festgelegt. Wir kommen darauf im Zusammenhang mit dem Begriff „Eingriffspunkte in den Produktionsprozeß" in Abschnitt 4.1.5. zurück. Zugleich sind damit bestimmte Vorstellungen über die eigengesetzlich ablaufenden Anteile beim überwachenden Menschen unerläßlich. Darauf kommen wir bei der Behandlung der tätigkeitsleitenden oder operativen Abbildsysteme zurück.

zu 2: Gegenstand von Tätigkeiten können Materialien, Informationen, aber auch Menschen sein. Somit kann das entstehende Tätigkeitsergebnis stofflich-energetischer oder informationeller Art sein. Es kann eine beständige Natur besitzen oder nur im Erzeugungsprozeß gegenwärtig sein. Dazu wäre an Darbietungen von Sängern, Tänzern oder Schauspielern zu denken.

Wiederum liegen zahlreiche psychologische Konsequenzen aus unterschiedlichen Erzeugnisarten auf der Hand. Erinnert sei lediglich an die **Bedeutung** des Tätigkeitsergebnisses für andere Menschen.

zu 3: Verschiedene **Kooperations**arten sind eine Folge der Arbeitsteilung bzw. -kombination. Beispielsweise ist zu denken an Formen der kollektiven Selbstorganisation von kooperativen Tätigkeiten im Unterschied zu angewiesenen Kooperationsformen oder kooperationslosen Einzeltätigkeiten. Eine systematischere Differenzierung erfolgt in Abschnitt 4.1.4.

zu 4: Die **Komplexität** als Anzahl und Art anforderungsverschiedener Teiltätigkeiten ist gleichfalls eine Folge der Arbeitsteilung bzw. -kombination. Tätigkeitsstrukturen können durch zahlreiche Teiltätigkeiten gekennzeichnet sein, oder es kann im anderen Extrem ein und dieselbe Verrichtung viele Male gleichartig wiederholt werden. Die Anzahl anforderungsverschiedener Teiltätigkeiten und damit der Zeitabstand zwischen der

Wiederkehr gleichartiger Verrichtungen sind damit psychologisch wesentliche Ordnungsmöglichkeiten für Tätigkeiten.

zu 5: Die Ausführungsregulation der Tätigkeiten kann auf verschiedenen **Ebenen der Beteiligung des Bewußtseins** verlaufen. In gröbster Form können Tätigkeiten unterschieden werden, die durch **nicht** bewußtseinsfähige oder durch bewußtseins**fähige** oder durch bewußtseins**pflichtige** psychische Vorgänge reguliert werden. Diese Unterscheidungen werden schrittweise, beginnend in Abschnitt 4.5., ausgeführt und weiter unterteilt werden. Übung verändert insbesondere diese Regulationsebenen sowie die Vollständigkeit von Tätigkeiten.

zu 6: Die **Vollständigkeit bzw. Unvollständigkeit** von Tätigkeitsstrukturen ist ein psychologisch besonders wichtiges Ordnungsmerkmal. Im folgenden Kapitel wird gezeigt werden, daß Tätigkeiten sich unterscheiden können nach dem Vorhandensein oder Fehlen von

- Zielsetzungsvorgängen,
- Vorbereitungsvorgängen, nämlich Ziel- und Bedingungsanalysen, Mittel-Weg-Ermittlungen und Entscheidungen über Vorgehensweisen im Falle von Freiheitsgraden,
- Kontrollvorgängen

neben der eigentlichen Tätigkeitsausführung.

Schließlich ist eine Klassifikation nach **Ablaufformen** möglich. Bei Ablauftypen wäre zu denken an fortlaufende Handlungen (z. B. bei der Überwachung endloser Prozesse in der Energieversorgung) im Unterschied zu solchen, die auf ein abgehobenes Endziel (ein fertiggestelltes Erzeugnis) gerichtet sind. Handlungsstrukturen schrittweiser Zielannäherung müssen von solchen unterschieden werden, die eine Zielerreichung erstreben, indem sie mit immer neuen Ansätzen um das Ziel kreisen (Abb. 3.7).

Die Darstellung verdeutlicht, daß eine psychologisch nützliche Klassifikation von Tätigkeiten gleichzeitig **mehrere** Einteilungsaspekte berücksichtigen muß. Nützliche multiple Tätigkeitsklassifikationen sind mit Hilfe taxonometrischer Verfahren, beispielsweise der hierarchischen Clusteranalyse möglich. Darstellungen zur Methodik finden sich u. a. bei P. Quaas (1979), Eckes und Rossbach (1979).

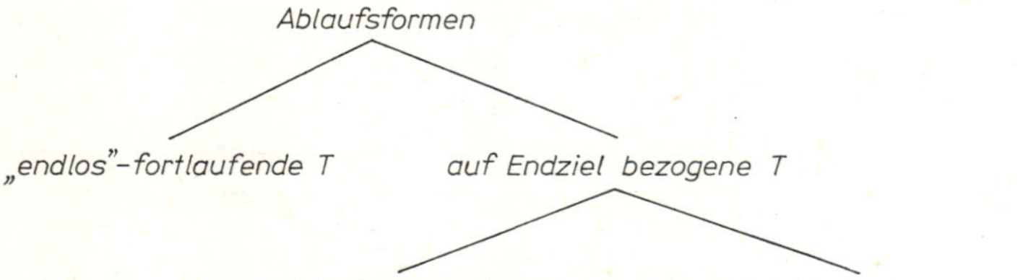

Abb. 3.7: Ablaufformen zielgerichteter Tätigkeiten (T).

4. Psychische Struktur von Arbeitstätigkeiten. Ein Überblick

Der Verlauf der menschlichen Tätigkeit ist vor allem durch die objektive Logik der Aufgaben bedingt, die der Mensch zu lösen hat; ihre Struktur wird durch die Wechselbeziehung dieser Aufgaben bestimmt (Rubinstein 1958, S. 694).

Etwas ist nötig, um die Lücke zwischen Erkenntnis und Handlung zu überbrücken ... (Miller, Galanter und Pribram 1960, S. 10). Das Problem besteht darin, zu beschreiben, wie Handlungen durch die interne Repräsentation der Umwelt im Organismus reguliert werden (ebenda, S. 12).

Moderne psychologische Untersuchungen haben geklärt, daß jeder Verhaltensvorgang ein komplexes *funktionelles System*, aufgebaut auf einem *Plan oder Programm der Verrichtungen*, darstellt, das zu einem definierten Ziel führt. Das System ist selbstregulierend: Das Gehirn *beurteilt das Resultat* jeder Verrichtung in bezug auf den zugrunde liegenden Plan und beendet die Tätigkeit, sobald sie eine erfolgreiche Erfüllung des Programms erreicht (Luria 1970a, S. 66; Hervorhebungen von W. H.).

4.1. Rahmenbedingungen der psychischen Struktur von Arbeitstätigkeiten

Die Frage nach der psychischen Struktur von Arbeitstätigkeiten und ihrer Dynamik ist das Kernproblem produktionswirksamer arbeitspsychologischer Forschung. Obgleich diese Aussage höchst theoretisch erscheint, stellt sie den Schlüssel zur Lösung zukunftsreicher praktischer Aufgaben dar. Die Entwicklung von Ausbildungsverfahren, das Angebot effektiver arbeitsorganisatorischer Lösungen, die Auslegung von Anzeigegeräten, die menschengerechte und effektive Konzipierung von Mensch-Maschine-Systemen oder die Entwicklung von Maschinen, die menschliche Leistungen übernehmen, erfordern tiefen Einblick in die psychische Struktur der Arbeitstätigkeit. Es ist zugleich eines der wichtigsten Probleme der allgemeinen psychologischen Theorie (Lomow 1974).

Um das als Ziel vorweggenommene Ergebnis unter den jeweils gegebenen Verwirklichungsbedingungen erreichen zu können, muß die Tätigkeit vermittels ihrer regulierenden psychischen Vorgänge zielentsprechend organisiert sein. Jede Arbeitstätigkeit hat also eine bestimmte psychische Struktur.

Die psychische Struktur der Arbeitstätigkeit ist bestimmt durch die Aufgabenstellung einschließlich ihrer Verwirklichungsbedingungen – mit anderen Worten: Die psychische Struktur der Arbeitstätigkeit ist eine vermittelte Abbildung der objektiven Aufgabenbeschaffenheit. Die Vermittlung („Brechung“; Rubinstein 1962) erfolgt durch die Persönlichkeit im psychologischen Sinne dieses Begriffes.

Die vielfältigen Arbeitsaufgaben werden unter sehr unterschiedlichen Bedingungen erfüllt. Es gibt jedoch Bedingungen, die für alle Arbeitstätigkeiten oder für große Gruppen von Tätigkeiten gelten. Diese **Rahmenbedingungen** wollen wir zunächst diskutieren, da sie die Struktur der Arbeitstätigkeit bestimmen und folglich bei deren Untersuchung beachtet werden müssen.

Die Rahmenbedingungen haben einen dialektischen Charakter, indem sie sowohl Einschränkungen der psychischen Struktur von Arbeitstätigkeiten als auch umgekehrt Voraussetzungen für ihre Entwicklung umfassen.

4.1.1. Arbeitsprozeß als gesellschaftlicher Prozeß

Jeder Arbeitsprozeß — obgleich im Vollzug möglicherweise individuell und aus sozialen Beziehungen aktueller Art isoliert — ist ein gesellschaftlicher Prozeß. Die wesentlichen psychologischen Merkmale von Arbeitstätigkeiten ergeben sich aus diesen gesellschaftlichen Verhältnissen und Beziehungen. Sie sind vielfältig und wirken auf unterschiedlichen Verallgemeinerungsebenen. Sie wirken vor allem als **Produktionsverhältnisse** und damit als Eigentumsverhältnisse an den Produktionsmitteln, die ihren Niederschlag in vielfältigen wirtschafts- und sozialpolitischen Gesetzen und Bestimmungen (z. B. im Recht auf Arbeit, im Arbeitsgesetzbuch, in der Arbeitsschutzgesetzgebung), in gesellschaftlichen **Normen und Wertvorstellungen** (beispielsweise der Rolle der Arbeit im normativen Menschenbild) finden.

Die Persönlichkeitsveränderungen nach längerer Arbeitslosigkeit in Form von Initiativverlust, Pessimismus, Depressivität und verringertem Selbstbewußtsein sind ein kennzeichnendes Beispiel für die Wirkung kapitalistischer Produktionsverhältnisse bis hin zu pathopsychologischen Syndromen. Einzelheiten der Wirkung von Arbeitslosigkeit sind bei Jahoda u. a. (1933) und Frese und Mohr (1978) dargestellt.

Die Arbeit ist des weiteren ein gesellschaftlicher Prozeß insofern, als infolge der gesellschaftlichen Arbeitsteilung von allen Arbeitenden Produkte zur **Befriedigung der Bedürfnisse anderer** Menschen geschaffen und die Arbeitsergebnisse daher gesellschaftlich — insbesondere im Lohn — bewertet werden.

„Gesetzt, wir hätten als Menschen produziert: Jeder von uns hätte in seiner Produktion sich selbst und den anderen *doppelt bejaht*. Ich hätte

1. in meiner *Produktion* meine *Individualität*, ihre *Eigentümlichkeit* vergegenständlicht und daher sowohl während der Tätigkeit eine individuelle *Lebensäußerung* genossen, als im Anschauen des Gegenstandes die individuelle Freude, meine Persönlichkeit als *gegenständliche*, *sinnlich anschaubare* und darum über *allen Zweifel erhabene* Macht zu wissen.
2. In deinem Genuß oder deinem Gebrauch meines Produkts hätte ich *unmittelbar* den Genuß, sowohl des Bewußtseins, in meiner Arbeit ein *menschliches* Bedürfnis befriedigt, also das *menschliche* Wesen vergegenständlicht und daher dem Bedürfnis eines anderen *menschlichen* Wesens seinen entsprechenden Gegenstand verschafft zu haben,
3. für dich der *Mittler* zwischen dir und der Gattung gewesen zu sein, also von dir selbst als eine Ergänzung deines eignen Wesens und als notwendiger Teil deiner selbst gewußt und empfunden zu werden, also sowohl in deinem Denken wie in deiner Liebe mich bestätigt zu wissen,
4. in meiner individuellen Lebensäußerung unmittelbar deine Lebensäußerung geschaffen zu haben, also in meiner individuellen Tätigkeit unmittelbar mein wahres Wesen, mein *menschliches*, mein *Gemeinwesen bestätigt und verwirklicht* zu haben" (Marx und Engels 1968, S. 462).

Die Arbeitsmittel sind gleichfalls **vergegenständlichte Arbeit anderer** Produzenten ebenso wie die vermittelten Arbeitsverfahren von anderen Menschen entwickelt und gelehrt wurden. Technologien, Arbeitsmittel und Arbeitsverfahren entsprechen nicht nur dem Entwicklungsstand von Wissenschaft und Technik in einer Gesellschaft, sondern sie folgen einer **gesellschaftspolitischen Konzeption** für die Arbeitsgestaltung, beispielsweise dem Ziel der Persönlichkeitsentwicklung in der Arbeit mit den Teilzielen der Verminderung altersbedingter Rückbildungsvorgänge und der Vermeidung von Verlernvorgängen durch fehlende Nutzungsmöglichkeiten.

Durch die betriebliche **Arbeitsteilung** und die mit ihr bedingte Kooperation entstehen weitere gesellschaftliche und soziale Beziehungen.

Diese und andere gesellschaftliche Bestimmungen jeder individuellen Arbeitstätigkeit wirken sich auf **sämtliche** Komponenten ihrer psychischen Regulation aus, also nicht nur auf motivationale, sondern auch auf kognitive, nicht nur auf aktuelle, sondern auch auf sich verfestigende habituelle.

4.1.2. Abhängigkeit der Arbeitstätigkeiten von der Technologie sowie vom Mechanisierungs- bzw. Automatisierungsgrad der Arbeitsmittel

Zum Erreichen eines wirtschaftlichen Resultats können verschiedene Grundverfahrensweisen oder Technologien eingesetzt werden. Diese ziehen häufig auch verschiedene Arbeitsmittel und Organisationsgrundprinzipien nach sich. Mit der Wahl einer Technologie werden – beabsichtigt oder unbeabsichtigt – Grundentscheidungen über erforderliche Arbeitstätigkeiten einschließlich ihrer Anforderungen getroffen. Bereits die Technologienwahl hat somit psychologische Wirkungen.

Beispiel 1:
Verunreinigungen in der Oberfläche von Blöcken gegossenen Stahls können mit dem Preßlufthammer herausgemeißelt oder mit einem Brenner herausgebrannt werden. Die Arbeit mit dem Preßlufthammer gefährdet die Gesundheit durch Vibration und Lärm stärker.

Beispiel 2:
Die Automatisierung der Textverarbeitung beispielsweise in einer Zeitungsredaktion kann dezentralisiert oder zentralisiert erfolgen. Sie kann eine Rechenanlage gekoppelt mit „intelligenten" Bildschirmeingabestellen nutzen, die selbst, also dezentral, Verarbeitungsschritte leisten. Sie kann aber auch einfache Bildschirmeingabegeräte vorsehen und alle Verarbeitung zentral im Rechner erfolgen lassen. Die zentralisierte Variante der Informationstechnologie ist häufig mit wirtschaftlichen Nachteilen und mit Erschwernissen für die damit Arbeitenden verbunden. Sie können ihre Arbeit kaum selbst beeinflussen und kontrollieren. Unkalkulierbare Wartezeiten sind zeitweilig möglich. Solche Arbeit wird als unangenehm und belastend erlebt.

Technologien in dem weiten Sinne einer objektiven, sachbedingten Logik von ergebnisrealisierenden Prozessen liegen auch bei geistigen Arbeitstätigkeiten vor, z. B. beim Konstruieren oder bei der Sachbearbeitung. Die objektive Logik der Prozesse scheint die möglichen Arbeitstätigkeiten nicht direkt zu determinieren, sondern über mehrere Vermittlungsschritte Handlungsspielräume (Freiheitsgrade) und Handlungsnotwendigkeiten abzustecken (Beckmann, Vahrenkamp und Wingert 1979).

Die Mechanisierung und die Automatisierung übertragen bisher vom Menschen ausgeführte Tätigkeiten an Maschinen. Der Mechanisierungs- bzw. Automatisierungsgrad von Arbeitsmitteln bestimmt die Funktionsverteilung zwischen Mensch und Arbeitsmittel. Die Arbeitstätigkeit ist also weder insgesamt noch in ihrer Aufteilung auf einzelne das selbständige Ganze des Fertigungsvorganges, sondern sie wird als abhängiger Bestandteil durch den umfassenderen technischen Prozeß und die ihm eigenen technologischen und organisatorischen Gesetzmäßigkeiten determiniert. Der Ausgangspunkt jeder psychologischen Analyse von Arbeitstätigkeiten ist daher nicht der Arbeitsprozeß, sondern der technologische Prozeß, der

– die Beteiligung von Arbeitstätigkeiten an der Produktentstehung sowie
– die Typen erforderlicher Arbeitsprozesse (z. B. Überwachen des Produktionsablaufs, anfallsweises Beschicken, Steuern von Maschinen) festlegt.

Das betrifft neben körperlichen im großen Umfang auch algorithmische geistige Verrichtungen, die sogenannte geistige Routinearbeit. Künftig werden auch problemlösende Tätigkeiten des Menschen automatisiert werden. In jedem Falle werden dabei Festlegungen über den Umfang und die Art der beim Menschen verbleibenden Tätigkeitsanforderungen getroffen. Diese zumeist nicht systematisch durchdachte, im Nebeneffekt anfallende Festlegung von Arbeitsanforderungen durch die Mechanisierung und Automatisierung betrifft alle Arbeitsbereiche, also außer der Industrie und der Landwirtschaft auch den Dienstleistungs- und den Verwaltungssektor.

Beispiel 1:
Beim Ersetzen herkömmlicher Drehmaschinen durch NC-Drehmaschinen entfallen – in Abhängigkeit auch von der Arbeitsteilung – intellektuell anspruchsvolle Einstelltätigkeiten mit eigenen Entscheidungserfordernissen. Man vergleiche hierzu in Abb. 3.5 (S. 79) die Spalten Auswählen, Entwerfen und Freiheitsgrade.

Beispiel 2:
Beim Automatisieren von Sachbearbeitungsaufgaben (z. B. Buchen, Rechnungserstellung) durch Rechner mit Bildschirmarbeitsplätzen als Ein- und Ausgabeeinheiten entfallen algorithmische geistige Tätigkeiten. Dafür steigt der Anteil einfacher Eingabeverrichtungen, des „Eintippens", anteilig stark an und tritt zugleich zeitlich verdichtet auf.

Für die Arbeitspsychologie ergeben sich zwei **Aufgabenbereiche:**

a) Beteiligung an der **Wahl der Technologie und der Mensch-Maschine-Funktionsteilung,** insoweit dabei psychische Arbeitsanforderungen festgelegt werden. Im Idealfall können bei diesem Projektieren künftiger Arbeitsaufträge bzw. Arbeitstätigkeiten Grundlagen für das Beseitigen gefährlicher und beeinträchtigender Tätigkeiten und das Optimieren der Anforderungen der verbleibenden Tätigkeiten des Menschen hinsichtlich ihrer Lern- und Entwicklungspotenzen geschaffen werden. Diese Gestaltungsabsicht kann nur im Zusammenhang mit dem Organisationsprinzip und der Arbeitsteilung und -kombination verfolgt werden; dazu im folgenden Abschnitt.

Das Verhältnis von verselbständigtem Produktionsprozeß und menschlichem Arbeitsprozeß ist der Arbeitspsychologie **nicht** bedingungslos vorgegeben, sondern ist von ihr zunehmend **mitzubestimmen.** Für das arbeitspsychologische Aufgabengebiet der Arbeitsgestaltung ist also eine optimale Abstimmung zwischen Produktions- und Arbeitsprozeß, die optimale „Mensch-Maschine-Funktionsteilung", die allen übrigen Teilaufgaben vorgeordnete Aufgabe. Beim Projektieren von Arbeitstätigkeiten ist gefragt, welche Aufgabenbestandteile von Menschen und welche anderen von der Maschine ausgeführt werden sollen. Dieser Fragenkomplex kann weder allein von dem technisch Möglichen noch dem ökonomisch Vorteilhaften aus beantwortet werden, sondern muß stets zugleich die Auswirkungen der gesellschaftlich bestimmten Aufgabenverteilungen zwischen Mensch und Maschine auf den Menschen (unter anderem im Sinne der persönlichkeitsfördernden Arbeitsgestaltung) berücksichtigen.

Bei einer isolierenden Betrachtung könnte es z. B. vorteilhaft erscheinen, primitive Vorbereitungsarbeiten durch Menschen, nicht aber durch kostspielige — wenn auch technisch durchaus mögliche — Spezialmaschinen ausführen zu lassen. Politisch und psychologisch wäre eine derartige Aufgabenverteilung zwischen Mensch und Maschine jedoch verfehlt und unzumutbar, da die einförmig wiederkehrende unterfordernde Aufgabe die Anwendung der menschlichen Fähigkeiten und die weitere Entwicklung der Persönlichkeit hemmen würde und damit Grundsätzen sozialistischer Rationalisierung zutiefst widerspräche.

Somit ist die Verschränkung von Produktions- und Arbeitsprozeß nicht nur die **wesentlichste Rahmenbedingung** der psychischen Struktur von Arbeitstätigkeiten, sondern auch die **grundlegende Aufgabenstellung** der Arbeitspsychologie. Die Prinzipien und Gesichtspunkte für das Festlegen optimaler Mensch-Maschine-Funktionsverteilungen sind Gegenstand der speziellen Arbeitspsychologie.

b) Beteiligung an der Gestaltung spezieller Naht- oder **Schnittstellen** (der Anzeige- und Bedienbereiche sowie der Programm- und Systemunterlagen) zwischen Mensch und Arbeitsmittel. Hierbei geht es vor allem um das Ausnutzen der Betätigungsspielräume für den Menschen und das Berücksichtigen menschlicher Verhaltenstendenzen einschließlich ihrer interindividuellen Unterschiede.

4.1.3. Abhängigkeiten der Arbeitstätigkeiten vom Organisationsgrundprinzip und von der Arbeitsteilung und -kombination

Die zufolge der Mensch-Maschine-Funktionsteilung verbleibenden Arbeitsprozesse können nach unterschiedlichen, sozialökonomisch bedingten Prinzipien organisiert und dabei auf einzelne Werktätige verteilt werden. Die Organisationsprinzipien betreffen unter anderem die Art der Beteiligung an der Leitung und Planung, das Ausmaß der Festlegung der Vorgehensweisen, das Verhältnis von Einzel- und Kollektivarbeit und der entsprechenden Entlohnung und den Grad und die Art der Arbeitsteilung bzw. -kombination unter Einschluß der betrieblichen **Gesamt**arbeit.

Von hervorragendem Einfluß auf die entstehenden Anforderungen ist die Arbeitsteilung und -kombination. Erst sie legt für einzelne Werktätige bzw. für Arbeitsgruppen die konkreten Aufträge und Ausführungsbedingungen und damit die Arbeitsanforderungen und die möglichen Regulations- und Strukturformen der Arbeitstätigkeiten endgültig fest.

Während die Mensch-Maschine-Funktionsteilung nur bei denjenigen Arbeitsprozessen wirksam ist, die Bestandteil umfassenderer, auch mechanisierte oder automatisierte Teile einschließender technischer Prozesse sind, bestimmt die Arbeitsteilung und -kombination generell die Inhalte und Strukturen von Arbeitstätigkeiten mit. Trotzdem darf die

Mensch-Maschine-Funktionsteilung nicht übergangen werden: „Wegautomatisierte" Tätigkeiten können oder brauchen nicht mehr in der betrieblichen Arbeitsteilung verteilt zu werden.

Die in einem Arbeitsbereich, z. B. einem Betriebsteil, anfallende Gesamtarbeit kann in folgende Hauptklassen von Tätigkeiten eingeteilt werden:
- Organisieren und Leiten,
- Vorbereiten, z. B. Konstruieren; Programmieren; Einrichten von Arbeitsmitteln,
- Produzieren als manuelles oder durch Arbeitsmittel vermitteltes Verändern der Arbeitsgegenstände,
- Kontrollieren und erforderlichenfalls Korrigieren der Ergebnisse,
- Hilfstätigkeiten, wie Transportieren, Säubern, Versorgen, Entsorgen,
- Warten und Instandsetzen der Betriebsmittel,
- Abrechnen der Ergebnisse.

Der Grad der Aufteilung dieser Tätigkeitsklassen auf verschiedene Werktätige bzw. ihre Kombination als Zuordnung zu einem oder einigen wenigen Werktätigen bestimmt sowohl ausschlaggebend die erforderliche und die mögliche **Kooperation** und auftragsbedingte Kommunikation zwischen den Arbeitenden als auch den Inhalt, insbesondere die **Anforderungsvielfalt** und damit die **Struktur** der Arbeitstätigkeit jedes einzelnen Arbeitenden. Daher ist das **Infragestellen und Optimieren der Arbeitsteilung und -kombination** nach dem Optimieren der Mensch-Maschine-Funktionsteilung die **zweite Zentralaufgabe** der psychologischen Arbeitsgestaltung als einem Projektieren künftiger Arbeitstätigkeiten. Es ist entscheidend, beim Untersuchen der Ergebnisse der Arbeitsteilung und -kombination an Hand vorliegender Arbeitstätigkeiten vom Auftrag als einer Fixierung auch der gewählten Arbeitsteilung und -kombination auszugehen und ihn erforderlichenfalls zu hinterfragen.

Zum Organisationsprinzip gehört auch der Grad der Vorgeschriebenheit bzw. Freistellung der Ausführungsweisen von Tätigkeiten durch organisatorische Festlegungen und Arbeitsvorschriften. Vorgegebene Vorschriften, Regeln und selbst Arbeitshilfen werden arbeitsteilig von anderen Menschen entwickelt, und ihre Anwendung wird häufig überwacht. Damit vermindern sie – gewollt oder ungewollt – die Freiheitsgrade bei den ausführenden Werktätigen selbst und damit deren Möglichkeiten zu einer selbständigen oder gar schöpferischen Betätigung. Die psychologische Arbeitsgestaltung sucht ein optimales Verhältnis von hilfreicher, lehrender und entlastender Vorgabe auf der einen und Spielraum für individuelle Gestaltungsmöglichkeiten auf der anderen Seite.

4.1.4. Abhängigkeit der Arbeitstätigkeiten von den organisationalen Einordnungen: Kooperation

Wenigstens drei organisationale Ebenen müssen bei der psychologischen Analyse, Bewertung und Gestaltung von Arbeitsprozessen berücksichtigt werden. Sie sind voneinander abhängig, wenngleich für sie verschiedene Bedingungen und Gesetzmäßigkeiten gelten. Es sind:

a) die Aufträge und Strukturen des Betriebs bzw. der Betriebsabteilung oder einschlägiger **Organisationseinheiten**,
b) die Aufträge der **Arbeitsgruppen**, ihre Zusammensetzung und ihr Zusammenwirken,
c) die Aufträge und organisationalen Ausführungsbedingungen der **Individuen**.

Die übergeordneten Ebenen enthalten die untergeordneten und beeinflussen sie. Die untergeordneten wirken zurück, stehen in Wechselwirkung miteinander und können auch relativ unabhängige Merkmale aufweisen. Die Beziehungen sind also heterarchischer Art und schließen als Spezialfall hierarchische ein.[1] Merkmale individueller Arbeitstätigkeiten können in dieser Sicht systematisch in Abhängigkeit vom Typ der Arbeitsgruppe untersucht werden; Gruppeninteraktionen werden systematisch in Abhängigkeit von einer verschiedenen Betriebsorganisation analysierbar.

Eine Reduktion auf die Analyse und Bewertung individueller Arbeitstätigkeiten ist möglich; die umfassende Erklärung und **effektive Gestaltung** erfordert das Berücksichtigen übergeordneter Ebenen (ausführlicher bei Hackman, Lawler III und Porter 1977, Greif 1983).

Die Wechselwirkung zwischen den Ebenen wird u. a. gekennzeichnet durch die Art der Leitungsstrukturen und des Informationsflusses, die oben erörterte Aufteilung der Aufträge einschließlich ihrer Kontrolle bis auf Einzelpersonen oder auf selbstorganisierende, überlappende, auftragsbezogen wechselnde Kollektive (beispielsweise bei der „Brigadeform der Arbeit") oder die daraus folgenden Formen der Kooperation.

Die Abhängigkeit der Arbeitsanforderungen von organisationalen Einordnungen wird bei der Kooperation besonders anschaulich:

Wir sahen: Die betriebliche Gesamtarbeit kann in verschiedener Weise auf die Werktätigen verteilt werden. Die **gesellschaftliche** Arbeitsteilung und die **betriebliche** Arbeitsteilung und -kombination einschließlich des in ihr enthaltenen, mit dem gesellschaftlichen Menschenbild zusammenhängenden **Organisationskonzepts** bestimmen in ausschlaggebendem Umfang die Erfordernisse und die Möglichkeiten zum auftragsbezogenen Zusammenarbeiten und zum dafür erforderlichen Abstimmen. Sie bestimmen Kooperation und Kommunikation.

In allgemeinster Form ist Kooperation die „Arbeit vieler, die in demselben Produktionsprozeß oder in verschiedenen, aber zusammenhängenden Produktionsprozessen planmäßig neben- und miteinander arbeiten" (Marx, 1962, S. 344).

Die betriebliche Arbeitsteilung und -kombination legt die **Inhalte und Formen der erforderlichen und möglichen** Kooperation, also der **gemeinschaftlich auszuführenden Tätigkeiten** fest (Alioth und Ulich 1981, Hiebsch, Vorwerg u. a. 1980). Sie bestimmt damit Eigenschaften der Arbeitsgruppen und deren Entwicklungsmöglichkeiten zum Kollektiv als einer besonderen Entwicklungsstufe einer Gruppe.

Unter **kooperativer oder Gruppenarbeit** wird eine Arbeitsform verstanden, bei der mehrere Arbeitende einen Auftrag bzw. eine Aufgabe gemeinschaftlich erfüllen, dazu

[1] In heterarchisch organisierten Systemen bestimmten übergeordnete Komponenten untergeordnete nicht ausschließlich. Auch können die untergeordneten Einfluß auf übergeordnete Komponenten haben. Das Systemverhalten ist das Ergebnis der Kooperation mehrerer, darunter auch gleichwertiger Systemkomponenten. Heterarchische Systeme können daher mehreren gleichartigen, also einander nicht hierarchisch über/untergeordneten Zielen dienen. Sie sind ein allgemeineres Modell der Verhaltensregulation als streng hierarchische.

gemeinschaftliche Zielstellungen (die Gruppenziele) verfolgen, eine Ordnung ihres Zusammenwirkens aufweisen und in Kommunikation miteinander stehen. Werktätige können gleichzeitig verschiedenen kooperativen Arbeitsgruppen angehören, beispielsweise ihrer Brigade und einer zeitweiligen überbetrieblichen Neuerergruppe.

Nicht jede verwaltungsmäßige Zusammenfassung von Werktätigen ist demnach eine kooperative Arbeitsgruppe. Für kooperative Arbeitsgruppen ist als unerläßliche Grundlage der gemeinsame Auftrag, gemeinsam interpretiert und übernommen als Aufgabe, ausschlaggebend. Aus ihr ergeben sich die Kooperationsgegenstände und -ziele.

„Ein *Kollektiv* ist eine optimal strukturierte und integrierte Gruppe von Individuen, die in gemeinsamer Tätigkeit von ihnen akzeptierte und mit progressiven gesellschaftlichen Anforderungen übereinstimmende Ziele verwirklichen, wobei sie ihre interpersonellen Beziehungen dem sozialistischen Wertsystem entsprechend gestalten und ein Maximum an Leistung bei bewußt gesetzten persönlichkeitsbildenden Zielen anstreben" (Hiebsch, Vorweg u. a. 1980, S. 64, Hervorhebung W. H.).

Die Literatur legt durch eine ungenügende Unterscheidung folgender Sachverhalte Mißverständnisse nahe: Es müssen unterschieden werden die **gesellschaftliche Determination** jeder Arbeitstätigkeit, die **Kooperation** und die **Interaktion**. Wir hatten bereits gesehen, daß jede Arbeitstätigkeit, auch die zeitweilig isoliert ausgeübte, in vielfacher Weise gesellschaftlich bestimmt ist. Die gesellschaftliche Determination einer Arbeitstätigkeit entsteht also keineswegs erst durch Kooperation und Kommunikation, und sie ist nicht auf diese reduzierbar. **Kooperation** und Kommunikation wiederum können nicht zur sozialen **Interaktion**, also zur Wechselbeziehung zwischen Menschen gesteuert von sozialen Konventionen, Regeln, Normen und Sympathien verkürzt werden. Arbeit ist mehr als ein Geflecht von Interaktionen, nämlich handelnde Auseinandersetzung mit Gegenständen zum Zweck der gesellschaftlichen und individuellen Daseinssicherung. Interaktionen treten in der auftragsabhängigen Form von gegenstandsbezogenen kooperativen Vollzügen und diesbezüglichen Kommunikationen auf (Duscheleit u. a. 1979). Kurz: die gesellschaftliche Determination von Arbeitstätigkeiten kann nicht auf Kooperation, diese nicht auf Interaktion reduziert werden.

Die **Art und Organisation des Zusammenwirkens** (gleichzeitig oder nacheinander; art- oder mengenteilig; unmittelbar oder vermittelt; selbst- oder fremdorganisiert; starr oder bedingungsabhängig und flexibel) ist wesentlich vom Auftrag und von seinen Ausführungsbedingungen abhängig. Sie bedingt die speziellen Formen oder Strukturen der Kooperationsverbände. Über die konkreten **Formen** der auftragsbezogenen Organisation von kooperativen Arbeitstätigkeiten liegen vergleichsweise wenige Untersuchungen vor.

In der Arbeitspsychologie bewährt sich folgende Grobeinteilung von Kooperationsformen:

- isolierte oder Einzelarbeit,
- Arbeit im Raumverband,
- Arbeit im Sukzessivverband und
- Arbeit im Integrativverband.

Raumverbände sind als Grenzfall der Kooperation lediglich durch das gleichzeitige Arbeiten mehrerer Menschen im gleichen Raum bei weitgehender Unabhängigkeit der zu erfüllenden Aufgaben von denen anderer Raumbenutzer gekennzeichnet. Beispiele sind die Benutzer eines Lesesaals; die Arbeit mehrerer Dreher in einer Halle an verschiedenen Aufträgen bei einer Fertigungsorganisation nach dem Werkstattprinzip.

In einem **Sukzessivverband** setzt jedes Mitglied mit einer individuell verschiedenen Aufgabe die Tätigkeit des am gleichen Arbeitsgegenstand vorher tätigen Mitglieds fort. Die eigene Arbeit kann nur nach der auftragsgerechten Fertigstellung der Arbeit der vorher Tätigen ausgeführt werden. Wirkungen von Verzögerungen oder Mängeln pflanzen sich fort. Ein Beispiel ist die Fließbandarbeit oder die Montage eines Großgeräts.

Im **Integrativverband** sind mehrere Werktätige gleichzeitig arbeitsteilig abgestimmt am gleichen Arbeitsgegenstand tätig. Ein Beispiel ist die Tätigkeit der Besatzung eines Flugzeugs mit Navigator, Pilot, Bordingenieur und Funker.

In der Reihenfolge der Darstellung wachsen die auftragsbedingten Kooperationserfordernisse zwischen den Mitgliedern der Verbände oder Gruppen. Sie bilden Ansatzstellen für die **Kollektiventwicklung.** Zwischen dem Kooperationstyp und dem Stand der Kollektiventwicklung besteht ein enger Zusammenhang. Mit zunehmender Kollektiventwicklung gewinnen fachlich-sachliche Faktoren gegenüber emotionalen kollektivbildenden Bedingungen an Bedeutung (Strohbach 1975). Je größer die Abhängigkeit zwischen den Mitgliedern zur Lösung der Gruppenaufgaben ist, desto differenzierter sind beispielsweise die Bewertungen der fachlichen Leistungsfähigkeit der einzelnen Gruppenmitglieder. Damit bestehen weitgehende arbeitsgestalterische Möglichkeiten zur Beeinflussung der Entwicklung von sozialen Beziehungen der Werktätigen als einem entscheidenden Inhalt und Mittel der Persönlichkeitsentwicklung.

Tatsächlich kooperative Arbeitstätigkeiten liegen bei Integrativverbänden und unter bestimmten zusätzlichen Voraussetzungen bei Sukzessivverbänden vor.

Diese Grobeinteilung kann nach den Kooperationsgegenständen feiner differenziert werden. Tab. 4.1 — eine Skala des Tätigkeitsbewertungssystems TBS (Hacker, Iwanowa und Richter 1983) — gibt nähere Unterteilungen an. Die Kooperationsformen unterscheiden sich nach den möglichen Gegenständen bzw. Zielen der Kooperation. Mit den Kooperationsgegenständen ist nämlich der Grad an Selbst- und Fremdorganisation im Kooperationsverband und mit diesem der Umfang und der Inhalt der kooperativen Beeinflussungsmöglichkeiten und damit wieder die gemeinsame Verantwortung festgelegt. Die Selbstorganisation in stabilen Kooperationsverbänden erfolgt nach sich herausbildenden Regeln, die in einem eingearbeiteten Kollektiv zügig und mit geringen Kommunikationserfordernissen wirksam werden. Diese Regeln sind nur theoretisch trennbar von Gruppennormen.

Ein Beispiel:
Mehrstellenarbeit, am häufigsten als Mehrmaschinenbedienung anzutreffen, kann individuell oder kooperativ ausgeführt werden (zur Unterscheidung vgl. Abb. 4.1).
Kooperative Mehrmaschinenbedienung kann streng funktionsteilig oder mit einer von der Situation abhängigen flexiblen Teilung der Arbeitsfunktionen vereinbart werden. Die letztere Form führt als selbst organisierte Gruppenarbeit bei der Mehrmaschinenbedienung ohne Mehrbelastung zu einer größeren Leistungsmenge und verbesserter Qualität. Tab. 4.2 zeigt ein Beispiel.

Die Ursachen veranschaulicht Tab. 4.3: Die flexible Strategie des Kooperierens verbindet zwei Vorzüge, nämlich einerseits eine höhere Anforderungsvielfalt für jeden einzelnen und damit anregende Abwechslung sowie breitere Nutzung der Qualifikation. Andererseits bieten sie systematischere Möglichkeiten der Nutzung des spezifischen Gruppenvorteils bei zeitweiligen Arbeitshäufungen, die durch wechselseitige Unterstützung bewältigt werden. Wechselseitige Unterstützung ist hier das Organisationsprinzip. Im Sinne der Untergliederung von Tab. 4.1 liegt also eine artteilige Gruppenarbeit mit flexibler situationsabhängiger Selbstorganisation der Ausführungsbedingungen, des Zeitregimes, der Methoden und der Arbeitsteilung vor. Die Arbeitsteilung wird nach vereinbarten Regeln laufend selbst anforderungsbezogen organisiert, sie ist und bleibt Kooperationsgegenstand.

Zum Umfang und Inhalt der Kooperationsgegenstände gehören auch — wie das Beispiel verdeutlicht — die Arbeitsteilung und -kombination selbst. Damit können die Grup-

Tab. 4.1: Formen kooperativer Arbeitstätigkeiten, gebildet nach den Kooperationsinhalten

Findehilfe B. 2. des TBS Formen kooperativer Arbeitstätigkeiten	Erforderliche organisatorisch-technische Inhalte kooperativer Festlegungen bzw. Ziele						
	Allgemeine Umgebung/ Raumeinflüsse	Menge bzw. Tempo	Abfolgen und Zeitpunkte von Maßnahmen	Kollektive Arbeitszeitorganisation	Maßnahmen festlegen (Diagnose, Wegwahl)	Kollektive Arbeitsteilung	Kollektive Aufgabenfestlegung
0. Isolierte Einzelarbeit ohne Kooperation	–	–	–	–	–	–	–
1. Kooperationslose Arbeit im Raumverband mit		–					
2. unterschiedlichem oder gleichartigem Arbeitsgegenstand	+	+	–	–	–	–	–
3. Kooperative Arbeit mit vorwiegend zeitlichem Abstimmungserfordernis (Art- bzw. Mengen/Kraftteilung)	+	+	+	–	–	–	–
4. Kooperative Arbeit mit selbstorganisiertem Zeitregime (z. B. selbstorganisierter Arbeitswechsel, Schichtplan)	+	+	+	+	–	–	–
5. Gruppenarbeit mit zeitlichem und diagnose/maßnahmenbezogenem					–		
6. Abstimmungserfordernis sowie ohne/mit selbstorganisiertem Zeitregime (Artteilung)	+	+	+	+	+	–	–
7. Selbstorganisierte Gruppenarbeit (Artteilung) mit kollektiver Selbstorganisation von Zeitregime, Arbeitsmethoden und Arbeitsverteilung im Kollektiv	+	+	+	+	+	+	–
8. Selbstorganisierte Gruppenarbeit (Artteilung) mit zusätzlich kollektiver Aufgabenfestlegung in vorgegebenem Rahmen	+	+	+	+	+	+	+

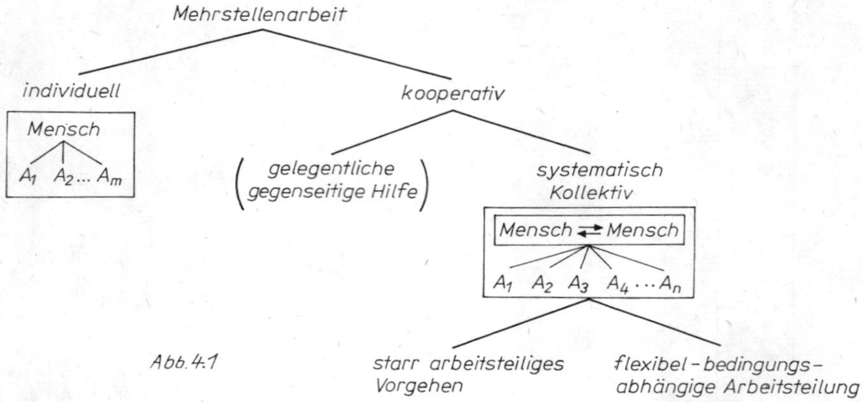

Abb. 4.1: Schematischer Überblick über mögliche Organisationsformen von Mehrstellenarbeit (z. B. Mehrmaschinenbedienung; A Arbeitsstelle).

Tab. 4.2: Art der Aufgabenverteilung (streng/flexibel) und Produktivität bei Mehrmaschinenbedienung in der Textilindustrie (Herrmann, Naumann und Hacker 1973)

Strategie \ Leistung	Warenmenge (m)	Fehleranteil (%)
strenge Trennung	900.0 } $p = 0.05$	5.9 } $p = 0.05$
flexible Verteilung	1100.0	2.8
	+11%	−50%

penvorteile, also beispielsweise eine anforderungsspezifische systematische wechselseitige Unterstützung, mit ihrer unmittelbar rationalisierenden und mittelbar motivierenden Wirkung eingebracht werden. Das Beispiel belegt überdies an der individuellen Anforderungsvielfalt, daß kooperative und individuelle Anforderungsoptimierung einander wechselseitig bedingen können. Umfassendere Anforderungen für einzelne bieten diesen mehr Möglichkeiten wenigstens zur Kommunikation. Umgekehrt werden durch Kooperationserfordernisse umfassendere Zielsetzungsmöglichkeiten und mit diesen auch mehr Möglichkeiten zur kognitiven Auseinandersetzung mit den Anforderungen geschaffen. Breitere Kooperationsmöglichkeiten bieten mehr Möglichkeiten der Entwicklung kognitiver Fähigkeiten als begrenzte oder fehlende.

Ein Beispiel:
Beim Übergang zur Nestmontage in selbstorganisierenden Arbeitskollektiven wurden zusätzliche Qualifizierungsmaßnahmen erforderlich, die zum Ausnutzen der kooperativen Selbstorganisationsmöglichkeiten befähigen (Enderlein, Fritsch und Tannenhauer 1981).

Arbeitsaufträge und ihre Ausführungsbedingungen sollten also Freiheitsgrade belassen für die **Selbstorganisation** der Arbeitsteilung und -kombination und damit der Kooperation auf der Grundlage einer gemeinschaftlichen Auftragsinterpretation und Aufgabenstellung. Die optimale Organisationsform für kooperative Arbeit in der Wirtschaft ist die flexible situationsabhängige Selbstorganisation der Gruppenarbeit.

Besonders wirksam beim Nahelegen oder Einschränken der Möglichkeiten für ein

Tab. 4.3: Strategie und kognitive Anforderungen bei einer kollektiven Mehrmaschinenbedienung (Herrmann, Naumann und Hacker 1973). Gegenübergestellt sind eine strenge und eine situationsabhängige, flexible Aufgabenteilung zwischen den jeweils zwei Arbeitern der Bedienkollektive
(+) „kognitive Leistung ausnahmsweise erforderlich"

	Strategie / Psychische Anforderungen der übernommenen Strategie	„Streng"		„Flexibel"
		Funktion „Läufer"	Funktion „Reparateur"	Funktion „Läufer + Reparateur"
intellektuelle und perzeptiv-begriffliche Anforderungen der Handlungsvorbereitung	Zustandserkennung und -differenzierung	+		+
	Zustandsklassifizierung	+		+
	Zustandsbewertung am inneren Modell (OAS)			
	— Prozeßabbild (Fehlerwahrscheinlichkeit; Aufwandskalkül)		(+)	+
	— Abbild der Maschinenbesonderheiten		+	+
	— Abbild der Leistungsbesonderheiten der Kollektivmitglieder			+
	Programmentwurf (selbständige Ablauforganisation mit Folgenkalkül)		(+)	+
	Entscheidung über Tätigkeitsübernahme			+
Handlungsrealisierung	sensumotorische Regulation der Eingriffe		+	+

kooperatives Arbeiten sind die **Entlohnungsformen**. Effektive Kooperationen können durch ungeeignete Entlohnungsformen entscheidend behindert werden.

Weniger eindeutig, aber dennoch wirksam, ist die **Gruppengröße**. Gruppengrößen können nur bezogen auf den Auftrag optimal festgelegt werden. Innerhalb dieses Rahmens gibt es mehrere Gründe, die für die — bezogen auf die jeweilige Aufgabe — kleinstmögliche Gruppe sprechen. Das sind folgende Gründe:

1. Die theoretisch möglichen Kommunikationswege und damit der Aufwand bei ihrer Nutzung steigen mit der Gruppenhöhe, besonders deutlich ab 5 bis 6 Mitgliedern.
2. Der Anteil genutzter Kommunikationsbeziehungen und die individuelle Aktivität fallen mit der Gruppengröße, und zwar besonders stark ab 5 bis 6 Mitglieder (Abb. 4.2).
3. Die Anonymität und damit die geringere Befriedigung sozialer Bedürfnisse wächst mit der Gruppengröße.
4. Der individuelle Beitrag zur Kollektivleistung verliert an Erkennbarkeit. Es gibt Hinweise auf abnehmende Produktivität mit einer zu stark zunehmenden Gruppengröße (Abb. 4.3, 4.4).
5. Die interindividuelle Leistungsvariabilität steigt mit der Gruppengröße. Es werden (untersucht für Nestmontage) mehr Störungen wahrscheinlich und unwirtschaftlich große Arbeitspuffer erforderlich.

Beispielsweise ergeben sich aus derartigen Aspekten für Nestmontagen Empfehlungen einer minimalen Gruppengröße von 2 bis 3 und einer maximalen von 5 bis 6 Mitgliedern, wobei im Falle vieler möglicher Störungen die untere Grenze zu bevorzugen ist (Kleinow 1982). Kleinere Gruppen sollten hierarchisch in größere eingeordnet werden (von Rosenstiel u. a. 1979).

Die **Bedeutung** unterschiedlicher Kooperationsformen ist kaum zu überschätzen. Durch unterschiedliche Organisation der Arbeitsteilung und -kombination und damit durch verschiedene Kooperationsformen können grundsätzlich unterschiedliche kooperative und individuelle **Tätigkeitsstrukturen und -inhalte** mit den entsprechend verschiedenen Auswirkungen auf die **Leistungen** und das **Erleben** der Werktätigen erzeugt werden.

Allgemein können die erlebens- und leistungsseitigen Auswirkungen von kooperativer Arbeit zwei Wirkungsgruppen zugeordnet werden:

a) **Sozial-kollektive Wirkungen.** Dazu gehören spezifische soziale Anforderungen und deren Wirkungen wie wechselseitige Hilfsmöglichkeiten und das damit mögliche Übernehmen sozialer Verantwortung – eine wirkungsvolle Möglichkeit zur Senkung auch von Belastungen.

b) **Individuell-kognitive sowie individuell-motivationale Wirkungen.** Kooperative Abstimmungserfordernisse verändern auch die individuellen Arbeitsanforderungen. Ge-

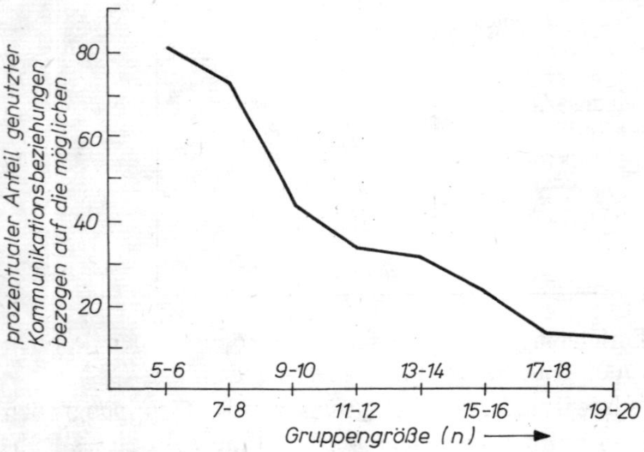

Abb. 4.2: Prozentsatz genutzter Kommunikationsbeziehungen bezogen auf die möglichen bei Gruppen unterschiedlicher Größe (Psychotherapiegruppen mit 5–20 Mitgliedern) (Castore 1962, zit. nach Neubert und Tomczyk 1981).

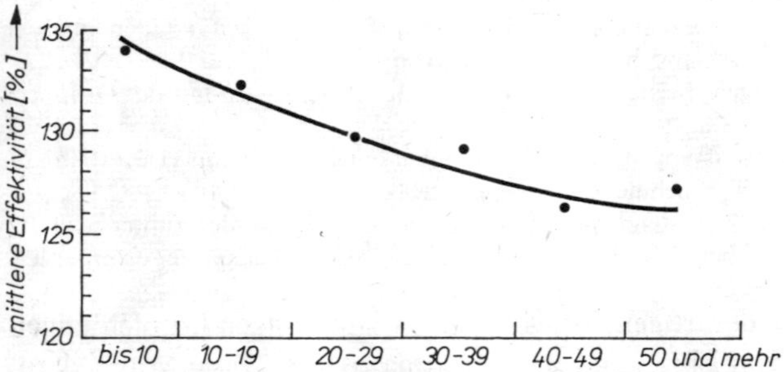

Abb. 4.3: Gruppengröße und Leistung (Beispiel aus der englischen Industrie bei Untersuchung von etwa 150 Arbeitsgruppen mit Gruppenentlohnungsformen) (Mariott 1949).

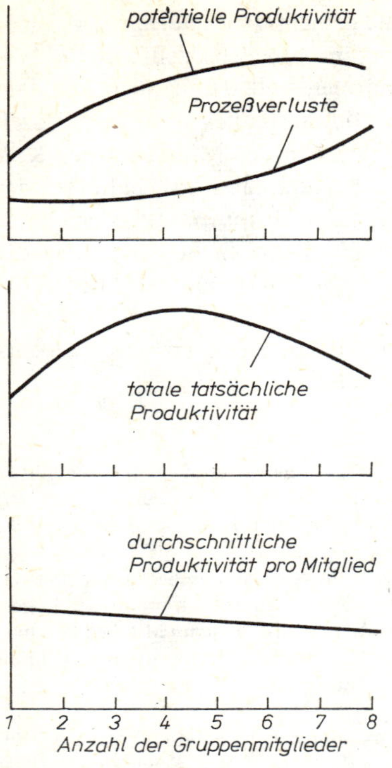

Abb. 4.4: Schematische Veranschaulichung der Beziehungen zwischen Gruppengröße und potentieller Produktivität, Prozeßverlusten, totaler tatsächlicher Produktivität und durchschnittlicher Produktivität pro Mitglied.
Als „Prozeßverluste" werden Leistungseinbußen zusammengefaßt, die zurückgehen auf
- ein Anwachsen der organisatorischen Abstimmungsschwierigkeiten mit der Gruppengröße,
- ein mögliches Abnehmen der aktiven Beteiligung jedes Mitgliedes am Gruppenprozeß (vgl. abnehmende Nutzungsmöglichkeit von potentiellen Kommunikationsbeziehungen in Abb. 4.2),
- eine Verringerung der aufgabenbezogenen Motivation und Zufriedenheit durch abnehmenden Umfang erkennbarer und zu verantwortender eigener Beiträge (Steiner 1972, S. 96).

eignete Kooperationsformen erzeugen mehr anregende Anforderungsvielfalt und mehr Entscheidungsmöglichkeiten bzw. Freiheitsgrade. Das kann sogar beim Übergang zur Gruppenarbeit zunächst spezielle Trainingsmaßnahmen erfordern (Organisationstraining; Enderlein u. a. 1981). Tab. 4.3 zeigte für flexible funktionsteilige kollektive Mehrstellenarbeit derartige Anforderungssteigerungen durch Kooperation.

Als „Leistungsvorteile der Gruppen" sind die unterschiedlich bedingten Leistungssteigerungen in gemeinschaftlicher Tätigkeit seit langem bekannt. Sie gehen zurück auf
- individuelle Leistungssteigerungen vorzugsweise motivationaler Art und
- eigentlich kooperative Leistungssteigerungen, die bei körperlichen und geistigen Tätigkeiten entstehen können durch eine zielgerichtete Koordination von Einzelbeiträgen. Sie können sogar einzeln nicht bewältigbare Aufgaben lösbar machen.

Globale Effekte der Kooperationserweiterung sind außer den verbesserten Leistungen auch verringerte Fehlzeiten und vertiefte Gruppenintegration im Sinne der Kollektiventstehung. Die Entwicklung von Kooperation an Hand gemeinsamer, normenbezogener Ziele ist das entscheidende Mittel zur Kollektivbildung im Arbeitsprozeß. „Die Identifikation aller Gruppenmitglieder mit den Gruppennormen und damit auch mit dem Gruppenziel wird ... zu einem bedeutsamen Merkmal für ein Kollektiv. Dieser Prozeß der Einstellungsbildung vollzieht sich vor allem im Tätigsein der Mitglieder des Kollektivs und wird entscheidend gefördert, wenn diese an bestimmten Entscheidungen der Gruppe teilhaben können. Die Teilnahme der Mehrheit der Gruppenmitglieder an der für die kooperative Arbeit notwendigen Leitung wird damit sowohl Bedingung für die Entwicklung einer Gruppe zum Kollektiv als auch zu seinem Merkmal" (Hiebsch, Vorwerg u. a. 1980, S. 62f.).

Die **Kommunikationen** arbeitsbezogener und nichtarbeitsbezogener Art sind einerseits eine Voraussetzung, andererseits eine Folge der Kooperationen.

Ein Beispiel:
Bei (Fließ)arbeit mit einer streng vorgegebenen Aufteilung der Teilaufträge bis auf den einzelnen gibt es aus technologisch-organisatorischen Gründen weniger Kommunikationen als bei Gruppenarbeit mit Selbstorganisation der Auftragsverteilung. Die Selbstorganisation benötigt Kommunikationen nicht nur über die Arbeit des einzelnen, sondern insbesondere über die der gesamten Gruppe (des „Fertigungskomplexes") sowie über die Bezeichnungen der Gruppe zu übergeordneten Leitungsebenen und anderen Struktureinheiten. Die sternförmige Kommunikationsstruktur bei Einzelarbeit ist zentriert auf den Leiter, z. B. den Meister. Bei Gruppenarbeit entsteht eine netzförmige Vollstruktur, d. h., jedes Mitglied kommuniziert beinahe mit jedem, nicht nur mit dem Gruppenverantwortlichen. Die Befürchtung, diese vermehrten Kommunikationen seien ineffektiv, müßten in jedem Falle zu Produktivitätsverlusten führen, ist unbegründet (Abb. 4.5)!

Bei Montageprozessen stiegen die arbeitsbedingten Kommunikationen zwischen den Arbeitern beim Einführen selbstorganisierter Gruppenarbeit auf 180%. Da sich jedoch ihre Dauer gleichzeitig um fast 30% verkürzte und sich dabei Kommunikationen, die Arbeitsunterbrechungen verursachen, stark verringerten, nahm insgesamt dennoch die unmittelbar produktive Arbeitszeit der Gruppe zu (Gersten 1984).

Darüber hinaus haben ein- und zweiseitige, adressierte und nichtadressierte, sprachliche und nichtsprachliche Kommunikationen im Arbeitsprozeß auch Wirkungen außerhalb der eigentlichen Kooperation, also sogar im Grenzfall des Raumverbands. Auch das individuelle Arbeiten in der Gesellschaft gleichfalls individuell an anderen Aufgaben tätiger Menschen verändert sich über Einstellungsbildungen und Vornahmen gegenüber dem Arbeiten in isolierten Situationen. Dieser Effekt ist verstärkt bei der individuellen Arbeit an gleichartigen Aufgaben nach gleichen Bewertungsaspekten im gleichen Raum.

Die **Wechselbeziehungen zwischen kooperativer und individueller Tätigkeit** interessieren unter zwei Gesichtspunkten, nämlich möglichen strukturellen Gemeinsamkeiten und einer möglichen wechselseitigen Determination.

Für das Verhältnis von interindividueller, kooperativer und intraindividueller Tätigkeitsregulation besagt eine Hypothese, daß beide nach analogen Prinzipien organisiert seien. Als Begründung kann die ontogenetische Entwicklung individuellen Handelns aus dialogischem Handeln, z. B. im Spiel mit den helfenden Erwachsenen, angeführt werden. Im Unterschied zur entwicklungs- und allgemeinpsychologischen Sicht ist für das Verhältnis individueller und kooperativer Tätigkeiten Erwachsener im Arbeitsprozeß entscheidend, daß durch die Arbeitsteilung und -kombination die Tätigkeiten auf verschiedene Menschen verteilt werden. Diese Verteilung kann so weit gehen, daß für den einzelnen Werktätigen nur unvollständige oder partialisierte Tätigkeiten bzw. Handlungen im Sinne des Abschnitts 4.6. vorliegen. Andererseits werden mit dieser Verteilung

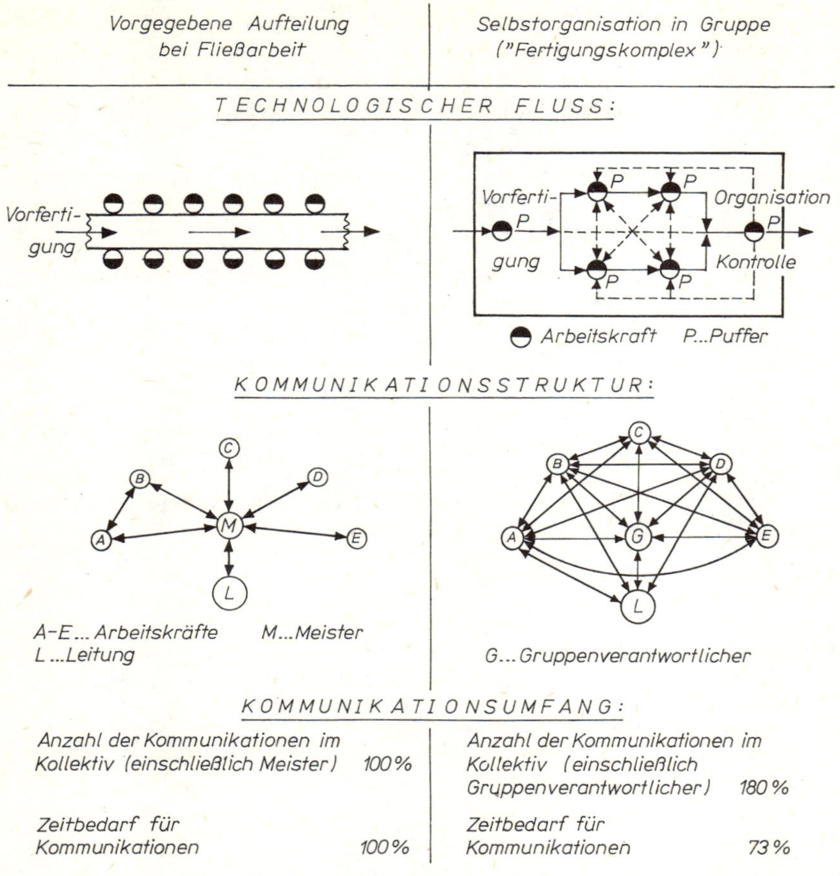

Abb. 4.5: Einfluß der technologisch-organisatorischen Kooperation auf die Kommunikation (Vergleich von Fließ- und Gruppenmontage) (Gersten 1984). Im rechten oberen Bild zur Gruppenarbeit kennzeichnen die durchgezogenen Linien den technologischen Hauptfluß (unmittelbare Bearbeitung), die gestrichelten den Nebenfluß (insbesondere Organisation, Reparaturen fehlerhafter Montagen).
Die vier hauptsächlich mit Montage befaßten Arbeitskräfte (Quadrat in der Mitte) führen auch Zwischenprüfungen sowie – im Falle der zwei Facharbeiter unter ihnen – auch Reparaturen durch, die der Endkontrolleur der Gruppe veranlaßt.
Die Zunahme der Kommunikationshäufigkeit geht hauptsächlich auf den Nebenfluß zurück. Der Hauptfluß gewinnt an Stockungsfreiheit.

die Kooperationserfordernisse verändert, wenn auch nicht notwendig erhöht. Die Wechselbeziehung zwischen Arbeitsteilung (mit der eventuellen Reduktion der Anforderungen an die individuelle Tätigkeitsregulation) und der Kooperation (mit einer eventuellen Bereicherung einer kooperativen Tätigkeitsregulation) sind psychologisch noch nicht hinlänglich im Hinblick auf die entstehenden Tätigkeitsstrukturen und -inhalte untersucht. Wahrscheinlich liegt weder ein reziprokes Verhältnis beider noch ein Verhältnis uneingeschränkter wechselseitiger Optimierung vor.

Die Analyse, Bewertung und Gestaltung kooperativer Arbeitstätigkeiten einschließlich der zugehörigen Kommunikation muß vom Arbeitsauftrag und seinen Ausführungsbedingungen unter besonderer Berücksichtigung der Freiheitsgrade für Auftragsinterpretationen im Hinblick auf kooperatives Arbeiten ausgehen. Hauptansatzpunkt sind dabei die möglichen Kooperationsgegenstände bzw. -ziele im Sinne von Tab. 4.1. Zur differenzierteren Analyse und Bewertung sowie zum Auffinden von Umgestaltungserfordernissen sind weitere Beschreibungsdimensionen erforderlich (vgl. dazu Tab. 4.4). Sie entstammen dem Tätigkeitsbewertungssystem (TBS) und weisen eine gute Untersucherübereinstimmung auf.

Tab. 4.4: Merkmale von Kooperation und Kommunikation (im Verfahren zur objektiven Tätigkeitsanalyse „TBS"; Teil B)

1.	Umfang erforderlicher kooperativer Arbeiten
1.1.	Zeitlicher Umfang erforderlicher Kooperation
1.2.	Auftragsbedingte Enge der Kooperation
1.3.	Umfang der objektiven Möglichkeiten zur Zusammenarbeit im Kollektiv über den eigenen Auftrag hinaus
2.	Formen kooperativer Arbeit, die sich aus den erforderlichen organisatorisch-technischen Inhalten der gemeinschaftlichen Festlegungen und Vollzüge ergeben
3.	Variabilität erforderlicher kooperativer Arbeiten
4.	Kommunikationen
4.1.	Auftragsbedingte Kommunikationsinhalte
4.2.	Möglichkeiten zur nicht auftragsbedingten Kommunikation im Kollektiv während der Arbeitszeit

4.1.5. Abhängigkeit von Arbeitstätigkeiten von Gesetzmäßigkeiten der Arbeitsgegenstände und -mittel: Eingriffspunkte

Ein Sprichwort lautet: Man muß das Eisen schmieden, solange es heiß ist. Was folgt für die Frage nach Bedingungen von Arbeitstätigkeiten daraus?

Bei der Behandlung von Tätigkeiten als relationalen Sachverhalten wurde als eine der „Leerstellen" neben dem Objekt, dem Erzeugnis, dem Mittel usw. auch ein in unterschiedlichem Grade möglicher eigengesetzlicher Ablauf von physikalischen, chemischen oder biologischen Vorgängen genannt, dem sich die Arbeitstätigkeiten unterzuordnen haben, weil sie von ihm beeinflußt oder gar reguliert werden (Aebli 1980 mit Bezug auf Fillmores Kasusrollen). Allgemeiner: **Arbeitstätigkeiten müssen in der Regel eine objektive Logik oder Sachlogik der Arbeitsgegenstände und teilweise auch der Arbeitsmittel berücksichtigen.** Arbeitstätigkeiten können in diesen Fällen nicht mit beliebigen Ausführungsweisen zu beliebigen Zeitpunkten realisiert werden. Die Eingriffe des Arbeitenden in derartige Vorgänge müssen auf einer Mindestkenntnis der objektiven Gesetzmäßigkeiten aufbauen. Er benötigt Wissen um generelle Beeinflussungsmöglichkeiten, um geeignete Zeitpunkte und um wahrscheinliche Folgen. Wir bezeichnen bildhaft Vorgangsphasen, in denen die

Indienstnahme oder Beeinflussung eigengesetzlicher Prozesse durch Arbeitstätigkeiten nicht nur möglich, sondern zum Erzielen eines angestrebten Ergebnisses sogar erforderlich ist, als Eingriffspunkte.

Eingriffspunkte sind Abschnitte technologischer Prozesse, die auf Grund der jeweiligen technologischen Gesetzmöglichkeiten einen Eingriff des Arbeitenden in den Prozeß erfordern und ermöglichen. Diese Eingriffe dienen der zuverlässigen Herstellung des geforderten Ergebnisses. Voraussetzung ist, daß der Arbeitende mit Hilfe bestimmter Merkmale den Fertigungszustand richtig beurteilt und in auf Wissen abgestützten Verfahrenserwägungen zweckdienliche Maßnahmen ableitet und ergreift.

Durch die Mechanisierung und Automatisierung werden wachsende Anteile von technologischen Prozessen durch Maschinen und Anlagen übernommen, die zeitweilig nach technologischen Gesetzmäßigkeiten funktionieren, in welche gleichfalls nicht in beliebiger Weise zu beliebigen Zeitpunkten eingegriffen werden kann. Die Bedeutung der Kenntnis der Eigenschaften dieser Eingriffspunkte wächst mit der Zunahme mechanisierter und automatisierter Systeme, ohne daß sie auf diese Mensch-Maschine-Systeme beschränkt sind.

Eigengesetzlichkeiten der Arbeits**gegenstände** sind auch außerhalb der mechanisierten und automatisierten Produktion sowie sogar außerhalb der industriellen Produktion überhaupt wirksam und zu berücksichtigen.

Das psychologische Interesse an den Eingriffspunkten konzentriert sich auf

- Häufigkeit und Zeitanteile der resultierenden Arbeitstätigkeiten, bezogen auf die Schicht;
- zeitliche Verteilung;
- Erkennbarkeit der Merkmale des technologischen Zustandes;
- Art der erforderlichen kognitiven Operationen zum Ableiten der zu ergreifenden Maßnahmen;
- Umfang des Suchbereichs einschlägiger Maßnahmen (objektive **Freiheitsgrade**);
- Art der Maßnahmen und psychische Struktur der Tätigkeiten bei deren Realisierung;
- Bewertung der Maßnahmen, z. B. hinsichtlich der erforderlichen Beantwortungsgeschwindigkeit oder der wirtschaftlichen Folgen.

Entscheidend ist also: Inhalte und Strukturen von Arbeitstätigkeiten können in unterschiedlichem Grade durch die auf Grund objektiver Gesetzmäßigkeiten erforderlichen und möglichen Verrichtungsweisen einschließlich Abfolgen und Zeitpunkten bestimmt sein. Diese objektiven Gesetzmäßigkeiten müssen erkannt und als tätigkeitsleitende (operative) Gedächtnisrepräsentationen bewahrt werden, damit sie optimal genutzt werden können.

4.1.6. Abhängigkeit von Arbeitstätigkeiten von objektiven Möglichkeiten für selbständige Zielsetzungen: Freiheitsgrade (Tätigkeits-/Handlungsspielraum oder Kontrolle)

Die objektiven, physikalisch-technischen, chemischen oder biologischen Gesetzmäßigkeiten sind nicht die einzigen Einschränkungen bzw. Möglichkeiten, die Inhalte und damit Strukturen von Arbeitstätigkeiten determinieren.

Bei der Wahl von Technologien, der Festlegung von Organisationskonzepten, der Mensch-Maschine-Funktionsteilung, der Arbeitsteilung und -kombination, der Schnittstellengestaltung, der Arbeitsplatzgestaltung und der Entwicklung von Normen, Lohnformen, Arbeitsanweisungen oder Programmen werden eine Vielzahl von Festlegungen über die Ausführungsweisen von Arbeitstätigkeiten getroffen. Diese hätten in vielen Fällen auch mit einem anderen Resultat erfolgen können, wie die häufigen nachträglichen Umgestaltungen, beispielsweise im Sinne der nachträglichen Bereicherung von Arbeitsinhalten, beweisen. Sie erfolgen offensichtlich zu einem ausschlaggebenden Teil ohne ein erschöpfendes Kalkül der Folgen dieser Festlegungen für die betroffenen Arbeitsprozesse. Alle diese Festlegungen müssen zwar nicht notwendig selbständige Entscheidungsmöglichkeiten der Arbeitenden über Vorgehensweisen beim Erfüllen von Aufträgen einschränken, sie können dies jedoch bewirken; sie können aber auch umgekehrt solche Möglichkeiten einräumen.

Es ist für Arbeitstätigkeiten charakteristisch, daß das geforderte Arbeitsergebnis auf verschiedene Art, d. h. mit unterschiedlichen Tätigkeitsstrukturen erreicht werden kann. Dabei existiert häufig auch nicht nur eine Optimalvariante, sondern eine Reihe unterschiedlicher, aber gleich günstiger Varianten. Wir bezeichnen diese Möglichkeiten zum unterschiedlichen auftragsbezogenen Handeln als „**Freiheitsgrade**".

Freiheitsgrade als Möglichkeiten zu unterschiedlichem auftragsbezogenem Handeln schließen Möglichkeiten zu selbständigen Entscheidungen ein. Diese sind eine unerläßliche Voraussetzung zur Entwicklung **selbständiger Zielsetzungen** oder Vornahmen als dem ausschlaggebenden Sachverhalt für Leistung, Erleben und Befinden.

Für die Beschaffenheit von Arbeitstätigkeiten und für ihre Rückwirkungen auf den arbeitenden Menschen ist der Unterschied zwischen Entscheidung und Auswahl wesentlich. Nicht jede Auswahl ist eine Entscheidung. **Freiheitsgrade für selbständige Zielsetzungen betreffen nur Entscheidungsmöglichkeiten mit sinnvollen und für die eigene Tätigkeit bedeutsamen Vorgehensalternativen.**

Ein Beispiel:
Eine Arbeiterin, die in einer Hühnerfarm alle jungen Hähnchen für Mastzwecke aussortiert, trifft fortlaufend Auswahlen, aber sie entscheidet dabei nichts.

Im Falle des Vorliegens von Freiheitsgraden sind Arbeitstätigkeiten durch äußere Vorgaben nur teilweise festgelegt im Hinblick auf die Art, die Abfolge und das Tempo ihrer Verrichtungsteile einschließlich des Gefüges der regulierenden psychischen Vorgänge. Wir unterscheiden:

1. fehlende Freiheitsgrade für selbständige Zielstellungen oder Vornahmen,
2. Freiheitsgrade für Mengenvornahmen je Zeiteinheit,
3. Freiheitsgrade zusätzlich für Festlegungen zur Abfolge von Teiltätigkeiten,
4. Freiheitsgrade zusätzlich für Festlegungen über Vorgehensweisen und/oder einzusetzende Mittel der Tätigkeiten,
5. Freiheitsgrade zusätzlich für Festlegungen über Ergebniseigenschaften.

Mindestens bei den beiden letzten, zeitweilig auch bei den drei letztgenannten Bedingungen können problemlösende Denkleistungen erforderlich sein.

Bei den arbeitsvertraglich vereinbarten Arbeitstätigkeiten in der industriellen Produktion – nicht also bei den wesentlich mehr Spielraum bietenden Konstruktions- oder Entwicklungstätigkeiten, bei Neuereraktivitäten oder bei der Realisierung gesetzlich verankerter Beteiligung an Planungs- und Leitungsaktivitäten z. B. im Rahmen der Gewerkschaft – liegen Freiheitsgrade in der Regel vor für

- Mengenvornahmen pro Zeiteinheit, allgemeiner für die zeitliche Selbstorganisation (zeitliche Freiheitsgrade)
- die Abfolgefestlegung sowie
- Verfahrenswahlen.

Tab. 4.5 verdeutlicht an einem repräsentativen Beispiel für Montage- und Bedientätigkeiten niederer Lohngruppen das Vorkommen unterschiedlicher Arten von Freiheitsgraden. Abb. 4.6 gibt ein Beispiel für Einschränkungen von objektiven Freiheitsgraden für die zeitliche Organisation der eigenen Arbeit durch einen geringen Entkoppelungsgrad der Arbeitstätigkeit von den Produktionsmitteln. Sie belegt zugleich die gute

Tab. 4.5: Verteilung der Ausprägungsformen von Freiheitsgraden für Zielstellungen bei Montage- und Bedientätigkeiten niedriger und mittlerer Lohngruppen (Iwanowa 1981)

Ausprägung der Freiheitsgrade für selbständige Zielstellungen	Anzahl von industriellen Tätigkeiten
(1) keine Freiheitsgrade (FG) für selbständige Ziele	1
(2) FG für zeit-/mengenbezogene Ziele (Z)	36
(3) FG für Z + Abfolge von Verrichtungen (A)	32
(4) FG für Z + A + Verfahren/Mittel (V)	22
(5) FG für Z + A + V und zu findende Produkteigenschaften	8
	99

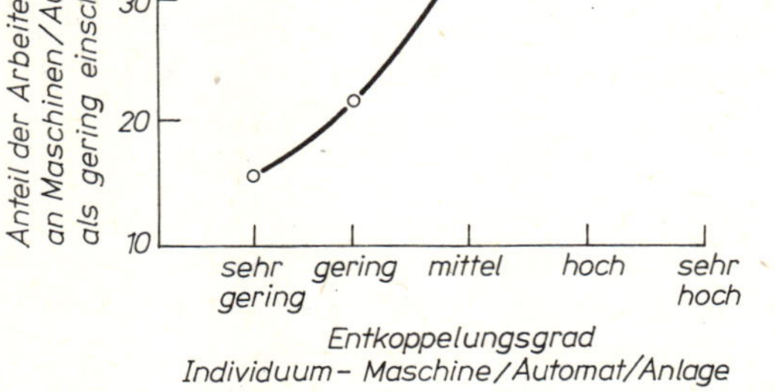

Abb. 4.6: Auswirkung zeitlicher Freiheitsgrade im Erleben: Erlebter Bindungsgrad der Arbeitenden an Maschinen/Automaten/Anlagen in Abhängigkeit vom qualitativen Entkoppelungsgrad der Arbeitsprozesse (Puffergröße X mittlere Dauer der Arbeitsprozesse).
Geringer Entkoppelungsgrad: Bandarbeit mit Puffern bis 3 Minuten; sehr hoher Entkoppelungsgrad: Reparaturtätigkeiten außerhalb des Fertigungsflusses; „Puffer" größer als 480 Minuten (Linke 1981); $n = 767$, $r = +0.22$, sign.

Übereinstimmung der subjektiv erkannten mit den objektiv gebotenen Freiheitsgraden (Linke 1981).

Keine Freiheitsgrade innerhalb der arbeitsvertraglich vereinbarten Aufgabe liegen – der gesellschaftlichen Intention nach – dagegen vor hinsichtlich des zu erreichenden Produkts und der einzuhaltenden Bedingungen (Zeitaufwand, einsetzbare Werkstoffmenge, einzuhaltende Sicherheitsvorschriften), also hinsichtlich des Auftrags.

Die Einschränkung auf „auftragsbezogenes Handeln" ist durch das Wesen des Arbeitsprozesses als gesellschaftlicher Prozeß, in dem ein **gefordertes** Produkt zu schaffen ist, bedingt. Tätigkeitsvarianten, die zu Abweichungen hinsichtlich des geforderten Produkts führen oder Verstöße gegen Forderungen (z. B. Arbeits- und Brandschutzvorschriften) bedingen, werden damit ausdrücklich nicht als „Freiheitsgrade" betrachtet. Sie gehören vielmehr zur Kategorie nichtaufgabengerechter Verrichtungen. Diese Kategorie fällt keineswegs aus der psychologischen Analyse heraus, sondern bedarf getrennter Betrachtung.

In der Praxis bestehen oft fließende Übergänge zwischen noch auftragsgerechtem und nicht mehr aufgabengerechtem Handeln, wodurch – wenn auch geringe – Freiheitsgrade auch für das Produkt und seine Erzeugungsbedingungen entstehen können.

Gerade sie besitzen oftmals besondere psychologische Bedeutung, da sie zum Teil auf der Grenze der gesellschaftlichen Forderungen „balancieren" und motivationale Probleme – bis hin zu Konflikten – aufwerfen können. So beläßt ein Arbeitsauftrag und die Entlohnungsregelung nicht selten Freiheitsgrade für das individuelle Nutzkalkül, ob die erstrebte Lohnhöhe durch Erhöhung der Fertigungsmenge **oder** der Güte erreicht werden soll. Ebenso bleibt häufig offen, welcher Gütestandard **innerhalb** der vorgegebenen Toleranzen zu erreichen oder auch welche Sicherheit der Produktentstehung festzusetzen ist. So variieren an einer Werkzeugmaschine z. B. Vorschubgeschwindigkeit, Rückfahrweite des Werkzeuges, Zahl der Bearbeitungsunterbrechungen und Häufigkeit der Kontrollen je nach der Entscheidung des Arbeiters für eine qualitätsgerechte Entstehung des Produktes bei eventuellem Mengennachteil oder für das Risiko der Ausschußproduktion bei möglichem Mengenvorteil, das durch die bewußte Übernahme von vermeidbarem Informationsmangel entsteht (von Hoyos 1974). Nicht selten sind derartige Freiheitsgrade hinsichtlich des Produktes und seiner Entstehungsbedingungen das Ergebnis unzureichender betrieblicher Arbeitsvorbereitung und Entlohnungsformen, so daß unsere obige Aussage, das charakteristische Gros der Freiheitsgrade im definierten Sinne liege im Bereich von Verfahrenswahl und Zeitorganisation, zu Recht besteht.

Die Beziehung dieser Freiheitsgrade zu unserem Gegenstand – der psychischen Regulation von Arbeitstätigkeiten – ist augenfällig: Freiheitsgrade bieten mindestens Möglichkeiten zu **Entscheidungen** für verschiedene entworfene Varianten des Arbeitswegs, denen wiederum der Möglichkeit nach die kognitive Analyse der verschiedenen Möglichkeiten (Orientierung) vorausgeht. Freiheitsgrade sind mit anderen Worten Kristallisationspunkte für regulative psychische Komponenten der Arbeitstätigkeit und determinieren die Beschaffenheit der psychischen Struktur.

Eine wesentliche Variable besteht im Umfang und der Angemessenheit des **Erkennens** der Möglichkeiten des Eingreifens, also der Freiheitsgrade. Es ist zweckmäßig, zu unterscheiden zwischen objektiv existierenden und subjektiv erfaßten, vom Arbeitenden erkannten Freiheitsgraden. Objektiv gegebene Möglichkeiten zu unterschiedlichem aufgabenbezogenem Handeln müssen nicht notwendig erkannt werden; umgekehrt müssen subjektiven Freiheitsgraden nicht immer auch objektiv vorliegende entsprechen (vermeintliche Freiheitsgrade; vgl. Abb. 4.7a). Damit eröffnet sich eine weitere Charakterisierungsebene der psychischen Struktur der Arbeitstätigkeit: das Verhältnis von objektiven und subjektiven Freiheitsgraden. Nicht alle erkannten, subjektiven Freiheitsgrade müssen hinsichtlich der einzusetzenden Maßnahmen beherrscht und nicht alle beherrsch-

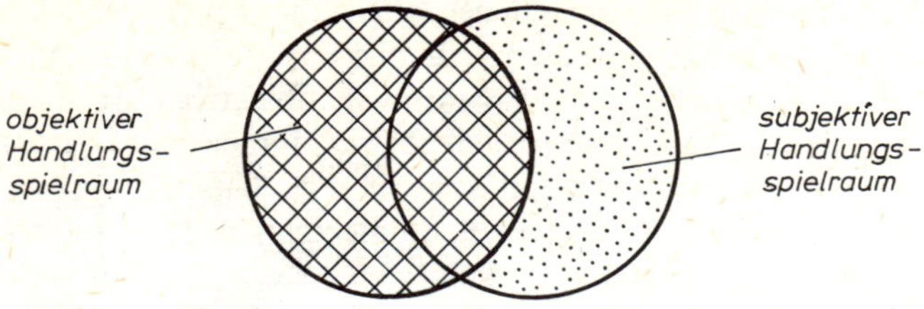

Diskrepanzen zwischen objektivem und subjektivem Handlungsspielraum — 1. Form
Objektiver und subjektiver Handlungsspielraum sind nur teilweise identisch. Ein Teil des subjektiven Handlungsspielraumes wird subjektiv nicht abgebildet und genutzt, und objektiv nicht gegebene Freiheitsgrade werden fälschlicherweise als gegeben angenommen.

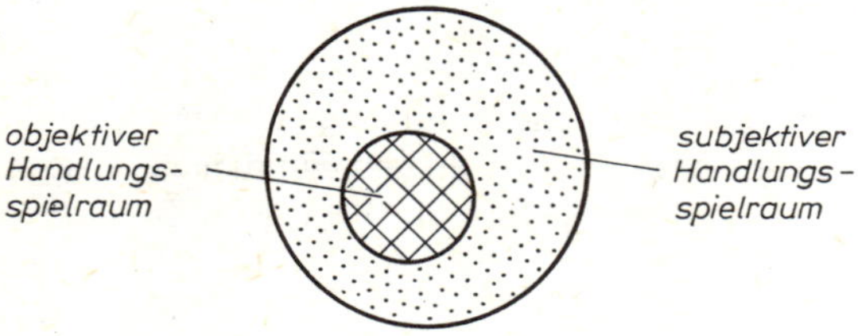

Diskrepanzen zwischen objektivem und subjektivem Handlungsspielraum — 2. Form
Der subjektive Handlungsspielraum ist größer als der objektiv gegebene, d. h., es werden zum Teil Freiheitsgrade für die Tätigkeitsausführung angenommen, die objektiv nicht existieren.

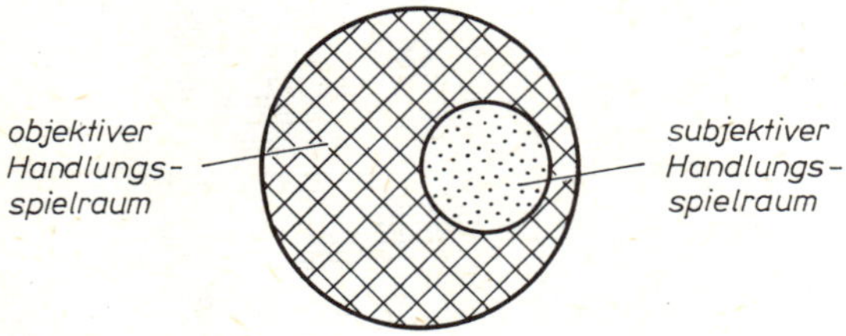

Diskrepanzen zwischen objektivem und subjektivem Handlungsspielraum — 3. Form
Der subjektive Handlungsspielraum betrifft nur eine Teilmenge des objektiven. Ein Teil des objektiven Handlungsspielraums wird nicht erkannt und nicht genutzt.

Abb. 4.7 a: Verschiedene Formen der Nichtübereinstimmung zwischen objektiven, tatsächlichen Freiheitsgraden („Handlungsspielraum") und subjektiv gesehenen und eventuell auch genutzten Freiheitsgraden (Hacker und Matern 1980).

ten auch genutzt werden. Bezeichnet man die Summe der Freiheitsgrade als Tätigkeits- oder auch Handlungsspielraum (HSP), so gilt (Kund und Schmidt 1972, Ulich 1972a):

HSP	≧	HSP	≧	HSP	≧	HSP	≧	HSP
objektiv		objektiv		subjektiv		subjektiv		subjektiv
vorhanden		erforderlich		erkannt		beherrscht		genutzt

Die Gesamtheit der subjektiven Freiheitsgrade ist Bestandteil des „operativen Abbildsystems". Schließlich kann als Charakteristikum der Freiheitsgrade die **Art der** für ihre

Erkennung und Beantwortung erforderlichen **Operationen** angeführt werden. Im Zusammenhang damit interessieren im Hinblick auf die psychische Struktur von Arbeitstätigkeiten die kognitiven Operationen, welche für das Erkennen der objektiven Freiheitsgrade erforderlich sind. Dazu sowie zur Rolle unterschiedlicher erkannter (subjektiver) Freiheitsgrade in der Ausführungsweise von Arbeitstätigkeiten vgl. 8. Kapitel.

Das Konzept der sogenannten *Kontrolle* (Seligman 1975, Blumenfeld 1932), zutreffender übersetzt als Beeinflußbarkeit der derzeitigen oder künftigen Arbeitssituation nach eigenen Zielen durch individuelles oder kollektives Handeln, beschreibt das Vorliegen und Erkennen von Freiheitsgraden sowie das Beherrschen der Arbeitsverfahren für ihre Nutzung unter dem Gesichtspunkt der Folgen für den Arbeitenden. Diese sogenannte Kontrolle schließt dabei ein (Blumenfeld 1932, Troy 1981): die **Durchschaubarkeit der Arbeitssituation,** die **Vorhersehbarkeit** von Arbeitsanforderungen und ihre **Beeinflußbarkeit** durch eigene Tätigkeiten. Abb. 4.7b schematisiert die Beziehung dieser drei Aspekte der Kontrolle, die im Freiheitsgradbegriff aufgehoben sind. — Insgesamt ist das Aufdecken der objektiven Freiheitsgrade das unerläßliche Fundament der Analyse von psychischen Anforderungen einer Arbeitstätigkeit. Von diesem Fundament ausgehend, werden die Komponenten der psychischen Struktur einschließlich ihres Zusammenwirkens zugänglich.

DURCHSCHAUBARKEIT DER ARBEITSSITUATION
Generell: In welchen Bereichen und mit welchem Grade:
Allgemeine gesellschaftliche sowie spezielle soziale Beziehungen: | Technologie insgesamt: | Spezielle Voraussetzungen und Wirkungen der eigenen Tätigkeit:
Ob? | Was? Was nicht? | In welchem Grade?

VORHERSEHBARKEIT VON ANFORDERUNGEN
(einschließlich Tätigkeitsfolgen)
Generell: | Inhaltliche Bedeutung für eigene Tätigkeit: | Weite der Vorhersehbarkeit:
Ob? | Was? Was nicht? | Wann?

BEEINFLUSSBARKEIT DURCH EIGENE TÄTIGKEITEN
Generell: | Inhaltliche Bedeutung für eigene Tätigkeit: | Umfang des möglichen zeitlichen Vorgriffs/der Planbarkeit
Ob? | Was? Was nicht?

Abb. 4.7 b: Schema zu Aspekten der Freiheitsgrade (Marx 1962, Blumenfeld 1932, Seligman 1975, Prystav 1980, Troy 1981).
Freiheitsgrade für Zielstellungen sind Entscheidungsmöglichkeiten für unterschiedliches aufgabenbezogenes Handeln. Die Gesamtheit der Freiheitsgrade für eine Tätigkeit kann als ,,Handlungs-" (richtiger Tätigkeits)spielraum bezeichnet werden. Wenn Freiheitsgrade gegeben sind, liegt zielgerichtete ,,Beeinflußbarkeit" der Arbeitssituation durch die eigenen Tätigkeiten vor. Sie — konkreter das fundierte Entscheiden — setzt Vorhersehbarkeit der Anforderungen einschließlich der Tätigkeitsfolgen und damit Durchschaubarkeit der Arbeitssituation voraus.

Das Ausnutzen und erforderlichenfalls das Vergrößern des objektiven Tätigkeitsspielraums sind die entscheidenden Wege zu einer zugleich effektivitätssteigernden und persönlichkeitsförderlichen Arbeitsgestaltung. Moderne Technologien bieten im allgemeinen neue Möglichkeiten zur Entkoppelung des Menschen aus dem Produktionsprozeß und damit mehr objektive Freiheitsgrade. Bestarbeiter kennzeichnet ein umfassendes Ausnutzen des subjektiven Tätigkeitsspielraums (vgl. 12. Kapitel). Freiheitsgrade mit tätigkeitsbedeutsamen Entscheidungsmöglichkeiten erhöhen die Motivation für die jeweilige Tätigkeit. Das dürfte zurückgehen auf ein bei vielen Menschen wirksames Bedürfnis nach Möglichkeiten zum Beeinflussen und Beherrschen der eigenen Lebens- bzw. Arbeitssituation (Blumenfeld 1932, Savage und Perlmuter 1979).

4.2. Psychische Regulation und psychische Struktur von Arbeitstätigkeiten

Wir hatten in früheren Abschnitten gesehen, daß das wichtigste psychologische Merkmal der Arbeitstätigkeit ihre **Zielgerichtetheit** ist. Jetzt ist ein weiteres wesentliches Merkmal zu behandeln, das eine Folge dieser Zielgerichtetheit ist, ihre Struktur.

Die psychische Struktur ist durch die Abhängigkeit von den Zielen der Arbeitstätigkeit eine **inhaltlich** bedingte Ordnung. Da sie des weiteren die Regulation der Arbeitstätigkeiten auf das Ziel hin realisiert, ist sie eine inhaltlich bedingte **funktionelle** Ordnung oder Ablauforganisation. Dieser Sachverhalt wird abkürzend als Aufgabenabhängigkeit oder Operativität bezeichnet.

Wir erinnern uns: Gleich bezeichenbare Vollzüge, beispielsweise das Schreiben, können in Abhängigkeit von einer unterschiedlichen Bedeutung des geschriebenen Textes völlig verschiedenartige psychische Strukturen aufweisen: „Die Handlung des Schreibens [ist] etwas psychisch grundlegend Verschiedenes je nachdem, ob man einen Satz in Schönschrift abschreibt oder eine briefliche Mitteilung abfaßt“ (Lewin 1926, S. 303).

Der in der Psychologie oft benötigte Strukturbegriff erfordert eine Vorbemerkung. Eine Definition setzt voraus, daß ein abgehobenes, relativ isoliertes Ganzes (System) vorliegt, das aus einer Menge von bestimmten Teilen (Elementen) und deren wechselseitigen Beziehungen (Relationen) besteht. Bei großen Elementmengen können zweckmäßigerweise Zuordnungsregeln (generative oder Strukturformationsregeln) identifiziert werden, welche die Anwendung bestimmter Relationen auf bestimmte Elemente festlegen. Weiterhin können Elemente und/oder Relationen entsprechend ihrer verschiedenen strukturbestimmenden Bedeutung gewichtet sein (Lander 1971).

Als ein solches System können bestimmte Objekte, Prozesse oder Sachverhalte angesehen werden, deren Elemente hinsichtlich ihrer Art und der Art ihrer Relationen besonderer Charakteristik bedürfen. Die Gesamtheit der benannten Merkmale eines Systems nennt man seine Struktur. Die wesentlichen Eigenschaften und Darstellungsmöglichkeiten von Strukturen (als Graphen, Matrizen oder Algorithmen) wurden unter Berücksichtigung psychologischer Anliegen von Klix und Krause (1969) zusammengestellt.

Die psychische („innere“) Struktur einer Arbeitstätigkeit ist das Gefüge und die Beschaffenheit jener psychischen Sachverhalte, die zur Erfüllung einer Arbeitsaufgabe durch den Arbeitenden in einer bestimmten Ablauforganisation wirksam werden. Eine Folge der Zielgerichtetheit ist diese psychische Struktur insofern, als sie sich aus der Aufgabenstellung ergibt und sich mit ihr ändert. Mithin sind so viele psychische Strukturen von Arbeitstätigkeiten zu erwarten, wie es Aufgabenklassen gibt.

Dem allgemeinen Strukturbegriff entsprechend, bedürfen auch bei psychischen Strukturen von Arbeitstätigkeiten folgende Sachverhalte näherer Analyse:

– die Art der Bestandteile (s. dazu: Komponenten psychischer Strukturen von Arbeitstätigkeiten);

– die wechselseitigen Beziehungen der Komponenten; Beziehungen können z. B. Einwirkungen, Operationen oder Umformungen sein (dazu die Erörterungen zur funktionellen Organisation und zum Zusammenschluß von Komponenten zu operativen Abbildsystemen);

– die Regelhaftigkeit in der Zuordnung von Bestandteilen und beziehungsstiftenden Vorgängen (dazu von der Seite der technologisch-organisatorischen Arbeitsbedingungen die Erörterungen über Freiheitsgrade; von der Seite innerer Bedingungen die Behandlung regulativer Funktionseinheiten);

– die unterschiedliche Rolle bzw. Bedeutung von Komponenten und Beziehungen (dazu die Erörterung funktionell bedeutsamer Eigenschaften von Gliedern regulativer Funktionseinheiten).

Die psychische Struktur kann also nicht einfach durch eine Aufzählung dessen, was der Arbeitende sichtbar tut, gekennzeichnet werden. Auch wenn diese sichtbaren manuellen Verrichtungen im Zusammenhang ihres Ablaufs dargestellt werden, ist zunächst nur **die „äußere" (Oberflächen-)Struktur** der Tätigkeit beschrieben. Diese reicht zur vollständigen und erklärenden Charakterisierung jedoch nicht aus. Die äußere Struktur ist vermittelten Ursprungs und somit nicht aus sich selbst verständlich, analysierbar, beeinflußbar: Die Bedingtheit durch Aufgabe und objektive Erfüllungsbedingungen (z. B. Arbeitsbedingungen) ist vermittelt durch psychische Prozesse.

Will man näher in die **psychische (Tiefen-)Struktur** der Arbeitstätigkeit eindringen, so ist ein dem Wesen dieser Struktur entsprechender **Analysengesichtspunkt** vonnöten. Woran ist zu denken? Wir wissen, daß das Psychische eine Widerspiegelung mit regulativer Funktion für das Handeln ist. Psychisches kann – allerdings nur abstrahierend – vorwiegend unter dem Aspekt der Orientierung in der Umwelt oder vorwiegend unter dem der (auf die Orientierung gestützten) Regulation des Handelns in der Umwelt analysiert werden. Im Zusammenhang mit der psychischen Struktur der Arbeitstätigkeit steht als Analyseaspekt die orientierungsgestützte Regulation im Vordergrund. Das ergibt sich aus dem Wesen der psychischen Struktur der Tätigkeit selbst: Psychische Tatbestände beziehen sich auf jene Fertigungsphasen, in denen die Entstehung des Resultats zu lenken ist; die psychische Struktur der Tätigkeit ist abhängig vom Ziel als vorweggenommenem Resultat, auf das hin der Arbeitsgegenstand verändert wird.

Die Rolle der psychischen Vorgänge und Repräsentationen in der Regulation von Arbeitstätigkeiten besteht darin, Überführungsbedingungen der auf dem Wege vom Ausgangs- zum Endzustand (Produkt) zu durchlaufenden Zustände unter Berücksichtigung der Rahmenbedingungen abzuleiten und umzusetzen. Diese psychischen Regulationsvorgänge objektivieren sich mehr oder weniger isomorph in den objektiven Zustandsänderungen des Arbeitsgegenstands. Kurzum: das Gefüge der psychischen Komponenten (Struktur) der Arbeitstätigkeit dient der Regulation des praktischen Handelns – das seinerseits den Produktionsprozeß reguliert – und ist nach dessen Erfordernissen entstanden und organisiert. Oschanin (1976) kennzeichnet diesen Sachverhalt treffend mit dem Begriff des „operativen" Charakters der beteiligten psychischen Tatbestände. Mithin ist für die Untersuchung der psychischen Struktur der Arbeitstätigkeit deren psychische Regulation wesentlich, die Vorgänge sowohl der Antriebs- wie der Ausführungsregulation umfaßt.

Nunmehr ist präziser formulierbar:

Die psychische Struktur von Arbeitstätigkeiten umfaßt die **regulativ** wirksamen psychischen Vorgänge und Repräsentationen in der durch die Regulationsfunktion bedingten Ordnung.

Die im vorangegangenen Abschnitt erörterten Rahmenbedingungen für die Untersuchung der psychischen Struktur von Arbeitstätigkeiten sind folgendermaßen wirksam: Das inhaltlich und zeitlich bestimmte Gefüge psychischer Tatbestände bezieht sich bei den Arbeitstätigkeiten auf die Abschnitte des technologischen Prozesses, an denen das als Ziel antizipierte Resultat in seiner Entstehung beeinflußt werden kann, mindestens der Kontrolle bedarf. Die gesellschaftliche Bewertung von Arbeitsergebnis und Arbeitsweise stellt nicht allein Forderungen hinsichtlich des Resultats, sondern damit zugleich nach optimaler Ausführungsweise. Die psychische Struktur einer Arbeitstätigkeit ist daher stets hinsichtlich der Optimalität zu kennzeichnen, mit der ein bestimmtes Arbeitsergebnis unter gegebenen Verwirklichungsbedingungen erzielt wird.
Hauptbestandteile (Komponenten) der psychischen Struktur sind das **Entwerfen** von Handlungsprogrammen, das vom als **Ziel** antizipierten Endergebnis **(„Richten“)** ausgeht und die wirksamen technologischen Gesetzmäßigkeiten (Wissensvoraussetzungen) berücksichtigen muß **(„Orientieren“)**, die auf Zustandbeurteilungen einschließlich Soll-Ist-Vergleichen beruhenden **Entscheidungen** für Mittel und Wege der Herbeiführung des Ergebnisses (Operationenfolge) sowie die rückkoppelnden **Kontrollprozesse** des Vergleichens von erreichtem Zwischenzustand und abgeleitetem Teilziel. Die derart entworfene, ausgewählte und kontrollierte Operationsfolge konstituiert die äußere Struktur der Tätigkeit.

Methodisch genügt zur Untersuchung der psychischen Struktur von Arbeitstätigkeiten nicht die bloße Aufzählung ihrer Komponenten, sondern es ist zu beachten:

— Bei dem Gefüge psychischer Tatbestände gilt mit Nachdruck, daß ein Ganzes sich nicht notwendig in der Summe seiner Teile erschöpft: Die Beschaffenheit der beteiligten Einzelvorgänge ist nur vom umfassenden Sinn der Aufgabe her verständlich.

— Man darf sich nicht auf die Erfassung nur der bewußten Vorgänge beschränken, denn weder Teil noch das gesamte Zusammenspiel müssen notwendig bewußt verlaufen.

— Schließlich wird deutlich, daß eine vollständige Erfassung der Arbeitstätigkeit in ihrer Dynamik nur als **Verlaufsstruktur** — eben unter dem Aspekt der Regulation — möglich ist.

Für bestimmte Teilfragestellungen — etwa für das Aufstellen eines Inventars von Leistungsvoraussetzungen — ist es durchaus möglich, vom Verlauf der beteiligten psychischen Leistungen abzusehen und ein gleichsam statisches Bild zu liefern. Dieses Vorgehen bei der Analyse der psychischen Struktur der Tätigkeit ist dann angemessen, wenn auf relativ beständige psychische Erscheinungen gezielt wird: Kenntnisse, vorstellungsmäßige oder gedankliche Abbilder der Tätigkeit bzw. ihrer Ergebnisse. Eben diese relativ beständigen psychischen Erscheinungen ermöglichen erst die Regulation der Arbeitstätigkeit.

Die Frage nach der psychischen Struktur läuft mithin auf folgende Schwerpunkte hinaus:

— Möglichkeiten und Voraussetzungen der psychischen Regulation (Eingriffspunkte, Freiheitsgrade der Regulation).

— Anforderungen an die regulierenden psychischen Komponenten der jeweiligen Tätigkeit (unter funktionellem Aspekt ordenbar nach den fünf benannten Komponenten).

4.3. Komponenten der psychischen Regulation von Arbeitstätigkeiten

Wir hatten gesehen, daß die psychische (Verlaufs-)Struktur der Arbeitstätigkeiten der Regulation dieser Tätigkeiten dient und entsprechend der zu erreichenden Ziele aufgebaut ist.

Wenn versucht wird, Komponenten der psychischen Regulation darzustellen, so muß auf die Grenzen, die sich aus dieser hochgradigen Verallgemeinerung ergeben, hingewiesen werden: Da die psychische Struktur **aufgabenbedingt** ist, gibt es wesentliche Unterschiede zwischen den psychischen Strukturen verschiedener Aufgabentypen (z. B. Prozeßregulation — Montagearbeit an einem Fließband — Eingabetätigkeiten an einer Rechenmaschine — Einstellen von Werkzeugmaschinen). Darüber hinaus ändert sich die psychische Struktur mit dem „Neuheitsgrad" der Aufgabe, z. B. durch die psychische Automatisierung oder durch Übergang vom Neufinden eines Lösungsweges zur Aktualisierung bekannter Wege. Schließlich ist die psychische Struktur einer Arbeitstätigkeit in starkem Maße abhängig von den Antriebsverhältnissen.

Im folgenden werden Strukturkomponenten und deren Eigenheiten dargestellt, wie sie in vielen Arbeitstätigkeiten auftraten. Im konkreten Falle sind durchaus abweichende Verhältnisse zu erwarten.

Will man Komponenten psychischer Strukturen von Arbeitstätigkeiten so darstellen, daß ihre funktionelle Organisation erkennbar bleibt, so muß der regulativen Rolle Beachtung geschenkt werden. Das setzt einen Überblick über den Vorgang der Regulation von Arbeitstätigkeiten voraus.

4.3.1. Überblick über Vorgänge in der psychischen Regulation von Arbeitstätigkeiten

Für didaktische und untersuchungspraktische Zwecke können die Vorgänge bei der psychischen Regulation von Arbeitstätigkeiten in Anlehnung an Tomaszewski (1964) in einer bereits angedeuteten Weise wie folgt zusammengestellt werden:

— Richten (Bilden eines Ziels als Vorwegnahme und Vornahme);

— Orientieren (über Aufgabe, Ausführungsmöglichkeiten und Handlungsbedingungen);

— Entwerfen der Aktionsprogramme im Sinne des Bildens eines Ergebnis- und Tätigkeitsmodells;

— Entscheiden über Ausführungsweisen und Herbeiführen des Entschlusses (als Übergang zum Verwirklichen);

– Kontrollieren des Ausführens [als rückkoppelndes Vergleichen mit Ergebnis- und Tätigkeitsmodell, eine (reafferente) Sonderform des Orientierens]. Dieses Kontrollieren schließt auf neuer Ebene (weil unter Berücksichtigung der neugeschaffenen Situation) mit dem Rückgriff auf das „innere Modell" oder „System operativer Abbilder" den Kreis der aspektweise ableitbaren psychischen Regulationsvorgänge.

Entwerfen und Entscheiden erfolgen immer am inneren Modell, das Kontrollieren vergleicht mit dem inneren Modell als der regulierenden Invarianten.

Von ausschlaggebender Bedeutung ist, daß es sich dabei nicht um eine Folge realiter abgegrenzter regulativer Phasen handelt, sondern um so verquickte Vorgänge, daß ihre Behandlung nur in Form von Aspekten erfolgen kann. Ganz besonders muß betont werden, daß die abgehobene Handlungs**vorbereitung** nur eine Form der psychischen Regulation darstellt; daneben tritt sie als das praktische Ausführen fortwährend **begleitender** (in dieser Form gleichfalls auf Vorwegnahmen basierender) Regulationsvorgang auf. Das rückkoppelnde Vergleichen von Aktionen und Aktionsresultaten mit dem Ergebnis- und Tätigkeitsmodell kann zum Ausgang neuen Orientierens, Entwerfens usw. werden, bildet letztlich die unabdingbare Voraussetzung tatsächlichen Entwerfens.

Das Schema (Abb. 4.8) versucht, in didaktisch bedingter Vereinfachung zunächst die wichtigsten **Glieder und Zusammenhänge** des Regulationsvorganges konkreter Arbeitstätigkeiten zusammenstellen; beim Lesen des Schemas ist mitzubedenken, daß Handlungsvorbereitung und Handlungsrealisierung ebenso wie Antriebs- und Ausführungsregulation keine **realiter** getrennten und nacheinander ablaufenden Vorgänge oder „Phasen", sondern gleichzeitige und verzahnte beschreiben; die Trennung ist nur abstrahierend möglich. Handlungsvorbereitung und -realisierung dürfen *nicht* als Vorgänge

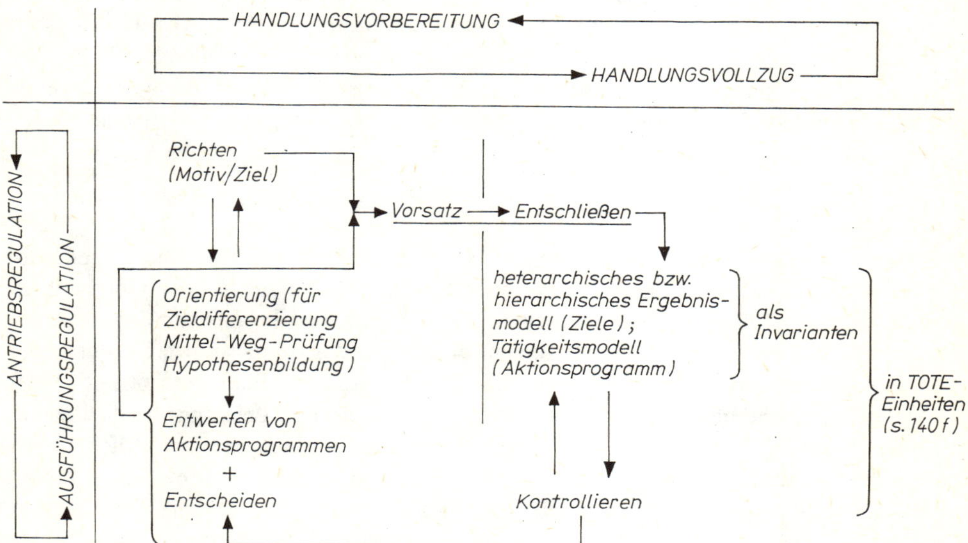

Abb. 4.8: Grob schematisierender Überblick über Glieder und Zusammenhänge der psychischen Regulation von Arbeitstätigkeiten.

angesehen werden, die in einer Handlung einmalig und (z. B. phasenhaft) getrennt auftreten.

Beide sind der Möglichkeit nach **fortlaufend** miteinander **verschränkt** über die T-(„Test"-)Glieder der noch zu besprechenden Rückkopplungskreise (Kaminski 1973).

Zunehmend tritt eine bemerkenswerte Entwicklungsparallelität hervor: Der Anteil der Produktionsvorbereitung an den Gesamtaufwendungen für ein Produkt wächst und macht bei neuen Erzeugnissen häufig mehr als die Hälfte der Kosten eines Produkts aus. Analoges zeigt sich auch für verschiedene Arbeitstätigkeiten: Durch mechanisierungs- bzw. automatisierungsbedingte Übernahme ursprünglich manueller Arbeitsvorgänge durch Maschinen steigt der zeitliche und bedeutungsmäßige Anteil der kognitiven Handlungsvorbereitung mindestens relativ (in vielen Fällen aber auch absolut) an.

In dem für die Regulation konkreter Arbeitstätigkeiten angelegten Schema gilt im Zusammenhang dieses Kapitels unser Interesse der unteren Schemahälfte (Ausführungsregulation).

4.3.2. Abriß wesentlicher kurzzeitiger Vorgänge

Das im folgenden skizzierte Bilden von Zielen bei der Aufgabenstellung bzw. der Auftragsübernahme gehört zum Aspekt des **Richtens** der Tätigkeit. Das Erfassen und Verarbeiten von Signalen in Abhängigkeit vom Aktualisieren regulativ wirksamen Wissens ordnet sich dem Aspekt des **Orientierens** zu. Die Analyse der Ziele zur Ableitung von Teilzielen sowie die Arbeitsweg- und Arbeitsmittelableitung bis hin zum Aufstellen von Abfolgen von Operationen einschließlich der zugehörigen Kontrollen gehören zum **Entwerfen**. Die Beurteilungs- einschließlich Bewertungs- sowie die Auswahlvorgänge sind dem **Entscheiden** zugeordnet. Das **Kontrollieren** wird eingehend in Abschnitt 4.3. erörtert.

a) Zielbildung

Der Arbeitende setzt sich Ziele, wenn er sich selbst Aufgaben stellt sowie beim Übernehmen von Aufträgen. Wir sahen bereits: Beim Stellen von Aufgaben oder Übernehmen von Aufträgen erfolgen Bewertungen sowie – bei gegebenen Freiheitsgraden – Interpretationen der Aufträge. Die Bewertungen der mehr oder minder zutreffend erfaßten Forderungen erfolgen durch das Vergleichen mit Ansprüchen, Bedürfnissen und Wertvorstellungen sowie mit den Selbsteinschätzungen der eigenen Leistungsmöglichkeiten.

Individuell wirksame Werte und Normen sind das Ergebnis gesellschaftlicher, insbesondere erzieherischer Einflüsse zur Normen- und Wertübernahme. Aus diesen Wert- und Normvorstellungen können Ziele folgen. „Die Funktion der Werte geht ... über die der Zielverankerung hinaus: sie werden als allgemeine richtungweisende Prinzipien zur Entscheidung herangezogen, wenn der Bezug einer Alternative zum Ziel schwierig abzuleiten ist, oder wenn mehrere Alternativen in gleicher Weise zum Ziele führen; sie wirken dann ähnlich wie Regeln" (von Cranach u. a. 1980, S. 268).

Ein Beispiel:
Die Schaltwarte eines Kraftwerks gaben in einer Untersuchung ihrer Zielstellungen keine Einzelziele ihrer Tätigkeit an, wohl aber globale norm- oder wertbezogene Vornahmen wie z. B. „die Anlage wirtschaftlich fahren". Diesen norm- bzw. wertbezogenen Vornahmen können eindeutig entsprechende Vorgehensweise zugeordnet werden.

Auf die Zielstellungen haben die subjektiven Kalkulationen zweier Verhältnisse einen wesentlichen Einfluß

— des Verhältnisses zwischen dem erwarteten Aufwand und dem erwarteten Nutzen einschließlich des Ausmaßes und der Wahrscheinlichkeit, mit dem er auch außerhalb des Arbeitsprozesses liegende Bedürfnisse zu befriedigen gestattet („Instrumentalität" für diese Bedürfnisse hat);

— des Verhältnisses der erfaßten Anforderungen zu der Einschätzung der eigenen Leistungsmöglichkeiten.

Ziele sind Vorwegnahmen der geforderten Resultate, die mit dem Vorsatz zum Herbeiführen durch eigene Anstrengungen verbunden sind. Sie sind eine besondere, antizipativ tätigkeitsleitende Art von kognitiven oder Gedächtnisstrukturen. Als Einheit von Vorwegnahme und Vorsatz oder Vornahme sind Ziele nicht kurzerhand ein Merkmal einer Person oder einer Situation oder eines Objekts, sondern gerade eine unaufteilbare Verbindung des arbeitenden Subjekts mit dem in einen künftigen Zustand zu überführenden Objekt der Tätigkeit.

In der Zielbildung gehen mentale Veränderungen der Realität den physischen Veränderungen voraus. Deshalb bestimmen in zielgerichteten Tätigkeiten die künftigen Ergebnisse ausschlaggebend die zu ihnen führenden Verrichtungen und nicht nur umgekehrt die Verrichtungen die künftigen Ergebnisse (von Weizsäcker 1947, Bernstein 1967). Die entwicklungsmäßige Grundlage hierfür ist das innere Sprechen, insbesondere in der Form der Selbstinstruktion, einer Verkürzung und Verinnerlichung eines ursprünglich auf zwei Menschen verteilten sozialen Prozesses (Luria 1971). Die Information über das vorweggenommene Resultat wird in einer Weise kodiert, die kompatibel (vereinbar) ist mit den auszuführenden Operationen (Hacker und Clauß 1976, Cavallo 1978). Der Umfang der Vorwegnahmen wird im Alltag wegen der Gedächtnisbelastung auf das erforderliche Mindestmaß begrenzt.

Ein Beispiel:
In der Meßwarte eines Kraftwerks konnten bei den Schaltwarten nur Antizipationen über wenige Minuten, nämlich über die Realisierungsdauer einer Schalthandlung, ermittelt werden. Auch in der Teilfertigung wird selbst von bewußt planenden Arbeitern nur ein relativ grober Rahmenplan entworfen, dessen Untersetzung jedoch erst im erforderlichen Zeitpunkt erfolgt (Görner 1968).

Sind mehrere Verrichtungsschritte erforderlich, so ist es für die Verknüpfung einer Vorwegnahme mit dem Vorsatz zur Ausführung notwendig, daß außer dem Resultat wenigstens ein grobes Programm der Ausführung vorhanden ist. Es ist entscheidend, sich zu verdeutlichen: Kognitive und motivationale Aspekte der Zielbildung sind bis in Einzelheiten unauflösbar miteinander verknüpft.

Im Arbeitsprozeß ist es wegen der weitgehenden Konsequenzen nützlich, Ziele hinsichtlich ihres Ursprungs und ihrer Inhalte zu unterscheiden:

Ziele können Übernahmen gestellter Aufträge sein, die im Extremfall keine Freiheitsgrade für eigene Interpretationen und Entscheidungen des Arbeitenden belassen. Kein

Auftrag wird jedoch ohne Übernahme als Ziel erfüllt. Wir sprechen in diesem ersten Fall von **übernommenen Zielen.**

Ziele können des weiteren aus eigenständigen Entscheidungen im Rahmen von objektiven Freiheitsgraden erwachsen. **Eigenständige Ziele** sind im Erleben klar hervorgehoben. Sie sind mit höherem Wohlbefinden verbunden und führen zu einem verbesserten Leistungsverhalten. Bei den unterschiedlichsten Arbeitstätigkeiten berichten die Werktätigen von den Zielen, die sie sich stellen, von Vornahmen oder Absichten nur im Falle der Existenz von Freiheitsgraden. Ziele erfüllen vor allem jene Funktionen, die die Regeln für das Ausführen von Arbeitstätigkeiten offen lassen (von Cranach u. a. 1980, S. 268). Streng genommen scheinen nur die eigenständigen Ziele alle dem Zielbegriff zugeschriebenen Merkmale zu erfüllen.

In Abhängigkeit von der jeweiligen Art der objektiven und der erkannten Freiheitsgrade sowie von der Anforderungskomplexität und damit den Erfordernissen des Vorwegnehmens ergeben sich weitere Unterscheidungen:

Ziele können **Mengenvornahmen** für Zeitabschnitte sein, die jedoch keine antizipative Auswahl oder Gestaltung von Zwischenresultaten und diesbezüglichen Vorgehensweisen zulassen.

Im Unterschied dazu können Ziele auch **nur antizipierte Zustands- oder Ablaufsänderungen** abbilden und hierbei eine auswählende und richtunggebende Funktion für die manuellen und kognitiven Verrichtungen haben. Dabei zu unterscheidende Unterformen sind

– Vorwegnahmen von vollständig algorithmisch festgelegten Zustands- und Ablaufsänderungen ohne Freiheitsgrade für Wege und/oder Ergebnismerkmale. Selbständige Vornahmen sind hierbei nicht erforderlich. Die Vorwegnahmen fördern allerdings ein inhaltlich bezogenes Fortschrittserleben und dabei auch das Erleben der Durchschaubarkeit und Vorhersehbarkeit der Arbeitssituationen.

– Vornahmen von zu antizipierenden Zustands- bzw. Ablaufsänderungen mit Freiheitsgraden für die Arbeitswege (also für Abfolgen und Vorgehensweisen) zum festgelegten Ergebnis bzw. mit Freiheitsgraden auch für Ergebniseigenschaften. Diese Ziele können Problemlösungsanforderungen im Sinne der Denkpsychologie stellen.

Abb. 4.9 schematisiert diese Aufteilung anhand von Labor- und Feldbefunden umfangreicher Untersuchungen (Fritsche u. a. 1982).

Eine als Quasi-Ziele oder **Oberziele** bezeichenbare Sondergruppe bilden die eingangs dargestellten Werte als Globalvornahmen. Beispiele dafür sind die Vornahme „wirtschaftlich fahren" oder „ordentlich arbeiten" oder auch auf Eigenzustände bezogen „sich schonen". Sie werden in der Regel durch konkrete Ziele untersetzt, können aber auch ohne diese in Vorgehensweisen umgesetzt werden.

Ursprünglich nur übernommene Ziele können in solchem Maße angeeignet werden, daß sie als selbstgesetzt erlebt und verhaltenswirksam werden.

Die Verbindlichkeit oder Ich-Nähe selbstgesetzter Ziele ist in der Regel höher als die übernommener. Von der Ich-Nähe hängt die selbst vorgenommene Bewertung der Fortschritte bei der Zielerreichung ab. Sie ist mit spezifischen Gefühlen verbunden, wie dem Gefühl der Zufriedenheit oder Unzufriedenheit mit sich selbst, dem Erfolgs- bzw. Mißerfolgsleben, der Freude am Gelingen oder dem Stolz auf den eigenen Beitrag. Positive Gefühle (Emotionen) aus Selbstbewertungen bekräftigen und stimulieren Zielsetzungen (Lantermann 1981).

Anforderungskomplexität \ Freiheitsgrade	ohne (vollständig algorithmisch)	mit
Komplexität niedrig: keine Weg- oder Ergebnisvorwegnahmen	1. Übernommene Mengenziele Erleben zeitlichen Fortschritts zum Ziel	3. Selbständige Mengenvornahme Bewußtheit der Vornahme und ihrer Realisierung
Komplexität hoch: Mit Weg- und/oder Ergebnisvorwegnahmen	2. Übernommene inhaltliche Ziele Erleben inhaltlichen Fortschritts zum Ziel	4. Selbständige Vornahmen von zu antizipierenden Veränderungen bezüglich 4.1. Abfolgen 4.2. Wegen/Mitteln 4.3. Ergebnismerkmalen Bewußtheit der Vornahmen/Problemerleben

Abb. 4.9: Arten von Zielen im Arbeitsprozeß in Abhängigkeit von den Freiheitsgraden und von der Anforderungskomplexität (ohne die Werte als Globalvornahmen oder Ober/Quasiziele).

Die Zielbildung wird mit dem **Entschluß** zur Ausführung abgeschlossen. Mit ihm und mit den vorangehenden Entscheidungen für oder gegen Vorgehensvarianten werden eventuell bestehende subjektive Freiheitsgrade für Vorgehensvarianten für die Zeit der Realisierung „aufgehoben".

Regelhafte Veränderungen in der Zielbildung treten bei Beanspruchungsfolgen wie der Ermüdung oder erlebter Sättigung auf. In der Regel werden unter derartigen Belastungen Tätigkeitsziele herabgesetzt (Krenauer und Schönpflug 1980, Künstler und Zimmer 1980).

Das Aufstellen oder Bilden von Zielen kann nur künstlich getrennt werden vom Analysieren der Ziele zum Ableiten von Teilzielen, Vorgehensweisen und erforderlichen Mitteln. Wir müssen diesen Zusammenhang hier zerreißen, um zunächst die erforderliche Informationsgewinnung zu skizzieren:

b) Signalerfassung und -verarbeitung in Abhängigkeit vom Aktualisieren regulativ wirksamen Wissens

Grundlage der erforderlichen Information des Arbeitenden über den Fertigungsprozeß sind vielfältige Wahrnehmungsleistungen. Eine besondere psychologische Qualität von Informationen, die Signale, welche die Erfordernisse bestimmter Arbeitsschritte anzeigen und diese regulieren, bilden eine unerläßliche Grundlage der Analyse der Situation und der Regulation der Tätigkeit. Obgleich diese Signale stets aktuellen sensorischen Prozessen entstammen, kann ihre regulative Wirksamkeit nicht allein auf sensorische Vorgänge zurückgeführt werden. Schon als Wahrnehmungen stellen sie stets eine „Einheit von Sinnlichem und Sinn" (Logischem) (Rubinstein 1958) dar und schließen Wissen ein. Hier kommt auf Grund ihrer spezifischen handlungsregulierenden Funktion weiteres hinzu. Die sensorischen Daten zeigen einen bestimmten Arbeitsgang als notwendig an.

Diese spezifische Bedeutung gewinnen die sensorischen Daten durch in Lernprozessen erworbene Verbindungen mit Wissen um technologische Erfordernisse sowie mit vorstellungsmäßigen bzw. gedanklichen Abbildsystemen („inneren Modellen“) über den Produktionsprozeß. Das sensorische Phänomen wird dabei als Abweichung von dem Wissen um jene Form erfaßt, in der es bei regelrechtem Fertigungsfortschritt eintreten müßte. Hierbei sind Bezugssysteme wirksam. Die Gesamtheit der einem Arbeitenden geläufigen Signale ist eine psychologisch und produktionspraktisch besonders wesentliche Charakteristik der psychischen Regulationsvoraussetzungen für eine bestimmte Arbeitstätigkeit (vgl. 6. Kapitel).

Die Signalerfassung und -verarbeitung ist nicht ohne das Aktualisieren von regulativ wirksamem **Wissen** möglich.

In komplexen Beurteilungsvorgängen werden Beziehungen hergestellt zwischen dem sensorisch Erfaßten (z. B. einem Geräusch in der Maschine) und bestimmten **Wissenstatbeständen.** Ohne diese Bezugsetzung erlangt das Wahrgenommene nicht die Qualität eines Signals. Erforderlich ist:

— Wissen um die möglichen Varianten der sensorischen Phänomene;
— Wissen um Ablaufgesetzmäßigkeiten des Produktionsprozesses und die Zuordnung der wahrnehmbaren Phänomene zu bestimmten Prozeßeigenschaften;
— Wissen um Maßnahmen zur Lenkung des Produktionsprozesses und deren Zuordnung zu bestimmten Soll-Ist-Divergenzen im Prozeßablauf.

Dieses zu aktualisierende Wissen darf nicht mit theoretischen Kenntnissen gleichgesetzt werden. Vielmehr handelt es sich um eine besondere Wissensqualität, nämlich regulativ wirksames Wissen, das durch die Verbindung mit Signalen gekennzeichnet ist. Die Bedeutung dieses wegen seiner begrenzten Verbalisierbarkeit gelegentlich unterschätzten Wissens für die Regulation von Arbeitstätigkeiten ist außerordentlich; Belege geben das 8. und 10. Kapitel.

c) Zielanalyse zur Teilzielableitung: Arbeitsweg- und Arbeitsmitteldiskussion

Zur Resultatsvorwegnahme in der Zielbildung tritt bei komplexen Tätigkeiten die gedankliche Ableitung von **Teilzielen** als kontrollierbaren Etappen der Zielerreichung. Es sind antizipierte Zwischenstufen auf dem Herstellungsweg des Endprodukts. Ziel und Teilziele organisieren die Tätigkeit in psychologisch relevanten Einheiten. Abfolgen von Teilzielen können nur entworfen werden, wenn mehrere Bedingungen und Eigenschaften des technologischen Prozesses bekannt sind. Bekannt sein müssen mindestens die prinzipielle Wirkungsweise der in Betracht zu ziehenden und einzusetzenden Arbeitsmittel, die Eigenschaften des zu bearbeitenden Materials sowie eventuelle Eigengesetzlichkeiten des zu lenkenden Prozesses. Auf der Grundlage dieser Voraussetzungen muß in einem anschaulich-handelnd unterstützten oder auch abstrakten Denkprozeß die Folge der Teilziele abgeleitet werden. Dazu ist es erforderlich, *Beziehungen* herzustellen zwischen

— den antizipierten Ergebnismerkmalen;
— dem Funktionsprinzip des einzusetzenden Arbeitsmittels und eventuellen Eigengesetzlichkeiten des Produktionsprozesses;
— bearbeitungsbedeutsamen Materialeigenschaften;
— den Ergebnissen jeweils vorangehender Teiltätigkeiten (als Ausgangszuständen) sowie erforderlichenfalls auch

— der Antizipation von vorher zu berücksichtigenden Erfordernissen späterer Teiltätigkeiten.

Mit der Ableitung dieser Teilzielerfolge eng verknüpft ist — bei neuen oder unter veränderlichen Bedingungen auszuführenden Tätigkeiten — das Entwerfen von **Arbeitswegvarianten.**

Wir hatten dargestellt, daß die erforderlichen Arbeitsaufgaben in der Regel objektive Freiheitsgrade für die Wahl von Arbeitswegen, -mitteln und zeitlichen Ablauforganisationsformen offenlassen. Derartige Freiheitsgrade können das Entwickeln verschiedener Arbeitswegvarianten ermöglichen.

Bei komplexen neuartigen Arbeitsaufgaben kann diese Variantenentwicklung und die damit verbundene Festlegung des Fertigungsweges die Form einer relativ abgehobenen Vorplanungsphase mit dem Charakter des Problemlösens annehmen.

Bei Aufgaben der Produktionsvorbereitung, z. B. in der Tätigkeit des Programmierens numerisch gesteuerter Werkzeugmaschinen, tritt diese Phase als verselbständigte Arbeitsaufgabe auf.

Planmäßige Ausführung einer Produktionsarbeit kennzeichnet die leistungsstärksten Arbeitskräfte, wie später zu zeigen sein wird. Bei ihnen ist die planmäßige Ausführung häufig das Ergebnis einer allmählichen intellektuell vermittelten Ausbildung günstiger Verrichtungsformen während des Handelns.

Auch das Entwerfen und Auswählen von Arbeitswegvarianten stützt sich zu erheblichem Teil auf Antizipationen. Ausgangspunkt der Variantenentwicklung und -wahl bildet die **Antizipation der möglichen prinzipiellen Verfahrenswege.** Diese können abgeleitet werden auf der Grundlage der als Ziel antizipierten Ergebnisse, der Antizipation möglicher Teilzielfolgen und der Berücksichtigung der Wirkungsweise verfügbarer Arbeitsmittel sowie tätigkeitsbedeutsamer Ausführungsbedingungen.

Eng verbunden mit der Wahl der einzuschlagenden Arbeitswegvariante ist die **Wahl der Arbeitsmittel,** welcher die Erfassung der Beziehungen zwischen Wirkungsweise der Mittel, Ausgangs- und Endzustand zugrunde liegt.

d) Entscheiden und Entschließen

Auf dieser Grundlage — also den möglichen prinzipiellen Verfahrenswegen, den gewählten Arbeitsmitteln und den technologisch erforderlichen Zwischenergebnissen (Teilzielen) — wird aus den antizipierten möglichen **Arbeitswegvarianten** eine hinsichtlich des Kalküls des Verhältnisses von erwartetem Aufwand und Ertrag sowie des Kalküls des Verhältnisses der Anforderungen zu den eigenen Leistungsmöglichkeiten zweckmäßige Variante ausgewählt. An das Entwerfen von Arbeitswegvarianten schließt sich im Falle objektiver Freiheitsgrade das Entscheiden für eine bestimmte und gegen andere Handlungsmöglichkeiten an. Bisher gesehene Freiheitsgrade werden damit vom Arbeitenden zeitweilig außer Kraft gesetzt, „aufgehoben".

Diese Auswahl der Arbeitswegvariante weist die hier skizzierten Vorgänge allerdings nur unter neuartigen Bedingungen auf. Gewöhnlich ist mit den Signalen eine bewährte Verrichtungsvariante verknüpft, so daß die Mittel-Weg-Analyse einschließlich der abschließenden Entscheidungen nicht ständig in Erscheinung treten muß.

Bei komplexen Verrichtungen kann sich schließlich für die gewählte Vorgehensvariante das Festlegen der Operationen in der erforderlichen Abfolge anschließen. Die damit erzeugte (wie später zu zeigen sein wird meist heterarchisch geordnete) Sequenz der Teilziele und Operationen ist das wichtigste Bestandteil des Systems operativer Abbilder. In Abb. 4.8 ist es als heterarchisches Ergebnis- und Tätigkeitsmodell bezeichnet.

Den Abschluß dieser psychischen Vorbereitungsvorgänge bildet der Entschluß als Auslöser der praktischen Ausführung.

Damit ist ein allgemeines **methodisches** Problem berührt: Man könnte gegen unsere Skizze von Bestandteilen der psychischen Struktur von Arbeitstätigkeiten einwenden, daß Selbstbeobachtung und Fremdaussage bei Arbeitstätigkeiten, die beherrscht werden, keine Hinweise auf mehrere der genannten Bestandteile bzw. Vorgänge erbringen. Dieser Hinweis ist richtig. Dennoch darf aus ihm keinesfalls geschlossen werden, daß die oben benannten Vorgänge nicht vorhanden und wirksam seien. Zwei Sachverhalte sind zu berücksichtigen:

- Bei wiederholter Ausübung einer Arbeitstätigkeit werden Denkprozesse (z. B. bei der Wahl der Arbeitswegvarianten, der geeignetsten Arbeitsmittel, der Ableitung von Teilarbeitsschritten, der Analyse des geforderten Ergebnisses und der Ausgangsbedingungen) bei weitgehender Konstanz der Ausführungsbedingungen zu einem Teil überflüssig. An die Stelle der intellektuellen Ableitung tritt die zeit- und aufwandsökonomischere **Aktualisierung** der „Berufserfahrung", einem Wissen, das durch seine Verknüpfung mit Signalen regulative Funktion erlangt hat.

Dabei ist freilich zu bedenken, daß *ohne* die ursprüngliche und bei Schwierigkeiten erneut einsetzende Denktätigkeit niemals diese besondere regulativ wirksame Form von Wissen entstehen kann. Die Beurteilungsprozesse sind also nicht notwendig stets aktuell vorhanden und damit erfaßbar, aber sie sind „maskiert", mittelbar in einer besonderen Wissensqualität, der Berufserfahrung, dem „Gefühl für etwas", nach wie vor wirksam und auch unmittelbar (bei Bedingungswechsel) wirkungsbereit. Sie stellen also sehr wohl ständige Bestandteile der psychischen Struktur der Arbeitstätigkeit dar.

- Im Prozeß der psychischen **Automatisierung** von Komponenten der Arbeitshandlung treten weitere, ursprünglich bewußtseinspflichtige Bestandteile der psychischen Struktur aus dem Bewußtsein zurück. Auch sie sind den Aussagen der Arbeitenden nicht zu entnehmen. Dennoch bleiben sie regulativ wirksam und behalten ihre Eigenschaft, im Falle von Bedingungswechsel bewußtseinsfähig zu sein. So sind beim Hochgeübten beispielsweise Signale zum überwiegenden Teil nicht (mehr) bewußtseinsmäßig gegeben. Auch diese psychischen Tatbestände gehören nach wie vor notwendig zur psychischen Struktur der Arbeitstätigkeit.

Die psychische Struktur einer Arbeitstätigkeit ist also nicht identisch mit den aufgabenbezogenen aktuellen Erlebenssachverhalten während dieser Arbeitstätigkeit. Daraus folgt, daß sie nur in Sonderfällen mit lediglich auf Aussagen aufbauenden Untersuchungsmethoden hinreichend adäquat und vollständig erfaßt werden kann.

4.3.3. Operative Abbildsysteme (antizipative tätigkeitsleitende Gedächtnisrepräsentationen) als längerzeitige Regulationsgrundlagen (Invarianten)

Operative Abbilder als tätigkeitsleitende Gedächtnisrepräsentationen

1. Ohne zeitweilig relativ stabile, „invariante" Abbildungen wenigstens der zu erreichenden Ziele und des Aktionsprogramms, manchmal auch der zu berücksichtigenden Be-

dingungen, ist keine zielgerichtete Regulation möglich (Ashby und Conant 1970, Bernstein 1967, Anochin 1967). Diese zeitweilig invarianten regulierenden Abbildungen (operativen Abbilder) sind das entscheidende Kettenglied der psychischen Regulation von Arbeitstätigkeiten (Oschanin 1976, Leplat 1973, Welford 1969, Coeterier 1971, Lomow 1974). Zielgerichtete Regulation kann als anfallsweises Reagieren oder vorausschauendes Erwarten bzw. Herbeiführen verwirklicht werden. Geübte Arbeitstätigkeiten zeichnet im Rahmen der objektiven Möglichkeiten vorausschauendes Vorgehen aus. Es kann erreicht werden, indem der Arbeiter den Zeitpunkt und die Art der zu beantwortenden Ereignisse nach operativen Abbildern herbeiführt oder wenigstens durch den Aufbau operativer Abbilder von nicht beeinflußbaren Prozeßabschnitten zur antizipatorischen Beantwortung übergeht. Der Aufbau operativer Abbilder als Gedächtnisrepräsentationen ist in jedem Falle erforderlich und leistungsbestimmend. Sie müssen spätestens in der handlungsvorbereitenden Phase entstehen und als der anzuzielende Sollzustand wenigstens bis zum Handlungsabschluß erhalten werden, da mit dem gespeicherten Sollzustand in Rückkopplungsvorgängen fortlaufend der erreichte Istzustand verglichen werden muß. Operative Abbilder sind also relativ **beständige tätigkeitsregulierende** psychische Repräsentationen. Ihre relative Beständigkeit unterscheidet sie von den kurzlebigen Vorgängen der psychischen Regulation, welche operative Abbilder erzeugen, umsetzen und Vergleichsvorgänge mit ihnen ausführen. Ihre Funktion in der Regulation praktischer Tätigkeiten bedingt „operative" Eigenschaften (Oschanin 1969), die sie von vorwiegend orientierenden Abbildern unterscheidet. Relativ beständige orientierende Abbilder der Umwelt, der eigenen Person und eigener Aktivitäten untersucht die Allgemeine Psychologie unter den Begriffen „interne Repräsentation", in speziellen Zusammenhängen auch als „innere Landkarte" oder „Körperschema" sowie „neuronales Reizmodell" (Sokolow 1961). In der Persönlichkeitspsychologie sind die Begriffe Umweltkonzept und Selbstkonzept gebräuchlich.

Als verdeutlichendes Beispiel für operative Abbilder sei an einen Anlagenfahrer gedacht: Er „weiß" um die in der Anlage ablaufenden Prozesse, „kennt" also die Art der Verknüpfung der technologischen Parameter, hat „Vorstellungen" vom Aufbau der inneren, dem Blick unzugänglichen Teile der Anlage, er „verfügt" über („kennt") zahlreiche Signale, die ihm eingriffsrelevante Zustände des Prozesses anzeigen, er „verfügt" über die erforderlichen Maßnahmen, er „kennt" mögliche Folgezustände bestimmter Handlungen, ihre Bedingungen, Zeitparameter sowie Eintrittswahrscheinlichkeiten – kurzum, er hat ein mehr oder weniger differenziertes, anschaulich-vorstellungsmäßiges oder abstrakt-gedankliches, klar bewußtes und verbalisierbares oder randbewußt und sprachfern gegebenes, Zustände und Verläufe der Möglichkeit nach gleichermaßen einschließendes „Bild" von der Anlage, seinem Arbeitsprozeß und den Rahmenbedingungen.

Die Durchdringung wahrnehmungsmäßig gegebener mit aktualisierten vorstellungsmäßigen sowie erinnerten bzw. aktuell abgeleiteten gedanklichen Bestandteilen rechtfertigt die Bezeichnung als „Bild", welche den bildhaft-anschaulichen Charakter unterstreicht. Eben an diesem „Bild" ist das Handeln des Arbeitenden orientiert, an ihm erfolgt die Bewertung erfaßter Zustände oder das Kalkül von Maßnahmen. Die Bedeutung des Systems operativer Abbilder (OAS) besteht mithin darin, daß seine Richtigkeit und Differenziertheit die Güte der an ihm orientierten kognitiven, beispielsweise problemlösenden Prozesse und die Güte des an ihm orientierten Handelns determiniert. Damit gilt, daß Arbeitstätigkeiten um so effektiver sein können, je angemessener das der Handlungsregulation zugrunde liegende innere Modell ist. Umgekehrt ist ein inadäquates oder unzureichend differenziertes OAS mindestens der Möglichkeit nach eine der Ursachen uneffektiver Arbeitstätigkeiten, beispielsweise verzögerter Eingriffe, auf Suchen oder Probieren aufgebauter Operationen oder von Fehlhandlungen gegebenenfalls mit Ausschuß-, Havarie- oder Unfallkonsequenzen (s. 10. Kapitel).

Die Beschaffenheit der operativen Abbilder als tätigkeitsleitenden Gedächtnisrepräsentationen hat also eine Vorhersage- und Erklärungsfunktion für Leistungen und Aufwände.

Diesen Sachverhalt veranschaulicht das folgende *Beispiel:*
In der Textilindustrie können Spuler ohne Mehraufwand die Laufzeit der Spulköpfe dadurch steigern, daß diese auch während der Pausen ohne Stillstand weiter laufen. Dafür ist das zutreffende Abschätzen der Laufzeit der Spulen an Hand ihres Durchmessers erforderlich, um Spulen, die während der Abwesenheit leer laufen würden, vorher auszutauschen. Benötigt wird also ein präzises inneres Abbild über die Laufzeiten. In einem Beurteilungsexperiment ergab sich, daß leistungsstarke Spuler den Spulendurchmessern präzisere verbleibende Laufzeiten zuordnen können als weniger leistungsstarke (Abb. 10).

Grundlegende Eigenschaften von Gedächtnisrepräsentationen sind Gegenstand der Gedächtnispsychologie. Eine zusammenfassende Darstellung gibt z. B. Hoffmann (1983).

Von Bedeutung für arbeits- und ingenieurpsychologische Anliegen sind dabei insbesondere die Unterscheidungen zwischen episodischem und semantischem Gedächtnis sowie die Unterscheidung des Behaltens einer Datenbasis aus Objekt- bzw. Merkmalsklassen vom Behalten von Operationen bzw. Regeln für Operationen.

Für die psychische Regulation von Arbeitstätigkeiten ist die Vorstellung wesentlich, daß im Langzeitgedächtnis neben einer Datenbasis viele modulare Einheiten in Form von „Bedingungs-Handlungs-Re-

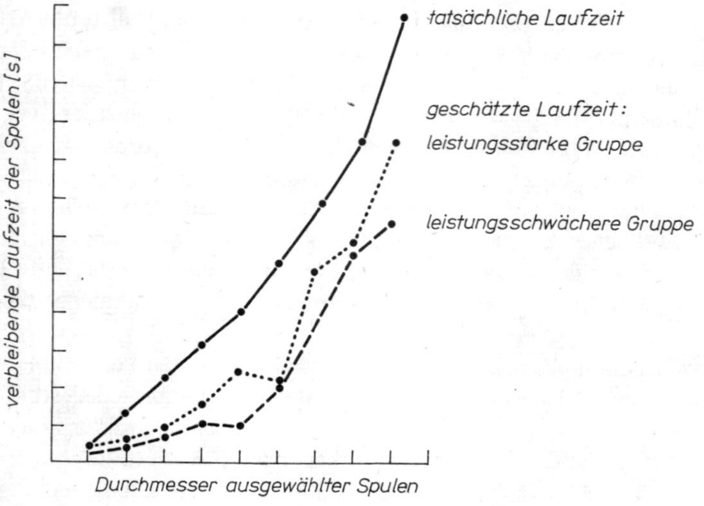

Abb. 4.10: Tatsächliche versus geschätzte verbleibende Laufzeit von Spulen unterschiedlichen Durchmessers: Mittelwerte für Leistungsstarke und -schwächere Arbeiter (Rühle und Schneider) ($n = 6$ Spuler/Gruppe; $\alpha = 0{,}05$).

geln" gespeichert seien. Diese Einheiten werden als „Erzeugungssysteme" (production systems) bezeichnet, weil sie Verrichtungen unterschiedlichen Umfangs zu erzeugen vermögen. Das Zusammentreffen eines Bedingungsmusters aus der Umgebung mit einem aus dem Arbeitsgedächtnis ruft nach dieser Konzeption gespeicherte Programme für Handlungen aus dem Langzeitgedächtnis ab. Diese Erzeugungssysteme können unterschiedlichen Umfang aufweisen. Prioritäten werden in ihnen durch Oberziele und Metaregeln gesetzt.

Des weiteren ist für die Tätigkeitsregulation der Unterschied zwischen Langzeit- und operativem oder Arbeitsgedächtnis zu berücksichtigen. Im Langzeitgedächtnis werden schematisierte, rahmenhafte Abbilder für die Tätigkeitsregulation aufbewahrt. Hingegen sind die nur für die Dauer des Ausführens einer Tätigkeit unveränderten Sollwertabbildungen Inhalt des operativen Gedächtnisses. Sie sind gleichsam „Arbeitskopien". Sie werden aus den Rahmenabbildern des Langzeitgedächtnisses abgeleitet und aktuell auf den neuesten Stand gebracht. Damit haben diese nur kurzfristig stabilen Arbeitskopien des operativen Gedächtnisses eine Vermittlerrolle zwischen den kurzlebigen psychischen Vorgängen und den langfristig stabilen und verallgemeinerten Inhalten des Langzeitgedächtnisses.

Bereiche operativer Abbilder

2. Operative Abbilder beziehen sich auf verschiedene Bestandteile von Arbeitsprozessen (vgl. Tab. 4.6), nämlich

a) **Ziele** und Teilzielhierarchien als folgenkritisch bewertete **Antizipationen.** Die Ziele sind vorweggenommene Arbeitsergebnisse (im Falle der Produktfertigung) oder Sollwerte (bei der Prozeßregulation)

b) Repräsentationen der **Ausführungsbedingungen** von Arbeitstätigkeiten, die beim Erreichen der Ziele zu berücksichtigen sind. Bei diesem **Wissen** ist beispielsweise zu denken an Eigenschaften der Ausgangsmaterialien, die beim Bearbeiten zu beachten sind, an mögliche Fehlerursachen und ihre Auftrittswahrscheinlichkeiten oder an Wissen um Ablaufgesetzmäßigkeiten von Prozessen.

c) Repräsentationen der **Transformationsmaßnahmen** des Ist- in den Sollzustand. Beispiele dafür sind Programme, Pläne und einsetzbare Mittel für das Erreichen des Resultats, deren Einsatzzeitpunkte, ihre möglichen Folgen sowie auch die eigenen

Tab. 4.6: Schematischer Überblick zu den Inhalten des Systems tätigkeitsleitender (operativer) Abbilder

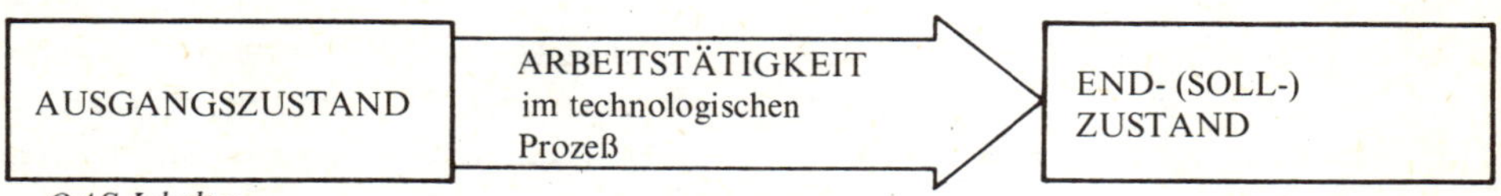

OAS-Inhalte: Repräsentationen von **AUSGANGSZUSTÄNDEN, AUSFÜHRUNGSBEDINGUNGEN**	Prädiktionen von **TRANSFORMATIONEN** zwischen Ausgangs- und Endzustand: **MASSNAHMEN**	**ZIELE** als Antizipationen von **RESULTAT** bzw. **SOLLZUSTAND** und Prädiktion von **FOLGEN**
Beispiele: – Rohstoffeigenschaften – Gesetzmäßigkeiten von technologischen Prozessen – Eingriffsmöglichkeiten in Fertigung	– Programme, Pläne – Funktionsweisen von Arbeitsmitteln – Signale für erforderliche Maßnahmen	– Arbeitsergebnis – Zwischenergebnisse – Sollwertbereiche

Leistungsmöglichkeiten des Arbeitenden. Hierbei handelt es sich um **Prädiktionen** (Hypothesen, Vorwegnahmen von Maßnahmen und möglichen Folgen) sowie um erinnertes **Wissen.**

Zwei Gruppen von Inhalten der Systeme operativer Abbilder sind also zu unterscheiden: Einerseits sind die eigentlich tätigkeitserzeugenden Antizipationen und Prädiktionen, also Ziele, Hypothesen, Schrittfolgen von Maßnahmen, beteiligt. Andererseits ist auch das Abbilden gegenwärtiger Sachverhalte, beispielsweise aktuell ablaufender Vorgänge in einer Anlage wirksam. Die OAS vergegenwärtigen in diesem Falle unanschauliche und nicht wahrnehmbare technologische Vorgänge in einer vereinfachten, stabilisierten, in größeren Zeitabständen aktualisierten Form zum Zwecke der leichteren gedanklichen Bearbeitung.

Wechselbeziehungen der OAS mit regulierenden Vorgängen

3. Alle Abschnitte der Arbeitstätigkeit sind von OAS abhängig. Eingangs war bereits gezeigt worden, daß die relativ stabilen OAS als die unerläßlichen Sollwerte beim rückkoppelnden Soll-Ist-Vergleich während der **Handlungsausführung** fungieren. Solange diese Sollwerte nicht oder nur ungenügend ausgebildet sind, ist die Tätigkeit nur durch einen zeitaufwendigen, fehleranfälligen und beanspruchenden fortwährenden Vergleich mit externen Vorgaben möglich. In dem Maße, wie im Langzeitgedächtnis ein OAS für die Tätigkeit erlernt wird, das die Regulation übernimmt, erübrigen sich die Aufnahme- und Verarbeitungsprozesse eines wesentlichen Teils externer Information (Poulton 1971). Zugleich werden die Rekodierungsoperationen zwischen gespeicherter und bei der Tätigkeitsausführung umgesetzter Information minimiert durch das Speichern in einem für die Regulation zweckmäßigen Kode (Tversky 1969, Hacker und Clauß 1976). Daher kennzeichnet den Übergang von der wahrnehmungs- zur gedächtnisgestützten Regulation eine Zeitersparnis sowie Fehler- und Beanspruchungsreduktion. Auch die unspezifische, allgemeine zentrale Aktivierung im Zusammenhang mit der Orientierungsreaktion ist nach Ausbildung des OAS geringer und habituiert rascher (Sokolow 1961).

Auch in der **Handlungsvorbereitung** wirken OAS. Bereits das Orientieren wird beeinflußt. OAS führen zu Hypothesen über den aktuellen Zustand eines technologischen Prozesses oder Werkstücks und ermöglichen damit sparsame Suchstrategien (Lomow 1974), die Auswahl zweckmäßiger Informationsquellen, darunter auch solcher, die vom Konstrukteur nicht vorgesehen waren (Welford 1969), und andere Verarbeitungsweisen der Information (Oschanin 1976). Beim Entwerfen und Erproben von Aktionsprogrammen ermöglichen die OAS von Eigenschaften des technologischen Prozesses, der Arbeitsmittel und der Werkstoffe ein vorstellungsmäßiges oder gedankliches Erproben der Programme vor ihrem praktischen Verwirklichen und damit das Herabsetzen des Risikos. Im Zusammenhang damit sind die OAS die Grundlage für das Auswählen von Programmen. Sie ermöglichen die prognostische Bewertung der Folgen möglicher Schritte und damit das begründete Entscheiden für einen Weg (Bernstein 1930).

Aus der Rolle operativer Abbilder in der Tätigkeitsvorbereitung wird deutlich, daß sie sowohl für das Regulieren manueller wie geistiger Tätigkeiten unerläßlich sind. Die Denkpsychologie hat die erfolgsbestimmende Rolle des Vorhandenseins und der Beschaffenheit operativer Abbilder umfassend belegt:

Die unterschiedliche Darstellung logisch identischer Probleme führt zum Aufbau unterschiedlicher interner Problemabbildungen, dadurch wenigstens anfänglich zu verschiedenen Lösungsstrategien und häufig auch zu einer unterschiedlichen Lösungsgüte. Erfolgreiche und weniger erfolgreiche Problemlöser unterscheiden sich in der Art der internen Problemrepräsentation, beispielsweise in der Gewichtung von Merkmalen einer Situation. Für sogenannte Entwurfs- oder Konstruktionsprobleme mit unbekanntem Zielzustand, also zum Beispiel für das Entwerfen eines Geräts, wurde gezeigt, daß Unterschiede in der räumlich-zeitlichen Problemdarstellung auf dem Weg über unterschiedliche interne Repräsentationen und Strategien zu einem verschiedenen Zeitbedarf und zu verschiedenen Lösungsqualitäten führen (Sydow 1978, Caroll, Thomas und Malhotra 1980).

Regulativ bedingte Merkmale

4. OAS sind durch Merkmale gekennzeichnet, die mit ihrer operativen, tätigkeitsregulierenden Funktion zusammenhängen:

a) Operative Abbilder sind **anforderungsabhängig** bzw. **bewältigungsorientiert**. Sie bilden technologische Vorgänge in dem Umfang ab, indem diese Bedeutung für die Tätigkeitsregulation besitzen. Sie sind also **selektiv**. Sie bilden einschlägige Sachverhalte in einer für die Bewältigung der Tätigkeit nützlichen Weise ab. Sie können damit Merkmale verzerrt wiedergeben. Regulationsbedeutsame Sachverhalte, z. B. Reizunterschiede, werden erforderlichenfalls deutlicher abgebildet als irrelevante. Das kann bis zu einer Vergrößerung der tatsächlich vorliegenden Reizunterschiede im Wahrnehmen führen.

Abb. 4.11 veranschaulicht das an Hand des unterschiedlichen Wahrnehmens der Breite von Objekten (hier von Sinuskurven) je nach der vorliegenden Aufgabenstellung der Versuchspersonen. Man erkennt, daß die Unterschätzungen (–) und Überschätzungen (+) der wahren Breite sich bei den drei untereinander dargestellten Aufgabenstellungen regelhaft unterscheiden. Das Wahrnehmen ist so verändert, daß optimale Bedingungen für die jeweilige Aufgabenbewältigung entstehen. (Versuchsdetails sind bei Quaas 1976 dargestellt.)

b) OAS tragen verallgemeinerte, **schematische Züge.** Sie tendieren dazu, **Klassen** von Merkmalen und Relationen zu repräsentieren. Schemata ermöglichen ein rationelles, weil auf generativ wirksame Prototypen konzentriertes und durch dominantes Detail ergänztes Behalten von Informationen.

c) OAS sind aufwandsbezogen. Es werden jeweils solche OAS gebildet, die zu Strategien führen, welche das Erfüllen der Anforderungen mit möglichst geringem Aufwand ermöglichen (Amarel 1968, zit. nach Sydow 1975, J. Richter und Seeber 1974, Schindler 1975). Beispielsweise werden von Anlagenfahrern in der chemischen Industrie bei Auswahlmöglichkeiten solche technologischen Parameter als Ziele der eigenen Tätigkeit ausgewählt, die eine einfachere Fahrweise der Anlagen erlauben (Schmidt 1975).

Die Reduzierung des Aufwands wird durch mehrere Merkmale der operativen Abbilder erreicht. Ein erstes ist ihre dargestellte Anforderungsabhängigkeit. Eine aufgabenbezogen selektive Abbildung erspart kognitive Operationen und damit Aufwand beim wiederholten Auftreten gleicher Aufgaben. Ebenso erspart die unten weiter dargestellte doppelte, nämlich sprachliche und anschaulich-bildhafte Kodierung kognitive Operationen.

Bei gegebenem Tätigkeitsspielraum besteht darüber hinaus noch eine andere, besonders effektive Optimierungsmöglichkeit des Aufwands in Form der Redefinition des Auftrags. Sie führt zu veränderten internen Repräsentationen. Diese Redefinitionen erfolgen in der Regel so, daß aufwandsverringernde Strategien möglich werden (Matern 1976, 1978, Melzer 1978, Kasvio 1978, Hacker, Dilova und Kunze 1979). Beispielsweise werden Aufgaben, die das Ableiten präziser Werte nach Regeln verlangen, in Zuordnungsaufgaben umgedeutet; die geistige Belastung wird dadurch geringer. Durch die Redefinitionen entstehen Gedächtnisrepräsentationen und Vorgehensweisen, die es ermöglichen, Aufträge sowohl mit einer minimalen Beanspruchung des Kurzzeitbehaltens und minimalen kognitiven Transformationsoperationen als auch mit niedrigen Anforderungen an das Langzeitbehalten zu erfüllen.

Zum Entstehen derart sparsamer Repräsentationen und Vorgehensweisen können unterschiedliche kontextabhängige Prinzipien beitragen. Es ist an folgendes zu denken:

- Kombination von Behalten und Erzeugen oder von Reproduzieren und Rekonstruieren,
- Umwandeln von erforderlichen Erzeugungsregeln einer Schrittfolge in einfachere Näherungsregeln,
- Gruppenbildungen im Behalten,
- Vereinfachen der Beziehungen zwischen Teilen von Aufträgen, beispielsweise als Umformen von hierarchischen in lineare Beziehungen,
- doppelte, also bildhaft-anschauliche und begriffliche Kodierung (Paivio 1971, Matern 1975).

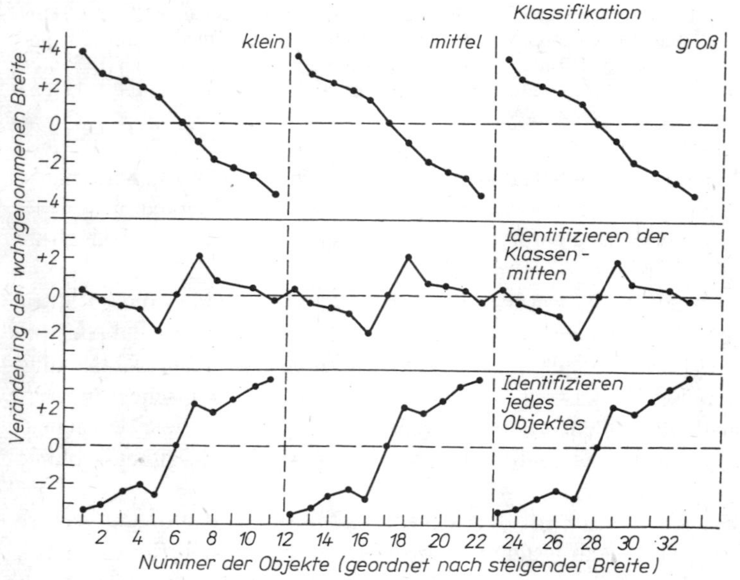

Abb. 4.11: Aufgabenabhängige Veränderung der wahrgenommenen Breite von Objekten (W. Quaas). (Die Ordinatenwerte geben Abweichungen in Zentimeter gegenüber der tatsächlichen Breite als Unter- und Überschätzungen [Vorzeichen der Ziffern] an.)

Möglicherweise ist das Entstehen operativer Repräsentationen ein mehrstufiger Vorgang, der die Redefinition des Auftrags zum Ermöglichen effektiver Vorgehensweisen und das Entwickeln aufgabenabhängiger Repräsentationen für diese redefinierten Aufgaben einschließt.

Durch diese aufgabenbezogene Effektivitätserhöhung wird mentale Kapazität freigesetzt. Sie kann für das Identifizieren von Erzeugungsregeln und für deren Übertragung auf ähnliche Aufgaben genutzt werden. Gerade das ist eine Voraussetzung für das Entstehen verallgemeinerter Gedächtnisrepräsentationen und Erzeugungsregeln von Vorgehensweisen im Sinne ihrer relativen Aufgabenunabhängigkeit.

Antwort- bzw. regulationsbezogene Kodierung.

d) Operative Abbilder können in verschiedener Weise repräsentiert oder kodiert sein. Sie können kodiert sein wie das Informationsangebot, oder in einem gedächtnisspezifischen, „behaltensfreundlichen" Kode oder in einer auf die Regulation der Tätigkeitsausführung bezogenen Weise.

OAS werden in einer solchen Form (z. B. als Befehlsliste, als seitenverkehrtes oder als seitenrichtiges Bild) kodiert, daß der **Rekodierungsaufwand** zwischen zu regulierendem praktischem Vollzug und gespeichertem Modell minimal ist.

Die entstehenden Gedächtnisrepräsentationen entsprechen also Erfordernissen der Antwortorganisation, nicht kurzerhand dem Informationsangebot oder einem behaltensgünstigen Kode. Daher entstehen trotz verschiedener Informationsangebote für gleichartige Antworten nicht nur zunehmend ähnlich wirksame, sondern auch zunehmend ähnlicher beschaffene Repräsentationen.

Die Leistungsverbesserungen durch das Entwickeln von antwortbezogenen Gedächtnisrepräsentationen sind durch das Einsparen von informationsaufnehmenden und -verarbeitenden Operationen erklärbar. Daher steigt der Nutzen von operativen Gedächtnisoperationen mit dem Umfang der Prozesse, die eingespart werden können. Die nachweisbare objektive Vereinfachung der psychischen Struktur der Tätigkeit entspricht dabei der Verringerung der erlebten Schwierigkeit der Tätigkeiten.

Tätigkeitsregulierende Repräsentationen wirken in unterschiedlicher interner Kodierung. Bekannt sind sensorisch-perzeptive Kodierungen unterschiedlicher Modalität, kinästhetische Kodes, begriffliche bzw. propositionale Kodes sowie perzeptiv plus begriffliche Doppelkodierungen. Häufig sind regulierende Gedächtnisrepräsentationen gleichzeitig in verschiedener Weise und Detailliertheit, also mehrfach kodiert. Dabei können sowohl begrifflich-semantische und sensorisch-konkrete Kodierungen als auch verschiedene sensorische Kodierungsmodalitäten (bei Buchstaben beispielsweise visuelle, auditive und phonetisch-artikulatorische) parallel vorliegen. In alltäglichen Arbeitsaufgaben gibt es Hinweise für eine Bevorzugung von allgemeineren Abbildungen und einfacheren Vorgehensweisen gegenüber detailreicheren (Rasmussen und Jensen 1974). Der Wechsel zwischen verschiedenen Abbildungsarten und den zugehörigen Strategien während des Arbeitens ist soweit gesichert, daß von den Konstrukteuren von Arbeitsmitteln das Unterstützen der Möglichkeit zum Wechsel der Abbildungsart gefordert werden muß.

Die konkreten Formen der Mehrfachkodierung hängen in erster Linie ab von der zu bearbeitenden Aufgabe (Tversky 1969, von Wright und Meretoja 1975), vom Informationsangebot und der Einweisung in die Arbeitsaufgabe sowie in geringerem Grade auch von individuellen Kodebevorzugungen (Hacker und Matern 1979).

Bemerkenswert ist, daß sogar bei bildhafter Informationsdarbietung ein hoher Anteil begrifflich plus anschaulicher oder nur begrifflicher Repräsentationen entsteht. Eine Erklärung dieser umfassenden Beteiligung begrifflicher Kodierungen ist in ihren vielfältigen Vorzügen zu sehen, die im 7. Kapitel dargestellt werden.

Es ist u. a. daran zu denken, daß Handlungen im Unterschied zu Bewegungen (1.) durch bewußte Abbilder reguliert werden. Leontjew (1964) betont, daß die inneren Modelle sich dem Subjekt als eine Wirklichkeit offenbaren müssen, von der es sich leiten läßt und der **gegenüber es tätig werden kann**. Diese regulativen Abbilder benötigen daher als objektivierendes Substrat (2.) die **Sprache**. Bei praktischen wie auch bei geistigen Tätigkeiten ist die Sprache in verschiedener Form an der Regulation beteiligt. Ihre Rolle – speziell die des Sprechens – erschöpft sich nicht darin, Medium der Antizipation zu sein. Sie erleichtert zugleich die Aussonderung, Identifikation und kommunikative Übernahme von Merkmalen mit Signalcharakter sowie die Synthese herausdifferenzierter Merkmale zu funktionellen Einheiten. Vor allem aber ist sie das Medium des „Erprobens im Abbildbereich“, speziell dann, wenn dieses Erproben intellektuelle Testschritte einschließt. Besonders bedeutungsvoll ist im hier erörterten Zusammenhang das innere Sprechen. Es besitzt konzipierende Funktion für das „äußere“ Handeln, auf das es zielt (Wygotski 1964).

e) Das wichtigste Merkmal besteht im Wirken der OAS in der **Regulation** von Arbeitstätigkeiten **mit Hilfe von Vorwegnahmen und Erwartungen (Hypothesenbildung).**

Aus Erfahrungen werden „Regeln“ extrapoliert, und es entstehen Erwartungen bezüglich des hypothetisch antizipierten Fortgangs eines Produktionsprozesses (z. B. bei der Prozeßregulation) oder bezüglich des Zustandes eines bestimmten Produktionsbestandteils (z. B. Maschinenteils bei Reparatur- und Wartungsarbeiten). In anderen Zusammenhängen spricht Duncker (1935, S. 83) von „Suchmodellen“, um zu kennzeichnen, daß mit Hilfe geordneter, subjektive Bevorzugungen einschließender OAS, die als Erwartungen wirken, die gegebene Situation analysiert, beurteilt und beantwortet wird.

Abb. 4.12 veranschaulicht das an einem Experiment, bei dem die im Gedächtnis gespeicherten Funktionalwerte von Geräten, also operative Abbilder über mögliche Verwendungszwecke, der Effektivität des Suchens nach Mitteln für das Erledigen einer Aufgabe gegenübergestellt sind. Die Funktionalwerte organisieren diesen Suchprozeß.

Die Angemessenheit derartiger Hypothesen (Suchmodelle) ist für zahlreiche Typen von Arbeitstätigkeiten von zentraler Bedeutung. Beispielsweise werden wir später zeigen, daß die Effektivität von Bedien-, Reparatur- und Wartungstätigkeiten u. a. davon abhängt, inwieweit der Weber, Kfz-Schlosser oder Elektromonteur über zutreffende Erwartungen bezüglich der **Häufigkeit** bestimmter Stillstandsursachen oder Fehler verfügt, die als Suchmodell dienen. Das ist auf alle Diagnoseprozesse verallgemeinerbar.

Das OAS verliert bei dieser Betrachtungsweise den zunächst fälschlich anklingenden statischen, nur rezeptiven Charakter. Die durch den Produktionsprozeß erzwungene Hypothesenbildung wird zu einem regulierenden Faktor der Arbeitstätigkeit, der zugleich das OAS selbst aktiviert: Das OAS enthält beim erfahrenen Produktionsarbeiter zunehmend mehr Komponenten, die nach Hypothesen **aufgesucht** wurden.

1. Funktionalwertverteilungen von Gegenständen (0.0 ... 1.0) (Anteilige Benennungshäufigkeiten)

ZIRKEL:		CAMPINGBECHER:	
a) Kreis herstellen	0.9	a) Behältnis	1.0
b) Lochen	0.6	b) Kreis herstellen	0.5
c) Maße abnehmen	0.6	c) Sieben	0.1
d) Ritzen	0.4	.	
e) Schreiben	0.4	.	
.	.	.	
.	.	.	
.	.	.	
m) Zangenfunktion	0.03	j) Pressen	0.03

Also: Gleiche Funktionen sind mental verschieden stark an unterschiedliche Gegenstände gebunden.

2. Effektivität des Suchprozesses bei der Mittelfindung

AUFGABE: Herstellen eines Kreises

Vorgegebener Gegenstand	Funktionalwert für Kreisherstellung	Lösungszeit	Probandenanteil, der Hilfen benötigt
Zirkel	0.9	26 s	0%
Campingbecher	0.5	78 s	14%
Schere	0.1	220 s	71%

Also: Die Stärke der mentalen Funktionsbindung organisiert den Suchprozeß bei der Mittelfindung

Abb. 4.12: Funktionalwerte von Gegenständen und Effektivität des Suchprozesses bei der Mittelfindung (Gruppenmittelwerte für Kinder) (Lange 1963).

So ist für einen erfahrenen Weber kennzeichnend, daß er mit speziellen gnostischen Operationen nach Signalen für bestimmte Fehlerursachen systematisch sucht, wodurch ihm deren vorbeugende Behebung möglich wird.

Dieses das aktuelle Orientieren leitende und zur gezielten Informations*suche* veranlassende OAS ist Grundlage einer abgehobenen Arbeitsstrategie.

Bei der Prozeßregulation (z. B. beim Siemens-Martin-Schmelzprozeß; Zellstoffkocherei) entstehen im OAS im Ergebnis eines komplizierten Kalküls Erwartungen über den wahrscheinlichen derzeitigen sowie den künftigen Prozeßablauf und werden zur regulativen Hauptgrundlage sowohl der Orientierungsvorgänge wie der Prozeßeingriffe (Herrmann 1965, Vaic 1968).

Auf der Grundlage von Erfahrungen werden physikalische und chemische Parameter der Prozeßbeschaffenheit erschlossen; die Beurteilung der Prozeßbeschaffenheit erfolgt auf Grund einer gedanklichen Verknüpfung dieser Daten mit Kennwerten der Einsatzstoffe unter Beachtung von Zeitgrößen. Auf dieser Basis entsteht ein gedankliches Modell des weiteren Prozeßverlaufs, das dem ungestörten Normalablauf oftmals erstaunlich gut entspricht, bei unkalkulierbaren technologischen Abweichungen jedoch erheblich vom Realverlauf abweichen kann.

Im **Beispiel** (Abb. 4.13) wird erkennbar, daß die gedankliche Vorwegnahme des Prozeßablaufs offenbar nach festen Regeln aufgebaut (faktisch errechnet) ist, die im gegebenen Falle dem tatsächlichen Verlauf der Abnahme des Kohlenstoffgehalts in verallgemeinerter („schematisierter") Form entsprechen. Der Schmelzer unterstellt von Probe zu Probe feste Entkohlungsfortschritte (Differenzen), die jedoch in drei erwarteten Phasen unterschiedliche Größe haben. Das Beispiel zeigt, wie ein vereinfachendes, schematisiertes inneres Modell (siehe Schematisierung auf drei Differenzstufen) den wahren Prozeßverlauf gut angenähert antizipiert und damit eine zutreffende Basis von regulierenden Prozeßeingriffen darstellt.

Das OAS beschränkt sich also nicht auf statische Zustandsabbildungen, sondern schließt in schematisierter Weise unterschiedlichen Formen subjektiven Kalküls entstammende **Vorgangsabbildungen** ein, die verschiedenartigen Veränderungen (qualitativen/quantitativen; linearen/nichtlinearen; beeinflußbaren/zufälligen) Rechnung tragen und ein in die Zukunft ausgreifendes und **hypothetisches** Moment in die Regulation einführen.

Die praxisrelevante Bedeutung der Verbesserung von Prozeßregulationstätigkeiten durch Analyse und Optimierung eben dieses Prozeßkalküls und seiner Voraussetzungen kann nicht hoch genug eingeschätzt werden. Im Zusammenhang von Beurteilungsvorgängen wird auf Entstehung und Komponenten von Prozeßabbildungen zurückzukommen sein.

Vor allem unter erschwerten Verifikationsbedingungen – z. B. durch sehr große Bedienbereiche bei Mehrmaschinenbedienung, wenig differenzierte oder spät erfolgende Rückmeldung von Arbeitsergebnissen bei der Prozeßregulation — kann die Hypothesenbildung zu einem verselbständigten Mechanismus der Modifikation des OAS werden, dessen Ergebnisse im günstigen Falle als „Kunst", im – schwer faßbaren – negativen als eine Art produktionsbezogenen Aberglaubens wirken.

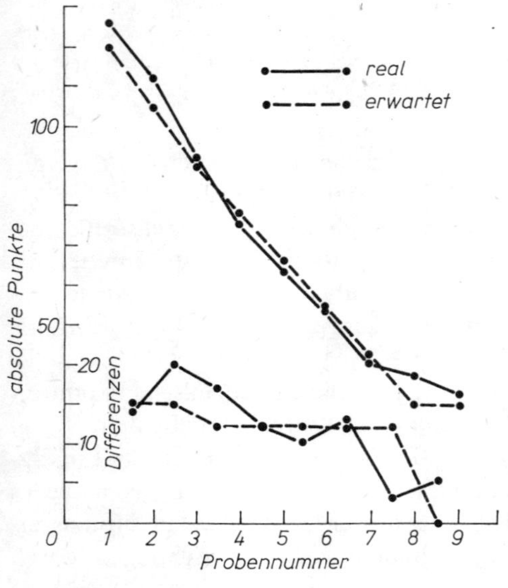

Abb. 4.13: Gegenüberstellung von tatsächlichen und erwarteten Kohlenstoffwerten während eines Schmelzvorganges von Stahl/Zur Ausbildung schematisierter innerer Modelle.
Absolute Punktzahlen (oben) und Differenzen zwischen jeweils aufeinanderfolgenden Proben (unten) (nach G. Herrmann).

Die (Ausführungs-)Regulation von Arbeitstätigkeiten beruht also auf Voraussagen als Basis von funktionellen Rückkopplungseinheiten (s. 4.4.2.); darüber hinaus werden Vermutungen (Hypothesen) durch unterschiedliche Formen von Orientierungshandlungen im Arbeitsprozeß geprüft und in höher abgesicherter Weise als Voraussage zur Regulationsgrundlage gemacht.

Untersuchungspraktisch folgt, daß ein weiterer wesentlicher Inhalt von Analysen der psychischen Struktur und Regulation von Arbeitstätigkeiten die Orientierungstätigkeiten, darin spezieller die Hypothesenbildung und -prüfung sowie das (subjektive und objektive) Verläßlichkeitsniveau der abgeleiteten regulativen Konsequenzen sind.

Effektivitätserhöhung durch Verbesserung der operativen Abbilder

5. Nach alledem wird verständlich, daß die Verbesserung des inneren Modells Möglichkeiten zur Erhöhung der Effektivität der Arbeitstätigkeit bietet, denen die Arbeitspsychologie auf vielfältigen Wegen nachgeht. Zwei derartige Wege sind besonders wirkungsvoll:

— die Gestaltung (speziell im Falle von Mensch-Maschine-Systemen) des Bedienbereiches in einer Weise, welche die Entstehung eines adäquaten OAS begünstigt. Die praktischen Möglichkeiten vermittels psychologisch gestalteter Fließbilder oder Mnemoschemata sind überzeugend nachgewiesen:
— die Entwicklung optimaler OAS durch gezielte Qualifizierungsmaßnahmen, für deren Wirksamkeit allerdings Voraussetzung ist, daß die Struktur des zu lehrenden optimalen OAS erkannt ist.

Spezielle Qualifizierungsmaßnahmen sind insbesondere dann unerläßlich, wenn wegen einer **seltenen** Nutzung die operativen Abbilder nur ungenügend entwickelt werden können oder nach ihrem Erwerb wieder vergessen werden. Die Wahrscheinlichkeit dafür wächst mit dem technischen Automatisierungsgrad der Anlagen (Metzker 1980). Die Lern- bzw. Trainingsprozesse bestimmen anfänglich die entstehenden operativen Abbilder nicht nur inhaltlich, sondern auch in ihrer internen Kodierung. Diese ist von der Modalität der Informationsdarbietung und der Modalität der Erläuterungen mitbestimmt, wenn auch nicht vollständig festgelegt.

Abb. 4.14 illustriert das an einem *Beispiel.* „Analoge Darbietung" bedeutet dabei Säulendarstellungen, „digitale Darstellung" dagegen das Darbieten von Ziffern.

Insbesondere wenn operative Abbilder über komplizierte logische Strukturen aufzubauen sind, ist es wissenswert, inwieweit eine **anschauliche Stützung der begrifflichen Einweisungen** in die logische Struktur hilfreich ist. Wir fanden: Begriffliche Einweisungen in die logische Struktur von Aufgaben führt zur besten Identifizierung und Nutzung der Aufgabenstruktur für das Erzeugen der Antwort. Der Zeitbedarf ist allerdings hoch. Die entstehenden Gedächtnisrepräsentationen bilden die logische Struktur am differenziertesten ab. Eine Kombination von anschaulicher und begrifflicher Vorgabe führt am schnellsten zum Identifizieren der logischen Strukturen und ihrer Nutzung beim Erzeugen der Antworten. Dabei ist jedoch zu beachten: Ein hoher Veranschaulichungsgrad begünstigt ein mechanisches Einprägen, hemmt aber das Erfassen der Struktur und damit auch ihr bewußtes Nutzen. Bei geringem Anschaulichkeitsgrad ist wegen des beträchtlichen kognitiven Umsetzungsaufwands in das Handeln wenigstens anfäng-

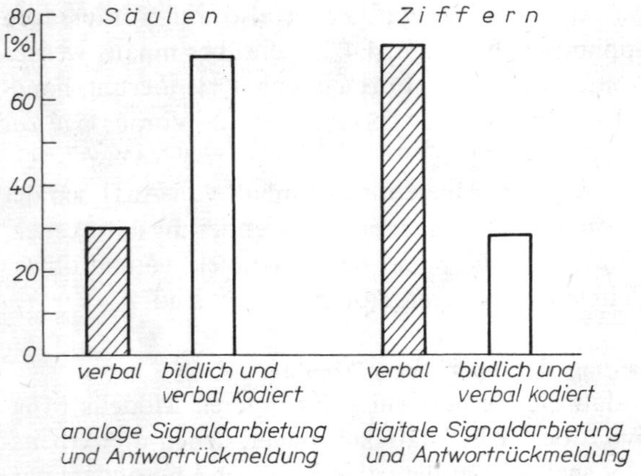

Abb. 4.14: Abhängigkeit der entstehenden internen Kodierung von der Modalität der Signaldarbietung und Antwortrückmeldung (Matern 1976).

lich die Hilfe nur gering, die Strukturidentifizierung und -nutzung wird jedoch nicht beeinträchtigt.

Ausbildungsmaßnahmen müssen bei komplexen und komplizierten Aufgaben, beispielsweise beim Fahren automatisierter Anlagen in der chemischen Industrie, theoretisch-begriffliche Ausbildung als Theorieaneignung mit dem Üben im praktischen Umgang mit den Anlagenteilen vereinen. Dieser die anschauliche Ausfüllung des theoretischen Gerüsts liefernde Umgang ist dann besonders effektiv, wenn die Anlagenfahrer am Aufbau, an der Wartung oder an Generalreparaturen der Anlage beteiligt sind. Das theoretische Durchdringen, speziell das außerordentlich schwierige Begreifen des Verhaltens von vernetzten technischen Systemen, kann durch Maßnahmen der Arbeitsbereicherung gefördert werden. Indem die Anlagenfahrer technologische, chemische oder andersartige Prozeßanalysen, Wartungstätigkeiten oder Kleinreparaturen selbst durchführen, erwerben sie aktiv und dadurch motiviert unerläßliche Informationen über Einflußgrößen, die bei der herkömmlichen Arbeitsteilung zwischen Anlagenfahrer, Betriebs-Meß-Steuerungsmechaniker, Chemiker oder Technologen und dem Anlagenfahrer überhaupt nicht oder zu spät zu erlangen wären. Das Erwerben der operativen Abbilder „beruht hier auf dem Moment, welches menschliches Lernen von bloßer Dressur unterscheidet, auf der Entwicklung des Anzueignenden" (Haug 1980, S. 160).

4.4. Wirkungsweise der psychischen Regulation von Arbeitstätigkeiten

Psychologen unterschiedlicher Arbeitsrichtungen stimmen darin überein, daß das Kernproblem bei der psychologischen Analyse des Handelns darin bestehe, ein „theoretisches Vakuum zwischen Erkenntnis und Handeln" zu füllen. „Das Problem besteht darin, zu beschreiben, *wie* Handlungen durch die interne Repräsentation der Umwelt im Organismus reguliert werden" (Miller, Galanter und Pribram 1960, S. 11f.; Hervorhebung von W. H.). Eine dem nahekommende Einschätzung mit umfassenden Lösungsvorschlägen liefert Galperin. Eine mehrfach bereits erwähnte Skizze der theoretischen Rahmenbedingungen der Lösung dieses Problems hat auf der Grundlage der marxistischen Methodologie Rubinstein (1962) gegeben; sie bildet das Fundament unserer weiteren Überlegungen. Eine knappe Darstellung der modernen Lösungsrichtung dieses Kernproblems gibt das Eingangszitat des sowjetischen Neuropsychologen Luria zu diesem Kapitel.

4.4.1. Bildung regulativer Funktionseinheiten

Gehen wir von einem alltäglichen Beispiel aus: Auf dem Wege zur Universität fallen mir Aufgaben ein, die heute zu erledigen sind: Vorlesung vorbereiten, Briefe beantworten, einen Praktikumsbericht durchsehen, eine Besprechung vorbereiten ... Ich nehme mir vor, die Briefe erst am Nachmittag — zusammen mit der neuen Post — zu erledigen und mit dem Bericht zu beginnen. Angekommen, tritt meine Vornahme wieder ins Bewußtsein, ich nehme den Bericht vor, beginne mit der Zusammenfassung und arbeite ihn dann abschnittsweise durch. Dabei erscheint eine statistische Berechnung fraglich, ich unterbreche und rechne das Problem durch (Abb. 4.15 a). Mit anderen Worten:

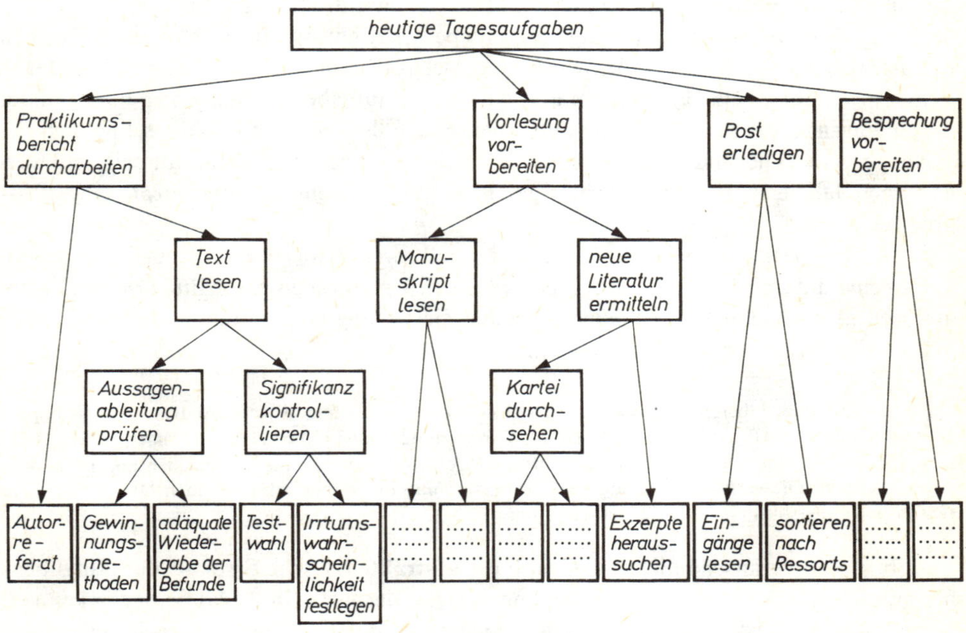

Abb. 4.15 a: Hierarchische Struktur der Aufgabendekodierung — ein Beispiel —.

— Wir **wissen** um Aufgaben und haben **Vorstellungen** von der erforderlichen oder wünschenswerten Arbeitsausführung.
— Wir setzen oder übernehmen Ziele und schaffen **Vornahmen** zu ihrer Ausführung. Häufig ist damit mehr verknüpft:
— Wir **planen** Schritte einer zweckmäßigen Arbeitsausführung. Bei diesem Planen der Ausführung ist es weder erforderlich, sogleich die Teilaktivitäten mitzubedenken, noch die Vornahmen und Ausführungsprogramme fortwährend im Bewußtsein zu erhalten. Bei dem Tagesplan genügt zunächst die Festlegung, mit dem Praktikumsbericht zu beginnen, dann die Post zu erledigen usw. Bei der Ausführung dieser Planeinheit ergeben sich Unteraufgaben (Nachprüfen der Berechnung, der Meßpunkte, der Frageliste), bei deren Bewältigung wieder speziellere **Unterunteraufgaben** (z. B. Rechenschema „Varianzanalyse") usw. bis zum Ergreifen des Radiergummis beim Löschen eines Rechenfehlers.

Der Griff nach dem Radiergummi verdeutlicht dabei, daß erstens offensichtlich
— **Kontrollprozesse** in unseren Tätigkeitsfluß eingebaut sind, die rückkoppelnd mit der Vornahme vergleichen und den Fortgang der Tätigkeit sanktionieren oder korrigieren.

Und noch ein Zweites ist dem Beispiel zu entnehmen: Wenn der Impuls „Radieren" mit allen Implikationen (Nachsehen, wo der Gummi liegt, Aufnehmen . . .) eben noch randbewußt in meinem Erleben während des Rechnens erscheint — ein bewußtes Handlungsprogramm oder gar ein differenziert durchdachter „Plan" über die Realisierung des doch gewiß bei Wahl hinreichend feiner Analyseeinheiten komplizierten „Hingreifens" existiert als Bewußtseinsinhalt nicht. Es gibt also **nichtbewußte** (darüber hinaus sogar **nichtbewußtseinsfähige**) **Realisierungsprogramme** für Teilziele (z. B. die Bewegungsentwürfe). Als Oberbegriff der Realisierungsprogramme sei daher an Stelle von „Plan" die allgemeinere Bezeichnung „Aktionsprogramm" eingeführt.

Beim Übergang von einer erledigten Aufgabe („Bericht durcharbeiten") zur nächsten („Vorlesung vorbereiten") stoßen wir im Beispiel auf ein drittes Phänomen: Die gedankliche Zuwendung setzt an der komplexen Gesamtaufgabe an, **analysiert** diese, bildet **Teilaufgaben**, ordnet sie und zerlegt erforderlichenfalls weiter, so daß die schließlich begonnene verwirklichende Operation („Aussortieren der Karteikarten mit seit dem vergangenen Jahr erschienener einschlägiger Literatur") **abhängige Komponente** eines Programms ist.

Schließlich zeigt das Beispiel: Vornahmen und ihrer Realisierung dienende Pläne stehen in einem durch Logik der Aufgabe bedingten **Unterordnungsverhältnis**, sie sind hierarchisch „verschachtelt". Der **Hierarchie** der Zielsetzung entspricht eine Hierarchie der Pläne, allgemeiner der Aktionsprogramme.

Die dargestellten Überlegungen schließen sich auch an psycholinguistische Analysen des Aussprechens von Sätzen (z. B. von Johnson 1965) an. Wir vermuten mit Lashley (1951, zit. nach Jeffres 1951) sowie Miller und Chomsky (1963) die Existenz analoger Strukturregeln im sprachlichen und im praktischen Handeln. Die vermutete Analogie läßt erwarten, daß die jeweils erforderlichen Dekodierschritte sich in der Zeitstruktur niederschlagen (Hörmann 1967).

Abb. 4.15 b veranschaulicht als Graph die **abstrakte logische Struktur** der Aufgabenhierarchie und läßt bereits die Zerlegung („Dekodierung") in Teilaufgaben erkennen. In Abb. 4.15 c ist einerseits die tatsächliche Aufeinanderfolge der psychischen Vorgänge, die eigentliche **psychische Struktur** dargestellt. Die ausgezogenen Pfeile stellen hier

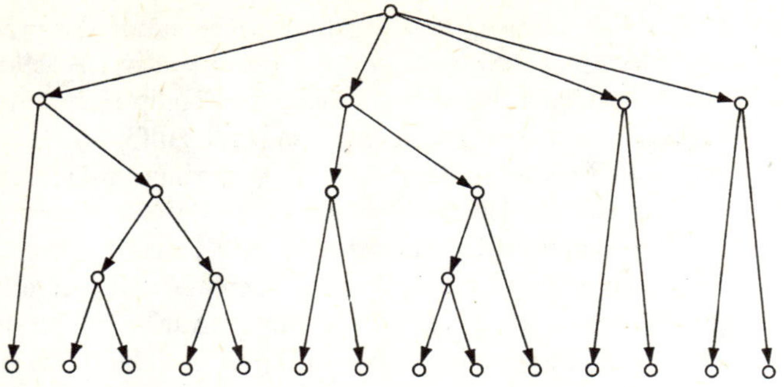

b) *abstrakte logische Struktur*

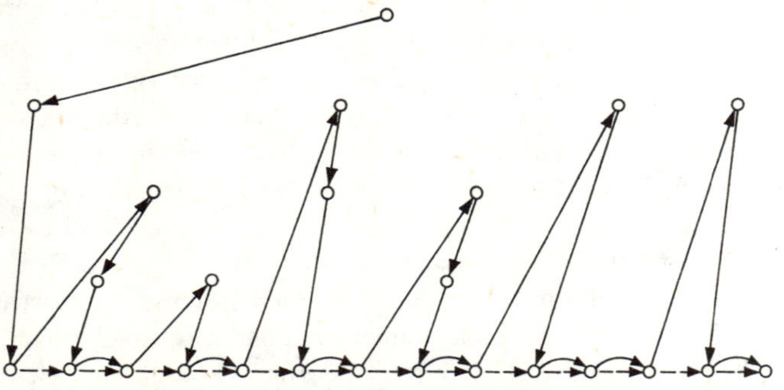

c) *psychische Abfolgestruktur (——► Aufeinanderfolge psychischer Prozesse) und äußere Struktur (– – ► Operationenfolge)*

4.15b, c: Hierarchische Struktur der Aufgabendekodierung — Fortsetzung.

kognitive Prozesse dar und charakterisieren dabei den Sachverhalt, daß die Beziehungen der Komponenten der psychischen Struktur gleichzeitig in zwei Hinsichten variieren, nämlich mit der Zuwendungsverlagerung zur nächsten bearbeiteten Sequenz in der Zeit sowie mit dem Wechsel zwischen hierarchischen Niveaus der kognitiven Aufgabenzerlegung.

Andererseits gibt Abb. 4.15 c mit den gestrichelten Pfeilen die unmittelbar beobachtbare Abfolge der praktisch-verwirklichenden Operationen, die **„äußere"** Struktur der Tätigkeiten wieder. Es wird anschaulich erkennbar, daß beim Beschränken auf diese „äußere" Struktur der Bewegungsvorgänge die komplizierte hierarchische Struktur der regulierenden psychischen Vorgänge verborgen bleibt.

In Abb. 4.15c wird erkennbar, daß den „äußeren", manuellen Verrichtungen verschieden viele (darüber hinaus auch unterschiedliche) kognitive Prozesse zugrunde liegen. In Fehleranalysen (Selektionsfehler im Sinne Bierwischs 1970; 10. Kapitel), (Pausen-)Zeituntersuchungen (Goldman-Eisler 1968 für das spontane Sprechen) und in Untersuchungen physiologischer Kennwerte (Herzfrequenzverlauf, Richter 1973) bei Tätigkeiten gibt es deutliche Hinweise auf die Widerspiegelung der unterschiedlichen Komplexität regulierender kognitiver Vorgänge (Anzahl der Dekodierschritte mit auswählendem Charakter) in den entstehenden Leistungen. Für das spontane Sprechen legte Goldman-Eisler nahe, daß bestimmte Unterbrechungen Ausdruck verbaler Planungsvorgänge seien. Analoge kognitive Planungs-(Vorbereitungs-)phasen wiesen Moog (1969) und Giesen (1971) nach.

Verallgemeinern wir die Aussagen des Beispiels: Die psychische Regulation des praktischen Handelns erfolgt vermittels komplexer Systeme **antizipativer** operativer Abbilder (innerer Modelle der Umwelt und des eigenen Handelns, welche notwendig Handlungs**folgen** und damit künftige Umweltsituationen einschließen) und mit Hilfe von Rückkopplungsbeziehungen. Es liegt eine Regulation vermittels **Vorwegnahme** mindestens des **Resultats** (als Ziel), in der Regel auch des **Tätigkeitsablaufes** (im Aktionsprogramm) sowie der handlungsbedeutsamen **Bedingungen** vor. Das antizipierte Resultat stellt die für die Regulation unerläßliche **relativ stabile**, simultan zusammenfassende regulative **Invariante** dar. Über **Kontrollprozesse**, die das Erreichte mit dem invarianten Modell vergleichen, wird die Tätigkeit gelenkt. Dabei zwingt jede komplizierte Handlung zunächst zur **Analyse** sowie zur Zurückstellung von Teilhandlungen, während andere ausgeführt werden. Die zurückgestellten Teilhandlungen verbleiben implizit und noch weithin unausformuliert, sie bilden als Komponenten eines Handlungsprogramms zugleich zu einem gegebenen Zeitpunkt die Intentionen des Systems. Mit alledem sind das Erinnern zurückgestellter Teilhandlungen („Speicherung"), das Rückkehren zu ihnen in der erforderlichen **Reihenfolge** (sequentielle Ordnungsbildung) und das Einordnen als abhängige **Komponente eines Gesamtprogramms** (Programmeinordnung) unerläßlich für die Bewältigung komplexer Aufgaben (Miller und Chomsky 1963, Luria 1970 b).

Neuropsychologische Untersuchungen (z. B. von Luria 1970 b) belegen, daß es sich dabei um **wohlisolierbare**, getrennt störbare **Vorgänge** handelt, die – innerhalb eines komplexen funktionellen Systems zusammenwirkend – **verschiedenen Hirnarealen** zugeordnet werden konnten. Wir werden am leichter überschaubaren Beispiel sensumotorischer Leistungen im 9. Kapitel auf die differenzierten neuropsychologischen Grundlagenerkenntnisse eingehen. Das dort am speziellen Fall Darzustellende gilt jedoch allgemein.

Unsere Überlegung führt mithin zu einem **hierarchischen Modell der Regulation** von Arbeitstätigkeiten. Dieses ermöglicht auch das Erklären der Planmäßigkeit in vielen Arbeitstätigkeiten. Diese bisherigen Überlegungen lassen erwarten:

Das operative Abbildungssystem reguliert Arbeitstätigkeiten vermittels funktioneller Einheiten von in die Zukunft ausgreifenden, hierarchisch gestaffelten Vornahmen und zu deren Verwirklichung dienenden, entsprechend organisierten Handlungs- oder Aktionsprogrammen, die offenbar gleichfalls hierarchisch organisierte Rückkopplungs-(Kontroll-)prozesse einschließen. Diese regulierenden Funktionseinheiten haben eine charakteristische **Binnenstruktur** (s. unten; TOTE-Einheiten).

Systeme operativer Abbilder regulieren also nicht von sich aus Handlungen, sondern es bilden sich dazu spezielle funktionelle Einheiten. Der Entschluß stellt die erlebnismäßige Zäsur eines relativen Entwicklungsabschlusses dieser speziellen regulativen Einheit dar. Was enthalten sie? Zutreffende Abbilder (also Wahrnehmungen, Vorstellungen oder Kenntnisse) der gegebenen Realität sind für die Regulation der Tätigkeit unerläßlich. Sie reichen jedoch allein zum zielgerichteten Herbeiführen noch nicht bestehender Sachverhalte nicht aus. Benötigt werden Abbilder des künftig zu Erreichenden als ideelle Transformationen des Vorliegenden entsprechend der Aufgabe. Diese Form von operativen Abbildern bezeichnen wir als Ziele. „Der Veränderung der Realität geht eine Umwandlung des Abbilds voraus" (Sintschenko und Vergiles 1969, S. 59). „Der Leitsatz Setschenows, daß das Abbild der Regulator der Bewegung ist, behält die Kraft eines Axioms bei. Aber die Realität tritt im Abbild in gewandelter Form in Erscheinung"

(Jaroschewski 1975, S. 474). Aber auch Ziele lediglich als **Vorwegnahmen** reichen nicht. Erforderlich ist das Verknüpfen mit der **Vornahme** zum Ausführen durch eigene Aktivität. Diese wiederum entsteht bei komplexeren Verrichtungen nicht ohne mindestens **rahmenhafte Programme**, die Kontrollstellen einschließen.

Die bis jetzt für individuelle Arbeitstätigkeiten dargestellte sequentiell-hierarchische Struktur gilt sinngemäß auch für Tätigkeiten von Gruppen und umfassenderen organisatorischen Einheiten (von Cranach 1984[2]). Verschiedene Teilaufgaben werden von verschiedenen kooperierenden Personen ausgeübt. (Abb. 4.16 a). Die logische Struktur enthält dabei auch die erforderlichen Leitungs-, Kooperations- und Kommunikationsaktivitäten. Sie sind gleichsam die „offene“, interindividuelle Ausführung einiger inner-

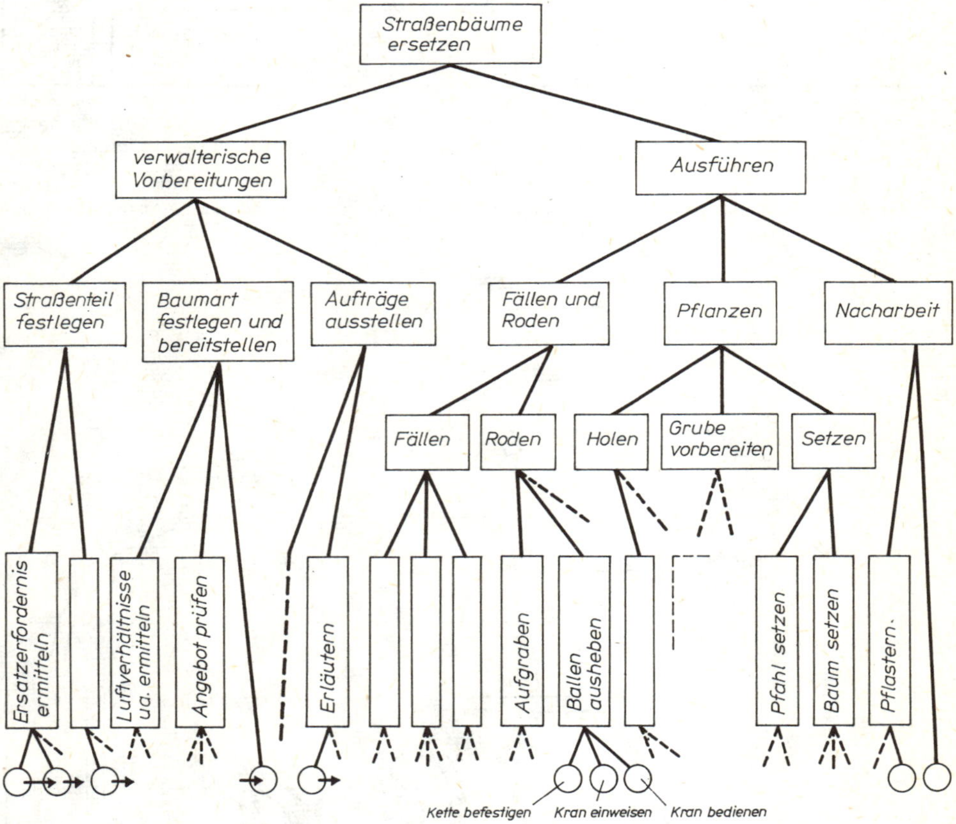

Abb. 4.16: Hierarchische Struktur der Aufgabendekodierung — komplexe Aufgabe einer organisatorischen Einheit (z. B. Stadtgartenamt):
a) logische Struktur;

[2] Der Abschnitt folgt dankbar Anregungen aus während dieser Niederschrift noch unveröffentlichten Arbeiten von M. von Cranach und darauf fußenden Diskussionen mit ihm und seiner Gruppe: M. von Cranach, G. Ochsenbein und L. Valach: The group as a selfactive system — outline of a theory of group action. Universität Bern: Forschungsberichte des Psychologischen Instituts 1984, Nr. 1

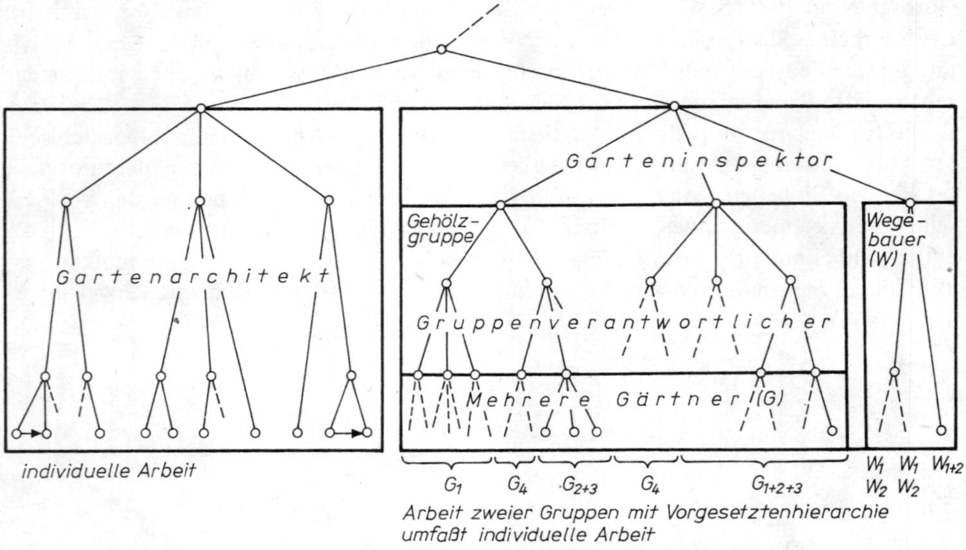

b) organisationale (betrieblich-abteilungsbezogene) und gruppeninterne Arbeitsteilung bzw. -kombination;

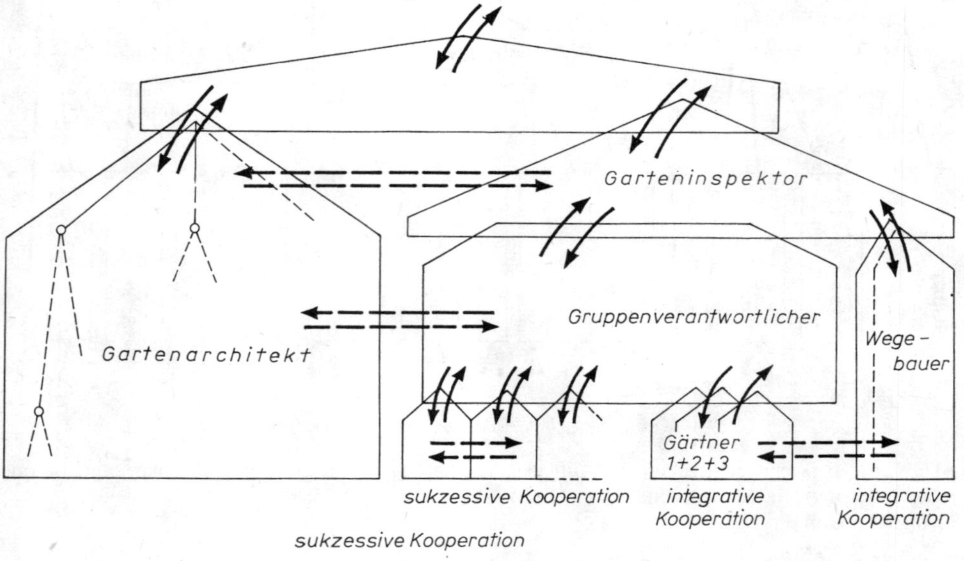

c) Struktur der Leitung der Auftragsbearbeitung (überlappende Blöcke) und kooperationstragende Informationsflüsse (Pfeile)

↗ Informationsfluß in Leitungshierarchie

- - → Informationsfluß zwischen nebengeordneten Arbeitssystemen nach Abwicklungserfordernissen

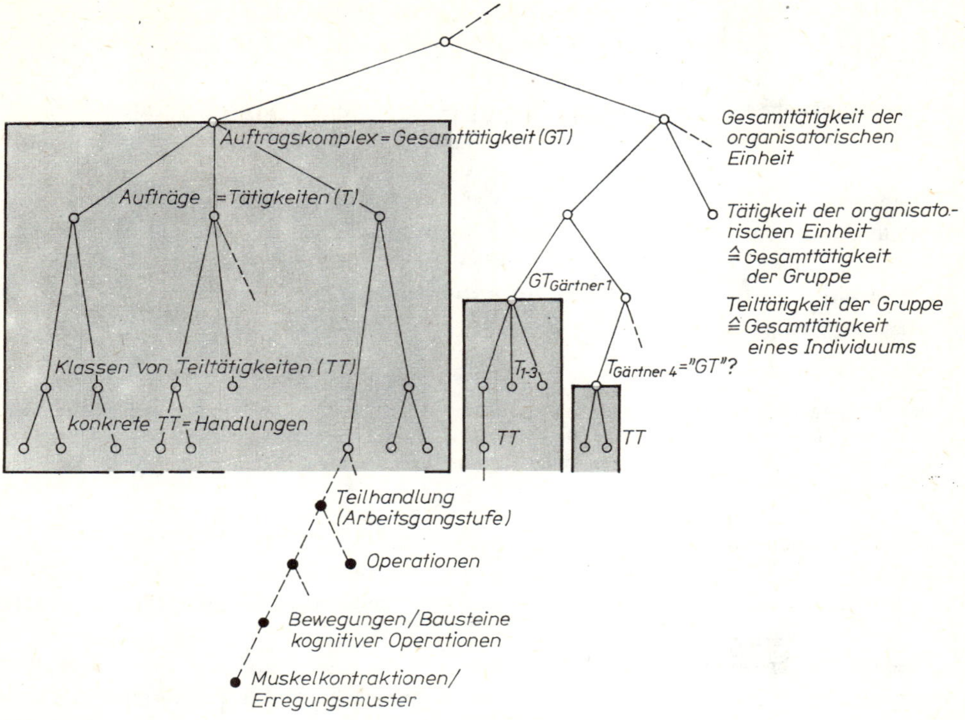

d) Umfänge von Gesamttätigkeiten, Tätigkeiten, Teiltätigkeiten usw. für verschiedene Arbeitssysteme (organisatorische Einheit, Gruppe, Individuum) als Folge der Arbeitsteilung bzw. -kombination. Die Umfänge bestimmen u. a. die Geschlossenheit und die Ersichtlichkeit ihrer gesellschaftlichen Bedeutung.

individueller Organisations- und Planungsvorgänge des individuellen Ausführens. Es wird erkennbar, daß Strukturmerkmale von organisatorischen Einheiten und von Arbeitsgruppen ausschlaggebend durch die Auftrags- bzw. Tätigkeitsstruktur bestimmt sind.

Das Darstellen der logischen oder der hierarchisch-sequentiellen Struktur der Aufträge bzw. der Tätigkeit nicht nur für Individuen, sondern darüber für organisatorische Einheiten und für Arbeitsgruppen ermöglicht wichtige Aussagen. Sie betreffen:

— die organisationalen, betrieblichen und die gruppeninternen Verteilungen und Kombinationen der Arbeit (Abb. 4.16b) als Haupteinflußfaktoren auf selbständige Entscheidungsmöglichkeiten in der eigenen Tätigkeit (die Freiheitsgrade oder auch Handlungsspielraum, Kontrolle oder Einfluß genannt), die Aufgabenvielfalt und die Kooperationsmöglichkeiten.
— die Struktur der Leitung der Auftragsbearbeitung und die Informationsflüsse in der Leitungshierarchie sowie zwischen nebengeordneten Arbeitssystemen (Abb. 4.16 c) als Haupteinflußfaktoren gleichfalls auf Entscheidungsmöglichkeiten sowie auf die Inhalte und Formen der Kooperation und Kommunikation und auf die Durchschaubarkeit der Einordnung der eigenen Aufgaben,
— die Umfänge der Tätigkeit, der Teiltätigkeiten und Handlungen, bezogen auf die drei Ebenen von Arbeitssystemen (Abb. 4.16d). Dieser Anteil an der betrieblichen

Gesamtaufgabe beeinflußt ausschlaggebend wiederum die Aufgabenvielfalt sowie die Geschlossenheit, den Verantwortungsumfang und die Ersichtlichkeit der gesellschaftlichen Bedeutung der Arbeitsaufgabe.

Diese möglichen Aussagen bilden ihrerseits Grundlagen für weiterführende Kennzeichnungsmöglichkeiten der psychischen Struktur und Regulation von Arbeitstätigkeiten:

Innerhalb der hierarchischen Struktur der Aufträge liegen die Tätigkeiten von Vorgesetzten und von Mitarbeitern auf einer unterschiedlichen „Höhe". Trotzdem kann jede von ihnen wiederum beschrieben werden nach der zu erschließenden regulierenden Tiefenstruktur und der beobachtbaren ausführenden Oberflächenstruktur. Das wird in den oben eingefügten Abbildungen nicht hinreichend erkennbar.

Ein Beispiel:
Während bei dem pflanzenden Gärtner das Feststampfen der Erde, das Wasserholen usw. ausführende Operationenfolgen sind, sind beim organisierenden Gruppenverantwortlichen solche ausführenden Operationenfolgen das Anfordern von Material, das Anweisen der Arbeitsorte, das Anzeichnen der Pflanzstellen usw.

Im allgemeinen wird die beobachtbare ausführende Operationsfolge um so verkürzter, anteilig kleiner und mehr auf kommunikative Operationen konzentriert sein, je „höher" eine Tätigkeit in der hierarchischen Struktur der betrieblichen Gesamtarbeit eingeordnet ist.

Oben wurde erwähnt, daß die Tätigkeit eines Individuums zugleich eine Teiltätigkeit seiner Gruppe ist usw. (vgl. Abb. 4.16 d). Für die Ersichtlichkeit des Sinns einer Arbeitstätigkeit ist es ausschlaggebend, daß im Bewußtsein des einzelnen diese Einordnung in die übergreifende sinngebende Einheit ermöglicht wird.

Die wichtigste zusammenfassende Kennzeichnungsmöglichkeit der psychischen Struktur von Arbeitstätigkeiten im Hinblick auf ihre Auswirkungen in der Leistung, dem Erleben und den Belastungen ist die Vollständigkeit bzw. Unvollständigkeit der Tätigkeitsstruktur. Tätigkeiten sind zyklisch unvollständig, wenn Vorbereitungs- und Kontrollmöglichkeiten der eigenen Arbeit fehlen. Sie sind hierarchisch unvollständig, wenn sie sich auf eine oder zwei der möglichen Regulationsebenen beschränken, wenn beispielsweise keine intellektuellen Prozesse erforderlich sind. Das wird in Abschnitt 4.6. auf Seite 162 ausgeführt werden.

4.4.2. Struktur hierarchischer Funktionseinheiten („VVR-Einheit")

Die wirksame Funktionseinheit der Arbeitstätigkeit ist ein Vorwegnahme-Rückkoppelungs-Kreis (von Helmholtz 1856, von Holst und Mittelstaedt 1950, Miller, Galanter und Pribram 1960, Anochin 1967, Bernstein 1975, Leontjew 1979): Geleitet durch das Ziel als Vorwegnahme und Vornahme des Ergebnisses entsteht in der Tätigkeit ein Resultat, das zum Vergleich rückgekoppelt wird zu der Gedächtnisrepräsentation des Ziels. Die Tätigkeit wird fortgesetzt bis zur hinreichenden Übereinstimmung des rückgemeldeten Resultats mit dem Ziel. Der Vergleich erfolgt nicht nur abschließend, sondern er wird auch bereits vorweggenommen.

Die psychologisch in Regulationszusammenhängen wesentlichste *Abstraktionsebene* bei der Analyse dieser Vorwegnahme-Rückkopplungskreise (-einheiten) behandelt den Fluß von Aktionsanweisungen (nicht den von Energie oder abstrakter Information). Miller, Galanter und Pribram (1960) haben bei der Ableitung dieses Tatbestands die Verwandtschaft zum Befehlsfluß in Computern mit der Konsequenz der Anwendbarkeit bestimmter Programmiersprachen zur Beschreibung menschlicher Verhaltensregulation unter Bezug auf Newell, Shaw und Simon (1958) hervorgehoben.

Bezüglich der *Differenzierungsfeinheit* bei der Analyse der Rückkopplungseinheiten erscheint es in psychologischen Zusammenhängen nicht sinnvoll, die psychologische Einheit „Teilhandlung", die durch die (kleinsten) Teilziele auch erlebnismäßig markiert ist, wesentlich zu unterschreiten.

Die Einheit „Vorwegnahme-Rückkopplungskreis" wird bei Miller, Galanter und Pribram als TOTE-Einheit (Test-Operate-Test-Exit-Einheit) bezeichnet, womit bereits in der Benennung eine Differenzierung ihrer Binnenstruktur erfolgt (s. Abb. 4.17). Für unsere Zwecke sind einige zusätzliche Überlegungen erforderlich, welche die Einordnung dieser funktionellen Einheit betreffen und erforderliche Modifikationen berücksichtigen. Diese beinhalten Korrekturen entsprechend der reflektorischen Theorie des Psychischen (Leontjew und Luria im Vorwort zur russischen Ausgabe von Miller, Galanter und Pribram 1965) und berücksichtigen das sogenannte Feedforward, also Befehle von Zentren an Ausführungsorgane (Pribram 1971):

a) Zunächst gilt es zu beachten, daß kein nach außen abgeschlossener, sondern ein für **Führungsvorgaben und Umwelt-** (z. B. Produkt-) **rückwirkungen** offener Kreisprozeß vorliegt. Die Wellenlinienpfeile im Schema 4.18 verweisen auf diese Beziehungen.

b) Die **Vergleichs**komponente bezieht das Tätigkeitsresultat auf das als Vergleichsmuster fungierende Ziel und führt erforderlichenfalls zum Aufstellen weiterer (Teil-) Ziele durch den Arbeitenden als „aktives Subjekt der Tätigkeit". In diesen Vergleichen ist die Beziehung zum OAS (etwa der Vornahmenfolge, dem regulativ wirksamen Wissen, den Hypothesen) und darüber hinaus zu der von der Umwelt als „Führungsgröße" vorgegebenen Aufgabe hergestellt.

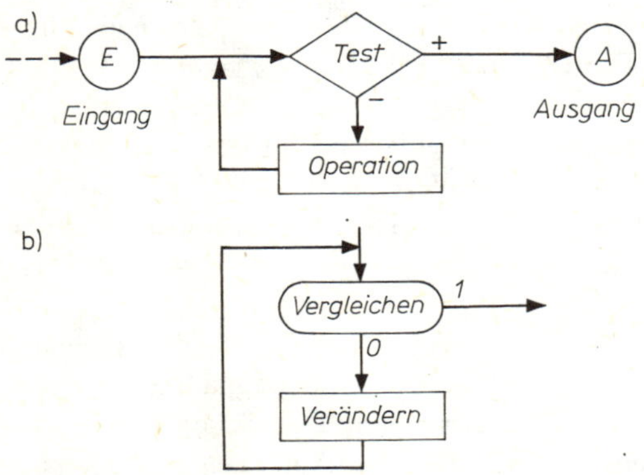

Abb. 4.17: Flußdiagramm einer Vorwegnahme-Veränderungs-Rückkoppelungseinheit (VVR-Einheit). a) Schreibweise als TOTE-(Test-Operate-Test-Exit-Einheit) nach Miller, Galanter und Pribram; b) Darstellung in der gebräuchlichen Symbolik der Datenflußbeschreibung.

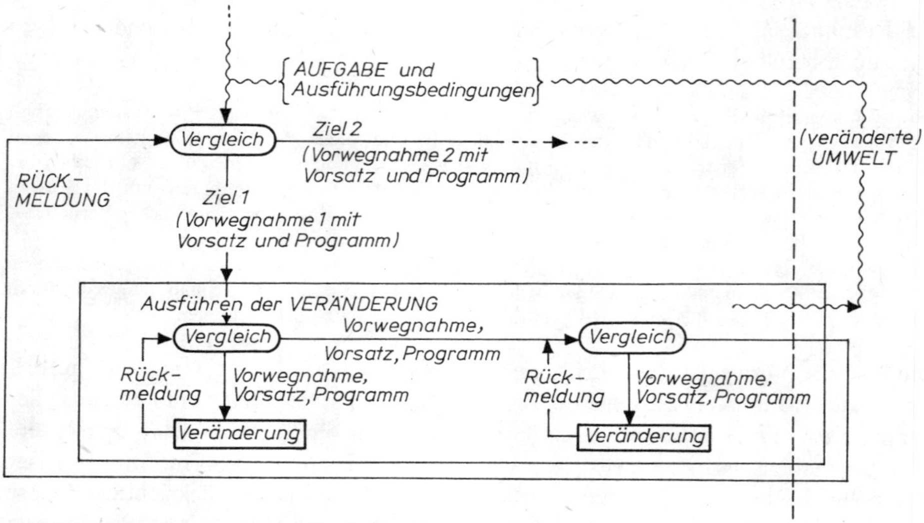

Abb. 4.18: Schematische Darstellung der hierarchischen Struktur einer regulativen Funktionseinheit (VVR-Einheit). Sie berücksichtigt gegenüber den Vorschlägen von Miller, Galanter und Pribram (1960) den Bezug auf unterschiedlich konkretisierte, bewertete Ziele aus selbstgestellten bzw. übertragenen Aufgaben als angestrebte Resultate und als Vergleichsmuster sowie die Veränderung der (Um)welt durch das Handeln.

c) Das **Verändern** schafft mit dem Herstellen eines Produkts Veränderungen in der Umwelt, die auf den psychischen Regulationsvorgang zurückwirken.

d) Weiter ist das Schema entsprechend der von Anochin (1967) bei der Weiterentwicklung der reflektorischen Theorie des Psychischen dargestellten Vorgänge in der **Rückkopplung** zu präzisieren. Das betrifft hauptsächlich den für den Soll-Ist-Vergleich erforderlichen, aus Efferenzkopien entstehenden **Aktionsakzeptor** und die vorangehende Synthese der verschiedenartigen Afferenzformen. Wir werden diese Präzisierungen im 9. Kapitel vornehmen.

Der entscheidende Gedanke von Miller, Galanter und Pribram (früher bei Bernstein 1935, deutsch 1975) zur Binnenstruktur muß beibehalten werden. Er betrifft die Erkenntnis, daß die Vornahme-, Veränderungs- und Rückkopplungseinheiten „verschachtelte" (Sub-) Systeme hierarchisch geordneter Einheiten bilden. Dabei können einige Einheiten Vorgänge im Organismus selbst, andere unmittelbare Organismus-Umwelt-Beziehungen zum Gegenstand haben. Mit anderen Worten sind die regulierenden Funktionseinheiten in hierarchisch ineinander verschachtelte Vornahme-Veränderungs-Rückkoppelungsfolgen gegliedert. Mittels dieser Verschachtelung werden umfassende Aktionsprogramme aufgebaut. Die Aufgliederung setzt dabei an den Veränderungskomponenten der Einheiten an (vgl. Abb. 4.18).

Wir wollen die funktionelle Binnenstruktur der regulativen Einheit der Tätigkeit wegen ihres durch die Modifikationen veränderten Inhalts als Vorwegnahme-Veränderungs-Rückkoppelungseinheiten (VVR-Einheiten) bezeichnen. Das Schema 4.18 versucht, ihre Organisation zu veranschaulichen: Übernommene Aufgaben und ihre Erfüllungsbedingungen werden mit dem Istzustand verglichen. Bei Abweichungen wird eine Vorwegnahme des Resultats und eine Vornahme, also das Ziel, zusammen mit einem Programm abgeleitet, welche die Veränderungen der dinglichen und sozialen

Umwelt leiten. Die Resultate werden zurückgekoppelt und mit dem gespeicherten Ziel und Programm verglichen. Im Falle hinlänglicher Übereinstimmung wird ein weiteres, bisher zurückgestelltes Ziel aktiviert. Der wichtigste Unterschied zur TOTE-Einheit ist die inhaltliche Orientierung darauf, *womit* Veränderungen in der sozialen und dinglichen Umwelt verglichen werden und woher diese Vergleichsinhalte, also die Vorwegnahmen und Vornahmen stammen. Damit wird eine Abgrenzung von einem formalen Zyklus aus Vergleichen und Verändern „an sich" betont. Die hierarchische Verschachtelung dieser funktionellen Einheiten beinhaltet als wesentliches Merkmal den Fluß von auf Antizipationen aufbauender Informationen von über- zu untergeordneten und von datenrückmeldender Information von unter- zu übergeordneten Einheiten. Diese hierarchische (bzw. heterarchische) Organisation bietet Möglichkeiten zur Bewältigung der Begrenzungen informationsverarbeitender Systeme durch die verfügbaren Daten und die verfügbaren Bearbeitungskapazitäten. Sie gestattet, möglichst viele Daten zu verarbeiten und dennoch Kapazitäten für weiterführende Verarbeitungsleistungen, also beispielsweise für Verallgemeinerungen, verfügbar zu halten. Das geschieht durch das Delegieren von Einzelvorgängen an untergeordnete Einheiten mit erlernten Programmen, die weniger oder überhaupt keine Bewußtheitskapazität benötigen, und durch abkürzende Repräsentation der Befehle an diese in den übergeordneten Einheiten.

Die Ergebnisse zahlreicher Untersucher (Tomaszewski 1964, Galperin 1967 a, b, Rubinstein 1962, Milerjan 1968, Neubert 1968, Skell 1968 a, b, Tschebyschewa 1968, Luria 1970a, b, Miller, Galanter und Pribram 1960, Turvey 1977, Gallistes 1980, Norman 1981, Volpert 1983 b) stützen und differenzieren diese hier dargelegten Auffassungen.

Am Beispiel der Organisation eines Arbeitstageablaufs wurde eingangs die hierarchische Struktur der psychischen Regulation komplexer Arbeitstätigkeiten aus Alltagserfahrungen abgeleitet.

Jetzt wollen wir dieses Beispiel erneut aufgreifen, um die zunächst grob skizzierte Struktur weiter zu differenzieren. In der bisherigen Aufschlüsselung und ihrer schematischen Darstellung ist der psychologisch entscheidende Sachverhalt unausgesprochen geblieben, daß jede Teiltätigkeit, also auch die unmittelbare praktische Teilzielrealisierung, selbst wiederum aus regulierenden Funktionseinheiten im eben dargestellten Sinne aufgebaut ist.

Eine Funktionseinheit mit ihrem Ziel kann innerhalb einer hierarchisch-sequentiellen Gesamtstruktur gleichzeitig eine **dreifache Rolle** haben:

- Sie ist eine relativ selbständige Funktionseinheit mit einem **Ziel**, einem Programm zur Zielerreichung und dem rückkoppelnden Vergleich zur Kontrolle.
- Sie ist ein **abhängiger Bestandteil** und **Teil**ziel von einer (oder mehreren) umfassenderen übergeordneten Funktionseinheit(en), eventuell deren „Mittel".
- Sie ist die umfassendere, übergeordnete Einheit mit dem **Ober**ziel für von ihr abhängige Einheiten.

Diese dialektische „Rollen"-Struktur bewirkt wichtige Vorzüge der hierarchisch-sequentiellen Organisation von Arbeitstätigkeiten. Sie enthält allerdings auch Gefahren (dazu 5.5.).

Zur Vereinfachung schneiden wir uns aus dem Graphen ein Stück (die erste Hauptverzweigung) heraus; zugleich verdeutlichen wir die Darstellung im Sinne der Berücksichtigung der in Abb. 4.15 c zunächst durch ausgezogene Pfeile angedeuteten Verlaufsfolge der psychischen Vorgänge (Abb. 4.19):

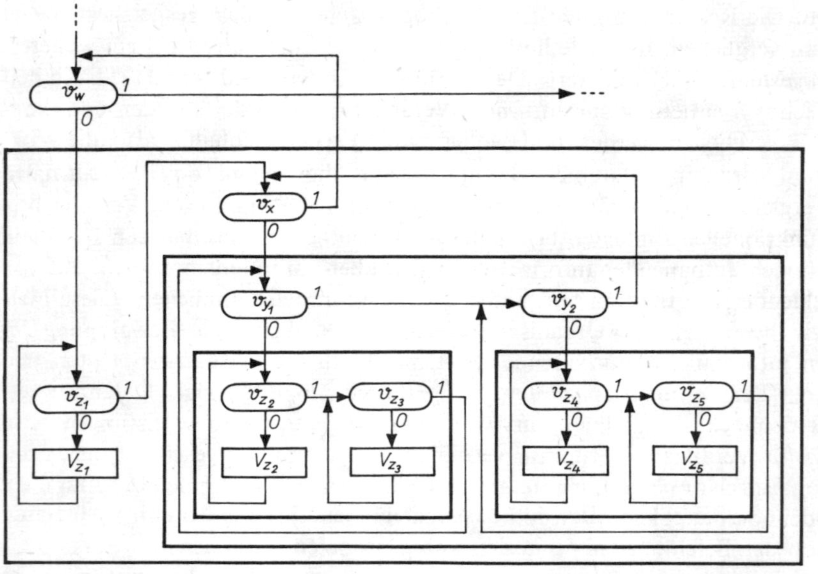

Abb. 4.19: Darstellungsmöglichkeit von Aspekten der psychischen Struktur einer komplexen Arbeitstätigkeit im Sinne eines Flußdiagrammes. Vergleiche . . . v Veränderungen . . . V; w, x, y, z verschiedene hierarchische Ebenen.

Damit ist die bisher nur Aufgabenteile hierarchisch systematisierende Ausgangsdarstellung der psychologischen Strukturanalyse einen ausschlaggebenden Schritt näher gebracht, weil das Zusammenwirken von Ziel, Aktionsprogramm und Rückkoppelung berücksichtigt ist. Die weiteren Schritte bestehen in der durch das bisher dargestellte Strukturschema geleiteten Identifizierung der konkreten psychischen (z. B. Vornahme-, Entwurfs-, Beurteilungs-, Entscheidungs-) Leistungen. Dazu in späteren Kapiteln.

Dem entwickelten Flußdiagramm entsprechend muß nunmehr auch der aus Übersichtlichkeitsgründen darzustellende Graph verändert werden (Abb. 4.20).

Der Grundgedanke der sequentiell-hierarchischen (bzw. heterarchischen) Organisation ist also einfach: Ziele und die zugehörigen Programme sind so organisiert, daß übergeordnete, allgemeinere in einer abgekürzten Form die untergeordneten, spezielleren enthalten bzw. erzeugen (Ernst und Newell 1969). Dieser Hierarchie der Ziele entspricht eine Hierarchie der Programme allerdings mit dem wesentlichen Unterschied, daß zur Ausführung der stets bewußtseinspflichtigen Vornahmen auch nichtbewußtseinsfähige Programme wirksam sein können. Die untergeordneten Ziele und Programme können aus den übergeordneten aufdifferenzierend abgeleitet werden. Damit kann einerseits bei begrenzter Kapazität Bewußtheit für vor- und nachbereitende, verallgemeinernde Leistungen freibleiben. Andererseits wird die ausgegliederte, an nachgeordnete Regulationsvorgänge delegierte Tätigkeitsausführung an Hand bewährter gespeicherter Ziele und Programme aufwandsökonomisch abgesichert. Da die von übergeordneten Zielen zu differenzierteren, nachgeordneten Zielen voranschreitende Abarbeitung stets zugleich ein zeitliches Nacheinander bedeutet, liegt **gleichzeitig eine Über- und eine zeitliche Nachordnung** vor. Übergeordnete Ziele und Programme haben notwendig den größeren antizipativen zeitlichen Vorgriff als die untergeordneten.

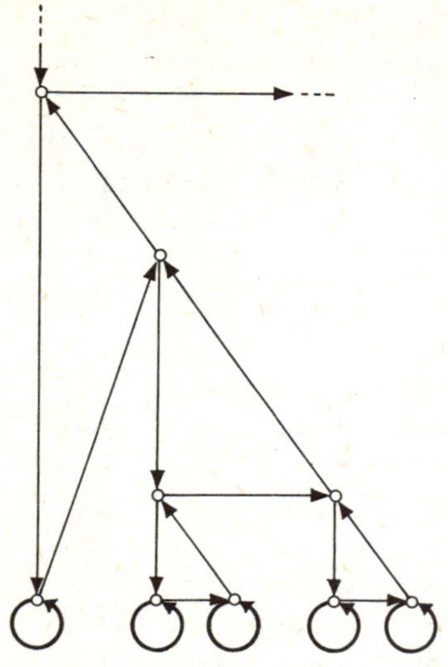

Abb. 4.20: Darstellungsmöglichkeit von Aspekten der psychischen Struktur einer komplexen Arbeitstätigkeit vermittels gerichteter Graphen. → Aufeinanderfolge von Vergleichen; ⇀ Veränderungen.

Untersuchungen zur Planung und zur Abarbeitung von Regeln der Tätigkeitsregulation haben allerdings gezeigt, daß Menschen keine vielschichtigen, logisch vollständigen Vornahmehierarchien zu entwickeln pflegen, wie man sie auf dem Papier mit Hilfe einer fortschreitenden Verschachtelung der VVR-Einheiten erzeugen könnte. Überwiegend werden nicht mehr als zwei benachbarte Ebenen auf einmal herausgeschnitten. Die Hierarchiebearbeitung erfolgt nach Bedarf (Görner 1968, Hacker 1977a).

Da der Begriff der Hierarchie fälschlich die Vorstellung einer streng einseitigen Einwirkung nur der übergeordneten auf die untergeordneten Einheiten nahelegen könnte, ist die Bezeichnung als heterarchische Organisation üblich geworden. Sie berücksichtigt in der Wortwahl ausdrücklicher, daß neben- und untergeordnete Einheiten relativ selbständig wirken können und unerläßliche (Rück)meldungen für das Funktionieren der übergeordneten liefern. Er läßt darüber hinaus die für das Gesamtverhalten ausschlaggebende Wechselwirkung zwischen den regulierenden Einheiten leichter erkennen.

Praktisch ist die Situation noch komplizierter, weil das Verhalten häufig **mehrere Tätigkeiten** relativ gleichzeitig einschließt. Mehrere sequentiell-hierarchisch organisierte Abläufe durchschneiden einander (Norman 1981). Ausschlaggebend für die Regulation ist dabei die Über-, Neben- und Unterordnung ihrer Ziele.

Mit den Zielen sind stets aktivations- und inhaltsbezogene Motivationsprozesse untrennbar verknüpft. Daher ist die heterarchisch bzw. **hierarchisch-sequentielle Organisation der Tätigkeit gleichzeitig sowohl kognitiver als auch motivationaler Art:** Die Zielannäherungsbeiträge oder Instrumentalitäten untergeordneter Ziele für übergeordnete Oberziele oder Motive sind ihre subjektive „Bedeutung" oder Valenz. Ein Tätigkeitsergebnis kann Instrumentalität für **verschiedene** Oberziele haben. Das entspricht dem erwähnten „Durchschneiden" mehrerer heterarchischer Tätigkeitseinheiten (Volpert 1983b). Die Oberziele oder Motive verbinden die verschiedenen Tätigkeitseinheiten miteinander.

Wir hatten oben algorithmische Darstellungen der Tätigkeitsorganisation benutzt. Was ist der Nutzen, was sind die Grenzen formalisierter Darstellungen der psychischen Struktur und Organisation von Arbeitstätigkeiten?

Der Sinn einer formalisierten Darstellung von Arbeitstätigkeiten sowie psychischer Strukturkomponenten von Arbeitstätigkeiten als Graphen oder Algorithmen ist zunächst einmal mit dem allgemeinen Sinn formalisierter Darstellungen komplexer Strukturen identisch (vgl. Klix und Krause 1969):

1. Es geht nicht in erster Linie um Gewinn neuer Erkenntnisse, die anders nicht gewonnen werden könnten (das ist erst eine Folge), sondern um die Bereitstellung von Erkenntnis in einer **verallgemeinerten**, also **vergleichbaren** und übertragbaren Form.[3]

Insofern die formale Darstellung auf Grund differenzierter phänomenologischer und kausal-konditionaler Analyse tatsächlich ermittelte (nicht nur logisch deduzierte) Teilsysteme abbildet, werden im gegebenen Fall allgemeine Beschreibungs- und Vergleichsdimensionen von psychischen Strukturen von Arbeitstätigkeiten (zum Teil quantifizierter Art) eröffnet, die bei einem Graphen u. a. umfassen (Richter 1970 b):

- die Anzahl der Knoten (d. h. von Tätigkeitskomponenten, die phänomenale Teilzielqualität annehmen; damit gegebenenfalls von Entscheidungserfordernissen);
- die Hierarchie der Knoten (d. h. den Umfang der Teilzielfolgen; damit gegebenenfalls die Antizipationsweite);
- die Bewertung von Wegen im Graphenbaum, u. a. vermittels
- der Einführung von Übergangswahrscheinlichkeiten zwischen den durch Knoten symbolisierten Zuständen.

Die eingehende Darstellung muß Gegenstand von Methodendarstellungen sein. Hier sei lediglich angemerkt, daß derartige Darstellungsformen die Behandlung von Strukturproblemen auf Datenverarbeitungsanlagen prinzipiell zulassen.

Die formalisierte Darstellung von Arbeitstätigkeiten sowie psychischer Strukturkomponenten von Arbeitstätigkeiten hat darüber hinaus einen weiteren Effekt für strukturanalytische Anliegen:

2. Über den Wert für die Beschreibung der Aufgabenbeschaffenheit hinaus kann eine formale Darstellung von Arbeitstätigkeiten auch heuristischen Wert für die differenzierte Analyse ihrer psychischen Struktur gewinnen. Das ist dann möglich, wenn die Elemente (bei algorithmischer Beschreibung[4] also die Prüfbedingungen und Operatoren) als Ausgangspunkte der Analyse psychischer Regulationsvorgänge dienen, aus denen weiterführende Fragen abgeleitet werden. Derartigen heuristischen Wert können formalisierte

[3] Neben den bei der Einführung des Strukturbegriffs (S. 109) erwähnten generativen oder Strukturformationsregeln tritt bei dem Anliegen des Vergleichs und der Übertragung eine andere Art von Regeln auf: Bei den durch Graphenbäume dargestellten hierarchischen Strukturen können *Transformationsregeln* gefunden werden, die die Überführung (z. B. Ableitung aus einer Grundstruktur, Abbildung aufeinander) verschiedener hierarchischer Strukturen ineinander bestimmen. In der Linguistik haben sich u. a. syntaktische Transformationsregeln seit längerem bewährt. Das im 11. Kapitel verfolgte Anliegen der Darstellung von Strukturmodifikationen kann in der Perspektive mittels Ableitung von Transformationsregeln eine allgemeine, abstrakte Behandlungsmöglichkeit erhoffen.

[4] „Unter einem *Algorithmus* versteht man eine genaue Vorschrift, nach der ein ... System von (Ausführungs- und Prüf-)Operationen in einer bestimmten Reihenfolge auszuführen ist und nach der man alle Aufgaben eines gegebenen Typs lösen kann" (Trachtenbrot 1965 S. 7).
Als Findehilfsmittel bei der psychologischen Analyse der Arbeitstätigkeiten eignen sich besonders Kaloujninesche Algorithmen als netzwerkartige Graphen (Kaloujnine 1963).

Darstellungen hauptsächlich dann gewinnen, wenn sie ein Ergebnis der Aufbereitung von Tätigkeitsanalysen, nicht allein der Systematisierung von Aussagen von Arbeitenden über tätigkeitsbezogene Bewußtseinsinhalte sind. Die nach logischen Regeln aufgebauten algorithmischen Beschreibungen können jedoch nicht ohne weiteres in allen ihren Komponenten als zutreffende und hinreichende Abbildung der tatsächlich ablaufenden psychischen Regulationsvorgänge aufgefaßt werden.

So kann beispielsweise das Orientieren über die erforderlichen Handlungsbedingungen in psychologisch unterschiedlicher Weise (etwa intellektuell erschließend, optisch wahrnehmend, taktil-kinästhetisch) erfolgen; die logischen Prüfungsbedingungen sind nicht notwendig identisch mit den psychologisch relevanten Tätigkeitseinheiten „Handlung" bzw. „Teilhandlung", sie sind mit anderen Worten also nicht notwendig als Ziele oder Teilziele erlebnismäßig gegeben; Einheitenbildungen verschiedener Art modifizieren die psychische Realstruktur usw.

Zur Illustration dieser **Grenzen formalisierter Analyse** sei ein äußerst elementarer Arbeitsgang gewählt: das Aufschrauben von Muttern auf Schrauben bis zum Anschlag

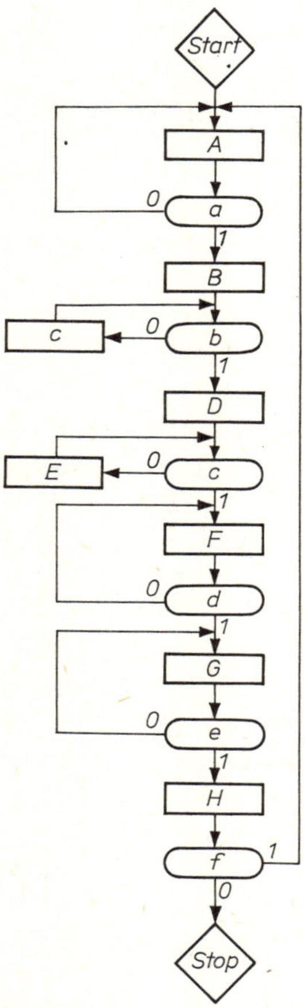

a: Prüfe, ob je eine Schraube und Mutter erfaßt

b: Prüfe, ob Schraube und Mutter rechtwinklig zueinander stehen

c: Prüfe, ob Gewinde beim Drehen greift

d: Prüfe, ob Mutter fest am Anschlag sitzt

e: Prüfe, ob Werkstück über Ablageort

f: Prüfe, ob Schrauben und Muttern vorhanden

A: Erfasse mit linker Hand eine Schraube, mit rechter eine Mutter

B: Führe beide zusammen

C: Korrigiere Lagebeziehung von Mutter und Schraube

D: Setze Mutter auf Schraube auf

E: Löse Mutter und setze sie genau rechtwinklig auf Schraube

F: Drehe Mutter bis zum Anschlag auf

G: Führe Werkstück mit linker Hand zu Ablage

H: Lege fertiges Werkstück ab

Abb. 4.21: Graphenalgorithmus für das Zusammenschrauben von Muttern und Schrauben.

ohne Werkzeug. Abb. 4.21 zeigt die algorithmische Beschreibung. Die unter Regulationsgesichtspunkten zu analysierende psychische Struktur läßt zwei Phasen erkennen:

Aufnehmen von Mutter sowie Schraube, Zusammenführen und Aufsetzen erfolgen unter Führung der visuellen Kontrolle bei Beteiligung der taktil-kinästhetischen. Das nachfolgende Festschrauben bis zum Anschlag und Ablegen ist allein taktil-kinästhetisch reguliert und kontrolliert, die optische Kontrolle wird währenddessen frei für das antizipative Aufsuchen [gegebenenfalls Auswählen (Entscheiden)] der nächsten Arbeitsgegenstände. Der Zeitgewinn im Übungsfortschritt dieser Tätigkeit resultiert vorwiegend gerade aus der verbesserten Verzahnung (und mithin zeitlichen Überdeckung) von vorbereitender kognitiver (Antizipation der Werkstücklage) und ausführender manueller Operation (Festschrauben) sowie als Folge davon auch der Verzahnung verschiedener manueller Operationen (gleichzeitiges Ergreifen von Mutter mit rechter und Schraube mit der linker Hand).

Die algorithmische Beschreibung unseres elementaren Beispiels bildet diese konkreten Ausprägungen der psychischen Regulationsvorgänge *nicht* hinreichend spezifiziert ab, stellt jedoch ein hinführendes Hilfsmittel dar, das prinzipiell mögliche Rückkoppelungskreise aufzuzeigen hilft.

In dem Maße, wie die Aufgabe diskrete logische Operationen (Entscheidungen) fordert (z. B. Lösen einer mathematischen Aufgabe), wächst die Abbildbarkeit der psychischen Struktur mittels algorithmischer Beschreibungen und mithin ihr Wert für die Erkennung psychologisch relevanter VVR-Einheiten.

4.4.3. Funktionell bedeutsame Eigenschaften von Gliedern regulativer Funktionseinheiten

Im Abschnitt 4.3. dieses Kapitels wurden Komponenten der psychischen Struktur von Arbeitstätigkeiten benannt; im vorigen Abschnitt wurde die Struktur der regulierenden Vorwegnahme-, Veränderungs-, Rückkoppelungs-Einheiten erörtert.

Nunmehr müssen zur differenzierten Analyse dieser Einheiten funktionell bedeutsame Eigenschaften ihrer Glieder dargestellt werden.

Ziel als Einheit von Antizipation und Intention — die ausschlaggebende Regulationsinstanz
Eine hervorgehobene Rolle in der funktionellen Organisation hat das **Ziel als Vorwegnahme** des angestrebten Tätigkeitsergebnisses. Wir sahen: Das Ziel geht den praktischen Operationen voraus und überdauert verschiedene Handlungsetappen als Invariante. Damit ist seine Funktion jedoch noch nicht ausreichend beschrieben. Seine spezifische, in mehrfacher Hinsicht handlungsorganisierende Funktion erfüllt ein Ziel in der Form der **Vornahme (des Vorsatzes)**. Eine vorstellungsmäßige oder gedankliche Vergegenwärtigung des anzustrebenden Produkts wird durch einen **Entschluß** zur Vornahme. Allein das Vorstellen oder Denken an das Herstellen eines Produkts wirkt weder handlungsveranlassend noch handlungsregulierend. Das Ziel hat als übergeordnete regulative Instanz eine fünffache Funktion, welche die funktionelle Einheit aller Handlungsglieder herstellt:

- Ziele sind eine **Vorwegnahme**, ein Modell oder ein Entwurf des zu erreichenden Ergebnisses, welche die Verrichtungen auf das Ergebnis hin organisiert und steuert. Diese Regulation auf die Zukunft hin gilt sogar bei der Arbeit an sogenannten unscharfen Problemen mit bestenfalls rahmenhaften Zielen.
- Ziele liegen als **gespeicherte Sollwerte** oder Vergleichsmuster dem kontrollierenden Vergleich mit dem rückgemeldeten tatsächlichen Resultat zugrunde. Diese Funktion wird in der Neurophysiologie als Aktionsakzeptor (Anochin 1967), in der Verhaltensbiologie als Efferenzkopie (von Holst und Mittelstaedt 1950) bezeichnet.
  Sie sind dabei Ansatzstelle spezifischer bewertender **Emotionen** und des **Selbstwerterlebens**.
- Ziele und ihre vorwegnehmend bewerteten weiteren Konsequenzen, die „Instrumentalitäten", **aktivieren**, **veranlassen** und sichern das Handeln als **Vornahmen.** Sie wirken als „Quasibedürfnisse" (Lewin 1926). Auf dem Wege zum Ziel liegende Etappen und Operationen erhalten einen von der Zieldistanz abhängigen Aufforderungscharakter. Dieser Sachverhalt wird auch als das Prinzip der sekundären Motivation bezeichnet.

Der Kreisprozeß von Steuerung und Kontrolle zusammen mit der motivierenden Wirkung bedingt die beherrschende regulative Rolle des Ziels.

Ziele sind ein eigenartiger psychischer Sachverhalt: Sie sind Abbildungen einer noch nicht existierenden, sondern erst zu schaffenden Wirklichkeit und **verknüpfen so Gegenwart und Zukunft**. Sie sind Vorwegnahmen und Vornahmen zugleich und zeigen so die Fehlorientierung beim Trennen von **Kognition und Motivation**. Sie sind ontogenetisch sozial, nämlich aus der Funktionsteilung in der Eltern-Kind-Beziehung ableitbare Ergebnisse individueller Willensvorgänge, welche die **soziale Entstehung individueller** Willenshandlungen verdeutlicht. Sie sind weder der Person noch der Situation zuordenbar, sondern leiten gerade das **Verknüpfen von Gegenstand und Person** in den gegenständlichen Tätigkeiten.

Im einzelnen:

Wir sahen, daß Aufträge erfaßt, bewertet und als interpretierte Aufgabe übernommen werden. Die Ziele ergeben sich aus diesen redefinierten Aufgaben. Die wert- und normenbezogenen Ansprüche, das Selbstbild sowie das erlebte Verhältnis von Anforderungen und eigenen Leistungsmöglichkeiten werden über die Zielstellungen regulierend wirksam.

Die Möglichkeit des hierarchischen Enthaltenseins von unter- in übergeordneten Zielen wurde bereits dargestellt. Hier wird wichtig, daß die hierarchischen Ordnungen des Gedächtnisses im praktischen Handeln als zeitliche Abfolgeordnungen von Bearbeitungsschritten realisiert werden. In bisherigen Untersuchungen fanden wir Vorwegnahmen nur für wenige nacheinander folgende Schritte. Die Ursache dürfte in der Beanspruchung des begrenzten operativen Gedächtnisses liegen, indem Sachverhalte bewußt gehalten werden.

Zwei unterschiedliche Vorgehensstrategien, denen auch Zielspannweiten entsprechen, sind möglich:

- die momentane Strategie: Entscheidungen über Vorgehensschritte werden zwar zielbezogen getroffen, jedoch jeweils erst in dem Augenblick, in welchem es die Situation verlangt.
- die planende Strategie: Hinausgehend über das Vorgehen bei der momentanen Strategie werden hier zielbezogen Vorgehensschritte systematisch vorausgreifend mit Hilfe einer Reihe von zu durchlaufenden Teilzielen erzeugt.

Beide Strategien treten im Arbeitsalltag auf. Am effektivsten scheinen **Mischstrategien** mit der Aufstellung eines groben Rahmenplans und dem abschnittsweisen Untersetzen bei Bedarf für einige wenige Schritte zu sein.

In komplexen Tätigkeiten mit einer hierarchischen Struktur haben die Handlungen und Teilhandlungen einen erlebbaren Beitrag zur Verringerung des Abstands zum Gesamtziel. Sie haben einen „Zielannäherungswert". Fehlt er, so ist das Erleben von Langeweile oder Monotonie wahrscheinlich.

Zusammen mit den hierarchischen Über- bzw. Unterordnungen von Zielen und Teilzielen und im Sinne der oben erwähnten umfassenderen heterarchischen Ordnung sind auch Nebenordnungen von Zielen wirksam. Eine Tätigkeit kann nämlich verschiedenen Zielen dienen, die einander nicht untergeordnet, sondern die gleichwertig sind. **Tätigkeiten haben multiple und heterarchische Ziele**.

Eine Möglichkeit zum Erklären des „Umschaltens" zwischen Zielen sind die erwähnten Erzeugungssysteme mit ihren modularen Bedingungsmuster-Handlungs-Regeln als Bestandteil unseres nicht bewußten, prozeduralen Wissens. Die äußeren Bedingungsmuster rufen automatisch ein Handlungsprogramm ab, das mit einer gespeicherten globalen Prioritätenliste von Oberzielen oder Motiven übereinstimmt. Diese äußeren Bedingungen sind nicht Repräsentationen des Endergebnisses. Sie sind also keine Ziele. Es liegen auch keine bewußten und damit aussagbaren Entscheidungen für ein Ziel oder Teilziel vor. Die Bedingungs-Handlungs-Regeln reagieren daher auch auf unerwartete Ereignisse, die nicht Gegenstand bewußter Ziele waren. Sie funktionieren rasch, und sie führen auch dort weiter, wo vorausschauende Kalkulationen der zweckmäßigsten Teilzielabfolgen nicht realisierbar sind (Broadbent 1983).

Einer besonderen Beachtung bedarf der **Entschluß**:

Das Entscheiden im Sinne des Ausscheidens bestimmter Handlungswege ist noch nicht Entschließen. Erstes Kennzeichen des Entschlusses ist der im „Übergang vom Wünschen zum **Wollen**" entstehende Vorsatz, die Absicht (Straub 1935). Der Entschluß bezieht sich darüber hinaus nicht darauf, „etwas" zu tun, sondern ist ein Entschluß zu einem **bestimmten** – meist in einer Entscheidung ausgewählten – **Weg**. Er setzt als zweites Kennzeichen die Mittel-Weg-Festlegung und -entscheidung bei gleichzeitiger Hemmung der übrigen Freiheitsgrade voraus (Anochin 1967). Dabei kann diese Mittel-Weg-Festlegung eine im Bewußtsein abgehobene Entscheidung für die bestimmte Ausführungsweise oder ein automatisiertes Einschalten beherrschter Aktionsprogramme darstellen. Im ersten Fall kann die Mittel-Weg-Entscheidung den Charakter eines differenzierten Planungsvorgangs annehmen. Somit ist als drittes Kennzeichen der Entschluß stets mit einer **Organisation der gesamten Tätigkeit** verknüpft, für die eine Vornahme entstand.

Damit hängt zusammen, daß das Entschließen unterschiedlichen Zeitbedarf aufweist. Eine zeitliche Zäsur (ein Ausdruck der Hemmung äußerer Aktivität) im Handlungsablauf ist ein häufig, aber nicht notwendig anzutreffendes Merkmal derartiger entschlußverbundener Organisation nachfolgender Handlungsetappen.

Die für das Verhalten kritische Funktion von Entschluß- (einschließlich Entscheidungs-)Vorgängen wird auch von der Physiologie hervorgehoben:

„Wir stellen die Frage nach dem Endstadium der Informationsverarbeitung, in dem alle vorhergehenden Integrationsstufen zur Erzielung der einfachen Antwort ‚Ja' oder ‚Nein' summiert werden. Wenn das Nervensystem eine Integration vollzieht, dann muß, bevor das Kommando auf die Effektoren übergeht, irgendeine kompetente funktionelle Einheit eine endgültige ‚Entscheidung' über die Übereinstimmung mit dem Kriterium fällen. Alle wesentlichen Informationen und die Abstimmung der Zentren müssen von einem einheitlichen Integrator berechnet und abschließend bewertet werden. Unabhängig von seiner Konstruktion stellt dieser Integrator selbst ein einheitliches Ganzes dar, das für die Ausführung des betreffenden Aktes notwendig und ausreichend ist" (Bullock 1961, zit. nach Anochin 1967, S. 58).

Die Entschlußphase bewirkt einige für die Handlungsregulation wesentliche Veränderungen: Im Entschluß vollzieht sich einerseits ein **qualitativer** Wandel: Aus unverbindlichen Freiheitsgraden als Handlungsmöglichkeiten entsteht das Programm eines zu verwirklichenden Handlungsvorgangs. Freiheitsgrade werden aufgehoben. Gleichzeitig wird durch Auswahl (und Integration) in **quantitativer** Hinsicht eine Verringerung der prinzipiell wegen ihrer möglichen Handlungsrelevanz Orientierungsinhalte darstellenden Sachverhalte erreicht. Bei näherer Betrachtung dieses zweiten Aspekts stößt man auf einen aufschlußreichen Tatbestand: Bekanntlich erfolgt in der organismischen Informationsverarbeitung auf verschiedenen Wegen eine außerordentliche Informationsverdichtung. Wahrscheinlich stellt der Entschluß gleichfalls einen informationsverdichtenden Vorgang dar. Für unser Anliegen ist wesentlich, daß der Informationsverdichtung eine neuerliche Informationsaufspaltung während der Entschlußrealisierung gegenübersteht. Diese schlägt sich nieder in der hierarchischen „Verschachtelungsstruktur" der Aktionsprogramme, die der Programmorganisation von Rechnern ähnlich ist: Übergeordnete Einheiten, repräsentiert durch ein verdichtendes „Superzeichen" (z. B. „Schreiben"), schließen im Sinne des „Aufhebens" fortlaufend untergeordnete Ketten kleiner Einheiten mit weiter entfalteten Informationsmengen ein (z. B. Wortbestand, Buchstabenform, Formdetail). Mit anderen Worten: Die hierarchische Struktur der Aktionsprogramme ist ein notwendiges Pendant des mit der „Enge des Bewußtseins", d. h. der Begrenztheit der bewußten Verarbeitungskapazität, erzwungenen verdichtenden Rekodierens der Afferentation.

Aktionsprogramme

Aktionsprogramme sind hierarchische Prozesse des Organismus, welche die Ordnung regulieren, in der eine Folge von Operationen ablaufen soll. Aktionsprogramme sind beschreibbar als Listen von Befehlen (Miller, Galanter und Pribram 1960). Der Mechanismus der Verwirklichung wird im Dekodieren gesehen, einem Vorgang, durch welchen Material aus ökonomisch zusammenfassenden größeren Einheiten fortschreitend rückgeschlüsselt wird. Vermutlich existiert eine begrenzte Anzahl von Erzeugungsprogrammen, welche die erforderlichen Aufbauregeln für die realisierenden Aktionsprogramme enthalten und die Erzeugung (Dekodierung) von Hierarchie-Ebene zu Hierarchie-Ebene zunehmend detaillierterer Unterprogramme im Bedarfsfalle bewirken (Volpert 1974a).

Als Beispiel für Erzeugungsprogramme, die einzelne, konkrete Aktionsprogramme herstellen, können die generativen Grammatiken der Psycholinguistik dienen, soweit ihre organismische Wirksamkeit gesichert ist. Vergleichbare Modellvorstellungen bietet das Schemakonzept. Schemata sind verallgemeinerte Gedächtnisstrukturen, bei denen Oberschemata die Unterschemata zu aktivieren oder zu erzeugen vermögen. Das höchste Oberschema ist das Ziel (Schmidt 1976, Norman 1982).

Wahrscheinlich gibt es auf verschiedenen Regulationsebenen auch unterschiedliche Formen der Programmerzeugung. Motorische oder Bewegungsprogramme als Listen kinästhetisch kontrollierter Befehle sind schwierig untersuchbar (Heuer 1978). Daher ist über sie wenig bekannt. Bewußte Pläne dagegen sind leichter erfaßbar. Sie werden zumeist als grobe Rahmenpläne entworfen und erst schrittweise vervollständigt. Der situative Kontext schränkt den Entscheidungsspielraum ein und erleichtert so die Einzelschrittableitung. Außerdem wird die Gedächtnisbelastung reduziert (Görner 1968, Schindler 1980).

Vom jeweils übergeordneten Aktionsprogramm werden die Unterprogramme eingesetzt und überwacht. Die von Pawlow eingeführte Unterscheidung erst- und zweitsignalischer Regulation grenzt auch Ebenen von Aktionsprogrammen ab. Diese Aktionsprogramme als regulativ schematisierte innere Modelle des Tätigkeitsvollzugs stehen bei den produkterzeugenden Arbeitstätigkeiten in der Regel **neben** dem Ziel als Ergebnismodell. Es sind jedoch auch Grenzfälle möglich, in denen sie weitestgehend anstelle von Ergebnismodellen wirken. Charakteristisch ist dieser Sachverhalt für Spiel und Sport.

Die **Aktionsprogramme** schließen — wie wir oben sahen — auch Kontrollprozesse ein und erfüllen somit eine zweifache Aufgabe:

— Sie stellen einen vorwegnehmenden Entwurf — ein Programm — der nachfolgenden Operationen dar, der vermittels einer Folge von Dekodierschritten realisiert wird.

— An diesem Entwurf wird der Verwirklichungsvorgang fortlaufend kontrolliert (*neben* der etappenweisen Kontrolle der Zwischenergebnisse am Teilziel).

Von fundamentaler Bedeutung für das Verständnis des Regulierungsvorgangs ist der **organisierende Einfluß** dieser kontrollierenden Rückkoppelungen zum Programm auf die Tätigkeit (Anochin 1967).

Ein Entwerfen nachfolgender Operationen als Aktionsprogramm ist mindestens immer dann unerläßlich, wenn das Erreichen des Ziels mehrere Zwischenschritte erfordert. Die phänomenal deutlichste, aber keinesfalls alleinige Form des Entwerfens ist die vorstellungsmäßige bzw. gedankliche Vorwegnahme der Verfahrensweise und der Mittel.

Moog (1969) hat bei einer einfachen Aufgabe (Nachlegen eines Mosaikmusters) experimentell zeigen können, daß die Komplexität einer beabsichtigten Handlung sich *vor* dem manuellen Ausführungsbeginn in exakt meßbaren Leistungsdaten niederschlägt. Das bedeutet, daß schon in **vorbereitenden** Handlungsphasen detaillierte Informationen über den Handlungsfortgang aufgenommen werden. Je komplexer die Anforderungen und je geringer die Übung, desto ausgeprägter ist jeweils der Ausdruck in meßbaren Größen. Als Indikator verwendete Moog die Reaktionszeit auf in die Vorbereitungsphase eingeschobene Reize. Die „eingeschobenen" Reaktionszeiten sind länger als die gewöhnlichen isolierten Reaktionszeiten und variieren hier mit den Anforderungen der Vorbereitungsphase. Die Befunde legen nahe, daß die Ursachen nicht allein in den Orientierungserfordernissen, sondern auch in den Entwurfsvorgängen zu suchen sind.

Sogar erlebnismäßig nicht zugängliche elementare Orientierungs- und Entwurfsvorgänge sind also experimentell indirekt nachweisbar.

Aktionsprogramme können auf verschiedenen **Regulationsebenen** vorliegen; charakteristische Ausprägungsformen sind:

— Bewegungsentwurf bzw. Komplex von Bewegungsentwürfen (Stereotyp) (Förster 1912); daneben dürften kognitive Routinen (Fertigkeiten) existieren;

— Handlungsentwurf oder Handlungsschema (z. B. Metzger 1965);

— Plan; Strategie.

Bezüglich dieser verschiedenen „Ebenen" besteht eine Entsprechung zwischen der Hierarchie der Ziele und der der Aktionsprogramme mit der Einschränkung, daß auch „unterhalb" der Teilziele noch weiter differenzierte Aktionsprogramme (z. B. Bewegungsentwürfe) bestehen.

Um die Leistungen von Aktionsprogrammen eingehender zu kennzeichnen, müssen folgende **Einzelvorgänge** benannt werden:

- **Entwurf** der Verwirklichungsschritte. Entwürfe erstrecken sich nicht nur auf das oben behandelte Ziel als Ergebnisvoraussage, sondern auch auf die erforderlichen

Verwirklichungsschritte. Obgleich es für die psychologische Analyse von Arbeitstätigkeiten entscheidend ist, die dominierende Bedeutung der Ergebnisvoraussage zu berücksichtigen, darf dennoch das erforderliche Entwerfen von Verwirklichungsschritten nicht vernachlässigt werden. Eine Vernachlässigung kann unterlaufen, da — im Unterschied zum Ziel — die entstehenden Aktionsprogramme nicht nur bewußtseinspflichtigen Vorgängen, sondern auch nichtbewußtseinspflichtigen und nichtbewußtseinsfähigen Prozessen entstammen. Die Programme bzw. ihre Erzeugungsregeln werden zum kleineren Teile im Bedarfsfalle entwickelt; in der Regel werden ontogenetisch oder sogar phylogenetisch erworbene (Teil-)Programme aktiviert und erforderlichenfalls angepaßt (vgl. 9. Kapitel).

• **Sequentielle Organisation.** Die Programmkomponenten müssen zukunftsbezogen zeitlich organisiert werden.

• **Programmeinordnung.** Bei der oben behandelten Informationsverdichtung in den Orientierungsvorgängen und der Wiederaufspaltung in den Unterprogrammen liegen Vorgänge der hierarchischen Einheitenbildung vor. Aktionsprogramme einer bestimmten Ebene enthalten in verdichteter Form Unterprogramme einer hierarchisch niedrigeren Ebene, und sie vermögen diese zu modifizieren.

• **Kodierprozesse.** Wenig bekannte Umschlüsselungsvorgänge vermitteln zwischen den unterschiedlich verallgemeinerten Aktionsprogrammen der verschiedenen Regulationsebenen. Dabei wechselt neben der Komprimiertheit auch die Bewußtheit der Entwürfe.

Weiterhin schließen alle Aktionsprogramme nach heutigem Wissen als obligatorischen Bestandteil ein:

• vorprogrammierte **neurovegetative Innervationsmuster**, z. B. für das Herz-Kreislauf-System. Sie sichern reflektorisch die auszuführenden Tätigkeiten ab (Pickenhain 1975 b). Damit bestehen enge Beziehungen zwischen der Aktivierung und dem Entwerfen und Verwirklichen von Handlungen (vgl. Näheres in 5. Kapitel).

Schließlich gehört zu den Vorgängen, an denen Aktionsprogramme erkennbar werden, das **Bereitstellen** der jeweils nachfolgend zu verwirklichenden Aktionsglieder. Rasche, „flüssige" Bewegungen wären ohne dieses Bereitstellen nicht möglich.

Mindestens vor der Verwirklichung, möglicherweise aber auch jeweils vor weiterer Dekodierung, wird die Angemessenheit des regulativen Impulsmusters durch Rückkoppelung am OAS als „innerem Modell", dabei u. a. an den übergeordneten Programmentwürfen, geprüft. Beispielsweise wird die Richtigkeit des in einem Satze als nächstes auszusprechenden Wortes bereits *vor* dem Aussprechen – nicht nur während des Sprechens oder danach – kontrolliert.

Kontrollprozesse

Mithin sind verschiedenartige Formen von (vorwärts- und zurückkoppelnden) **Kontrollprozessen** in Aktionsprogrammen beteiligt:

– aktionslenkende während bzw. vor Aktionsschritten;

– resultative nach Abschluß von Handlungsteilen sowie schließlich von Handlungen (bei Anochin 1967 „etappenweise" bzw. „sanktionierende" Reafferenzen).

Die hier als Bestandteil von Aktionsprogrammen behandelten aktionslenkenden Kontrollprozesse können sowohl sensorischer als auch intellektueller Natur sein: Wenn z. B. ein Sprechender ein auszusprechendes Wort noch vor dem Aussprechen korrigiert, so kann Anlaß dazu nicht ein sensorisches Signal gewesen sein (Hörmann 1967). Auf der Grundlage der Prädiktion und der Rückkoppelung von Dekodierschritten wird eine universelle Fehlervorbeugung ermöglicht. Hier liegen Ansätze für eine Analyse von Fehlhandlungen (10. Kapitel).

Die unterschiedlichen Arten von Rückkoppelungsbeziehungen (beispielsweise bewußt/unbewußt; extro- propriozeptiv) sind einerseits bestimmt durch den regulierten Vorgang: Bewegung, Handlung oder Handlungskomplex. In engem Zusammenhang damit sind sie andererseits auch dadurch bestimmt, daß sowohl das Ergebnis der Vorgänge (Resultatregulation) wie auch die Ausführungsweise der Einzelverrichtungen bis hin zu den Muskelreaktionen (Verlaufsregulation) fortlaufender Steuerung und Kontrolle unterliegen. Schließlich überkreuzt sich mit alledem, daß auch die Rückkoppelungsbeziehungen psychisch automatisiert werden können. Das Ausmaß der Abweichungen von der Vorgabe bestimmt dabei mit, ob die automatisierten Kontroll- und Steuerungsvollzüge wieder bewußt ablaufen müssen (Bewußtwerden gestörter Handlungsabläufe). Wenig bekannt ist die Erkenntnis, daß die tätigkeitsbegleitenden Rückmeldungen eine der Besonderheiten des Menschen — als arbeitendes Wesen — darstellen, die ihn auch von den Pongiden (den höchsten Primaten) unterscheiden. Lorenz (1965, S. 237) schreibt:

„Aus dieser dialogischen Auseinandersetzung mit den Dingen hat sich nun beim Menschen eine Leistung entwickelt, die, ebenso wie die Sprache, auch bei den höchsten Tieren kaum angedeutet ist. Wenn ein Mensch einen Gegenstand bearbeitet, beruht diese Leistung darin, daß er *während* seines Tuns dauernd die ‚Antwort' des Objektes registriert und seine weitere Tätigkeit danach steuert. Beim Einschlagen eines Nagels z. B. muß jeder Hammerschlag die unmerkliche seitliche Abweichung kompensieren, die der vorhergehende dem Nagel erteilte. Der Nicht-Tierkenner, der sich erfahrungsgemäß, trotz übertriebener Vorstellungen von der Sondergesetzlichkeit des Menschen, die höheren Tiere viel zu menschenähnlich vorstellt, pflegt nicht zu wissen, daß die Fähigkeit zu derartigem durch laufende Beobachtung des Erfolgs geregelten Handeln selbst den Menschenaffen fast völlig *fehlt* ... Es will scheinen, als ob diese engste Bindung zwischen Tun und Erkennen, zwischen Praxis und Gnosis ein *besonderes Zentralorgan* zur Voraussetzung hat, das nur der Mensch besitzt, und zwar im Gyrus *supramarginalis* der linken Schläfenhirnwindung. Bei Verletzung dieser Hirnteile, in denen vielsagenderweise auch das ‚Sprachzentrum' liegt, treten beim Menschen neben Sprachstörungen bestimmte Ausfälle des Tuns wie des Erkennens (‚Apraxien' und ‚Agnosien') auf, und es ist bisher (Klüver 1933) nicht gelungen, bei Affen ähnliche Zentren nachzuweisen oder ähnliche Ausfälle hervorrufen."

Ähnliche Feststellungen trifft Luria (1970b).

Bewußtwerdende Rückmeldungen können in unterschiedlicher Weise **bewertet und wahrgenommen** werden. Das ist unter anderem Gegenstand der **Attributionstheorie**, die Erklärungen für die Motivation für Tätigkeiten sucht, für welche Leistungsmaßstäbe gelten. Das ist bei Arbeitstätigkeiten der Fall. Attributionen sind individuelle Ursachenzuschreibungen für erzielte Leistungen. Wir sahen bereits, daß es umstritten ist, in welchem Ausmaß Attributionen im Alltagshandeln ohne Auskunftszwang gegenüber anderen tatsächlich tätigkeitsbestimmend sind.

Hauptursachenkategorien sind personale im Unterschied zu situativen sowie stabile im Unterschied zu instabilen Ursachen (Weiner 1976). Personal stabil sind beispielsweise Fähigkeiten, instabil Anstrengungen. Situativ stabil ist die Aufgabenschwierigkeit, instabil der Zufall. Man kann verallgemeinern, daß Ursachenerklärungen eines Resultats durch stabile Faktoren größere Veränderungen der künftigen Leistungserwartungen hervorrufen als Zuschreibungen zu instabilen Faktoren. Weiter gilt, daß Zuschreibungen zu eigenen Anstrengungen zu ausgeprägteren Änderungen führen als Zufallsattribuierungen. Endlich ergab sich, daß der Stolz am meisten gesteigert wird, wenn die Leistungsergebnisse personalen Faktoren zugeschrieben werden.

Die verschiedenen Attributionskonzepte unterstellen neben flüchtigen, aktuellen auch habituelle Zuschreibungstendenzen als Persönlichkeitsmerkmale (Rotter 1966).

Unabhängig vom Ausmaß der Wirksamkeit bewußter Ursachenzuschreibungen im alltäglichen Arbeitsprozeß ist wesentlich: Die Rückmeldungen über Arbeitsergebnisse werden bewertend verarbeitet und haben neben der Verwendung zum Korrigieren der Zielprioritäten und der Programme — vermittelt über ausgeprägte Gefühle — einen erheblichen Einfluß auf die Einstellungen, das Befinden und das Selbstwerterleben sowie auf die Leistungen. **Auch die Rückkoppelungen zum Ziel sind wie das Ziel selbst unauflösbar zugleich kognitiv und emotional sowie motivational wirksam.** „Das Motiv zur Selbstvervollkommnung einer Handlung ist mit dem Programm der Handlungsstruktur gespeichert“ (Klix 1980, S. 105).

4.5. „Ebenen“ der (Ausführungs-) Regulation von Arbeitstätigkeiten

Hierarchische Regulation als spezieller Fall der heterarchischen Organisation von Arbeitstätigkeiten bedeutet, daß qualitativ unterschiedliche Ebenen der regulierenden Vorgänge und Repräsentationen vorliegen.
Derartige Ebenen können unter verschiedenen Aspekten angegeben werden:

Je nach der Arbeitsteilung und -kombination werden Arbeitstätigkeiten **kollektiv** und **individuell** reguliert. Bedingt die Arbeitsteilung und -kombinationen Kooperationen, so sind die kooperativen den individuellen Regulationsvorgängen übergeordnet. Ein Teil der individuellen Regulationserfordernisse entsteht erst aus der erforderlichen Kooperation. Diese Abhängigkeit kann so ausgeprägt sein, daß beim Einführen anspruchsvoller Kooperationsformen, etwa der Nestmontage in selbstorganisierenden Kollektiven, spezielle Qualifikationsmaßnahmen für neue intellektuelle Leistungen erforderlich werden, beispielsweise für das Nutzen der Freiheitsgrade zur kollektiven Organisation (Enderlein, Fritsch und Tannenhauer 1981). Umgekehrt ermöglichen anspruchsvolle individuelle Anforderungen auch umfassendere Kooperationen.

Ebenen der Aktionsvorbereitung in der individuellen Regulation

Individuelle Regulationsvorgänge können vergröbernd in psychische und in nur physiologisch beschreibbare Regulationsformen unterteilt werden. Im weiteren interessieren nur individuelle psychische Regulationsvorgänge von Arbeitstätigkeiten. Dazu ist in Erinnerung zu bringen, daß Arbeitstätigkeiten zielgerichtet-willentliche Tätigkeiten sind, deren kleinste arbeitspsychologisch relevante Untersuchungseinheit durch Teilziele abgegrenzt wird.[5]

Damit sind in **antriebs**regulatorischer Hinsicht die Arbeitstätigkeiten insgesamt — keineswegs in jedem Teile — durch aussagbare Ziele gekennzeichnet. Auch bei einer durch langjährige Einübung ohne bewußt werdende Regulation der Ausführungsweise ablaufenden Verrichtung weiß der Arbeitende, daß er sie ausführt, und die Ausführung bleibt von Zielen, Motiven und von Entschlüssen zu ihrer Realisierung abhängig. Dagegen

Dieser Sachverhalt schließt nicht aus, daß zur Analyse der durch diese Teilziele abgesteckten Einheiten ein Rückgriff auf die nächstniedrige Einheit (Bewegungskomplex) auch für psychologische Zwecke erforderlich werden kann (s. dazu Miller, Galanter und Pribram 1960). Die Ursache dafür liegt im Wesen der hierarchisch „verschachtelten“ Einheitenbildung selbst begründet.

gibt es umfassende qualitative Unterschiede im Niveau der **ausführungs**regulatorischen Vorgänge, also der kognitiven Handlungsvorbereitung und -steuerung sowie Kontrolle der Ausführung. Sie hängen ab von der Kompliziertheit und Neuartigkeit der Aufträge und der Begrenztheit der verfügbaren Bewußtheitskapazität. In der kognitiven Psychologie ist eine grobe Zweiteilung üblich in automatische bzw. automatisierte und in an verfügbare Bewußtheitskapazität gebundene, sogenannte kontrollierte Prozesse (Shiffrin und Geissler 1973). Innerhalb der letzteren wird wiederum unterschieden zwischen Wahrnehmungs- und Vorstellungsprozessen als unvermittelter Erkenntnistätigkeit und Denkvorgängen als vermittelter und verallgemeinerter Erkenntnistätigkeit (so beispielsweise Smirnow, Leontjew, Rubinstein und Teplow 1960 in Anlehnung an die marxistische Erkenntnistheorie). In diesem Sinne sind nichtbewußtseinsfähige kinästhetische Rezeptionen, bewußtseinsfähige wahrnehmungsinterne Urteils- bzw. Klassifikationsvorgänge und problemstellende bzw. problemlösende Denkvorgänge Vorgänge unterschiedlichen kognitiven Niveaus. Die Denkvorgänge müssen weiter aufgegliedert werden, wie das das Schema in Abb. 4.22. vorwegnehmend andeutet. Näheres dazu im 8. Kapitel. Insgesamt ist eine hierarchische Ordnung gegeben, die je nach der Differenzierungsebene bis zu acht arbeitspsychologisch nützliche Klassen regulierender psychischer Vorgänge zu unterscheiden gestattet. Die Frage nach einer „richtigen“ Klassenanzahl ist müßig, weil sie abhängig ist vom jeweiligen Anliegen. Hier interessiert zunächst eine mittlere Differenzierungsfeinheit mit drei Ebenen, auf welche die Beispiele in Abb. 4.22. verweisen:

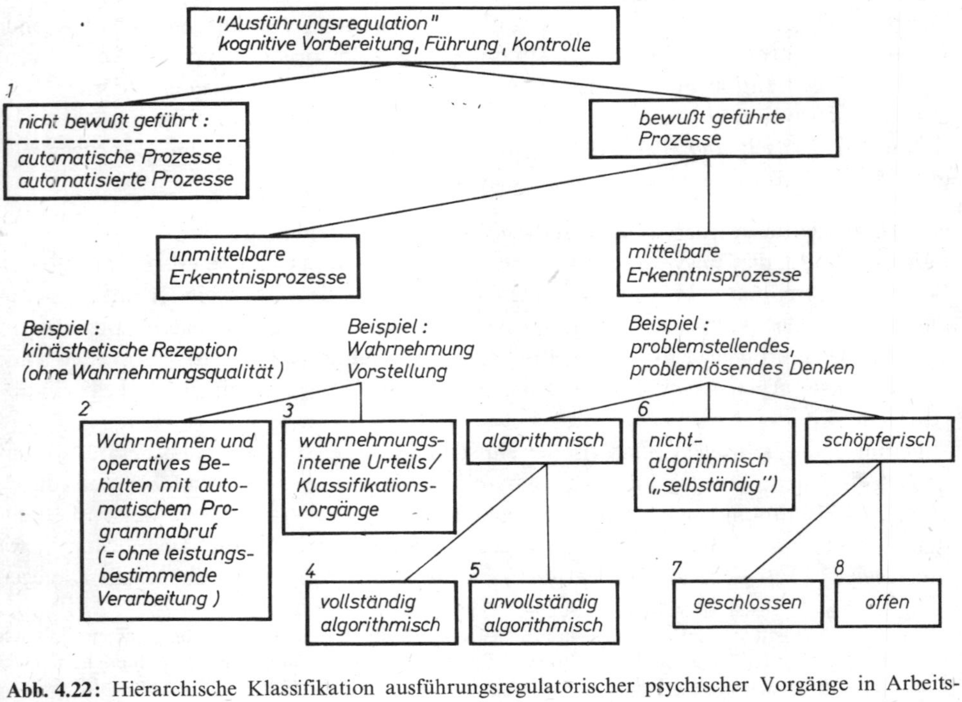

Abb. 4.22: Hierarchische Klassifikation ausführungsregulatorischer psychischer Vorgänge in Arbeitstätigkeiten.

• **Automatisierte Vorbereitung.** Als psychophysiologischer Grenzfall einer kognitiven Handlungsvorbereitung kann die Entstehung oder Aktualisierung eines bewegungsorientierenden Abbilds gelten. Außerdem dürfte es nicht bewußtseinspflichtige Abbilder geben, die kognitive Routinen abrufen.
Bewegungsorientierende Abbilder lenken unselbständige Komponenten von Handlungen einschließlich automatisierter Vollzüge. Bewegungsorientierende Abbilder sind nicht bewußtseinspflichtig und höchstens vermittels ihrer exterozeptiven und taktilen (nicht kinästhetischen) Komponenten bewußtseinsfähig.

Die Regulation von Bewegungen oder automatisierten Bewegungsreihen (Stereotypien) erfolgt in ausschlaggebendem Umfange durch kinästhetische Signale. Diese sind als nichtbewußtseinsfähige Impulse von den bewußtseinsfähigen gegenständlichen Wahrnehmungen zu unterscheiden, die gleichfalls Signale für Tätigkeiten sein können.

Bewegungsstereotypien treten auf bei relativ gleichbleibenden manuellen Anforderungen und Ausführungsbedingungen. Die kinästhetische Regulation ermöglicht eine begrenzte Anpassung an Bedingungsveränderungen.

Die unpräzise herkömmliche Bezeichnung als „Bewegungsempfindungen“ kann hier Verwirrung stiften. Beim Bewegen der Augen, der Hörknöchelchen, der Finger wird von den bewegungsleitenden kinästhetischen Impulsen nichts empfunden. Empfunden oder richtiger wahrgenommen werden dagegen andere visuelle Raumausschnitte, andere Laute, andere Worte, andere taktile Berührungen. Die verwirrende Rede von Bewegungsempfindungen ist eine Nachwirkung sogenannter rezeptorentheoretischer Positionen in der Wahrnehmungspsychologie, die jedem anatomisch nachweisbaren Rezeptor glaubten auch eigene Empfindungen zuordnen zu sollen.

• **Perzeptiv-begriffliche** Vorbereitung. Im Unterschied zu ihren unselbständigen Komponenten und zu psychisch automatisierten Vollzügen werden Handlungen wenigstens durch bewußtseinsfähige, wenn auch nicht immer bewußtseinspflichtige Vorgänge vorbereitet. Dabei dominieren wahrnehmungsgebundene Urteils- und Klassifikationsvorgänge. Sie schließen die Informationsintegration und -bewertung nach gespeicherten Regeln ein. Diese wahrnehmungs- oder vorstellungsinternen Urteils- und Klassifikationsvorgänge sind in der Regel begrifflich überformt und dadurch geprägt. Es liegen Übergänge zu anschaulich-bildhaftem Denken vor, die aber nicht das charakteristische Merkmal dieser Stufe sind.

Als Beispiel ist an eine einfache Mehrstellenbedientätigkeit mit folgenden Merkmalen zu denken: Das Auftreten mehrerer verschiedenartiger Bedienerfordernisse ist nicht vorhersehbar. Daher sind wahrnehmungsgebundene Zuordnungsvorgänge mit Entscheidungen über die Maßnahmenart erforderlich. Jedoch werden keine Denkleistungen gefordert. Die Maßnahmen sind nämlich mit allen Zuordnungsmerkmalen wohl bekannt, und sie werden durch das Wahrnehmen bestimmter Schlüsselsituationen aus dem Gedächtnis fertig abgerufen. Wir erinnern an die Erzeugungssysteme mit ihren Bedingungs-Handlungs-Regeln.

Der Einwand liegt nahe, es läge hierbei keine eigenständige Regulationsebene vor, weil Wahrnehmungen – und schon gar begrifflich gefaßte Wahrnehmungen – auch auf der Ebene von Denkleistungen erforderlich seien und weil ferner Signale auch sensumotorische Vorgänge auslösen (Lempert, Hoff und Lappe 1979, Frese 1978, Österreich 1981). Dabei würde jedoch verschiedenes vermengt: Die Beteiligung von begrifflich gefaßten Wahrnehmungen und der Sprache an tätigkeitsregulierenden Denkleistungen bedeutet nicht, daß alle Wahrnehmungs- und Sprachvorgänge bereits Denkleistungen sind. Das trifft ebenso wenig zu, wie kinästhetische Rezeptionen und von ihnen regulierte Bewegungen durch ihre Beteiligung an Wahrnehmungen bzw. Handlungen dadurch selbst zu Wahrnehmungen oder zu Handlungen werden. Wahrnehmungen und Vorstellungen als unvermittelte Erkenntnistätigkeit sind eine qualitativ eigene Stufe kognitiver Aktivität.

Die Regulation sensumotorischer Vorgänge durch kinästhetische Signale kann des weiteren nicht gleichgesetzt werden mit einer Regulation durch gegenständliche Wahrnehmungen. Kinästhetische Signale sollten von perzeptiven unterschieden werden.

- **Intellektuelle Vorbereitung.** Handlungen und Tätigkeiten können zur Vorbereitung der denkenden Analyse und Synthese bedürfen. Diese psychische Vorgänge sind nicht nur bewußtseinsfähig, sondern bedürfen der bewußten Zuwendung, sie sind bewußtseinspflichtig. Denken als vermittelte, verallgemeinernd-abstrahierende Erkenntnistätigkeit ist in ausschlaggebendem Maße begrifflich gefaßt. Es muß im Hinblick auf seine Modalität als bildhaft-anschauliches oder begrifflich-symbolisches Denken und im Hinblick auf die Bekanntheit von Ausgangszustand, Zielzustand und Überführungsbedingungen weiter unterteilt werden, wie das im 8. Kapitel erfolgt.

Insbesondere hinsichtlich der kognitiven Vorbereitung ist die **aktuelle** Vorbereitung zu unterscheiden von der **Regulation aus dem Gedächtnis:**

Hauptgegenstand der Verkürzung und Vereinfachung von wiederholt ausgeübten Arbeitstätigkeiten ist die kognitive Handlungsvorbereitung: Bei stabilen Anforderungen kann die intellektuelle Analyse reduziert werden auf das Abrufen einer komplexen Arbeitsstrategie bzw. ihrer Erzeugungsregeln aus dem Gedächtnis durch ein begrifflich gefaßtes, klassifizierendes Wahrnehmen der Signale aus dem Arbeitsprozeß, die als Auslöser der betreffenden Strategie erlernt wurden (also auf eine perzeptiv-begriffliche Vorbereitung). Ebenso ist es bei geeigneten Anforderungen möglich, daß eine perzeptiv-begriffliche Handlungsvorbereitung reduziert wird auf das Abrufen eines erlernten Schemas eines Handlungsablaufs aus dem Gedächtnis durch nicht bewußte orientierende Abbilder. Diese Verkürzung der kognitiven Handlungsvorbereitung auf eine nicht oder nur teilweise bewußtseinspflichtige routinisierte **Regulation aus dem Gedächtnis** als Abruf „prozeduralen" Wissens (vgl. S. 169) widerspricht nicht der Aussage, daß Handlungen einer bewußten Regulation bedürfen. Die antriebsregulatorische Vornahme bleibt bewußt.

Ebenen von Aktionsprogrammen

Auch die **Handlungsrealisierung** weist bezüglich der Regulationskomponenten mehrere Ebenen auf. Wir hatten als charakteristische Ausprägungsformen von Aktionsprogrammen in regulativen Funktionseinheiten bereits benannt:

— Bewegungsentwurf bzw. kognitive Routinen;
— Handlungsschema;
— Plan, Strategie, heuristische Prozedur.

Beim derzeitigen Wissensstand sind diese Ebenen als hierarchisch so geordnet anzusehen, daß die jeweils übergeordneten Ebenen die nachgeordneten in sich einschließen und sich ihrer im Sinne von „Unterprogrammen" bedienen.

Diese Unterprogramme sind auf der übergeordneten Ebene in abkürzender Kodierung repräsentiert.

- **Bewegungsentwürfe** bzw. ihre Kombination zu Stereotypien sowie kognitive Routinen sind nicht bewußtseinspflichtig und — von Begleitphänomena abgesehen — nicht bewußtseinsfähig, mithin nicht verbalisierbar. Handlungsschemata und Pläne sind bewußtseinspflichtig (und im Prinzip, allerdings nicht jederzeit und in jedem Detail, verbalisierbar: s. 4.9.).

- **Handlungsschemata** sind zielbezogene Zusammenschlüsse von Bewegungsstereotypien sowie kognitiven Routinen zu variabel einsetzbaren Programmen. Sie beziehen auch abgestimmte Verrichtungen mehrerer Körperteile ein.
- **Pläne, Strategien und heuristische Regelsysteme** haben gegenüber den Handlungsschemata eine rahmenhafte, für konkrete Ausführungsformen disponible Struktur, weil sie sich nicht auf konkrete Realisierungsschritte wie Bewegungsabfolgen, sondern auf Teilzielabfolgen, Ziele oder globale Oberziele beziehen. Im einzelnen:

Pläne sind Festlegungen von abzuarbeitenden konkreten Teilzielen. Die speziellen Programme zum Erreichen jedes einzelnen Teilziels können zwar vorab festgelegt sein, müssen es aber nicht. Es bestehen situationsabhängige Entscheidungsmöglichkeiten innerhalb der Pläne, und es können unterschiedliche Schemata oder Stereotype für ihre Realisierung eingefügt werden.

Strategien können vergröbernd als „allgemeinere Pläne" bezeichnet werden (Goede und Klix 1971). Für eine Folge möglicher Situationen geben sie vorwegnehmend an, nach welchen Regeln einzelne Entscheidungen über das Vorgehen zu treffen sind. Sie enthalten also nicht die einzelnen konkreten Teilziele, sondern gestatten, diese nach vorab ermittelten Prinzipien abzuleiten. Diese abgeleiteten Teilziele können wie bei Plänen situationsabhängig eingesetzt werden. Strategien können auch zum Koordinieren mehrerer Teilzielabfolgen untereinander dienlich sein (Volpert 1980 b, Österreich 1981).

Die entwickeltste Form von Aktionsprogrammen mit der breitesten Nützlichkeit sind **Heuristiken** zum Erzeugen von neuen Strategien oder von neuen Plänen, die als **Metapläne** bezeichnet werden können.

Ein Beispiel:
Ein heuristisches Regelsystem für das Ableiten der zweckmäßigsten Reihenfolge des Bearbeitens von Drehteilen in einer Serie mit möglichst wenig Ein-, Aus- und Umspannungen von Werkstücken und Werkzeugen ist auch als Heuristik für das Rangieren von Eisenbahnwaggons mit möglichst wenig Fahrten der Lokomotive verwendbar.

Heuristiken dienen in vielen Fällen zunächst dem Finden von Zielstellungen oder der Präzisierung globaler Quasi-Ziele, bevor dann Teilzielfolgen und realisierende Handlungsschemata oder Stereotypien ausgewählt werden können.
Tab. 4.7. schematisiert verschiedene Formen von Aktionsprogrammen.

Tab. 4.7: Hypothetische hierarchische Ordnungsmöglichkeit von gespeicherten Aktionsprogrammen

- (Meta-)Regeln/Heuristiken zum Erzeugen von Rahmenprogrammen
  - Rahmenprogramme für Handlungsklassen
    - (Grund-)Programme konkreter Handlungen
      - Programmabschnitte zur Modifikation von Grundprogrammen hinsichtlich
        - — Abfolgen/zeitlicher Einordnung
          - — Richtungs-/Raumordnung
            - Bewegungsentwürfe/Stereotypien

Sowohl für Pläne wie für Strategien und Heuristiken sind Freiheitsgrade erforderlich, im einzelnen also Vorhersehbarkeit und Beeinflußbarkeit auf der Grundlage von Durchschaubarkeit der Anforderungen.

Der lückenhafte derzeitige Wissensstand läßt – in schematisierter Darstellung – annehmen, daß die handlungsvorbereitenden psychischen Vorgänge in folgender multipler Zuordnung Aktionsprogramme schaffen, die in abgekürzter Kodierung Bestandteil von OAS sein können (Abb. 4.23).

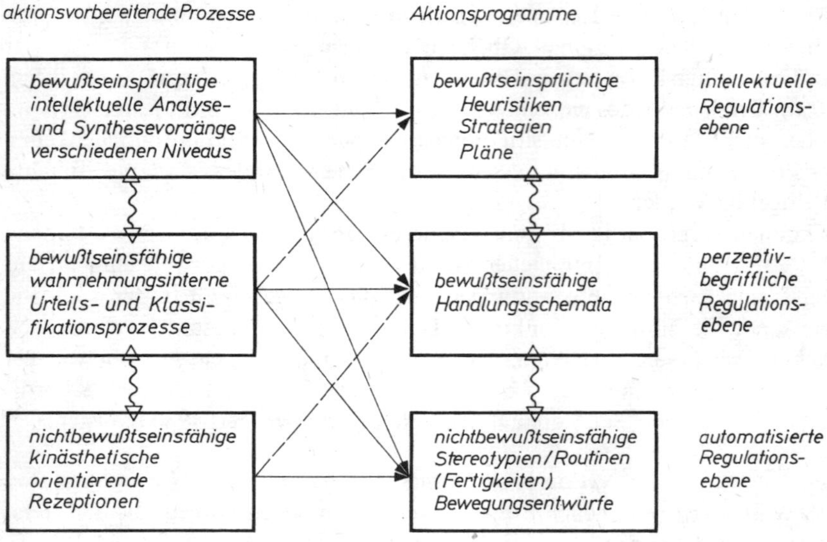

Abb. 4.23: Schematische Darstellung der multiplen Beziehungen zwischen vorbereitenden und realisierenden Regulationskomponenten für einen mittleren Hierarchieausschnitt (zu dessen Einordnung vgl. Abb. 4.22).
⇜⇝ Beziehungen im Sinne der abkürzenden Repräsentation auf übergeordneten Ebenen und der Modifikation durch diese,
→ Beziehungen im Sinne des Schaffens oder Aktivierens,
--→ Abrufmöglichkeiten aus dem Langzeitgedächtnis bei relativ gleichbleibenden Anforderungen und bei hochgeübtem Zustand; dabei ist die *aktuelle* Regulation mit entfalteter Handlungsvorbereitung hochgradig vereinfacht zu einer „*Regulation aus dem Gedächtnis*".

Prinzip der multiplen Zuordnung

Drei Arten von Beziehungen können unterschieden werden:

a) Übergeordnete aktionsvorbereitende Prozesse und Aktionsprogramme **enthalten** in einer abgekürzten Form niedere, koordinieren sie und vermögen sie dabei auch zu modifizieren (Welford 1980). Die übergeordneten Programme umfassen längere Zeiträume und Schrittabfolgen als die untergeordneten.

b) Aktionsvorbereitende Prozesse **erzeugen** Aktionsprogramme und **rufen** bereits erlernte oder auch angeborene Programme ab. Hierbei bestehen wegen der verschiedenen möglichen Lernzustände unterschiedliche Möglichkeiten, die abkürzend als multiple Zuordnung bezeichnet werden. Intellektuelle Prozesse können sowohl einen kompletten Plan erzeugen als auch ein Handlungsschema ableiten, das der Realisierung eines Teilziels dient, als auch eine Bewegungsstereotypie in der vorhandenen oder in einer modifizierten Form einsetzen. Analoges gilt für wahrnehmungsinterne Urteils- und Zuordnungsvorgänge. Die sogenannten Erzeugungssysteme

(Productionsystems) mit ihren molaren Bedingungsmuster-Handlungs-Regeln beschreiben den speziellen Fall, daß Muster perzeptiver Signale fertige Handlungsprogramme aus dem Gedächtnis in einer regelhaften Zuordnung abrufen.

c) Bei relativ gleichbleibenden Anforderungen und in einem hochgeübten Zustand ist die **aktuelle** Regulation mit einer voll entfalteten Handlungsvorbereitung stark vereinfacht zur Regulation aus dem **Gedächtnis**. In diesem Falle können nichtbewußte Signale nicht nur Stereotypien oder Routinen, sondern sogar fertige Handlungsschemata abrufen. Wahrnehmungen oder wahrnehmungsgebundene Urteile können nicht nur Handlungsschemata, sondern sogar fertige Pläne abrufen. Für den Bedarfsfall bleibt diese aufwandssenkende Verkürzung der Handlungsvorbereitung aufhebbar und wieder rückführbar zur voll entfalteten bewußten Vorbereitung der Tätigkeiten.

Es liegt nahe, die regelhaften hierarchischen Beziehungen in der Tätigkeitsregulation für das Lehren von Tätigkeiten zu nutzen. Die Abfolgeorganisation von Lernmaterial beim programmierten Lehren nach hierarchischen Gesichtspunkten ist im Konzept der **Lernhierarchien** entwickelt worden (Gagné 1970). Das Konzept kann zugleich verwendet werden als Leitlinie für die Aufgabenanalyse, die der Ermittlung der erforderlichen Lehrinhalte dient.

Die nähere Darstellung von Regulationskomponenten verschiedener Ebenen erfolgt in den 6. bis 9. Kapiteln. Die Verkürzungsvorgänge durch Lernprozesse erörtert das 11. Kapitel.

Unterscheidungsmöglichkeiten unterschiedlicher Regulationsebenen

Worin unterscheiden sich die Bedingungen und Grundlagen der Regulation auf den verschiedenen Ebenen?

- **Anzahl der Art der Freiheitsgrade.** Es besteht eine Wechselwirkung: Objektive Freiheitsgrade bestimmen das mögliche Regulationsniveau. Gleichzeitig bestimmt das Regulationsniveau das Entdecken und Nutzen möglicher Freiheitsgrade (Volpert 1973). Bei der intellektuellen Regulation sind die Freiheitsgrade Wahlmöglichkeiten bei der Zielbestimmung, bei der Teilzielbildung, bei der Arbeitswegfestlegung und bei der Wahl von Hilfsmitteln zur Zielerreichung. Bei perzeptiv-begrifflichen und der automatisierten Regulation bestehen nur Freiheitsgrade für die Abfolge von Teilhandlungen oder für deren Ausführungszeit.
- **Inhalt und Struktur der Ziele:** Während bei der automatisierten Regulation kein Ziel im Sinne der bewußten Vornahme für jede Bewegung oder automatisierte Operation besteht, liegen bei den Plänen oder Strategien der intellektuellen Regulation Zielhierarchien mit Ober- und Unter-, Haupt- und Nebenzielen vor. Darüber hinaus können Ziele je nach der Art der Arbeitstätigkeit Vorwegnahmen unterschiedlicher Sachverhalte sein (Matern 1972, S. 3). Eine Zuordnung zu den Regulationsebenen ist möglich; wir beginnen bei der automatisierten und enden bei der intellektuellen:

— — Zeit- bzw. mengenbezogene Ziele: Durch Fertigkeitserwerb ist ein bewußtes Sollabbild der Produkteigenschaften nicht mehr erforderlich, daher genügt bzw. ist nur möglich eine Zeit- oder Mengenvornahme.

— — Gegenstandsbezogene bzw. prozeßphasenbezogene Ziele: Sollabbildungen von Eigenschaften des herzustellenden Produkts, die selbst vollständig vorgegeben sind. In der Prozeßregulation entspricht dem die Sollwertabbildung einzuhaltender bzw. zu erreichender Prozeßzustände, die gleichfalls vorgegeben sind. Das individuelle Kalkül konkurrierender Vorgaben (Qualität vs. Menge vs. Ausschuß) kann Problemcharakter gewinnen.

— — Aufgabenbezogene Ziele: Sollabbilder eines herzustellenden Endprodukts mit vorgegebenen Sollwerten, wobei jedoch die zu durchlaufenden Teilziele selbständig abgeleitet werden müssen. Diese Ableitung kann algorithmisch oder heuristisch (mit Problemcharakter) erfolgen.

— — Ziele mit Problemcharakter: Nicht nur der Weg zum Ziel, sondern das Ziel selbst sind nicht hinreichend vorgegeben oder vorgebbar. Die Eigenschaften des Ziels und der Erreichungswege sind gesucht.

• **Art und Niveau psychischer Prozesse und operativer Abbilder:** Die handlungsvorbereitenden psychischen Prozesse und die dabei erzeugten operativen Abbilder unterscheiden sich. Während bei intellektueller Regulation Denkvorgänge vorherrschen, kennzeichnen die perzeptiv-begriffliche Ebene zumeist sprachlich gefaßte Wahrnehmungen und Vorstellungen mit Urteils- und Klassifikationsvorgängen. Dagegen stützt sich die automatisierte Regulation überwiegend auf nichtbewußtseinsfähige Meldungen z. B. der kinästhetischen Analysatoren.

• **Detailliertheit und Festigung von Aktionsprogrammen:** Die am weitesten bis im Detail festgelegten und gefestigten, also auch starrsten Programme (Bewegungsentwürfe und deren Kombinationen) liegen bei der durch psychische Automatisierung gekennzeichneten automatisierten Ebene vor. Dagegen sind die Pläne und Strategien der intellektuellen Ebene bzw. deren Erzeugungsregeln nur Rahmenfestlegungen mit geringerer Festigung und höherer Disponibilität.

Die skizzierten Unterschiede der Regulationsebenen lassen ihren grundsätzlich verschiedenen Beitrag zur Nutzung und Entwicklung von Persönlichkeitseigenschaften erkennen (Volpert 1974). Zu den Aufgaben der produktivitätssteigernden und persönlichkeitsfördernden Arbeitsgestaltung gehört es daher, die möglichen Anteile der intellektuellen Regulation von Arbeitstätigkeiten zu erhöhen, dadurch den Werktätigen zu motivieren und u. a. zum disponiblen Erzeugen zweckmäßiger Handlungspläne (zu höherer Handlungskompetenz im Sinne Volperts 1974c) zu befähigen. Dazu im 11. und 12. Kapitel.

4.6. Unvollständige Tätigkeitsformen

Wir sahen: Bei der Wahl einer Technologie und eines Organisationskonzepts, bei der Funktionsteilung zwischen Mensch und Maschine und bei der Arbeitsteilung zwischen Menschen werden absichtlich oder unbeabsichtigt Aufträge und damit spätere Arbeitstätigkeiten projektiert. Je nach den Leitvorstellungen können dabei unterschiedliche Tätigkeiten entstehen (Marx 1962).

Die auf den einzelnen Arbeitenden entfallenden Tätigkeiten können vollständig sein in dem Sinne, daß eine eigene Handlungsvorbereitung erforderlich ist, daß sie selbständige Aktivitäten mit Vornahmen zu den Abfolgen und Wegen und dabei auch intellektuelle Leistungen einschließen, daß organisatorisch bedingte Kooperationserfordernisse bestehen und — als Grundlage aller dieser Merkmale — daß der Mensch überhaupt in einem ausreichenden Teil der Schichtzeit aktiv gefordert ist.

Die projektierten Tätigkeiten können jedoch auch unvollständig in der Hinsicht sein, daß lediglich ein individueller Vollzug ohne Kooperation gefordert ist, daß keine eigene Vorbereitung benötigt wird oder diese bestenfalls auf Zeit- bzw. Mengenvornahmen begrenzt ist und keinerlei intellektuelle Leistungen verlangt und daß kein eigenes Organisieren und Kontrollieren möglich ist oder die Tätigkeit zu selten auftritt. Diese unvollständigen Tätigkeiten verteilen (partialisieren) die betriebliche Gesamtarbeit so, daß keine förderlichen Arbeitsinhalte für die Arbeitenden entstehen. Es ist wahrscheinlich, daß sie die Betätigungsbedürfnisse und Lern- bzw. Entwicklungsmöglichkeiten der Arbeitenden behindern (Schweitzer 1971, Volpert 1974a, 1979, 1980b) und die Gesundheit gefährden können. Vollständige und fordernde Tätigkeiten sind für die Leistungsmotivierung, für das Wohlbefinden und die psychische Gesundheit sowie für das Verhüten von Dequalifizierungen durch Entwicklungsangebote unerläßlich.

Vergröbernd können Tätigkeiten also unvollständig sein hinsichtlich

- des Fehlens von eigenständig durchzuführenden Vorbereitungs-, Organisations- und Kontrolletappen in der **zyklischen** Struktur von Arbeitstätigkeiten sowie
- Einseitigkeiten in den erforderlichen **hierarchischen** Ebenen der Tätigkeitsregulation einschließlich sozialer Regulationsvorgänge.

Im einzelnen kann die Vollständigkeit wie folgt gekennzeichnet werden:

1. ausreichende Tätigkeitserfordernisse überhaupt (im Unterschied zu **Aktivitätsmangel**),
2. mögliche Kooperationen (im Unterschied zu **Kooperativitätsmangel**),
3. selbständige individuelle bzw. kooperative Zielfindungs/stellungs- und Entscheidungsmöglichkeiten auf der Grundlage von Freiheitsgraden (im Unterschied zu **Zielbildungs- und Entscheidungsmangel** mit der Folge des **Verantwortlichkeitsmangels**),
4. kognitive Vorbereitungsschritte der Tätigkeiten mit nicht algorithmischen, „produktiven" Teilen (im Unterschied zu **Denkanforderungsmangel**),
5. Lern- und Übertragungsmöglichkeiten von Leistungsvoraussetzungen auf andere (Arbeits-, Freizeit) Tätigkeiten (im Unterschied zu **Lernanforderungs-** und **Disponibilitätsmangel**).

Eine Ordnung nach der Art der Unvollständigkeit ist nützlich zum Bewerten von Arbeitsinhalten hinsichtlich der Umgestaltungserfordernisse. In einfachster Form erfassen zwei zusammenfassende Skalen des Verfahrens zur objektiven Tätigkeitsanalyse „TBS-L" unvollständige Tätigkeiten (Hacker, Iwanowa, Richter 1983; vgl. Abb. 4.24.). Eine vierstufige Skala beschreibt die **zyklische** Vollständigkeit. Sie ermittelt, ob der Werktätige neben dem Ausführen seinen Auftrag selbst vorbereitet (z. B. plant oder seine Maschine selbst programmiert), selbst organisiert (d. h. mit neben-, vor- oder nachgelagerten Aufträgen anderer abstimmt) sowie seine Ergebnisse selbst kontrolliert und erforderlichenfalls korrigiert. Eine grobe Abschätzung gibt der Zeitanteil reinen Ausführens an der Schicht. Inhaltsarme Tätigkeiten bestehen oft fast nur aus dem Ausführen. Eine zehnstufige Skala beschreibt den **hierarchischen** Aspekt, also die Ebenen kognitiver Regulationsanforderungen (Sammelskala zu Teil D in der Handanweisung des TBS-L). Vollständige Tätigkeiten enthalten kognitive Anforderungen wechselnder Regulationsebenen unter Einschluß nicht-algorithmischen, gelegentlich auch kreativen Denkens.

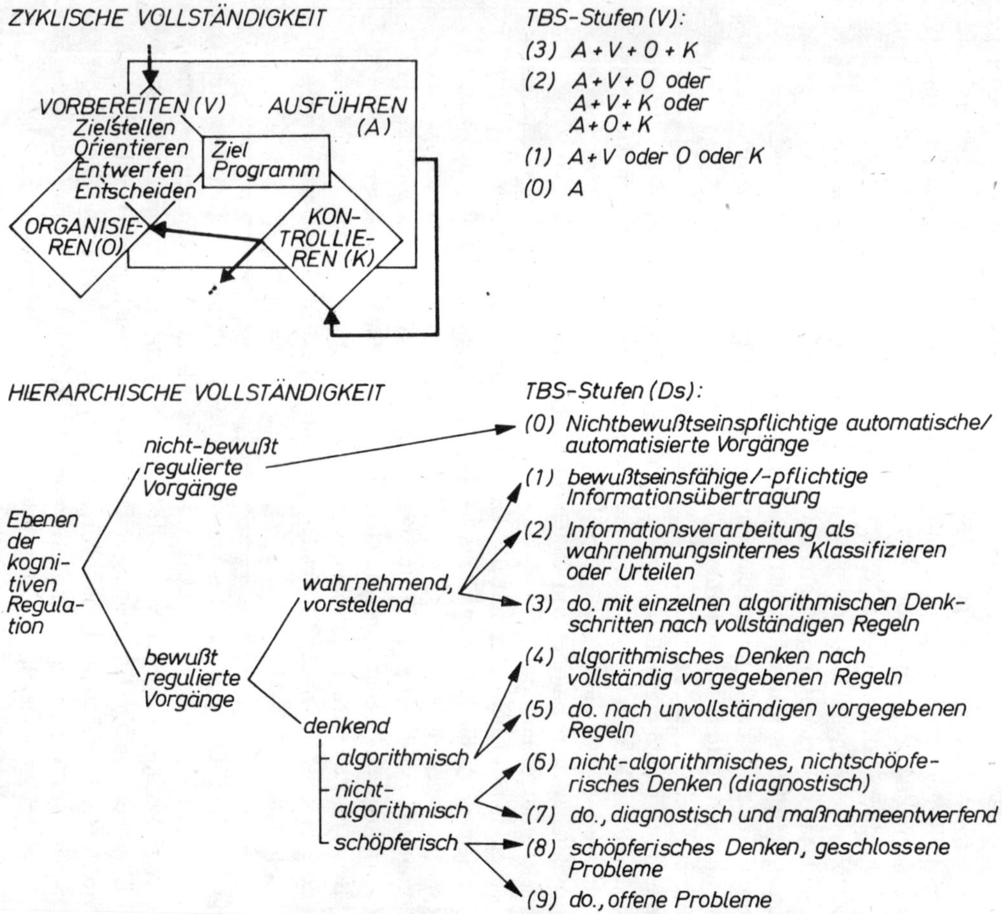

Abb. 4.24: Hilfsmittel zur Ordnung von Handlungen nach dem Erfordernis der Umgestaltung wegen Restriktivität als vermutlichem Hemnis der Persönlichkeitsförderlichkeit und Produktivität.

In der Regel stellen das Vorbereiten, Organisieren und Kontrollieren höhere kognitive Anforderungen als das rascher routinisierte Ausführen.

Die eingangs genannten Gründe für die psychologische Unvollständigkeit von Arbeitstätigkeiten müssen abschließend noch erweitert werden. Die tatsächlich ausgeführten Tätigkeiten können nämlich unvollständig sein, obgleich sie ursprünglich als vollständige Tätigkeiten gestaltet worden waren. Mögliche Gründe hierfür sind

- Zeitdruck durch überfordernde Vorgaben oder Vornahmen.
- lernbedingter Abbau vollständiger Tätigkeiten zu Fertigkeiten, also zu Routineoperationen, die auf ein einfaches Signal hin automatisch ablaufen. Dieser Abbau verbindet den Vorzug der Aufwandssenkung mit dem möglichen Nachteil der geistigen Unterforderung.
- Grenzen in den Leistungsvoraussetzungen der Arbeitenden beispielsweise im Sinne von Qualifikationslücken bezogen auf die gestellten Anforderungen.

Damit wird deutlich, daß die Unvollständigkeit von Arbeitstätigkeiten zugleich auch person- und damit lernbezogen definiert ist. Sie ist in ihren Wirkungen auf den Menschen abhängig auch von dessen Leistungsvoraussetzungen und Ansprüchen. Dieser einfache Sachverhalt wird häufig mit dem anspruchsvollen Begriff des „Person-Umwelt-Anpassungs-Konzepts" oder in der englischen Abkürzung des P-E-Fit-Komponents beschrieben. Durch Lernprozesse kann bei gleichbleibenden Anforderungen, also bei fehlenden Übertragungserfordernissen auf andere Tätigkeiten, die Möglichkeit des Vorliegens unvollständiger Tätigkeiten wachsen. So werden beim Regulieren aus dem Gedächtnis wesentliche kognitive Vorbereitungsoperationen überflüssig.

Für das Zuordnen von Tätigkeiten zu den angeführten Arten der Unvollständigkeit ist eine eingehende Anforderungsermittlung sowohl aus den technologischen Unterlagen als auch durch Arbeitsstudien unerläßlich.

4.7. Zur Differentialpsychologie der Tätigkeitsregulation: Tätigkeitsstile

Bei vorliegenden Freiheitsgraden sind die auftretenden Vorgehensweisen beim Erfüllen von Aufgaben nicht nur von den objektiven Ausführungsbedingungen, sondern auch von persönlichen Eigenschaften der Arbeitenden abhängig. Individuelle Vorgehensweisen können sich verfestigen und verallgemeinern zu einem persönlichkeitsspezifischen Stil des Bewältigens von Aufgabenklassen. Diese persönlichkeitsspezifische Überformung von Arbeitstätigkeiten kann — als ein Bestandteil der Selbstveränderung des Menschen im Arbeitsprozeß — persönlichkeitsformende Wirkung annehmen.

Auf Grund der relativ stabilen individuellen Ausprägung der Arbeitsweise verwenden ihre Untersucher (Allport 1949, 1953, 1962, Klimow 1959, Klimow und Merlin 1966) einordnend die psychologische Kategorie des **Stils**: Allport (1949) bezeichnet dabei als Stil „die besondere individualisierte Ausführungsweise, welche jede hochintegrierte willkürliche Tätigkeit durchzieht" und die die komplexeste Form des Ausdrucks sei (S. 507). Allport wie Klimow betonen, daß eine berechtigte Verwendung eines psychologischen Stilbegriffs nicht auf ästhetisches Schaffen beschränkt sein dürfe; Stil erscheine im wirtschaftlichen Leben, im Arbeitsstil, welcher die Durchführung der täglichen Arbeit jedes Menschen bestimme. Hinsichtlich seiner uns interessierenden Beziehung zur Persönlichkeit gehört der Stil nach Allport zu den allerhöchsten Integrationsebenen und bildet einen Begriff der Gesamtpersönlichkeit: „Der Stil ist an die innere Struktur der Persönlichkeit gebunden" (S. 502); er kann nur verstanden werden als „Ausdruck zentraler Eigenschaften der Persönlichkeit" (S. 503), als „allmähliche Äußerung der inneren Eigentümlichkeiten und der einzigartigen Charakteristika des Individuums" (S. 506), hinter der die gesamte Lebensgeschichte stehe und die nicht über längere Zeit geheuchelt werden könne.

Die Entwicklung persönlicher Arbeitsweisen hat drei Mindest**voraussetzungen**:

1. Grundlage ist das unter sozialistischen Produktionsverhältnissen mögliche Überwinden der Gegensätze von körperlicher und geistiger Arbeit und die Förderung der geistigen Leistungsvoraussetzungen aller Werktätigen. Dabei werden zugleich Möglichkeiten, aber auch die Notwendigkeit zur Entwicklung persönlicher Arbeitsweisen bei beliebigen Arbeitstätigkeiten geschaffen.
2. Über die gesellschaftlichen Rahmenbedingungen hinaus muß die objektive Aufgabenstruktur verschiedene Ausführungsweisen zulassen. Die Arbeitsaufgabe muß mit anderen Worten Freiheitsgrade aufweisen. Erst damit wird für den Werktätigen das Erkennen und Berücksichtigen verschiedener Betätigungsvarianten bei der Regulation seiner Tätigkeit erforderlich.
3. Persönliche Arbeitsweisen können sich nur entwickeln, wenn der Arbeitende über die Leistungsvoraussetzungen verfügt, die ein Beherrschen der Tätigkeit ermöglichen (Klimow 1959).

Die wesentlichste dieser drei Voraussetzungen ist die neue Bedeutung der schöpferisch-geistigen Tätigkeit auch in der körperlichen Arbeit.

Gründlich untersucht sind die sogenannten kognitiven Stile oder Kognitionsstrategien. Bekannte Beispiele sind die Felddifferenzierung (Witkin 1960) oder die Impulsivität bzw. Reflexivität (Clauß 1978). Ebenso sind habituelle leistungsbezogene Motivationsunterschiede gut bekannt. Beispiele dafür sind die Erfolgs- versus Mißerfolgsmotivation (Heckhausen 1980a) oder die bereits erörterten generalisierten Ursachenzuschreibungen (Attribuierungen) der eigenen Tätigkeitsergebnisse (Rotter 1966).

Die differentialpsychologische Untersuchung der Tätigkeitsregulation mit der Unterscheidung von komplexen Tätigkeitsstilen ist neueren Ursprungs (Palei 1978). Beispiele hierfür sind

- die Lage- versus Handlungsorientierung (Kuhl 1981),
- die Tendenz zur Handlungsplanung (Kuhl 1980),
- das sogenannte Typ-A-Verhalten als erlernte selbstüberfordernde Ineffektivität der Tätigkeitsregulation im Unterschied zum Typ-B-Verhalten (Jenkins, Rosenman und Friedman 1967; zur tätigkeitsbezogenen Interpretation Richter 1981).

Das Typ-A-Verhalten hat wegen seiner Beziehungen zu den koronaren Herzerkrankungen als gefährlichen Massenerkrankungen eine besonders große praktische Bedeutung. Eine Schlüsselrolle in der Wirkung dieses Verhaltens- bzw. Tätigkeitsstils haben ineffektive Zielstellungen im Zusammenhang mit überzogenen verallgemeinerten Kontrollerwartungen (Erwartungen von Beeinflußbarkeit).

Die Arbeitsgestaltung muß durch das Einräumen von Freiheitsgraden das Entwickeln effektiver persönlicher Arbeitsweisen ermöglichen (Ulich, Udris, Frei, Alioth 1980). Gleichzeitig müssen jedoch ineffektive oder sogar gefährdende Tätigkeitsstile, wie das Typ-A-Verhalten, hauptsächlich durch Lernprozeduren umgebildet werden.

4.8. Mehrfachtätigkeit

In der Praxis stehen nicht selten zwei oder mehrere Aufträge bzw. Aufgaben gleichzeitig an. In Grenzen gelingt es uns, diesem Anforderungstyp gerecht zu werden. Daher wird vereinfachend oft von „Mehrfachhandeln mit multiplen Zielen" gesprochen. Es wird versucht, das gegenseitige Durchdringen mehrerer Handlungen bzw. Tätigkeiten mit heterarchischen Strukturvorstellungen zu beschreiben (Broadbent 1983).

Zunächst ist die Bezeichnung „Mehrfachhandeln“ irreführend, weil in Wahrheit teils nicht einzelne Handlungen, sondern komplexe Tätigkeiten und zum anderen Teile gleichfalls nicht Handlungen, sondern psychisch automatisierte Routinen oder Einzelbewegungen als untergeordnete Bestandteile von Handlungen und Tätigkeiten gemeint sind (Fuhrer 1984, Kaminski 1973). Zutreffender ist von **Mehrfachtätigkeit** zu sprechen.

Des weiteren enthält das Problem der Mehrfachtätigkeit sehr unterschiedliche Sachverhalte, deren Auseinanderhalten bereits Wesentliches klärt. Entscheidend ist dabei, ob ergebnisbezogene Tätigkeiten (z. B. Radios montieren) oder verlaufszentrierte Tätigkeiten (z. B. Tanzen oder Skilaufen) gemeint sind und ob im Falle der ersteren von Arbeitstätigkeiten gegen Entlohnung die Rede ist. Wir konzentrieren uns auf entlohnte ergebnisbezogene Arbeitstätigkeiten. Mindestens folgende Sachverhalte sind auseinanderzuhalten:

1. Multiple Regulation

Tätigkeiten umfassen sowohl gleichzeitig als auch nacheinander Vorgänge, die auf verschiedenen Regulationsebenen ablaufen. Einige werden automatisch, einige automatisiert durch Abrufen hochgeübter Programme, einige randbewußt reguliert, und meist nur einem Sachverhalt gilt des weiteren die uneingeschränkte Zuwendung (Aufmerksamkeit oder Bewußtheit). Eben diese Regulationsweise wird als hierarchisch bezeichnet.

Ein Beispiel:

Beim Austragen von Post in die Wohnungen sind Bewegungen beider Beine, beider Arme, Haltebewegungen der linken Hand und der rechten beteiligt. Es liegen dabei weder mehrere Ziele (etwa für jeden Schritt jedes Beines eines) vor noch mehrere Tätigkeiten.

2. Multiple antriebsregulatorische Ausrichtung

Wir sahen: Tätigkeiten werden von Motiven geführt, deren Wirken oft als Emotion erlebt wird, und ihre Handlungen sind auf mehr oder weniger scharfe Ziele gerichtet. Den Zielen wiederum können Teilziele hierarchisch untergeordnet oder sequentiell nachgeordnet sein.

Ein Beispiel:

Jemand möchte Geld verdienen, um „gut leben zu können“ (Motiv), und er übererfüllt die Tagesnorm bei der Schraubenherstellung (Ziel), wobei er ein Teilziel verfolgt, nämlich bis zur Mittagspause 60% der Tagesnorm zu erledigen.

Das parallele Wirken von Motiv, Emotion, Ziel und Teilzielen ist ein Wesensmerkmal der Tätigkeit, aber noch kein Mehrfachhandeln. Motive, erlebt als Emotion, wirken unter bestimmten Bedingungen vermittels Ketten oder Hierarchien von Zielen und Teilzielen.

3. Ergebnis-/ Lohn-/ Bedürfnisinstrumentalität

Teilziele haben Instrumentalität für Ziele, diese wiederum für Oberziele bzw. Motive. Beispielsweise hat ein Arbeitsergebnis (Teilziel) Instrumentalität für einen Lohnzuschlag, dieser hat Instrumentalität für ein Bedürfnis, z. B. eine teure Reise buchen zu können.

Auch die erlebensmäßig parallele Existenz von Arbeitsergebnis, Lohn und Bedürfnissen außerhalb der Arbeit ist ein Wesensmerkmal entlohnter Arbeit, aber kein Mehrfachhandeln.

4. Ziel-Weg-Vornahmen

Neben dem Ziel als Vorwegnahme und Vornahme eines gegenständlichen Ergebnisses können auch Vornahmen zur Ausführungsweise der Ergebniserreichung bestehen.

Ein Beispiel:
Man kann ein Autorad montieren, und zwar schnell oder/und kräftesparend oder/und mit einer für die Mitfahrerin eindrucksvollen Eleganz.

Einschränkende Vornahmen zur Ausführungsweise sind für Arbeitstätigkeiten typisch. Sie präzisieren freigestellte Abwicklungsformen ein und derselben Tätigkeit oder Handlung. Sie können die möglichen Teilziele auf dem Weg zum Ziel einschränken. Daher liegt auch hier keine Mehrfachtätigkeit vor.

Im Sonderfall von kaum oder nicht vereinbarten Ergebnis- und Wegzielen werden allerdings Störungen der Tätigkeitsstruktur auftreten.

5. Nebenzieleinfügung als rationalisierende Vorwegnahme innerhalb umfassenderer Tätigkeiten

In eine Tätigkeit oder Handlung, die ein Ergebnisziel realisiert, kann ein anderes, ergebnisfremdes Nebenziel eingebaut sein.

Ein Beispiel:
Beim Zurechtsägen neuer Baumpfähle an der Kreissäge schneidet ein Gärtner auch ein Brett zum Ausbessern einer Parkbank zurecht. Er spart einen zusätzlichen Weg zur Tischlerei.

Arbeitende speichern in Form von nach Prioritäten geordneten Absichten mehr Aufgaben in ihrem Gedächtnis, als sie augenblicklich bearbeiten. Daher können aktuelle Tätigkeiten unterbrochen werden, um Teile aus späteren Aufgaben vorwegnehmend einzuschieben. Die Einschubstellen sind nicht zufällig. Es sind Übergänge zwischen Teiltätigkeiten. Der Einschub spart später Arbeitsschritte. Oft wird dabei die derzeit bearbeitete Tätigkeit als Teil einer noch umfassenderen erlebt, zu der auch der vorgezogene Arbeitsschritt gehört.

Bei einer geringeren Integration entsteht ein fließender Übergang zu einem weiteren Sachverhaltetyp:

6. Prioritätengeleitete Verschachtelung

Zwei oder mehrere auf verschiedene Ergebnisse gerichtete Tätigkeiten an verschiedenen Arbeitsgegenständen können zeitlich verschachtelt ausgeführt werden. Im EDV-Jargon erfolgt ein time sharing.

Ein Beispiel:
Eine Schwester gibt einem Patienten eine Spritze, während sie bei einem anderen die Temperatur mißt und dabei auf das Reagieren des Thermometers warten muß.

Auch hier ist Grundlage, daß mehrere Absichten gespeichert und einige davon nach Prioritäten geordnet zurückgestellt wurden. Zwei oder mehrere Zielkomplexe bzw. Tätigkeiten werden durch zeitweiliges Unterbrechen zwar gemeinsam verfolgt, dabei aber streng sequentiell bearbeitet. Die zurückgestellten Absichtsprioritäten regeln die Abfolge. Jede der Tätigkeiten hat ihren eigenen Zielkomplex. Mehrfachziele und Mehrfachtätigkeiten liegen, genau besehen, auch hier nicht vor. Eine entscheidende Begrenzung solcher Verschachtelungen entsteht durch die Gedächtnisbelastung.

Insgesamt sollten also die vermengenden Begriffe „Mehrfachtätigkeit“ oder „Tätigkeit mit multiplen Zielen“ zugunsten einer genaueren Sachbestimmung vermieden werden.

4.9. Einige methodische Folgerungen für die psychologische Analyse von Arbeitstätigkeiten

Bei der psychologischen Untersuchung von Regulationsvorgängen sind nach alledem mehrere Gesichtspunkte zu berücksichtigen. Soweit diese aus dem Vorangehenden bereits deutlich sind, genügt ihre Nennung:

1. Die beim Arbeiten erlebbaren und aussagbaren psychischen Vorgänge, Repräsentationen und Zustände haben nicht alle mit der Tätigkeitsregulation zu tun. Wir sahen: Von den tatsächlich aktuell **regulierenden** oder tätigkeitsleitenden psychischen Sachverhalten sind nur die tätigkeits**begleitenden** sowie die häufig erst nachträglich — bei Schwierigkeiten oder bei Stellungnahmen zu einer Zurechnung der Folgen eigenen Handelns möglichen — **begründenden** oder attribuierenden psychischen Sachverhalte zu unterscheiden (von Cranach u. a. 1980). Es ist wichtig, daß die aktuell regulierenden Vorgänge in die Vorbereitungs- und/oder Ausführungsphase gehören und daß sie unterschiedliche Konkretheit besitzen können. Auch die den Arbeitenden bekannten Werte, Normen und Bedeutungen eines Gegenstandsbereichs regulieren Tätigkeiten, obgleich sie sehr global sein können (Bromme und Hömberg 1980).
2. Die aktuell regulativ wirksamen Gegebenheiten sind nicht alle bewußtseinspflichtig und zum Teil nicht einmal bewußtseinsfähig. Vermutlich ist es sogar der größere Teil unseres Verhaltens, der nach einem bewußten Anfangsimpuls nicht mehr aussagbar, bewußt reguliert wird.

Man kann unterscheiden zwischen deklarativen und prozeduralen tätigkeitsleitenden Regulationsgrundlagen.

Deklarative Regulationsgrundlagen sind Repräsentationen der Umwelt, an denen mit internen Operationen manipuliert werden kann und die verbal anderen Menschen mitgeteilt werden können. Prozedurale Regulationsgrundlagen sind hauptsächlich Bedingungs-Handlungs-Regeln, die bei gegebenen internen und externen Bedingungen bestimmte Handlungsprogramme starten. Sie können nicht verbal mitgeteilt werden. Sie unterscheiden Personen nach der Ausführungsart bestimmter Verrichtungen, nicht aber durch das Verfügen über eine Datenbasis mit einem symbolischen Modell der Umwelt (Broadbent 1983).

Der Grad und der Umfang der Bewußtheit scheint abzuhängen vom Erfordernis der Vorwegnahme und Vorplanung von Ausführungsschritten sowie von den Entscheidungserfordernissen, also von Merkmalen der objektiven Komplexität der Aufgaben. Zugleich ist er abhängig von der sozialen Verantwortlichkeit für Tätigkeitsergebnisse. Das wird am deutlichsten erkennbar bei einer erforderlichen Rechenschaft vor anderen Menschen oder vor sich selbst, vor dem Gewissen als verinnerlichten sozialen Werten und Normen.

Weiter ist gesichert, daß der Bewußtheitsgrad und -umfang sich mit den Handlungsphasen verändert (Vorbereitung versus Ausführung versus Nachbereitung beispielsweise als Rechenschaft) und reversibel auch mit solchen Wiederholungen der Tätigkeiten, die eine psychische Automatisierung und damit Verlagerungen zu untergeordneten Ebenen der Ausführungsregulation ermöglichen.

Insgesamt wird deutlich, daß der Grad und der Umfang der Bewußtheit aktuell unmittelbar tätigkeitsregulierender psychischer Sachverhalte sich sowohl onto- wie aktualgenetisch verändert. Die allgemeinpsychologischen Konstrukte der Aufmerksamkeit und der Kapazität der Bewußtheit beschreiben einige Bedingungen der Bewußtheit tätigkeitsregulierender Sachverhalte (Shiffrin u. a. 1981).

Mithin können auf Bewußtheit angewiesene Untersuchungsmethoden (etwa direkte und indirekte Befragung einschließlich darauf aufbauender Verfahren, z. B. der Skalierung) nur Teile der Regulationsgrundlagen erfassen. Auch **psychische** Regulationskomponenten können derartigen Methoden verschlossen bleiben; der Anteil der nicht faßbaren psychischen Regulationskomponenten verändert sich im Arbeitsprozeß (z. B. durch psychische Automatisierung). Offensichtlich sind psychologische Arbeitsstudien zur Erfassung wesentlicher Regulationskomponenten unerläßlich.

3. Regulativ wirksame Gegebenheiten sind – selbst wenn sie bewußtseinspflichtig sind – nicht notwendig zu jedem Zeitpunkt (insbesondere nicht in der Phase der Handlungsvorbereitung) in jener Differenziertheit erlebnismäßig gegenwärtig, mit der sie im Augenblick der Ausführung gegeben und wirksam sind.

Bei der Erfassung der erforderlichen Handlungsnotwendigkeiten vor der Ausführung durch Befragen oder Aufstellen eines schriftlichen technologischen Plans ist dieser Plan nicht selten weniger differenziert als das anschließende aufgabengerechte Realisieren. Die im schriftlich fixierten Plan fehlenden Arbeitsschritte werden beim Realisieren zu einem beträchtlichen Teil sachgerecht vollzogen. Das Handeln ist „vollständiger" als die (schriftlich fixierte) Vorplanung.

Die Ursachen liegen einerseits in der den Handlungsablauf bestimmenden objektiven Logik der Aufgabe. Die Ausführung ist in stärkerem Maße determiniert als die Planung. Die (subjektiven) Freiheitsgrade sind reduziert; eine verlaufsgebundene Konkretisierung des Aktionsprogramms ist leichter. Es besteht keine **Notwendigkeit** zu einem bis ins Detail differenzierten Vorbewußtsein. Dem entspricht andererseits die am Eingangsbeispiel in 4.4.1. gezeigte hierarchische Organisation von Vornahmen und ihnen zugeordneten Aktionsprogrammen. Der gegenwärtig aussagbare Erlebnisinhalt ist nicht notwendig differenzierter, als augenblicklich handlungserforderlich ist; das bedeutet jedoch nicht, daß er zum gegebenen Zeitpunkt nicht differenzierter sein und wirken wird. Das Prinzip ökonomischer Einheitenbildung liegt auch hier vor und stellt eine Klippe für die Untersuchungsmethodik dar. Die Klippe ist nur zu umgehen durch einen Untersuchungsansatz der psychischen Regulation der Arbeitstätigkeit, der von vornherein die **hierarchische** Struktur berücksichtigt, d. h. Einheitenbildung (1.) auf unterschiedlichen Ebenen (2.) als Analysengegenstand sieht. Die mathematische Theorie der Graphen bietet dafür geeignete Formalisierungsmittel (Klix und Krause 1969).

Die dargestellten Sachverhalte unterstreichen darüber hinaus die Notwendigkeit psychologischer Analysen der Arbeitstätigkeit vermittels psychologischer Arbeitsstudien.

4. Die zeitliche Korrespondenz von (erlebtem) regulativem psychischem Vorgang und praktischem (in der Arbeitsstudie festgehaltenem) Realisierungsschritt ist kompliziert. Da die regulierten praktischen Realisierungsschritte an feste Zeitabfolgen ihrer Teilschritte gebunden sind, ist die jeweilige **zeitliche** Struktur auch für die regulierenden psychischen Vorgänge ein wesentliches Merkmal. Jedoch stimmt die psychische Verlaufsstruktur der Handlung notwendig nicht mit dem zeitlichen Ablauf der äußeren Handlungskomponenten überein. Die Ursache liegt in der regulativen Funktion der psychischen Komponenten:

(1) Das zeitlich **Spätere** – das Arbeitsergebnis – **determiniert** (als Ziel antizipiert) das zeitlich **Frühere**, die Art und Weise der Erzeugung des Ergebnisses. Regulationen sind auf allen Regulationsniveaus an Vorwegnahmen gebunden. Die übergeordnete, bestimmende Vorwegnahme ist die des Ergebnisses der geforderten Arbeitshandlung.

(2) Die zweite notwendige zeitliche Divergenz zwischen der psychischen Verlaufsstruktur und dem Ablauf der äußeren Handlungsvollzüge ergibt sich aus dem gleichfalls regulativ bedingten **Überdauern** psychischer Komponenten der Handlung. Die antizipierten Abbilder, in höchster Instanz also das Handlungsziel, stellen die für die Regulation unerläßlichen, relativ stabilen, alle erforderlichen sukzessiven Verrichtungsteile simultan in sich zusammenfassenden regulativen Invarianten dar. Auch beim Berücksichtigen beider Besonderheiten in der zeitlichen Korrespondenz wäre die psychische Struktur in lediglich zeitlicher Hinsicht (nur als Verlaufsstruktur) nicht hinreichend charakterisiert. Wir sahen oben: Die psychische Struktur ist nach regulativen Erfordernissen **hierarchisch** gestaffelt; es liegt ein Über- bzw. Unterordnungsverhältnis in einem System von Regulationsvorgängen vor, die auf unterschiedlichen und wechselnden Ebenen der Bewußtheit verlaufen. Die regulativ bedingte funktionelle Organisation der Komponenten der psychischen Struktur der Arbeitstätigkeit ist also in hierarchischer *und* zeitlicher Hinsicht gegeben. Die psychologische Analyse der Arbeitstätigkeit muß damit der Verschränkung *beider* Aspekte Rechnung tragen. Lösungsmöglichkeiten deuten sich in Beispielen aus der generativen Grammatik (der Sprachproduktion) — etwa bei Chomsky (1970) — an.

Arbeitsstudien müssen daher in zwei korrespondierenden Zeitebenen angelegt sein:
— im Zeitablauf der praktischen Operationsfolge;
— in der vorwegnehmenden (und der Möglichkeit nach relativ invarianten) Ebene der psychischen Regulation,

um die tatsächlichen Vorgangseinheiten und den determinierenden Sinn der Verrichtung zu erfassen.

5. Noch ungenügend gesichert sind die Schlüsse vom beobachteten Verhalten auf die regulierenden psychischen Sachverhalte (Köhler 1981). Beobachter und sich selbst beobachtende Handelnde interpretieren hochgradig übereinstimmend Handlungen in Begriffen aktueller tätigkeitsleitender Kognitionen, also insbesondere von Zielen und Plänen. Diese Übereinstimmungen verweisen auf das Wirken sozialer Konventionen bis hin zu naiven Handlungstheorien (von Cranach und Valach 1982).

Derartige Konventionen sind dann eine Hilfe zur Erhöhung der Objektivität, Reliabilität und Validität des Arbeitsstudiums, wenn sie durch fortlaufende Korrekturen an der Praxis zutreffende Schlußregeln abbilden. Das ist zwar wahrscheinlich, aber noch wenig überprüft. Die konventionellen „naiven" Fehlinterpretationen tierischen Verhaltens im Sinne seiner unbegründeten Vermenschlichung oder die Fehlinterpretation menschlichen Verhaltens beispielsweise bei bestimmten interpersonellen Konflikten mahnen hier entschieden zur Vorsicht.

Die zwei wichtigsten Grundlagen für ein begründetes Schließen von beobachtbaren Verhaltenssequenzen auf regulierende psychische Vorgänge sind die verwendeten Kategorien beim Beobachten sowie das Abgrenzen von Verhaltens- oder enger von Tätigkeitsabschnitten bzw. Tätigkeitseinheiten. Hilfsmittel zur Abgrenzung von Einheiten und geeignete Kategoriensysteme tragen dazu bei, komplexe und überfordernde Beobachtungsaufgaben zu zerlegen in leichter zu bewältigende Einzelbeobachtungsschritte. Ihre kritische Prüfung hilft des weiteren zu verhüten, daß die Definition der zu untersuchenden Variabeln in der Untersuchungsplanung unbeachtet bleibt und auf den Beobachter abgeschoben wird (Frenz und Frey 1981).

6. Arbeitsanalysen sind als ein hypothesengeleitetes, schrittweise einengendes System

mehrerer Analysestufen aufzubauen. Das ist in Methodikdarstellungen ausgeführt (Hacker und Matern 1980, Matern 1983). Innerhalb eines solchen Gesamtsystems werden **Kategorien** zum Erfassen der psychischen und motorischen Vorgänge benötigt, die in regulationsbezogenen und unmittelbar untersuchbaren Begriffen gefaßt sind. In Abhängigkeit vom Untersuchungsanliegen sind unterschiedliche Listen mit dem Charakter von hinweisenden Hilfsmitteln in Gebrauch. Tab. 4.8 zeigt ein Beispiel einer Liste für psychologische Anforderungsanalysen, die in Weiterführung von Vorschlägen von Plath (1974) entstand. Tab. 4.9 gibt eine vereinfachende Liste für das Beschreiben der Vorgänge in informationsverarbeitenden Systemen wieder, die funktionsteilig von Menschen und Rechnern ausgeführt werden.

7. Für das Untersuchen von Tätigkeiten werden des weiteren Analysehilfen zum **Abgrenzen von Tätigkeitsabschnitten oder -einheiten** aus dem „Verhaltensstrom" benötigt. Sie müssen gestatten, Anfang und Ende von Tätigkeiten, Teile von Tätigkeiten und umfassendere Tätigkeitskomplexe sowie Ausführungswege mit ihren eingeschlagenen und nicht begangenen Verzweigungen abzugrenzen.

Die Einheiten müssen in jeder Aufgliederungstiefe die zielbezogene Organisation der Tätigkeit enthalten. Das verbietet ein Zerlegen in beziehungslose psychische Prozesse ebenso wie in aus Zielbezügen gelösten Bewegungen. Ohne derartige Einheiten sind Fragen wie die nach einem linearen, hierarchischen oder heterarchischen Aufbau von Tätigkeiten nicht befriedigend zu beantworten. Auch das Bewerten von Tätigkeiten hinsichtlich ihrer Wirkungen auf den Werktätigen und das Gestalten von Tätigkeiten baut auf Einheiten oder Teilen von Tätigkeiten auf. Das gilt beim Bewerten der „Vielfalt" oder der „Partialisierung" von Tätigkeiten und beim Gestalten von „erweiterten und bereicherten Tätigkeiten" oder von „dezentral entscheidenden" und Mischarbeiten.

In Arbeitstätigkeiten hat das Einheitenproblem eine Besonderheit: Die Zerlegung gesellschaftlicher bzw. betrieblicher Gesamtarbeit in Teilarbeiten durch die Arbeitsteilung und -kombination und die Mensch-Maschine-Funktionsteilung nach technologischen Erfordernissen und nach gesellschaftlichen Konzeptionen über die zweckmäßig an eine Person zu vergebenden Arbeitsteile steckt den Rahmen für die überhaupt möglichen Einheiten innerhalb der so erzeugten Tätigkeiten ab.

Kategorien von Einheiten können nach drei Aspekten gebildet werden, (a) dem Auftrags- oder Zielaspekt, (b) dem Weg-Mittel-Aspekt, (c) dem operationalen Aspekt. Der jeweils vordringlich zu verfolgende Aspekt ist vom Anliegen abhängig. Um die funktionelle Gesamtorganisation einer Tätigkeit zu erhalten, ist eine fortschreitende Einheitendifferenzierung von (a) nach (c) erforderlich. Funktionelle Organisations**teil**einheiten unselbständiger Art (beispielsweise intraindividuelle Rückkoppelungseinheiten) werden in (c) faßbar.

Zum **Auftrags- oder Zielaspekt:** Lohnarbeit erfüllt arbeitsrechtlich relevante Aufträge. Diese können logisch-technologisch in Teilaufträge als „natürliche", nicht vom Untersucher gestiftete Einheiten gegliedert sein. Die psychologische Bedeutung solcher Auftragseinheiten besteht darin, daß sie, mit oder ohne Redefinition übernommen, zu tätigkeitsregulierenden Zielkomplexen als Ergebnisvornahmen führen.

Zum **Weg-Mittel-Aspekt:** Gesamttätigkeiten gemäß der übernommenen Aufträge können als „natürliche" Einheiten enthalten:

- Klassen von Teiltätigkeiten, die logisch-technologisch aus übernommenen Aufträgen, also Zielen folgen. Beispiele sind das Vorbereiten der Bearbeitung; die Bearbeitung; das Prüfen und Korrigieren der Bearbeitungsergebnisse.
- Verschiedene Teiltätigkeiten innerhalb einer Klasse von Teiltätigkeiten. Beispiele sind das Vorbereiten als Einrichten im Unterschied zum Vorbereiten als Materialbeschaffen.
- Verschiedene Handlungen innerhalb einer konkreten Teiltätigkeit. Beispiele sind der Werkzeugwechsel, das Einstellen des Vorschubs beim Einrichten oder das Prüfen des Vorschubs.

Für diesen Weg-Mittel-Aspekt liegen Kategoriensysteme vor, die hinreichend differenziert, erprobt und auf große gesellschaftliche Arbeitsbereiche anwendbar sind. Als Verdichtungen bestätigter „naiver" Tätigkeitskonzeptionen sind sie auch für psychologische Anliegen geeignet, weil sie im Sinne der Forde-

Tab. 4.8: Schema von Tätigkeitskomponenten für Psychologische Anforderungsanalysen

1. Erforderliche Zielstellungen

1.1. Bereiche erforderlicher Zielstellungen
(Produktmenge bzw. -qualität; Sicherheit; Arbeitsmittelpflege ...)

1.2. Umfang von Zielstellungen (in Abhängigkeit von Freiheitsgraden für Entscheidungen)
(Freiheitsgrade für zeit- bzw. mengenbezogene Ziele; gegenstands- bzw. prozeßphasenbezogene Ziele; aufgabenbezogene Ziele; problemhafte Ziele)

1.3. Verknüpfung von Teilzielen
(Unverknüpfte Einzelziele; sequentielle Zielketten; Zielhierarchien)

2. Zustandserkennung und -differenzierung

2.1. Arten zu erfassender Signale und Signalverknüpfungen

2.2. Antizipative, prophylaktisches Handeln ermöglichende vs reaktive, momentanes Handeln fordernde Signale

2.3. Arten von Signalerfassungsoperationen
o Entdecken, Unterscheiden, Identifizieren
o Anwenden/Entwickeln von Suchstrategien auf der Grundlage von Hypothesen

3. Zustandsklassifizierung und -bewertung

3.1. Erforderliche Beurteilungs(Diagnose)vorgänge
(Umfang zu integrierender Information. Art der Vergleichsoperationen)

3.2. Erforderliche Beurteilungsgrundlagen (Bezugssysteme, Prototypen)

3.3. Arten und Umfang von Operationen zur Zuordnung von Maßnahmen zu erkannten Zuständen
(Abruf aus Gedächtnis; Maßnahmeableitung nach vorgegebenen oder selbst zu findenden Regeln)

4. Vorstellungsmäßiges/begriffliches Transformieren regulierender Sachverhalte

4.1. Art der Transformationsoperationen (Dekodierungen; rechnerische oder logische Operationen; Bezugssystemdrehungen)

4.2. Transformationsumfang (z. B. Schrittzahl)

4.3. Transformieren nach bekannten vs zu findenden Regeln; Art der Regeln

5. Zur Bewertung/Maßnahmenzuordnung zu gewinnendes/aktualisierendes regulatives „Wissen" (System operativer Abbilder)

5.1. Produkt-/Sollwert-Eigenschaften (Differenzierung der Zielstellungen)

5.2. Ausgangs(material)eigenschaften

5.3. Transformationsbedingungen von Ausgangs- in Produkteigenschaften
o Prozeßeigenschaften (Häufigkeit, Dauer, Abfolge, Verknüpfung von Ereignissen)
o Arbeitsmitteleigenschaften
o Eingriffsmöglichkeiten in den technologischen Prozeß: Eingriffspunkte, Freiheitsgrade
o Leistungsbestimmende Teiltätigkeiten
o Wissen um erforderliche Maßnahmen und ihre Einsatzbedingungen sowie Folgen
o Erforderliche Leistungsintegration der Gruppenmitglieder je nach Kooperationsform

6. Aktualisierung/Entwerfen von Arbeitsverfahren (in Abhängigkeit von Freiheitsgraden für Zielstellungen, Abfolgen, Mittel, Wege)

6.1. Aktualisieren von beherrschten Arbeitsverfahren als beurteilungsinternes Zuordnen (vgl. 3.3.)

6.2. Entwerfen einzelner Arbeitsverfahren
o nach Algorithmen
o selbständig regelgeleitet
o heuristisch

6.3. Entwerfen komplexer Arbeitsverfahren (Pläne) nach Algorithmen, selbständig regelgeleitet, heuristisch

7. Auswählen von Verfahrensvarianten anhand des Systems operativer Abbilder bei Kalkulation der Folgen

8. Orientierungs(Kontroll)operationen beim (sensumotorischen) Ausführen

8.1. Zu beherrschende sensumotorische Ausführungsoperationen (Arten nach Koordinationserfordernissen; erforderlicher Beherrschungsgrad; energetischer Aufwand)

8.2. Orientierungs(Kontroll)operationen bei Ausführung (Zuordnen zu 2. bzw. 3.)

Tab. 4.9: Vereinfachtes Aufgabenvokabular für informationsverarbeitende Systeme (R. B. Miller 1971)

Begriff	Vereinfachte umgangssprachliche Beschreibung
1. Mitteilung	Muster von bedeutungstragenden Signalen, das Verarbeitungskapazitäten zum Erzeugen nützlicher Antworten aktivieren kann
2. Einwirkungen auswählen	Auswählen, worauf die Aufmerksamkeit als nächstes zu richten ist
3. Filtern	Aussondern irrelevanter Mitteilungen
4. Aufreihen in einer Warteschlange	Ordnen eintreffender Mitteilungen bei einem oder mehreren Kanälen in eine Wartereihe zur Minimierung von Verlusten oder Konflikten
5. Entdecken	Sensorisches Feststellen des Vorhandenseins irgendwelcher Aufnahmeerfordernisse (nur bei analogen Aktivitäten vom Identifizieren zu trennen)
6. Suchen	Aufsuchen eines Sachverhalts, für den eine interne Repräsentation vorhanden ist, in einem umschriebenen äußeren Suchbereich in einer bestimmten Abfolge
7. Identifizieren	(Wieder)erkennen eines Sachverhalts als ein ganz bestimmter, individueller und belegen mit Bezeichnung
8. Kodieren(En-, De-)	Übersetzen von Mitteilungen aus einer Form in eine andere, vorzugsweise ohne Informationsverlust
9. Interpretieren	Zuordnen von Bedeutungen, hinausgehend über das Dekodieren unter Nutzung von Kontext
10. Kategorisieren	Festlegen und Bezeichnen von Gruppen von Sachverhalten
11. Übertragen	Räumlich-zeitliches Verlagern von Mitteilungen
12. Behalten	Erhalten von Mitteilungen (Daten, Programmen) für die künftige Nutzung mit unterschiedlichen Teilprozessen bei assoziativen und nichtassoziativen Gedächtnisformen
13. Kurzzeitbehalten (Puffern)	Zeitweiliges Erhalten von Mitteilungen für Zwecke innerhalb eines Aufgabenzyklus
14. Zählen	Ermitteln der Anzahl einer festgelegten Sachverhalteart
15. Rechnen	Logisch/mathematisches Ableiten von Antworten auf definierte Aufgaben, meist durch mehrere gleichwertige Operationen möglich
16. Entscheiden/Wählen	Auswahl einer Antwort für eine Situation bei Berücksichtigung von Zielkriterien, Prioritäten, Antwortalternativen, situativen Bedingungen und Strategien
17. Planen	Vorausbestimmen künftiger Bedingungen und der Art und Abfolge erforderlicher Antworten; Untermenge des Entscheidens
18. Prüfen	Feststellen, ob etwas (Signal, Bedeutung einer Mitteilung, Antwort) so ist, wie es sein sollte. Kann Entscheidung aus einem Input/Antwort-Vergleich sein.
19. Verändern	Verändern einer Handlung entsprechend Plan; bezogen auf Rückmeldungen kombiniert mit Prüfen
20. Anordnen	Anordnen von Symbolen nach gegebenen Gruppierungsregeln
21. Darbieten	Anordnen von Mitteilungen nach gegebenen Regeln zum Zwecke der Aufnahme durch den Menschen
22. Lernen/Anpassen	Verhaltensänderung als Ergebnis von Informationsgewinn
23. Löschen	Tilgen unerwünschter Informationen aus dem Gedächtnis
24. Fertigmachen für andersartige Aufgaben	Identifizieren neuer Aufgaben und Zurückstellen von Sachverhalten der bisherigen Aufgaben

Präzise Definitionen und Beispiele gibt die Originalarbeit. Das klassifizierende Vokabular bezieht sich auf informationsverarbeitende Systeme unter Einschluß von Menschen und Maschinen.

rungen an die Einheitenbildung interpretierbar sind. Ein Beispiel eines solchen Gliederungssystems gibt die TGL 36987/03.

Klassen von Teiltätigkeiten sind:
- Vorbereiten der eigenen Tätigkeit,
- Be/Verarbeiten als Verändern des Arbeitsgegenstands,
- Prüfen eigener Ergebnisse,
- Korrigieren eigener Ergebnisse,
- Warten, Instandsetzen, Reinigen eigener Arbeitsmittel,
- Analysieren, Abrechnen von Leistungen,
- Organisieren, Planen, Leiten der Arbeit einer Gruppe.

Jede dieser Klassen ist weiter differenzierbar, z. B. nach den wechselnd benutzten Mitteln (Bearbeiten mit Werkzeug; Bearbeiten als Bedienen von Maschinen; Bearbeiten als Überwachen von Maschinen) oder nach dem Veränderungsverfahren.

Zum **operationalen Aspekt:** Teiltätigkeiten oder Handlungen werden durch teilzielabhängige kognitive (Vergleichen; Reproduzieren) und sensumotorische (Ergreifen; Laufen) Klassen von Operationen realisiert. Auch sie sind „natürliche" Einheiten von Tätigkeiten.

Abgrenzungsvorschriften von „natürlichen Einheiten" können für alle drei benannten Aspekte aus den Bestimmungsstücken des Tätigkeitsbegriffs abgeleitet werden. Eine Einheitenabgrenzung ist mit anderen Worten möglich nach
- Gegenständen der Tätigkeiten, Teiltätigkeiten bzw. Handlungen,
- Mitteln und anderen Ausführungsbedingungen (beispielsweise Orten),
- unterschiedlichen Vollzügen an gleichen Gegenständen mit gleichen Mitteln,
- angestrebten verschiedenen Resultaten,
- beteiligten Personen.

Damit sind Abgrenzungsvorschriften für die Auftragsanalyse und das Arbeitsstudium formulierbar. Als Abgrenzungsvorschriften für Teiltätigkeiten und Handlungen können zur Erleichterung und Objektivitätserhöhung die Definitionen von Kategorien in den Zeitgliederungssystemen dienen, weil diese die in den ersten vier Anstrichen benannten Abgrenzungsaspekte enthalten.

Als Abgrenzungsvorschrift kann des weiteren herangezogen werden, daß die von befragten Werktätigen mehrheitlich als verschieden abgeteilten Verrichtungen als „natürliche Einheiten" aufzufassen sind. Kritisch zu beachten ist dabei allerdings die Fähigkeit des Menschen zur Wahl relativ beliebiger Verdichtungen oder Zerlegungen eigener Tätigkeiten, die zwischen Abstraktionen über einen ganzen Arbeitstag und dem Fingerspreizen innerhalb von Sekunden variieren können. Weiter gilt: Je geläufiger konventionelle Kategoriensysteme wie Zeitgliederungssysteme sind, desto häufiger wird in deren Begriffen geurteilt werden. Wir wissen jedoch, daß tätigkeitsbegründende Kognitionen nicht mit tätigkeitsleitenden Vorgängen gleichgesetzt werden können.

Für arbeitspsychologische Zwecke müssen Tätigkeitseinheiten auch für das Bewerten von Tätigkeiten verwendbar sein. Das Bewerten ist am sinnvollsten für Einheiten des Weg-Mittel-Aspekts, also Teiltätigkeiten und Handlungen. Es setzt jedoch die Kenntnis des operationalen Aspekts, also der Art der realisierten kognitiven Operationen, und der Stellung der Teiltätigkeit im Gesamtauftrag voraus.

5. Antriebsregulation: Die Zielgerichtetheit und Motivierung von Arbeitstätigkeiten

Am Ende des Arbeitsprozesses kommt ein *Resultat* heraus, das beim Beginn desselben schon in der Vorstellung des Arbeiters, also schon *ideell vorhanden* war.

Nicht daß er nur eine Formveränderung des Natürlichen bewirkt; er verwirklicht im Natürlichen zugleich seinen *Zweck*, den er weiß, der die Art und Weise seines *Tuns als Gesetz bestimmt* und dem er seinen Willen unterordnen muß. Und diese Unterordnung ist kein vereinzelter Akt.

Außer der Anstrengung der Organe, die arbeiten, ist der *zweckmäßige Wille*, der sich als Aufmerksamkeit äußert, für die ganze Dauer der Arbeit erheischt, und um so mehr, je weniger sie durch den eigenen Inhalt und die Art und Weise ihrer Ausführung den Arbeiter mit sich fortreißt, je weniger er sie daher als Spiel seiner eigenen körperlichen und geistigen Kräfte genießt (Marx 1962, S. 193; Hervorhebung von W. H.).

... die Hauptsache [ist] ..., daß ... der Mensch in der Gesellschaft nicht einfach äußere Bedingungen findet, denen er seine Tätigkeit anpassen muß, sondern daß diese gesellschaftlichen Bedingungen *selbst die Motive und Zwecke seiner Tätigkeit*, deren Mittel und Verfahren in sich tragen (Leontjew 1979, S. 85; Hervorhebung von W. H.).

Die Entwicklung der Bedürfnisse erfolgt ... als Entwicklung ihres gegenständlichen Inhalts (Leontjew 1979, S. 89).

Die primären Antriebe liegen ... nicht in subjektiven Zuständen, sondern in der Vielfalt unterschiedlicher Gegenstände ... als gesellschaftliches ... Produkt. Motiventwicklung ist an den Vorgang der ... kognitiven Sinnerfassung der objektiven Bedeutung gesellschaftlicher Gegenstände gebunden (Rosenfeld 1980, S. 117).

5.1. Einführung: Bedeutung und Wirkungen der Motivierung von Arbeitstätigkeiten

Menschen vergleichbarer Vorbildung und Leistungsvoraussetzungen bevorzugen unterschiedliche Tätigkeiten, arbeiten unter gleichen Bedingungen unterschiedlich intensiv und verwirklichen vergleichbare Ziele mit verschiedener Konsequenz.

Tätigkeiten mit unterschiedlichen Merkmalen, speziell Freiheitsgraden und verschiedener Anforderungsvielfalt, veranlassen Menschen auch mit recht unterschiedlichen Eigenschaften ziemlich übereinstimmend zu unterschiedlichen Vornahmen und Anstrengungen. Dieser Effekt ist so ausgeprägt, daß ein „Motivationspotential" von Arbeitstätigkeiten abgeschätzt werden kann (Hackman und Oldman 1974).

Wir erinnern uns an allgemeinpsychologische Grundlagen: Zum Beschreiben und Erklären der aufgezählten Sachverhalte wird die Antriebsregulation und darin die Motivation herangezogen. Diese ist Gegenstand der Motivationspsychologie, die ein umfangreiches Theoriengeflecht entwickelt hat, das stark vom jeweiligen gesellschaftlich-historisch bedingten Menschenbild abhängt. Zum Überblick vergleiche Heckhausen (1980a), Offe und Stadler (1980). Der Begriff Motivation bezeichnet heterogene Sachverhalte, für die verschiedene Konzepte und Theorien vorliegen. Es geht um

- Motiv**dispositionen** als Eigenschaften mit einer interindividuell verschiedenen Ausprägung;
- **aktuelle** Motivierungen, bezogen auf die **Folgen** von Tätigkeiten;
- **aktuelle** Motivierungen, bezogen auf den Verlauf der **Tätigkeiten selbst**.

Des weiteren sind die Aussagen der Motivationstheorien entweder bezogen auf den Vorgang der Motivierung (**Prozeßtheorien**) oder auf die motivierenden Sachverhalte (**Inhaltstheorien**). Sie betreffen kaum gleichzeitig beides.

Der Motivbegriff ist summarisch. Seine Zerlegung in die enthaltenen Teilsachverhalte und Teilvorgänge führt zu vertieften Einsichten in die Verhaltensregulation. Zu diesen Komponenten gehören

- das Niveau selbstgesetzter Leistungsziele, das sogenannte Anspruchsniveau,
- der persönliche Anreizwert von Tätigkeitsergebnissen oder Tätigkeitsfolgen,
- die subjektive Wahrscheinlichkeit des Eintretens von Ergebnissen oder Folgen,
- ihre Instrumentalität für weitere Ziele, also beispielsweise die Wahrscheinlichkeit, mit Hilfe des Lohns ein bestimmtes Bedürfnis tatsächlich befriedigen zu können,
- die Zukunftsorientierung der Person,
- die Selbsteinschätzung der Leistungsmöglichkeiten und
- die Ursachenattribuierungstendenzen (Heckhausen 1977).

Die Arbeitspsychologie entwickelt selbst keine Motivations- oder gar Persönlichkeitstheorien, sondern ist auf die Vorleistungen der allgemeinen und der Persönlichkeitspsychologie angewiesen. Diese betreffen leider konkrete gesellschaftlich-historischbestimmte Arbeitsprozesse nur am Rande. Demzufolge ist auch das arbeitspsychologische Wissen lückenhaft und ebensowenig wie das der Motivationspsychologie mit ihren heterogenen Gegenständen auf eine geschlossene theoretische Motivationskonzeption gestützt.

Die Arbeitspsychologie ist auf Beiträge zur Arbeitsgestaltung hier und heute aus. Dazu benötigt sie hauptsächlich Aussagen über zwei Sachverhalte:

- die **motivierenden Wirkungen objektiver Tätigkeitsmerkmale** einschließlich der Ausführungsbedingungen auf die Effektivität der Arbeit und auf Aktivitäten, die zur Persönlichkeitsentwicklung beitragen, um sie arbeitsgestalterisch berücksichtigen zu können,
- die **Bedürfnisse** (Wünsche, Wertvorstellungen) der Werktätigen gegenüber den konkreten Arbeitsprozessen, um sie arbeitsgestalterisch berücksichtigen zu können.

Beide Gegenstände entwickeln sich in einer Wechselwirkung: Die Motivationspotentiale können Bedürfnisse erzeugen. Bedürfnisse bestimmen die motivationale Wirksamkeit objektiver Tätigkeits- und Ausführungsbedingungsmerkmale mit.

Für die Hauptanliegen der Arbeitspsychologie sind folgende Sachverhalte voranzustellen:

1. Motive und Ziele haben in Arbeitstätigkeiten mehrere Funktionen:
   - Sie richten die Tätigkeit auf künftige Inhalte und schließen andere Inhalte aus.
   - Sie regulieren den Tätigkeitsablauf und ordnen die Teilverrichtungen nach ihrer Reihenfolge und Unterordnung.
   - Sie aktivieren.
2. Die Motivierung von Arbeitstätigkeiten drückt sich aus in den Wirkungen der vielfältigen Beziehungen eines Werktätigen zu seiner Arbeitstätigkeit, ihren Rahmenbedingungen, ihrer gesellschaftlichen Funktion — insgesamt darin, welchen Platz sie in seinem Leben und Erleben einnimmt. Diese individuellen, zum Kern der Persönlichkeit gehörenden Beziehungen sind durch umfassend wirksame Wertungssysteme (z. B. moralische Normen, Leitbilder, Anreizsysteme) gesellschaftlich vermittelt.

Die zentrale Bedeutung der Motivierung von Arbeitstätigkeiten besteht einerseits in der Schlüsselstellung für Art und Umfang der resultierenden Leistung, mit anderen Worten für die Produktivität, und andererseits in der rückwirkenden Ausstrahlung auf die gesamte Persönlichkeitsentwicklung.

Bestarbeiter, Aktivisten oder Neuerer unterscheiden sich durchaus von anderen Werktätigen durch ihre Arbeitsmethoden als Ergebnis differenzierter intellektueller Durchdringung. Darüber hinaus kennzeichnet sie eine — in vielfältigen, die Persönlichkeitsnähe kennzeichnenden Abwandlungen vorliegende — hervorragende Motivierung, akzentuiert auf dem Nutzen ihrer Leistung für andere, im weitesten Sinne für die sozialistische Gesellschaft.

Die in vielfältigen Formen erfolgende **soziale Vermittlung** der Motive, die menschliche Arbeitstätigkeiten bestimmen, kennzeichnet die wichtigsten Besonderheiten der Motivierung von Arbeitstätigkeiten. Die Motive von Arbeitstätigkeiten müssen der Erzeugung eines nützlichen Produkts dienen. Die **Tätigkeit selbst** ist nur Mittel zur Erzeugung des Produkts, welches in der arbeitsteiligen Produktion gleichfalls wiederum nur eine Mittelfunktion in der Befriedigung solcher individueller Bedürfnisse als möglicher Motive hat, die außerhalb der Arbeitstätigkeiten liegen. Wir werden im Abschnitt 5.5. dieses Abschnitts darauf zurückkommen.

Motive als Beweggründe des Handelns können aus verschiedenartigen Antrieben wie Bedürfnissen, Interessen, Überzeugungen, Einstellungen oder Gefühlen entstehen. Im Prozeß der fortwährenden Erfüllung von Aufgaben werden aktuelle Motive verallgemeinert und verfestigt; habituelle Motive sind Charakterzüge.

Die Entstehung einer habituellen, sozialistischen Produktionsverhältnissen angemessenen Motivierung für Arbeitsaufgaben (die gesellschaftliches Eigentum an Produktionsmitteln voraussetzende sozialistische Arbeitseinstellung) ist in erster Linie zu kennzeichnen durch ein spezifisches Übernehmen („Verinnerlichen“, Interiorisieren) gesellschaftlicher Normen als Beweggründe des persönlichen Handelns. Dieses Verinnerlichen wird möglich auf Grund der prinzipiellen Übereinstimmung von individuellen und gesellschaftlichen Interessen und erfolgt in ihrem Ausmaß.

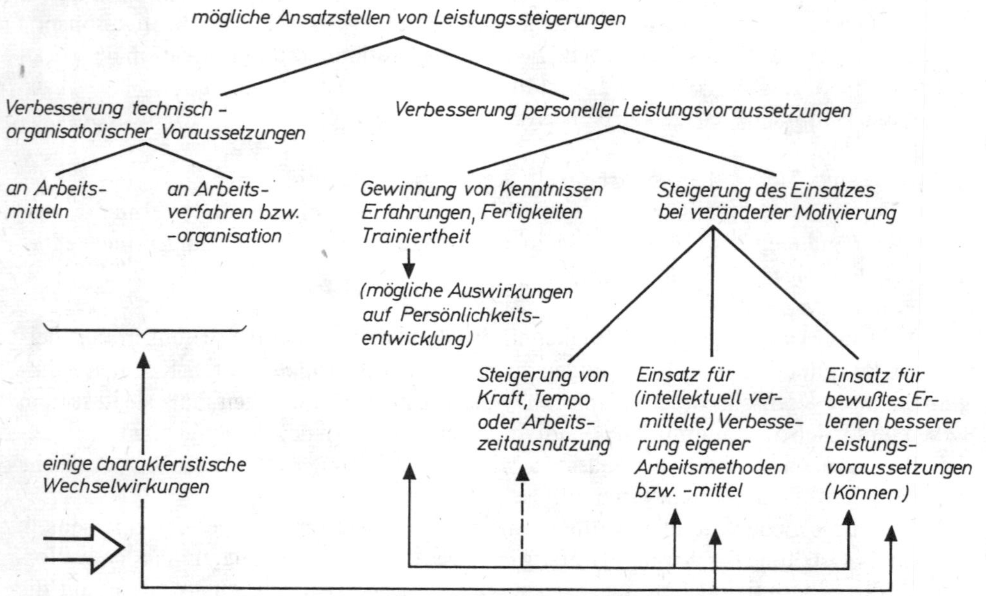

Abb. 5.1: Schematischer Überblick über mögliche Ansatzstellen von Leistungssteigerungen.

3. Für die Arbeitspsychologie ist es aus in der Sache wurzelnden Gründen schwierig, stichhaltige allgemeingültige Angaben über einen „isolierten motivierungsbedingten Anteil“ einer personell bedingten Leistungsveränderung zu machen.
Leistungssteigerungen können — sehr vereinfachend — bedingt sein durch:
— verbesserte vorgegebene Arbeitsmittel bei gleichbleibendem Einsatz;
— verbesserte vorgegebene Arbeitsmethoden oder Arbeitsorganisation bei gleichbleibendem Einsatz;
— gewachsene Leistungsvoraussetzungen durch Erfahrungserwerb bei gleichbleibendem Einsatz;
— erhöhten Einsatz bei sonst gleichen vorgegebenen Arbeitsmitteln, Arbeitsmethoden und Leistungsvoraussetzungen.
Kombinationen sollen unbeachtet bleiben.
Bei näherer Überlegung wird deutlich, daß „erhöhter Einsatz“ des Werktätigen recht Verschiedenes bedeuten kann. So kann vorliegen:
— — willentliche Steigerung des körperlichen Einsatzes (Kraftaufwand; Tempo; Verringerung von Unterbrechungen);
— — Vertiefung der geistigen Durchdringung der Arbeit mit dem Ergebnis einer verbesserten Arbeitstechnik oder -organisation (bedeutsam ist die Erkenntnis [z. B. Hansch 1968], daß derartige gleichfalls auf eine Änderung in der Motivierung zurückgehende Leistungssteigerungen nicht von einer Erhöhung der resultierenden Belastung begleitet sind);
— — „Einsatz“ für einen absichtlichen, gezielten Erwerb verbesserter Leistungsvoraussetzungen durch Selbstbelehrung oder Unterrichtsbesuch.
Damit wird erkennbar, daß eine wissenschaftliche Ansprüche befriedigende Abtrennung motivierungsbedingter Leistungssteigerung von solchen, die Ergebnis verbesserter Kenntnisse, Fertigkeiten, Fähigkeiten oder auch konditioneller Voraussetzungen sind, auf Schwierigkeiten stößt. Eine Analyse dieser im Wesen der psychischen Leistungsvoraussetzungen wurzelnden Schwierigkeiten besitzt mehr als nur methodischen Wert, da sie für praktische Veränderungsanliegen nutzbare Wechselbeziehungen deutlich werden läßt.

Lernpsychologische Erkenntnisse lassen es zunächst fraglich erscheinen, ob es einen Kenntnis- und Könnenserwerb *ohne* eine Absicht der Leistungssteigerung gibt. Bloßes wiederholtes Ausüben einer Tätigkeit ohne irgendeine Intention der Verbesserung garantiert wenigstens bei nicht zur unmittelbaren Bedürfnisbefriedigung führenden Tätigkeiten keine Leistungssteigerung. Derartige Intentionen zur Leistungssteigerung „drängen sich“ bei wiederholtem Ausüben einer Tätigkeit jedoch geradezu auf: Die motivierende Wirkung — neben der korrigierenden und organisierenden — von Leistungsrückmeldungen ist wohl bekannt (Annett 1969, Holding 1970). In gewissem Sinne schafft sich eine wiederholt ausgeübte Arbeitstätigkeit selbst jene motivierungsmäßigen Mindestvoraussetzungen, die erforderlich sind, um aus der Verschmelzung wiederholten Ausübens mit einer Intention der Ausübungsverbesserung einen wenn nicht leistungs-, so doch effektivitätssteigernden Lernprozeß werden zu lassen. Besonders ausgeprägt — aber keineswegs notwendig gebunden daran — entwickelt sich eine derartige Intention bei gemeinschaftlicher Arbeit mehrerer Menschen. Es „erzeugt bei den meisten produktiven Arbeiten der bloße gesellschaftliche Kontakt einen Wetteifer und eine eigene Erregung der Lebensgeister (animal spirits), welche die individuelle Leistungsfähigkeit der einzelnen erhöhen ..." (Marx 1962, S. 345). Dieser „Wetteifer" wirkt daneben auch als (freilich ohne sozialen Hintergrundsbezug nicht denkbar) „Wetteifer mit sich selbst". Elementare psychologische Grundsätze der Arbeitsorganisation – die der zeit- und/oder mengenmäßigen Arbeitsgliederung in überschaubare Teile bei Repetitionsarbeit, die der möglichen stimulierenden Wirkung eines sichtlich voranschreitenden Arbeitsflusses mit Abstimmung auf den individuellen Leistungsbereich oder die der Unerläßlichkeit zeitlich unverzögerter und informationsmäßig regulationsgemessener Rückmeldung des Arbeitsergebnisses – bauen darauf auf:

Beispielsweise findet sich (bei Beachtung einer Anzahl notwendiger Bedingungen) in experimentellen Untersuchungen zur Bestimmung des optimalen Arbeitstempos nicht selten eine nichtlineare Beziehung zwischen Vorgabetempo und Anzahl der nicht mehr bearbeiteten Arbeitsgegenstände (Auslassungen) mit einem deutlichen „Sprung" in der Zunahme der Auslassungen (s. Abb. 5.2a, b).[1]

Die psychologische Aussage hinter dieser nichtlinearen Beziehung betrifft ein Motivierungsproblem: Zunächst wird durch Erhöhung des Arbeitstempos gegen das Entstehen von Auslassungen gearbeitet; gelingt bei weiterer Tempoststeigerung die beinahe lückenlose Bewältigung nicht mehr, so wird nachgegeben, der Vorsatz der lückenlosen Bewältigung aufgegeben. Diese Vorsatzänderung spiegelt sich in der sprunghaften (der Größe der Tempozunahme nicht entsprechenden) Zunahme der Auslassungen. Das weitere Wachstum der Auslassung entspricht der Tempozunahme.

Die Beziehung ist also eine Auswirkung des Verhältnisses von Anforderungen, Bewältigungsmöglichkeiten („Leistungsniveau") und motivierungsmäßiger Auseinandersetzung damit (z. B. in Form eines Vorsatzes; über die beteiligten Anspruchsniveau-Phänomene wird später zu sprechen sein). Sie ist ein Beispiel für der Möglichkeit nach (nämlich auf dem Hintergrund entsprechender Arbeitseinstellung) motivierend wirksame Potenzen einer Arbeitstätigkeit selbst. Die Bedeutung der arbeitsgestalterischen Nutzung dieser Potenzen ist offensichtlich.

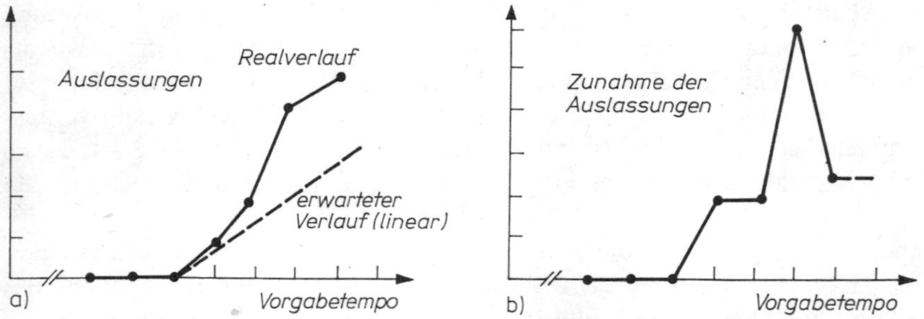

Abb. 5.2: Steigerung der Auslassungen (a) bzw. der Zunahme von Auslassungen (b) von Arbeitsgegenständen mit dem Bandtempo.

Ein zweiter Gesichtspunkt führt das bisher Dargestellte weiter. Ein mit Hilfe von Erfahrungsgewinn zunehmend gelingendes Bewältigen von Arbeitsaufgaben kann zu Einstellungsänderungen führen, sogar Wesenszüge der Persönlichkeit berühren. Erfahrungsbedingte Leistungsverbesserungen vermögen das Vertrauen in die eigene Leistungsfähigkeit, das Niveau des Anspruchs an sich selbst und an die übertragenen Aufgaben zu erhöhen. Jeder Kenntnis- und Könnensgewinn besitzt der Möglichkeit nach Einstellungs- und damit Motivierungskonsequenzen. Erfahrungsgewinn führt dennoch nicht zwangsläufig zu motivierungsbedingter Steigerung des Einsatzes; er bietet jedoch für

[1] Die Befunde geben Laborergebnisse wieder.

darauf zielende Maßnahmen günstige Anknüpfungsmöglichkeiten. Die Übergänge zwischen erfahrungsbedingter Leistungssteigerung ohne nennenswerte Verstärkung des Einsatzes und verstärktem Einsatz für systematischen Erfahrungsgewinn als Mittel zur Leistungssteigerung sind fließend.

Ein dritter Gesichtpunkt betrifft die Leistungssteigerung durch verbesserte Arbeitsmittel, -verfahren oder -organisation. Jede derartige Veränderung bedeutet für die betroffenen Werktätigen Veränderungen der Anforderungen, denen in motivierungsabhängigen Lernvorgängen zu entsprechen ist.

Ein Beispiel zur Arbeitsorganisation: Das Gliedern einer großen Menge von sich gleichförmig wiederholenden Aufgaben in überschaubaren Teilmengen führt zu verbesserten Leistungen bei verminderter Beanspruchung. Das ist der sogenannte Blumenfeld-Effekt (Blumenfeld 1932). Er geht zurück auf mehr Vorhersehbarkeit und damit mehr Beeinflußbarkeit („Kontrolle") bezogen auf die diesbezüglichen Bedürfnisse und Erwartungen der Werktätigen, auf mehr selbständige Zielsetzungen sowie auf das Erleben von mehr Abwechslung. Wird diese Gliederung nicht vorgegeben, sondern auf Grund angebotener Freiheitsgrade dafür selbst vorgenommen, so sind die Effekte noch wesentlich ausgeprägter (ein Beispiel gibt Abb. 5.3; Fritsche 1981). Die arbeitsorganisatorische Änderung löst also Lernvorgänge, hier über ein zweckmäßiges Selbstgliedern aus, die von motivationalen bzw. von Zielveränderungen begleitet sind.

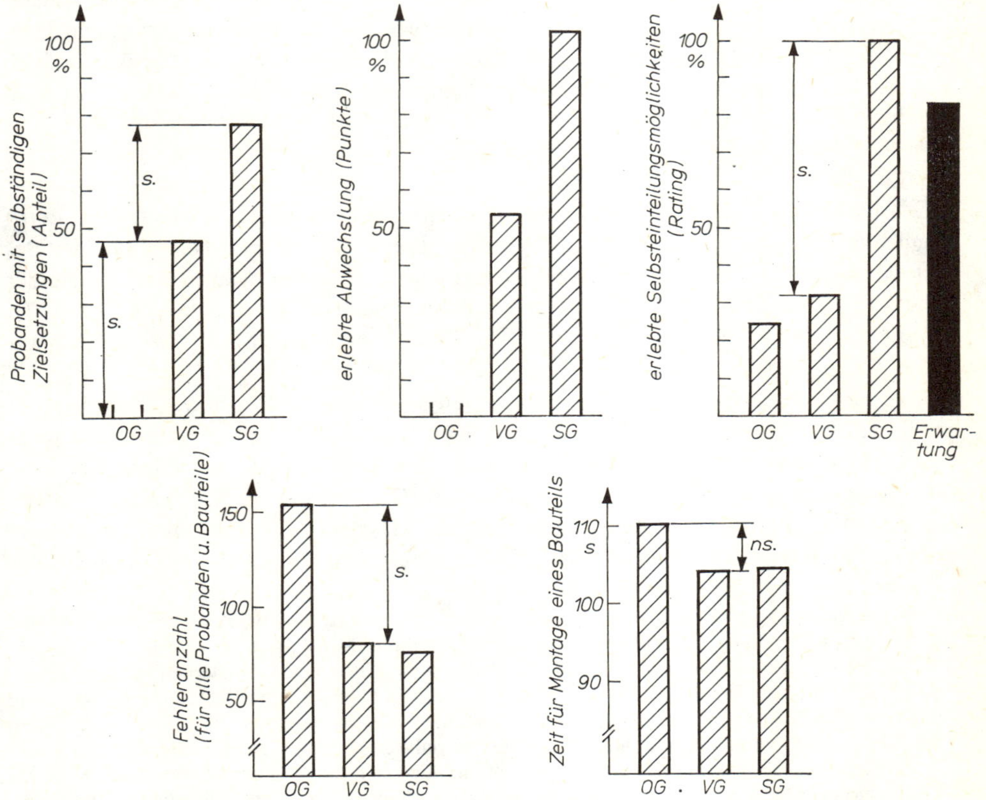

Abb. 5.3: Wirkungen von Gliederungsmöglichkeiten auf Vornahmen (Ziele), erlebte „Kontrolle" und Abwechslung sowie Leistung bei mehrstündiger Montage mit kurzen Stückzeiten (Fritsche 1981).
OG ohne Gliederung, VG vorgegebene Mengengliederung,
SG Selbstgliederung der Menge.

Wenn es demnach derzeit nicht gelingt, die eingangs behauptete Schlüsselstellung der Motivierung für die Produktivität vermittels exakt abgrenzbarer motivierungsbedingter Anteile von Leistungssteigerungen zu belegen[2], so ist dabei doch die Vielfalt der Einwirkungsformen der Motivierung auf die Leistung erkennbar geworden. Die Bedeutung der Motivierung für die Leistung ist nicht notwendig in der Beziehung von ausgesagter Motivation und Leistung aufweisbar, sie erfährt darüber hinaus eine Komplizierung durch den erforderlichen Bezug auf die gesellschaftliche Bewertung individueller Arbeitsmotive.

4. Die zentrale Bedeutung der Motivierung von Arbeitstätigkeiten wurde eingangs u. a. mit der Ausstrahlung auf die gesamte Persönlichkeitsentwicklung begründet. Dem liegen Wesenszüge der sozialistischen Gesellschaftsordnung zugrunde, welche die gesellschaftliche Wertung von Menschen nicht an seinem Besitz, sondern seiner gesellschaftlich nützlichen Arbeit orientiert. Auch die Selbsteinschätzung wird daher aus der Leistung des Individuums für die Gesellschaft abgeleitet.

„Diese neue, bewußte gesellschaftliche Beziehung zur Arbeit ist der Kern, auf dem die ganze Psychologie der Persönlichkeit aufgebaut ist" (Rubinstein 1958, S. 834).[3] Alle Seiten und Äußerungen der Persönlichkeit stehen zu diesem „Kern" in Beziehung.

Damit ist die Entwicklung der Persönlichkeit vorrangig abhängig von ihrer Betätigung im Produktionsprozeß. „Nur in dem Maße, wie sich die Persönlichkeit gegenständlich und objektiv in den Produkten ihrer Arbeit realisiert, . . . entwickelt [sie] sich. Zwischen der Person und den Produkten ihrer Arbeit, zwischen dem, was sie ist, und dem, was sie schafft, herrscht eine eigenartige dialektische Wechselbeziehung" (Rubinstein 1958, S. 836).

Gesellschaftlich nützliche, abwechslungsreiche und anregende Arbeit, die Lernmöglichkeiten bietet, bleibt damit nicht mehr bloßes unausweichliches **Mittel** der Bedürfnisbefriedigung oder Lebensbewältigung, sondern wird **selbst** bedürfnisbefriedigender Lebensinhalt. Soziologische Befunde geben dafür eindeutige Belege (Jadow u. a. 1971, vgl. dazu Tab. 5.2, Seite 207, Stollberg 1978, Sintschenko und Munipow 1980, Bestutschew-Lada 1978).

Aus dieser für die sozialistische Gesellschaft kennzeichnenden hohen Wertung der gesellschaftlich nützlichen Arbeit jedes einzelnen ergeben sich bedeutsame Konsequenzen: Das Lebensgefühl, die Befriedigung hinsichtlich des Gelingens des eigenen Lebens, nimmt wichtige Impulse aus der Arbeitstätigkeit. Die Anforderungen der Werktätigen an eine befriedigende Arbeitstätigkeit steigen. Im Arbeitsprozeß wirksame Motive ergeben sich zunehmend aus dieser gesellschaftlichen Wertung. Das Schaffen persönlichkeits-

[2] Eine weitere sachbegründete Ursache hat Engels darin aufgedeckt, daß die Menschen sich daran gewöhnt haben, ihr Handeln aus ihrem Kopfe anstatt aus ihren Bedürfnissen zu erklären.

[3] Daß hierbei tatsächlich eine durch die Gesellschaftsordnung bedingte Besonderheit vorliegt, erhellt eine Studie zu Einstellungen und Verhaltensweisen von Jugendlichen in der BRD. Im Zusammenhang der Erörterung der bedenklichen Jugendkriminalität stellt Kentler fest (1964, S. 12): „Die Trennung von Kopf- und Handarbeit und die zunehmende Spezialisierung haben zu einer derartigen geistigen Aushöhlung weiter Bereiche der Arbeitswelt geführt, daß der Beruf immer unwesentlicher für die gesellschaftliche Stellung und Wertschätzung des einzelnen wird. Man beurteilt ihn nicht mehr danach, was er schafft, sondern was er anschafft; beachtet wird nicht mehr, was er leistet, sondern was er sich leisten kann. Das hat zur Folge, daß der Konsum immer bedeutsamer für das gesellschaftliche Leben wird, denn je mehr und wertvollere Dinge jemand konsumiert, um so größer ist sein gesellschaftliches Prestige."

fördernder „Arbeitsinhalte" durch neue Formen der Automatisierung und Arbeitsorganisation (12. Kapitel) entspricht dieser Entwicklung.
5. Aus der Alltagserfahrung ist bekannt, daß hauptsächlich hinsichtlich der Beweggründe und ihrer gesellschaftlichen Determination wesentliche Unterschiede zwischen dem Arbeiten und Freizeitbetätigungen bestehen. Die allgemeinpsychologische Analyse von Motivierung und Zielsetzung des Handelns pflegt von diesen hier in den Vordergrund zu stellenden Besonderheiten der Motivierung von Arbeitstätigkeiten abzusehen:

Solche Freizeittätigkeiten wie Wandern, Lesen oder Musik hören befriedigen unmittelbar individuelle Bedürfnisse, ohne die Vermittlung durch das Erzeugen eines zunächst nur gesellschaftlich nützlichen Ergebnisses und die Entlohnung dafür. Sie bedürfen daher keines langzeitigen Willensvorsatzes. Diese Tätigkeiten können mit einem selbst gesetzten Ziel ausgeführt werden oder ohne ein solches Bedürfnisse befriedigen. Gesellschaftliche Wertungen (Auszeichnungen, Mißbilligungen) mit Auswirkungen auf das Selbstbewußtsein erfolgen nicht. Dagegen ist das Ausführen gesellschaftlich nützlicher Arbeit und das Erfüllen der Arbeitsaufträge nicht in das individuelle Belieben gestellt, sondern wird von der sozialistischen Gesellschaft nachdrücklich gefordert. Nicht zu arbeiten hätte mithin tiefgreifende gesellschaftliche und persönliche Konsequenzen. Klare und fortlaufend in Leitbildern, Idealen, Normen, gesellschaftlichem Ansehen und letztlich auch im Lebensstandard („materielle Hebel") vermittelte Wertungen kontrollieren und lenken darüber hinaus Art (z. B. Beruf), Ausmaß, Qualität des Arbeitens und mithin die Eigenbewertung durch die Persönlichkeit und damit ihr Selbstbewußtsein.

Jede Arbeitstätigkeit hat also — im Unterschied zu anderer Betätigung — einen **doppelten Effekt:** Neben der unmittelbaren Ergebnisrückmeldung — und diese überformend — wirkt die gesellschaftlich vermittelte Bewertung des Resultats.[4] Eben dadurch ist bedingt, daß jede Arbeitstätigkeit auf ein vorgegebenes Ziel — das antizipierte Resultat — gerichtet wird, die Tätigkeit selbst ist der Zielerreichung untergeordnet. Schließlich kommt hinzu, daß dieses Resultat nicht alle Bedürfnisse des Arbeitenden befriedigt; die (z. B. durch Lohn) vermittelte Bedürfnisbefriedigung macht ihrerseits die Vermittlung durch das Wollen unerläßlich.

Hauptinhalt einer Behandlung der Arbeitsmotivierung werden demnach nicht Motive sein, die determinieren, *ob* gearbeitet wird, sondern *wie* man arbeitet. Dieses „Wie" ist seinerseits bestimmt durch das „Warum".

5.2. Verhältnis von Motiv und Ziel in Arbeitstätigkeiten

Aus der Motivationspsychologie ist in Erinnerung zu bringen: Zur Tätigkeit veranlassen (a) **Antriebe** aus den **voraussichtlichen Folgen der vorweggenommenen Ergebnisse** (Ziele).

[4] Bereits 1935 hat Straub den zugrunde liegenden Mechanismus dargestellt: Die letztlich im gesellschaftlichen Lebens- (und damit Arbeits-)Prozeß wurzelnde und auf ihn hin ausgerichtete Zurechnung der Handlungsfolgen und über diese des Handelns zum Handelnden (dem Kind) ist der Ursprung der Abdifferenzierung eines sich als Handlungsträger erlebenden Ichs, des Willens und sogar des Gewissens. Das objektive Mittel dieses gesellschaftlichen „Zurechnungs-" und Erwerbungsprozesses ist die Sprache.

(b) Die Folgen werden abgewogen gegen die Bewertung des erwarteten **Aufwands.** Diese Aufwandskalkulation bezieht die Selbsteinschätzung der eigenen Leistungsmöglichkeiten ein. (c) Die Folgen werden des weiteren bezogen auf **Ansprüche** (Bedürfnisse, Wertvorstellungen, übernommene Normen) an die Folgen der Tätigkeiten (Heckhausen 1980a, c). Ein mehr oder weniger deutlich bewußt gewordener Antrieb wird zum **Motiv** durch das Richten der Tätigkeit auf ein Ziel, also auf das vorweggenommene Ergebnis und seine voraussichtlichen Folgen. Zugleich wird das Ergebnis, auf das sich das Handeln richtet, zum tatsächlichen **Ziel** erst mit dem Vorsatz zur Ausführung, also durch die — auch emotionale — Verbindung mit dem Motiv.

Antriebe allein — beispielsweise Bedürfnisse als reine Mangelzustände — aktivieren zwar, können aber noch nicht eine wohl bestimmte Tätigkeit auslösen und lenken. Dazu ist der Bezug auf konkrete Gegenstände unerläßlich (Rubinstein 1958, Leontjew 1979)! „Die Ziele . . . treten notwendigerweise in das Bewußtsein, nicht aber das Motiv, um dessentwillen diese Ziele gestellt . . . werden. Subjektiv äußern sie [die Motive; W. H.] sich . . . als Erleben des Wünschens und Wollens, des Strebens nach einem Ziel" und geben den Tätigkeiten eine „emotionale Färbung" (Leontjew 1979, S. 194 f.).

Die grundlegende prozeßtheoretische Modellvorstellung ist die von einer (multiplikativen) Verknüpfung des Nutzens („der Valenz") der Ergebnisse und Folgen einer Tätigkeit mit der subjektiven Wahrscheinlichkeit oder Erwartung ihres Eintretens durch eigene Aktivität. Entgegen früheren Annahmen der Leistungsmotivationstheorie (Atkinson 1964) sind dabei verschiedenartige Valenzklassen zu unterscheiden.

Das Basisproblem der Arbeitsmotivierung ergibt sich aus der Arbeitsteilung und dem gesellschaftlichen Charakter der Arbeit: Die Arbeitstätigkeiten führen mittelbar — über die Befriedigung gesellschaftlicher Bedürfnisse — zur persönlichen Bedürfnisbefriedigung. Die Motivierung von Arbeitstätigkeiten baut auf dem Bewußtwerden dieser Beziehung, speziell dem der Abhängigkeit der persönlichen Bedürfnisbefriedigung von Handlungen, die der gesellschaftlichen Bedürfnisbefriedigung dienen, auf.

Im einzelnen ergibt sich die Besonderheit der Arbeitsmotivierung aus dem Zusammenwirken von drei Ergebnisebenen von Arbeitstätigkeiten. Jede Ebene kann subjektiv Bedeutsamkeit erlangen und für sich und gemeinsam mit den anderen zum Motiv werden; Arbeitstätigkeiten führen zu (1) **äußeren** (Produkt) und **personalen** Ergebnissen (z. B. Ermüdung durch den Aufwand oder Weiterentwicklung von Leistungsvoraussetzungen); die gefertigten Produkte werden (2) im **Lohn** vergütet; der Lohn ermöglicht (3) das Befriedigen der außerhalb der Arbeitstätigkeit selbst liegenden **Bedürfnisse** (z. B. nach Nahrung; nach Kunstgenuß). Für die Realisierbarkeit jeder Ergebnisebene entstehen Erwartungen und Instrumentalitäten, auffaßbar als subjektive Wahrscheinlichkeiten für (1) die Realisierbarkeit einer bestimmten Produktmenge in Abhängigkeit von der Aufgabenschwierigkeit sowie für die Realisierbarkeit persönlicher Ansprüche an die Tätigkeit selbst und an ihre Ausführungsbedingungen (beispielsweise nach anregender, zum Lernen veranlassender Tätigkeit oder nach befriedigender Zusammenarbeit), für (2) die Realisierungschance eines bestimmten Lohns für die Arbeitsergebnisse und für (3) die Erreichbarkeit der Bedürfnisbefriedigung mittels des Lohns (Campbell 1970, Vroom 1964, Sève 1973).

Instrumentalitäten sind besondere Erwartungen, die subjektive Wahrscheinlichkeiten dafür bezeichnen, daß Handlungsergebnisse weitere Folgen nach sich ziehen oder behindern können. Die Motivation ist mithin abhängig von

1. der subjektiven Wahrscheinlichkeit, daß eine bestimmte Anstrengung zu bestimmten Leistungen und anderen erwünschten personalen Auswirkungen in der Arbeitstätigkeit selbst führt (Ergebnisse);
2. der subjektiven Wahrscheinlichkeit, daß die Ergebnisse ihrerseits zu weiteren beabsichtigten Folgen führen (Instrumentalitäten);
3. der auch emotional wirksamen Bedeutung der Ergebnisse und ihrer weiteren Folgen für den Arbeitenden, für andere und für die Gesellschaft insgesamt (Valenzen). Vergleiche dazu Abb. 5.4 a.

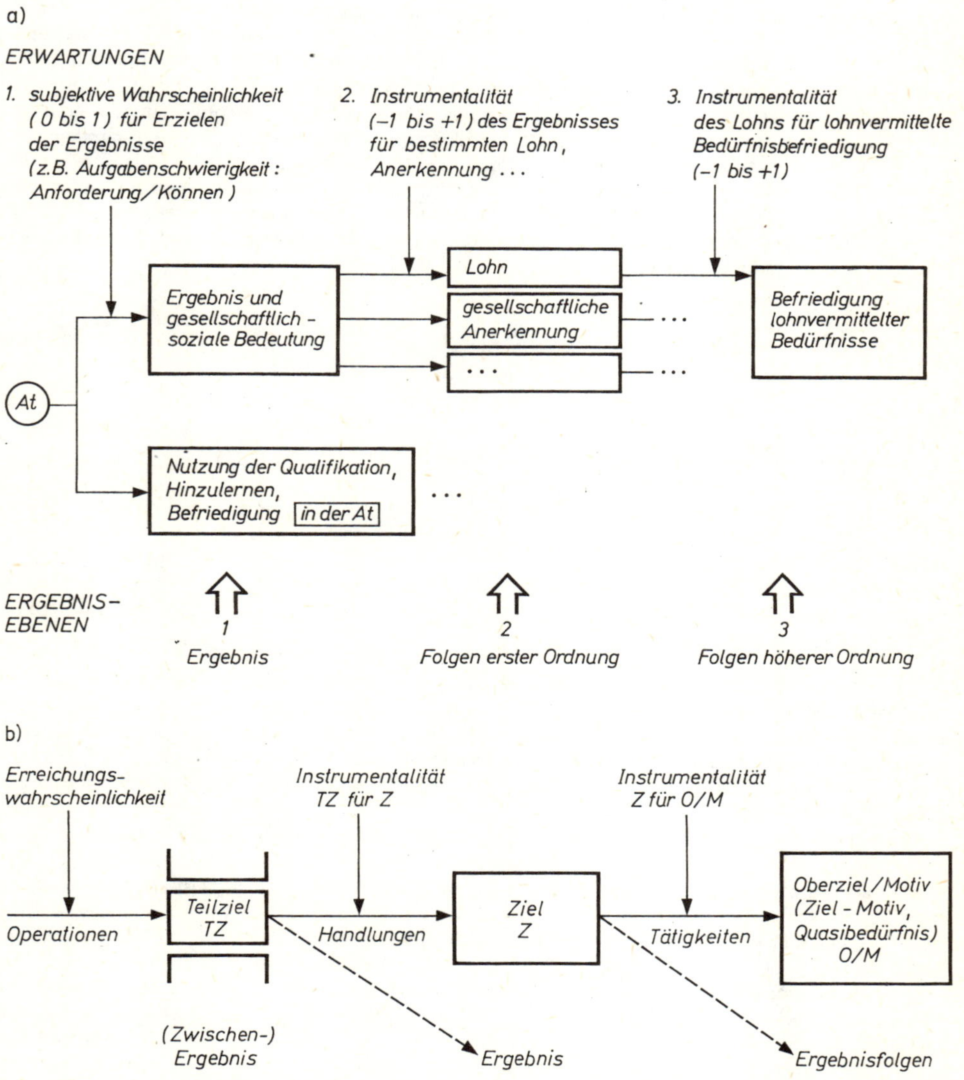

Abb. 5.4: a) Schematisierte Modifikation des Valenz-Instrumentalitäts/Erwartungs-(VIE-)Konzepts nach Vroom (1964); b) tätigkeitsregulatorische Verallgemeinerung (Raynor 1974 b, Volpert 1980 b, Leontjew 1979).

In Abhängigkeit von den Produktionsverhältnissen ist das Verhältnis zwischen den finanziellen und den inhaltlichen Zielstellungen der Werktätigen verschieden (Volpert 1980 b). Erst Eigentum an und Verfügung über die Produktionsmittel und damit Mitplanung und Mitleitung der Produktion schließt unvereinbare Widersprüche zwischen diesen beiden Klassen von Zielen bzw. Zielmotiven aus.

Anregungen und Grenzen der Instrumentalitätskonzepte

Das Instrumentalitätskonzept (Vroom 1964, und mehrere Weiterungen beispielsweise durch Porter und Lawler 1968, Campbell 1970 oder Dunnette 1976) macht engere, aber auch in dieser Einengung umstrittene und problematische Aussagen: Eine Arbeitstätigkeit hat stets mehrere vorhersehbare Folgen außerhalb und innerhalb des arbeitenden Menschen selbst. Ein Folgenbereich kann für weitere nach- oder übergeordnete Folgen (Oberziele) Instrumentalität haben, d. h. sie befördern oder sie einschränken. In Erweiterung der Erwartungs-mal-Wert-Konzeptionen kann demnach die Motivationsstärke oder Anstrengung als Summe der Produkte von jeder Ergebnisfolgenklasse und ihren Instrumentalitäten bestimmt werden. Diese Aussage wird als das sogenannte Anstrengungsmodell bezeichnet; in dieses kann die Aussage des Ergebnis-Valenz-Modells eingesetzt werden. Die Motivationsstärke hat ausschlaggebende Bedeutung für die Arbeitsproduktivität, soweit diese vom Ausmaß des Einsatzes des Werktätigen für seine Tätigkeit abhängt. Da zusätzlich insbesondere noch das Können, also Wissen, Fertigkeiten und Fähigkeiten, die Produktivität bestimmt, können das Anstrengungs- und das Ergebnis-Valenz-Modell zu einem Produktivitätsgesamtmodell ergänzt werden.

1. $\text{Produktivität} = f(\text{Können} \times A)$

   $\downarrow$

2. $A = f\left[\sum_{j=1}^{n}(E_{ij} \times V_j)\right]$

   $\downarrow$

3. $V_j = f\left[\sum_{k=1}^{n}(I_{jk} \times V_k)\right]$

zu 1. „Produktivitäts-, Ausstoßmodell"
A Anstrengung
zu 2. „Anstrengungsmodell"
E_{ij} Stärke der Erwartung, daß die Tätigkeit i zum Ergebnis j führt (0 bis 1)
V_j Valenz des Tätigkeitsergebnisses j
zu 3. „Ergebnis-Valenz-Modell"
I_{jk} erwartete Instrumentalität des Ergebnisses j für Eintreten der Tätigkeitsfolge k (-1 bis $+1$)
V_k Valenz der Tätigkeitsfolge k.

Problematisch ist, daß in diesen Vorstellungen weder dem Ergebnis noch der Tätigkeit selbst direkt intrinsische oder extrinsische Valenz zugesprochen wird, sondern nur den Ergebnisfolgen: Die Valenz der erwarteten Ergebnisse ist eine Funktion der Valenzen aller Ergebnisfolgen und deren Instrumentalitäten. Für jede Folge wird das Produkt aus ihrer Valenz und ihrer Instrumentalität gebildet. Diese Produkte werden addiert. Bei Auswahlen entscheide sich der Mensch nach dieser Konzeption für die jeweils größte Produktsumme.

Praktische Bestätigungen dieser Konzeption sind kompliziert und liegen auch nicht häufig vor. Beispiele finden sich u. a. bei Kleinbeck und Schmidt (1979). Dieser Zustand hängt u. a. mit methodischen Schwierigkeiten beim Erfassen der einbezogenen Sachverhalte ab. So ist es beispielsweise umstritten, ob die Valenz als erwartete Nützlichkeit, als Erwünschtheit, als Attraktivität oder als Bedeutung erfaßt und skaliert werden soll, wenngleich die Unterschiede nicht groß sind (Pecotich und Churchill 1981). Methoden zur Messung von Leistungsmotiven stellte Schmidt (1976) zusammen.

Weitere, auch sozialökonomisch bedingte Grenzen der Konzeption sind, daß das Konzept bestenfalls indirekt individuelle und gesellschaftliche Entwicklungen über die Befriedigung aktueller Bedürfnisse hinaus im Sinne der Weiterentwicklung der Tätigkeit – etwa als Erweiterung von kollektiven oder individuellen Freiheitsgraden – erkennbar macht, daß aktuell wirksame handlungssteuernde Faktoren wie Müdigkeit unterschätzt werden, daß nur die individuellen Konsequenzen im Sinne einer höchst fragwürdigen Nutzensmaximierung, nicht aber gesellschaftliche und deren Effekte für das Individuum einbezogen sind (Marx und Engels 1959). Das hängt auch mit der erwähnten Vernachlässigung des Produkts und der Tätigkeit selbst zusammen (Offe und Offe 1980). Einige weitere Grenzen teilt das Instrumentalitätskonzept mit allen Erwartungs-mal-Wert-Theorien. Das gilt für den überzogenen Gültigkeitsanspruch der Erwartungs-mal-Wert-Verknüpfung, das Vernachlässigen von Absicht und Entschluß, die Annahmen, verfügbare Information werde erschöpfend genutzt, die Valenz-Instrumentalitäts-Verknüpfung sei multiplikativ, es erfolge ein rationales Kalkül und erwogene Möglichkeiten würden von den Menschen gleichermaßen in ihre Aktivitäten überführt (Heckhausen 1980b). Somit ist der Wert dieser Modellklasse vorzugsweise in ihren kritischen Anregungen zu sehen.

Ziele sind instrumentell für Motive als „Oberziele"

Die Instrumentalitätsauffassung ist in wichtigen Zügen verallgemeinerbar für die kognitive und motivationale Regulation von Tätigkeiten: Die sequentiell und hierarchisch bzw. heterarchisch organisierten Teilziele, Ziele und Oberziele als kognitive Ergebnis**vorwegnahmen** veranlassen und regulieren Tätigkeiten nur, wenn sie zugleich „motivationale" **Vornahmen** zur Verwirklichung der Teilziele, Ziele oder Oberziele sind. Ein Teilziel hat dabei Instrumentalität für ein Ziel, dieses besitzt Instrumentalität für Oberziele (vgl. dazu Abb. 5.4 b). Die Oberziele können den Charakter von „Zielmotiven" haben, also selbst stimulierende Kraft besitzen oder durch die kognitive Ausarbeitung des Motivs mit diesem verschmelzen (Leontjew 1979).

Die kognitive Erweiterung der Leistungsmotivationstheorien durch Raynor (1969, 1974 b), Birch, Atkinson und Bongart (1974) sowie Volpert (1982) hat diese Beziehungen eingehend dargestellt.

Bei vorhandenen Freiheitsgraden schließt die Tätigkeitsregulation neben dem Entwerfen von Zielketten und von Verfahren auch die Prüfung ein, inwieweit Teilziele und Ziele tatsächlich einen vermittelnden Charakter für Zielmotive haben, „man sich mit dieser Teilhandlung noch ‚auf dem Weg' befindet. Dabei kann man auch um eines übergeordneten Motivs willen ansonsten eher aversive Teiltätigkeiten verrichten (man denke an die Arbeit einer Krankenschwester)" (Volpert 1980 b, S. 21). Negative Instrumentalitäten eines Teilziels oder Ziels kennzeichnen die Möglichkeit des Verfehlens eines übergeordneten Ziels durch das Verwirklichen eines untergeordneten, das als Mittel zu dessen Erreichung ungeeignet ist. Die instrumentellen Ziele sind also von den Oberzielen oder Zielmotiven der Tätigkeit abhängig. Sie erhalten einen Annäherungswert (Zielgradienten). Der Weg zum Oberziel ist damit sowohl kognitiv wie auch motivational und emotional bestimmt (Tichomirow 1980). Dieses „Prinzip der sekundären Motivation" ist vielen einschlägigen Teilprinzipien gemeinsam, so beispielsweise der Instrumentalitätskonzeption oder der Konzeption von der funktionellen Autonomie der Motive.

Die Motivation wächst häufig mit objektiv abnehmender zeitlicher Distanz zum Ziel. Personen mit ausgeprägter Zukunftsorientierung nehmen diese Distanz als geringer wahr als Personen mit weniger ausgeprägter Zukunftsorientierung (Gjesme 1983).

Untergeordnete Ziele und sie verwirklichende Operationen oder Handlungen können oft zum Erreichen verschiedener Oberziele beitragen. Der Arbeitende muß in solchen Fällen mindestens für die unmittelbar folgenden übergeordneten Ziele Bewertungen vornehmen, in welche die Aufwands/Nutzens- und Anforderungs/Könnens-Kalkulationen, Abschätzungen der Erreichbarkeit des Oberziels, Abschätzungen des Zielannäherungswerts von Teilzielen und die Ansprüche, z. B. interiorisierte Normen oder Werte, sowie verallgemeinerte Tätigkeitsstile eingehen (Tichomirow 1980). Zu diesen Ansprüchen wird von einigen Autoren mit Nachdruck ein Bedürfnis nach Einflußmöglichkeiten oder „Kontrolle“ der Arbeits- und Lebensumstände gerechnet (Blumenfeld 1932, Holzkamp-Osterkamp 1976, Österreich 1981).

Divergenz oder Konvergenz von Motiv und Ziel als Folgen der vermittelten Bedürfnisbefriedigung im entlöhnten Arbeitsprozeß

Mit der mittelbaren Bedürfnisbefriedigung sind zwei Folgenbereiche gegeben:

1. Es entsteht die prinzipielle Möglichkeit, daß Motiv (als Beweggrund des Handelns) und Ziel konvergieren oder divergieren können (Rubinstein 1958, S. 693). Das unmittelbare (gesellschaftlich vorgegebene) Ziel einer Arbeitstätigkeit ist die Erfüllung einer bestimmten Funktion, die nur im Zusammenhang der gesellschaftlichen Arbeitsteilung sinnvoll wird (z. B. das Beizen von Blechplatten). Das Motiv des arbeitenden Individuums kann schwerpunktartig akzentuiert sein auf die Befriedigung gesellschaftlicher Bedürfnisse (z. B. Produktionssteigerung beim Beizen von Blechplatten), persönlicher Bedürfnisse (z. B. bequeme Lohnsteigerung) oder eine (selbst unterschiedlich ableitbare) Synthese beider. Auf niederen Entwicklungsstufen fallen das, was eine Tätigkeit veranlaßt, und das, worauf sie gerichtet ist, nicht zusammen. Für höhere ist kennzeichnend, daß die Rolle des gemeinsamen Ziels durch das bewußte Motiv übernommen wird, das zum Zielmotiv wird. Dieses „Zusammenfallen ist ... entweder ein Ergebnis dessen, daß das Ziel selbständige stimulierende Kraft erlangt hat, oder Ergebnis des Bewußtwerdens der Motive, daß diese zu Zielmotiven macht“ (Leontjew 1979, S. 103 f., 191).

In dem Maße, in dem die persönlichen und die gesellschaftlichen Motive auseinanderklaffen, divergieren auch Motive und Ziele der Arbeitstätigkeit des Individuums, im Maße der Deckung konvergieren Motiv und Ziel der Arbeitstätigkeit. Die sozialistische Gesellschaftsordnung bietet Möglichkeiten zur Synthese gesellschaftlicher und persönlicher Motive der Arbeitstätigkeit für jeden Werktätigen. Ihre Verwirklichung ist u. a. Anliegen arbeitsgestalterischer, arbeitsorganisatorischer und erzieherischer Maßnahmensysteme auch des einzelnen Betriebes.

2. Der zweite Folgenbereich betrifft die prinzipielle Möglichkeit des Auseinanderklaffens von tatsächlich wirksamem Motiv und vor sich selbst und anderen (letztlich der Gesellschaft) angegebenem Beweggrund (der „Motivation“[5]). Diese mögliche Divergenz von Motiv und Motivation ist eine Folge des möglichen Auseinanderrückens von Motiv und Ziel einschließlich der damit erforderlich werdenden gesellschaftlichen Bewertung der Beweggründe von Arbeitstätigkeiten. Die bekannten Eigenheiten der Motivierung, hauptsächlich die Wirksamkeit von „Motivbündeln“, erleichtert diese bewertungsabhängige Motivation (Leontjew 1979, S. 192): Aus dem vielgestaltigen, durch zahllose Verbindungen verquickten Bündel der Motive muß auf Befragen nach den Beweggründen des eigenen Verhaltens stets eine Auswahl getroffen werden. Es müssen im Erleben eng verflochtene Sachverhalte für Verständigungszwecke getrennt und oft nur anmutungsartig und randbewußt gegebenes Erleben in verständlicher Weise in Worte gefaßt werden. Schließlich zwingt in der Regel die Frage den Befragten, abzusehen von einer Fülle zeitlicher Veränderungen und konkreter Bedingungen und selbst eine „Mittelung“ vorzunehmen. Alle diese Auswahl-, Verallgemeinerungs- und Verbalisierungsvorgänge werden – auch unabhängig von möglichen unaufrichtigen Re-

[5] Motivation und der Vorgang der Motivbildung (Motivierung) sind mithin in der hier benutzten Terminologie nicht identisch.

tuschen — von dem Wissen um gesellschaftliche Forderungen bezüglich der Motivierung beeinflußt. Die Such-, Auswahl-, Verallgemeinerungs- und Verbalisierungsprozesse werden gleichsam gelenkt von diesem Wissen — insbesondere wenn die gesellschaftlichen Leitbilder angestrebt sind — und führen damit zum Bevorzugen fremd- und selbstbewertungsgünstiger (forderungsnaher und daher gewissensbefriedigender) Motivierungsansätze.

Aus diesem Sachverhalt leiten sich Konsequenzen ab für die **Methodik** zur Erfassung von Arbeitseinstellungen — als relativ stabilen Komplex von Motiven. Bei einer Beschränkung auf globale Befragungsverfahren besteht die Gefahr, allein Motivationen, mit anderen Worten hauptsächlich das Wissen um gesellschaftlich erwünschte Beweggründe, zu erfassen. Damit wird verständlich, warum in Untersuchungen nicht selten nur lockere Zusammenhänge zwischen den ausgesagten Motivationen und der Arbeitsleistung ermittelt werden können. Geht das Untersuchungsanliegen über Motivationen hinaus, so ist eine Kombination verschiedener Erfassungswege unerläßlich.

Auch zwischen **Motiv** und **Leistung** besteht keine ausnahmslos eindeutige Beziehung, wenn man die gesellschaftliche Wertung der konkreten Leistungsmotivierung einbezieht. Eine gesellschaftlich nützliche Leistung kann im Extremfall aus eigensüchtigen Motiven erwachsen, wenngleich im Regelfall ein gesellschaftlich wertvolles Ergebnis aus gesellschaftlich gleichfalls wertvollen Motiven entsteht. Dafür ist ein Übernehmen (Interiorisieren) von gesellschaftlichen Normen oder Werten als Beweggründen des persönlichen Handelns erforderlich. Darin besteht das Hauptziel erzieherischer Beeinflussung von Werktätigen im Betrieb. Dieses Ziel ist nicht auf dem Wege verbaler Überzeugungsbemühungen allein zu erreichen, sondern nur bei gleichzeitiger Entwicklung entsprechender sozialistischer Arbeits- und Lebensbedingungen. Hierbei wird die Rückwirkung von Aufgabe und Ziel auf die Motivierung wirksam (5.5.). Das Beachten dieses Sachverhalts bildet ein Grundprinzip der Leitungstätigkeit in der sozialistischen Wirtschaft.

5.3. Zielbildung und Motiverzeugung durch Gestaltung von Tätigkeiten mit Motivierungspotential und von Voraussetzungen für die Normeninteriorisierung

Mit der gesellschaftlich-historischen Entwicklung der Arbeitstätigkeiten entwickeln sich die sie regulierenden psychischen Prozesse und Eigenschaften. Auch Motive und Ziele entwickeln sich in den konkreten Tätigkeiten, bestimmt durch deren sozialökonomische Verhältnisse.

Beispielsweise erfordern nicht wenige neue Tätigkeiten in automatisierten Systemen in der Produktion oder der Verwaltung vermehrt selbständiges Entscheiden, planendes Vorgehen, kritische und schöpferische Auseinandersetzung mit technologischen Bedingungen, Übernehmen vermehrter Verantwortung, umfassenderes kollektives Abstimmen. Diese objektiven Anforderungen der neuen Tätigkeiten vermögen auch neue Ziele und neue Motive zu erzeugen (Gottschalch 1981). Das ist ein komplizierter Wechselwirkungsvorgang, der im folgenden schrittweise näher behandelt werden soll:

1. Wir knüpfen an die Rolle der Ziele an. Die Struktur von Arbeitstätigkeiten, die Zu-

sammenhänge und Abgrenzungen der Tätigkeitsabschnitte sind durch die Struktur der Ziele bestimmt. Die Abgrenzung der Handlungen als Einheiten der Tätigkeit erfolgt durch Ziele. Sie haben unterschiedlichen Umfang; sie können sich auf komplexe Vorhaben oder auf einzelne Etappen beziehen. In der Regel ist ein Endziel durch eine Reihe von Handlungen zu erreichen, wobei das Ergebnis jeder Einzelhandlung zugleich ein Mittel zum Erreichen des Endziels *und* das Ziel der jeweiligen Einzelhandlung ist. Ein Zwischenergebnis ist also **Mittel und Ziel** zugleich. Daher kann es von Arbeitenden unterschiedlich erlebt werden. Dieses Erleben kann sich während der Arbeitstätigkeit ändern und dabei auch Veränderungen der psychischen und auf diesem Wege der äußeren Struktur der Tätigkeit bewirken.

Der Gegenstand, der den Menschen zum Handeln anregt und der zum Ziel als Einheit von Antizipation und Intention wird, muß für ihn bedeutsam sein. Die Beziehung des Subjekts zum Bedeutsamen wird zum Motiv und verleiht der Tätigkeit ihren Sinn (Rubinstein 1958). Bei Lohnarbeitstätigkeiten muß die persönliche Bedeutung eines Ziels, z. B. eines zu fertigenden Arbeitsgegenstands, durch die gesellschaftliche Bedeutung vermittelt werden. Auch dadurch schließt jede Arbeitstätigkeit soziale Beziehungen des Menschen ein.

Allgemeinpsychologische Abhängigkeiten der Zielbildung sind die Abhängigkeit von der wahrgenommenen **Erreichbarkeit** eines möglichen Ziels und die mit den Antizipationen im Zielbildungsprozeß entstehende **Belastung des Kurzzeitgedächtnisses** (Tichomirow 1977, 1980, Konopkin 1980, Telegina und Wolkowa 1977).

2. Wesentliche Schritte und Bedingungen der tätigen Übernahme (Interiorisation) gesellschaftlicher Verhaltensnormen als individuelle Motive stellen die Entwicklungspsychologie und die pädagogische Psychologie dar. Wesentliche Zusammenhänge gelten auch für Arbeitsmotive (Rosenfeld 1976):
Gesellschaftliche Verhaltensnormen in der faßbaren Form von (a) konkreten Verhaltens- bzw. **Tätigkeitsforderungen** können (b) in der Kooperation und **sozialen Interaktion**, unter Umständen mit Wettbewerbscharakter, erlernt werden. Verbale Überzeugungsversuche allein reichen nicht aus. Sie können wirksam werden nur bei der gleichzeitigen Wirkung (c) von **Arbeits- und Lebensbedingungen**, die den gesellschaftlich erwünschten Einstellungen entsprechen. Die Verhaltensanforderungen erzeugen zunächst (d) einen widersprüchlichen, also **instabilen inneren Zustand**, der nach einer Lösung verlangt. Am besten in der konkretisierten Form von (e) normenschaffenden Vorbildern angebotene, gesellschaftlich **hervorgehobene und bestätigte Verhaltensmuster** ermöglichen bereits bei teilweisem Verwirklichen in der eigenen Tätigkeit ein Verringern des erlebten Widerspruchs und stabilisieren damit wenigstens zeitweilig den inneren Zustand (von Cranach 1965 a, b). Das mit dem Erleben von (f) ideellen oder materiellen **Bestätigungen** als gesellschaftlichen Bewertungen verbundene Wiederholen der ansatzweise übernommenen Verhaltensmuster ist der Beginn des Erlernens eines aktuellen Motivs von der Art eines Quasibedürfnisses. Ein sich bewährendes Motiv kann über viele Zwischenschritte mit seiner (g) **Verfestigung, Verallgemeinerung und Differenzierung** endlich zur Motivdisposition werden. Dieser Vorgang ist komplex. Zu ihm gehört unabdingbar auch das (h) Vermitteln **normenbezogener Fähigkeiten und Kenntnisse** der erforderlichen Ziele und Vorgehensweisen, ihres gesellschaftlichen und individuellen Nutzens und Einsicht in deren Zusammenhang.

3. Mit dem wissenschaftlich-technischen Fortschritt werden unter sozialistischen Produktionsverhältnissen die objektiven Möglichkeiten zur Motiverzeugung in Arbeitstätigkeiten selbst erweitert: Bekanntlich werden körperlich schwere, gesundheitsgefährdende und monotone Tätigkeiten planmäßig zugunsten anspruchsvoller Tätigkeiten zurückgedrängt. Gleichzeitig steigert das ebenso planmäßig wachsende Bildungsniveau die Kenntnisse und Fähigkeiten, welche erforderlich sind, um objektiv wachsende Motivationspotentiale von Arbeitstätigkeiten aufzuschließen und anzueignen, und darüber hinaus wachsen die Bedürfnisse der Werktätigen nach befriedigenden und anregenden Arbeitstätigkeiten. Schließlich ermöglicht ein wachsender Lebensstandard potentiell umfassendere Wechselwirkungen zwischen Motivierungen für Freizeitbestätigungen und für Arbeitstätigkeiten.

Arbeitspsychologische und darin eingeschlossen organisationspsychologische Konzeptionen räumen Zielen eine Schlüsselrolle ein. Höhere und präzisere Anforderungen einschließlich individueller oder kollektiver Entscheidungsmöglichkeiten bei Freiheitsgraden stimulieren unmittelbar zu höheren eigenständigen Zielsetzungen und diese wiederum zu größeren Anstrengungen, mit deren Hilfe bessere Leistungen entstehen. Das ist nur in Wechselwirkung mit der skizzierten Übernahme gesellschaftlicher Verhaltensnahmen möglich.

Die eben benannten Aussagen macht das Konzept der „Herausforderung durch Aufträge" (task challenge; Berlew und Hall 1966, Taylor 1981) und die sogenannte Zieltheorie (goal-theory; Locke 1968, Mento, Cartledge und Locke 1980). Abb. 5.5 veranschaulicht eine Leistungszunahme mit zunehmender Schwierigkeit, also abnehmender Wahrscheinlichkeit der Zielerreichung. Abb. 5.6 schematisiert eine Relativierung dieser Beziehung insofern, als danach eine Abhängigkeit von der habitualisierten Art der Leistungsmotivation naheliegt.

Es besteht ein Widerspruch der Aussagen der Zieltheorie zu denen der Valenz-Instrumentalitäts-Erwartungs (VIE)-Theorie. Diese sagt eine **positive** Beziehung zwischen Erfolgserwartung und Anstrengung bzw. Leistung bei gleichen Valenzen voraus. Die Zieltheorie behauptet eine positive Beziehung zwischen Zielschwierigkeit und Anstrengung bzw. Leistung. Wegen der negativen Beziehung zwischen Zielschwierigkeit und Erfolgswahrscheinlichkeit bedeutet das — im Gegensatz zur VIE-Theorie — eine **negative** Beziehung zwischen Erfolgserwartung und Anstrengung. (Die herkömmliche Leistungsmotivationskonzeption im Sinne Atkinsons schließlich sagt bekanntlich eine umgekehrt-*u*-förmige Beziehung beider Größen voraus, weil hier der Anreiz, vergleichbar der Valenz, ausschließlich durch die Erreichungswahrscheinlichkeit des Ergebnisses bestimmt ist.)

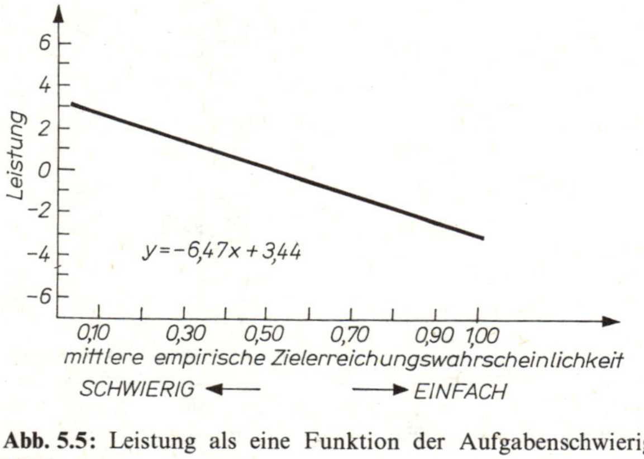

Abb. 5.5: Leistung als eine Funktion der Aufgabenschwierigkeit (Locke 1968, zit. nach Kleinbeck 1980).

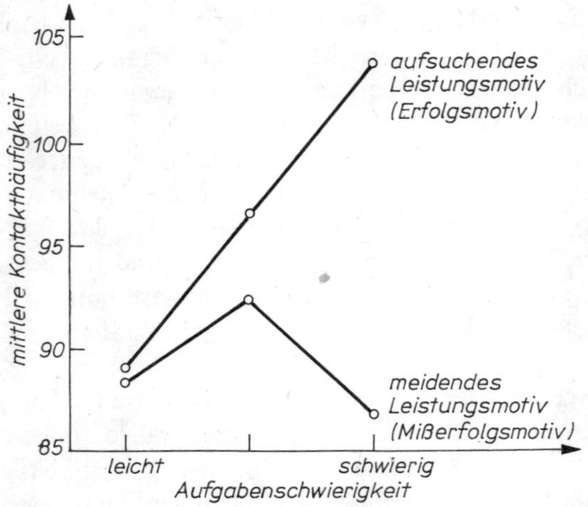

Abb. 5.6: Leistung (mittlere Kontakthäufigkeit) bei einer Führungsbewegung (am Zweihandprüfer) in Abhängigkeit von der Aufgabenschwierigkeit und dem Typ der Leistungsmotivierung (Schmidt, Carlsen und Kleinbeck 1979, zit. nach Kleinbeck 1980).

Merkmal / Tätigkeitstyp	Freiheitsgrade	anforderungsverschiedene Teiltätigkeiten	Informationsverarbeitungsniveau	Entscheiden Planen	bleibende Lernerfordernisse	n
1	+	+	+	+	+	20
2	+	–	–	–	–	8
3	–	+	–	–	–	6
4	–	–	–	–	–	14

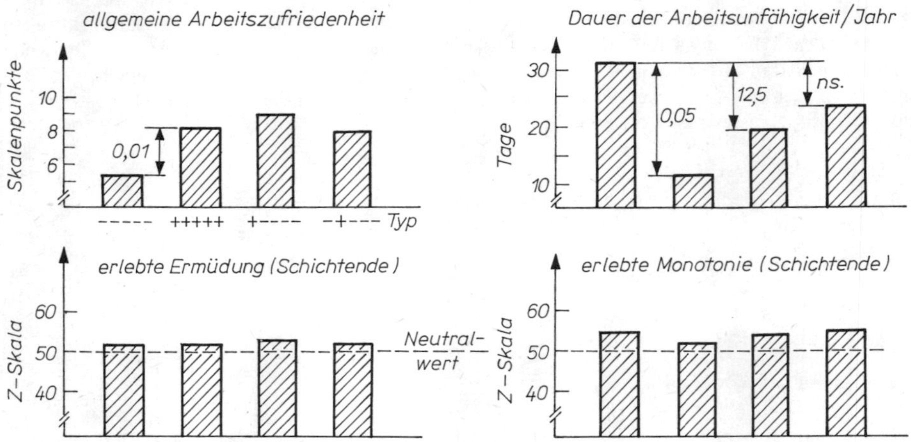

Abb. 5.7: Beziehungen zwischen Freiheitsgraden, Anforderungsvielfalt und ausgewählten Arbeitsauswirkungen. (In der Tabelle sind in der Konfigurationsfrequenzanalyse überfrequentierte Typen aus insgesamt 119 Bedien- und Montagetätigkeiten dargestellt. In den Grafiken sind ihnen einige Auswirkungsdaten zugeordnet. Die vier Tätigkeitsgruppen unterscheiden sich nicht signifikant nach dem Alter der Werktätigen) (Wolff 1981).

Der Widerspruch zwischen den arbeitspsychologisch am ehesten relevanten Konzeptionen, nämlich der Zieltheorie und der VIE-Theorie, scheint lösbar zu sein: Valenz und Erreichungswahrscheinlichkeit bestimmen die **Übernahme** des Auftrags als Ziel, haben aber keinen Einfluß auf Anstrengung bzw. Leistung. Die subjektive Schwierigkeit, die „Höhe" des übernommenen Ziels bestimmt dagegen **Anstrengung und Leistung** (Mento, Cartledge und Locke 1980).

Des weiteren sind mit höheren Anforderungen häufig auch **mehr Freiheitsgrade, größere Anforderungsvielfalt und bessere Lernchancen** verbunden (vgl. Abb. 5.7). Unter Berücksichtigung dieses Bedingungsgeflechts ist die Wirkungsweise des entscheidenden Kettenglieds „Ziel" im Tätigkeitsverlaufe selbst folgendermaßen vorzustellen (Fritsche u. a. 1982):

Bei umfassenderen objektiven und wahrgenommenen Freiheitsgraden für selbständiges Entscheiden über Vorgehensweisen werden mehr und andersartige Zielstellungen und Motive entwickelt. Anders: Freiheitsgrade für selbständige Tätigkeiten sind über das Erschließen der persönlichen Bedeutung gesellschaftlicher Gegenstände bzw. Tätigkeiten Erzeuger von Zielmotiven. Nur bei Freiheitsgraden haben Verrichtungen eine stimulierende Instrumentalität für bedeutsame Oberziele. Disponierende Vorgehensüberlegungen treten auf, lernbedingte Leistungsverbesserungen sind deutlich ausgeprägt, die Anstrengung – nicht die Belastung – ist höher, die generalisierten Kontrollerwartungen werden nur bei wahrgenommenen Freiheitsgraden durch die tatsächlich wahrgenommenen Kontrollmöglichkeiten erreicht. Die Freiheitsgrade bewirken allerdings nur bei zugleich vorliegender ausreichender Anforderungsvielfalt nennenswerte Effekte. Auch bewußt nicht genutzte Freiheitsgrade lassen Tendenzen in den skizzierten Richtungen erkennen.

Wie ist das zu erklären?

Die „Herausforderung durch die Aufgabe", der „Zielschwierigkeitseffekt" der Zieltheorie und denkbare Analogien zum „Pygmalioneffekt"[6] sind inhaltliche Untersetzungen des **Schwierigkeitsgesetzes der Motivation: Mit der subjektiven Schwierigkeit einer übernommenen Aufgabe steigt unreflektiert die willentliche Anstrengung** (Ach 1935). Genauer: Nach diesem Gesetz führt das Übertragen anspruchsvoller Aufgaben unter bestimmten Voraussetzungen zu höherem Anspruchsniveau, zu höheren selbständigen Zielsetzungen und zu entwickelteren aufgabenbezogenen Einstellungen. Dazu trägt mehreres bei:

(a) Zunächst enthalten die einschlägigen Aufgaben häufig mehr sogenannte extrinsische und intrinsisch motivierende Bestätigungsmöglichkeiten, die für verallgemeinernde Lernprozesse erforderlich sind.

In der Motivationspsychologie ist „extrinsisch" eine Bezeichnung für außerhalb der Tätigkeit selbst liegende Motive (beispielsweise Lohn). „Intrinsisch" bezeichnet dagegen unmittelbar in der Tätigkeit selbst liegende und auf das engste mit ihr zusammenhängende Motive, beispielsweise Freude am Fluß der Arbeit.

(b) Des weiteren gibt es Annahmen, daß bei derartigen Aufgaben die Attributionen vermehrt zu den eigenen Leistungsvoraussetzungen erfolgen.

[6] Pygmalioneffekt: Umstrittener Effekt, wonach von Lehrern als leistungsstark eingeschätzte und behandelte Schüler bessere Leistungen bei objektiv gleichen Voraussetzungen erzielen als Schüler, die als leistungsschwach eingeschätzt und behandelt werden.

(c) Mit Sicherheit bieten diese Aufgaben aber auch breitere Lernmöglichkeiten zum Erhalten oder zum Weiterentwickeln von Leistungsvoraussetzungen.

4. Wir stoßen auf einen **allgemeinen Mechanismus der Erzeugung von Zielmotiven in den Tätigkeiten** selbst:

a) Der Zusammenhang zwischen Motiv, also beispielsweise Bedürfnis, und Tätigkeit kann in zwei gegensätzlichen Auffassungsschemata gefaßt werden: „Das erste widerspiegelt die Auffassung, das Bedürfnis stelle den Ausgangspunkt dar und es ergebe sich insgesamt der Zyklus

Bedürfnis – Tätigkeit – Bedürfnis.

Dem anderen, ihr entgegengesetzten Schema entspricht der Zyklus

Tätigkeit – Bedürfnis – Tätigkeit.

Dieses Schema ist ebenfalls grundlegend, und zwar als **Bedürfnisinterpretation der maxistischen Psychologie**" (Leontjew 1979, S. 184). Dabei sind die Bedürfnisse erster Art als lediglich aktivierende Mangelzustände von den **tätigkeitsrichtenden und -organisierenden Bedürfnissen** mit Bezug auf einen bestimmten **Gegenstand** (als Bedürfnissen zweiter Art) zu unterscheiden. „Die Entwicklung der Bedürfnisse erfolgt auf dieser Ebene als *Entwicklung ihres gegenständlichen Inhalts*" (Leontjew 1979, S. 89). Die Gesellschaft produziert mit den Gegenständen oder Tätigkeitsinhalten auch die Bedürfnisse. „Die primären Antriebsziele liegen offensichtlich *nicht* in subjektiven Zuständen verschiedener Qualität, sondern in der Vielfalt unterschiedlicher *Gegenstände*, deren Wesenseigentümlichkeit als gesellschaftliches bzw. gesellschaftlich relevantes Produkt zu charakterisieren ist. *Motiventwicklung* ist an den Vorgang der fortschreitenden kognitiven *Sinnerfassung* der objektiven Bedeutung der *gesellschaftlichen Gegenstände* ... *in ihrer jeweiligen Bedeutung für das Subjekt* ... gebunden" (Rosenfeld 1980, S. 117).

b) Für arbeitspsychologische Anliegen ist also entscheidend: Motive müssen nicht *vor* der jeweiligen Tätigkeit vorliegen, sondern können *in* ihr entstehen. Tätigkeiten „verbrauchen" nicht einfach ihre Motive, sondern erzeugen sie auch. Das Erweitern von Arbeitsinhalten einschließlich der sozialen und gesellschaftlichen Beziehungen der Tätigkeiten des Werktätigen kann Motive in den Tätigkeiten selbst erzeugen, insbesondere die sogenannten intrinsischen Motive.

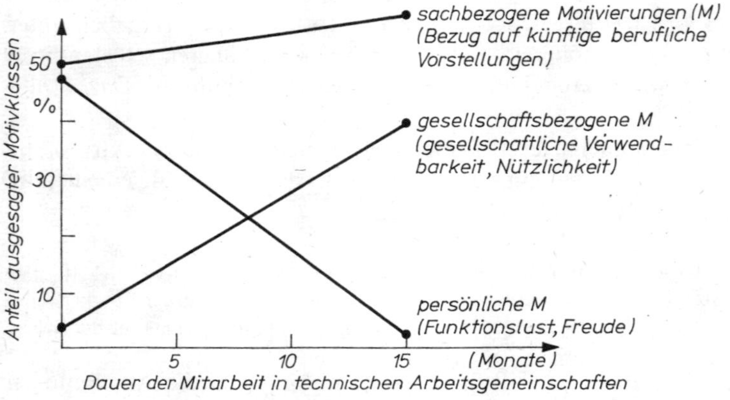

Abb. 5.8: Motivdifferenzierung in der Tätigkeit als kognitiv vermittelte Aneignung der objektiven Gegenstandsbedeutung am Beispiel von Schülerarbeitsgemeinschaften (schematisiert nach Hablitschek 1979, zit. bei Rosenfeld 1980).

Es erfolgen quantitative Umschichtungen; beispielsweise geht Freude am Basteln nicht verloren, sie behält ihre stabilisierende bekräftigende Funktion, tritt aber in ihrer zielbildenden Rolle hinter der objektiven Bedeutung des Tätigkeitsgegenstandes als bestimmendem Motiv zurück.

Bekanntlich können verschiedene Menschen für gleiche Tätigkeiten unterschiedliche Motive und Ziele haben. Außer durch die bereits aus früheren Lern- und Arbeitsprozessen als verallgemeinerte und verfestigte Einstellungen mitgebrachten Motive ist das auch durch eine unterschiedliche Einsicht in die Möglichkeiten zu selbständigem Vorgehen verursacht. Ohne das Kenntnisnehmen von den Möglichkeiten kann sich aus einer gegenständlichen Tätigkeit kein Motiv entwickeln. Es besteht eine Wechselbeziehung: Tätigkeitsbezogene Kenntniserweiterung ist eine Voraussetzung für die Motivbildung und benötigt sie umgekehrt zugleich.

Die Motiverzeugung ist also unaufhebbar verbunden mit dem kognitiven Erschließen objektiver, gesellschaftlich wesentlicher Tätigkeitsinhalte als persönliche Bedeutungen der Tätigkeit (vgl. Abb. 5.8). Dabei bedeutet kognitiv vermittelte Aneignung nicht den Verlust an möglicher emotionaler Beziehung, sondern deren Einbau in sachlich zentrierte Beziehungen. Diese kognitive Aneignung sollte wenigstens bei Kindern und Jugendlichen durch eine pädagogische Unterstützung in Form von Angeboten oder Aufforderungen bei zunehmender Übergabe in die individuelle Selbstentwicklung gefördert werden. Der einzelne und das Kollektiv erwerben die **Fähigkeit zur Selbstmotivierung durch die Selbstgestaltung ihrer Lebensbeziehungen,** hier konkret ihrer Arbeitsprozesse. Dafür wurde eine eigene Klasse **effektiver Verfahren und Organisationsformen** entwickelt. Zu ihr gehören u. a.:

- kollektive Problemlöseprozeduren (Likert und Likert 1976);
- Gruppenprozesse als motivierendes Ermitteln und Vermitteln von Leistungsvoraussetzungen (Neubert 1980, Tomczyk 1980, Neubert und Tomczyk 1981);
- subjektive Tätigkeitsanalyse zur antriebsregulatorischen Stimulation (Ulich 1981).

Das Gestalten progressiver Arbeitsinhalte gemeinsam mit den Werktätigen ist eine unabdingbare Voraussetzung dieser Motiverzeugung.

5. Welche Merkmale von konkreten Arbeitstätigkeiten besitzen Motivierungspotenzen? In der Systematik der Arbeitsbedingungslehre handelt es sich um tätigkeitsspezifische Arbeitsbedingungen wie

— Aufgaben mit umfangreichen Freiheitsgraden als **Zielsetzungs- und Entscheidungsmöglichkeiten** und mit der Möglichkeit zum Ausnutzen der eigenen Befähigung sowie zu ihrer **Weiterentwicklung;**
— Aufgaben mit Selbständigkeit und der Möglichkeit zur **Verantwortungs**übernahme;
— Aufgaben mit Freiheitsgraden für eine **schöpferische** Ausführungsweise;
— Aufgaben mit ausgeprägter, auch intellektueller Anforderungs**vielfalt**;
— Aufgaben, deren Gelingen echtes Erfolgserleben und eine entsprechende gesellschaftliche **Bewertung** ermöglichen.

Insgesamt kann hierbei von vorwiegend hoch motivierenden Arbeitsbedingungen gesprochen werden. Damit ist nicht gemeint, daß ausschließlich diese Bedingungen motivieren, jedoch entstammen Motivierungen zu Bestleistungen hauptsächlich dieser Gruppe. Sie wirkt auf der Grundlage der objektiven gesellschaftlichen Bedeutung der Arbeitsaufgaben, die der Werktätige u. a. durch die gesellschaftliche Bewertung erfährt (dazu in 5.6.).

Diese Bedingungen bieten zugleich ausgeprägtere Möglichkeiten zur Nutzung und Weiterentwicklung von Fähigkeiten, zum Lernen und zur Bestätigung des Persönlichkeitswerts, als das bei Bedingungen, welche die Arbeitsumwelt, die Bewegungsführung oder die Entlohnungsformen betreffen, der Fall ist.

Des weiteren ist die Erkenntnis heranzuziehen, daß das Verfügen über Leistungsmöglichkeiten bereits ein Motiv für ihren Einsatz sein kann. Insofern ist die Annahme eines Selbstverwirklichungsbedürfnisses der Menschen keine unerläßliche Annahme.

Eine begrenzte Anzahl von Grundmerkmalen von Arbeitstätigkeiten bestimmt also die subjektive Wahrnehmung und Bewertung dieser Tätigkeiten und auf diesem Wege die Motivierung, die Leistung, das Erleben und das Verhalten ausschlaggebend.

Ihre in der anglo-amerikanischen Industrie-, Organisations- und Sozialpsychologie zeitweilig paradigmatische Form fand die einschlägige Forschung im Job-Characteristics-Modell und dem zugeordneten Untersuchungsinstrumentarium, dem Job-Diagnosis-Survey von Hackman und Oldham (1974). Das Denkmodell wird in Abb. 5.9 skizziert. Es enthält einige sozialökonomisch bedingte und daher auf andere Produktionsverhältnisse nicht übertragbare Aspekte (vgl. dazu Iwanowa und Hacker 1982). Daher interessieren hier nur die objektiven Tätigkeitsmerkmale:

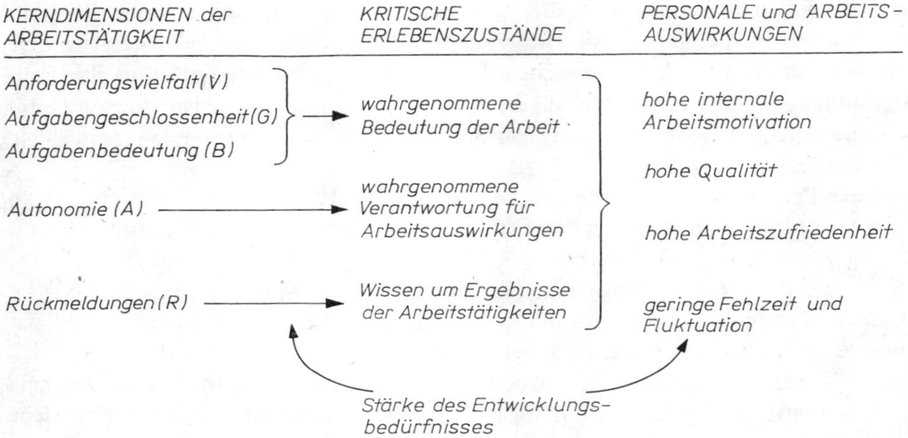

Abb. 5.9: Beziehungen zwischen Tätigkeitsmerkmalen, Persönlichkeitseigenschaften und Tätigkeitsauswirkungen: Denkmodell von Hackman und Oldham (1974).

Die fünf zentralen Tätigkeitsmerkmale, nämlich
- Anforderungsvielfalt (V),
- Geschlossenheit der zu erfüllenden Aufgabe (G),
- Bedeutung der Aufgabe für andere (B),
- Autonomie im Sinne von Freiheitsgraden für selbständige Zielstellungen mit Entscheidungen über Tätigkeitsinhalte und -formen (A),
- Rückmeldung über die Tätigkeitsergebnisse (R)

wirken vermittelt über sogenannte kritische Erlebenszustände als kausale Verbindungsglieder auf die Leistung und das Verhalten und sind modifiziert durch ein (gleichfalls mit Hilfe des Untersuchungsinstrumentariums abgeschätztes) Bedürfnis nach Selbstentwicklung. Damit ergibt sich folgende Verrechnungsformel zum sogenannten Motivierungspotential von Tätigkeiten (MPT):

$$MPT = \frac{V + G + B}{3} \cdot A \cdot R\,.$$

Diese Verrechnungsformel läßt Gewichtungen im Sinne von Kompensationsmöglichkeiten für die additiv verknüpften Merkmalsdimensionen V, G und B sowie die Betonung der multiplikativ einbezogenen Dimensionen A und R als notwendigen Bedingungen erkennen.

Zahlreiche Überprüfungen durch Faktorenanalysen, Regressionsanalysen und pfadanalytische Untersuchungen (z. B. Schmidt, Schweissfurth u. a. 1981, Schmidt, Kleinbeck u. a. 1981) sowie Nachuntersuchungen der vom Modell vorhergesagten Wirkungen der Tätigkeitsmerkmale bestätigen die Aussagen der Formel nur mit wesentlichen Einschränkungen. Die modifizierende Rolle des Selbstentwicklungsbedürfnisses ist nicht groß. Die vermittelte Wirkung über kritische Erlebenszustände kann nur teilweise bestätigt werden. Die hier interessierenden Tätigkeitsmerkmale haben teilweise ein anderes Gewicht, auch das Unterschätzen der Kooperation innerhalb dieser Merkmale ist nicht gerechtfertigt.

Das Wissen um die Resultate und damit die Rückmeldungsdimension hat nach derzeitigem Wissen eine untergeordnete Rolle. Demgegenüber besitzt die erlebte Verantwortung in Abhängigkeit von den **Freiheitsgraden** der Tätigkeit ausschlaggebende Bedeutung für die (intrinsische) Motivation, die Tätigkeitszufriedenheit und für den Ausschluß von negativen Wirkungen der Tätigkeiten wie erlebte Ermüdung, Monotonie oder psychische Sättigung.

In umfangreichen Längsschnittuntersuchungen hat Karasek (1979) zeigen können, daß hohe Tätigkeitsanforderungen im Falle ausreichender Freiheitsgrade keine negativen Auswirkungen wie Ermüdung, erhöhten Krankenstand oder gesteigerten Medikamentenverbrauch bewirken, während hohe Anforderungen bei fehlenden oder eingeschränkten Freiheitsgraden die ausgeprägtesten negativen Auswirkungen haben. Dieses sogenannte Job-Strain-Paradigma wird in Abb. 12.5, S. 504, illustriert.

Innerhalb des kompensierbaren Komplexes der Merkmalsdimensionen V, G und B, die über die erlebte Bedeutung der ausgeübten Tätigkeit wirken sollen, zeichnet sich eine hervorstechende Rolle der **Anforderungsvielfalt** ab, die der der **Autonomie** nahekommt. Für die Rolle einer in sich geschlossenen Aufgabe im Erleben des arbeitenden Menschen gibt es Hinweise. Zwischen Autonomie, Vielfalt und Geschlossenheit bestehen signifikante Interkorrelationen. Die Kooperation wirkt motivierend auch über das Erzeugen zusätzlicher, kollektiver Freiheitsgrade und erhöhter Anforderungsvielfalt, wie das im vorangehenden Kapitel näher gezeigt wurde.

Die aufgeführten objektiven Tätigkeitsmerkmale motivieren auch in **Lernprozessen**. Eine Ausbildung im Sinne der selektiven, kognitiv akzentuierten Selbstbelehrung schafft diese Tätigkeitsmerkmale in den Lerntätigkeiten. Sie

- entwickelt die Selbständigkeit des Lernenden bei Angeboten von pädagogischer Hilfe,
- räumt durch Vermittlung von übertragbaren Rahmenregeln oder Heuristiken Möglichkeiten zur angeleiteten Selbstermittlung von Kenntnissen für Tätigkeitsklassen ein,
- konzentriert sich ohne Ausschließlichkeit auf das Vermitteln ausgewählter kognitiver Inhalte, welche die Selbstableitung anderer Lerninhalte gestatten.

Derartige Ausbildungsverfahren erzeugen ein ausgeprägteres Interesse und auch bessere Lernmotivation und weisen daher bessere Lernfolge auf.

Abb. 5.10 illustriert ein Beispiel aus der Berufsausbildung. Oben wurden drei weitere Typen von handlungsregulatorisch stimulierenden kollektiven Ausbildungsverfahren benannt.

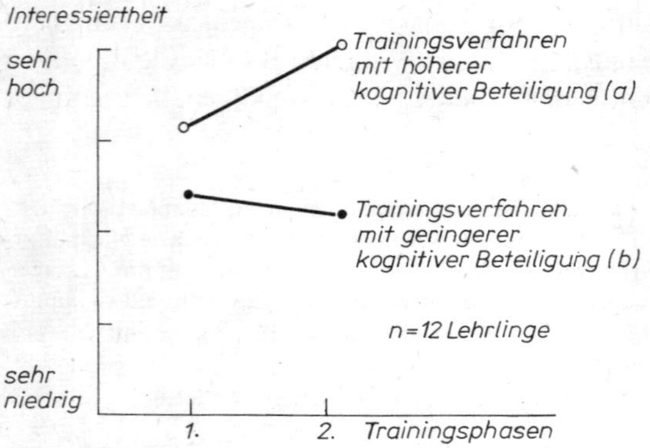

Abb. 5.10: Abhängigkeit der Interessiertheit von Lehrlingen in der chemischen Industrie von kognitiv unterschiedlich fordernden Ausbildungsverfahren (Lehmann, Uebel und Matern 1975 unveröffentl.).
a) Theoretische Einweisung außerhalb der Anlage; Lernschritte nach Schwierigkeit gestuft; Kommentieren eigener Eingriffe und ihrer Gründe;
b) Beiordnung zu Ausbilder; Erklärung technologischer Zusammenhänge bei ihrem Auftreten und in der Reihenfolge des Auftretens.

Nicht überschätzt werden kann ein tätigkeitsinterner Differenzierungs- und Bekräftigungsprozeß der Motive: Motive werden in den Tätigkeiten gleichsam rückwirkend ausgeformt und konkretisiert. Wegen ihrer zentralen Bedeutung wird diese „Selbstmotivierung von Tätigkeiten" im Abschnitt 5.5. eingehend erörtert werden.

6. Diese Orientierung auf die objektiven gesellschaftlichen Merkmale der Gegenstände der Tätigkeiten ist eine Alternative zum subjektivistischen Reduktionismus in der Motivationspsychologie, der die entscheidenden Zielmotive im Subjekt selbst sucht. Das ist auch bei den Attribuierungskonzeptionen der Fall. Damit ist – um in der undialektischen herkömmlichen Redeweise der Motivationspsychologie zu sprechen – auf die motivierenden „Inhalte" verwiesen, die von den sogenannten Prozeßtheorien vernachlässigt werden (vgl. 5.4.).[7]

7. Wir sahen: Freiheitsgrade für entscheidungsgebundene selbständige Zielstellungen, die verwirklicht werden durch vielfältige, auch kognitive Lernmöglichkeiten bietende Anforderungen, motivieren. Dabei ist vorausgesetzt, daß in eigener Verantwortung ein für andere Menschen, im allgemeinsten Sinne für die Gesellschaft, nützliches Ergebnis geschaffen wird.

Diese Voraussetzung von sozialökonomischen Verhältnissen, die eine hinreichende Übereinstimmung von individuellem und gesellschaftlichem Nutzen sichern, ist deshalb wichtig, weil ohne sie nicht mehr als eine elegante Motivierungstechnik zur Leistungssteigerung vorläge. Moderne organisationspsychologische Motivierungstechniken erzeugen im Rahmen kontinuierlicher organisatorischer Umgestaltungen (sogenannter Organisationsentwicklungen) von Gruppen selbst organisierte Lernprozesse. Diese befriedigen besser als ältere Motivierungstechniken wesentliche Bedürfnisse der Arbeitenden und haben auch größere bedürfniserzeugende Potenzen, die weitere Aktivitäten in Gang setzen (Aguren und Edgren 1980, von Rosenstiel u. a. 1979, Weinert 1981, zur Kritik Gottschalch 1981, Holzkamp-Osterkamp 1976).

[7] Zur Vergewisserung: Die hier verfolgte, am Gegenstand der Tätigkeit orientierte Betrachtungsweise der Motivierung in der marxistischen Arbeitspsychologie hebt die Trennung von Prozeß- und Inhaltsanalyse in sich auf. Wir benutzen die herkömmliche fehlleitende Terminologie lediglich zum Anknüpfen an das Vorwissen des Lesers.

In der Unterscheidung von extrinsischer und intrinsischer Motivierung handelt es sich dabei um die letztere. Soziologische Ergebnisse zur Bedürfnisentwicklung zeigen, daß ihre Bedeutung im Arbeitsprozeß in Übereinstimmung mit dem normativen Menschenbild der sozialistischen Gesellschaft wächst.
Wir sahen weiter: Eine intrinsische Motivierung liegt vor, wenn das Oberziel in der Tätigkeit selbst oder in ihrem unmittelbaren Ergebnis liegt, Tätigkeit und unmittelbares Ergebnis also nicht nur Mittel für andere Zwecke sind. Extrinsische Motivierung liegt dagegen vor, wenn die Tätigkeit bzw. ihr unmittelbares Ergebnis ein austauschbares Mittel zu einem anderen Zwecke ist (Leontjew 1979, Heckhausen 1980 a). Da Arbeitstätigkeiten in der Regel mehrere Ziele verfolgen und mehrfach motiviert sind, liegt bei der gleichen Tätigkeit sowohl eine intrinsische als auch eine mittelhafte Motivierung vor: Die Tätigkeit nutzt, erhält und entwickelt eigene Leistungsvoraussetzungen, sie befriedigt dabei und macht Freude. Ihr unmittelbares Resultat nützt anderen Menschen und befriedigt ein Bedürfnis, anderen nützlich zu sein, vielleicht zu helfen. Gleichzeitig kann das verdiente Geld, das auch mit einer anderen Arbeit verdient werden könnte, außerhalb der Tätigkeit selbst liegende Bedürfnisse befriedigen. Nicht in jedem Falle sind also präzise Zuordnungen möglich.

Das Verhältnis extrinsischer und intrinsischer Motivierungen ist bei sogenannten fremdbestimmten Handlungen mit übernommenen Zielen anders als bei sogenannten selbstbestimmten mit selbstgesetzten Zielen.

Bei **übernommenen Zielen** wird ein deutlicher Unterschied erlebt zwischen der Instrumentalität von Arbeitsergebnissen und Valenzen, die dem Handeln selbst entstammen. In der Gesamtvalenz herrscht die Instrumentalität der Ergebnisse vor.

Bei Handlungen mit **selbstgesetzten Zielen** wird dagegen kein klarer Unterschied zwischen der instrumentellen Ergebnisvalenz und der intrinsischen Valenz des Handelns erlebt, und hier ist die letztere bestimmend (Kuhl 1983).

Extrinsische und intrinsische Motivierungen können unter sozialistischen Produktionsverhältnissen im Maße der Entwicklung progressiver Arbeitsinhalte zunehmend besser vereint werden. Folgende Maßnahmen der Arbeits- und Entlohnungsgestaltung können das unterstützen:

- Entfaltung der **Mitplanung und Mitleitung** der Produktion, allgemeiner der sozialistischen Demokratie am Arbeitsplatz als unerläßliche Voraussetzung einer Motivation durch Einsicht in die Einheit von individuellen und gesellschaftlichen Interessen.
- Ermöglichen der **Erfaßbarkeit des Nutzens** der eigenen Arbeitsergebnisse für andere Menschen und die Gesellschaft.
- Schaffen **progressiver Arbeitsinhalte** mit Freiheitsgraden für selbständige, verantwortliche Zielstellungen, die realisiert werden durch vielfältige, auch kognitive Anforderungen; Abbau von beeinträchtigenden und unvollständigen Tätigkeiten.
- Optimieren der **organisatorischen Voraussetzungen für das Realisieren intrinsisch motivierender Potenzen** von Arbeitstätigkeiten, beispielsweise als Erleben des Flusses einer fordernden, jedoch nicht überfordernden Arbeit, der Freude an der Betätigung, des Stolzes auf das eigene Ergebnis.
- **Vermeiden von konflikthaften Widersprüchen** zwischen intrinsischen und extrinsischen Motivierungsgrundlagen, beispielsweise indem kein finanzielles Interesse an gesundheitsschädigenden oder an dequalifizierenden Tätigkeiten entwickelt werden kann.
- **Nutzen extrinsischer**, speziell **materiell-ökonomischer Mittel** zum Entwickeln von **Motivierungen durch Einsicht** in gesellschaftliche Erfordernisse und in ihre Einheit

mit individuellen Interessen. Ursprünglich nur mittelhafte Tätigkeiten können allmählich einen eigenständigen Anreiz gewinnen, also selbst zum Bedürfnis werden. Die Wirkungen verschiedener Anteile von extrinsischer und intrinsischer Motivierung für gleiche Tätigkeiten ist noch wenig geklärt. Materielle Stimulierung muß nicht in jedem Falle die intrinsische Motivierung im Sinne einer additiven Wirkung unterstützen. Intrinsische Motivierungen können durch zusätzliche finanzielle Stimulierung auch beeinträchtigt werden. Es geht um das „Überveranlassungsphänomen" (Deci 1975). Das scheint möglich zu sein, wenn die finanziell stimulierten Tätigkeiten sachlich für den Werktätigen nichts mit Geld zu tun haben. Als Erklärung für diese Beeinträchtigungen ist an Vorgehensänderungen durch das Hervorheben anderer Tätigkeitsmerkmale bei einer extrinsischen als bei einer intrinsischen Motivierung zu denken (Heckhausen 1980 a).

Bei der Bestätigung derartiger Hinweise wäre die Additivität der Valenz-Instrumentalitäts-Erwartungsprodukte in VIE-Modell zu korrigieren.

Tätigkeitsinterne, intrinsische Motivierungen stehen in einem wenig geklärten Zusammenhang mit verallgemeinerten habituellen Bedürfnissen auf der Grundlage von verinnerlichten Wertvorstellungen sowie mit Verhaltensstilen. Genannt werden Bedürfnisse nach Beeinflußbarkeit der eigenen Arbeits- und Lebensbedingungen auf der Grundlage ihrer Vorhersehbarkeit und Durchschaubarkeit oder die Handlungs- im Unterschied zur Lageorientierung (Kuhl 1980a) (s. Punkt 9.).

8. Wir sahen: In der antriebsregulatorischen Tätigkeitsregulation ist das Kalkül zweier Verhältnisse wirksam:

— Verhältnis der Anforderungen zum Selbstbild der Leistungsmöglichkeiten und zu den Ansprüchen an eine Arbeitstätigkeit.

Dieses Kalkül ist abhängig von den subjektiven, habitualisierten Ursachenzuschreibungen von Leistungen, also den sogenannten Attribuierungstendenzen zu Können, Anstrengung, Schwierigkeit bzw. Zufall. Eine kritische Zusammenfassung hierzu gab Heckhausen (1980a); über die vermutbare Ideologieabhängigkeit ist noch wenig bekannt. Dieses Kalkül entspricht der Aussage des sogenannten Person-Umwelt-Übereinstimmungs-Konzepts der Streßforschung, also der einsichtigen Tatsache, daß die Wirkungen von Anforderungen aus der „Umwelt" vom Verhältnis zu den Leistungsmöglichkeiten der „Person" und ihren Ansprüchen an eine befriedigende Arbeit abhängen.

— Verhältnis des erwarteten Aufwands zum erwarteten Ertrag.

Beide Kalkulationen erfolgen auch vorausschauend und beeinflussen die Motivziele.

Ein anschauliches Beispiel gibt das Gesetz von der Anstrengungsbemessung nach der erwarteten Arbeitsdauer: Je länger die erwartete Arbeitsdauer ist, desto niedriger ist die Leistung von Anfang an (Abb. 5.11).

In dem Maße, wie unzutreffende Einschätzungen in die Kalküle eingehen, entstehen motivationale Fehlregulationen mit der Folge von Mehrbelastungen und Mißerfolgen (Schönpflug 1979).

9. Die in das Kalkül einbezogenen Ansprüche an oder Bedürfnisse gegenüber Arbeitstätigkeiten sind verallgemeinerte Motivdispositionen.

Folgende Klassifikation von Bedürfnissen wurde aus soziologischen Untersuchungen abgeleitet (Stollberg 1978, Schkaratan 1982):

— Bedürfnisse der Werktätigen nach Teilhabe an der Sicherung und Entwicklung der Gesellschaft durch die eigene Arbeit und durch gesellschaftliche Aktivitäten;

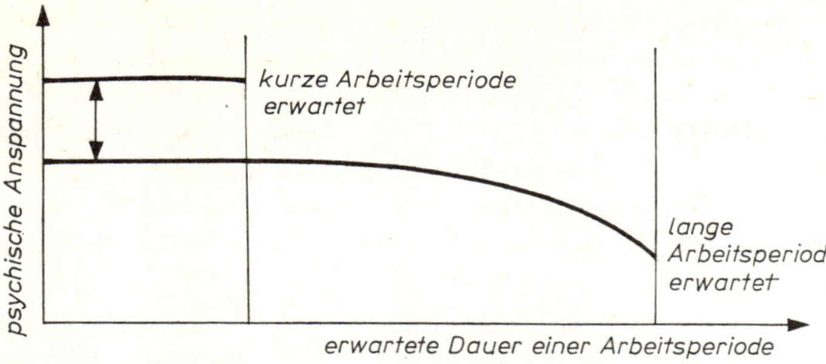

Abb. 5.11: Gesetz der erwarteten Anstrengungsregulation (schematisiert).

— Bedürfnisse nach Anwendung, Bestätigung und Weiterentwicklung der Leistungsmöglichkeiten in verantwortlicher Arbeit;
— Bedürfnisse nach Kooperation, Kommunikation und Geborgenheit in sozialen Gruppen;
— Bedürfnisse nach materieller Sicherung durch die Arbeit.

Mit der ersten Bedürfnisklasse dürfte das wiederholt benannte Bedürfnis nach Beeinflussung der eigenen Arbeits- und Lebensbedingungen auf der Grundlage von Vorhersehbarkeit und Durchschaubarkeit der Arbeitssituation zusammenhängen.

Verallgemeinerte arbeitstätigkeitsbezogene Motivdispositionen sind häufig ihrerseits Bestandteile übergreifender Einstellungen, Überzeugungen, persönlicher Wertsysteme als Persönlichkeitskennzeichen (Nepomnjashaja u. a. 1980).
Beispiele sind:

— Überzeugung von der gesellschaftlichen Bedeutung der eigenen Arbeit — zumeist als Bestandteil eines individuell verarbeiteten weltanschaulichen Überzeugungssystems;
— Liebe zum Tätigkeitsinhalt (Erziehung von Kindern; Heilung Kranker);
— Überzeugung von der Bedeutung der Berufsehre;
— generalisiertes leistungsbezogenes Anspruchsniveau im Sinne einer hohen Leistungsmotivierung, beispielsweise auch im Rahmen des Typ-A-Verhaltens.

Zu der einer hohen Leistung zugrunde liegenden Haltung kann aber auch eine (unter Umständen neurotische) Tendenz nach Sicherung durch Fleiß und Gewissenhaftigkeit gehören.

Überzeugungen sind als Träger positiver Arbeitsmotivierung für das Lebensgefühl der Persönlichkeit von zentraler Bedeutung. Die Mehrzahl der Menschen verbringt während des Hauptteils des Lebens mindestens die Hälfte ihres Wachtags mit beruflicher Arbeit. Schon aus diesem äußerlichen Grund kann — abgesehen vom Mechanismus der gesellschaftlichen Wertung — die Befriedigung aus dem „Gelingen des Lebens" nicht allein aus Freizeitinhalten abgeleitet werden. Eine Hauptquelle des Lebensgefühls (der Befriedigung, des Lebensgelingens) ist die Arbeitstätigkeit.

Hinsichtlich der Entwicklung der Motivdispositionen und Überzeugungen wurde bereits gezeigt: „Die Entwicklung der Bedürfnisse erfolgt . . . als Entwicklung ihres **gegenständlichen Inhalts**" (Leontjew 1979, S. 89), und es wurden Forderungen an die Gestaltung progressiver Arbeitsinhalte abgeleitet.

Die Entwicklung von Werthierarchien erfolgt als **Interiorisation** gesellschaftlicher Normen. Normenwirksamkeit bedeutet dabei nicht Aussagbarkeit.

Die **leistungsbezogene familiäre Erziehung** — beginnend in der frühen Kindheit, insbesondere aber im Schulalter — hat ausschlaggebende Bedeutung für die Entwicklung einer generalisierten Leistungsmotivierung (Rosenfeld 1980, Heckhausen 1980a). In der frühen Kindheit besitzt die leistungsbezogene Erziehungshaltung des dem Kinde am engsten verbundenen Erziehers, zumeist der Mutter, im Sinne der Erwartung hoher Selbständigkeit und außerordentlicher Leistungen, verbunden mit Belohnung durch Lob und herzliche Anteilnahme, für die Entwicklung der Leistungsmotivierung hohes Gewicht.

Verallgemeinerte Motivdispositionen, Einsichten und Verhaltenstendenzen werden in der Persönlichkeits-, der Motivationspsychologie und der Psychodiagnostik fast ausschließlich hinsichtlich interindividueller Unterschiede behandelt. Besonders umfangreich untersucht ist die generalisierte Leistungsmotivation mit der Trennung in Erfolgs- und Mißerfolgsmotivierte. Unterschiedlich stark Leistungsmotivierte unterscheiden sich nicht nur im Grad der Wertschätzung von Leistungszielen, sondern auch hinsichtlich jener **inhaltlichen** Sachverhalte, die sie an ihrer Arbeit befriedigen (Tab. 5.1).

Tab. 5.1: Leistungsmotivierung und Befriedigung in der Arbeitstätigkeit — unter Benutzung motivierungstheoretischer Überlegungen von Bühler (1962) sowie von Rubinstein (1958)

Leistungsmotivierung	Anknüpfungspunkte der Befriedigung	Bezug des Lebensgefühls	
stark ausgeprägt (und vorwiegend erfolgsmotiviert)	Leistung selbst, gesellschaftlicher Nutzen des geschaffenen Produkts, übertragene Verantwortung, ideelle Anerkennung der Leistung, berufliche Entwicklung	findet Selbstverwirklichung in Arbeit, speziell deren schöpferischer Ausweitung	sogenannte sachzentrierte Motivierung
wenig ausgeprägt (und vorwiegend mißerfolgsmotiviert)	Einkommen, möglicher Lebensstandard, äußere Arbeitsbedingungen, soziale Beziehungen, Einflußmöglichkeiten, funktionsbezogenes Ansehen	Selbstverwirklichung basiert auf gelingender materieller und sozialer Verfügungsfreiheit.	sogenannte individuell zentrierte Motivierung

Die Leistungsmotivierung ist mit dem psychophysischen Gesamtsystem des Organismus verkettet. In der psychophysiologischen Forschung sind Beziehungen zwischen der Höhe der Leistungsmotivierung und der Harnsäurekonzentration im Blut bekannt (Kasl, Brooks und Cobb 1966). Unabhängig vom Intelligenzniveau bestehen (beim männlichen Geschlecht) hohe Korrelationen zwischen dem Harnsäurespiegel und dem leistungsorientierten Verhalten (nicht aber zu der in der Befragung angegebenen Leistungstendenz.) Analoge Beziehungen deuten sich auch an für die Ausscheidung von Katecholaminen, also Adrenalin und Noradrenalin, im Urin (Frankenhaeuser 1969, Klimmer, Aulmann und Rutenfranz 1972).

Stärker berücksichtigt werden muß die Verhaltenstendenz der **Lage — versus Handlungsorientierung** im Sinne von Kuhl (1980 b). Diese habituelle Verhaltenstendenz vermittelt zwischen den Handlungsabsichten und ihrer tatsächlichen Ausführung.

Arbeitspsychologische Konsequenzen aus derartigen motivationalen differentialpsychologischen Befunden sind bisher am ehesten im Ermöglichen individueller Arbeitsstile nach dem Prinzip der differentiellen Arbeitsgestaltung zu sehen. Dieses kalkuliert individuelle Unterschiede als Anknüpfungspunkte weiterführender Entwicklungsangebote ein (Hacker 1964, Ulich u. a. 1980).

10. Die dargestellten Sachverhalte ermöglichen es, die schwachen Beziehungen zwischen der globalen Arbeitszufriedenheit und den Leistungen sowie den Einstellungen zu erklären. Das Ausmaß der **Befriedigung** durch eine Arbeitstätigkeit und durch ihre sozialen Rahmenbedingungen ist *kein* eindeutiges Anzeichen für Einstellungen von Werktätigen zur Arbeit (Stollberg 1968, Bruggemann, Groskurth und Ulich 1975).

So könnte beispielsweise Unzufriedenheit mit der ausgeübten Arbeit — einschließlich möglicher Folgen wie Fluktuation oder Initiativverlust — sehr wohl ein Ausdruck hoher Arbeitsmotivierung und damit im Zusammenhang hoher Anforderungen an die Tätigkeit sein, wenn etwa schöpferische Unzufriedenheit vorläge oder wenn der Werktätige über die Funktion eines Bauteils im Erzeugnis im unklaren gelassen würde, wenn keine ausreichenden Möglichkeiten zur Beteiligung an der Produktionsorganisation und -leitung bestünden oder wenn fruchtbare Verbesserungsvorschläge verkümmern würden (Bruggemann 1974).

Ebenso muß Zufriedenheit nicht auf hohe Arbeitsmotivation verweisen. Sie garantiert nicht einmal das Vorliegen von progressiven Arbeitsinhalten, sondern kann ein Ergebnis des Fehlens der Bekanntschaft mit günstigeren Arbeitsanforderungen oder einer resignierenden Anpassung an Arbeitsforderungen ohne Entwicklungsmöglichkeiten sein.

Weiter kennzeichnet die lose Beziehung zwischen der ausgesagten Befriedigung durch die Arbeitstätigkeit und der Leistungsmotivierung, daß beim Abstellen jener Mängel, die als Gründe von Unzufriedenheit mit der Arbeitstätigkeit benannt werden, nicht notwendig auch eine leistungssteigernde Motivierung erzeugt wird. Es ist wahrscheinlich, daß die — nach Aussagen — hauptsächlich Unzufriedenheit erzeugenden Sachverhalte **andere** sind als die vorzugsweise Befriedigung und vor allem darüber hinaus motivierungsbedingte Leistungssteigerung schaffenden: Unerquickliche Beziehungen zwischen den Arbeitenden werden nicht selten als Quelle der Unzufriedenheit benannt. Gute kollegiale Beziehungen tauchen jedoch umgekehrt kaum als ein Grund der Zufriedenheit oder gar als ein entscheidendes Leistungsmotiv auf.

In einer ungarischen Nachuntersuchung konnten einige Aspekte des Motivierungskonzepts von Herzberg (1966) in einer veränderten Fassung bestätigt werden (Perzel 1966). Herzberg entwickelte ein **Zwei-Dimensionenmodell der Arbeitsmotivierung**, das zwischen einer Sachverhaltsgruppe unterscheidet, die der Arbeitende zu vermeiden trachtet, und einer anderen, die er erstrebt. Während die gemiedenen, zu **Unzufriedenheit** mit der Arbeitstätigkeit führenden Faktoren die Umgebungssituation, vorwiegend die **allgemeinen** Arbeitsbedingungen, betreffen, entstammen die erstrebten, gleichermaßen **befriedigenden und stimulierenden** Faktoren der Arbeitsaufgabe selbst, also den **arbeitstätigkeitsspezifischen** Bedingungen.

Hierzu kommt, daß gute Leistungen Befriedigung bedingen können — vermittelt über die wahrgenommene Angemessenheit des Entgelts —, aber umgekehrt sich nur äußerst schwache, vielfach vermittelte Einflüsse der Zufriedenheit auf die Leistung abzeichnen. Von diesen Einzeleinsichten abgesehen „läßt sich resümierend festhalten, daß der Begriff der Arbeitszufriedenheit außerordentlich vieldeutig ist und vermutlich mehr verdeckt als erhellt" (Wiendieck 1980, S. 212).

5.4. Inhaltsklassen von Arbeitsmotiven

Welche konkreten Sachverhalte im Arbeitsprozeß sind es, an denen die Motiverzeugungs- und Zielbildungsvorgänge ansetzen?

Wie in der psychologischen Unfallforschung über der Suche nach einer schicksalhaften Unfallneigung oft der Unfall selbst vergessen wurde (Faverge 1962), so wird in der psychologischen Motivierungsforschung bei der hartnäckigen Suche nach interindividuell variierenden Motivdispositionen das konkrete aktuelle Motiv in der ausgeführten Tätigkeit vernachlässigt. Für die verändernde Gestaltung von Arbeitstätigkeiten interessieren jedoch vor allem die inhaltlichen Ansatzpunkte gerade dieser aktuellen Motive in konkreten Tätigkeiten. Das Tätigkeitskonzept läßt erwarten: Geeignet gestaltete Tätigkeiten erzeugen sich ihre Motive unter gegebenen gesellschaftlichen Verhältnissen selbst und aktuelle Motive können zu Motivdispositionen generalisiert und verfestigt werden.

1. Arbeitstätigkeiten sind multipel motiviert, d. h., sie entsprechen zwei oder mehreren Motiven (Leontjew 1979, S. 192 ff.). Das ist bereits durch die prinzipielle Struktur der Arbeitstätigkeit bedingt, die stets wenigstens eine zweifache Beziehung realisiert, zum Arbeitsergebnis und zu anderen Menschen. „Die Handlungen des Menschen realisieren stets eine Gesamtheit von Beziehungen: Zur gegenständlichen Welt, zu den Menschen, zur Gesellschaft und zu sich selbst. Somit ist die Arbeitstätigkeit gesellschaftlich determiniert, sie wird jedoch auch durch Motive wie . . . materielle Belohnung gesteuert" (ebenda). Diese Motive liegen gleichsam auf verschiedenen Ebenen. „Unter sozialistischen Bedingungen wird der Sinn der Arbeit für den Arbeiter durch gesellschaftliche Motive erzeugt. Die materielle Belohnung fungiert für ihn als Motiv . . . nur in der Stimulierungsfunktion . . ., die Funktion der Bedeutungsgebung hat es . . . verloren. Somit geben die einen Motive, in dem sie Tätigkeiten stimulieren, ihr gleichzeitig persönlichen Sinn. Wir bezeichnen sie als sinngebende Motive. Die anderen . . . haben keine sinngebende Funktion", sondern stimulieren nur (stimulierende Motive) (ebenda). Diese Unterscheidung ist für die hierarchische Ordnung von Motiven bedeutungsvoll.

Beteiligt ist auch die Beziehung des Menschen zu den Rahmenbedingungen einer Aufgabe. Dadurch wird das Hauptmotiv modifiziert. Die mannigfaltigen, möglicherweise auch widersprüchlichen Beziehungen zu den Handlungsbedingungen, die sich in der Auseinandersetzung mit den Mitteln und Wegen der Zielerreichung ausdrücken können, verleihen den Motiven Konkretheit, Reichhaltigkeit und unter Umständen auch Widersprüchlichkeit.

2. Die im normativen sozialistischen Menschenbild formulierte sozialistische Arbeitseinstellung bezeichnet eine habitualisierte Motivierung für Arbeitstätigkeiten, die fleißiges, ehrliches, hochwertiges, selbständiges und überlegtes Arbeiten — auch als Grundlage einer allseitigen Persönlichkeitsentwicklung — einschließt, sowie darüber hinaus die Hilfe für Leistungsschwächere, die handlungswirksame Einsicht in die erforderliche Einheit individueller und gesellschaftlicher Ziele und die Notwendigkeit zur Steigerung

der Arbeitsproduktivität als Beitrag zur Entwicklung der sozialistischen Gesellschaftsordnung – insgesamt also klassenbezogene sozialistische Grundüberzeugungen – umfaßt.

Sozialistische Produktionsverhältnisse und Arbeits- und Lebensbedingungen (wie Garantie eines fähigkeitsgerechten Arbeitsplatzes, Leistungsprinzip, sozialistischer Wettbewerb, persönliche Verantwortung und kollektive Beratung) sind notwendige, aber für eine angemessene Entwicklung dieser Arbeitseinstellung allein – gleichsam im Selbstlauf – nicht hinreichende Voraussetzungen. Die Grundlagen hierfür sind bereits in der vorschulischen und schulischen und der Familienerziehung zu legen. Der skizzierte Lernvorgang der Normeninteriorisierung ist dabei ausschlaggebend.

Im **Arbeitsprozeß** selbst führen aus psychologischer Sicht – über verbale Einflußnahmen hinaus – u. a. folgende Sachverhalte zur Entwicklung sozialistischer Arbeitseinstellungen:

– die Übertragung gesellschaftlich bedeutungsvoller Aufgaben („Macht der objektiven Logik von Aufgaben"; Abschnitt 5.5.);

– die Beteiligung an Entscheidungsfindung, Planung, Leitung und Kontrolle der Produktion durch den Werktätigen in anschaulicher Realisierung der Eigentümerfunktion;

– die Beteiligung am planmäßigen Verbessern der Arbeits- und Lebensbedingungen einschließlich progressiver, gesundheits- und entwicklungsfördernder Arbeitsinhalte als ein Vorgang der Selbstveränderung der Persönlichkeit;

– die umfassende Information über betriebliche Angelegenheiten und deren Einordnung in gesamtgesellschaftliche Entwicklungen;

– die Sicherung persönlichkeitsfördernder Arbeitsgestaltung bis zu schöpferischer Betätigung zur Erweiterung der Wirkungsmöglichkeiten;

– die Vermittlung der gesellschaftlichen Wertschätzung der Leistung jedes Werktätigen;

– das Erleben der Zugehörigkeit zu einem Kollektiv bis hin zur Geborgenheit in ihm;
– das Erleben der Abhängigkeit der gesellschaftlichen Wertschätzung nicht vom Besitz, sondern vom Beitrag zur kollektiven bzw. gesellschaftlichen Entwicklung im Maße der individuellen Möglichkeiten.

In jedem Falle sind diese Wege zugleich Mittel zur Förderung *und* Ergebnis sozialistischer Arbeitseinstellungen. Eingehendere Grundlagendarstellungen vgl. Hiebsch (1966) und Hiebsch und Vorwerg (1968).

3. Wir hatten gesehen, daß für die Mehrzahl der Werktätigen nicht Motive für die Frage, ob überhaupt eine Arbeitstätigkeit ausgeübt wird, Bedeutung besitzen, sondern dafür, *wie* und *wo*, an welchem konkreten Arbeitsplatz, Betrieb oder Aufgabenbereich man tätig ist.

Motive, die bei der **Wahl** einer Arbeitsaufgabe und in der Intensität und Güte ihrer **Bewältigung** wirksam werden, können am Ergebnis und seinen Konsequenzen, an der Arbeitstätigkeit und ihren Folgen oder auch an Rahmenbedingungen der Arbeitstätigkeit anknüpfen:

Damit sind Inhaltsklassen von Arbeitsmotiven benannt. Sie enthalten wahrscheinlich eine objektiv wirksame hierarchische Ordnung. Dieser Gedanke wird durch die zitierte Unterscheidung zwischen stimulierenden und sinngebundenen Motiven nahegelegt. Welche Hierarchien im konkreten Falle wirksam sind, ist noch weitgehend auf Vermutungen angewiesen (Diligenski 1977).

a) Ausgehend vom *Ergebnis* und seinen Konsequenzen, können folgende Sachverhalte motivierend wirken:
— das Ergebnis selbst („der geheilte Patient“);
— der Lohn *für* eine Leistung als Voraussetzung der Befriedigung von Bedürfnissen auf hohem Lebensstandard;
— die gesellschaftliche und soziale Bedeutung einer Leistung („entscheidend für die Stärkung der ökonomischen Grundlagen des Sozialismus“);
— die gesellschaftliche Bewertung einer Leistung in Form der sozialen Anerkennung, Auszeichnung („ich gelte etwas“) — im Extremfall auch bloßes Befriedigen eines Geltungsanspruchs.

b) Ausgehend von der **Arbeitstätigkeit** und ihren Folgen, können folgende Sachverhalte motivierend wirken:
— Freude an einer bestimmten Betätigung („Freude am Kochen“),
— Neigung zu bestimmten Tätigkeitsinhalten („Liebe zu Kindern“).

Zu den Folgen der Arbeitstätigkeit im weitesten Sinne können auch die Rückwirkungen auf die Persönlichkeit gezählt werden:
— Entwicklung und Selbstverwirklichung der Persönlichkeit in der Arbeit, Perspektiven, Qualifikationsmöglichkeiten („meine Kenntnisse anwenden, Fähigkeiten einsetzen“, „etwas Neues lernen“);
— Selbstbestätigung als wesentliches Glied der Gemeinschaft („ich möchte wieder im Beruf arbeiten, um für etwas dazusein“);
— eine in übergreifenden Überzeugungen wurzelnde „formale Arbeitshaltung“ („was ich mache, mache ich richtig“).

Insbesondere die letzgenannten Möglichkeiten lassen deutlich erkennen, daß das Entstehen aktueller und aufgabenspezifischer Motivierung im Zusammenhang steht mit dem Wirken jeweils bereits ausgeprägter „brechender“ innerer Bedingungen, hier also mit unterschiedlich generalisierten Einstellungen als relativ verfestigten Motivdispositionen (Charakterzügen), die ausgebaut sein können bis zu subjektiven Werthierarchien einer Weltanschauung. Wir werden darauf zurückkommen.

c) Ausgehend von den **Rahmenbedingungen** kann motivierend wirken:
— die Möglichkeit zu Kooperation und mitmenschlichem Kontakt („ich will unter Menschen“);
— günstige Arbeitsbedingungen (z. B. Arbeitszeit, kurzer Arbeitsweg).

Dieser beschriebene Überblick möglicher Inhaltsklassen von Arbeitsmotiven läßt bereits einige **Verallgemeinerungen** zu:
— Arbeitsmotive beziehen sich auf **äußere** Arbeitsergebnisse einschließlich ihrer finanziellen Folgen sowie auf **personale** Auswirkungen; daher können die eingesetzten Leistungsvoraussetzungen und eine befriedigende Tätigkeit selbst Motiv sein. Wegen der vielen Verknüpfungsmöglichkeiten ist die Zahl der Arbeitsmotive unabsehbar.
— Die Entlohnung und andere Formen der materiellen Stimulierung sowie der darauf aufbauende Lebensstandard stellen nur *einen* unter vielen möglichen Motivkomplexen dar.
— Die Wirksamkeit dieser materiellen Hebel ist abhängig von ihren Wechselbeziehungen zu anderen, insbesondere personalen Motiven.

In der Optimierung dieser Wechselbeziehungen liegen große Möglichkeiten der Beeinflussung der Arbeitsmotivierung. Da die Einheit individueller und gesellschaftlicher Interessen nicht spontan erkannt

Tab. 5.2: Vorrangige Motive bei Bewertung von Arbeitstätigkeiten (Auszug: Jadow, Roshin, Sdradomyslow 1971 [dtsch.], 1967 [russ.])

Untersuchungsbedingung		Population	Rangplätze (Auswahl)		
			1.	2.	3.
Berufswahl	bevorstehend	5000 Schulabgänger 11. Klasse	Ansehen des Berufs	*Inhalt der Arbeit*	Qualifizierungsmöglichkeiten
	erfolgt	2665 Jungarbeiter	„Umstände“	*Inhalt der Arbeit*	Lohn
Bewertung von ausgeübter Tätigkeit, Beruf und ihren Bedingungen	Befragung über kleinen Bedingungsbereich	2665 Jungarbeiter	*Inhalt der Arbeit*	Qualifizierungsmöglichkeiten	Lohn
	Befragung über breiten Bedingungsbereich	2665 Jungarbeiter	*Inhalt*	Lohn	} Qualifizierungsmöglichkeiten
	do. + objektive Daten	2665 Jungarbeiter	*Inhalt*	Lohn	
Wechsel der Tätigkeit	erfolgt (enger Bereich w. o.)	1117 Jungarbeiter	Lebensumstände +familiäre Bedingungen	*Inhalt der Arbeit*	Lohn
	erfolgt (breiter Bereich)	10700 Arbeiter aller Altersgruppen	Bedingungen, Organisation *und Inhalt*	Wohnungsproblem, Arbeitsweg	Lohn
	beabsichtigt (enger Bereich)	364 Jungarbeiter	keine Qualifizierungsmöglichkeiten	*Inhalt*	Lohn
	beabsichtigt (breiter Bereich)	1036 Jungarbeiter	*Inhalt der Arbeit* +Lohn	Lohn	Organisation und Bedingungen der Arbeit

und genutzt wird, ist die Vermittlung einschlägiger Einsichten über den Lohn und andere finanzielle Anreizsysteme unerläßlich. Ein psychologisches Motivierungsproblem ist die Entlohnung unter sozialistischen Produktionsverhältnissen weniger hinsichtlich ihrer absoluten Höhe, als vielmehr in ihrer Relation zur Entlohnung anderer Lohnempfänger im gleichen oder in anderen Betrieben (Problem der „Lohngerechtigkeit"; Stollberg 1968).

Wenn Lohnprobleme als erlebnismäßig vordergründige Motive wirksam werden, kann es zweckmäßig sein, nachzuforschen, in welchem Maße sie Symptom anderer Schwierigkeiten (z. B. Perspektivlosigkeit, zwischenmenschlicher Konflikte — die selbst symptomhaltig sind —, unzureichender Arbeitsorganisation) sind. „Der Lohn ist der vordergründigste, faßbarste und eindeutigste Faktor, der die Lebenslage der Werktätigen beeinflußt . . . Daher kommt es, daß sich eine allgemeine Unzufriedenheit oder eine Unzufriedenheit mit weniger faßbaren Faktoren als Lohnunzufriedenheit äußert" (Stollberg 1968, S. 63). Es erfolgt häufig eine „Projektion" auf den Lohn.

4. Vor allem aus soziologischen Untersuchungen (vgl. Hahn 1969, Heil 1968, Hennig 1967, Sdrawomyslow und Jadow 1966, Jadow u. a. 1971, Schulz 1975, Meier 1975, Bestutschew-Lada 1978, Sintschenko und Munipow 1980) lassen sich exemplarische Hinweise auf die Motivhierarchie von Werktätigen ableiten.

Für die **Wahl einer bestimmten Arbeitstätigkeit** bzw. eines Arbeitsplatzes wirkt zunehmend ausgeprägter motivierend das Streben nach Aufgaben, die selbständiges verantwortliches Arbeiten ermöglichen, welche die vorhandenen Fähigkeiten und Kenntnisse nutzen und bestätigen — in einer individuell und für die erlebensbedeutsame soziale Bezugsgruppe (Familie, Brigade, Gesellschaft) nützlichen Form — sowie ihre Weiterentwicklung fördern, die damit anregen und schöpferische Lösungen z. B. als Neuerer nicht ausschließen.

Tab. 5.2 gibt zum Beleg die Motivreihen aus mehreren Untersuchungen der Leningrader Soziologengruppe, die große Kollektive von Schulabgängern sowie jungen und älteren Arbeitern mit verschiedenen Methoden untersuchte. Dabei wurden die Motive für die bevorstehende und die erfolgte, bereits an der Praxis kontrollierte **Berufswahl**, die Motive beim Bewerten **der ausgeübten Arbeitstätigkeit** sowie die Motive beim erfolgten und beabsichtigten **Tätigkeitswechsel** ermittelt.

Zur Erklärung muß kein spezielles Bedürfnis nach Selbstverwirklichung (Diligenski 1975, Maslow 1943) unterstellt werden. Bei gegebenem Handlungsspielraum ist das Vorhandensein von kognitiven Fähigkeiten zugleich ein Motiv für ihre Nutzung. In diesem Streben nach Aufgaben, die das Entfalten der Fähigkeiten ermöglichen, durchdringen gesellschaftliche und persönliche Anliegen einander. Die persönlichkeitsfördernde Gestaltung von Arbeitstätigkeiten mit der Erweiterung intellektueller Regulationsanforderungen schafft also unter sozialistischen Produktionsverhältnissen ausschlaggebende Grundlagen hoher Arbeitsmotivierung. Diesem Streben kann auf dem Wege der Teilnahme der Werktätigen an der Produktionsplanung und -leitung durch kollektive Beratung entsprochen werden (Zimmermann 1968). Die sozialistische Demokratie schafft die objektiven Voraussetzungen dafür.

Eine beträchtliche Rolle spielt in den untersuchten Gruppen auch das Bedürfnis nach Kontakt mit anderen Menschen. Spielberg konnte in einer Studie (zit. bei R. Stollberg 1968) jedoch nachweisen, daß im Arbeitsprozeß allmählich Motivkomplexe, die unmittelbar den Arbeitsprozeß (z. B. stockungsfreie Organisation) und das -ergebnis (Bedeutung, Ansehen des Produkts) betreffen, den Vorrang gewinnen. Die Entlohnung bildet in den Untersuchungsbefunden nicht durchgängig das führende Motiv; vielfach erweist es sich bei näherer Analyse als im oben diskutierten Sinne „symptomhaltig".

5.5. Rückwirkungen von Arbeitsaufgaben auf Motive

Struktur und Verlaufsform menschlicher Arbeitstätigkeiten sind vorwiegend bestimmt durch die objektive Logik der Aufgaben; diese bestimmende Rolle von Aufgaben gilt sogar bei Motiven: Je nach den Aufgaben werden auch die Motive geformt (Rubinstein 1958).

Zwischen (Arbeits-)Aufgabe und Motiv bestehen also bemerkenswerte Wechselbeziehungen: Als „Ursache" des Handelns stehen Motive am Handlungsbeginn. Um jedoch im intendierten Sinne erfolgreich wirksam werden zu können, müssen die Motive „rückwirkend" geformt werden. Motive stellen also nicht den absoluten Anfang einer Tätigkeit dar. Motive führen in dem Maße bewußt zu einer Tätigkeit, wie der Handelnde die zu berücksichtigenden Bedingungen abwägt und sich dabei auch des Ziels klar bewußt wird. Eben dieses Abwägen der Bedingungen und Präzisieren des Ziels formt die Motive rückwirkend, konkretisiert und modifiziert sie.

Aus diesen Zusammenhängen wird verständlich, daß in gut geführten Kollektiven in schwierigen Situationen gerade eine besonders gute Arbeitseinstellung zu entstehen pflegt. Das Bewältigen der Schwierigkeiten kann nur bei einer erhöhten Bewußtheit der Bedeutung des zu erreichenden Ziels gelingen; ohne diese Bewußtheit käme es zum Ausweichen vor den Schwierigkeiten oder zur Resignation. Die Bewußtheit hoher Bedeutung des Ziels erfordert ihrerseits bewußte Motivierung. In dieser Auseinandersetzung mit der eigenen Motivierung gewinnen die bedeutungsvollen Zielen entsprechenden Motive an Tragfähigkeit.

Die Rückwirkung einer Aufgabe und ihrer Durchführungsbedingungen auf die Motivierung ist ein allgemeingültiges Prinzip der Verhaltensregulation. Seine Wirksamkeit kann bei Aufgaben unterschiedlicher Komplexität nachgewiesen werden; sie betrifft sowohl die Änderung lediglich der Intensität (Grad der Aktivierung, vgl. 5.8.) wie auch die inhaltliche Akzentuierung der Motivierung (von Cranach 1965 a, b).

1. Eine relativ umschriebene Äußerungsform des diskutierten Prinzips ist die „reaktive Anspannungssteigerung" (Düker 1963):

> (Arbeits-) Bedingungen, die in starker Ausprägung die Leistung von Repetitivarbeiten beeinträchtigen, können bei geringer Ausprägung (unter bestimmten Zusatzbedingungen) die gleiche Leistung steigern.

Sehr kleine Alkoholmengen steigern (kurzfristig) bestimmte Leistungen signifikant, während größere Mengen diese Leistungen stören. Ebenso sind eindeutige Leistungssteigerungen durch mäßige Geräusche, kleine Schlafmitteldosen, einfache Nebentätigkeiten, geringe Müdigkeit für jeweils bestimmte Aufgaben gesichert; bekannt ist, daß stärkere Ausprägungen dieser Einflüsse die Leistungen stören und schließlich unterbinden.

Die leistungssteigernde Wirkung mäßiger Ausprägungen von Bedingungen, die in stärkerer Ausprägung leistungsbeeinträchtigend wirken, kann eindeutig und durchgängig nachgewiesen werden. Sie ist offensichtlich nicht an spezifische Eigenschaften dieser Bedingungen gebunden.

Bei der Suche nach einer Erklärung dieses Effekts hat Düker (1963) dargestellt, daß die Ursachen nicht in spezifischen Wirkungen der äußeren Einflüsse beruhen, sondern in „reaktiven“ (Gegen-) Maßnahmen der Persönlichkeit im Sinne einer Intensivierung ihres Einsatzes (Anspannungssteigerung) auf Grund beginnender Leistungserschwernis. Diese Intensivierung kann (vorübergehend) zu einer Überkompensation der Erschwernis mit dem Effekt der Leistungserhöhung führen.

Die reaktive Anspannungssteigerung ist jedoch keine notwendige und unmittelbare Folge mäßiger Leistungserschwernis, sondern setzt ausdauerndes Leistungsstreben voraus. „Anspannungssteigerung erfolgt nur dann, wenn bei einer fortlaufenden Tätigkeit ein Ziel ausdauernd erstrebt wird und im Verlauf der Tätigkeit Schwierigkeiten auftreten. Das Ziel braucht nicht klar bewußt zu sein“ (Düker 1963, S. 68).

Der Vorgang der reaktiven Anspannungssteigerung stellt mithin einen Spezialfall der Rückwirkung von Bedingungen der Aufgabenverwirklichung auf die Motivierung dar. Ohne daß es notwendigerweise zu einer qualitativen Veränderung der Motivierung — etwa durch Erhöhung ihrer Bewußtheit oder Einbeziehung tragfähigerer Motive — kommen muß, werden die Möglichkeiten der gegebenen Motivierung intensiver genutzt. Die konkrete Ausformung der Motivierung erfolgt in Wechselwirkung mit den Aufgabenbedingungen.

Die reaktive Anspannungssteigerung bildet somit einen Übergang zu den unmittelbaren, nicht an bewußte Einsatzerhöhung gebundenen Aktivierungssteigerungen, die in Abschnitt 5.8. behandelt werden.

2. Wesentlich folgenreichere Wirksamkeit besitzt das Rückwirkungsprinzip dann, wenn gesellschaftlich bedeutungsvolle Aufgaben sich eine zunächst persönlich akzentuierte Motivierung „unterwerfen“ und sie — mit Hilfe des Mechanismus der Wertung — allmählich inhaltlich wandeln. Folgt man den Aussagen des Erlebens, so erscheint eine derartige Wandlung unwahrscheinlich. Danach bestimmen persönliche Entscheidungen und Entschlüsse in Abhängigkeit von in uns selbst entwickelten Motiven den Einsatz für Aufgaben. Dieser Eindruck ist nicht immer stichhaltig; das Individuum erlebt sich häufiger als selbstveranlassend, als tatsächlich zutrifft.

Die „Macht der objektiven Logik bedeutender Aufgaben“ ist so groß, daß sie persönlich zentrierte Motive zu nutzen vermag, um das Handeln von Menschen auf objektiv erforderliche Aufgaben zu lenken: „Je bedeutender diese Aufgaben . . ., desto unerbittlicher wird ihre determinierende Kraft, desto unwesentlicher werden für das Verständnis der Tätigkeit die außerhalb der Beziehungen zu ihnen stehenden persönlichen Motive“ (Rubinstein 1958, S. 695).

Im hier behandelten Zusammenhang ist ausschlaggebend, daß bedeutende Aufgaben persönlich-akzentuierte Motive nicht nur zu nutzen, sondern auch zu wandeln vermögen, daß also in der Übertragung wesentlicher Aufgaben ein formendes Prinzip der Arbeitseinstellung von Werktätigen besteht. Das Übertragen wichtiger Aufgaben und Stellen hoher Anforderungen für gesellschaftlich bedeutende Ziele bildet ein Leitungsprinzip, das der Beschränkung allein auf verbale Überzeugungsbemühungen überlegen ist.

Wiederholt ist gezeigt worden, daß in vielfältiger Weise gesellschaftliche Einflüsse (als ethische Normen, Gruppenurteile, Leitbilder) die Motivierung der Arbeitstätigkeit determinieren und somit Arbeitstätigkeit und Arbeitsergebnis beeinflussen. Das wichtigste einschlägige psychologische Wirkungsprinzip ist die Wertung:

5.6. Gesellschaftliche Wertung in Arbeitstätigkeiten. Weiteres zum gesellschaftlichen Charakter der Motiverzeugung und zu einigen Konsequenzen

Mit dem gegenständlichen Ergebnis jeder Arbeitstätigkeit ist stets auch ein gesellschaftliches verbunden, eine Einwirkung auf andere Menschen. Dieses „soziale Resultat" ist vor allem durch Arbeitsteilung und Kooperation bedingt, im weiteren Sinne durch die Bedeutung des individuellen Beitrags für den gesellschaftlichen Produktionsprozeß.

In das „Bündel" der Motive sind daher stets auch soziale Motive einbezogen, z. B. Streben nach Anerkennung durch andere, Streben nach einem wesentlichen Beitrag für die Gesellschaft. Weiter ist die Einschätzung der Leistungen und ihrer Motivierung durch die Werktätigen untereinander — ebenso wie die Selbsteinschätzung — vorzugsweise bezogen auf die gesellschaftlichen Konsequenzen; sie ist z. B. orientiert an Gruppennormen oder moralischen Prinzipien. Aus alledem wird der gesellschaftliche Charakter der Motivierung erkennbar. Das wichtigste psychologische Funktionsprinzip dieser vielfältigen sozialen Einwirkungen auf die Arbeitstätigkeit über ihre Motivierung ist die „Wertung". Eine systematische Darstellung dieses Prinzips steht noch aus, neuere Überlegungen finden sich bei Erpenbeck (1984). Die Eckpfeiler für eine Theorie der „Wertung" hat Rubinstein (1958), dessen Gedankengang im weiteren gefolgt wird, entwickelt.

5.6.1. Wesen und Wirkungsweise der Wertung

Die Wertung besteht in einer Einschätzung oder Beurteilung der Arbeitsleistung durch andere, im Regelfalle durch autorisierte Vertreter der Gesellschaft, die durch Veränderung der individuellen Motivierung umfassenden Einfluß auf die Arbeitstätigkeit gewinnt. Das Wesen dieses Einflusses beruht nicht kurzerhand auf der positiven oder negativen Kennzeichnung einer Leistung. Entscheidend ist vielmehr, daß der Arbeitende um diese Wertung im vorhinein weiß, sie erwartet, ihren Ausgang voraussieht und — in Übernahme der zugrunde liegenden gesellschaftlichen Normen — sein geplantes Tun darauf projiziert und seine künftige Tätigkeit selbst danach ausrichtet.

Eben diese Wesenseigentümlichkeit der Wertung kann zum kritischen Problem werden. Obgleich die gesellschaftliche Wertung im Konzipieren des Handelns vorwegnehmend zu berücksichtigen ist, darf sie nicht selbst zum (dominierenden) Handlungsziel werden. Die Wertung erfolgt auf Grund der Vorzüge oder Mängel einer Leistung; sie ist mithin ein Ergebnis der Tätigkeit neben anderen, das jedoch nicht führendes subjektives Ziel werden darf.

Eine Tätigkeit sollte nicht um des Lobs, Beifalls oder anderer Formen der Anerkennung (Auszeichnung, Prämie, Beförderung) willen bestmöglich ausgeführt werden, sondern mit dem Vorsatz der Lösung der übertragenen Aufgaben.

Die Verlagerung des Ziels vom sachlichen Ergebnis und seinem Nutzen auf die Anerkennung der eigenen Person gefährdet den sachlichen Erfolg der Tätigkeit. „Es gibt kein sichereres Mittel, einen Erfolg zu verfehlen, als nur an ihn zu denken und die Tat selbst zu vergessen, durch die er zu erringen ist" (Rubinstein 1958, S. 696). Die Ursache besteht darin, daß die durch den Druck des Strebens nach Wertschätzung entstehende subjektive Zielverschiebung zu Veränderungen – unter Umständen Störungen – in der Struktur der Tätigkeit und über diese im Arbeitsergebnis führen kann. Da die Struktur von Arbeitstätigkeiten eine abhängige Variable des „Sinngehalts der Aufgabe" (Bernstein 1957) ist, kann dessen Änderung derartig komplexe Folgen nach sich ziehen.

Wenn also die gesellschaftliche Wertung hochwirksamen Einfluß auf die Arbeitsmotivierung und damit auf die Leistung ermöglicht, entsteht die Frage nach den Möglichkeiten ihrer Nutzung. Dazu ist es erforderlich, die Bedingungen der Wirksamkeit der Wertung näher zu erkennen.

5.6.2. *Bedingungen der Wirkung von Wertungen*

Die in allen Einzelabhängigkeiten als Voraussetzung wirksame Grundlage leistungsstimulierender und persönlichkeitsfördernder Leistungsbewertungen ist das Wirken sozialistischer Produktionsverhältnisse; von ihm wird ausgegangen.

Eine der Einzelabhängigkeiten wurde im vorangehenden Text bereits dargestellt:

Wie eine Wertung der Leistung wirkt, ist abhängig vom Grundtenor der Einstellung des Werktätigen zur übertragenen Aufgabe, davon nämlich, ob eine sachlich oder individuell—persönlich zentrierte Leistungsmotivierung vorliegt.[8] Eine Zielstellung von wertenden Einflußnahmen besteht eben in der Akzentuierung einer sachlich zentrierten Leistungsmotivierung. Weiter ist u. a. an folgende Abhängigkeiten zu denken:

- die gesellschaftlichen Beziehungen zwischen dem Werktätigen und den seine Leistungen wertenden Personen;
- die Zielrichtung der Wertung;
- die Beschaffenheit des Systems wertender Maßnahmen;
- die persönliche Bedeutsamkeit des bewerteten Leistungsbereichs;
- das „Anspruchsniveau" des Werktätigen.

Durchgängig sind die bestehenden Wechselwirkungen zu berücksichtigen: Jene Gegebenheiten, die persönliche Bedingungen der Wirkung von Wertungen darstellen, sind selbst zugleich Hauptangriffspunkte von Wertungsmaßnahmen. Im einzelnen:

1. Die **Beziehungen zwischen dem Arbeitenden und den wertenden Personen** gewinnen Einfluß auf die Wirkung einer Leistungsbewertung nicht allein durch die Abhängigkeit von Ansehen und Vorbildfunktion der Bewertenden – die Kritik eines hochgeschätzten Fachmannes ist wirkungsvoller als die eines unbeschlagenen Laien. Gemeint ist die umfassendere Abhängigkeit von Leistungsbewertungen von den sozialen Beziehungen, dem „sozialen Klima" in einem Arbeitsbereich. Gleichlautende Wertungen gewinnen vor einem Hintergrund des Wohlwollens, der Hilfsbereitschaft andere Auswirkungen als vor dem der Ungunst, des Neides oder der Eigensucht. Daraus resultiert die Erfah-

[8] In spezifischer Form liegt wiederum eine „Brechung" äußerer Einwirkungen von vorhandenen psychischen Gegebenheiten im Sinne Rubinsteins (1958) vor.

rung, daß objektiv gleichartige Aufgaben als verschieden schwierig erlebt werden können, je nach der sozialen Situation, in der sie zu erfüllen sind.

Der soziale Kontext einer Wertung kann sogar so dominant werden, daß er die sachliche Aussage der Wertung überformt und führenden Einfluß auf die Leistung gewinnt.

2. Die Wertung eines Verhaltens, einer Handlung oder Leistung kann auf die **Leistung** oder Handlung gerichtet sein, aber auch auf die handelnde **Persönlichkeit**. Die psychologische Wirkung ist dabei sehr verschieden; besonders leicht verdeutlicht diesen Zusammenhang die unterschiedliche Zielrichtung kritischer Wertungen. Die Fruchtbarkeit einer Kritik ist in hohem Maße abhängig davon, inwieweit sich der Betroffene selbst von Fehlverhalten distanziert. Das wiederum ist um so leichter möglich, je klarer an die besseren Leistungsmöglichkeiten oder die Voraussetzungen zur Entwicklung der erforderlichen Leistungsvoraussetzungen appelliert wird. Wird durch Schmälerung der – mindestens potentiellen – Entwicklungsmöglichkeiten der Wert der Persönlichkeit des Beurteilten prinzipiell in Frage gestellt, so wird sehr leicht der Betroffene in eine Verteidigungsposition gedrängt, die ein Beherzigen des Inhalts der Kritik erschwert oder verhindert. Der Zusammenhang mit dem oben behandelten „sozialen Hintergrund" von Wertungsmaßnahmen bedarf keiner Erklärung.

3. Aus der Vielzahl möglicher Abhängigkeiten vom **System der wertenden Maßnahmen** sei als Beispiel die Widerspruchsfreiheit der Komponenten des Systems herausgegriffen. Insbesondere soll es keine Bestandteile enthalten, deren Verhältnis zu unerwünschten Konflikten[9] beim Werktätigen führt. Sind konflikterzeugende Unstimmigkeiten enthalten, so besteht die Gefahr, daß zur Leistungsstimulation angesetzte Maßnahmen umgekehrt Leistungshemmnisse schaffen.

Als Beispiel eines ungenügend durchdachten konflikterzeugenden Wertungssystems kann die folgende Entlohnungsregelung bei Gütekontrolleuren in einem Chemiebetrieb angesehen werden: Für ein durch Nichterreichen der Norm entstehendes Mengendefizit wird ein Abzug – gemessen an der Normerfüllung mit 100% – vom Lohn vorgenommen. Die Zahl der von den Gütekontrolleuren entdeckten Fehler wird gestaffelt mit einer Prämie berücksichtigt.

Vergleicht man entdeckte Fehler, Normdefizit und Prämienhöhe, so ergibt sich, daß die Gütekontrolleure, die ihrer Aufgabe am besten gerecht werden – die meisten Fehler entdecken –, den größten finanziellen Nachteil in Kauf nehmen müssen (da die Prämie den finanziellen Verlust aus dem Normdefizit, das aus gewissenhafterem Arbeiten entsteht, nicht voll ausgleicht) (Matern 1965).

Unstimmigkeiten in entlohnungsgebundenen Wertungssystemen sind wegen ihrer zentralen Lebensbedeutung besonders folgenreich. Mögliche negative Folgen können die Befriedigung durch die Arbeit – über diese die Arbeitsplatztreue –, die Motivierung und damit die Leistung oder im Extremfall das vielschichtige „Wohlbefinden"[10] und seine Leistungskonsequenzen betreffen.

4. Die Abhängigkeit der Wirkung von Leistungsbewertungen von der **persönlichen Bedeutsamkeit des bewerteten Leistungsbereichs** ergibt sich daraus, daß jeder Mensch –

[9] Unter „Konflikt" seien hier Erlebnissituationen mit unvereinbaren Handlungstendenzen verstanden, deren Unvereinbarkeit vom Arbeitenden erkannt ist und deren Lösung als zwingende Notwendigkeit erstrebt wird, ohne daß der Betroffene selbst ausreichende Lösungsvoraussetzungen besitzt.

[10] Konflikte sind u. a. mögliche Quellen einstellungsbedingter Müdigkeits- und Ermüdungszustände, die als „Antriebsermüdung" (Stenderhoff) sowie „neurotisch bedingte Ermüdung" (Guensberger 1965) bekannt sind.

verschieden deutlich abgegrenzt — Leistungsbereiche entwickelt, welche besonders eng mit dem Kern der Persönlichkeit verbunden sind, aus denen sich subjektiv der Persönlichkeitswert ableitet. Auf diesen Gebieten besteht eine besonders hohe Empfindlichkeit gegenüber Wertungen.

So trifft z. B. einen erfahrenen Dreher der Vorwurf seiner schlechten Handschrift schwerlich so wie der, er fertige ungenügende Gewinde.

5. Weiterhin ist die Wirkung von Leistungsbewertungen wesentlich abhängig auch vom sogenannten **Anspruchsniveau** der Persönlichkeit. Unter „Anspruchsniveau" (AN) wird der für eigene Leistungen als relevant und erstrebenswert erlebte Leistungsbereich verstanden, in welchem selbst Wertungen (Erwartungen, Zielsetzungen, Ansprüche) der Leistungen vorgenommen werden und fremde Wertungen — da sie den Persönlichkeitswert berühren — hochwirksam sind. Kürzer kann das AN definiert werden als das selbst gesetzte Niveau eigener Leistungsziele.[11]

Das AN ist nicht nur vom Leistungsniveau abhängig, sondern steht in einer eigenartigen Wechselbeziehung zu ihm. Diese Wechselbeziehungen lassen einen regulativen psychischen „Kreisprozeß" entstehen, der sich u. a. im Einfluß emotionaler Faktoren auf (Arbeits-) Handlungen ausdrückt, beispielsweise im Erleben von Erfolgen, Mißerfolgen oder von Befriedigung aus den eigenen Leistungen, dem Arbeitsauftrag.

Würde die Leistung eines eben ausgelernten Jungfacharbeiters bewertet nach den Leistungen eines berufserfahrenen Bestarbeiters, mehrfachen Aktivisten und verdienten Neuerers — oder nach den Ergebnissen eines Schülers beim produktionspraktischen Unterricht, so würde die Wertung höchstwahrscheinlich ohne (positiven) Effekt bleiben, da beide Wertungsmaßstäbe vom Jungfacharbeiter nicht als seinem Leistungsbereich und seinen Leistungsmöglichkeiten angemessen erlebt werden, nicht in den von ihm erstrebten Leistungsbereich (nicht in sein AN) fallen und ihn somit wenig betreffen.

Wertungen müssen offensichtlich in wohl abgewogener Beziehung zu den derzeit gegebenen Leistungsmöglichkeiten stehen (dürfen z. B. weder desaktivierend unter- noch entmutigend überfordern), um stimulierend wirksam werden zu können.

Für alle Anliegen praktischer Leistungsbeeinflussung ist von größter Bedeutung, die Betrachtung nicht einzuschränken auf die Wechselbeziehungen von Leistungs- und Anspruchsniveau, sondern die Abhängigkeit beider von gesellschaftlichen Wertungen zu berücksichtigen: Das AN bestimmt einerseits die Leistung mit und ist andererseits zugleich abhängig von den Wertungen, da durch sinnvoll dosierte, differenzierte Leistungsanforderungen (die als eine mögliche Form von Wertungen aufzufassen sind) das AN und damit letztendlich die Leistung verändert werden können (Abb. 5.12).

Abb. 5.12: Schematische Darstellung von Beziehungen zwischen Anspruchsniveau (AN), Leistungsniveau (LN) und gesellschaftlichen Vorgaben (Wertungen).

[11] Grundsätzliche Darstellungen siehe bei Hoppe und Lewin (1931). Weiterführende kritische Einordnungen aus der Sicht der marxistisch-leninistischen Psychologie gab Rubinstein (1958).

Bei derartigen Einflußnahmen haben *die* Forderungen im Prinzip die größte und rascheste Wirksamkeit, die an der oberen Grenze des jeweiligen AN liegen, ohne diese wesentlich zu überschreiten. Weiter sollten die Forderungen nicht nur abstrakt gestellt, sondern bei als Vorbild fungierenden Bezugspersonen oder -populationen anschaulich vorgegeben und erfüllt sein.

Die mögliche und die bereits erwiesene praktische Bedeutung der skizzierten psychischen Vorgänge ist vielfältig. Drei Beispiele sollen den Wirkungsumkreis abstecken.[12]

a) Lewin referiert Untersuchungsergebnisse, wonach die wöchentliche Bekanntgabe von Arbeitsergebnissen (während einer Anlernung) an die Arbeitskräfte die aus der Arbeit erwachsende Befriedigung, das AN, die Arbeitsproduktivität sowie den Anlernerfolg steigert. Die mitgeteilten Arbeitsfortschritte (Teilerfolge) wurden dabei meßbar bezogen auf ein im Vorbild bereits realisiertes, relativ hohes Gesamtziel.

b) Nach Untersuchungen Achs (1935) sind auch bei einförmig gleichbleibenden Arbeitstätigkeiten (sogar wenn sie bereits mehrjährig eingeübt sind) einschlägig bedingte Leistungssteigerungen zu erzielen.

Dazu ist es erforderlich, die Arbeit so zu gestalten, daß ein optimales AN und im Zusammenhang damit Streben nach Leistungsverbesserung sowie das Erleben von Arbeitserfolgen wirksam bleiben. Das ist dadurch zu erreichen, daß objektive Voraussetzungen geschaffen werden für das Erkennen einer Annäherung an ein Ziel, eines Vorwärtskommens in einer Zielstaffelung.

Bei sachgerechter Untergliederung großer Arbeitsaufträge, die dieses Erkennen eines Vorwärtskommens (etwas geschafft zu haben; nicht endlosen, unübersehbaren Aufgaben gegenübergestellt zu sein) erleichtern, entstehen regelmäßig bei einförmig-gleichbleibenden Arbeitstätigkeiten beträchtliche Leistungssteigerungen. Ellenbogen (1937) berichtete beispielsweise über Steigerungen bis 40%.

Darüber hinaus stellen sich beim Erkennbarwerden von Zielannäherungen trotz objektiven Wiederholungscharakters der Arbeitstätigkeiten weder Sättigungs- noch Monotoniephänomene ein, da durch die Zielannäherung die wiederkehrenden Arbeitsgänge *nicht* als bloße Wiederholung *erlebt* werden.

c) Untersuchungen aus dem eigenen Arbeitskreis (W. Quaas) zeigen, in welchem Maße die stimulierende (über Forderungen bzw. Bezugsgrößen [Normen] vermittelte) Wirkung von Wertungen abhängig ist von ihrer Lage zum individuellen Leistungs- und Anspruchsbereich. Damit wird sogleich deutlich, daß eine geeignete Normwertfestlegung ein wichtiges Mittel für AN- und darüber für Leistungsverschiebungen ist:

Im Zusammenhang mit der Umstellung der Arbeitsnormen in einer Schärerei trat eine allgemeine Leistungssteigerung (von im Mittel 140% auf im Mittel 157% – ausgedrückt in der alten Norm) auf. Neben technisch-organisatorischen und qualifikationsbedingten Ursachen waren für diese Leistungssteigerung auch motivierungsmäßige Ursachen verantwortlich. Ein Beleg dafür findet sich – neben anderen – in der Abhängigkeit der Leistungssteigerung vom Verhältnis der bisherigen Leistung zur neuen Norm (Tab. 5.3).

[12] Eine differenzierte theoretische Darstellung laborexperimenteller Befunde gibt Schmidt (1966). Dort auch weiterführende Literaturangaben.

Tab. 5.3: Verteilung der Arbeitskräfte auf Gruppen unterschiedlicher Leistungsveränderungen in Abhängigkeit von ihrer bisherigen Leistungshöhe (Normerfüllung), Angaben in %

Normerfüllung alt	Leistung		Σ
	verbessert	gleich geblieben bzw. verschlechtert	
bis 130	67	33	100
131 bis 165	**85**	15	100
über 165	36	**64** (darin 36 verschlechtert)	100

Auffällig ist:

— Der Anteil der Leistungssteigerungen ist am größten in der Mittelgruppe. Ihre bisherige Normerfüllung liegt knapp unterhalb der neuen Norm.

— Gleichfalls häufig, aber etwas seltener als in der Mittelgruppe sind Leistungssteigerungen bei der Gruppe mit der bisher niedrigsten Normerfüllung. Ihre bisherige mittlere Normerfüllung liegt eindeutig unterhalb der neuen Norm.

— Am seltensten (und übertroffen vom Anteil gleichbleibender und verschlechterter Leistungen) sind Leistungssteigerungen bei den Schärerinnen mit der bisher höchsten Normerfüllung. Ihre bisherige Normerfüllung liegt bei oder über der neuen Norm.

Welche **Erklärung** gibt es für diese differenzierte Form der Leistungsveränderung? Offensichtlich liegt eine Auswirkung eines bestimmten **Verhältnisses** von vorgegebenem gesellschaftlichem Bezugssystem der Wertung (in Form der neuen Form), Leistungsniveau und Anspruchsniveau vor:

— Der Bezugswert des Wertungssystems muß einen Appell an die Fähigkeiten zu weiterer Leistungssteigerung darstellen. Das ist kaum der Fall, wenn der Bezugswert unter dem bereits erreichten Leistungsniveau (und damit erst recht unterhalb des AN) liegt. Unter anderem erklärt sich daraus die Dominanz von Leistungsstagnation und -verschlechterung bei der Spitzengruppe.[13]

— Der Bezugswert des Wertungssystems muß im Bereich des AN (d. h. zugleich im Bereich der aktuellen Leistungs**möglichkeiten**) liegen. Das ist bei den niedrigen Ausgangsleistungen nicht durchgängig gewährleistet. Der neue Bezugswert stellt damit in dieser Gruppe nicht in jedem Fall eine derzeit erreichbare, als festes Ziel interiorisierbare Vorgabe dar, sondern liegt außerhalb des Leistungsanspruchsbereichs. Damit gewinnt er in solchen Fällen kaum aktivierende Kraft.

Insgesamt erweist sich: Der aktivierende Einfluß gesellschaftlicher Wertungssysteme ist am wirkungsvollsten, wenn die wertenden Vorgaben oder Bezugswerte in der Nähe der oberen Grenze des Leistungsanspruchsniveaus liegen.[14] Eben deshalb sind in der Mittelgruppe Leistungssteigerungen am häufigsten. Der Befund stimmt mit anderwei-

[13] Eine Erklärung allein als lernpsychologischer „Deckeneffekt" (je höher eine Leistung, desto schwieriger ihre weitere Verbesserung) übersähe den hohen Anteil damit nicht erklärbarer Leistungsverschlechterungen.

[14] Unsere Betrachtung sieht ab von Persönlichkeiten mit ungenügendem Realitätsbezug hinsichtlich der eigenen Leistungen.

tigen Ergebnissen überein, wonach die Bekanntgabe der gesellschaftlichen Bewertungsmaßstäbe bzw. das Ermöglichen der Selbstkontrolle der Arbeitsergebnisse insbesondere bei **mittleren Leistungen** das Anspruchs- und darüber Leistungsniveau steigert (z. B. Byok, Norbell und Schardakow, zit. nach Rubinstein 1958).

Für das praktische Vorgehen beim Festlegen von Bezugsdaten mit Wertungscharakter ergeben sich daraus Konsequenzen. Ausgangspunkt der Festlegung sollte eine differenzierte Analyse der Verteilung der Leistungsniveaus (die grobe Schlüsse auf das Leistungsanspruchsniveau zulassen) sein. Eine statistische Analyse der Verteilung der in einem längeren Zeitraum angefallenen Leistungen (z. B. täglichen oder monatlichen Normerfüllungen) eines Werktätigen gibt quantitative (Wahrscheinlichkeits-) Aussagen über prinzipiell erreichbare Leistungen. Die Leistungsstreuungs- bzw. -schwankungsanalyse ermöglicht damit wesentliche Hinweise über die Größe von Bezugswerten (z. B. Normwerten), die — unter sonst gleichen Bedingungen — Unter- wie Überforderung vermeiden und eine adäquate und stimulierende Forderung darstellen.[15]

Im vorangehenden wurden AN nur unter leistungsanalytischem Aspekt betrachtet. Eine wesentliche Seite der AN-Wirkungen steht damit noch aus. Es wurde angedeutet, daß aus dem Verhältnis von AN, Leistungsvoraussetzungen und Aufgabenschwierigkeit in beträchtlichem Ausmaße **emotional bzw. affektiv überformtes Erleben** entstehen kann. Üblicherweise wird dieser Tatbestand unter dem (einengenden) Sammelbegriff „Erfolgs- bzw. Mißerfolgserleben“ geführt. Gemeint sind jene emotional getönten spezifischen Erlebensformen, die nur innerhalb eines vom AN erfaßten Leistungsbereichs — nicht aber bei unter- oder überfordernden Aufgaben — auftreten.

Für das Entstehen von „Erfolgs- bzw. Mißerfolgserleben“ ist ein bestimmtes Verhältnis der Leistungsvoraussetzungen — und des auf den daraus erwachsenden Arbeitsleistungen gestützten Leistungsanspruchsniveaus — zu der objektiven Schwierigkeit der Arbeitsaufgaben unerläßlich. Infolge dieses Verhältnisses wird nicht jede objektiv erfolgreiche Arbeitstätigkeit auch als „Erfolg“ erlebt — und umgekehrt weist nicht jedes objektive Mißlingen die antriebsregulatorischen Kennzeichen eines „Mißerfolgserlebens“ auf: Ein objektiver Erfolg wird nur dann als „Erfolg“ erlebt und ist nur dann begleitet von Stolz, Freude, Stärkung des Selbstbewußtseins und Steigerung des Anspruchniveaus, wenn er aus eigenen Kräften und mit Anstrengung errungen wurde. Ein leicht erreichter oder zugefallener objektiver Erfolg weist diese stimulierenden Erlebenskonsequenzen nicht auf bzw. führt zu falscher Selbsbewertung. Ebenso weist ein objektives Mißlingen spezifisches Mißerfolgserleben nur auf, wenn die mißlungene Aufgabe im denkmöglichen Leistungsbereich liegt. Der erlebte Mißerfolg kann dann lähmen, entmutigen oder auch — insbesondere wenn die Leistungsbewertung Möglichkeiten der Leistungsverbesserung aufweist — zur Verstärkung des Einsatzes führen.

Leistungsangemessene Verschiebungen des AN durch das Erleben von Erfolgen oder Mißerfolgen sind dabei hauptsächlich im Mittelbereich emotionaler Beteiligung zu erwarten — wie Analogieüberlegungen zu Befunden aus anderen Lebensbereichen (Klix 1958) nahelegen.

[15] Der Problemkreis der Zumutbarkeit und des Beanspruchungsausmaßes bei geforderten Leistungen bleibt aus sachsystematischen Gründen hier unerörtert, ist aber beim praktischen Vorgehen zu beachten.

Leistungsmotivierung als Regulation des Anstrengungsgrads bei Tätigkeiten variiert **interindividuell**. Vorwiegend durch „Vermeiden von Mißerfolg“. Motivierte können von durch „Hoffnung auf Erfolg“ Motivierten unterschieden werden. Beide Gruppen unterscheiden u. a. in ihren Leistungsveränderungen nach subjektiven Erfolgen und Mißerfolgen. Zugleich bevorzugen sie verschiedene kausale Erklärungen („Kausalattribuierungen“) von Leistungen durch Befähigung, Anstrengung, Aufgabenschwierigkeit oder Zufall (zusammenfassend vgl. Weiner 1975, Kleinbeck und Schmidt 1979, Kleinbeck 1980).

Insgesamt wird deutlich, daß die verschiedenartigen Möglichkeiten gesellschaftlicher Leistungseinschätzung (Wertung) — wie materielle Leistungsbewertung, Lob, öffentliche Anerkennung oder Kritik — außerordentlich wirksame Leitungsmittel mit produktivitäts- und persönlichkeitsbedeutsamen Konsequenzen darstellen, sofern sie ihrem diffizilen Systemcharakter entsprechend wohlüberlegt eingesetzt werden. Dem gesellschaftlichen Charakter der von ihnen beeinflußten Arbeitsmotivierung entsprechend ist ihre Einsatzweise und Wirkung abhängig von den gesellschaftlichen Verhältnissen im allgemeinen und den Beziehungen des Werktätigen zu den wertenden Instanzen im besonderen; die Verwertbarkeit der Ergebnisse aus kapitalistischen Produktionsverhältnissen ist besonders auf diesem Gebiet daher äußerst beschränkt; auch Laborbefunde bedürfen der Nachprüfung.

5.7. Motiv, Ziel und Struktur von Arbeitstätigkeiten

Die Strukturen von Arbeitstätigkeiten sind gegenüber Veränderungen der Motive und Ziele sehr empfindlich. Veränderte Strukturen führen ihrerseits der Möglichkeit nach zu Veränderungen in den Arbeitsergebnissen.

Es wurde die Möglichkeit bereits angedeutet, daß ein Ziel — z. B. wegen seiner möglichen Doppelrolle als **Mittel** zum Erreichen weiterer Ziele und (Teil-) *Ziel* — vom Werktätigen verschieden erlebt werden kann; diese Veränderungen können ihrerseits Veränderungen in weiteren Eigenschaften der psychischen — und darüber der äußeren Verlaufsstruktur der Arbeitstätigkeit bewirken: Ein Teil- oder gar Nebenergebnis kann zum subjektiven Handlungsziel werden, und die Motivierung kann sich auf diese Teilziele richten. Bei einer derartigen subjektiven **„Zielverschiebung“** besteht die Gefahr der Zersplitterung der Tätigkeit: Organisation und Planung des Gesamtvollzugs sind erschwert bzw. unzureichend, der Eindruck eines Getriebenseins von den objektiven Anforderungen kann entstehen. Hier ergeben sich wesentliche Anknüpfungspunkte beispielsweise für eine optimale Anforderungsbewältigung bei Mehrmaschinenbedienung.

Wenn der Arbeitende umgekehrt am Endziel festhält und immer größere Aufgaben einbezieht, werden Sinn und Motivierung dieser Arbeitstätigkeit zunehmend reicher. Praktische Konsequenzen ergeben sich hier beispielsweise für die Bekämpfung von Monotoniezuständen und die persönlichkeitsfördernde Arbeitsgestaltung. Zugleich wird die Teilhandlung, die eine Erfüllung von Teilzielen zum Inhalt hat, allmählich zur Methode der Lösung der umfassenderen Aufgaben; sie bedarf damit immer weniger der bewußten Führung und Kontrolle und gewinnt die Leichtigkeit und Flüssigkeit, die eine

Fertigkeit kennzeichnen. Die hier ableitbaren praktischen Schlußfolgerungen betreffen also beispielsweise die psychische Automatisierung von Tätigkeitsabschnitten.

Neben diesen Verschiebungen des Beachtungsschwerpunktes in der Hierarchie der Ziele sind weitere Verlagerungen möglich: So kann sich das **Motiv** auf die Tätigkeit selbst richten, wie beim Spiel, nicht aber auf das Ergebnis. Es befriedigt dann die Betätigung, das „Spiel der Kräfte", die Meisterung eines Risikos. Das gegenständliche Ziel tritt dabei hinter die selbstzweckhafte Betätigung zurück; Strukturveränderungen sind die Folge.

Schließlich können sich Ziel und Motiv vom Arbeitsprozeß und seinem Produkt dominant auf die gesellschaftliche Bewertung verlagern. Anerkennung, Lob, Ansehen können Hauptziel und -beweggrund des Arbeitenden werden.

In jedem Fall sind mit einem verschieden akzentuierten Verhältnis von Motiven und Zielen der Arbeitstätigkeit auch unterschiedliche psychische Strukturen dieser Tätigkeit verknüpft. Unterschiedliche psychische Strukturen von Arbeitstätigkeiten können wiederum der Möglichkeit nach zu verschiedenartigen Arbeitsergebnissen und Beanspruchungen führen.

5.8. Zum Verhältnis von Zielgerichtetheit und Aktivierung im Motivierungsvorgang

Bei der bisherigen inhaltlich akzentuierten Behandlung der Zielgerichtetheit und Motivierung von Arbeitstätigkeiten blieb der Gesichtspunkt im Hintergrund, daß Tätigkeiten mit einem unterschiedlichen Grad von allgemeiner, also nicht für das konkrete Ziel spezifischer Aktiviertheit ausgeführt werden können. Die allgemeine Aktiviertheit ist beschreibbar durch skalierbare Grade der Erregung des gesamten Organismus, die vom tiefen Schlaf über die Schläfrigkeit, den entspannten Wachzustand, die hellwache Aktiviertheit bis zu hochgradigen Erregungszuständen reichen. Wir sahen, daß das Ziel eine dreifache Funktion hat. Mit seiner Rolle als Triebkraft des Handelns ist auch das Auslösen von allgemeinen Aktivierungsveränderungen nicht nur im zentralen Nervensystem, sondern im Gesamtorganismus verbunden.

Grunderkenntnisse über Aktivierungsvorgänge wurden von Lindsley (1957, zit. nach Jones 1957) bereitgestellt. In das auf die Retikulärregion konzentrierte Nervenbahnsystem, welches als aufsteigendes retikuläres Aktivierungssystem (ARAS) bezeichnet wird, werden aus unspezifischen Abzweigungen der spezifischen afferenten Bahnen sowie aus dem Kortex (speziell von den Frontallappen; Luria 1970 b) herkommenden (kortikoretikulären) Fasern Erregungen eingespeist. Beteiligt sind auch das thalamokortikale und limbische System. Der unspezifische Einfluß dieser Aktivierungssysteme besteht im Erhalten und Modifizieren des kortikalen Tonus, der allgemeinen Aktivität der Großhirnfunktionen. Grobe Stadien des Zusammenhangs der Funktionsweise des ARAS und der Aktivität des Umweltbezugs des Menschen sind nachgewiesen. Der Nachweis des Zusammenhangs beschränkt sich allerdings noch auf arbeits- und ingenieurpsychologisch wenig praktikable neurophysiologische und neuropsychologische Kennwerte (z. B. EEG-Kennwerte, Bewußtseinsgrade). Jedoch sind produktionspraktisch wichtige Erkenntnisse u. a. zu erwarten wegen der sich abzeichnenden Beziehungen zwischen der Aktivation und einer Mindestvariabilität im Informationszustrom aus der Umwelt sowie zwischen regulationsoptimaler Aktivation und emotionalem bzw. affektivem Engagement in einer Situation (Duffy 1962, Malmo 1959).

Leider sind die Wechselwirkungen zwischen der auf konkrete Ziele gerichteten, also inhaltlich bestimmten Motivierung, die immer deutlicher als wichtigster Untersuchungsgegenstand der Motivationspsychologie erkannt wird, und organismischer Aktiviertheit noch wenig bekannt. Die Erforschung der globalen Aktivierungssysteme (vgl. Schönpflug 1969, Haschke 1971) steht hinsichtlich der Wechselwirkungen mit dem Richtungsaspekt der Motivierung am Anfang. Für die menschliche, sozialdeterminierte, mit Selbstbefehlen im inneren Sprechen verbundene Motivierung für Arbeitstätigkeiten ist das Konzept einer allgemeinen Aktiviertheit zu grob. Ein gut untersuchter spezifischer Aktivierungsvorgang ist die Orientierungsreaktion (Sokolow 1961).[16] Schlüsse auf komplexe Arbeitstätigkeiten sind jedoch noch nicht möglich. Aktivierung ist nicht richtungs- und zielunabhängig (Lacey 1967; zitiert nach Graumann 1970). Die Abhängigkeit der Aktivierungskennwerte von der **Bedeutung** wahrgenommener Signale ist erwiesen (Winogradow, Chomskaja und Sokolow; zit. nach Luria 1970 b). Jedes Aktionsprogramm enthält neurovegetative Innervationsmuster (z. B. für Stoffwechsel, Herz-Kreislauf-System) als fest programmierten obligatorischen Bestandteil, die reflektorisch zur Absicherung eingesetzt werden (Pickenhain 1975 b). Weiter muß der spezifisch menschliche Mechanismus der sprachlich vermittelten **Selbstaktivierung** in einem für Arbeitsprozesse nützlichen Konzept des Aktivierungsaspekts der Motivierung berücksichtigt werden. Er ist an Vorgängen im Frontokortex gebunden. Auf die Rolle der Selbstinstruktion im inneren Sprechen kommen wir in Abschnitt 7.2. zurück.

Trotz dieses für arbeitspsychologische Zwecke unbefriedigenden Erkenntniszustands können Aktivierungszustände nicht unberücksichtigt bleiben, da sie im Arbeitsprozeß wesentliche Auswirkungen haben. Beziehungen zum Aktivierungsaspekt von Motivierungsvorgängen haben beispielsweise: Ermüdungszustände, Monotoniezustände und psychische Sättigung; das Bewältigen von Anforderungen durch vergrößerte Anstrengung (Anspannung); Situationen mit affektiver, die Tätigkeitsstruktur im Zusammenhang mit Bedrohungserleben und Angst verändernder Anspannung (Streß); Daueraufmerksamkeits- oder Vigilanzsituationen bei Überwachungstätigkeiten, bei denen ein seltenes Auftreten zu beantwortender Signale zur Herabsetzung der Aktivierung im Sinne von Monotoniezuständen führen kann. Weiter dürfte die hierarchische Struktur der psychischen Regulationsgrundlagen von Arbeitstätigkeiten gleichfalls hierarchisch organisierte Aktivierungsvorgänge mit Auswirkungen bis zum vegetativen System einschließen.

Bei der Darstellung der Rückwirkung von Aufgaben auf die Motivierung wurden die bewußten, auf die inhaltliche Ausformung tragfähiger Motive gerichteten Vorgänge, behandelt. Daneben schließen diese Rückwirkungen auch unmittelbare Aktivitätsveränderungen ein: Das **Schwierigkeitsgesetz** der Motivation (Ach 1935, Tent 1963) besagt:

[16] Man beachte die von Luria (z. B. 1970 b) vollzogene Gleichsetzung von „Orientierungsreflex“ mit „arousal reaction“, also von Orientierung und Aktivierung, die den entscheidenden Zusammenhang von Aktivierung und Umweltbezug und damit auch mit der Widerspiegelung gegenüber älteren Sichtweisen hervorhebt.

Mit der Schwierigkeit einer übernommenen Aufgabe steigt unmittelbar (unreflektiert) die Willensanspannung.

Das behandelte Prinzip der reaktiven Anspannungssteigerung kann darin eingeordnet werden.

Nur spekulativ kann man derzeit eine Beziehung zur **Yerkes-Dodson-Regel** (1957), die im Tierexperiment ermittelt wurde, herstellen. Die Regel besagt:

Mit steigender Aufgabenschwierigkeit führen geringere Aktivierungsgrade zu einem Leistungsoptimum; bei schwierigen Aufgaben bewirkt die weitere Steigerung der Aktiviertheit eine Leistungssenkung.

Der im zweiten Teil der Aussage formulierte umgekehrt *u*-förmige (lambdaförmige) Zusammenhang ist auch bei menschlichen Tätigkeiten untersucht. Die „*Lambda-Regel*" (Kornadt) lautet: Zwischen Aktivierungsniveau und Leistungshöhe besteht ein umgekehrt *u*-förmiger Zusammenhang. Neuere Auffassungen betrachten den häufig behaupteten umgekehrt-*u*-förmigen Zusammenhang von Aktivierung und Leistung als ein methodisches Artefakt (Näätänen 1973). Eine negativ beschleunigte Funktion scheint den tatsächlichen Zusammenhang zutreffender zu beschreiben (Abb. 5.13).

Der vermutete Zusammenhang der Yerkes-Dodson-Regel mit dem Schwierigkeitsgesetz der Motivation könnte darin bestehen, daß die mit steigender Aufgabenschwierigkeit wachsende Willensanspannung gleichgesetzt wird mit Aktivierung und man annimmt, daß sich der Spielraum für eine weitere leistungsbegünstigende Aktivierung mit wachsendem Niveau der aufgabenbedingten Grundaktivierung verringert.

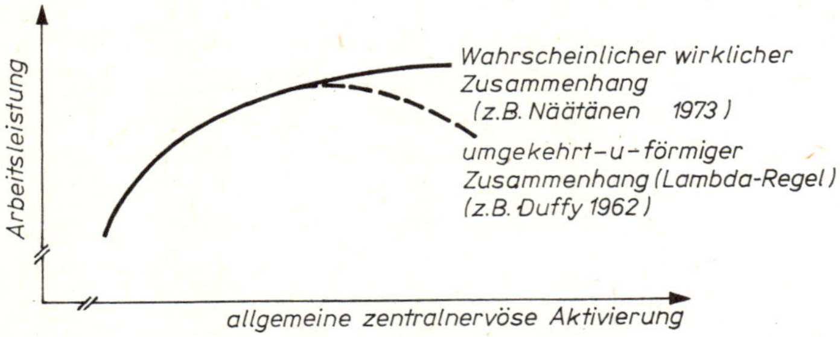

Abb. 5.13: Schematische Veranschaulichung der (bei hohen Aktivierungsgraden umstrittenen) Beziehung zwischen Aktivierung und (Arbeits-)Leistung.

Für unseren Zusammenhang ist wesentlich, daß die allgemeine zentralnervöse bzw. gesamtorganismische Aktiviertheit die Arbeitsleistungen beeinflußt, wobei die übernommenen Aufgaben selbst an der Erzeugung dieses Aktivierungsniveaus gesetzmäßig beteiligt sind. Mit dem Umfang der bei der Erfüllung einer Aufgabe kognitiv zu verarbeitenden Sachverhalte steigt der Grad der Aktiviertheit bis zu einer bedingungsspezifischen Grenze (Bartenwerfer 1963). Arbeitsgestalterische Konsequenzen aus diesem Wechselwirkungszusammenhang sind die Prinzipien der Aufgabenerweiterung und des systematischen Aufgabenwechsels, in die sich das „Prinzip des aktiven Operateurs" (Sawalowa, Ponomarenko und Lomow 1973) einordnet. Sie dienen vorwiegend der Verhütung leistungsmindernder Monotoniezustände.

Eine spezifischere Form der Rückwirkung übernommener Aufgaben auf die Aktivierung beschreibt die **Konvergenzregel** nach Tent (1962).

Mit der ausführungsregulatorischen Verbesserung der Handlungsregulation entwickeln sich auch angemessenere, aufgabenspezifische Aktivierungszustände.

Durch verbesserte, zielbezogene Abstimmung der an einer Tätigkeit beteiligten Vorgänge werden also auch Aktivierung und Leistung abgestimmt.

Diese an die Verbesserung der Ausführungsregulation gebundene Aktivierungsanpassung darf nicht mit der außerdem ablaufenden **Habituierung** im Sinne des allmählichen Abbaus orientierungsbedingter Startaktivitätssteigerungen gleichgesetzt werden.

Auch hier ergeben sich arbeitsgestalterische Konsequenzen: Mit steigender Geübtheit für eine Tätigkeit sinkt das Ausmaß der tätigkeitsbedingten Ermüdung. Verbesserung der spezifischen Regulationsgrundlagen durch Qualifizierung ist somit ein Weg zum Abbau überoptimaler allgemeiner Aktiviertheit als einer Quelle nachfolgender Ermüdung.

Diese Zusammenhänge sind eingehend dargestellt in der „Speziellen Arbeits- und Ingenieurpsychologie 2“ (Hacker und Richter 1980).

5.9. Nicht alle Tätigkeiten sind zielgerichtet

Arbeitstätigkeiten sind die typischste Form zielgerichteter willentlicher Tätigkeit. Dennoch sind **nicht alle Vorgänge in Arbeitstätigkeiten zielgerichtet,** und **nicht nur Ziele richten Arbeitstätigkeiten** aus. Fehlende Zielgerichtetheit ist kurzerhand gleichbedeutend mit Spontaneität.

Drei Hauptgruppen von nicht, nicht mehr bzw. nicht beim Ausführen zielgerichteten Tätigkeiten sind hervorzuheben:

- die antriebsunmittelbaren Tätigkeiten,
- antriebsmittelbare Tätigkeiten, die durch Motive, Emotionen oder Werte ausgerichtet sind,
- antriebsmittelbare, aber bewußtseinsmäßig an niedere Regulationsebenen delegierte automatisierte bzw. durch das Gedächtnis gesteuerte Bestandteile umfassenderer Tätigkeiten und Handlungen.

Im einzelnen:

- **Antriebsunmittelbare** Tätigkeiten sind reflektorische, instinktive und affektive Tätigkeiten bzw. Handlungen. Sie interessieren im Arbeitsprozeß wenig.
- **Antriebsmittelbare** Tätigkeiten oder willentlich regulierte Tätigkeiten sind gerichtet. In Arbeitstätigkeiten, bei denen Motiv und Ziel auf Grund der gesellschaftlichen Arbeitsteilung auseinanderfallen können, handelt es sich vorzugsweise um zielgerichtete willentliche Tätigkeiten. Es sind jedoch auch **andere Ausrichtungen** wirksam:
  Ein Übergangsfall sind zunächst Tätigkeiten mit **unscharfen oder rahmenhaften Zielen**, die erst im Ausführungsprozeß präzisiert werden.

Es müssen jedoch nicht alle antriebsmittelbaren Tätigkeiten auf ein Ziel als Vorwegnahme und Vornahme eines Ergebnisses oder Sollzustands gerichtet sein. Auch

- **Motive** als Oberziele,
- **Werte** bzw. Normen und
- **Emotionen** als gröbste Richtunggeber, die oft stellvertretend für noch nicht in Ziele umgesetzte Motive wirken,

können tätigkeitsrichtend wirken.

Ein Beispiel:
Das Vorhaben „Die Anlage sparsam fahren“ kann als motivhaftes Oberziel wirken und wenigstens zeitweilig direkt Zuordnungen von fertigen Programmen zu Signalen aus dem Gedächtnis abrufen, ohne daß präzisere Ziele entwickelt werden müssen.
Ein weiteres *Beispiel:*
Die gefühlsbetonte Sorge „Etwas kann nicht stimmen“ richtet eine Tätigkeit auf das umfassendere Beachten möglicher Informationen aus, ohne daß präzise Ziele vorliegen müssen.

Weiter entstehen in Lernvorgängen **Gewohnheitshandlungen**, die anfänglich zielgerichtet waren, später aber nicht mehr bei jedem Ausführen erneut des Aufstellens oder Aktivierens eines Ziels bedürfen. Sie sind einem umfassenderen Verhaltensabschnitt, der einem Motiv folgt, als abhängiger Teil zugeordnet. Im Bedarfsfall können sie wieder zielgerichtet verlaufen.

Ein *Beispiel* ist das Zähneputzen als Bestandteil des Aufstehrituals. Vor einem Zahnarztbesuch kann eine bestimmte Gebißpartie durchaus zielgerichtet sonst nicht ausgeführten Säuberungsprozeduren unterzogen werden.

Ebenso werden in Lernvorgängen zunehmend größere Tätigkeitsabschnitte, die ursprünglich Handlungszielen folgten, zu automatisierten **Instrumenten** umfassenderer Ziele oder gar der Oberziele mit Motivcharakter. Sie sind also Bestandteil gerichteter Tätigkeiten, ohne daß für die Einzelbestandteile noch Ziele wirksam sind.

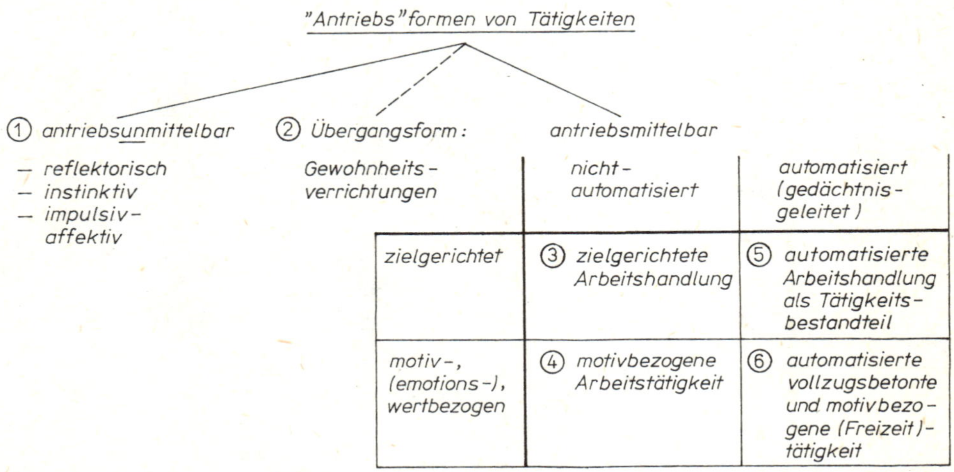

Abb. 5.14: Nicht alle Tätigkeiten sind zielgerichtet: schematische Zusammenfassung möglicher „Antriebs“formen von Tätigkeiten.

Endlich entstehen in Lernprozessen antriebsunmittelbare Tätigkeiten mit einer besonderen Struktur, die jedoch nicht im entlohnten gesellschaftlichen Arbeitsprozeß, sondern vorzugsweise in der Freizeit anzutreffen sind. Tanzen oder Schwimmen sind automatisierte **Verrichtungen, die in durch Motive geleitete Tätigkeiten eingeordnet** sind. Sie sind, sieht man vom Wettkampfschwimmen oder Schautanzen ab, nicht zielgerichtet. Zielgerichtet können jedoch ihre Vorbereitungsteile, z. B. das Hinfahren, sein. Die eigentlichen Ausführungsteile sind dagegen vollzugszentriert, sie sind nicht ziel- oder ergebnis-, sondern motivgeleitet.

Das obige Schema (Abb. 5.14) vergröbert das Gesagte als Überblick.

6. Signale als Regulationskomponenten von Arbeitstätigkeiten

Unter den gegenwärtigen Bedingungen ist eine allmähliche *Verschmelzung von Arbeits- und Erkenntnisprozessen* zu beobachten ... Das wird bedingt durch die Logik der gesellschaftlichen Entwicklung, für die die Vereinigung der physischen mit der geistigen Arbeit charakteristisch ist. Die Einheit von Erkenntnis und Arbeit erscheint als eine der Grundbedingungen für die Entwicklung der schöpferischen Potenzen des Menschen (Lomow 1964, S. 18, Hervorhebung von W. H.).

Die Effektivität des Steuerungsprozesses wird vor allem durch *Menge und Charakter der ausgenutzten Signale* bestimmt. Bei der Ausführung manueller Operationen kann der Arbeiter ... selbst aus einer Vielzahl von Reizen die Signale herausfinden, d. h. die funktional bedeutsameren Reize, deren Berücksichtigung bei der Erfüllung von Arbeitsaufgaben ... den besten Produktionseffekt bringen wird (Leontjew, Lerner und Oschanin 1963, S. 23).

Eines der *erstrangigen Merkmale der Tätigkeitsbeherrschung* ist die perzeptive Befähigung des Arbeitenden, entstehende *Signale aufzunehmen*, und eine wesentliche Frage ist, wie diese Befähigung zu *entwickeln* ist (Annett und Kay 1957, S. 69).

Der Anteil des verbalen Systems an der Struktur der höheren Funktionen ist ihr wichtigster Zug (Luria 1970b, S. 51).

6.1. Einführende Bemerkungen

Bei der Darstellung der psychischen Regulation der Arbeitstätigkeit wurden als eine wesentliche Komponente die Signale benannt. Das Inventar der Signale bildet eine besondere Form tätigkeitsleitender Gedächtnisrepräsentationen (operativer Abbilder) von Arbeitstätigkeiten. Für unterschiedliche Arten von Arbeitsaufgaben wurde nachgewiesen, daß eine der wesentlichen Ursachen interindividueller Leistungsdifferenzen in Unterschieden zwischen den individuellen Signalinventaren besteht. Werktätige verfügen häufig über individuell relativ stabile, die persönlichen Arbeitsweisen mitbedingende Signalinventare. Das nachstehende Beispiel veranschaulicht einen elementaren Fall (Tab. 6.1).

Wir hatten gesehen: Tätigkeiten oder Teiltätigkeiten können durch Signale reguliert werden, sofern diese mit erlernten verallgemeinerten Handlungsschemata verknüpft

Tab. 6.1: Interindividuelle Differenzen des Gewichts abgenommener Kreuzspulen (Richter 1966)

Spinnerin	Spulennormgewicht	Tatsächliches mittleres Gewicht	Mittlere relative Abweichung
A	2100 g	1860 g	− 11,5%
B		2250 g	+ 7,2%

Signal für das rechtzeitige Abnehmen einer Kreuzspule ist ihr Durchmesser, der visuell kontrolliert wird. Auf Grund unterschiedlicher individueller Kriterien (Signale) kommt es zu individuell charakteristischen durchschnittlichen Abweichungen, also Unter- bzw. Überschätzungen.

sind und sie daher aus dem Gedächtnis abrufen können. Der Abruf durch Signale erfolgt unmittelbar, also *ohne* Zwischenschaltung von Denkprozessen, die Probleme lösen oder neue Vorgehensweisen entwickeln.

Die Effektivität von Arbeitstätigkeiten hängt im großen Umfang von dem Verfügen über zutreffende Signale ab. Dieses Zutreffen hat zwei Aspekte: Die Signale können die Handlungserfordernisse im unterschiedlichen Grade zutreffend anzeigen, und es können ihnen mehr oder minder wirksame Maßnahmen assoziativ zugeordnet sein.

Im obigen Beispiel war die Dicke eines Arbeitsgegenstandes ein Signal für sein Gewicht. Es gibt wesentlich kompliziertere Signalbeziehungen: Kreuzspuler haben erlernt, mit dem Signal „Konendicke" die verbleibende Laufzeit der Konen bis zum erforderlichen Wechsel zu verknüpfen. Dieses Signal kann unterschiedlich präzise sein. Abb. 4.10 auf Seite 122 veranschaulicht, daß zwar alle Spuler die noch erforderliche Laufzeit unterschätzen; bei Leistungsstärkeren ist das jedoch weniger ausgeprägt als bei Leistungsschwachen.

Entscheidend für die Tätigkeitsregulation ist, daß die Signale das Vorgehen, die eingesetzten Handlungsschemata und die Art ihres Einsatzes bestimmen. Je nach der abgeschätzten Laufzeit werden im obigen Beispiel Vorbereitungen für einen Wechsel der Konen getroffen und der Wechsel ausgeführt oder nicht. Im Beispiel tätigen die leistungsstärkeren Spuler die Wechsel rechtzeitig, aber nicht derart vorzeitig wie leistungsschwächere. Sie verringern damit den Materialabfall.

Die Tätigkeitsregulation durch Signale umfaßt verschiedene **perzeptive Operationen**, nämlich Entdecken, Unterscheiden, Identifizieren und Zuordnen, sowie Urteils- und Gedächtnisvorgänge. Wegen der enthaltenen Urteilsvorgänge bestehen fließende Übergänge zu intellektuellen Prozessen.

Die Regulation von Tätigkeiten durch perzeptive Signale — sogenannte Erzeugungssysteme oder Production Systems — kann trotz einiger Gemeinsamkeiten von den sensumotorische und den intellektuellen Regulationsvorgängen unterschieden werden: Die **sensumotorische** Regulation von psychisch automatisierten Tätigkeitsbestandteilen erfolgt durch bewegungsorientierende Abbilder vom Typ der Kinästhesien. Wie perzeptive Signale sind auch das sensorische Regulationsgrundlagen. Dennoch bestehen Unterschiede, an die wir erinnern:

— Kinästhetische bewegungsorientierende Abbilder sind *weder* bewußtseinspflichtig *noch* bewußtseinsfähig. Sie sind keine gegenständlichen Wahrnehmungen, keine perzeptiven Prozesse. Perzeptive Signale sind dagegen stets bewußtseinsfähig, wenn auch nicht notwendig bewußtseinspflichtig.

— Die kinästhetischen bewegungsorientierenden Abbilder informieren über Ausführungsbedingungen *eigener* Bewegungen, beispielsweise über Raumrichtungen, Entfernungen oder Kräfte. Perzeptive Signale zeigen dagegen handlungserfordernde Zustände der Arbeits*gegenstände* an.

Die **intellektuellen** Formen der Tätigkeitsregulation bauen zwar auf perzeptiven Informationen, also auch auf Signalen, auf, erschöpfen sich jedoch nicht einmal dann in diesen, wenn sie — wie das der Normalfall ist — in Begriffe gefaßt sind.

Ebenso wie die intellektuellen Orientierungsgrundlagen zur Umsetzung in Handlungen Signale einbeziehen, können die Signale sensumotorische Regulationskriterien einschließen.

Signale werden wahrgenommen. Die gegenständlichen Wahrnehmungen Erwachsener sind im Regelfall in **Begriffe** gefaßt. Den Gültigkeitsbereich, die Arten und Konsequenzen begrifflichen Wahrnehmens stellt die Wahrnehmungspsychologie dar. Hier wird dieser Tatbestand nur im Hinblick auf seine arbeitspsychologischen Aspekte behandelt. Perzeptive Regulationsvorgänge im Arbeitsprozeß sind immer auch – im Unterschied zu kinästhetischen – begriffliche Regulationsvorgänge.

Verbesserungen im Signalinventar durch geeignete Ausbildungsmaßnahmen oder in den objektiven Voraussetzungen des Erfassens wichtiger tätigkeitsleitender Signale ermöglichen Produktivitätssteigerungen. Verbesserungen der tätigkeitsregulierenden kognitiven Vorgänge – hier der Signale – gewinnen im Zusammenhang der Schwerpunktverlagerung zu den kognitiven Anforderungen zunehmend größere Bedeutung für alle Arten arbeitsgestalterischer Maßnahmen, insbesondere die Gestaltung von Anzeigegeräten und ganzen Displays (Abb. 6.1 a, b).

Abb. 6.1: a) Warte in einem Kraftwerk mit herkömmlicher Instrumentierung (Zeigergeräte, Schreiber, Signallampen).
b) Warte mit Bildschirmgeräten.

Wenngleich Signale kognitive Regulationsgrundlagen darstellen, darf ihr möglicher **Motivierungseffekt** nicht übersehen werden. Das gilt nicht nur für die Signale mit rückmeldender Funktion, sondern auch für Signale, die erst eine Handlung auslösen.

So wirkt z. B. (auf dem Hintergrund einer angemessenen übergreifenden Arbeitseinstellung) bei Bandarbeit das Vordringen eines Arbeitsgegenstands bis zu bestimmten „kritischen“ Stellen des eigenen Arbeitsplatzbereiches, die Signalfunktion für die Regulation des eigenen Arbeitstempos erhielten, nicht nur informierend, sondern zugleich stimulierend („ich muß mich beim nächsten Stück beeilen“).

6.2. Hauptmerkmale des Orientierens Zur Anknüpfung an wahrnehmungspsychologische Tatbestände

Das Erfassen von Signalen ist eine inhaltlich bestimmte Seite des Orientierens, der Gesamtheit der psychischen Prozesse der Informationsaufnahme. Die wesentlichsten Vorgänge dabei sind verschiedene Formen von Wahrnehmungstätigkeit. Damit handelt es sich um einen Gegenstand der Wahrnehmungspsychologie, dessen Behandlung hier nur insoweit am Platze ist, als arbeitspsychologische Besonderheiten vorliegen. Diese betreffen den Signalcharakter von Merkmalen für die Arbeitstätigkeit.

Kursorisch seien folgende Sachverhalte der Wahrnehmungspsychologie in Erinnerung gebracht:

Vorauszustellen ist zunächst, daß im Orientierungsprozeß nicht alle Einwirkungen bewußt erfaßt und verarbeitet werden müssen. Auch nichtbewußtseinspflichtige und sogar nichtbewußtseinsfähige Reize können an der Regulation von Tätigkeiten beteiligt sein. Regulationsvorgänge (und die darin eingeschlossenen Orientierungsvorgänge) stellen eine Einheit von Automatismus und Bewußtsein dar (Tomaszewski 1961). Ohne darauf beschränkt zu sein, findet sich die unterbewußte Wirksamkeit besonders häufig bei intero- und propriozeptiven Reizen, unter denen den reafferenten Signalisationen aus dem Bewegungsapparat als unerläßlichen Voraussetzungen von Arbeitstätigkeiten hervorragende Bedeutung zukommt.

Weiter ist vorab zu betonen, daß „Orientieren“ zwar auf die Informationsaufnahme akzentuiert ist, daß jedoch ein fließender Übergang besteht – beginnend beim Suchen und Entdecken von Reizen – zu Verarbeitungsprozessen wie dem Einbeziehen von Vorwissen, dem Behalten später erforderlicher Sachverhalte, den logischen Stufen des Unterscheidens oder der Bedeutungserfassung.

Der Orientierungsvorgang weist eine **Substruktur** auf, die durch das wechselnde Verhältnis der verschiedenen Formen von orientierender Wahrnehmungstätigkeit gebildet wird. Dieses Verhältnis ist abhängig von der jeweiligen Aufgabe. Beteiligt sein können das Abheben gegenüber „Hintergrunds“reizen (Detektion), das in der Regel ein Aufsuchen von Merkmalen einschließt, das Unterscheiden zwischen mehreren Reizen[1], das Identifizieren sowie das Interpretieren bzw. Zuordnen.

Die **Detektion** ist eine Ausgangsphase sensorischer Prozesse mit zunächst noch undifferenzierter Widerspiegelung (nur Vorhandensein oder Fehlen von Merkmalen wird erfaßt), der reflektorische Orientierungsreaktionen zugrunde liegen. Such- und Einstellbewegungen der Rezeptoren sind bei Augen und Händen deutliche Kennzeichen.

[1] Unterscheiden kann sich beziehen auf mehrere gegenwärtige Reize (Diskrimination) oder auf zeitlich unterschiedlich weit zurückliegende und gegenwärtige Reize (Distinktion), wie Kovač (1970) an Hand experimenteller Befunde differenziert hat.

Hauptbedingung der Detektion ist das Verhältnis der Intensität des relevanten Merkmals und der Umgebungseinflüsse: Je stärker dieser Kontrast ist, desto rascher erfolgt die Entdeckung. Durch gruppierende Anordnung oder durch zusätzliche Kennzeichnung des kritischen Merkmals kann die Abhebung erleichtert werden.

Bei schwellennahen Reizen werden darüber hinaus weitere Abhängigkeiten der Entdeckung wirksam, so die Auftritts- und Übergangswahrscheinlichkeiten der Merkmale, weiter die sich im subjektiven Folgenkalkül widerspiegelnden Konsequenzen eines übersehenen oder fälschlich akzeptierten Signals, die Vorinformation des Beobachters und psychologische Eigenheiten des jeweiligen Analysators (Absolut- und Unterschiedsempfindlichkeiten; Adaptations- und Sensibilisierungsverlaufseigenschaften).

Die verschiedenartigen Konsequenzen des Erkennens, Übersehens oder fälschlichen Annehmens eines Signals führen zu unterschiedlichen Festlegungen des Entscheidungskriteriums über Vorliegen oder Nichtvorliegen eines Signals. Diese Beziehung zwischen sensorischem Differenzierungs- und Entscheidungsprozeß behandelt (veranschaulicht in der Form der ROC-Kurven[2]) die Signalerkennungstheorie von Swets, Tanner, Green und Birdsall (vgl. z. B. Sanders 1971).

Differenziertere Informationen liefern die verschiedenen Formen von **Unterscheidungen**: Die Grenzen menschlicher Unterscheidungsfähigkeit sind (bei sprungartiger und eindimensionaler Reizänderung) gut bekannt („Webersche Brüche"). Die im Weberschen Gesetz behandelte Unterschiedsempfindlichkeit für sprungartiges Reizänderungstempo ist ein Grenzfall einer allgemeineren — alle möglichen Reizänderungsgeschwindigkeiten einschließenden — Beziehung (Valter 1965). Die Unterschiedsempfindlichkeit für sprungartiges im Unterschied zu allmählichem sowie für simultanes im Unterschied zum sukzessiven Unterscheiden differiert beträchtlich.

Die feine Unterschiedsempfindlichkeit stellt — so sollte man meinen — ein ausreichend großes Alphabet schwellig unterscheidbarer Merkmalsausprägungen zur Verfügung. Tatsächlich ist aber das nutzbare Alphabet nicht hinlänglich durch die jeweilige Unterschiedsschwelle bestimmt. Bei einem Alphabet mit schwelligen Abständen ist nämlich die Geschwindigkeit der Informationsaufnahme gering, die Unzuverlässigkeit der Informationsübertragung dagegen groß. Maximale Ausnutzung der Übertragskapazität[3] ist nur dann möglich, wenn der Abstand zwischen den informationsübermittelnden Merkmalsausprägungen ein Vielfaches der Unterschiedsschwelle beträgt. Aus diesem Grund schlägt Lomow vor, neben dem Begriff der „Unterscheidbarkeit schlechthin" den der „optimalen Unterscheidbarkeit" einzuführen, womit jene Unterscheidbarkeit — ausgedrückt im Vielfachen der Unterschiedsschwelle — gemeint ist, bei der die Geschwindigkeit der Informationsaufnahme maximal ist.

Mit dem erforderlichen Berücksichtigen der „optimalen Unterscheidbarkeit" ist der mögliche Umfang eines zweckmäßigen Signalinventars abermals wesentlich eingeschränkt. Er kann durch Vergrößerung der Merkmalsanzahl (Dimensionsanzahl) der Reize erhöht werden. Dabei ist jedoch zu berücksichtigen, daß mit der Komplexität von Reizen der Zeitbedarf der Informationsaufnahme steigt.

Das **Identifizieren** ist das (Wieder-)Erkennen eines auftretenden Reizes als ein und

[2] ROC receiver operating characteristic = Operationscharakteristik eines Beobachters. Operationscharakteristiken beschreiben die Beziehung zwischen der Wahrscheinlichkeit des Übersehens und der fälschlichen Annahme eines Signals, des sogenannten blinden Alarms.

[3] „Kapazität" als in der Zeiteinheit maximal übertragene Informationsmenge (Transinformation pro Zeiteinheit).

derselbe, bestimmte kategoriale Reiz. Für alle Sinnesmodalitäten gilt, daß nur eine relativ kleine Zahl von Reizen sicher identifiziert werden kann, die kleiner ist als die Anzahl optimal unterscheidbarer Reize. Als Faustwert gilt Millers (1956) auf akustische und visuelle Reize bezogene Angabe von 7 $\pm$ 2 identifizierbaren Merkmalsausprägungen bei Variation nur einer Reizdimension. Damit ist eine weitere Eingrenzung des nützlichen Merkmalsausprägungsalphabets gegeben. Tabellarische Zusammenstellungen finden sich bei Hacker (1980).

Möglichkeiten zur Erhöhung der Anzahl der fehlerfrei identifizierbaren Merkmalsausprägungen bis etwa 15 (und der Informationssättigung der Reize) ergeben sich durch die Einführung zusätzlicher, unabhängig voneinander variierender Dimensionen der Reize. Die Dimensionalität entspricht häufig der phänomenalen Komplexität von Reizen (Langer 1962), zu ihr können beispielsweise die Anzahl unterschiedlicher physikalischer Reizparameter, die für mögliche Lokalisationen erforderlichen Koordinaten oder die Anzahl verschiedener beteiligter sensorischer Systeme beitragen. Allerdings ist die Erhöhung der Dimensionalität nicht unbegrenzt zweckmäßig, da die Wahrscheinlichkeit von Fehlern und der Zeitbedarf wachsen. **Die Identifizierungsdauer steigt** (bei bestimmten Vereinbarkeitsgraden von Signal und Reaktion und Lernzuständen) **monoton mit der Alternativenzahl** (Merkel-Hicksches Gesetz), **allgemeiner mit dem Informationsgehalt von Reizen**.

Das Merkel-Hicksche Gesetz ist die Beziehung
$Rt = b \, \Sigma \, p_i \, \mathrm{ld} \, p_i + t_B$; wobei bedeuten:
Rt Reaktionszeit;
t_B Bewegungszeit,
b Konstante (0,15 ... 0,20),
p_i Signalwahrscheinlichkeit.

Eine Zusammenstellung von zu beachtenden Nebenbedingungen findet sich bei Schmidtke (1961) und Hacker (1980 b). Vergleiche auch Tab. 6.2.

Eine weitere Möglichkeit zur Erhöhung der Identifizierungsleistung ergibt sich bei Übung. Besonders effektiv ist dabei der Aufbau bzw. die Differenzierung von Bezugssystemen. Im Identifizierungsprozeß werden einwirkende Reize auf eine kategoriale Gliederung, auf Klassen innerhalb der Ausprägungsdimension bezogen. Das Einbeziehen nur eines zusätzlichen Bezugspunktes in diese subjektive Skala verdoppelt die Anzahl

Tab. 6. 2: Reaktionszeiten als Funktion der Signalanzahl

Signalanzahl	Informationsgehalt (bit)	Näherungsweise Reaktionszeiten (ms) bei Antwort auf eines von *n* Signalen	
		geübt	ungeübt bzw. ermüdet
1	0	200	
2	1	250–350	350 ms
4	2	300–500	600
6		500–650	750
8	3	550–800	900
10		600–850	1000
32	5	900	1700

identifizierbarer Klassen. Die Art der Ausbildung von Bezugssystemen ist in erster Linie abhängig von der jeweiligen Arbeitsaufgabe (W. Quaas 1968).

Das Beispiel der Abb. 4.11, Seite 126 zeigt: Je nach der Aufgabe werden die gleichen Objekte unterschiedlich wahrgenommen. Es bilden sich verschiedene aufgabenspezifische subjektive Repräsentationen. Die Aufgaben sind hier das **Klassifizieren** einer Reihe von Objekten, die in einem Merkmal, der Breite, variieren, in die Klassen „klein", „mittel", „groß"; das **Identifizieren des mittleren** Objekts jeder Klasse sowie das **Identifizieren aller** Objekte einer Klasse. Die Wahrnehmungsveränderungen erfolgen sämtlich so, daß die jeweilige Aufgabenerfüllung erleichtert wird.
Die Aufgabengestaltung sollte also das Ausbilden aufgabenspezifischer Bezugssysteme unterstützen.

Eine weitere lernabhängige Verbesserungsmöglichkeit ist das Bilden von Gruppen als ökonomisch zusammenfassende Superzeichen optimaler Größe im Material.

Schließlich gehört zu den perzeptiven Operationen das **Zuordnen** der informationstragenden Merkmale zu dem von ihnen bezeichneten Objekt. Die wesentlichste Eigenschaft eines informationsübertragenden Merkmals ist die Art seiner Beziehung zum Objekt. Bilden die Merkmale nicht unmittelbar anschaulich Objektzustände ab, sondern sind nur Symbole oder Zeichen für diese, so trägt das Zuordnen den Charakter der Kodierung. Kodieren ist das umkehrbar eindeutige Zuordnen zweier Mengen von Sachverhalten zueinander. Je weniger anschaulich-konkrete Entsprechungen zwischen aufgabenrelevantem Objektzustand und informationstragendem Merkmal vorliegen, um so kompliziertere, lern- und zeitaufwendige und fehleranfällige Transformationsbeziehungen bestehen (dazu 8.3.).

Für **praktische arbeitsgestalterische Aufgaben** sind nach alledem in Eigenheiten des Orientierungsvorganges u. a. folgende Ansatzmöglichkeiten gegeben:

— Wahl des geeignetsten Analysators: Verschiedene Analysatoren weisen u. a. wegen unterschiedlicher Unterschiedsempfindlichkeit Leistungsunterschiede bezüglich der Anzahl unterscheidbarer Reize auf.

— Berücksichtigen der Forderung nach optimaler Unterscheidbarkeit: Nur „Alphabete" mit Reizabständen, die ein Vielfaches der jeweiligen schwelligen Abstände betragen, ermöglichen rasches und sicheres Unterscheiden (stellen eine Möglichkeit der Erhöhung der Kanalkapazität dar).

— Wahl einer geeigneten Reizdimension: Auch innerhalb einer Modalität unterscheiden sich verschiedene Reizdimensionen hinsichtlich der übertragbaren Informationsmenge.

— Wahl der zweckmäßigsten Dimensionsanzahl: Soll der von einem Reiz übertragbare Informationsgehalt erhöht, die Anzahl identifizierbarer Merkmalsausprägungsstufen vergrößert werden, so muß die Zahl der veränderlichen Reizparameter gesteigert werden.

— Ein gleichartiger Effekt ist zu erzielen durch Wahl eines Bezugssystems mit hinreichender Binnengliederung: Die Anzahl identifizierbarer Merkmalsausprägungen eines „Alphabets" kann — bei unveränderter Dimensionalität bzw. phänomenaler Komplexität — erhöht werden durch das Einführen zusätzlicher Bezugspunkte im Sinne der feineren Klassenbildung.

— Angemessene Wahl der Zuordnungs- bzw. Kodierungs- oder Verschlüsselungsform von informationstragendem Merkmal und bezeichnetem Objekt bzw. Objektzustand: Anschaulich-konkrete Beziehungen unterscheiden sich von symbolisch-abstrakten durch geringeres Anforderungsausmaß und mithin niedrigeren Lernaufwand, niedrigere Beanspruchung, geringere Fehlerquote und niedrigeren Zeitbedarf.

6.3. Zum Begriff „Signal" in der Arbeitspsychologie

1. **Verhältnis Reiz und Signal:** In jeder Arbeitstätigkeit fließt dem Arbeitenden ein Strom von Reizen zu, die zu einem bestimmten Teil infolge eines spezifischen Informationsgehalts eine Grundlage der Regulation dieser Tätigkeiten sind. Diese Reize entstammen zwei Quellen, nämlich der im Arbeitsprozeß veränderten Umgebung (einschließlich der objektiven Resultate der Arbeitstätigkeit) und dem Werktätigen selbst. Eine der Hauptanforderungen des Arbeitsprozesses besteht in der Aufnahme – zum Teil im Aufsuchen –, der Verarbeitung und der Nutzung dieses informationstragenden Reizstromes für die Tätigkeitsregulation. Die Besonderheiten dieser Anforderungen ergeben sich aus der Beschaffenheit der handlungsrelevanten Reize bezogen auf das Gesamtreizspektrum und die zu regulierenden Verrichtungen (Abb. 6.2).

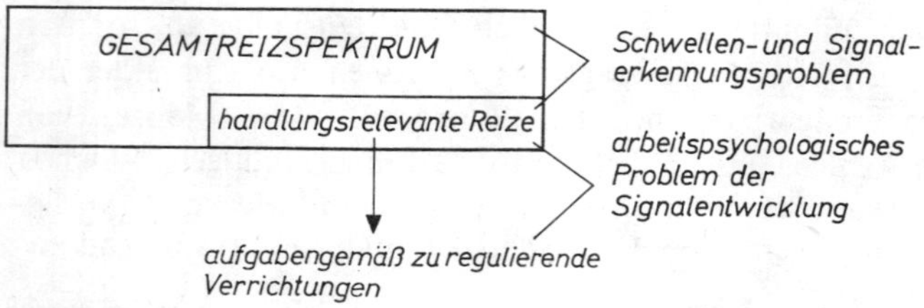

Abb. 6.2: Problemgebiete im Vorgang der Signalverarbeitung.

Das Verhältnis der physikalischen Eigenschaften der handlungsrelevanten Reize zu denen des Gesamtreizspektrums wird durch Schwellen- und Signalerkennungsprobleme – als Untersuchungsgebieten von Psychophysik und Wahrnehmungspsychologie – beschrieben. Das Verhältnis von handlungsrelevanten Reizen zu regulierenden Verrichtungen ist Gegenstand dieses Kapitels; die Reize sollen dabei nicht unter energetischem, sondern unter dem Aspekt der durch sie vermittelten semantischen Information betrachtet werden.

Die entstehenden **Anforderungen variieren mit** folgenden Bedingungen:

- dem Umfang des Gesamtreizspektrums und der Auftretenswahrscheinlichkeit eines relevanten Reizes;
- der Erfaßbarkeit der handlungsrelevanten, d. h. hier informativen Reize;
- dem Abstraktionsgrad des informativen Sachverhalts;
- der zeitlichen Dichte erforderlicher Verarbeitungsleistungen;
- der Vorhersehbarkeit von informativen Ereignissen; Unvorhersehbarkeit kann Daueraufmerksamkeitsanforderungen bedingen; bei sequentieller Abhängigkeit kann eine lernbedingte Redundanz entstehen;
- der „Vereinbarkeit" von informativem Ereignis und Handlungserfordernis sowie den zur Herstellung erforderlichen Kodierungs-(Transformations- und Behaltens-)leistungen;
- dem Geübtheitsgrad des Arbeitenden, insbesondere hinsichtlich
  - seiner Vertrautheit mit den möglichen informativen Ereignissen bzw. Zuständen hinsichtlich ihrer regulativen Funktion,

— — seiner Vorgehensweise (Strategie), z. B. mit oder ohne Aufsuchen ausschlaggebender Informationen (Hypothesenbildung),
— — der Effektivität des subjektiven Inventars von Signalen,
— — seinem Entscheidungsverhalten — hier eingeengt auf das subjektive, für Entscheidungen gewählte Verläßlichkeitsniveau in Abhängigkeit vom Nutzenkalkül.

Dieses auf wichtige Einflüsse reduzierte Inventar anforderungsbestimmender Sachverhalte wird nicht in erster Linie aus Gründen der Veranschaulichung dargestellt, sondern wegen seiner Einsetzbarkeit als sogenannte Beurteilungsliste („Checklist“), d. h. als praktisches Untersuchungshilfsmittel beim Aufsuchen von Anforderungsquellen.

Bisher wurde von informativen Reizen gesprochen. Nicht alle Reize sind jedoch Signale im hier gemeinten, psychologischen Sinne dieses Begriffs. Funktional bedeutsame Reize, d. h. die eine bestimmte nützliche Information über den zu regulierenden Arbeitsprozeß vermitteln und eine Antwortreaktion verlangen, nennt man Signale (Leontjew, Lerner und Oschanin 1963). Kürzer: **Signale sind (Vor-)Anzeigen für ein notwendiges spezifisches Handeln.**

Der hier verwendete Signalbegriff ist wegen seiner Eingrenzung auf *inhaltlich (semantisch)* festgelegte und nützliche, nämlich *handlungsbedeutsame* informative Signale enger als der in der Nachrichtentechnik übliche. Dort ist Signal *jeder* Sachverhalt, der bei festgelegter Kodierung Information übermittelt. Die metrische oder strukturelle Information setzt dabei nicht notwendig inhaltliche Bedeutung und handlungsbedeutsamen Nutzen voraus (Klix 1971b). Zur Darstellung des metrischen Aspekts des Informationsbegriffs, seines Nutzens und seiner Grenzen in der Arbeits- und Ingenieurpsychologie vgl. Lomow (1964), Klix (1971a), Timpe (1970). Der spezifisch psychologische Signalbegriff geht auf Pawlows (1953–56) Untersuchungen der über die Großhirnrinde realisierten „Signalverbindungen“ zwischen Organismus und Umwelt zurück.

Reize werden danach zu Signalen, sofern sie bestimmte Verhaltens- oder Handlungsnotwendigkeiten anzeigen. Zunächst indifferente Reize erhalten Signalwerte durch den Einbau in die Handlungsregulation; dabei erhöht sich zugleich die Sensibilität gegenüber dem Signal, wahrnehmungserleichternde Kontrastierungseffekte entwickeln sich, Bezugssysteme werden aus- oder umgebildet; die feinere Differenzierung geht zurück auf ein tätigkeitsbedingtes Unterscheidungserfordernis. Die erfolgreiche Ausführung der Tätigkeit bekräftigt die Hervorhebung des Signals. Mit dem Erwerben des Signalcharakters stellen sich mit anderen Worten Rückwirkungen auf die Art der Abbildung des Merkmals ein.

Im Sinne des Erlernens der bedingten Verbindungen können Signale sich mit weiteren, die ersten Signale voranzeigenden Signalen verbinden und so zu Signalverbindungen **„höherer Ordnung“** führen. Signale höherer Ordnung besitzen als zeitlich bzw. ereigniseintrittsmäßig stärker abgerückte Voranzeigen besonderen Wert für die Handlungsregulation (vgl. Pickenhain 1958). Gerade um derartige Signale höherer Ordnung geht es bei Signalen der Arbeitstätigkeit.

Eine qualitativ besondere Form von Signalen höherer Ordnung sind sprachliche Signale, also Worte und Ziffern sowie vereinbarte Symbole. Sprachlich — im lauten oder inneren Sprechen für sich selbst — gefaßte Signale dominieren insbesondere deshalb, weil das Lehren von perzeptiven Regulationsgrundlagen vermittels ihrer sprachlichen Übermittlung erfolgt und weil der arbeitende Mensch wegen der damit verbundenen

Vorteile fortlaufend um die sprachliche Fassung (die Benennung) neuer Signale bemüht ist. Im Fall sprachlicher (einschließlich symbolischer) Signale (z. B. sprachlicher Befehle, Ziffernanzeigen, Zeichen aus Zeichensystemen) liegen zusätzliche, semiotische Probleme vor, die folgendermaßen schematisiert werden können (Abb. 6.3).

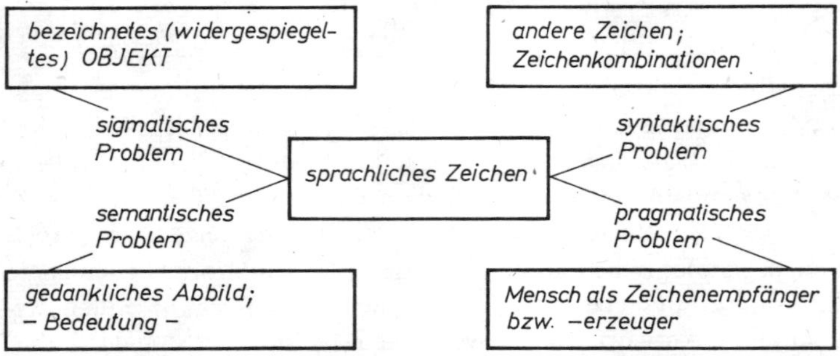

Abb. 6.3: Schematisierung der Problembereiche bei der Verwendung sprachlicher Signale (nach Klaus 1966).

Trotz dieser ursprünglichen Benennbarkeit vieler Signale können auch diese nach längerer Tätigkeit häufig richtig beantwortet werden, ohne bewußt erfaßt zu sein. Durch psychologische Automatisierung werden Wahrnehmungen, also bewußte gegenständliche Abbilder, zu nichtbewußtseinspflichtigen Rezeptionen.

2. **Funktion der Signale:** Auch wohlidentifizierbare Erscheinungen innerhalb eines Arbeitsprozesses – etwa Kratztöne im Motorengeräusch, die Verfärbung einer Reagenz, ein bestimmter Farbton eines Stahlbades, eine Zeigerstellung, das Vibrieren des Drehmeißels oder die beim Betasten feststellbare Spannung der Fäden am Webstuhl – sind nach alledem noch nicht notwendig „Signal", sofern sie keine augenblicklich oder später zu verwirklichenden konkreten Handlungsanweisungen einschließen. Wir können nunmehr genauer formulieren:

> Signale sind im Produktionsprozeß anschaulich gegebene oder in wahrnehmungsmäßig eingebundenen Urteilsprozessen erfaßte Merkmale des technologischen Vorgangs, der auf diesen einwirkenden Tätigkeit oder auch subjektiver Zustände, die
> – identifiziert werden, wobei
> – einer bestimmten Ausprägung eine spezifische Bedeutung zugeordnet wird, die zum Inhalt hat
> – eine spezielle notwendige Handlungsanweisung für Eingriffe in den technologischen Prozeß. Dieser Eingriff kann bloße Kontrollen ebenso wie Bestätigungen, Korrekturen oder Tätigkeiten, die umfassende Veränderungen bewirken, beinhalten.

3. Signale können in unterschiedlichen **Erscheinungsformen** auftreten (Quaas 1969); neben der Form der sprachlichen Mitteilung ist zu denken an die Erscheinung
– als im Wahrnehmungsvorgang unmittelbar faßbares alternatives Einzelmerkmal;
– als ein bestimmter Ausprägungsgrad innerhalb einer Merkmalsdimension;

— als Beziehung zwischen mehreren anschaulich gegebenen Merkmalen;
— als zeitliche Veränderung einzelner Merkmale oder Merkmalskomplexe;
— als komplexer Ausprägungstypus einer mehrdimensional variierenden Erscheinungsmannigfaltigkeit.

Dabei sind Signale nicht nur anschaulich-konkret, sondern auch analytisch-**abstraktiv** erfaßte Sachverhalte als Ergebnisse wahrnehmungsgebundener Beurteilungsleistungen. So können beispielsweise Beschleunigungen oder Zeitabstände in einem Prozeß Signalcharakter besitzen.

Das Erfassen von Signalen hängt also stets von bereits vorhandenen Leistungsvoraussetzungen wie dem Wissen um Merkmale, um ihre Häufigkeit oder ihre Handlungsbedeutsamkeit ab.

4. **Erforderliche Aufnahme- und Verarbeitungsprozesse:** Damit ein Reiz zum Signal wird, sind mehrere kognitive Vorgänge erforderlich:

— Es ist eine **Zuwendung** zu der Erscheinung erforderlich, die auch in neurophysiologischer Hinsicht besondere Kennzeichen aufweist.[4] Im Hirnstrombild des Frontokortex konnte Walter ein spezifisches Potential als objektives, bioelektrisches Zeichen der Erwartung nachweisen. Es „spiegelt die Wahrscheinlichkeit einer Signalverbindung wider, wie sie von der . . . Person eingeschätzt wird“. Es „ist unabhängig von der Intensität des Reizes und besonders groß und anhaltend, wenn die Reize rein semantischer Natur, . . . für die Person bedeutungsvoll sind, indem sie irgendeine Entscheidung oder Tätigkeit erfordern“ (Walter 1965, S. 875).[5]

Diese Erwartungswelle ist von Funktionsänderungen im autonomen Teil des Nervensystems (z. B. von kardiovaskulären Spannungen) begleitet. Umgekehrt beeinflussen viszerale Störungen (z. B. Hunger oder Blasensensationen) das Erscheinungsbild der „Erwartungswelle“. Weiterhin ändern sich mit der Zuwendungsausprägung zahlreiche, die Reizaufnahme modifizierende Funktionen der Sinnesorgane. So variieren beim optischen Analysator Häufigkeit, Dauer und Auftrittszeitpunkt des unwillkürlichen Lidschlags, durch den 30% bis 50% der Wahrnehmungszeit ausgeblendet werden können (Hacker 1962, Greupner 1962).

— Erscheinungen, die „Signal“ werden, müssen nicht nur erfaßt und *unterschieden*, sondern in der Mehrzahl der Fälle identifiziert, also als ein und dasselbe Signal wiedererkannt werden. Dieses **Identifizieren** erfolgt klassifizierend, die auftretende Erscheinung wird erkannt als zugehörig zu einer bestimmten Klasse von Erscheinungen, wobei dieser Klasse Signalwert zukommt. Diesem klassifizierenden Erfassungsvorgang liegt als Bezugsgrundlage ein gedächtnismäßig bewahrter „Standard“ (Prototyp, Etalon, Bezugswert, Schema), mit dem verglichen wird, zugrunde; häufiger noch erfolgt ein Einordnen in ein ganzes System solcher Standards.

— Über den Identifizierungsvorgang hinaus ist das Erfassen der Bedeutung der Erscheinung, die Signal wird, erforderlich; mit anderen Worten ist erforderlich das Erfassen des **Zusammenhangs** mit dem signalisierten technologischen Zustand und dem für seine Regulation notwendigen Handeln. Daher sind Signale in jedem Falle Ergebnisse von

[4] Gilt für die Mehrzahl der nicht unbedingt-reflektorisch eine Zuwendung erzwingenden Signale.

[5] Bereits in neurophysiologischer Hinsicht unterscheiden sich also Signale von der Gesamtheit der Reize.

Zuordnungs- und Bedeutungslernen. Die Verbesserung dieses Lernvorgangs ermöglicht erhebliche Produktivitätssteigerungen.

Dieser Prozeß der Bedeutungserfassung durch das Ermitteln der Beziehungen Erscheinung – Produktionszustand – Handlungsnotwendigkeit ist abhängig von Vorhandensein und Beschaffenheit eines Systems operativer Abbilder vom Produktionsprozeß. In diesen Prozeß der Differenzierung und Integration eingehendes, handlungsbezogenes „Wissen"[6] über den zu regulierenden Produktionsprozeß ist eine unerläßliche Grundlage sowohl für die Interpretation wahrnehmbarer Erscheinungen als auch für das gezielte Aufsuchen derartiger Erscheinungen mit Signalfunktion (Oschanin 1976).

Die Vermittlung von für die Signalerfassung und -verarbeitung zweckdienlichen operativen Abbildern bildet mithin eine Hilfsmöglichkeit für das Entwickeln effektiver Signalinventare. Mit der Bedeutungserfassung verquickt sind weitere Vorgänge:

– Das klassifizierende Identifizieren schließt nach alledem die **Einordnung** in eine Reihe möglicher Variationen eines Merkmals (in ein Bezugssystem also) ein, sofern nur eine bestimmte Variationsbreite und Merkmalsausprägung einen bestimmten Bedeutungsgehalt besitzt. Erst dieses Einordnen an eine bestimmte Stelle eines möglichen wahrnehmbaren oder vorzustellenden Variationsbereichs führt zu der Anweisung für das erforderliche Handeln.

Mit der Bezugssystemausbildung ist ein weiterer möglicher Inhalt des Signalerwerbsvorgangs benannt.

– Mindestens genetisch ist die Ableitung der Handlungsanweisung an das **Urteil** gebunden. Beurteilungsvorgänge liegen einerseits (A) wenigstens in den Anfangsstadien des Lernvorgangs der Auffassung der sinnlich wahrnehmbaren Erscheinung als Signal für einen bestimmten angezeigten Produktionszustand zugrunde: Zum Beispiel kann aus dem wahrgenommenen Vibrieren von Fäden das Urteil abgeleitet werden, die Fadenspannung sei zu niedrig. Wahrscheinlich noch wesentlicher sind andererseits (B) die Urteilsvorgänge bei der Ableitung des angemessenen Prozeßeingriffs durch einen Vergleich von Ist- und aus dem antizipierten Produktionsziel abgeleiteten Sollzustand (Abb. 6.4).

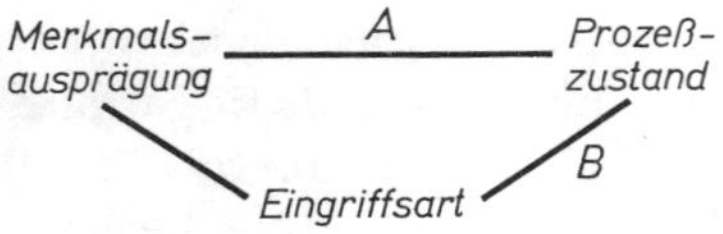

Abb. 6.4: Schematisierung der beiden Bezugsformen signalgebundener Urteilsvorgänge.

Erschwerend wird im Regelfall ins Spiel kommen, daß zwischen Signal und Prozeßzustand bzw. erforderlichem Eingriff nur Wahrscheinlichkeitsbeziehungen bestehen. In diesen Fällen wird es zur hinreichend sicheren Diagnose- und Eingriffsableitung erforderlich, weitere Merkmale der Entscheidungsableitung zugrunde zu legen (vgl. Quaas 1969).

Nicht in jedem Falle, in dem das Signal ein für einen Produktionszustand adäquates Handeln auslöst, muß dem ein auf Wissen abgestütztes Urteil über diesen Produktions-

[6] Wir setzen die Anführungsstriche zur Kennzeichnung der mehrfach betonten besonderen Qualität dieses „Wissens" als erfahrungsabhängiges Wissen mit regulativer Funktion für Arbeitstätigkeiten.

zustand vorausgegangen sein. In blinder Empirie kann die sinnlich faßbare Erscheinung mit dem richtigen Handeln verknüpft worden sein, ohne daß der dahinterstehende angezeigte Zustand selbst und seine Erfordernisse erkannt wurden. Dieses zufällige Lernprodukt ist wertvoll, es nützt aber nur soweit, als unveränderte Bedingungen vorliegen.

Unter Verwendung der Unterscheidung der zwei beteiligten Kodierungsstufen nach Klix können diese verschiedenen Wirkungsgrundlagen von Signalen, wie in Abb. 6.5 dargestellt, schematisiert werden.

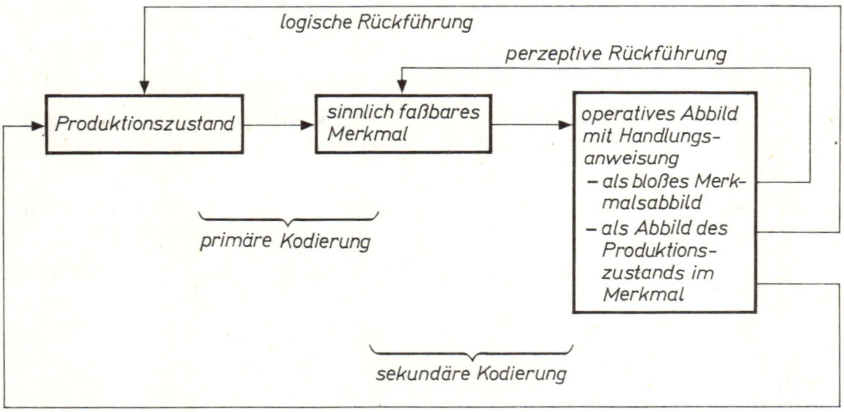

Abb. 6.5: Komponentenausschnitt des Prozesses der Signalerfassung (modifiziert nach Klix 1971 a). (Im Falle von Anzeigensignalen (vgl. S. 240) erfolgt die primäre Kodierung mit technischen Mitteln – mit Anzeigeninstrumenten; Produktionszustand und sinnlich erfaßte Merkmale können – bei unmittelbar dem Prozeß entnommenen Signalen – zusammenfallen.)

Wenn oben die nicht durch das Wissen um den Prozeßzustand vermittelte Signalwirkung als „blinde Empirie“ bezeichnet wurde, so ist vor einer Fehlinterpretation zu warnen: Noch so differenziertes Wissen um die Bedingungen und Gesetzmäßigkeiten eines technologischen Prozesses allein ist zur Regulation praktischer Eingriffe in den Prozeß ebenso unzureichend wie die „blinde“ Verbindung sinnlich erfaßter Prozeßmerkmale mit erfahrungsgemäß nützlichen Handlungen. Als charakteristisch für die Arbeit des Schmelzers bezeichnet Spiegel (1935, S. 235–258) in diesem Sinne „das Geschick, auf der Grundlage des Wahrnehmens einer Reihe veränderlicher Merkmale, die manchmal schwer zu erkennen und zu unterscheiden sind (besonders für den Lehrling), und auf der Grundlage des Kennens des Prozeßverlaufs im Siemens-Martin-Ofen eine Diagnose über den Schmelzzustand zu stellen und Mittel zu finden, um auf die Schmelze derart einzuwirken, daß ihr normaler Verlauf auch weiterhin gewährleistet ist. Die Erfüllung dieser Diagnosefunktion setzt voraus, daß es dem Stahlschmelzer im Prozeß des Erwerbens der Erfahrung gelungen ist, das *theoretische* Wissen um den Ablauf physikalisch-chemischer Reaktionen, welche die Grundvoraussetzung des Prozesses bilden, mit der Fähigkeit, *die Sprache der einzelnen Symptome zu deuten, in Einklang zu bringen*“ (Hervorhebungen von W. H.).

Allgemein gilt, daß theoretisches Wissen für praktische Tätigkeiten eine unerläßliche, aber keine hinreichende Regulationsgrundlage darstellt. **Regulative Funktion erlangt das Wissen durch die Verbindung mit Signalen.** Sind die erforderlichen Signale Rückmeldungen eigener Tätigkeiten, so ist die Ausarbeitung der Verbindung mit dem Wissen an das praktische Ausführen dieser Tätigkeiten gebunden.

6.4. Zur Rolle von Signalen im Arbeitsprozeß

Bisher kennzeichneten wir die Rolle von Signalen global durch ihre tätigkeitsleitende Funktion als Anzeichen für handlungsbedeutsame Gegebenheiten im Arbeitsprozeß.

Ohne Signale aus dem Arbeitsprozeß einschließlich der Rückmeldungen aus der Tätigkeitsausführung selbst ist keine geordnete Tätigkeit möglich. Signale besitzen mithin zunächst die Rolle von **unerläßlichen Tätigkeitsvoraussetzungen**.[7]

Signale informieren nicht nur über Merkmale des Produktionsprozesses, sondern sind im Ergebnis eines Zuordnungslernens mit den jeweils erforderlichen Maßnahmen verknüpft. Beim Geübten lösen verschiedene Signale **unmittelbar** unterschiedliche Aktionsprogramme aus ("subitizing"). Er erfaßt im Signal die auszuführende zum Ziel führende Veränderungs (Bearbeitungs-, Lösungs-) prozedur. Nach dem Erlernen solcher Verknüpfungen („Produktionssysteme") können die kognitiven Signalverarbeitungs- einschließlich Entscheidungsvorgänge entfallen. Außerdem führen Lernvorgänge unter stabilen Arbeitsbedingungen zum Zusammenfassen der bewußt verarbeiteten Signale mehrerer Tätigkeitsabschnitte zu einem auslösenden Gesamtsignal im Sinne einer Superzeichenbildung. Dementsprechend verschmilzt das Ausführen der zugehörigen Tätigkeitsabschnitte, die nunmehr als Routinen mittels nicht bewußter Befehle und Rückmeldungen reguliert werden.

Damit können im Ergebnis von Lernvorgängen Signale erworbene Handlungsprogramme und im Falle gelingenden Transfers Handlungsschemata abrufen. Handlungsschemata sind gespeicherte, zielbezogen organisierte Programme für das Ausführen von Tätigkeitsabschnitten, die innerhalb von Anforderungsklassen übertragbar sind. Sie enthalten in sich Unterprogramme für kleinere Abschnitte.

Hinzu kommt, daß von der **Angemessenheit** des verfügbaren Signalinventars die Effektivität einer Arbeitstätigkeit mitbestimmt wird: Arbeitskräfte mit höheren Leistungen erfassen Signale differenzierter, schneller und müheloser. Auf Grund eingehender Kenntnisse vom Produktionsprozeß wird das Auftreten bestimmter Signale erwartet. Daher werden sie sicherer und früher erkannt als unerwartete und bedeutungsneutrale Reize. Weiter kennt der Erfahrene die Erscheinungsformen und Ausprägungsgrade

[7] Signale sind für die Regulation aller Formen von Produktionsarbeiten erforderlich. Die Auswahl informativer Signale durch den Werktätigen selbst kann aufgehoben werden durch die mit der Automatisierung verbundene Vermittlung der Signale über Anzeigegeräte und eine eventuelle Vorverarbeitung durch Prozeßrechner. Um so wichtiger ist für diese Arbeitstätigkeit die Auswahl geeigneter Signalisationsgrundlagen bereits bei der Konstruktion.

möglicher Signale. Er verfügt damit über verfeinerte Bezugssysteme, die ein differenzierteres Klassifizieren der Signale ermöglichen (Quaas 1965).

Auf Grund der differenzierteren Erfassung und Verarbeitung der Signale wird die Situation zutreffender abgebildet. Der subjektive Informationswert ist höher.

Schließlich enthält das Signalinventar leistungsstarker Arbeitskräfte überwiegend Signale, die für die Regulation besonders wesentlich sind. Signalinventare leistungsstarker Arbeitskräfte weisen nicht notwendig und nicht in erster Linie eine **größere Anzahl** von Signalen auf, sondern sie unterscheiden sich **qualitativ** von denen leistungsschwächerer.

Bezüglich des Umfangs der Signalinventare sind sogar gegensätzliche Befunde möglich. In Abhängigkeit von weiteren variierenden Bedingungen kann der aussagbare Umfang des Signalinventars bei Leistungsstarken größer oder kleiner als bei Leistungsschwachen sein. Eine wichtige Ursache dafür ist der in Abhängigkeit vom Ausbildungszustand **objektiv** unterschiedlich große Umfang der Signalinventare. In der Lernphase verfügen leistungsstarke Arbeitskräfte zunächst über ein größeres Signalinventar als Auswahlgrundlage. Mit der allmählichen Beherrschung werden von ihnen jedoch wenig effektive Signale in größerer Zahl ausgesondert, so daß die Leistungsstarken nun zunehmend durch das Verringern auf ein Minimum effektiver Signale (u. a. vermittels Signalzusammenfassungen im Sinne der Superzeichenbildung) hervortreten (Annett und Kay 1957, Hoepfner u. a. 1968, Döring und Kretschmer 1969, Simon 1969, Chi u. a. 1982).

Eine weitere Ursache der uneindeutigen Beziehungen zwischen Leistungshöhe und Umfang der Signalinventare besteht darin, daß Anfänger auf Grund geringer Stereotypisierung die Regulationsgrundlagen besser zu verbalisieren vermögen als in der Berufsausübung Fortgeschrittene.

Die leistungsbestimmenden **qualitativen** Eigenheiten der Signalinventare leistungsstarker Werktätiger bestehen also im folgenden:

1. Verfügen über Vorsignale, die entstehende Eingriffserfordernisse (z. B. Störungen oder Stillstände) bereits vorher ankündigen und daher **vorbeugende** Eingriffe ermöglichen. Diese vorbeugenden Eingriffe sind eine wesentliche Grundlage der Beherrschung des Fertigungsvorgangs durch den Werktätigen vermittels einer planenden Strategie.

2. Produktions- und Arbeitsprozeß werden nach **effektiven** Signalen (z. B. also nach Vorsignalen, für die Aufgabe hochinformativen Signalen, die verdichtet sind und bewerten) mehr oder weniger systematisch **abgesucht**. Dieses Absuchen nach Signalen führt u. a. zur Aufnahme von speziellen Signalarten, die ohne aktive Signalsuche nicht erfaßbar wären (s. u.).

3. Hinreichendes Verfügen über **Kontroll**signale (Rückmeldungssignale) für Ausführungsweisen und Ergebnisse eigener Tätigkeiten.

Diese zweckmäßigeren Signalinventare leistungsstarker Arbeitskräfte ermöglichen in mehrfacher Hinsicht die **zweckmäßigere Regulation von Arbeitstätigkeiten:**

— Das zweckmäßigere Signalinventar ermöglicht, rechtzeitig und mit größerer Sicherheit richtige Entscheidungen über erforderliche Verrichtungen zu fällen.

— Signale mit Vorankündigungsfunktion ermöglichen, speziell wenn sie systematisch aufgesucht werden, in Antizipation künftiger Ereignisse die Organisation und Planung der eigenen Arbeit in (teil)automatisierten Prozessen. Sie bewahren den Arbeitenden vor fortwährenden Überraschungen, vor einem „Ausgeliefertsein“ an den technologischen Prozeß. Vielfach ermöglichen sie damit überhaupt erst die Bewältigung der Arbeitsaufgabe.

— Hochinformative (Vor)signale entlasten überdies von ständiger Verfolgung des Produktionszustandes, weil (außer dem erforderlichen Redundanzminimum) redundante Merkmale nicht mehr erfaßt zu werden brauchen.
— Im Hinblick auf die Rückmeldung (Kontrolle) eigener Tätigkeiten ermöglichen differenzierte Signalinventare die präzisere Bewertung und Korrektur der ergriffenen Maßnahmen.

Angemessene Signalinventare gehören also zu den unerläßlichen Voraussetzungen der Ausnutzung objektiven Handlungsspielraums als einer Möglichkeit zur Effektivitätssteigerung und Persönlichkeitsentwicklung im Arbeitsprozeß.

6.5. Formen des Auftretens und Variationsdimensionen von Signalen

In der wissenschaftlich-technischen Revolution wird der Anteil der lebendigen Arbeit beim Fertigungsvorgang vermindert; der Mensch löst sich allmählich aus dem unmittelbaren Produktionsprozeß heraus. Eine Äußerungsweise dieser Herauslösung ist die Vermittlung der Informationen über den Produktionsprozeß durch Anzeigegeräte und der Eingriffe des Menschen in ihn mit Hilfe von Bedienvorrichtungen (s. Tab. 6.3.).

Hierbei interessiert die Vermittlung der Informationen durch Anzeigegeräte.

Signale können also
— unmittelbar dem Prozeß selbst entnommenen (z. B. Widerstand des Materials, Verfärbungen einer Flüssigkeit, Geräuschqualitäten eines Motors) oder
— über Meß- und Anzeigegeräte vermittelt sein (z. B. Zählerstände, Zeigerstellungen in einer Skala, akustische Zeichen). In diesem Fall sei von „Anzeigesignalen" gesprochen.

Sowohl unmittelbar dem Prozeß entstammende Signale wie Anzeigesignale können weiterhin aus der Umgebung hervorgehen und zunächst ein Handeln veranlassen [(Anlaß-)Afferenzen] oder bereits Rückmeldungen eigener Tätigkeiten sein (Reafferenzen). Eine besondere Gruppe von Reafferenzen entsteht durch Orientierungs-, Probe- und Kontrolloperationen, deren Zweck speziell die Informationsgewinnung ist (Fühlschlag

Tab. 6.3: Schematische Darstellung unterschiedlicher Formen der Einordnung des Menschen in den Produktionsprozeß

Information	Eingriff	Eingriff in den Produktionsprozeß unvermittelt (Hand/Werkzeug)	... vermittelt (Bedienvorrichtung)
Information über den Produktionsprozeß vorwiegend	unvermittelt . . .	Handarbeit einschließlich Arbeit mit (energiebetriebenen) Werkzeugen	Arbeit an Werkzeug- und Transportmaschinen
	vermittelt (Anzeigegeräte)	Kontroll- und Bedientätigkeiten, insbesondere bei Mehrmaschinenbedienung	Überwachungstätigkeiten (in Meßwarten)

Tab. 6.4: Klassifikation von Signalen

Technische Vermittlung / Funktion in Tätigkeitsregulation			Anlaß-information	Rück-meldungs-information
Unvermittelte Signale				siehe Text
Vermittelte (Anzeige-) Signale	*anschaulich*-bildhafte („analoge“) Anzeigen		vergleiche	
	Symbol-Anzeigen (als Übergangsform)		Spezielle	
	verschlüsselte („kodierte“, „konzeptuale“) Anzeigen (A.)	*ziffernmäßige* („digitale“) A.	Arbeits-, insbesondere Ingenieur-psychologie	
		buchstaben-, wort-mäßige A.		
		sonstige Verschlüsselungen in A. (Lage, Frequenz)		

mit dem Hammer zur Härtebestimmung; Druck des Arztes mit der Hand auf Körperpartien des Patienten zur Widerstandsermittlung; Gasgeben zur Überprüfung von Funktionen der elektrischen Anlage eines Kraftwagens an Hand des Erlöschens der Ladekontrollleuchte).

Reafferente Signalsituationen besitzen für die Regulation von Arbeitstätigkeiten besonders große Bedeutung, da sie die unerläßliche Grundlage der Tätigkeitsausführung sind und darüber hinaus als Reafferenzen spezieller Orientierungsoperationen eines der Kennzeichen hochwertiger Arbeitsweisen darstellen.

Die **Anzeigensignale** müssen ihrerseits nach Lomow (1964) in zwei Klassen unterteilt werden:

— die anschaulich-bildhafte Anzeigensignale, die Objektzustände kopieren oder nachbilden, und

— verschlüsselte Anzeigensignale, bei denen die Signalzustände einen Kode für Objektzustände bilden. Tab. 6.4 systematisiert und erweitert die Einteilung der Signalarten. Gebräuchliche Bezeichnungen können aus ihr entnommen werden.

Diese beiden Klassen unterscheiden sich vorwiegend hinsichtlich der Anforderungen beim Zuordnen, also dem Erfassen der Beziehungen zwischen Signalbeschaffenheit und aufgabenrelevantem Prozeßzustand. Allgemein gilt, daß die Anforderungen mit dem Ausmaß und der Differenziertheit der erforderlichen kognitiven Transformations-(Kodierungs- und Rekodierungs-)operationen wachsen.[8]

[8] Dabei darf nicht übersehen werden, daß Transformationsoperationen in beschränktem Umfang auch beim Erfassen unvermittelter Prozeßsignale auftreten.

Derartige Anforderungen entstehen beispielsweise, wenn ein Kranführer durch Steueroperationen eine ihm nicht sichtbare Last räumlich verlagern soll, wobei ihm die Informationen über die Objektlage vermittels eines Kodes – etwa vermittels aufleuchtender Signallampen – vermittelt werden. Der Kranführer muß in der Vorstellung die verschlüsselte Anzeige in Objektlagen im wahren Raum umwandeln.

Übereinstimmend werden derartige kognitive Umwandlungsoperationen zu den schwierigsten geistigen Operationen gezählt (vgl. Lomow 1964). Ein wesentliches Anliegen der Arbeitspsychologie ist es, diesbezügliche Erleichterungen zu schaffen, was u. a. durch Anzeigentypen möglich ist, bei denen weitgehende Entsprechungen („Kompatibilität") zwischen Objekt- und Signalbeschaffenheit – bei Berücksichtigung der Verarbeitungsbedingungen – bestehen. Das trifft bei anschaulichen im Unterschied zu den verschlüsselten Anzeigensignalen weithin zu. Für viele praktische Aufgaben beim Gestalten zweckmäßiger Informationsangebote ist ein optimales Verhältnis von anschaulicher und verschlüsselter Anzeige gesucht. Das ist ein Gegenstand der Speziellen Arbeitspsychologie, insbesondere der Ingenieurpsychologie.

Abb. 6.6 veranschaulicht den starken Einfluß unterschiedlicher Arten oder Kodes von Signalangeboten auf die entstehenden Arbeitsweisen und damit auch auf die Leistungen und Belastungen. Analoge Darstellung bedeutet dabei Säulendarstellung, digitale Darstellung bedeutet Angabe in Ziffern.

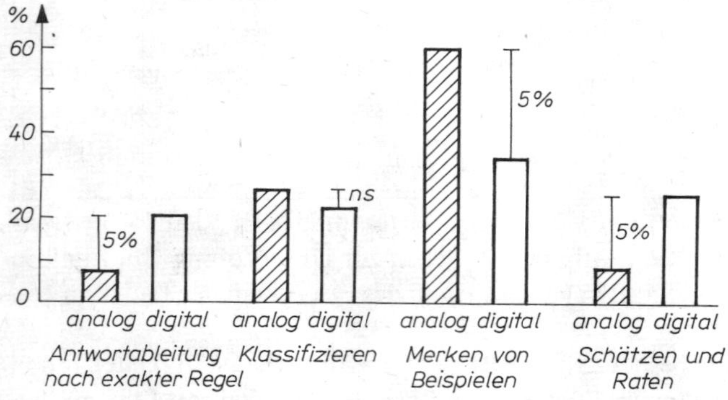

Abb. 6.6: Anteile der Vorgehensweisen bei der Ableitung einer Antwortgröße aus einem multiplen Signalangebot in Abhängigkeit vom Kode der Signaldarbietung und Antwortrückmeldung (analog vs digital) (Matern 1976):
Analog: Darstellung in Säulenform
Digital: Darstellung als Ziffern

In den folgenden Darstellungen werden am Beispiel der **unvermittelten Signale** wesentliche Eigenschaften von Signalen behandelt. An Hand dieser Eigenschaften können die Signale eingehender analysiert werden. Es sind die Eigenschaften

1. Erscheinungsweisen unvermittelter Signale,
2. Zugänglichkeit der Signale,
3. Dauer der Signale,
4. Bedeutungsgehalt der Signale.

Man benötigt die Kenntnis dieser Eigenschaften von Signalen bei mehreren praktischen Aufgaben (Greupner, König und Quaas 1963):

– bei der Arbeitsanalyse, die nach kognitiven Regulationsgrundlagen fragt,
– bei der Arbeitsgestaltung, speziell wenn durch Veränderungen im Signalangebot die Anforderungen verringert werden sollen,

— beim Lehren leistungsbestimmender Signale,
— bei Untersuchungen zur Vorbereitung der Automatisierung von Arbeitsprozessen, um zu klären, welche technischen Informationsverarbeitungsleistungen erforderlich werden.

Zu 1: Signale treten in unterschiedlicher **Erscheinungsweise** auf. Mit den unterschiedlichen Erscheinungsweisen sind jeweils verschiedene kognitive Leistungen und mithin auch unterschiedliche Anforderungen gegeben:

a) Signal kann eine unmittelbar wahrnehmbare Erscheinung sein (z. B. der Stillstand eines Maschinenteils). Die Anforderung besteht hierbei im wesentlichen im Identifizieren dieser Erscheinung.

b) Signal kann ein bestimmter Abschnitt eines unmittelbar wahrnehmbaren Erscheinungskontinuums sein. (Eingangsbeispiel dieses Kapitels; also das Erreichen einer bestimmten Konendicke.) Die Anforderungen bestehen mithin im Herausfinden des kritischen Bereichs sowie im Identifizieren. Zusätzlich treten also Unterschiedsschwellenprobleme und mit ihnen verbundene Entscheidungsvorgänge auf.

c) Signal kann schließlich ein abstrahierendes Verarbeitungsergebnis sinnlicher Erscheinungen sein. Signale sind dabei nicht die unmittelbar wahrnehmbaren Erscheinungen, sondern das Resultat von deren Analyse durch Vergleich, Beziehungsermittlung und Schlußfolgern. So ist das Signal für den Abschluß eines chemischen Prozesses — etwa des Zellstoffkochens — das Ergebnis komplizierter Verarbeitungs- und Bewertungsvorgänge sinnlicher Erscheinungen (z. B. Laugenverfärbungen) durch Einbeziehung von Zeitintervallen und technologischen Meßwerten (z. B. Druckwerten), auf der Basis erfahrungsbedingt unterstellter, hypothetischer Zeitabhängigkeiten und Beziehungen (Vaic 1968).

Die Anforderungen schließen hier über mögliche Differenzierungs- und notwendige Identifizierungsvorgänge hinaus intellektuelle Operationen ein (s. Abschnitt 8.4. zur Beurteilung).

Die Darstellung zeigt, daß bereits die psychologische Analyse der Erscheinungsweise von Signalen zur Aufhellung der kognitiven Anforderungen beiträgt und praktisch nutzbare Gesichtspunkte beispielsweise für die Auswahl anforderungsgünstiger Signale in der Ausbildung ermöglicht.

Zu 2: Weitere praktisch bedeutsame Differenzierungen erlaubt die verschiedene **Zugänglichkeit** von Signalen:

a) Das Signal bedarf keiner absichtlichen Zuwendung, da es während jeder auftretenden Betätigung Orientierungsreaktionen unbedingt-reflektorisch auszulösen vermag.

Zu dieser Gruppe zählen auf Grund biologischer Eigenheiten des akustischen Analysators Schallsignale. Sie stellen hinsichtlich des Entdeckens keine Zuwendungsanforderungen, sofern hinreichende Intensität und Abgehobenheit gewährleistet ist. Dafür sind wahrnehmungspsychologisch wohlbekannte Forderungen zu berücksichtigen (zusammengestellt z. B. bei McCormick 1964).

b) Das Signal erfordert eine bestimmte räumliche Zuwendungsrichtung. Diese Anforderung liegt bei visuell faßbaren Signalen vor. Damit sind Verwendungsgrenzen visueller Signale angegeben, die bestimmt sind durch die Möglichkeit, die Zuverlässigkeit bzw. die Garantierbarkeit hinreichender Zuwendung.

Mit Hilfe der Ausnutzung sinnesphysiologischer Gesetzmäßigkeiten können diese Verwendungsgrenzen erweitert werden. Derartige sinnesphysiologische Gesetzmäßigkeiten sind z. B. Farbton-, Helligkeits- oder Intermittenzabhängigkeiten des Gesichtsfeldes (s. z. B. Schober 1970).

Darüber hinaus entstehen gegenüber akustischen Signalen zusätzliche Anforderungen mit dem absichtlichen Beibehalten oder Herbeiführen der Zuwendung.

c) Das Signal wird erst durch spezielle prozeß- oder objektbeeinflussende Tätigkeiten wahrnehmbar. Diese Tätigkeiten können gezielt abfragende Orientierungstätigkeiten sein. Es liegt hier der Typ des „reafferenten Signals" vor.

— — Zu dieser Gruppe gehört die Mehrzahl der taktil-kinästhetisch erfaßten Signale (z. B. der nur bei Betätigung erfahrbare Widerstand eines Bedienelements, der über maschineninterne handlungsrelevante Zustände — etwa Notwendigkeit der Entlüftung einer Flüssigkeitsbremse — informiert).

Einen Grenzfall stellen taktil durch bloße Orientierungstätigkeiten (z. B. durch Auflegen der Hand) faßbare Signale dar. Ein Beispiel dafür ist die Vibration eines Maschinenteils etwa als Anzeichen unzureichender Auswuchtung rotierender Massen.

— — Darüber hinaus ist an telerezeptorische Signale zu denken, die gleichfalls das Ergebnis eines „Abfragens" sind (z. B. sichtbare oder hörbare Effekte beim prüfenden Stoß an ein Maschinenteil).

Als zusätzliche Anforderungen treten auf: Angemessene Einwirkungen auf den technologischen Vorgang sowie das Verfügen über Gesichtspunkte für die abfragende Signalsuche, die in der Regel selbst Ausdruck umfassenderer Arbeitsstrategien ist.

Die Erfassungsbedingungen werden weiterhin durch **zeitliche Eigenheiten** des Auftretens von Signalen bestimmt. Vorwiegend ist zu denken an

— das Ausmaß an Vorhersehbarkeit bzw. Zufälligkeit der Zeitpunkte des Auftretens von Erscheinungen mit Signalwert;

— die Erscheinungsdauer von Signalen.

Generell kann gelten, daß im Maße der Nichtvorhersehbarkeit der Zeitpunkte und Abfolgen des Auftretens von Signalen die Anforderungen wachsen. Bei Vorhersehbarkeit kann eine kurzzeitig begrenzte Zuwendungssteigerung zum vermutlichen Erscheinungsort erfolgen, die weniger beansprucht als dauernde Bereitschaft (Daueraufmerksamkeit oder „Vigilanz").

Anforderungsanalytisch ist hinsichtlich der Nichtvorhersehbarkeit weiter zu differenzieren:

a) Nichtvorhersehbarkeit des **Auftretens** eines Signals innerhalb eines Arbeitszyklus. Das Signal kann, muß aber nicht auftreten; auch Zeitpunkt oder Abfolge des Auftretens sind nicht vorhersehbar. Signale dieses Typs des Auftretens pflegen in der Regel seltene Ereignisse zu sein. Besonders ungünstige Anforderungen entstehen hierbei, wenn wichtige und rasch zu beantwortende Signale dieses Typs des Auftretens zur Entdeckung einer speziellen Zuwendung oder besonderer Orientierungsoperationen bedürfen. Durch geeignete arbeitsgestalterische Vorkehrungen sollten sie in der Erscheinungsweise so ausgelegt werden, daß Orientierungsreaktionen zwangsläufig ausgelöst werden.

b) Nichtvorhersehbarkeit des **Zeitpunkts** und der **Abfolge** des Auftretens.

Sicher ist, daß das Signal in einem Arbeitszyklus auftritt; nicht vorhersehbar bleibt aber, wann und wonach das Signal erscheint.

Die mit diesem Typ des Auftretens entstehenden Anforderungen sind neben dem bei (a) genannten Sachverhalt stark abhängig von der Häufigkeit des Auftretens. Als erste

Näherung hat sich in zahlreichen Aufgabenbereichen die Annahme einer *u*-förmigen Beziehung zwischen Signalhäufigkeit und dem geschätzten Beanspruchungsausmaß ergeben.

c) Nichtvorhersehbarkeit lediglich des **exakten Zeitpunkts des Auftretens** bei festliegehender ‚vorhersehbarer' Abfolge.

Außer der Abfolge des Auftretens ist bekannt, welches Signal auftreten muß. Die Anforderung reduziert sich auf die Kontrolle des Auftrittsbereichs und die Entdeckung.

Vereinfachend wurde bei a) bis c) von jeweils vollständiger Nichtvorhersehbarkeit bzw. vollständiger Vorhersehbarkeit gesprochen. Dieser Grenzfall wird jedoch selten vorliegen; meist bestehen Wahrscheinlichkeitsbeziehungen. Leistungsbestimmende Anforderungen bestehen damit im Erlernen dieser wahrscheinlichen Abfolgen und Zeitpunkte des Auftretens zum Zweck angemessener Zuwendungsverteilung, der Entwicklung von Hypothesen und dem Aufbau von Vorgehensstrategien als den effektivitätssteigernden und beanspruchungsmindernden Leistungsvoraussetzungen.

Zu 3: Die **Erscheinungsdauer**, konkreter die Kurzzeitigkeit der Einwirkung von Erscheinungen mit Signalcharakter ist keineswegs ein Sonderproblem von Anzeigensignalen oder von Sondersituationen – etwa bei Überschallflugzeugen. Die Kurzzeitigkeit der Einwirkung spielt vielmehr auch bei einfachen Handarbeiten in selbstbestimmtem Tempo eine leistungsbestimmende Rolle. Ein instruktives Beispiel lieferten Schmidtke und Schmale (1960) bei einer Sortiertätigkeit:

Untersucht wurde die visuelle Inspektion von Papierbögen auf Fehler. Bewegungsstudienfilme wiesen aus, daß die Arbeitskräfte je Bogenseite im Mittel 0,2 s aufwendeten. Damit liegt die verfügbare Kontrollzeit in unmittelbarer Nähe der einfachen optischen Reaktionszeit.

Demgegenüber ist jedoch zu bedenken, daß die geforderte Kontrolltätigkeit nicht einem Einfachreaktionsmodell, sondern dem Wahlreaktionsmodell entspricht: Die Reaktionszeit bei Wahlreaktionen steigt bekanntlich in bestimmten Grenzen linear mit dem Logarithmus der Anzahl der Wahlmöglichkeiten (Merkel 1885, Hick 1952). Den im gegebenen Falle vorliegenden sechs Entscheidungsmöglichkeiten entspricht eine Reaktionszeit von ungefähr 0,5 s, die sich wegen unterschiedlicher Auftretenswahrscheinlichkeiten der sechs Kategorien reduziert auf 0,20 . . . 0,4 s (vgl. S. 230).

Damit ist deutlich, daß eine Kontrolle der gesamten Bogenfläche bei der verfügbaren Zeit nicht möglich ist: Die Einwirkungsdauer möglicher Signale ist nicht ausreichend. So erklärt sich der paradoxe Effekt, der diese eingehende Untersuchung veranlaßte – der Befund nämlich, daß keine Beziehungen zwischen Sehtüchtigkeit und Güte der Inspektionsleistung zu ermitteln waren.

Das Problem hinreichender Einwirkungsdauer von Signalen ist also tatsächlich bei jeder Tätigkeitsform gegeben und ist – wie das Beispiel verdeutlicht – nicht nur bei Arbeitsgestaltungsmaßnahmen, sondern auch in der Arbeitsnormung zu berücksichtigen.[9]

Zu 4: Führende Bedeutung besitzt schließlich die Differenzierung der Signale nach ihrem **Bedeutungsgehalt**.

Wie wir wissen, besteht die generelle Bedeutung von Signalen darin, daß sie Handlungserfordernisse anzeigen. Sie können über das Handlungserfordernis in unterschiedlicher Differenziertheit informieren. Sofern für arbeitsgestalterische oder für Qua-

[9] In „Systemen vorbestimmter Zeiten", die Zeitrichtwerte für Kontrollaufgaben enthalten, müssen differenziert die erforderlichen kognitiven Leistungen mit ihrem Zeitbedarf berücksichtigt werden. Das bedeutet, daß Zeitnormative nicht allein auf dem Bewegungsstudium aufbauen können, sondern informationspsychologische Tatbestände notwendig einschließen müssen.

lifikationsanliegen zwischen Signalen gewählt werden kann, so ist dem jeweils informativeren Signal immer dann der Vorzug zu geben, wenn dadurch eine präzisere oder umfassendere planbare Handlungsregulation ermöglicht wird[10]:

a) Das Signal informiert – indem es ein Ergebnis (z. B. Störung) anzeigt – lediglich über den Tatbestand eines Eingriffserfordernisses. Nähere Aussagen darüber, welche Verrichtung an welcher Komponente des Prozesses erforderlich ist, sind diesem Signal nicht zu entnehmen. Weitere Signale sind erforderlich.

Zum Beispiel: das Verstummen des Maschinengeräuschs bei automatischer Abschaltung im Falle mehrerer verschiedenartiger Störungen.

b) Das Signal informiert – hinausgehend über den Tatbestand des Eingriffserfordernisses – auch über den **Ort** der erforderlichen Tätigkeit. Weitere Signale sind nötig.

Zum Beispiel: Beim Schären von Kunstseide informieren das Aufleuchten von Lämpchen am Gatter oder das Durchhängen von Fäden darüber, welcher der etwa 200 Fäden gerissen ist, wo also am Gatter Fehlersuche und Fehlerbehebung einzusetzen haben.

c) Das Signal zeigt über die Eingriffsnotwendigkeit hinaus bestimmte Zustands- bzw. **Prozeßqualitäten** an und stellt damit zugleich eine Signalisierung der erforderlichen Verrichtungsart dar.

Zum Beispiel kann der Fachmann an mehreren Signalen bereits beim Herantreten an einen stillgesetzten Webstuhl mit der Ursache des Stillstands auch die erforderlichen Behebungsmaßnahmen erkennen.

Im Verlaufe des Erfahrungserwerbs werden derartige Signale auch erlebnismäßig unmittelbare Anzeichen für bestimmte erforderliche Verrichtungen.

Signale unterscheiden sich in bedeutungsmäßiger Hinsicht jedoch nicht allein in der Differenziertheit der Information über Handlungserfordernisse. Noch wesentlicher sind Unterschiede bezüglich der **Art** und der **Folgen** der durch Signale vermittelten Handlungserfordernisse. Aus der Wahrnehmungspsychologie ist bekannt, daß der gesamte Erfassungs- und Verarbeitungsprozeß sinnlicher Erscheinungen durch deren Bedeutung geprägt ist – das heißt hier – durch Art und Folgen angezeigter Sachverhalte.

Diese bedeutungsabhängige Modifikation beschränkt sich keineswegs auf eingreifende höhere Verarbeitungsvorgänge, sondern ist bereits bei der Entdeckung und Unterscheidung in den Schwellenwerten nachweisbar. Für die hier aufgeworfene Fragestellung wären zu unterscheiden (s. auch Abb. 6.7):

a) Signale, die **Tätigkeiten ohne Prozeßeingriff** erfordern und daher keine unmittelbaren Prozeßfolgen besitzen.

Hierzu gehören Signale für jene Kontrolltätigkeiten, die in der Regel keine Eingriffe erfordern, deren Unterbleiben daher im Regelfall auch keine Folgen im technologischen Prozeß nach sich ziehen. Auf der Grenze zu b) stehend ist weiterhin zu denken an Signale für Kontrolltätigkeiten mit lediglich bestätigender Konsequenz, die den Fortgang des technologischen Prozesses sanktionieren. Das Ausbleiben der Betätigung unterbricht im Höchstfalle automatisch den Prozeß (z. B. bei Lokomotiven).

[10] Das wäre dann nicht der Fall, wenn das differenziertere Signal lediglich überflüssige (d. h. nicht handlungsabsichernde) Informationsredundanz liefert.

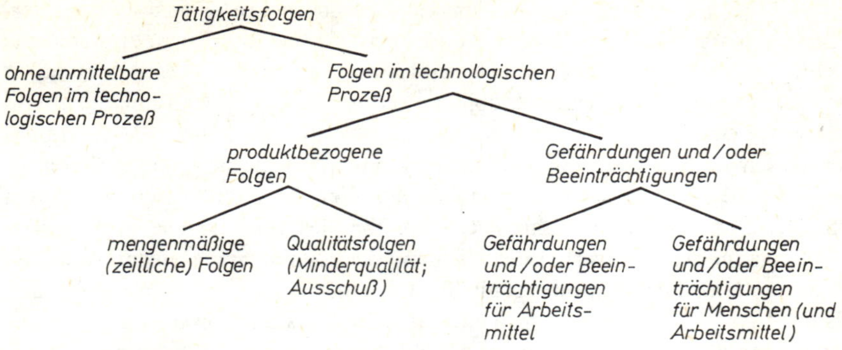

Abb. 6.7: Schematisierung möglicher Folgen der durch Signale angezeigten Tätigkeitserfordernisse zur Charakterisierung der „Signalbedeutung".

Das Nichtbeachten derartiger Signale ist wegen der Folgenarmut wenig bedeutungsvoll.

b) Signale, die **Tätigkeiten mit Prozeßeingriff** erfordern und damit Folgen für den Produktionsprozeß nach sich ziehen.

Dabei ist zunächst zu denken

1. an Signale, die Tätigkeitserfordernisse anzeigen, deren Folgen sich auf das Tätigkeitsergebnis beschränken. Dabei kann hinsichtlich der Signalbedeutung zu differenzieren sein zwischen

— — Signalen für Tätigkeiten mit zeitlichen bzw. mengenmäßigen Konsequenzen; Nichterfassen dieser Signale führt höchstens zu quantitativer Leistungsminderung;

— — Signalen für Tätigkeiten mit zeitaufwendigen reversiblen oder irreversiblen Gütefolgen (Minderqualitäten, Ausschuß);

2. an Signale, die Gefährdungen oder Beeinträchtigungen (Schädigungen) von Arbeitsmitteln oder gar Menschen anzeigen können.

Die Signalbedeutung wird noch dadurch modifiziert, ob die Signale sofortiges Reagieren oder ein Berücksichtigen ohne Zeitdruck notwendig machen.

Bei der anforderungsanalytisch abgestützten Entwicklung optimaler Signalinventare für **Anlernzwecke** muß diese Signalbedeutung ebenso berücksichtigt werden wie bei **arbeitsgestalterischen Maßnahmen** oder — um einen Spezialfall zu nennen — bei Anforderungsanalysen für **Arbeitsschutz**belange. Generell gilt, daß für die Mehrzahl **anforderungsanalytischer Anliegen** — gleichgültig, ob sie auf Qualifikations-, Arbeitsschutz-, Arbeitsgestaltungs- oder Arbeitsbemessungs-(Belastungs-)fragestellungen hinauslaufen — Untersuchungen zu Anzahl, Auftretenshäufigkeit und Auftretensabfolge sowie Erfassungsbedingungen von Signalen getrennt nach Bedeutungsklassen unerläßlich sind.

6.6. Zum Erlernen und zur technischen Vermittlung von Signalen

Signale werden in Lernprozessen erworben. Es wurde dargestellt, daß die Signalinventare von Werktätigen unterschiedlicher Qualifikation sich vorrangig in qualitativer Hinsicht, hinsichtlich des Aussagewerts der Signale, unterscheiden; im Hinblick auf die Anzahl der benutzten Signale fanden sich keine einsinnigen Differenzen: Einerseits verfügt der Anfänger nicht über alle die Signale — insbesondere nicht die schwer erfaßbaren oder die Vorsignale —, die dem Könner zur Verfügung stehen. Andererseits pflegen im Signalinventar des Anfängers auf Grund der erst allmählich voranschreitenden Ausbildung größerer Signalgruppen noch objektiv redundante Signale enthalten zu sein, die möglicherweise eine wichtige Rolle im Verlaufe des Lernprozesses als Hilfsmittel für das Erlernen schwer erfaßbarer Signale spielen können, welche sie später verlieren.

1. Während jedes **Lernprozesses** verändert sich der Wert bestimmter Signale für den Arbeitenden. Verschiedene Lernverfahren können überdies verschiedene Signale hervorheben, die sich im Aussagewert unterscheiden, sie können Signalinventare unterschiedlicher Redundanz aufbauen oder schließlich orientiert sein entweder auf Signale, die während des Lernvorgangs vorübergehend nützliche Hilfsfunktion ausüben — oder aber auf Signalinventare, die nach relativem Abschluß eines Lernvorgangs am leistungsgünstigsten sind.

Aus diesen Gründen bedarf der Prozeß der Herausbildung von Signalinventaren besonderer Aufmerksamkeit:

Der erforderliche Lernvorgang ist wesentlich komplexer, als auf den ersten Blick anzunehmen wäre. Häufig ist nicht allein das erforderliche Signalinventar selbst zu erwerben. Vorausgehen muß vielmehr zunächst (W. Quaas 1969):

— das Erfassen der Produktionszustände, die regulierender Eingriffe bedürfen;
— das Herausanalysieren der Beziehungen dieser Produktionszustände zum zu erreichenden Ergebnis, hauptsächlich unter dem Gesichtspunkt der Ableitung zweckentsprechender ergebnissichernder Maßnahmen;
— das Unterscheiden solcher Prozeßmerkmale, die Signalcharakter erlangen.

Das Erlangen des Signalcharakters selbst erfordert mindestens folgende lernbedingten Teilleistungen:

— — Identifizieren der fraglichen Prozeßmerkmale;
— — Zuordnen der Merkmale zu eingriffsrelevanten Zuständen und zu den als erforderlich angezeigten Maßnahmen.

Damit ist die Auswahl der zweckdienlichsten Maßnahmen auf das engste verknüpft.

Schließlich erlernt der Arbeitende bei einschlägigen Tätigkeitsstrukturen die statistischen Abfolgebeziehungen nacheinander wiederholt in gleichartiger Weise auftretender Signale. Dieses Erlernen der statistischen Signalfolgestrukturen führt zu Arbeitserleichterungen in verschiedener Hinsicht. Einerseits erhalten ursprünglich unerläßliche Signale den Charakter redundanter Informationen und können vernachlässigt werden. Zugleich erwirbt der Arbeitende Vorsignale mit allen ihren diskutierten Vorteilen.

Annett und Kay (1957) haben eine lernpsychologische Problematik dieses Vorgangs sowie mögliche Ausbildungskonsequenzen deutlich gemacht. Bei Tätigkeiten, in denen Rückwirkungen der Verrichtungen auf das Auftreten der Signale bestehen, ist das Erlernen der statistischen Folgebeziehungen so lange erschwert, als der Ausübende die Tätigkeit nicht beherrscht und ungewollt durch seine eigenen Eingriffe die Gleichförmigkeit des Signalflusses stört.

Mithin steht das Erlernen der statistischen Beziehungen eines Signalangebots bei Tätigkeiten mit derartigen Rückwirkungen am Ende des Lernprozesses. Die erwähnten Autoren empfehlen für diesen Anforderungstypus Teillernverfahren, bei tätigkeitsunabhängigen, gleichförmigen Signalfolgen dagegen Ganzlernverfahren.

2. Das **Ziel** der auf die Vermittlung von Regulationsmerkmalen vom Typus der Signale gerichteten Qualifikationsmaßnahmen ist komplex: Einer möglichst begrenzten, leicht

erfaßbaren Anzahl von Signalen soll das handlungsbezogen unerläßliche Höchstmaß an Information entnommen werden. Stabile Sequenzen werden durch wenige Signale reguliert, welche die regulative Funktion einer ursprünglichen Kette von Signalen repräsentieren; Redundanz ist auf ein zur Absicherung gegen Fehlinformationen erforderliches Mindestmaß reduziert. Vorsignale, die Ereigniseintritte und Prozeßzustände vorwegnehmen, müssen prophylaktisches Handeln ermöglichen. Differenzierte und wenig verzögerte Kontrollsignale (Signale über die Beschaffenheit des Handlungsresultats) sollen angemessene Handlungskorrekturen erlauben. Gruppen zunehmend enger verzahnter Signale entsprechen Gruppen von Aktionen; die perzeptive und motorische Gruppenbildung schafft die „Flüssigkeit“ und „Leichtigkeit“ der Ausführungsweise von Verrichtungen. Als deutlicher Ausdruck des Sachverhalts, daß die skizzierte Weise der Signalerfassung Komponente einer umfassenderen Arbeitsweise, einer Strategie, ist, kann schließlich die aktive, zumeist plangeleitete Signalsuche gelten.

3. Das Erreichen dieses aus Produktivitäts- und Belastungsgründen erstrebenswerten Qualifikationsniveaus kann durch verschiedene Maßnahmen unterstützt werden. Ausgangspunkt und Grundlage ist in jedem Falle die ins einzelne gehende Anforderungsanalyse zur **Ermittlung des zweckmäßigsten Signalinventars**.

Als vereinfachende Finderegel für Signale kann die Frage gelten „Woraufhin erfolgt eine bestimmte Verrichtung (warum)?“. Aus den bisherigen Darlegungen ist verständlich, daß mit sprachgebundenen Untersuchungsverfahren im Regelfall keine mit Sicherheit vollständige Erfassung von Signalen möglich ist. Zur Erstaufschließung des Signalinventars von Arbeitskräften ist die Befragung jedoch nützlich. Dabei ist klar zu unterscheiden zwischen den Fragen, woraufhin in der Regel eine Tätigkeit ausgeführt, woran ein Zustand erkannt wird und woran diese Zustände erkenn*ba*r sind bzw. woraufhin sie ausgeführt werden *können*. Es geht hierbei um die Unterscheidung des deklarativen „Wissens“ von der tatsächlich regulativ wirksamen operativen Widerspiegelung.

Ist das prinzipiell mögliche Signalinventar bereits bekannt, so kann es dem zu Befragenden zur Kennzeichnung der ihm bekannten bzw. von ihm verwendeten Signale vorgelegt werden.

Unerläßlich sind in beiden Fällen differenzierte psychologische Arbeitstätigkeitsstudien als Hauptweg der Signalerfassung. In komplizierten Fällen können dabei experimentell konzipierte Ermittlungsteilschritte (z. B. das Ausscheiden von Signalisierungsmöglichkeiten) erforderlich werden. Zusätzliche Untersuchungsschritte sind erforderlich, wenn vorwegnehmend zweckmäßigste Signalinventare für neu entstandene Arbeitsaufgaben abgeleitet werden sollen. Zu berücksichtigen ist, daß logisch (z. B. aus einem Algorithmus) ableitbare Merkmalsausprägungen in perzeptive Qualitäten transformiert werden müssen, wobei logisch eindeutige Ausprägungen perzeptiv in verschiedener Weise faßbar sein können. Empirische Vorstudien sind u. a. deshalb in jedem derartigen Fall zweckmäßig.

4. Die daraus abzuleitenden **Ausbildungsmaßnahmen** konzentrieren sich auf

- das Hervorheben und Verdeutlichen der unerläßlichen Signale hauptsächlich mit sprachlichen Mitteln;
- das Vermitteln hinreichend differenzierten Wissens als Komponente eines operativen Abbildsystems, das die Beziehungen zwischen Merkmal, Produktionszustand und Handlungserfordernis zu erfassen erleichtert:

- das angemessene Zergliedern eines Lernvorgangs (z. B. in Teil- oder Ganzlernverfahren);
- das Einbauen vermittelnder Hilfssignale bei schwierig erfaßbaren (z. B. bei schwellennahen) Signalen.

Manche Trainingshilfsmittel fügen zum erleichterten Erlernen komplizierter Signale einfacher zu erfassende instrumentell vermittelte Zusatzsignale ein. Im einfachsten Falle kann das hinweisende Wort des Lehrenden diese Vermittlungsfunktion übernehmen.

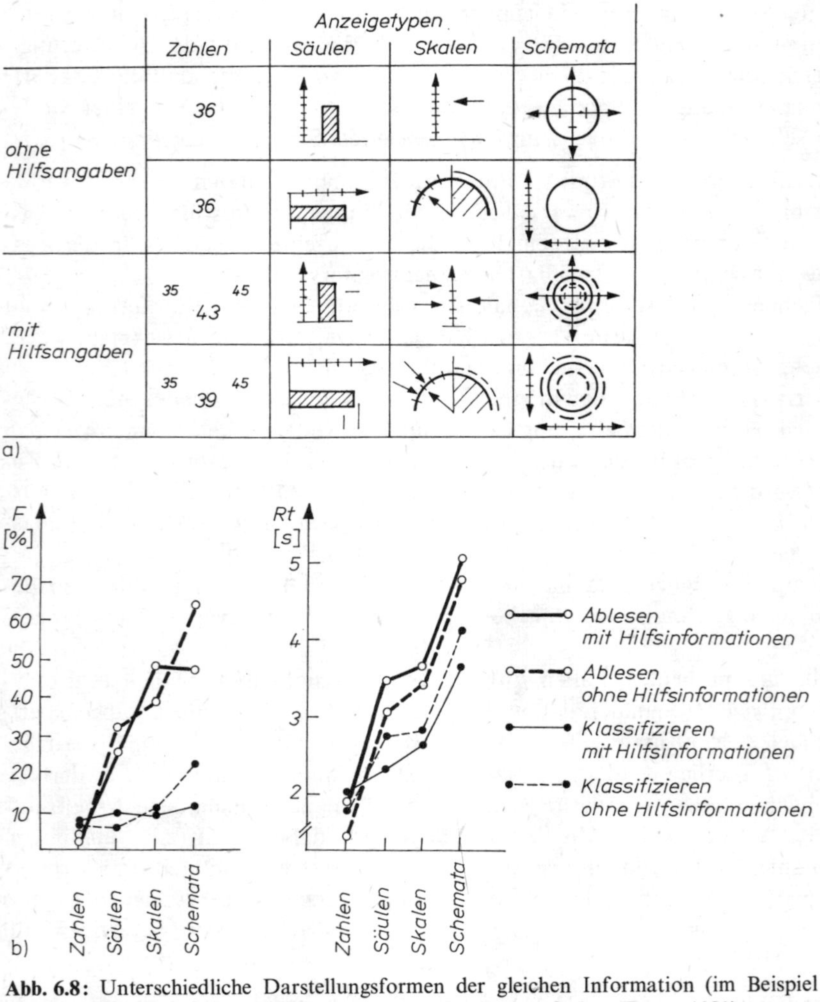

Abb. 6.8: Unterschiedliche Darstellungsformen der gleichen Information (im Beispiel Röhrendurchmesser) eignen sich unterschiedlich gut für verschiedene Aufgaben (Raum 1980):
a) Variation des dargebotenen Materials.
b) Fehlerquote (F) und Reaktionszeit (Rt) beim Ablesen und Klassifizieren unterschiedlich dargestellten Materials.

Man erkennt, daß beispielsweise Schemata besser für das Klassifizieren als für das Ablesen geeignet sind. Demgegenüber eignen sich Zahlen (Ziffern) gleichermaßen für beide Aufgaben.

Schwierigkeiten entstehen einerseits dadurch, daß der Lehrprozeß orientieren sollte auf die im Beherrschungsfalle unerläßlichen Signale, andererseits aber im Lernprozeß aus mehreren Gründen zusätzliche Signale (z. B. wegen des Nichtbeherrschens der statistischen Signalfolgen) unerläßlich sind. Es gilt mithin, die zunächst zusätzlich erforderlichen Signale so einzuführen, daß ihr Redundantwerden gefördert wird. Weiter fördert die Isolierung vor allem komplizierter Signale ihren Erwerb, kann aber zugleich auch Hemmnisse schaffen gegen das Erlernen von Signalsequenzen und gegen die Gruppenbildung in den Aktionsfolgen. Sachgerechtes Kombinieren von analytischem und synthetisierendem Vorgehen ist unerläßlich.

Die dem Erlernen von Signalen zugrunde liegenden Mechanismen der Sensibilisierung, der Automatisierung sowie der sprachlichen Fassung (Verbalisierung) werden später (11. Kapitel) behandelt.

5. Die Ergebnisse dieser Anforderungsanalysen ermöglichen ebenso eine psychologisch begründete **Bestgestaltung der Anzeigegeräte und Anzeigen**. Entsprechend der im Eingangskapitel abgeleiteten Aufgabenrangreihe ist dieses Anliegen sogar noch vordringlicher als das der Anlernverfahren. Entscheidungen über
— durch Anzeigevorrichtungen zu vermittelnde und vom Werktätigen unmittelbar selbst zu erfassende Zustände;
— den Umfang des Signalangebots (z. B. nur Sollwertabweichungen oder jeden Zustand) sowie
— die Art der Darstellung (z. B. Modalität, Kodierung, Kompatibilität, Formatierung und Gliederung) können nur auf der Grundlage psychologischer Anforderungsanalysen bei Berücksichtigung der jeweiligen Signal-Handlungs-Beziehungen getroffen werden.

Wir führen zwei Beispiele zum Veranschaulichen der Leistungsmöglichkeiten psychologischer Erkenntnisse an:
Der Nutzen unterschiedlicher Darstellungsformen von Informationen ist stark abhängig von der zu erfüllenden Aufgabe (Abb. 6.8).

Ein fehlerarmes und rasches Eingreifen in technologische Prozesse kann oft durch kombinierte bildhafte *und* verbale Anzeige gesichert werden. Vergleiche dazu Abb. 4.14 auf Seite 132 (Matern 1976b).

Um derartige Entscheidungen begründet ableiten zu können, reicht die hier dargestellte Anforderungserfassung jeweils nur innerhalb einer Dimension nicht aus. Zusätzlich ist eine Bewertung über alle einschlägigen Dimensionen (Erscheinungsweise *und* Zugänglichkeit *und* Dauer usw.) erforderlich, die eine Rangfolge der **Gesamtanforderungen** für verschiedene Signale ergibt. Aus ihr läßt sich ableiten, welche Regulationsvorgänge vordringlich zu automatisieren und welche durch verbesserte Ausbildungsverfahren zu bewältigen sind.

7. Zur Funktion der Sprache in der psychischen Regulation von Arbeitstätigkeiten

Dieses ... Sprechen, beim Erwachsenen reduziert und verkürzt, ist aktiv an der Verarbeitung der ankommenden Informationen wie auch an der Formulierung dessen beteiligt, was Bernstein (1947, 1957) motorische Aufgabe nannte, die das Ziel der Handlung festlegt und das allgemeine Handlungsschema entwickelt.

Bei ganz einfachen oder gewohnten Willkürhandlungen ... beschränkt sich der Anteil der sprachlichen Komponente auf die Formulierung des Grundgedankens und die Mobilisierung der entsprechenden Bewegungsstereotype. In komplizierten Fällen ... ist der Anteil des sprachlichen Gliedes des willkürlichen Bewegungsaktes weitaus komplizierter. In diesen Fällen ist die Sprache an der Umkodierung der das Subjekt erreichenden Information, an der Ermittlung ihrer wichtigsten Glieder und an der Hemmung von störenden Bewegungen beteiligt ...

Der steuernde Einfluß des äußeren oder inneren Sprechens beschränkt sich allerdings nicht auf die Entwicklung eines allgemeinen Handlungsschemas oder -programms, das ... durch beliebige Operationen realisiert werden kann ... Während des ganzen Verlaufs der Willkürhandlungen verfolgt das innere Sprechen den Ablauf; es hilft, die Handlungen mit der ursprünglichen Absicht zu vergleichen, indem es Signale über ihre Korrespondenz oder Divergenz formt, Fehler korrigiert und die Tätigkeit entweder stoppt, wenn das Ziel erreicht wurde, oder sie noch einmal ablaufen läßt, wenn es verfehlt wurde. Diese Kontrollfunktion des Sprechens ... macht es zu einem wichtigen Glied im Vollzug jenes in seiner Selbstregulation höchsten Systems, das die Willkürtätigkeit des Menschen darstellt (Luria 1970b, S. 293f.).

Die unmittelbare Wirklichkeit des Gedanken ist die Sprache (Marx und Engels 1959, S. 432).

7.1. Regulative Funktionen der Sprache und des Sprechens in nichtsprachlichen Arbeitstätigkeiten

Die Sprache und die Sprechtätigkeit treten in Arbeitsprozessen in vielfältigen Einordnungen auf.

Arbeitspsychologische Untersuchungen der Tätigkeit von Sprechern und Schauspielern, von Psychotherapeuten und Lehrern oder von Schriftstellern fehlen noch weitestgehend. Für die Analyse wissenschaftlicher Arbeit beginnt die Denkpsychologie erst, Hilfsmittel bereitzustellen (Dörner 1981).

Hier geht es entsprechend der auf S. 83 gegebenen Einteilung von Arbeitstätigkeiten um Sprache und Sprechen in monologischen, erzeugnisbezogenen, vorwiegend nichtsprachlichen (z. B. manuellen) Tätigkeiten, und zwar weiter einengend solchen mit ausschlaggebendem Routinecharakter, bei denen also problemstellende und -lösende Vorgänge nur eine untergeordnete Bedeutung haben.

Die im nächsten Kapitel behandelte intellektuelle Regulation von Arbeitstätigkeiten schließt notwendige Regulationen durch Sprache bzw. Sprechtätigkeit ein. Das gilt jedoch nicht auch umgekehrt: Die sprachliche Regulation von Tätigkeiten setzt nicht notwendig intellektuelle, also Urteils-, Problemlöse- oder Problemstellungsvorgänge voraus. Am Beispiel: Das sprachliche Memorieren eigener Schreitbewegungen beim Erlernen eines Tanzes funktioniert auch ohne Schlußfolgern und Problemlösen.

1. Die im Hinblick auf das Anliegen dieses Kapitels erfolgende Orientierung auf die Ausführungsregulation bedeutet nicht, daß die Sprache für die Antriebsregulation bedeutungslos wäre. Onto- wie auch aktualgenetisch sind die Komponenten von Willenshandlungen, also Motivierung, Zielbildung und Vornahmeentwicklung, an Impulse oder Selbstbefehle aus dem inneren Sprechen geknüpft. Ebensowenig darf wegen der Konzentration auf vorwiegend nichtsprachliche Arbeitstätigkeiten die Rolle der Sprache in den sprachlich realisierten und vorwiegend geistigen Arbeitstätigkeiten übersehen werden.

2. Unter dem Gesichtspunkt der psychischen Regulation interessiert nicht vorzugsweise die **Sprache** als Gesamtheit des lexikalischen, grammatikalischen und syntaktischen Bestands, sondern die **Sprechtätigkeit**.

Sprechtätigkeit ist in erster Linie zwischenmenschliche Kommunikation, also Gespräch; für den kooperativen Arbeitsprozeß ist die in verschiedenartiger Weise (zum Teil mit Hilfe spezieller Kommandosprachen) erfolgende sprachliche Kommunikation eine unerläßliche Voraussetzung.[1]

3. Besonderheiten der sprachlichen **Kommunikation** im Arbeitsprozeß sind von der Arbeitspsychologie bisher vernachlässigt worden, trotz der Rolle der Sprache als Mittel des Zusammenwirkens im Arbeitsprozeß. Eine Ausnahme bilden Untersuchungen von Slama-Cazacu (1962) sowie neuerdings Untersuchungen zur Textverständlichkeit.

Das dialektische Aufeinanderwirken von Sprache und Arbeitsprozeß hat nicht nur theoretische und philosophisch-ideologische, sondern auch unmittelbar produktionspraktische Bedeutung für die Sicherung einer zuverlässigen Kommunikation im Arbeitsprozeß. Die Art und Weise der Kommunikation ist abhängig vom jeweiligen Arbeitsprozeß selbst, in dem mit ihrer Hilfe die arbeitsteiligen Aktivitäten der Partner zielgerecht reguliert werden (Regulationsfunktion der äußeren Sprache). Die Bestgestaltung der regulativen Kommunikation setzt neben der Analyse der Struktur der zu regulierenden

Tab. 7.1: Überblick über Variationsdimensionen der sprachlichen Kommunikation im Arbeitsprozeß

Der gesellschaftliche Arbeitsprozeß modifiziert:		
– Kommunikationsziele	Koordination Planung Bewertung Unterrichtung/Unterweisung	
– Art des Kommunikationssystems	wortsprachlich (mündlich/schriftlich) Gebärdensprache	spezielle Sprachsysteme
	technische Kommunikationssysteme (Sirenen, Lichtsignale)	
– Struktur des Kommunikationsnetzes	linear (ketten-, sternförmig) zyklisch (kreisförmig)	
– quantitative Formveränderungen der Sprechtätigkeit	Häufigkeit des Austausches Wortmenge	
– qualitative Formveränderungen der Sprechtätigkeit	Fachlexik	
	phonetische syntaktische	Modifikationen

[1] Bezüglich des komplexeren genetischen Zusammenhangs vgl. Engels (1962 a).

Arbeitstätigkeit, die zugleich den Kommunikationsinhalt und die Art bestimmt, auch die Analyse der wichtigsten **Variationsdimensionen** der sprachlichen Kommunikation im Arbeitsprozeß voraus (vgl. beim Weiterlesen mit Tab. 7.1):

Die sprachliche Kommunikation dient im Arbeitsprozeß mehreren Zielen:
- Sie unterrichtet oder unterweist.
- Sie plant die Arbeit.
- Sie koordiniert den Arbeitsprozeß, und
- sie bewertet die Arbeitsergebnisse (Slama-Cazacu).

Wenngleich die mündliche und schriftliche Wortsprache Hauptbedeutung besitzen, werden daneben zur Kommunikation im Arbeitsprozeß auch Gebärdensprache und technisch-akustische oder visuelle Zeichensysteme herangezogen.

Neben der Art der **Zeichensysteme** besteht eine weitere Variable der Kommunikation im Arbeitsprozeß in der Form der **Kommunikationsnetze**.

In Abhängigkeit vom Ablauf des Arbeitsprozesses können innerhalb von Kommunikationszielen, Zeichensystem und Kommunikationsnetz qualitative und **quantitative Formveränderungen** der Sprechtätigkeit auftreten:

Je nach den Erfordernissen der Aufgabe variieren
- die allgemeine Häufigkeit von Nachrichten während der Arbeit;
- die Wortmenge;
- die Dauer der Sätze.

Die **qualitativen Veränderungen** betreffen
- den Wortschatz (Fachtermini und Verschmelzungen von Allgemeinsprache und Fachwortschatz);
- phonetische Veränderungen durch arbeitsbedingte Modifikationen von Tempo, Intensität oder Intonation;
- morphologisch-syntaktische Veränderungen (Substantive, Adverbien oder Adjektive nehmen Imperativwert, Numera oder Adjektive Substantivwert an; unvollständige, „elliptische" Sätze mit dem Charakter der Tätigkeitsaufforderung treten auf).

Insgesamt gibt es einen **Stil der Kommunikation während der Arbeit**, der durch folgende Merkmale gekennzeichnet ist:

a) „einerseits Besonderheiten dynamogener Natur (Vorhandensein von Verben, Adverbien, Wertänderungen der Substantive, Kürzung der Aussagen je nach dem Aktionsrhythmus, anspornende Intonation, mobilisierender Zusatz der Gestikulation usw.);

b) andererseits treten auffälligerweise Besonderheiten hervor, die den gemeinschaftlichen Bedingungen zu verdanken sind, unter denen die Arbeit vor sich geht (dialogisierter Ausdruck, der sich gleichzeitig auf einen *gemeinsamen* Kontext stützt, läßt unvollständige Antworten, gegenseitige Ergänzungen und im allgemeinen die für den Dialog charakteristische Syntax auftreten, dazu situativ-kontextbedingte Hinweise ... (Gesten)" (Slama-Cazacu 1962, S. 127).

4. Mit der Mechanisierung und Automatisierung der Produktion verändert sich nicht nur der Fachwortschatz, sondern es wandeln sich auch die Rollen der sprachlichen Kommunikation und deren Verhältnis zueinander. Neben der Kommunikation zwischen den arbeitenden Menschen, die sich neue Möglichkeiten (Wechselsprechanlage, Funksprechgeräte) erschließt und damit die Sprache verändert, entsteht der Dialog zwischen Mensch und Maschine im Arbeitsprozeß. Die Bedeutung wortsprachlicher Kommunikation im Arbeitsprozeß steigt, die Rückwirkungen der benutzerfreundlichen Programmier-

sprachen auf die Allgemeinsprache verdienen Interesse. Insgesamt wird die Analyse und Optimierung der wortsprachlichen Kommunikation im Arbeitsprozeß zu einer wichtigen neuen Aufgabe der Arbeitspsychologie, deren ökonomische Bedeutung nicht übersehen werden darf (z. B. leicht lernbare Sprachen für den Mensch-Maschine-Dialog, ihr Einbau in den Mathematikunterricht, Verringerung von Übertragungsfehlern, Benutzung maschinenadaptierter Zeichensysteme im allgemeinen Handels-, Post- und Geldverkehr).

5. Sprache und Sprechen erfüllen mehrere **Funktionen** in Arbeitstätigkeiten. Diese sind auf Seite 257 schematisch dargestellt. Man verfolge beim Lesen zur Erleichterung dieses Schema.

6. Die **kommunikative** Funktion sprachlicher Tätigkeit wird hier wegen ihrer dominierenden sozialpsychologischen Problematik vernachlässigt (vgl. Hiebsch, Vorwerg u. a. 1980). Wir konzentrieren uns im folgenden vielmehr auf zwei weitere Funktionen der Sprache in der **Ausführungsregulation** individueller manueller Arbeitstätigkeiten[2], welche im Sinne des semiotischen Schemas in Abschnitt 6.3 dem pragmatischen Aspekt zuzuordnen wären:

— auf die **kognitive** Funktion, d. h. die Rolle sprachlicher Tätigkeiten in der differenzierten Erkenntnis der Umwelt, und

— die **interne regulative** Funktion, d. h. die (ausführungs)regulatorische Seite der Umsetzung von Informationen in Anweisungen oder Selbstbefehle und Aktionsprogramme sowie deren Verwirklichung und Kontrolle (Matern 1971, Tomaszewski 1961).

Bereits Alltagserfahrungen lassen die Existenz und den Nutzen dieser beiden genetisch auf der kommunikativen Rolle aufbauenden Funktionen im Arbeitsprozeß anschaulich erkennen: Bei Schwierigkeiten in der Analyse einer Situation oder der Abwicklung eines Programms wird häufig unwillkürlich die Verrichtung durch lautes „Sprechen für sich selbst" oder auch ein entlautetes inneres Sprechen unterstützt. Experimentelle Belege dafür sind zahlreich (vgl. beispielsweise McGuigan 1970).

Bei der näheren Behandlung im folgenden darf die enge Wechselbeziehung kognitiver und regulativer Funktionen nicht übersehen werden: Mit verstärkter Beteiligung des inneren Sprechens im Falle von Schwierigkeiten steigt die Zuverlässigkeit der Aufgabenbewältigung. Ebenso ist schon Alltagserfahrungen zu entnehmen, daß Kapazität und Sicherheit des Aufnehmens und Behaltens von Informationen – umfassender noch von Informationsübertragungsleistungen insgesamt – vermittels einer sprachlichen, also phonetischen, semantischen (und syntaktischen) Einheiten- oder Gruppenbildung wesentlich erhöht werden.

Dieser Sachverhalt besitzt höchste Praxisbedeutung beispielsweise bei Eingabe- und Entnahmetätigkeiten von Informationen an peripheren Geräten von Informationsverarbeitungssystemen. Die Eingabeleistung ist hinsichtlich Fehlerquote und Tempo bei nicht benennbarem Material (z. B. bei sinnfreien geometrischen Figuren) sehr ungünstig, verglichen mit allen anderen möglichen Materialarten sogar am schlechtesten. Innerhalb des benennbaren Materials mit insgesamt wesentlich höheren Leistungen stehen die nicht als Einheit sprechbaren, sinnlosen Buchstabenfolgen (z. B. RKD) an unterster Stelle. Wesentlich höhere Leistungen sind bei als Einheit sprechbaren, sinnlosen Buchstabenfolgen (Silben als phonetische Einheiten, z. B. TAF) gegeben. Nochmals höhere Übertragungsleistungen werden bei silben-

[2] Im folgenden wird die *gesellschaftliche* Erkenntnisfunktion der Sprache und ihre Rolle in der Regulation gesellschaftlicher Aktivitäten nicht übersehen, sie steht jedoch nicht im Vordergrund dieser Analyse.

weise sprechbaren, sinnerfüllten Einheiten, also Worten (z. B. TOR) erreicht. Abb. 7.1. gibt einen Einblick in die Wirkung dieses sprachlichen Komplexitätsgrads von Datenmaterial auf Geschwindigkeit und Genauigkeit der Eingabetätigkeit an einem Datenerfassungsgerät mit alphanumerischer Tastatur.

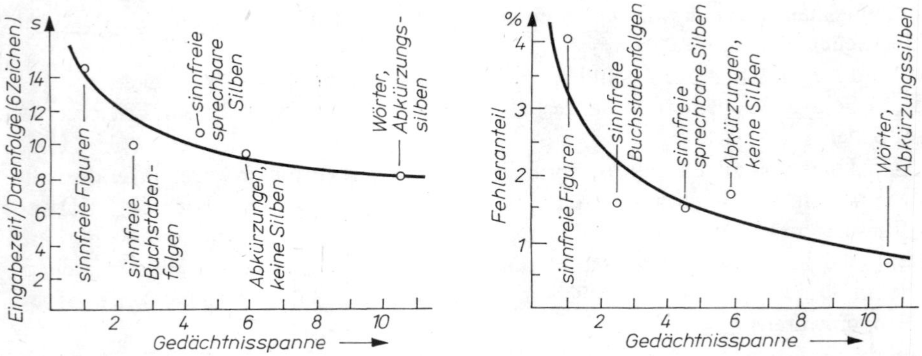

Abb. 7.1: Beziehungen zwischen dem Sinngehalt bzw. der Sprechbarkeit von Daten, der datenspezifischen Gedächtnisspanne und der Eingabeleistung beim Übertragen in eine Schreibmaschinentastatur (Matern 1971).

Beispiele:

Figur:	
sinnfreie Buchstabenfolge:	RKD
sinnfreie sprechbare Silbe:	TAF
Abkürzung ohne Silbenqualität:	RGW
Wörter:	TOR
Abkürzung mit Silbenqualität:	VÖST

Die wiedergegebenen Erkenntnisse führen zu wirkungsvollen Regeln für den Aufbau künstlicher Sprachen, beispielsweise zur Berücksichtigung der Gruppenbildungsmöglichkeiten mittels phonetischer Einheiten (vgl. dazu Hartmann 1968, Matern 1971).

Die verschiedenen Funktionen der Sprechtätigkeit in der Struktur und Regulation von Arbeitstätigkeiten gehen hauptsächlich auf das mit dem In-Worte-Fassen (Benennen) verbundene **begriffliche** Widerspiegeln und Speichern von Tätigkeitsbestandteilen oder Tätigkeitsbedingungen zurück.

7. Über die erwähnten Einzelfunktionen hinausgehend, ist die Beteiligung der Sprechtätigkeit an der Regulation von Arbeitstätigkeiten die Grundlage eines „bewußten Verhältnisses zur Arbeit", also eines **Arbeitsstils** im Sinne eines „Arbeitens mit dem Kopf", sie besitzt also „ungeheure Bedeutung nicht nur für die Überwindung verschiedener Schwierigkeiten, . . . sondern gleichfalls für die Hebung des allgemeinen Arbeitsniveaus" (Tomaszewski 1961, S. 187). Wegen dieser ausschlaggebenden Funktion der Sprache in Arbeitstätigkeiten wird mit dem Wandel des Charakters der Arbeit die Psycholinguistik zu einer Grundlagendisziplin der Arbeitspsychologie werden. Das folgende Schema skizziert zur Erleichterung der Lektüre die Gedankenführung in den nun folgenden Abschnitten und ordnet sie in den soeben abgesteckten Umkreis ein; Erläuterungen finden sich im Text.

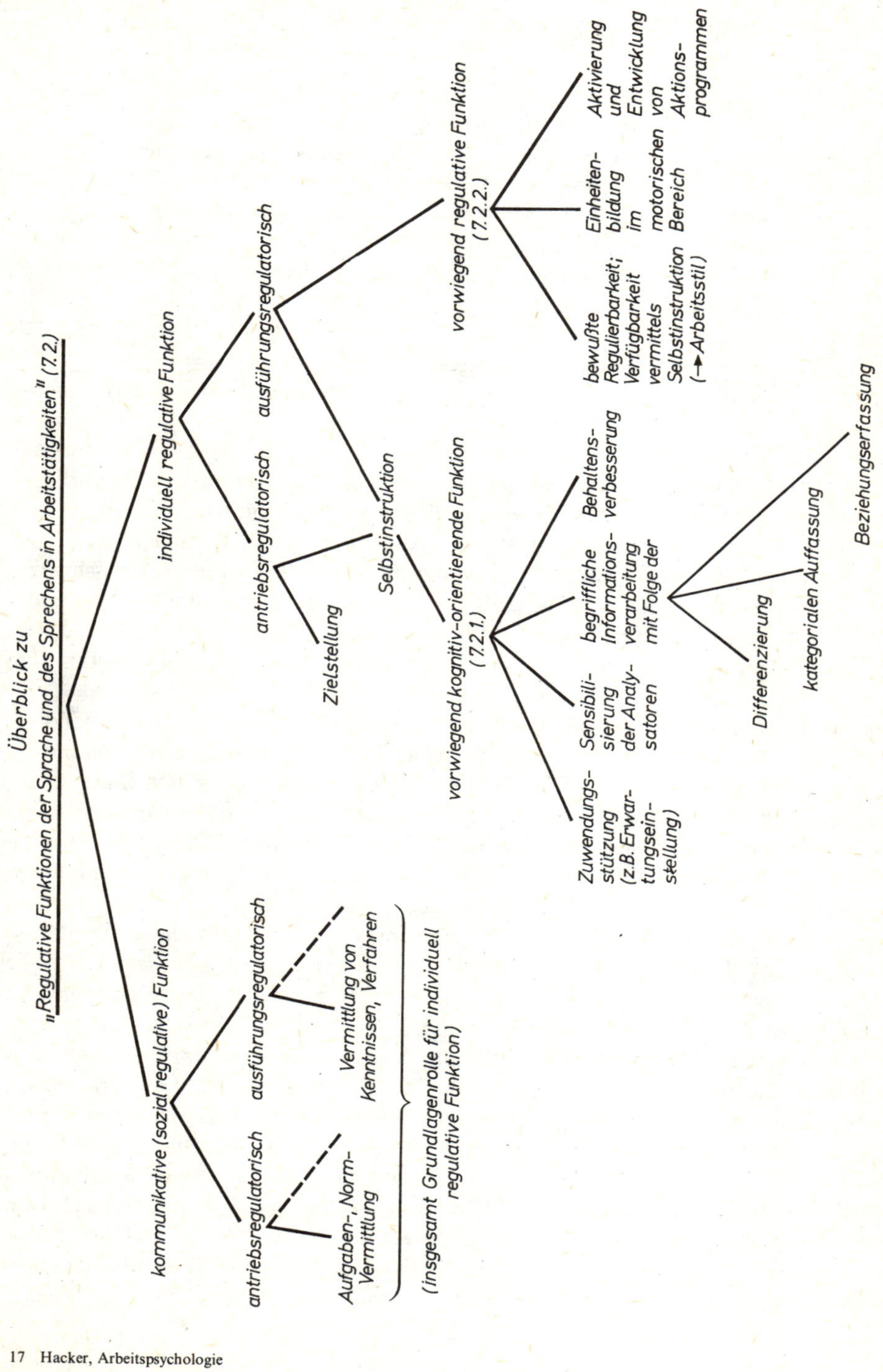
Überblick zu
„Regulative Funktionen der Sprache und des Sprechens in Arbeitstätigkeiten" (7.2.)
kommunikative (sozial regulative) Funktion
antriebsregulatorisch
ausführungsregulatorisch
Aufgaben-, Norm-Vermittlung
Vermittlung von Kenntnissen, Verfahren
(insgesamt Grundlagenrolle für individuell regulative Funktion)
individuell regulative Funktion
antriebsregulatorisch
ausführungsregulatorisch
Zielstellung
Selbstinstruktion
vorwiegend kognitiv-orientierende Funktion (7.2.1.)
Zuwendungs-stützung (z.B. Erwar-tungsein-stellung)
Sensibili-sierung der Analy-satoren
begriffliche Informations-verarbeitung mit Folge der
Behaltens-verbesserung
Differenzierung
kategorialen Auffassung
Beziehungserfassung
vorwiegend regulative Funktion (7.2.2.)
bewußte Regulierbarkeit; Verfügbarkeit vermittels Selbstinstruktion (→Arbeitsstil)
Einheiten-bildung im motorischen Bereich
Aktivierung und Entwicklung von Aktions-programmen

7.2. Kognitive und regulative Wirkungen der Sprechtätigkeit in der Ausführungsregulation monologisch-erzeugnisbezogener Arbeitstätigkeiten

Sprechtätigkeit tritt mit unterschiedlicher Ausprägung ihrer motorischen Komponenten auf und schließt auch inhaltlich verschiedenartige Operationen ein:

Hinsichtlich der **motorischen Ausprägung** können vollständig ausgebautes, lautes Gespräch bzw. lautes Sprechen für sich selbst, verkürztes lautes Sprechen für sich selbst, vollentfaltetes inneres Sprechen oder schließlich unter reduzierter Beteiligung des inneren Sprechens formulierte Vorsätze und Selbstbefehle wirken (Wygotski 1964, Leontjew 1964, Galperin 1967 a). Die Merkmale des inneren Sprechens sind nach Ananjew (1963, S. 334):

- Lautlosigkeit,
- Reduziertheit und Kürze; rein prädikativer Charakter,
- tragende Funktion für das Denken und die Programmentwicklung für Arbeitstätigkeiten,
- Verkürzung ursprünglich äußeren Sprechens.

Bezüglich der **inhaltlichen Eigenart** der Operationen kann Sprechtätigkeit vorliegen im lautsprachlichen oder inneren Benennen als Form des Identifizierens, im Formulieren von Selbstbefehlen oder im begrifflichen Analysieren von Situationen.

Im Zusammenhang der Regulation von Arbeitstätigkeiten erwachsener Menschen besitzen die verschiedenen Formen **inneren** Sprechens vorzugsweise Interesse. Als regulative Instanz hat das innere Sprechen hohe Wirksamkeit vermittels Objektivierung, Differenzierung, Fixierung, Beziehungsstiftung, Abstraktion sowie seiner Planungsfunktion für das äußere Handeln. Dazu im einzelnen:

Die allgemeinste Bedeutung kommt dem als **Objektivierung** bezeichneten Umstand zu. Erst durch die Abbildung der Arbeitsbedingungen und der auf sie bezogenen Handlungsprogramme und Vornahmen im Medium der Sprache kann der Mensch ihnen aktiv, gezielt gestaltend einschließlich planend gegenübertreten und sie aus der unmittelbaren Beziehung zum gegenwärtigen subjektiven Zustand vergegenständlichend und objektivierend lösen. Im Sprechen können Abbilder beliebig hervorgerufen und mit ihnen kann anstelle des Objektes operiert werden. Sprechen eröffnet die unabsehbaren Möglichkeiten des Operierens im Abbildbereich (an einem inneren Modell) mit seinen erweiterten Freiheitsgraden (Thiele 1969). Es erlaubt dem Menschen, regulative psychische Vorgänge von Arbeitstätigkeiten ihrerseits selbst zu regulieren (Luria 1956). Die Beziehungen zu dem rationalen Arbeitsstil liegen auf der Hand.

Diese umfassende Wirkung sprachgebundener begrifflicher Regulationskomponenten scheint im Widerspruch zu stehen zu den erheblichen **Schwierigkeiten ihrer sprachlichen Fassung**, also der Aussage über begriffliche Regulationskomponenten. Bei Arbeitsuntersuchungen in der Produktion ist man immer wieder erstaunt über die Dürftigkeit dessen, was von den Werktätigen über die von ihnen eingesetzten intellektuellen Regulationsgrundlagen verbalisiert werden kann. Die Erklärung dieses Sachverhalts ergibt sich zum ersten aus dem komplizierten psychologischen Verhältnis zwischen Begriff und Wort, welches sich im Verlauf der ontogenetischen Entwicklung und im Verlauf des Übungszustands der betreffenden Tätigkeiten zudem verändert. Die prinzipielle Gebundenheit des Begriffs an das Wort schließt im konkreten Fall Divergenzen nicht aus. Es gibt im Handeln zutage tretende, zutreffende Begriffsverwendungen, ohne daß die Merkmale des Sachverhalts sprachlich hinreichend abstrahiert sind, ohne daß eine angemessene Wortzuordnung gelingt.

Neben der frühkindlichen vorsprachlichen Entwicklungsphase ist eine derartige „außersprachliche", zumeist kontextgebundene Begriffsverwendung (begriffsanaloge Zuordnungsleistung) auch beim Erwachsenen anzutreffen. So gelingt das schwierige Klassifizieren von Sachverhalten, die gleichzeitig in mehreren stetigen Eigenschaften variieren, auch dann, wenn die klassenbildenden Merkmale nicht in Worte gefaßt werden können.

Umgekehrt sichert das Verfügen über die Wortfassung eines Begriffs – auch hinsichtlich adäquater Aussagen über seine Merkmale – noch nicht das angemessene Verwenden des Begriffes.

Zum zweiten ist für die Erklärung zu berücksichtigen der Abbau der Bewußtheit von Regulationsvorgängen bei der psychischen Automatisierung von Arbeitstätigkeiten (vgl. auch dazu 11. Kapitel). Dabei wird auch die Aufgabe des inneren Sprechens reduziert auf die Beteiligung an der Aufstellung des Ziels und des grundsätzlichen Verfahrenswegs sowie das Abrufen der entsprechenden Programme. Mithin ist in diesem Falle eine differenzierte Aussage über die Regulationsgrundlagen ohne weiteres nicht möglich.

Aus diesen Begrenzungen der Aussagbarkeit sprachgebundener psychischer Regulationsgrundlagen müssen einschneidende Konsequenzen bezüglich der Methoden psychologischer Arbeitsuntersuchungen gezogen werden. Einige Aspekte hierzu sind dargestellt in Abschnitt 4.9. und 8.8.

7.2.1. *Vorwiegend kognitive Wirkungen: Beitrag der Sprechtätigkeit zur Differenzierung, Fixierung und Beziehungsstiftung in Regulationsgrundlagen*

1. Die differenzierte Aufnahme von Umweltereignissen setzt eine hinreichende **Zuwendung** und Aktivierung voraus. Sofern die Reize nicht durch ihre Beschaffenheit – speziell ihre hohe Intensität – die Zuwendung über die Auslösung einer Orientierungsreaktion erzwingen, ist das aktive Herbeiführen und Erhalten der Zuwendung durch den Arbeitenden erforderlich. Die an das innere Sprechen gebundene Selbstinstruktion ist dazu unerläßlich. Dabei kann die Zuwendungsausrichtung die Form einer **Wahrnehmungseinstellung** annehmen, bei welcher Suchbereichseingrenzungen auf bestimmte Objektklassen zur Beschleunigung der Identifizierung durch Verkürzung des perzeptiven Vorgangs, zur Verfeinerung der Abbildung, aber auch zur gesteigerten Wahrscheinlichkeit von Fehlidentifikationen nicht klassenzugehöriger Objekte führen.

2. Verbale Instruktionen können darüber hinaus zu einer **Sensibilisierung** der Analysatoren beitragen. (Zum Problem der Sensibilisierung generell s. auch 11.2.) Das Benennen des zu erkennenden Materials verkürzt die Latenzzeit und senkt die Schwellen (Marussewa und Tschistowitsch 1954, zit. nach Matern 1971).

3. Die bisher dargestellten Wirkungen verbaler Selbstinstruktionen verbessern die per-

zeptiven Erfassungsvoraussetzungen von Signalen. Noch umfassendere Wirkungen ergeben sich aus der **Benennung** der zu analysierenden Situationsmerkmale und Signale für den **Wahrnehmungsvorgang**. Sind die Merkmalsausprägungen oder Objekte bereits benannt, so ist das Lehren der Benennungen ein einfacher Weg zur Leistungssteigerung beim **Aufnehmen, Behalten und regulativen Einsetzen** der Informationen aus diesen Sachverhalten. Höhere Anforderungen an den Werktätigen liegen vor, wenn die handlungsrelevanten Merkmalsausprägungen selbst abgegrenzt und benannt werden müssen. In jedem Fall erleichtert das Benennen das **Aussondern** wichtiger Bestandteile der Arbeitstätigkeiten. Während bloßes Wiederholen die Aussonderung in langwieriger Weise erreicht, leistet das Benennen diese umgehend.

Die zahlreichen, teilweise höchst anschaulichen Spezialbezeichnungen von Eigenschaften von Arbeitsmitteln und Arbeitsgegenständen in verschiedenen Berufen belegen diese schöpferische Aktivität.

Die förderliche Wirkung des Benennens im Wahrnehmen kann ohne Vorgriff auf in ihm enthaltene mnestische Vorgänge nicht vollständig dargestellt werden. Beispielsweise wurde gezeigt, daß verbale Prozesse das **Wiedererkennen** von ursprünglich unbenanntem Material verbessern. Zwei Variablen können die beteiligten verbalen Prozesse und über diese die Wiedererkennungsgenauigkeit beeinflussen (Silve und Price 1970):
— die assoziative (vorwiegend konnotative) Benennbarkeit noch nicht benannten Materials überhaupt und
— die Relevanz, das tatsächliche Zutreffen der einem bestimmten Gebilde im Einprägungsvorgang zugeordneten Benennung — mit anderen Worten, seine sprachliche Kodierung.

In Voruntersuchungen wurden Zufallsfiguren hinsichtlich ihrer Benennbarkeit (ihres Assoziationswerts) zwei extremen Gruppen (gut/schlecht benennbar) zugeordnet. In der Einprägungsphase wurden diese Figuren mit Benennung geboten, und zwar für eine Population mit der ermittelten zutreffenden Benennung (also in relevanter Kodierung), für eine andere Population mit einer nicht zutreffenden (also in irrelevanter Kodierung), Tab. 7.2 zeigt einige Resultate.

Tab. 7.2: Mittelwert und Standardabweichung richtiger Wiedererkennungen für gute vs. schlechte Benennbarkeit und relevante vs. irrelevante Benennung (Kodierung) (sämtliche Mittelwertdifferenzen sind signifikant) (Silve und Price 1970)

(Figuren-) material		Bedingungen der Benennung (Kodierung): zutreffend (relevant)	nicht zutreffend (irrelevant)
Gut benennbar	$\bar{x}$	9,00	3,07
	s	2,86	2,72
Schlecht benennbar	$\bar{x}$	4,63	1,93
	s	2,91	1,81

Es ergibt sich also:
— Richtiges Wiedererkennen ist abhängig von der Benennbarkeit. Bei leicht benennbarem Material ist das richtige Wiedererkennen wesentlich häufiger (verdoppelt) als bei schwer oder nicht benennbarem.

– Die Relevanz des verbalen Kodes hat entscheidenden Einfluß; er überwiegt den der Benennbarkeit. Bei relevantem Kode ist richtiges Wiedererkennen wesentlich häufiger (fast verdreifacht) als bei fehlender Koderelevanz.
– Die Benennbarkeit hat vorwiegend Einfluß auf die Gesamtzahl der Assoziationen beim Wiedererkennen, die Relevanz des sprachlichen Kodes dagegen vorwiegend auf die Anzahl richtiger Wiedererkennungen.

Damit sind zugleich zwei praxisrelevante Bedingungen identifiziert, denen verwendete Benennungen von Signalen in der Arbeitstätigkeit entsprechen müssen, um über die Behaltensverbesserung leistungssteigernd wirken zu können.

Was sind die **Ursachen der Leistungsvorteile aus dem Benennen** im einzelnen? Das Wahrnehmen des Erwachsenen ist wortgebundenes und damit begrifflich einordnendes Erfassen von Gegebenheiten. Das begriffliche (kategoriale) Wahrnehmen führt zu einer vollständigeren, präziseren und rascheren perzeptiven Analyse der Umwelt, in unserem Zusammenhang also der Arbeitsbedingungen. Die mit dem benennenden Wahrnehmen verknüpfte Aktivierung des Begriffs stellt das gespeicherte gesellschaftliche Wissen um den wahrnehmbaren Sachverhalt zur Verfügung. Der Sachverhalt wird wahrgenommen als Vertreter einer Klasse von Sachverhalten. Aus der Gesamtheit der Merkmale sind damit die invarianten, wesensbestimmenden ausgesondert und nicht nur gegenüber den fortlaufenden unwesentlichen Abbildungsveränderungen fixiert, sondern im Begriff als Einheit höherer Ordnung rationell zusammengeschlossen. Mit dieser verallgemeinernden und klassifizierenden (allgemeiner beziehungsstiftenden) Wahrnehmung werden Sachverhalte zugleich tiefgründiger und vollständiger, also auch in den aktuell nicht erkennbaren Merkmalen sowie mit den wesentlichen Beziehungen zu anderen Merkmalen und Objekten, erfaßt. Das Miterfassen von Beziehungen ist nicht beschränkt auf die im Begriff selbst abzubildenden Relationen zwischen **Merkmalen** (innerbegriffliche Relationen), sondern es umfaßt ebenso **Zusammenhänge** zwischen verschiedenen Begriffen (zwischenbegriffliche Relationen im Sinne von Klassen semantischer Relationen, die in allgemeinster Form in der relationalen Struktur der Begriffe und der Syntax abgeleitet sind; Fillmore 1968, Klix 1978). Die Gliederung eines Sachverhaltsbereichs ist immanent mitgegeben und wirksam. Begrifflich gestütztes Wahrnehmen stellt gegenüber dem vorbegrifflichen eine andere Erkenntnisweise dar: Das Identifizieren ist verkürzt zu einem Wiedererkennen; ein Teil eines Komplexreizes aktualisiert auf Grund lernbedingter Verbindungen ein verallgemeinertes, schematisiertes Abbild. Damit fließt in das Wahrnehmen ein hypothetisches Moment ein. Derartige Erkennungshypothesen haben hohe rationalisierende Bedeutung für die Situationsanalyse im Arbeitsprozeß.

Ein Beispiel:

Beim Anblick einer bestimmten maskenartig abgegrenzten Rötung, Fleckigkeit und Gedunsenheit des Patientengesichts „sieht" der erfahrene Arzt das Symptom einer bestimmten, damit klassifizierten und in ihren nicht aktuell wahrnehmbaren Wesensmerkmalen (z. B. Ansteckungsgefahr) erkannten Infektionskrankheit; er „erblickt" die Beziehungen zu anderen wahrnehmbaren Merkmalen, er sondert sie als Allgemeines ab von individuellen Besonderheiten und „sieht" die erforderlichen therapeutischen Maßnahmen.

Darüber hinaus bilden Erwachsene Merkmalsverdichtungen über wiederholt wahrgenommene Objektmengen, die von sensorischen Merkmalen abstrahieren. Sie erfassen die relevanten **Dimensionen** der Merkmale. Diese werden benannt. Die Benennungen ermöglichen ein flexibles Auflösen und Umbilden von Merkmalsgruppen (Klix 1971 b,

S. 607 f.). Schließlich spiegeln die Signale solche Eigenschaften von Produktionsprozessen wider, die sich auf die zu ergreifenden Maßnahmen beziehen. Auch dieses Aussondern und Akzentuieren operativer, maßnahmenbezogener Merkmale als eine Form aufgabenabhängiger Umbildung von Merkmalsgruppen wird durch Benennen gefördert.

Diese förderlichen Eigenheiten sprachlich gebundener, begrifflicher Informationsaufnahme im Arbeitsprozeß können bewußt auch zur Kontrolle differenzierter Situationsanalysen eingesetzt werden. Die sprachliche Ausformulierung zwingt zur Klärung und hilft somit, die Regulationsgrundlagen zu verbessern.

4. Mit perzeptiven Operationen sind mnestische Vorgänge eng verbunden. Die Sprechtätigkeit ist auch ein leistungsbestimmender Faktor innerhalb der lang- und kurzfristigen Behaltensvorgänge. Das Benennen von Situationsmerkmalen fördert demnach nicht nur die Informationsaufnahme, sondern auch das **Behalten** — und über dieses die Informationsverarbeitung sowie -übertragung.

Die Vorstellungen über den Aufbau des Gedächtnisses und die Kodierungen in ihm unterliegen einer raschen Entwicklung. Vergleichsweise gut gesichert ist, daß im Kurzzeitgedächtnis Informationen wahlweise in *allen* möglichen Kodierungsdimensionen bewußt repräsentiert sein können. Bei *kurzen* Behaltensintervallen ist häufig ein Vorherrschen einer sprachnahen, phonemisch-akustischen Repräsentation festzustellen. Erforderlichenfalls erfolgt die Umkodierung in eine solche. Nicht nur sprachliches Material, sondern auch nichtsprachliches, das scheinbar gar nicht verbalisierbar ist (z. B. verschiedene Grautönungen) werden akustisch kodiert (vgl. Dornič̌ 1970, Sperling 1967). Damit gewinnt das innere Sprechen und darin der phonemische Aspekt (die Sprechbarkeit) für das kurzfristige Behalten ausschlaggebende Bedeutung: Die akustische Verwechselbarkeit wird zu einer wichtigen Fehlerquelle kurzfristig zur Erledigung von Arbeitsaufgaben zu behaltender Informationen.

Ein Beispiel:

So ist beim Suchen bestimmter Buchstaben in Buchstabenserien das Suchtempo niedriger und die Fehlerquote höher bei im Fall des Aussprechens ähnlich klingenden Buchstaben (gesucht werde beispielsweise „C" in DGBPCT) als bei verschieden klingenden Buchstaben (gesucht werde wiederum „C" in XKHJCV). Die Ursache dafür liegt im Bilden akustischer Repräsentation beim visuellen Suchen (Krüger 1970).

Arbeitsgestalterische Maßnahmen zur Fehlervermeidung müssen den vorherrschenden akustischen Charakter des kurzfristigen Behaltens berücksichtigen.

Das kurzfristige Behalten besitzt darüber hinaus ausfüllenden, aktiven Charakter; es stellt ein Gegenwärtighalten der zu merkenden Sachverhalte dar, welches für andere kognitive Aktivitäten wenig Möglichkeiten beläßt und damit durch andersartige Zwischentätigkeiten hochgradig störbar ist. Damit besitzt bei allen Arbeitstätigkeiten mit hohen Anforderungen an das kurzfristige Behalten (z. B. Eingabe- und Entnahmetätigkeiten durch Ungeübte in der Datenverarbeitung) die Erhöhung der Größe der Behaltensspanne Bedeutung; auf diesem Weg kann das Übertragungstempo erhöht und die Fehlerquote niedrig gehalten werden.

Für die Erhöhung der Behaltensspanne ist in erster Linie eine optimale Gruppen-(chunk)bildung im zu behandelnden Material erforderlich, die als geometrische Anordnung, als zeitliche (rhythmische) Gruppierung sowie in der Sprechtätigkeit beispielsweise als phonemische oder semantische Einheitenbildung realisiert werden kann (s. u.). Da die

Spanne des unmittelbaren Behaltens weniger durch den Informationsgehalt des Materials als vor allem durch Anzahl der Gruppen im Material bestimmt wird[3], ist die Wahl der Gruppen**größe** in einschlägigen Arbeitstätigkeiten leistungsbestimmend.

Bei benennbaren Sachverhalten kann die Behaltensspanne vermittels der Erhöhung der Gruppengröße gefördert werden durch Einheitenbildung auf der Grundlage von:

- sprachstatistischen Eigenschaften (durch die für verschiedene Sprachen jeweils spezifischen Einzelbuchstaben-, Di-, Tri- bzw. N-Gramm-Häufigkeiten[4] bzw. -wahrscheinlichkeiten sowie die Übergangswahrscheinlichkeiten zwischen derartigen N-Grammen);
- phonemischen Eigenschaften (speziell Sprechbarkeit durch Silbencharakter bzw. durch Fehlen silbenweiser Sprechbarkeit); vgl. Abb. 7.1;
- semantischen Eigenschaften (Vorliegen oder Fehlen von Sinneinheiten, etwa sinnvollen Wörtern); vgl. Abb. 7.1;
- syntaktischen Eigenschaften (mit der Annäherung von Wortfolgen an den gewohnten Satzbau, also dem Aufbau von Satzteilen und Sätzen als Einheit steigt u. a. die Behaltensleistung).

Um die hilfreiche sprachliche Einheitenbildung zu nutzen, werden komplizierte Rekodierungen in Kauf genommen. Slak (1970) ließ dreistellige Zahlen phonemisch rekodieren, indem er jeweils einer drei Phoneme umfassenden Silbe ein Zifferntripel in Lernabschnitten zuordnete, wobei ein Phonem jeweils einer Ziffer entspricht. Zum Beispiel also
120 . . . „těl"
120 200 . . . „tělbēl"
Weitere Beispiele gibt Tab. 7.3:

Tab. 7.3: Auszug aus dem phonemischen Kode für Ziffern unter Berücksichtigung dreier Ziffernpositionen von Slak (1970)

	Position in Zahl		
Ziffer	1	2	3
0	d	ē	l
1	t	ōō	n
2	b	ě	m
.			
.	...		
.			

Diese phonemische Rekodierung führte nach dem Erlernen des Kodes zu beträchtlichen Leistungsverbesserungen bei der Informationsübertragung.

Ebenso fördert die Benennbarkeit mit den damit wirksamen sprachlichen Materialeigenschaften **langfristiges Behalten** und schafft damit günstigere Orientierungs- bzw. Regulationsgrundlagen. In erster Linie begünstigt die **begriffliche** Abbildung das lang-

[3] Nach Millers (1956) ursprünglichem Befund ist die unmittelbare Behaltensspanne allein durch Anzahl (und vermittels dieser durch den Umfang der Gruppen [chunks]) bestimmt. Befunde von Slak (1970) und von Nevelski (1965/66) sprechen für die Wirksamkeit von Gruppenanzahl *und* Informationsmenge.

[4] Di-Gramme sind Buchstabenpaare, Tri-Gramme Sequenzen dreier Buchstaben usw. (vgl. Attneave 1959).

fristige Behalten. Diese Begünstigung kommt zum Ausdruck sowohl im begrifflich-kodierenden Einprägen wie darin, daß im Begriff über den jeweiligen Einzelfall hinausgehende, verallgemeinerte Erkenntnisse einschließlich Beziehungen aufgehoben sind, an denen rekonstruierendes Erinnern ansetzt (Bower 1970, Klimesch 1980).

Begriffliche Gedächtniseintragungen unterliegen Eigengesetzlichkeiten. So gibt es bevorzugte Gedächtnisrepräsentationen für Eigenschaftsbegriffe und Aussagen. Eine Aufgabenstellung in der bevorzugten Form erleichtert daher das richtige Verständnis und sichert schnellere Lösungen, weil der Umkodierungsaufwand entfällt. Eine derartige Aufgabendarstellung kann damit zur psychologisch durchdachten Arbeitsgestaltung, genauer zur Informationsgestaltung auf dem Gebiet der Software, gehören.

Bei **Adjektiven** scheint im Gedächtnis als Normalform beispielsweise „gut" gegenüber „schlecht", „kurz" gegenüber „lang", „groß" gegenüber „klein" bevorzugt zu sein. Bei einem gegenteiligen Angebot fällt eine Umkodierungszeit von etwa 250 ms an.

Bei **Aussagen** scheint die positive Form als interne Gedächtnisrepräsentation bevorzugt zu werden. Bei negativer Vorgabe fallen nämlich Umkodierungszeiten von 700 bis 800 ms in die bevorzugte Normalform an (Clark 1969).

7.2.2. *Vorwiegend regulative Wirkungen: Beitrag der Sprechtätigkeit zur Entwicklung, Formung und Kontrolle von Handlungsprogrammen*

Auch hier besitzt, bezogen auf monologisch-erzeugnisbezogene Arbeitstätigkeiten, das innere Sprechen größere Bedeutung als das äußere. In **antriebsregulatorischer** Hinsicht wirkt es einerseits in Form der Selbstinstruktion oder des Selbstbefehls zu einer Arbeitsverrichtung; inneres Sprechen ist mithin an der Vornahmeentwicklung, der Zielaufstellung und der Orientierung für das Erreichen des Ziels sowie dem Entschluß unabdingbar beteiligt. Die Bindung an das innere Sprechen wird hauptsächlich genetisch verständlich. Es liegt im Sinne Wygotskis, Galperins sowie Piagets eine Interiorisierung und Verkürzung des ursprünglich auf zwei Menschen (Kind/Erzieher) verteilten, durch äußeres kommunikatives Sprechen vermittelten Vorgangs vor. Inneres Sprechen ist damit in höchster Verkürzung die Grundlage der für Arbeitstätigkeiten erforderlichen willentlichen Steuerung. Luria (1956), Bem (1967) u. a. haben bewiesen, daß die Selbstregulation des Handelns gebunden ist an ein interozeptives sprachgebundenes System selbsterzeugter Merkmale, die Signale für die Regulation von Verhaltensweisen bei Fehlen äußerer Signale darstellen und zwischen dem 4. und 5. Lebensjahr des Kindes erlernt werden.

In **ausführungsregulatorischer** Hinsicht hat das innere Sprechen Entwurfs- bzw. Planungsfunktion für

- das äußere Sprechen und
- die Handlungen, auf welche es zielt (Wygotski 1964, Ananjew 1963).

Für arbeitspsychologische Anliegen steht die letztgenannte Funktion im Vordergrund. Die Ergebnisse sowjetischer Psychologen (Wygotski, Leontjew, Saporoshez, Galperin) zusammenfassend, gibt Luria eine allgemeine Darstellung der Funktion des inneren Sprechens in Handlungen, die auch für Arbeitshandlungen gilt.

„Dieses [innere] Sprechen, beim Erwachsenen reduziert und verkürzt, ist aktiv an der *Verarbeitung der ankommenden Informationen* wie auch an der Formulierung dessen beteiligt, was Bernstein (1947, 1957) ‚*motorische Aufgabe*' [Bewegungsaufgabe] nannte, die das Ziel der Handlung festlegt und das allgemeine *Handlungsschema* [-Programm] entwickelt.

Bei ganz einfachen oder gewohnten Willkürhandlungen, da die erforderliche Bewegung eindeutig durch das gesteckte Ziel und die äußere Situation determiniert ist, beschränkt sich der Anteil der sprachlichen Komponente auf die Formulierung des Grundgedankens und die Mobilisierung der entsprechenden Bewegungsstereotypie. In komplizierten Fällen, wenn die Formulierung der motorischen Aufgabe noch nicht eindeutig die richtige Handlung sichert, ist der Anteil des sprachlichen Gliedes des willkürlichen Bewegungsaktes weitaus komplizierter. In diesen Fällen ist die Sprache an der Umkodierung der das Subjekt erreichenden Informationen, an der Ermittlung ihrer wichtigsten Glieder und an der Hemmung von störenden Bewegungen beteiligt, die entweder unter dem Einfluß unmittelbarer Umweltreize oder durch träge Spuren früherer Erfahrungen entstehen können. Da das sprachliche Glied das wesentliche Verbindungssystem hervorhebt und ein inneres Schema der Handlung schafft, das dominant wird und alle nebensächlichen, inadäquaten Reaktionen verdrängt, wird es zur Grundlage der kompliziertesten Steuerungsformen des willkürlichen Bewegungsaktes.

Der steuernde Einfluß des äußeren oder inneren Sprechens beschränkt sich allerdings nicht auf die Entwicklung eines allgemeinen Handlungsschemas oder -programms, das dann, wie Bernstein (1947, 1957) nachwies, durch beliebige Operationen realisiert werden kann, die in Abhängigkeit von der Situation plastisch wechseln können. Während des ganzen Verlaufs der Willkürhandlungen verfolgt das innere Sprechen den Ablauf; es hilft, die Handlungen mit der ursprünglichen Absicht zu vergleichen, indem es Signale über ihre Korrespondenz oder Divergenz formt, Fehler korrigiert und die Tätigkeit entweder stoppt, wenn das Ziel erreicht wurde, oder sie noch einmal ablaufen läßt, wenn es verfehlt wurde. Diese *Kontrollfunktion* des Sprechens, die bei Vollzug komplizierter Willkürhandlungen in den Mechanismus des ‚Handlungsakzeptors' (Anochin 1949, 1955) bzw. des T-O-T-E (Miller, Galanter und Primbram 1960) eingeht, macht es zu einem wichtigen Glied im Vollzug jenes ‚in seiner Selbstregulation höchsten Systems', das die Willkürtätigkeit des Menschen darstellt" (Luria 1970b, S. 293f.; Hervorhebungen von W. H.).

Im folgenden werden einige der Funktionen des inneren Sprechens bei Entwicklung, Einsatz und Kontrolle von Handlungsprogrammen des Erwachsenen[5] näher erörtert:

Befunde aus der Neuropathologie beweisen, daß die Fähigkeit zur Programmierung von Handlungen nach verbalen Instruktionen eine Leistung des Frontallappens des Kortex ist. Bei pathologischen Zuständen in diesem Hirngebiet geraten die Handlungen leicht unter den Einfluß der unmittelbaren Reizwirkung oder eines früher entstandenen Stereotyps; Luria (1970b, S. 321).

1. Bewußte Regulierbarkeit

Durch verbale Fassung im inneren Sprechen wird die bewußte Regulierbarkeit von Arbeitstätigkeiten erreicht. Mit Hilfe der im inneren Sprechen erfolgenden Selbstinstruktion kann

- die bewußte Führung noch nicht automatisierter Bewegungen geleistet werden;
- in Lernprozessen bereits automatisierten und dabei der bewußten Regulation entzogenen Tätigkeiten bewußte Regulierbarkeit zurückgegeben werden;
- von vornherein nichtbewußt regulierten Bewegungskomplexen bewußte (willkür-

[5] Umfangreiche Untersuchungen der sowjetischen Psychologie haben die ontogenetische Entwicklung der bewußten Bewegungskontrolle im Zusammenhang mit der Sprachentwicklung erhellt (vgl. Saporoshez 1958).

liche) Regulierbarkeit vermittelt werden. Dieser Aspekt wird als Sonderfall im weiteren nicht beachtet.[6]

Die bewußte Regulierbarkeit ermöglicht, veränderten bzw. komplizierten Anforderungen Rechnung zu tragen; beispielsweise können mittels Selbstinstruktion die Dosierung des Krafteinsatzes und die Variation des Ausführungstempos gesteuert werden. Darüber hinaus können inneres oder äußeres lautes Sprechen im Sinne des begleitenden monologischen Kommentierens von Situationen und Handlungen die Intensität und Stabilität der Zuwendung bedeutend steigern und damit abwendungsbedingte Fehlhandlungen senken. In diesem Sinne wird zunehmend häufiger z. B. in der Fahrschulausbildung die *Kommentarmethode* als monologisierende Kurzdarstellung des Verkehrsablaufs und der daraus erwachsenden Verhaltenserfordernisse angewendet. Bei angemessener Berücksichtigung der Wirkungsbedingungen (s. u.) verdient diese Methode rasche Verbreitung.

Für die an das innere Sprechen gebundene Führung von Bewegungen liegen viele experimentalpsychologische Belege vor. Besonders eng sind die Beziehungen zwischen innerem Sprechen (und der von diesem modulierten Atemfrequenz) und der Gruppe der sogenannten sprachlichen Aufgaben (z. B. Lesen, Schreiben, gedankliches Manipulieren an sprachgebundenem Material).[7] Für unseren Zusammenhang ist entscheidend, daß (wie von McGuigan 1970 für sprachliche Aufgaben nachgewiesen wurde) mit der Kompliziertheit einer Tätigkeit die elektromyographisch faßbare Amplitude des inneren Sprechens wächst. Das innere Sprechen unterstützt dabei die Ausführung der sprachlichen Aufgaben. Geistige Tätigkeiten beanspruchen die Artikulationsmotorik verstärkt, und mit wachsender Schwierigkeit der Aufgaben steigt die Intensität der artikulationsmotorischen Aktivität. Wird – als Gegenbeweis – mit unterschiedlichen Verfahren die innere Artikulation erschwert oder ausgeschlossen, so werden komplizierte, vorwiegend geistige Tätigkeiten wie auch vorwiegend körperliche Arbeitstätigkeiten durchgängig beeinträchtigt (Novikova 1957, Luria 1961, Sokolow 1968).

Die unterstützende, leistungsverbessernde Funktion des Sprechens über eine Selbstinstruktion tritt nicht unter allen Umständen auf, sondern ist *bedingungsabhängig*. Wird das Sprechen in bereits wohl beherrschte einfache Verrichtungen eingebaut, so resultiert *keine* Leistungsverbesserung, sondern im Sinne einer Regression auf ein früheres Lernniveau möglicherweise sogar eine Verschlechterung (Fletcher 1962, Merz 1969). Bei schwierigen Aufgaben ist Verbalisieren förderlicher (s. Gagné und Smith 1962).

Die Sprechtätigkeit wirkt leistungssteigernd also nur dort, wo ein noch unzureichendes Bewältigungsniveau mit ihrer Hilfe besser organisiert werden kann, also Schwierigkeiten überwunden werden. Darüber hinaus liegen Hinweise auf Abhängigkeiten von

[6] Das ist beispielsweise mit Hilfe des Lehrverfahrens des autogenen Trainings möglich (vgl. dazu Schultz 1964).

[7] Dieser Zusammenhang zwischen geistiger Aktivität, innerem Sprechen und Atemfrequenz muß bei den Belastungsuntersuchungen vermittels Analyse der Herz-Perioden-Dauer kritisch beachtet werden, da die Atemtätigkeit ihrerseits mit der Kreislaufaktivität im Zusammenhang steht (respiratorische Arhythmien) und somit eine inhaltliche Einflußmöglichkeit der geistigen Aktivität auf die Kreislaufaktivität besteht, die für Belastungsanalysen eine Kovariable darstellt (Bartsch, Plath und Richter 1975).

der Art der Aufgaben (sprachliches oder nichtsprachliches Material) vor (Merz 1969; s. auch 7.3) In Abschnitt 11.3.3. werden diese Abhängigkeiten näher erörtert.

Darüber hinausgehend wird im inneren Sprechen die Auseinandersetzung mit der eigenen Tätigkeit und eine innere Rechenschaftslegung über sie möglich. Diese reflexive Befassung mit den eigenen Verrichtungen ist u. a. eine Voraussetzung für das Lehren dieser Tätigkeiten.

Erst sie ermöglicht es, kritische Bewegungselemente auszugliedern und verlangsamt sowie verdeutlichend zu demonstrieren und wichtige bewegungsregulierende Signale durch verbale Übermittlung zu lehren. Die vom inneren Sprechen vermittelte bewußte Regulierbarkeit von Bewegungskomplexen ist mithin die Grundlage des Lehrens von Bewegungsvollzügen im Arbeitsprozeß oder im Sport. Für eine erfolgreiche Lehrtätigkeit genügt also das brillante Können der zu lehrenden Verrichtung nicht; das Können muß die übergeordnete Qualität der bewußten Beherrschung erlangt haben, in welcher der Ausführende im objektivierenden inneren Sprechen die Verrichtungsausführung zum Gegenstand der kritischen Betrachtung zu machen imstande ist.

Damit sind wesentliche Qualifikationsanforderungen für Ausbilder auf berufs- bzw. sportpraktischem Gebiet abgeleitet.

2. Verfügbarkeit über Verrichtungsteile

Die Verbalanalyse macht — in schwer abgrenzbarer Gemeinschaft mit der intellektuellen Durchdringung — Bewegungskomplexe in ihren einzelnen Bestandteilen verfügbar. Anstelle der starren Abhängigkeit vom äußeren oder inneren Reizstrom bei einem Stereotyp sind die Abschnitte der Verrichtung abhängig vom Wort als einem frei einsetzbaren Auslöser und darüber hinaus vom Denken. Mit Hilfe der sprachlichen Selbstinstruktion kann

— an einer beliebigen Stelle der Tätigkeit begonnen,
— ein beliebiges Element der Tätigkeit produziert oder unterlassen und
— eine Modifikation der Tätigkeitsstruktur ohne Desorganisation ihres Ablaufs erreicht sowie
— die Verfestigung der Ausführungsweise zugunsten ihrer Plastizität vermieden werden.

Letztlich ist diese Verfügbarkeit der Teile einer Arbeitsverrichtung vermittels ihrer Koppelung an das Wort in der Selbstinstruktion anstelle der starren Bindung an die Auslöserkette eines Stereotyps unlösbar verknüpft mit der oben behandelten bewußten Regulierbarkeit.

Beide sprachgebundenen Regulationsbesonderheiten, also die bewußte Regulierbarkeit und die Verfügbarkeit über Verrichtungsteile, sind Seiten *einer* umfassenden Besonderheit, nämlich der **bewußten Auseinandersetzung mit veränderten Arbeitsbedingungen**. Gerade diese Besonderheit ist die wichtigste Voraussetzung des disponiblen Einsatzes von erlernten Operationen für wechselnde Aufgaben und kennzeichnet damit das Stadium des Beherrschens einer Tätigkeit. Nur vermittels dieser lernbedingten Koppelung von Automatismus (der Arbeitsfertigkeiten) und Bewußtheit (ihrer sprachgestützten Verfügbarkeit) kann eine der gravierenden Schwierigkeiten im Arbeitsprozeß, nämlich die Umstellung auf eine veränderte Ausführungsweise bei einer bereits länger ausgeübten Tätigkeit, überwunden werden (Tomaszewski 1961).

Im Rahmen der beschleunigten technologischen Entwicklung werden Veränderungen der Fertigkeit in zunehmend kürzeren Abständen aufeinanderfolgen. Damit gewinnt das Umstellungsproblem noch an Bedeutung. Die sachgerechte Nutzung der eben behandelten sprachgebundenen Regulationsbesonderheiten besitzt unmittelbar Produktionswirksamkeit. Auf ihrer Grundlage können neuartige, effektivere Ausbildungs- bzw. Umlernverfahren entwickelt werden (dazu ausführlicher 9.5.).

3. Sprachgebundene Bildung abstraktiv verkürzter und verdichteter regulativer Handlungseinheiten

Die Sprechtätigkeit besitzt auch in der Regulation vorwiegend körperlicher Arbeitstätigkeiten synthetisierende Funktion. Ganze Komplexe von Verrichtungen oder Reizen werden in einer Bezeichnung zusammengefaßt und in verkürzter und verdichteter Weise rekodiert. Mit Hilfe dieser zusammenschließenden Benennung wird die Entwicklung der herausdifferenzierten Komplexe als funktionelle Einheit gefördert. Wesentlich ist, daß diese Einheitenbildung vermittels der Benennung einen echten qualitativen Sprung in eine effektivere Regulationsform darstellen kann (Klix 1980).

So schließt beim Führen eines Kraftfahrzeuges die funktionelle und phänomenale Einheit „Schalten", wenn sie einmal erlernt ist, wenigstens sieben Einzeloperationen mit ursprünglich ebenso vielen Selbstinstruktionen als ein motorisches Superzeichen in sich zusammen:

„Schalten!" {
- Gas weg / rechter Fuß zurück!
- Auskuppeln / linker Fuß drückt Pedal!
- Gang herausnehmen! (Bewegungsfolge der rechten Hand)
- kurzfristig in Leerlaufstellung belassen!
- Gang einlegen! (Bewegungsfolge der rechten Hand)
- Einkuppeln / linker Fuß zurück!
- Gas geben / rechter Fuß drückt Pedal!

Auf sensumotorischem Regulationsniveau ist die Bildung motorischer Superzeichen ein besonders leistungseffektiver regulativer Vorgang sprachgebundener Art (s. auch 9.4.2.4.).

Im Zusammenhang mit der Erörterung der Veränderung der psychischen Struktur wird der Unterschied zwischen der bei sprachlicher Einheitenbildung und der bei psychischer Automatisierung gleichermaßen sich einstellenden Vereinfachung der psychischen Struktur und der Anforderungen der jeweiligen Arbeitstätigkeiten zu behandeln sein (s. 11.3.).

4. Entwicklung von Aktionsprogrammen

Bereits Wygotski (1964) hat die Entwurfs- einschließlich Planungsfunktion des inneren Sprechens nicht nur für das äußere Sprechen, sondern auch für Handlungen hervorgehoben. Die Entwicklung verallgemeinerter Handlungsschemata oder -programme ist eine Leistung des inneren Sprechens. Sowohl die Antizipation künftiger Situationen wie das darauf fußende Entwerfen von Aktionsprogrammen erfolgt auf perzeptiv-begrifflicher Regulationsebene wie auf intellektueller Regulationsebene im Medium des Sprechens.

Die bereits angeführten Befunde zur Selbstinstruktion betreffen nicht nur den behandelten antriebsregulatorischen Aspekt, sondern auch einen ausführungsregulatorischen: Die Selbstinstruktion im inneren Sprechen stellt zugleich Aktionsprogramme auf. Diese in Selbstinstruktionen gegebenen Zielstellungen und Programme können in sprachlicher Form leicht gegenwärtig gehalten und gegenüber andersartigen Einwirkungen abgeschirmt werden.

Beim Erlernen von Programmen ist das Vor-sich-hin-Sprechen (Verbalisieren) der angebotenen Vorgehensvorschriften dem Nutzen dieser Vorschriften ohne Verbalisieren eindeutig überlegen.

Beim Ausbilden von Rangierern erhielt eine Gruppe heuristische Vorschriften für die Rangierfahrten und eine Einweisung in ihre Nutzung (Kontrollgruppe KG). Eine zweite Gruppe wurde zusätzlich angehalten, die Regeln vor sich hin zu sprechen. Vom **Flüstern** der **vollständigen** Regeln sollte sie zum Flüstern in **verkürzter** Form als Stichwort und schließlich zum **inneren Sprechen** übergehen. Die Leistungen dieser Gruppe (Trainingsgruppe TG) verbesserten sich hinsichtlich der Anzahl der benötigten Rangierfahrten und der gleichzeitig bewegten Waggons – also einer adäquaten Teilzielbildung und -gruppierung – signifikant stärker als die Gruppe, die allein die Regeln erhielt, ohne zum Verbalisieren angehalten zu sein (Skell und Ringel 1978, vgl. Abb. 7.2).

Als praktische Konsequenz bewährt sich das Kombinieren aktiven und mentalen Trainings mit allmählich verkürzten Sprechimpulsen zum sogenannten **sprachgestützten Training** von Bewegungskomplexen.

Darüber hinaus muß die Sprechtätigkeit bei allen Formen der Arbeitsausbildung gründlicher berücksichtigt werden (Ulich 1967, Volpert 1971, Däumling, Engler, Smieskol, Tiegler, Triebe, Ulich und Wilke 1973, Elßner 1970, Neumann 1975, Skell und Ringel 1978, Höpfner 1981, Höpfner und Skell 1982).

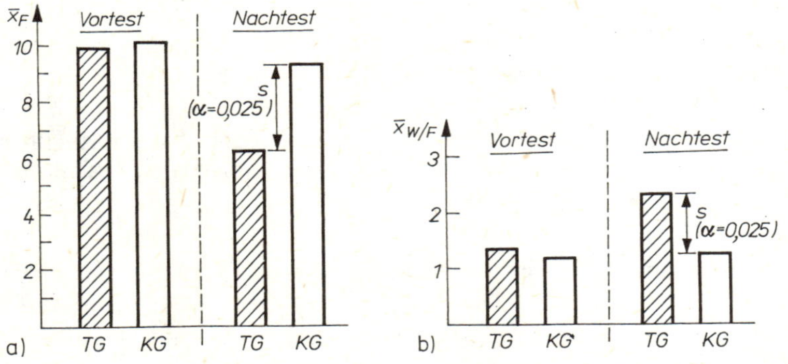

Abb. 7.2: Sprachgestütztes Training ist wirksamer als Training ohne „Sprechen für sich selbst“: Die Trainingsgruppe (TG) rangiert mehr Waggons mit weniger Fahrten als die Kontrollgruppe (KG).
a) Anzahl der Fahrten ($\bar{x}$) von Trainings- und Kontrollgruppe im Vor- und Nachtest (Skell und Ringel 1978).
b) Anzahl der Wagen pro Fahrt ($\bar{x}$) bei Trainings- und Kontrollgruppe im Vor- und Nachtest (Skell und Ringel 1978).

7.3. Zu Grundlagen der Wirkungen der Sprechtätigkeit in der Ausführungsregulation von Arbeitstätigkeiten

Wenn in der Ausbildung oder bei arbeitsgestalterischen Maßnahmen die wertvollen Regulationsbeiträge der Sprechtätigkeit systematisch genutzt werden sollen, müssen die Grundlagen dieser Beiträge bekannt sein. Ihre eingehende Darstellung ist allerdings keine arbeits-, sondern eine allgemeinpsychologische bzw. spezieller psycholinguistische Aufgabe (zusammenfassende allgemeinpsychologische Einblicke geben Rubinstein 1958, Wygotski 1964, Hörmann 1967, Luria 1970 b).

Die Wirkung des Verbalisierens kann bei verschiedenen Tätigkeiten nicht nur unterschiedlich sein; seiner förderlichen Wirkung können in verschiedenen Zusammenhängen unterschiedliche Vorgänge zugrunde liegen, etwa einmal ein stärker analytischer Lösungsstil, bei anderen Aufgaben eine Behaltenserleichterung von Zwischenresultaten. Diese Befunde drängen die Frage nach möglichen Wirkungsgrundlagen förderlicher Sprechtätigkeit bei der Bewältigung sprachfreier bzw. sprachgebundener Aufgaben auf.

Die folgende kurze Zusammenstellung von Grundlagen stützt sich auf Luria (1956), Tomaszewski (1961), Matern (1971) sowie Merz (1969):

- In **neurophysiologischer** Hinsicht zeichnet sich die Sprechtätigkeit aus durch ein leichtes Herstellen bedingter Verbindungen, starke Ausprägung der Hemmungsfunktionen als Voraussetzung zielgerichteter Tätigkeit durch Selektion des Reizangebotes und durch entsprechende erregungsunterstützende Wirkung auf dem Wege negativer Induktion (Pickenhain 1959, S. 116 ff.).
- Innere wie äußere Sprechtätigkeit sind begleitet von verschiedenen **Reafferenzen**. Bei vollständig lautlosem inneren Sprechen sind diese auf kinästhetische **Reafferenzen** reduziert. Die besondere Funktion kinästhetischer Analysatoren beim Menschen u. a. für das Sprechen ist bekannt (vgl. Pickenhain 1959, Ananjew 1963). Jede Handlung setzt zur erfolgreichen Aufgabenerfüllung differenzierte Reafferenzen voraus. Die kinästhetischen Reafferenzen des Sprechens können gänzlich oder wenigstens zum Teil diese unerläßliche Reafferenz bilden bzw. den Reafferenzenstrom verstärken und auf diese Weise Voraussetzung zielgerichteten Handelns sein. Dafür spricht, daß mit der Schwierigkeit von Aufgaben die Intensität der artikulationsmotorischen Aktivität meßbar steigt, und umgekehrt bei der Beeinträchtigung des inneren Sprechens (z. B. durch Pfeifen, Blasen oder Aufsagen von Zahlenreihen) die Bewältigung schwieriger Aufgaben gleichfalls beeinträchtigt ist.
- Die Sprache erleichtert und verbessert das **Orientieren** in den Arbeitsbedingungen im Sinne des begrifflichen Wahrnehmens. Die Aussonderung und Analyse von Merkmalen mit Signalbedeutung sowie das differenzierte Abbilden werden auf begrifflicher Ebene möglich. Tätigkeitsleitende Merkmale werden mit Hilfe ihrer Benennung **multipel** kombinierbar und klassifizierbar. Multiples Klassifizieren bedeutet auch Ordnen auf wechselnden Ebenen der **Abstraktion**. Die begriffliche Abbildung eröffnet eine Metaebene des Operierens mit den **Bezeichnungen** von Dingen und Vorgängen gleichfalls auf wechselnden Abstraktionsebenen, mit verschieden umfangreichen Freiheitsgraden (Thiele 1969, Klix 1980).

Die Verknüpfung der in der theoretischen Ausbildung zu vermittelnden Merkmals- bzw. Begriffssysteme mit der praktischen Ausbildung in den Arbeitstätigkeiten besitzt mithin hohen Ausbildungswert. Theoretische (begrifflich analysierende und einordnende) und praktische (Operationen vermittelnde) Ausbildung müssen einander durchdringen. Der bei Untersuchungen von Leistungen von Arbeitskollektiven häufig festzustellende Sachverhalt, daß die Leistung sehr stark mit der berufspraktischen, aber wesentlich schwächer mit der theoretischen Ausbildung korreliert, enthält eine Kritik eben an dieser Verknüpfung. Es ist nämlich regelmäßig gleichfalls zu belegen, daß Minderleistungen in überwiegendem Ausmaß auf Mängel in der intellektuellen Einsicht in allgemeine Zusammenhänge des eigenen Arbeitsprozesses – also zu fordernden Inhalten der theoretischen Ausbildung – zurückgehen.

Diese analytische Funktion kann von der beziehungsherstellenden, synthetischen nicht getrennt werden. In verschiedenartigen Formen werden in der Sprache Beziehungen widergespiegelt, die den Zusammenschluß von Verrichtungsteilen zu übergeordneten Einheiten fördern und somit Grundlagen der Bildung von Handlungsschemata und Plänen bilden.

• Im Zusammenhang der Förderung des Orientierens in der Arbeitssituation stellt die Sprache individuelle und gesellschaftliche Erfahrungen bereit. Im Wort ist nicht nur das **Wissen** begrifflich verallgemeinert, geordnet und mit anderem verknüpft. Das Wort regt auf Grund dieser einordnenden Verknüpfung gleichsam von selbst zur Reproduktion assoziierter Sachverhalte an und schließt damit nahezu zwangsläufig Wissen über Merkmale und Zusammenhänge reproduzierend oder rekonstruierend auf.[8]

Wissen ist in unterschiedlicher Form sowohl auf der sensumotorischen, auf der perzeptiv-begrifflichen wie auf der intellektuellen Regulationsebene notwendig an der Regulation von Arbeitstätigkeiten beteiligt. Es wurde bereits betont, daß nicht Kenntnisse an sich regulative Funktion besitzen, sondern daß sie wenigstens mit erworbenen Merkmalen für ihren angemessenen Einsatz zu regulativen Einheiten verknüpft worden sein müssen. Die Möglichkeit, Wissen begrifflich in rationeller Weise zu kodieren, bedeutet nicht, daß handlungswirksames Wissen in jedem Fall verbalisierbar sein muß. Es gibt erfahrungsbedingtes Wissen, welches unerläßlich und funktionell wirksam ist, ohne aussagbar zu sein (sogenanntes prozedurales Wissen). Diese Schwierigkeiten der Verbalisierung von Wissen sind kein Argument gegen die Feststellung, daß die sprachliche Fassung eine wichtige Verbesserung der Regulationsgrundlagen darstellen würde.

In Erinnerung gebracht werden muß weiter, daß der Einsatz von Wissen zur Bewältigung von Arbeitsaufgaben nicht als reine Gedächtnisleistung im Sinne des Reproduzierens verstanden werden kann. Wiederholt wurde gezeigt (Herrmann 1965), daß „Wisseneinsatz“ in unterschiedlichem Maße eine intellektuelle Leistung im Sinne der Rekonstruktion bzw. der Ableitung aus dem Prinzipiellen sein kann.

7.4. Regulation sprachlicher Arbeitstätigkeiten

Die rechnergestützte Textverarbeitung wird oft als Mensch-Rechner-„Dialog“ bzw. „-Kommunikation“ bezeichnet. Genau besehen handelt es sich um monologisch-ergebnisbezogene Arbeit. Wichtiger als das oft beklagte Ausbreiten eines Computer-Slangs (Volpert 1985) ist ein anderer sprachlicher Trend: Hinausgehend über das Entwickeln „nutzerfreundlicher“ künstlicher Sprachen gewinnt nach Übergängen mit bildhaften

[8] Meinem Lehrer W. Straub verdanke ich den Hinweis auf Heinrich von Kleists (1925) über den hier genannten Aspekt noch hinausweisenden Aufsatz „Über die allmähliche Verfertigung des Gedankens beim Reden“.

Symbolsprachen (z. B. beim Macintosh von Apple) die wenig standardisierte natürlichsprachliche „Kommunikation" mit Rechnern Bedeutung. Zugleich steigt auch die Bedeutung der sprachlichen Kommunikation mit anderen Menschen beim anteiligen Wachstum informationsübertragender und -verarbeitender, „geistiger" Arbeit. Ein gemeinsamer Nenner ist das Optimieren geistiger Arbeit, die im Medium von Sprachen abläuft. Dabei geht es nicht nur um die **Verständlichkeit** von zu befolgendem, zu übertragendem, zu verarbeitendem oder zu erzeugendem Text, sondern auch um seine regulative oder **Aufgabenangemessenheit**. Wichtige Analyse-, Bewertungs- und Gestaltungsaspekte sind daher:

- **Lexikalisch-syntaktische Angemessenheit.** Dazu gehören (1) einheitliche und verständliche Begriffswahl, (2) angemessene Satzlänge und (3) angemessene syntaktische Kompliziertheit. Objektive Merkmale bei (3a) den Satzformen sind: Mehrfach zusammengesetzte Sätze, insbesondere Verbindungen mehrerer Satzgefüge (Schachtelsätze mit nachgesetztem Verb; Treppensätze); Satzgefüge mit mehr als einem Nebensatz. Merkmale bei (3b) den Satzgliedern sind: Attributkonstruktionen, insbesondere umfangreiche Beifügungen und Partizipialgruppen; Infinitivkonstruktionen; Substantivierungen (Baumann 1982; Luria 1982).
  Viele geschachtelte Propositionen überfordern das Arbeitsgedächtnis. Ein psychologisches Merkmal der Textschwierigkeit ist daher die Häufigkeit erforderlichen **Wiedereinsetzens** bereits gelesener Textstücke aus dem Gedächtnis. Ein weiteres Merkmal ist die Anzahl erforderlicher **Schlüsse** zum Herstellen von Beziehungen im Text (Miller und Kintsch 1980; Ballstaedt u. a. 1981).
- **Beziehungs- versus Handlungsdarstellung.** Das gleiche Arbeitsgebiet kann dargestellt werden als Anweisung zu schrittweise aufeinanderfolgenden Handlungen (syntagmatisch) oder als Beschreibung der zu beachtenden nebeneinander bestehenden Beziehungen, also Unterordnungen, Überordnungen, Abhängigkeiten, Wirkungen etc. (paradigmatisch). Die Beziehungsdarstellung bedingt kompliziertere Satzformen, aber vermittelt Struktureinsicht. Handlungsschrittdarstellungen sind syntaktisch meist einfacher, vereinbar (kompatibel) mit dem erforderlichen Vollzug und operativ im Sinne der Brauchbarkeit als Selbstbefehle. Jedoch bieten sie weniger Strukturinformation. Beziehungsdarstellungen erfordern syntaktisch kompliziertere Mittel bei den Satzformen und den Satzgliedern. Bisherige Ergebnisse sprechen für Vorzüge der Handlungsdarstellung beim Lernaufwand und späteren Arbeitstempo, aber für Nachteile gegenüber Relationsdarstellungen in der erreichten Struktureinsicht, gemessen an der erforderlich bleibenden Hilfenabforderung. Dabei zeichnen sich Wechselbeziehungen mit der Aufgabenkomplexität ab: Handlungsdarstellung scheint bei hoher Komplexität besonders vorteilhaft zu sein. Weitere Aspekte sind:
- **Sachlogischer Textaufbau**
- **Konzentration** bei einem bedeutungsabhängigen Mindestgrad an Redundanz
- Handlungsbezogen optimales Verhältnis von **Abstraktion und Konkretion.**

Sprachpsychologische Erkenntnisse werden in großer Breite produktionswirksam, insbesondere in der Software-Gestaltung, beim Verfassen von Arbeitsregeln und Arbeitsanweisungen auch unabhängig vom Rechnereinsatz, beim Gestalten von Bedienanleitungen oder beim Gestalten von Lehr- und Lernmaterial (vgl. dazu Spezielle Arbeits- und Ingenieurpsychologie 4).

8. Intellektuelle Regulation von Arbeitstätigkeiten

Der Übergang zu den komplizierten Formen der gesellschaftlichen Tätigkeit gibt die Möglichkeit, jene Mittel der Sprache zu beherrschen, die der höchsten Erkenntnisstufe – dem theoretischen Denken – zugrunde liegen. Dieser Übergang vom Sinnlichen zum Rationalen ist auch das Hauptmerkmal der bewußten Tätigkeit des Menschen . . . (Luria 1982, S. 303).

Besonderheiten der Denkprozesse müssen hinsichtlich jener Aufgabentypen untersucht werden, die mit ihrer Hilfe gelöst werden müssen, an das Denken bestimmte Ansprüche stellen und ihm damit bestimmte Besonderheiten verleihen (Landa 1966/67, S. 24).

Die primäre Form des Denkens ist *das Denken im Handeln* und *durch das Handeln* . . . Das Denken entwickelte sich in der Arbeitstätigkeit als *praktische* Operation, als . . . Komponente *praktischer* Tätigkeit, und erst dann löste es sich ab und wurde zu einer verhältnismäßig selbständigen theoretischen Tätigkeit . . . Das Denken entwickelt sich auf der Grundlage des Handelns und dient schließlich der Organisierung des Handelns und seiner Lenkung (Rubinstein 1958, S. 428).

8.1. Allgemeine Kennzeichen von intellektuellen Regulationsvorgängen

8.1.1. Bedeutung der intellektuellen Regulation von Arbeitstätigkeiten

1. Unterschiede in Ausmaß und Beschaffenheit kognitiver – und damit insbesondere intellektueller – Verarbeitung sind die wichtigste Quelle interindividueller Leistungsdifferenzen in der Wirtschaft. Die Tätigkeitsstrukturen von Arbeitskräften mit Spitzenleistungen unterscheiden sich auf der Basis der entsprechenden Motivierung von denen durchschnittlicher Arbeitskräfte eben hinsichtlich intellektuell vermittelter Komponenten, beispielsweise durch

- selbständige Wahl und schöpferisches Festlegen von Arbeitsverfahren;
- bewußte, präzise Organisation einschließlich Vorbereitung der eigenen Arbeit;
- selbständige Arbeitsplanung.

Untersuchungen in verschiedenen Wirtschaftszweigen belegen, daß Werktätigen mit langzeitigen Spitzenleistungen eine von anderen deutlich abgehobene Arbeitsweise als Ergebnis intellektueller Operationen zu eigen ist. Besonders leistungsstarke Arbeitskräfte kennzeichnet ein höherer Anteil kognitiver einschließlich intellektueller Operationen (z. B. vorbeugende Fehleranalysen), der höhere Leistungen bei gleichzeitig geringerem Anteil manueller Tätigkeiten bedingt. Beispielsweise leisten gute Weber mehr als durchschnittliche, gerade weil sie weniger manuell tätig sind, also größere Zeitanteile für die leistungsbestimmenden kognitiven Operationen einsetzen können (Abb. 8.1).

Leistungsstarke Werktätige sind darüber hinaus nicht ausschließlich mit der kognitiven Analyse der **gegebenen Situation** beschäftigt (z. B. der raschen Erkennung aktueller Störungen), sondern sie sind intensiv befaßt mit **antizipierender,** organisierender und

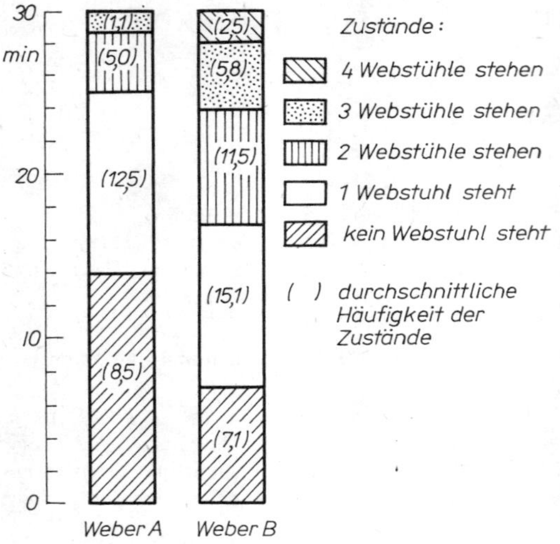

Abb. 8.1: Stillstandshäufigkeiten bei gleichzeitiger Bedienung mehrerer Webstühle bei einem leistungsstarken (A) und einem leistungsschwächeren Weber (B):
Kognitive Operationen ermöglichen das vorbeugende Verhüten von Stillständen; damit entsteht seltener die Notwendigkeit zu *manueller* Stillstandsbehebung, wodurch wiederum mehr Zeit für vorbeugende kognitive Operationen verfügbar wird (G. Herrmann 1967).

planender Tätigkeit (z. B. Fehlerprophylaxe). Aus diesen Eigenarten der kognitiven Regulation resultiert eine planmäßige Arbeitsweise (8.5.). Die Größenordnung des praktischen Effekts kann am Beispiel einer Kreuzspulerei verdeutlicht werden, in der bei individuell geplantem Vorgehen das Pensum von 5 Tagen in 4 Tagen bewältigt wurde (Illing 1960).

2. Die detaillierten Ursachen der Leistungsüberlegenheit bei angemessener intellektueller Regulation sind generell in **intellektuell vermittelten Veränderungen in der Struktur von Arbeitstätigkeiten** zu suchen. Mit anderen Worten: Die leistungsbestimmende Bedeutung der intellektuellen Regulation geht darauf zurück, daß sie den umfassendsten, kurzfristigsten und effektivsten Einfluß auf die Struktur von Arbeitstätigkeiten besitzt.

Am Beispiel des Drehens werden die Beziehungen zwischen intellektuellen Operationen und Strukturkomponenten der Arbeitstätigkeiten anschaulich: Bei der wiederholten Fertigung eines Drehteiles konnten Dreherlehrlinge zwischen drei unterschiedlich gut geeigneten Ausgangswerkstücken wählen. Je nach der Wahl mußten unterschiedliche Fertigungswege eingeschlagen werden. Nur das längste Stück gestattete ein optimales Vorgehen, beim kürzesten entfielen alle Vorgehensvorteile, welche das längste aufwies; beim mittellangen Werkstück wurden die Vorteile nur unter Schwierigkeiten nutzbar. Die sachgerechte Wahl setzt ein vorwegnehmendes *gedankliches Analysieren* und Aufbauen des Lösungsweges und eine darauf aufbauende **Entscheidung** voraus. Je nach der intellektuell abgeleiteten Entscheidung ergeben sich völlig verschiedenartige Arbeitsablaufstrukturen. Mit dem Erfassen der Zusammenhänge und diesbezüglicher optimaler Wahl ändert sich die gesamte Vollzugsstruktur der Tätigkeit (Möglichkeiten zur „Serienfertigung" mit Verringerung der Umspannungen; Art des Einspannens; Bedingungen des Abstechens) sprunghaft (Neubert 1969).

Der Einfluß von Denkvorgängen strahlt auf die gesamte Struktur von Arbeitstätigkeiten aus. Sogar sensumotorisch regulierte Handlungsbestandteile können dabei zu abhängigen Komponenten der übergeordneten intellektuellen Regulation werden, die selbst wieder Komponente komplexerer Regulationsvorgänge sein kann.

So können veränderte sensumotorische Regulationsanforderungen entweder zu einer Anforderungsbewältigung durch Neulernen von Bewegungsprogrammen oder aber zu einem durch intellektuelle Analyse vermittelten Einsetzen von bereits früher erworbenen, angemesseneren Bewegungsprogrammen führen. Während im ersten Falle Leistungsverbesserungen allmählich auftreten, können im zweiten sprungartige Verbesserungen resultieren.

Ein möglicher Einwand bleibt zu entkräften: Veränderungen in der Struktur von Arbeitstätigkeiten können auch zurückgehen auf andere, z. B. auf Aktivierungs-, Sensibilisierungs- oder psychophysische Automatisierungsvorgänge. Die höhere Effektivität intellektuell vermittelter Strukturveränderungen hat mehrere Ursachen im Wesen der beteiligten Denkvorgänge selbst. Zunächst ist zu berücksichtigen: Die ausschlaggebenden Glieder intellektueller Regulationsvorgänge von Arbeitstätigkeiten, die in Entscheidungen mündenden Zustandsanalysen und Mittel-Weg-Wahlen, sind nicht kurzerhand ausübungsgebundene Anpassungsprozesse von gegebenen Tätigkeitskomponenten, sondern stellen der Ausübung vorgeschaltete, bewertende Untersuchungs- und Auswahlvorgänge dar, deren Ausgänge die überhaupt einzusetzenden Tätigkeitskomponenten bestimmen. Darüber hinaus ist den unterschiedlichen intellektuellen Regulationsvorgängen gemeinsam, daß sie dem Ausführen vorgeschaltete, analytisch-synthetische Untersuchungs- und Probeoperationen im Abbildbereich darstellen. Zumindest bezüglich der bedachten Tätigkeitskomponenten ist die Ausführung zeitweilig unterbrochen.

Diese Operationen im Abbildbereich – im operativen Abbildsystem der jeweiligen Tätigkeit – sind bewußtseinspflichtig und sprachgebunden. Mit der zeitweiligen Unterbrechung des Einwirkens und der sprachgebundenen Situationserfassung wird ein Objektivieren der Situation als Problem und ein erlebnismäßiges Heraustreten aus dem Ereignisstrom möglich. Im Medium der Sprache bieten sich individuelle und gesellschaftliche Lösungsvarianten an oder können in ihm gesucht werden. Abstraktion und Verallgemeinerung sind möglich und erschließen dem aktuellen Problem die Nutzungsmöglichkeit des übertragbaren Wissens. Neuartige Anforderungsstrukturen können nach alledem auf der Grundlage intellektueller Analyse kurzfristig, d. h. ohne den lernbedingten Zeitaufwand bei der allmählichen psychophysischen Automatisierung oder Sensibilisierung, bewältigt werden. Gleichzeitig ist im Abbildbereich der bewußte zeitliche Rückgriff und Vorausgriff, das Aufsuchen und Aufbauen von Folgebeziehungen, ein Folgen- und Nutzenkalkül, möglich.

Schließlich ist zur Begründung der besonderen Effektivität der intellektuellen Regulation zu berücksichtigen, daß sie Bestandteil einer komplexen Verhaltenausrichtung im Sinne einer Einstellung zu sein pflegt. In umfassenderer, psychopathologisch abgestützter Hinsicht haben zuerst Goldstein und Scheerer (1941) mit der Gegenüberstellung von konkreter und abstrakter Einstellung als Grundlage entsprechenden Verhaltens eine derartige Verhaltensausrichtung beschrieben.

Jede der beiden Einstellungen konstituiert einen umschriebenen Verhaltensbereich, zu dem eine Reihe von Leistungen und Reaktionen gehören (1941, S. 146), die zwar als Vorgänge sehr verschiedener Art erscheinen, bei genauerer Analyse aber erkennen lassen, daß sie je eine gemeinsame Grundlage im Sinne eines funktionellen Integrationsniveaus besitzen. Die von Luria (1970 b) berichteten hirnpathologischen Befunde stützen diese Ergebnisse. Die in unserem Zusammenhang besonders interessierende abstrakte Einstellung geht über die unmittelbar gegebene Situation hinaus und schließt intellektuelle Analyse, Bewußtheit und Rechenschaft vom eigenen Handeln ein. Sie ist damit die Grundlage einiger besonderer Verhaltensweisen:

„Die abstrakte Einstellung ist die Grundlage für die folgenden **bewußten** und **volitionalen** Verhaltensweisen:

1. Unser ‚Ich' von der Außenwelt oder von inneren Erlebnissen ablösen.
2. Eine geistige Einstellung beziehen.
3. Sich über sein Tun Rechenschaft geben; die Rechenschaft in Worte fassen.
4. Reflektierend von einem Aspekt der Situation zu einem anderen übergehen.
5. Gleichzeitig mehrere Aspekte im Bewußtsein haben.
6. Das Wesentliche eines gegebenen Ganzen erfassen; ein gegebenes Ganzes in Teile zerlegen, diese isolieren und wieder zusammensetzen.
7. Reflektierend allgemeine Eigenschaften abstrahieren; Oberbegriffe bilden.
8. Vorstellend vorausplanen; eine Einstellung gegenüber dem ‚bloß Möglichen' einnehmen und denken oder symbolisch handeln.

Konkretes Verhalten hat diese genannten Eigenschaften nicht" (Goldstein und Scheerer 1965, S. 148 f.).

Auf arbeitspsychologischem Gebiet erweist sich bei vergleichender Analyse der Arbeitsweise leistungsstarker und leistungsschwacher Arbeitskräfte gleichfalls, daß die Unterschiede in der intellektuellen Regulation verschiedenartige Vorgehensweisen (Strategien) bedingen, die Verschiedenartigkeiten in deren kognitiven und darüber hinaus in motivierungsmäßigen Regulationsbereichen einschließen. In Abschnitt 8.5. sollen einige diesbezügliche Befunde dargestellt werden.

3. Die Erörterung der Bedeutung der intellektuellen Regulation von Arbeitstätigkeiten hat schließlich zu berücksichtigen, daß die Anforderungen an die intellektuelle Regulation im Rahmen der wissenschaftlich-technischen Revolution, gemessen an anderen Anforderungskategorien, wachsen und unter sozialistischen Produktionsverhältnissen planmäßig erhöht werden. Zugleich wandelt sie sich qualitativ, indem anschaulich und vorstellungsmäßig abgestützte Operationen allmählich durch Operationen vermittels abstrakter Zeichensysteme ersetzt werden.

Diese wachsende Bedeutung intellektueller Anforderungen ist nicht ausschließlich durch das augenfällige Entstehen neuartiger Arbeitstätigkeiten mit beträchtlichen intellektuellen Anforderungen (z. B. beim Wartenpersonal oder beim Programmierer) verursacht. Vielmehr verändern sich auch herkömmliche „körperliche" Tätigkeiten, indem sie immer ausgeprägter zugleich körperliche *und* geistige Arbeit werden. Die sozialistische Gesellschaft fördert das Aufheben des Gegensatzes zwischen körperlicher und geistiger Arbeit, die geistige Arbeit durchdringt die körperliche. Ausdruck dieses Vorgangs ist der Bedeutungsgewinn eben der intellektuellen Regulation von Arbeitstätigkeiten. Auch das schöpferische Moment tritt in diesem – mit dem gegenständlich verändernden Handeln verbundenen – Denken auf. Anders als in der herkömmlichen Denkpsychologie, die das schöpferische Moment als Besonderheit wissenschaftlicher und künstlerischer Produktionen auffaßt, tritt die leistungsbestimmende intellektuelle – gegebenenfalls auch schöpferische – Komponente in Verbindung mit körperlicher Arbeit am typischsten als ein den Umständen entsprechendes Festlegen von Arbeitsmethoden auf.

Einige der entstehenden Anforderungsunterschiede können in typisierender Akzentuie-

Tab. 8.1: Verlagerung von Anforderungsschwerpunkten durch Mechanisierungs- und Automatisierungsmaßnahmen/Bedeutungsgewinn intellektueller Aufgabenkomponenten (Neumann 1969; verändert)

Anforderungsschwerpunkte bei	
Arbeit an „klassischen" (Werkzeug-) Maschinen	qualifizierter Arbeit in hochmechanisierten und teilautomatisierten Fertigungssystemen
Auftrag mit konkreter Zielformulierung	Erkennen von Aufgaben und Problemen aus globalem Auftrag
Lösungsmöglichkeiten durch Auftrag, Einrichtung oder Vorgabe (z. B. Maschinenbelegungspläne) festgelegt; Festlegung weitestgehend delegiert an Arbeitsvorbereitung	Kennen bzw. Erkennen von Lösungsmöglichkeiten zur Differenzierung von Festlegungen der Arbeitsvorbereitung
	Notwendigkeit zur Differenzierung von Lösungsmöglichkeiten und Entscheidung für eine Variante
Ausführung nach detailliertem vorgegebenem Arbeitsplan und mit festgelegten Arbeitsmitteln	Spielraum für Realisierungen nach eigenen Plänen einschließlich selbständiger Auswahl von Arbeitsmitteln und Materialien
begrenzte Fehlermöglichkeiten und -folgen durch Zwischenkontrolle (als Fremdkontrolle), Möglichkeit der Nacharbeit	komplexe Fehlermöglichkeiten und Fehlerfolgen; Eigenkontrolle unerläßlich

rung für die mechanische Fertigung wie folgt charakterisiert werden (Tab. 8.1). Bereits diese grobe Gegenüberstellung läßt das Ausmaß, das Niveau und den leistungsbestimmenden Charakter der enthaltenen intellektuellen Operationen erkennen. Die prinzipielle Möglichkeit der Anforderungsverlagerung zu intellektuellen – unter Umständen sogar zu schöpferischen – Leistungskomponenten in hochmechanisierten und teilautomatisierten Prozessen bedarf langfristig geplanter Arbeitsgestaltungsmaßnahmen.

8.1.2. Besonderheiten und Stellung von Denkvorgängen innerhalb der Regulation von Arbeitstätigkeiten

Denkvorgänge in praktischen Arbeitstätigkeiten in der Produktion, in der Verwaltung oder im Dienstleistungssektor haben mehrere Besonderheiten gegenüber „reinem" Denken in den Laboraufgaben der Denkpsychologie und in denkintensiven wissenschaftlichen Tätigkeiten.

Das erste Grundmerkmal: Für die Mehrzahl der Arbeitstätigkeiten ist charakteristisch, daß Denkoperationen für ihre erfolgreiche Ausübung zwar möglich – und oft mit einer rationalisierenden Wirkung verknüpft –, aber nicht unerläßlich sind. Das Ziel kann auch ohne Denken erreicht werden. Denkanforderungen sind also in vielen Arbeitstätigkeiten **fakultative** Anforderungen. Die entscheidende Frage ist daher bei Arbeitsprozessen zunächst, ob und wann warum gedacht wird oder nicht – und erst in zweiter Linie auch, wie die intellektuellen Prozesse und Repräsentationen beschaffen sind.

Im denkpsychologischen Laborexperiment wird dagegen die interessierende Denkleistung durch die Aufgabenkonstruktion erzwungen. Die im Arbeitsprozeß entscheidende Frage, ob und warum gedacht wird, entsteht bei diesem künstlichen Anforderungstyp überhaupt nicht. Daher kann die Denkpsychologie auf diese Grundfrage von Alltagsanforderungen keine Antwort geben.

Das zweite Grundmerkmal von Denkanforderungen in Arbeitstätigkeiten ist, daß intellektuelle und nichtintellektuelle psychische Regulationsvorgänge nebeneinander und aufeinander abgestimmt auftreten. Denkanforderungen sind Komponenten in vielfältigeren **psychischen „Mischanforderungen"**.

Die Ausführungsregulation von Arbeitstätigkeiten erschöpft sich nicht in Denkvorgängen. Arbeitstätigkeiten unterliegen gleichzeitig mehreren heterarchisch bzw. hierarchisch geordneten Regulationsebenen. Diese Ebenen — vergröbernd also die sensumotorische, die perzeptiv-begriffliche und die weiter zu unterteilende intellektuelle — sind zwar eng miteinander verflochten, sie beziehen sich jedoch im gleichen Moment auf Verschiedenes (Tomaszewski 1964). Denken ist nicht kurzerhand Widerspiegelung der gegenwärtigen Verrichtung, sondern es läuft dem praktischen Tun vorwegnehmend und entwerfend, auf künftige Handlungsschritte gerichtet, voraus. Unterdessen wird das aktuelle Handeln perzeptiv-begrifflich bzw. sensumotorisch reguliert.

Die wichtige Frage betrifft also die Wechselwirkung intellektueller und nichtintellektueller Regulationsvorgänge in Arbeitstätigkeiten.

Im denkpsychologischen Laborexperiment interessieren die „lupenrein" isolierten Denkanforderungen. Daher kann die Denkpsychologie wenig über diese Wechselbeziehungen in Alltagstätigkeiten aussagen.

Das dritte Grundmerkmal von Denkanforderungen in Arbeitstätigkeiten ist, daß verschiedenartige intellektuelle Anforderungen nebeneinander und aufeinander abgestimmt auftreten. Denkanforderungen verlangen verschiedenartige Formen intellektueller Vorgänge, sie sind also auch **intellektuelle „Mischanforderungen"**. Die die bewußte Regulation von Arbeitstätigkeiten durchziehenden Denkakte besitzen sowohl unterschiedliche Formen als auch ein verschiedenes Ausmaß an begrifflicher Abstraktion. Keineswegs haben alle einschlägigen Vorgänge den Charakter des zielgerichteten, begrifflich gefaßten Denkens nach logischen Regeln. Begriffliches Denken, beispielsweise in der Form des Planens, ist in hochgeübten Arbeitstätigkeiten der seltenere Fall. Diagnostische und prognostische Anforderungen routinemäßiger, vollständig algorithmischer Art können neben selbständigen, nichtalgorithmischen oder schöpferischen Vorgängen auftreten. Eine wichtige Frage betrifft eben diese Wechselbeziehungen und die Bedingungen der Übergänge zwischen den verschiedenen Denkformen.

Die laborexperimentelle Denkpsychologie interessiert wiederum die möglichst reine Trennung verschiedener Denkformen. Daher kann sie wenig über die Wechselbeziehungen verschiedener Denkformen in Alltagstätigkeiten aussagen. Vermutlich ist auch der Versuch der Abtrennung schöpferischen Denkens eine Ursache der geringen Aussagekraft der Kreativitätsforschung für schöpferische Prozesse im Alltag.

8.1.3. Denken: Operationen an internen Repräsentationen

Denken umfaßt zwei miteinander verknüpfte, aber dennoch unterscheidbare Aspekte. Es benötigt eine **Datenbasis**, also Abbilder oder interne Repräsentationen der zu bedenkenden Realität, und **Operationen**, die an den internen Repräsentationen stattfinden.

Mängel in Denkergebnissen können daher auf ungeeignete bzw. unvollständige interne Repräsentationen oder auf falsche Operationen zurückgehen (Dörner 1976).

Die kognitive Psychologie beschreibt die Beschaffenheit — speziell die Mikrostruktur —, Entstehung und Wirkungsweise der internen Repräsentationen als Wahrnehmungs- und Gedächtnisstrukturen (z. B. als semantische Netze oder propositionale Einheiten) in einer allgemeinen, inhaltsunspezifischen und elementaren Form. Ebenso werden elementare und inhaltsneutrale Grundoperationen gesucht. Das sind beispielsweise die Kodierung, der Vergleich, die binäre Entscheidung, die Abtastung im Gedächtnis, Negation, Komplementbildung oder innere Wiederholungsoperationen mit einem Zeitbedarf jeweils von etwas mehr als 200 ms (Klix 1983, Hoffmann und Klix 1979).

Für die Untersuchung und Gestaltung von Alltagsdenkaufgaben interessieren dagegen gröbere inhaltsspezifische Repräsentations- und Operationsformen.

In zeitlicher Hinsicht sind zwei Arten von Repräsentationen zu unterscheiden: Interne Repräsentationen können **kurzfristig Bestandteil des Arbeitsgedächtnisses** sein. Ein Beispiel ist die Repräsentation einer Relation (Nagel: Hammer) während des analogen Schließens (Nagel: Hammer-Schraube: ?). Bereits bei diesen kurzfristigen Repräsentationen im Arbeitsgedächtnis führen unterschiedliche Repräsentationsformen zu unterschiedlichen Leistungen. Sie sind also arbeitspsychologisch und produktionspraktisch sehr wohl bedeutsam.

Beim **analogen Schließen** können sich die kurzfristigen Repräsentationen beispielsweise unterscheiden in der — durch Rating bestimmbaren — semantischen Distanz. Diese bedingt Zeitbedarf und Fehler bei der Suche nach dem Begriff, der die Analogie erfüllt.

Bei **transitiven Inferenzen** werden Fragen über abzuleitende Informationen paradoxerweise schneller beantwortet als Fragen über dargebotene und direkt gespeicherte Informationen.

Zum Beispiel: „A ist größer als B, und C ist kleiner als B". „Ist A größer als C?"
Die Erwartung ist: Zeitbedarf (A > B?) ist kleiner als Zeitbedarf (A > C?)
Tatsächlicher Befund: Zeitbedarf (A > B?) ist **größer** als Zeitbedarf (A > C?).
Es wird also eine kurzfristige Repräsentationsform aufgebaut, die die deduzierbare Information bereits abgeleitet enthält, so daß keine deduktive Inferenz erforderlich ist (Krause 1980).

Darüber hinaus benötigt der Arbeitende langfristig stabile interne Repräsentationen als **Langzeitgedächtnis**besitz. Beispielsweise benötigt ein Anlagenfahrer anschauliche Vorstellungen oder begrifflich gefaßtes Wissen über Vorgänge in der Anlage und ihre Zusammenhänge, um zielgerichtet, also ohne Probieren, und weitsichtig eingreifen zu können. Beim Fehlen zutreffender Repräsentationen können Eingriffe nur in Form von probierenden Testschritten für kurze Zeitabschnitte realisiert werden.

Unterschiedliche langfristige Repräsentationen von identischen Problemen haben — auch bei ihrer informationellen Gleichwertigkeit — unterschiedliche Auswirkungen auf die Denkoperationen und damit auf den Zeitbedarf und die Lösungsgüte sowie auf die Beanspruchung des Bearbeiters. Damit ist das Vermitteln adäquater Repräsentationen eine Möglichkeit der Unterstützung des Problemlösens.

Vier Merkmale langfristiger interner Repräsentationen haben auch für Denkoperationen eine hervorzuhebende Bedeutung:

- Das erste ist ihre **Aufgabenspezifität** und als ein Aspekt dieser der Grad ihrer Antwortkompatibilität. Ihre Wirkung ist widersprüchlich und noch nicht generell angebbar. Aufgabenspezifische und völlig antwortkompatible Repräsentationen machen viele Denkoperationen überflüssig. Andererseits geben sie aber auch Hilfen für erforderlich bleibende Denkoperationen.
- Das zweite Merkmal ist die Existenz **bevorzugter Gedächtnisrepräsentationen** für Eigenschaften und Aussagen. Problemdarstellungen in einer bevorzugten Form führen zu

schnelleren Lösungen, da Umkodierungen in die bei der Verarbeitung bevorzugten „Normalformen" eingespart werden.

Beim Darbieten von Aussagen in der bevorzugten positiven Form wird beispielsweise eine Umkodierungszeit von 700 bis 800 ms gegenüber der Darbietung der negativen Form eingespart (Clark 1969).

- Ein drittes Merkmal scheint die Überlegenheit **räumlicher** über isomorphe **zeitliche** Repräsentationen zu sein. Bei Gestaltungsproblemen (design problems) gibt es Hinweise auf schnellere und bessere Lösungen an Hand räumlicher gegenüber isomorphen zeitlichen Repräsentationen. Als Ursache dafür wird die leichtere Zugänglichkeit externer, materialisierter graphischer Repräsentationshilfen für den Problembearbeiter angesehen, die das Erhalten und das Integrieren von Lösungsschritten unterstützen (Caroll, Thomas und Malhotra 1980).
- Eine besondere Rolle spielt viertens das Verhältnis von **anschaulicher und begrifflicher** Form und damit der Abstraktionsgrad der Repräsentationen.

Beim Übertragen und gleichzeitigen Kodieren von Informationen aus einer Zeichnung in eine Liste untersuchten wir die Wirkungen unterschiedlicher Einweisungen in die Aufbauregeln der zu übertragenden Information auf die entstehende interne Repräsentation und auf die Leistung. Dieses Material war nach Regeln aufgebaut, die auf vier hierarchischen Ebenen angeordnet waren. Das Identifizieren dieser Regeln durch Denkoperationen ist zur Ausführung der Aufgaben zwar nicht erforderlich, würde sie aber erheblich erleichtern. Das Übertragen könnte nämlich ohne die vielen Blickwendungen zur Zeichnung aus dem Gedächtnis erfolgen. Das Material ist zu umfangreich, als daß man es in der verfügbaren Zeit ohne Einsicht in die regelhafte Struktur auswendig lernen könnte (Abb. 8.2 und 8.3). Verglichen wurden
– eine Kontrollgruppe ohne jede Einweisung oder Hilfen,
– Gruppen, für die in der Zeichnung die Materialstruktur anschaulich farbig gegliedert wurde, und zwar in Übereinstimmung mit den Aufbauregeln,
– Gruppen, denen die Aufbauregeln begrifflich an Hand eines Graphenbaums erläutert wurden,
– Gruppen mit einer kombinierten begrifflichen Einweisung und anschaulichen Hilfen.

Die entstehenden Gedächtnisrepräsentationen unterscheiden sich in ihren Eigenschaften. Die begriffliche Einweisung in die Struktur führt zur rascheren und differenzierteren Abbildung und bewußten, überlegten begrifflichen Nutzung der Materialstruktur, die jedoch mit größerem Zeitbedarf auch nach Abschluß des Lernvorgangs verbunden ist. Dieser erhöhte Zeitbedarf im Vergleich zu den Gruppen mit anschaulichen Hilfen ist um so größer, je komplizierter die Materialstruktur ist. Anschauliche Hilfen fördern dagegen das Einprägen von Abschnitten des Materials ohne Überlegungen zur Struktur sowie eine unreflektiertere, nicht bewußte anschauliche Strukturerfassung und Strukturnutzung. Die unreflektierte Strukturerfassung ist jedoch weniger ausgeprägt, und es entsteht keine Strukturerzeugung durch ein systematisches Anwenden der Regeln. Der Zeitbedarf ist allerdings hierbei am niedrigsten. Im ersten Falle werden die erkannten Regeln zur begrifflich gefaßten Strukturerzeugung genutzt. Im zweiten sind die Regeln gedächtnismäßig hilfreich, ohne daß sie aber zur Strukturerzeugung genutzt werden. Die Strukturerfassung und -nutzung ist vermutlich auf verschiedenen kognitiven Verarbeitungsebenen möglich (Craik und Lockhart 1978, Eysenck 1978).

Bei einer kombinierten begrifflichen Einweisung und anschaulichen Gliederung entstehen Gedächtnisrepräsentationen, welche die Vorteile der begrifflichen und der anschauungsgebundenen Strukturerfassung und Strukturnutzung weitgehend vereinen. Die Bearbeitungszeit ist kürzer als bei begrifflicher Einweisung allein (Abb. 8.4), und wichtige Aufbauregeln werden bewußt identifiziert (Hacker und Meinel 1978).

Auch beim Identifizieren der mathematischen Beziehungen zwischen Signalen und erforderlichen Antworten, dem sogenannten Funktionslernen, haben kombinierte anschauliche plus begriffliche Repräsentationen Vorteile. Der Anteil der Menschen, die derartige kombinierte Repräsentationen von sich aus aufbauen, nimmt mit der Schwierig-

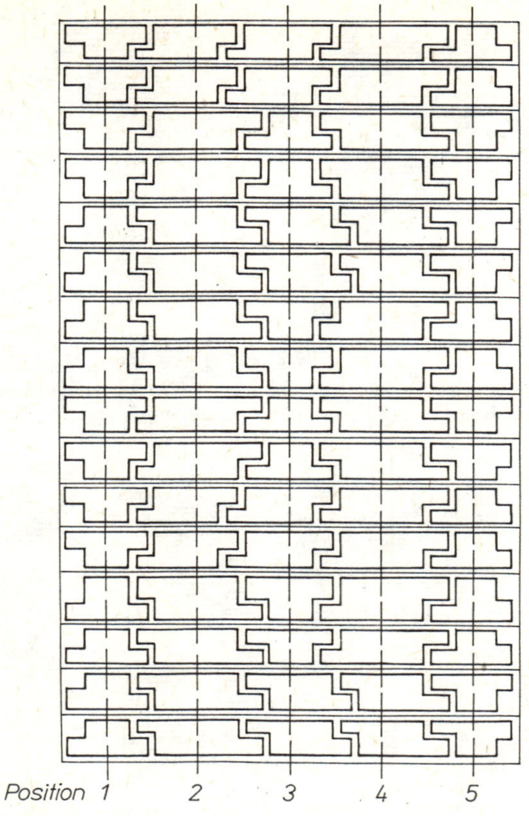

Abb. 8.2: Beispiel einer Zeichnung, die in den Experimenten als Informationsangebot verwendet wurde. Die Vielecke symbolisieren Bauelemente, die auf die als senkrechte Striche angedeuteten „Stäbe" aufzustecken sind. Wegen der Überlappung sind dabei Reihenfolgen einzuhalten. Diese sind in eine Liste für jede waagerechte Reihe einzutragen. Die zuerst aufzusteckende Position ist zuerst aufzuschreiben, die letzte zuletzt. Also:

unterste Reihe: 12345
zweitunterste: 12345
dritte: 12543
vierte: 54321 usw.

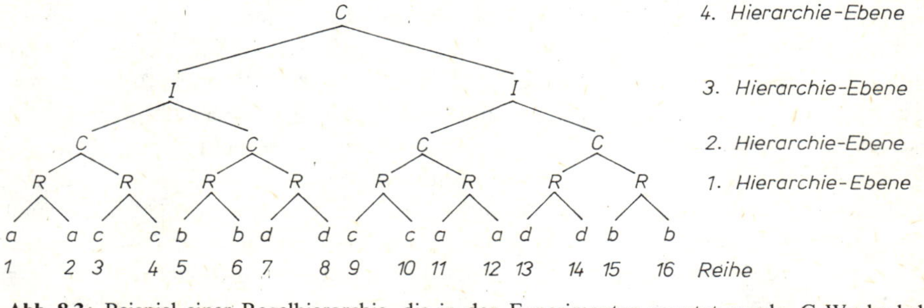

Abb. 8.3: Beispiel einer Regelhierarchie, die in den Experimenten genutzt wurde. C Wechsel des Abfolgetyps, I Umkehrung, R Wiederholung.

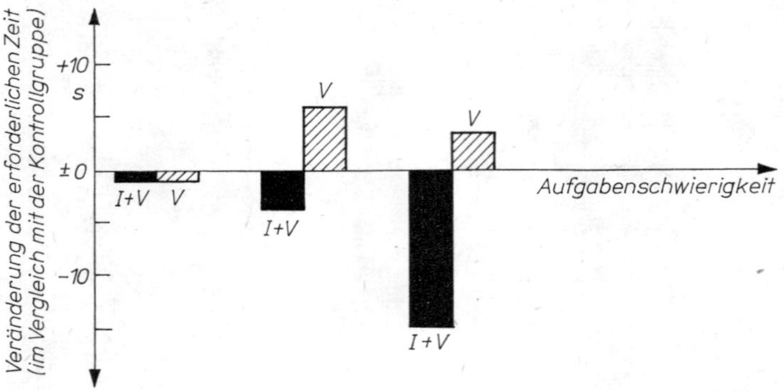

Abb. 8.4: Veränderung des Zeitbedarfs für das Übertragen einer Zeichnung gegenüber einer Kontrollgruppe ohne Einweisung und Hilfen durch eine begriffliche Einweisung (V) sowie durch anschauliche Gliederung plus begriffliche Einweisung (I + V).

Typ der Funktion zwischen Signalen und Antworten	Anteil der Probanden mit begrifflichen Repräsentationen	Anteil der Probanden mit begrifflich plus bildhaften Repräsentationen
linear positiv	65 %	35 %
linear negativ	50 %	50 %
nichtlinear	30 %	65 %

Abb. 8.5: Veränderung der Art der internen Repräsentation mit der Schwierigkeit des zu bewältigenden Problems beim Erlernen mathematischer Funktionen zwischen Signal und Antwort. Aussagen von studentischen Versuchspersonen in Laborexperimenten. (Bei nichtlinearen Funktionen tritt als Sonderfall eine rein bildhafte Repräsentation zusätzlich auf.) (Kasvio 1978).

keit der Funktionen zu (Abb. 8.5). Damit ist auf arbeitsgestalterische Erleichterungsmöglichkeiten hingewiesen.

Eine produktivitätsbestimmende Rolle hat die Beschaffenheit der tätigkeitsleitenden internen Repräsentationen als Datenbasis für erforderliche intellektuelle Operationen beim Überwachen und Regulieren technologischer Prozesse und bei Eingriffen in andere komplexe technische Systeme. Der Aufbau zutreffender interner Repräsentationen von zu beeinflussenden Systemen ist schwierig und langwierig. Bei Anlagenfahrern in der chemischen Industrie ist er nach mehreren Jahren oftmals noch nicht befriedigend abgeschlossen. Daher sind hier geeignete **Hilfen** nützlich. Dazu gehören:

- das Ermöglichen des **aktiven Sammelns** der benötigten Informationen. Ein Beispiel ist das „manuelle Fahren" von automatisierten Anlagen anstelle einer Beschränkung auf das passivere Beobachten der automatischen Führung durch Regler und Rechner in der Ausbildungsphase und als turnusmäßige Auffrischungs- bzw. Weiterbildungsmaßnahme.

- das Erleichtern des Aufbaues von internen Repräsentationen über komplexe Systeme durch Sätze von **Finderegeln** (heuristischen Regeln). Wir kommen darauf in Abschnitt 8.5.5. zurück.
- das Erleichtern des Aufbaues zweckmäßiger interner Repräsentationen durch die Wahl geeigneter **Darbietungsformen** der für den Aufbau erforderlichen Information. Hervorzuheben sind:
  — — antwortbezogene Darbietungsformen, die Rekodierungsaufwand ersparen,
  — — begriffliche kombiniert mit anschaulichen Darbietungsformen („Doppelkodierung") zum Aufbau der bei verschiedenen Problemtypen überlegenen begrifflich- plus-anschaulichen Repräsentationen (Stadler und Windheuer 1977).
- das Erleichtern des Aufbaues und der Nutzung interner Repräsentationen durch graphische Veranschaulichungshilfen im Sinne „materialisierter", **externer Repräsentationen oder Speicher**.

8.1.4. Zur Spezifik von Denkprozessen in Arbeitstätigkeiten

Bei der Behandlung der intellektuellen Regulation von Arbeitstätigkeiten als vorbereitendem, begleitendem oder nachbereitendem Bedenken eigener Aufgaben zum Zweck der Ausrichtung auf das erforderliche Ergebnis werden aus dem weiten Bereich menschlicher Denkvorgänge einengend nur die herausgegriffen, die

— in unmittelbarem sachlichem und zeitlichem Zusammenhang mit dem Verrichten von Arbeitstätigkeiten stehen, indem sie

— lenkende Funktion in diesen praktischen Arbeiten besitzen.

Denkvorgänge mit derartiger tätigkeitsleitender Funktion sind nicht nur bewußtseinsfähig, sondern auch bewußtseinspflichtig. Außer Betracht bleiben zunächst „geistige Arbeiten", also Arbeitstätigkeiten mit einem Überwiegen von verselbständigten intellektuellen Operationen — wie Forschen, Entwerfen, Konstruieren oder Verwalten. Bereits hier ist zu betonen, daß diese Unterscheidung nicht gleichbedeutend ist mit der zwischen reproduktiver und schöpferischer intellektueller Betätigung; in den verschiedenen Formen intellektueller Regulation von Arbeitstätigkeiten sind neben reproduktiven auch schöpferische Komponenten eingeschlossen. In unserer Darstellung wird vorerst darüber hinaus die Neuerer- und Erfindertätigkeit ausgeklammert.

Die Spezifik der intellektuellen Regulationsvorgänge von Arbeitstätigkeiten ist bisher in denkpsychologischen Untersuchungen — gegenüber den Problemgebieten der Begriffsbildung oder des Problemlösens vom Typ der Denksportaufgaben — vernachlässigt worden. Das ergibt sich u. a. aus Erfordernissen der Grundlagenforschung, die eine Beschränkung auf elementare Denkoperationen mindestens anfänglich bedingt.

Die Grundlagen dieser zunächst behaupteten Spezifität werden später dargestellt. Die zu behandelnden intellektuellen Regulationsvorgänge haben weiterhin nichts Wesentliches mit dem sogenannten „technisch-konstruktiven Denken" (Bonz 1966) gemeinsam. Es geht hier nicht um das Erkennen konstruktiver Zusammenhänge, sondern hauptsächlich um Aufgaben der Organisation der eigenen Arbeit und diesbezügliche technologische Festlegungen. Dafür sind die im technisch-konstruktiven Denken üblicherweise zusammengefaßten intellektuellen Operationen nicht von ausschlaggebender Bedeutung.

Ebenso können die Beziehungen der intellektuellen Regulation von Arbeitstätigkeiten zu dem Leistungsvoraussetzungskonstrukt, das in psychodiagnostischen Zusammenhängen als „praktische Intelligenz" bezeichnet wird, d. h. als praktische, handwerkliche Findigkeit unberücksichtigt bleiben. Die manipulativ-handwerkliche Anforderungskomponente ist für die Anforderungsprofile industrieller Arbeitsplätze in der Massenproduktion wenig typisch.

Wie ist die Spezifität von Denkoperationen im Zusammenhang der intellektuellen Regulation von Produktionsarbeiten zu kennzeichnen?

Die Spezifika des produktionspraktischen Denkens haben sämtlich zu tun mit seinem regulativen Charakter für gegenständlich verändernde, produkterzeugende Verrichtungen.

a) Als erstes ist zu berücksichtigen, daß es sich um ein Denken in Einheit mit selbstgeschaffenen **objektiven Veränderungen** handelt: Bereits ohne ausdrücklich in den Zusammenhang praktischer Tätigkeit gestellt zu sein, ist Denken stets eine Wechselbeziehung zwischen erkennendem Subjekt und Erkenntnisobjekt (Rubinstein 1961 a). Bei der Lösung vieler Denkaufgaben beziehen sich die Veränderungen nur auf das Abbild des bedachten Objekts. Anders im Produktionsprozeß: Im Ergebnis u. a. von Denkvorgängen werden durch Einwirkungen des handelnden Subjekts die Arbeitsgegenstände fortlaufend objektiv verändert. Diese Veränderungen sind überwiegend irreversibler Natur. Denken gewinnt objektiv verändernde Funktion, es bereitet Tätigkeiten vor, reguliert ihren Ablauf und kontrolliert seine Resultate.

Es erweist sich nicht nur die Richtigkeit der intellektuellen Operationen in den Rückmeldungen des unmittelbar folgenden Handelns praktisch, sondern die erzielten Veränderungen müssen auch für die nachfolgenden Tätigkeitsschritte berücksichtigt werden. Die Denkoperationen sind mit dem gegenständlich verändernden Handeln verflochten. Es dominiert das Nachdenken auf Grund der Beobachtung von Ergebnissen eigener Arbeitstätigkeiten. Das bedeutet nicht, daß nicht mehr oder weniger umfangreiche Phasen geistigen Probehandelns auftreten können, sondern daß eine aktuelle Beziehung zum Fortgang des Arbeitsprozesses für dieses Denken wesensbestimmend ist. Wie das Manipulieren mit dem Denken verbunden ist, so sind in diesem anschaulich abgestützte mit abstrakt-begrifflichen Operationen verflochten. Die Verbindung mit dem Handeln bedeutet nicht notwendig eine Einschränkung bezüglich der erforderlichen Abstraktion durch analytische und synthetische Operationen.

Wenn dieses Denken als „anschaulich-handelnd" bezeichnet wird, so kann darunter keine Gleichsetzung mit der gleichbenannten Denkform des Kindes verstanden werden: Der Werktätige erfaßt nicht lediglich Handlungen, sondern — gestützt auf seine Kenntnisse — die dahinter verborgenen Erscheinungen. Aus der Kombination von Merkmalen sind Zustände komplizierter technologischer Prozesse zu erschließen, die der Beobachtung nicht unmittelbar zugänglich sind. Zusammenhänge und Wechselbeziehungen zwischen Teilen veränderlicher Systeme sind gedanklich zu analysieren. Derartige Leistungen liegen beispielsweise vor, wenn aus der Kombination von Instrumentenanzeigen, Oberflächenbeschaffenheiten von Werkstücken, Bearbeitungsgeräuschen, Spanbeschaffenheiten und ähnlichem auf den Maschinenzustand zu schließen ist.

b) Aus der engen Verschmelzung von Manipulieren und Denken ergeben sich weiterhin besondere Zeitverhältnisse:

Häufig sind für bestimmte Arbeitsgänge enge **zeitliche Grenzen** vorgegeben. Die technisch vollkommenste Leistung kann ihren Wert verlieren, wenn sie zu spät kommt, während eine weniger vollkommene, aber rasch gefundene und schnell realisierte Lösung sich als wirksamer erweisen kann. Dem systematischen Aufstellen und Prüfen von Hypothesen sind damit häufig enge zeitliche Grenzen gesetzt. Beschränkungen für ein ausdrückliches Probehandeln im Produktionsprozeß ergeben sich dadurch, daß Folgensituationen mit irreversiblem Ernstcharakter entstehen können.

c) Mit den Handlungsfolgen ist eine weitere Besonderheit angeschnitten: Nicht nur Verzögerungen, sondern auch Fehlüberlegungen verursachen der Möglichkeit nach **irreversible Produktionsverluste** oder Schäden. Unwirtschaftliche Vorgehensweisen, Qualitätsminderung oder Ausschuß, Beschädigungen von Arbeitsmitteln und Unfälle sind möglich. Intellektuelle Operationen in Arbeitstätigkeiten stehen mithin häufig unter beträchtlichem Folgen- und Verantwortungsdruck, der den Denksportaufgaben fremd ist.

d) Denkvorgänge in Arbeitstätigkeiten sind bei allen sonstigen Unterschieden auf die Beziehungen zwischen Ausgangs- und Endzuständen von Produktionsprozessen mit den erforderlichen Zwischengliedern gerichtet, also auf **Mittel-Weg-Zweck-Beziehungen**.

Ausgangszustand, verwendbare Mittel und gefordertes Produkt (also Endzustand) sind mit unterschiedlicher Schärfe vorgegeben. Der wichtigste Denkanforderungstypus beim Produktionsarbeiter besteht im Auffinden aller möglichen und im Auswählen der zweckmäßigsten Mittel-Weg-Varianten. Tschebyschewa (1968) gliedert die bei der Variantenwahl anfallenden Denkanforderungen in

- diagnostische (zustandsanalysierende) und
- prognostische (Ziele entwerfende und Maßnahmen organisierende).

Zustandsbeurteilung und Maßnahmeeinsatz können als voneinander unabhängig leistungsbestimmende Vorgänge behandelt werden (Hammond und Summers 1972).

e) Für Denkvorgänge in Arbeitstätigkeiten ist schließlich spezifisch die Konzentration auf die **vorwegnehmende Analyse** nachfolgender Tätigkeitsstufen. Die beherrschende Rolle von Antizipationen wird durch den weithin irreversiblen Charakter von Eingriffen in den Produktionsprozeß erzwungen.

Da Denkprozesse durch die Aufgabenstruktur bestimmt sind, müssen denkpsychologische Untersuchungen von einer Analyse der **Typen zu lösender Aufgaben** ausgehen. Damit wird zugleich berücksichtigt, daß Unterschiede im Bedeutungsgehalt gleicher Sachverhalte Denkprozesse mitbestimmen.

8.1.5. Ausprägungsformen von Aufgabenstellungen mit Denkanforderungen in Arbeitstätigkeiten

Als Analyseaspekte vollständiger Tätigkeiten hatten wir das Zielstellen, Orientieren, Entwerfen, Entscheiden über Vorgehensweisen im Fall von Freiheitsgraden und das Kontrollieren des Ausführens kennengelernt. Denkanforderungen können sich auf jeden dieser Aspekte der Tätigkeitsstruktur beziehen. Das Entwerfen und Entscheiden sowie teilweise das Zielstellen und Kontrollieren sind Vorgänge an tätigkeitsleitenden internen Repräsentationen der Realität, die beim Orientieren aufgebaut wurden. Das Ergebnis von Denkleistungen hängt also sowohl von den Denkoperationen als auch von den internen Repräsentationen ab.

1. Aufgaben mit diagnostischen Denkanforderungen

1.1. Erkennen objektiver Freiheitsgrade (FG)

Das Aufspüren von Freiheitsgraden für unterschiedliches Vorgehen ist Bestandteil der Situationsanalyse, die den Mittel-Weg-Diskussionen mit verschiedenen Inhalten vorangeht, wenn die Bedingungen nicht augenfällig überschaubar sind. Diese Situationsanalyse kann auftreten

- als Analyse der Eigenschaften des geforderten Ergebnisses bis hin zur Zielfindung und Problemstellung,
- als Analyse des Ausgangszustands sowie — übergehend zur Mittel-Weg-Diskussion — des Verhältnisses zwischen diesem und dem Ziel oder schließlich
- als Analyse der auf dem durch Teilzielbildungen markierten Wege zum Resultat erreichten Zwischenzustände.

Diese Analysen bauen auf Beurteilungen auf. Darin sind sensorische und intellektuelle Operationen eng verflochten. Die ausgeprägten intellektuellen Komponenten erfordern eine Behandlung im Zusammenhang der intellektuellen Regulation.

Das Aufdecken objektiver Freiheitsgrade ist u. a. eine Funktion der Operationsebenen des Denkens. Danach nehmen die erkannten Freiheitsgrade von der Ebene des gegenständlichen Manipulierens über die der vorstellungsmäßigen Behandlung einer Situation, die semantische Ebene, bis schließlich zur syntaktischen Ebene zu.

1.2. Beurteilungen als Aufdecken von Beziehungen

Eine weitere Gruppe ist das **Aufdecken von** deterministischen oder statistischen, simultanen oder sukzessiven Beziehungen als **Regeln oder Funktionen** zwischen Signalen, die gemeinsam Produktionszustände oder technologische Verläufe kennzeichnen, sowie zwischen Signalen und erforderlichen Maßnahmen. Dabei liegen Zuordnungs- und darüber hinaus (weil stets mehrere Zustände oder Verläufe unterschieden werden müssen) Klassifizierungsanforderungen vom Typ des natürlichen Klassifizierens vor. Sie können charakterisiert werden durch die Anzahl, die Ausprägungsstufen und die Variationsform (diskret/kontinuierlich) der Signale, durch die Art der Verknüpfungen (aussagenlogische, funktionale, ähnlichkeitsbezogene), durch die Art der Klassenzugehörigkeit der Signale (streng determiniert/statistisch) sowie durch die Bedeutung der Klassenzugehörigkeit (Art der erforderlichen Eingriffe und ihrer Konsequenzen). Wir bezeichnen die operativen Zuordnungs- und Klassifikationsleistungen mit dem Ziele der Maßnahmenfestlegung als Beurteilung (vgl. 8.2.).

2. Aufgaben mit prognostischen Denkanforderungen

2.1. **Umsetzen** von technologischen Vorgaben in Handlungen. Vorgaben wie Arbeitsanweisungen oder Funktionsbeschreibungen in der Form von Zeichnungen, Schemata oder Formeln erfordern Transformationsoperationen im System der operativen Abbilder. Diese können je nach dem Verhältnis von Beschreibungs- und Handlungsbereich schwierige intellektuelle Operationen einschließen.

2.2. Wegen der Bewertung von Zeit, Güte und Materialaufwand sowie der häufig irreversiblen Folgen von Arbeitstätigkeiten ist ein **Antizipieren** als gedankliches Vorausspiel von Tätigkeitsschritten mit ihren Folgen bei Aufgaben mit Freiheitsgraden erforderlich. Auf der Grundlage der gedanklichen Antizipation erfolgen unterschiedlich komplexe Mittel-Weg-Erwägungen und -Entscheidungen:

2.3. Denkvorgänge als **Mittel-Weg-Diskussionen** und **-Entscheidungen**. Ermittelt wird, mit welchen Arbeitsmitteln und -verfahren der gegebene Zustand über welche Zwischenergebnisse als Teilziele in das geforderte Ziel überhaupt umgeformt werden kann und welche Variante zweckmäßig ist.

Dafür ist die erste Grundlage, daß im Produktionsprozeß geforderte Ergebnisse häufig mit verschiedenen Tätigkeitsstrukturen erreicht werden können. Es liegt dabei nicht eine einzige Optimalvariante vor, sondern eine Klasse von strukturell verschiedenen, aber gleich günstigen Varianten („Polystrukturalismus der Arbeitstätigkeit"; Pietrasinski 1966/67). Allerdings ist das Vorliegen objektiver Freiheitsgrade keineswegs gleichbedeutend mit dem Auftreten von Denkleistungen. Zunächst ist es möglich, daß objektiv gegebene Möglichkeiten zu unterschiedlichen Vorgehensweisen gar nicht erkannt werden. Die möglichen Ursachen dafür sind vielseitig. Sie können bestehen in unzureichender Situationseinsicht (darauf wird zurückzukommen sein), in der Stereotypisierung von Arbeitsverfahren, der Einengung der objektiven Freiheitsgrade durch Erwartungen über wahrscheinliche Wertigkeitsunterschiede bestimmter Wege als Ergebnis eines Folgenkalküls. Das Erkennen von Freiheitsgraden ist also die zweite Grundlage für die Denkleistungen vom Typ der Mittel-Weg-Wahl. Aber auch erkannte Freiheitsgrade bedingen nicht zwangsläufig derartige Denkleistungen. Diese liegen dann nicht vor, wenn mit der Wahrnehmung der Situation die für die Lösung erforderlichen Kenntnisse und Operationen erfahrungsbedingt aktualisiert werden können oder wenn der Arbeitende die Lösung algorithmisch ableiten kann.

Denkleistungen als Mittel-Weg-Erwägungen treten nicht nur auf, wenn subjektiv neuartige Aufgabenkomponenten Analysen unterschiedlicher Wege zum Ziel bedingen, sondern auch, wenn nichtalgorithmische Denkvorgänge rationeller sind als das Ableiten unübersichtlicher algorithmischer Vorschriften, wenn Vorschriften anzupassen, „sinngemäß" anzuwenden sind oder auch wenn bereits bekannte Sachverhalte nicht kurzerhand reproduziert, sondern denkend rekonstruiert werden. Schließlich zeigen insbesondere die Erfinder- und Neuerertätigkeit, daß, auch im Falle des Vorliegens von algorithmischen Vorschriften für das Vorgehen, dessen – möglicherweise sogar schöpferische – Verbesserung Denkanforderungen vom Typ der Mittel-Weg-Erwägungen stellt. Das gilt noch ausgeprägter bei den innerhalb der Produktionsarbeiten im Gegensatz zur Produktionsvorbereitung (also z. B. der Konstruktion oder der Arbeitsvorbereitung) noch selteneren nichtalgorithmischen („selbständigen") Denkanforderungen. Diese problemlösenden bzw. zunächst Ziele findenden und Probleme stellenden Anforderungen sind ein bevorzugter Gegenstand der Psychologie des Problemlösens.

2.4. Die objektive Anforderungsstruktur erfordert vielfach mehr als nur zweckmäßiges Wählen von Mitteln und Wegen einschließlich der Festlegung von Zwischenergebnissen als Teilziele. Die begrenzten Möglichkeiten zum Probehandeln auf Grund der Irreversibilität entstehender Veränderungen, die vorliegende Zeitbindung, die Folgen von Produktivitätsminderungen bei nicht beherrschten Wirkungen und die Unmöglichkeit, komplexe Vorgänge, z. B. bei der Mehrmaschinenbedienung, nur reagierend optimal steuern zu können, erzwingen die Notwendigkeit der **Planung** auf der Grundlage der Vorwegnahme der künftigen Arbeitstätigkeiten und ihrer Auswirkungen.

Auch wenn Ausgangszustand, Produkteigenschaften sowie Mittel und Wege der Teilzielrealisierung bekannt sind, können also in der Aufgabe der individuellen Organisation und Planung der Tätigkeit intellektuelle Anforderungen vorliegen. Gegenstand gedanklicher Analyse ist dabei die möglichst effektive, d. h. mengen-, qualitäts- und belastungsgünstige zeitliche Rangierung unterschiedlicher Teiltätigkeiten. Dieser Vorgang ist nicht allein als einmalige intellektuelle Leistung der Planentwicklung zu verstehen, sondern schließt unter Produktionsbedingungen fortwährende Überlegungen und

Entscheidungen ein, die der Plananpassung und Planverwirklichung unter veränderlichen Bedingungen dienen.

Jeder benannte Aufgabentypus schließt das Fällen von Entscheidungen ein.

Gemeinsam ist diesen Denkleistungen, daß sie unmittelbar regulativ — und zwar für praktische, gegenständlich verändernde Tätigkeiten — wirken.

8.1.6. Denkanforderungen in „geistigen" Arbeitstätigkeiten in der Produktionsvorbereitung, Verwaltung und im Dienstleistungsbereich

Die Zuwachsrate der in den Büros Beschäftigten ist sehr groß. In den USA sind beispielsweise nur noch drei von 10 Erwerbstätigen mit der Herstellung von Produkten in der Industrie, dem Bauwesen, dem Bergbau und der Landwirtschaft beschäftigt. In der BRD arbeiten etwa 50% der Erwerbstätigen in Büros. Bei Büroarbeit ist der Personalkostenanteil sehr hoch. Schätzungen sprechen von 80%. Demgegenüber ist die Produktivitätszunahme der Büroarbeit wesentlich geringer als die der Produktionsarbeiten. Die Rationalisierung und Automatisierung geistiger Arbeit in diesem Sektor ist daher besonders dringlich geworden.

„Geistige" Arbeitstätigkeit ist ein unscharfer Sammelbegriff für vielfältige Tätigkeitsformen, denen gemeinsam ist, daß — auch in der Ausführungsphase der Tätigkeit, also nicht nur in der Vorbereitung — manuelle Verrichtungsanteile eine untergeordnete Rolle haben und demgegenüber Informationsaufnahme und -übertragung sowie -verarbeitung überwiegen.

„Geistige" Tätigkeiten dürfen nicht kurzschlüssig als intellektuell regulierte Tätigkeiten verstanden werden. Es gibt „geistige" Tätigkeiten, die sich weitgehend auf das Aufnehmen und Übertragen von Information beschränken und keiner intellektuellen Regulation bedürfen. Bei anderen beschränken sich die intellektuellen Anforderungen auf das Abarbeiten streng algorithmischer Vorschriften für informationsverarbeitende Schritte. Die Mehrzahl der geistigen Tätigkeiten ist durch verschiedene Mischungsverhältnisse informationsübertragender und -verarbeitender sowie — innerhalb dieser — algorithmischer und „selbständiger" Verarbeitungsanforderungen gekennzeichnet.

„Geistige" Routinetätigkeiten

Als geistige Routinetätigkeiten werden Tätigkeiten zusammengefaßt, die hauptsächlich die Informationsübertragung und die vollständig- bzw. unvollständig-algorithmische Informationsverarbeitung umfassen. Beispiele sind Textverarbeitungsaufgaben an Schreibmaschinen oder Schreibautomaten, Registratur-, Buchungs- oder einfache Sachbearbeitungsaufgaben. Die Anforderungsstrukturen dieser Tätigkeitsklasse sind psychologisch noch wenig untersucht, so daß eine eingehende Kennzeichnung der typischen Ausprägungsformen von Denkanforderungen bei ihnen nicht möglich ist. Vermutlich treten darin intellektuelle Anforderungen am ehesten auf als

— Beurteilen einschließlich Klassifizieren,
— Umsetzen von Vorgaben in Handlungen,

— Mittel-Weg-Erwägungen, insbesondere als das Auswählen und Modifizieren vorgegebener Varianten in Abhängigkeit von wechselnden Bedingungen.

Das Hauptthemmnis für die psychologische Analyse, Bewertung und effektive Gestaltung geistiger Routinetätigkeiten ist das Fehlen von Klassifikations- und Beschreibungsmitteln. Diese Tätigkeiten sind nicht hinlänglich beobachtbar und nur teilweise erfragbar. Tab. 8.2 enthält einen vorläufigen Vorschlag, der auf Vorarbeiten bei den sogenannten Yalcs, das sind elementare Beschreibungseinheiten geistiger Routinearbeiten (ohne Verfasser, 1974), dem Work-Factor-Mento-Verfahren sowie Vorschlägen bei Miller (1971) und Dörner (1978) aufbaut.

Das Work-Factor-Mento-Verfahren (Wofac Corp. 1967) ist ein Arbeitsstudienverfahren für geistige Routinetätigkeiten, das auf ungefähr einem Dutzend Elementarprozessen aufbaut und deren Zeitbedarf tabellarisch vorgibt (vgl. z. B. van Santen 1973, Franck 1973).

Tab. 8.2: Basisoperationen kognitiver Routinetätigkeiten

1. 1 **Aufnehmen** A
   2 **Puffern** P
   3 **Übertragen** Ü
2. **Verarbeitungsoperationen (arithmetisch)** Va
   1 Addieren, Subtrahieren
   2 Multiplizieren, Dividieren
3. **Verarbeitungsoperationen (nichtarithmetisch)** Vn
   1. *Zuordnen*
      Zuordnen („ist ein"; „gehört zu")
      Umwandeln nach Vorschrift (Kodieren)
      Interpretieren (Bedeutungszuordnung)
   2. *Vergleichendes, auswählendes Ordnen*
      Reihen (nach Merkmalen; gleich, kleiner, größer)
      Gewichten
      Inter/Extrapolieren
      Klassifizieren (Gruppieren), Isolieren
   3. *Verbinden/Zerlegen*
      Verbinden (und, oder; vereinbar; ähnlich; ursächlich)
      Spalten, Zerlegen (nicht; besteht; Teilmenge)
      Alternative bilden
4. **Kurz-/Langzeitgedächtnisoperationen** (ohne Puffern)
   Zurückstellen; Abrufen

Achtung:

- Das Verarbeiten erfolgt in Wenn-Dann-Verknüpfungen unterschiedlichen Typs ohne Freiheitsgrade und Entscheidungserfordernisse:

a) Wenn {Eigenschaft} Dann {Übertragen}
b) Wenn {Eigenschaft} Dann {Verarbeiten}
c) Wenn {Verarbeitungsoperationen} Dann {Übertragen}
d) Wenn {Verarbeitungsoperationen} Dann {Verarbeiten}
e) Kombinationen im Wenn- und/oder Dann-Glied

- Die Basisoperationen treten in regelhaften Kombinationen auf:

Zum Beispiel: — Nach Aufnehmen folgt stets Puffern: AP.
— An Puffern schließt sich Übertragen oder Verarbeiten an; Verarbeiten setzt Aufnehmen und Puffern oder Abruf aus (Lang)zeitgedächtnis (LZG) voraus: APÜ; APV; LZGV.

Das langfristige Ausführen geistiger Routinetätigkeiten mit geringer Anforderungsvielfalt, geringen Denkanforderungen und fehlenden Freiheitsgraden kann zu Befindensstörungen, zu erhöhtem Krankenstand und zu Verlernvorgängen — unter anderem hinsichtlich der Differenziertheit der Sprache — führen (z. B. in simplen Rechner-Dialogen. Rose und Jansen 1983). Wegen derartiger Möglichkeiten werden psychologische Gestaltungsbeiträge zur sogenannten Büroarbeit wichtig.

Produktive „geistige" Tätigkeiten

Bei nichtroutinemäßigen oder produktiven geistigen Tätigkeiten liegt in dem Mischungsverhältnis der Anforderungen ein ausschlaggebender Anteil nichtalgorithmischer Denkanforderungen vor. Sie können selbständig-nichtschöpferischer oder selbständig-schöpferischer Art sein und sich auf abgeschlossene oder offene Probleme beziehen.

Beispiele von Aufgaben mit ausschlaggebendem „produktiven" Anteil sind Entwicklungsaufgaben in der Produktionsvorbereitung oder komplizierte diagnostische Aufgaben bei der Instandhaltung. Betont sei, daß selbständige und schöpferische Denkanforderungen auch in „körperlichen" Produktionsarbeiten auftreten, und zwar nicht nur in Neurer- und Erfinderaktivitäten der Produktionsarbeiter, sondern auch bei der Beschäftigung mit regulären Arbeitsaufgaben.

Die Psychologie des Problemlösens stellt hier ein umfangreiches Wissen bereit. Zunehmend werden die für die Praxis der Wirtschaft, der Medizin und der Verwaltung typischen hochkomplexen und offenen oder „unscharfen" Probleme untersucht (Dörner 1982). Dabei sind mehrere nicht von vornherein klar vorgebbare Ziele möglich, die Situation ist wegen der Vielzahl wirksamer Variabler komplex und — auch wegen der Wechselwirkungen oder Vernetzungen — schlecht durchschaubar. Die Situation verändert sich auch eigengesetzlich und nicht nur durch Eingriffe. Sie hat eine Eigendynamik. Unterschiedliche Teilprozesse stehen oftmals gleichzeitig an. Der Bearbeiter ist auf selbständig auswählende Informationssuche angewiesen, muß relevante Zielstellungen finden und abwägen und seine Vorgehensschritte weitsichtig planen (Dörner und Reither 1978, Dörner 1981). Ohne geeignete Hilfen, z. B. heuristische Regeln (vgl. 8.5.5.), ist die Mehrzahl der Leistungen in solchen Anforderungssituationen wenig befriedigend.

Eine Unterform alltäglicher komplexer Probleme sind die sogenannten Gestaltungsprobleme (design problems). Dabei geht es um das Entwerfen beispielsweise eines komplizierten Briefs, das Schreiben eines Programms, das Konstruieren eines Geräts, das Komponieren eines Musikstücks (Caroll, Thomas und Malhotra 1980, Caroll u. a. 1981). Die möglichen Ziele sind dabei nur grob umrissen, es gibt keinen begrenzten Satz erlaubter Schritte, zahlreiche wechselwirkende Bedingungen sind zu beachten.

Eine effektive Vorgehensweise ist hier das systematische Zerlegen des Gesamtproblems in kleinere und übersichtlichere Teilprobleme. Die interindividuelle Übereinstimmung über die Zerlegung ist hoch. Eine hierarchische Problemaufbereitung erleichtert die Lösungsprozedur. Damit sind Richtungen für arbeitsgestalterische Ansätze erkennbar. Sie bestehen im Entwickeln von Hilfen für das Zerlegen der Probleme.

Sämtliche für manuelle Arbeitstätigkeiten benannten Denkanforderungen (s. 8.1.4.) können demnach auch in geistigen Tätigkeiten auftreten. Sie sind hier in der Regel stärker differenziert. So können die diagnostischen Vorgänge ausgedehnt sein zum Aufbau eines tätigkeitsleitenden inneren Modells des zu behandelnden Systems, eines

Modells, das als hypothetisches Abbild vom System schrittweise korrigiert wird. Ebenso kann die Mittel-Weg-Findung zu einem komplexen gedanklichen Erproben ausgebaut sein. Zusätzlich kann als diagnostische Aufgabenform das Stellen von Problemen und das Finden von Zielen auftreten. Es ist bei körperlichen Produktionsarbeiten nicht ausgeschlossen, aber selten. Die Psychologie befaßt sich zunehmend mehr mit dem Ermitteln anregender Bedingungen und dem Entwickeln **kognitiver Arbeitshilfen** für diese Tätigkeitsklasse. Derartige Hilfen existieren in vielseitigen Formen wie

- Hilfen zur Entscheidungserleichterung durch das **Zerlegen** von globalen Zielen und ihr getrenntes Bewerten sowie zur Erleichterung der Maßnahmenzuordnung,
- **heuristische Regeln als Planungshilfen**,
- **heuristische Regeln** zum Umgang mit **komplexen dynamischen Systemen**,
- **nutzerfreundliche Dialogsysteme** für den Mensch-Rechner-Dialog. Einige Beispiele gibt Abschnitt 8.5.5. Eine nähere Darstellung ist Gegenstand der Speziellen Arbeitspsychologie.

8.1.7. Stufung möglicher Denkanforderung in „körperlichen" und „geistigen" Arbeitstätigkeiten

Wir sahen früher: Es sind Antriebs- und Ausführungsregulation von Arbeitstätigkeiten zu unterscheiden. Ausführungsregulatorisch sind nicht alle Tätigkeiten intellektuell reguliert.

Keine Denkanforderungen in der Ausführungsregulation treten auf bei

1.1. nicht bewußtseinspflichtigen, sensumotorischen Vorgängen,

1.2. bewußtseinspflichtigen Informationsübertragungen ohne leistungsbestimmende Be- oder Verarbeitungserfordernisse (z. B. Ablochen von Belegen mit wahrnehmungs- und kurzfristigen Behaltensanforderungen)
sowie als Grenzfall

1.3. Informationsbe-/verarbeitung als beim Wahrnehmen erfolgenden Auswahl- und Zuordnungsvorgängen nach (1.3.1.) vollständigen Regeln oder nach (1.3.2.) unvollständig vorgegebenen Regeln ohne leistungsbestimmende intellektuelle Be/Verarbeitungsvorgänge.

Sogenannte geistige Tätigkeiten können durchaus zu den Klassen 1.2. und 1.3. gehören.

Die diagnostischen und prognostischen Aufgabenstellungen **mit Denkanforderungen** können wie folgt ordinal gestuft werden:

2.1. informationsumwandelnde bzw. informationserzeugende Denkvorgänge nach vollständig gegebenen algorithmischen Vorschriften;

2.2. Denkvorgänge nach unvollständig, rahmenhaft gegebenen algorithmischen Vorschriften;

2.3. nichtalgorithmische („selbständige"), jedoch nicht schöpferische Denkvorgänge (Problemlösen);

2.4. selbständige schöpferische Denkvorgänge (Problemlösen), eventuell einschließlich Zielfindung und Problemstellung in geschlossenen Problembereichen;

2.5. selbständige schöpferische Denkvorgänge (Problemlösen) eventuell einschließlich Zielfindung und Problemstellung in offenen, also komplexen, vernetzten und dynamischen Problembereichen.

Eine nähere Erläuterung der Stufen 2.1. bis 2.4. erfolgt in Tab. 8.3. Die Kennzeichen offener oder komplexer Probleme wurden in 8.1.5. skizziert.
Sogenannte körperliche Arbeitstätigkeiten können — in ihren Vorbereitungsphasen — durchaus Denkanforderungen der Stufen 2.1. bis 2.4., unter besonderen Umständen auch 2.5. enthalten (Abb. 8.6). Eine halbstandardisierte Erfassungsmethodik gibt das Tätigkeitsbewertungssystem in seiner Langform (TBS-L. Hacker, Iwanowa und Richter 1983).
Die obige Rangreihe umfaßt insgesamt 9 Stufen. Tätigkeiten können nach ihren Anforderungen in Teiltätigkeiten zerlegt und diese den 9 Stufen zugeordnet werden. Auf diese Weise ist eine ziemlich präzise Klassifikation von Tätigkeiten nach ihren „geistigen“ Merkmalen möglich.

Tab. 8.3: Aufgabentypen, die wesentliche Besonderheiten von Denkprozessen bestimmen (zusammengefaßt nach Landa 1966/67): Weitere Differenzierung der intellektuellen Regulation

Aufgabentypen	Dem Werktätigen ist bekannt	unbekannt
1. Aufgabentyp (unselbständig/vollständig algorithmisch)	a) Übergangsstufen Ausgangsprodukt → Endprodukt b) alle relevanten Eigenschaften und Zustände c) alle möglichen Operationen d) Zuordnung bestimmter Operationen → bestimmte Zustände	
2. Aufgabentyp (unselbständig/unvollständig algorithmisch)	a), b), c) (s. 1.)	Zuordnung Operationen → Zustände ⇒ Lösen durch *Auswahl* (z. B. Probieren) (Auswahlgebiet bekannt)
3. Aufgabentyp (selbständig/nicht schöpferisch)	b) oder c) oder d)	Übergangsstufen Ausgangsprodukt → Endprodukt sowie relevante Eigenschaften und Zustände oder mögliche Operationen oder Zuordnung Operationen → Zustände ⇒ Lösen durch *Suche* im Sinne Bestimmung des Auswahlfeldes im Gedächtnis (da unbekannt, woraus auszuwählen)
4. Aufgabentyp (selbständig/schöpferisch)	b) oder c) oder d)	zusätzlich zu 3: lösungsrelevante Kenntnisse selbst *neu* entdecken ⇒ Lösen durch *Suche* im Sinne Neuentdecken

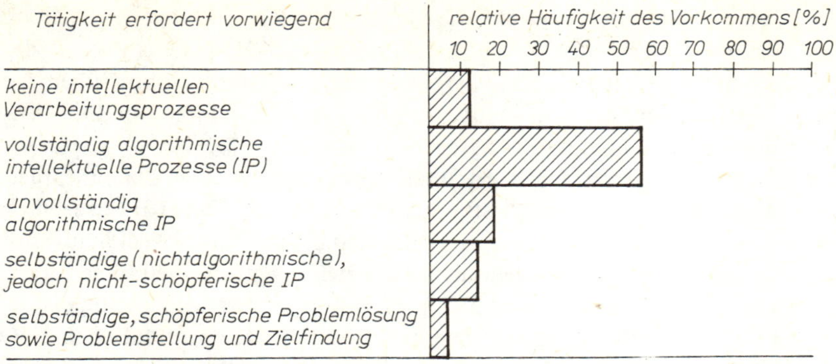

Abb. 8.6: Verteilung von Hauptklassen intellektueller Verarbeitungsanforderungen bei einer Stichprobe von 99 Montage- und Bedientätigkeiten. (Einstufung nach einer Erprobungsform des TBS-L durch Iwanowa 1980. Man erkennt, daß sogar bei der Mehrzahl relativ einfacher Produktionsarbeiten überwiegend niedriger und mittlerer Lohngruppen intellektuelle Anforderungen vorliegen.)

8.2. Die Beurteilung von Bearbeitungsprozessen und -resultaten als Grundlage der Ableitung von Maßnahmen

8.2.1. Zur regulativen Funktion der Beurteilung

Um zweckentsprechende Maßnahmen bei der Veränderung von Arbeitsgegenständen in bezug auf das geforderte Ergebnis festlegen zu können, ist an Eingriffspunkten die Beurteilung der erreichten Ergebniszustände unerläßlich. Diese **Beurteilungen[1] sind aus Aussonderung, Vergleich und Kombination von Signalen abgeleitete Diagnosen von Bearbeitungszuständen zum Zwecke der Maßnahmenfindung**. Die Beurteilungen sind bewußtseinspflichtige – aber dessenungeachtet häufig schlecht verbalisierbare – elementare intellektuelle Prozesse mit unmittelbar regulativer Funktion und dementsprechend operativem Charakter. Eine ihrer wesentlichen Grundlagen ist die Erfassung von Signalen, die im 6. Kapitel behandelt wurde. In der Beurteilung werden erfaßte Signale in das Wissen um die Bereiche der Sollzustände eingeordnet. Die dabei erfaßten Divergenzen führen zu Entscheidungen über Maßnahmen.

Nicht jedes im Produktionsprozeß auftretende Signal bedarf zur Maßnahmeableitung des Beurteilungsprozesses und der Entscheidung. Verkürzungen und Umwandlungen des intellektuellen Prozesses in ein Aktualisieren von Wissen sind bei gleichbleibenden und überschaubaren Bedingungen die Regel. Sind vieldimensionale und mithin hoch veränderliche Bedingungsgeflechte wirksam, so bleiben Beurteilungen unerläßlich. Umgekehrt erfordern jedoch Beurteilungen stets das Erfassen der aktuellen Signale. Ungeachtet der fließenden Übergänge war die Behandlung der Informationen

[1] Wir sprechen von „Beurteilungsvorgang" und „Beurteilung", um den gemeinten komplexeren Sachverhalt terminologisch abzugrenzen von „Urteilen" und „Urteil" im Sinne der Logik.

im Signalkapitel auf die sensorisch-perzeptive Seite konzentriert. Mit der Darstellung der Beurteilung stehen intellektuelle Vorgänge im Vordergrund. In dem Prozeß der Maßnahmenfindung folgt der Beurteilung als Diagnose die Entscheidung über die zweckmäßigste Maßnahme und der Entschluß zu ihrer Verwirklichung. Der Entscheidungsvorgang ist mithin nur eine der beteiligten Komponenten.

Auf Grund der Schlüsselstellung des Beurteilungsvorgangs für die Maßnahmeableitung besitzt er unmittelbar produktivitätsbestimmende Bedeutung. Dabei gilt es freilich zu berücksichtigen, daß zwischen der Güte der Beurteilung und der Zweckmäßigkeit der abgeleiteten Maßnahmen nur Wahrscheinlichkeitsbeziehungen bestehen: Aus zutreffenden Beurteilungen können wegen ihrer Abhängigkeit von weiteren Bedingungen falsche Maßnahmen folgen; zutreffende Maßnahmen können außerdem zum falschen Zeitpunkt ergriffen werden. Umgekehrt dürfen richtige Maßnahmen allerdings nur zufällig aus falschen Beurteilungen folgen.

Die produktivitätsbestimmende Bedeutung der Beurteilung wird besonders augenfällig, wenn gleiche Sachverhalte von verschiedenen Werktätigen unterschiedlich beurteilt werden und auf dieser Grundlage unterschiedliche Maßnahmeableitungen erfolgen.

Matern (1965) untersuchte das Sortieren von Kunstseide in Güteklassen hinsichtlich der Gleichmäßigkeit der Färbung. Da keine objektiven Zuordnungsverfahren zur Verfügung standen, erfolgte die Zuordnung nach subjektiven Merkmalen. Die ökonomischen Folgen der Güteklassenzuordnung waren in dem untersuchten Betrieb beträchtlich, denn Sorte A erzielte 100% des Preises, Sorte B 80% und Sorte C 35% des Preises von A.

Die Zuordnung bereitete den Sortiererinnen erhebliche Schwierigkeiten, deren Ursachen – wie eingehende Untersuchungen zeigten – in zwei Richtungen liegen:

– Die Ungleichmäßigkeiten in der Färbung sind äußerst schwer erkennbar; die sensorische Differenzierung erfolgt teilweise im Bereich der Unterschiedsschwellen für Farbunterschiede.

– Die vorgegebenen Grundlagen für die erforderliche Beurteilung sind unzureichend. Es bestanden Bezugssystemprobleme: Die Abgrenzungen zwischen den drei Sorten waren nicht eindeutig festgelegt; als Muster vorgegebene Seiden stellten lediglich Repräsentanten der jeweiligen Sortenmitte dar. Demzufolge konnten auch sensorisch wohl differenzierte Farbbeschaffenheiten unterschiedlich zugeordnet werden. Ein Bezugsproblem liegt insofern im Beurteilungsvorgang vor, als in Abhängigkeit von der Vorstellung des Werktätigen über den als Grenze zweier Sorten fungierenden Bezugspunkt gleiche Farbunterschiede unterschiedlich zugeordnet werden (s. Abb. 8.7).

Die unerläßliche subjektive Bestimmung der Klassengrenzen ist von mehreren Bedingungen abhängig und daher inter- wie intraindividuell sehr variabel. Derartige Bedingungen sind:

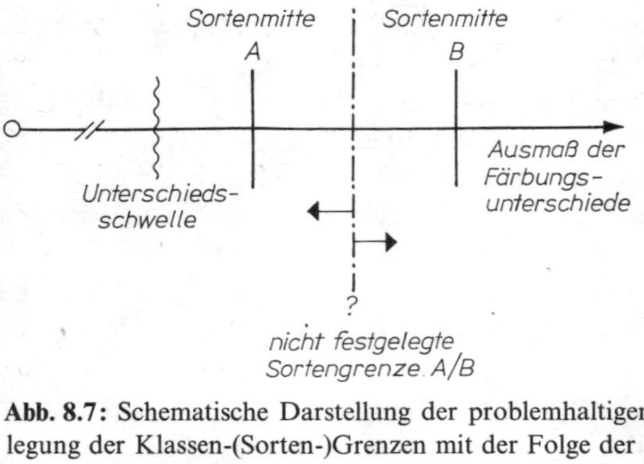

Abb. 8.7: Schematische Darstellung der problemhaltigen Grundlagen der Beurteilung: Fehlende Festlegung der Klassen-(Sorten-)Grenzen mit der Folge der willkürlichen subjektiven Festsetzung.

— die tatsächlichen Anteile und Abfolgesequenzen von Farbstreifigkeiten;
— die erwartete Verteilung der Farbstreifigkeiten, die zusammenhängt mit
— Vorstellungen über „normale" Anteile bestimmter Güteklassen;
— die Art der Extrapolation von den Sortenmitten nach den Grenzen (z. B. ist diese möglich im Sinne eines An-, Ab- bzw. Aufrundens).

Matern ließ ohne Wissen der Sortiererinnen gleiche Seiden wiederholt klassifizieren. Dabei traten beträchtliche Differenzen in der Beurteilung der gleichen Seidenkonen auf. Zur weiteren Analyse diente ein Experiment, in dem Reihen von Seiden unterschiedlicher Färbungsunterschiede aufzubauen und die Sortengrenzen in diesen Reihen zu kennzeichnen waren. Die unterschiedliche Grenzlage wurde ausgedrückt in relativen Zuordnungshäufigkeiten zu den Sorten. Auch hierbei konnte gesichert werden, daß auftretende Unterschiede zwischen den Sortiererinnen nur in zu vernachlässigendem Umfange schwellenbedingt waren. Zuordnungsunterschiede lagen nämlich auch bei wohlerkennbaren Farbunterschieden vor (Tab. 8.4):

Tab. 8.4: Interindividuelle Unterschiede der Verteilung gleicher Seiden auf unterschiedliche Güteklassen in Abhängigkeit von interindividuellen Unterschieden in der Festlegung der Sortengrenzen (Angaben in %)

Sortiererin \ Sorte	A	B	C	Σ
Sortiererin 1	24	70	6	100
Sortiererin 2	6	90	4	100
Sortiererin 3	60	34	6	100
Gütekontrolleurin	34	60	6	100

Die Untersuchung demonstriert die praktische Bedeutung von Beurteilungen im Produktionsprozeß: Von der Bezugsproblematik — als einer wesentlichen Beurteilungsgrundlage — könnte es abhängen, ob der im Beispiel erwähnte Betrieb für 6% oder für 60% seiner Produkte den vollen Preis, den ein erstklassiges Erzeugnis erzielt, erhält. Das zusätzliche Bereitstellen von Mustern der Klassengrenzen verbessert die Leistungen stark.

Die Ergebnisse zur Rolle von Bezugssystemen (Quaas 1969), Prototypen nebst abweichenden Merkmalen (Posner und Keele 1968, Reed 1971) und zu Häufigkeitsgewichtungen (Variationsbreiten—Häufigkeitstheorie; Parducci und Perret 1971) im Klassifizieren als einer Form des Beurteilens sind also produktionswirksam.

Die im Beispiel gezeigte produktionspraktische Bedeutung von Beurteilungen ist nicht auf Kontrolltätigkeiten fertiger Erzeugnisse beschränkt. Wesentlicher als diese **Ergebnisbeurteilung** sind Beurteilungen von **Ausgangs**zuständen bzw. **Zwischen**zuständen im Verlauf eines Fertigungsvorgangs, da dabei noch Möglichkeiten zur Lenkung des Produktionsprozesses durch das Festlegen geeigneter Maßnahmen bestehen.

Bezüglich der Beurteilungsgrundlagen liegen hierbei zwischen mechanischer Fertigung und **Prozeßregulation** etwa der Chemie und Metallurgie psychologische Unterschiede vor. Bei der Prozeßregulation bezieht sich die Beurteilung auf Abweichungen eines mit Eigengesetzlichkeit ablaufenden technologischen Prozesses vom Sollverlauf, um den der Beurteilende weiß. Beurteilungsgegenstände sind hierbei Verläufe, bei denen wesentliche Parameter häufig nur indirekt zugänglich sind und nur stochastische Beziehungen zwischen den zugänglichen Merkmalen und der Prozeßbeschaffenheit erkennen lassen. Die Beurteilungen sind unerläßliche Grundlagen prozeßregulierender Eingriffe z. B. in den Schmelzprozeß am Siemens-Martin-Ofen, beim Zellstoffkochen oder in andere metallurgische oder chemische Prozesse.

Bei **mechanischer Fertigung** sind Beurteilungen konzentriert auf stationäre Sachverhalte, nämlich auf Teilprodukte von Zwischenetappen, also auf die Beurteilung, ob das Zwischenziel der jeweiligen Bearbeitungsstufe (z. B. die Maßhaltigkeit eines Arbeitsgegenstands oder die Funktionsrichtigkeit einer Montagegruppe) erreicht ist – sowie darauf, ob bestimmte Arbeitsmittel und Arbeitsgegenstände für bestimmte Funktionen geeignet sind (ob z. B. ein Schraubenschlüssel oder ein Bauelement „paßt"). Die Beurteilungsgrundlagen sind dabei zumeist unmittelbar zugänglich, Probehandeln ist möglich und kann als praktisches Urteilen, als Beurteilen durch die Handlung fungieren.

Im folgenden wird vorzugsweise die Beurteilung im Zusammenhang der Prozeßregulation behandelt:

8.2.2. Grundlagen und Komponenten von Beurteilungsvorgängen

1. Der Beurteilungsvorgang bildet das Mittelglied eines komplexen regulativen Prozesses, in welchem die kognitive und aktionslenkende Komponente miteinander verschmolzen sind (Abb. 8.8). Die Beurteilung wird dabei als einordnender Vergleich des augenblicklich Wahrgenommenen mit einem gespeicherten Bezugsmodell (System operativer Abbilder) aufgefaßt (Abb. 8.9).

Das entspricht der Kennzeichnung der Abrufmuster in sogenannten Erzeugungssystemen (production systems) in der kognitiven Psychologie. Erzeugungssysteme sind modulare Einheiten des Langzeitge-

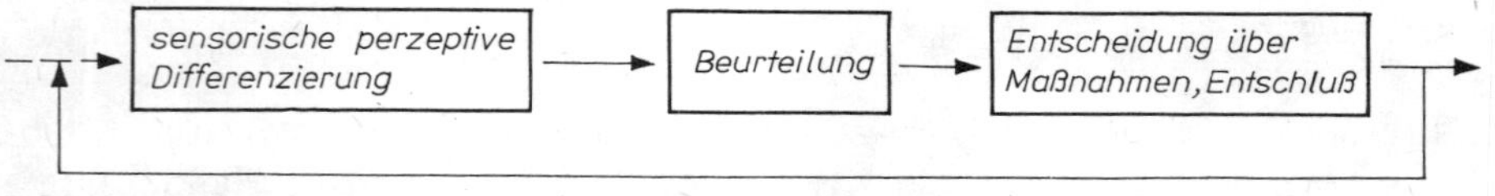

Abb. 8.8: Schematische Darstellung der Einordnung des Beurteilungsprozesses.

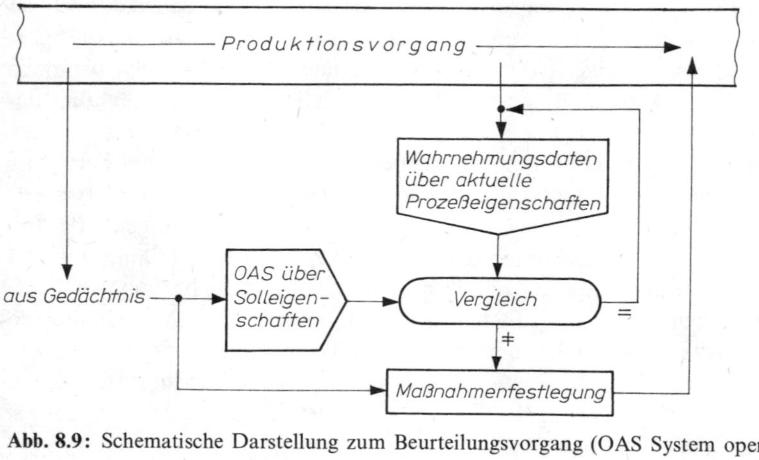

Abb. 8.9: Schematische Darstellung zum Beurteilungsvorgang (OAS System operativer Abbilder).

dächtnisses. Sie sind inhaltsspezifische Regeln vom Typ „Bedingungsmuster → Handlung". Eine Vielzahl solcher heterarchisch organisierter Regeln wirkt im Verhalten zusammen.

Hier ist wesentlich, daß die Bedingungsmuster, die eine Handlung abrufen, zwei zusammenwirkende Komponenten aufweisen. Die externe Komponente informiert über Situationsmerkmale, die interne über zu verfolgende Ziele, das sind interne oder Gedächtnisrepräsentationen der Sollzustände. Daher können gleiche Situationsmerkmale bei unterschiedlichen Zielen sehr wohl verschiedene Handlungen auslösen.

Das Konzept der Erzeugungssysteme geht auf Forschungen zur künstlichen Intelligenz zurück (Newell und Simon 1972) und ist heute in der Kognitiven Psychologie verbreitet. Ein Überblick findet sich beispielsweise bei Allport (1980).

Diese Darstellung ist weiter zu differenzieren:

2. In der Beurteilung wird der **Befund** über den Bearbeitungszustand bzw. den Bearbeitungsvorgang auf das zu erreichende **Ziel** und gegebenenfalls auch zu durchlaufende Zwischenzustände **bezogen**.

Damit ist die weitere Gliederung des Gedankengangs vorgegeben: Nach der Kennzeichnung von Komponenten und Grundlagen des **Befunds** sowie der vorweggenommenen **Ziel-** und Teilzielzustände ist als Kern des Beurteilungsvorgangs die Art des **Bezugs** beider zu behandeln.

Der Befund wird als Situation eines einzukalkulierenden Prozesses von Umwandlungen erfaßt, die im Beurteilungsvorgang sowohl von vorausliegenden wie antizipierten nachfolgenden Stationen mitbestimmt wird.

Aus dem aktuellen Befund ist durch Bezug auf die Ausgangsdaten und die zurückgelegten Etappen der tatsächliche Prozeßverlauf zu ermitteln. Die dafür benötigten Daten sind zum Teil nicht direkt erfaßbar, sondern erschlossen. So kann z. B. bei der Herstellung von Zellstoff zeitweilig (nämlich bis zur Fertigstellung von Probeuntersuchungen im Labor) eine Anzahl wesentlicher technologischer Parameter (z. B. die Viskosität) nur aus unmittelbar ablesbaren anderen Werten bei Annahme bestimmter wahrscheinlicher Beziehungen erschlossen werden. Dieser Schluß stützt sich auf im operativen Abbildsystem gegebenes Wissen um Beziehungen und wird gewonnen durch Operationen am operativen Abbildsystem (innerem Modell) des Prozesses.

Beim Geübten ist bereits die Erfassung des Befunds als Wahrnehmung des Unterschieds gegenüber der Erscheinungsweise ausgelegt, die bei regelrechtem Ablauf zu erwarten wäre, also als Wahrnehmung einer spezifischen Abweichungsqualität. Mit anderen Worten modifiziert die Vergleichsoperation bereits den perzeptiven Vorgang. Grundlage dafür ist die durch Ablaufsregelmäßigkeiten (Redundanzen) ermöglichte Erwartung eines bestimmten Sollzustands.

Das zu erreichende Ziel und die zu durchlaufenden Teilziele oder Zwischenzustände bilden ein für die Beurteilung grundlegendes **Wissen**. Erforderlich ist

- ein Wissen um die Eigenschaften des herbeizuführenden Endzustands bzw. Produkts, also präzise Zielvorstellungen;
- ein Wissen um mögliche bzw. notwendige Zwischenzustände oder Teilziele;
- ein Wissen um Ablaufgesetzmäßigkeiten des Prozesses (Prozeßwissen);
- ein Wissen um Ausprägungsmöglichkeiten der bestimmte Prozeßbeschaffenheiten anzeigenden Phänomene (Phänomen- und Indikatorwissen);
- ein Wissen um mögliche und zweckmäßige Maßnahmen der Prozeßlenkung.

Dieses vielfältige Wissen wird zwar praktisch genutzt, ist aber nicht restlos verbalisierbar. Beim erfahrenen Arbeiter gehört es zum inneren Modell vom Produktionsprozeß und bildet die unerläßliche Vergleichsgrundlage im Beurteilen.

Bei der Zellstoffherstellung ist z. B. die Geschwindigkeit der Annäherung des Farbwerts der Ablauge an den geplanten Endfarbwert der Maßstab dafür, ob der Kochvorgang normal oder zu rasch bzw. zu langsam erfolgt. Entscheidungen über Notwendigkeit, Zeitpunkt und Art regulierender Eingriffe basieren auf diesem Beurteilen des „Kochtempos“ (Vaic 1968). Urteilsgrundlage ist mithin ein erfahrungsbedingtes Wissen über den erforderlichen Zusammenhang von Farbwert der Ablauge und Kochzeit. Die erstaunliche Qualität der Regulation durch die Kocherwärter ist erklärbar dadurch, daß der objektiv lineare Zusammenhang von Farbwert und Kochzeit eine relativ einfache Bezugsbasis (eine relativ einfache Struktur des inneren Modells) ermöglicht.

Beim Schmelzprozeß im Siemens-Martin-Ofen liegen kompliziertere, nichtlineare Beziehungen zwischen Schmelzzeit und Entkohlungsfortschritt der Schmelze vor (G. Herrmann 1965). Das regulative innere Modell der Schmelzer stellt daher nur eine stark vergröberte, schematisierte Wiedergabe des tatsächlichen Entkohlungsfortschritts als Funktion der Schmelzzeit dar; die auf dieser Urteilungsgrundlage abgeleiteten Entscheidungen bedürfen daher der Korrekturen an weiteren Parametern.

Die Beurteilungsgrundlage „inneres Modell“ hat verschiedene Formen: Bei der Regulation von Prozessen tritt sie auf als Funktion eines Parameters y von der Zeit t (z. B. $y = a + bt$), als Funktion eines Eingriffs E von einem Signal S ($E = f(S)$) bzw. als multiple Funktion eines oder mehrerer Eingriffe von mehreren zunächst im Befund B als Basis der Eingriffsplanung zu integrierenden Signalen $B = f(S_1 \ldots S_n)$, wobei $E = f(B)$. In der mechanischen Fertigung haben innere Modelle für die Klassifikation von Produkten einschließlich der Zwischenkontrolle von Halbfertigerzeugnissen die stationäre Form eines oder einiger klassenabgrenzender Bezugswerte, die ein Bezugssystem bilden können. Falls beim Werktätigen Erwartungen über Klassenbesetzungen vorliegen, entspricht das innere Modell einer Verteilungsfunktion $n_i = f(x_i)$.

Der Kern des Beurteilungsvorgangs besteht im Vergleich der beiden Prozeßabbildungen, also im Vergleich des aktuell auf der Basis des Befunds erfaßten *tatsächlichen* Prozeßverlaufs mit dem kenntnis- und erfahrungsgestützten inneren Modell des *erforderlichen* Prozeßverlaufs (der Soll-Abbildung). **Dieser Vergleich als Grundlage der präzisen Maßnahmenfestlegung ist ein Klassifizierungsprozeß**. Es kommt zu Entscheidungen über Maßnahmen, indem die erfaßten Phänomene und Prozeßmerkmale in mögliche Ausprägungen des inneren Modells eingeordnet (klassifiziert) werden. Abweichungen von der erforderlichen Ausprägung lösen dabei entweder erfahrungsbedingt mit dem jeweiligen Abweichungstypus verknüpfte Maßnahmen aus — oder sie erfordern Entscheidungen über zweckmäßige Maßnahmen. Das der Entscheidung möglicherweise vorangehende Kalkül der erforderlichen Maßnahmen wird in späteren Zusammenhängen erörtert.

An der Abgrenzung zwischen den durch die zugeordneten Maßnahmen unterschiedenen Ausprägungsklassen sind — wie am einführenden Beispiel der Güteklassenzuordnung von Kunstseiden bereits erkennbar wurde — bei stetigen Merkmalen Bezugssysteme beteiligt. Die Beschaffenheit dieser Bezugssysteme bestimmt daher den Ausfall der Beurteilungen mit. Nicht selten sind ganze Reihen ineinander „verschachtelter“ Bezugssysteme wirksam. Die urteilsdynamischen Effekte der Bezugssysteme können sich auch auf Randbedingungen des zu beurteilenden Sachverhalts beziehen.

So zeigte sich bei Untersuchungen über die zeitliche Verteilung von Arbeitsfähigkeitserklärungen nach Arbeitsunfähigkeit eine statistisch hochsignifikante Bevorzugung bestimmter Termine (hauptsächlich der Montage, aber auch der Mittwoche, sowie ferner der Monatsersten und Monatsmitten) bei der Fixierung des Wiederbeginns der Arbeitsfähigkeit durch den Arzt (Hacker und Naumann 1963). Dementsprechend waren andere Zeitpunkte statistisch signifikant gegenüber einer Gleichverteilung, die bei

Unabhängigkeit des biologischen Tatbestands „Erkrankung“ von der kalendarischen Konvention von Wochentagen unterstellt werden muß, unterbesetzt.

Die Bevorzugung konventionell hervorgehobener und als Bezugspunkte der Zeitgliederung dienender Tage ist nicht aus dem Wesen der Erkrankung selbst verständlich, sondern nur zu erklären aus Eigenarten der Wirksamkeit von zeitlichen Bezugssystemen in der Beurteilung durch den Arzt.

Auch bei den in der Praxis vorherrschenden Klassen, die durch gleichzeitiges, stetiges Variieren der Merkmale in mehreren Dimensionen mit unterschiedlichem Gewicht und stochastischer wechselseitiger Abhängigkeit gebildet werden, also bei Klassen aus Komplexmerkmalen, sind Bezugssysteme wirksam: Prototypen und Klassenrandobjekte wirken als mehrdimensionale Ankerreize (Aiken, Fenker und Evans 1974). Ihre Bekanntgabe bewährt sich bei den einander überschneidenden Klassen, für die nur Grade einer Zugehörigkeit definierbar sind, praktisch als wirksames Klassifizierungshilfsmittel (Hacker 1974).

Die Beschaffenheit der im Beurteilungsprozeß wirksamen Bezugssysteme ist nicht aus formalen kognitiven Verarbeitungsprinzipien zu erklären, sondern bedingt durch die Anforderungen der jeweiligen Aufgabe (Quaas 1969).

8.2.3. Bedingungen von Beurteilungsvorgängen im Arbeitsprozeß

Da gleiche Bearbeitungszustände inter- und intraindividuell verschieden beurteilt werden können, sei nunmehr systematisch zusammengestellt, wovon die Güte einer Beurteilung abhängt:

a) objektive beurteilungsrelevante Eigenschaften des Bearbeitungsvorgangs bzw. Ergebnisses. Wegen der verschiedenen Schwierigkeit interessieren besonders die Art der Merkmale (alternativ-diskret vs. relational-stetig) und ihre Anzahl sowie die Klassenstruktur (also die Kombinationsregeln als aussagenlogische Verknüpfungen oder mathematische Funktionen sowie als nach der Ähnlichkeit skalierbare Komplexmerkmale). Im Produktionsprozeß tritt Weiteres hinzu (s. u.).

b) Beurteilungsgrundlagen beim beurteilenden Menschen. Also insbesondere die

– Beschaffenheit des subjektiven Inventars der Signale,

– Differenziertheit und Adäquatheit des regulativ wirksamen Wissens; Verknüpfung der Aktivierung bekannter Maßnahmen mit dem Erfassen technologischer Zustände.

c) Art des klassifizierenden Vergleichs von Ist- und Sollzustand. Der Vergleich kann unmittelbar oder vermittels eines testenden Eingriffs erfolgen.

In verschiedenen anderen Abschnitten werden einige der aufgeführten Sachverhalte erörtert. Hier sollen die beurteilungsrelevanten Eigenschaften vom Ergebnis und vom Bearbeitungsvorgang näher dargestellt werden.

Eine Ausgangsbedingung ist die **sensorisch-perzeptive Erfaßbarkeit** der Eigenschaften, die der Beurteilung zugrunde liegen. Nicht erfaßte Sachverhalte können nicht zur Beurteilungsgrundlage werden. Daher sind alle Entdeckungsbedingungen hier zu beachten. Es ist offensichtlich, daß im Falle schwelliger und schwellennaher Ausprägung stetiger Eigenschaften ungünstigere Beurteilungsgrundlagen vorliegen als bei Ausprägungen, die Alphabete optimaler Unterscheidbarkeit (vgl. 6.2.) darstellen.

Weiter sind unter industriellen Bedingungen **Auftretenshäufigkeit sowie Auftretenssequenz** von besonderem Einfluß (Colquhoun 1961, Fox und Haslegrave 1969, Nachreiner u. a. 1976).

Unter Labor- wie Praxisbedingungen ist bei freiem (nicht bei vorgegebenem) Arbeitstempo bei Gütekontrolltätigkeiten die Leistungsgüte stark abhängig vom **Verhältnis** der gesuchten fehlerhaften Elemente zur Gesamtanzahl, nicht aber von der auftretenden Häufigkeit. Diese Abhängigkeit wurde von Colquhoun zwischen 0,08 . . . 0,50, von Fox u. a. für Wahrscheinlichkeiten zwischen 0,01 . . . 0,05 gezeigt. Praktisch folgt, daß die Kontrolleffektivität bei geringen Auftretenswahrscheinlichkeiten nicht durch Erhöhung des Arbeitstempos, sondern nur durch die Erhöhung der Auftretenswahrscheinlichkeit zu steigern ist (s. Abb. 8.10).

Die Erklärung dieser Beziehung ist im Zusammenhang mit Vigilanzproblemen möglich: Bei Daueraufmerksamkeitsaufgaben (Vigilanzaufgaben) wirkt eine Situation um so ermüdender, je seltener überhaupt ein Sachverhalt aufzunehmen ist und je seltener auf gesuchte Ereignisse geantwortet werden muß.

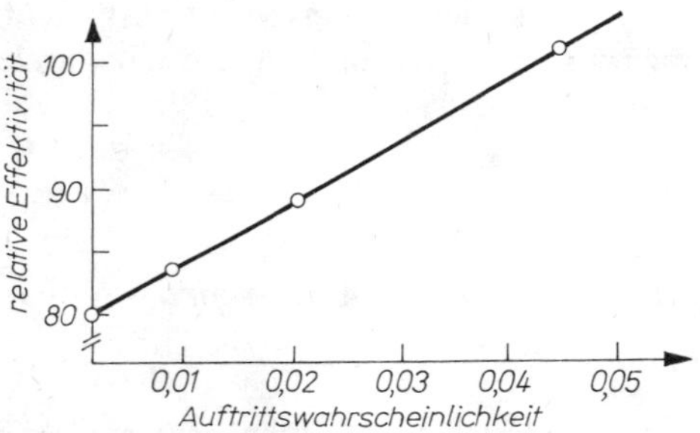

Abb. 8.10: Veränderung der Effektivität einer Kontrolltätigkeit mit der Wahrscheinlichkeit eines gesuchten Ereignisses bei freiem Arbeitstempo (Fox und Haslegrave 1969).

Unbeschadet der sensorisch-perzeptiven Erfaßbarkeit können Unterschiede in der Art und im Ausmaß der erforderlichen **intellektuellen Vermittlung** der Beurteilungsgrundlagen bestehen. Bei unzugänglichen oder unanschaulichen Vorgängen ist die Herstellung

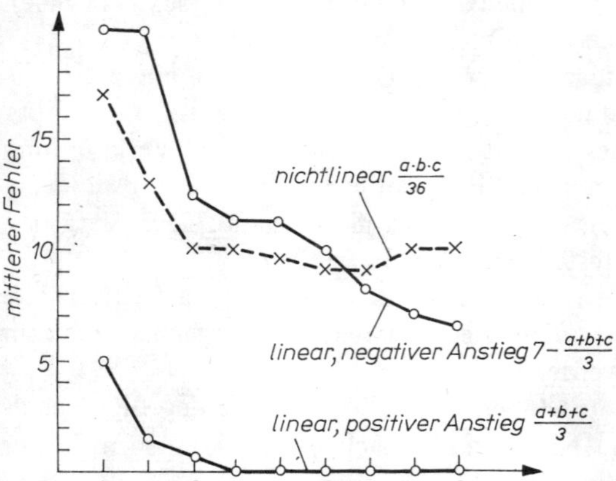

Abb. 8.11: Lernverlauf (mittlere Abweichung) bei verschiedenen funktionellen Beziehungen zwischen mehreren für die Eingriffsableitung zu integrierenden Signalen (Matern 1975).

von Beziehungen zwischen sensorisch-perzeptiv zugänglichen Indikatoren und den interessierenden technologischen Parametern mindestens in der Lernphase und bei Störungen vermittelt durch intellektuelle und kenntnisaktivierende Vorgänge am operativen Abbildsystem über den Prozeß; Regelsuche, Klassifizieren oder lediglich mechanisches Einprägen treten auf. Eine der Aufgaben von Fließbildern besteht in der Unterstützung der vermittelnden Funktion von operativen Abbildsystemen.

Eine weitere Bedingung des Beurteilungsvorgangs ist die **Art der zu erfassenden Beziehungen bzw. Regeln** zwischen technologischem Prozeß und Signal, zwischen mehreren zu integrierenden Signalen sowie zwischen Signal und Eingriff. Grundlagen geben die Informationsintegrationstheorie (Brunswiksches Linsenmodell 1955, Anderson 1970) und das multiple Wahrscheinlichkeits- bzw. Funktions- bzw. Regellernen (Uhl 1966). Je weniger eng die Beziehungen sind, um so geringer ist die Wahrscheinlichkeit zutreffender Schlüsse auf den tatsächlich vorliegenden Ausprägungsgrad; je komplizierter die Funktion ist, um so schwierigere Lernvorgänge sind erforderlich (Abb. 8.11). Schließlich ist der von der Signal-Detektions-Theorie aufgegriffene Sachverhalt der Beurteilungsfolgen[2] einzubeziehen. Diese möglichen Folgen sind bedingt durch Eigenheiten (z. B. durch die eventuell entstehenden Kosten oder Gefahren) des Bearbeitungsvorgangs und daher hier zu berücksichtigen. Da aus verschiedenen Beurteilungen ein und desselben Sachverhalts Entscheidungen zu unterschiedlichen Maßnahmen erwachsen können, die wiederum verschiedenen Nutzen im Sinne des Arbeitsauftrags – möglicherweise auch Schaden bis hin zu Havarien oder Unfällen – herbeiführen können, geht nicht nur in den Entscheidungs-, sondern der Möglichkeit nach bereits in den Beurteilungsvorgang ein Berücksichtigen der Folgen, ein sogenanntes Folgenkalkül, ein.

So kann zum Schutz gegen schwerwiegende Folgen einer Fehlbeurteilung das verwendete Kriterium absichtlich oder unabsichtlich vom kritischen Bereich hinweg verschoben werden, es wird ein interindividuell verschiedener „Sicherheitsabstand" gewahrt. Seine Größe ist auch intraindividuell variabel durch die Abhängigkeit vom Ausgang des Nutzenkalküls, von Erwartungen und Einstellungen. Liehr (1971) hat bei der Gütekontrolle von Metallteilen experimentell gezeigt, wie mit geringfügigen Änderungen in der Einbettung des Arbeitsauftrags das Ergebnis variiert. Nach dem Hinweis, bei den nächsten zu sortierenden Losen handle es sich um wichtige Sonderaufträge, wurde aus dem gleichen Material ein signifikant höherer Anteil fehlerhafter Stücke ausgelesen. Dieser Leistungsunterschied geht nicht allein auf ein Intensivieren der Zuwendung zurück, sondern auch auf das intraindividuelle Verschieben der Beurteilungskriterien. Mit abnehmender Quote übersehener Mängel wächst jedoch die der fälschlich ausgesonderten fehlerfreien Stücke (vgl. Operationscharakteristik S. 229). Ein Optimum zwischen beiden kann durch Belehrung erzielt werden.

Zu den beurteilungsrelevanten Eigenschaften zu regulierender Prozesse gehören noch weitere, durch den Prozeßcharakter bedingte Tatbestände:

Die Beurteilung ist nicht nur Erkenntnis *für* die Regulation, sondern zugleich auch Erkenntnis *auf Grund* der Regulation. Das bedeutet einerseits, daß die Beurteilung gelenkt ist aus dem bei der Regulation gewonnenen Wissen um das in dem zu regulierenden Prozeß Mögliche. Andererseits kann die Beurteilung entweder überhaupt ab-

[2] Schwierigkeiten bei der prinzipiell möglichen Formalisierung entstehen dadurch, daß zwei wesentliche Voraussetzungen häufig nicht gegeben sind, nämlich
– der Wert bzw. Nutzen einer aus der Beurteilung abgeleiteten Maßnahme bestimmt sich nicht nach einem Sachverhalt, sondern nach einer Vielzahl von Sachverhalten, und
– die eindeutige Quantifizierung von Wert bzw. Nutzen ist nicht durchgängig möglich.

geleitet oder wenigstens geprüft werden aus Eingriffen in den Prozeß. Die Beurteilung trägt den Charakter einer Hypothese, die geprüft wird im Sinne einer Diagnostik „ex juvantibus", mit anderen Worten dadurch, daß bei zutreffender Vermutung die aus ihr folgerichtig abgeleiteten Maßnahmen zur Veränderung des Zustands in der gewünschten Hinsicht führen müssen. Die Beurteilung stützt sich letztlich damit auf die **Rückmeldungen**. Der scheinbar einfache Beurteilungsvorgang nimmt eine komplizierte, antizipierende Struktur an (s. Abb. 8.12).

Fehlersuchstrategien enthalten häufig Anweisungen zu derartigen **Diagnoseschritten vermittels abhelfender Maßnahmen**. Bei der Darstellung der verschiedenen Signalarten wurde der gleiche Sachverhalt bei der Behandlung der durch Abfragen gewonnenen Signale dargestellt.

Enge Grenzen für Diagnosen vermittels Eingriffen ergeben sich, sobald irreversible Folgen die sichere Herstellung des Erzeugnisses in Frage stellen können. Mögliche Auswege sind in diesem Fall

— ein ansatzweises Probieren, das ein Abfangen unerwünschter Veränderungen gestattet oder

— ein gedankliches Erproben am operativen Abbild.

Schließlich gehört zu den beurteilungsrelevanten Eigenschaften, daß durch das Wissen um den Prozeßcharakter eine **Verlaufsordnung** in die Beurteilung hineingetragen wird.

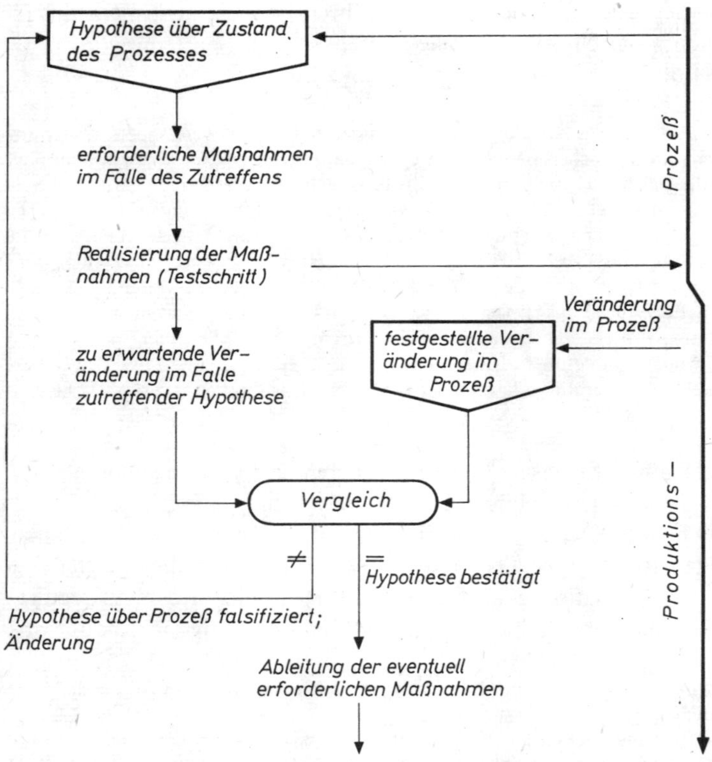

Abb. 8.12: Schematische Darstellung der Beurteilung auf Grund von Eingriffen in den Prozeß.

Das Wissen um die Regulation des Prozesses auf ein Endresultat hin und um technologisch sichere oder wahrscheinliche Sequenzen schafft im Beurteilungsvorgang eine Zielgerichtetheit und Abfolgenerwartung, die die Beurteilung adäquater ausfallen läßt, als ihre aktuellen sensorisch-perzeptiven Grundlagen verständlich machen können.

G. Herrmann fand, daß das Schätzen des Kohlenstoffgehalts einer Schmelze beim Siemens-Martin-Prozeß an Hand von Probespänen, Tropfenbildungen, Farben usw. unter bestimmten Bedingungen gar nicht der vermutete wahrnehmungsabgestützte Beurteilungsvorgang, sondern ein „Errechnen" des bei regelrechter Prozeßführung zu unterstellenden Zustands ist. Eingangsgrößen dieses Kalküls sind hauptsächlich die durch die Einsatzstoffe bedingte Anfangsbeschaffenheit, die als Resultat zu erzielende Stahlmarke, die bereits verstrichene Schmelzdauer, die Laborwerte der letzten Probe und – nach Möglichkeit – zwischenzeitliche technologische Eingriffe (z. B. Temperaturführung oder Aufkohlung).

Das logisch-technologische Kalkül kann die aktuelle Befunderhebung gänzlich verdrängen oder nur noch zur Überprüfung verwenden. Allerdings sind diese logischen Kalküle zugleich Ansatzpunkt charakteristischer Beurteilungsfehler. Im harmlosesten Fall führen sie zu Beurteilungen, die auf idealisierten Verläufen aufbauen und tatsächliche Schwankungen nicht erfassen.[3] Ob diese Form eines Filtereffekts bereits zu Nachteilen führt, hängt von den Anforderungen des Einzelfalls ab. Schwerwiegendere Beurteilungsfehler entstehen dann, wenn im Kalkül

– unzutreffende Werte (z. B. falsche Ausgangswerte) verarbeitet werden (Abb. 8.13 a) und/oder
– wirksame Einflüsse (z. B. technologische Eingriffe wie der der Aufkohlung) nicht berücksichtigt sind (Abb. 8.13 b) und/oder
– unzutreffende oder ungenaue Verknüpfungsregeln eingesetzt werden (Abb. 8.13 c).

Durch zweckmäßige **experimentelle Variation** dieser Komponenten wie auch der sensorisch-perzeptiven Urteilsgrundlagen ist es möglich, empirisch zu bestimmen:

– den Wert der einzelnen Beurteilungsgrundlagen für die resultierende Beurteilung bis hin zu ihrem qualitativen Gewicht im Kalkül und
– die adäquate Verknüpfungsart.

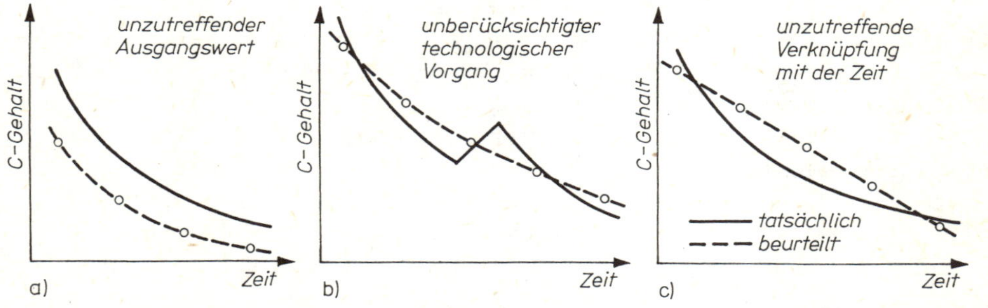

Abb. 8.13: Unterschiedliche Arten von Beurteilungsfehlern (dargestellt am Entkohlungsvorgang beim Siemens-Martin-Schmelzprozeß).

[3] Bereits Bacon verwies auf die heute experimentell bestätigte menschliche Tendenz, den Ordnungsgrad in Umweltereignissen zu überschätzen. Vorliegen von Ordnung wird im Erleben auf Verläßlichkeitsniveaus akzeptiert, die weit unter den in der Biostatistik üblichen liegen. Der ökonomische Effekt derartigen Vorgehens für ein System mit begrenzter Aufnahmekapazität liegt auf der Hand.

Die Variation kann sowohl im Rahmen von Laborexperimenten wie als natürliches Experiment erfolgen. Auch quasi-experimentelle Ansätze sind beim Vorliegen ausreichender Varianten möglich. Ebenso kann experimentell nach eventuellen Ursachen inadäquater Beurteilungen gesucht werden. Die Ergebnisse der experimentellen Analyse sind unerläßliche Grundlagen gezielten Beurteilungstrainings. Quantifizierte Befunde besitzen darüber hinaus Bedeutung für die Automatisierung der Prozeßregulation.

Damit ist zugleich der Zweck der Darstellung von Bedingungen von Beurteilungen deutlich gemacht: Die Kenntnis der wirksamen Bedingungen ermöglicht es, Ursachen von Beurteilungsfehlern gezielt aufzudecken, ihnen durch **Qualifikationsmaßnahmen** vorzubeugen und sie in der **technischen Arbeitsgestaltung** zu berücksichtigen. Beispielsweise gehören die dargestellten Bedingungen von Beurteilungsprozessen zu den Aspekten, die bei Entscheidungen über vermitteltes oder unvermitteltes Informationsangebot in Mensch-Maschine-Systemen und bei der Anforderungsermittlung im Fall vermittelter Informationsdarbietung heranzuziehen sind.

8.2.4. Beurteilungen als abhängige Komponenten komplexer Situationsanalysen

Bei der Behandlung der Beurteilung war die Betrachtung auf relativ elementare Vorgänge beschränkt, für die eine enge Verbindung mit perzeptiven Vorgängen charakteristisch ist. Trotz anklingender Übergänge — beim Problem der Diagnose ex juvantibus — wurde die komplexe intellektuelle Situationsanalyse noch nicht behandelt, wie sie bei der Analyse des Verhältnisses von Ziel und Ausgangszustand beim Planen, bei der Funktionsprüfung von Arbeitsmitteln oder der Analyse schwer erkennbarer technologischer Zustände — etwa bei der Fehlersuche — auftritt. Dem Beurteilungsakt und der komplexen Situationsanalyse sind ihre diagnostische Funktion bei der Variantenwahl gemeinsam; die Situationsanalyse geht jedoch über den Beurteilungsakt hinaus. In die übergeordnete Situationsanalyse sind **Beurteilungsakte als abhängige Komponenten eingeordnet**; die Beurteilungsakte einschließenden analytischen Schritte (z. B. die Suchschritte bei der Fehlersuche) werden geleitet aus der Beziehung der Aufgabe auf das operative Abbildsystem vom jeweiligen technologischen Prozeß.

Eine nähere Erörterung soll am Beispiel einer Fehlersuchstrategie erfolgen. Eine derartige Strategie kann sich ein Werktätiger als wesentlichen Bestandteil seiner Berufserfahrung selbst erarbeitet haben, häufiger noch ist sie als Ergebnis systematischen Arbeitsstudiums, gewissenhafter Erprobung sowie pädagogisch-psychologischer Überarbeitung Inhalt der Berufsausbildung. In jedem Fall ist Grundlage einer Fehlersuchstrategie die Analyse der Fehler sowie ihrer Signale.

Eine Fehlersuchstrategie muß Suchregeln für

- aufgetretene Fehler und ihre Ursachen sowie für
- die Ursachen im Entstehen begriffener, möglicher Fehler

enthalten; sie muß mit anderen Worten Fehlerbehebung und Fehlervorbeugung ermöglichen. Im einzelnen müssen differenziert erfaßt sein:

— die Fehler**arten** einschließlich ihrer Auftretenswahrscheinlichkeiten und gegebenenfalls vorliegender Auftretenssequenzen und Auftretensverknüpfungen;
— die zu den verschiedenen Fehlerarten führenden **Ursachen** und die ihnen zugeordneten Behebungsmaßnahmen;
— die **Signale** einschließlich ihrer Beziehungen zum anzuzeigenden Sachverhalt.

Im Sinne zweckmäßigen Vorgehens muß innerhalb der Signale weiter klassifiziert werden in
— — unmittelbar fehleranzeigende Signale;
— — zum Fehlerort hinzuführende bzw. auf die Fehlerart hinweisende Signale;
— — Signale für durch Vorbeugungsmaßnahmen beeinflußbare, sich anbahnende Fehler;
— — Rückmeldungssignale über den Erfolg fehlerbehebender bzw. fehlervorbeugender Verrichtungen.

Letztlich ist die Grundlage insgesamt also das differenzierte operative Abbildsystem. Die vorteilhaften **Wirkungen** des Verfügens über eine Fehlersuchstrategie bestehen darin, daß nicht mehr oder weniger zufallsgeleitet gesucht wird, sondern in der zweckmäßigsten Reihenfolge und mit günstigsten und in ihrem Zusammenhang abgestimmten Verrichtungen. Die selbst erarbeitete oder übernommene Fehlersuchstrategie ist mithin sowohl Leitlinie für ein rationell und sicher zum Auffinden des Fehlers führendes folgerichtiges Erfassen der Beurteilungsgegenstände als auch Stütze des jeweiligen einzelnen Beurteilungsaktes, indem sie für bestimmte Merkmalszustände die zugeordneten Maßnahmen enthält.

Eine Objektivierung ist in zweckmäßiger Form als algorithmische Vorschrift möglich. Aus Anschaulichkeitsgründen wird die Form eines Flußdiagramms bevorzugt. Dabei entsprechen:
— den Prüfbedingungen die Signale,
— den Operatoren die Verrichtungen zur Behebung von Fehlern bzw. Fehlerursachen,
— der Reihenfolge der Prüfbedingungen die objektiven Wahrscheinlichkeiten der Fehler im technologischen Prozeß.

Von jedem Operator geht eine gerichtete Kante aus, jeder Prüfbedingung entspringen zwei (Bedingung erfüllt/nicht erfüllt). Jede Prüfbedingung stellt in psychologischer Sicht eine Beurteilungsanforderung dar. Die algorithmische Vorschrift beschreibt ein System von aufeinanderfolgenden Beurteilungsakten, die nach Zweckmäßigkeitsgesichtspunkten zusammengefaßt sind. Algorithmische Vorschriften für vorbeugende und behebende Fehlersuche können unabhängig voneinander oder kombiniert sein.

Das Beispiel zeigt eine algorithmische Vorschrift für die Fehlersuche, Fehlerbehebung und Fehlerverhütung im Schärprozeß (Abb. 8.14 a, b).

Die Autoren schlagen vor, die Vorschrift in enger Verbindung von theoretischer und praktischer Ausbildung in Etappen aneignen zu lassen. In der theoretischen Unterweisung soll zuvor die Struktur der Arbeitstätigkeit bewußt gemacht (ein operatives Abbildsystem entwickelt) werden. Fehlerarten, ihre Ursachen, zugehörige Signale einschließlich ihrer Zuordnung zu Behebungsmaßnahmen sollen dabei mit geeigneten Unterrichtshilfsmitteln für die jeweilige Etappe der Vorschrift vermittelt und in der anschließenden praktischen Ausübung als Handlungsanweisungen gefestigt werden.

Im Lehrprozeß wird angestrebt, die vorgegebenen Handlungsschritte auf weitere Situationen zu verallgemeinern. Für das Erfassen der Beziehungen zwischen der Erscheinungsweise der Fehler und den Ursachen wurde von den Autoren ein spezieller „Vermittlungsalgorithmus“ aufgestellt.

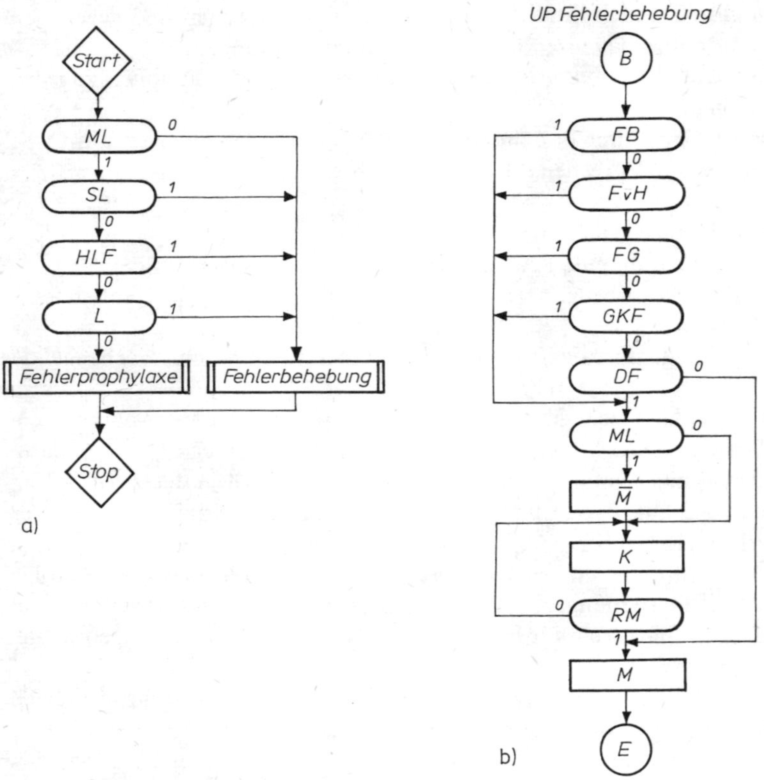

Abb. 8.14: Beispiel eines Fehlersuchalgorithmus (Brandt, Leuschner und Thomas, modifiziert von P. Quaas 1969).
a) Links: Gesamtablauf,
b) rechts: Unterprogramm für das Beheben entdeckter Fehler.
(Das Unterprogramm für vorbeugendes Entdecken entstehender Fehlermöglichkeiten — „UP Fehlerprophylaxe" — wird aus Übersichtlichkeitsgründen weggelassen.)

Bedingungen:

ML	Maschinenlauf: Läuft die Maschine?
L	Ist eine Lücke vorhanden?
SL	Leuchtet die Signallampe auf?
HLF	Ist ein hängender oder lockerer Faden vorhanden?
FB	Fadenbruch: Ist ein Faden gerissen?
FvN	Sind eine Fluse oder eine Noppe vorhanden?
FG	Ist ein Fadengefitz vorhanden?
GKF	Ist ein geplatzter Kapillarfaden vorhanden?
DF	Ist ein Doppelfaden vorhanden?

Operatoren:

M	Schalte die Maschine ein!
$\overline{M}$	Schalte die Maschine aus!
K	Führe die der jeweiligen Stillstandsursache zugeordnete Korrektur aus! (Zur Vereinfachung ist dieser Vorgang nur einmal, nicht dem tatsächlichen Vorgang entsprechend für jede Ursachenkategorie getrennt, gezeichnet.)
UP	Unterprogramm.

(„1" bedeutet positiven Ausgang der logischen Bedingung, „0" negativen.)

Mit diesem Ausblick auf empfehlenswerte Vermittlungsmöglichkeiten und einschlägige algorithmische Vorschriften ist bereits zum folgenden Abschnitt übergeleitet.

8.2.5. Zu lernpsychologischen Möglichkeiten der Verbesserung diagnostischer Operationen

In modernen Technologien wächst die Rolle zutreffender Diagnosen sowohl bei der Wartung, der Fehlerbehebung wie der Prozeßregulation weiter. Die Befähigung, zutreffende Diagnosen zu stellen, wird für Bediener von Maschinen oder Automaten, Anlagenfahrer, Wartenpersonal, Einrichter, Wartungspersonal zum Kernstück der Qualifikation. Damit besitzt die Frage nach effektiven Ausbildungsmöglichkeiten und Arbeitshilfsmitteln Aktualität. Eine ausführliche Darstellung müßte den Rahmen dieses Vorhabens sprengen. Folgende Lösungsrichtungen seien angedeutet:

- Ausbildungsmaßnahmen zur Entwicklung einer differenzierten Orientierungsgrundlage im Sinne des **Systems pädagogischer Stufen nach Galperin** (1966).

Dazu gehören die Vermittlung des Inventars beurteilungsrelevanter informativer Signale, die geordnet werden sollten nach dem Kriterium des nichtwachsenden Informationsgehalts (Itelson 1967), sowie von Strategien der Signalsuche, die Vermittlung eines adäquaten, operativen Abbildsystems einschließlich seiner vielfältigen Wissensgrundlagen mit Hilfe geeigneter schematisierender Lehrhilfen und der Aufbau adäquater Bezugssysteme.

- Bereitstellen von Hilfsmitteln für die Gewinnung von Beurteilungsgrundlagen in Form von **algorithmischen Strategien** oder von Systemen **heuristischer Regeln**.

Verbreitet ist die Entwicklung und das Lehren von Fehlersuchstrategien auf algorithmischer Grundlage. Unselbständige, aber wesentliche Komponenten in der Fehlersuche sind Beurteilungsvorgänge. Das in Abschnitt 8.2.4. erwähnte Beispiel hat die Verwendbarkeit von Suchalgorithmen für das Erlernen zweckmäßiger Vorgehensweisen bei Bedientätigkeiten demonstriert und die wichtigsten Voraussetzungen der Aufstellung verdeutlicht.

Sind die wirksamen Bedingungsgeflechte zu komplex, so gewinnen anstelle von algorithmischen Strategien Finderegeln vom Typus heuristischer Regeln Bedeutung (s. dazu 8.5.5.).

- Vermittlung von **Auswahl- und Verknüpfungsregeln** zwischen mehreren Signalen und für Signale und zugeordnete Maßnahmen (didaktische Optimierung des multiplen Merkmalswahrscheinlichkeits- bzw. Regellernens).
- Schaffen gezielter **Trainingsmöglichkeiten** außerhalb der vollen Ernstsituation mit irreversiblen Produktionsfolgen.

Die Verfahren zur **Untersuchung** des Beurteilungsvorgangs können auch als **Trainingssituation** dienen.

Eine einfache Vorgehensweise besteht im sogenannten **Kartensortierversuch als Bestandteil des selektiven kognitiven Selbstbelehrungstrainings.** Werktätige erhalten getrennte, in sich ungeordnete Stapel von Kärtchen mit prägnanten Angaben zu möglichen Signalen, zu möglichen Zuständen des Bearbei-

tungsprozesses sowie zu möglichen erforderlichen Maßnahmen. Es sind jeweils auch Karten mit irrelevanten Angaben in diesen Stapeln enthalten. Die Werktätigen haben
- die für den fraglichen Arbeitsvorgang zutreffenden Sachverhalte herauszusuchen,
- sie nach ihren Vorkommenshäufigkeiten zu ordnen,
- den Zuständen die Signalkonfigurationen zuzuordnen, an denen sie erkennbar sind,
- den Zuständen die erforderlichen Maßnahmen zuzuordnen und
- den Maßnahmen die Signalkonfigurationen zuzuordnen, die für ihre Kontrolle benötigt werden.

Rückmeldungen durch den Untersuchungsleiter erfolgen nur global. Erforderliche Hilfen werden in Form von Findehilfen gewährt. Mehrere derartige Sitzungen werden in Abständen von einigen Tagen wiederholt. Zwischenzeitlich sollen die Werktätigen in ihrer Arbeitstätigkeit versuchen, die im Sortierversuch erfragten Sachverhalte und Beziehungen **selbst** aufzuspüren. Mit diesem Vorgehen wurden ausgezeichnete Lernfortschritte in vielen Tätigkeiten erzielt (Schneider 1977).

Gut bewähren sich Kombinationen von **Beurteilungshilfsmitteln** (z. B. Diagnosealgorithmen) **und schriftlichen technologischen Erläuterungen** mit schematisierten Abbildungen der zu beurteilenden Situationen (z. B. Dia-Serien mit Kombinationen jener Meßstellen und Parameter, die bei Störungen vorliegen und eine Diagnose vom Anlagenfahrer in der chemischen Industrie verlangen). Der Lerneffekt kann durch analoge plus digitale Doppelkodierung und „kognitive“ (fehlererläuternde) Rückmeldungen gesteigert werden (Richter und Seeber 1974, Herrmann 1965, Vaic 1968, Matern 1975).

Gleichfalls sowohl zu Untersuchungszwecken wie als Trainingsmittel insbesondere für Komplexe von Beurteilungsleistungen, die bestimmten Suchprinzipien folgen müssen, sind **Gruppendiskussionen** und Vorgehensweisen in Analogie zu **Planspielen** geeignet. Gruppendiskussionen im Sinne des Prinzips der **Einheit von Ermittlung und Vermittlung** kognitiver Regulationsgrundlagen decken gleichzeitig die erforderlichen Beurteilungsmerkmale auf und führen zu deren Aneignung durch die Teilnehmer. Durch das Optimieren der Interaktion durch den Diskussionsleiter kann erreicht werden, daß die Resultate der Mehrzahl der Gruppenmitglieder den besten Einzelleistungen entsprechen oder sie sogar übertreffen (Rohrbaugh 1981). Derartige Gruppendiskussionsverfahren bewähren sich in breitem Umfang in der Wirtschaft (Neubert und Tomczyk 1981, Mauch und Wildenmann 1982).

Schließlich können für bestimmte Beurteilungsleistungen **Trainingshilfen und Trainingsapparaturen** (Vergleichsmuster, rechnermodellierte Prozeßmodelle) eingesetzt werden. Beispielsweise beim Klassifizieren in mehrere einander überschneidende Klassen an Hand von mehrdimensionalen Komplexmerkmalen in der Gütekontrolle verbessert das Vorgeben von Vergleichsmustern in Form der Prototypen zusammen mit den Randobjekten der Klassen die Leistung.

8.3. Intellektuelle Transformationsleistungen im Arbeitsprozeß

Auf allen Stufen der organismischen Informationsverarbeitung sind Informationen aus einer Form in eine andere umzusetzen (Klix 1971 b). Reize werden in Sinneseindrücke, diese in Gedächtnisinhalte, darunter auch operative Abbilder, transformiert. Operative Abbilder schließen abgekürzte Repräsentationen von Aktionsprogrammen ein, die umgesetzt werden in Handlungen.

Ein Teil der Transformationen von Informationen in tätigkeitsleitende Abbilder und dieser in Handlungen ist nicht sensumotorischer oder perzeptiv-begrifflicher, sondern intellektueller Art, ohne jedoch Vorgänge der Mittel-Weg-Wahl oder des Planes einzuschließen. Beispiele sind Rechenoperationen, aussagenlogische Operationen, Vergleichen, gedankliches Umformen – im einfachsten Falle Drehen – von räumlichen Bezugssystemen. Hier interessieren solche intellektuellen Transformationen, die wegen ihres Einflusses auf die Leistung und die Beanspruchung bevorzugt arbeitsgestalterischer Unterstützung bedürfen.

a) **Intellektuelle Vorgänge beim Dekodieren** als Umsetzen von Signalen in Handlungen.

Ein wesentlicher Teil der Signale im Arbeitsprozeß ist kodiert. Am augenfälligsten ist diese Verschlüsselung bei Signalen von Anzeigegeräten, die nach festen Regeln einem Handlungserfordernis, also einer anderen Information, zugeordnet werden müssen. Aber auch viele unvermittelt dem Produktions- und Arbeitsprozeß entnommene Signale müssen in einem Lernprozeß speziellen Handlungserfordernissen zugeordnet werden, weil sie als Zeichen erzeugt wurden (Pfeifsignale beim Rangieren) oder Zeichenqualität für verborgene handlungsbedeutsame Sachverhalte besitzen (Herztöne für krankhafte Funktionen des Herzens). Das Zuordnen einer Eingangsinformation nach Regeln zu erforderlichen Handlungen ist Dekodieren. Die perzeptiven Voraussetzungen zuverlässigen Dekodierens wie optimale Unterscheidbarkeit und sichere Identifizierbarkeit wurden im 6. Kapitel dargestellt. Intellektuelle Transformationsleistungen treten auf, wenn nicht jedem Signal eindeutig eine Handlungsbedeutung in bekannter Weise zugeordnet ist, sondern mehrere Signale zu einem Befund zu integrieren sind, dem sodann eine Handlung zugeordnet werden muß, ohne daß Zuordnungsregeln bekannt sind. Das Ermitteln dieser Regeln ist Problemlösen.

Mit der Anzahl der erforderlichen Transformationsschritte und der dazu zu merkenden Sachverhalte nehmen der Zeitbedarf, die Fehlerwahrscheinlichkeit und die Störanfälligkeit der jeweiligen Leistung zu (z. B. Hacker und Clauß 1976). Eine wichtige Ursache dafür sind die begrenzten und beanspruchungsintensiven kurzzeitigen Behaltensmöglichkeiten für Zwischenresultate der Transformationen. Daher müssen Arbeitsgestaltungsmaßnahmen das Reduzieren der erforderlichen intellektuellen Transformationsschritte und der – auch kurzzeitigen – Behaltensanforderungen anstreben. Persönlichkeitsförderliche Arbeitsgestaltung ist ein Optimierungsproblem der Anforderungen. Es bedeutet nicht Erhalten beliebiger intellektueller Anforderungen oder ihr Vermehren um jeden Preis, etwa um den der Belastungssteigerung oder der Zuverlässigkeitsminderung.

Bei der Gestaltung des Informationsangebots mittels Anzeigegeräten (Zeiger und Skalen, Ziffernfenster, Bildschirmen) können mit Hilfe der technischen Vorverarbeitung der angebotenen Informationen, beispielsweise durch Prozeßrechner, intellektuelle Operationen und Behaltensanforderungen vereinfacht werden. So kann die Anzahl der bei der Eingriffsplanung zu berücksichtigenden Parameter auf die bewältigbare Größe von 3 bis 4 verdichtet, schwierige nichtlineare Zusammenhänge können in lineare transformiert, Vorausrechnungen können durch Prädikatoranzeigen ersetzt, komplizierte Übersetzungen zwischen bord- und erdfesten räumlichen Bezugssystemen bei Fahrzeugen (Bernotat 1974) können erübrigt werden. Auch billigere Maßnahmen als die technische Informationsvorverarbeitung sind nützlich, wie der hohe Nutzen von Fließbildern des technologischen Prozesses beweist. Sie reduzieren Gedächtnisbelastungen durch schematische Veranschaulichung handlungsbedeutsamer technologischer Beziehungen und verringern intellektuelle Transformationen im Falle der Anordnung und Gliederung der kodierten Information nach den Handlungserfordernissen (Oschanin 1968, Rizkowa 1965, Seminara u. a. 1979). Abb. 8.15 illustriert den verringerten Transformationsumfang.

Bei der Kennzeichnung von Bedienteilen durch sinnfällige, bildhaft-schematische Symbole ihrer Funktionen werden gleichfalls Behaltensoperationen reduziert. Die Symbole müssen dazu ein möglichst ohne Denkoperationen einsichtiger, anschaulicher, „konkreter“ Kode der Bedienfunktionen sein. Das Symbolalphabet muß dazu auf Behaltens-

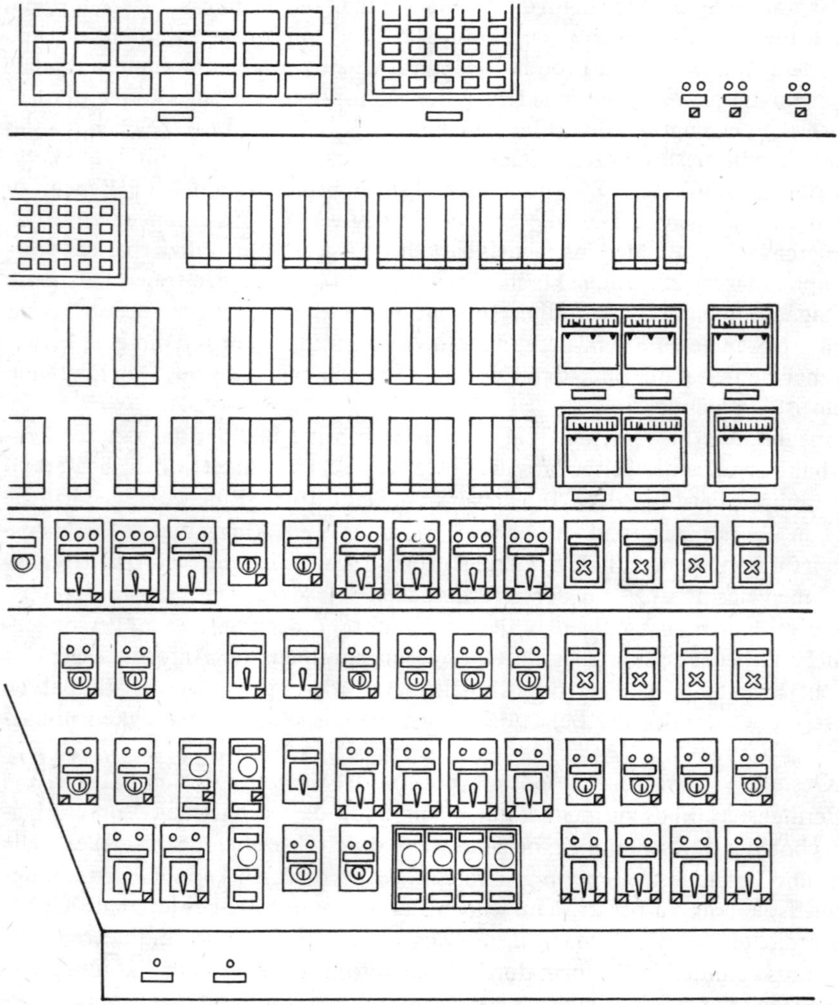

Abb. 8.15 a: Ausschnitt aus einem Anzeigenfeld für das Kühlwasser in einem Kraftwerk vor der Umgestaltung (Seminara 1979).

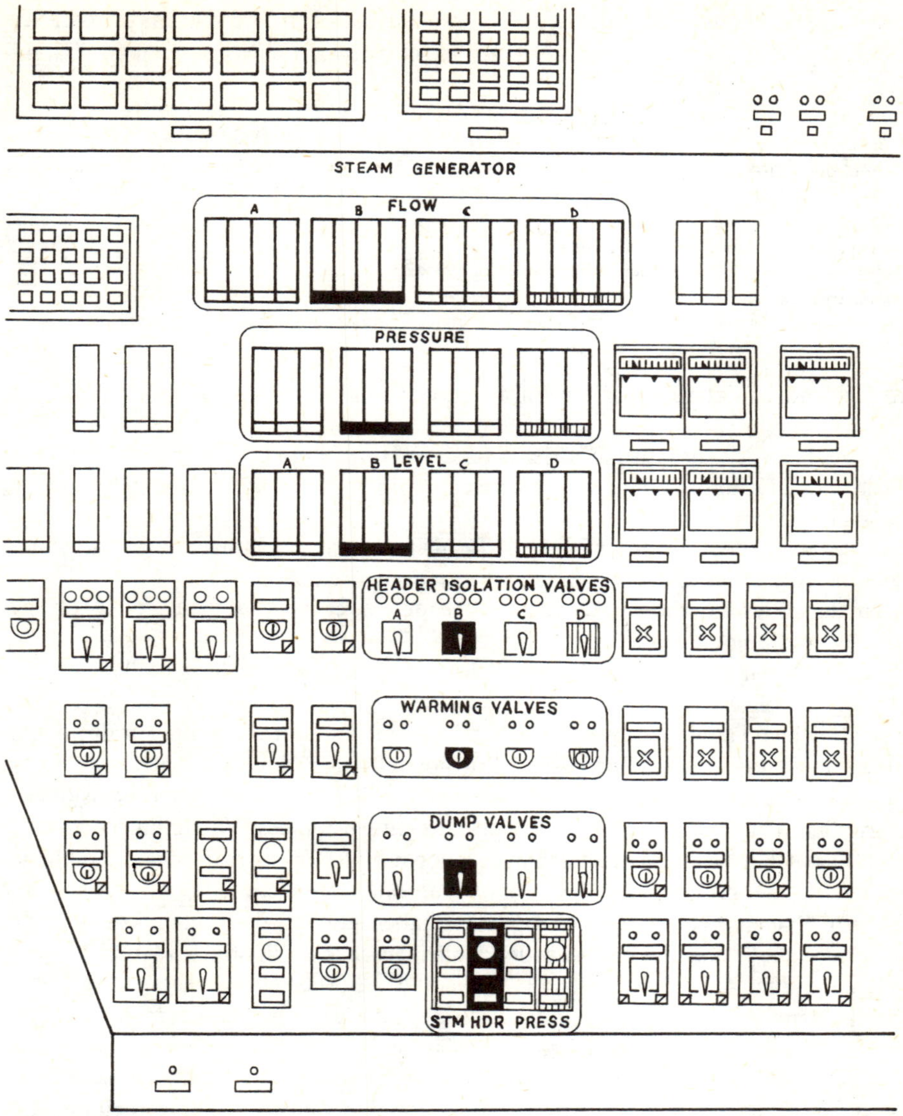

Abb. 8.15 b: Modifikation des Anzeigenfelds (Abb. 8.15 a) durch funktions- und handlungsbezogene Gruppierung (Seminara 1979).

freundlichkeit, Verwechslungsfreiheit und Assoziationswert für die kodierten Funktionen geprüft sein (zur Methodik vgl. Raum 1976).

Auch bei Handarbeit wie der Montage oder dem Verdrahten sind umfassende Möglichkeiten zur Erleichterung des Dekodierens von Arbeitsanweisungen wie Beschreibungen, Verfahrensvorschriften oder Montagevorlagen vorhanden. Unterschiedliche Darbietungsweisen und Vermittlungsmedien von Arbeitsinstruktionen und Montagevorlagen führen insbesondere während der Anlern- und Umstellperiode durch unterschiedlich umfangreiche perzeptive und intellektuelle Transformationen und das Entwickeln verschiedener Systeme operativer Abbilder zu verschiedenen Fehlerquoten und Zeitaufwänden.

Geeignete Darbietungsformen und Vermittlungsmedien können bei der Montage die Fehler auf 30% bis 10% und den Zeitbedarf auf 50% der Werte bei ungünstigen Lösungen verringern (Konz und Dickey 1969), ohne die Belastung zu erhöhen.

Der Vergleich von
- stufenweise aufgebauten Instruktionslisten,
- farbigen Diapositiven der einzelnen Arbeitsstufen sowie
- verbaler Instruktion über Tonband

ergab als günstiges Vermittlungsmedium eine auf die auszuführenden Arbeitsstufen abgestimmte Bilderfolge.

Entscheidend ist dabei, daß diese Informationsvorgabe ein operatives Abbildsystem schafft, welches
- raum-zeitlich den darauf zu orientierenden Handlungschritten entspricht, d. h. räumliche Transformationen im Abbildbereich sowie Behaltensanforderungen so gering wie möglich hält und
- abstrakt-begriffliche Informationen (z. B. über Farben, Richtungen oder Beziehungen) zugunsten bildhaft entsprechender Informationen reduziert.

Wegen ihrer Besonderheiten seien im folgenden zwei Teilprobleme von a) zu getrennter Behandlung ausgegliedert:

b) **Umsetzen von Zeichnungen in räumliche Vorstellungen** vom herzustellenden Produkt.

Bei zahlreichen Tätigkeiten werden die Arbeitsaufträge mit Zeichnungen des herzustellenden Produkts erteilt. Zutreffende Zielvorstellungen sind die wichtigste Form operativer Abbilder. Die Anforderungen bestehen im Umsetzen der zweidimensionalen zeichnerischen Darstellung in ein getreues dreidimensionales Vorstellungsbild vom Produkt. Dieses Umsetzen ist in ausschlaggebendem Maße ein schrittweises gedankliches Ableiten der Operationen, die das Vorstellungsbild erzeugen. Untersuchungen der Fehler beim Planen eigener Arbeitstätigkeiten haben gezeigt, daß unzureichende oder falsche räumliche Vorstellungen von den Solleigenschaften häufig sind und zu Verzögerungen und zu Ausschuß führen (Milerjan 1961, Görner 1975, Neubert 1968). Aus unzureichenden Zielvorstellungen können keine zutreffenden Maßnahmen abgeleitet werden. Während aber bei der Prozeßregulation die ausschlaggebende Grundlage zweckmäßiger Maßnahmenwahl die differenzierte Diagnose des technologischen Zustands ist, ist es hier die komplizierte zutreffende Zielvorstellung, also Vorstellung vom herzustellenden Produkt. Für die Leistungsverbesserung bewähren sich spezielle Trainingsverfahren.

c) **Umkodieren zwischen Zeichensystemen**

Eigenständige Funktion besitzen Transformationsleistungen überall dort, wo die Arbeitsaufgabe das Umschlüsseln aus einem Kode in einen anderen zum Hauptinhalt hat. Beispiele sind das Übersetzen aus einer bzw. in eine Fremd- oder Kunstsprache oder das Umschreiben der Ziffern aus dem Dezimal- in das Dualsystem.

Bei Untersuchungen des zeitaufwendigen Lernprozesses bei dieser Art von Transformationsleistungen haben Neumann und Timpe (1968) die Wirksamkeit perzeptiver (an die visuelle Zifferndarbietung geknüpfter) und intellektueller (das Transformationsprinzip betreffender) Faktoren nachgewiesen. Sie konnten wahrscheinlich machen, daß bei geeigneter Kopplung von perzeptiver und kognitiver Zuordnung günstigere Lernfortschritte erreichbar sind als bei deren isolierter Verwendung.

Auch bei diesen speziellen intellektuellen Transformationen bewährt sich also das Lehren der Transformationsregeln zur zuverlässigen Leistungsverbesserung ohne Belastungssteigerung.

8.4. Verfahrenswahl (Mittel-Weg-Diskussion). Intellektuell vermittelte Entwicklung von Handlungsprogrammen

8.4.1. Verfahrenswahl als Hauptinhalt intellektueller Prozesse in industriellen Arbeitstätigkeiten

Am deutlichsten wird die Wirkung der intellektuellen Regulation von Arbeitstätigkeiten in ihrer orientierenden und entwerfenden Doppelrolle bei der Wahl von Arbeitsverfahren.

Unter „Arbeitsverfahren" werden komplexe (intellektuell vermittelte) Verfahrensweisen bei bewußt regulierten Arbeitstätigkeiten verstanden, die den Aufgabenbedingungen angemessen sind und nach einem generalisierten Schema bei Variabilität im Detail verlaufen (Frey 1968b).

Es wurde dargestellt, daß der Werktätige auch bei Vorgabe des zu erreichenden Resultats im industriellen Arbeitsprozeß in der Regel objektive Freiheitsgrade besitzt hinsichtlich

- Verfahrenswahl und damit meist auch
- Mittelwahl und Mitteleinsatz sowie
- zeitlicher Organisation der Arbeitsgänge.

Subjektive, erkannte Freiheitsgrade stellen der Möglichkeit nach Denkanforderungen, indem sie folgenkritische Entscheidungen über Vorgehensweisen ermöglichen bzw. erfordern. Ein Kernstück von Untersuchungen der intellektuellen Regulation muß daher das „Entscheidungsverhalten" von Werktätigen bei Freiheitsgraden sein (Neubert 1969). Entscheidungen sind subjektiv durch Wahlbewußtsein gekennzeichnete Vorgänge, die zur Aufhebung der Freiheitsgrade des Handelns führen. Aus Handlungsmöglichkeiten werden dabei mit dem Aufbau von Handlungsprogrammen und durch den Entschluß zur Verwirklichung Handlungen.

Im Eingangsabschnitt wurde dargestellt, daß unter sozialistischen Produktionsverhältnissen durch das planmäßige Erweitern progressiver Arbeitsinhalte der Anteil jener Arbeitskräfte im Rahmen des wissenschaftlich-technischen Fortschritts wächst, denen derartige Freiheitsgrade objektive Möglichkeiten zu intellektueller, unter Umständen schöpferischer Betätigung im Produktionsprozeß einräumen.

Der **Hauptinhalt der Verfahrenswahl** ist ein doppelter: **Ermitteln** der möglichen Varianten einer Produkterzeugung und **Auswahl** der unter gegebenen Bedingungen technolo-

gisch erforderlichen bzw. zweckmäßigsten. Bei der Auswahl geht es um „Mittel-Weg-Erwägungen und Entscheidungen". Die Auswahl muß erfolgen unter Berücksichtigung
– gegenwärtiger Bedingungen und
– möglicher Folgen (einschließlich Folgenketten; zu diesen wird Näheres im Abschnitt „Planung" ausgeführt).

Der Doppelinhalt der Verfahrenswahl wird mit der Unterscheidung von diagnostischen und prognostischen Aufgabengruppen akzentuiert (Tschebyschewa):

Bei **diagnostischen Aufgaben** ist aus einer Gesamtheit relevanter Merkmale der Kreis der für eine bestimmte Zielstellung zutreffenden zu ermitteln. Diagnostische Aufgaben können sowohl als notwendige Vorstufe und abhängige Komponente von prognostischen Aufgaben wie auch relativ verselbständigt auftreten. Hierher gehören verschiedene Arten komplexer Zustandsanalysen oder Beurteilungen (vgl. 8.2.):

a) Analyse der Bedingungen der Aufgabe, nämlich Eigenschaften vom Ausgangs-Arbeitsschutzvorschriften).

Darauf baut die Erfassung der überhaupt möglichen technologischen Varianten und zustand (Material), gefordertem Ergebnis, von einzuhaltenden Bedingungen (Normen, der einsetzbaren Arbeitsmittel auf. Bei dieser Analyse liegt in der Regel ein Spielraum für Annahmen über die Beschaffenheit von Ausgangsbedingungen vor. Auf diese Weise geht eine Hypothesenbildung bereits in diagnostische Operationen ein.

b) Ermitteln von Ursachen technologischer Situationen wie Fehlern oder Soll-Ist-Wertdifferenzen.

Zwei Beispiele:

Beim Einrichten bestimmter spangebender Formungsmaschinen können etwa 20 Arten von Ausschuß mit je etwa 10 Ursachen hervorgerufen werden (Tschebyschewa 1960).

60% bis 80% der störungsbedingten Stillstandszeiten an automatischen Anlagen werden für die Informationssuche und -integration beim Stellen der Zustandsdiagnose mit der Ursachenermittlung benötigt. 70% der Hilfeanforderungen der Anlagenfahrer treten hierbei auf (Metzner, Schunk und Schmidt 1971, Schmidt 1975).

Derartige diagnostische Aufgaben erfordern
– rechtzeitiges Erkennen der vorliegenden Aufgabe;
– Erkennen aller wesentlichen Bedingungen (Merkmale, Beziehungen);
– Ableiten der Diagnose, gestützt auf die wesentlichen Merkmale und deren Beziehungen (unter Einschluß von Hypothesen);

c) Ableiten der technologisch überhaupt möglichen Maßnahmen.

Prognostische Aufgaben betreffen das Auswählen zweckmäßiger Handlungsschritte aus dem Kreis der überhaupt möglichen vermittels antizipativer Bedingungs- und Folgenanalyse. Der – später zu erörternde – Ausgangsschritt ist die Aufgliederung des Fertigungsweges in eine Teilzielhierarchie. Freiheitsgrade hinsichtlich des Fertigungsverfahrens bedingen demnach Freiheitsgrade in der Teilzielbildung. Hierher gehören weiter Festlegungen der prinzipiellen technologischen Verfahrensweise, der einzusetzenden Arbeitsmittel und über die zeitliche Organisation der Arbeitsverrichtungen – unter Einschluß des Kalküls der jeweiligen Folgen. Erforderlich ist auch dafür zunächst
– rechtzeitiges Erkennen des Vorliegens einer prognostischen Aufgabe, weiter
– Erfassen aller wesentlichen Bedingungen,
– Aufgliederung in eine Teilzielhierarchie,

— Auswahl des zweckmäßigen prinzipiellen Fertigungsweges und der sich daraus ergebenden Einzelmaßnahmen und -mittel aus den überhaupt möglichen unter Kalkulation der Folgen und die Festlegung dieser Einzelmaßnahmen (Entscheidung).

Ausgeprägter noch als bei den diagnostischen Bestandteilen ist hier Hypothesenbildung möglich, welche sich auf die Teilziele sowie auf die Verfahrensweisen der Teilzielrealisierung beziehen kann.

Auch bei umfassender Berufserfahrung verlieren diese beiden Aufgabengruppen ihren Charakter als Denkanforderungen nicht durchgängig. Die sich entwickelnden Arbeitsverfahren sind keine starren Schemata, sondern anpaßbare Regeln, deren Anwendung auf die wechselnden Produktionsbedingungen eine intellektuelle Leistung bleibt. Hinzu kommt das Streben der Werktätigen nach zweckmäßigerer Erfüllung des Arbeitsauftrages, das bewirkt, daß auch im untypischen Falle objektiv langzeitig unveränderter Aufträge subjektiv der Charakter als „Aufgabe" erhalten bleiben kann, womit eine intellektuelle Auseinandersetzung erforderlich ist.

Im Zusammenhang damit ist bei der intellektuell vermittelten technologischen Verfahrenswahl sowohl möglich, daß die erforderlichen Denkvorgänge „unselbständiger" (algorithmischer) oder „selbständiger" (nichtalgorithmischer) Art sind und daß die selbständigen wiederum schöpferische Vorgänge enthalten. Die vier in Tab. 8.3 auf Seite 292 abgegrenzten Aufgabentypen treten im Zusammenhang der Verfahrenswahl sämtlich auf.

Folgende **Veränderungen in der Struktur von Arbeitstätigkeiten** sind Ausdruck der Wirkung intellektueller Vorgänge bei der Verfahrenswahl:

- Schaffen effektiver Tätigkeitsstrukturen; Anreichern der Arbeitszeit mit leistungsbestimmenden Teilzeiten.
- Umbau der Tätigkeitsstruktur in eine stärker ziel(ergebnis)determinierte Struktur, in der Teilhandlungen und Operationen abhängige Komponenten der übergeordneten Gesamttätigkeit sind (vgl. Abschnitt zur Planung). Dazu gehören:

— — Gruppierung der Teilhandlungen, indem unter vorgehensökonomischen Gesichtspunkten Klassen gleicher oder zusammenhängender Operationen gebildet werden;

— — Gruppierung der Arbeitsmittel unter dem Gesichtspunkt ihrer Verwendbarkeit für Klassen von Operationen;

— — Auswahl von Wegen, die sich hinsichtlich Sicherheit und Schnelligkeit der Produkterzeugung als günstig erweisen;

— — teil- und fernzielorientierter Einbau von Kontrolloperationen (z. B. Messungen) so, daß informative Rückmeldungen über die Ergebnisse eigener Arbeitstätigkeiten ermöglicht werden.

- Übergang insgesamt von einer überwiegend anfallsweisen zu einer antizipativen (im Extremfalle planenden) Produkterzeugung.
- Allgemein: Ein verstärkt antizipativ gesteuertes Vorgehen auf der Grundlage eines Folgenkalküls, das zu einer ergebnis- und verfahrensgünstigen allgemeinen Lösungsstrategie (einem Arbeitsverfahren) ausgebaut sein kann (Hinweise geben u. a. die Signalsuche und der Anteil von Vorsignalen).

Das Lehren disponibler diagnostischer und prognostischer Schritte bei der Verfahrenswahl hat maßgebliche Bedeutung sowohl für das Steigern der Arbeitsproduktivität als auch für das Nutzen objektiver Freiheitsgrade für die Persönlichkeitsentwicklung.

8.4.2. Diagnostische Schritte: Erfassen möglicher Wege und Mittel

Oben wurde gezeigt, daß eine Grundlage der Mittel-Weg-Festlegung verschiedenartige analytische Operationen darstellen, denen gemeinsam ist das Ermitteln von Freiheitsgraden im Sinne von Möglichkeiten zu unterschiedlichem aufgabenbezogenem Vorgehen einschließlich des Ergründens der Ausgangsbedingungen dafür. Wir hatten in früheren Zusammenhängen die Unterscheidung objektiv existierender von erkannten sowie beherrschten Freiheitsgraden eingeführt.

Ein Beispiel:

Beispielsweise werden bei häufigem Auftreten die objektiv möglichen Wege zu 60% bis 100% von verschiedenen Anlagenfahrern in der chemischen Industrie gekannt und zu 70% bis 80% beherrscht; bei seltenen sind 25% bis 100% bekannt und 50% beherrscht (Schmidt 1970).

Bei einem anderen chemischen Prozeß fand man, daß berufserfahrene mehrjährig tätige Werktätige etwa ein Drittel der objektiv möglichen und nützlichen Freiheitsgrade des Vorgehens bewußt nutzten. Durch zielgerichtete Ausbildung konnte dieser Anteil bereits bei Lehrlingen bis auf mehr als 80% erhöht werden (Matern 1976b; Abb. 8.16).

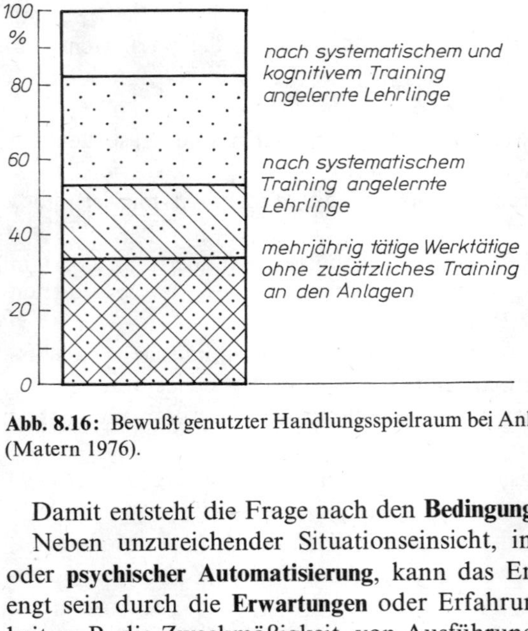

Abb. 8.16: Bewußt genutzter Handlungsspielraum bei Anlagenfahrern nach unterschiedlicher Ausbildung (Matern 1976).

Damit entsteht die Frage nach den **Bedingungen des Erkennens von Freiheitsgraden:**

Neben unzureichender Situationseinsicht, insbesondere wegen *seltenen* Auftretens oder **psychischer Automatisierung**, kann das Erfassen objektiver Freiheitsgrade eingeengt sein durch die **Erwartungen** oder Erfahrungen des Arbeitenden über die Wertigkeit, z. B. die Zweckmäßigkeit, von Ausführungsvarianten; objektiv mögliche, aber als unzweckmäßig eingeschätzte Varianten werden nicht als Freiheitsgrade beachtet.

Die subjektiven Freiheitsgrade können nicht nur isoliert, sondern auch mit ihren **Folgen als Ketten von Freiheitsgraden** vorwegnehmend erkannt und nach operativen Aspekten bewertet werden: In komplexen Arbeitsaufgaben kann mit der Entscheidung für eine bestimmte Möglichkeit aufgabenbezogenen Handelns festgelegt sein, daß für die folgende Operation nur ein Teil der prinzipiellen Verfahrensmöglichkeiten offenbleibt. Damit ist die Wahl eines bestimmten Verfahrenswegs nicht allein bestimmt durch seine Zweckmäßigkeit für das Herbeiführen des jeweiligen Teilzieles, sondern auch durch die vorwegzunehmenden Folgen für weitere Bearbeitungsschritte. Die Wahl eines Weges muß mit einem Kalkül der Folgen verknüpft sein, wenn ein optimales Vorgehen erzielt werden soll.

In diese Antizipation eventueller Freiheitsgradketten (Abb. 8.17) können Wertungen bestimmter prinzipiell möglicher Arbeitswegvarianten eingehen (z. B. als schwierig, gefährlich oder unerwünscht). Die Ketten subjektiver Freiheitsgrade und der zugehörigen Teilziele sind Bestandteil des Systems operativer Abbilder. Sie sind beschreibbar als ergodische Markoff-Ketten bedingter subjektiver Wahrscheinlichkeiten für das Erreichen des Ziels. Eine anschauliche Darstellung ist als Graph möglich (Busacker und Saaty 1968).

Schließlich interessiert, welche **psychischen Vorgänge** an dem hier als Erkennen von Freiheitsgraden bezeichneten Akt beteiligt sind. Insbesondere bei wohlbekannten Aufgaben werden mit der Wahrnehmung der Situation die für die Ausführung zweckmäßigsten Arbeitswegvarianten einschließlich der dazu erforderlichen Kenntnisse und Operationen aus dem Gedächtnis reproduziert. Ein Erkennen und Abwägen aller Freiheitsgrade – einschließlich des Einkalkulierens eventueller Freiheitsgradverkettungen – entfällt. Bei neuartigen Aufgaben oder bei Störungen im Ablauf bekannter Arbeiten kann dagegen das Erkennen und Abwägen verschiedener Möglichkeiten aufgabenbezogenen Handelns Denkanforderungen, nämlich gedankliche Analyse und Synthese, Vergleich, Urteil und Entscheidung, bedingen. Das wurde im Abschnitt über Beurteilungsvorgänge (8.2.) dargestellt. In diesen Fällen ist das Erkennen von Freiheitsgraden – neben der Motivierung – auch von den Operationsebenen der beteiligten kognitiven

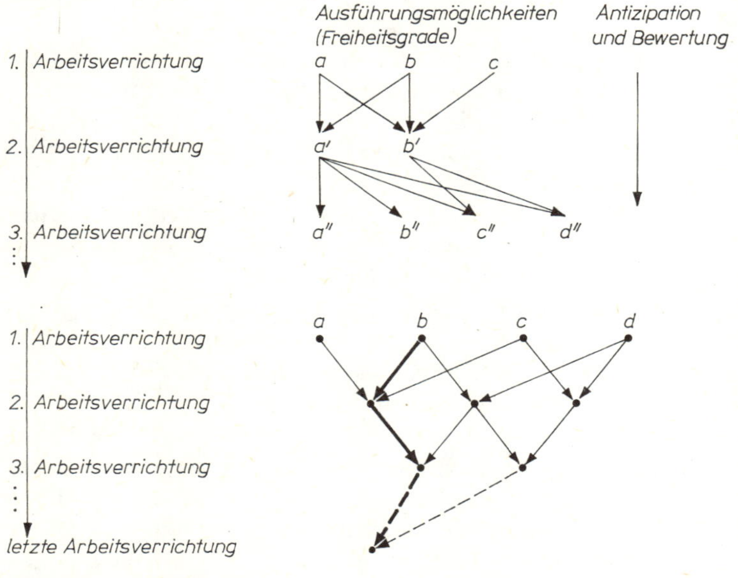

Abb. 8.17: Freiheitsgradketten.
Obere Darstellung vom Ausgangszustand, untere vom Zielzustand her rückwärts. Diese letztere Darstellung veranschaulicht die sukzessive Einengung der Freiheitsgrade (eventuell bei Reduktion auf eine entscheidungsfreie Wenn-Dann-Beziehung), die zum erwünschtem Ergebnis führen. Die verstärkt gezeichnete Abfolge soll verdeutlichen, daß immer nur eine Freiheitsgradkette realisierbar ist (eingehender Osterloh 1983, Österreich 1981).

Prozesse (vorstellungsmäßig, intellektuell-semantisch, syntaktisch) abhängig (Thiele 1969). Die Denkanforderungen können sich sowohl auf das Aufspüren von Freiheitsgraden wie auch auf das Auswählen einer bestimmten Arbeitswegvariante beziehen: Freiheitsgrade können im Denken erkannt werden; wo Freiheitsgrade erkannt sind, können Denkanforderungen entstehen. Jedoch besteht keine eindeutige Beziehung zwischen der Anzahl der objektiven Freiheitsgrade und dem Ausmaß der Denkanforderungen:

Das Ausmaß der Erfassung objektiver Freiheitsgrade hängt von dem **Nutzen** des Wissens um unterschiedliche Wege ab einschließlich der subjektiven Wahrscheinlichkeit seines Eintretens. In motivationspsychologischer Terminologie geht es um die **Instrumentalität** der jeweiligen objektiv möglichen verschiedenen Vorgehensweisen für das Erreichen übergeordneter Ziele, bis hin zu sogenannten Oberzielen oder Zielmotiven. Liegen augenfällig gleichwertige oder augenfällig ungleichwertige Vorgehensmöglichkeiten vor, so kann auf das differenzierte Erfassen der Freiheitsgrade verzichtet werden. Erforderlich ist das Analysieren nur bei nicht augenfällig übersehbaren Situationen. Nur in diesem Falle führt die Erhöhung der objektiven Freiheitsgradeanzahl zu einer Erhöhung der subjektiven auf Grund der diagnostischen Operationen. Nicht hinreichend geklärt ist, in welchem Maße mit der Zunahme der objektiven Freiheitsgrade unter den genannten Bedingungen die erkannten, subjektiven Freiheitsgrade anwachsen. Experimentelle Befunde (Siegel 1973, Sydow 1975, Klix 1967) lassen erwarten, daß es durch Hypothesenbildungen, die sowohl am Endzustand ansetzend „rückwärts" gerichtet sind, wie vom Ausgangszustand „vorwärts" gliedern, zu Ausblendungen begrenzter Suchbereiche und mithin rationellem analytischen Vorgehen kommt (vgl. Abb. 8.17, unterer Teil).

Bei nicht augenfälligen Situationen führt eine größere Anzahl subjektiver Freiheitsgrade als Ausdruck differenzierter diagnostischer Operationen zu Leistungsvorteilen.

Die Ausstattung mit Finderegeln für Freiheitsgrade regt zumindest zu folgenkritischerer Variantenprüfung und -auswahl an und führt zu Leistungsgewinn (dazu später im Zusammenhang des Nutzens heuristischer Regeln).

Inhaltlich beziehen sich diese diagnostischen Operationen – dargestellt am Beispiel der mechanischen Fertigung – auf folgendes:

a) Analyse des Ausgangsmaterials und der technologischen Ausgangssituation. Ermittlung von Merkmalen, die für das Erzeugnis und den Fertigungsweg Ausgangsbedingungen darstellen.

b) Antizipative Analyse des geforderten Ergebnisses in seiner tatsächlichen Gestalt mit Hervorheben der herstellungsmäßig wesentlichen Eigenschaften.

Eine wichtige Klasse kognitiver Operationen umfaßt das Entwickeln einer detaillierten räumlichen Zielvorstellung aus der technischen Zeichnung auf dem Wege der gedanklich-vorstellungsmäßigen Konstruktion. Kognitive Transformationsleistungen dieser Art besitzen für Arbeitsprozesse auf Grund der unerläßlichen Verwendung abstrakter Kommunikationsmittel hohe Bedeutung; sie wurden in Abschnitt 8.3. behandelt.

c) Analyse verfügbarer Arbeitsmittel unter dem Aspekt ihrer Funktionsweisen bezogen auf antizipierte Ergebniseigenschaften. Aus der Denkpsychologie ist bekannt, daß gerade diese Funktionsanalyse – speziell das Entdecken neuartiger, aber aufgabenadäquater Verwendungsmöglichkeiten – Wesentliches zur Aufgabenbewältigung beizutragen vermag. Das trifft auch unter Produktionsbedingungen zu.

Schließlich ist erforderlich die

d) antizipative Analyse eines entworfenen prinzipiellen Herstellungsweges hinsichtlich der enthaltenen Einzelverrichtungen. Damit ist allerdings bereits der Übergang zu dem prognostischen Auswählen zweckmäßiger Verfahrensweisen und dem Entwerfen des einzuschlagenden Weges gegeben.

Die wichtigste Besonderheit dieser diagnostischen Schritte besteht darin, daß überwiegend analytische Operationen an *gedanklich antizipierten* Sachverhalten vollzogen werden. Die Güte der Antizipationsvorgänge hat wesentlichen Einfluß auf die entstehende Leistung.

Neubert (1969) hat nachgewiesen, daß zu den Hauptursachen der Leistungsüberlegenheit guter Lehrlinge die Differenziertheit der antizipativen analytischen Operationen gehört. Es wurde gezeigt, daß gesicherte Beziehungen zwischen der Güte der Antizipationsvorgänge und den Mathematiknoten dieser Lehrlinge bestehen. Diese Beziehung ist leicht einsichtig, wenn die Notwendigkeit der in der Mathematikausbildung entwickelten Leistungsvoraussetzungen bei der Analyse der technischen Zeichnung des herzustellenden Produkts und die erforderlichen Verarbeitungsschritte der enthaltenen Informationen bedacht werden.

Die analytischen Schritte dienen der Entwicklung eines Handlungsprogramms, also einem prognostischen, zeitlich vorausgreifenden Vorgang; sie besitzen damit *operativen* Charakter. Weiter ist zu beachten, daß die Verallgemeinerungen der wesentlichen Eigenschaften des antizipativ analysierten Arbeitsergebnisses und der Funktionsweise der Arbeitsmittel wesentliche Voraussetzungen sowohl für die weitere Gewinnung wie die aufgabenadäquate Verarbeitung regulationsnotwendiger Informationen darstellen. Beispielsweise sind die erkannten Signale von den erkannten Regulationsanforderungen der Arbeitsaufgabe abhängig. Damit wird deutlich, daß auch innerhalb der diagnostischen Schritte Rückkoppelungsvorgänge bestehen.

Die Beschaffenheit der antizipativen analytischen Schritte ist eine entscheidende Lösungsvoraussetzung und damit ein wesentliches Gütekriterium der Aufgabenbewältigung (Neubert 1969, Höpfner und Skell 1982, Schneider 1977, Rühle 1979, Höpfner 1981, Dörner u. a. 1981).

8.4.3. Mittel-Weg-Auswahl. Entwicklung eines Handlungsprogramms

Der entscheidende Vorgang ist die Auswahl zweckmäßiger Verfahrensweisen zum Aufbau eines Handlungsprogramms. Die oben behandelten diagnostischen Schritte sind dafür nur Voraussetzung. Soweit zur Klärung des Zusammenhangs erforderlich, werden sie hier einordnend aufgegriffen.

Die Verbindung der ausgewählten speziellen Operationen zu einem optimal zielgerichteten Handlungsprogramm ist nur möglich, wenn zunächst

— die wesentlichsten Eigenschaften des antizipierten Produkts erfaßt sind *und*

— sie *bezogen* werden auf den antizipierten prinzipiellen Verfahrensweg sowie die Funktionsweise der Arbeitsmittel (Funktionalwerte der Lösung; Duncker 1935).

Das Herstellen dieser **Beziehungen** ist die unerläßliche Voraussetzung für das ideelle

Festlegen von Handlungsprogrammen zur Erfüllung bevorstehender Aufgaben (Neubert 1969).

Welche kognitiven Leistungen sind im einzelnen im Rahmen dieser antizipativen Beziehungsherstellung

antizipiertes Arbeitsergebnis

/ \

prinzipieller Lösungsweg — Funktionsweise der Arbeitsmittel

zum Aufbau des Handlungsprogramms erforderlich? Betrachtet wird der Fall vollentfalteter intellektueller Auseinandersetzung mit der Aufgabe. Eine schematisierte Zusammenstellung gibt Abb. 8.18, gestützt auf Milerjan (1962), Klix (1967), Neubert (1969) und bezogen auf die Teilefertigung in Serien.

Ausgangspunkt ist die bereits erwähnte Vorwegnahme des geforderten Arbeitsergebnisses als Ziel. Im Verhältnis von objektiv gefordertem Resultat und der Art seiner subjektiven Vorwegnahme als Ziel wurde eine der psychologischen Variablen und damit auch Charakteristika der psychischen Struktur von Arbeitstätigkeiten benannt. Diese Vorwegnahme schließt eine gedankliche Analyse, Synthese und Verallgemeinerung der wesentlichen Merkmale des geforderten Ergebnisses bereits ein. Es ist offensichtlich, daß nicht erkannte Ergebnismerkmale auch nicht im Arbeitsprozeß systematisch angesteuert werden können. Die Vorwegnahme des geforderten Arbeitsergebnisses als Ziel ist sehr wahrscheinlich mit einer ersten Einschränkung des Suchbereichs für mögliche Verfahrenswege verbunden. In der Denkpsychologie ist bekannt, daß die allgemeinen, „wesentlichen" Eigenschaften einer Lösung den speziellen Eigenschaften genetisch vorausgehen, daß die speziellen sich von den allgemeinen her organisieren (Duncker 1935, S. 83).

Eine wesentliche suchbereichseingrenzende Funktion kann weiter die Voranalyse des **prinzipiellen Lösungswegs** haben. Ausgehend von der bereits genannten gedanklichen Analyse des vorgestellten Arbeitsergebnisses und der Verallgemeinerung seiner fertigungsrelevanten Eigenschaften wird dazu die Analyse und Verallgemeinerung der Wirkungsweise der verfügbaren Arbeitsmittel hinsichtlich ihrer Funktionsweise erforderlich.

Die Resultatvorwegnahme muß bei komplexen Aufgaben weiter differenziert werden. Als Etappen der Zielerreichung müssen Teilergebnisse ausgegliedert, als **Teilziele** hervorgehoben und schließlich in ihrer technologisch notwendigen und zweckmäßigen Abfolge geordnet werden. Sie bilden zugleich „Orientierungspunkte" für die kontrollierende Rückkoppelung und damit für die Verlaufsregulation. Übereinstimmend wurde für verschiedenartige Aufgabenklassen gezeigt (z. B. Neubert 1969, Klix 1967, Dörner 1981), daß diese Teilzielbildung in jedem Fall der Ergebnisantizipation folgt. Sie knüpft an den erkannten Eigenschaften des vorgestellten Ergebnisses an und schafft – wiederum suchbereichseingrenzend – Aufgabenabschnitte, für welche Verfahrenswege in Form von Rahmenprogrammen aus der Menge der überhaupt relevanten ausgewählt werden müssen. Mit der Fixierung der **teilzielbezogenen Verfahrenswege** ist die Wahl der konkreten Arbeitsmittel auf der Grundlage von deren verallgemeinerten Funktionsweisen verbunden. Dieser Auswahl von teilzielrealisierenden Rahmenprogrammen kann eine intellektuelle Ableitung zugrunde liegen, sie kann jedoch auch durch eine erfahrungsbedingte Zuordnung ohne aktuellen Entscheidungscharakter verlaufen.

Diese teilzielbezogenen Handlungsprogramme werden erforderlichenfalls (z. B. un-

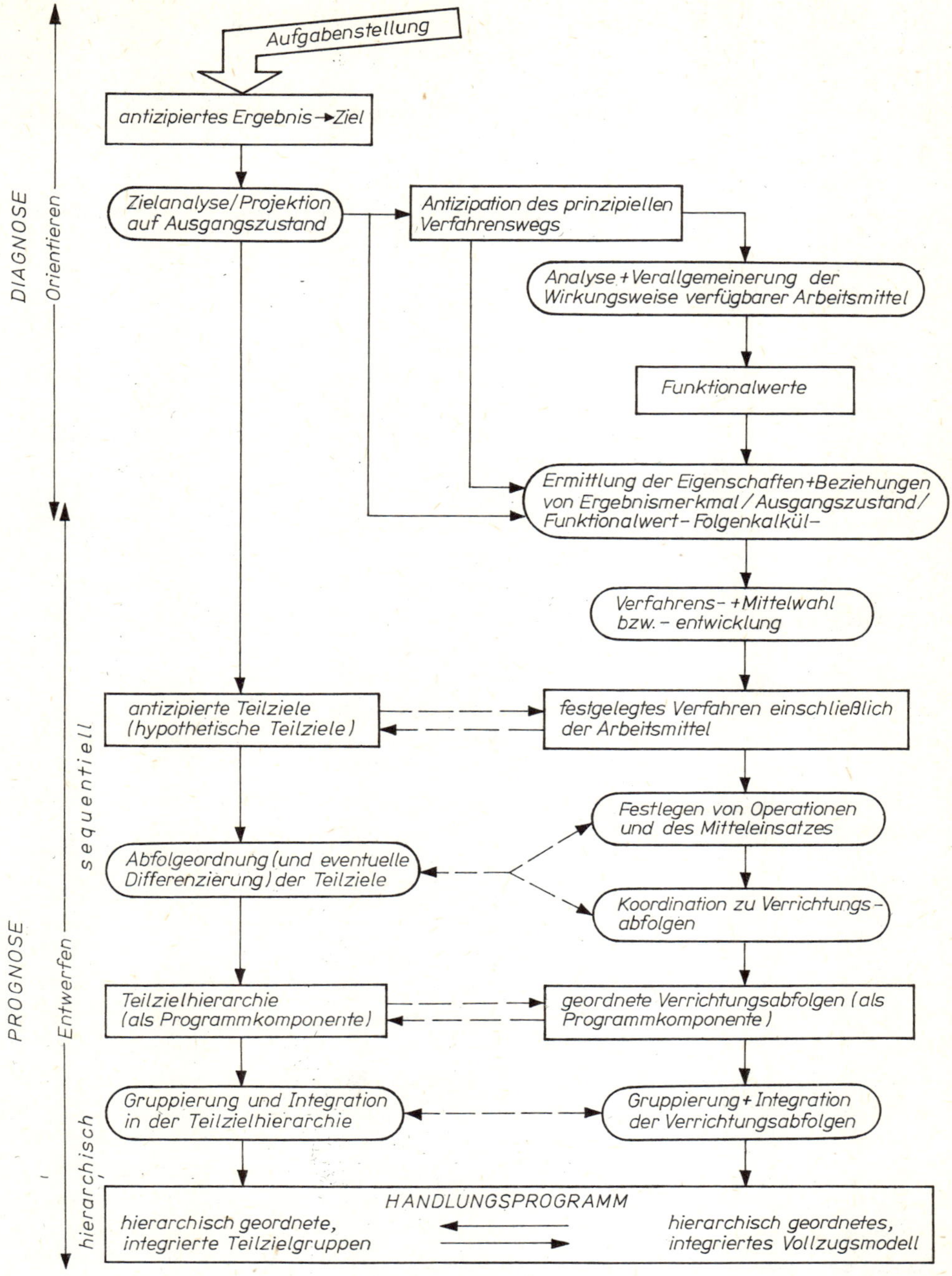

Abb. 8.18: Schematisierte Darstellung der Mittel-Weg-Diskussion/Verfahrenswahl.

genügender Beherrschung) zunächst noch getrennt der Aufgabenlösung angepaßt. Als Hauptgrundlage dieser „teilzielinternen Vollzugsoptimierungen" fand Neubert (1969) das Erfassen tätigkeitsbedeutsamer Eigenschaften und vor allem funktioneller Beziehungen zwischen Ausgangs- bzw. Endzustand des Arbeitsgegenstandes und den Arbeitsmitteln.

Beispiele derartiger „teilzielinterner Vollzugsoptimierungen" sind Erhöhungen der Schnittiefen beim Lang- und Plandrehen oder abnehmende Korrekturhäufigkeiten beim Spannen der Werkzeuge. Dabei ist allerdings zu berücksichtigen, daß Neubert Lehrlinge untersuchte. Bei Hochgeübten dürften diese Verbesserungen weitestgehend fehlen.

Durch weitere Differenzierung der Teilziele können die durch Handlungsprogramme zu überwindenden Zustandsunterschiede verkleinert werden. Diese Differenzierung kann erforderlichenfalls bis zur Festlegung von Operationen und der Art und Weise des Mitteleinsatzes führen. Die „Bewegung zwischen dem Aufspalten der (Teil-)Zielabstände ... (geleitet durch den prädiktierten prinzipiellen Verfahrensweg) und dem notwendigen Verkettungsgrad optimaler Nahschritte (Handlungsprogramme) zur Überbrückung dieser Abstände ... wird subjektiv als Lösungsfindung erlebt" (Klix 1967, S. 94; Klammern von W. H.).

Damit ist bereits angedeutet, daß die intellektuell vermittelte Verfahrenswahl nicht in isolierten Teilzielauswahlen besteht, sondern zweckentsprechende Integration zu einem Gesamtverfahren erfordert. „Um sämtliche Teilziele verwirklichen, d. h. das geforderte Endergebnis erreichen zu können, müssen die *Teilziele hierarchisch geordnet* werden. Dabei *verändern sie sich* teilweise selbst. Der in die Teilzielrealisierung eingreifende Prozeß der Vollzugsoptimierung wird bewirkt, indem die aufeinanderfolgenden *Zwischenzustände korreliert* und gemäß den sich dabei einstellenden Ergebnissen inhaltlich abgestimmt, also koordiniert werden (äußerlich resultiert daraus das Bild antizipativ gesteuerter Vorgehensweisen) (Neubert 1969, S. 75).

Belege in Neuberts Untersuchungen bei Drehern waren eine verfahrensgünstige Auswahl der verfügbaren Rohlinge bei Arbeitsbeginn sowie ein präzises Abstechen der aus einem Rohling herzustellenden Einzelteile, welches Mehraufwand beim Plandrehen vermeidet.

Da derartige Entscheidungen, die Auswirkungen zugleich auf nachfolgende Teiltätigkeiten berücksichtigen, neben der Anpassung der jeweiligen Teiltätigkeiten auch die Gesamtstruktur der Tätigkeit verbessern, bezeichnet Neubert sie als „teilzielinterne und -externe Vollzugsverbesserungen". Dadurch soll hervorgehoben werden, daß beim Aufbau eines komplexen Handlungsprogramms die Teilziele und die sie verwirklichenden Teiltätigkeiten abhängige Komponenten eines hierarchisch aufgebauten Vollzugsmodells werden und sich dabei inhaltlich (und in ihrer Stellung im Erleben) wandeln.

Obgleich ausreichend, um forderungsgerechte Arbeitsergebnisse entstehen zu lassen, sichert die Teilzielhierarchie mit ihren geordneten Verrichtungsfolgen noch keine verfahrensgünstige Vorgehensweise. Dies wird „erst auf einer nächst höheren Ebene der Komplexität möglich, die durch eine die Ergebnisentstehung rationalisierende *Zusammenfassung von Teilzielen und Arbeitsverrichtungen bei gegenseitiger Zuordnung* gekennzeichnet ist. Damit scheint eine neue ... Qualität der intellektuellen Handlungsregulation gegeben zu sein. Einer ... notwendigen Zerlegung der Gesamthandlung in Teilzielrealisierungen, die somit inhaltlich abstimmbar werden, folgt deren *Zusammenfassung* zu größeren Zieleinheiten, denen wiederum ebenfalls zusammengefaßte größere Vollzugseinheiten zugeordnet werden ... Aus der (als Vorstufe notwendigen) Hierarchie von einzelnen Teilzielen entwickelt sich eine *Hierarchie von Teilzielgruppen*, ... aus koordinierten Einzelverrichtungen entstehen *Klassen gleicher oder zusammenhängender Operationen*, die sogar im günstigen Falle miteinander verschmelzen (*Integration*)" (Neubert 1969, S. 76).

Belege für die auf Teilziele bezogene Klassenbildung fand Neubert z. B. in der im Lernprozeß zunehmenden Anzahl der pro Werkstück- und Werkzeugspannung realisierten Arbeitsgänge. Beispiele für die Integration von Operationen sind alle Verschmelzungen von zunächst isoliert (als getrennte Teilziele) ausgeführten Teiltätigkeiten, z. B. das Abstechen oder das Plandrehen.

Die allgemeinste Grundlage dieser rationellen Einheitenbildung ist zu suchen im Herausfinden gemeinsamer operativer Merkmale der Teilziele und der Teiltätigkeiten einschließlich der verwendeten Arbeitsmittel und der eingesetzten Arbeitsgegenstände und der darauf fußenden Neuordnung.

Für die Übertragung formalisierbarer intellektueller Leistungen des Menschen im Rahmen der Produktionsvorbereitung, Konstruktion und Projektierung auf Rechner ist gerade diese beim Menschen hochentwickelte Fähigkeit zur Merkmalsabhebung und ihrer fortlaufenden multiplen Verknüpfung sowie zur Klassifizierung von grundlegender Bedeutung. Sofern die Merkmale einer Aufgabenklasse definiert sind, können durch logische Verknüpfungen durch den Rechner neue Merkmalsverknüpfungen (Begriffe) erzeugt werden. Für Probleme der genannten Art ist es wesentlich, logische Verknüpfungen auch auf der Grundlage nichtlinearer (z. B. zyklischer oder involutorischer) Merkmalsordnungen herzustellen (Jank 1971). Die Effektivität menschlicher Denkleistungen auf diesem Gebiet scheint in dieser Befähigung eine Grundlage zu haben. Untersuchungen zur Begriffsbildung haben u. a. hier ihren Praxisbezug.

Mit der Auswahl eines Vorgehenswegs und der Entscheidung für ihn werden im Maße seiner Bewährung und lernbedingten Festigung bei gleichbleibenden Bedingungen andere objektiv mögliche Wege oder „Freiheitsgradketten" uninteressant. Diese Freiheitsgrade werden als subjektive, genutzte Freiheitsgrade aufgehoben. Lernen hat bezüglich der Freiheitsgrade zwei verschiedene Inhalte: Lernen kann einerseits die überhaupt gesehenen und nutzbaren Freiheitsgrade vergrößern bis hin zum Erfassen und Stellen neuer Ziele im Orientieren. Andererseits kann und muß Lernen bei Bedingungskonstanz zur Einschränkung der Freiheitsgrade beim **Ausführen** führen. Dabei ist entscheidend: Je umfassender und angemessener die objektiven Vorgehensmöglichkeiten zunächst erfaßt wurden, desto wahrscheinlicher ist die Auswahl und Festigung einer besonders zweckmäßigen Realisierungsmöglichkeit.

Insgesamt wurde deutlich, daß die Mittel-Weg-(Verfahrens-)Auswahl weitaus mehr als eine Auswahlprozedur umfaßt; sie schließt die Entwicklung eines Handlungsprogramms ein! Obgleich die Programmentwicklung in den führenden Komponenten intellektueller Art ist (was am anschaulichsten an den beteiligten Entscheidungsvorgängen hervortritt), sind ihr auch nichtintellektuelle Entwurfsvorgänge untergeordnet, insbesondere in Form von Erfahrungsaktualisierungen und sensumotorischen Entwurfsvorgängen.

8.4.4. Entscheidungskriterien bei der Verfahrenswahl — Zur gesellschaftlichen Determination von Tätigkeitsstrukturen

Für die im Rahmen des Aufbaus eines Handlungsprogramms erforderlichen Entscheidungen über Verfahrensweisen sind Entscheidungskriterien erforderlich. Entscheidungen müssen letztlich wegen der Ungleichwertigkeit der als Freiheitsgrade vorliegenden Verfahrensweisen gefällt werden.

Im Arbeitsprozeß können Entscheidungsmöglichkeiten vorliegen zwischen Verfahrensweisen mit Vorteilen z. B. für

- Schnelligkeit bzw. Menge oder Güte;
- Schnelligkeit bzw. Menge oder Verschleiß;
- Schnelligkeit bzw. Menge oder Sicherheit der Produktentstehung;
- Schnelligkeit bzw. Menge oder Abfall;
- Güte oder Abfall;
- Dimensionen innerhalb von mehrdimensionalen Gütestandards.

Die praktisch vorliegende Kompliziertheit wird einsichtig, wenn man zusätzlich die Kombinationen der möglichen Dimensionen und die verschiedenen erforderlichen Anstrengungen berücksichtigt.

Die in jedem Fall benötigten Entscheidungskriterien im gesellschaftlichen Arbeitsprozeß erwachsen nicht aus den jeweiligen Verfahrenswegen selbst, sondern sind ihnen über die in unterschiedlichem Maße übernommenen gesellschaftlichen Forderungen vorgegeben. Die Übernahme führt nämlich zu Einstellungen zur Arbeitsaufgabe, welche in hohem Grade die Festlegung der Entscheidungskriterien bestimmen. Diese bestimmende Rolle ist um so größer, je weniger eindeutig Entscheidungskriterien mit dem Arbeitsauftrag vorgegeben werden bzw. vorgegeben werden können.

Auf diese Weise sind die aus didaktischen Gründen getrennt dargestellten Vorgänge der Antriebs- und der Ausführungsregulation in Wirklichkeit miteinander verflochten. Über die Arbeitseinstellung realisiert sich — in unserem Zusammenhang dargestellt am Beispiel der Festlegung von Entscheidungskriterien — die gesellschaftliche Determination der Struktur von Arbeitstätigkeiten bis hinunter zu den einzelnen Operationen. Diese umfassende Auswirkung wird verständlich, wenn die hierarchische Struktur der Regulation berücksichtigt wird, derzufolge untergeordnete Struktureinheiten abhängige Komponenten übergeordneter sind. Insofern sind auch relativ elementare Komponenten von Tätigkeitsstrukturen letztlich nicht gesellschaftlich neutral, sondern aus übergeordneten gesellschaftlichen Beziehungen des Arbeits- und Produktionsprozesses determiniert.

Die praktischen Auswirkungen und Abhängigkeiten einer derart determinierten Fixierung von Entscheidungskriterien seien an einem Beispiel demonstriert.

Bei der Untersuchung von Ursachen interindividueller Leistungsunterschiede beim Spinnen fand Richter (1966) beträchtliche Differenzen im Zeitaufwand für das Beheben von Fadenbrüchen. Jeder Fadenbruch bedeutet Maschinenstillstand und damit eine Senkung der Mengenleistung. Die Hauptursache findet sich in interindividuell unterschiedlichen Entscheidungskriterien darüber, wie zu verfahren ist, wenn ein Ablaufkörper nur noch wenige Fadenlagen trägt. Diese letzten Fadenlagen pflegen nämlich aus technologischen Gründen weitaus häufiger zu zerreißen als andere Lagen. Die leistungsmindernde Fadenbruchanzahl kann damit erheblich gesenkt und mithin die Leistung gesteigert werden, wenn man den Ablaufkörper wechselt, bevor diese letzten Fadenlagen beginnen. Damit ist allerdings notwendig eine Steigerung der Abfallmenge verbunden. Die Entscheidung betrifft also:

„Häufiges Fadenbruchbeheben mit Mengennachteil bei geringem Abfall" / „Seltenes Fadenbruchbeheben mit Mengenvorteil, aber hohem Abfall".

Tatsächlich wird die Abfallmenge um so geringer, je höher die Fadenbruchhäufigkeit ist (Tab. 8.5):

Tab. 8.5: Beziehungen zwischen Fadenbruchhäufigkeit und Abfallmenge bei Spinnerinnen (Richter 1966)

Spinnerin	Fadenbruchhäufigkeit		Abfallmenge (%)		
A	Rp 4	66	Rp 1	9,9	(9,1)
B	3	132	2,5	8,5	(7,2)
C	2	170		8,6	(7,2)
D	1	249	4	4,9	(2,5)

Rp Rangplatz; () Teilkollektiv

Die leistungsstärksten Spinnerinnen erzeugten (auch relativ) die höchste Abfallmenge!

Wenn exakte Festlegungen über den einzuschlagenden Verfahrensweg vorliegen (die im geschilderten Beispiel fehlen), tritt notwendig bei ungleichwertigen Wegen ein Nutzenkalkül nach individuell zugänglichen Gesichtspunkten auf. *Formal* (im Sinne einer Entscheidungstheorie) betrachtet, ist der Ausgang dieses Kalküls abhängig von

- dem (subjektiven) Nutzen des jeweiligen Verfahrens und
- der (subjektiven) Wahrscheinlichkeit des Eintritts dieses Nutzens.

Im Sinne entscheidungstheoretischer Betrachtungen (Edwards 1961) handelt es sich um das empirisch am häufigsten verifizierbare „SEU-Modell" (subjectively expected utility), das den Entscheidungsausgang erklärt aus der multiplikativen Verknüpfung von subjektivem Nutzen und subjektiver Wahrscheinlichkeit einer Alternative, Summierung dieser Produkte der Alternativen und Wahl der Alternative mit der größten Summe:

$E_k = \Sigma (\psi N)$ wobei E_k Entscheidungskriterium,
ψ subjektive Wahrscheinlichkeit,
N subjektiver Nutzen.

Der Nutzen resultiert bei dieser Betrachtung aus der Ausgeprägtheit des diesbezüglichen Bedürfnisses, das hier als lohnvermitteltes Bedürfnis begriffen werden müßte. Eine kritische Übersicht über Entscheidungsmodelle in der Psychologie gaben Schwiercz und Hiebsch (1969).

Wenngleich u. a. durch die notwendigen Vereinfachungen die Anwendungsmöglichkeiten einschlägiger Modelle im komplexen Arbeitsprozeß beschränkt sind, ist mit ihrer weiteren Entwicklung Aufschluß auch über Entscheidungsvorgänge im Arbeitsprozeß zu erwarten; subjektive Entscheidungstendenzen (z. B. Inertia-, Konservatismus-, Psi-Effekt) sind zu beachten. Ebenso ist zu prüfen, ob die unterstellte Tendenz zur Nutzenmaximierung tatsächlich wirksam ist!

Im gegebenen Beispiel besteht (wie in vielen anderen Fällen) keine Unsicherheit bezüglich des Folgeneintritts. **Inhaltlich** hängt die Entscheidung damit in diesem Fall allein vom Kalkül des Nutzens der beiden Verfahrenswege, also von der Bewertung von Leistungsmenge und Abfallanteil bei individueller Rangierung ihrer gesellschaftlichen und individuellen Konsequenzen ab: Da die Abfallmenge (im Beispiel) weniger in die Lohnsumme eingreift als die mengenmäßige Normerfüllung, könnte hoher Lohn zu Lasten des Materialverbrauchs erzielt werden.

Im gesellschaftlichen Arbeitsprozeß laufen unter sozialistischen Produktionsverhältnissen Entscheidungen der Verfahrenswahl hinaus auf:
- die Kenntnis der gesellschaftlichen Bedeutung der verschiedenen Leistungskennwerte;
- die Übernahme der damit gegebenen Forderungen als Motivierungen;
- die Rangierung gesellschaftlicher und unmittelbar individueller Konsequenzen (auf der Grundlage der Einsicht in ihre Gleichsinnigkeit und wachsende Identität).

Letztlich kann eine unpräzise oder fehlende Vorgabe von Entscheidungskriterien sogar Konflikte provozieren (im Beispiel etwa dann, wenn dem Werktätigen die gesellschaftliche Wertung von Menge und Abfall nicht bekannt gemacht wird und subjektive Optimierungsbemühungen des gesellschaftlichen Gewinns mithin unmöglich sind).

Zusätzliche (in unserem obigen Beispiel zunächst noch ausgeklammerte) **Bedingungen** der Verfahrenswahl liegen vor, wenn die erforderlichen Entscheidungen unter Unsicherheit hinsichtlich der Konsequenzen (bei Wahrscheinlichkeiten von $0 < p < 1$, nicht bei $p = 0$ bzw. $p = 1$) erfolgen müssen. Dieser Sachverhalt wird vielfach unter dem Begriff des „industriellen *Risikoverhaltens*" (von Hoyos 1980) behandelt.

Die Ursachen der Ungewißheit über das resultierende Verhaltensergebnis gehen dabei auf einen **Mangel an Informationen** über die Bedingungen des Handelns zurück. Weiterhin liegt bei einschlägigen „Risikosituationen" ein eindeutig negativer Charakter einiger möglicher Handlungsausgänge vor. Derartige Entscheidungserfordernisse bei teilweiser oder unvollständiger Ungewißheit der Folgen können z. B. vorliegen bei der Regulation von chemischen Prozessen, bei therapeutischen Maßnahmen im Gesundheitswesen, bei der Arbeit an Werkzeugmaschinen (z. B. Auslassen oder Einhalten von Abkühlungsunterbrechungen bei der Bearbeitung), bei Steuertätigkeiten (z. B. hinsichtlich der Art des Ansteuerns von Sollgrößen).

Häufig verfährt der Werktätige bei derartiger Ungewißheit von Handlungsfolgen so, als stünden ihm die Wahrscheinlichkeiten der Ausgänge – obgleich sie objektiv nicht oder nur ungenau bekannt sein können – zur Verfügung. Dabei treten individuell und aufgabenspezifisch unterschiedliche Tendenzen der Über- bzw. Unterschätzung dieser *objektiven* Wahrscheinlichkeiten auf. Die Kenntnis der subjektiven Wahrscheinlichkeit gestattet Voraussagen von Entscheidungsausgängen. Daher gehört die Ermittlung der Auftretenserwartung (der subjektiven Wahrscheinlichkeiten) von Ereignissen[4] zu den unerläßlichen Analysegesichtspunkten bei der psychologischen Arbeitsuntersuchung.

Aus der Lernpsychologie ist die Fähigkeit des Menschen zum **Erlernen von Ereigniswahrscheinlichkeiten** bekannt. Im industriellen Arbeitsprozeß stellen bei zahlreichen Aufgabentypen diese Fähigkeiten eine wesentliche Leistungsvoraussetzung dar. Durch das zutreffende **Wissen** um Ereigniswahrscheinlichkeiten werden die Entscheidungen über vorbeugende, eingreifende oder überwachende Aktivitäten zutreffend und mithin zeitsparend getroffen. Je besser die Erwartungen den objektiven Auftretenswahrscheinlichkeiten entsprechen, je genauer mit anderen Worten das zugrunde liegende Wissen ist, um so effektiver wird mithin die jeweilige Leistung. Leistungsstarke und leistungsschwache Arbeitskräfte müßten sich dementsprechend durch den Grad der Übereinstimmung von Auftretenserwartung und objektiver Wahrscheinlichkeit unterscheiden:

[4] Wir erweitern dabei den Gedankengang über die Betrachtung der Ungewißheit von Folgen einer Verfahrenswahl hinaus auf die Ungewißheit von Handlungsvoraussetzungen.

Tab. 8.6: Gegenüberstellung der tatsächlichen (objektiven) und der erwarteten (subjektiven) Häufigkeit bestimmter Stillstandsursachen für leistungsstarke vs. leistungsschwache Schärerinnen.
(Bereits der Augenschein zeigt bei Leistungsstarken eine größere Übereinstimmung der Erwartung mit der Realität in Form der Konzentration der Häufigkeiten auf und um die Hauptdiagonale der Matrix; es gilt: $\Sigma\Sigma|\text{diff.}|$ leistungsstark $\ll \Sigma|\text{diff.}|$ leistungsschwach; Rp Rangplatz (nach Daten von Kratzer, Schucknecht und Zabel 1969)

Subjektiv / Objektiv	Rp 1	2	3	4	5	6	Σ|diff.|
Rp 1	2	2	1				4
2	3	2					3
3			3	2			2
4		1	1	1	2		5
5				2	2	1	3
6					1	4	1
	Teilkollektiv leistungsstarker Arbeitskräfte						18

Subjektiv / Objektiv	Rp 1	2	3	4	5	6	Σ|diff.|
Rp 1	1	2	2				6
2	2	2		1			4
3		1	2		2		5
4	2	1	1	1			9
5				2	1	2	4
6					2	3	2
	Teilkollektiv leistungsschwacher Arbeitskräfte						30

Das ist tatsächlich der Fall. Tab. 8.6 gibt ein Beispiel wieder, das zugleich eine Untersuchungsmöglichkeit illustriert.

Da das pädagogisch nicht geleitete Erlernen adäquater subjektiver Wahrscheinlichkeiten in komplexen Situationen zeitaufwendig und beanspruchend ist, können geeignete Unterweisungen (z. B. die Vermittlung optimaler Strategien, wie am Beispiel der Fehlersuchstrategie erläutert wurde) erheblichen Nutzen erzielen.

Die angedeuteten Sachverhalte lassen mehrere Anhaltspunkte für **Maßnahmen der Arbeitsgestaltung und der Einstellungsbildung** (und damit der Persönlichkeitsentwicklung) erkennen:

- Dem Werktätigen muß die objektive Bedeutung und die gesellschaftliche Bewertung der heranzuziehenden Entscheidungskriterien erläutert werden.
- Die Ausbildung muß anwendungsbereites Wissen über die Entscheidungskriterien und die Beziehung zwischen verschiedenen, gleichzeitig zu berücksichtigenden Kriterien vermitteln, so daß dieses Wissen zur Komponente des operativen Abbildsystems wird.

(Zum Beispiel Wissen über den Tatbestand und die Ursachen des Zusammenhangs zwischen Fadenbruchhäufigkeit und Abfallmenge in unserem obigen Beispiel.)

- Sind Entscheidungen aus dem Wissen um Ereignisse abzuleiten, die in unterschiedlichem Maße wahrscheinlich sind, so kann das Instruieren über die objektiven Wahrscheinlichkeiten Leistungsverbesserungen herbeiführen.

- Durch zweckmäßige gesellschaftliche Bewertung von Verfahrensweisen kann auf den Entscheidungsvorgang Einfluß genommen werden. Damit ist ein besonders wirkungsvoller Ansatzpunkt der Einstellungsbildung bezeichnet.
- Bei der Bewertung von Entscheidungsfolgen muß höchste Aufmerksamkeit der Abstimmung zwischen gegenläufigen Folgen gleichzeitig zu berücksichtigender unterschiedlicher Kriterien gewidmet werden. (Zum Beispiel: Welches Verhältnis zwischen Abfallmenge und Leistungsmenge soll in die Bewertung eingeführt werden?) Ganz besonders sollten Bewertungen vermieden werden, die entwicklungshemmende Konflikte hervorrufen können.

8.5. Arbeits- bzw. Produktionsvorbereitung: Arbeitsplanung als intellektuelle Leistung

8.5.1. Begriff der individuellen Arbeitsplanung

Planen ist umfassender als das soeben behandelte Festlegen einzelner Verfahrensweisen auf der Grundlage antizipativer Vorgänge.

> Das Festlegen von Verfahrensweisen kann übergehen zur Arbeitsplanung, wenn die Einzelschritte auf der Basis einer bestimmten **Grundeinstellung** und Absicht (eines Vorsatzes) zu abhängigen Bestandteilen eines **fern**zielgerichteten **komplexen hierarchischen Vollzugsschemas** werden; das Festlegen der einzelnen Verfahrensweisen erfolgt dabei unter Berücksichtigung der Erfordernisse einer umfassenderen übergeordneten Tätigkeitsstruktur (z. B. Fertigung einer ganzen Werkstückserie, der Organisation des Arbeitsablaufs über eine Schicht, der Gestaltung einer Etappe der Berufsentwicklung).

Die übergeordnete Tätigkeitsstruktur hat bei der Planung Auswirkungen auf die einzelnen Mittel-Weg-Festlegungen, diese werden unter Beachtung ganzer Handlungsserien getroffen. Dazu können für die möglichen Situationen Regeln für das Auswählen von Vorgehensvarianten (Entscheidungsstrategien) wirken.

Diese Leistung kann durchaus den Charakter selbständiger und sogar schöpferischer Denkleistungen tragen. Das Kennzeichen heuristischer Prozesse ist das Finden des Gebiets, in dem die Lösung der Aufgabe liegt, einschließlich des Entdeckens der geeigneten Lösungsverfahren selbst. Neuere Befunde legen nahe, für prognostische Aufgaben in der Produktion den Bereich des Selbständig-Schöpferischen zu erweitern:

„Das Finden einzelner Lösungselemente (Verfahren, Arbeitsmittel) stellt sich für den Arbeitenden weitgehend als eine reproduktive oder vermittels einfacher Algorithmen vollziehbare Leistung dar. Die ‚Erfindung‘ von Verfahren oder Verfahrensvarianten durch den Neuerer ist ein Grenz- und Sonderfall. Produktives Denken bewährt sich im Arbeitsalltag vielmehr im *Zusammenstellen* einzelner Mittel der

Lösung zu einem *Komplex*, insbesondere von Einzeloperationen zu einer *Abfolge*. In dieser Hinsicht ist der Arbeiter am häufigsten vor neuartige Situationen mit veränderten Bedingungskonstellationen gestellt. Der erste gedankliche Entwurf einer Bearbeitungsfolge wird je nach Schwierigkeit der Aufgabe und Leistungsvoraussetzungen des Arbeitenden oft noch fragmentarisch, wenig differenziert, fehlerhaft sein. Er kann sich auf die Antizipation des prinzipiellen Verfahrensweges beschränken. Erst durch kritische Sichtung und Erprobung — auf dem Wege nochmaliger gedanklicher Analyse vor dem praktischen Arbeiten und bei seiner praktischen Verwirklichung — erfährt das geplante Handeln seine Vervollkommnung (Skell 1968a, S. 50).

Im Abschnitt 8.4.3. wurden bereits Grundlagen der Arbeitsplanung benannt. Das Niveau der kognitiven Komponenten in Arbeitstätigkeiten ist stark bestimmt durch den Anteil vorausschauender und planender intellektueller Prozesse. Die planende Aufgabenbewältigung stellt die effektivste Form der Handlungsorganisation dar; sie erzielt höchste Leistungen und ermöglicht gleichzeitig das Verringern der Beanspruchung. Für die sozialistische Gesellschaft ist Planen ein charakteristischer Vorgang, der seinen Ausdruck auch im Planen der den Individuen übertragenen Arbeitsaufgaben findet.

> Individuelle Arbeitsplanung ist ein vorsatzgeleiteter regulativer Vorgang, in dem eine fernzielorientierte Zielhierarchie mit ihren Teilzielen für die Aufgabenphasen verbunden wird mit dem Programm als Ergebnis der Mittel-Weg-Diskussion und der Bedingungsanalyse — unter Einschluß motivierender Vorgänge.

Unter Aufnahme von Gedankengängen von Galperin (1966) und Tomaszewski (1961) kann mithin die individuelle Arbeitsplanung durch folgende **Merkmale** charakterisiert werden:

a) **Einstellung auf aktive Auseinandersetzung.** Dabei besteht eine komplizierte inhaltliche Motivierungsproblematik, die sich u. a. auf das Verhältnis von gesellschaftlichem und individuellem Nutzen bezieht.

b) Vorausgehende **intellektuelle Analyse** der Aufgabe und ihrer Bedingungen. Für die Art dieser Analyse hinsichtlich wesentlicher leistungsbestimmender Bestandteile und deren zweckmäßigster Ausführungsform besteht ein weiter Spielraum, der vom systematischen Vorgehen bis zum Erkennen der Nützlichkeit zufällig eingetretener Konstellationen reicht. Allerdings darf die Rolle des Zufalls nicht überschätzt werden. Optimale Organisation von Verrichtungen ist äußerst selten ein zufällig entstandener Zustand; sie muß vielmehr durch menschliche Leistungen immer neu herbeigeführt werden.

c) **Antizipation und Bewertung von Verfahrensvarianten.**

d) Aufstellen und Verfolgen eines **Fernziels** bei gleichzeitiger Entwicklung eines **Programms** des Tätigkeitsablaufs.

   Dieses Programm legt die Abfolge und die Ausführungsweise der einzelnen Handlungen fest. Wenn zwar die Handlungen, nicht aber auch ihre Resultate voll vorhersehbar sind, werden für alle möglichen Situationen Regeln für die Auswahl von Vorgehensvarianten (**Entscheidungsstrategien**) festgelegt.

e) **Unterordnung der Nahziele** als abhängige Komponenten des Fernziels (Entwicklung eines hierarchischen Programms).

Entscheidend ist dabei, daß beim Planen nicht allein das Ziel — als Modell des Resultats —, sondern zugleich ein Programm des Tätigkeits**ablaufs** abgeleitet wird.

Pläne als regulative, operative Abbildsysteme sind mithin umfassender als Ziele. **Hauptinhalte eines individuellen Arbeitsplans sind über die Ziele hinaus das prinzipielle Vorgehen** (der gewählte Bearbeitungsweg und die Arbeitsmittel) **und die abgeleiteten Teilarbeitsschritte.**

Individuelle Arbeitsplanung bezieht sich in jedem Fall auf selbst auszuführende Arbeitstätigkeiten. Die zeitliche Beziehung von Planen und Ausführen kann unterschiedlich sein: Das Planen kann das Ausführen mit einer geringen Weite der Vorwegnahme begleiten (**Planen in der Tätigkeit**), das Planen kann dem jeweiligen Arbeitsprozeß vorangehen (**Vorplanen**), oder die planmäßige Ausführung kann zurückgehen auf das Anwenden früher erworbener, gefestigter und erlebnismäßig hochgradig verkürzter Pläne **(Anwenden verallgemeinerter Arbeitsverfahren).** Bei psychologischen Arbeitsanalysen müssen diese drei Formen des Planens klar unterschieden werden.

Sämtliche Formen der individuellen Arbeitsplanung sind psychologisch noch ungenügend untersucht; **psychische Vorgänge beim planenden Denken** scheinen in folgenden Bereichen zu liegen:

- Strukturbildung: aufgabenbezogene, hierarchische Ordnung von Tätigkeitskomponenten entsprechend der Aufgabenstruktur. Es erfolgt eine Gruppenbildung in den perzeptiven Orientierungsgrundlagen (Signalen) sowie dem Handlungsentwurf (Teilzielklassen), als Folge davon auch in den manuellen Verrichtungen (Verschmelzung von Teiloperationen). Mit zunehmender Gruppenbildung steigt die Zielgerichtetheit der Arbeitstätigkeit.
- Erkennen und Entwerfen von Veränderungsabfolgen: Wahrscheinlich handelt es sich dabei um eine besondere, „dynamische" Form der Gruppenbildung unter dem Aspekt der erforderlichen Schrittfolgen.
- Bilden eines Vorrats an bewährten Ausführungsregeln und an Prüfgesichtspunkten für ihre Übertragbarkeit (Skell 1968, Neubert 1969).

8.5.2. Objektive und subjektive Voraussetzungen für die Arbeitsplanung

Planen setzt eine **Arbeitseinstellung** voraus, die auf zielgerichtete Beeinflussung der Entstehungsweise des Arbeitsergebnisses gerichtet ist. Eine derartige Arbeitseinstellung steht ihrerseits auf der Grundlage umfassenderer Einstellungen.

Eine weitere subjektive Voraussetzung bildet die hinreichende **Beherrschung** der Verrichtungen. Dabei ist ein Grad der psychischen Automatisierung erforderlich, der als disponible Beherrschung bezeichnet wird. Darüber hinaus muß die Aufgabe in ihren wesentlichen leistungsbestimmenden Zusammenhängen erfaßt und ein hinreichend differenziertes operatives Abbildsystem ausgebildet sein. Es muß die **Vorsignale** für sich anbahnende technologische Zustände enthalten.

Eine objektive Voraussetzung ist, daß die Aufgabe leistungsbestimmend nutzbare **Freiheitsgrade** hinsichtlich der Ausführungsweise beläßt. Im industriellen Arbeitsprozeß handelt es sich dabei in erster Linie um Freiheitsgrade in der zeitlichen Verteilung von Teilaufgaben. Eine weitere objektive Voraussetzung ist die **Vorhersehbarkeit** von Situationen nebst ihren Konsequenzen.

Sie setzt ihrerseits **Durchschaubarkeit** der technologischen Situation voraus.

In modernen Technologien wachsen die objektiven Voraussetzungen und das Erfordernis zum Planen. Das gilt zum ersten in der sogenannten **technologischen Feinplanung vor Ort**. Die rechnergestützte dezentrale Fertigungsfeinplanung gehört zu den Anforderungen bei flexiblen integrierten gegenstandsspezialisierten Fertigungsabschnitten (IGFA), die Maschinenkomplexe mit hohem Automatisierungsgrad vereinen.

Bisherige Erfahrungen mit flexiblen automatisierten Fertigungssystemen zeigen allerdings, daß die vor Ort erforderlichen organisierenden und planenden Arbeitsschritte nur begrenzte geistige Anforderungen stellen. Sie überschreiten im Normalfall selten ein gedankliches Durchspielen als algorithmisches Denken nach vorgegebenen Regeln! Sollen selbständige Denk- einschließlich Planungsanforderungen gestellt sein, so werden Anreicherungen mit Aufgaben aus der Fertigungsprozeßsteuerung erforderlich.

Wachsende objektive Voraussetzungen und Erfordernisse des Planens ergeben sich zum zweiten in allen rechnergestützten Technologien (CAM, d. h. computer aided manufacturing), in der Produktionsvorbereitung (CAD, d. h. computer aided design) und in der Verwaltung (Bürocomputereinsatz). Hier ist das **Planen** beim **Entwickeln und Projektieren** frühzeitig erforderlich, insbesondere bei der Entwicklung der Anwenderprogramme. Die Programmierer von Anwenderprogrammen sind Arbeitsgestalter. Bei der Problemanalyse sollten sie die bisher genutzten Pläne der Anwender gründlich analysieren und nutzen. Beim Programmieren der Anwendersoftware sollten sie des weiteren das Einordnen des Dialogs mit dem Werkzeug "Rechner" in eine planende Arbeitsweise der Anwender ermöglichen und unterstützen. Das wird bei rechnergestützter Arbeit nur möglich, wenn bereits in der Aufgabenstellung eines Automatisierungsprojekts bzw. frühen Stufen der Projektierung „vollständige Tätigkeiten" entworfen werden. Dazu müssen herkömmliche Grenzen zwischen ausführend-bedienenden, überwachenden, planend-dispositiven und kontrollierenden Arbeitsfunktionen überwunden werden.

Planen, Programmieren, Einrichten, Überwachen, Bedienen, Prüfen und Instandhalten müssen einbezogen und zu neuen Gesamttätigkeiten kombiniert werden.

Zum dritten können Teile der **Planung rechnergestützt** erfolgen (CAP, d. h. computer aided planning). Mit Hilfe von Kalkulationsprogrammen kann es möglich werden, Routineberechnungen zu automatisieren, zahlreiche Varianten rasch „durchzuspielen".

Ein differenziertes System operativer Abbilder benötigt der Planende beim Vorwegnehmen und Vorhersagen der möglichen und zu durchlaufenden Zustände sowie der Handlungsmöglichkeiten. Wegen der Schwierigkeiten und des mentalen Aufwands beim Entwickeln differenzierter operativer Abbildsysteme und beim hinreichend weiten und zutreffenden Vorwegnehmen (Antizipieren) können diese beiden subjektiven Voraussetzungen geradezu als Nadelöhr des Planens eigener Tätigkeiten bezeichnet werden. Oft wird versucht, dem mentalen Aufwand des Aufbauens zutreffender operativer Abbilder und des Antizipierens als Grundlagen des Planens auszuweichen. Die Systeme operativer Abbilder sind dann lückenhaft und unpräzise, sie schließen Annahmen und Näherungsregeln ein. Oft wird mentaler Aufwand beim Antizipieren und Planen eingetauscht gegen zusätzliche körperliche oder hochgeübte mentale Verrichtungen. Beispielsweise werden auf Grund ungenauer operativer Abbilder über Funktionen von Rechnern und zum Vermeiden einiger Planungsschritte überhaupt oder auf der Basis der unsicheren operativen Abbilder nicht die Memory-Funktionen des Rechners verwendet, sondern Zwischenresultate herausgeschrieben.

In Abhängigkeit von den objektiven Voraussetzungen, also von der Vorhersehbarkeit von Tätigkeitserfordernissen, den Feiheitsgraden für selbständige Zielsetzungen sowie auch der Komplexität der jeweiligen Aufgabe und der für das Planen verfügbaren Zeit, kann das mögliche bzw. erforderliche planende Vorgehen recht verschiedenen **Umfang** haben. Im Tätigkeitsbewertungssystem (TBS-L Hacker, Iwanowa und Richter 1983) bewähren sich folgende Stufen:

1. Planen nicht möglich; Vergegenwärtigen künftiger Schritte nicht erforderlich.
2. Planen nicht möglich; Vergegenwärtigen künftiger Schritte erforderlich.
3. Planen zwar möglich, aber zur Aufgabenerfüllung nicht erforderlich.
4. Planen der Verrichtungen (Arbeitsgangstufen) von Teiltätigkeiten in zeitlicher Hinsicht (bezüglich Zeitpunkten, Reihenfolgen) zur Auftragserfüllung erforderlich. Die Inhalte der Verrichtungen sind vorgegeben.
5. Planen der Verrichtungen (Arbeitsgangstufen) von Teiltätigkeiten in zeitlicher und inhaltlicher Hinsicht zur Auftragserfüllung erforderlich.
6. Planen der Teiltätigkeiten von Tätigkeiten zeitlich und inhaltlich erforderlich.
7. Planen der Tätigkeiten eines Auftragskomplexes zeitlich und inhaltlich zur Auftragserfüllung erforderlich.
8. Entwickeln von auf wechselnde Bedingungen übertragbaren Plänen (Strategien) auf der Ebene von Teiltätigkeiten oder Tätigkeiten zur Auftragserfüllung erforderlich.

8.5.3. Arbeitsplanung und Struktur der Arbeitstätigkeit

1. Die umfassenden subjektiven Voraussetzungen führen dazu, daß bei planendem Vorgehen letztlich eine prinzipiell andere **Arbeitsweise** vorliegt: Anstelle der anfallsbedingten „Außensteuerung“ dominiert die planbedingte, antizipative „Innensteuerung“. Diese andere Arbeitsweise äußert sich in verschiedenen Auswirkungsbereichen der Tätigkeitsstruktur, in der Leistung und im Erleben:

Eine Auswirkung besteht darin, daß bei geplantem Vorgehen nicht unmittelbar auf Grund der Wahrnehmung von Signalen reagiert wird, sondern entsprechend der **Einordnung** des Signals **in** ein intellektuell vermitteltes **Schema (operatives Abbildsystem) des Gesamtablaufs.**

Ein Beispiel:

Für einen guten Weber ist bei Mehrstuhlbedienung beispielsweise charakteristisch, daß er beim Stillstand mehrerer Webstühle zuerst den in Gang setzt, der kurze Eingriffe erfordert. Dieser echte Strategiebestandteil setzt neben differenzierten ursachenspezifischen Stillstandssignalen eine intellektuelle Analyse der Situation voraus.

Weiter gehört hierher, daß vom planend arbeitenden Werktätigen nicht vorzugsweise aufgetretene Signale beantwortet werden, sondern daß er an den Eingriffspunkten des ideell – nämlich im operativen Abbildsystem – gegebenen Ablaufschemas **Signale ab-**

fragt. Das wiederum steht im Zusammenhang mit dem für planendes Vorgehen charakteristisch höheren Anteil **vorbereitender und vorbeugender Tätigkeiten.**

Zu den Argumenten, die schließlich dafür sprechen, daß bei planender Arbeitsweise auch eine geringere **Belastung** als bei anfallsweiser Bewältigung vorliegt, zählt das wesentlich seltenere Auftreten von Situationen mit dem Erleben des Zeitdrucks (s. u.).

In Tab. 8.7 sind in typisierender Gegenüberstellung einige wesentliche Aussagen der vorangehenden Abschnitte zusammengefaßt.

2. Die Hauptbestimmungsstücke der psychischen Struktur der Arbeitstätigkeit bei planender Anforderungsbewältigung wurden in 8.5.1. zusammengestellt. Die Grundlagen des Planes – nämlich die Mittel-Weg-Diskussion, in der, ausgehend von der Prädiktion des prinzipiellen Verfahrenswegs, Einzeloperationen abgeleitet werden – wurden in Abschnitt 8.4.3. erörtert; dort wurde auch der Übergang von einzelnen Mittel-Weg-Diskussionen zum Planen dargestellt.

Vor weiteren Darstellungen soll am **Beispiel** das damit allgemein Ausgesagte konkretisiert werden: Beim Kreuzspulen von Kunstseide wird an etwa 60 von einer Spulerin bedienten Spindeln Seide von relativ lockeren Seidenknäulen (Ablaufkörpern) auf Hülsen maschinell umgespult. Die Drehzahl der Spindeln ist konstant. Die Leistung ist damit um so höher, je mehr Spindeln gleichzeitig laufen, was durch die Arbeitsorganisation und -planung der Spulerin beeinflußt werden kann.

Tab. 8.7: Typisierende Zusammenstellung einiger Eigenheiten von Arbeitsweisen mit unterschiedlichen kognitiven Leistungsanteilen

Momentane Strategie Vorherrschend Analyse des jeweils aktuellen Zustands	*Planende Strategie* Ausrichtung (zusätzlich) auf Herbeiführung bestimmter künftiger Zustände
kognitive Grundlagen	
– Nahzielorientierung	– fernzielorientierte Zielhierarchie
– Kognitive Befassung mit Teiltätigkeiten	– Schema des gesamten Tätigkeitsablaufs Teiltätigkeiten tragen überwiegend Charakter unselbständiger Operationen
– Relative Selbständigkeit der perzeptiven Orientierungstätigkeiten und praktischen Vollzüge	– perzeptive und praktische Vollzüge sind abhängige Komponenten des intellektuellen Prozesses „Planung"
– Begrenztes Signalinventar	– umfassendes Signalinventar; schließt Vorsignale und Signale für „vorbeugende Tätigkeiten" ein; Signalsuche
Auswirkungen	
– Vorherrschen unmittelbar produktiver Haupttätigkeiten	– wesentlicher Anteil vorbereitender und „vorbeugender" Tätigkeiten
– Mindestens Effektivität niedriger	– höhere Leistung – geringere Belastung } höhere Effektivität
– Starke Abhängigkeit der Verrichtungen vom Zeitpunkt des Ereigniseintritts	– hoher Grad von Vorherbestimmtheit der Ausführungszeitpunkte von Verrichtungen
Voraussetzungen	
– Voraussetzungen in verschiedener Weise nicht erfüllt	– Motivierung zu aktiver Beeinflussung des Arbeitsablaufs – ausreichendes Beherrschen erforderlicher Fertigkeiten – gedankliche Durchdringung der wesentlichen Zusammenhänge des Produktionsvorgangs

Wie ist es möglich, daß eine leistungsstarke Spulerin die fünftägige Leistung einer leistungsschwächeren in nur vier Tagen bewältigt? Trotz der starken Bindung der Tätigkeit an die Maschine sind unterschiedliche Arbeitsweisen möglich. Stellen wir die Arbeitsweise einer leistungsstarken (A) und die einer leistungsschwächeren Spulerin (B) gegenüber:

Die planenden, leistungsstarken Arbeiterinnen minimieren die Stillstandszeit jeder Spindel. Das ist auf zwei kombinierbaren Wegen möglich: Jeder leer gewordene Ablaufkörper und jede volle Spule muß sofort ausgewechselt werden. Das ist nur möglich, wenn nie mehrere derartige Wechsel gleichzeitig auftreten, weil sonst stets unproduktive Stillstände entstünden. Des weiteren müssen kurzfristig nach einander auftretende Wechsel benachbart sein, um Verluste durch überflüssige Wegzeiten zu vermeiden. Eine günstige Reihenfolge des Auftretens erforderlicher Wechsel ist nur durch ein systematisches Beschicken der 60 Spindeln von Schichtbeginn an möglich. Es setzt auch voraus, daß rechtzeitig an jeder Spindel vorbereitete Seidenknäuel und leere Hülsen bereitgestellt wurden.

Der zweite Weg besteht im Bemühen um ein vorbeugendes Vermeiden des Reißens von Fäden, das gleichfalls zu Stillständen führt. Das ist nur vorbeugend durch frühzeitiges gewissenhaftes Vorbereiten der Knäuel, durch Pflegen wichtiger Maschinenteile usw. in Zeitabschnitten ohne Stillstände möglich. Schematisch:

A (leistungsstark)	B (leistungsschwächer)
prinzipielles Vorgehen: bewußtes Schaffen von Leistungsmöglichkeiten Beherrschung, Lenkung des Arbeitsablaufs	**prinzipielles Vorgehen:** nur Ausnutzen gegebener Leistungsmöglichkeiten Beherrschtwerden durch gegebenen Arbeitsablauf, Auslastung durch diesen; angespannte Zeitverhältnisse
detaillierte Vorgehensweise Sichern, daß eine maximale Anzahl von Ablaufkörpern gleichzeitig läuft durch Antizipation technischer Bedingungen und Folgen eigener Maßnahmen: — — am Schichtbeginn rasch Vorrat an Ablaufkörpern schaffen als Grundlage späterer Maßnahmen: — — systematisches Aufbauen einer zweckmäßigen Reihenfolge der Ablaufkörperwechsel unter Berücksichtigung der Laufzeit vorwegnehmend bis Schichtende (Fernzielverfolgung; die am Schichtbeginn getroffenen Maßnahmen zahlen sich erst gegen Schichtende aus!)	**detaillierte Vorgehensweise** nur Nutzen sich ergebender Ansatzmöglichkeiten — — Vorbereiten über gesamte Schicht, kein Vorrat. Daher bei dichterem Anfall von Wechseln Verzögerungen durch Ablaufkörpermangel und somit auch keine Möglichkeit planmäßigen Aufbaus einer Reihenfolge des Anfalls; — — keine Maßnahmen zur Bestimmung des Anfallszeitpunkts künftiger Wechsel (also Nahzielverfolgung)
charakteristische psychische Strukturkomponenten im Beispiel:	
Fernzielaufstellung und -verfolgung Modell des (zeitlichen) Tätigkeitsablaufs über die gesamte Schicht mit periodischen Schwerpunkten für Vorbereitungs- (s. Abb. 8.19) und Realisierungs- (Wechsel-)Operationen (s. Abb. 8.20)	Nahzielaufstellung und -verfolgung kein Schichtabfolgemodell

Selbst die vergröberte Darstellung läßt die Hauptursache der höheren Leistung von A in einer planmäßigen Arbeitsweise erkennen. Ihr Hauptinhalt besteht in einer antizipativ im operativen Abbildsystem vollzogenen, zweckmäßigen zeitlichen Abfolgefestlegung der Arbeitsverrichtungen, die auf Grund differenzierter Analyse als leistungsbestimmend erkannt worden waren. Diese Abfolgefestlegung schließt eine differenzierte zeitliche

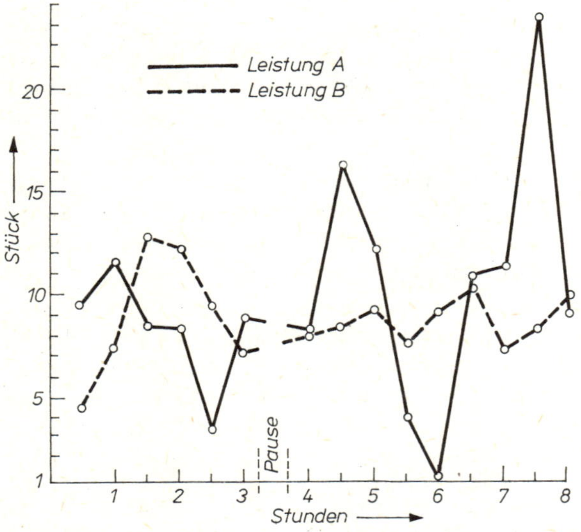

Abb. 8.19: Durchschnittlicher Verlauf der Ablaufkörpervorbereitungen (Illing 1960).

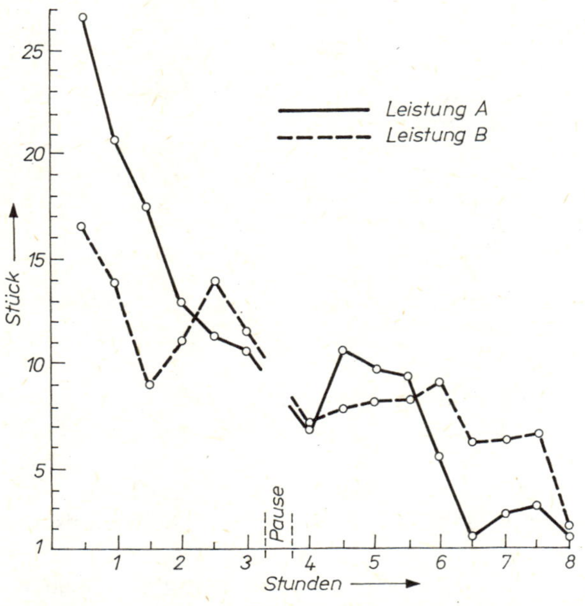

Abb. 8.20: Durchschnittlicher Verlauf der Ablaufkörperwechsel (Illing 1960).

Kalkulation (der Eintrittszeitpunkte, der Möglichkeiten manueller Operationen während der Maschinenlaufzeiten) ein.

Wesentlich ist, daß planmäßige Arbeitsweise in der Regel nicht nur eine höhere Leistung, sondern eine höhere **Effektivität** der Arbeitstätigkeit, mit anderen Worten ein günstigeres Verhältnis von Aufwand zu Ertrag bedingt. Diese höhere Effektivität der planenden Arbeitsweise hat eine doppelte Ursache: Einerseits wird durch die höhere Ausnutzung von Leistungsgelegenheiten eine höhere Leistung erreicht. Zugleich gibt es triftige Hinweise anzunehmen, daß die **Beanspruchung** trotzdem **geringer** ist:

- Subjektiv kann die Tätigkeit als weniger beanspruchend erlebt werden, da der Ablauf selbst bestimmt wird, nicht vom Ereignisanfall diktiert ist. Damit ist die Freude am gelingenden Gestalten anstelle der Sorge um die Bewältigung des anfallenden Arbeitspensums möglich.
- Objektiv kann einerseits damit die emotional-neurovegetativ vermittelte Anspannungskomponente (die unter Zeitdruck nachgewiesen ist, z. B. Rutenfranz 1960) zum großen Teil entfallen. Zum anderen werden durch die planende Arbeitsweise objektiv Anforderungen (z. B. Wege) reduziert und Möglichkeiten zu regelmäßigem, kurzem, vorbeugendem Pausieren geschaffen.

Auch bei völlig anderen Technologien, etwa beim Rangieren zur Zusammenstellung von Güterzügen, der Montage oder in der mechanischen Fertigung (beispielsweise der spanenden Formung an Werkzeugmaschinen), ist Hauptinhalt der auch hierbei zu Leistungsüberlegenheit führenden planenden Arbeitsweise die zweckmäßige zeitliche **Abfolgefestlegung von Arbeitsgängen.**

Da an **Drehmaschinen** bei vorgegebenen Drehzahlen die maschinengebundenen Bearbeitungszeiten festgelegt sind, bestehen Freiheitsgrade vor allem in der Einsparung überflüssigen Ein- und Ausspannens der Werkstücke und der Werkzeuge. Während bei einem optimalen Vorgehen mit der unter gegebenen Bedingungen minimalen Anzahl der Einspannungswechsel auszukommen ist, benötigt ein weniger zweckmäßiges, ungenügend geplantes Vorgehen unter Umständen 30% bis 40% mehr Ein- und Ausspannungen der Werkstücke und Werkzeuge. Das nicht optimal geplante Vorgehen führt damit zu erheblichen Zeit-, also Produktivitätsverlusten und zu erhöhtem körperlichem Aufwand (Skell 1968a).

Analog erfordert ein schlecht geplantes **Rangieren** von Waggons mehr Fahrten der Lokomotive und vieler Waggons, also gleichfalls mehr Zeit und mehr Brennstoff.

Beim **Montieren** gibt es mehrere Ansatzpunkte für das Planen. Der Arbeiter kann Operationen zusammenfassen, die mit dem gleichen Werkzeug ausgeführt werden und damit Werkzeugwechsel einsparen. Manchmal können mehrere gleiche Werkstücke auf einmal eingespannt und bearbeitet werden, beispielsweise beim Bohren oder Schneiden. Eine andere Ansatzmöglichkeit ist, daß er zunächst eine Anzahl gleicher Teile eines Aggregats oder ganze Baugruppen auf Vorrat fertigt bzw. montiert und sie danach – im Sinne einer individuell organisierten Kleinserie – mit anderen Teilen zusammenbaut. Dadurch könnten der Einarbeitungsaufwand und Wege gespart werden. Ein derartiges geplantes Vorfertigen einer Reihe gleicher Teile kann für den Bedarf eines ganzen Tages oder sogar darüber hinaus ausgedehnt werden (Triebe 1977).

Damit ist ersichtlich, daß sich das Planen auf unterschiedlich große Abschnitte beziehen kann. Kleine Planabschnitte werden dabei zu untergeordneten abhängigen Bestandteilen des Gesamtplans. Beispielsweise wird der Plan des Arbeiters für zweckmäßiges Fertigen jeweils eines Einzelstücks abhängiger, untergeordneter Bestandteil des effektiven Plans für die Herstellung einer ganzen Stückserie und mithin eines Schichtteils oder gar mehrerer Arbeitsschichten.

Für die intellektuell vermittelte, geplante Arbeitsweise wird damit die prinzipiell aus dem 4. Kapitel bekannte **hierarchische Struktur** von Aktionsprogrammen erneut nachgewiesen. Die zuerst ins Auge fallenden Veränderungen in der **zeitlichen** Struktur der Tätigkeit sind also bei jeder Art planender Arbeitsweise zu wesentlichen Teilen auf **inhaltliche Umstrukturierungen** der Tätigkeit zurückzuführen.

Diese Veränderungen in der äußeren, zeitlichen und inhaltlichen Tätigkeitsstruktur sind ihrerseits abhängig von Veränderungen im **Plan** der Tätigkeit als einem operativen Abbildsystem der Aufgaben- und Handlungsbedingungen. Die wichtigsten **Veränderungen im operativen Abbildsystem** sind nach derzeitigem Wissen (um nunmehr eine Konkretisierung des am Schluß von 8.5.1. Gesagten zu versuchen):

a) Unterscheidung der Teiltätigkeiten hinsichtlich ihres **leistungsbestimmenden** Werts; Aufbau eines umfassenden Gesamtablaufschemas bei Orientierung auf die leistungsbestimmenden Tätigkeitsabschnitte;
b) Gruppierungen bestimmter Verrichtungen an Arbeitsgegenständen zu **Folgen zusammenhängender Verrichtungen;**
c) **Gruppierung von Arbeitsmitteln** hinsichtlich ihrer Verwendbarkeit für Klassen von Verrichtungen;
d) Strukturbildung in den Orientierungsgrundlagen: gezielte Informationsgewinnung im Sinne einer **Suche nach leistungsbestimmenden Teiltätigkeiten** zu bestimmten Zeitpunkten;
e) hierarchische Einordnung von Teiltätigkeiten in ein ideelles Gesamtablaufschema und Bewertung an diesem; Teiltätigkeiten werden zu **abhängigen Bestandteilen** der Gesamttätigkeit (Neubert 1969, Triebe 1977, Skell und Ringel 1978).

Der Aufbau planender Vorgehensweisen schließt also eine umfassende **kognitive Umstrukturierung,** nämlich neu geordnete Informationsaufnahme und -verarbeitung ein. Das zielgerichtete Bilden, Prüfen und erforderlichenfalls Verwerfen von Hypothesen über Vorgehensmöglichkeiten und ihre Folgen als ein **Probehandeln im Abbildbereich** ist der ausschlaggebende Bestandteil des Planens (Meichenbaum 1974, Volpert 1976a, Dörner 1978, 1981).

Abb. 8.21 illustriert das an Hand der Beschaffenheit von tätigkeitsleitenden Abbildsystemen über solche Bestandteile von Instandsetzungstätigkeiten bei Elektromonteuren, die Grundlage eines geplanten Vorgehens sind. In der Abbildung wird eine herkömmliche ausgebildete Kontrollgruppe (KG) von Jungfacharbeitern zwei Versuchsgruppen (VG) gegenübergestellt, die in verschiedener Weise zusätzlich zum Planen angehalten wurden. Mit dem Entwickeln planenden Vorgehens werden

- mehr Störungsursachen erfaßt,
- mehr Kenntnisse über zutreffende Fehlerhäufigkeiten als Hypothesen einer zielgerichteten Fehlersuche angeeignet,
- mehr Beziehungen zwischen Bauteilzuständen und möglichen Störungsursachen identifiziert,
- mehr Informationsquellen für die Störungssuche benannt (Höpfner 1981).

Dabei wird auch die Dauer einer einzelnen Arbeitsverrichtung abhängig von ihrer Stellung im geplanten Gesamtablauf; sie ist nicht mehr allein vom Übungsniveau oder von aktuellen Ausführungsbedingungen bestimmt. Nur so kann erklärt werden, daß bei leistungsstarken Arbeitskräften einige leistungsbestimmende Verrichtungen nicht etwa kürzere, sondern *längere* Zeit als bei leistungsschwachen beanspruchen. Sie werden wegen ihrer Schlüsselrolle besonders sorgfältig ausgeführt und zahlen sich durch anderweitige Zeitersparnisse mehrfach wieder aus (Herrmann 1967).

Das methodisch Entscheidende ist, daß bei geplanter Arbeitsweise die praktischen Vollzüge abhängige Komponenten des intellektuellen Prozesses sind. Die Leistungsanalyse führt ohne Berücksichtigen der psychischen Regulation zu unbrauchbaren Resultaten.

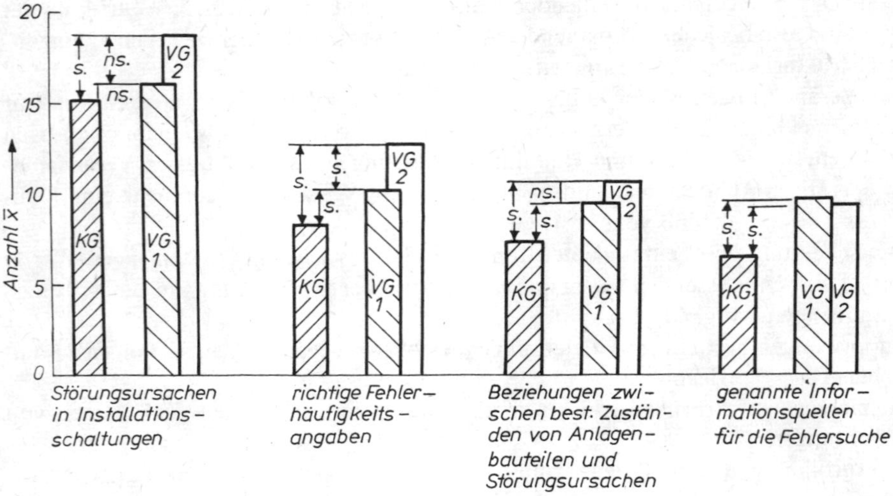

Abb. 8.21: Kognitive Umstrukturierung und Planung: Gegenüberstellung von Befragungsergebnissen zu tätigkeitsleitenden Abbildern bei zum Planen angehaltenen Gruppen von Elektromonteurlehrlingen und herkömmlich ausgebildeten Jungfacharbeitern dieses Berufs (Höpfner 1981).

3. In der Praxis stellen diese strukturverändernden intellektuellen Operationen in Planungsprozessen weitaus höhere **Anforderungen**, als auf den ersten Blick erkennbar wird:

Bereits das gedankliche Ableiten der **überhaupt erforderlichen Verrichtungen** schließt bei neuartigen Aufgaben erhebliche Anforderungen ein, die im wesentlichen durch die Ausdrücklichkeit bestimmt sind, mit der in den Arbeitsunterlagen die auszuführenden Einzelverrichtungen unmittelbar entnehmbar sind.

Pilopps (1967) Probanden (22 Lehrlinge in Metallbearbeitungsberufen) berücksichtigen bei der geforderten Planung zwar beinahe ausnahmslos die aus der Zeichnung unmittelbar entnehmbaren Arbeitsgangstufen, aber nur einen Teil der aus der Zeichnung nur mittelbar ableitbaren Stufen (Tab. 8.8, Abb. 8.22).

Tab. 8.8: Abhängigkeit der Berücksichtigung der erforderlichen Verrichtungen im Plan von ihrer Ersichtlichkeit aus den Arbeitsunterlagen (Pilopp)
(Angaben in %)

Ersichtlichkeit	Arbeitsgangstufe	Im Plan vorhanden	Im Plan fehlend
Aus Zeichnung ableitbar	Plandrehen	100	–
	Langdrehen	95	5
	Grundbohrung	100	–
Aus Zeichnung allein nicht ableitbar	Zentrieren	86	14
	Grundbohrung vorbohren	23	77
	Senken	5	95
	Kanten entgraten	–	100

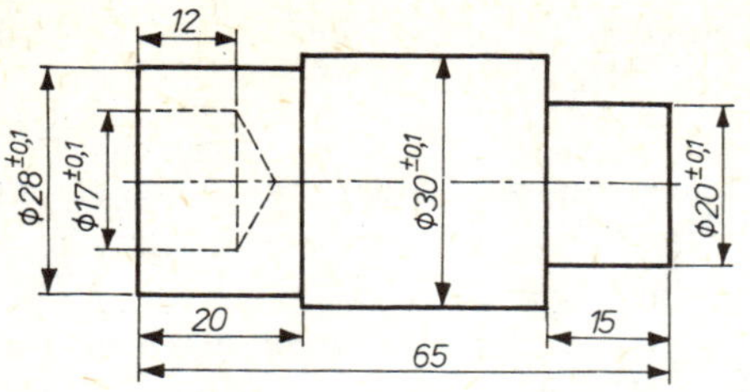

Abb. 8.22: Technische Zeichnung eines Werkstückes, für deren Fertigung der Vorgang der Planung untersucht wurde (Pilopp und Skell).

Die fehlenden Verrichtungen verweisen auf die Anforderungen bei ihrer Erfassung:

„Um eine Übersicht über die notwendigen Arbeitsgangstufen zu gewinnen, muß der Arbeitende an Hand der Analyse der technischen Zeichnung die Beschaffenheit des Werkstücks im *Endzustand antizipieren* können. Durch einen *Vergleich* der Eigenschaften im Endzustand mit denen im Ausgangszustand lassen sich die Veränderungen ermitteln, die am Werkstück vorgenommen werden müssen. Indem der Arbeitende das Wissen um diese Veränderungen mit ihm bekannten Fertigungsverfahren gedanklich in Verbindung bringt, findet er diejenige *Arbeitsverrichtung*, die er im konkreten Falle benötigt.
Eine Reihe von Arbeitsverrichtungen sind jedoch nicht auf diese Weise – beinahe unmittelbar – auf Grund der Zeichnung zu erkennen, z. B. das Vorbohren als vorbereitende Verrichtung und das Entgraten der Kanten als eine die Bearbeitung abschließende Verrichtung. Um sie zu finden, ist eine zusätzliche und weit schwierigere Anforderung zu erfüllen. Die Arbeitskraft muß nicht nur antizipieren, wie das Werkstück im Endzustand, sondern auch, wie es in bestimmten *Zwischenzuständen* beschaffen ist. Dabei muß sie z. B. erkennen, daß eine von ihr bereits vorgeplante Verrichtung im Anschluß an diesen Zwischenzustand noch gar nicht durchgeführt werden kann, daß vielmehr durch eine weitere, dazwischenzuschiebende Verrichtung erst die *Voraussetzung* dafür geschaffen werden muß" (Pilopp und Skell 1968, S. 75f.).

Höher als bei dieser elementaren Vorleistung des Planens sind die Anforderungen bei der Ableitung der **zweckmäßigsten Abfolge** der Teiltätigkeiten bei neuartigen Aufgaben – als einer weiteren Planungskomponente. Der Werktätige muß sich dabei nicht nur alle erforderlichen Verrichtungen vergegenwärtigen, sondern durch vorstellungsmäßige und gedankliche Operationen die Gesamtheit der möglichen Abfolgen (Wege) entwickeln und aus diesen ideell repräsentierten Möglichkeiten wiederum eine Auswahl unter dem Aspekt eines gleichfalls zu entwickelnden Kriteriums (Minimum an Teilschritten) treffen. Die hohe Komplikation kommt u. a. darin zum Ausdruck, daß die Ableitung der zweckmäßigsten Abfolge bei vielgliedrigen Aufgaben erst allmählich im Prozeß der praktischen Ausübung dieser Arbeitstätigkeit gelingt.

Nochmals höhere Anforderungen stellt schließlich – bei entsprechenden Aufgaben – das Erkennen der **leistungsbestimmenden Tätigkeitskomponenten**, weil dabei ein Erkennen der wesentlichen **Wirkungszusammenhänge** des vielseitig determinierten technologischen Prozesses erforderlich wird.

Wir stellen zum Überblick die wichtigsten Anforderungen beim Planen nochmals zusammen:

Schematische Übersicht: Kognitive Anforderungen beim Planen

- Auswahl von Schwerpunkten im Sinne von leistungsbestimmenden Teiltätigkeiten, für die das Planen ausschlaggebend ist; dazu

- gedankliches Analysieren von Wechselwirkungszusammenhängen,
- Antizipieren des Ergebnis- oder Sollzustands,
- Vergleich von Soll-/und Ausgangszustand,
- gezielte Informationssuche (z. B. aus Zeichnungen abzuleitende Informationen über Sollzustände),
- Ableiten erforderlicher Veränderungsschritte aus dem Vergleich,
- Auswahl, Zuordnung von verfügbaren Fertigungsverfahren, welche die erforderlichen Veränderungsschritte realisieren, als Hypothesen,
- Hypothesenprüfung im Abbildbereich; dazu gegebenenfalls mehrfach
  - Antizipieren zu durchlaufender Zwischenergebnisse,
  - Prüfen der Voraussetzungen zum Erreichen der Zwischenergebnisse,
  - Ableiten von Teilschritten, die zum Zwischenergebnis führen,
  - Auswahl dafür verfügbarer Fertigungsverfahren,
- antizipatives gedankliches Entwickeln aller möglichen Abfolgevarianten und Behalten im Arbeitsgedächtnis zusammen mit ihren Folgen und Nebenwirkungen,
- Auswahl der zweckmäßigen Abfolgen nach Optimierungskriterien.

4. Wir hatten eingangs (in 8.5.1.) dargelegt, daß Planung in verschiedener Einordnung in die Arbeitstätigkeit erfolgen kann. Welche Unterschiede bestehen zwischen dem Aufstellen von technologischen Plänen in einer abgehobenen *Vor*planungsphase und den Denkleistungen *während* der praktischen Bewältigung von Arbeitsaufträgen ohne ausdrückliche *vorangehende* Planungsphase?

Die Denkvorgänge in ausdrücklich abgehobenen produktionsvorbereitenden *Vor*planungsphasen interessieren, da insbesondere die hochmechanisierte und automatisierte Großserienfertigung und die Massenfertigung eine technologische Vorplanung bis hin zur **Programmierung** von **numerisch bzw. rechnergesteuerten (NC- bzw. CNC-) Maschinen** erfordern.

„‚Automatische Werkzeugmaschinen verlangen eine ausführliche, exakte technologische Vorbereitung . . . Der Technologe muß jede Bewegung, die die Maschine ausführen soll, bis ins letzte Detail festlegen . . . Die Maschine führt exakt das aus, was ihr durch das Programm aufgetragen wird' (Seidel 1966). Daher erhält für die Psychologie die Frage immer stärkere Bedeutung, auf welche Weise und unter welchen Bedingungen eine weitgehend differenzierte gedankliche Festlegung des technologischen Prozesses bereits vor dem Vollzug der praktischen Arbeit zustande kommen kann" (Skell 1968b, S. 83).

Görner (1968) stellte (bei der Untersuchung von Schülern im produktionspraktischen Unterricht) fest, daß nur ein Teil (beim untersuchten Kollektiv 65%) der Arbeitenden bei einer komplexen Arbeitsaufgabe (Herstellung eines Klobens zum Anschrauben nach einer Zeichnung) die Aufstellung eines Arbeitsablaufsplans bewältigt, während die praktische Herstellung allen gelingt. Bessere intellektuelle Voraussetzungen (gemessen an den Schulzensuren) führen dabei zu signifikant besseren Leistungen in der auf antizipierender Analyse basierenden Planung der Arbeitstätigkeit und schlagen sich auch in besseren praktischen Leistungen nieder. Abb. 8.23a, b und Abb. 8.24 geben typische Beispiele einer Gegenüberstellung von geplanten und praktizierten Lösungsverläufen: Die praktizierte Lösung schließt sich der Optimallösung wesentlich enger an als die geplante. Die im Plan ausgelassenen oder falsch eingebauten Verrichtungen werden praktisch überwiegend zweckmäßig erledigt.

Die Mängel bei der Vorplanung und der praktischen Ausführung sind unterschiedlich verteilt: Im Plan werden zahlreiche erforderliche Arbeitsgangstufen ausgelassen sowie praktisch unmögliche Abfolgen gewählt; während der praktischen Ausführung dominieren dagegen verschiedenartige, die Lösung nur verzögernde Vertauschungen in der Abfolge.

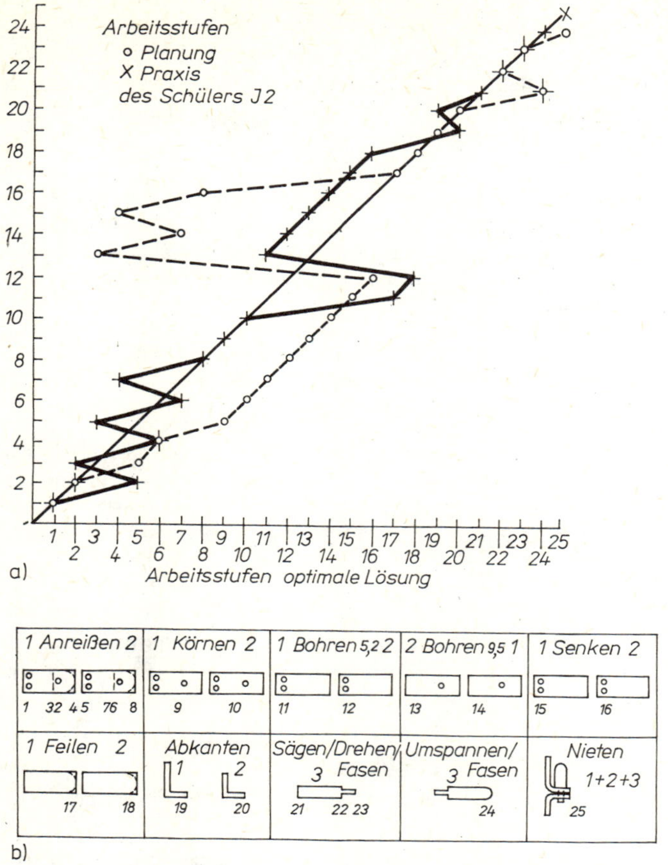

Abb. 8.23: a) Gegenüberstellung von Lösungsverlauf in Planung und Praxis mit dem Optimalverlauf – am Beispiel eines Probanden; b) Veranschaulichung der Arbeitsstufen für eine Lösungsvariante (Görner 1968, S. 68).

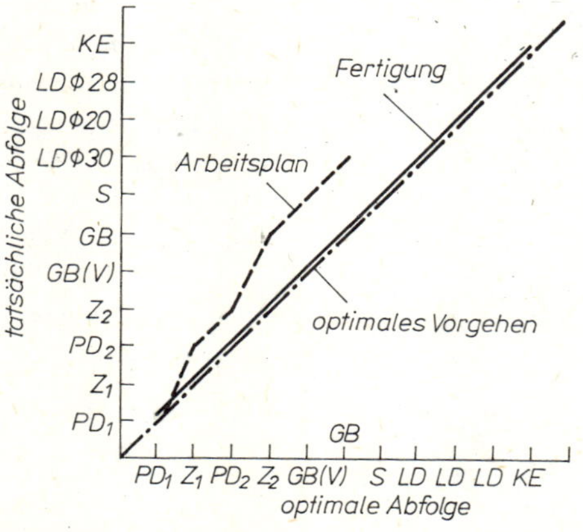

Abb. 8.24: Bearbeitungsfolge in Plan und Fertigung – Ordinalskalen – (Pilopp und Skell 1968, S. 79).

Die Aussagen dieses Beispiels verdeutlichen — neben den damit gegebenen methodischen Hinweisen zur Analyse von Plänen —, daß die **Vorplanung** und damit auch das Programmieren andere und **höhere intellektuelle Anforderungen** stellt als die intellektuelle Bewältigung während der praktischen Ausführung. Görner ermittelte folgende Anforderungsunterschiede:

„Die praktische Arbeitstätigkeit vollzieht sich, während die objektiven Bedingungen — das zu bearbeitende Werkstück wie das erforderliche Werkzeug — sich konkret-anschaulich im Wahrnehmungsbereich befinden. Da zudem der Arbeitsgegenstand in unmittelbarer Einwirkung verändert wird, ergeben sich fortwährende Rückmeldungen des erreichten Standes und damit gegebenenfalls Korrekturmöglichkeiten. Die Antizipation kann sich dadurch jeweils auf das nächste Teilziel erstrecken, ohne daß u. U. die Gesamtlösung bereits in genügender Klarheit vorgestellt zu sein braucht. Indem sich der Arbeitende in der Vornahme seiner Handlungen nur auf das nächste Teilziel richtet, werden einerseits die Freiheitsgrade der Entscheidung selbst reduziert, andererseits wird, wie wir sahen, die praktische Tätigkeit in bestimmtem Maße von objektiven Bedingungen determiniert. Damit existieren insgesamt weniger Fehlermöglichkeiten.

Demgegenüber erfordert der *vorgestellte Tätigkeitsvollzug bei der Planung* eine Antizipation der Gesamtlösung mit allen Zwischenstufen des Lösungsweges. Dabei muß der Proband auf ein ‚inneres Abbild' hin den zu dessen Erreichung notwendigen Weg aus einer individuell und je nach Aufgabe verschiedenen Anzahl von gedanklich vorgestellten möglichen Wegen unter dem Gesichtspunkt des Optimums der Abfolge der Teilschritte auswählen" (Görner 1968, S. 69f.).

Die intellektuelle Leistung ist in stärkerem Maße als bei der praktischen Leistung angewiesen auf das operative Abbildsystem im Sinne der ideellen Vorwegnahme des Produkts und des Weges zu diesem. Am Beispiel der Ersichtlichkeit der erforderlichen Arbeitsgangstufen aus der Zeichnung hatten wir oben bereits auf einige dieser Anforderungen hingewiesen, die im Zusammenhang mit *praktischer* Ausführung entfallen.

Mit diesen Anforderungsbesonderheiten bei der Planung als Bestandteil der Produktionsvorbereitung ist zugleich auf Schwerpunkte der Qualifizierung für derartige Tätigkeiten hingewiesen.

5. Offen ist noch die Frage, ob individuelle Arbeitsplanung bei anschließender Fertigung durch den Planenden selbst sicherbare Ausführungsvorzüge bewirkt. Eine angemessene Vorplanung bewirkt einen nachweisbaren Leistungsgewinn, der sich insbesondere in kritischen Lösungsstadien der praktischen Ausführung zeigt.

Die Anzahl überflüssiger Bearbeitungsschritte und Hilfsoperationen (z. B. Ein- und Umspannen von Arbeitsmitteln und Arbeitsgegenständen; Fehlersuchschritte; Probierhandlungen; Rangierfahrten) ist nach vorheriger Planung signifikant geringer. Differenzierte Analysen der Unterschiede in der Vorgehensweise zeigen, daß durch Vorplanung insbesondere solche überflüssigen und falschen Arbeitsgangstufen vermieden werden, deren Beurteilung umfassende Vorwegnahmen künftiger Konstellationen erfordert (Skell 1968, Görner 1968, Skell und Ringel 1978, Triebe 1978, Höpfner 1981, Dörner 1981).

Damit ist es naheliegend, nach Möglichkeiten zu fragen, die eine Verbesserung der individuellen Planung bewirken und auf diesem Wege zur Steigerung der Produktivität beitragen. Derartige Möglichkeiten bietet der Einsatz heuristischer Regeln (s. 8.5.5.).

8.5.4. *Einige methodische Konsequenzen: Individuelle Arbeitsplanung und Arbeitsstudium*

Bekanntlich bestimmt ein Untersuchungsgegenstand die anzuwendenden Methoden. Die geplante Arbeitsweise hat Auswirkungen auf das zu ihrer Erfassung erforderliche Vorgehen bei der Arbeitsuntersuchung.

Bei geplantem Vorgehen führt eine Arbeitsuntersuchung ohne Berücksichtigung der psychischen Regulationsinstanz „Plan" nicht zu wissenschaftlich genügenden, d. h. eine bestimmte Leistung erklärenden Befunden. Mithin ist diese Analyse auch kein ausreichender Ansatzpunkt gezielter Veränderungen. Wir haben das Beispiel der planend arbeitenden, leistungsstarken Textilarbeiter benannt, die bestimmte ausschlaggebende Teiltätigkeiten langsamer ausführen als nichtplanende, leistungsschwächere. Diese Arbeiter haben eine höhere Leistung, weil sie weniger Fadenbrüche beheben, also weniger unmittelbar auf den Fertigungsvorgang bezogen arbeiten. Dafür sind sie jedoch länger und intensiver mit vorbereitenden und kontrollierenden (nicht unmittelbar auf den Fertigungsfortgang bezogenen, aber wirklich leistungsbestimmenden) Tätigkeiten befaßt.

Bei isolierender Analyse ist dieses Phänomen nicht erklärbar: Die Arbeitskräfte unterscheiden sich nicht signifikant in der Dauer der Behebung der einzelnen Stillstandsarten, und die Leistungsstarken verbrauchen sogar längere Zeit für prophylaktische Operationen. Es gibt auch keine Unterschiede in dem oft als Eignungsfaktor bemühten „Handgeschick". Die Lösung erschließt sich nur durch umfassende Schichtanalyse (nicht durch isolierte Teilzeitmessungen oder Systeme vorbestimmter Zeiten): Die Leistungsstarken müssen weniger Stillstände (hauptsächlich weniger langdauernde Stillstände) beheben, weil sie diese vorbeugend zu verhüten verstehen. Diese Vorbeugung ist Bestandteil eines differenzierten Ablaufplanes. Damit sind die Grenzen eines behavioristischen Arbeitsstudiums, welches die geistigen Leistungen des Arbeiters ausklammert, obgleich gerade sie den determinierenden Sachverhalt darstellen, verdeutlicht. Die Grenzen werden um so hinderlicher, je höher der Anteil der kognitiven Leistungen ist.

Damit ist die Frage aufgeworfen, wie Planbestandteile erfaßt werden können. Der naheliegende einfache Weg, die Arbeitenden **nach Plänen zu befragen**, führt nicht notwendig allein zu befriedigenden Resultaten, da häufig zwar die Vorgehensweise erläutert, der gedankliche Hintergrund jedoch nicht dargestellt werden kann. Das Planen hat eine eigenartige Stellung zur Verbalisierung. Pläne können wirksam sein, ohne daß sie im Detail in Worte gefaßt werden können. Das gilt besonders für die *während* der praktischen Ausübung allmählich entstehenden Pläne.

Die eigentliche Existenzform dieses Denkens ist das Handeln. Damit ist es unerläßlich, auch die psychologische Arbeitsstudie zur Erfassung von Arbeitsplänen einzusetzen. Um Planungsvorgänge in der Arbeitstätigkeit zu erfassen, muß der Untersuchungszeitraum mindestens die Größe des Planungszeitraumes haben. Bezieht sich mit anderen Worten die Arbeitsplanung eines Werktätigen auf eine Schicht, so genügen keine Analysen einzelner Schichtabschnitte, sondern eine Schichtaufnahme ist unerläßlich.

8.5.5. Verbesserung des Planens der eigenen Arbeitstätigkeit vermittels heuristischer Regeln. Psychologische Verbesserungsmöglichkeiten in produktionsvorbereitenden Tätigkeiten

Der förderliche Einfluß guter Arbeitsplanung auf die Arbeitsausführung wirft die Frage nach Verbesserungen der individuellen Arbeitsplanung auf.[5] Eine Möglichkeit dazu bieten heuristische Regeln, die an der gegebenen **Situation** und an der **gesuchten Lösung** ansetzen können.

Heuristische Regeln haben nicht den Charakter von algorithmischen Vorschriften, d. h., sie determinieren die Denktätigkeit nicht völlig und bieten keine unbedingte Lösungsgarantie. Sie bezwecken vielmehr, bei Aufgaben, die nicht einer engbegrenzten Klasse angehören und für deren Lösung

– kein Algorithmus vorhanden oder
– den Arbeitenden bekannt ist oder
– dessen Einsatz unzweckmäßig ist,

das Finden einer möglichst optimalen Lösung zu erleichtern (vgl. Skell und Rameik 1969, 1970, Müller 1970).

Mit dieser Bestimmung ist zugleich eine Kennzeichnung von Anwendungsbedingungen heuristischer Regeln für das Erzeugen individueller Arbeitspläne gegeben.

Heuristische Regeln können aufgestellt werden, indem, ausgehend von einer Anforderungsanalyse der Aufgaben und der (Mängel-)Analyse von bisherigen Ausführungsweisen dieser Aufgaben, zunächst die erforderlichen Komponenten des operativen Abbildsystems herausanalysiert werden. Zum Zwecke ihrer Ordnung wird eine Strategie der Ziel-Mittel-Weg-Diskussion zugrunde gelegt, die, von der Antizipation des Zieles und des prinzipiellen Verfahrenswegs ausgehend, zur Vorwegnahme von Teilzielen und Operationen gelangt.

Heuristische Regeln sind besonders effektiv, wenn sie als ein Bestandteil eines umfassenderen Trainingssystems eingesetzt werden, insbesondere des sogenannten selektiven kognitiven Selbstbelehrungstrainings. Dieses Trainingssystem konzentriert sich auswählend (selektiv) auf leistungsbestimmende Teiltätigkeiten, vermittelt deren kognitive Grundlagen und ist dabei auf das Aneignen flexibler Erzeugungsregeln des Vorgehens für Aufgabenklassen (also auf Fähigkeiten) orientiert, und es führt mit einem System abnehmender verbaler, schriftlicher oder bildhafter Hilfen zur angeleiteten Selbstaneignung (Selbstbelehrung) im Sinne einer Einheit des Aufbauens kognitiver und motivationaler Leistungsvoraussetzungen.

Ein Beispiel:
Bei Skell und Mitarbeitern ging es um die ökonomisch optimale Herstellung von Drehteilen und Schraubverbindungen der abgebildeten Art (Abb. 8.25, Abb. 8.26) vermittels technologischer Planung durch den

[5] Der pädagogisch interessierte Leser findet eingehendere Vorschläge für das Lehren der intellektuellen Regulationsvorgänge disponibler Arbeitsverfahren bei Milerjan (1968), Tschebyschewa (1966), Frey (1968 a), Neubert (1965), Skell und Rameik (1969, 1970), Skell und Ringel (1978), Höpfner (1981), Dörner (1981).

Arbeitenden selbst. Der Leser versuche, sich einen Abfolgeplan aufzustellen, bevor er die Regeln studiert!

Als Beispiel seien folgende Regeln angeführt:
1. Stellen Sie sich das fertige Werkstück vor und beschreiben Sie es!
2. Stellen Sie sich das Rohteil vor und vergleichen Sie es mit der vorliegenden Zeichnung!
3. Überlegen Sie sich die wesentlichen Arbeitsgänge bei der Herstellung des Werkstücks!
4. Überlegen Sie, ob unmittelbar aus der Zeichnung alle notwendigen Arbeitsgänge ablesbar sind!
5. Überlegen Sie, ob und wieweit die Reihenfolge der Arbeitsgänge vertauscht werden darf!

Achten Sie darauf, daß
a) sich auf die jeweiligen Arbeitsgänge die weiteren notwendigen vollziehen lassen;
b) die Voraussetzungen für den sinnvollen Vollzug des nächsten Arbeitsganges gegeben sind; und daß
c) Sie bei der Festlegung der Reihenfolge technologisch rentabel und zeitökonomisch vorgehen!

6. Stellen Sie sich an Hand der Zeichnung vor, welche geometrische Gestalt das Werkstück nach den jeweiligen Arbeitsgängen hat!
7. Berücksichtigen Sie alle Bedingungen, die im realen Fertigungsprozeß existieren!
8. Überprüfen Sie immer wieder Ihren Plan und beachten Sie dabei besonders die Punkte 3. bis 7.!

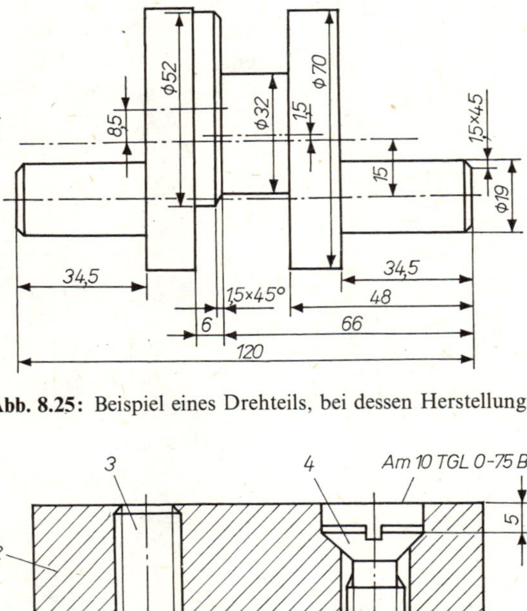

Abb. 8.25: Beispiel eines Drehteils, bei dessen Herstellung der Vorgang der Planung untersucht wurde.

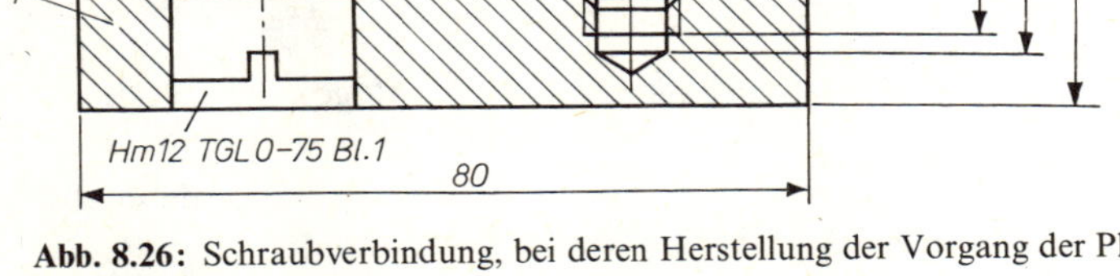

Abb. 8.26: Schraubverbindung, bei deren Herstellung der Vorgang der Planung untersucht wurde (Skell 1968 b, S. 86).

Es empfiehlt sich eine Differenzierung: Es hat sich bei komplizierten Aufgaben als besonders zweckmäßig erwiesen, zunächst die überhaupt erforderlichen Verrichtungen – gestützt auf einen ersten Satz heuristischer Regeln – möglichst vollständig abzuleiten, wobei Einzelheiten ihrer Abfolge noch unbeachtet bleiben. Erst im zweiten Schritt sollen die gefundenen Verrichtungen in eine optimale Abfolge gebracht werden; dazu werden zusätzliche Regeln bereitgestellt (Skell 1968a, b).

Im Verlauf des Übungsprozesses macht sich eine zunehmende Verkürzung der anfänglich ausführlichen Regeln bis zu einem einzelnen Stichwort als Repräsentant jeder Regel erforderlich. Des weiteren sind heuristische Regeln dann besonders wirksam, wenn sie anfänglich vom Arbeitenden laut für sich selbst gesprochen werden. Nach der Verkürzung des Regelumfangs kann im Lernprozeß dieses laute Sprechen allmählich zu einem inneren Sprechen für sich selbst zurückgenommen werden (Skell und Ringel 1978).

Die Vermittlung heuristischer Regeln der Lösungsfindung **verbessert** die vor der Fertigung aufgestellten **Arbeitspläne** und über diese auch die **Leistung**. Sie führen zu größerer Differenziertheit, Vollständigkeit und Eindeutigkeit der Planangaben und mit deren Hilfe zu einer zeitökonomisch günstigeren Bearbeitungsabfolge.

Das Hauptproblem der jeweiligen Aufgabe wird bei einer Nutzung heuristischer Regeln signifikant häufiger erkannt (Tab. 8.9.). Es gelingt darüber hinaus besser, durch die differenziertere Analyse überflüssige Arbeitsgänge einzuschränken.

Die heuristischen Regeln führen also über die verbesserte Planung auch zu einer zweckmäßigeren Verarbeitungsfolge (Tab. 8.10).

Tab. 8.9: Einfluß heuristischer Regeln auf das Erkennen des Problems (Skell und Rameik)

Gruppen	Problem erkannt	
	ja	nein
Mit heuristischen Regeln	32	13
Ohne heuristische Regeln	17	28

Tab. 8.10: Auswirkung heuristischer Regeln bei der praktischen Fertigung. A mittlere Anzahl überflüssiger Verrichtungen, B mittlere Anzahl überflüssiger Einspannungen von Werkzeugen und Teilen (Skell 1968 b)

Gruppen	A	B
Mit heuristischen Regeln	0,53	1,53
Ohne heuristische Regeln	3,20	6,00

Die Ursprungsstellen dieser positiven Wirksamkeit heuristischer Regeln können näher angegeben werden:

Die mit den heuristischen Regeln gegebenen Denkhilfen bewähren sich besonders bei der **kritischen Sichtung des Erstentwurfs** des Plans. Im allgemeinen sind die Erstentwürfe von Plänen wegen der Schwierigkeit, die Vielzahl der erforderlichen Verrichtungen sowie deren Voraussetzungen und Folgen hinreichend zu antizipieren, noch lückenhaft. „Die kritische Durchsicht des angefertigten Planes unter Stützung auf die vermittelten Denkregeln macht die Voraussetzungen und die Folgen dieser Schritte zunehmend bewußt und übt daher eine analoge *Korrekturfunktion* wie die praktische Arbeit aus, in der der Werktätige anschaulich erfährt, inwieweit Bestandteile seines Planes realisierbar sind" (Skell und Rameik 1970, S. 18).

Heuristische Regeln tragen bei zur Entwicklung **verbesserter interner Repräsentationen** der Aufgabe und ihrer Ausführungsbedingungen und helfen angemessene Operationen abzuleiten. Die **Aufgliederung der Tätigkeit in Teilziele** und die vorstellungsmäßige bzw. **gedankliche Erprobung** der zu ihnen führenden Schritte werden präzisiert. Auf dieser Grundlage werden effektivere Zusammenfassungen zu Verrichtungseinheiten ermöglicht.

Berücksichtigt man, daß die Hauptleistung der Planung sich gerade auf das antizipative Folgenkalkül bezieht, wird die Bedeutung dieser Funktion heuristischer Regeln als **ideeller Rückkoppelungs- und mithin Korrekturmechanismus** besonders deutlich. Zugleich wird die verallgemeinerbare Bedeutung geeigneter Sätze heuristischer Regeln für die Rationalisierung der Produktionsvorbereitung einschließlich des Programmierens erkennbar. Es liegt nahe, in automatischen Produktionsvorbereitungssystemen, die nicht selten neben deterministischen auch heuristische Programme enthalten, diese sich beim Menschen bewährenden Problemlösungshilfen zu modellieren. Eine weitere Ursprungsstelle des Nutzens heuristischer Regeln besteht darin, daß durch die Anleitung zu differenzierter Aufgabenanalyse das **blinde Übertragen** anderweitig bewährter Handlungsweisen (negativer Transfer) vermindert wird. Bei Aufgaben der technologischen Mittel-Weg-Festlegung kann nämlich rasch eine erfahrungsbedingte Fixierung auf bekannte Lösungen mit der Folge der Verringerung der subjektiven Freiheitsgrade der Mittel-Weg-Festlegung eintreten, die eine Verringerung der potentiell zugänglichen Informationen über Handlungsmöglichkeiten bedeutet. Diese einstellungsbedingten, in einer „Ähnlichkeit" mit vorhergehenden Aufgaben wurzelnden Fixierungen verstärken sich mit der Häufigkeit der Erledigung teilanaloger Aufgaben. Auf Grund dieser Tendenz ist die Möglichkeit zur Verminderung von unzweckmäßiger Erfahrungsübertragung mittels heuristischer Regeln von Interesse sowohl für Ausbildungs- wie auch Rationalisierungsanliegen im Bereich der Produktionsvorbereitung. Nicht zuletzt gehört zu den Ursprungsstellen der förderlichen Wirkung heuristischer Regeln ein **Motivierungssachverhalt.** Das Erleben der selbständigen zweckmäßigen Bewältigung komplizierter Aufgaben unter Benutzung der dazu erforderlichen theoretischen Kenntnisse wirkt nicht nur als Ansporn in der Arbeit selbst, sondern steigert die Lernmotivation, da die Rolle der berufsbezogenen theoretischen Kenntnisse dabei deutlich wird (Skell und Rameik 1970).

Die schwierigsten Denkanforderungen liegen bei der Auseinandersetzung mit sehr **komplexen Systemen** vor. Im Alltag treten solche Aufgaben nicht selten auf.

Die herkömmlichen Intelligenztests erfassen die dafür erforderlichen Leistungsvoraussetzungen bei der Informationsbeschaffung und der Maßnahmenplanung allerdings nicht (Putz-Osterloh und Lüer 1981). Bessere Vorhersagen erlaubt ein spezieller Fragebogen für kognitive Prozeßvariable (Kreuzig 1981).

Auch für diese Anforderungsformen können heuristische Regeln entwickelt und mit großem Nutzen für das Planen der Eingriffe in komplexe Systeme angewandt werden. Beim Auseinandersetzen mit hoch komplexen Problemen mit einer unvollständigen Informationsbasis, mit nicht überschaubar vielen, miteinander wechselwirkenden und sich eigengesetzlich verändernden Variablen, mit dem gleichzeitigen Anstehen mehrerer Teilprobleme sowie mit mehreren möglichen Zielzuständen spielt ein selbständiges, aktives Vorgehen bei der Informationssuche, Zielfindung und Planung eine ausschlaggebende Rolle. Ohne Hilfen ist die Mehrzahl der Bearbeiter jedoch nur in geringem Grad zur effektiven Bearbeitung in der Lage. Die mangelnden Leistungen haben folgende Hauptursachen:

- mangelhaftes Berücksichtigen zeitlicher Veränderungen durch Zustands- anstatt Trendorientierungen,
- Schwierigkeiten beim Umgang mit exponentiellen Prozessen, deren Dynamik unterschätzt wird,
- Denken in Kausalketten anstatt in Wechselwirkungsbeziehungen.

Weitere Ursachen, die gehäuft bei Bearbeitern mit schlechten Leistungsvoraussetzungen auftreten, sind u. a. das „Vagabundieren" zwischen Teilproblemen ohne eine klare Fertigstellung oder das „Verkapseln" in einfache Einzelheiten beim Erleben großer Schwierigkeiten (Dörner 1981).

Die bei diesem Aufgabentyp hilfreichen heuristischen Regelsysteme bestehen aus **Regelsätzen für mehrere Teilaufgaben,** nämlich für

- die Informations**sammlung** unter Einschluß der **Hypothesenbildung,**
- die **Zielpräzisierung**,
- die Auswahl von **vorrangigen** Eingriffsbereichen, die **Maßnahmen**entwicklung und -auswahl unter Berücksichtigung möglicher Nebenwirkungen sowie
- die Erfolgs**kontrolle**.

Die folgende Zusammenstellung (Dörner u. a. 1980) gibt in Frageform gehaltene Hilfen für die Erfolgskontrolle als Beispiel wieder.

Hilfen zur Bewältigung komplexer Probleme.
Beispiel für den Schritt „Erfolgskontrolle" (Dörner u. a. 1980):

- Was wurde erreicht?
  Welchen Zielen bin ich nähergekommen, welchen nicht?
- Was wurde schlecht gemacht?
  Welche Maßnahmen verfehlten ihr Ziel? Warum?
  Warum wurde dieser Mißerfolg nicht vorhergesehen?
  Hatte ich ein falsches Bild vom System, oder habe ich falsch gedacht?
- Was wurde gut gemacht?
  Welche Maßnahmen waren erfolgreich? Warum?
  Habe ich den Erfolg vorausgesehen, oder stellte er sich „zufällig" ein?
- Welche Veränderungen am inneren Modell des zu beeinflussenden Systems muß ich vornehmen?
  Welche falschen Annahmen wurden bisher gemacht?
  Wie könnte es wirklich sein?
- Was ist meine Denkstrategie, und welche Veränderungen muß ich an ihr vornehmen?
  Wie bin ich bisher bei der Informationssuche, bei Überlegungen und Entscheidungen vorgegangen?
  Lassen sich diese Vorgehensweisen erweitern oder verändern?
  Welche Fehler sind zu vermeiden?
  An welchen Stellen muß die Vorgehensweise wie verändert werden?

8.6. Verallgemeinerte Arbeitsverfahren

Sich bewährende Mittel-Weg-Entscheidungen, Strategien der Signalsuche oder Pläne werden bei wiederkehrenden Aufgaben als Kenntnis- und Könnensbestand reproduziert und eingesetzt. Sie wandeln sich dabei in mehrfacher Hinsicht:

Auch erlebnismäßig eindrucksvoll ist der Übergang von der aktuellen zeitintensiven intellektuellen Problembewältigung zur kurzfristigen **Wissensreproduktion.** Dabei gilt es allerdings unbedingt zu berücksichtigen, daß diese Reproduktion in jeweils neuzubestimmendem Umfang intellektuell vermittelte **Rekonstruktion** sein kann. Diese Möglichkeit ist bei Bewältigungstechniken in der Wirtschaft wegen der mehrfach hervorgehobenen Anpassungsnotwendigkeit an veränderliche Arbeitsbedingungen besonders wahrscheinlich. Intellektuelle Leistungen bleiben auch in Form des Prüfens der Einsetzbarkeit verfügbarer Verfahren bestehen.

Arbeitsverfahren schließen neben Kenntnissen noch weitere, **nichtintellektuelle Leistungsvoraussetzungen** ein. In komplexen Arbeitsverfahren werden perzeptive und sensumotorische Operationen als abhängige Komponenten intellektueller Vorgänge **integriert**, sofern sie zur Aufgabenbewältigung erforderlich sind. Arbeitsverfahren sind mithin Systeme individueller Leistungsvoraussetzungen aus verschiedenen Regulationsebenen.

Arbeitsverfahren gewinnen schließlich durch den fortwährenden Zwang zum disponiblen Umbau von Komponenten für strukturell „ähnliche“ Aufgaben **verallgemeinerte** Züge, die schließlich (wegen ihrer umfassenden Reichweite) als vermeintlich erfahrungs**un**abhängige „Begabung“ imponieren können.

Arbeitsverfahren werden dem Sachverhalt gerecht, daß die im Arbeitsprozeß auftretenden Aufgaben nicht immer einmalig und daher jeweils neu zu lösen sind, sondern daß bei – auch partiellen – Beständigkeiten in den Aufgaben fixierte Ausführungsweisen entstehen können und rationell sind; sie entsprechen weiter dem Umstand, daß die relativ beständigen Aufgabenkomponenten eingeordnet in wechselnde Bedingungen auftreten. Arbeitsverfahren widerspiegeln weiter in Verbindung damit den Sachverhalt, daß nicht jede Arbeitsaufgabe als Besonderheit von einer anderen unterschieden ist, sondern mehreren Aufgaben allgemeinere Anforderungen gemeinsam sind; Arbeitsverfahren sichern mithin die Bewältigung von **Klassen von Aufgaben.** Eben dieser dialektischen Beziehung von Stabilität und Veränderung sowie Besonderheit und Allgemeinheit der Anforderungen entsprechen die Arbeitsverfahren (Frey 1968a).

Arbeitsverfahren bilden relativ abgeschlossene, in sich gegliederte Einheiten in den Leistungsvoraussetzungen. Die Anpaßbarkeit und Übertragbarkeit generalisierter Arbeitsverfahren ist hauptsächlich gebunden an eine diesbezügliche Ausprägung ihrer psychischen Regulationsgrundlagen. Die Hauptgrundlage ist das Erkennen und Verallgemeinern der Beziehungen zwischen Aufgabe, Situation und den individuell verfügbaren Techniken.

Aus der Lernpsychologie ist bekannt, daß zur Erzielung der erstrebten Disponibilität die systematische Variation der Ausführungsbedingungen in der Phase der Festigung einer erworbenen Bewältigungstechnik entscheidend ist. Der Wechsel der Arbeitsmittel und Materialien labilisiert zwar die Ausführung vorübergehend, führt aber zu dieser gewünschten Anpassungsfähigkeit.

Arbeitsverfahren können persönliche, individualisierte Ausführungsweisen von Arbeitstätigkeiten darstellen, die in enger Beziehung zu den individuellen Eigentümlichkeiten einer Persönlichkeit stehen. Auch in typischen Produktions- oder Verwaltungsarbeiten können sich derartige **persönliche Arbeitsweisen oder Arbeitsstile** bei gegebenen Freiheitsgraden ausprägen. Sie sind kein Privileg künstlerischer oder wissenschaftlicher Berufe (Merlin und Klimow 1966, Kudrina 1966). Daher wird zunehmend versucht, bei der Arbeitsgestaltung durch Einräumen von Freiheitsgraden, von wahlweise nutzbaren Gestaltungsvarianten oder von fakultativ abrufbaren Arbeitshilfen die Ausprägung persönlicher Arbeitsweisen zu unterstützen (differentielle Arbeitsgestaltung; Ulich 1978).

Der Tatbestand der „Individualisierung" der Arbeitsverfahren als „persönliche Arbeitsweise" bietet auch Ansatzpunkte einer Persönlichkeitsdiagnostik aus der Arbeitsweise (Hacker 1963).

8.7. Förderliche Bedingungen innovativen Verhaltens in Arbeitsprozessen

Erfindungen, Entdeckungen und Neuerungen haben für die wirtschaftliche Entwicklung und im Rahmen der Auseinandersetzung der Gesellschaftssysteme eine kaum überschätzbare Bedeutung. Der Stand der psychologischen Kreativitätsforschung wird dem noch nicht voll gerecht (z. B. Seiffge-Krenke 1974, Whitfield 1975, Bollinger und Greif 1982, Laesar 1981). Innovatives oder kreatives Verhalten soll hier ein **Problemstellungs- und Problemlösungsverhalten** bezeichnen, das zu gesellschaftlich **nützlichen neuen Ergebnissen** führt.

Kreatives Verhalten weist vielfältige Formen auf und kann sich als eine **kontinuierliche** Variable in den Tätigkeiten der meisten Menschen äußern. Das Merkmal der Kreativität kann sich in Denkleistungen sowohl bei der Vielzahl der „gewöhnlichen", körperlichen Produktionsarbeiten als auch bei geistigen Tätigkeiten mit lediglich routinemäßig erfüllbaren Anforderungen äußern. Es ist also kein Privileg künstlerischer oder wissenschaftlicher Tätigkeiten. Ebenso können kreative Merkmale sowohl in den diagnostischen Vorgängen einschließlich der Zielfindung und Problemstellung als auch bei der prognostischen Entwicklung von Handlungsprogrammen, Plänen und Strategien als Metaplänen auftreten. In den vorangegangenen Abschnitten behandelte Vorgänge wie Teilzielbildung, analoges Schließen und Wechsel zwischen begrifflichen und bildhaften Repräsentationsformen können auch als Komponenten kreativen Verhaltens gelten (Klix 1980).

Die **personalen** Voraussetzungen kreativen Verhaltens sind trotz vielfältiger Untersuchung noch nicht präzise bestimmt. Die sogenannten kreativen Fähigkeiten in Anlehnung an Guilford (insbesondere die Flüssigkeit der Ideenproduktion, der Aspektwechsel, das Erzeugen ungewöhnlicher Ideen, die detaillierte Vertiefung, eine hohe Problemsensitivität) haben Wesentliches mit den Voraussetzungen divergenten Denkens gemeinsam (Laesar 1981). Intelligenz ist eine notwendige, aber keine hinreichende Voraussetzung. Psychische Gesundheit einschließlich emotionaler Stabilität, ausgeprägte Leistungsmotivation, hochentwickeltes Wissen und Können, Selbstvertrauen im Zusammenhang mit Urteilsunabhängigkeit und Frustrationstoleranz, vielseitige Interessiertheit werden genannt, ohne daß damit eine ausreichend präzise Bestimmung erreicht ist.

Neuerer zeigen auch in den alltäglichen Anforderungen hohe Leistungen. Komplexe Anforderungen werden von ihnen ausgiebiger und in vielfältigerer Weise leistungswirksam genutzt als von Nichtneuerern (Jesse 1980). Zwischen dem Inhalt des arbeitsvertraglich vereinbarten Auftrags und dem Umfang der Neuereraktivitäten besteht nur ein wenig eindeutiger Zusammenhang. Bestenfalls bei sehr geringerem bzw. sehr anregendem Inhalt sind eindeutige Beziehungen erkennbar (Tab. 8.11). Jedoch scheint ein vermittelter Zusammenhang zu bestehen: Ein anregender Arbeitsinhalt im engeren Sinn regt an auch zur Nutzung des Arbeitsinhalts im weiteren Sinne, also der gesellschaftlichen Betätigungsmöglichkeiten, der Mitwirkungsmöglichkeiten und der Möglichkeiten zu Neuereraktivitäten. Aber auch diese vermittelte Beziehung ist nicht eindeutig, denn auch bei ungenügendem Arbeitsinhalt im engeren Sinn wird der weitere Arbeitsinhalt, speziell die Möglichkeit zur Neuereraktivität, von einzelnen Werktätigen genutzt (Jesse 1983).

Es liegt nahe, daß innovatives Verhalten aus einer **günstigen Wechselbeziehung personaler und situativer Bedingungen** resultiert (Bollinger und Greif 1982).

Allein günstige personale Voraussetzungen garantieren also noch keine kreativen Lösungen. Gesellschaftliche, soziale und situative Bedingungen müssen hinzukommen. Die Arbeitspsychologie ist nach den durch die Arbeitsgestaltung erzeugbaren förderlichen **organisatorisch-sachlichen Voraussetzungen** innovativen oder kreativen Verhaltens gefragt. Das folgende Schema versucht daher eine vorläufige Zusammenstellung des begrenzten derzeitigen Wissens für die Zwecke der Arbeitsgestaltung.

Förderliche Bedingungen innovativen Verhaltens in Arbeitsprozessen

- Vielfältige Informationsbeziehungen innerhalb und außerhalb des Arbeitsbereichs,
- großer Handlungsspielraum, auch zeitlicher Art, und Einfluß der Bearbeiter auf die Aufgabenfindung und Aufgabenstellung,
- vielfältige Anforderungen und Anregungen aus einem hoch leistungsfähigen, stabilen Kollektiv,
- flexible Organisationsstruktur und Offenheit der Leitungsstrukturen für unkonventionelle Prozesse,
- kollegiale, entspannte, aber anregende Kooperations- und Kommunikationsbeziehungen durch das Schaffen geeigneter Kooperationsbedingungen vermittels Arbeitsteilung bzw. -kombination und einer selbstorganisierten Gruppenzusammensetzung,
- Vorkehrungen zur Stützung des Selbstvertrauens leistungsfähiger Mitarbeiter, insbesondere auch in Risiko- oder Fehlschlagsituationen,
- Umsetzung der gesellschaftlichen Wertschätzung kreativer Leistungen bis in die täglichen Einzelheiten der Arbeitsbedingungen und Arbeitsprozesse,
- organisatorisches Ermöglichen zeitweiliger Arbeitsphasen mit einer ungesteuerten, nicht unmittelbar aufgabengebundenen Ideenproduktion, ohne eigenes oder fremdes kritisches Unterdrücken von nicht themengebundenen Ideen (im Sinne der Regeln für sogenannte Brain-storming-Prozeduren),
- Ermöglichen einer intensiven Weiterbildung, gelegentlich auch in Techniken des Kreativitätstrainings und in Problemlösegruppenprozessen,
- Unterstützung von und Motivierung für reflexive, selbstkritische Auseinandersetzung mit den eigenen Problemlöseprozessen (z. B. durch Heuristiken, wie am Schluß von Abschnitt 8.5.5. dargestellt).

Tab. 8.11: Beziehungen zwischen Neuereraktivitäten und Merkmalen der Arbeitsprozesse (Jesse 1983)

Neuerertätigkeit (Quote)	Arbeitsinhalt (in der arbeitsvertraglich vereinbarten Tätigkeit)	Arbeitsmittelbindung (Technisierungs- bzw. Automatisierungsgrad der Arbeitszeit)
Hoch (≧ 1.0 Aktivitäten pro Person)	befriedigend	niedrig
Mittel (0.4 ... 0.9)	befriedigend/ungenügend	niedrig/hoch
Niedrig (≦ 0.3)	ungenügend	hoch

8.8. Zur Erfassung von Denkvorgängen im Arbeitsprozeß

Eine eingehende Erörterung ist Gegenstand einer Methodendarstellung (vgl. Matern 1983). Hier sollen Hinweise genügen, die das zur Erfassung von Plänen Gesagte weiterführen.

Die uns vom Planen her bereits vertraute eigenartige Stellung zur Verbalisierbarkeit gilt allgemein für intellektuelle Vorgänge im Arbeitsprozeß. Gedanken – z. B. aus Lösungsgängen von Aufgaben – sind vielfach nicht oder nicht angemessen verbalisierbar. Sie sind vorhanden und in der Arbeitstätigkeit wirksam, lassen sich jedoch nicht notwendig in Worte fassen. Gerade funktionell wirksame Überlegungen und wirksames Wissen sind häufig gar nicht oder schwer verbalisierbar.

Durch die enge Verflechtung des Denkens bei der Arbeitstätigkeit mit dieser ist die schwierige sprachliche Faßbarkeit bei Denkvorgängen im Arbeitsprozeß besonders ausgeprägt. Die objektive Existenzform des mit dem Arbeitsfortgang verbundenen Denkens ist weniger die Sprache als die Arbeitstätigkeit und der veränderte Arbeitsgegenstand.

Damit ergeben sich Konsequenzen für die Methodik der Erfassung von Denkvorgängen im Arbeitsprozeß. Bewährte denkpsychologische Verfahren, die auf der Verbalisierung aufbauen, wie das „laute Denken" (Claparède) oder die „kontrollierte Introspektion" besitzen für arbeitspsychologische Anliegen geringeren Wert, als ihre bekannten Nachteile erwarten lassen (Nisbett und Wilson 1977).

Die nachträgliche Befragung nach tätigkeitsleitenden Entscheidungen und Überlegungen und das laute, die Verrichtung begleitende Denken sind nicht wertlos, sie genügen jedoch nicht als *alleiniger* Zugang zu den intellektuellen Regulationsgrundlagen der Produktionstätigkeit.

Die *allgemeinen* methodischen Schwierigkeiten beim Aufdecken der tätigkeitsleitenden psychischen Sachverhalte gelten auch für den Fall der tätigkeitsleitenden *Denk*operationen: Nicht genug damit, daß nicht alle tatsächlich wirksamen intellektuellen Vorgänge aussagbar sind. Die aussagbaren Denkprozesse müssen nicht notwendig die wirklich tätigkeitsleitenden Vorgänge sein. Die Notwendigkeit zum Unterscheiden zwischen den tatsächlich tätigkeits*leitenden*, den nur tätigkeits*begleitenden* und den erst nachträglich tätigkeits*begründenden* Sachverhalten gilt auch hier.

Tichomirow (1966) stellte bei einem Vergleich von Befunden der Methode des lauten Denkens mit solchen von Tätigkeitsstudien, die auch die Auswertung von Augenbewegungen einschlossen, fest, daß offensichtlich mehr Handlungsmöglichkeiten abgeschätzt werden, als die Aussagen erkennen lassen und im schließlich gewählten Weg ablesbar sind.

Vermutlich sind wenig erfolgversprechende Erwägungen nicht ausreichend verbalisierbar. Aus dem verbalisierten Plan fiele demnach jene Phase des Vorgangs heraus, in welcher Hypothesenableitung und Planentwicklung vorbereitet werden. Tichomirow (1966) nimmt daher an, daß Tätigkeitsanalysen u. a. mehr zur Entdeckung heuristischer Techniken leisten können als aussagegebundene Methoden.

Bereits Wygotski (1964) hat auf die Isomorphie zwischen beobachtbarem Handeln und Denkprozeß aufmerksam gemacht. Danach ist es prinzipiell möglich, vermittels der Tätigkeitsanalyse Denkvorgänge zu erfassen. Die Analyse des beobachtbaren Handelns enthüllt die dieses Handeln bestimmende Denktätigkeit, zeigt seine Determination durch ideelle Verbindungen, die über Teilsituationen hinausgehen (Rubinstein 1958, S. 229).

Die Tätigkeitsanalyse muß dabei den Verlauf der Tätigkeit in allen Einzelheiten erfassen. Beispielsweise ist aus dem Registrieren (Fotografieren in kurzen Zeitabständen oder Filmen) der Entstehung der Ideenskizzen und Zeichnungen von Konstrukteuren sowie ihrer Kommentare dazu der Denkvorgang einschließlich der schöpferischen Abschnitte gut rekonstruierbar (Görner u. a. 1971). Darüber hinaus sind solche Verlaufsregistrierungen gute Grundlagen für nachträgliches Befragen.

Ein erster Zugang vermittels Tätigkeitsanalyse beruht auf der **Gegenüberstellung** der objektiv bestehenden mit den erkannten sowie den realisierten **Handlungsmöglichkeiten** (Freiheitsgraden). Damit hängt der Vergleich des *tatsächlich* vorgeschlagenen mit dem *optimalen* Weg der Erledigung des Arbeitsauftrags zusammen. Bei der Behandlung der Planung hatten wir eine einfache Form der Gegenüberstellung verwendet, die auf Sokolow (1963) sowie Piaget (1956) zurückgeht; eine andere Form der Gegenüberstellung ist die Darstellung aller möglichen Wege als Graph und die Kennzeichnung der erwogenen und versuchten Wege sowie des realisierten Weges. Ansatzpunkte der Analyse sind mit anderen Worten solche Stellen im Arbeitsprozeß, in denen Entscheidungen erforderlich werden. Wir hatten früher erörtert, daß allerdings nicht überall dort, wo Freiheitsgrade bestehen, notwendig auch *Denk*anforderungen vorliegen müssen. Denkleistungen sind hauptsächlich erforderlich, wenn Arbeitsverfahren zur Bewältigung nicht vorhanden sind, nicht ausreichen, in intellektuellen Operationen angepaßt werden müssen oder nicht zur bloßen Kenntnisaktivierung reduzierte intellektuelle Leistungen einschließen. Praktisch bedeutet dies, daß Entscheidungsvorgänge nur dann ein geeigneter Ansatzpunkt für die Untersuchung intellektueller Leistungen im Arbeitsprozeß sind, wenn ihre Veränderungen Untersuchungsgegenstand sind (Neubert 1969).

Eine Reihe von Sachverhalten ist unter den eben genannten Bedingungen geeignet, intellektuelle Leistungen innerhalb von Produktionsarbeiten erkennen zu lassen:

- das Verhältnis von objektiven und subjektiven Freiheitsgraden sowie das Verhältnis des eingeschlagenen zum optimalen Verfahrensweg;
- die Vollständigkeit und Richtigkeit der Analyse der Ausgangssituation und der relevanten Bedingungen (nicht berücksichtigte oder falsch eingeschätzte Bedingungen);
- Differenziertheit und Richtigkeit der Ergebnisvorwegnahme und Ergebnisanalyse hinsichtlich der geforderten Eigenschaften;
- die Angemessenheit der berücksichtigten Funktionsweise der Arbeitsmittel;
- die Angemessenheit des antizipierten prinzipiellen Verfahrenswegs (in Beziehung zum ersten Gliederungspunkt);
- die Antizipation zu berücksichtigender Bedingungskonstellationen auf dem Weg zum Ziel; Folgenkalkül;

- die Angemessenheit der abgeleiteten Teilschritte;
- Anzahl und Art von Umwegen, Versuchen oder notwendigen Hilfen durch andere.

Auch sehr präzise Arbeitsbeobachtungen sind jedoch nur dann ein nützlicher Zugang zu Denkprozessen, wenn enge Beziehungen zwischen den beobachtbaren Tätigkeitsteilen und den Denkoperationen bestehen. Mit der zunehmenden Automatisierung werden diese beobachtbaren Anteile kleiner. Bei der Beobachtung beispielsweise eines Anlagenfahrers vor einem Bildschirm und einer Tastatur sind wegen der kleinen Fläche kaum noch merkliche Augenbewegungen und nur gelegentlich einige Tastenbedienungen beobachtbar. Der „Trick" der Denkpsychologie, sich solche Aufgaben zu konstruieren, welche jeden Denkschritt durch eine auszuführende Bewegung sichtbar machen – etwa das Transportieren der Scheiben beim „Turm von Hanoi" – ist in der Wirtschaft irrelevant.

Welche **Zugangsmöglichkeiten zu Denkvorgängen** bestehen bei Arbeitstätigkeiten mit geringen beobachtbaren Anteilen?

1. Psychologische Analyse des Arbeits**auftrags** und seiner Ausführungsbedingungen zur hypothetischen Ableitung erforderlicher und möglicher Denkvorgänge.
2. **Beobachtung gekoppelt mit lautem Denken** im Sinne einer quasi-experimentellen Untersuchung von auftragsanalytisch ermittelten Anforderungsschwerpunkten.
3. **Nachträgliches Befragen** bezogen auf genau bestimmte Tätigkeitsabschnitte und Bedingungen gleichfalls nach einem quasiexperimentellen Ansatz. Die nachträgliche Befragung im Sinne einer sogenannten Selbstkonfrontationstechnik kann ausgebaut werden bis zu **Prüfstationen** für einzelne intellektuelle Schritte oder für die internen Repräsentationen, an denen sie ablaufen. Zu denken wäre an das Aufzeichnen eines Schemas von Wirkungszusammenhängen, an das Heraussortieren relevanter und irrelevanter Möglichkeiten zur Ergebnisbeeinflussung als Kartensortierversuch, an Ratingbeurteilungen der Ergebnisbedeutsamkeit von Variablen.
4. **Analyse der Tätigkeitsergebnisse** und Vergleich mit optimalen Ergebnissen.
5. Einbau **feldexperimenteller Untersuchungsschritte** in die Tätigkeit mit einer hypothesengeleiteten, systematischen Variation der Bedingungen von vermuteten Denkprozessen. Das ist möglich beispielsweise durch
   - Informations**entzug** (z. B. Abdecken von Instrumenten oder Belegteilen),
   - Informations**modifikation** (z. B. systematisches Verändern ausgewählter Informationen),
   - Informations**einspeisung** (beispielsweise durch Wirkungen von Hilfen oder von Lernprozessen werden fragliche Denkerfordernisse aufgedeckt).
6. Als Hilfsweg kann eine **differentialpsychologische Analyse** nützen. Gruppen von Beschäftigten mit unterschiedlichen intellektuellen Leistungsvoraussetzungen, beispielsweise verschiedener Strategienbeherrschung oder verschiedenen Testleistungen, werden hinsichtlich ihrer Arbeitsleistungen verglichen. Bei einer hohen Korrelation einer bestimmten Leistungsvoraussetzung mit den Arbeitsleistungen verweist diese auf einen vermutlichen Anforderungsschwerpunkt.

Die **Kombination** dieser Einzelwege zu einem arbeitspsychologischen Methoden**system** ermöglicht das Erfassen intellektueller Vorgänge bei allen wirtschaftlich relevanten Tätigkeitsklassen.

9. Sensumotorische Ausführungsregulation von Arbeitstätigkeiten

---

Mit der Automatisierung der Produktion nimmt die Bedeutung exakter und zeitlich präziser sensomotorischer Reaktionen zu, die durch das technische Wissen und das logische Denken vermittelt werden (Ananjew 1963, S. 44).

Wenn wir die Bewegungen, welche die menschliche Tätigkeit ausmachen, lediglich von außen, von ihrem Ausführungsteil her, losgelöst von ihrem sinnlichen, gnostischen Regulationsabschnitt, betrachten, so gelangen wir nicht zu einer deterministischen, kausalen Erklärung (Rubinstein 1962, S. 228f.).

Welcher Art Bewegungsaktivität . . . analysiert wird, nirgends außer im Sinn der Bewegungsaufgabe und in der Vorwegnahme des gesuchten Ergebnisses findet man eine Invariante, die bald ein festgelegtes, bald ein im Laufe des Vorgangs umgestelltes Programm für die Durchführung der sensorischen Korrekturen von Schritt zu Schritt bestimmt (Bernstein 1957, S 70ff.).

9.1. Zur praktischen und psychologischen Einordnung

1. Alle Arbeitstätigkeiten werden durch sensumotorisch regulierte Bewegungen ausgeführt.

Zur Begründung dieser Behauptung ist es nicht einmal erforderlich, daran zu erinnern, daß geistige Akte *genetisch* das Ergebnis allmählicher „Verkürzungen" motorischer Vorgänge darstellen (Piaget, Galperin).

Auch Aufgaben der Produktionsvorbereitung und Verwaltung werden letztlich vermittels sensumotorisch regulierter Bewegungsvorgänge realisiert, wie durch das Schreiben, Zeichnen, Eingeben in eine Tastatur oder – vermittels Lichtstift – auf dem Schirm einer Dialogeinrichtung; auch das Sprechen (praktisch interessant z. B. beim phonetischen Eingeben in Automaten mit „Sprachverständnis") ist ein in letzter Instanz sensumotorisch regulierter Vorgang.

Mechanisierung und Automatisierung ändern auch die Anforderungen an die Arbeitsbewegungen, sie führen jedoch nicht zu „bewegungslosen" Arbeitstätigkeiten.

Aufsehenerregende Neuerungen in einigen hochgradig speziellen Mensch-Maschine-Systemen als Ergebnis bionischer Forschungen könnten diese Erwartung fälschlich nahelegen: Es gibt Maschinen, die anstatt auf die herkömmliche, relativ langsame Hebel- oder Knopfbedienung unmittelbar auf Impulse des Nervensystems des Menschen (Muskelaktionspotentiale) reagieren. In diesem Fall wäre die Arbeitsbewegung des Menschen jedoch nicht vollständig ausgeschaltet, sondern es dienen bereits die mit den Bewegungsentwürfen bzw. Bewegungsvorstellungen entstehenden Bewegungsimpulse als Realisierungsglied. Damit gewinnen aber gerade die zentralnervösen Regulationsvorgänge von Bewegungen im Zusammenhang der Entwicklung neuartiger Mensch-Maschine-Systeme erhöhte Bedeutung. Gleiches gilt für die Ansätze, Gliedmaßenbewegungen vollkommen aus Bedienprozessen wegen ihres hohen Zeitbedarfs auszugliedern. Eine Möglichkeit dazu besteht darin, die überaus schnellen, sakkadischen Augenbewegungen — also wiederum Bewegungen — bzw. auch Blickrichtungen zur Impulsgabe zu verwenden (vgl. Wargo 1967).

Auch sollte nicht übersehen werden, daß im Rahmen der Mechanisierung und Automatisierung der Produktion arbeitsorganisatorische Lösungen wie Fließarbeit oder Mehrmaschinenbedienung unerläßliche Etappen der Produktivitätssteigerung darstellen, in denen eine Verdichtung gerade feinmotorisch anspruchsvoller Arbeitsbewegungen auftreten kann. Instruktive Beispiele dafür liefert die vergleichsweise weit automatisierte Textilindustrie. Abb. 9.1 zeigt am Beispiel von mehrere Webstühle bedienenden Weberinnen den — trotz des bedeutungsmäßigen Schwergewichts der Kontroll- und Überwachungstätigkeiten — hohen Anteil feinmotorischer Bedienoperationen an den Maschinen.

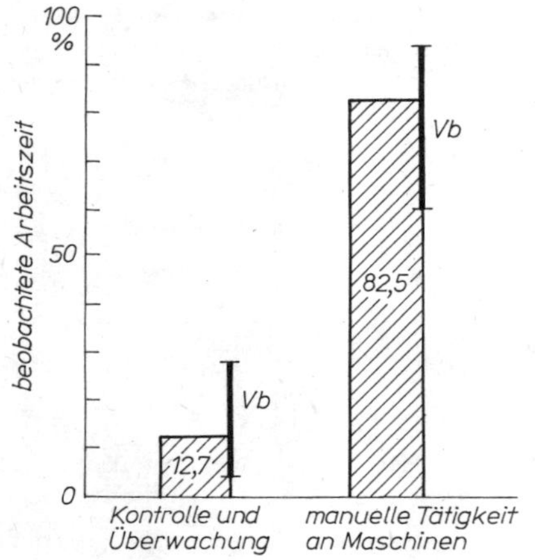

Abb. 9.1: Anteile von Überwachungs- und manueller Arbeitszeit bei Mehrmaschinenbedienung in einer Weberei. Vb Variationsbreite.

Die Anforderungen verlagern sich von
- hohem Kraftaufwand,
- großer Häufigkeit gleichartiger Bewegungen und
- großmotorischem Ausmaß (unter Einbezug des ganzen Körpers)

immer stärker hin zu
- größerer Feinheit der erforderlichen Bewegungen,
- differenzierter Dosierung von Bewegungsweite und eingesetzten Kräften sowie Abstimmung gleichzeitig auszuführender Operationen und
- höheren Anforderungen an die raum-zeitliche Präzision der Bewegungsführung.

Diese Veränderungen betreffen nicht nur kraftintensive Arbeiten mit und ohne Werkzeuge (wie Heben, Mähen, Schaufeln), die zu koordinationsintensiven Bedientätigkeiten (etwa von Gabelstaplern, Mähdreschern, Baggern) übergehen, sondern auch die verbleibenden feinmotorischen Arbeiten mit Werkzeugen. Diese verändern sich in der Montage durch die zunehmende Verkleinerung der Bauteile, die zur Mikromontage führt, und bei Bearbeitungsprozessen durch Mikrobearbeitungsverfahren. Gleichzeitig entsteht eine weitere neuartige Anforderung: Kleinheit, Empfindlichkeit von Arbeitsgegenständen oder auch mögliche Gefährdungen zwingen vielfach zur Einschaltung von sensorischen (Vergrößerungsinstrumente in Mikrurgie und Ultrafeinmechanik) und motorischen (Manipulatoren) Vermittlungsgliedern in den menschlichen Arbeitsprozeß (Abb. 9.2). Mikrurgie-Geräte bestehen aus einem Mikroskop und mikroskopisch feinen Werkzeugen oder Manipulatoren. Der Benutzer kann im Sehfeld des Mikroskops erstaunlich feine Bewegungen, ungefähr im Größenbereich von 0,0005 mm ausführen. Durch die Transformationen des Informationsflusses (Vergrößerungen, Verzerrungen, Drehungen im Raum oder durch zeitliche Verzögerungen) entstehen komplizierte Anforderungen, die zu aufwendigen Lernprozessen und beträchtlichen Beanspruchungen des Werktätigen führen können. Schon im einfachen Fall der Arbeit unter Lupen treten umfangreiche Umstellungsvorgänge sowohl beim Beginn wie am Ende jeder Lupenarbeitsperiode auf, die auch nach langer Übung nicht vollständig reduzierbar sind (vgl. Abb. 9.3).

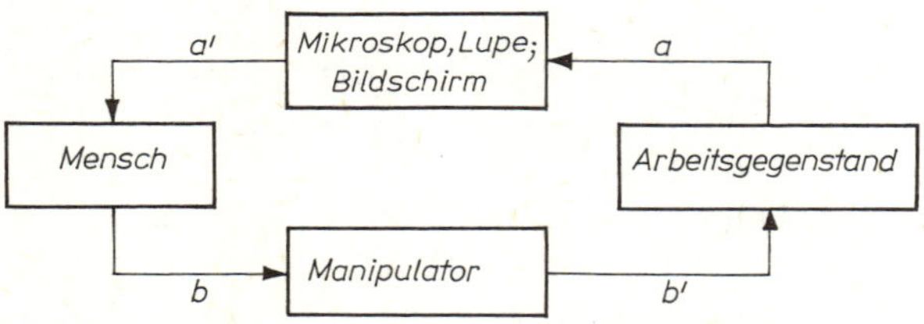

Abb. 9.2: Einschaltung von sensorischen und motorischen Vermittlungsgliedern in den menschlichen Arbeitsprozeß bei Mikrofertigung.

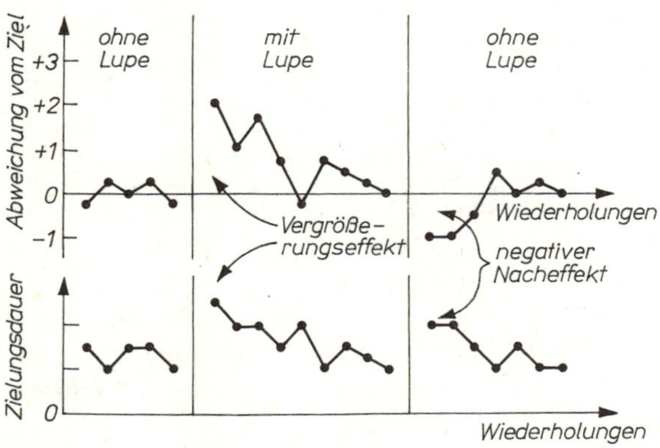

Abb. 9.3: Verlauf der Anpassung und Rückanpassung der Bewegungsführung gezielter ballistischer Bewegungen bei Eingriff in die optische Kontrolle (schematisierte Befunde).

Die Komplikation von Arbeitsbewegungen durch Vermittlungsglieder kann im einzelnen recht verschieden bedingt sein (Tab. 9.1): Die Anforderungsveränderungen laufen insgesamt darauf hinaus, daß die Arbeitsmotorik nicht schlechthin feiner, sondern zum integrativen Bestandteil komplizierterer kognitiver Vollzüge wird und kompliziertere sensumotorische Regulationsprobleme aufwirft, die ohne Berücksichtigung der Aufgabensemantik und der beteiligten übergeordneten Regulationsvorgänge nicht geklärt werden können. Die Arbeit in der Produktion wird auch aus der Sicht manuell akzentu-

Tab. 9.1: Veranschaulichung unterschiedlicher Kombinationen von sensorischer und motorischer Vermittlung an Beispielen

Motorische Vermittlung	Sensorische Vermittlungsglieder	
	mit	ohne
Mit	chirurgische Eingriffe mittels Manipulatoren unter Endoskopkontrolle	Arbeit mit Manipulatoren unter direkter Sicht. In weiterem Sinne: Führen eines Baggers, Krans (der Bestandteil eines „Körperschemas" wird)
Ohne	Montage, Bearbeitung unter Lupe oder Mikroskop	herkömmliche unvermittelte Montage, Bearbeitung usw.

ierter Aufgaben also immer mehr zugleich physische *und* geistige Betätigung; ihre physischen Komponenten kennzeichnen höhere Anforderungen an die Ausbildung der sensumotorischen Funktionen.

Die Kenntnis der Eigenschaften der sensumotorischen Regulation ist nach alledem unerläßlich für die Auslegung der feinmotorischen Montagetätigkeiten, für die sachgerechte Auswahl und Gestaltung von Bedienteilen an Geräten und kompletten Bedienfeldern in Mensch-Maschine-Systemen, für die anforderungsoptimale Gestaltung von Manipulationsbereichen an Maschinen (etwas beim Beschicken; Fehlerbeheben), für die Entwicklung der Manipulatoren und für das sachkundige Abschätzen der Tragfähigkeit von Arbeitszeitbestimmungssystemen im Arbeitsstudium als einem Bestandteil der wissenschaftlichen Arbeitsorganisation.

2. Mit dieser Einordnung der sensumotorischen Regulation von Arbeitsbewegungen ist insofern ein ausdrücklich *psychischer* Sachverhalt gekennzeichnet, als die Arbeitsmotorik beim gegebenen Durchdringungsgrad physischer und psychischer Anforderungen zur abhängigen Komponente der psychischen Einheit, nämlich der Handlung, geworden ist. Der „Sinngehalt der Aufgabe" (Bernstein 1957) bestimmt bis hin zu den beteiligten neuronalen Mechanismen die Struktur der Arbeitstätigkeit (s. 9.2.).

Die Komponenten der sensumotorischen Ausführungsregulation, also bewegungsorientierende Abbilder und Bewegungsentwürfe, sind nicht bewußtseinspflichtig und nur teilweise bewußtseinsfähig. Nicht bewußtseinsfähig sind die kinästhetischen Meldungen, die als reafferente Signalisation im Bewegungsapparat entstehen. Da die Bewegungen, um lenkbar zu sein, jedoch bewußtseinsfähige Meldungen benötigen, treten taktile, visuelle und akustische Afferenzen als bewegungsregulierende „funktionelle Propriozeptorik" (Ananjew 1963) auf, indem sie mit den kinästhetischen Signalisationen verknüpft werden.

Bewußtseinspflichtigkeit kann bei Sonderbedingungen (etwa beim Erlernen oder bei Störungen), jedoch nicht im Normalfalle vorliegen; das Bemühen um bewußte Erfassung stellt vielfach sogar eine Störung der Bewegungsführung dar. Man vergleiche dazu die lehrreiche Anekdote vom Tausendfüßler, der — gehässigerweise befragt, wie er die Bewegung seines 689. Beines bewerkstellige — beim Suchen einer Antwort zu weiterer koordinierter Bewegung unfähig wurde und liegenblieb.

Im Unterschied zu bewußtseinspflichtigen Signalen (vgl. 6. Kapitel), welche immer auch über den Produktionszustand mitinformieren, sagen die bewegungsorientierenden Abbilder als sensumotorische Regulationskriterien nur über Ausführungsbedingungen (Lage, Richtungen, Entfernungen) eigener Bewegungen aus; Bewegungen zum Zwecke der Orientierung über Umgebungssachverhalte (Widerstände, Spannungen, Vibrationen) sind nicht nur durch bewegungsorientierende Abbilder reguliert, sondern zugleich abhängig von übergeordneten Regulationsinstanzen (z. B. Suchstrategien; s. 6. bis 8. Kapitel).

Damit kann die im 4. Kapitel dargestellte heterarchische bzw. hierarchische Regulation konkretisiert werden:

- Sensumotorische Regulationsvorgänge sind abhängige Komponenten übergeordneter, begrifflich-perzeptiver oder intellektueller Regulationsvorgänge.
- Das hierarchische Schema gilt darüber hinaus auch innerhalb der sensumotorischen Regulation (s. auch 9.2.1.), und zwar so, daß in Richtung der Unterordnung kennzeichnend sind:
  - abnehmende Bewußtseinsfähigkeit (unter bestimmten Umständen entsprechend zunehmender psychischer Automatisierung),
  - abnehmende Flexibilität der Ausführungsweise,
  - abnehmende Laufzeit.

Ein Beispiel dafür ist eine willkürliche Armbewegung mit der hierarchischen Regulation über Telerezeptoren (z. B. visuelle Regulationsinstanzen; Laufzeit 120 bis 180 ms), Propriozeptoren (Laufzeit 40 bis 60 ms) sowie schließlich die Umschaltung von einzelnen Muskelaktionen über gleichfalls propriozeptiv ausgelöste Eigenreflexe (Laufzeit etwa 20 ms) (Bernotat 1970).

3. Mit der Mechanisierung und Automatisierung entsteht als neuartige Frage an die Psychologie die Frage nach **ausreichenden Bewegungsanforderungen** in der Arbeitstätigkeit. Dabei interessiert sowohl ein ausreichender Umfang als auch ausreichende Vielfalt der Bewegungen. Ein **Bewegungsmangel** kann in mehreren Hinsichten nachteilige Folgen haben:

a) Bewegungen unter Einbezug der Skelettmuskulatur **aktivieren** das Zentralnervensystem, und tragen damit zum Verhüten von Aufmerksamkeits-, allgemeiner von Wachheitsverlusten bei. Sie helfen Monotoniezustände zu verhüten.

b) Bewegungen unter Einbezug der Skelettmuskulatur können beitragen zum **Verhüten eines Müdigkeitsgefühls**, das aus unterforderndem Aktivitätsmangel erwächst. Diese Wirkung hängt unmittelbar mit der ersten zusammen. Sie wird mit Hilfe bestimmter Systeme von Nervenfasern (insbesondere des gammamotorischen Systems) und der Vorspannung der Muskelspindeln realisiert. Ihre praktische Bedeutung ergibt sich daraus, daß das Müdigkeitsgefühl die möglichen Leistungen begrenzt.

c) Langzeitiger Bewegungsmangel unter Einbezug großer Muskelgebiete gehört zu den Risikofaktoren, welche die Wahrscheinlichkeit bestimmter **Erkrankungen**, insbesondere des Herz-Kreislauf-Systems, erhöhen.

d) Angemessene fordernde Anstrengungen durch Bewegungen beeinflussen das allgemeine Wohlbefinden und die **Grundstimmung** positiv. Es gibt Hinweise darauf, daß der gleiche Neurotransmitter, nämlich Dopamin, eine wichtige Rolle im motorischen System und in den Hirnstrukturen hat, die in Motivationsvorgängen beteiligt sind (Harvey und Greer 1979).

e) Die erwähnten Einflüsse ausreichender Bewegungsaktivität auf die Aktivierung und Stimmung lassen mindestens indirekt förderliche Wirkungen auch auf **kognitive** Vorgänge erwarten. Für spezielle Fälle ist gut bekannt, daß differenzierte motorische Programme die perzeptive Analyse der Umwelt entscheidend verbessern.

9.2. „Psychomotorik“: Sensumotorische Ausführungsregulation von Arbeitsbewegungen als psychologisches Problem

Im zweiten Teil des vorangehenden Abschnitts wurde bereits ausgeführt, daß sensumotorische Regulationsvorgänge bei Arbeitsbewegungen unter anderem auch psychische Tatbestände darstellen und ohne Berücksichtigung dieses Sachverhalts *keine* wissenschaftlich ausreichende Analyse und effektive praktische Veränderung möglich ist. Diese Behauptung bedarf eingehenderer Erörterung, da die Einordnung der Bewegungen in der marxistischen Psychologie sich in produktionswirksamer Weise von den Auffassungen der „reinen“ Psychologie mit ihrem introspektionistischen Bewußtseinsbegriff ebenso eindeutig unterscheidet wie von den Verhaltenspsychologien oder den praktizistischen Konzeptionen in manchen Darstellungen der früheren industriellen Psychotechnik (vgl. dazu Rubinstein 1958).

Die Grundlagen der hier darzustellenden Konzeption wurden gelegt durch Setschenow (1952/56), der in Weiterführung von Ideen seines Leipziger Lehrers Karl Ludwig die sensumotorische Struktur der (Arbeits-)Tätigkeit als psychologisches Grundproblem begriff, und weiterentwickelt durch die sowjetischen Psychophysiologen und Psychologen Pawlow (1953), Bernstein (1957), Rubinstein (1958) und Ananjew (1963). Mit Einschränkungen stammen weitere progressive Beiträge von einigen Mitarbeitern Klemms sowie dem Arbeitskreis um von Weizsäcker (1947).

9.2.1. Arbeitsbewegungen als psychologischer Gegenstand

Die unter dem Aspekt der Praxiswirksamkeit wesentlichsten Tatbestände lassen sich in Thesenform wie folgt zusammenfassen:

1. Psychische Prozesse manifestieren sich größtenteils in Tätigkeiten, die auf die Lösung von Aufgaben zielen. Darum gehören zum Bereich der psychologisch zu untersuchenden Sachverhalte nicht nur geistige Operationen, sondern auch praktische Handlungen und sogar Bewegungen in einer näher zu kennzeichnenden Weise.
2. Die Handlungen determinieren Auswahl, Art und Struktur der auszuführenden Bewegungen; mit der Art der Aufgabe und mit der Einstellung zu ihr verändern sich die eingesetzten neurologischen Instanzen und die Bewegungsmechanismen.
3. Eigenschaften von Bewegungen sind daher im allgemeinen nur aus Handlungen zu erklären.

Das über eine nur physiologische Betrachtung hinausgehende Bewegungsstudium ist demzufolge ein Studium des motorischen Aspekts der **Handlung!**

Die psychologische Untersuchung von Bewegungen besteht in der Untersuchung ihrer **Regulation** durch verschiedene Formen psychischer Tätigkeit.

Hauptgegenstand der psychologischen Untersuchungen der sensumotorischen Regulation wiederum ist die Bewegungs**afferenz.**

Auf bestimmtem Niveau wird der psychologische Aspekt zur unerläßlichen Voraussetzung auch der physiologischen Analyse der beteiligten Mechanismen.

4. Das Handeln einschließlich der in ihm enthaltenen Bewegungen ist auf Grund seines aufgabenlösenden Charakters und seiner gegenständlichen Ausrichtung die entscheidende Quelle kognitiver Prozesse und unterliegt andererseits ständig sensorisch vermittelten Regulationen (Rückmeldungen, z. B. Korrekturen). Auf diese Weise entsteht ein Kreisprozeß: Einerseits sind die rückgekoppelten Afferenzen und ihre Verarbeitungen zum Zwecke der Regulation der wesentlichste Grundbestandteil des Mechanismus der Willkürbewegungen; andererseits gruppieren sich umgekehrt die sensorischen Daten um die für die Regulierung der gegenständlich gerichteten Tätigkeit jeweils wesentlichste Modalität.

5. Die Regulation von Bewegungen verläuft auf verschiedenen Niveaus, die Rubinstein (1958) ihrer psychischen Bedingtheit nach ordnete:

a) Bewegungsreihen mit physiologischer Regulation;
b) Bewegungen, die durch Empfindungen reguliert werden, ohne daß die Reize als Objekte und die Empfindungen als deren Abbilder erscheinen;
c) Bewegungen, die abhängige Handlungsbestandteile wurden, wobei die Reaktion auf einen Reiz überging in eine Handlung mit dem Gegenstand.

Diese Regulationsstufe der Bewegungen weist wiederum verschiedene Unterstufen auf, von denen eine die Regulation „abstrakter“ Bewegungen (z. B. Bewegungen am nur vorgestellten Objekt) ist.

Handlungen, die vermittels Bewegungen realisiert werden, unterscheiden sich von diesen insofern, als gleiche Handlungen durch verschiedene Bewegungen ausgeführt werden können.

9.2.2. Besonderheiten menschlicher (Arbeits-)Bewegungen

Menschliche Bewegungen haben einige Besonderheiten, die im Arbeitsprozeß – und im Zusammenhang damit in der gesellschaftlichen Existenz – des Menschen ihren Ursprung haben. Gerade diese Besonderheiten müssen die Aufmerksamkeit beim Arbeitsstudium finden. Es sind Besonderheiten letztlich der Regulation dieser Bewegungen:

1. Statt organischer Bewegungen liegen beim Menschen gegenständlich organisierte Bewegungen vor. Diese Wandlung des Charakters der Bewegungen erfolgt durch die Einwirkung des Menschen auf eine von ihm erzeugte gegenständliche Welt, d. h.

– durch die Ausrichtung der Bewegungen auf erzeugte Gegenstände (nur Gebrauchsgegenstände können an einem Griff ergriffen werden, Steine haben keine Griffe)
– und durch die Benutzung von Werkzeugen (die Werkzeugbenutzung formt die Motorik des Menschen; ein instruktives Beispiel ist die Entwicklung der Bewegungen, mit deren Hilfe Kinder einen Löffel mit Flüssigkeit zum Munde führen).

Beide Einwirkungen haben eine doppelte Wirkung:

- Sie ergänzen das Bewegungssystem des Menschen, und
- sie verändern das Bewegungssystem; es entsteht eine „Arbeitslogik" der Bewegungen.

2. Derartige gegenständlich organisierte Bewegungen sind abhängige Bestandteile von Handlungen und damit Funktionen hochkomplizierter psychischer Prozesse (sie sind also nicht nur motorische Effekte nervöser Zentren).

3. Auf der Grundlage der unmittelbaren gegenständlichen Organisation der Bewegungen hat sich eine mittelbare, semantische (durch den Sinngehalt der Handlung vermittelte) Organisation der Bewegungen entwickelt. So haben beispielsweise Rubinstein (1962) und Leontjew (zit. nach Rubinstein 1962) nachgewiesen, daß neurologische Unterschiede zwischen Bewegungen auf gegenständliche Ziele (z. B. das Abnehmen einer Mütze vom Haken) und im abstrakten Raum (z. B. das Zeigen auf einen Punkt in einem weißen Feld) vorliegen. Ein besonders charakteristisches Beispiel semantisch vermittelter Organisation von Bewegungen ist die Sprechmotorik.

4. Unwillkürliche und willkürliche Bewegungen lassen sich beim Menschen nicht kurzerhand anatomisch zuordnen (etwa der glatten bzw. der quergestreiften Muskulatur), sondern sind funktionell im Hinblick auf die gesellschaftlich vermittelte Bedeutung der Bewegungen bedingt. Das Bewußtwerden und damit der willkürliche Einsatz von Bewegungen des Menschen ist eine Funktion seiner gesellschaftlichen Existenz auf der Basis von extero-interozeptiven bedingten Verbindungen.

Die angeführten Sachverhalte stellen Mindestaspekte einer Bewegungsuntersuchung und einer bewegungsorientierten Arbeitsgestaltung dar, die Arbeitsbewegungen als Äußerungen einer arbeitenden **Persönlichkeit** (nicht etwa eines Montageautomaten oder eines für industrielle Zwecke dressierten Tieres; zur Verwendung von Tieren vgl. Broadhurst 1964) betrachten, für deren Entwicklung im Arbeitsprozeß der sozialistischen Gesellschaft eindeutige Forderungen (z. B. im Arbeitsgesetzbuch der DDR) bestehen. Damit ist zugleich begründet, daß auch die Methoden des Bewegungsstudiums nicht gesellschaftlich indifferent sein können. Aus den in Abschnitt 9.2.1. und 9.2.2. dargestellten Eigenschaften von Arbeitsbewegungen lassen sich aus der Sicht der marxistischen Psychologie in noch konkreterer Form mehrere Leitgesichtspunkte für die Erfassung, Analyse und arbeitsgestalterische bzw. arbeitspädagogische Beeinflussung von Bewegungen ableiten. Ihre Bedeutung ist daraus erkenntlich, daß letztlich alle Arbeitstätigkeiten über Bewegungen realisiert werden.

9.2.3. Einige psychologische Leitgesichtspunkte für die Analyse und Gestaltung von Arbeitsbewegungen

Ausgangspunkt ist der von Rubinstein (1958) formulierte Sachverhalt, daß auf dem Regulationsniveau, welches Arbeitsbewegungen erfordern, Bewegungen nicht ohne die Berücksichtigung der sie regulierenden psychischen Vorgänge hinreichend analysiert werden können (s. 9.2.1.).

Folgende Gesichtspunkte sind vordringlich zu berücksichtigen:

1. Bewegungen können nicht in erster Linie analysiert werden als efferent-effektorisches, sondern als afferent-sensorisches Phänomen. Daraus folgt, daß ein sensumotorischer Kreisprozeß unter Einschluß komplizierter kognitiver Prozesse zu untersuchen ist (vgl. dazu die Darstellung über Regulationseinheiten und ihre heterarchische bzw. hierarchische Struktur im 4. Kapitel).

2. Zielgerichtete Bewegungen sind an einen ständigen Zufluß sensorischer Afferenzen gebunden. Ein wesentlicher Bestandteil dieser Afferenzen sind reafferente Meldungen (z. B. über die Lage der Gliedmaßen, über äußere Widerstände, über reaktive Kräfte, wie sie etwa aus dem Rückstoß eines Körperteils auf einen anderen sich ergeben) (vgl. dazu von Holst und Mittelstaedt 1956, Anochin 1963, von Weizsäcker 1947).

Zum System der Afferenzen gehört auch die zentrale Verarbeitung, die sogenannte sensorische Synthese dieser Afferenzen als Basis gegenständlicher Bewegungen. Ein Modell dieser zentralen Verarbeitung findet sich im Funktionsschema von Anochin (1963).

3. Da Arbeitsbewegungen ein Aufgabenlösen mit gegenständlichem Resultat darstellen, hat der Mensch zu ihnen stets eine Einstellung. Veränderungen in dieser vom Resultat „abgestrahlten" Einstellung führen zu meßbaren Änderungen in der Motorik (beispielsweise zu Tonusänderungen). In der älteren Literatur wird dieses Phänomen unter dem Stichwort der „Einbettung" behandelt (von Weizsäcker 1947, Derwort 1938, Auersperg und Sprockhoff 1935, Auersperg und Buhrmester 1936).

4. Der Sinn der durch Bewegungen zu lösenden Aufgabe — nicht Eigenheiten äußerer Bewegungsmerkmale — bestimmt die Struktur der Willkürbewegung (Bernstein 1957). Der Sinn einer Aufgabe und die sich daraus ableitende Motivierung bestimmen dabei Eigenheiten des Bewegungsablaufs bis hin zu der Wahl der eingesetzten neurologischen Mechanismen.

Wir konnten zeigen, daß diese These Bernsteins auch für bestimmte Arten unwillkürlicher Bewegungen, beispielsweise für den Lidschlag, gilt (Hacker 1962).

5. Bewegungen sind das Resultat eines variablen funktionellen Systems. Bewegungen sind stets organisiert nach Funktionszielen, nicht kurzerhand nach anatomischen Einheiten (vgl. das Prinzip der Ausgangslage nach Magoun 1958). Daher ist die Streuung eines Gesamtvollzugs stets kleiner als die Streuungssumme aller Vollzugsteile.

Insgesamt betrachtet, determinieren also Regulationsvorgänge psychischer Art die physiologische Natur von Bewegungen. Hauptaspekt der psychologischen Bewegungsanalyse ist mithin der informationale, nicht der energetische; im Mittelpunkt der Untersuchung steht die regulative Funktion von Abbildern, welche jedoch nicht notwendig *bewußte* psychische Abbilder sein müssen.

An dieser Stelle könnte die kritische Frage eingeworfen werden, ob für industrielle Anliegen der eben hervorgehobene — auf die psychische Regulation bezogene — Analyseaspekt von Arbeitsbewegungen tatsächlich von produktionswirksamer Bedeutung ist oder ob ihm nur „akademisches" Interesse zukommt:

9.2.4. *Produktionswirksamkeit des Regulationsaspekts in der Bewegungsanalyse. Zur Kritik des „Ökonomieprinzips" von Gilbreth*[1]

Bei den Anliegen rationeller Arbeitsorganisation sowie zweckmäßiger Auslegung von Bedienbereichen erscheint es naheliegend, die Analyse von Arbeitsbewegungen geleitet vom Prinzip der Bewegungsökonomie vorzunehmen, mit anderen Worten, sich vorzugsweise zu orientieren auf

- das Weglassen nicht unbedingt erforderlicher Bewegungen und
- die Auswahl jener Bewegungen, welche die kürzeste Zeit und den geringsten Kraftaufwand erfordern.

Zweifellos ist durch das Reduzieren der Bewegungsanzahl, der Bewegungsweite und des erforderlichen Kraftaufwands das Bewegungstempo und damit auch die Arbeitsproduktivität zu steigern. Unsere Kritik setzt daran an, daß der dazu eingeschlagene Weg nur einen kleinen Teil der wirksamen Bedingungen berücksichtigt, daß er nur einen Ausschnitt der rationalisierbaren Sachverhalte erfaßt und daß er — auch gesetzt, man könnte von dem ihm zugrunde liegenden unakzeptablen Menschenbild absehen (vgl. hierzu Kulka 1960) — den neu entstehenden Anforderungen an Arbeitsbewegungen in Bedientätigkeiten innerhalb von Mensch-Maschine-Systemen oder bei Mikroarbeiten nicht angemessen ist. Diese Kritik bezieht sich auch auf Arbeitsanalyseverfahren, die überwiegend der Konzeption des Ökonomieprinzips verpflichtet sind, also bestimmte „Verfahren vorbestimmter Zeiten".

Systeme vorbestimmter Zeiten gehen in ihrem Anliegen auf Gilbreth zurück. Sie bestehen in der Hauptsache aus tabellarischen Zusammenstellungen des Zeitbedarfs für eine abgegrenzte Anzahl standardisierter Grundbewegungen (wie Hinlangen, Zufassen) unter festgelegten Ausführungsbedingungen (wie Entfernung, erforderliche Genauigkeit). Sie unterstellen u. a., daß angemessene Vorhersagen und damit Festlegungen von Zeitaufwänden für beliebige manuelle Arbeitstätigkeiten durch das Summieren der tabellarisch festgehaltenen Elementarzeiten für Grundbewegungen möglich seien. Systeme oder Verfahren vorbestimmter Zeiten sind beispielsweise das System Work-Factor (WF) oder das System Methods of Time Measurement (MTM), auf deren Grundlage in einigen sozialistischen Ländern Verfahrensvarianten entwickelt und eingesetzt wurden.

[1] Wir beschränken uns damit auf das hier zu behandelnde Problem der Bewegungsoptimierung. Die Auseinandersetzung mit der Gesamtkonzeption von Gilbreth (1921) bedürfte eines weiteren Rahmens und ist anderweit bereits geleistet worden; bekanntlich kamen sogar zurückhaltende bürgerliche Kritiker wie Durig hinsichtlich der Systeme von Taylor, Gantt, Gilbreth oder Ford zu eindeutigen Urteilen. Durig schrieb: „Sie sind alle aus dem Geiste des Unternehmers geboren und alle werden mit mehr oder weniger betonter Geste als zum Wohle der Arbeiter geschaffen bezeichnet." Gilbreths Anteil ist „die extremste und raffinierteste Technik zur Erzwingung von Höchstleistungen" (1921, S. 611 f.).
Eine umfassende Einschätzung gab Lenin: „das Taylorsystem vereinigt in sich — wie alle Fortschritte des Kapitalismus — die raffinierte Bestialität der bürgerlichen Ausbeutung und eine Reihe wertvollster wissenschaftlicher Errungenschaften in der Analyse der mechanischen Bewegungen bei der Arbeit, der Ausschaltung überflüssiger und ungeschickter Bewegungen, der Ausarbeitung der richtigsten Arbeitsmethoden, der Einführung der besten Systeme der Rechnungsführung und Kontrolle usw." (1960, S. 249).

Wesentlicher als die Steigerung des Arbeitstempos ist bei den an Bedeutung gewinnenden Arten von Arbeitsbewegungen das Vermeiden von Fehlern. Die Fehlhandlungsverhütung (s. 10. Kapitel) ist jedoch abhängig von der verfügbaren Information, ist also mit anderen Worten eine Regulationsproblematik. Darüber hinaus läßt sich zeigen, daß einseitige Bewegungsökonomie unter Vernachlässigung von Regulationsfragen wie Koordination, Rhythmik, Entspannungsbewegungen u. a. m. sogar zur Verminderung der Effektivität – insbesondere bei langfristiger Betrachtung unter Einbezug gesundheitlicher Folgeerscheinungen wie Überlastungsschäden der oberen Extremitäten (vgl. Köhler 1963, Elßner 1970) führen kann. Was spricht unter den neuen Arbeitsanforderungen für die bedeutungsmäßige Dominanz der Fehlervermeidung – allgemeiner der Regulationsoptimierung – über die Temposteigerung? Zur Ableitung einer Antwort ist es erforderlich, zu berücksichtigen, daß das Arbeitstempo sowohl durch die Verrichtungshäufigkeit in der Zeiteinheit wie auch durch die Bewegungsgeschwindigkeit bestimmt wird. Auch wenn der Produktionsprozeß für beides Freiheitsgrade offenhält, so ist die Bewegungsgeschwindigkeit vom Werktätigen nicht frei festlegbar. Sie ist vielmehr abhängig u. a. von

- der Masse der bewegten Gliedmaßen (bekanntlich steigen die Optimalgeschwindigkeiten ungefähr mit dem Kehrwert der Masse der bewegten Gliedmaßen);
- den Regulationsanforderungen der Aufgabe und der Ausführungsbedingungen;
- der Geübtheit (die sich im wesentlichen auf die subjektive Bewältigung der Regulationsanforderungen bezieht).

Hieran müssen unsere Überlegungen anknüpfen:

- Die Unterschiede im Zeitbedarf von feinmotorischen Bewegungen, die durch verschiedenartige Regulationsanforderungen – Haltepunkte als Orientierungspausen, Knick- oder Wendepunkte als Richtungsveränderungen oder Bahnkorrekturen – entstehen, sind um ein Vielfaches größer als die unter gleichartigen Ausführungsbedingungen eines Bewegungstypus möglichen Zeitdifferenzen auf Grund unterschiedlichen Tempos.
- Weiter ist zu bedenken, daß die Zeitverluste, die bei den in den Vordergrund rückenden Anforderungen durch Fehlbewegungen, durch Ansätze zu solchen oder gar durch die Behebung von Fehlbewegungen entstehen, gleichfalls um ein Vielfaches größer sind als der durch reine Geschwindigkeitssteigerungen bei Geübten mögliche Zeitgewinn.

Krauß und Rehn (1965) untersuchten die Zeitaufwände an einfachen mechanischen Schreibmaschinen ohne Korrekturhilfen bei verschiedenen Textarten. Es zeigte sich, daß 20% bis 40% der Gesamtarbeitszeit an der Maschine nicht auf die Schreibtätigkeit, sondern auf zum Teil selten auftretende, aber langandauernde maschinengebundene Nebenzeiten entfallen. Beispielsweise erfordert (bei 5 Durchschlägen) das Korrigieren von Schreibfehlern bei den alten Maschinen 24 bis 66 s ($\bar{x} \approx 40$ s); das entspricht maximal der Zeit von 350, im Mittel der von 200 Anschlägen. Mit anderen Worten: Das Vermeiden eines Fehlers entspricht einer möglichen Mehrleistung von 200 Anschlägen.

Die höhere Produktivität elektronischer Schreibautomaten geht unter anderem auch auf die weitgehende Reduktion dieser unproduktiven Nebenzeiten zurück.

- Schließlich ist wohlbelegt, daß der ausschlaggebende Anteil der Fehler, die bei der Bedienung von Maschinen unterlaufen, nicht durch überflüssige oder unrationelle (z. B. zu langsame oder zu kräftige) Bewegungen entsteht, sondern viel häufiger dadurch, daß die Konstruktion der Bedienteile oder die Auslegung des gesamten Bedienfeldes – einschließlich seines Bezugs auf das Informationsangebot und die zu bewirkenden Vorgänge – keine angemessenen Regulationsgrundlagen für eine anforderungsgerechte Ausführung (also insbesondere Zuordnung) sichert.

Die den Zuordnungsvorgang ausmachenden kognitiven Transformationsvorgänge müssen keineswegs – wie in Abschnitt 8.3. im Vordergrund stand – nur intellektueller Art sein. Reaktivierungen zahlreicher gespeicherter (zum Teil sogar phylogenetisch verankerter) Zuordnungsprogramme ohne Denkoperationen herrschen vor. Damit ist auch die Bediengüte nicht bestimmt von der Art der eingesetzten Bewegung, sondern von der Vereinbarkeit der auslösenden Signale mit den auszuführenden Bewegungen, also von den Anforderungen an die vermittelnden kognitiven Regulationsvorgänge (Abb. 9.4).

Die Signalensembles bestehen in unserem Beispiel aus aufleuchtenden Lampen, die durch entsprechende Bedienoperationen zu löschen sind. Bei den Bewegungsformen B_A und B_B erfolgt dies durch rechtshändiges Bedienen eines Hebels, bei B_C durch gleichzeitiges beidhändiges Bedienen zweier Hebel; jeweils sind 8 unterschiedliche Operationen möglich. Abb. 9.4 läßt erkennen, daß es tatsächlich eine für alle Signalensembles günstige Bewegungsform nicht gibt.

Die günstigste Bewegungsform ist die mit den geringsten Umwandlungserfordernissen der Signalinformation in die Antwortinformation, also mit der höchsten Vereinbarkeit beider (Kompatibilität). Im Beispiel ist das für das Signalensemble S_A die Bewegungsform B_A, für S_B die Bewegungsform B_B und für S_C die Bewegungsform B_C.

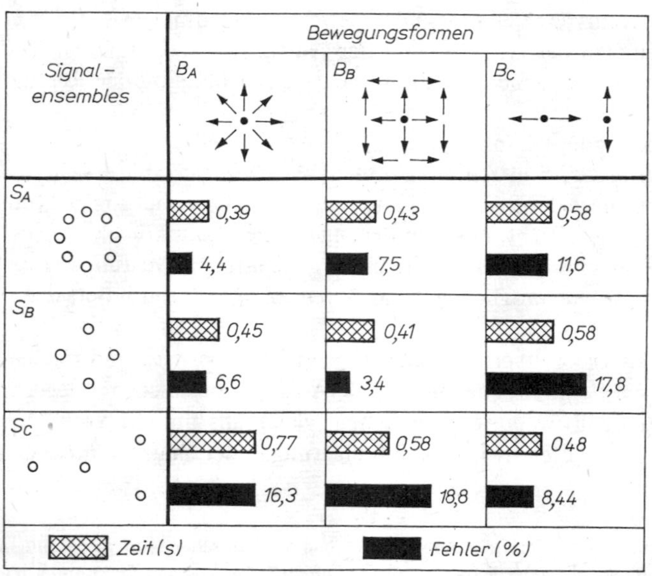

Abb. 9.4: Einfluß der Vereinbarkeit (Kompatibilität) der auslösenden Signalensembles mit den auszuführenden Bewegungen auf die Bedienzeit und die Bedienfehler (Fitts u. a.).

Verzögerungen durch Schwierigkeiten in der Zuordnung eines Signals zum richtigen Bedienteil, Ablenkungen durch fehlende Möglichkeit des blinden Auffindens dieses Bedienteiles, Verwechslungen von Bedienteilen durch deren unzureichende Unterscheidbarkeit sind Auswirkungen unzulänglicher Bewegungsregulation, jedoch nicht Auswirkungen „unökonomischer (überflüssiger oder zu langsamer) Bewegungen".

Wie unangemessen das Konzept der „überflüssigen Bewegungen" prinzipiell ist, verdeutlichen Befunde Steinaks: Die Bedienfehler im Tastenfeld von Rechenmaschinen mit Zehnertastatur verteilen sich zu einem beträchtlichen Anteil so, daß anstelle der zutreffenden jeweils die darüber liegende Taste gedrückt wird. Bei Blindbedienung gleitet die Hand nämlich suchend von oben nach unten über das Tastenfeld, ohne – bei herkömmlicher Konstruktion – hinreichende taktile Orientierungsmöglichkeiten zu finden. Führt man diese ein, so verringern sich die Fehler um etwa 50%.

Wiederum sind die Quelle von Minder- und Fehlleistungen nicht überflüssige oder unrationelle Bewegungen, sondern mangelhafte Regulationsgrundlagen. Mehr noch, anscheinend „überflüssige" Bewegungen sind umgekehrt gerade – als unerläßliche Orientierungsbewegungen – die Grundlage aufgaben*gerechter* Ausführung.

– Endlich ist das Ersetzen ungünstiger Bewegungen, die hohe Anforderungen an die Bewegungsführung stellen, oder das Weglassen nicht erforderlicher Bewegungen im Regulationsaspekt *aufgehoben* und findet dabei bündige Ableitungsmöglichkeiten. Auch der Aspekt der in der Bewegungsführung aufzuwendenden Kraft ist – von den außerhalb des Organismus zu überwindenden Widerständen abgesehen – umfassenden Regulationsgesichtspunkten untergeordnet. So ist bei feinen Koordinationsanforderungen bei Ungeübten eine Muskelspannung festzustellen, die das Maß des Erforderlichen weit übersteigt und überdies auch auf nicht benötigte Körperteile (Mit-Innervation) ausstrahlt; auch vorübergehende oder sich fixierende Erregtheitszustände können zu energieaufwendigen und verschleißintensiven muskulären Verspannungen bei Arbeitstätigkeiten führen.

Ein Alltagsbeispiel gibt ein Schulanfänger: Der Schreibdruck auf der Unterlage und der Griffdruck am Federhalter sind unangemessen hoch; Kopf und nicht selten auch Zungenspitze gehen mit der einen Buchstaben malenden Hand mit.

Insgesamt wird mithin einsichtig, daß **der „Aspekt der optimalen Regulation" der Arbeitsmotorik den rationellen Kern des Ökonomieprinzips in sich aufgehoben enthält** (Lomow 1964). Zugleich ist die für die neuentstehenden Arbeitsanforderungen eingangs behauptete überlegene Produktionswirksamkeit des Regulationsaspekts, mit anderen Worten der kognitiven Komponenten der Arbeitsmotorik, eindeutig nachweisbar.

9.3. Zu Arten von Arbeitsbewegungen unter regulatorischem Aspekt

Bei der Orientierung auf den Regulationsaspekt ist es erforderlich, einige einschlägige Gruppierungen in der Vielzahl der möglichen Arbeitsbewegungen des Menschen zu beachten, die sich durch prinzipielle Anforderungsverschiedenheiten unterscheiden. Die folgenden Bemerkungen geben Hinweise auf unter regulatorischen Aspekten unerläßliche Unterscheidungen bei Bewegungsanalysen mit anforderungsanalytischem, arbeitspädagogischem und arbeitsgestalterischem Anspruch. Die Darstellung in Abb. 9.5 dient der Übersicht.

Arbeitsbewegungen können – unter Vernachlässigung anderer Aspekte – der Energieübertragung dienen; der Mensch fungiert dann als Kraftquelle oder – noch hier zugeordnet – als Transportmittel. Davon ist im weiteren nicht die Rede. Dagegen interessieren Arbeitsbewegungen, die zum Hauptinhalt haben

– die Informationsübertragung (z. B. Schreibmaschineschreiben) und
– die gegenständliche Veränderung (als Verbindung von Informations- und Energieübertragung: z. B. Schneiden, Bohren, Hämmern, Fügen).

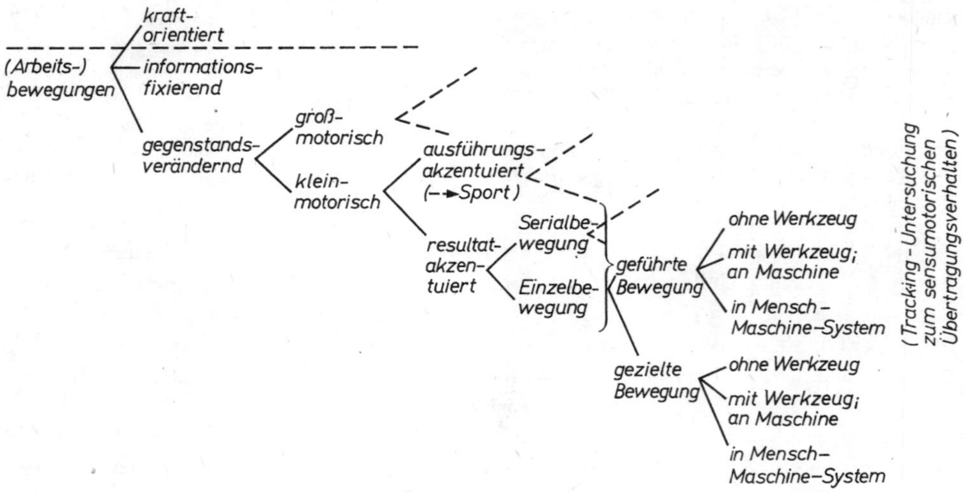

Abb. 9.5: Sensumotorische Anforderungen bei Arbeitsbewegungen: regulationszentrierte Kennzeichnungsdimensionen.

Mit der Beschränkung auf diese Bewegungsfunktion ist verbunden eine Akzentuierung auf die „Kleinmotorik", also auf die Arbeitsbewegungen einzelner Gliedmaßen.

Eine weitere Unterscheidung und damit Einengung unseres Betrachtungsgebiets erfolgt insofern, als Arbeitsbewegungen mit gegenständlichem Effekt (Veränderungen am Arbeitsgegenstand — und sei es die Fixierung von Daten) zu betrachten sind. Der gegenständliche Effekt führt jedoch zu einer besonderen — im Anochinschen System als „resultativ" bezeichneten — Reafferenz, welche als *führende* Reafferenzkategorie zum Kern- und Bewertungsaspekt anderer (Re-)Afferenzen wird. Damit verfügen Arbeitsbewegungen kraft ihres gesellschaftlich bewerteten gegenständlichen Effekts über andere Regulationsgrundlagen als Bewegungen z. B. im Sport. Dort ist (z. B. bei der Gymnastik) die Bewegungsausführung, nicht das gegenständliche Resultat angezielt, und es liegen daher andere Regulationsgrundlagen vor.[2] Für die Regulationsgrundlagen von Arbeitsbewegungen ist weiterhin die Gruppierung als Einzel- oder Serialbewegungen von Bedeutung. Ein Extremfall von Serialbewegungen sind rotatorische Bewegungen; aber auch nichtrotatorische Bewegungen können raum-zeitliche Bewegungsfolgen mit Übergängen der einzelnen Bewegungsakte ineinander bilden, bei denen jeweils die Endphase eines zur Anfangsphase des nächsten Vollzugs wird (beispielsweise Hämmern, Schrauben und mit einigen Abwandlungen auch Schreibmaschineschreiben). Die regulatorische Besonderheit liegt hier bei der Signalisation.

Seriale Arbeitsbewegungen können rhythmische Ausführungsweise annehmen (z. B. Rammen, Mähen, Sägen oder Hämmern) und sind dann nochmals durch Eigenheiten gekennzeichnet.

Arbeitsbewegungen der bisher abgegrenzten Art können weiter mit und ohne Werkzeuge sowie an Maschinen bzw. in Mensch-Maschine-Systemen ausgeübt werden; da-

[2] Damit sind Grenzen der Übertragbarkeit sportpsychologischer Untersuchungen auf den Arbeitsprozeß und umgekehrt formuliert.

mit sind wiederum jeweils regulative Besonderheiten vorgegeben. Diese bestehen in der Einbeziehung von Geräte-, Maschinen- bzw. Systemeigenschaften in die afferenten Grundlagen der Bewegungsregulation. Es bilden sich Afferenzsynthesen des Typs „Hand + Werkzeug"; Übertragungseigenschaften des maschinellen Glieds von Mensch-Maschine-Systemen werden in die Bewegungsrelation mit je nach der Übertragungsfunktion unterschiedlich großem Lernaufwand eingegliedert.

Dabei ist es praktisch wesentlich, daß bei geübtem Gebrauch von Werkzeugen oder Maschinen nicht mehr die Bedienung des Arbeitsmittels durch die Hand reguliert wird, sondern *unmittelbar* der Prozeß am Arbeitspunkt von Werkzeug und Arbeitsgegenstand. Dementsprechend werden nicht Eindrücke über Widerstände, Lagen oder Bewegungsformen des Arbeitsmittels in der Hand rückgemeldet und erlebt, sondern entsprechende Eigenschaften am Material.[3]

Beim Manipulieren in einem nicht einsehbaren Hohlraum mit einem Instrument (z. B. des Zahnarztes) informieren die der *Hand* übermittelten Widerstände unmittelbar, ohne bewußte Transformationsprozesse, über die Beschaffenheit des Hohlraumes (beispielsweise der Zahnkavität).

Die Körperdrucksensationen beim Abbremsen oder Beschleunigen eines Fahrzeugs am *Rücken* werden unmittelbar erlebt und beantwortet als Eigenheiten der Stabilität der Fahrbahnanlage des *Fahrzeugs* und der *Fahrbahn*beschaffenheit.

Diese Beispiele illustrieren, daß tatsächlich Arbeitsmittel mit ihren Eigenschaften in die den Bewegungsprogrammen zugrunde liegenden Afferenzsynthesen einbezogen werden, als seien es Glieder des eigenen Organismus.[4]

Nur auf dieser Grundlage wird das erwähnte Einbeziehen von komplizierten Übertragungsfunktionen der maschinellen Glieder von Mensch-Maschine-Systemen in die Bedienbewegungsregulation voll einsichtig. Die dargestellten Sachverhalte sind eine Quelle von Anforderungen sowohl an die Auslegung von Arbeitsmitteln wie von Trainingsverfahren.

Schließlich ist unter regulatorischer Sicht zu gruppieren in Führungs- und Zielungsbewegungen; in dieser Gruppierung soll die in der älteren Arbeitspsychologie entwickelte, psychologisch wertvolle Unterscheidung von „verhaltener" und „lockerer" Bewegung mit erfaßt sein. Lockere, gezielte Bewegungen, wie die Transportphase des Greifens, das Schlagen oder das Stoßen, überwinden Entfernungen oder Materialwiderstände rasch;

[3] Der Sachverhalt ist noch weitreichender. Auch beim einfachen Falle der Handarbeit *ohne* Werkzeug wäre Ansatzpunkt der regulativ wirksamen Intention ohnehin nicht das tatsächlich wirksame Muskelsystem von Hand und Arm (als Gliedern des anatomisch-physiologisch aufgefaßten Organismus), sondern die gesehene und propriozeptiv empfundene „Hand" (entsprechend der Repräsentation des eigenen Organismus). Gemeint ist die für das Verständnis der psychomotorischen Regulation wesentliche Unterscheidung zwischen „phänomenalem Ich" (dem operativen Abbildsystem vom eigenen Organismus) und dem „anatomisch-physiologischen Organismus". Extrembeispiel für die Bedeutung dieser Unterscheidung sind die Phantomgliedsensationen Amputierter (z. B. Schmerzen im objektiv nicht mehr vorhandenen Glied).
Die Ansatzpunkte der Bewegungsintentionen liegen im phänomenalen Arm des phänomenalen Ich; die tatsächlichen innervatorischen Angriffspunkte liegen demgegenüber an den verschiedenen beteiligten Muskeln der Hand, des Unter- und Oberarms sowie des Schultergürtels.

[4] Hierbei liegt das Problem der Erweiterung des sogenannten Körperschemas (Schilder 1923) etwa beim Führen eines Fahrzeugs vor.

sie folgen ballistischen Bahnen, eine Kontrolle und Korrektur visuellen Ursprungs ist aus Laufzeitgründen erst in den Schlußphasen möglich.

Verhaltene, geführte Bewegungen (Gravieren, Schreiben, Einstellbewegungen an Bedienteilen) haben demgegenüber ständige raum-zeitliche Kursbestimmungen oder Kraft-Weg-Dosierungen aktiver oder reaktiver Art zu leisten. Es ist keine freie Entfaltung der Kräfte – etwa als an- und auslaufender Schwung – möglich, sondern jederzeit Änderung als Abbremsung (Tempowechsel), Richtungswechsel oder Dosierungswechsel erforderlich. Zur genaueren Anforderungskennzeichnung unter regulatorischem Aspekt ist nach dem Führen auf vorgegebenen Bahnen zu differenzieren, z. B. das Führen eines Lenkrades oder, ohne solche – z. B. Schreiben –, den Bahnparametern und den geforderten Übertragungsfunktionen. Regulatorisch bestehen die Unterschiede darin, daß bei gezielten Bewegungen bezüglich der exterozeptiven Afferenz vorwiegend eine Steuerung, bei geführten Bewegungen dagegen Regelung vorliegt, jede Phase hierbei also in Laufzeitabständen an Reafferenzen korrigiert ist. Diese Eigenarten werden innervatorisch durch entsprechende Anspannung der Antagonisten und damit durch eine hohe statische Komponente der Muskelspannung erreicht. Ist diese Mitanspannung überflüssig oder überstark (etwa als Folge mangelnder Übung, akuter Ängstlichkeit oder persönlichkeitsstabiler Fehlhaltungen), so resultieren verspannte, verkrampfte oder versteifte Bewegungen (für eine eingehendere Ableitung vgl. Rüssel 1961).

Es ist einsichtig, daß mit den steigenden Anforderungen an die Feinheit, Maßhaltigkeit und Weg-Zeit-Kraft-Dosierung bei Bedien- und Steuerbewegungen die Bedeutung der verhaltenen, geführten Bewegungsformen zunimmt. Eine spezielle Form geführter Bewegungen in Mensch-Maschine-Systemen, welche der raum-zeitlichen Folgeregulation veränderlicher Größen bei unterschiedlichen Übertragungsfunktionen der bedienten Mechanismen dienen (z. B. Kurssteuerung in Flugzeugen), werden in ingenieurpsychologischen Untersuchungen in den verschiedenen Arten des „Tracking“ mit dem Ziel analysiert, die Übertragungseigenschaften der „menschlichen Systemkomponente“ als Grundlage angemessener Auslegung von Mensch-Maschine-Systemen zu erfassen.

Hauptformen der als Tracking bezeichneten Verfolgungsbewegungen sind das einfache, direkte Verfolgungstraining (ein fremdbewegtes Objekt und ein damit zur Deckung zu bringender Folgepunkt sind getrennt direkt wahrnehmbar) und das Kompensationstraining (wahrnehmbar wird die Differenz zwischen erforderlicher und ausgeführter Bewegungsbahn). Hinsichtlich der Übertragungsfunktion der beteiligten Mechanismen sind Systeme mit unterschiedlichen Funktionen (Systeme 0., 1., 2. Ordnung) möglich, mit denen die Anforderungen variiert sind (vgl. Petzold 1968, Lomow 1964, Timpe 1968).

9.4. Eigenarten der sensumotorischen Ausführungsregulation und ihre praxiswirksamen Konsequenzen

9.4.1. Einordnender Überblick

Der Gesamtaufbau der sensumotorischen Regulation ist *heterarchisch*: Wir sahen: In heterarchisch organisierten Systemen bestimmen übergeordnete Komponenten untergeordnete nicht ausschließlich. Auch können die untergeordneten Einfluß auf die übergeordneten haben. Das Systemverhalten ist das Ergebnis der Kooperation mehrerer, darunter auch gleichwertiger Systemkomponenten. Heterarchische Systeme können daher mehreren gleichwertigen, also einander nicht über- oder untergeordneten Zielen dienen. Sie sind ein allgemeineres und zutreffenderes Modell der Verhaltensregulation als das einseitig aufgefaßte hierarchische.

Zyklische Struktur und ihre Bestandteile

1. Die sensumotorische Ausführungsregulation weist die im 4. Kapitel bei der Behandlung der funktionellen Regulationseinheiten (VVR-Einheiten = Vornahme-Veränderungs-Rückkoppelungs-Einheiten; „TOTE-Einheiten“) global dargestellte **zyklische Grundstruktur** auf. An Hand der sensumotorischen Regulation soll deren Darstellung weiter differenziert werden.

Für die Analyse dieser zyklischen sensumotorischen Grundstruktur besitzen systemtheoretische Sachverhalte Bedeutung. (Auf der vergleichsweise unkomplizierteren Ebene der sensumotorischen Regulation ist die Bezugsetzung zu systemtheoretischen Erkenntnissen am leichtesten möglich.) Die VVR-Einheiten stellen die besondere organismische Elementarform eines allgemeinen Organisationstyps bestimmter informationsverarbeitender Systeme dar, nämlich vermaschter Systeme. Regelkreise sind derartige vermaschte Systeme.

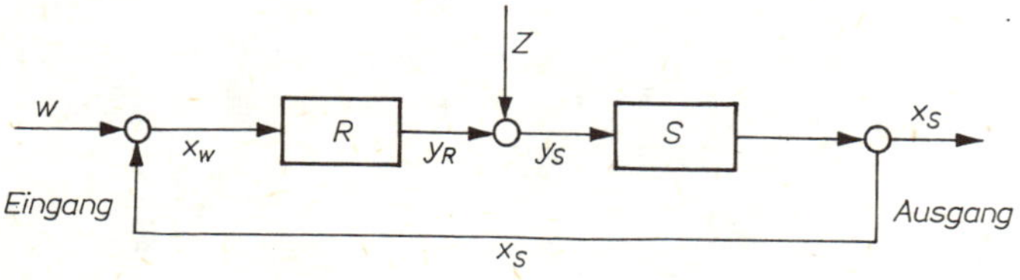

Abb. 9.6: Aufbau eines einfachen Regelkreises.

R	Regeleinrichtung (Regler, Regelzentrum);
S	Regelstrecke (zu regelndes Objekt mit Meß- und Verstellungsmechanismen);
w	Führungsgröße (Sollwert aus übergeordnetem Regelzentrum);
x	Regelgröße (zu regelnde Größe);
y	Stellgröße;
Z	Störgröße.

Abb. 9.6 zeigt die Strukturgrundform eines Regelkreises. Das Charakteristische ist, daß durch Rückkoppelung ein geschlossener Kreis des Informationsflusses vorliegt.

Die zu regelnde Größe kann gegenüber äußeren Einflüssen auf einem Sollwert festgehalten werden (Halteregelung) oder nach Vorgaben (Sollwerten) geführt werden (Folgeregelung). Gegen die Auswirkungen von **Störgrößen,** welche die Regelgröße aus ihrem Normzustand ablenken, wird die Regelgröße festgehalten bzw. sollwertgerecht geführt. Grundlage dafür ist die Messung der Regelgröße x_S und ihr Vergleich mit dem Sollwert. Es wird die Regelabweichung $x_w = x_S - w$ gebildet, die – solange sie nicht null ist – als Regelantwort einem Stellglied mitgeteilt wird, welches Ausgleichsvorgänge ausführt. Bei vielen organismischen Regelvorgängen wird nicht nur die Regelabweichung als Differenz von Soll- und Istwert gebildet, sondern der Differentialquotient der Regelabweichung nach der Zeit. Dadurch wird der Regler befähigt, in die Zukunft zu extrapolieren (Vorhalteregler). Das Ergebnis wird erneut gemessen und wie geschildert verarbeitet. Damit können Störungen ausgeglichen und die eigenen Funktionen hinsichtlich Hinlänglichkeit oder Überschießen kontrolliert werden.

Der einzelne Regelkreis kann ein ausführendes Organ übergeordneter Aufgaben sein, indem ihm Führungsgrößen aus höheren Regulationsinstanzen zugehen. Im Organismus existieren Systeme von in Neben- und Unterordnungsverhältnissen ineinandergeschalteten (vermaschten) Regelkreisen.

Untergeordnete Regelkreise können eine relative Selbständigkeit in der Art der Ausführung ihrer Funktionen haben und rückwirkend auf übergeordnete Einfluß erhalten. Die sensumotorische oder Bewegungsregulation ist also in sich äußerst komplex. Einerseits sind mehrere Ebenen von Regulationsinstanzen beteiligt. Übergeordnete Ebenen erfüllen Abstimmungsaufgaben und geben Vorgaben einschließlich antizipativer Bewertungsgrundlagen für künftige Bewegungen (zentrale antizipative „Rückmeldungen"). Sie erhalten von den relativ selbständigen untergeordneten Ebenen Rückmeldungen, welche übergeordnete Vorgänge verändern können. Andererseits sind auf der gleichen Ebene mehrere teilautonome Regulationsinstanzen kooperativ an der Regulation beteiligt. Sie können einander weitgehend ersetzen (**motorische Flexibilität, motorische Äquivalenz**). Die Vorteile dieser komplizierten heterarchischen Organisation sind
- Kompensierbarkeit von Regulationsinstanzen,
- Flexibilität der Bewegungen in Abhängigkeit von ihrem Kontext und Übertragbarkeit von Programmen zwischen verschiedenen Regulationsinstanzen,
- Fehlerreduktion.

Als Nachteil wird ein denkbarer Genauigkeitsverlust gegenüber einer einzelnen Kontrollinstanz diskutiert, welche eine Bewegung selbst bis ins letzte Detail reguliert (Schmidt 1975, Stelmach 1978, Stelmach und Diggles 1982).

Im Fall hinreichender Isolierungsmöglichkeiten lassen sich die Ergebnisse der Untersuchung von Regelkreisen mathematisch (als Differentialgleichungen) formulieren. Eine Schwierigkeit bei der Anwendung der Grundgedanken der Regelung auf Arbeitstätigkeiten besteht im zutreffenden Abstecken des Nützlichkeitsbereichs: Wertvolle Aussagen werden möglich bei Arbeitstätigkeiten vom Typus der Prozeßregulation (z. B. Regulation eines chemischen Prozesses, Führen eines Fahrzeugs, Einstellen von Geräten). Daneben gibt es Arbeitstätigkeiten (z. B. Herstellung eines gegenständlichen Resultats, etwa Montage einer Baugruppe oder der Lösung eines Problems, etwa der Diagnose eines Zustands), bei denen beim gegenwärtigen Kenntnisstand eine regelungstheoretische Betrachtungsweise – über die Untersuchung auch hier gegebener Rückkoppelungsbeziehungen (Kontrolloperationen) hinaus – kaum Erkenntniswert besitzt. Allerdings können bei zahlreichen Arbeitstätigkeiten mindestens Teiltätigkeiten unter regelungstheoretischen Aspekten analysiert werden, z. B. hauptsächlich kontinuierliche sensumotorische Vorgänge.

Im Fall von sensumotorisch akzentuierten Arbeitstätigkeiten vom Typus der Prozeßregulation bzw. der Prozeßregulation entsprechenden Teiltätigkeiten liegt die **Bedeutung regelungstheoretischer Erkenntnisse und Untersuchungsmethoden** vor allem darin, daß
- präzise Untersuchungshypothesen über die Wirkungsweise beteiligter Vorgänge möglich werden (diesbezügliche Hypothesen können z. B. sein:
  - – Instabile Regelungssysteme sind an verlängerten Einschwingzeiten bei Einfluß von Störgrößen oder Sollwertverstellungen zu erkennen. Dynamische Instabilität kann zurückgehen auf die Totzeit oder den Verstärkungsfaktor.
  - – Verzögerung der Rückkoppelung beeinträchtigt eine Anpassung);

- bekannte Untersuchungshilfsmittel bis hin zur Modellierung nutzbar sind,
- mathematische Formulierungen der Resultate möglich werden.

Analysieren wir im folgenden diese zyklische (Regelkreis)-Struktur im einzelnen unter **psychologischen Gesichtspunkten:**

Die Aufgabe führt auf der Grundlage eines Systems **bewegungsorientierender Abbilder** zu einem die Bewegungsausführung und das Resultat vorwegnehmenden und als Vergleichsmuster (im Sinne von Anochins Aktionsakzeptor) regulierenden **Bewegungsentwurf,** dessen Realisierung in mehrfacher Weise **zurückgemeldet** wird und dabei die weitere Regulation mitbestimmt (s. Abb. 9.7).

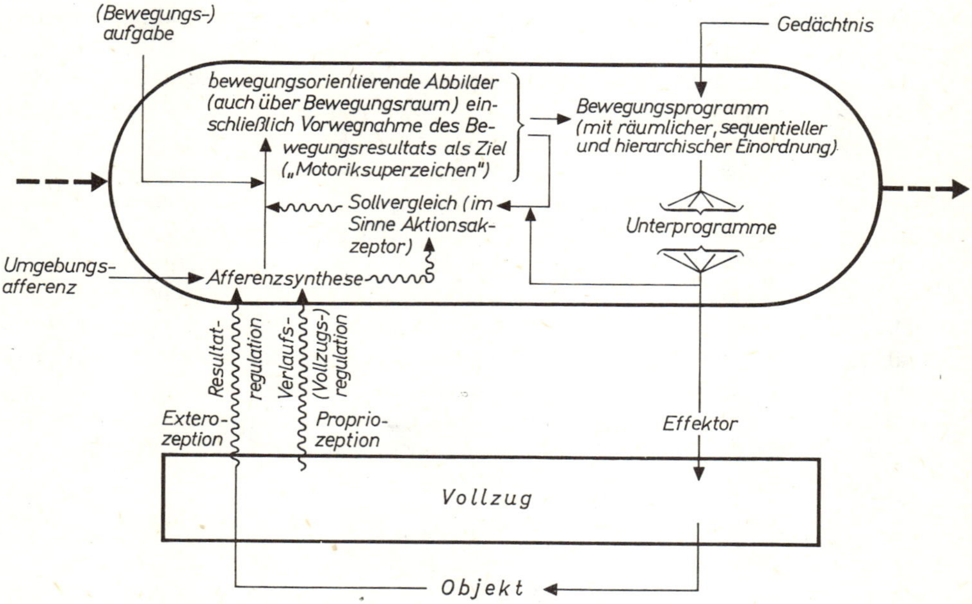

Abb. 9.7: Schematische Darstellung zur zyklischen Struktur der Bewegungsregulation.

Die Rückmeldung erfolgt

- **zentral in antizipierter Form:** Vom Kleinhirn wird aus den motorischen Kommandos die Bewegung vorausberechnet und mit der internen Repräsentation der Sollbewegung *vor* der peripheren Rückmeldung verglichen (innere Rückmeldung; S. 102, 280, 300).
- **propriozeptiv** über die Parameter der Bewegungsausführung („Verlaufsregulation");
- **exterozeptiv** über Parameter des Bewegungsergebnisses („Erfolgsregulation"; „resultative Afferenz" nach Anochin 1963).

Die führende Rolle hat die Rückmeldung über das Handlungsergebnis.

Für die psychologische Analyse und Beeinflussung der sensumotorischen Regulation ergeben sich mithin drei Ansatzstellen:

1. die Entstehung und die Adäquatheit der bewegungsregulierenden Abbilder, darin
2. die Rolle des Systems der Verlaufskontroll- und der Erfolgsrückmeldungen sowie
3. die Entstehung und die Beschaffenheit der Bewegungsentwürfe (-programme).

Die phänomenologische Analyse läßt wegen der fehlenden Bewußtseinspflicht wenig Einblicke erwarten. Dennoch sind die bei differenziertem Vorgehen zu gewinnenden Hinweise erstaunlich. Ach (1935) konnte „Bewegungs"-oder „Spannungs"empfindungen nachweisen, die der Bewegung in den Organen *vorangehen*, welche die Bewegung ausführen sollen. Sie wurden gefunden, wenn:
- eine Bewegung ausgeführt werden soll, welche nicht sofort realisiert werden kann;
- die betreffende Bewegung ungeübt ist;
- die Ausführung der Bewegung gehemmt wird.

Da diese Empfindungen dem Vollzug der Bewegungen vorangehen und deren Richtung angeben, bezeichnet Ach sie als „intentionale Empfindungen". Sie stellen offensichtlich die phänomenale Seite der Orientierung und Programmentwicklung für Bewegungen dar. Weitergehenden Aufschluß ergibt eine funktionelle Analyse.

Zu 1 und 2: Bei den **bewegungsregulierenden Abbildern** gehört das Verhältnis der beteiligten propriozeptiven und exterozeptiven Daten und ihre konkrete regulatorische Wirkungsweise zu den theoretisch und praktisch wesentlichen Fragen. Die tätigkeitsrichtenden, bewußtseinsfähigen Informationen über die **Resultate** von Bewegungen können vom Wesen der Sache her nicht rein propriozeptiver Art sein, sondern erfordern die Beteiligung exterozeptiver Daten. Um Bewegungen führen zu können, müssen sie jedoch mit den Daten propriozeptiver Art verknüpft sein. Dagegen ist die untergeordnete, nicht bewußtseinsfähige bewegungsverlaufsregelnde Afferenz rein propriozeptiv. Mit der psychischen Automatisierung einer Verrichtung nimmt die Bedeutung dieser propriozeptiven Signale zu und die der exterozeptiven ab. Diese Zunahme ist jedoch davon abhängig, daß die propriozeptiven Signale bedingt-reflektorisch mit exterozeptiven Signalen verknüpft sind. Jede Signalisierung einer Lageveränderung eines Glieds im Raum muß – im Arbeitsprozeß – die Lage zu den Gegenständen im Raum einschließen; das ist nur propriozeptiv nicht möglich (Abb. 9.8).

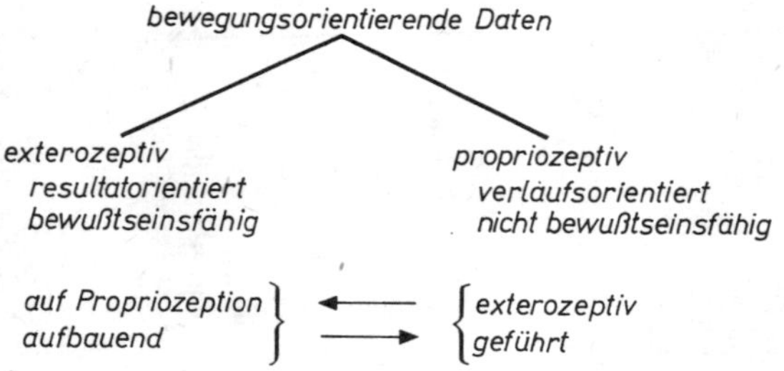

Abb. 9.8: Grundlagen der Bewegungsorientierung.

Im System der bewegungsorientierenden Abbilder sind mithin Exterozeption und Propriozeption vertreten, wobei die beteiligte Propriozeption exterozeptiv geführt ist.

Zu 3: Bei den antizipativ gebildeten **Bewegungsentwürfen (-programmen)** ist umstritten, ob Sollrepräsentation und Programm etwas Verschiedenes sind (Heuer 1978). Die Programme müssen auf Invarianten aufbauen und sowohl in festgelegter Weise abgewickelte wie während der Bewegung durch sensorische Korrekturen umgestellte Unterprogramme einbeziehen. Da unterschiedliche, austauschbare Bewegungsstrukturen zu gleichen Ergebnissen führen, ist die kinetische oder geometrische Beschaffenheit der Bewegungen *nicht* die Invariante, die den Erfolg einer Verrichtung bestimmt.

Dieser Tatbestand ist sogar bei der ausführungsorientierten Regulation sportlicher Bewegungen zu belegen. So haben Sportpsychologen gezeigt, daß gute Werfer nicht kennzeichnet, daß sie je für sich das Optimum von Wurfwinkel und Wurfstärke besonders genau einhalten, sondern eine besonders feine **wechselseitige Abstimmung** von Winkel und Stärke erreichen.

Übereinstimmend wird betont, daß die erforderliche Invariante nur in der **Vorwegnahme des Bewegungsresultats** beruhen kann. **„Der Effekt bestimmt sich im einzelnen Bewegungsabschnitt nicht zwangsläufig aus seinen Komponenten, sondern das aktuelle Geschehen richtet sich vorwiegend nach dem Effekt“** (von Weizsäcker 1947, S. 139). Diese Resultatsrepräsentation kann die Befehle (Entwürfe) *laufend* erzeugen. Dabei hat die Vorwegnahme des Bewegungsresultats trotz ihrer psychischen Determination nicht die Eigenschaften eines Vorsatzes, ist also nicht bewußtseinspflichtig.

Mit dieser Hervorhebung der regulativen Bedeutung der Effektantizipation ist allerdings noch wenig über ihre Wirkungsweise und ihre Beziehung zu den Bewegungsprogrammen ausgesagt. Dazu ist folgendes zu bedenken: Bewegungen und ihre Komponenten sind **sequentiell organisiert.** Bewegungen können aus zahlreichen Ausgangspositionen und mit unterschiedlichen Kräften begonnen werden; einmal eingeleitet, wird aber die Zahl der Freiheitsgrade der weiteren Vollzugsbestandteile – sofern am einmal gesetzten Resultat festgehalten wird – fortlaufend kleiner, und das letzte Element bestimmt schließlich – selbst aus der vorangehenden Sequenz determiniert – das Resultat. In diesem Sinne bezeichnet Bernstein (1957) die Bewegungskoordination als das Überwinden überflüssiger Freiheitsgrade.

Diese sequentielle Organisation ist hierarchisch überformt. Begrenzte Folgen von Muskelaktionen werden zu festen **motorischen Einheiten,** welche als Komponenten oder Unterprogramme in viele verschiedene Bewegungen als Ganzes eingebaut werden können. Die Bewegungen bedienen sich ihrer im Sinne von übergeordneten Programmen, die den Einsatz von Unterprogrammen bestimmen. Die Antizipation des Bewegungseffekts muß nach alledem zur Aktivierung eines flexiblen motorischen Oberprogramms mit der beschriebenen Funktion führen.

Funktionelles System

2. Neurophysiologische Untersuchungen zahlreicher Forscher (Bernstein 1957, Lashley 1951, zit. nach Jeffres 1951, Anochin 1967, Luria 1970a, b, 1973) haben gesichert, daß jedes komplexe Verhalten abhängig ist von gemeinschaftlichen Operationen verschiedener Hirngebiete (Abb. 9.9).

Diese gemeinschaftlichen Operationen bilden überdauernde, aber anpassungsfähige größere regulative Funktionseinheiten nach der VVR-Grundstruktur, die als **„funktionelles System“** bezeichnet werden. Funktionelle Systeme existieren für alle komplexen Verhaltensformen. Mit der Darstellung am Beispiel der sensumotorischen Bewegungsregulation wird zugleich die Darstellung zur psychischen Regulation von Arbeitstätigkeiten im 4. Kapitel weiter differenziert.

Dort wurde dargestellt, daß sich funktionelle Regulationseinheiten bilden, daß diese Orientierungs- und Entwurfsvorgänge einschließen, daß ihre prinzipielle Grundstruktur die hierarchisch verschachtelter VVR-Glieder ist.

Hier werden nunmehr 1. sowohl die Orientierungs- wie die Entwurfsvorgänge genauer erörtert, und 2. wird gezeigt, daß ihnen wohlabgrenzbare neurophysiologische Vorgänge und Hirnstrukturen zugrunde liegen.

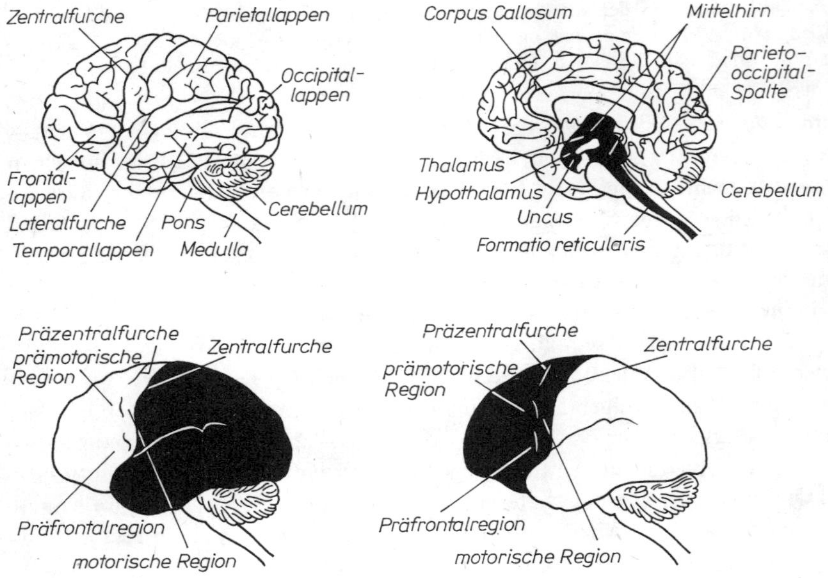

Abb. 9.9: Hirnregionen und ihre Funktionen.
Oben links ist die Grobanatomie des menschlichen Gehirns dargestellt. Die anderen Zeichnungen identifizieren drei an der Organisation des Verhaltens beteiligte Hauptabschnitte des Gehirns. Der erste Hauptabschnitt (oben rechts) umfaßt den Hirnstamm; er reguliert zusammen mit dem darüberliegenden limbischen System die Wachheit und die Reaktionsfähigkeit auf Reize. Der zweite Hauptabschnitt (unten links) spielt eine Schlüsselrolle in der Analyse, Kodierung und Speicherung von Informationen. Der dritte Hauptabschnitt (unten rechts) ist bei der Formierung von Vornahmen und Programmen beteiligt (Luria).

Auch willkürlichen Bewegungen liegt ein ganzes funktionelles System zugrunde. Die Funktionen des motorischen Kortex (mit den großen Betzschen Pyramidenzellen) sind darin zwar beteiligt, reichen jedoch bei weitem nicht zur Formierung einer Bewegung aus (Abb. 9.10). Das funktionelle System besitzt folgende Komponenten:

a) System der afferent-reafferenten Signalisation (postzentrale kortikale Region)[5]

Es ist wohl bewiesen, daß eine Bewegungsregulation ohne fortwährende Reafferentation, also allein durch efferente Impulse, unmöglich ist. Zur Korrektur der Bewegungsprogramme in Abhängigkeit z. B. von der Ausgangsstellung der Gliedmaßen werden Rückmeldungen benötigt. Ihr Ausfall – im Extremfall etwa durch Verletzungen der postzentralen sensorischen Region – führt zur Unfähigkeit zu organisierten Bewegungen (zur afferenten Paresis).

Nur *kurzzeitig* können Bewegungen (z. B. der Augen; Jones und Hulme 1976) *programmgesteuert* erfolgen, also ohne propriozeptive Rückmeldungen, nur nach *vor* Beginn festgelegten Befehlen.

Die rückmeldungsgestützte Regelung und die rückmeldungsfreie Programmsteuerung sind nach bisherigem Wissen einander ergänzende Formen der Bewegungsregulation (Heuer 1983).

[5] Die Angaben der vorwiegend die jeweilige Teilfunktion realisierenden Großhirnrindenareale dürfen nicht im Sinne überholter starrer Lokalisationslehren mißverstanden werden, sondern sind auf dem Hintergrund des Konzepts des funktionellen Systems zu verstehen.

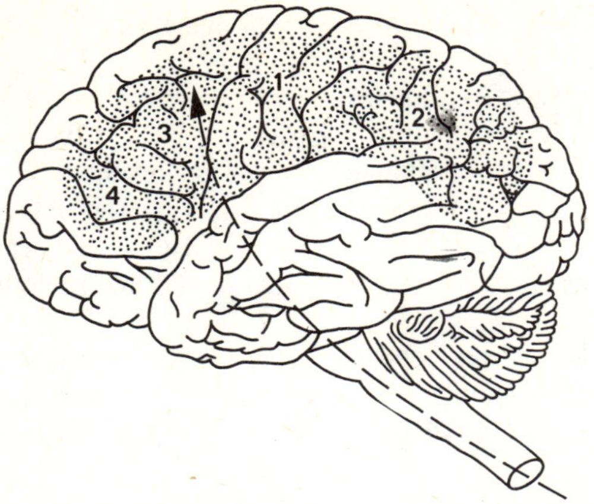

Abb. 9.10: Willkürbewegungen werden durch einen Komplex kortikaler und subkortikaler Zonen reguliert. Nach klassischer Auffassung werden Willkürbewegungen mit den großen Pyramidenzellen des Kortex (Pfeilspitze) erzeugt; diese besitzen lange Axonfasern, welche Impulse zum Rückenmark leiten. Heute ist bekannt, daß andere Zonen, welche sich an Willkürbewegungen beteiligen, sind:
(1) postzentrale Zone, die befaßt ist mit sensorischen Rückmeldungen von den Muskeln;
(2) parieto-occipitale Zone, die an der räumlichen Orientierung von Bewegungen beteiligt ist;
(3) prämotorische Zone, welche befaßt ist mit der Abfolge von Einzelgliedern des motorischen Verhaltens, sowie der
(4) Frontalbereich, der die Bewegungen programmiert.
Schäden in verschiedenen Zonen lassen unterschiedliche Verhaltensabweichungen entstehen (Luria).

Ein endgültiges Abstecken der Anteile von Regelung und Programmsteuerung ist noch nicht gelungen. Zum Vermeiden von Mißverständnissen ist hervorzuheben, daß ein Vorliegen von Bewegungsprogrammen nicht mit dem Vorliegen rückmeldungsfreier Programmsteuerung gleichgesetzt werden darf. Der Einsatz von Programmen kann durchaus durch Rückmeldungen geleitet oder modifiziert sein. Ein neuerer Überblick findet sich dazu bei Harvey und Greer (1980) oder Heuer (1983).

b) Räumliche Orientierung (parieto-occipitale Region)

Die Entstehung eines Bewegungsentwurfs oder -programms und seine Einordnung in den Raum, die Herstellung räumlicher Beziehungen, sind nach derzeitigem Wissen getrennte Leistungen (von Hajos 1968). Verletzungen in bestimmten Teilen des parieto-occipitalen Areals führen zu einem getrennten Verlust der Fähigkeit zur Einordnung in räumliche Relationen.

Die sensorische Rückkoppelung zur Korrektur der Bewegungsprogramme und die räumliche Einordnung reichen jedoch bei weitem nicht zur Entwicklung einer Bewegung aus; sie schaffen zunächst die Orientierungsgrundlagen. Hinzu treten spezifische Entwurfsvorgänge.

c) Sequentielle Organisation (prämotorische Region)

Bewegungen sind Folgen von Aktionen von Muskeln, zwischen denen Wechselbeziehungen hergestellt sein müssen. Nur wenn bereits ausgeführte Teile blockiert und der Impuls zeitgerecht zum folgenden Teil verlagert wird, kann eine koordinierte Bewegung ausgeführt werden. Beim Ausfall der Fähigkeit zur Herstellung sequentieller Wechselbeziehungen entsteht eine Desintegration, ausgeführte Bewegungsschritte können nicht rechtzeitig abgebremst und durch den nächsten Schritt abgelöst werden.

d) Eingliederung von Bewegungen in übergeordnete Aktionsprogramme (Präfrontalregion)

Bewegungen sind Komponenten zielgerichteter Aktionen, aus denen sie ihre zweckdienliche Führung erhalten. Bei Störungen im Präfrontallappen des Kortex bleiben die geordnete Abwicklung, die reafferente Korrektur und räumliche Einordnung unbeeinträchtigt, zielgerichtete Aktionen werden jedoch abgelöst und durch sinnlose Wiederholungen bereits ausgeführter Bewegungen oder durch impulsive Reaktionen auf zufällige Reize. Die unbeeinträchtigte Bewegungsausführung ist nicht mehr Komponente hierarchisch übergeordneter Handlungen.

Insgesamt wird deutlich, daß die Regulation von Arbeitsbewegungen mehrere wohlabgrenzbare, durch Untersuchungen von Hirnleistungsstörungen erwiesene Teilvorgänge umfaßt, welche unerläßliche Komponenten eines funktionellen Systems von Regulationsgrundlagen darstellen.

Vom Regulationsaspekt her konzipierte Arbeitsbewegungsuntersuchungen müssen mithin diese vier unerläßlichen Teilvorgänge untersuchen; arbeitsgestalterische und arbeitspädagogische Vorhaben müssen sie verändern bzw. berücksichtigen.

Ansatzpunkte der Arbeitsgestaltung

3. Die Orientierungs- und Entwurfsvorgänge in der sensumotorischen Regulation determinieren sowohl die **Struktur** wie das **Resultat** der Verrichtungen. Eben damit bieten sie Ansatzpunkte für arbeitsgestalterische Maßnahmen.

Der Einfluß von Orientierungs- und Entwurfsvorgängen auf die Struktur ist am Entstehen leistungsbeeinflussender Wechselwirkungen innerhalb aufeinanderfolgender Teilverrichtungen auf Grund kognitiver Vorwegnahme- und Nachbearbeitungsvorgänge zu erkennen. Dazu zwei Beispiele:

a) Bei einer einfachen Montagearbeit (Simon und Smader 1955) waren Lochscheiben auf Stifte zu stecken, und zwar einmal so, daß eine gut sichtbare Markierung nach oben zeigt, zum anderen so, daß eine beliebige Seite oben liegen durfte. Verglichen wurden die vier meßbaren Teilzeiten Ergreifen, Hinführen, Aufstecken und Zurückführen der unbeladenen Hand. Im Sinne von Systemen vorbestimmter Zeiten könnte erwartet werden, daß sich die Gesamtdauer verlängert um die Dauer der isolierbar gedachten hinzutretenden Differenzierungs- und Drehoperationen und daß die Dauer der nicht betroffenen Teiloperationen unverändert bleibt (Tab. 9.2). Tatsächlich sind jedoch sämtliche Teiloperationen signifikant verlängert, also nicht nur das Hinführen, währenddem differenziert und erforderlichenfalls gedreht wird. Die zusätzliche kognitive Leistung übt also voraus- wie nachwirkend Einfluß auf die gesamte

Tab. 9.2: Einfluß einer zusätzlichen kognitiven Anforderung (bei Aufgabe B) während einer Teilverrichtung auf die zeitliche Gesamtstruktur der Tätigkeit; Aufgabe A: beliebiges Aufstecken, Aufgabe B: Aufstecken so, daß Markierung oben: Differenzen sämtlich hochsignifikant (nach Simon und Smader 1955)

Teilverrichtungen	Zeitverlängerung bei Aufgabe B	
	Erwartung	Beobachtung (%)
Ergreifen	=	+ (7,7)
Hinführen (einschließlich Differenzieren und Drehen)	+	+(12,3)
Aufstecken	=	+(15,1)
Rückbewegung	=	+ (4,5)

Bewegungsstruktur aus, verändert auch deren Wechselbeziehungen und läßt sich mithin nicht auf eine additive Komponente reduzieren. Die Konsequenzen für die Art und Weise des Einsatzes von Systemen vorbestimmter Zeiten sind offenkundig.

b) Damit ist zunächst die leistungsbeeinflussende Wirkung kognitiver Vorwegnahme- und Nachverarbeitungsvorgänge demonstriert. Läßt sich auch belegen, daß diese allmählich, d. h. im Maße der Entwicklung gefestigter Orientierungsgrundlagen und Aktionsprogramme entstehen? Singleton (1968) teilt einen instruktiven Befund von Raju über die Abhängigkeit der Veränderungen in einer mehrgliedrigen Aufgabe von der Variation der Genauigkeitsanforderung bei einer einzelnen Teilaufgabe mit (Tab. 9.3).

Variiert wird lediglich die am Drehschalter geforderte Einstellgenauigkeit. Während bei Ungeübten sich nur die Einstellzeit (und dadurch die Gesamtdauer) verändert, tritt bei Geübten ein scheinbares Paradoxon auf: Die Veränderung breitet sich auf die vorangehende und die nachfolgende Bewegung aus, ohne daß die Einstellzeit selbst noch verändert ist. Auch die Gesamtdauer ist signifikant verkürzt. Die Erklärung findet sich in den kognitiven Vorgängen des Entwurfs der Einstellbewegung bereits während der vorangehenden Bewegung und ihrer Kontrolle während der nachfolgenden.

Tab. 9.3: Einfluß einer kognitiven Anforderungsvariation auf die Komponenten einer Tätigkeitssequenz bei Ungeübten vs. Geübten; Differenzen signifikant; – keine Veränderung (nach Raju; zit. nach Singleton 1968)

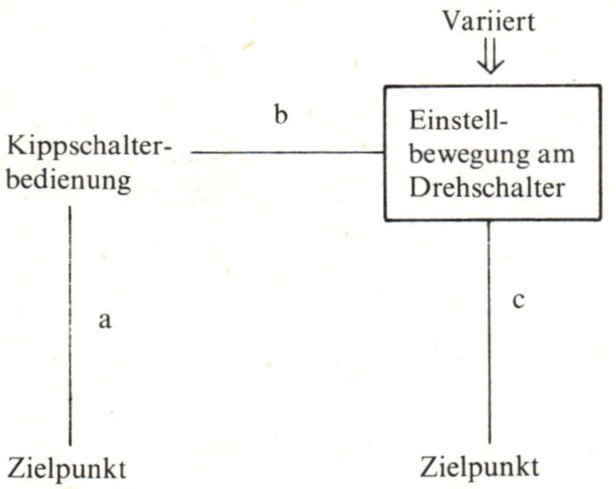

Teilverrichtungen	Zeitveränderung bei Variation der Einstellgenauigkeit	
	Ungeübte	Geübte
Bewegung a	–	–
Kippschalter-bedienung	–	–
Bewegung b	–	+
Einstellung des Drehschalters	+	–
Bewegung c	–	+
Gesamtzyklusdauer	+	–

Diese im Lernprozeß entstehende Ausstrahlung kognitiver Regulations- (also Orientierungs- und Entwurfs-)Vorgänge äußert sich in Gruppierungsvorgängen mit der Folge der Veränderung der psychischen Gesamtstruktur der jeweiligen Tätigkeit (Singleton 1968). Die **Konsequenzen für Arbeitsstudium und Arbeitsgestaltung** liegen auf der Hand. Eine Erklärung der im Beispiel dargestellten Strukturveränderungen der Arbeitstätigkeit ist ebenso wie das gezielte Ableiten arbeitsgestalterischer Optimierungsschritte ohne Berücksichtigung dieser leistungsbestimmenden psychischen Regulationskomponenten fruchtlos.

Damit ist zunächst eine globale Kennzeichnung der Wirkung psychischer Regulationsvorgänge auf die Struktur sensumotorischer Verrichtungen gegeben.

Die Wirkung speziell der **Orientierungsvorgänge** in der sensumotorischen Regulation wurde am Beispiel der unterschiedlich kompatiblen Vorgabe tätigkeitsleitender Informationen zusammen mit den Auswirkungen auf Struktur und Resultat (z. B. Fehler) bereits in Abschnitt 9.2.4. dargestellt. Weitere Belege – wiederum auch für die Möglichkeiten zur Beeinflussung von Struktur und Resultat (Arbeitsmenge, Arbeitsfehler) – wurden im 8. Kapitel bei der Behandlung der Transformationsleistungen geliefert.

Ebenso wie an den bewegungsorientierenden Abbildern können arbeitsgestalterische Maßnahmen anknüpfen an den *Aktionsprogrammen* und dabei gleichfalls effektivitätssteigernde Veränderungen in der Struktur von Arbeitsbewegungen wie im Leistungsergebnis erzielen. Ein einschlägiges Beispiel wird im Abschnitt 9.4.3. gegeben.

9.4.2. Bewegungsorientierende Abbilder: Sensorische Grundlagen der Regulation von Arbeitsbewegungen

9.4.2.1. Arten erforderlicher sensorischer Daten und ihre Abhängigkeiten

„Die Fähigkeit, Informationen ... von der Umgebung und dem eigenen Bewegungsapparat ... aufzunehmen, ist das Geheimnis vieler eingeübter Aktionen" (Kay 1957, S. 220). In den psychologischen Leitgesichtspunkten für die Analyse und Gestaltung von Arbeitsbewegungen (9.2.3.) wurde bereits formuliert, daß Bewegungen vorrangig unter afferent-sensorischem — nicht unter effektorischem — Aspekt untersucht werden müssen. Ohne fortlaufende Erfassung und Verarbeitung sensorischer Daten über den Bewegungsverlauf sind geordnete Bewegungen unmöglich. Das Bereitstellen angemessener bewegungsorientierender Informationen ist damit die grundlegende Aufgabe diesbezüglicher Arbeitsgestaltungs- oder Anlernmaßnahmen.

Visuelle und taktil-kinästhetische Information für Entwurf und Korrektur

Die sensorischen Daten sind erforderlich
- als Basis des Bewegungs**entwurfs**,
- als Grundlage der **Korrektur** verwirklichter Bewegungsentwürfe.

Der auch bedeutungsmäßig überwiegende Teil der sensorischen Daten ist reafferenter Art, entstammt also Rückmeldungen über ablaufende sensumotorische Vollzüge oder über deren Resultate. Sensorische Daten sind die **Basis des Bewegungsentwurfs** sowohl bei gezielten wie bei geführten Bewegungen. Sind die sensorischen Daten nicht zutreffend oder nicht ausreichend, so realisiert die Bewegung nicht das erforderliche Resultat. Daß unzutreffende sensorische Daten tatsächlich bereits zu falschen Entwürfen führen, läßt sich experimentell belegen. Die Bewegungsgeschwindigkeit ballistischer Zielbewegungen wächst mit der zurückzulegenden Strecke (Schmidtke 1960b). Abb. 9.11 veranschaulicht diesen Sachverhalt. Bietet man eine zurückzulegende Strecke in Vergrößerung, also hinsichtlich der Weite unzutreffend, so ist bereits die Anfangsgeschwindigkeit der Bewegung auf die vermeintlich längere Strecke eingestellt, also höher (Abb. 9.12).

Die Größe der Abweichung des Soll- vom Istverlauf bei sensorischer Fehlinformation ist abhängig von
- dem Ausmaß der Fehlinformation und
- den Rückkoppelungsverhältnissen. Da Korrekturen nur in Laufzeitabständen möglich sind, sind um so größere Abweichungen bis zu einer Korrektur aufgelaufen, je höher die Laufzeit des fraglichen Regulationssystems und die Bewegungsgeschwindigkeit sind.

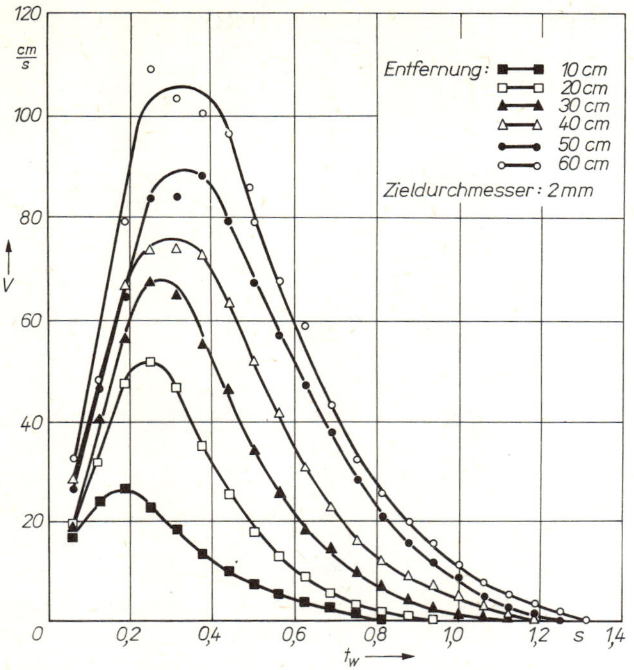

Abb. 9.11: Abhängigkeit der Bewegungsgeschwindigkeit von der Entfernung (Schmidtke 1960).

Damit ist verständlich, daß geführte Bewegungen bei Fehl- oder Minderinformation anders beeinträchtigt sind als gezielte. Koordinatendehnungen führen wegen der laufzeit- und bewegungstempobedingten späten Korrekturmöglichkeiten bei ballistischen Zielungen zu beträchtlichen Abweichungen, bei geführten Bewegungen dagegen nur zu unwesentlichen Beeinträchtigungen.[6] Ein Bewegungsentwurf dient im ersten Fall der Regulation über längere Bahnabschnitte als im zweiten (Abb. 9.13).

Ebenso wie die Adäquatheit der sensorischen Daten die Güte des Bewegungsentwurfs bestimmt, bestimmt sie auch dessen **Korrektur** bzw. Angleichung an veränderte Bedingungen; unzutreffende sensorische Daten führen zu Fehlkorrekturen.

An der Regulation von Bewegungen sind stets **mehrere Regulationssysteme** mit jeweils unterschiedlichen sensorischen Ausgangsdaten gleichzeitig beteiligt. Durch unterschiedliche Zugänglichkeit der bewegungsorientierenden Daten und unterschiedliches Ausmaß psychischer Automatisierung übernehmen wechselnde Regulationssysteme dabei die Führung. Die im Arbeitsprozeß vorherrschenden Handbewegungen werden durch das **taktil-kinästhetisch** vermittelte und das **visuell** vermittelte Regulationssystem gelenkt, die in der Literatur häufig als interner bzw. externer Regelkreis bezeichnet werden. Mit Volpert (1969) kann man ihre Kennzeichen wie folgt gegenüberstellen (Tab. 9.4).

Diese beiden Regulationssysteme wirken nicht alternativ, sondern kooperativ, wobei jeweils ein System die Führung übernimmt. Dieses relativ (d. h. auflösbar) verfestigte

[6] Andere Verhältnisse liegen bei Koordinatenspiegelung vor. Hier sind die Bewegungsentwürfe zutreffend, ihre Raumeinordnung ist jedoch sowohl bei gezielten wie bei geführten Bewegungen falsch.

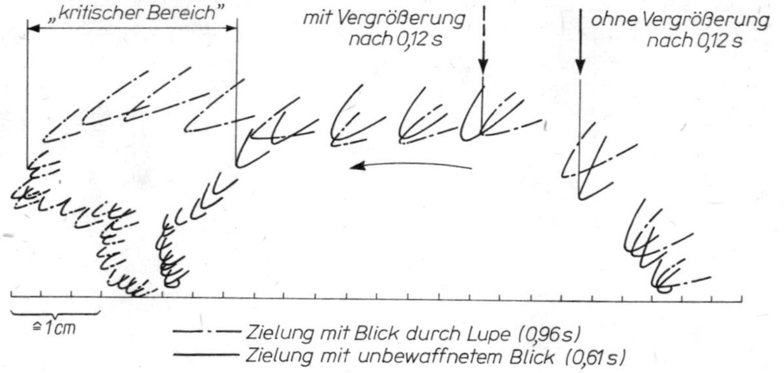

Abb. 9.12: Verlaufsdarstellung zweier Zielungen (mit bzw. ohne Lupe), gezeichnet nach Filmaufnahme. (Die **V**-förmigen Darstellungen zeigen die Stabspitze; von Stabstellung zu Stabstellung in der Zeichnung besteht ein Zeitabschnitt von 0,003 s.)

Gezielte Bewegung	Geführte Bewegung
Beispiel: optisch kontrolliertes Greifen nach großflächigem Objekt	Gravieren einer gekrümmten Linie
elementares Modell: ballistische Zielbewegung	Nachfahren von Linienzügen
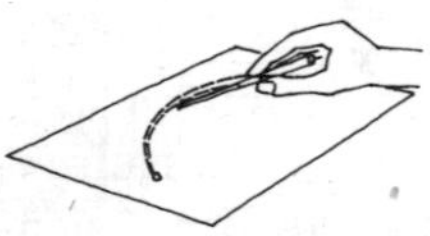	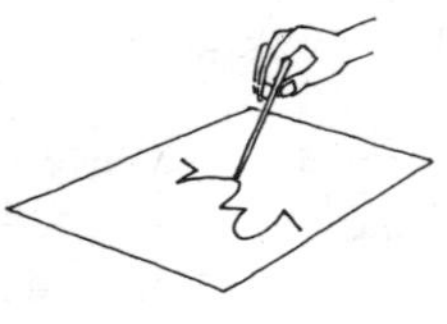
Wirkung einer visuellen Transformation (Vergrößerung) durchgehende Beeinträchtigung von Bahnparametern, Treffgenauigkeit und Zeitbedarf	keine Beeinträchtigung von Verlaufskennwerten, Resultatskennwerten und Zeitbedarf

Abb. 9.13: Schematisierte Gegenüberstellung gezielter und geführter Bewegungsformen zu Veranschaulichungszwecken. An der Wirkung eines Eingriffs in die visuelle Regulation werden die umfassenden regulatorischen Unterschiede belegt.

Dominanzverhältnis beeinflußt die gesamte Struktur der Arbeitstätigkeit objektiv und erlebensmäßig.

Räumliche und zeitliche Information und Regulation

Die Aktualisierung des Bewegungsentwurfs und seine **Raumeinordnung** sind (wie die neuropsychologischen Befunde zeigen) getrennte Vorgänge; sie bauen auch, wie ihre getrennte Störbarkeit zeigt, auf unterschiedlichen Sinnesdaten auf.

Für die Übermittlung der Raumeinordnung trägt auch im Fall hoher Geübtheit die Exterozeption, speziell die visuelle Information die Hauptverantwortung.

Tab. 9.4: Gegenüberstellung von Kennzeichen des taktil-kinästhetischen („internen") und des visuellen („externen") Regulationssystems von Handbewegungen (modifiziert nach Volpert 1969)

Regulationssystem / Kennzeichen	Taktil-kinästhetisches („internes") Regulationssystem	Visuelles („externes") Regulationssystem
Bewegungsorientierende Afferenz („Meßfühler")	taktile und kinästhetische Sensibilität	optische Eindrücke
Zentrale Verarbeitung („Regler")	niedrige Zentren des ZNS	höhere Zentren des ZNS
Effektoren („Stellglied")	Muskeln der oberen Extremitäten	Muskeln der oberen Extremitäten
Laufzeit		
(Küpfmüller und Poklekowski)	etwa 50 ms	etwa 200 ms
(Vossius)	etwa 30 ms	etwa 100 ms
Bewußtseinsfähigkeit	nur teilweise bewußtseinsfähig	bewußtseinsfähig
Hierarchische Stellung	untergeordnet	übergeordnet

Für gezielte wie für geführte Bewegungen führt ein Ausschalten oder Beeinträchtigen der visuellen Kontrolle auch im Fall hochgradiger psychischer Automatisierung zu deutlichen Störungen. Bewegungsweite und Bewegungsform werden zwar annähernd richtig realisiert, die Raumeinordnung ist jedoch gestört: Bei Zielungen können keine festen Orte getroffen werden, die nicht anders (z. B. taktil) erfaßbar sind. Bei Führungs- (z. B. Schreib-)bewegungen werden Zeilen- und Wortabstände oder der Abstand vom Rand nicht eingehalten. Die räumlichen Vorstellungen reichen also für die Bewegungsführung nicht aus, es sind aktuelle exterozeptive sensorische Daten erforderlich. Der räumlich beliebig lokalisierte Bewegungsablauf dagegen wird vermittels propriozeptiver Informationen angemessen reguliert.

Eine der erstaunlichsten Leistungen des Organismus bei der Bewegungsregulation ist, daß, ausgehend von einer praktisch unendlichen Vielfalt von Ausgangsstellungen, gleiche Bewegungsresultate erzielt werden können. Der Organismus verfügt also über Vorgänge, welche diese unterschiedlichen Verhältnisse zwischen Ausgangs- und Zielposition automatisch ausgleichen; es ist bei der Vielfalt der Ausgangspositionen unmöglich, daß für jede ein erlerntes Impulsmuster vorliegt. Die Grundlage der Ausgleichsvorgänge ist ein **inneres Modell räumlicher Situationsmerkmale,** welches die Raum-Richtungseinordnung einer begrenzten Anzahl von Impulsmustern anpassend lenkt. Ein Beleg hierfür ist die Leichtigkeit des Transfers erlernter Bewegungsimpulsmuster zu einem anderen motorischen System (beispielsweise von der rechten auf die linke Hand oder von einer Hand auf einen Fuß), welche eine Neuordnung der jeweiligen Bewegung in bezug auf die räumlichen Koordinaten des Körpers einschließt (McNeilage 1970).

In der Arbeitsgestaltung sind demnach Arbeitsplatz- oder Arbeitsmittelauslegungen nicht angemessen, die mit einer völligen Ausschaltung der visuellen Regulation bei geübten Arbeitskräften rechnen.

Für die zeitliche Abstimmung und den **zeitlichen Einbau** von Bewegungen in Tätigkeitskomplexe besitzen akustische Signalisationen eine hervorragende Rolle. Für Bewegungen ist dabei generell charakteristisch, daß sie regelmäßig genauer mit den gesetzten Zielen oder vorgegebenen Parametern übereinstimmen, als das die Grenzen (Schwellen) isoliert untersuchter bewußter sensorischer Differenzierungsleistungen erwarten lassen. Das gilt ganz besonders für zeitliche Bewegungseigenschaften. Die zeitliche Einordnung von Bewegungen in übergeordnete Tätigkeiten oder in rhythmische Vollzüge erfolgt um mehr als das 100fache genauer, als die Dauer der Reaktionszeit erwarten lassen könnte. Die beabsichtigte Gleichzeitigkeit zweier Bewegungen gelingt mit Fehlern von höchstens einigen Millisekunden. Praktisch wie theoretisch ist dabei von Bedeutung, daß die hohe zeitliche Präzision und Konstanz von Gesamtverrichtungen entsteht, obgleich die zeitlichen Eigenschaften der Teilvollzüge gleichzeitig beträchtlich variieren können.

Drill (1938) fand bei einer Folge von Hammerschlägen folgende Streuungen der Dauer:

Streuung (Hubdauer)	1,92%,	**rechnerische** Gesamtstreuung (Hub + Schlag)	3,20%,
Streuung (Schlagdauer)	2,56%,	**tatsächliche** Gesamtstreuung (Hub – Schlag – Einheit)	1,15%.

Mit anderen Worten ist die tatsächliche Streuung des Gesamtvollzugs weniger als halb so groß, als die Teilstreuungen erwarten lassen, und kleiner als jede der beiden.

Dieser Befund ist allgemeingültig: **Die Variabilität eines Bewegungsgesamtvollzugs ist kleiner als die Summe der Variabilitäten von Teilbewegungen.**

Bewegungen sind mithin nicht ein Resultat von zu Starrheit gesteigerter Konstanz, sondern fortlaufender zweckgerichteter wechselseitiger Anpassungen vermittels nicht bewußter sensorischer Regulationsvorgänge. Ältere Untersuchungen der Psychomotorik ergaben, daß das Ganze genauer abläuft als seine Teile. Die zeitliche Regulation von Arbeitsbewegungen ist keineswegs nur durch akustische Signale vermittelt; wesentliche Gesetzmäßigkeiten des zeitlichen Bewegungsverlaufs werden auf **antizipierte visuelle Informationen** über geforderte Resultate und Ausführungsbedingungen hin im Bewegungsentwurf und in der Bewegungsrealisation wirksam. Diese Gesetzmäßigkeiten besitzen höchste Bedeutung für das Arbeitsstudium und die Arbeitsgestaltung. Gemeint ist die für gezielte und geführte Bewegungen nachgewiesene **„Zeitkonstanz der Bewegung“.** Für gezielte Bewegungen hatten wir bereits erwähnt, daß die Bewegungsgeschwindigkeit abhängig ist von der Entfernung und der Größe des Ziels. Dabei gilt: In der ersten Hälfte (Transportphase) der Bewegung wird ein um so größerer Weganteil überbrückt, je kleiner das am Ende der Bewegung zu treffende Ziel und um so größer die Zielentfernung ist. Zwei Gesetzmäßigkeiten sind also hierbei wirksam:

- **Mit steigender Entfernung des Ziels steigt das Tempo ballistischer Zielbewegungen.**
- **Mit zunehmender Zielgröße steigt das Tempo ballistischer Zielbewegungen.**

Diese Beziehung gilt für unterschiedliche Entfernungen des Ziels (vgl. Abb. 9.14).

Der Zeitverbrauch steigt mit anderen Worten keineswegs linear mit den Entfernungen im Greifraum und den Genauigkeitsanforderungen. Bei der Regulation von Zielbewegungen wird durch integratives Verarbeiten antizipierter visueller und propriozeptiver Daten über die zu überbrückenden Entfernungen und über die Zielgröße der Zeitaufwand für die Bewegung unabhängig von der Bewegungsweite relativ konstant gehalten (Schmidtke 1960b, Thomas 1972).

Für geführte Bewegungen gilt eine analoge Gesetzmäßigkeit, die Derwort (1938) als **„Regel der konstanten Figurzeit“** formulierte:

- **„Ein und dieselbe Figur wird in annähernd gleicher Zeit, also mit entsprechender verschiedener linearer Geschwindigkeit (die kleine Figur langsamer, die große Figur schneller) vollzogen.“** Zum Gültigkeitsbereich und zu einer präziseren Fassung vergleiche Hacker (1974). Das Umfahren beispielsweise eines großen Kreises dauert innerhalb der Greif-

Daher dauert beispielsweise eine Bewegung über 60 cm nur unwesentlich länger als eine Bewegung nur über 10 cm. Abb. 9.11 läßt eine Wegzeit (t_w) von 1,3 s für 60 cm und von 0,8 s für 10 cm erkennen. Einer Wegzunahme auf das 6fache entspricht also eine Zunahme des Zeitbedarfs nur auf das 1,6fache.

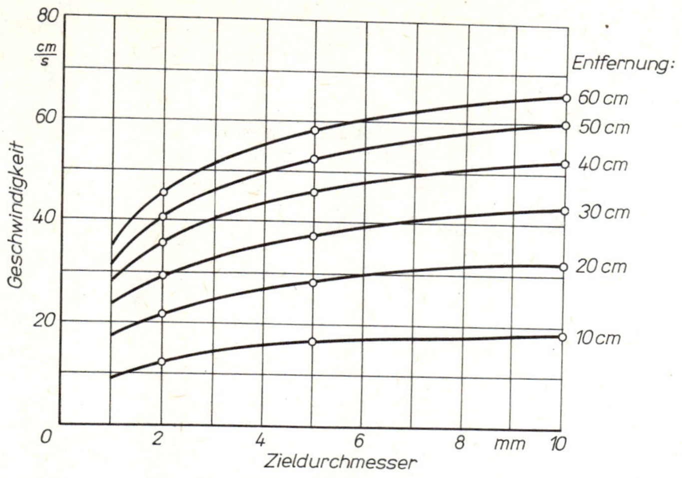

Abb. 9.14: Einfluß der Zielgröße auf die mittlere Bewegungsgeschwindigkeit (Schmidtke 1960).

raumgrenze nicht wesentlich länger als das eines kleinen. Die zeitlichen Parameter sind charakteristisch für die jeweilige **Bewegungskonfiguration** (Figur und Genauigkeitsanforderungen), aber nur wenig abhängig von deren unterschiedlicher **Größe.**

Abb. 9.15a, b und c veranschaulichen diese dominierende Abhängigkeit des Tempos und damit des Zeitbedarfs geführter Bewegungen von den Anforderungen aus der Kompliziertheit der Figur und aus der geforderten Genauigkeit der Bewegungsführung (Hacker 1974).

Wir variieren dabei die Kompliziertheit einer mit einem Stab nachzufahrenden Figur durch die Anzahl der Knickpunkte in der Zickzackfigur bei gleicher Länge (Abb. 9.15a, 1. Zeile) und wiederholen das für weitere Bahnlängen (Abb. 9.15a, 2. und 3. Zeile).

Abb. 9.15c zeigt, daß für jede Bahnlänge der Zeitbedarf mit der Anzahl der Knickpunkte zunimmt. Man erkennt beispielsweise auch, daß es länger dauern kann, eine Figur von 10 cm mit 7 Knickpunkten zu zeichnen, als eine von 30 cm mit nur 3 Knickpunkten.

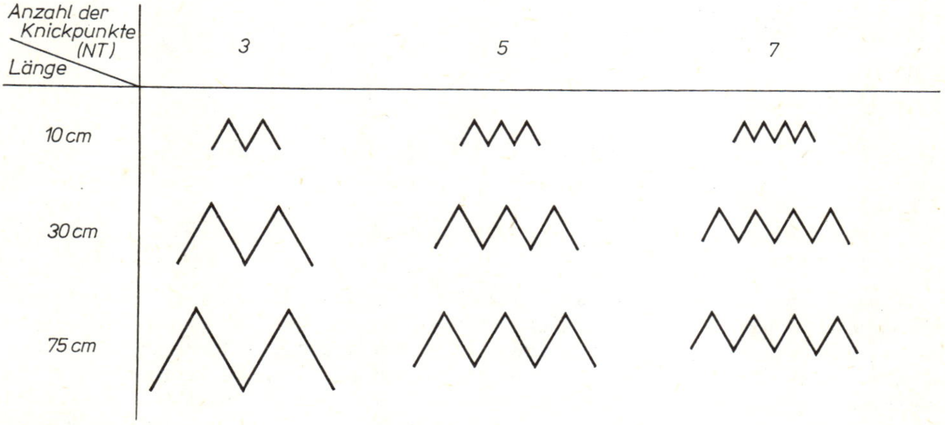

Abb. 9.15 a: Variation der Länge und der Kompliziertheit der Figur.

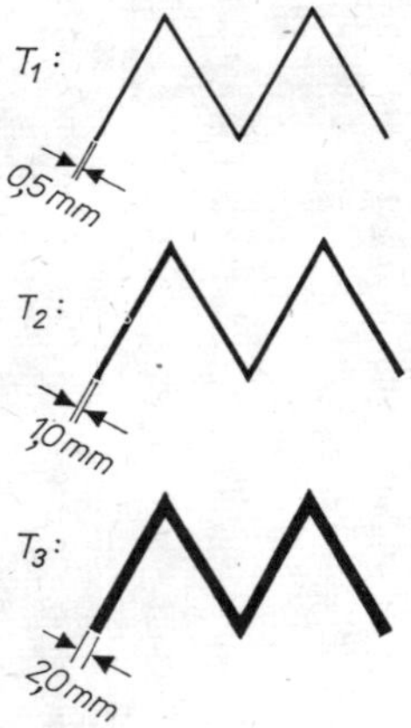

Länge / Toleranz	L_1 10 cm	L_2 30 cm	L_3 75 cm
T_1	0,5 mm	1,5 mm	3,75 mm
T_2	1,0 mm	3,0 mm	7,50 mm
T_3	2,0 mm	6,0 mm	15,00 mm

Abb. 9.15 b: Variation der Genauigkeitsanforderungen mit Hilfe zulässiger Abweichungen (Toleranzen) für verschiedene Bahnlängen.

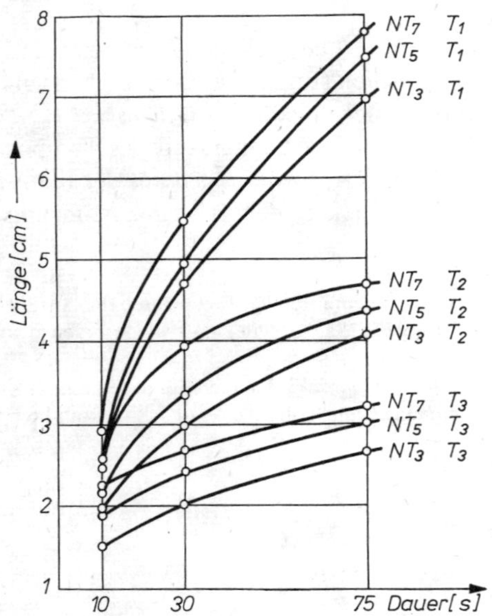

Abb. 9.15 c: Zunahme des Zeitbedarfs geführter Bewegungen in Abhängigkeit von der Bahnlänge, der Kompliziertheit der Figur (NT) und der geforderten Genauigkeit des Nachfahrens einer Zick-Zack-Bahn (Toleranzen T).
(Zu den Ausführungsbedingungen vergleiche Abb. 9.15 a und b).

Wir variieren des weiteren die Genauigkeitsanforderungen an das Einhalten der Bahn durch Vorgabe unterschiedlich großer zulässiger Abweichungen. Abb. 9.15 b gibt in der 1. Spalte drei Toleranzen für die kürzeste Bahnlänge an, analog für die anderen Längen in der 2. und 3. Spalte. (Da die Genauigkeitsanforderungen und die Bewegungsweite nicht unabhängig voneinander wirken, wurden die Toleranzen im gleichen Verhältnis wie die Bahnlängen vergrößert.) Man erkennt in Abb. 9.15 c, daß bei allen Bahnlängen und Kompliziertheitsstufen der Figur der Zeitbedarf mit steigenden Genauigkeitsanforderungen an die Bewegungsbahn, also abnehmenden Toleranzen, deutlich wächst.

Die Abbildung läßt darüber hinaus erkennen, daß die Regel der konstanten Figurzeit nur bei Nachfahrbewegungen ohne jegliche Genauigkeitsanforderungen an das Einhalten der Bewegungsbahn gilt.

Diese Wechselwirkung von Geschwindigkeit und Genauigkeit entspricht der analogen Wechselwirkung bei Wahlreaktionszeiten und ist dort als speed-accuracy trade-off-function bekannt (vgl. dazu z. B. Lachman u. a. 1979).

Die **Ursache** dieser angenäherten zeitlichen Invariabilität ist die vorrangige Determination auch der zeitlichen Bewegungseigenschaften aus psychischen Regulationsbedingungen, nämlich der visuell vermittelten Vorwegnahme der Bewegungsbahn mit Knick-, Umkehr- oder Wendepunkten, nicht aber aus physikalischen oder anatomischen Arbeitsbedingungen. Auch unter diesem Aspekt erweist sich die Unzweckmäßigkeit der Annahme einer Additivität unabhängig gedachter Einzelbewegungen für das Arbeitsstudium. **Ein Bewegungselement kann nicht isoliert, sondern nur in seiner Wechselbeziehung mit den anderen Elementen eines Zyklus gemessen werden** (vgl. Schappé 1965).

Erforderliche bewegungsorientierende Information

Ein kritisches Problem liegt bei der **Angemessenheit** der verfügbaren bewegungsorientierenden Informationen. Zur Erfüllung der Regulationsanforderungen müssen Informationen verfügbar sein, die spezifischen Merkmalen entsprechen hinsichtlich:
— der Art, genauer der Modalität, der Kodierung, der Kompatibilität, der Differenziertheit der Information,
— des Umfangs (auch hinsichtlich Umfeld- und Kontextinformationen) und
— des Zeitpunkts der Verfügbarkeit der Information.

Diese Merkmale sind verrichtungsspezifisch und sollen hier nur hinsichtlich ihrer allgemeinen Beschaffenheit umschrieben werden. Durch den Übungsprozeß werden angemessene bewegungsorientierende Informationen nicht überflüssig, sondern der Schwerpunkt verlagert sich in reversibler Form von exteriozeptiv erfaßten auf propriozeptive Informationen. Bei dieser Verlagerung bleibt den exterozeptiven Modalitäten — in der Hauptsache dem Sehen — jedoch wenigstens die Funktion der räumlichen Einordnung der Bewegungsprogramme.

Am einfachsten ist die Angemessenheit bewegungsorientierender Informationen in **zeitlicher Hinsicht** zu kennzeichnen. Sie müssen bereits in der Orientierungs- und Entwurfsphase, also vor dem sichtbaren Bewegungsbeginn, zur Verfügung stehen. Zugleich müssen sie zu diesem Zeitpunkt für die gesamte jeweilige Entwurfsstrecke verfügbar sein. Sind diese zeitlichen Mindestvoraussetzungen nicht erfüllt, so ergeben sich verzögerte und gestörte Abläufe. Bei starker Beeinträchtigung gehen gezielte in geführte Bewegungen über.

Auch für die in der Bewegungsregulation unerläßlichen Verlaufsrückmeldungen (s. u.) müssen zeitliche Bedingungen erfüllt sein. Am prägnantesten erkennbar sind sie am Lee-Effekt, den Sprechstörungen bei verzögerter akustischer Rückmeldung des eigenen Sprechens und Maskierung der möglichen Rückmeldung über die Knochenleitung. Analoge Störungen entstehen bei entsprechenden Verzögerungen in der visuellen Rückmeldung über manuelle Bewegungsvollzüge (etwa bei visueller Bewegungskontrolle über ein verzögernd ausgelegtes Fernsehsystem; Smith, Crary und Smith 1960) oder bei der Verzögerung des visuell und akustisch zurückgemeldeten Druckens eingetasteter Werte (etwa 500 ms Verzögerung bewirken 20% Leistungsminderung; Long 1975).

Die störend wirksamen Verzögerungen sind außerordentlich klein; beim Lee-Effekt betragen sie 1/5 bis 1/4 s (200 bis 250 ms). Bei der Störung der visuellen Kontrolle von geführten Bewegungen durch Prismen erfolgt im Fall einer zusätzlichen zeitlichen Verzögerung von 270 ms zwischen Bewegung und visueller Rückmeldung keine Anpassung an diese Störung (Held, Efstathiou und Green 1966). Die festgestellten Störungen betreffen nicht allein Tempo und Richtigkeit der realisierten motorischen Vollzüge, sondern es sind auch Störungen im Entwurf motorischer Vollzüge nachgewiesen (Helm 1965, S. 83). Das Ausmaß der Störungen ist von der Aufgabenstruktur abhängig. Bei verzögerter visueller Rückmeldung beispielsweise durch das verzögernd ausgelegte Fernsehsystem sind hochgeübte geschlossene Bewegungszyklen wie das Schreiben weniger betroffen als andere vom Typ ballistischer Zielungen.

Bezüglich des **Umfangs** der bewegungsorientierenden Informationen ist zunächst zu berücksichtigen, daß Informationen erforderlich sind über
- den geforderten Bewegungseffekt,
- den Bewegungsverlauf,
- die raum-zeitliche Einordnung der Bewegung;

im weiteren Sinne auch über
- die Nachbarglieder der Bewegungsfolge sowie
- hierarchisch übergeordnete Vollzugseinheiten.

Auf die beiden zuletzt genannten Erfordernisse wird später zurückzukommen sein. Fehlen bei Arbeitsbewegungen die Informationen über einen der drei erstgenannten Sachverhalte, so treten mit Notwendigkeit Beeinträchtigungen in der Regulationsgüte auf.

Zahlreiche Untersuchungen haben belegt, daß das Ausschalten dieser verschiedenen Informationen zu Ablaufs- und Resultatsbeeinträchtigungen führt. Bereits Alltagserfahrungen können solche Effekte aufweisen. Das Treffen eines kleinen Lochs in von außen beschienenen Rollos einer Dunkelkammer bereitet Schwierigkeiten, die um so größer sind, je kleiner das Loch ist. Die Schwierigkeiten gehen hierbei darauf zurück, daß zwar eine visuelle Ortung des Ziels und ein Feststellen des Treffens, nicht aber eine visuelle Ortung der zielenden Hand und ihres Bewegungsverlaufs möglich ist. Das Beispiel verdeutlicht überdies, daß propriozeptive Informationen über den Bewegungsverlauf nicht ausreichen. Schaltet man auch nur Teile einschlägiger Orientierungsmöglichkeiten aus (z. B. durch eine Lochbrille das periphere Sehfeld und damit die Vorwegnahmemöglichkeit des Zielpunkts ballistischer Zielungen beim Start sowie das räumliche Umfeld), so entstehen signifikante Verschlechterungen in der Ausführungsweise und im Resultat wegen der Beeinträchtigung der Antizipation. Näheres dazu siehe Abschnitt 9.4.3.

Die Erfordernisse hinsichtlich der spezifischen **Art** der bewegungsregulierenden Informationen wurden zum Teil in anderen Zusammenhängen bereits erörtert. Hinsichtlich des beteiligten Analysatorbereichs (Modalität) wurde in Abschnitt 9.4.1. deutlich, daß für die Regulation taktil-kinästhetische und visuelle Informationen nicht vollständig durch einander ersetzbar sind, da exterozeptive und propriozeptive Signale unterschiedliche Aufgaben hinsichtlich des Bewegungsablaufs (Regulation der Bewegungsbahn) und des Bewegungsresultats sowie im Zusammenhang damit der raum-zeitlichen Einordnung erfüllen. Also ist für jede Arbeitsbewegung – auch im hochgeübten Zustand – neben taktil-kinästhetischen Bewegungsablaufsregulationen stets eine exterozeptive, in der Regel visuelle Resultatregulation und Raumeinordnung erforderlich.

Besondere Bedingungen liegen vor, wenn exterozeptive, bewegungsregulierende Informationen nicht unmittelbar anschauliche Situationskomponenten sind, sondern vermittelt (durch Anzeigen, durch andere Menschen) und dabei verschlüsselt **(kodiert)** werden.

Bereits die Alltagserfahrung zeigt, wie kompliziert das Ausführen an sich einfacher Bewegungsfolgen nur auf eine sprachliche Anweisung hin, also begrifflich kodiert, sein kann. Man stelle etwa eine detaillierte sprachliche Anweisung für das Binden einer Schleife auf.

Lomow (1965) hat dargelegt, daß ungewöhnlich schwierige Anforderungen stets dann vorliegen, wenn Daten für die räumliche Orientierung der Ausführungsweise (oben/unten; links/rechts; Entfernung; Höhen) in verschlüsselter Form angeboten werden, z. B. als Aufleuchten von Signallampen, die einem Kranfahrer die Lage eines ihm nicht direkt sichtbaren Transportgegenstands anzeigen und Bedienbewegungen regulieren. Ähnliches gilt für verbale Angaben über zeitliche Einordnungen.

Die Alltagserfahrung belegt jedoch weiterhin, daß nicht die Ausführung jeder Bewegung auf eine verbal kodierte bewegungsregulierende Information hin Schwierigkeiten bereiten muß. Die alphanumerische oder mit Noten erfolgende Bezeichnung von durch Bewegungen zu bestätigenden Tasten bietet — sofern die Zuordnung bekannt ist — keine Kodierungsprobleme.

Kurzum: Die Kodierung bewegungsleitender Informationen wird dann in sensumotorischer Hinsicht anforderungsbestimmend, wenn sich die kodierte Information auf die Ausführungs**weise** (die Bewegungsbahnformen und deren Abfolgeordnung) bezieht, nicht aber lediglich der Unterscheidung der Bewegungs**ziele** (von relativ gleichartigen Bewegungsformen) dient.

Eine wesentliche Kennzeichnungsdimension der Kodierung bewegungsablaufsleitender Informationen ist ihre Kompatibilität. **Die Kompatibilität** bewegungsleitender Informationen wurde bereits berührt (s. 9.2.4. und 8.3., dort insbesondere die referierten Befunde von Konz und Dickey). Kompatibilität der exterozeptiven bewegungsregulierenden Daten ist allerdings kein unerläßliches Erfordernis, sie beeinflußt jedoch Genauigkeit und Geschwindigkeit der Bewegungsausführung. Vollständig kompatibel sind die exterozeptiven bewegungsregulierenden Informationen, sofern keine räumlichen bzw. zeitlichen Transformationsleistungen in die Bewegung erforderlich sind. Im Maß der Erfordernis derartiger Leistungen nehmen Zeitbedarf und Fehlverrichtungshäufigkeit zu.

Die **Differenziertheit** der für die sensumotorische Regulation erforderlichen Informationen ist im höchsten Grad aufgabenabhängig. Generell gilt, daß sowohl zu geringe wie auch zu hohe Differenziertheit die Bewegungsführung beeinträchtigen. Die für optimale Bewegungsführung erforderliche Differenziertheit schließt ein bewegungssicherndes geringes Ausmaß an Doppelinformation (Redundanz) ein. Auf die Problematik der quantitativen Bestimmung der erforderlichen Informationsdifferenziertheit wird im folgenden noch einzugehen sein.

9.4.2.2. Zur Kennzeichnung der Anforderungen an die sensumotorische Regulation von Arbeitsbewegungen

In produktionspraktischen Zusammenhängen interessiert auch für die sensumotorische Regulation eine Anforderungsanalyse. Im vorangehenden Abschnitt wurde Wesentliches dafür zusammengetragen, so daß an dieser Stelle die Darstellung der sensumotorischen Regulationsanforderungen zweckmäßig ist. Wodurch sind sensumotorische Regulationsanforderungen bedingt, und in welchen Formen können sie auftreten?

1. Anforderungen an die sensumotorische Regulation treten nicht nur bei Bewegungen auf, sondern auch bei **Haltevorgängen.** Abgesehen von der ungünstigen physischen Belastungsform bei statischer Arbeit können beim Halten von Werkzeugen oder Arbeitsmitteln grob- wie feinmotorische Anforderungen in räumlicher und kräftemäßiger Hinsicht (z. B. hinsichtlich der Dosierung eines Drucks) vorliegen. Im Fall feinmotorischer Anforderungen besteht eine quantitative Kennzeichnungsmöglichkeit in der Bezugsetzung zu den einschlägigen Schwellenwerten.

2. Anforderungen an die sensumotorische Regulation von **Bewegungen** können in sehr unterschiedlicher Form vorliegen. Zunächst sei die **„sensumotorische Koordination"** herausgegriffen, mit der die Ausführung motorischer Akte in Entsprechung zur äußeren — sensorisch vermittelten — Vorgabe gemeint ist. Aus in Abschnitt 9.3. sowie 9.4.1. erörterten Gründen muß dabei anforderungsanalytisch zwischen geführten und gezielten Bewegungen unterschieden werden. Für beide ist eine anforderungsanalytische Kennzeichnung hinsichtlich der räumlich, zeitlich sowie kraftmäßig zu erfüllenden Forderungen erforderlich. Dabei ist zu bedenken, daß diese objektiven Forderungen in der Bewegung nicht unabhängig voneinander realisiert werden können, sondern — auch im Fall objektiver Unabhängigkeit — einander wechselseitig bedingen:

Die **zeitlichen** Parameter von gezielten und geführten Bewegungen sind abhängig von den aufgabeninduzierten **räumlichen** Eigenheiten des Bewegungsverlaufs. Wir sahen: Mit den Genauigkeits- sowie den Entfernungsanforderungen an gezielte Bewegungen ändern sich in gesetzmäßiger Weise die Bewegungsbahnen sowie die Zeit- bzw. Beschleunigungsverhältnisse. Je kleiner das am Ende einer Bewegungsbahn stehende Ziel ist, desto größer ist der in der ersten Hälfte der Bewegungszeit überbrückte Weganteil bzw. desto höher ist die Anfangsgeschwindigkeit. Für geführte Bewegungen gilt die Regel der konstanten Figurzeit. Führt man scheinbare räumliche Anforderungsänderungen durch Einfügen einer Lupe in den sensorischen Weg ein, so resultieren, wie Abb. 9.12 zeigte, gleichfalls u. a. zeitliche, nämlich Beschleunigungsveränderungen.

Auch die **Kraft**aufwendungen in der Bewegungsführung sind von **räumlichen** Bedingungen abhängig. Insbesondere bei geringer Geübtheit führen feinmotorisch-räumliche Anforderungen (z. B. das Einfädeln eines Fadens in ein dünnes Nadelöhr) über die Anspannung der Antagonisten zu Kraftaufwendungen unangemessen hoher Art. Bei Führungsbewegungen auf verschiedenen komplizierten (z. B. gekrümmten) Bahnen steigt der Druck des die Figur nachfahrenden Griffels auf die Unterlage und der Griffdruck der Hand mit der Kompliziertheit der nachzufahrenden Figur (Waßmund 1971).

Schließlich bestehen Beziehungen zwischen **zeitlichen** Anforderungen und den **Kraft**aufwendungen in der Bewegung. Das Unterschreiten eines bewegungsspezifischen Tempos erhöht nicht nur bei Zielungen die Bewegungsunsicherheit, die Fehlerquote, sondern — durch die zunehmend erforderliche statische Bewegungskomponente — auch den Kraftaufwand. So bedingt das Einfügen von Haltepunkten in eine Bewegung — also eine zeitliche Veränderung — auch eine Zunahme des Kraftaufwands.

Mithin ist beim Arbeitsstudium und bei Maßnahmen der Arbeitsgestaltung stets zu berücksichtigen, daß Anforderungen in einer der drei Ebenen Zeit, Raum und Kraft Anforderungen in den anderen regelhaft nach sich ziehen können.

Die räumlichen Anforderungen können nicht allein durch **Schwellen** näher gekennzeichnet werden. Weitere Möglichkeiten stellen die Art (z. B. Knick-Wende-Umkehrpunkte) und die Anzahl von **Richtungswechseln,** die geforderte **Resultats**feinheit, bezogen auf die Ausführungsbedingungen (z. B. zu treffende Zieldurchmesser bei bestimmter Entfernung, Öhrdurchmesser und Fadendicke), sowie eventuell geforderte **Bahneigenschaften** dar. Bei den zeitlichen Anforderungen sind sowohl geforderte Bewegungstempi und Tempiveränderungen als auch zeitabhängige Veränderungen der Kraftdosierung zu berücksichtigen. Auch hierbei wird die jeweilige Anforderung erst deutlich bei Bezug auf die zeitlichen Grenz- und Optimalwerte für die jeweilige Bewegungsform, die in Handbüchern und Spezialwerken (z. B. McCormick 1964) zusammengestellt sind.

3. Eine besondere Anforderungsgruppe liegt bei der Koordination **verschiedener** gleichzeitig auszuführender Bewegungen vor.

Der Leser überzeuge sich von den Schwierigkeiten durch folgenden Selbstversuch: Streng gleichzeitig und exakt sollen mit der linken Hand Kreise und mit rechten Rechtecke gezeichnet werden. Oder: mit dem linken Fuß ist ein Kreis und gleichzeitig mit der linken Hand ist ein Rechteck zu zeichnen. Im Unterschied dazu bereitet das gleichzeitige Ausführen der Programme für gleiche oder spiegelbildliche Bewegungen kaum Schwierigkeiten. Man überzeuge sich durch das gleichzeitige Zeichnen zweier Rechtecke gleicher Lage und Größe mit der rechten und der linken Hand zunächst in gleicher Bewegungsrichtung und dann links in entgegengesetzter Richtung zu rechts.

Die Ursache derartiger Schwierigkeiten liegt nicht nur darin, daß eine Aufmerksamkeitsaufteilung streng gleichzeitig auf zwei verschiedene Sachverhalte unmöglich ist. Zusätzlich scheinen sich Aktivitäten unterschiedlicher Bewegungsprogramme zu stören, auch wenn jedes für sich hoch geübt ist. Eine Erklärung dafür kann darin bestehen, daß sogenannte **koordinative Strukturen** in der Bewegungsregulation gebildet werden. Das sind Gruppen von Muskeln, deren Aktivität gekoppelt ist und die von Zentren des Zentralnervensystems als eine Einheit reguliert werden (Heuer 1983). Das hat den Vorteil, daß die außerordentliche Vielzahl der Kombinationen von Bewegungsmöglichkeiten des Organismus, die sogenannten motorischen Freiheitsgrade, auf ein bewältigbares Maß reduziert werden. Ein Nachteil tritt in den skizzierten Schwierigkeiten beim Ausführen schlecht vereinbarer Bewegungen auf.

Es liegt auf der Hand, daß die dargestellten Befunde für die Gestaltung von Arbeitsbewegungen hohe Bedeutung besitzen. Das streng gleichzeitige Ausführen unterschiedlicher Bewegungsformen ist zu vermeiden oder zum Gegenstand besonderen Trainings zu machen.

Eine Möglichkeit der Reduktion der Störungen und der erhöhten Belastung besteht in der rhythmischen Synchronisation im Verlaufe des Übens (Wehner und Stadler 1982).

4. Die Anforderungen an die Bewegungsregulation werden durch **Ausführungs- oder Kontextbedingungen** verändert. Das gilt sogar für hochgeübte Programme, wenngleich in geringerem Maße als für wenig geübte. Gut untersuchte Beispiele hierfür sind Erschwerungen und Verschlechterungen von feinen Geschicklichkeitsbewegungen unter Lärm oder Zeitdruck.

5. Weitere sensumotorische Anforderungen entstehen aus der **Veränderung** der Bewegungserfordernisse und deren unterschiedlicher **Vorhersehbarkeit.**

Ein elementares Beispiel ist das Auffangen eines fliegenden Gegenstands. In der Ontogenese wird die wahrscheinliche Flugbahn einschließlich ihrer zeitlichen Eigenschaften für derartige Bedingungen erlernt. Auf dieser Grundlage können angemessene Bewegungsprogramme voreilend bereitgestellt werden. Geübt ist ein Mensch, wenn er auf der geringst möglichen Ausgangsinformation eine zutreffende Prädiktion und eine dementsprechende Bewegung ableitet (Kay 1957). Kleine Kinder sind bekanntlich nicht imstande, einen Ball zu fangen, da sie zu spät zugreifen, also eine Bewegung ausführen, die einem inzwischen vergangenen Zustand entspricht.

Sofern die Veränderung der Bewegungserfordernisse regelmäßig erfolgt und mithin Vorhersehbarkeit gegeben ist, bieten sich im Maße des fortschreitenden Übungsprozesses günstige Möglichkeiten der Anforderungsbewältigung. Kompliziertere Bedingungen sind dagegen bei irregulärer Veränderung und fehlender Vorhersehbarkeit der Bewegungserfordernisse für die sensumotorische Regulation gegeben.

Eine befriedigende **quantitative Bestimmung der Anforderungen** auf dem Gebiet der sensumotorischen Regulation steht noch aus.

Als **Maß der Schwierigkeit** der Regulation von Zielbewegungen wurde ein Index der Aufgabenschwierigkeit vorgeschlagen (Fitts 1966). Das Maß ist interessant insbesondere bei Montagetätigkeiten, die weitgehend auf Zielbewegungen zurückführbar sind (Fitts und Radfort 1966, Fitts und Posner 1968).

$AS = \log_2 \frac{W}{Z}$, wobei AS Aufgabenschwierigkeit,
W Weite der Bewegung,
Z Zieldurchmesser, also erforderliche Genauigkeit, bedeuten.

Die erforderliche Bewegungsdauer (BD) ist eine **logarithmische** Funktion der Aufgabenschwierigkeit. Diese als **Fitts' Gesetz** bezeichnete Formulierung erlaubt Vorhersagen der Bewegungsdauer aus dem Verhältnis der Bewegungsweite zur erforderlichen Genauigkeit:

$$\mathrm{BD} = \mathrm{a} + \mathrm{b} \log_2 \left(\frac{2\mathrm{W}}{\mathrm{Z}}\right).$$

Zur besseren Anpassung an die Empirie wurde auch vorgeschlagen:

$$\mathrm{BD} = \mathrm{a} + \mathrm{b}\left(\log_2 \left(\frac{2\mathrm{W}}{\mathrm{Z}}\right) + 0{,}5\right), \quad \text{wobei}$$

a Reaktionszeit bedeutet.

Die Reaktionszeit a ist bei langen Bewegungen unabhängig von Zielgröße und Bewegungsweite, während sie bei kurzen sich umgekehrt proportional mit dem Abstand verändert.

Eine Erklärung der Aussagen der Formel könnte durch die Anzahl der erforderlichen Korrekturen erfolgen. Wenn man annimmt, daß jede Korrektur eine gleiche Zeitdauer beansprucht und die Genauigkeit um einen konstanten Betrag verbessert, so läßt sich zeigen, daß die Anzahl der erforderlichen Korrekturen einer Zielbewegung durch die Bewegungsweite und den Zieldurchmesser bestimmt sind (Keele 1968).

Die Gültigkeit des Gesetzes von Fitts als einer logarithmischen Geschwindigkeits-Genauigkeits-Trade-off-Beziehung ist nicht unbestritten (Chalupa 1969, Klapp 1975, Meyer u. a. 1982). Es gibt auch Hinweise auf eine **lineare** Geschwindigkeits-Genauigkeits-Trade-off-Beziehung (Meyer u. a. 1982).

9.4.2.3. Rückmeldung und Selbstregulation

Bisher wurden nur sensorische Grundlagen der Bewegungsregulation dargestellt, die afferenter Natur sind; für sensumotorische Regulationsvorgänge sind **reafferente** sensorische Grundlagen unerläßlich.

Der Arbeitende kann nicht allein seine Verrichtungen auf das antizipierte Ziel und seine Veränderungen hin steuern, sondern muß fortlaufend auf Abweichungen von dem zum Ziel führenden Sollzustand antworten, die entstehen können bei

— äußeren Einwirkungen auf das vorweggenommene Ziel, das sich in nicht vorhergesehener Weise ändert, oder auf die intendierte Verrichtung, die damit nicht zum beabsichtigten Effekt führt;

sowie

— bei inadäquaten antizipativen oder motorischen Vollzügen (Seifert 1968).

In der Bewegungsregulation ist in leistungsbestimmender Weise ein ganzes **System von Rückmeldungen** beteiligt. Wir überspringen die unteren intraanalysatorischen bzw. intramuskulären Rückkoppelungskreise und nennen nur die arbeitspsychologisch relevanten übergeordneten:

1. **Rückkoppelungen des Systems „Mensch-Arbeitsgegenstand"** (Rückmeldungen der individuellen Arbeitstätigkeit);

— propriozeptive Rückmeldungen über den Bewegungsverlauf und über propriozeptiv im Bewegungsverlauf faßbare Arbeitsgegenstands- und Arbeitsmitteleigenschaften (z. B. Widerstand oder Elastizität);

— exterozeptive (tango- und telerezeptorische) Rückmeldungen über

— — den Bewegungsverlauf (z. B. seine raum-zeitliche Einordnung),

— — exterozeptiv erfaßbare bewegungsbedingte Veränderungen am Objekt;

— exterozeptive Rückmeldung über Bewegungsergebnisse (Resultatsreafferenz; Menge bearbeiteter Gegenstände).

2. Zusätzliche Rückkoppelungen des Systems **„Mensch — gesellschaftlicher Produktionsprozeß"** (Rückmeldungen der gesellschaftlichen Arbeitstätigkeit)[7];

— exterozeptiv verlaufsbezogene Rückmeldungen,

— exterozeptiv resultatsbezogene Rückmeldungen

über die gesellschaftliche Bewertung der Arbeitsbewegungen und ihrer Resultate (an Normen, materiellen und ideellen Stimuli usw.).

In den Rückmeldungen über die individuelle und die gesellschaftliche Tätigkeit ist eine besondere Rückmeldungsart enthalten, die wegen ihrer Besonderheit getrennt behandelt wird:

3. **Interne, zentrale Rückkoppelungsvorwegnahmen.** Von jedem Bewegungsentwurf verbleibt im Zentralnervensystem eine Kopie, die **Efferenzkopie,** als interne Repräsentation der Sollbewegung. Aus den motorischen Kommandos wird im Kleinhirn die künftige Bewegung mit ihren zu erwartenden Rückmeldungen „vorausberechnet" und, bevor eine periphere Rückmeldung möglich wird, verglichen mit der Kopie der Sollbewegung. Auf dieser Grundlage sind interne Korrekturen in Gang zu setzender Programme noch

[7] Ein Teil der hier einzuordnenden Sachverhalte ist das „augmented feedback" (vgl. hierzu z. B. Annett 1969) sowie Seite 394.

während ihrer Anlaufphase möglich. Möglicherweise werden die vorausberechneten Konsequenzen der motorischen Kommandos als **„feedforward“** auch den Analysatoren zur Verfügung gestellt, welche die Rückmeldungen der tatsächlich ausgeführten Bewegungen aufnehmen und verarbeiten werden.

Die verschiedenen Rückkoppelungen innerhalb der eigenen Arbeitstätigkeit sind **nicht gleichwertig.** Rückmeldungen aus dem Leistungsverlauf haben ihre Bedeutung in bezug auf die gesellschaftlich bewerteten **Resultatsrückmeldungen.** Im Lernprozeß sensumotorischer Arbeitsverrichtungen werden die Signale aus dem Verlauf erlernt – aus dem Reizstrom herausgehoben, in ihrer Bedeutung erfaßt, gewichtet und subjektiv skaliert –, indem sie bekräftigt werden durch die bewerteten, gewichteten, skalierten resultativen Rückmeldungen (Annett 1967).

Im weiteren Üben sensumotorischer Vollzüge, also beim Fertigkeitserwerb, vollziehen sich neuerliche Dominanzverschiebungen zwischen den Reafferenzen. Die Beteiligung der übergeordneten Regulationsebenen, die an exterozeptive, insbesondere visuelle (Re-)Afferenzen gebunden sind, tritt zurück. Sie werden entlastet, aber nicht ausgeschaltet. Beispielsweise liefert und kontrolliert das visuelle System noch die Raumkoordinaten für die interne, propriozeptive Regulation. In welchem Maße bei den hier interessierenden Arbeitsbewegungen Rückmeldungen gänzlich eingespart werden, also als rückmeldungsfreie programmgesteuerte Bewegungen ablaufen, ist nicht völlig geklärt.

Die übergeordneten Regulationsebenen können kontrollierend und steuernd – speziell bei beträchtlichen Sollabweichungen (Exafferenzen im Modell von v. Holst und Mittelstaedt 1950) – in die relativ autonomen und untergeordneten propriozeptiven Regelungsvorgänge eingreifen. Dieses heterarchische bzw. hierarchische Modell erlaubt es, die Vorgänge der Regelung und der Programmsteuerung in der sensumotorischen Regulation zu vereinen. Das Vorliegen dieses differenzierten Systems von Rückmeldungen zeigt, daß „Bewegungen . . . also nicht nur durch äußere Reize oder innere Impulse ausgelöst und gesteuert (werden), um dann mehr oder weniger automatisch abzulaufen, sondern sie . . . regeln sich im Hinblick auf das beabsichtigte Bewegungs- oder Handlungsziel weitgehend *selbst*, und zwar dadurch, daß die Effekte der gerade ausgeführten Bewegungen durch feed-back die für die nächste Zeiteinheit intendierten Bewegungsimpulse und Bewegungsentwürfe beeinflussen. Der folgende Bewegungsablauf stellt damit eine kombinierte Wirkung direkter . . . und kompensatorischer Bewegungsimpulse dar“ (Seifert 1968, S. 117).

Welche Produktionswirksamkeit kann diese Unterscheidung in den Reafferenzen gewinnen? Ihre Bedeutung für die Arbeitsanalyse z. B. unter Anforderungs- oder Ausbildungsaspekten liegt auf der Hand. Darüber hinaus gilt: Eine Herabsetzung der Kompatibilität und eine Verminderung der Reafferenzen führt zu Leistungsminderungen.

Bei den mehrfach erwähnten Arbeiten unter Vergrößerungsgeräten entstehen Leistungsbeeinträchtigungen nicht allein durch Veränderung der optischen Afferenz, auch die optische Reafferenz ist verändert. Dementsprechend werden bei bestimmten Eingriffen unter Umständen Korrekturen falsch konzipiert, so daß Korrekturen von Korrekturen erforderlich werden können. Bei Arbeiten mit künstlichen Gliedern (z. B. Manipulatoren für radioaktive Substanzen) entfallen bestimmte propriozeptive Reafferenzen. Unter ungünstigen Wahrnehmungsbedingungen können auch Teile der visuellen Rückmeldungen ausfallen. Gould (1965, zit. nach Fitts und Posner 1968) hat die Verlängerung der mittleren Bewegungszeit beim Ausfall verschiedener visueller Teilrückmeldungen bei einer montageähnlichen Zielbewegung überprüft. Die Ausschaltung der Zielrückmeldungen (obere drei Kurven von Abb. 9.16) beeinträchtigt am stärksten; bei sämtlichen teilweisen Ausschaltungen treten allmähliche, leistungsverbessernde Wiederanpassungsvorgänge auf.

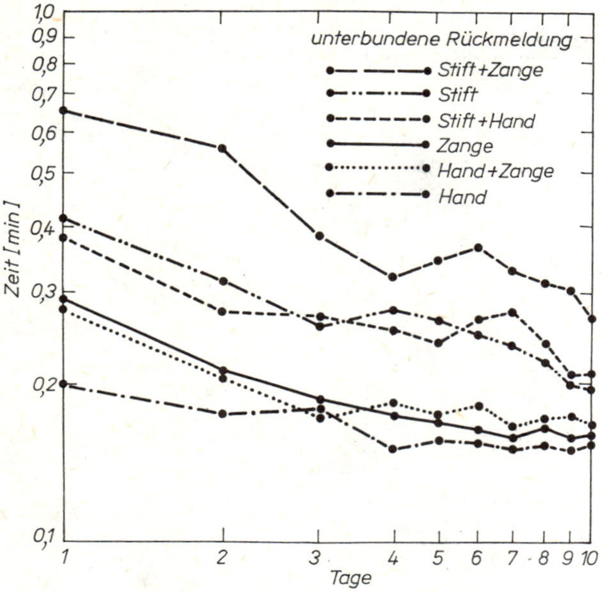

Abb. 9.16: Übungsverlauf einer sensumotorischen Aufgabe mit Variation der verfügbaren Rückmeldungen (vermittels Wiedergabe der Tätigkeit auf einem Monitor). Die Versuchspersonen hatten Stifte mit einer Zange von einem Loch in ein anderes zu stecken, wobei sie ihre Tätigkeit nur auf einem Fernsehschirm kontrollieren konnten (Gould 1965, zit. nach Fitts und Posner 1968).

Generell gilt, daß trotz beträchtlicher Anpassungsleistungen auch teilweises Ausschalten oder Transformieren von Reafferenzen zu Leistungsminderungen führt. Arbeitsgestalterische Maßnahmen haben mithin die Sicherung der Reafferenz zu berücksichtigen.

Wenn Beeinträchtigung der Reafferenz eine Leistungsbeeinträchtigung bedeutet, so liegt der gleichfalls arbeitsgestalterisch sowie arbeitspädagogisch relevante Gedanke nahe, daß eine **„Verstärkung“ der Rückmeldungen** (ein sogenanntes „augmented feedback“) leistungssteigernd nutzbar sein müßte. Dieser Gedanke ist deshalb naheliegend, weil eine Rückmeldung wirken kann

- als **Erfahrungszuwachs** über günstige und abträgliche Verrichtungsbedingungen und -formen,
- als **Motivierungsbeitrag**

oder auf nicht bewußtseinspflichtiger Stufe,

- als **Bekräftigung** einer Verbindung zwischen Signal und Verrichtung.

„Zusätzliche“ Rückkoppelungen aus dem gesellschaftlichen Charakter des Arbeitsprozesses können in sehr vielfältiger Weise auftreten. Es müssen nicht in jedem Falle soziale, von anderen Werktätigen gegebene, verbale Bewertungen oder deren Folgen (z. B. im Lohn, in Auszeichnungen) sein. Hierher gehören auch nicht in unmittelbare soziale Beziehungen eingeordnete Rückkoppelungen durch entsprechende Kontroll- und Anzeigevorrichtungen (wie Arbeitsschauuhren, Zählwerke oder Zeitmeßvorrichtungen), die – auf der Grundlage der vorwegnehmenden Interiorisierung der gesellschaftlichen Bewertung in die Selbstkontrolle, für die sie Hilfsmittel darstellen – gleichsinnige Wirkungen zeitigen.

Diese Wirkungen sind seit langem bekannt und genutzt. Smode (1958, zit. nach Fitts und Posner 1968). gab bei einer Tracking-Aufgabe einer Probandengruppe eine zusätzliche Leistungsrückmeldung über einen Zähler, der die Zeitanteile, in denen die Führung gelang, summierte. Die Gruppe mit zusätzlicher Rückmeldung hatte wesentlich bessere Leistungen, und zwar von Anfang an (s. Abb. 9.17). Die Analyse ergab, daß die zusätzliche Rückmeldung zu intensiverer Motivierung von Anfang an führte. Entfällt die zusätzliche Rückmeldung, so bleibt die Leistungsüberlegenheit jedoch bestehen!

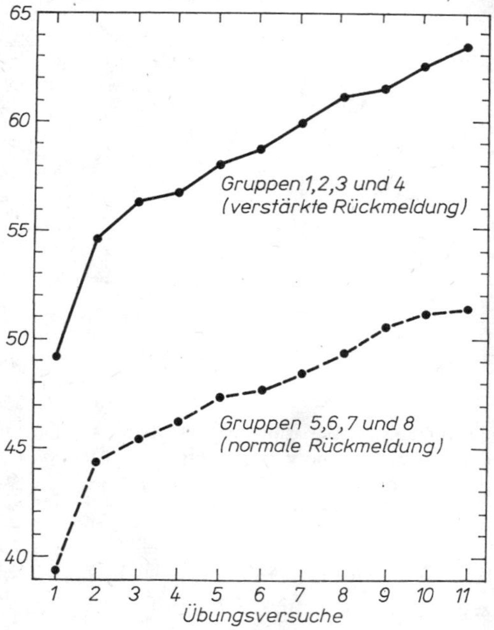

Abb. 9.17: Übungskurven für Trackingaufgaben mit und ohne verstärkte Rückmeldung (Smode 1958, zit. nach Fitts und Posner 1968).

Die kognitive und motivationale Wirkung von zusätzlich informierenden Rückmeldungen in sensumotorischen Vollzügen hat hervorragende Bedeutung für den beschleunigten Fertigkeitserwerb insbesondere im Anfangsstadium. Sobald die Lernenden ausreichende Rückmeldungen aus der eigenen, nicht vom Ausbilder für sie analysierten und bewerteten Tätigkeit zu beziehen vermögen, ist rascher Lernfortschritt auch ohne verstärkte Rückmeldungen möglich, wenngleich der förderliche Wert bestehenbleiben kann. Sind die selbst der Tätigkeit entnommenen Rückmeldungen jedoch noch unzureichend, so erhält die zusätzliche Rückmeldung eine unerläßliche Funktion (Leonhard und Conrad 1963). Zusätzliche apparativ ermittelte Rückmeldungen können auch unter Bedingungen zu Leistungsverbesserungen führen, in denen, durch die Tätigkeitsstruktur bedingt, nur propriozeptive Rückmeldungen vorliegen und deren Veränderungen keine Verbesserungen bewirken. Derartige Bedingungen liegen bei blind zu bedienenden Bedienteilen vor, die minimale Bewegungen erfordern. Zusätzliche visuelle Rückmeldungen führen hier zu beträchtlichen Bewegungsverfeinerungen (Corlett und Megaw 1967).

9.4.2.4. Verhältnis perzeptiver und motorischer Einheitenbildung

Bisher blieb unbeachtet, daß die afferenten und reafferenten sensorischen Regulationsgrundlagen von Arbeitsbewegungen wenigstens beim Geübten integrative Komplexe von Merkmalen darstellen, die – ohne ihre regulativen Funktionen einzubüßen – in sich variieren können. Es bilden sich Einheiten von regulativen Merkmalen, die erlebnismäßig schließlich in letzter Verkürzung in das bewußtwerdende Ziel verschmolzen sind.

Derartige Einheitenbildungen gibt es im kognitiv-perzeptiven wie im effektorischen Bereich. Zwischen perzeptiver Merkmalsorganisation und effektorischer Organisation bestehen zwar Beziehungen (die effektorische setzt offenbar die perzeptive voraus), es handelt sich aber um verschiedene Prozesse. Die in beiden Bereichen simultan bearbeiteten Einheiten müssen nicht identisch sein.

Praktisch folgt, daß Leistungsverbesserungen in sensumotorischen Vollzügen anknüpfen können an

- der differenzierteren Organisation (Auswahl, Gruppierung, Verknüpfung) der perzeptiven Regulationsgrundlagen,
- dem zweckmäßigeren Entwurf der Bewegungsprogramme oder
- beiden Sachverhalten, die jedoch nicht gleichzeitig gegeben sein müssen (Singleton 1968). Damit ist bereits vorausgegriffen auf den Abschnitt 9.4.3.

9.4.2.5. Beteiligung verschiedener sensorischer Regulationssysteme an der Bewegungsregulation. Konsequenzen für die Bedienbereichsgestaltung an Maschinen

Wir haben bisher zwar wiederholt die an der Bewegungsregulation beteiligten Analysatorenbereiche benannt, aber noch nicht systematisch zwischen den verschiedenen sensorischen Regulationssystemen – dem visuell, dem taktil sowie dem vorwiegend kinästhetisch vermittelten – differenziert. Das erfolgt jetzt. Wir verbinden damit ein zweites Anliegen und demonstrieren zugleich die Praxiswirksamkeit diesbezüglichen Wissens am Gebiet der Arbeitsmittelgestaltung.

Die Bedienbereichsgestaltung enthält neben dem kognitiv-logischen Aspekt auch einen sensumotorischen. Dieser soll hier behandelt werden. Eine Teilfrage wiederum aus dem sensumotorischen Aspekt ist die nach Bedingungen präziser und rascher Arm-Hand-Motorik vom Typ ballistischer Zielungen unter verschiedenen Wahrnehmungsbedingungen der räumlichen Gegebenheiten.

Zum psychologischen Anliegen wird diese Frage durch ihren Bezug auf die psychische Regulation. Ihr praktischer Sinn liegt **erstens** in der Suche nach optimalen **Konstruktionsprinzipien für spezielle Bedienanlagen** (Schaltpulte, Eingabefelder, Steuerstände):

Welche Möglichkeiten zur konstruktiven Erfolgssicherung bestehen z. B. bei Bedienprozessen des hier behandelten Typs ohne visuelle und mit unzureichender taktiler Orientierungsmöglichkeit?

Oder: Ist es sinnvoll, an Eingabevorrichtungen (z. B. Tastenfeldern) taktile Orientierungshilfen anzubringen, und gegebenenfalls in welcher Weise?

Oder auch – bereits zum zweiten Fragenkreis überleitend: Welche Bauprinzipien sind für die optischen Teile von Mikromanipulationseinrichtungen zu wählen? Soll man z. B. ein großes Gesichtsfeld zu Lasten stärkerer Abbildungsverzerrungen wählen[8] oder umgekehrt verfahren?

Über spezielle Bedienanlagen hinaus hat unsere Frage **zweitens** praktische Bedeutung für die allgemeine Maschinengestaltung, nämlich für die optimale **Auslegung des Manipulationsbereichs** des Menschen an Maschinen und Geräten, ohne Beschränkung auf den Sonderfall spezieller Bedien- und Steuerelemente. Diese Aufgabe hat keineswegs an Bedeutung verloren. Mechanisierung und Automatisierung führten in wichtigen Zweigen der Wirtschaft durch Erhöhung der Drehzahlen, Hubfrequenzen oder Abzugsgeschwindigkeit zum Sinken der Maschinengrundzeiten und – insbesondere beim dadurch möglichen Übergang zur Mehrmaschinenbedienung – zur zunehmenden Bedeutung der noch verbliebenen Handzeiten. Diese bilden bei Neuentwicklungen in einigen Fällen sogar die Hauptursache für verringerte Nutzeffekte.

Zum Beispiel wurde dies von Höhl (1966) u. a. an Präzisionskreuzspulmaschinen untersucht. Dabei handelt es sich um teilautomatisierte Maschinen, bei denen die Aufgaben des Personals auf Überwachung, Störungsbeseitigung und gelegentliche Materialzuführung reduziert sind.

Der Steigerung der Abzugsgeschwindigkeit auf 175% steht eine Verringerung der Leistung auf 77,5% gegenüber, weil die handseitige Verbesserung der Maschine vernachlässigt wurde (Tab. 9.5).

Tab. 9.5: Einfluß der handseitigen Gestaltung einer Kreuzspulmaschine auf die Arbeitsproduktivität (Höhl 1966)

Kennwerte	Maschine	
	alt	neu
Abzugsgeschwindigkeit	240,0 m/min	420,0 m/min
Materialzuführung von Hand	0,84 min	1,11 min
Störungsbeseitigung von Hand	0,37 min	0,47 min
Stundenleistung pro Arbeitskraft	12,0 kg/h	9,3 kg/h

Befriedigende Antworten auf derartige praktische Fragen erfordern Grundlagenkenntnisse. Greifen wir zum Beleg der Nützlichkeit derartiger Kenntnisse drei sensorisch vermittelte Regulationssysteme heraus:

a) Gezielte Arm-Hand-Motorik bei weitgehendem **Fehlen exterozeptiver Führung**

Die Hand gehorcht bekanntlich verschiedenen sensumotorischen Regulationssystemen, die man in noch zulässiger Vereinfachung in ein taktil-kinästhetisch vermitteltes und ein visuell vermitteltes Regulationssystem unterteilen kann.

Betrachten wir gezielte Bewegungen ohne optische Kontrolle sowie ohne ausreichende taktile Differenzierungsmöglichkeit der Ziele – mithin bei Dominanz des kinästhetisch vermittelten Regulationssystems. Praktisch kann man beispielsweise an eine blind zu bedienende Rechenmaschine ohne Fühlpunkte im Tastenfeld denken.

[8] Da die Bedingungen der Gaußschen Abbildungstheorie dann unter Umständen nicht eingehalten werden können: Öffnungswinkel bzw. Zonenhöhe werden ebenso wie der Einfallswinkel groß, womit die seitlichen und Zonenfehler wachsen können; die sphärische Vollkorrektur ist aufwendig.

Wovon ist die Genauigkeit der dann vorherrschenden kinästhetischen Regulation abhängig, und mit welchen konstruktiven Mitteln ist sie zu erhöhen? Auch bei hochgeübten Vollzügen können die Abweichungen von vorgegebenen Zielen unter solchen Bedingungen mehr als das 100fache des Betrages bei optischer Kontrolle betragen. Die Abweichungsrichtung ist im wesentlichen zufallsbedingt. Ein befriedigender Übungsfortschritt ist nicht zu sichern. Entscheidend ist, daß das Treffen eines Punktes eindeutiger Raumlage durch das Ausschalten der exterozeptiven Kontrolle ungleich stärker behindert ist als das Zurücklegen einer bestimmten Strecke relativ beliebiger Raumlage (Fitts 1961, Hacker 1957, Schröter 1965, Schulz 1957).

Welche Konsequenzen ergeben sich für die Bedienfeldgestaltung?

1. Die Anordnung der Bedienteile bei weitgehend fehlender exterozeptiver Führung sollte unter dem Aspekt konstanter Bewegungsweiten erfolgen. Dabei wird eine besondere Anordnung und Dimensionierung der Bedienteile erforderlich: Relativ breite Bedienteile können in deutlich überschwelligen Abständen konzentrisch um einen fixen Ausgangspunkt angeordnet werden. Als zusätzliches propriozeptiv leicht nutzbares Merkmal ergibt sich dabei die Bewegungsrichtung im Raum.

2. Es ist eine besondere Bedienabfolge erforderlich, nämlich das Rückführen der Bewegung an einen gleichbleibenden, abgehobenen Ausgangspunkt.

3. Der Standort des Bedieners ist eindeutig festzulegen, und die optischen Koordinaten des Umgebungsraums sind konstant zu halten, um den konstanten Bezug der Regulationskriterien auf Körper- und Raumkoordinaten zu ermöglichen.

Vor allem aber sollte

4. durch konstruktive Vorkehrungen diese vergleichsweise unsichere, weitgehend kinästhetisch geführte Motorik vermieden werden zugunsten stärker exterozeptiv geführter Operationen.

Dazu im folgenden:

b) Gezielte Arm-und-Hand-Motorik bei **taktilen Differenzierungsmöglichkeiten** im Bedienfeld

Gedacht wird an Tätigkeiten unter Ausschluß der optischen Kontrolle, aber mit zusätzlichen taktilen Differenzierungsmöglichkeiten der Ziele im Raum. Auch dieses Problem ist nicht neu; denken wir z. B. an die bekannten Vorschläge von Jenkins (zit. nach Chapanis, Garner und Morgan 1961) über taktil optimal identifizierbare Grifformen an Maschinen, die wichtig sind für das taktile Unterscheiden einzelner Bedienelemente.

Uns interessiert jedoch ein weiter gestecktes Problem: die Verwertbarkeit taktiler Stützen für die **Raumorientierung der Hand.** Diese Frage ist überall dort wichtig, wo aus einer Vielzahl von Bedienelementen – allein aus Zeitgründen – nicht jedes einzelne für sich taktil herauszudifferenzieren ist (etwa an Büromaschinen), sondern die eindeutige richtige Raumlage der bewegten Hand zum Schlüssel für die richtige Gesamtzuordnung der Handlungen wird. Mit anderen Worten handelt es sich um die Rolle der taktilen Koordinaten für das Entstehen eines richtigen regulativen räumlichen Abbilds des Bedienfelds. Ananjew, Lomow, Wekker und Jarmolenko (1959) haben für die sukzessive Abbildung von Körpern durch das Tasten die entscheidende Funktion eines taktilen Koordinatennullpunkts, namentlich vermittelt vom Daumen, gezeigt.

Können diese Erkenntnisse bei der Bedienanlagengestaltung helfen? Für kleindimensionierte Eingabefelder mit hoher Bedienteilzahl wurde das Problem beispielsweise für sogenannte Zehnertastaturen von Rechenmaschinen untersucht (Steinak 1966).

Drei Viertel bzw. 72,5% aller Fehler sind – auf Grund der konstruktiv bedingten Fingerzuordnung – Vertauschungen in der sagittalparallelen Ebene, der größte Teil (zwei Drittel bzw. 67,0%) davon wieder entsteht durch Verkürzung der auf die Person zuführenden Bewegungen (s. Abb. 9.18). Statt der richtigen wird am häufigsten die darüberliegende Taste, an zweiter Stelle aber die darunterliegende bedient. Andersartige (z. B. seitliche) Vertauschungen folgen erst mit beträchtlichem Abstand.

Diese Fehlerrichtung wird durch Verlaufsanalysen der erzwungenen Bewegungsbahn der Hand erklärlich.[9] Die Hand gleitet von oben nach unten (d. h. in Richtung auf den Körper) sagittalparallel über das Tastenfeld. Verlaufsanalysen der zeitlichen Einordnung der Fehleranfänge ergeben weiter, daß diese Suchbewegungen mit dem Verlust der Schlüsselstellung der Hand im Feld zusammenhängen. Ganze Abfolgen von Fehlern entstehen vorwiegend nach der Rückkehr von Operationen, die die Hand aus ihrer Grundstellung im Tastenfeld hinausführt (Steinak 1966).

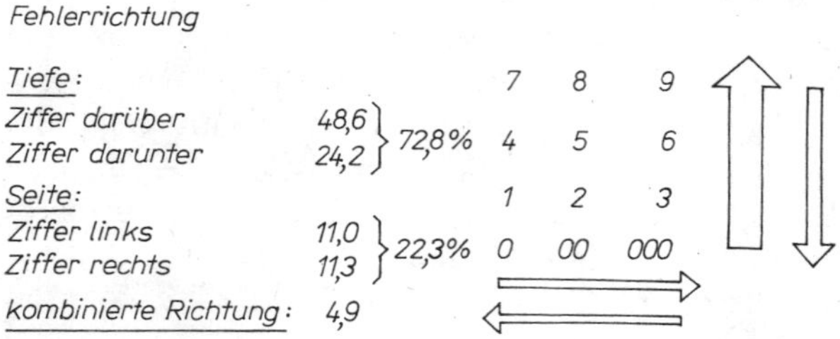

Abb. 9.18: Prozentuale Verteilung von etwa 600 Eingabefehlern in einer Zehnertastatur (Steinak 1966). Rechts Schema des Tastenfeldes. Die Pfeile veranschaulichen die Anteile der vier Hauptfehlerrichtungen.

Verbesserungen sind damit von konstruktiven Veränderungen zu erwarten, die taktile Orientierungsmarken gerade für diese gefährdetste Bewegungsrichtung geben. Zwei Wege scheinen dazu nach bisherigen Befunden fruchtbar: einmal die taktile Markierung eines ganzen Bedienfeldbereiches zum Zweck der Orientierung der Hand über ihre Schlüsselstellung im Tastenfeld, andererseits auch die Hervorhebung der Koordinatenfunktion des Daumens außerhalb des Hauptbedienfeldes. Während der erste Weg von allgemeinerer Bedeutung ist, hilft der zweite vorwiegend im speziellen Falle kleindimensionierter, aber vielgliedriger Eingabefelder weiter.

Die Erkenntnisse über die gnostische Struktur der Handbewegungen besitzen also beträchtlichen Wert für die konstruktive Bedienfeldgestaltung.

Konsequenzen für die Bedienbereichsgestaltung:

1. Bei der Neuentwicklung sind Eingabevorrichtungen mit fixer Gliedmaßenzuordnung so weit als möglich jeder Art variabler Zuordnung vorzuziehen, weil damit die hochgradig dominierende Fehlerquelle – nämlich die räumliche Fehlorientierung – ausgeschaltet ist. Das spräche für ein Auflösen der Zehnertastatur in eine Zweihandtastatur.
2. Im Zusammenhang damit sollte die weglose bzw. wegarme Eingabe ins Auge gefaßt werden.
3. Ist eine variable Zuordnung unvermeidlich, so sind taktile Orientierungsmarken konstruktiv vorzusehen:

Bei *wenig*gliedrigen Bedienfeldern ist die taktile Unterscheidbarkeit des Einzelelements gemäß Jenkins' Vorschlag sinnvoll. Bei *viel*gliedrigen Bedienfeldern ist dies zeitlich unökonomisch (u. a. aus Analogieüberlegungen zum Merkel-Hickschen-Gesetz, die hohen Zeitbedarf erwarten lassen). Hier sind taktile Orientierungshilfen für die Schlüsselstellung

[9] Nicht kurzerhand durch Verlesungen unter Einschluß subjektiver Zahlenbevorzugungen.

der zu bewegenden Hand vorzusehen. Diese können im Tastenfeld ebenso wie – bei kleinen Dimensionen – außerhalb vorgesehen werden. Dabei ist die Nullpunktfunktion, die speziell der Daumen im Koordinatensystem der Hand annehmen kann, besonders zu beachten.

c) Gezielte Arm-Hand-Motorik unter visueller Kontrolle

Die Notwendigkeit optischer Differenzierung ändert die Gesamtstruktur einer Handlung, also auch die mit der Differenzierung nicht verbundenen vorangehenden oder nachfolgenden Abschnitte. Wovon sind Präzision und Tempo bei visueller Orientierungsmöglichkeit abhängig? Wie sind sie zu steigern?

Das visuelle Regulationssystem (VRS) hat Meßfunktion für die Handmotorik, die nur in Wechselwirkung mit dem propriozeptiven Regulationssystem (PRS) wirksam wird. Wirkungsgrundlagen des VRS sind bei hohen Genauigkeitsanforderungen [10] sowohl das visuelle Erfassen der Raumkoordinaten des Ziels als auch der Handbewegungsbahn; die Zielerfassung allein genügt für ein rasches, d. h. unkorrigiertes Treffen nicht. Das VRS dient auf dieser Basis zwei Aufgaben: der visuell vermittelten Vorinformation des PRS über die Zielkoordinaten sowie andererseits der Einregelung der Hand während der Zielungsendphase. Die Vorzüge der visuellen Kontrolle sind weitgehend abhängig von der Vorinformation, die ihrerseits überwiegend an das periphere Sehen gebunden scheint. Einschränkungen lediglich des peripheren Sehens führen unter den in der Praxis vorwiegenden Verhältnissen zu beträchtlichen Beeinträchtigungen im Bewegungsvollzug, namentlich bei Geübten.

Verbreitet ist eine Unterschätzung der Beziehungen zwischen VRS und PRS. Häufig wird nämlich verallgemeinert, ausgearbeitete Fertigkeiten – zu denen Bedienhandlungen in der Regel gehören dürften – verliefen nur noch unter propriozeptiver Führung. Das trifft jedoch nur unter recht speziellen Bedingungen zu, keineswegs im hier interessierenden Falle von Operationen in komplexen Bedienfeldern. Die visuelle Funktion bleibt vielmehr teilweise bestehen, und zwar als visuelle Vorinformation durch das periphere Sehen (Krestownikow 1955). Das hat wesentliche Konsequenzen:

Bei der Bedienfeldgestaltung darf nicht unterstellt werden, daß – unter der Voraussetzung geübter Bediener – eine Auslegung für die propriozeptive Orientierung geboten sei. Die Gestaltung hat vielmehr Besonderheiten des peripheren Sehens zu bedenken.

Schlußfolgerungen für die Bedienfeldgestaltung:

1. Auch Bedienelemente von Anlagen, die nur hochgeübten Bedienern anvertraut werden, sollten konstruktiv für visuelle und propriozeptive Orientierung ausgelegt sein.
2. Bezüglich der Sehbedingungen ist den Besonderheiten des peripheren Sehens Rechnung zu tragen (z. B. hinsichtlich Farbwahrnehmung, Formenempfindlichkeit, Bewegungswahrnehmung).
3. Sichtbar sollten prinzipiell Ziel und Hand sein (was z. B. im Dunkelraum mit alleiniger Armaturenbeleuchtung problematisch wird).
4. Die Möglichkeiten zum peripheren Sehen sollten nicht eingeschränkt werden. (Sogar bei einfachen Führungsmanipulationen wie dem Schweißen langer Nähte ist die Sehfeldeinschränkung z. B. durch bestimmte Schutzbrillen hinderlich, Corlett und Goodhand 1965.)

[10] Daß heißt bei kleinflächigen Zielen von etwa 10 mm Durchmesser und bei im stationären Greifraum realisierbaren Zielentfernungen.

Besondere Probleme in den Wechselbeziehungen von VRS und PRS treten beim Einfügen **optischer Vermittlungsgeräte** in die visuelle Kontrolle von Manipulationen auf. Praktisch kann z. B. an Arbeiten mit Mikromanipulatoren oder mit Endoskopen gedacht werden. Experimentelle Befunde belegen, daß die Ausschaltung des peripheren Sehens eine komplexere Beeinträchtigung der gezielten Handmotorik bewirkt als das Einschalten verschiedenartiger verändernder Vermittlungsglieder (z. B. mit Vergrößerung, Umkehrung oder Bildverzerrung).

Schröter (1965) belegte das an der Verzögerung des Wiederanpassungsprozesses, an den ungerichteten Abweichungen vom Ziel, an der Häufung orientierender Haltepausen anstatt korrigierender Richtungswechsel sowie an den ungerichteten Nachwirkungen des Anpassungsprozesses, deren Abbau zeitaufwendig ist.

Darüber hinaus ist zu bedenken, daß keine vollständige, bleibende Anpassung an Eingriffe in das Sehen entsteht; immer wieder ist nach Unterbrechungen eine kurze Einarbeitung erforderlich. Theoretische Aufklärungen über die optischen Abbildungsgesetze sind wirkungslos. Die visuelle Fehlinformation ist also nur behebbar durch die Ausführung mit propriozeptiven Rückmeldungen.

Schlußfolgerungen für die Arbeitsgestaltung bei der Verwendung optischer Vermittlungsgeräte:

1. Für die visuelle Regulation erscheint ein weites Sehfeld zu Lasten schlechterer Abbildungseigenschaften günstiger als bessere Abbildungseigenschaften auf Kosten eines engen Sehfelds. Wahrscheinlich sollten für optische Geräte unterschiedliche Konstruktionsprinzipien gelten, je nachdem, ob man am operativen Abbild (als Grundlage der Bewegungsregulation) oder am phänomenalen Abbild (als Grundlage der gnostischen Funktion) interessiert ist.
2. Da die Anpassung keine „Umschaltung" ist, sondern zeitaufwendige Umstellungen erforderlich sind, ist es nicht zweckmäßig, im gleichen Manipulationsbereich optisch transformierte und optisch nicht transformierte Informationen anzubieten.

Insgesamt wird mithin deutlich, daß sich Leitgesichtspunkte für die Gestaltung des Bedienfelds kaum ergeben aus irgendwelchen Eigengesetzlichkeiten einer isoliert betrachteten Motorik, sondern aus den Eigenheiten ihrer sensorischen Regulation. Auch die Bedienfeldgestaltung muß Informationsvermittlung bezwecken!

Diesbezügliche psychologische Konstruktionshinweise können vorwiegend Fehlhandlungen vermindern; sie führen weniger zu unmittelbarem Zeitgewinn. Erhebliche Zeiteinsparungen können sich jedoch indirekt durch Verminderung von Korrekturen und Orientierungspausen in der Bewegung ergeben.

Es scheint in weitaus umfassenderem Sinne möglich, aus einschlägigen Grundlagenuntersuchungen nützliche Konstruktionsprinzipien abzuleiten, als das bisher erreicht wurde.

9.4.3. Bewegungsprogramme: Sequentielle und hierarchische (heterarchische) Organisation

Im einordnenden Überblick (9.4.1.) wurde dargestellt, daß das psychologisch übergeordnete Ziel auf der Grundlage eines Systems bewegungsorientierender Abbilder zu einem die Bewegungsausführung **vorwegnehmenden** und als **Vergleichsmuster** regulierenden **Bewegungsentwurf** (-programm) führt, dessen Realisierung in mehrfacher Weise zurückgemeldet wird und die weitere Regulation mitbestimmt. Weiter wurde bereits festgehalten, daß die **invariante Grundlage** für die Programme die Vorwegnahme des Verrichtungsresultats ist. Schließlich wurde der Vorgang der **Einheitenbildung** auch auf effektorischem Gebiet eingeführt (Luria 1970a, 1973, Seymour 1967).

Bewegungsprogramme

Ein **Bewegungsprogramm** ist ein **Satz von Befehlen an die Muskeln, der vor Beginn einer Bewegungsfolge organisiert wird und ihre Ausführung leitet** (Keele 1968). Kleinere Programmabschnitte können möglicherweise rückmeldungsfrei abgewickelt werden. Die Befehle legen die Werte fest, die künftige Bewegungen auf ihren einzelnen Dimensionen, wie Entfernung oder Tempo, annehmen sollen. Die Befehle bilden keine nur zeitlich nacheinander geordneten, sondern ganzheitliche (holistische) Informationsstrukturen. Es gibt Hinweise dafür, daß Ziele zunächst abstrakte nichtmotorische „Mutterprogramme" aktivieren, die ihrerseits spezifizierte kontextabhängige, für die einzelnen Muskeln nutzbare Detailprogramme erzeugen. Das als Ausgangskommando wirkende Ziel aktiviert (1.) eine Liste von Befehlen (= Programm) mit einer (2.) bestimmten zeitlichen Abfolge und Unterordnung, über die noch zu sprechen sein wird. Diese „Befehlslisten" entstammen teils dem Gedächtnis, teils sensorischen Rückmeldungen. Jeder Befehl oder jede Gruppe solcher Befehle schließt (3.) ein rezeptorisches Muster ein, das in der Umgebung auftreten muß, bevor der Befehl ausgeführt wird und zum nächsten übergegangen werden kann.

Als Liste von Befehlen in zeitlicher Ordnung ist ein Bewegungsprogramm jedoch nicht vollständig beschrieben. Bezieht man den uns bereits aus früheren Überlegungen bekannten hierarchischen Aspekt ein, so kann ein Programm mit Miller, Galanter und Pribram (1960) allgemeiner bezeichnet werden als (4.) **hierarchischer** Prozeß im Organismus, der die Ordnung reguliert, in der eine Sequenz von Operationen ablaufen soll.

Das Programm besitzt mithin nicht eine auf einer Ebene verlaufende sequentielle Struktur, sondern eine sequentiell-hierarchische Struktur (Hörmann 1967). Die Abfolgeorganisation ist nicht ohne den hierarchischen Aspekt verständlich. In der Sprachpsychologie wurde gezeigt, daß die sequentielle Ordnung vermittels **generalisierter** Aktionsschemata realisiert wird (z. B. sogenannter Phrasenstrukturregeln der generativen Grammatik, d. h. Aufbauregeln psychologisch relevanter Teileinheiten im Sprechen). Diese generalisierten Aktionsschemata determinieren die Abfolge der spezielleren Vorgänge, die selbst zeitlich variabel sind. Damit und unter Berücksichtigung der Rückkoppelungen wird auch der scheinbare Widerspruch aufgehoben: Es könnte scheinen, daß die tatsächliche Flexibilität der Operationen nicht durch ein streng festgelegtes Programm erklärt werden kann. Die hierarchisch übergeordneten generalisierten Aktionsschemata setzen den rückgemeldeten Ablaufsbedingungen entsprechende spezielle aufbewahrte Unterprogramme auswählend ein. Diese übergeordneten, allgemeinen Aktionsschemata sind Erzeugungsregeln, die durch Vorausgriff in die Zukunft Abfolgen entwickeln. So weiß ein sprechender Mensch, was er sagen will, d. h., was er sagen wird. Die Übermittlung zwischen den verschiedenen Ebenen erfolgt nach den im 4. Kapitel erörterten funktionellen Einheiten. Lashley (zit. nach Jeffres 1951) faßt zusammen: „Das ist das Hauptproblem der Abfolgeordnung: Das Vorhandensein generalisierter Aktionsschemata, welche die Abfolge der spezifischen Operationen determinieren, der Operationen, die in sich selbst oder in ihren Verbindungen keine zeitliche Valenz zu haben scheinen" (S. 525). Es ist zwar wahrscheinlich, aber doch noch hypothetisch, daß derartige generalisierte abfolgeregelnde Aktionsschemata (generative Grammatiken des manuellen Handelns) auch in Arbeitstätigkeiten wirksam sind; in ihrer Aufdeckung liegt eine Aufgabe produktionsrelevanter allgemeinpsychologischer Forschung.

Der Hierarchieaspekt muß jedoch zu der bereits erwähnten Heterarchie erweitert werden: Untergeordnete Ebenen können übergeordnete rückwirkend beeinflussen, sie wirken zeitweilig relativ selbständig, und auf der gleichen Ebene können sich verschiedene Regulationseinheiten wechselseitig in Grenzen ersetzen.

Die Vorwegnahme zu realisierender Befehlsmuster bildet den Kern der Entstehung von Programmen. Wir erinnern uns: Ergebnisantizipationen in Form des Ziels determinieren das Programm, das selbst wiederum eine Ausführungsvorwegnahme ist, welche als Vergleichsmuster oder inneres Modell der Rückmeldungen dient. Daß eine **Antizipation** für adäquate Programme unerläßlich ist, kann leicht bewiesen werden an Arbeitsbedingungen, die zutreffende Antizipationen von Resultat- oder Ausführungskennzeichen beeinträchtigen oder unterbinden.

Ist beispielsweise das Sehfeld bei gezielten Bewegungen eingeengt, so daß die Ziellage nicht bei Bewegungsbeginn erfaßt werden kann, so wird die Bewegungsweite signifikant gehäuft falsch prädiktiert, dementsprechend falsch angelegt, und zusätzliche Korrekturen in der Endphase werden erforderlich.

In sensumotorisch regulierten Vollzügen sind Afferenzen in beträchtlichem Umfang antizipierbar, da die zu beantwortenden Umweltgegebenheiten (beispielsweise ein herbeifliegender Ball) objektiv Redundanz enthalten.

Erkennen und Ausnutzen von Redundanzen ist eine Grundeigenschaft hochentwickelter Lebewesen, diese antworten mit Klassen von Verhaltensweisen auf Klassen von Außenweltereignissen: „Das Erkennen von Ordnungen der Außenwelt (S-S-Redundanz), das Bilden geordneter Verhaltensschemata (R-R-Redundanz) und die Zuordnung von beiden (die S-R-Redundanz) ist ein einheitlicher Vorgang" (Volpert 1969, S. 27). Diese antizipierbaren Afferenzen sind zu einem großen Teil Reafferenzen. Die Antizipierbarkeit der Rückmeldungen bedeutet jedoch, daß die Bewegungssequenz antizipiert werden kann. Mit anderen Worten kann man auch formulieren, daß Antizipation von Bewegungssequenzen als Programm möglich ist auf Grund vorangegangener sensorischer Eindrücke, die behalten und dabei verallgemeinert wurden. Antizipierende Bewegungsprogramme werden vor dem Start wahrscheinlich in einem Antwortpufferspeicher bereitgestellt. Der meßbare Zeitbedarf für diese Bereitstellung steigt mit dem Programmumfang. Die antizipative Programmbereitstellung setzt einen entsprechend großen Vorlauf der Informationsaufnahme voraus.

Tatsächlich konnten solche Vorlaufzeiten ermittelt werden. Bei einer Verfolgungstrackingaufgabe beträgt beispielsweise
- der Vorlauf der Informationsaufnahme etwa 0,5 bis 1,0 s,
- der Vorlauf der Programmbereitstellung etwa 0,3 bis 0,5 s.

Übung verringert, Zusatzaufgaben vergrößern diese Antizipation (Stadler und Wehner 1982).

Ein weiteres wesentliches Kennzeichen von Bewegungsprogrammen ist die Bildung von Gruppen von Befehlen, mit anderen Worten die **motorische Einheitenbildung.** Sie schließt zwei nicht trennbare Erscheinungen ein:

– die Gruppierung der Befehle,
– die Beziehungsherstellung zwischen den Gruppen auf und zwischen den relevanten Regulationsebenen.

Die gegliederten Impulssequenzen werden durch entsprechende Signale als Ganzes ausgelöst. Hier wird deutlich, daß den motorischen Gruppierungen perzeptive Gruppierungen oder Einheitenbildungen in den Signalen entsprechen müssen, wenn erstere ihre volle Effektivität entfalten sollen. Diese Einheiten sind keine aufgabenunabhängigen, unveränderlichen Einheiten, sondern funktionelle Einheiten, die ihre Abgrenzung nur aus ihrer Funktion und ihrer Stellung im Gesamtvollzug erhalten. Dieser Sachverhalt kann nicht deutlich genug betont werden. Die Frage nach der elementaren analytischen Einheit ist folgenreich für das gesamte Arbeitsstudium, die Arbeitsgestaltung und die Entwicklung von Ausbildungsverfahren.

Wir hatten Belege für diese funktionelle Einheitenbildung angeführt, die zeigten, daß die Annahme fester und unabhängiger motorischer Elemente und deren Additivität für manuelle Arbeitsbewegungen unzutreffend ist und daß manuelle Verrichtungen nur innerhalb ihrer jeweiligen funktionellen Einheit, „nur in Relation mit den anderen Elementen eines Zyklus gemessen werden“ können (Schappé 1965). Hinzu kommt ferner, daß zu den motorischen Einheiten die regulativen kognitiven Merkmale untrennbar dazugehören. Die Integration und wechselseitige Abhängigkeit der motorischen und sensorischen Komponenten von Arbeitsbewegungen darf nicht übersehen werden.

„Ghiselli und Brown ermittelten beispielsweise in einem Experiment, in dem 6 Tasten in einer bestimmten Reihenfolge niederzudrücken waren, daß bei Ausschaltung einer Teilbewegung die Gesamtzeit nicht um die Teilzeit dieser Bewegung vermindert wird, sondern im Verhältnis zur Summe der bisherigen Teilzeiten der übriggebliebenen Bewegungen länger oder kürzer wird. Bei einem ähnlichen, der industriellen Praxis angenäherten Versuch beobachteten Schmidtke und Stier (1960) u. a., daß bei Wegfall von 2 Teilvorgängen eines aus 8 Bewegungsteilen bestehenden Arbeitsvorgangs die restlichen Teilzeiten im Durchschnitt um 10% länger wurden. Außerdem variieren die Zeitwerte (in diesem Falle für Armbewegungen) je nach der Bewegungsrichtung, der Gewichtsbelastung, der Wiederholungsfrequenz und (bei Zielbewegungen) in Abhängigkeit vom Durchmesser der Zielfläche. K. U. Smith (1962) und seine Mitarbeiter stießen bei analogen Versuchen an Schalttafeln auf ganzheitlich zu interpretierende Wechselwirkungen zwischen der Manipulationsart, z. B. ob ein Schalter zu drehen, ein Knopf zu drücken oder ein Schalthebel umzulegen war, und der Arbeitszeit, ferner auf entsprechende Beziehungen zwischen dem Abstand zwischen den Schaltelementen und der Arbeitszeit. So bewirkt die Vergrößerung des Abstands der Schaltelemente nicht nur eine Verlängerung der Zeiten für die Zwischenbewegungen, sondern auch für die Schaltbewegungen, obwohl letztere nicht verändert worden waren (Wehrkamp/Smith 1952). Andererseits führen Veränderungen der Manipulationsweise auch zu Veränderungen der Wegzeiten – selbst bei gleichen Abständen zwischen den Bearbeitungsstellen, und zwar bis zu 52% (Hecker/Green/Smith 1965)“, (zit. nach Seifert 1968, S. 118f.).

Nacheinander oder gleichzeitig abzuwickelnde Befehlsgruppen, Impulsmuster oder Programme tendieren also dazu, miteinander in Wechselwirkungen zu treten und größere Einheiten, sogenannte **koordinative Strukturen** zu bilden. In ältererer Terminologie: Sie tendieren zu Sukzessiv- oder Simultanganzheiten oder **-gestalten**. Eine Schlüsselrolle dabei dürfte die Vereinbarkeit ihrer Ziele bilden.

Ein Beispiel für simultane Wechselwirkungen: Beim gleichzeitigen Heben einer Hand und eines Fußes verlängert sich die Reaktionszeit der Hand geringfügig gegenüber isolierter Ausführung, während sich die Reaktionszeit des Fußes sogar stark verkürzt (Haferkorn 1938).

Neue, hierarchisch konzipierte Methoden der Arbeitsbewegungsanalyse müssen die bisherigen (vgl. z. B. Macher 1974) ablösen; der Aspekt der funktionellen Einheiten gehört notwendig zu ihren Axiomen.

Zum Aspekt der sequentiellen Organisation

Jede manuelle Arbeitstätigkeit enthält eine organisierte Abfolge von Einzelverrichtungen. Für das Gelingen auch einfacher Tätigkeiten ist es unerläßlich, daß
- die Aktivitäten in einer bestimmten Abfolge aufeinander folgen und
- zu bestimmten Zeitpunkten einsetzen.

Beides schließt ein, daß
- bereits ausgeführte Operationen blockiert und nachfolgende aktiviert werden.

Störungen, wie sie bei stärkerer Ermüdung auftreten, lassen erkennen, daß es sich dabei um durchaus nicht selbstverständliche Vorgänge handelt. Die sequentielle Organisation (Abfolgeorganisation), in der motorische Impulsmuster entwickelt werden, begrenzt die Möglichkeit des Folgens einer Teilverrichtung auf eine andere. Sie ist eine Widerspiegelung objektiver Aufgabenbedingungen. Bei Verrichtungsbeginn bestehen häufig erhebliche Freiheitsgrade in der Abfolge von Teilverrichtungen, mit zunehmendem Fortschreiten werden diese Freiheitsgrade aber immer geringer.

Aus der Untersuchung des Sprechens ist die Möglichkeit der Beschreibung derartiger sequentieller Organisationen mittels Markoffscher Ketten geläufig. Auch bei manuellen Arbeitstätigkeiten bestehen diese Möglichkeiten, sofern der Eintritt der jeweiligen Zustände des Arbeitsgegenstands oder der jeweiligen Arbeitsoperationen als von Zufallsvariablen abhängig betrachtet werden kann. Im Markoff-Modell ist jeder folgende Zustand vermittelt über den gegenwärtigen nur von vergangenen Systemzuständen abhängig (vgl. Biometrisches Wörterbuch 1968). Die Beschreibung bedarf eines Alphabets von Sachverhalten, deren Auftrittswahrscheinlichkeiten und (bei Zuständen, die voneinander abhängig sind) bedingte Übergangswahrscheinlichkeiten bekannt bzw. ermittelbar sind.

Die Ordnungshöhe der Markoff-Kette gibt dann an, von wie vielen vorangehenden Zuständen das Auftreten eines weiteren abhängt; mit verschiedenen Informationsmaßen kann die Information jedes einzelnen Zustands in der Zustandsfolge gekennzeichnet werden. Die Grenzen der Beschreibung durch Übergangswahrscheinlichkeiten im Markoff-Modell bestehen darin, daß ein lineares Modell – im Unterschied zu hierarchischen – nicht zur Erklärung planmäßigen Verhaltens ausreicht.[11] Bereits im 4. Kapitel war deutlich geworden, daß Verrichtungen nicht „von links nach rechts", sondern zunächst von „oben nach unten" bei gleichzeitiger Antizipation nachfolgender Glieder entwickelt werden; wir bezogen uns bereits dort auf die hierarchische bzw. heterarchische Konzeption von Bernstein (1967), Miller, Galanter und Pribram (1960) und Luria (1970a).

Die praktische Bedeutung einer anforderungsgerechten Abfolgeorganisation von Bewegungen wird einsichtig, wenn man an die Fehlhandlungen denkt, die gekennzeichnet sind durch Fehler und Mängel der zeitlichen Einordnung, im Alltag also beispielsweise ein Verschreiben oder Versprechen, bei dem Elemente zeitlich späterer, also künftiger Teilverrichtungen (künftige Buchstaben oder Phoneme) falsch eingeordnet werden. Die Bedeutung der in der Abfolgeorganisation entstehenden Impulsmuster erstreckt sich auch auf die Leistungsmenge: Bestimmte Hochleistungen wären ohne sie und die zugeordneten perzeptiven Einheitenbildungen gar nicht möglich:

Für eine Reaktion im Sinne eines Tastendrucks auf ein optisches Signal ist unter Wahlreaktionsbedingungen bei 10 Alternativen mit einer Reaktionszeit (optisches Ansprechen, Afferenzleitung, zentrale Analyse und Zuordnung, Efferenzleitung, Muskelaktion) von wenigstens 600 ms zu rechnen. Das entspräche

[11] Eingehende Diskussionen dieses Methodikproblems vgl. z. B. Hörmann (1967).

beim Schreibmaschineschreiben 1,5 Anschlägen/s. Hochgeübte Schreiberinnen erreichen jedoch 7 bis 8 Anschläge/s, Spitzenleistungen liegen bei 10 Anschlägen/s. Diese Leistungen liegen weit über den auf der Basis von Reaktionszeiten theoretisch zu erwartenden Leistungen (Schmidtke 1961a). Schmidtke kalkuliert als theoretisch mögliche Leistung 3 bis 4 Anschläge/s. Die hochgradige Mehrleistung – also die Zeitverkürzung – geht auf die Entstehung eines motorischen Impulsmusters zurück, das den Gesetzmäßigkeiten der Bildung dynamischer Stereotypien gehorcht. Es liegt eine sequentielle Organisation vor, bei der in den Impulseinheiten eine Bereitstellung der nachfolgenden Operation bereits während der vorangehenden erfolgt. Ohne diese „Sukzessivgestalten" wären auch keine flüssigen (pausenfreien) geschlossenen komplexen Bewegungen, wie das Schreiben eines ‚S', möglich. Man müßte zunächst eine Komponente vollenden, ehe die nächste initiiert wird. Da aber die voraussichtliche Endstellung dieser Komponente und der Zeitpunkt ihrer Fertigstellung vorweggenommen werden können, kann die weiterführende Komponente initiiert werden, bevor die vorangehende beendet ist (Poulton 1957). Eben das ist der Ursprung des flüssigen Ausführens einer Bewegung.

Die Güte- und Mengenleistungsvorteile eingeschliffener sequentieller Einheiten schließen neben den motorischen auch sensorische Organisationseffekte ein. Der Anteil der **motorischen** Organisation von Impulsmustern kann aber kaum überschätzt werden. Die in Grenzen lineare Beziehung zwischen Reaktionszeit und Logarithmus der Alternativenanzahl (Reizinformation) muß auf einen Komplex von Reiz-, Antwort- und Transinformation (übertragener Information) zurückgehen (Morin, Forrin und Archer 1961, zit. nach Steinak 1970). Die Autoren konnten in ihren Untersuchungen nachweisen: Die Reaktionszeit verändert sich *nicht* wesentlich mit der **Reiz**information, wohl aber mit der **Antwort**information, den Möglichkeiten zur Reizbeantwortung. Mithin ist der Prozeß der Informationsaufnahme und -verarbeitung gleichsam rückwärts determiniert durch die Antwortorganisation.

Die Abfolgeorganisation scheint ein relativ selbständiger Teilvorgang der Programmentwicklung zu sein. Sie ist bei Verletzung der prämotorischen Region der Großhirnrinde gestört. Im Normalfall sind in jedes Bewegungsprogramm zeitliche Festlegungen integriert. Hochgradig eingeübte Bewegungsprogramme schließen bedingte Verbindungen auf Zeitabstände ein, die bewirken, daß ein automatischer Ablauf nur beim Einhalten des gefestigten Zeitregimes möglich ist. Man bezeichnet diesen Sachverhalt als **Zeitkonstanz der Fertigkeiten.** Veränderte Tempi oder Abfolgen können Umlernphasen erfordern. Das Zeitregime entsteht aus zwei Quellen:
- aus den zeitlichen Merkmalen der Afferenzen und Reafferenzen beim Erlernen der Programme sowie zusätzlich wahrscheinlich auch
- aus internen Zeitgebern des Organismus.

Zum Aspekt der hierarchischen bzw. heterarchischen Organisation

Bisher wurde zwar wiederholt betont, daß die behandelte sequentielle Organisation nur in heterarchischen bzw. hierarchischen Formen realisierbar ist, der hierarchische Charakter der Bewegungsprogramme blieb jedoch noch im Hintergrund der Behandlung. Die Vorgänge der Gruppierung und Beziehungsherstellung verlaufen auf hierarchisch gestaffelten Ebenen: Das Ziel aktiviert eine Gruppe von sequentiell geordneten Befehlen, jeder Befehl nutzt wiederum eine Gruppe von sequentiellen Unterbefehlen (ein Unterprogramm), dieses erforderlichenfalls ein Unter-Unterprogramm und so fort. Die Auffassung von der hierarchischen Gesamtorganisation besagt mit anderen Worten, daß unterschiedliche Regulationsniveaus vorliegen und eine stufenweise Verlagerung zwischen ihnen (mit den bereits genannten Wechseln in Bewußtheit, Integrationshöhe, Gültigkeitsweite der jeweils eingeschalteten Regulationsvorgänge) erfolgt.

Die übergeordneten Ebenen bedienen sich der untergeordneten, setzen verschiedene Unterprogramme entsprechend ihrer Situationsanalyse ein. So kann z. B. das bewußte Kalkül von Ausführungsbedingungen zum wahlweisen Einsatz von propriozeptiv oder von visuell regulierten Programmen führen. Derartige kognitiv vermittelte Wechsel zwischen den eingesetzten Aktionsunterprogrammen ermöglichen beträchtliche, gegebenenfalls sprungartige Leistungsveränderungen.

Die kognitiven Vermittlungsvorgänge sind verschiedenartig. Beispielsweise kann beteiligt sein:
- vorstellungsmäßiges Probieren und Kontrollieren der Bewegung oder
- gedanklich abgeleitetes Verlagern der Zuwendung von den optischen auf die taktil-kinästhetischen Regulationsvorgänge.

Für Arbeitsstudium und Arbeitsgestaltungsmaßnahmen haben derartige kognitiv vermittelte sprungartige Wechsel im eingesetzten Aktionsprogramm und damit in der erzielten Leistung einsichtige Konsequenzen: Arbeitsstudien sind ohne das Erfassen der übergeordneten kognitiven Regulationsvorgänge von beschränktem Wert, da sie die wesentlichsten Leistungsveränderungen — z. B. sprungartige Wechsel oder unterschiedliche qualitative Bewältigungsniveaus — nicht erklären und somit auch nicht gezielt herbeiführen können.[12]

Wie weitreichend diese Abhängigkeit von übergeordneten Regulationsvorgängen ist, können myoelektrische Untersuchungen belegen. Sogar bei Aufgaben, die nicht hinsichtlich der sensumotorischen, sondern der perzeptiven und intellektuellen Anforderungen variieren (z. B. Anforderungen im Mengenschätzen), verändert sich der Tonus der Muskulatur. Metz (1970) fand bei Ableitungen an den oberen Extremitäten regelhafte, annähernd lineare Beziehungen zwischen der subjektiven Schwierigkeit einer Schätzaufgabe und einem Kennwert der Erhöhung des Muskeltonus, der Dauer der myoelektrischen Gesamtaktivität.

Die hierarchisch überformte, sequentielle Organisation bedeutet, daß Handlungsentwürfe bzw. -programme nicht „aufsteigend" entstehen vom letzten Detail zur umfassenderen und allgemeineren Tätigkeitseinheit, sondern umgekehrt, also vom umfassenden, groben Gesamtentwurf ausgehend, Eigenarten der sensumotorischen Ausführungsregulation zunehmend verfeinert bis zum effektorischen Detail. Im Prozeß dieser „absteigenden" Programmdifferenzierung fallen hierarchische („oben → unten") und sequentielle („links → rechts") Organisationsprozesse objektiv zusammen.

Das erstaunlichste Kennzeichen von Bewegungsprogrammen ist ihre **Flexibilität innerhalb von Muskelgruppen** und die Ausführbarkeit eines Programms durch verschiedene Muskelgruppen, die sogenannte **motorische Äquivalenz.**

Ein Beispiel:
Das Schreiben eines a gelingt von unterschiedlichen Ausgangsstellungen der Hand, bei aufgelegter Hand oder ohne Abstützung von Hand oder Arm, im Sitzen, im Stehen, im Liegen, auf dem Tisch oder über Kopf an der Decke. Das a gelingt jeweils auch in verschiedener Größe, und seine Ausführung benötigt dabei nur unwesentlich verschiedene Zeit.

Die **Flexibilität** ist daran erkennbar, daß das gleiche Bewegungsprogramm bei einer Vielzahl unterschiedlicher Ausgangsstellungen der Gliedmaßen und unterschiedlicher Körperstellungen gleichermaßen funktioniert. Da nicht angenommen werden kann, daß für jede mögliche Kombination ein spezielles Programm gespeichert ist, müssen flexibel einsetzbare Programme, die je nach Ausgangslage die Vorgänge in der beteiligten Muskel-

[12] Das Mitwirken kognitiver Vorgänge macht verständlich, daß auch beim Erlernen sensumotorischer Fertigkeiten sprunghafte Leistungsverbesserungen auftreten können (Rieber 1968).

gruppe verschieden verteilen, existieren. Bewegungsprogramme sind variable funktionelle Systeme oder sogenannte motorische Schemata, die organisiert sind nach Funktionszielen, nicht aber nach starren Beiträgen bestimmter anatomischer Einheiten.

Ein weiteres Beispiel:
Das Schreiben des a gelingt auch mit der linken Hand, mit beiden Füßen und Beinen und im Bedarfsfalle auch mit dem Kopf, wenn man den Stift mit dem Munde führt.

Die **motorische Äquivalenz** ist erkennbar an der Übertragbarkeit erlernter Programme von den Muskelgruppen, mit denen sie erlernt wurden, auf andere Muskelgruppen, auch von anderen Gliedmaßen. Das Programmieren der Form einer Bewegung ist also wenigstens teilweise unabhängig von den einbezogenen Muskeln (Heuer 1982).

Diese umfangreichen Transformationsmöglichkeiten können erklärt werden durch die Existenz **generalisierter, hierarchisch übergeordneter Programme,** die **Erzeugungsregeln** für speziellere Programme sind. Ziele würden also nach dieser Vorstellung zunächst relativ **generelle** Mutterprogramme aktivieren, die ihrerseits kontext- und muskelgruppenspezifische Ausführungsprogramme einschließlich ihres Zeitregimes erzeugen (Goodman und Kelso 1980).

Die Konsequenzen sind zahlreich und gewichtig: Vor allem wird einsichtig, daß motorische Programme auf mehreren Ebenen psychischer Vorgänge bearbeitet werden und nicht kurzerhand als allein der sensumotorischen Ebene zugehörig abgetan werden können. Höhere psychische Prozesse perzeptiv-begrifflicher und intellektueller Art sind determinierende Instanzen der Programme. Die „Auffaltung" in immer differenziertere Programme muß noch weitgehend unbekannten Gesetzen unterliegen, die wirksam sind, obgleich sie niemals bewußt werden und nicht als Lehrgegenstand vermittelt wurden.

9.4.4. Fertigkeitsentwicklung: Stereotypisierung funktioneller sensumotorischer Einheiten

Sind die Arbeitsaufgaben und die äußeren Arbeitsbedingungen relativ invariant – was für die Serien- und Massenproduktion charakteristisch ist –, so werden dementsprechend invariante rationelle Tätigkeitsstrukturen gebildet. Pawlow (1953–1956) hat den beteiligten Grundmechanismus, bei dem sich auf gleichbleibende (stereotype) Reizfolgen entsprechende Reaktionsfolgen bilden, verzahnen und auf einen Initialreiz hin ablaufen, als „dynamischen Stereotyp" bezeichnet.

Verrichtungseinheiten, die auf relativ gleichbleibende sensumotorisch akzentuierte Anforderungssequenzen hin entwickelt werden und als verfestigte und psychisch automatisierte Handlungskomponenten bereitstehen, bezeichnet man als sensumotorische Fertigkeiten. **Fertigkeiten sind durch Übung automatisierte Komponenten von Tätigkeiten.** Automatisiert bedeutet dabei, daß eine Ausführung ohne bewußte Führung und Kontrolle möglich ist. Um Komponenten von Tätigkeiten handelt es sich insofern, als lediglich die Ausführungsweisen von Tätigkeitsabschnitten automatisiert sind. Die Tätigkeit insgesamt erfolgt auf bewußte Ziele hin, und der Ausführende weiß, daß er die Tätigkeit ausführt.

Die funktionellen sensumotorischen Einheiten werden bei ausreichend invarianten Anforderungen mithin allmählich zu relativ verfestigten, aber disponiblen Unterprogrammen. Mit dieser relativen und reversiblen Verfestigung sind weitreichende Veränderungen in der Tätigkeitsstruktur einschließlich der Bewußtseinsrepräsentanz verbunden, die letztlich sämtlich unter Ausnutzung der Umweltredundanz (als einer Afferenzredundanz) zu einer aufwands- und zeitökonomischen, erfolgssicheren Ausführungsweise der entsprechenden Tätigkeitsbestandteile beitragen.[13] Der hierarchisch-sequentiellen Struktur der funktionellen Einheiten entsprechend, vollziehen sich bei dieser Änderung der Tätigkeitsstruktur auch Veränderungen im Verhältnis der beteiligten psychischen Regulationsebenen, die unter dem Sammelbegriff der psychischen Automatisierung gefaßt werden.

Kennzeichen und Entstehungsweise sensumotorischer Fertigkeiten werden im 11. Kapitel bei der Behandlung von Modifikationen der psychischen Struktur der Arbeitstätigkeiten zu besprechen sein.

9.5. Folgerungen für Arbeitsstudium und Training

1. Ein erster Auswirkungsbereich – das **Arbeitsstudium** – wurde bereits berührt, zuletzt hinsichtlich der Wahl angemessener Untersuchungseinheiten, also funktioneller Einheiten, deren Ableitung nur ausgehend von Ziel-Teilziel-Systemen möglich ist. Das Kernproblem angemessener Arbeitsanalyseverfahren besteht nicht im Auffinden einer festen Anzahl „letzter" Tätigkeitselemente, z. B. Grundbewegungen im Sinne der Therbligs, deren Aufsummierung angeblich die Arbeitstätigkeit des Menschen ergibt, sondern

– im Fixieren von Finderegeln für die funktionellen Einheiten auf den verschiedenen Regulationsebenen, ausgehend von der höchsten, also der intellektuellen,
– mithin in der Realisierung des hierarchischen Konzepts in der Untersuchung,
– der Angabe von Regeln der Beziehungsermittlung zwischen den Ebenen und
– der Angabe praktikabler Quantifizierungs- und Messungsmöglichkeiten, welche regulativen, d. h. informationsverarbeitenden Aspekten auf allen beteiligten Ebenen Rechnung tragen.

Ein einschlägiges Arbeitsprogramm geben beispielsweise Beishon und Bainbridge (1967): Ausgehend von der hierarchischen Natur der Arbeitstätigkeiten habe sich die Arbeitsanalyse zu beziehen auf

– die Anzahl hierarchisch aufeinander bezogener Ebenen, deren
– jede in dreifacher Hinsicht zu kennzeichnen sei, nämlich durch
– – Kategorisierung der Tätigkeitskomponente auf der jeweiligen Ebene,
– – Quantifizierung und Messung dieser Komponenten sowie
– – Bezugsetzung zu den über- bzw. untergeordneten Ebenen.

[13] Die größere Ökonomie des Aufwands ist bedingt durch angemessene Anspannungs-/Entspannungsverhältnisse hauptsächlich der Antagonisten, wie in myoelektrischen Untersuchungen belegt wurde.

Die Gesamtstruktur der so zu kennzeichnenden Tätigkeit wird dabei von den Autoren durch Graphenbäume veranschaulicht, jeder Knoten gehört einer anderen Regulationsebene an.

Den Arbeitstätigkeiten angemessene Analyse- und Gestaltungsverfahren können *nicht von unten*, also von sinnentleerten Elementarbewegungen ausgehend, *nach oben*, also zur motivierten, zielgerichteten und eventuell geplanten Handlung aufsteigend, vorgehen, falls sie sich nicht mit tayloristischen und behavioristischen Standpunkten identifizieren wollen. Die umgekehrte, „absteigende" Analyserichtung ist unerläßlich. Sie bedingt zugleich den Verzicht auf das mechanistische Additivitätstheorem, wonach die Summe getypter Elementarbewegungen die Handlung oder gar eine generell durchzusetzende beste Handlungsform ergibt. Tayloristisch konzipiertes Arbeitsstudium und darauf fußende Arbeitsbewegungsgestaltung nebst zugehörigem Fertigkeitendrill sind mit persönlichkeitsfördernder Arbeitsgestaltung unvereinbar.

2. Ein weiterer Auswirkungsbereich betrifft die **Ausbildung** für sensumotorisch akzentuierte Verrichtungen.

Das Erlernen sensumotorisch akzentuierter Tätigkeiten ist im Licht der erörterten Sachverhalte insgesamt nicht interpretierbar im Sinne einer Bildung von Kettenreflexen. „Vielmehr wird vom Lernenden zunächst die *Strategie des komplexen Bewegungsablaufs* verbal erfaßt, d. h. bei der Beobachtung der geforderten Fertigkeiten die *Gesamtstruktur rezipiert*, wenn auch nicht in klar ausgegliederter Form. Außerdem werden . . . bereits im Ansatz . . . plastische senso- bzw. psychomotorische *Regeleinheiten gebildet*, so daß der Effekt jeder Probierbewegung sofort zurückgemeldet, mit der allgemeinen Strategie *verglichen* und in . . . adäquater Weise wiederholt werden kann. Mit Hilfe dieser *Kreisprozesse* wird . . . Zug um Zug die Taktik der Bewegung erworben, d. h. die Techniken . . ., bestimmte Bewegungseffekte zu erzielen. Auf diese Weise wird schließlich ein hierarchischer Plan, ein Programm aufgebaut, das u. a. vorprogrammierte Bewegungsabfolgen, also gespeicherte, gegliederte Impulssequenzen enthält, die als ganze ausgelöst werden, sobald die Arbeitsbewegung ausgeführt werden soll" (Seifert 1968, S. 120f.; alle Hervorhebungen von W. H.).[14]

Auch bei sensumotorischen Vollzügen sind demnach leistungsbestimmend die psychischen Regulationsgrundlagen, also Orientierungsgrundlagen und Aktionsprogramme. Daher müßten **Qualifizierungsmaßnahmen** gerade an diesen Orientierungsgrundlagen und Aktionsprogrammen ansetzen und deren durch die hierarchische Struktur der Regulationsvorgänge bedingte Abhängigkeit von übergeordneten Niveaus berücksichtigen. Damit träten neben die herkömmlichen Übungsverfahren neue, deren gemeinsame Kennzeichen ihr Zuschnitt auf kognitive Regulationskomponenten und auf das Erstellen **flexibler Aktionsprogramme** durch die **aktive und selbständige Aneignung** sind.

Derartige **Methoden** gezielter lernbedingter Verbesserungen der Regulationsgrundlagen sind u. a.

[14] Diese Konzeption kann u. a. durch faktorenanalytische Befunde von Fleishman und Hempel (1954) gestützt werden; nachdem am Anfang des Erwerbs sensumotorischer Fertigkeiten nichttätigkeitsspezifische, nichtmotorische Faktoren (allgemeine Bauprinzipien) eine größere Rolle spielen, dominieren später aufgabenspezifische motorische Faktoren. Ihr Varianzanteil steigt von etwa 30% auf 75% (dazu Volpert 1969, Triebe, Fischer und Ulich o. J., Ulich 1972); die Dominanzverschiebung von der visuellen zur taktil-kinästhetischen Regulation gehört hierher.

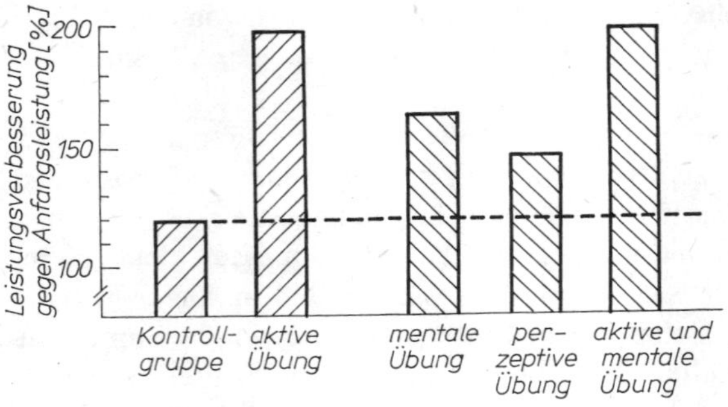

Abb. 9.19: Wirkung verschiedener Übungsformen bei einer Fingergeschicklichkeitsaufgabe; Ergebnisse von Ulich (1967).

- **indirekte** oder „psychoregulative" (observative und mentale) Trainingsmethoden,
- Regulation manueller Arbeitstätigkeiten durch **Sprechimpulse** (sprachgestütztes Training),
- verstärkte und die Ursachen fehlerhafter Ausführung erläuternde und korrigierende, also **„kognitive" Rückmeldung.**
- **Biosignalverarbeitung:** vergleichende Zuführung der Soll- und Ist-Muskelaktivität mit Hilfe elektromyographischer Technik.

Die Biosignalverarbeitung als ein sensumotorisches Rehabilitationsverfahren bietet mit Hilfe der Registrierung und On-line-Verarbeitung von Muskelaktionspotentialen durch einen Rechner dem Patienten vergleichend auf dem Bildschirm den auf die Zielstellung hin ausgelösten Verlauf der Aktionspotentiale eines repräsentativen Muskels seines gestörten Körperteils und den Sollverlauf dieser Potentiale, z. B. abgeleitet von einem gesunden Ausbilder. Das Verfahren setzt damit die entscheidende Erkenntnis um, daß in der Bewegungsregulation die vorwegnehmend erstellten Bewegungsprogramme ausschlaggebend sind. Eben sie fehlen für die erkrankten Gliedmaßen und müssen neu erlernt werden. Dazu würden Vergleiche der Verlaufs- und Ergebnisrückmeldungen der gestörten mit einer optimalen Bewegungsfolge nur wenig beitragen (Wehner, Hübner und Stadler 1982; Abb. 9.20).

Besonders große praktische Bedeutung haben die indirekten oder psychoregulativen Trainingsmethoden:

Indirekte (observative und mentale) Trainingsmethoden komplizierter sensumotorisch akzentuierter Tätigkeiten dienen dem Erwerb, der Festigung und der Erhaltung von Können, in dem nicht die Tätigkeit sichtbar motorisch realisiert, sondern „nur" gedanklich bzw. vorstellungsmäßig vollzogen oder wahrnehmungsmäßig mit vollzogen wird. Aktiv sind mithin die psychischen Regulationsgrundlagen, die motorische Aktivität — das scheinbar eigentlich Wesentliche — bleibt dagegen unterschwellig.

Die indirekten Trainingsmethoden nutzen als eine erste Grundlage eine seit langem bekannte naturwissenschaftliche Gesetzmäßigkeit, das ideomotorische Prinzip — nach seinem Untersucher, dem englischen Arzt Carpenter, auch als Carpenter-Effekt bezeichnet.

Carpenter beschrieb den seit alters von Gauklern benutzten Sachverhalt, daß das Sehen einer Bewegung sowie in schwächerem Maße das Vorstellen einer oder das Denken an eine bestimmte Bewegung die Tendenz zur Ausführung eben dieser Bewegung auslöst. Tatsächlich lassen sich mit Hilfe der Ableitung der Muskelaktionspotentiale nichtbewußte und nicht bis zur sichtbaren Ausführung gelangende schwache

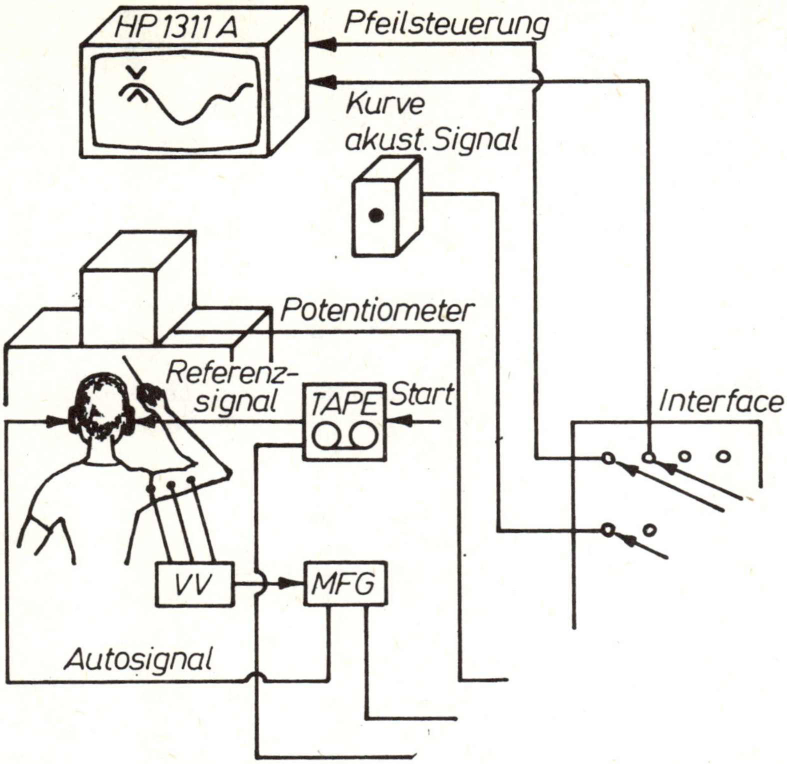

Abb. 9.20: Versuchsanordnung für eine rechnergesteuerte Spurfolgeaufgabe in der sensumotorischen Rehabilitation (Wehner, Hübner und Stadler 1982).
„Während der Folgebewegung wurde Untersuchungspersonen zeitsynchron sowohl die eigene Myoaktivität (MFG) ihres ‚Arbeitsmuskels' (M. bizeps) als auch das zwischengespeicherte Aktionsprogramm (TAPE) eines hochgeübten Trainers, als Referenzsignal akustisch dargeboten. Diese Vorgabe einer analogen, situations- und bewegungsspezifischen Führungsgröße und der eigenen Stellgröße ermöglichte den Lernenden einen optimalen Soll-Ist-Wert-Vergleich. Im Verlaufe des Trainings gelang es den Untersuchungspersonen, ein Unisono zwischen den Signalen herzustellen und damit ohne Regelabweichung die Aufgabe zu bewältigen."

Muskelaktivierungen nachweisen, die im Impulsmuster den der wahrgenommenen, vorgestellten bzw. bedachten Bewegungen ähnlich sind.

Wahrscheinlich sind die Grundlage des Übungseffekts jedoch nicht kinästhetische Rückmeldungen dieser peripheren Effekte, sondern innere Rückkoppelungen der ausgelösten Impulsmuster zwischen hierarchisch organisierten Zentren im Zentralnervensystem (Pickenhain 1975). Die kognitiven Prozesse führen also – ohne daß Bewußtheit erforderlich wäre – zur Bereitstellung („Anwärmung", priming) der fraglichen Programme (Richter 1957).

Die elektromyographische Technik bietet damit bei entsprechendem technischem Komfort (z. B. automatischem On-line-Vergleich mit dem Sollimpulsmuster) eine Möglichkeit der bewertenden Rückkoppelung für den Lernenden und der Kontrolle durch den Lehrer.

Eine zweite Grundlage indirekten Trainings ist das rechtzeitige, inhaltlich sowie kodierungsseitig optimale Bereitstellen der kognitiven Regulationsgrundlagen für die zu erlernende Tätigkeit. Durch Denk-, Sprech- und Vorstellungsprozesse können eben jene hierarchisch übergeordneten kognitiven Regulationskomponenten (z. B. Wissen um Signale oder um Bewertungsmerkmale für Rückmeldungen, die im Abbildbereich nach ihrer Bedeutung gewichtet, vereinfacht und isoliert werden können) leicht vermittelt werden, die im praktischen direkten Training häufig mühsam gewonnen werden müssen. Die dabei entwickelten Wahrnehmungen und Vorstellungen erleichtern oder ermöglichen überhaupt erst das Nutzen bewegungsrelevanter Informationen und sensibilisieren gegenüber Meldungen über Abweichungen im Bewegungsablauf (Thomas 1973). Dabei ist es sowohl möglich, gezielt die optimalen kognitiven Regulationsgrundlagen zu lehren (z. B. die wirksamsten Signale in ihrer optimalen Abarbeitungsreihenfolge) als auch die geeignetste Darbeitungsweise (z. B. sowohl begriffliche als auch anschauliche Kodierung oder zunehmend verdichtete Komplexmerkmale mit verbalen Bezeichnungen oder mit dem Lernfortschritt verkürzte verbale Anweisungen) zu wählen.

Drittens ermöglichen indirekte Trainingsverfahren die Erprobung und Differenzierung von Aktionsprogrammen im internen Probehandeln (Neumann 1975).

Bei praktisch wichtigen Tätigkeiten sind auch ohne vollständigen motorischen Vollzug so beträchtliche Lerneffekte erzielbar, daß ein Einsatz hauptsächlich für das Erlernen folgenreicher und gefährlicher Arbeitsaufgaben zweckmäßig ist. Darüber hinaus besitzt diese Methode große Bedeutung für die Rehabilitation, da sie ein frühzeitiges Training noch bewegungsunfähiger Gliedmaßen erlaubt. Vgl. dazu Freeman (1931), Dymerski (1956), Ulich (1967, 1968, 1971, 1973, 1974), Volpert (1969), Rohmert, Rutenfranz und Ulich (1971), Triebe (1973, 1980), Wilke (1973), Wunderlich (1978), Neumann (1975), (s. Abb. 9.19, S. 412).

Die Effektivität einer zweckmäßigen Kombination von indirektem und direktem Training ist sehr hoch. Bei der Ausbildung von Anlagenfahrern (Überwachungstätigkeit) und Spinnern (Bedientätigkeit) in der chemischen Industrie konnten die Anlernzeiten bei gleichzeitig verbessertem Ausbildungsniveau bis auf 25% bis 20% der bisherigen Dauer reduziert werden (Matern, Fechner, Lehmann und Uebel 1978, N. Schneider 1977).

Bei einer Bedientätigkeit mit manuellen Geschicklichkeitsanforderungen, die ohne optische Kontrolle im Dunklen, bei der Filmverarbeitung, ausgeführt werden muß, bewährt sich folgende Methodenkombination:

- Erarbeitung der Orientierungsgrundlage über die Tätigkeitsinhalte und Tätigkeitsbedingungen,
- Demonstration der Tätigkeit durch den Ausbildenden,
- kurze aktive Ausführung der Tätigkeit *mit* optischer Rückmeldung,
- aktive Ausführung *ohne* optische Rückmeldung (mit einer schwarzen Brille), aber verbalen Korrekturen durch den Ausbilder,
- mentale Ausführung mit begleitenden Sprechimpulsen,
- erneuter aktiver Ausführungsabschnitt mit einer verbalen Korrektur durch den Ausbilder,
- Selbsteinschätzung der Leistung.

Im Vergleich zum herkömmlichen aktiven Training mit langen Perioden optischer Kontrolle konnte der Lernfortschritt erheblich verbessert werden (Abb. 9.21). Langzeitüberprüfungen ergaben eine Verkürzung der Anlernzeiten um 20% mit einem betrieblichen Jahresnutzen von einer halben Million Mark (Melzer 1981).

Die wirtschaftlichen Vorzüge gehen jedoch darüber noch hinaus. Da Kombination von aktivem und mentalem Training eine Reduktion der aktiven, gerätegebundenen Zeiten auf höchstens 50% ermöglicht (Triebe 1973, Neumann 1975), erwachsen hohe finanzielle Vorteile aus den ersparten Anlagekosten. Auf die Rolle für die Persönlichkeitsentwicklung wurde bereits verwiesen.

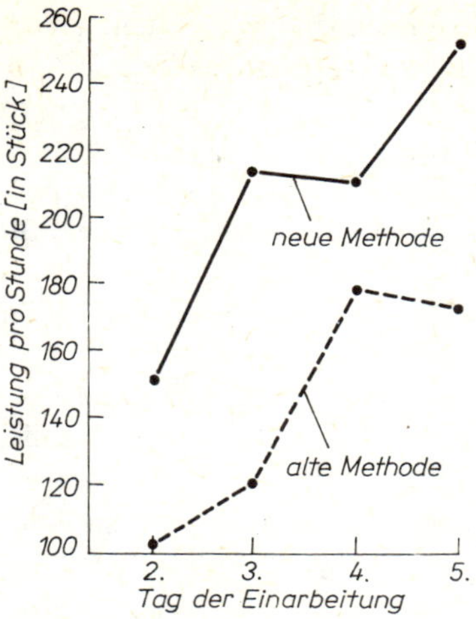

Abb. 9.21: Mittlere Arbeitsleistung pro Stunde für beide Anlernmethoden während der ersten Einarbeitungstage (Melzer 1981).

Zur Erklärung ist zunächst zu bedenken, daß mentales und aktives Training ihre Schwerpunkte in der Verbesserung **verschiedener** Bestandteile der Regulationsgrundlagen und damit in verschiedenen Lernphasen haben. **Mentales** Training fördert besonders ausgeprägt die **kognitiven Orientierungsgrundlagen** der Bewegungsregulation einschließlich der antizipativen Vorgänge, **aktives** den Aufbau bzw. die Anpassung der **Bewegungsprogramme** sowie ihre Automatisierung, gekennzeichnet durch Bedeutungszunahme taktil-

Tab. 9.6: Relativer Übungsfortschritt (ÜF) in Abhängigkeit von der Trainingsform bei gleicher Gesamtzahl von Wiederholungen am „Zweihandprüfer" (schematisiert)

$$\text{ÜF} = \frac{\text{Prätest} - \text{Posttest}}{\text{Prätest}} \cdot 100\%$$

Merkmale des Übungsfortschritts	Trainingsform	ohne (Kontrollgruppe)	Mental	Aktiv	Mental + Aktiv
Kriterien sensumotorischer Koordination	Gesamtzeitbedarf	=	=/+	+	+
	Tempoabstimmung beider Hände	=	=/+	+	+
Kognitive Zuordnung	Richtungswechsel (zusätzlich)	=	+	=/+	+
	Haltepunkte (zusätzlich)	=	+	=/+	+

\+ ... Übungsfortschritt im Prä-Posttest-Vergleich, der *größer* ist als der bei der Kontrollgruppe
= ... kein signifikanter Übungsfortschritt im Prä-Posttest-Vergleich
=/+ vereinzelte und schwache Unterschiede (10% Signifikanz)

kinästhetischer Regulationsgrundlagen als Basis feiner Geschwindigkeits- und Kraftdosierung sowie Koordination (vgl. Neumann 1975). Die Kombination beider erfaßt somit sämtliche Regulationsgrundlagen (Tab. 9.6) und spricht ihre Bestandteile dennoch mit spezifischen Verfahren an.

Weiter werden bei Kombination die mental aufgebauten kognitiven Regulationsgrundlagen im aktiven Training erprobt, korrigiert und bekräftigt sowie neue Lernziele für weitere mentale Phasen aus eigenem praktischem Erleben abgeleitet.

Hinzu kommt die besondere Rolle der *Sprache* im Lernen des Erwachsenen (vgl. 7.2.). Mentales Training von Bewegungssequenzen wird bei hierfür geeigneten Tätigkeiten sprachgestützt, also mit einem System von verbalen Selbstanweisungen, die mit dem Lernfortschritt verkürzt werden, durchgeführt. Daraus ergeben sich mehrere Vorteile, die zum Teil auch auf die aktiven Phasen ausstrahlen. Das Aktivierungsniveau ist bei observativem und mentalem Trainieren von Geschicklichkeitsaufgaben signifikant niedriger als bei aktivem (Ulich 1967), sofern Puls- und Atemfrequenz als Aktivierungsindikatoren aufgefaßt werden. Durch das Einbeziehen des Sprechens in das mentale Training wird die Aktivierung gefördert und stabilisiert. Das Abgleiten der Aufmerksamkeit ist gebremst. Weiter ist bereits die mentale Phase wenigstens teilweise extern kontrollierbar und korrigierbar. Schließlich können für die Weiterverwendung in den folgenden aktiven Phasen optimale Sprachimpulse im Sinne der Kommentarmethode bereitgestellt werden. Bereits der Aufbau der Orientierungsgrundlage kann durch allmählich verkürztes sprachliches Kommentieren von Arbeitsabschnitten verbessert werden, die vor dem eigenen Ausführen zunächst wiederholt bei anderen Personen beobachtet werden (sogenanntes sprachgestütztes observatives Training). Die Darbietung kann durch Videoband vereinfacht werden (Kohl 1982).

Verstärkte, „kognitive" Rückmeldungen informieren nicht kurzerhand, ob ein Fehler vorliegt oder nicht, sondern über Fehlerursachen und ihre Behebungsmöglichkeiten. Gerade diese Ursachenermittlung ist für den Anfänger schwierig. Fehlende Ursachenkenntnis kann zu wenig effektivem Versuch-Irrtum-Lernen führen. Der für das Klassifizieren und Funktionslernen eingeführte Begriff der „kognitiven" Rückmeldung (Hammond und Summers 1972) erscheint verallgemeinerbar.

10. Fehlhandlungen und Handlungsfehler

(Bei Untersuchungen des Arbeitsprozesses) liefern Fehler und Fehleranalysen die meisten Informationen ... Bei der Feststellung der Fehler und des Ausschusses läuft man in Gefahr, eine große Anzahl von Kategorien zu finden, die schwierig einzuordnen sind. *Diese Einordnung ist abhängig von den Hypothesen,* die über die Art der Fehler aufgestellt worden sind (Faverge und Ombredane 1955).

All dies bedeutet, daß die Analyse der Zuverlässigkeit des Menschen *außer der rein quantitativen Berechnung* von Fehlern und Störungen auch die Untersuchung ihrer zeitlichen Verteilung, die qualitative Analyse der Fehler und Versager (nach ihrem Charakter, ihrer Wichtigkeit und dem Grad ihres Einflusses auf das Endresultat) einschließt, daß also die Zuverlässigkeit *vor allem qualitativ bestimmt* werden muß (Nebylizyn 1963, S. 62; Hervorhebungen von W. H.).

Um so *gefährlicher* und schädlicher ist die verbreitete Ansicht, die verschiedenartigen objektiven Fehler und Mängel (in den Arbeitsbedingungen, W. H.) könnten durch eine entsprechende *Auswahl von Menschen kompensiert* werden. Unter Nichtpsychologen kann man ziemlich oft eine solche übertriebene Ansicht über die *Möglichkeiten* der Psychologie antreffen. Und es gibt auch Psychologen, die in einer unverantwortlichen und manchmal ziemlich zynischen Weise solche Täuschungen aufrecht erhalten. In einer solchen Einstellung steckt auch manchmal das Geheimnis der Popularität, die Eignungsuntersuchungen bei Betriebsleitern haben, die – weil sie außerdem keine anderen psychologischen Probleme sehen – manchmal zu der Überzeugung tendieren, man könne schlechteste Arbeitsbedingungen ohne Änderung lassen und sich an Psychologen wenden, die dem Übel abhelfen, die Produktivität erhöhen und Unfälle beseitigen sollen (Tomaszewski 1960, S. 84).

10.1. Begriff und Rolle von Fehlhandlungen im Arbeitsprozeß

1. Die psychische Regulation von Arbeitstätigkeiten, die bei regelrechter Ausführung zum gewünschten Resultat führt, wird bei der Gegenüberstellung mit Fehlausführungen und Fehlresultaten besonders eindrücklich erkennbar.

Wir bedienen uns hier der sogenannten pathologischen Methode (Rubinstein 1958), die seit langem zum allgemeinen methodischen Rüstzeug der Psychologie gehört. In der Arbeitspsychologie ist die vergleichende Analyse von Bestverfahren bzw. Bestlösungen und mangelhaften Varianten (z. B. langzeitigen Normuntererfüllungen, Qualitätsmängeln, Ausschuß, Unfällen oder Lehrversagern) eine bewährte **Grundvorgehensweise,** mit deren Hilfe auf anderen Wegen nicht erzielbare Einsichten in die psychische Struktur und die Regulation von Arbeitstätigkeiten sowie in die Bedeutung einzelner Regulationsbesonderheiten für das Arbeitsergebnis erzielt werden können. Im folgenden interessieren nicht Mängelvarianten, welche Ausdruck eines überhaupt fehlenden oder nicht abgeschlossenen Qualifizierungsvorgangs für die jeweilige Arbeitstätigkeit sind und sich damit regelhaft einstellen, sondern bei im Prinzip gegebener Qualifikation *vereinzelt,* als seltene Ereignisse widerfahrende Fehlhandlungen von Werktätigen, welche die jeweilige Tätigkeit „eigentlich" beherrschen sollten. Die Übergänge sind allerdings fließend. Die Psychologie ist dabei interessiert an Mängeln und Fehlern unmittelbar in den Arbeitstätigkeiten des Menschen, nicht an technisch bedingten Fehlern (z. B. alterungsbedingten Abweichungen in der Funktionsweise von Maschinen). Daher werden die möglichen Folgen von Fehlhandlungen einschränkend als **Handlungs**fehler bezeichnet. Die hohe methodische Bewertung von Fehlhandlungen und ihren Folgen, also Handlungsfehlern, könnte überraschen, wenn man die in der Entstehung mancher Fehlhandlungen erkennbare Zufälligkeit bedenkt. Überspitzt könnte bezweifelt werden, daß von Zufälligkeiten abhängigen Vorgängen und Ereignissen ein derartiger Erkenntniswert zukommen kann. Die dialektische Wechselbeziehung und Einheit von Notwendigkeit und Zufall zeigt jedoch, daß bei vielseitig und stochastisch determinierten Sachverhalten durchaus Notwendigkeiten und sogar Gesetzmäßigkeiten in und durch Zufälligkeiten zutage treten können.[1] Damit wird zugleich verständlich, daß unbeschadet mitwirkender zufälliger Bedingungen Konstellationen angegeben werden können, unter denen Fehlhandlungen regelhaft, vorhersagbar — wenn man will, gesetzmäßig — auftreten und damit umgekehrt systematisch bekämpfbar und verhütbar sind. Fehlhandlungen sind mit anderen Worten trotz der an ihrer Entstehung möglicherweise beteiligten zufälligen Komponenten nicht schlechthin Zufallsprodukte, denen der Werktätige „schicksalhaft ausgeliefert" ist. Ihre Entstehung erwächst zu wichtigen Teilen vielmehr aus dem Wesen der regulativen psychischen Struktur der jeweiligen Arbeitstätigkeit selbst und ist mit dieser beeinflußbar. Instruktive Belege sind dafür beispielsweise

- der **Einstellungs- oder Erwartungsfehler,** welcher einer zweckmäßigen Gesetzmäßigkeit des Wahrnehmens, eben der erleichternden Einstellungsbildung, entspringt oder
- der **Beharrungs- oder Stereotypisierungsfehler** als Folge der Gesetzmäßigkeit der psychischen Automatisierung von Handlungskomponenten unter relativ stabilen Ausführungsbedingungen.

Obgleich also die verschiedenen Arten von Fehlhandlungen und die resultierenden Handlungsfehler in der Regel sehr komplex determiniert sind und zufällige Komponenten einschließen, eröffnen sie besonders fruchtbare Zugänge zu der uns interessierenden Problematik, da sie die Regulationsbedingungen unter dem Aspekt ihrer Ergebnisbedeutsamkeit zu differenzieren ermöglichen.

Zugeschnitten auf den Unfall als einer möglichen Fehlhandlungsfolge hat Gniza (1958) die Besonderheiten der Ursachenermittlung dargestellt (Erweiterung des Ursachenbegriffs; Mehrfachverursachung, Ursachenketten, Ursachengewichtung (-hierarchie); Ursachensuche unter dem Verhütungsaspekt). Bei der unerläßlichen Berücksichtigung dieser Gesichtspunkte müssen jedoch die komplizierten Beziehungen zwischen Fehlhandlung und Unfall berücksichtigt werden: Einerseits führt aus vielerlei Gründen nicht jede Fehlhandlung notwendig zu einem Unfall, und andererseits geht auch keineswegs jeder Unfall auf eine Fehlhandlung zurück.

Wenn die im 4. Kapitel abgeleiteten und u. a. im 9. Kapitel weiter differenzierten Vorstellungen über Bestandteile und Vorgänge in der Entwicklung von Aktionsprogrammen aus operativen Abbildsystemen richtig sind, dann müssen Störungen in den dort behandelten Vorgängen die organismischen Ursachen der im Arbeitsalltag feststellbaren Fehlhandlungen sein. Umgekehrt muß die Analyse von Fehlhandlungen und der in ihnen

[1] Zum tieferen Eindringen in die Problematik vgl. Einführung in den dialektischen und historischen Materialismus (1972, S. 184 ff.) und Hörz (1971, S. 166 ff.).

zutage tretenden Regularitäten Aufschluß bieten über die in der Entstehung von Aktionsprogrammen beteiligten Mechanismen und den strukturellen Aufbau der von ihnen befolgten Regeln. Anregungsreiche linguistische Fehleranalysen dieser Ausrichtung haben ihre Bewährung bereits erwiesen (Bierwisch 1970).

2. Neben diesem kaum zu überschätzenden Erkenntniswert haben Fehlhandlungen im Arbeitsprozeß wegen ihrer verschiedenartigen Auswirkungsmöglichkeiten große eigenständige ökonomische und humanitäre, also **gesellschaftliche Bedeutung.** Die **Art der Auswirkungen** von Fehlhandlungen – ob also beispielsweise lediglich Zeitverluste oder Ausschuß oder gar ein Unfall entsteht – ist häufig durch im diskutierten Sinne zufällige Faktoren mitbedingt. Im einzelnen können Auswirkungen von Fehlhandlungen – also Handlungsfehler – in der Produktion auftreten als:

a) **Zeitverlust** mit damit verknüpfter Minderung der Produktmenge;
b) **Qualitätsminderung** reversibler (Zeitverlust) oder irreversibler Art bis zu Ausschuß; darüber hinaus als verschiedene Arten von Gefährdungen;
c) **Verstöße** gegen Sicherheitsbestimmungen (Arbeits- und Brandschutzanordnungen, Straßenverkehrsordnung) ohne aktuelle materielle Schadensfolge[2] (z. B. Übersehen eines Stoppschildes ohne Unfallfolge);
d) **Beschädigungen** von Arbeitsmitteln;
e) **Körperschäden,** insbesondere in Form von Unfällen. Bei einer verfestigten Fehlstruktur von Arbeitstätigkeiten ist auch das Entstehen einer Berufskrankheit oder eines „sonstigen Arbeitsschadens“ möglich.

Allerdings führt keineswegs jede Fehlhandlung zu einem Unfall, und im Arbeitsprozeß können Unfälle nicht einfach auf Ursachen beim Werktätigen, etwa subjektiv bedingte Fehlhandlungen, zurückgeführt werden, sondern sind in entscheidendem Maße durch unzureichende technisch-organisatorische Gestaltung verursacht. Daher ist Unfallverhütung durch **technische Maßnahmen** vorrangiges Anliegen.

f) Die völlig **folgenfreie Fehlhandlung** stellt einen hier vernachlässigbaren seltenen Sonderfall dar.

Diese möglichen, zahlreichen nachteiligen Auswirkungen von Fehlhandlungen machen ihre Verhütung zu einer auch ökonomisch wichtigen Schwerpunktaufgabe der psychologisch fundierten **technischen Arbeitsgestaltung.**

In anderen Zusammenhängen erfährt in der Psychologie der Handlungsfehler eine andere, weitaus weniger negative Bewertung. Im Lernvorgang können Fehler einen **positiv zu bewertenden Lerneffekt** besitzen, in dem sie Informationen über die Unwirksamkeit bestimmter Verhaltensweisen vermitteln. Der „fruchtbare Fehler“ ist auch in der beruflichen Ausbildung ein wertvolles Element von Lern- und Erziehungsvorgängen.[3] Im bedingt-reflektorischen Lernen sind „Fehler“ notwendige Bestandteile beispielsweise

– bei dem Entstehen einer neuen bedingten Verbindung, welche zunächst mit primärer Generalisation verbunden ist und zum allmählichen Abbau der Auslösung durch ähnliche Reize der Fehler bedarf;

[2] In diese Gruppen gehören auch die sogenannten „Beinahe-Unfälle“. Wegen der Wesensgleichheit möglicherweise zugrunde liegender Fehlhandlungen muß die prophylaktisch orientierte Unfallforschung u. a. auch differenzierte Fehlhandlungsanalysen betreiben.

[3] Neben der positiven, differenzierungsbegünstigenden Wirkung von Fehlhandlungen kann freilich auch das Gegenteil unterlaufen: Fehler können „gelernt“ werden, wobei dieses „Lernen“, letztlich

— bei der Unterscheidung von Reizen im Sinne der Ausarbeitung einer Differenzierungshemmung.

3. Die wissenschaftlich-technische Revolution fügt zum Problem der Fehlhandlungen einen neuen Aspekt hinzu. In Mensch-Maschine-Systemen erfüllt der Mensch in der Regel eine besonders folgenreiche Funktion, da von der Angemessenheit und der Schnelligkeit seiner Entscheidungen die Arbeitsweise eines Produktionssystems abhängt. Das gilt um so mehr, als bei vielen Mensch-Maschine-Systemen vom Konstrukteur von vornherein vorgesehen ist, daß bei unvorhergesehenen bzw. besonders komplizierten Situationen anstelle automatischer Regelsysteme der Mensch die Regelung übernimmt. Da auf die intellektuellen Leistungen des Menschen auch in automatischen Produktionssystemen nicht nur nicht verzichtet werden kann, sondern unter Umständen sogar kognitiv besonders schwierige Leistungen gefordert sind, erhält die **Zuverlässigkeit** der menschlichen Leistungen für die Zuverlässigkeit des gesamten Produktionssystems ausschlaggebende Bedeutung. Diese „Zuverlässigkeit" muß gerade in Extremsituationen gewährleistet sein. Moderne Technologien schalten nicht automatisch menschliche Fehlhandlungsquellen aus. Wo sie verringert werden konnten, sind nicht selten die Folgen der seltener zu erwartenden Fehlhandlungen weitaus schwerwiegender als in den herkömmlichen Technologien geworden.

Beispiele sind ein Reaktorzwischenfall im Atomkraftwerk Three Miles Island bei Harrisburg, USA, oder Studien über Fehlhandlungshäufigkeiten von Piloten.

Sofern nicht aufwendige Vorkehrungen getroffen wurden, gilt: **Je zuverlässiger ein technisches Systembestandteil ist, desto unzuverlässiger ist der im Ausnahmefalle in ihm tätige Mensch.** Die Erklärung: Der zu beherrschende Notfall kann kaum in der Praxis geübt werden. Praxisgetreues Antihavarietraining und Simulatorübungen sind in diesen Fällen unerläßlich.

Für diesen Sachverhalt sind neben Anforderungsspitzen in den Warten von Energieverbundsystemen oder im Verkehrswesen in Stellwerken oder Flugdispatcherzentralen militärpsychologische Erfahrungen aufschlußreich: „Die elektronische Bewaffnung in der Zeit des zweiten Weltkrieges forderte vom Operateur die gleichzeitige Ausführung mehrerer Operationen. In Augenblicken großer Nervenanspannung, wenn ein Angriff drohte . . ., wurden die intellektuellen Fähigkeiten des Operateurs gestört. Daraus resultierte eine Menge grober Fehler . . ., die der Konstrukteur weder voraussehen noch erklären konnte. Die Fehler entstanden dadurch, daß der Operateur vergaß, wichtige Berechnungen vorzunehmen, Schätzungsfehler zuließ und bei plötzlicher Veränderung der Situation die Fähigkeit verlor, diese nüchtern einzuschätzen" (Nordlund, zit. nach Nebylizyn 1963, S. 61).

„Zuverlässigkeit" des Menschen in Mensch-Maschine-Systemen kann definiert werden *„als Fähigkeit zur Erhaltung verlangter Qualitäten unter den Bedingungen einer möglichen Komplizierung der Situation, oder kürzer . . . als Stetigkeit optimaler Arbeitsparameter des Individuums*" (Nebylizyn 1963, S. 62).

Diese „Zuverlässigkeit" des Menschen kann nicht ausschließlich mit den quantitativen Kennwerten beschrieben werden, die sich für Darstellung der Zuverlässigkeit von Maschinenbestandteilen bewährt haben. Einer der Hinderungsgründe besteht darin, daß

ein „Mißlernen", schlimmer als ein Nichtlernen ist. Kay (zit. nach Holding 1970) glaubt, daß dieser Effekt mit höherem Lebensalter zunimmt. Möglicherweise ist er darüber hinaus abhängig vom Ausmaß des Verwachsenseins mit dem Fehler. Hochverfestigte Fehler scheinen das Lernen im Unterschied zu vorübergehenden Fehlern schädlich zu beeinflussen. Hier deuten sich Beziehungen zu lernpsychologisch fundierten Neurosentheorien an.

die Handlungsstruktur nicht in unabhängig voneinander denkbare Komponenten zerlegt werden kann. Daher folgt, daß die „Zuverlässigkeit" des Menschen zunächst vor allem qualitativ analysiert werden muß. Erst nach sachgerechter Klassifizierung kann eine nützliche quantitative Analyse möglich werden. Dafür sind folgende Kriterien geeignet:

- Anteil der ausgeführten fehlerfreien Aufgaben;
- Fehlerzahl in einem gegebenen Zeitraum oder Tätigkeitsabschnitt;
- mittlere Arbeitszeit zwischen zwei Fehlern;
- Wahrscheinlichkeit fehlerfreier Arbeit innerhalb eines bestimmten Zeitraums oder Tätigkeitsabschnitts (Nebylizyn 1963, S. 65).

An diesen praktischen Bestimmungsgrößen der „Zuverlässigkeit" des Arbeitenden in Mensch-Maschine-Systemen wird augenfällig, daß sie letztlich definiert ist durch **Fehlhandlungen** und deren Auftretenswahrscheinlichkeiten und -sequenzen.

4. Gleichgültig, ob Fehlhandlungen bei herkömmlichen Arbeitstätigkeiten oder bei Funktionen des Menschen in Mensch-Maschine-Systemen qualitativ und nachfolgend quantitativ analysiert werden sollen, in beiden Fällen ist für das **Verhüten** von Fehlhandlungen und ihren nachteiligen Folgen eine ursachenorientierte, „genetische" **Klassifikation erforderlich,** „die für jede unterschiedene Variante ein spezifisches Vorbeugungsmittel anzugeben erlaubt" (Kotarbinski, zit. nach Gliszcynska 1966; S. 107). Die im Eingangszitat von Faverge und Ombredane geforderte fruchtbare Hypothese über die Art der Fehler ist also eine verhütungsorientierte Hypothese über die **Ursachen** von Fehlhandlungen.

Zum Ermitteln möglicher verhütungsdienlicher Ursachen von Fehlhandlungen sowie von Unfällen bewährt sich das Aufstellen von „Fehlerbäumen" sowie von „Ursachenbäumen" als Hilfsmittel (Leplat und Rasmussen 1984). Das Anliegen dieser Hilfsmittel ist das vorausschauende Ermitteln von Ursachen möglicher Fehlhandlungen mit Havarie- bzw. Unfallfolgen. Rückschauende statistische Analysen sind für die Ursachenermittlung — insbesondere die vorausschauende — wenig geeignet. Der Ausgangsgedanke für das Aufstellen von Ursachenbäumen ist: Unfälle oder Fehlhandlungen entstehen aus Abweichungen von der üblichen Arbeitssituation. Abweichungen im Vorgehen des Arbeitenden werden zu Fehlhandlungen oder Unfällen bzw. Havarien allerdings nur, wenn die Bedingungen keine rechtzeitige Korrektur oder keine gefahrlosen Vorgehensvarianten zulassen. In dem Baumdiagramm der Vorgehensweisen werden die erwiesenermaßen oder möglicherweise gefährlichen Wege gekennzeichnet. Für das Ableiten von möglicherweise gefährlichen Vorgehensvarianten müssen die Ebenen der psychischen Regulation, die sich im Umfang fehleranfälliger Entscheidungen unterscheiden, berücksichtigt werden. Zum Verhüten von Fehlhandlungen oder Unfällen bestehen verschiedene Möglichkeiten: Neben dem Versuch, die eigentlichen Ursachen zu beseitigen, kann auch versucht werden, Vorgehenswege zu unterbinden, die zu Konstellationen führen, in denen die Ursachen wirksam werden können. Mit der zweiten Strategie können Fehlhandlungen und Unfälle auch dann zuverlässig verhütet werden, wenn die Ursache selbst nicht behebbar ist.

Vor dem Versuch der Ableitung einer ursachenbezogenen Klassifikation muß genauer umschrieben werden, was unter einer Fehlhandlung zu verstehen ist. Phänomenologisch ist der Umkreis hinzugehöriger Sachverhalte bereits mit Hilfe der Alltagserfahrung abzustecken. Von Einzelbeispielen ausgehend, soll allmählich das Allgemeinere gekennzeichnet werden, die Klammern hinter unseren Aufzählungen sollen erste, sich anbietende Ordnungsmöglichkeiten zunächst nur andeuten:

– Stolpern – Fehlgreifen – Verschütten	unzureichende räumliche Koordination	unzureichende oder falsche raum-zeitliche Bedingungs**einordnung** von Bewegungsprogrammen
– Versprechen – Verschreiben (z. B. als Einfügen eines Buchstabens des bereits bedachten nächsten Wortes)	unzureichende zeitliche Abstimmung (timing)	
– Versäumen/Unterlassen als Nichterkennen einer Handlungsnotwendigkeit	fehlende oder unzureichende **Zielbildung**	
– Vergessen – Übersehen im Sinne von Ausbleiben erforderlicher Aufmerksamkeitszuwendung – Auslassen oder überflüssiges Wiederholen von Schritten	fehlende oder unzureichende **Orientierungs**operationen im objektiven oder psychischen (z. B. mnestischen) Bereich einschließlich des **rückkoppelnden** Orientierens	
– Verwechseln im Sinne unzutreffender Zuordnungen von Signalen zu Reaktionen – Verrechnen – Verplanen – Gewohnheitsmäßiges Reagieren (Stereotypisierungsfehler) – Erwartungsgebundenes Verhalten trotz Bedingungswechsel (Erwartungsfehler).	**Abruf** unzutreffender Programme unzutreffendes Ausführen von **Entwurfs**operationen für Programme;	

Diese Zusammenstellung soll zunächst veranschaulichen. Sie strebt weder nach Vollständigkeit in der Aufzählung möglicher Fehlhandlungen, noch soll sie deren Entstehung erklären. Fehlhandlungen beziehen sich auf die **Ausführungsregulation** von Arbeitstätigkeiten. Falsche Entschlüsse im Hinblick auf gesellschaftliche Wertnormen, moralische „Fehler", gehören also nicht in diesen Gegenstandsbereich. Weiterhin werden Fehlhandlungen hier begrenzt auf die Ausführungsregulation von gegenständlich verändernden, produkterzeugenden Arbeitstätigkeiten. Logische oder Denkfehler werden zurückgestellt.

In anderen Tätigkeiten, ganz besonders im schulischen Lernen liegen umfassende Analysen von Fehlern und Irrtümern vor (Weimer 1940, Jegorow 1945). Weimer gab nach umfangreichen Untersuchungen zu einer Psychologie der Fehler, die Kiessling auch auf psychotechnische Probleme ausdehnte, folgende Klassifikation (Tab. 10.1).

Auf der Grundlage der Analyse von etwa 1000 Fehlhandlungen unter Nutzung einer Konzeption über hierarchisch aufgebaute Schemata und Ziele ordnet Norman (1981) Fehlhandlungen in folgende Klassen:

Tab. 10.1: Fehlerklassifikation nach Weimer (1940)

1.	*Gewohnheitsbedingte oder Geläufigkeitsfehler*
2.	*Perseverationsfehler*
2.1.	Nachwirkungsfehler
2.2.	Vorwirkungs-(Antizipations-)Fehler
2.3.	Einstellungsfehler
3.	*Ähnlichkeitsfehler*
3.1.	allgemeine Ähnlichkeitsfehler
3.2.	Wahlfehler
3.3.	Fehler auf Grund der Ranschburg-Hemmung*
4.	*Mischfehler* (Vermengung gleichzeitiger unterschiedlicher Aktivitäten)
5.	*Gefühls- und willensbedingte Fehler*
5.1.	Verdrängungsfehler
5.2.	Steigerungsfehler
5.3.	suggerierte Fehler

* Ranschburg-Hemmung: Retroaktive oder rückwirkende Hemmung; Verschlechterung des Behaltenseffekts durch eine dem Einprägen unmittelbar folgende ähnliche geistige Tätigkeit.

1. Fehler in der Zielbildung,
2. Aufruf falscher Schemata (Programme),
3. falsche Einordnung zutreffender Programme.

Diese und die Weimersche Klassifikation sind mit dem obigen Ordnungsvorschlag gut vereinbar.

Sucht man zu einer eingehenderen und verallgemeinernden Kennzeichnung von Fehlhandlungen in den angeführten Beispielen nach durchgängigen Merkmalen, so wird erkennbar, daß Fehlhandlungen gegenständlich verändernde Handlungen sind, die – in Anlehnung an Kotarbinski und Gliszcynska[4] – durch folgende Merkmale gekennzeichnet sind:

1. Aufgabenunangemessene, **ungeeignete Ausführungsweise,** mit der das vorgegebene und angestrebte **Ziel** entgegen der Absicht **nicht erreicht werden kann.**
2. Die Ungeeignetheit der Ausführungsweise zum Erreichen des Ziels ist dem Arbeitenden im Moment der Ausführung **nicht bewußt.**
3. Die ungeeignete Ausführungsweise stellt sich **trotz** des prinzipiellen Verfügens über die Vorgehensweisen ein, die für die jeweilige Aufgabenklasse geeignet wären.
4. **Mangel an zutreffenden Informationen,** die zu einem bestimmten Zeitpunkt für ein zielgerechtes Handeln unentbehrlich sind.

Während die drei ersten Merkmale lediglich Fehlhandlungen von anderen Handlungen abheben, werden mit dem letzten zugleich Ursachen von Fehlhandlungen gekennzeichnet.

„Obgleich ein Mangel an entsprechenden Informationen im Handlungsprozeß nicht immer zu einem Fehler führt, gibt es doch keinen Fehler ohne Mangel an bestimmten Informationen. Eben darum kann man den *Fehlermechanismus nicht erklären, ohne die Ursachen des Informationsmangels im Handlungsprozeß zu erforschen* (Gliszcynska 1966, S. 112, Hervorhebung von W. H.).

[4] Weitere Literaturangaben finden sich in der Arbeit von Gliszcynska (1966). Im weiteren knüpfen wir wiederholt an Ergebnisse dieser Autorin an, wobei Modifikationen für unsere Zwecke erforderlich werden.

Der Begriff „Information" ist von der Autorin nicht im informationstheoretischen Sinne gebraucht, sondern steht anstelle des zu engen Begriffs „Bewußtsein von etwas", der nichtbewußte regulativ wirksame Merkmale (wie z. B. erlebnismäßig unterschwellige, aber funktionell wirksame Reize) fälschlich ausschließen würde.

10.2 Entstehung und Verursachung von Fehlhandlungen. Ordnung von Bedingungen und Ursachen von Fehlhandlungen unter dem Aspekt ihrer Verhütung

10.2.1. Grundlagen einer verhütungsorientierten Fehlhandlungsklassifikation

1. Als Leitlinie für die Ordnung der verschiedenen Fehlhandlungsarten wollen wir – der arbeitspsychologischen Aufgabenstellung entsprechend – die Verhütungsmöglichkeiten herausgreifen. Unter dem Gesichtspunkt der Verhütung interessieren die **Ursachen der Entstehung** von Fehlhandlungen, die wir allgemein im letztlich durch unzureichende technische Arbeitsgestaltung verursachten Mangel an handlungsregulierenden Informationen erkannten. Unser Anliegen schiene danach auf die Frage hinauszulaufen, welche Informationen unerläßlich sind, um in Arbeitstätigkeiten Fehlhandlungen zu vermeiden.

Mit dem Wissen um diese unentbehrlichen regulativen Informationen wäre das Anliegen allerdings noch nicht erfüllbar. Um die Entstehung von Fehlhandlungen prinzipiell zu durchschauen und damit verallgemeinerbare Verhütungsmöglichkeiten skizzieren zu können, interessiert, was ihrerseits die **Ursachen für das Fehlen** bzw. die Fehlausprägung der unentbehrlichen **Regulationsgrundlagen** sind. Nach den früheren Erörterungen zu den Regulationsgrundlagen muß angenommen werden, daß diese Ursachen beim Orientieren, Entwerfen, Entscheiden und dem reafferent kontrollierten Ausführen jeweils in verschiedener Art auftreten können.

2. Unbeschadet der komplizierten Beziehungen zwischen Fehlhandlungen und Unfällen (s. 10.1.) gelten die von Gniza (1958) für die Unfallursachenforschung entwickelten Prinzipien auch für die Untersuchung der Ursachen von Fehlhandlungen: Die vorrangige Analyse der Ursachen unter dem **Verhütungsaspekt** wurde bereits abgeleitet und wird bei der Ursachenklassifikation berücksichtigt. So ist offensichtlich, daß beispielsweise Fehlhandlungen, die verursacht sind durch objektiv bedingtes Fehlen von für eine erfolgreiche Handlungsregulation unentbehrlichen Informationen, nur durch technische Maßnahmen der Informationsbereitstellung überwunden werden können. Demgegenüber kommen für Fehlhandlungen, verursacht durch falsche subjektive Informationsverarbeitung, als Verhütungsmittel Qualifizierungsmaßnahmen oder die arbeitsgestalterische Überarbeitung der Art des Informationsangebots in Betracht. Welcher der beiden Wege einzuschlagen ist, muß durch weiter differenzierende Ursachenanalyse unter Einschluß von Entscheidungen im Sinne der übertragenden Anwendung der Theorie von der **unter-**

schiedlichen Wertigkeit der Wege der Unfall- bzw. hier Fehlhandlungsverhütung („Wegetheorie") bestimmt werden.

Die Wegetheorie (Gniza 1958) besagt vereinfachend, daß technisch-organisatorische Maßnahmen zur Unfall- bzw. Fehlhandlungsverhütung den Vorrang haben müssen vor einer Beschränkung auf Anforderungen an das Verhalten des Gefährdeten (z. B. Verbesserung seiner Qualifikation, Tragen von Schutzkleidung, Erhöhen der „Aufmerksamkeit"). Die Begründung besteht in der höheren Wirkungssicherheit und den geringeren zusätzlichen Anforderungen der ersten, unbedingt wirkenden Gruppe gegenüber der zweiten, nur bedingt wirksamen.

Dabei ist das Prinzip der **Ursachenkette** auch für Fehlhandlungen gültig. Im folgenden werden ohne Anspruch auf Vollständigkeit Hauptklassen von „Ursachen der Ursachen" angegeben, die jeweils wieder auf verschiedene Ursachen zurückgehen können. Kriterium für den möglichen Abbruch des Rückverfolgens dieser Ketten ist das Auffinden eines unter dem Verhütungsaspekt hinreichenden, also beeinflußbaren Glieds. Schließlich gilt auch für Fehlhandlungen das Prinzip der **multiplen Determination.** Bei der Fehlhandlungsanalyse ist daher nach Ursachen**komplexen** und **Gewichtungen** innerhalb derartiger Komplexe zu suchen.

Aus der erwähnten analogen Gültigkeit der Wegetheorie folgt, daß bei einer möglichen Auswahl in der Zuordnung von Verhütungswegen zu bestimmten Fehlhandlungsarten jeweils dem Weg der Vorrang zu geben ist, der die geringsten zusätzlichen Anforderungen an den Werktätigen mit der höchsten Wirksamkeit im Vermeiden von Fehlhandlungen verbindet (Rehtanz 1972).

3. Zu den ältesten Erkenntnissen der psychologischen Fehlerkunde gehört, daß Arten und Häufigkeiten von Fehlhandlungen abhängig sind von

- der Struktur der jeweiligen Arbeitstätigkeit und
- den Leistungsvoraussetzungen der Arbeitenden.

Demzufolge entstehen bei differenzierter Analyse tätigkeits- und leistungsvoraussetzungsspezifische **Fehlerprofile.** Auf das verschiedenartige Fehlerbild unterschiedlicher Leistungen hat in einer kleinen Arbeit J. W. v. Goethe (1820) aufmerksam gemacht. Zur Aufstellung tätigkeits- bzw. personengruppenspezifischer Fehlerprofile sind folgende Schritte erforderlich (Kiessling 1934, 1939):

- Zuordnung zu einer Klassifikation von Fehlhandlungs- bzw. Fehlerarten,
- absolute Häufigkeitsverteilung } auf die Fehlerarten,
- relativierte Häufigkeitsverteilung } auf die Fehlerarten,
- Kennzeichnung dominierender Fehlerkategorien.

Derartige Fehlerprofile sind wichtige Hilfsmittel für das Erkennen von Verhütungsschwerpunkten und das Eindringen in die psychische Struktur einer Arbeitstätigkeit.

4. Um den Ursachen des fehlhandlungsverursachenden Informationsmangels auf die Spur zu kommen, interessieren seine Formen. Wir wollen damit zugleich Findehilfen für Fehlhandlungsursachen entwerfen. Informationsmangel bedeutet dabei Fehlen regulativ unentbehrlicher Informationen, nicht Fehlen jeglicher Information. Es wird zu zeigen sein, daß dieses Fehlen einerseits u. a. bedingt sein kann durch ein Fehlangebot, ein Angebot von Informationen in nichtkompatibler Form oder sogar ein Überangebot an Information. Schon jetzt ist also zu bedenken, daß „Informationsmangel" nur ein Kurzbegriff für einen qualitativ komplexen Sachverhalt ist, der Mangel an regulativer Infor-

mation wegen des objektiven Fehlens im Angebot sowie Mangel wegen fehlender und falscher Verarbeitung einschließt.[5]

Diese drei Mängelquellen können weiter geordnet werden durch das Zuordnen zu den Hauptaspekten der Tätigkeitsregulation, also zum Orientieren und seiner rückkoppelnden Form, dem Kontrollieren des Ausführens, zum Zielstellen, zum Entwerfen bzw. Abrufen von Programmen einschließlich ihrer Einordnung in die Ausführungsbedingungen sowie zum Entscheiden.

In verkehrspsychologischen Untersuchungen ergab sich, daß sich die zu Unfällen führenden Fehlhandlungen auf folgende Hauptaspekte der Tätigkeitsregulation konzentrieren:

- unzulängliches Orientieren,
- unzulängliches Entscheiden in der Situationsbeurteilung und im Entwerfen von Maßnahmen,
- Ausführen mit unzureichend bewußter Kontrolle, wodurch Erwartungs-, Stereotypisierungs- bzw. Gewohnheitsfehler möglich werden (Fell 1976, Schenk und Schmidt 1972).

Dabei deuten sich Beziehungen zu den Ergebnissen aus Mikrostrukturanalysen von Tätigkeiten an. Danach sind von der Aufmerksamkeit kontrollierte Vorgänge – auch im Gedächtnis – besonders stör- und ermüdungsanfällig. Das betrifft Verlängerungen der Verweilzeit von Information im sensorischen Speicher, die Kodiervorgänge erschweren, Störungen des inneren Wiederholens im Kurzzeitgedächtnis, Verzögerungen der Informationsüberführung in das Langzeitgedächtnis und Schwierigkeiten bei der semantischen Gliederung in diesem. Die bei Ermüdung für die Programmbildung und die Kontrolle beanspruchten Zeiten sind kürzer, die für das Ausführen hingegen länger als im frischen Zustand (Leonowa und Medwedjew 1981, Sintschenko und Gordejewa 1982).

Zunächst ist zu differenzieren nach:
A.

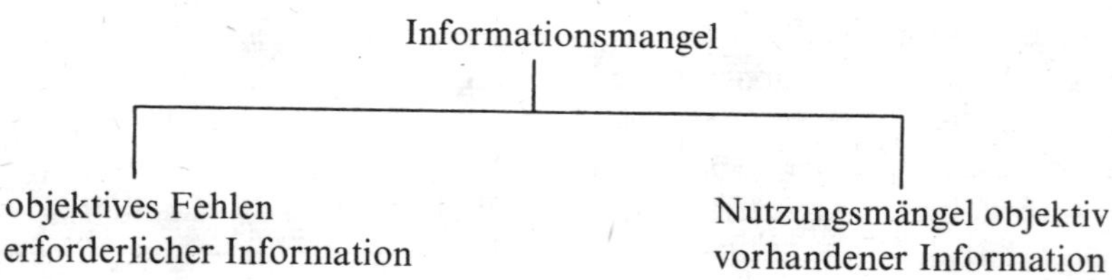

10.2.2. Fehlhandlungen auf Grund objektiven Fehlens regulativer Information

Unabhängig von der Art der Regulationsanforderung führt das **objektive Fehlen regulativ unentbehrlicher Informationen** stets zu Störungen in Struktur und Resultat der betroffenen Tätigkeiten. Damit stellt umgekehrt die systematische, auswählende und gestufte Aus-

[5] In der folgenden Aufteilung werden Fehlhandlungen bewußt zunächst hinsichtlich der beteiligten aktuellen psychischen Prozesse betrachtet; die Frage nach einer eventuellen Verwurzelung in Persönlichkeitseigenheiten wird zurückgestellt. Es wird sich herausstellen, daß damit dennoch keine nur „oberflächliche“ Ordnung versucht wird, da der Analyse aktuell bedingten Fehlverhaltens Hauptbedeutung zukommen muß.

schaltung von Informationen aus dem Arbeitsprozeß eine wirksame Vorgehensweise zur Ermittlung der handlungsrelevanten Informationen dar.

Beispiele aus den vorangehenden Kapiteln, die verschiedene Regulationsebenen betreffen, sind:

- fehlende visuelle und taktile Regulationsgrundlagen für gezielte Bewegungen (Transportbewegungen vom Typus „Hinlangen" und „Bringen");
- fehlende oder mangelhafte taktile Unterscheidungsmöglichkeiten von Bedienteilen in blind zu bedienenden Bedienfeldern, z. B. Tastaturen;
- fehlende Information wegen Unterschwelligkeit ihres Angebots;
- fehlende oder unpräzise Angaben der Zuordnungsgrenzen zwischen Klassen von Produkten, z. B. in der Gütekontrolle;
- Fehlen von Rückmeldungen bzw. zeitgerechter und kompatibler Rückmeldungen für die Regulation von Vorgängen (z. B. des eigenen Sprechens im Sinne des Lee-Effekts oder eines technologischen Prozesses).

Wie erkennbar wird, bedeutet das objektive Fehlen von handlungsregulierender Information ausdrücklich das Fehlen von Information in der Qualität erfaßbarer Reizensembles zu einem handlungsrelevanten Zeitpunkt. Die nur physikalische (nicht auch biologische) Betrachtung reicht mithin zur Entscheidung über das Vorliegen dieser Ursachengruppe nicht aus.

Überall dort, wo physikalisch betrachtet eine Information objektiv vorliegt, biologisch gesehen jedoch nicht wirksam werden kann (z. B. weil sie in Kontextinformationen untergeht), wird die hier getroffene Unterscheidung bedeutsam. Beispiele sind das Verdecken einer Signalleuchte durch Blendung oder das Maskieren eines akustischen Signals durch Lärm.

Das von der Psychophysik bereitgestellte Wissen um die Absolut- und Unterschiedsschwellen des Wahrnehmens und ihre Bedingungsabhängigkeit einschließlich der Aussagen der Signalerkennungstheorie hat hier seine Praxiswirksamkeit. Eine Zusammenstellung der Grenzen eines forderungsgerechten Ausführens durch **Schwellen** findet sich in dem Datenspeicher der „Speziellen Arbeits- und Ingenieurpsychologie 1: Psychologische Bewertung von Arbeitsgestaltungsmaßnahmen" (Hacker 1980). Ebenso ist forderungsgerechtes Ausführen bereits bei geringen zeitlichen **Verzögerungen** von Rückmeldungen, sogenannten Totzeiten von einigen 100 ms, unmöglich, und Fehlhandlungen sind unausweichlich.

Die ursachenspezifische Verhütungsmöglichkeit liegt für diese Gruppe von Fehlhandlungsursachen auf der Hand. Sie besteht im Bereitstellen der erforderlichen Informationen durch arbeitsgestalterische, technische Maßnahmen. Die hierhergehörigen Fehlhandlungen (A) unterscheidet von den nachfolgenden Gruppen (Fehlhandlungen bei Nutzungsmängeln vorhandener Informationen [B, C]), daß ihre Verhütung die sensorischen Leistungsmöglichkeiten der Werktätigen prinzipiell übersteigt und daher arbeitsgestalterische Maßnahmen unerläßlich sind. Das prinzipielle Erfordernis technischer Verhütungsmaßnahmen schließt dabei zusätzliche Verhaltensanforderungen im Bedarfsfalle nicht aus.

Sind die erforderlichen Informationen gegeben, so ist unter den **Mängeln bei deren Nutzung,** also bei der **Informationsverarbeitung,** weiter zu differenzieren:

10.2.3. Fehlhandlungen durch mangelnde Nutzung objektiv vorhandener Information

B.

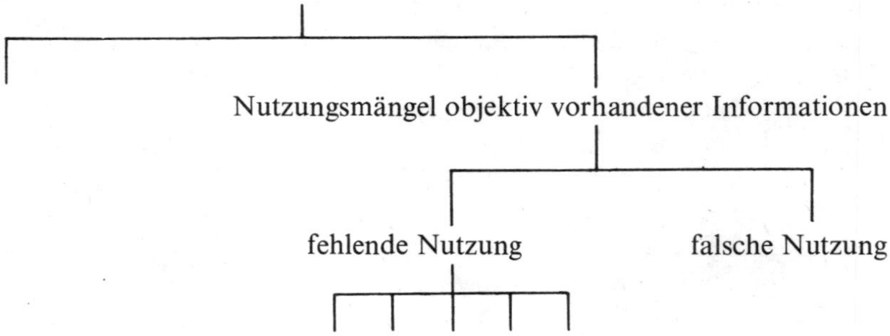

Fehlendes Nutzen objektiv angebotener Informationen stellt eine Ursachenklasse dar, die große Verbreitung und damit praktische Bedeutung besitzt sowie ihrerseits sehr verschiedenartig verursacht sein kann. Es tritt vorzugsweise beim Orientieren auf. Wichtige qualitativ unterschiedliche Formen fehlender Nutzung sind:

B.1. **Übersehen** aktuell angebotener handlungsrelevanter Informationen bei der Orientierung — in unbeabsichtigter Weise.

Üblicherweise wird diese häufige Ursachengruppe „erklärt" als Mangel an „Aufmerksamkeit". Tatsächlich ist jedoch, abgesehen vom fragwürdigen Sinne dieser psychologischen Kategorie, damit nichts erklärt. Das unbeabsichtigte Nichterfassen tätigkeitsbedeutsamer Informationen kann verschiedenartigste Ursachen haben. Diese können reichen von physikalischen Bedingungen (Reizmaskierung), unaufhebbaren biologischen Gesetzmäßigkeiten (unbedingt-reflektorische Orientierungsreaktion als „Ablenkung" durch dominante Reize) über psychophysiologische Ursachen (Handlungsfehler bei schwellennahen oder schwelligen Reizen), informationspsychologische Verursachungen (Überschreiten der aktuellen Kapazität der Informationsaufnahme, der sogenannten Aufmerksamkeitsspanne) bis hin zu persönlichkeitspsychologisch bedingtem, aktuell unbeabsichtigtem Übersehen im Sinne einer „Verdrängung". Das globale Etikett „Aufmerksamkeitsmangel" verdeckt diese qualitativen Unterschiede mehr, als daß es nützliche Gemeinsamkeiten hervorhebt, und erschwert damit das Zuordnen der jeweils ursachenspezifischen, unterschiedlichen Verhütungsmaßnahmen.

Die eindrucksvolle Häufigkeit des unbeabsichtigten Übersehens (vgl. das folgende Beispiel) läßt erkennen, wie wenig effektiv Verhütungsintentionen von Fehlhandlungen sind, die das Erfassen zusätzlicher äußerer Reize neben einer Haupttätigkeit voraussetzen. Das Einfügen immer weiterer derartiger Reize kann vielmehr die Wahrscheinlichkeit ihres Übersehens noch erhöhen. Automatisierte Informationsverarbeitung ist unerläßlich.

Johannson und Backlund (1970) untersuchten auf einer schwedischen Fernverkehrsstraße an 500 Kraftfahrern das Erfassen von Verkehrszeichen. Sie fanden übereinstimmend mit anderen Untersuchern, daß die Gesamtwahrscheinlichkeit für das Bemerken eines Verkehrszeichens nicht höher als etwa 0,5 ist und — in Abhängigkeit vom untersuchten Zeichen — zwischen Wahrscheinlichkeiten von 0,25 bis 0,75 variiert.

Ihre wichtigste Schlußfolgerung ist, daß das Verkehrszeichensystem unter den in der Untersuchung repräsentierten Bedingungen in hohem Grade seinen Zweck nicht erfüllt.

Bereits zwei gleichzeitig für eine halbe Sekunde gebotene Verkehrszeichen werden nicht mehr von allen Menschen sicher identifiziert.

B.2. **Vergessen/Versäumen** als unbeabsichtigte, fehlende Nutzung einer **vorgängig** angebotenen und erfaßten Information sowie eigener Intentionen

Um Daten nutzen zu können, müssen sie mindestens kurzfristig behalten werden. Die Spanne kurzfristigen Behaltens ist begrenzt. Ihr Überschreiten erhöht die Vergessenswahrscheinlichkeit (Datenzusammenstellung vgl. Hacker 1980). Auch eigene Absichten können vergessen werden: Man geht in ein anderes Zimmer und weiß, dort angekommen, nicht, was man dort eigentlich wollte.

Bei der Regulation von Arbeitstätigkeiten hat dieses Vergessen den Charakter der nichtsituationsgerechten Aktualisierung vorhandener gespeicherter Informationen. Auswege bietet die technische Datenspeicherung.

Bei Unfallhergangsanalysen stellt sich häufig heraus, daß den Betroffenen bestimmte Sachverhalte wohl bekannt waren, aber im Augenblick des Bedarfs nicht rechtzeitig aktualisiert wurden. Man „dachte im Moment nicht daran“, daß Aufenthalt unter schwebenden Lasten verboten – oder daß vor dem Linksabbiegen zu blinken ist.

Eines der Grundprobleme wirksamer Sicherheitserziehung ist das aktualisierungssichere, feste Verknüpfen von Verhaltensweisen mit auslösenden Situationsmerkmalen. Wir stoßen damit erneut auf den folgenreichen Unterschied von theoretischem Wissen und praktizierter Erfahrung, der in diesem Zusammenhang auf die Verknüpfung mit Signalen hinausläuft.

Das vollständige Vergessen, das ein Reproduzieren ohne erneutes Einprägen ausschließt, dürfte demgegenüber als Fehlhandlungsursache weitaus seltener vorliegen.

Vom unbeabsichtigten Übersehen aktuell angebotener Informationen und dem Vergessen als gleichfalls unbeabsichtigtem Nichtnutzen vorausgegangener Informationen muß das *beabsichtigte* Übergehen aktuell angebotener äußerer bzw. gespeicherter Informationen unterschieden werden:

B.3. **Übergehen** als beabsichtigtes Nichtnutzen situativer oder erinnerter Informationen

Ein instruktives Beispiel ist das im 7. Kapitel nach Schmidtke und Schmale (1960) geschilderte Unterlassen sowohl beherrschter wie sachlich erforderlicher Differenzierungsleistungen bei der Gütekontrolle von Papierbögen – im angeführten Falle wegen Zeitdrucks bei überforderndem Akkord. Das Beispiel kann zugleich stehen für das Auslösen von Fehlhandlungen durch konfliktinduzierende Arbeitsbedingungen (hier für einen Konflikt zwischen Verdiensteinbuße und Einhaltung von Arbeitsvorschriften bezüglich einzuhaltender Gütemerkmale).

Das Übergehen von Informationen kann seinerseits auf eine durch die Umstände aufgezwungene Absicht zurückgehen oder aus freien Stücken erfolgen und dabei unterschiedlichen Motivierungen (z. B. Gleichgültigkeit gegenüber dem Arbeitsergebnis; wohlgemeintes Streben nach Einsparung vermeintlich überflüssiger Operationen) entspringen. Auch hier ist der Nutzen differenzierter Ursachenanalyse für das Ableiten angemessener Verhütungsmaßnahmen leicht erkennbar. Es kann sowohl beim Orientieren wie beim Zielstellen, Entwerfen und Entscheiden als auch bei der Einordnung in die Ausführungsbedingungen auftreten.

B.4. **Informationsreduzierung** als Ausnutzung von Afferenz- bzw. Reafferenzredundanz
Die redundanzbedingte Informationsreduktion bildet eine Sondergruppe des Nichtnutzens von Informationen. Objektiv ist die erforderliche Information zwar vorhanden, durch bestimmte Lernvorgänge hat sie jedoch ihre Funktion als handlungsrelevante Information (ihren Signalcharakter) zeitweilig *verloren*, wurde demzufolge aus dem Beachtungsbereich ausgeschaltet und kann nur durch zusätzliche kognitive Operationen diesem wieder eingegliedert werden.

Hierher gehören:

— Automatisiertes Reagieren, welches im Falle unvorhergesehenen Bedingungswechsels zum Stereotypisierungsfehler führt.

Die Schreibfehler rasch schreibender Maschineschreiberinnen (z. B. fehlende Anschläge, Anschlagsdoppelungen, Buchstabenverstellungen, Anschlag falscher [wortfremder] Buchstaben) ergeben sich in beträchtlichem Maße dadurch, daß auf Grund der psychischen Automatisierung nicht jede nützliche Information auch tatsächlich ausgenutzt wird.

Je geübter eine Tätigkeit ist, desto wahrscheinlicher ist das Entstehen von Handlungsfehlern, wenn in sie eine Zusatzverrichtung eingeordnet werden muß (Wehner, Stadler und Mehl 1983). Beim Einordnen an den Grenzen zwischen Abschnitten der Haupttätigkeit scheint dieser Effekt des Entstehens von Handlungsfehlern geringer zu sein als bei willkürlichen Einschubstellen.

— Erwartungsgebundenes (einstellungs-, hypothesengebundenes) Verhalten, welche bei unerwartetem Bedingungswechsel zum Erwartungsfehler führt. Dabei handelt es sich um einen Erwartungsfehler, der entsteht, weil das objektiv vorhandene Informationsangebot *nicht* genutzt, sondern eine Hypothese ungeprüft beibehalten wird.

Typisches Beispiel ist der über mehrere Kilometer an jeder Kreuzung und Einmündung als Hauptstraße ausgeschilderte Straßenzug, der den Kraftfahrer zur Annahme veranlaßt, er befinde sich — solange der Straßenzug nicht seinen Charakter ändert — weiter auf der Hauptstraße, und ihn die Beschilderung nicht mehr fortlaufend kontrollieren läßt. Fehlhandlungen vom Typus „Nichtbeachten der Vorfahrt" für Ortsfremde sind gehäuft zu erwarten, wenn dieser Straßenzug, ohne seinen Gesamtcharakter (Fahrbahnbreite, Richtung, Bebauung) zu ändern, an einer Stelle lediglich durch Beschilderungswechsel untergeordnet wird.

Im Unterschied zum Erwartungsfehler durch redundanzbedingtes Nichtnutzen (Erwartungsfehler erster Art) kann auch eine *falsche* Nutzung auftreten (Erwartungsfehler zweiter Art; siehe Fehlidentifikation).

B.5. **Verarbeitungsdefizite** als mangelnde Nutzung objektiv vorhandener Information in allen Aspekten der Tätigkeitsreguluation
Erfaßte Information muß meist weiter verarbeitet werden, um sie zu nutzen. Diese Weiterverarbeitung setzt verfügbare Mindestverarbeitungszeiten voraus. Beispielsweise sind einfache konjunktive oder disjunktive Aussagen auch unter Idealbedingungen nicht unter 2000 ms möglich, wobei noch 10 bis 15% Fehler auftreten.

Des weiteren ist die Weiterverarbeitung in mehrfacher Hinsicht kapazitativ begrenzt, insbesondere durch

— die Unmöglichkeit, mehr als drei unabhängig voneinander variierende Größen ohne Hilfsmittel miteinander fortlaufend zu verknüpfen,
— die Schwierigkeit des Erfassens nichtlinearer und insbesondere exponentieller Verläufe (Dörner 1981, vgl. 8. Kapitel),

— die Schwierigkeiten beim Arbeiten mit komplexen, dynamischen und vernetzten Systemen.

Außerhalb der Betrachtung bleibt das fehlende Nutzen objektiv gegebener nützlicher Informationen als Ausdruck einer fehlenden Ausbildung für die jeweilige Arbeitsaufgabe.

Während die bisher behandelte *fehlende* Nutzung objektiv vorhandener Information sich innerhalb der psychischen Regulationsgrundlagen hauptsächlich auf das Orientieren bezieht, tritt das im folgenden zu behandelnde *falsche* Nutzen vorhandener Information nicht nur beim Orientieren, sondern auch beim Entwerfen von Aktionsprogrammen, bei deren Einordnung in die Ausführungsbedingungen sowie beim Entscheiden auf. Unter dem Gesichtspunkt der Ableitung jeweils spezifischer Verhütungsmaßnahmen muß daher auf diese Operationen aufgegliedert werden:

C.

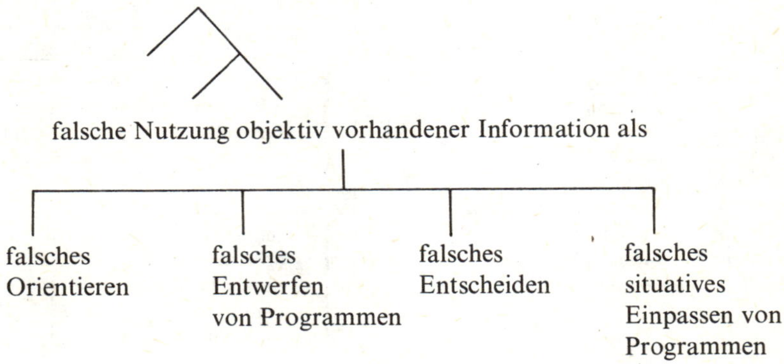

Die weitere Differenzierung auf dieser Ebene ist zusammengestellt in Tab. 10.2.

10.2.4. Fehlhandlungen durch falsches Nutzen objektiv vorhandener Information

C.1. Falsche Nutzung angebotener Informationen im **Orientieren** zieht notwendig das Entwickeln bzw. Aktivieren situationsunangemessener Aktionsprogramme nach sich und kann damit zur Fehlhandlungsquelle werden.

Charakteristische Erscheinungsformen sind Fehlidentifikationen und — als Analogon beim Orientieren in vorgängigen Informationen — Erinnerungstäuschungen.

Fehlidentifikationen ergeben sich sowohl bei durch die aktuelle Reizkonstellation — also perzeptiv — bedingten Sinnestäuschungen wie auch bei erwartungs- oder einstellungsbedingten Fehldeutungen (Erwartungsfehler zweiter Art):

— Unter definierten Bedingungen regelhaft zu **„Sinnestäuschungen"** führende Reizkonstellationen (z. B. stroboskopische Effekte an rotierenden Maschinenteilen bei bestimmter Beleuchtung, Größentäuschungen, Farbkontrasteffekte, Verhören ähnlich klingender Phoneme) sind wohlbekannt und damit umgehbar bzw. systematisch nutzbar (z. B. in der militärischen Tarnung). Unter industriellen Gesichtspunkten wurden einschlägige Effekte wiederholt zusammengestellt.

Tab. 10.2: Fehlhandlungen als Nutzungs- oder Verarbeitungsmängel objektiv vorhandener tätigkeitsrelevanter Information

Fehlende Nutzung vorhandener Information		– Übersehen – Vergessen/Versäumen – Übergehen – redundanzbedingte Informationsreduktion (Stereotypisierungsfehler; Erwartungsfehler 1. Art)	
Falsche Nutzung vorhandener Informationen	falsches Orientieren	– Fehlidentifikation („Sinnestäuschung“; Erwartungsfehler 2. Art) – Erinnerungstäuschung – Fehlbeurteilung	
	falsches Entwerfen von Aktionsprogrammen	– Bewegungsprogramme mit räumlich und/oder zeitlich falschen Parametern – Fehlkalkül (Verrechnen; Verplanen)	
	falsches Entscheiden		
	unzutreffende Bedingungseinordnung von Aktionsprogrammen	– zeitliche Fehleinordnung (Zeitfehler) – räumliche Fehleinordnung – Verwechseln	unter gegebenen Bedingungen im Sinne von Populationsstereotypien (10.3.4.).

Nicht jede unrichtige Wahrnehmung muß auf eine Sinnestäuschung in eben umschriebenem Sinne zurückgehen. Fehlidentifikationen entstehen unter umgebungs- oder subjektbedingt erschwerten (also schwellennahen) Wahrnehmungsbedingungen auch dadurch, daß die Identifikation an einem eingeschränkten Signalement ansetzt und darüber hinaus sogar Fehlendes ergänzt, wobei objektiv ähnliche und nur durch kritisches Detail unterschiedene Einwirkungen nicht unterschieden werden können (sogenannte Ähnlichkeitsfehler bei Weimer). Damit sind Fehldeutungen möglich:

– **Einstellungsbedingte Fehldeutungen** (Erwartungsfehler zweiter Art) treten auf, wenn statistische Regelhaftigkeiten in den bisherigen Einwirkungen sowie dem Reizkontext das Auftreten von Ereignissen aus bestimmten Sachverhaltsklassen wahrscheinlich machen und erwarten lassen, so daß auftretende Ereignisse weniger differenzierten perzeptiven Operationen unterzogen werden und dabei das reduzierte Signalelement im Sinne eines erwarteten klassenzugehörigen Sachverhalts fehlaufgefaßt wird. Man denke an das bekannte Beispiel „er hatte seinen Äschylos so wohl studiert, daß er anstatt ‚angenommen‘, ‚Agamemnon‘ zu lesen pflegte“.

Erinnerungstäuschungen sind hier aufzufassen als Aktualisieren unzutreffender Sachverhalte. Sie schließen auch einstellungsbedingte Veränderungen wie Verdrängungen, Steigerungen oder autosuggestive Modifikationen ein.

Eine komplexere Form der Fehlorientierung stellen **Fehlbeurteilungen** (dazu auch Fehlschätzungen) dar, die einen Übergang zu Fehlleistungen im Entwerfen von Aktionsprogrammen bilden, da das Wesen der Beurteilung im Zuordnen von Maßnahmen zu situativen Merkmalen besteht. Die Quellen von Fehlbeurteilungen können in unzutreffenden Wahrnehmungsdaten, Erinnerungsfehlern oder Fehlern im Vergleichsvorgang liegen (vgl. dazu 7. Kapitel).

C.2. **Unvollständige oder unpräzise Zielbestimmung** schränkt die Möglichkeiten zum Entwickeln geeigneter Ausführungsweisen ein und erhöht die Wahrscheinlichkeit von Vertauschungen und Konflikten zwischen ungenügend bestimmten Zielen.

C.3. **Entwerfen fehlerhafter Aktionsprogramme** kann bei Programmen aller Regulationsniveaus auftreten. Hier sollen nur in sich fehlerhafte Programme betrachtet und damit getrennt werden von der fehlerhaften Einordnung richtiger (Unter-)Programme.[6]

Mit Notwendigkeit müssen fehlerhafte Aktionsprogramme entstehen, wenn nicht ausreichende oder falsche Informationen zur Verfügung stehen. Darüber hinaus ist es denkbar, daß auch trotz ausreichender und zutreffender Orientierungsgrundlagen Fehler in der Entwicklung der Aktionsprogramme unterlaufen. In Analogie zu linguistischen Befunden (Bierwisch 1970) muß angenommen werden, daß bei der Umsetzung von operativen Abbildsystemen in Komponenten von Aktionsprogrammen Auswahlvorgänge erforderlich sind, bei denen falsche, nicht zur Verwirklichung der Intention geeignete Einheiten aktualisiert werden können (Selektionsfehler der Fehlerlinguistik). Diese Fehlaktualisierung von Programmeinheiten dürfte nicht regellos erfolgen, sondern Abweichungen in der regulären Programmerzeugung der beteiligten Vorgänge (vgl. 4. und 9. Kapitel) widerspiegeln.

Häufige Fehlhandlungsformen haben mit der Abfolgeordnung von Programmschritten zu tun: Vertauschungen von Schritten, Auslassungen und überflüssige Wiederholungen treten oft auf.

Die charakteristischen Fehler bei der erstmaligen Realisierung von Bewegungsentwürfen für neue Bewegungen oder in den Arbeitsplänen für neue Aufgaben sind keine Beispiele für Programmierungsfehler trotz ausreichender Informationen, weil für das adäquate Aufstellen derartiger Programme Daten benötigt werden, die nur als Reafferenzen eigener Ausführung zugänglich werden. Sie gehen also vielmehr auf noch unzureichende *reafferente* Informationen zurück.

Auf **sensumotorischer Regulationsebene** können **Bewegungsprogramme** mit räumlich und/oder zeitlich unzutreffenden Eigenschaften entstehen.

Als Beispiele für falsche Programmelemente wegen falscher Information wurden ein Fehlgreifen bei falscher Entfernungsschätzung oder ein Verschütten bei falscher Dosierung des Bewegungsschwungs genannt. Die Mehrzahl der Koordinationsfehler kann hier eingeordnet werden. Nicht zugehörig sind jene Koordinationsfehler, die lediglich räumliche oder zeitliche Fehleinordnungen eines zutreffenden Programms darstellen.

[6] Die Berechtigung einer derartigen Trennung ist experimentell belegt: Während bei Vergrößerung von Sehraumausschnitten die Bewegungsentwürfe hinsichtlich Weite und Tempo langsam modifiziert werden müssen, kann in bestimmten Tätigkeiten bei Spiegelung im Sehraum mit Hilfe kognitiver Operationen der unveränderte Bewegungsentwurf relativ rasch neu eingeordnet werden. Veränderungen eines Bewegungsentwurfs und räumliche Einordnung eines Bewegungsentwurfs sind demnach abtrennbare Fehleransatzpunkte (Hacker 1970).

Bei den **Handlungsprogrammen** und komplexen **Handlungsplänen** schließen Fehlentwicklungen zugleich unzutreffende Entscheidungen in der Mittel-Weg-Wahl ein. In den im 8. Kapitel referierten Untersuchungen von Görner und Skell sind Vorgehensweisen für die Analyse von Handlungsplänen angegeben, die auch für die Ermittlung von Ursachen von Fehlhandlungen bei geplanten Vorgehen verwendbar sind.

C4. Bei **unzutreffender Bedingungseinordnung** von zutreffenden Aktionsprogrammen liegt ein Mangel in der Nutzung vorhandener Informationen insofern vor, als durch fehlende oder unzutreffende Orientierung unmittelbar zum Zeitpunkt der Programmrealisierung ein innerhalb der Aufgabe durchaus zutreffendes Programm fehleingeordnet wird und damit zur Fehlhandlung führt[7]. Diese Fehleinordnung kann in verschiedener Hinsicht unterlaufen:

— **zeitliche** Fehleinordnung

Ein Alltagsbeispiel ist das Verschreiben als Einfügen von Buchstaben des bereits bedachten nächsten Worts, für welches die motorischen Programme bereitgestellt werden, in das augenblicklich geschriebene (Antizipationsfehler).

Die im 9. Kapitel erwähnten neurophysiologischen Grundlagen der zeitlichen Organisation von Bewegungsprogrammen machen die Möglichkeit isolierten Mißlingens dieser Leistung verständlich.

— **räumliche** Fehleinordnung von Aktionsprogrammen

Wir können dabei an der Möglichkeit anknüpfen, daß bei bestimmten Eingriffen in den Sehraum ballistische Zielbewegungen in die falsche Richtung ausgeführt werden. Ein alltäglicheres Beispiel ist das Vermeinen einer am gegebenen Orte nicht vorhandenen Stufe und entsprechendes Steigen, das trotz eines korrekten Programmes zum Fehltreten führen muß. Der Zusammenhang von falschem Orientieren und Fehleinordnung von Programmen ist offensichtlich.

Über die raum-zeitliche Fehleinordnung hinausgehend muß allgemeiner im gegebenen Zusammenhang berücksichtigt werden:

— Verwechseln als unzutreffende Zuordnung von Reaktionen zu Signalen[8]

Fehlzuordnungen von Handlungen zu auslösenden Signalen treten auf, wenn ein Signal bereits gefestigtere Verbindungen zu einer anderen Reaktion hat und diese sich anstatt der erforderlichen aufdrängt.

Ein herausragendes Paradigma für Fehlzuordnungen, die durch die Reizgrundlage provoziert wurden, ist das Farb-Wort-Phänomen oder Stroop-Phänomen:

Farbnamen wie „rot" sind in einer Farbe gedruckt, die von diesen Namen abweicht, also z. B. in grün. Die Aufgabe besteht im schnellstmöglichen Ansagen der Druckfarbe des Farbworts. Die Interferenz zwischen Farbwort und Farbe erschwert die Leistung außerordentlich, verlängert die Reaktionszeit und erhöht die Fehlerwahrscheinlichkeit. Es gibt beträchtliche interindividuelle Differenzen in diesem Interferenzphänomen.

[7] Man kann erwägen, Stereotypisierungs- und Erwartungsfehler hier einzuordnen, da sie — bei herabgesetzter Orientierung — für vorangehende Situationen zutreffende Programme auf veränderte Situationen unzutreffend ansetzen.

[8] Schematisch liegt bei dieser Verwechslung vor: $(S_1 \rightarrow R_1) \Rightarrow (S_1 \rightarrow R_2)$.
Beim falschen Orientieren dagegen: $(S_1 \Rightarrow S_2) \rightarrow R_2$
Dabei bedeuten: S Signal, R Reaktion, $\rightarrow$ „bewirkt", $\Rightarrow$ „anstelle von".

Verhütungsbezogene Klassifikation von Fehlhandlungen
Fehlhandlungen auf Grund A. **objektiven Fehlens** regulativ nutzbarer Informationen B. **fehlender Nutzung** (Verarbeitung) objektiv vorhandener Information beim Orientieren sowie Zielstellen, Entwerfen und Kontrollieren des Ausführens B.1. Übersehen B.2. Vergessen/Versäumen B.3. Übergehen B.4. Informationsreduktion bei Redundanzausnutzung B.5. zeit- bzw. kapazitätsbedingte Verarbeitungsdefizite C. **falscher Nutzung** (Verarbeitung) objektiv vorhandener Information beim Orientieren, Zielstellen, Entwerfen und Kontrollieren C.1. falsche Nutzung im Orientieren 1.1. Fehlidentifikation als — Sinnestäuschungen — einstellungsbedingte Fehldeutungen 1.2. Erinnerungstäuschungen 1.3. Fehlbeurteilungen C.2. falsche Nutzung im Zielstellen C.3. Entwerfen fehlerhafter Programme (einschließlich Fehlentscheidungen) 3.1. zeitlich-räumlich fehlerhafte Festlegungen 3.2. fehlerhafte Mittel-Weg-Festlegungen C.4. unzutreffende Einordnung richtiger Programme in Ausführungsbedingungen (einschließlich Fehlentscheidungen) 4.1. zeitlich-räumliche Fehleinordnung 4.2. Verwechseln

Ein Beispiel ist die Fehlhandlung eines vielbeschäftigten Leiters, der beim Klingeln des Telefons „Herein" ruft, oder das Anklopfen beim Verlassen des Zimmers oder das Drücken des Erdgeschoßknopfs des Fahrstuhls anstelle des Knopfs der angestrebten 2. Etage beim Betreten des Lifts im Erdgeschoß. Viele Erscheinungsformen der „Zerstreutheit" können hier eingeordnet werden.

Als verallgemeinerbares Kennzeichen kann abgeleitet werden, daß ein in sich korrektes Aktionsprogramm auf ein Signal hin realisiert wird, dem ein anderes Programm zugeordnet ist. Diese Fehlverbindungen von Signalen und Verhaltensmechanismen sind kaum zu beobachten bei ungeteilter Zuwendung zum jeweiligen Signal bzw. bei vollständig automatisierten Verrichtungen. Sie scheinen gebunden zu sein an Situationen mit unzureichender Zuwendung. Derartige Situationen liegen vor, wenn die aktuellen Möglichkeiten der Informationsverarbeitung durch ein äußeres Überangebot oder konzentrierte Zuwendung auf ein inneres, gedankliches Problem überschritten sind.

Wiener (1963) hat am Vergleich des Gehirns mit einem Telefonsystem anschaulich erläutert, daß bei einem Nachrichtensystem, in dem eine Nachricht viele Schaltstufen zu durchlaufen hat, die Funktion mangelhaft werden muß, wenn eine kritische Größe der Versagenswahrscheinlichkeit für eine einzelne Stufe überschritten ist. Je mehr Schaltstufen ein System aufweist, um so eher tritt ein Versagen ein, weil das Verkehrsvolumen den kritischen Punkt erreicht hat. Wenn n Schaltstufen zu durchlaufen sind und die

Wahrscheinlichkeit des Mißlingens unabhängig und gleich für jede Stufe ist, müsse die Erfolgswahrscheinlichkeit jeder Stufe $p^{1/n}$ sein, um eine Gesamterfolgswahrscheinlichkeit von p zu erhalten.

Das Verkehrsvolumen kann nach Wiener ein relatives Übermaß annehmen durch Ausfall von „Kanälen“, ein Übermaß des äußeren Angebots oder durch übermäßige Belegung von Kanälen durch unerwünschte Nachrichten, z. B. zirkulierende Gedanken.

Fehlhandlungsanalysen, welche sich an Grundeigenschaften der höheren Nerventätigkeit im Sinne Pawlows orientieren (z. B. ungenügende Nachhaltigkeit, Mobilität oder fehlendes Gleichgewicht der nervösen Grundprozesse) führen gleichfalls als fehlhandlungserzeugende, kritische Konstellationen solche an, in denen verschiedene Verrichtungen gleichzeitig gefordert bzw. unvorhergesehene Umstände mitzuverarbeiten sind (Bolos und Mamali 1962).

Durch eine zweite, unerwartet erforderliche Tätigkeit, die für eine geringe Zeitspanne Beachtung erfordert, zerfällt sogar ein geübter Handlungsverlauf. Dadurch sind Fehlhandlungen mit Havarie- oder Unfallfolgen möglich. Es gibt experimentell gesicherte Hinweise darauf, daß eine Haupttätigkeit um so störanfälliger wird, je mehr sie psychisch automatisiert ist. Das könnte heißen, daß gerade erfahrene Arbeiter durch unvorhergesehene Störungen besonders beeinträchtigt werden können (Giesen 1971).

Fehlhandlungen im Sinne der zuletzt diskutierten unzutreffenden Bedingungseinordnung von Aktionsprogrammen (Verwechslungen, raum-zeitliche Fehleinordnungen) sind sowohl hinsichtlich der Bedingungen ihres Auftretens wie auch hinsichtlich der Art der Fehlbeantwortung nicht schlechtweg zufällig. Phylo- und ontogenetisch als Anpassungsleistung erworbene und verfestigte, mindestens für große Gruppen von Menschen charakteristische Reaktionsweisen **(Populationsstereotypien)** bestimmen die Art der Fehlhandlungen immer dann mit, wenn eine eingehende Situationsanalyse unterbleibt und die erforderliche Verhaltensweise nicht mit der für die Ereignisklasse erworbenen Stereotypie übereinstimmt. Das Berücksichtigen der in Abschnitt 10.3.4. behandelten Populationsstereotypien ist somit eine arbeitsgestalterische Maßnahme, welche neben anderen Vorzügen der Fehlhandlungsverhütung dient.

10.2.5. Übergeordnete Ursachen von Fehlhandlungen als Nutzungsmängel objektiv vorhandener regulativer Information

Welche Beziehungen zwischen den dargestellten Fehlhandlungsformen und den Regulationsgrundlagen werden bei diesem Vorgehen im Sinne der pathologischen Methode erkennbar?

Die Erörterung ist auf die subjektiven Nutzungsmängel objektiv vorhandener Informationen einzuschränken. Im 4. und 9. Kapitel wurden vier neuropsychologisch wohlisolierbare Vorgänge dargestellt, die getrennt beeinträchtigt und damit auch Grundlagen von Fehlhandlungen sein können. Benannt wurden nach Luria (1970b):

- das Bilden der Orientierungsgrundlage durch Afferentation und **Afferenzsynthese;**
- die **Auswahl** zur Verwirklichung der Intention geeigneter Programmeinheiten und ihre Einordnung in das **hierarchisch bzw. heterarchisch organisierte** Gesamtprogramm;

— das **räumliche Einordnen** von Programmteilen;
— das **zeitliche Einordnen** von Programmteilen.

Wenigstens hypothetisch werden Zusammenhänge erkennbar, deren Bestätigung die im 4. und 9. Kapitel entwickelte Regulationskonzeption stützen würde: Tätigkeiten verfolgen in der Regel mehrere Ziele und werden auf mehreren Ebenen gleichzeitig reguliert („Mehr-Ziel- und Mehr-Ebenen-Konzept der Tätigkeitsregulation"). Mehrere parallele Regulationsvorgänge stehen miteinander in Wechselbeziehungen. Gerade diese Regulationsform bedingt neben ihren Vorzügen allerdings auch spezifische Fehlermöglichkeiten in der Form des Entwickelns unzulänglicher Absichten (mistakes) und beim falschen Verwirklichen richtiger Absichten (slips; Norman 1981). Fehlendes Nutzen vorhandener Informationen sowie falsches Nutzen im Sinne falschen Orientierens fassen Mängel im abgrenzbaren Vorgang des Bildens der Orientierungsgrundlage aus Afferentation und **Afferenzsynthese** zusammen. Die Entwicklung falscher Programme (auch bei zutreffender Orientierungsgrundlage) durch falsche Auswahl bzw. unzutreffende Verknüpfung an sich adäquater Programmbestandteile läßt den Vorgang der **Auswahl und Programmeinordnung** erkennen. Isolierte Störung der zeitlichen Anordnung richtiger Aktionsprogrammteile bestätigt die Abtrennbarkeit des Vorgangs der **zeitlichen Organisation** (Sequenzbildung). Schließlich ist unter den Fehlhandlungen auch eine isolierte Beeinträchtigung der **räumlichen Einordnung** nachzuweisen, wie die neuropsychologischen Befunde dies erwarten lassen. Analog zur Fehlerursachenableitung in der Linguistik (Bierwisch 1970) oder beim Erlernen serialer Strukturen (Restle und Brown 1970) ist die (hier erfolgende) Rückführung von Fehlhandlungen auf Defekte in den an das operative Abbildsystem gebundenen Programmbildungsvorgängen nur sinnvoll auf dem Hintergrund einer Konzeption, die eine hierarchische Dekodierung der Regulationsbestand-

Tab. 10.3: Übergeordnete Ursachengruppen der Fehlhandlungen als Nutzungsmängel objektiv vorhandener tätigkeitsrelevanter Informationen

Übergeordnete Ursachengruppen von Fehlhandlungen des Typs „Nutzungsmängel"	Verhütungsmöglichkeiten
1. Ausbildungslücken	— gezielte *Qualifizierungs*maßnahmen
2. In der Anforderungsbemessung ungenügend berücksichtigte Begrenzungen aus der Funktionsweise des ZNS (Überforderung) u. a.	
— — Möglichkeit von Sinnestäuschungen — — Zeitabhängigkeit des Verhaltens (Ermüdung) — — prinzipielle Begrenztheit der Verarbeitungskapazität	— Maßnahmen der *psychologischen Arbeitsgestaltung* (Veränderung der Funktionsverteilung zwischen Mensch-Maschine)
— — Anfälligkeit gegenüber funktionellen Beeinträchtigungen (Funktionsinstabilität), — — Rigidität erworbener Verhaltensmechanismen	— *arbeitsorganisatorische* Maßnahmen — Hilfsmaßnahmen lernpsychologischer und erforderlichenfalls eignungspsychologischer Art
3. Unzureichende oder konfliktinduzierende Anregung von Motivierungen	— arbeitsorganisatorische, Stimulierungs- und Qualifizierungsmaßnahmen

teile, ausgehend von einer (relativ) allgemeinen Abbildung von Situation und Veränderungsprinzip, vorsieht.

Mit dieser Analyse der Fehlhandlungsentstehung im Zusammenhang der Erzeugungsvorgänge von Aktionsprogrammen ist die Frage nach Ursachen nicht abgeschlossen: Durchmustert man die dargestellten Erscheinungsformen jener Fehlhandlungen, die als Nutzungsmängel objektiv vorhandener tätigkeitsrelevanter Informationen klassifiziert wurden, weiter nach den äußeren **Ursachen der mangelhaften Nutzung vorhandener Informationen** (nach den „Ursachen der Ursachen"), so lassen sich wenige Hauptgruppen zusammenfassen (s. Tab. 10.3).

Menschen sind **überfordert**, wenn eine biologisch wirksame Information für das Handeln fehlt. Nicht jede physikalisch gegebene Information wird **biologisch** oder gar handlungsregulierend wirksam! Drei Beispiele: Zeitlich oder intensitätsmäßig unterschwellige Information bleibt wirkungslos, weil sie nicht entdeckt wird. Unterscheidbar sind etwa 1800 reine Töne, sicher identifizierbar nur 4 bis 5 Rückmeldungen, die um mehr als 100 bis 200 Millisekunden verzögert sind oder die nicht rechtzeitig vor dem nächsten Handlungsschritt vorliegen, beeinträchtigen die Regulation von Routinehandlungen (Hacker 1980). Weiter kann nicht jede biologisch wirksame Information auch in der **Handlungsregulation genutzt** werden. Zwei Beispiele: Beim Darbieten von 3 Zeichen gleichzeitig erkennt höchstens ein Drittel der Menschen alle drei richtig, im Mittel werden nur 2 richtig erkannt. Die Spanne für das kurzfristige Behalten in seriellen Aufgaben übersteigt nicht 3 bis 4 Informationseinheiten. Schließlich wird nicht jede biologisch wirksame und in der Handlungsregulation verwendete Information **richtig genutzt**. Ein Beispiel für das gestaltungsbedingte Verführen zur Fehlinterpretation ist die mit den menschlichen Interpretationsgewohnheiten unvereinbare blaue Kodierung von Heißdampf oder die rote für Kühlwasser in einem Kraftwerk.

Höhere menschliche Zuverlässigkeit ist erzielbar durch eine auf den Menschen zentrierte Funktionsteilung zwischen Mensch und Technik. Sie nutzt die Stärke der Flexibilität der menschlichen Informationsverarbeitung und meidet ihre angedeuteten Schwachstellen und Verführbarkeiten. Diese Automatisierungsstrategie beginnt bei einer anderen Denkweise der Projektanten und Konstrukteure, die in ihre Vorgaben und Ausgangsbedingungen die erwünschten Merkmale der bei der neuen technischen Lösung künftig auszuführenden Sollarbeitstätigkeiten aufnimmt. Von der beiläufig abfallenden Restgröße werden die Arbeitstätigkeiten mit erwünschten Merkmalen zum systematisch angestrebten Ziel der Projektierung und Konstruktion.

Folgende Häufigkeitsverteilung von Gestaltungsmängeln in den Warten amerkanischer Kernkraftwerke wurde ermittelt (Seminara u. a. 1976):

Mangel	Ermittelter Anteil
(1) Anordnung der Informationsgeber und Bedienstellen unklar; unlogisch; zu komplex oder spiegelbildlich zu Erfordernissen	34%
(2) Fehlende Bezeichnung von oder Trennung zwischen Anzeigen	13%
(3) Unangemessene Informationsform (ungeeigneter Anzeigetyp; unleserliche Anzeigen)	13%

(4)	Ungenügende oder falsche Beschriftung	9%
(5)	Anordnung von Informationen außerhalb des primären Sehfelds der Bediener	8%
(6)	Inkompatible Skalen	6%
(7)	Unzuverlässige Ausrüstungsteile (Meßgeräte; Rechner)	6%
(8)	Geräte mit Anfälligkeit für artifizielle Auslösungen	6%
(9) . . . (11)	Seltene Mängelarten	Rest

Die Klassifizierung in übergeordnete Ursachengruppen im Sinne von Tab. 10.3 ist abhängig von dem Anliegen der Klassifizierung. Das verfolgte Klassifizierungsanliegen ist das der Ordnung unter dem Gesichtspunkt zuordenbarer Verhütungsmöglichkeiten. Dabei wird hinsichtlich der verschiedenen Verhütungswege die dargestellte Theorie ihrer unterschiedlichen Wertigkeit (die Wegetheorie) übernommen und somit auch für Fehlhandlungen die Wirkungsüberlegenheit jener Maßnahmen unterstellt, die Fehlhandlungsverhütung *ohne* fortwährende zusätzliche Anforderungen an den Werktätigen auf dem Wege der **Gestaltung der Arbeitsbedingungen** sowie der **Verbesserung der tätigkeitsspezifischen Leistungsvoraussetzungen** bewirken wollen. Dem Wesen dieser Konzeption entsprechend können den Ursachenhauptgruppen von Tab. 10.3 Gruppen von Verhütungsmaßnahmen zugeordnet werden, für welche charakteristisch ist die Konzentration auf eine leistungsgerechtere Gestaltung der Arbeitsanforderungen vermittels Veränderungen in den Arbeitsbedingungen und die Verbesserung der Leistungsvoraussetzungen.

Die Theorieabhängigkeit dieses Lösungswegs wird noch deutlicher bei Gegenüberstellung mit einem anderen: Fehlhandlungsverhütung kann prinzipiell auch angestrebt werden über vergrößerte Anforderungen an den arbeitenden Menschen durch Vermehrung der zu berücksichtigenden Gebote – wie beispielsweise im Straßenverkehr mancherorts üblich. Da dieser weiteren Steigerung der Anforderungen nicht alle Menschen angemessen entsprechen werden können, führt diese Art von Verhütungsintention mit Notwendigkeit früher oder später zum Bemühen um Auslese der für die Erfüllung derartiger Anforderungen geeigneten Arbeitskräfte. Die Eignungskriterien werden dabei um so schärfer sein müssen, je geringer das Bemühen um oder die Möglichkeiten zu leistungsgerechter Gestaltung der Arbeitsbedingungen oder Verkehrsverhältnisse und je ineffektiver die Ausbildungsverfahren sind. Eignungsforderungen stehen zu Maßnahmen der Arbeitsgestaltung sowie der Ausbildung also in einem umgekehrt proportionalen Abhängigkeitsverhältnis. Darüber hinaus unterstellt die Verhütungsintention durch die Auslese Geeigneter, daß individuell stabile Leistungsvoraussetzungen existieren, welche zu Fehlhandlungen prädestinieren bzw. vor ihnen bewahren. Der gesamte Eignungsansatz steht und fällt mit dem Zutreffen dieser Unterstellung. Offensichtlich ist, daß der skizzierte zweite Weg unter sozialistischen Produktionsverhältnissen nur untergeordnete Bedeutung besitzen kann. Die Wahl der hier als Klassifikationsaspekt übernommenen erstgenannten Wegs ist somit auch gesellschaftlich determiniert.

Da die hier entwickelte Ordnung der Ursachen von Fehlhandlungen im Produktionsprozeß unterstellt, daß diese letztlich *nicht* verursacht sind durch stabile, individuell unterschiedlich stark ausgeprägte psychische Eigenschaften bestimmter Menschen, sondern durch Arbeitsbedingungen, die den allgemeinmenschlichen psychischen Leistungsvoraussetzungen ungenügend angemessen sind, werden weitere Erörterungen dieser umstrittenen Konzeption unerläßlich.

10.3 Weiteres zur Problematik der Ursachen von Fehlhandlungen: Zur Dispositionsfrage – dargestellt am „Unfällerproblem"

10.3.1. Das sogenannte Unfällerproblem

Bei der Analyse der Ursachen von Fehlhandlungen – besonders solcher, die zu Unfällen führen – ist die mögliche Mitverursachung durch stabile Eigenheiten (Dispositionen) der Persönlichkeit ein lebhaft erörtertes theoretisches Problem, zu dem zwei unterschiedliche Grundauffassungen vertreten werden (vgl. z. B. Kay 1971, von Hoyos 1980):

1. Fehlhandlungen sind in ausschlaggebendem Umfang verursacht durch individuelle Unzulänglichkeiten dispositionell gedachter Art. Diese Konzeption findet ihren deutlichsten Ausdruck in der Annahme von „Unfällerpersönlichkeiten" (Marbe 1926). „Unfäller" sind danach Menschen, die wegen bestimmter von der Norm abweichender Wesensart wiederholt und häufiger als andere in Unfälle verwickelt sind (wiedergegeben nach Burkhardt 1962). Diese Auffassung führt folgerichtig zum Versuch des eignungsdiagnostischen Ausscheidens der gefährdeten Personengruppe **mit der angeblich** erhöhten **Unfallneigung(-affinität)** als Verhütungsintention.

2. Fehlhandlungen sind in ausschlaggebendem Umfange durch aktuelle, allgemeinpsychologisch analysierbare Vorgänge verursacht. Die Forschung habe sich demzufolge zu konzentrieren auf momentanes Fehlverhalten und seine allgemeinpsychologischen **Bedingungen.** Die Verhütung wird auf die Gestaltung der Arbeitsbedingungen (Arbeitsgestaltung) und der subjektiven Leistungsvoraussetzungen (Qualifizierung) konzentriert.

Der Ansatz der „Unfällertheorie" ist historisch im Zusammenhang zu sehen mit den aufblühenden differential-psychologischen und psychodiagnostischen Bestrebungen der Psychologie in den ersten Jahrzehnten dieses Jahrhunderts. Eine der ersten systematischen Unfallanalysen führte Selz (1919) in deutschen Fliegerschulen durch. Der Anteil personeller Ursachen wurde von ihm mit 66% angegeben. Andere Untersuchungen ergaben ähnlich hohe Anteile von „personell-bedingten" Unfällen. Daher lag nahe zu prüfen, ob es eine Konzentration von Unfällen auf bestimmte Menschen gibt. Marbe glaubte diese Annahme bestätigen zu können und beschrieb diese Menschen als den „Typ des Unfällers" auf dem Hintergrunde seiner Wiederholungsregel:

„Wir können unsere Ansicht endlich auch dahin formulieren, daß die endogenen Anlagen der Menschen zu gleichen oder ähnlichen Betätigungen unter gleichen oder ähnlichen Bedingungen führen und diesen Satz als die Wiederholungsregel oder als das Wiederholungsgesetz bezeichnen" (S. 80). „Die Wiederholungsregel hat ... zweifellos eine große praktische, über das Gebiet der Unfälle, Betriebsschäden und Unglücke aller Art hinausragende Bedeutung für die Beurteilung der Menschen. Es gibt *geborene* Unfäller, Schaden- und Unglücksstifter, geborene Pechvögel und Glückskinder, aber auch geborene Verbrecher, geborene Praktiker, Theoretiker und geborene Konfusionsräte. Alle diese Kategorien von Menschen lassen sich auf Grund der Erfahrung und der Wiederholungsregel, unbeschadet der Einflüsse der Erziehung und Erfahrung mehr oder weniger sicher feststellen" (S. 82). „Ist es mittels psychotechnischer Prüfungen nicht gelungen, im Sinne der Schadensverhütung unerwünschte Elemente aus den Stellen fernzuhalten, in denen sie gefährlich sind, so können Statistiken nach Art der unsrigen über die Nuller, Einser und Mehrer nachträglich zur Ausscheidung von allzusehr zur Schadensstiftung neigenden Personen bzw. zur Einreihung derselben in andere, ihnen besser liegende Tätigkeitsgebiete führen" (S. 104).

Moderne Versionen des Konzepts der Unfallneigung oder Gefährdungsdisposition fassen sie als eine kontinuierlich variierende Eigenschaft oder ein Eigenschaftsmuster auf, in welchem u. a. hohe Extraversion und hoher Neurotizismus enthalten sein sollen.

Als Gegentyp des „Unfällers" wird der „Sicherheitsmensch" postuliert. Beide Typen (zur Problematik des Typenbegriffs in der Psychologie vgl. Hellwig 1936) werden als Pole eines komplexen, habituellen Merkmals „Unfallneigung" (-affinität) verstanden. Ziel der Unfällerforschung sei, Verfahren zur Auslese von Unfällern bereitzustellen und auf diesem Wege zur Verhütung von Unfällen beizutragen. Diese Konzeption macht mehrere Unterstellungen:

1. die Existenz einer abhebbaren „Neigung" zu Fehlhandlungen mit Unfallfolgen;
2. das dispositionelle Wesen dieser unterstellten Neigung;
3. eine Unfall- bzw. Fehlhandlungsverhütungspraxis, welche das Verhüten nicht vorzugsweise auf eine unbedingt wirksame Sicherheitstechnik abstellt, sondern anstrebt durch das Fordern spezieller Leistungsvoraussetzungen des arbeitenden Menschen.

Diese unterstellten Grundannahmen gehen über psychologische Konzeptionen hinaus und sind u. a. in hohem Maße ideologisch bestimmt. Daher ist ihre gründliche Diskussion unerläßlich.

Diese dispositionszentrierte Denkweise ist über die Unfällerkonzeption hinaus verbreitet und gilt in weiterem Umfang, so beispielsweise in der Auffassung, es gäbe eine kleine Beschäftigtengruppe, welche allein, und zwar auf Grund schlechter Arbeitseinstellung, einen großen Teil der Ausfallzeiten auf sich vereinige (in einem fragwürdigen Jargon z. B. die sogenannten typischen Blaumacher).

Durch die Koppelung dieser Auffassung mit einer allgemeineren pessimistischen Meinung über das Wesen von Menschen (etwa im Sinne von McGregors provokantem „Menschenbild X") kann sie die ausweglose Eigendynamik der Selbsterfüllung erhalten:

Ist ein Vorgesetzter von dieser Konzeption überzeugt, so wird er sich entsprechend verhalten. Er wird mit Mißtrauen, mit verschärfter Kontrolle und den möglichen Sanktionen auf ihm unbegründet scheinende Arbeitsbefreiungen reagieren und andere in gleicher Richtung zu beeinflussen versuchen. Für die Betroffenen könnte so ein unerquickliches Arbeitsklima, ein von ihnen als ungerechtfertigt erlebtes Mißtrauen, eine erlebte Einschränkung der Befriedigung sozialer Bedürfnisse entstehen. Das wiederum könnte sie veranlassen, gerade so zu reagieren, wie es der Vorgesetzte ihnen unterstellt: Sie werden alle Gelegenheiten nutzen, dem als unerquicklich erlebten Arbeitsklima zu entgehen, z. B. durch das Ausnutzen aller Möglichkeiten zur Arbeitsbefreiung.

Dispositionskonzentrierte Konzepte können, wenn sie die Überzeugungen einflußreicher Menschengruppen beherrschen, sehr folgenreich werden:

- Sie können sich im Sinne der Selbsterfüllung die unterstellten Verhaltensweisen selbst erzeugen und sich dabei ausweglos immer besser bestätigen.
- Sie können zum Unterschätzen der objektiven Arbeits- und Lebensbedingungen führen, zugunsten einer Konzentration auf die Rolle von personalen Dispositionen.
- Sie führen demzufolge zum Vernachlässigen der Gestaltung der objektiven Arbeits- und Lebensbedingungen, die das Verhalten und die Eigenschaften der Menschen beeinflussen.

Wieder zeigt sich ein hohes Maß an ideologischer Abhängigkeit der unterstellten Grundannahmen, das eine gründliche Diskussion erfordert:

10.3.2. Statistische Grundlagen und Gegenargumente

Zur eingehenderen Erörterung ist zunächst ein Rückgriff auf die zugrunde liegenden Sachverhalte erforderlich. Überprüft man die Verteilung der Unfälle eines Zeitraums auf eine bestimmte Menschengruppe, so kann tatsächlich bestätigt werden, daß auf eine kleine Personenzahl eine unverhältnismäßig große Zahl von Unfällen entfällt und umgekehrt viele Personen wenige oder keine Unfälle aufweisen. Beispielsweise fanden:

Lejeune (1958) bei 10% einer Belegschaft 30 bis 70% aller Unfälle; Tillmann (1948) bei 11% einer Gruppe von LKW-Fahrern 30% aller Unfälle; Lejeune (1958) bei 10% einer anderen Fahrergruppe 22% bis 25% aller Unfälle (zit. nach Burkhardt 1962).

Diese Konzentrationen waren *nicht* auf höhere Gefährdungen bei der Teilgruppe mit der höheren Unfallzahl zurückzuführen. Schied man jedoch diese 10% Personen (im Sinne Marbes also die Minderheit der „Unfäller") durch Umsetzung an weniger gefährdete Arbeitsplätze aus, so konnte entgegen der naheliegenden Erwartung in der Regel in deren *bisherigen* Arbeitsbereichen *keine* nachhaltige Senkung der Unfallzahl erreicht werden, und bei späterer Nachuntersuchung vereinigte wiederum eine neue Minderheit von Beschäftigten einen ähnlich hohen Anteil von Unfällen auf sich.

Derartige Fehlschläge von im Sinne des „Unfäller"- bzw. Minderheitenkonzepts zweckmäßig erscheinenden Maßnahmen führten zu eingehenden statistischen Überprüfungen des „Unfäller"-Begriffs bzw. des Konzepts der „Unfallneigung". Wenn es tatsächlich ein interindividuell variierendes Merkmal „Unfallneigung" gibt, dann müssen – ohne daß eine Erklärungsmöglichkeit durch unterschiedliche Unfallgefährdungen besteht – identifizierbar sein (Burkhardt 1962, 1970):

- Personen, die in aufeinanderfolgenden Zeitabschnitten gleichbleibend eine besonders hohe (selbstverursachte) Unfallzahl aufweisen, sowie
- andere Personen, die gleichbleibend keine oder wenige Unfälle bewirken.

Zahlreiche Untersuchungen gehen mit verschiedenen Mitteln diesem Problem nach: Von den Mitteln der Statistik *eindimensionaler Verteilungen* (Burckhardt 1970, von Hoyos 1980, Mittenecker 1962, Drösler 1965) bietet sich zur Beantwortung der **Verteilungsvergleich** an. Er berücksichtigt den wichtigen Sachverhalt, daß allein aus dem Tatbestand, daß wenige Personen in mehrere Unfälle und viele in keine oder wenige verwickelt sind, keineswegs bereits auf das Wirken personaler Bedingungen geschlossen werden kann, da auch derartige Verteilungsformen als **Zufallseffekte** zu erwarten sind. Beim Verteilungsvergleich wird der ermittelten empirischen Verteilung der Unfälle einer Population auf die Personen eine wahrscheinlichkeitstheoretische Verteilung gegenübergestellt, die im Fall des Vorliegens bestimmter Gesetzmäßigkeiten auftreten müßte. Stimmen empirische und theoretische Verteilung hinreichend (d. h. ohne signifikante Differenzen) überein, so kann geschlossen werden, daß die der theoretischen Verteilung bekanntermaßen zugrunde liegenden Gesetzmäßigkeiten auch in der empirischen Unfallverteilung wirksam sein können. Unterstellt man, daß für alle Mitglieder eines Kollektivs gleichgefährdeter Personen die gleiche Wahrscheinlichkeit, einen Unfall zu erleiden, besteht – und berücksichtigt ferner, daß Unfälle seltene Ereignisse darstellen, so ist als theoretische Vergleichsverteilung die Poisson-Verteilung zu wählen. Nur wenn zwischen der Poisson- und empirischen Verteilung signifikante Unterschiede bestehen, kann – sofern gleiche objektive Gefährdung vorliegt – auf ein als unterschiedliche „Unfallneigung“ benennbares interindividuell variables Merkmal geschlossen werden. Die Poisson-Verteilung widerspiegelt dabei die Tatsache, daß allein nach Wahrscheinlichkeitsgesetzen – also auch ohne Annahme einer Unfalldisposition – eine Minderheit mit vergleichsweise hoher Unfallbelastung zu erwarten ist. Je geringer die durchschnittliche Ereignishäufigkeit in einer Population ist, desto stärker ist die Konzentration der Ereignisse (Unfälle, Fehlhandlungen) auf eine kleine Minderheit. Burkhardt hat tabellarisch zusammengestellt, wie hoch der Anteil der Unfälle sein kann, der bei verschiedenen mittleren Ereignishäufigkeiten auf die – verschieden groß definierbare – Gruppe der meistbelasteten Personen entfällt (vgl. Abb. 10.1).

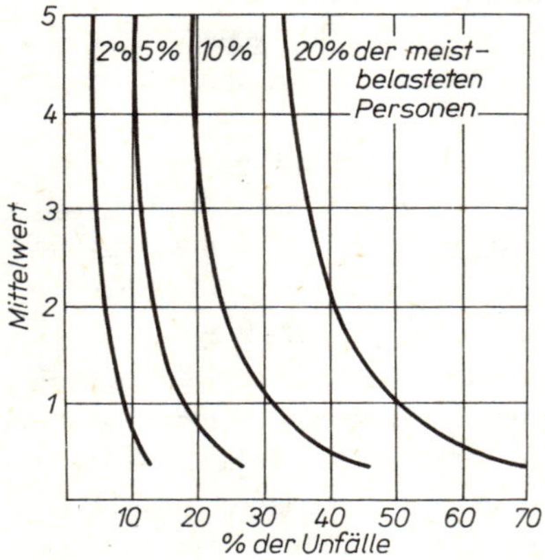

Abb. 10.1: „Minderheitenbelastung“ bei Poisson-Verteilungen. (Aus der Abbildung ist ersichtlich, daß bei einem Mittelwert von beispielsweise 5 Unfällen mehr als 20% aller Unfälle sich auf die meistbelasteten 10% der Personengruppe konzentrieren. Diese Verdichtung läßt sich allein durch die konstante Grundwahrscheinlichkeit erklären. Bei einem Mittelwert von 1 ist die Belastung bereits auf mehr als 30% angewachsen. Entsprechende Werte lassen sich auch für die meistbelasteten 2 und 5 sowie 20% einer Stichprobe ablesen, wenn lediglich die Poisson-Verteilung für variable Mittelwerte berücksichtigt wird.) (Burkhardt 1962).

Tab. 10.4 veranschaulicht den Sachverhalt an einem Beispiel, das aus einer älteren Untersuchung von v. Hoyos (1957) herausgegriffen wurde.

Tab. 10.4: Verteilung der Verkehrsunfälle von Fahrerlaubnisinhabern in Hamburg 1955 (keine signifikanten Unterschiede) (v. Hoyos 1957)

Unfälle pro Person	Vorkommenshäufigkeit		
	real	nach Poisson-Verteilung	nach „kombinierter“ Poisson-Verteilung
0	7900	7881,5	7917,7
1	1197	1229,5	1180,1
2	106	96,2	106,1
3	8 }	5,2	8,1
4	1 }		

Wegen der widersprüchlichen Ergebnisse beim Vergleich mit Poisson-Verteilungen wurde die Übereinstimmung auch mit anderen theoretischen Verteilungen überprüft. Die negative Binomialverteilung baut auf unterschiedlichen Wahrscheinlichkeiten von Ereigniseintritten der verschiedenen statistischen Elemente (Personen) auf, wie sie im Falle der **Existenz** einer individuellen Unfallneigung vorlägen. Die Neyman-Verteilung berücksichtigt demgegenüber bei gleicher Ausgangswahrscheinlichkeit, einen Unfall zu erleiden, die naheliegende Möglichkeit, daß sich diese Wahrscheinlichkeit verändert, je nachdem, ob sich ein Unfall bereits ereignet hat.

In den vorliegenden Verteilungsvergleichen (vgl. Zusammenstellungen bei v. Hoyos 1957, 1980, Mittenecker 1962, Burkhardt 1962, 1970) finden sich zwar Hinweise auf Verteilungseigenheiten, die für die untergeordnete Mitwirkung einer individuell unterschiedlichen Unfallneigung sprechen, jedoch auf Grund ihrer Geringfügigkeit weder die Existenz der Unfallneigung eindeutig beweisen noch ihr im Fall einer Existenz eine wesentliche Rolle zuschreiben könnten.

Auch mit den Mitteln der **zweidimensionalen Verteilungsstatistik** war die Unfällertheorie nicht hinreichend belegbar: Personen mit hoher Unfallneigung müßten unter sonst gleichen Bedingungen in aufeinanderfolgenden Zeiträumen vorzugsweise wieder viele Unfälle, Personen ohne Unfallneigung auch später keine oder wenige Unfälle aufweisen. Tab. 10.5 veranschaulicht eine Darstellungsmöglichkeit von Fehlhandlungs- bzw. Unfallhäufigkeiten in zwei aufeinanderfolgenden Zeiträumen. Im Fall der Gültigkeit der Unfällertheorie wären eindeutige positive Korrelationen zu erwarten, wobei allerdings auch hierbei nicht jeder wiederholt in einen Unfall Verwickelte als „Unfäller" im Sinne Marbes bezeichnet werden könnte. Ein kleiner Prozentsatz zufallsmäßig wiederholt in Unfälle verwickelter Personen ist auch bei gleicher objektiver Gefährdung zu erwarten.

Tab. 10.5: Möglichkeit zur gleichzeitigen Erfassung von Fehlhandlungs- bzw. Unfallhäufigkeiten in zwei aufeinanderfolgenden Zeiträumen (Unfälle von 87 Hauern; Burkhardt 1970)

Unfall-häufigkeit		1. Zeitabschnitt				Σ
		0	1	2	3	
2. Zeit-abschnitt	0	29	22	6	1	58
	1	11	11	1	0	23
	2	2	0	3	0	5
	3	0	1	0	0	1
	Σ	42	34	10	1	87

Korrelation zwischen 1. und 2. Zeitabschnitt $r = 0.20$

Tatsächlich ist jedoch auch bei korrelationsstatistischen Untersuchungen nicht in Annäherung ein vollständiger Zusammenhang nachweisbar. Offensichtlich ist das Unfall- bzw. Fehlerkriterium für die Verhaltensbeurteilung nicht ausreichend. Beispielsweise wurden von 1931 bis 1936 in den USA 29531 Fahrer untersucht, mit dem Ergebnis, daß die Unfallzahlen zwischen den beiden Dreijahresperioden nur mit 0,11 (d. h. faktisch ohne Beziehung) korrelierten. Hätte man allen Fahrern mit Unfällen in den Jahren 1931 bis 1933 die folgenden drei Jahre die Fahrerlaubnis entzogen, so hätten sich noch immer 79% aller Unfälle ereignet; wären nur die mit zwei oder mehr Unfällen im ersten Beobachtungszeitraum gesperrt worden, so wären dennoch 96% aller Unfälle eingetreten (Goldstein, zit. nach von Klebelsberg 1965).

Die Ursachen dieses unzureichenden Kriterienwerts sind nicht nur methodischer Art (z. B. hinsichtlich gleichbleibender Erfassungsbedingungen, Trennung von Verursachern und Beteiligten), sondern auch sachlicher. Insbesondere ist an die Vielfalt der gleichzeitig einwirkenden situativen und personalen Bedingungen zu denken, welche den Charakter der Zufälligkeit des Geschehens bewirken, sowie an die vordergründige Beteiligung zeitvariabler, aktueller personaler Bedingungen neben möglichen zeitstabilen persönlichen Einflüssen.

Die Unfällertheorie in ihrer allein auf feste Persönlichkeitspositionen bezogenen Marbeschen Fassung ist nach alledem widerlegt. Andererseits ist aber eine **Tendenz** zu einem Zusammenhang in manchen Untersuchungen nicht zu übersehen (Korrelationen von etwa 0,3 an der Signifikanzgrenze, Burkhardt 1970). Aus dieser mäßigen Konsistenz (im testtheoretischen Sinne zugleich Reliabilität) der Unfallzahlen ergeben sich **wichtige Schlußfolgerungen für die Voraussage** von Unfällen und damit für die Verhütungsmöglichkeiten mit eignungsdiagnostischen Mitteln:

- Die Voraussage des künftigen Unfallgeschehens bestimmter Menschen auf Grund ihrer bisherigen Unfälle wäre nur mit einem unvertretbar großen Fehler möglich, der unter Umständen dem einer zufallsmäßigen Voraussage gleichkommt.
- Unter praktischen Bedingungen ist es nicht möglich, andere Untersuchungsverfahren zu entwickeln, welche die individuelle Unfallhäufigkeit besser vorauszusagen gestatten, als es durch die erwähnte schwache Korrelation (von etwa 0,3) ausgedrückt wird. Die Validität kann die Reliabilität eines Kriteriums – hier der Unfallneigung – praktisch nicht übersteigen (vgl. dazu Lienert 1969).
- Der Effekt einer kostenaufwendigen Auslese unfallaffiner Personen mit den verfügbaren diagnostischen Mitteln wäre vernachlässigbar klein.

Bei Validitäten der diagnostischen Verfahren zwischen 0,2 und 0,4, einer Rückweisequote von 10% der Bewerber und einem angenommenen Mittelwert von 2,0 Unfällen in der *un*ausgelesenen Population hätte die *ausgelesene* Population noch immer im Mittel 1,92 Unfälle zu erwarten (Drösler 1965, Burkhardt 1970).

10.3.3. Arbeitsmedizinische und psychologische Einwände

Neben den bisher behandelten statistischen Gesetzmäßigkeiten sprechen auch **arbeitsmedizinische und psychologische Überlegungen gegen das Konzept** des Unfällers und der Unfallneigung.

Unfälle sind Ereignisse mit Körperschäden. Diese haben in einem bestimmten Anteil Leistungsminderungen zur Folge, welche zum Einsatz an Arbeitsplätzen mit leichterer Arbeit zwingen. Im allgemeinen kann gelten, daß leichtere Arbeit mit geringeren Gefährdungen verbunden ist als schwerere. Damit würde trotz des Fortbestehens einer – im Sinne eines Gedankenexperiments einmal unterstellten – Unfalldisposition die objektive Gefährdung herabgesetzt und damit ein erneuter Unfall weniger wahrscheinlich.

Psychologisch gewichtiger ist, daß keine glaubhaften Gründe bekannt sind, nach denen erlittene Unfälle nicht zu neuen Einsichten und Erfahrungen führen, angemessenere einstellungs- oder kenntnisseitige Leistungsvoraussetzungen vermitteln. Marbes Theorie unterstellt eine schicksalhaft ihrer selbstzerstörerischen, unabänderlichen Disposition ausgelieferte Persönlichkeit, die – allein oder mit Hilfe ihrer gesellschaftlichen Umwelt – nichts zu lernen vermag.

Hinweise zu dem eben ausgesprochenen Problem ergeben sich, wenn man prüft, ob mit zunehmendem Alter und wachsender Erfahrung verursachte Fehlhandlungen unter sonst gleichen Bedingungen folgenärmer gehalten werden. (Die praktisch wichtigere Frage, ob nämlich Fehlhandlungen vom Typus „Unfall" erfahrungsbedingt *vermieden* werden können, entzieht sich aus einsichtigen Gründen der statistischen Bearbeitbarkeit.)

Von Hoyos (1961) untersuchte den Zusammenhang von verursachten Unfällen und Verstößen (als Beinahe-Unfällen) im Straßenverkehr. Prinzipiell kann vorliegen
- Abhängigkeit (im Sinne „wo gehäuft Unfälle auftreten, dort treten auch gehäuft Verstöße auf");
- ausschließende, alternative Determination;
- unabhängige Determination.

Dabei deutete sich an, daß die untersuchten Verkehrsteilnehmer mit zunehmender Erfahrung lernten, Unfällen auszuweichen, und nur noch Verstöße gegen Verkehrsvorschriften unterliefen. Damit ist immerhin eine tief in die Handlungsstruktur eingreifende Lernfähigkeit in bezug auf die Beeinflussung entstehender Fehlhandlungen erwiesen. Es gibt keinen vernünftigen Grund anzunehmen, daß dieser Lernprozeß vor dem gänzlichen Vermeiden von Fehlhandlungen haltmacht.

Eine durch Erfahrungserwerb oder Einstellungsänderung unbeeinflußbare Unfalldisposition kann also nicht als bewiesen gelten.

Faßt man die bisher dargestellten statistischen, arbeitsmedizinischen und psychologischen Erwägungen zusammen, so gilt:

- Es gibt zwar **Hinweise** auf eine mögliche geringfügige Mitwirkung habitueller individueller Eigenheiten am Unfallgeschehen, aber keine wissenschaftlich haltbaren Beweise für die Existenz einer stabilen individuellen Disposition im Sinne der Unfallneigung eines „Unfällertyps", die Unfälle ausschlaggebend erklären könnte.
- Menschen, die gehäuft in Unfälle verwickelt sind, können nicht allein auf Grund dessen als „Unfäller", d. h. Menschen mit einer von der Norm abweichenden, mit dem Wesen der Persönlichkeit verbundenen Tendenz zu Fehlhandlungen mit Unfallfolgen, bezeichnet werden. Hohe Unfallziffern sind *kein* gültiges Kriterium für eine wie auch immer vorzustellende Dimension „Unfallneigung", da zu einem angebbaren Anteil zufallsbedingt wiederholte Verwicklungen weniger Personen in Unfälle zu erwarten sind.
- Darüber hinaus sind keine zwingenden Beweise für eine lernresistente, unveränderbare Unfalldisposition bekannt.

10.3.4. Mögliche dispositionelle Komponenten

Unerörtert blieb bisher, wie man sich psychologisch denkbare interindividuelle zeitstabile Merkmale fehlhandlungs- bzw. unfallbegünstigender Art vorzustellen hätte.

Diese mitwirkenden Merkmale sollten beachtet werden, auch wenn sie nicht auf eine geschlossene und situationsunabhängige Eigenschaft zurückgeführt werden können. Eine erste Merkmalsgruppe kann als differentialpsychologische **Lücken und Normabweichungen** in den Leistungsvoraussetzungen zusammengefaßt werden. Drei hinreichend eindeutig abgrenzbare Gruppen relativ zeitstabiler innerer Bedingungen können auf jeweils andere Weise das aktuelle Verhalten fehlhandlungsbegünstigend beeinflussen und sollten daher bei individuellen Häufungen von Fehlhandlungen überprüft und erforderlichenfalls in den Verhütungsmaßnahmen beachtet werden[9]:

a) Von gefährdenden Tätigkeiten **ausschließende Mängel** in den physischen bzw. psychophysischen Leistungsvoraussetzungen. In Verordnungen und Arbeitsrichtlinien (z. B. Straßenverkehrszulassungsordnung, 2. Durchführungsbestimmung zur Verordnung über die Verhütung, Meldung und Begutachtung von Berufskrankheiten (Gesetzblätter der DDR, Teil I, Nr. 12 vom Februar 1981 und Nr. 28 vom August 1981) liegen dafür Festlegungen vor, die auch psychophysische Leistungsvoraussetzungen betreffen. Beispiele sind

— Sinnesleistungslücken oder Sinnesminderleistungen (etwa bezüglich Sehschärfe, Farbtüchtigkeit, Gesichtsfeld, Hörfähigkeit, Tiefensehen)[10],
— Hirnleistungsschwächen oder -störungen bzw. deren psychische Folgen. Eindeutige Störungen wie Anfallsleiden sind hinsichtlich ihrer Beurteilung geklärt. Offene Probleme bestehen bei der Erfassung und Berücksichtigung sogenannter typologischer Eigenheiten der höheren Nerventätigkeit, für welche hypothetisch Zusammenhänge mit der Zuverlässigkeit der menschlichen Leistungsanteile in Mensch-Maschine-Systemen angenommen werden (vgl. Nebylizyn 1963, Gurewitsch 1970). Nebylizyn benennt als Ausdruck der Funktionsweise der Erregungs- und Hemmungsvorgänge im zentralen Nervensystem beispielsweise die Merkmale langzeitige Ausdauer, Belastbarkeit bei extremer Anstrengung, Anfälligkeit gegenüber Streß aus Umgebungsbedingungen, Störempfindlichkeit, spontane Ablenkbarkeit und Umschaltfähigkeit. Es ist möglich, für derartige Merkmale von Eigenheiten der höheren Nerventätigkeit Untersuchungsverfahren zu entwickeln und ihren Vorhersagewert für bestimmte Aufgabenklassen zu prüfen.
— schwere Formen psycho-vegetativer Disregulationen.

b) Abartigkeiten oder zentrale Mängel (insbesondere in der Motivierung) in der **Persönlichkeitsentwicklung.** Sogar ausgeprägte Erscheinungsformen (z. B. Psychopathien) können in den routinemäßigen Einstellungs- und Wiederholungsuntersuchungen nicht auffällig oder nicht sachgerecht beurteilt werden. Entwicklungsmängel in den Einstellungen zu Wertbereichen und in der Selbstbestimmung der Persönlichkeit, die sich als soziale Einordnungsmängel (z. B. Halbstarkenverhalten, Jugenddelikte, Alkoholismus, Arbeitsbummelei, fortlaufender Wechsel der Arbeitsstelle) äußern, bedürfen trotz der Schwierig-

[9] Wenngleich Unfallwiederholungen Wahrscheinlichkeitsgesetzen folgend zufällig bedingt sein *können*, so ist im Einzelfall diese Möglichkeit nicht anders als durch Ausschluß möglicher regelhaft wirkender personeller Unfallursachen bzw. Unfallbedingungen zu bestätigen. Für das praktische Vorgehen empfiehlt sich die Erfassung der Fehlhandlungshäufigkeit eines gefährdungsgleichen Kollektivs in zwei aufeinanderfolgenden Zeiträumen und eine Darstellung entsprechend Tab. 10.5, mit der im rechten unteren Quadranten das inhaltlich näher zu analysierende Teilkollektiv von Personen mit wiederholten Verwicklungen ausgewiesen ist.

[10] Der Bezug zur Verursachung von Fehlleistungen ist für derartige Leistungsvoraussetzungen wiederholt bei bestimmten Aufgabengruppen nachgewiesen worden. Allerdings darf dabei nicht unbeachtet bleiben, daß physisch leistungsbeeinträchtigte Menschen bei entsprechender Grundeinstellung und gegebenem Wissen um ihre Beeinträchtigung sich häufig besonders umsichtig verhalten und unter regulären Bedingungen nicht häufiger auffällig werden als andere Menschen.

keit ihrer frühzeitigen Diagnose auch unter dem Aspekt der Verhütung von Fehlhandlungen der Aufmerksamkeit.

Jugendliche mit einer unterschiedlichen Anzahl von Verkehrsunfällen unterschieden sich in einer Untersuchung auch in ihrer Aggressivität im allgemeinen und im Verkehr (Schenk und Rauschke 1979).

c) Lücken im aufgabenbezogenen **Wissens- und Fertigkeitsniveau** sowie Einschränkungen der **Lernfähigkeit.** Dieser Gruppe kommt innerhalb der fehlhandlungsbeeinflussenden inneren Bedingungen nach derzeitigem Wissen Hauptbedeutung zu. Zahlreiche Untersuchungen haben für unterschiedliche Arten von Arbeitsaufgaben eine deutliche Abhängigkeit der Unfallquote vom Ausbildungsstand – ausgedrückt im lebensaltersabhängigen Berufs- bzw. Arbeitsplatzalter unter sonst vergleichbaren Bedingungen – gezeigt (vgl. Abb. 10.2, 10.3). Ein Drittel der Arbeitsunfälle betrifft Werktätige zwischen 14 und 25 Jahren, deren Anteil an den Berufstätigen jedoch nur ein Fünftel beträgt.

Aus der Lernpsychologie ist die momentane Instabilität neuerworbener, ungefestigter Leistungsvoraussetzungen bekannt und kann zur Deutung der Fehlhandlungskonzentration bei niedrigem Berufsalter beitragen.

Diese Abhängigkeit vom Ausbildungsstand enthält zugleich eine Kritik am Ausbildungsinhalt und – im Fall der Unfallhäufung beim Übergang von der Lehre zur Arbeit in der Produktion – am Einführungsmodus des Jungfacharbeiters in die Produktion. Die

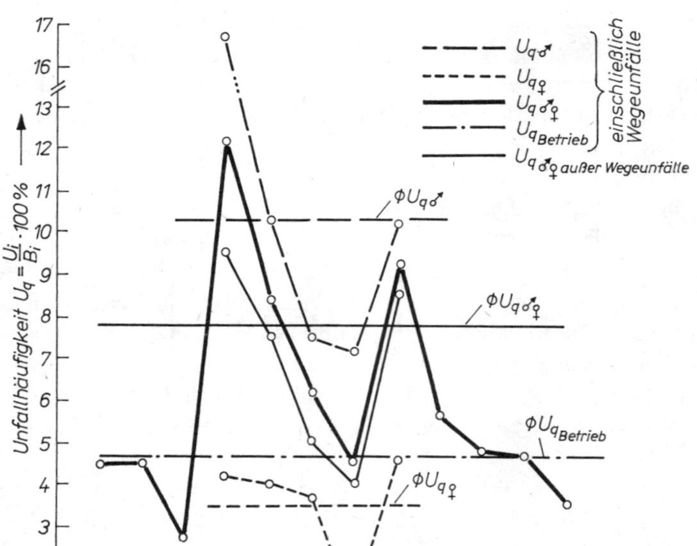

Abb. 10.2: Abhängigkeit der Unfallquote von Lebens- (und Arbeitsplatz-)alter Jugendlicher in einem Großbetrieb: Man erkennt u. a. eine vorübergehende Unfallhäufung zum Zeitpunkt des Übergangs der Lehrlinge in die Produktion (zwischen 16 und 17 Jahren), also bei niedriger Arbeitsplatzerfahrung (B. Schneider 1959, S. 151). In neueren Untersuchungen liegt dieser Gipfel in Abhängigkeit von der verlängerten Schulbildung später, nämlich bei 18 und 19 Jahren.

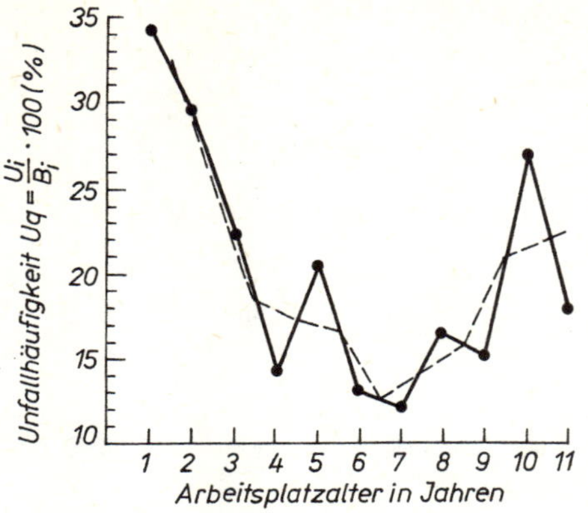

Abb. 10.3: Gemittelte Jahresunfallquoten der einzelnen Arbeitsplatzalterskategorien (gestrichelte Linie: gleitender Durchschnitt) (Ziebig 1962, S. 269).

Verbesserung der beruflichen Ausbildung kann nach alledem Wesentliches zur Senkung der Unfälle an diesem Schwerpunkt beitragen. Von den verschiedenen Methoden, die zur Behebung angewandt werden, scheint die eines Spezialtrainings den besten Erfolg zu versprechen. Bei diesem kommt es darauf an, schlechte Gewohnheiten zu korrigieren und zusätzliche Geschicklichkeit und Erfahrung zu vermitteln. Speziell für die Vermeidung von Fehlhandlungen in Mensch-Maschine-Systemen werden besondere Verfahren eines Antihavarietrainings entwickelt (Lukas 1970).

Zu diesem zu vermittelnden fehlhandlungsbeeinflussenden Wissen gehört auch eine adäquate subjektive Einschätzung des objektiven Gefährdungsrisikos, also ein diesbezüglich objektives operatives Abbildsystem. Der Grad der Übereinstimmung von subjektiver Gefährlichkeitseinschätzung und objektiver Gefährdung scheint mit der Unfallhäufigkeit im Zusammenhang zu stehen (Dunn 1972).

Die menschliche Einschätzung der Wahrscheinlichkeit von Fehlhandlungen und Unfällen hat aber erhebliche Mängel. Sie wird durch die jeweilige gedächtnismäßige Verfügbarkeit und die Dramatik der möglichen Folgen verzerrt. Die Sicherheit eigener Risikoeinschätzungen wird erheblich überschätzt. Bei der Nutzung eines wichtigen Hilfsmittels, des Fehlerbaumes, zur Abschätzung von Fehlerwahrscheinlichkeiten, die ihrerseits die Gefährlichkeit einer Situation einzuschätzen gestatten, ist das Urteil stark von Äußerlichkeiten der Darstellung dieses Fehlerbaumes abhängig (Jungermann 1982).

Das Berücksichtigen dieser Verhaltensabhängigkeiten bei der Arbeitsgestaltung und der Qualifizierung kann die Gefährlichkeitseinschätzung verbessern und dadurch zur Fehlhandlungs- sowie Unfallsenkung beitragen.

Eine zweite Merkmalsgruppe umfaßt stabile allgemeinpsychologische Verhaltensmuster, die sogenannten **Populationsstereotypien.** Populationsstereotypien sind bei großen Menschengruppen (Populationen) oder allen Menschen wirksame, erlernte oder angeborene hochgradig gefestigte (Stereotype) Reaktionsgewohnheiten. Tab. 10.6 gibt einen Überblick über Formen von Populationsstereotypien sowie Beispiele an.

Wenn Reaktionen verlangt sind, die Populationsstereotypien widersprechen, so ist nicht nur mit zeitlichen Verzögerungen, sondern auch mit erhöhten Fehlhandlungshäufigkeiten zu rechnen.

Tab. 10.6: Überblick über Formen von Populationsstereotypien

Stereotypieform	Beispiele
• Abbildungsstereotypien	Leserichtung links→rechts oben→unten Erfassung des Großen vor dem Kleinen
• Interpretationsstereotypien	Bewegung (eines Bedienteils) nach oben→Zunahme unten→Abnahme
• Zuordnungsstereotypien von Signalen und Reaktionen	Sinnfälligkeiten von Bewegungsrichtungen (z. B. Drehung ↻ bewirkt Bewegung →; Drehung ↺ bewirkt Bewegung ←)
• Erwartungsstereotypien hinsichtlich der Relationen von Einwirkung und Effekt	stärkerer Druck (mit Gliedmaßen auf Bedienteil) → stärkerer Effekt schnellere Reaktion → rascherer Effekt
• Unspezifische Reaktionsstereotypien	Orientierungsreaktion unbedingt-reflektorischer Art, Schreckreaktion

Man beachte den allgemeingültigen Sachverhalt: Eine erhöhte Gefährdung entsteht nicht aus der dispositionellen Verhaltensstereotypie allein, sondern erst aus deren Zusammentreffen mit einer unüberlegten Gestaltung der objektiven Tätigkeitsbedingungen.

Das Beachten der Populationsstereotypien ist also umgekehrt eine Möglichkeit zur Verhütung von Fehlhandlungen.

Eine dritte Merkmalsgruppe umfaßt habituelle Eigenschaften beim **Übernehmen von Gefahrenrisiko.** Das vorliegende Wissen dazu ist noch unbefriedigend: In allgemeinpsychologischer Hinsicht ist die Sicherheit der Einschätzung von Fehlhandlungswahrscheinlichkeiten und Gefahren generell gering. Darüber hinaus scheint es beträchtliche interindividuelle Unterschiede zu geben:

Täglich kann man beispielsweise beobachten, daß sich Menschen hinsichtlich des Abstands wiederholungsstabil unterscheiden, bei dem sie angesichts nahender Fahrzeuge noch die Fahrbahn außerhalb geschützter Übergänge überqueren, um ihren Verpflichtungen zeitgerecht nachzukommen. Mit anderen Worten scheinen stabile Unterschiede im Übernehmen eines Gefahrenrisikos unter sonst gleichen Bedingungen zu bestehen. Das hierbei benutzte Denkmodell unterstellt einen durch Entscheidungen zu lösenden Konflikt zwischen den Tendenzen nach Sicherung der erforderlichen Leistung und nach Sicherheit gegenüber physischen Gefahren oder materiellen Verlusten. Bisher liegen nur Hinweise darauf vor, daß bei hinreichend aufgabenspezifischer Differenzierung verschiedener Formen von „Risikoverhalten" konsistente Persönlichkeitsvariablen identifizierbar sein können. Ein befriedigendes diagnostisches System fehlt noch. Die Brauchbarkeit des weiter zu prüfenden Denkmodells hängt davon ab, inwieweit unter sozialistischen Produktionsverhältnissen ein derartiger Konflikt notwendig in den übertragenen Arbeitsaufgaben enthalten sein muß oder nur zeitweiligen Mängeln der Arbeitsgestaltung entspringt. Hinsichtlich eines *Gefahrenrisikos* muß die Notwendigkeit eines derartigen Konflikts verneint werden. Bezüglich eines auf *Leistungs*folgen beschränkten Risikos ist eine Entscheidung in Abhängigkeit von den jeweiligen Arbeitsaufgaben unerläßlich (vgl. dazu 8.4.4. sowie Näätänen und Sumala 1976).

Von herausragender Bedeutung ist jedoch, daß erfolgreiche Sicherheitsmaßnahmen von der Mehrzahl der Menschen durch ein Beibehalten des von ihnen übernommenen

Risikos im Effekt unwirksam gemacht zu werden scheinen. Dieser Zusammenhang ist der Kern der **Risikokompensationstheorie**. Diese Theorie sucht zu erklären, warum zweckmäßig verbesserte Sicherheitsmaßnahmen technischer oder qualifikatorischer Art über längere Zeit besehen allein noch nicht zu Verringerungen der Schadensfälle führen (Wilde 1978).

Ein Beispiel:
Verbesserungen der Straßenführung in gefährlichen Kurven, Bereinigungen unübersichtlicher Kreuzungen oder Kurse über das Abfangen schleudernder Autos senkten bisher die Unfälle nicht, weil offenbar kompensativ ein gleiches Risiko übernommen wird wie bisher. Beispielsweise werden verbesserte Kurven also schneller durchfahren, oder es wird weniger für das Vermeiden des Schleuderns getan, weil man glaubt, es zu beherrschen.

Nach dem Risikokompensationsmodell müßten effektive Sicherheitsmaßnahmen
– die erwarteten Kosten riskanten Verhaltens steigern,
– den erwarteten Nutzen riskanten Verhaltens senken,
– die erwarteten Kosten vorsichtigen Verhaltens senken,
– den erwarteten Nutzen vorsichtigen Verhaltens steigern.
Diese Vorschläge unterstellen die nicht unbestrittene Gültigkeit von Erwartungs-mal-Wert-Modellen für die Verhaltensregulation (vgl. dazu Abschnitt 4.3.).

10.3.5. Dispositionelle vs. aktuelle psychische Entstehungsbedingungen

Das weitgehende Fehlen verallgemeinerbarer zeitstabiler persönlichkeitsgebundener Unterschiede zwischen Menschen mit und ohne Unfällen – bzw. die Erklärbarkeit nur eines kleinen Teils der Gesamtvarianz von Unfallziffern durch stabile Persönlichkeitseigenschaften – bedeutet *nicht*, daß am Entstehen von Fehlhandlungen bzw. Unfällen keine personellen Bedingungen beteiligt sein könnten. „Diese Kritik an der Methode, nach der ‚Unfallneigung' zu forschen, gipfelt darin, daß man *nur* darauf abzielt, den Unfäller zu untersuchen, und dabei den Unfall vergißt" (Faverge 1962, S. 50).

Ausgeprägte Zusammenhänge bestehen zwischen **aktuellen psychophysischen und psychischen Bedingungen** (welche nicht auf dispositionelle interindividuelle Unterschiede zurückgehen) und der Unfallwahrscheinlichkeit (Mittenecker 1962, von Hoyos 1980).

Tab. 10.7: Wahrnehmbarkeit von Zeichen (Verkehrszeichen) beim kurzen Hinsehen (etwa 0,5 s Darbietung) als Funktion der gleichzeitig gebotenen Zeichenzahl (nach Burkhardt 1965, in v. Hoyos 1965)

Zahl gleichzeitig dargebotener Zeichen	Durchschnittlich richtig erkannte Zeichen nach		Prozentsatz der Personen, die alle Zeichen richtig erkannten, nach	
	Undeutsch	Klebelsberg	Undeutsch	Klebelsberg
2	1,86	2,00	75	100
3	2,30	1,75	31	25
4	2,45	2,21	7	0
5	2,08	1,54	0	0

Eben hierin besteht die Ursache unserer Auseinandersetzungen mit Fehlhandlungen. Zwischen unangemessenen Arbeitsbedingungen und aktuellem Fehlverhalten können regelhafte oder sogar gesetzmäßige Beziehungen allgemeinpsychologischer — nicht differentialpsychologischer — Art bestehen. Den Eigenschaften menschlicher Informationsverarbeitung nicht angemessene Arbeitsbedingungen sind eine Hauptquelle von Fehlhandlungen, deren Untersuchung vordringlicher als differentialdiagnostische Erörterungen ist. Einen typischen Beleg zu aktuellen psychischen Fehlhandlungsquellen, die systematisch im Abschnitt 10.2. behandelt wurden, gibt Tab. 10.7.

Unter dem Gesichtspunkt der Verhütung von Fehlhandlungen einschließlich solcher mit Unfallcharakter ergeben sich wesentliche Schlußfolgerungen:

10.4. Konsequenzen für die Bekämpfung von Fehlhandlungen im Arbeitsprozeß

1. Da nach dem derzeitigen Wissensstand Versuche zur Vorhersage sogar von Fehlhandlungen mit so schwerwiegenden Folgen wie Unfällen aus Persönlichkeitsdispositionen allein hochgradig fehlerhaft sein müssen, wäre eine Verhütungsintention vermittels eignungsdiagnostischer Aussonderung von Werktätigen in psychologischen Reihenuntersuchungen, die durch psychische Persönlichkeitseigenschaften als besonders gefährdet anzusehen wären, wenig erfolgversprechend. Es würden zu viele Menschen fälschlich als gefährdet bezeichnet und umgekehrt zu viele Gefährdete nicht erfaßt. Die Ursache dafür ist nicht in Mängeln von diagnostischen Verfahren zu suchen, sondern in der fehlenden Geschlossenheit und Konsistenz des unterstellten Merkmals „Unfallneigung".

2. Die Minderheiten- oder Unfällertheorie war in ihrer Konzentration auf eine habituelle psychische Dimension „Unfallneigung" zu einfach und berücksichtigte nicht die prinzipiell vielseitige Bedingtheit und Verursachung von Fehlhandlungen.

Es müssen *gleichzeitig* berücksichtigt werden:

- das System der gesellschaftlich bestimmten Verhütungsintentionen einschließlich seiner praktischen Konsequenzen in der Fehlhandlungsvermeidung;
- das objektive, technisch-organisatorisch bedingte Gefährdungsrisiko eines Arbeitsplatzes und einer Aufgabe;
- habituelle psychophysiologische Leistungsvoraussetzungen, welche im Sinne der Tauglichkeit Grundvoraussetzungen für die Aufgabenerfüllung betreffen (z. B. Allgemeinzustand; Sinnestüchtigkeit);
- habituelle psychische Leistungsvoraussetzungen;
- tätigkeitsspezifisches Können (Wissen und Fertigkeiten) sowie die Arbeitseinstellung;
- Determinanten des momentanen Handelns bzw. Fehlhandelns im Sinne des Abschnitts 10.2. bis hin zur Kondition.

Vor allem die letzte Bedingungsgruppe sowie die Rolle des Wissens- und Fertigkeitsniveaus bilden die Haupthindernisse beim Bemühen um die Isolierung eines fraglichen dispositionellen Verursachungsanteils.

Daher werden immer mehr zum Untersuchungs- und Gestaltungsgegenstand der Fehlhandlungs- und Unfallforschung die **Wechselwirkungen zwischen objektiven Ursachen** bzw. Bedingungen in der Arbeitssituation **mit habituellen und mit aktuellen psychischen Entstehungsbedingungen** beim arbeitenden Menschen (Kunkel 1973, von Hoyos 1980). Daher behandelte der Abschnitt 10.2. eingehend die Entstehung und die Ursachen von Fehlhandlungen. Die dabei angegebenen Bedingungen und Ursachen müssen den Hauptinhalt von Bekämpfungsmaßnahmen darstellen.

3. Die Mitwirkung habitueller psychischer Leistungsvoraussetzungen an der Gefährdungsentstehung bezieht sich sowohl auf allen oder den meisten Menschen gemeinsame als auch auf individuelle Leistungsvoraussetzungen. Hauptkettenglieder hierbei sind

1. differentialpsychologisch erfaßbare Lücken und Normabweichungen in den Leistungsvoraussetzungen, nämlich
   a) von gefährdenden Tätigkeiten ausschließende Lücken oder Schwächen in psychophysiologischen Leistungsvoraussetzungen,
   b) zentrale Mängel in der Persönlichkeitsentwicklung,
   c) Lücken im erforderlichen Wissen bzw. Können;
2. allgemeinpsychologisch nachweisbare Populationsstereotypien.

Gefährdungsquellen aus Populationsstereotypien müssen durch eine Arbeitsgestaltung ausgeschlossen werden, welche die populationsspezifischen Verhaltenstendenzen von vornherein berücksichtigt. Ebenso können Gefährdungen durch ausschließende Lücken in psychophysiologischen Leistungsvoraussetzungen, die nicht durch Lernprozesse schließbar sind, durch eine Arbeitsgestaltung beseitigt werden, welche die fraglichen Leistungsvoraussetzungen erübrigt.

Ist beispielsweise die Farbtüchtigkeit für eine gefährdungsfreie Ausführung der Arbeit erforderlich, so können Farbfehlsichtige bei einer anderen Signalkodierung, z. B. über Formen oder über Text, voll einsatzfähig gemacht werden.

Wenn das zu aufwendig erscheint, ist die Eignungsauslese der verbleibende Ausweg, vorausgesetzt, daß reliable und valide diagnostische Verfahren existieren.

Qualifikationslücken sind durch gezielte Trainingsprozeduren in der Regel rasch behebbar. Zentrale Mängel in der Persönlichkeitsentwicklung erfordern dagegen längere pädagogische und psychotherapeutische Betreuung, die über die Möglichkeiten der Qualifizierung am Arbeitsplatz hinausgehen kann. Psychodiagnostik ist hierbei zur genauen Bestimmung der Therapieerfordernisse und zur Prüfung des Therapiefortschritts erforderlich.

4. Wegen der prinzipiellen Unmöglichkeit, momentane subjektive Fehlhandlungsquellen einschließlich ihrer möglichen konditionellen Teilursachen von den fraglichen dispositionellen Anteilen streng zu isolieren – letztlich könnten mögliche dispositionelle Bedingungen nur über momentane wirksam werden, und deren Analyse müßte umgekehrt zu den ersteren führen –, müssen diese aktuellen Fehlhandlungsbedingungen im Vordergrund der Untersuchung und der Verhütungsintentionen stehen. Es kann als erwiesen gelten, daß eine beträchtliche Anzahl der einen Unfall auslösenden Faktoren mehr oder weniger **vorübergehender Natur** sind. Aus diesem Grunde kann vieles von dem, was man gemeinhin als Unfallneigung bezeichnet hat, nur konditionell statt konstitutionell bedingt sein. Insgesamt „wäre zu wünschen, wenn sich die Anstrengungen der Psychologie stärker auf die Untersuchungen des momentanen Fehlverhaltens und dessen Bedingungen konzentrieren würden, ohne sich dabei weiter der Frage nach den interindividuellen Unterschieden zu widmen“ (Burkhardt 1962, S. 14).

Die Erörterungen über Bedingungen und Ursachen aktuellen Fehlverhaltens im Abschnitt 10.2. bieten Ansätze für die psychologische Analyse dieser aktuellen Fehlhandlungsursachen und für die Konzipierung angemessener Verhütungsmaßnahmen.

Unter dem Aspekt der Analyse der psychischen Regulation von Arbeitstätigkeiten eröffnet die Untersuchung von Fehlhandlungen nach alledem Einsichten in den Anteil regulativ wirksamer momentaner Bedingungen, in die Verflechtung äußerer und innerer Bedingungen in der Determination von Handlungen sowie — insbesondere bei Fehlhandlungswiederholungen — in die relativ stabilen inneren Bedingungen, welche die Struktur von Arbeitstätigkeiten beeinflussen.

5. Mit der Orientierung auf das momentane Fehlverhalten werden zugleich die Ursachen nicht letztlich beim einzelnen, jeweils betroffenen Menschen allein gesucht, sondern die allgemeinpsychologischen Entstehungsmöglichkeiten beachtet. Dabei wiederum wird die wesensmäßige Überlegenheit der unbedingt wirksamen (technisch-organisatorischen) sowie der pädagogischen Verhütungsmaßnahmen über lediglich zusätzlich aufgestellte Verhaltensforderungen sowie über Ausleseverfahren verständlich. Die Analyse und Bekämpfung von Fehlhandlungen werden über den jeweiligen Menschen hinaus auf die gesellschaftlich bestimmten, **objektiven Arbeitsbedingungen** orientiert, deren Gestaltung allein vollständige Sicherheit vor gefährlichen Fehlhandlungsfolgen gewähren kann.

Fehlhandlungen, die auf das objektive Fehlen von Information zurückgehen, die für die Regulation erforderlich ist, müssen durch Arbeitsgestaltungsmaßnahmen verhütet werden, nämlich durch das Zuführen der für die Tätigkeitsregulation erforderlichen Information in einer nutzbaren und aufgabenangemessenen Form. Ausbildungsmaßnahmen haben dabei nur unterstützenden Wert.

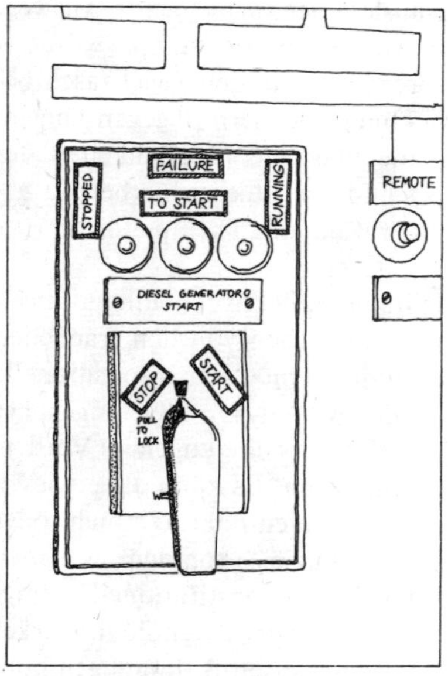

Abb. 10.4 a: Gestaltungsmängel mit der Gefahr der Fehlbedienung: Das Bedienpersonal hat zusätzliche Beschriftungen auf Klebestreifen zur Vorbeugung angebracht (Seminara u. a. 1979).

Der Zwischenfall am Reaktor des Kernkraftwerks Three Miles Island bei Harrisburg (USA) hat bei modernen Technologien die Rolle falscher oder ungenügender Gestaltung im Hinblick auf die Bediener (z. B. ungenügende Möglichkeiten, sich Vorstellungen über die Vorgänge in den Anlagen zu verschaffen) und unzulänglicher Ausbildung gezeigt (Bericht der Untersuchungskommission; zitiert nach Senders). „Im Kontrollraum gab es einen Temperaturschreiber mit zwei Stiften. Einer zeichnet die Temperatur des kalten Wassers auf, und zwar in Rot, der andere die Temperatur des heißen Dampfs, und zwar in Blau. Da jedoch die meisten Menschen Rot mit heiß und Blau mit kalt assoziieren, brachte das Bedienungspersonal ein Schild mit der Aufschrift an: ‚Nicht vergessen – Rot ist kalt.' Die Gestalter hatten bei der Planung die Menschen vergessen, die diese Schaltpulte bedienen müssen" (Senders 1980, S. 73).

Die Abb. 10.4a, b, c (Seminara u. a. 1979) zeigen Beispiele, wie Bediener durch zusätzliche Beschriftung mit Hilfe von Klebestreifen auf Geräten, durch aufgeklebte Pfeile auf Skalen oder nachträglich über kritische Bedienteile zur Absicherung vor Fehlbedienung gestülpte durchsichtige Deckel Gestaltungsmängel im Interesse der Vorbeugung gegen Fehlhandlungen zu begegnen versuchen. Die in den Abbildungen eingezeichneten Hände verweisen auf derartige kritische Stellen.

Auch Fehlhandlungen auf Grund mangelnder und falscher Nutzung objektiv vorhandener Information sind am sichersten durch Arbeitsgestaltungsmaßnahmen zu verhüten. Ein Beispiel ist die Gestaltung von Informationsangeboten und von Eingriffsmöglich-

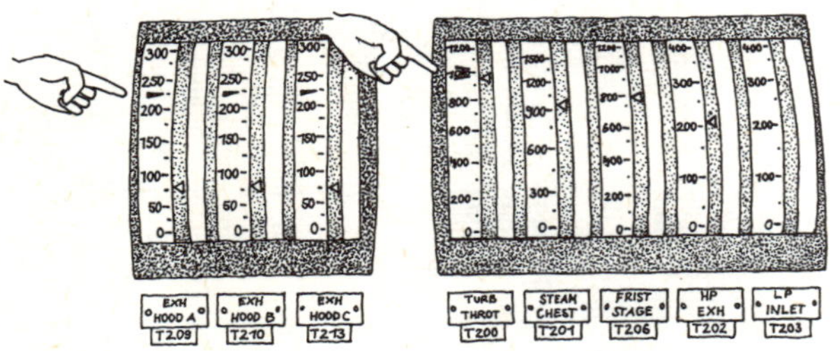

Abb. 10.4 b: Gestaltungsmängel mit der Gefahr der Fehlablesung: Das Bedienpersonal hat zusätzliche Pfeile (siehe hinweisende Hände) zur Kennzeichnung kritischer Werte vorbeugend angebracht (Seminara u. a. 1979).

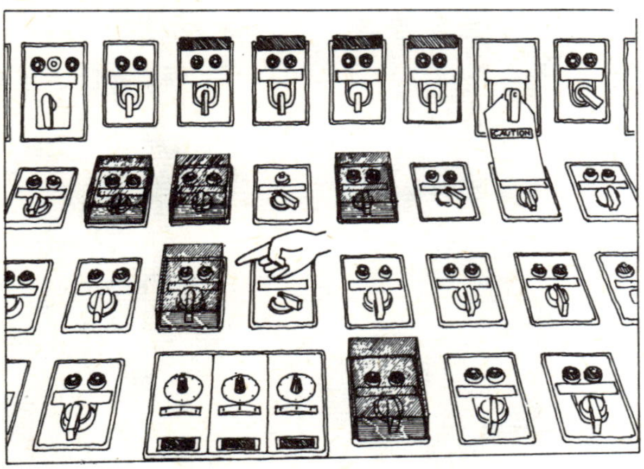

Abb. 10.4c: Gestaltungsmängel mit der Gefahr der Fehlbedienung: Das Bedienpersonal hat nachträglich durchsichtige Deckel (siehe hinweisende Hand) angebracht, um die Gefahr versehentlicher Betätigung kritischer Bedienelemente zu verringern (Seminara u. a. 1979).

keiten des Menschen entsprechend den Populationsstereotypien. Auch fehlhandlungsvorbeugende Ausbildungserfordernisse können durch optimale Arbeitsgestaltung verringert werden. Ein Beispiel hierfür ist das Anbieten von Information bereits in einer unmittelbar für die Regulation geeigneten Form, die Verarbeitungsschritte, welche Fehleransatzpunkte sein könnten, damit erübrigt. Lösungen hierfür bietet die „Spezielle Arbeits- und Ingenieurpsychologie" mit ihren Aussagen zur Funktionsteilung zwischen Mensch und Maschine und zur Gestaltung von Anzeige- und Bedienbereichen.

11. Arbeitsprozesse als Lernprozesse: Veränderung der psychischen Regulation durch Arbeitstätigkeiten

Der Mensch sucht nicht „irgend etwas Gewordnes zu bleiben . . ., sondern ist in der absoluten Bewegung des Werdens" (Marx 1983, S. 396).

Im Grunde aber sind wir alle kollektive Wesen, wir mögen uns stellen, wie wir wollen. Denn wie Weniges haben und sind wir, das wir im reinsten Sinne unser Eigentum nennen! Wir müssen alle empfangen und lernen, sowohl von denen, die vor uns waren, als von denen, die mit uns sind (Goethe: Gespräche mit Eckermann 1955, S. 713).

Wir sahen im Eingangskapitel: Die beschleunigte wissenschaftlich-technische Entwicklung, insbesondere die auf die Mikroelektronik gestützte Automatisierung in allen gesellschaftlichen Arbeitsbereichen, wirft neue Probleme auf, die nur beim Begreifen des Arbeitsprozesses als Lernprozeß über das gesamte Arbeitsleben lösbar sind. Erinnert sei an die Bewältigung der Einheit von Freisetzung und Wiedereinsatz von Arbeitskräften, die das Erzeugen und Erhalten von Disponibilität erfordert. Zu erinnern ist weiter an die wachsende Wirksamkeit der Wechselwirkung zwischen Lernen in der Arbeitstätigkeit selbst, Lerntätigkeit in Weiterbildungsabschnitten und in lernrelevanten Freizeittätigkeiten einschließlich sogenannter Eigenarbeiten.

Im gesellschaftlichen Arbeitsprozeß sind potentiell ideale Voraussetzungen für effektives Lernen gegeben: Im Arbeitsprozeß werden vom Arbeitenden ständig **Tätigkeiten** ausgeführt, in welchen sich die Aneignung von verhaltensregulierendem Gedächtnisbesitz vollziehen kann. Arbeitsprozesse und ihre Ergebnisse sind gesellschaftlich und individuell **bedeutsam**. In Arbeitsprozessen sind Leistungsrückmeldungen mit gesellschaftlich verstärkenden und erklärenden **Bewertungen** gegeben. Der **Nutzen** des Erwerbs von Leistungsvoraussetzungen wird im Arbeitsprozeß unmittelbar augenfällig. **Gesellschaftliche Erfahrung** wird vergegenständlicht und in „lebendiger", durch andere Menschen verkörperter Form in einer beständig mit der wissenschaftlich-technischen Entwicklung erneuerten Form angeboten. In Arbeitsprozessen liegt in der Regel ein festigungsbegünstigendes Mindestmaß an **gleichbleibender** Ausführung vor. Arbeitsprozesse bieten vielfältige Möglichkeiten **kooperativen** Lernens bei ebensolchen Möglichkeiten **individuell** angepaßter Arbeitsweisen.

Arbeitsprozesse ermöglichen und fordern in der sozialistischen Gesellschaft ein Lernen auch beim eigenen, schöpferischen Entdecken neuer Eigenschaften und Beziehungen im Arbeitsprozeß und bei ihrem Umsetzen in neue Lösungen. Somit geht es im folgenden um das Verwirklichen der **Einheit von Arbeiten, Lernen und Forschen** im gesellschaftlichen Reproduktionsprozeß.

11.1. Veränderungen der psychischen Regulation durch Arbeitstätigkeiten

1. Psychische Prozesse und Repräsentationen entwickeln sich in den Tätigkeiten, für deren Regulation sie benötigt werden. Einmal entwickelt, bleiben sie jedoch nicht unverändert bestehen. Sogar in seltenen Fällen langzeitig unveränderter Aufträge und Ausführungsbedingungen verändern sich die regulierenden psychischen Prozesse und Repräsentationen weiter. Die bewertende Auseinandersetzung mit den eigenen Aufträgen, die Art ihrer Übernahme (Redefinition) als persönliche Aufgabe und das Ausführen der übernommenen Aufgaben führt in der Regel zu fortwährenden Veränderungen in den Ausführungsweisen der Arbeitstätigkeiten. Ihnen liegen Veränderungen in den regulierenden psychischen Prozessen und Repräsentationen sowie in physiologischen Regulationsvorgängen zugrunde, die im Begriff der Leistungsvoraussetzungen zusammengefaßt werden können. Jede Arbeitstätigkeit führt also stets zugleich zu **gegenständlichen Resultaten** und zur **Selbstveränderung** des Arbeitenden (Marx 1962).

Der Begriff **„Leistungsvoraussetzungen"** bezeichnet die Gesamtheit der körperlichen und geistigen Bedingungen habitueller und aktueller Art, die zum Erfüllen von Aufgaben eingesetzt werden können. Im gesellschaftlichen Arbeitsprozeß erforderliche habituelle Leistungsvoraussetzungen gehören zu den Persönlichkeitseigenschaften. Die Leistungsvoraussetzungen können wie folgt gegliedert werden:

1. Medizinisch relevante, **„körperliche"** Leistungsvoraussetzungen: Leistungsfähigkeit des Bewegungsapparats, von Kreislauf und Atmung, Funktionszustand des Zentralnervensystems und der Sinnesorgane (Häublein 1978). In arbeitsmedizinischen Richtlinien sind für zahlreiche Tätigkeiten die erforderlichen körperlichen Leistungsvoraussetzungen bzw. auch von bestimmten Tätigkeiten ausschließende körperliche Mängel (beispielsweise Seh-, Hörschäden, Anfallsleiden) festgelegt. Sie sind Gegenstand ärztlicher Einstellungsuntersuchungen.
2. **„Psychische"** Leistungsvoraussetzungen: Einstellungen, Kenntnis- bzw. Erfahrungsvoraussetzungen, Fertigkeiten (vgl. 9.4.4.), Fähigkeiten[1], Gewohnheiten bzw. Verhaltensstereotypien (vgl. 10.4.).
   In Berufsbildern, Ausbildungsunterlagen, Funktionsplänen sind erforderliche Qualifikationen wie Kenntnisse, Fertigkeiten und Fähigkeiten festgelegt. Für einige Tätigkeiten sind zusätzliche Tauglichkeits- oder Eignungsanforderungen festgelegt, die psychodiagnostisch zu ermitteln sind.
   Da psychische Leistungsvoraussetzungen entwickelt werden durch das Ausführen der Tätigkeiten, für deren Regulation sie benötigt werden, sind sie überwiegend spezifisch für bestimmte Aufgabenklassen. Allgemeine Leistungsvoraussetzungen werden im Maße allgemeiner und damit gemeinsamer Züge in den verschiedenen Aufgaben entwickelt. Die gesellschaftlichen Gestaltungsprinzipien der Arbeitsaufgaben beeinflussen somit über die erforderliche Ausbildung und über die Selbstveränderung im Arbeitsprozeß die psychischen Leistungsvoraussetzungen der Werktätigen. Von außen bedingt, folgt die Entwicklung von Leistungsvoraussetzungen dabei allerdings inneren Gesetzen; sie ist keine mechanische Übertragung äußerer Gegebenheiten in die Eigenschaften der Menschen.

2. Art und Umfang der Veränderungen von Leistungsvoraussetzungen hängen vom Verhältnis der Anforderungen ab, welche die Aufgaben stellen, zu den vorhandenen Leistungsvoraussetzungen einschließlich der Erwartungen und Bedürfnisse gegenüber der Arbeit, nicht aber von den objektiven Anforderungen allein, so wichtig ihre zeitliche

[1] Fähigkeiten sind in der Lebensgeschichte entstandene komplexe Eigenschaften, die das Ausführen von Tätigkeiten ermöglichen. Sie stellen verfestigte Systeme verallgemeinerter psychischer Prozesse dar, die den Tätigkeitsvollzug steuern. Fähigkeiten betreffen hauptsächlich kognitive – also perzeptive, mnestische und intellektuelle (gedanklich analysierende und synthetisierende) Vorgänge. Mit der Verfestigung treten ursprünglich erlebte psychische Prozesse aus dem Bewußtsein zurück, sie werden automatisiert; es wird nur noch ihr Ergebnis gleichsam als „natürliche Eigenschaft" erlebt.

Dichte, Vorhersehbarkeit, Durchschaubarkeit und Beeinflußbarkeit auch immer ist.[2] Übersteigen beispielsweise die Anforderungen die vorhandenen Qualifikation, so pflegen Lernerfordernisse vorzuliegen, sofern keine entmutigende Überforderung entsteht. Liegen die gleichen Anforderungen unter den verfügbaren Qualifikationen, so kann langfristig die Gefahr ihres Verlernens entstehen. Darüber hinaus kann die Unterforderung aktuell Langeweile und Müdigkeit bewirken.

Nur aus dem Anforderungs-Leistungsvoraussetzungen-Verhältnis sind die weiteren Veränderungen von Leistungsvoraussetzungen vorhersagbar!

3. Die Veränderungen der Leistungsvoraussetzungen können vorübergehender, kurzfristiger Art sein, sie können sich jedoch auch verfestigen zu neuen relativ beständigen (habituellen) Leistungsvoraussetzungen. Dazu im einzelnen:

Beispiele für kurzfristige Veränderungen sind

— Erhöhen der Anstrengung durch Freude am Gelingen oder an der Betätigung selbst, die sogenannte Freude am „Fluß“ der Tätigkeit,
— affektiv erregte, ablehnende Einstellung zur Tätigkeit durch Entstehen von zeitweiligen Sättigungs- oder Streßsymptomen,
— Herabsetzung der Wachheit, zunehmende Langeweile und Müdigkeit bei einförmiger Unterforderung (Monotoniezustand) oder
— Herabsetzung der Anstrengung, um einer vorhersehbaren Ermüdung vorzubeugen.

Wichtige vorübergehende Veränderungen können abstrahierend als Aktivierungs- bzw. Desaktivierungsvorgänge zusammengefaßt werden (vgl. Abschnitt 11.2.).

Es bestehen fließende Übergänge von vorübergehenden zu allmählich relativ verfestigten Veränderungen der Leistungsvoraussetzungen. Beispiele relativ beständiger Veränderungen sind

— Erwerben, Festigen oder Erhalten von Wissen, Fertigkeiten oder Fähigkeiten, wobei letztere eine persönlichkeitsprägende Funktion haben können,
— Vergessen oder Verlernen langzeitig nicht genutzter Kenntnisse sowie möglicherweise auch Fertigkeiten oder Fähigkeiten,
— Erwerben von Einstellungen, die gleichfalls persönlichkeitsprägend sein können, oder
— Trainieren im Sinne der Steigerung oder Erhaltung körperlicher Leistungsfähigkeit bzw. ihr Verlust durch mangelnde Forderungen (vgl. dazu die Darlegungen zum Fehlen ausreichender körperlicher Anforderungen in 9.1.).

Wichtige relativ beständige Veränderungen können als Lern- bzw. Verlernvorgänge zusammengefaßt werden. Sie sind Inhalt der Abschnitte 11.3. und 11.4.

11.2. Vorübergehende Veränderungen der Regulation: Aktivierung und Desaktivierung

Wir sahen im 4. Kapitel: Motivierungen einschließlich Emotionen können die psychische Struktur von Arbeitstätigkeiten umfassend verändern. Die Veränderungen können leistungsförderlicher und leistungsbeeinträchtigender Art sein.

[2] Aus der englischsprachigen Literatur hat sich für diesen wichtigen Tatbestand der Begriff „*fit*“ bzw. „*misfit*“ verbreitet. Gemeint ist das Entsprechen bzw. Auseinanderfallen von Anforderungen und Leistungsvoraussetzungen.

Relativ kurzfristige, vorübergehende Motivierungsänderungen äußern sich als Wechsel der **Anstrengung** oder **psychischen Anspannung**. Die vielfältigen Formen psychischer Anstrengung können auf einer hohen Abstraktionsstufe durch die **allgemeine zentrale Aktiviertheit** beschrieben werden. Sie äußert sich in objektiven Kennzeichen, insbesondere auch im Elektroenzephalogramm und der Herzaktivität, und ist eine weitestgehend eindimensionale Variable. Eine eingehendere Darstellung findet sich bei Hacker und Richter (1980).

Die psychische Anpassung hängt eng mit der emotionalen Beziehung des Menschen zu seiner Tätigkeit zusammen und verändert umfassend die Tätigkeitsregulation.

11.2.1. Psychische Anspannungs-(Aktivierungs-)stufen und Tätigkeitsregulation

1. Für den Arbeitsprozeß interessiert ein Ausschnitt aus der möglichen Variation der Aktivierung zwischen tiefstem Schlaf und höchster Erregung. Tab. 11.1 stellt diesen Ausschnitt zusammen. Im Arbeitsprozeß liegen normalerweise die Anspannungszustände der vollwachen Aufmerksamkeit und der entspannten Wachheit vor (Zeilen b und c der Tab. 11.1). Nur als Grenzfall interessieren der Zustand hoher Erregung (Zeile a; z. B. bei Streß) sowie der Schläfrigkeit (Zeile d; z. B. bei Müdigkeit). Die Ausprägungen

Tab. 11.1: Psychische Anspannungszustände und ihre Kennzeichen im EEG, Verhalten und Erleben (Lindsley 1961, modifiziert nach Haider 1969; gekürzt)

Psychische Anspannungszustände	Elektronenzephalogramm	Bewußtseinslagen	Verhalten/Leistung
a) Starke Gefühle, Erregung und Spannung (z. B. Streß)	desynchronisiert; kleine bis mittlere Amplituden; schnelle, gemischte Frequenzen	eingeengtes Bewußtsein, Aufmerksamkeitsspaltung, Konfusion	desorganisiert, Mangel an Kontrolle (Schreck- und Panikreaktion)
b) Wache Aufmerksamkeit	teilweise synchronisiert; vorwiegend kleine, schnelle Spannungsschwankungen	selektive Aufmerksamkeit, Erwartung und Antizipation, Konzentration	gut organisiert, optimale Leistungsfähigkeit und Reaktionsbereitschaft
c) Entspannte Wachheit	synchronisiert; optimaler Alpharhythmus	wandernde Aufmerksamkeit, „freie" Assoziationen	gute Routinereaktionen; schöpferische Leistung
d) Schläfrigkeit (herabgesetzte Vigilanz im neurophysiologischen Sinne dieses Begriffs)	Desintegration des Alpharhythmus; flache Kurven; vereinzelt langsamere Wellen	teilweise Aufmerksamkeits- und Bewußtseinsverluste; Bilddenken, Pseudohalluzinationen	unkoordiniert; verzögerte Reaktionen; gestörte Zeitsequenzen bei Geschicklichkeitsleistungen
. . .			
f) Tiefschlaf	sehr langsame und große Wellen	Bewußtseinsverlust	

der psychischen Anspannung sind erlebensseitig eng verbunden mit einer verschiedenen **emotionalen** Beteiligung: Zustände der höchsten Erregung liegen bei starkem emotionalem, also affektivem Engagement vor (in Tab. 11.1, Zeile a). Entspannung oder gar Schläfrigkeit sind demgegenüber unter anderem auch durch fehlende affektive und wenig ausgeprägte emotionale Stellungnahmen gekennzeichnet. Die Stufen sind darüber hinaus durch **objektive**, insbesondere im Elektroenzephalogramm erfaßbare funktionelle Besonderheiten der Hirnaktivität charakterisiert. Dazu gibt die 2. Spalte der Tab. 11.1 Hinweise.

Für arbeitspsychologische Anliegen ist wesentlich, daß sich diese erlebensmäßig und psychophysiologisch abgrenzbaren Anspannungsstufen grundlegend in den psychischen Regulationsgrundlagen und in der Tätigkeitsstruktur selbst unterscheiden. In Tab. 11.1 sind die Regulationsgrundlagen in der 3. Spalte in ihrer allgemeinsten Form als Bewußtseinslagen angegeben. Die letzte Spalte ordnet charakteristische Leistungskennzeichen zu. Man erkennt: Effektive Organisation der Tätigkeit, die hohe Leistungen mit angemessenem Aufwand verbindet, liegt nur bei **mittleren** Anspannungs- bzw. Aktiviertheitsgraden vor. Anders: Effektive Leistung wächst nicht unbegrenzt mit zunehmender psychischer Anspannung.

Bemerkenswert ist des weiteren, daß bestimmte Teile schöpferischer Aktivität, nämlich die neuen Einfälle, im Unterschied zu ihrer eingehenden Ausarbeitung mit größerer Wahrscheinlichkeit bei voller, aber **entspannter** Wachheit als bei höchster Anspannung auftreten.

Insgesamt können die Beziehungen zwischen psychischer Anspannungshöhe und Effektivität der Tätigkeitsregulation der umgekehrt *u*-förmigen (lambda-förmigen) Beziehung zwischen Aktivierung und Leistung zugeordnet werden, die in Abschnitt 5.7. erörtert wurde.

2. Was sind die Ursachen dieser Beziehungen? Eine erste Ursachengruppe betrifft die Wirkung emotionaler Beteiligung. Sowohl bei minimaler als auch bei extrem hoher Anspannung bzw. affektiver Beteiligung ist die optimale Tätigkeitsorganisation gestört. Diese Störungen unterscheiden sich qualitativ in ihren Merkmalen. Man vergleiche in Tab. 11.2 die Kennzeichen des Strukturzerfalls als Diffusion und als Konfusion (nach Klix 1958). Nur im mittleren Anspannungsbereich mit geringer, aber nicht gänzlich fehlender emotionaler Beteiligung liegt ein Zielsetzungsverhalten vor, das die individuellen Leistungsmöglichkeiten ausschöpft, indem die möglichen Mittel-Weg-Varianten eingehend nach rationellen, optimalen Lösungen durchmustert werden.

Tab. 11.2 differenziert die Anspannungszustände aus Tab. 11.1, indem sie bei diesen die Rolle der affektiven Beteiligung näher analysiert.

Sie gibt Daten wieder, die in der Untersuchung kindlicher Spielsituationen gewonnen wurden (Klix 1958). Sie sind also nur sinngemäß auf Arbeitsprozesse Erwachsener übertragbar.

3. Die zweite Ursachengruppe der erörterten Beziehung zwischen Anspannung und Leistung hat mit der Tätigkeitsstruktur bei Über- bzw. Unterforderung zu tun: Herabgesetzte psychische Anspannung bis hin zur Schläfrigkeit (Desaktivierung; Zeile d in Tab. 11.1) entsteht als ein Ergebnis aktiver Hemmungen, sogenannter Schutzhemmungen, bei Anforderungen, die durch ihre zeitliche Dichte oder Kompliziertheit die Leistungsvoraussetzungen überfordern und damit **ermüden**. Ein Sonderfall derartiger Überforderungen liegt vor, wenn bleibende Aufmerksamkeit in einförmigen Situationen gefordert

Tab. 11.2: Beziehungen zwischen emotional-affektiver Beteiligung und Handlungsstruktur (Klix 1958).

Affektzustand	Verhalten	Formen des Handlungsaufbaus
Minimale affektive Beteiligung (affektive „Neutralität“)	hohe Fremdbeeinflußbarkeit (bereit aufzuhören, anderes zu tun) Beschäftigung instabil und am Umfeld orientiert Aussagen zum Handlungsthema schweifen ab	„Strukturzerfall als *Diffusion* der Handlungsteile“: Verselbständigung von Strukturteilen, Elemente werden Selbstzweck Handlungsbestandteile beziehungslos, zerfließend
„Mittelbereich“ der Affektbeteiligung	angepaßte Anspruchsniveau-Verschiebungen (mit großer Variationsbreite: Resignationsphasen, überzogener Affektdruck mit irrealer Fixierung an Idealziel möglich)	Dominanz der effektvollen Strukturformen Häufung der *produktiven Variationen* (Variation der Wege zum Ziel und Auslese bestgeeigneter; Prüfung gegebener Möglichkeiten als Mittel zur Leistungserhöhung)
Extrem hohe Affektstauung	Konfusion der Gesamtperson mit neurovegetativen Begleiterscheinungen (Zittern, Schweiß, Motorik blockiert oder fahrig) Übersprungbewegungen (unterhalb extremer Affektüberflutung) (leeres Naseputzen, Haare streichen, Hände waschen, Zupfen an Kleidung) Fehlstarts häufig; Formen magischen Denkens	„Strukturzerfall als *Konfusion* der Handlungsbestandteile“: planende und vorbereitende Phasen auflösend erforderliche Zwischen- und Nebenhandlungen fehlen zunehmende Gleichförmigkeit, Verlust der Differenzierungsmöglichkeit der Wege zum Ziel vages, überhastetes Agieren statt feingliedrigen Handlungsaufbaues

ist und damit ein ausreichender Reizzustrom für das Erhalten der Aktivierungszustände fehlt. Diese „Überforderung durch Unterforderung“ (Ulich 1960) führt zu **Monotonie**erleben. Ermüdung und Monotonie haben das Müdigkeitsgefühl als Leitmerkmal unzureichender psychischer Anspannung gemeinsam. Die Kennzeichen in der Tätigkeitsorganisation sind denen bei fehlendem, auch emotionalem, Engagement („Strukturzerfall als Diffusion“) ähnlich, haben aber einige zusätzliche Merkmale: Bei **psychomotorisch** akzentuierten Tätigkeiten kommt es nicht nur zu Verlangsamungen und zu Minderungen der Muskelkraft — wie bei körperlicher Beanspruchung —, sondern es entwickeln sich zunächst qualitative Beeinträchtigungen, nämlich Koordinationsstörungen. Die räumliche und zeitliche Abstimmung der Teiltätigkeiten ist verschlechtert und erzeugt durch zusätzliche Kontrollen und Korrekturen zu behebende Ablaufstörungen.
Bei **perzeptiv** akzentuierten Überwachungstätigkeiten mit Routineanteilen fällt als extremster Ausdruck von Strukturbeeinträchtigungen der kurzzeitige Verlust der Aufgabenzuwendung trotz eines äußerlichen Aufgabenrapports auf. Es liegen sogenannte Blockierungserscheinungen mit Objektivierungsmöglichkeiten im Elektroenzephalogramm vor. Betroffen ist hierbei die dem sensorischen Prozeß folgende Verarbeitung. Man schläft gleichsam mit offenen Augen. Neben diesem „Übersehen“ kann sich auf Kosten von

Selektivität und Integration ein vereinfachendes und fixiertes Identifizieren im Sinne von unvollständigen oder falschen Deutungen von wahrnehmbaren Situationen einstellen. Vorschnelle und starre Erkennungshypothesen treten auf, die zu übereilten und unkritisch festgehaltenen Widerspiegelungen führen.

Bei bezüglich **intellektueller** Auseinandersetzung akzentuierten Tätigkeiten wird die Beeinträchtigung im organisierten Zusammenwirken von Teilvorgängen – in Strukturstörungen – besonders augenfällig. Mit wachsender Belastung verdeutlicht sich der ungeordnet-fluktuierende Denkablauf. Sinnzusammenhänge umfassender Art werden immer schlechter übersehen und zerfallen schließlich. Aufgabenfremde Vorstellungen und Gedanken drängen sich ein. Der Aufgabenrapport wird locker, kurzfristig zu behaltende Glieder von Gedankenketten – sogar das Ziel – entfallen, die zielgerichtete, flüssige Produktion von Gedanken weicht dem Haften an Einzelheiten. Eine eingehendere Darstellung gibt die Spezielle Arbeits- und Ingenieurpsychologie 2 (Hacker und Richter 1980).

4. Kurzfristige Veränderungen der psychischen Anspannung im Verlaufe einer Schicht treten häufig in wiederkehrenden Verlaufsformen als ein **Lernergebnis** auf. Auch *ohne* bewußtwerdende Vornahme erhöht sich auf bedingt-reflektorischer Grundlage die allgemeine Aktivierung oder Anspannung nämlich bereits kurz *vor* Arbeitsbeginn, sofern die Arbeit längerfristig zur gleichen Zeit begonnen wird. Diese bedingt-reflektorische Umstellung auf Arbeit, eine bedingte Verbindung auf den Zeitabstand zur letzten Schicht, schafft günstige Voraussetzungen für den arbeitenden Organismus, weil er von Anfang an auf die Leistungsabgabe eingestellt ist.

Ebenso treten durch **bewußte**, gedankliche Analyse vermittelte **Vornahmen** von Anspannungsveränderungen auf, die ein **Lernergebnis** sind. Der Arbeitende lernt allmählich, mögliche Ermüdung im Verlaufe des Arbeitstages vorwegnehmend durch ein rationelleres

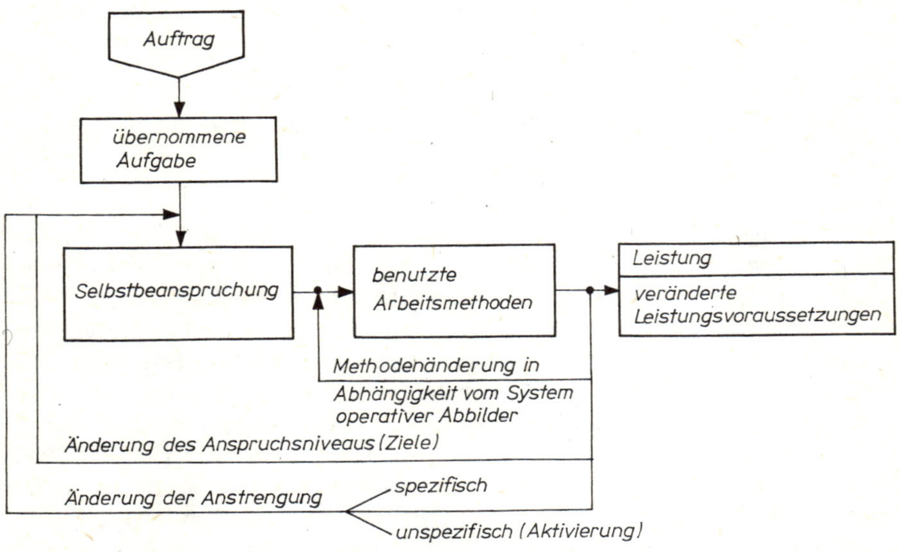

Abb. 11.1: Rückwirkende Veränderungen der psychischen Struktur von Arbeitstätigkeiten bei ermüdungsbedingten Beeinträchtigungen.

Einteilen seiner Anspannung zu verringern oder gar zu verhüten. Das kann durch die erwähnte bewußte Veränderung der Vornahmen (Ziele), durch überlegte Veränderungen der Arbeitsmethode oder durch bewußtes Verteilen der Anspannung geschehen. Aber es treten auch nicht bewußte rationalisierende Anstrengungsveränderungen auf. Abb. 11.1 systematisiert diese vorweggenommenen Rückwirkungen.

Das **Gesetz der vorwegnehmenden Anstrengungsregulation** verallgemeinert diese erlernten Vorgänge. Es besagt:

> Die Anstrengung oder Anspannung wird von Tätigkeitsbeginn an vorwegnehmend nach ihrer erwarteten Dauer und Höhe reguliert. Bei einer erwarteten langen Anstrengungsperiode wird von Anfang an mit geringerem Einsatz gearbeitet als bei einer erwarteten kürzeren Periode.

Die Abb. 11.2 schematisiert diesen Sachverhalt. Diese rationalisierende Anstrengungsregulation setzt Erfahrungen voraus, sie ist also erlernt.

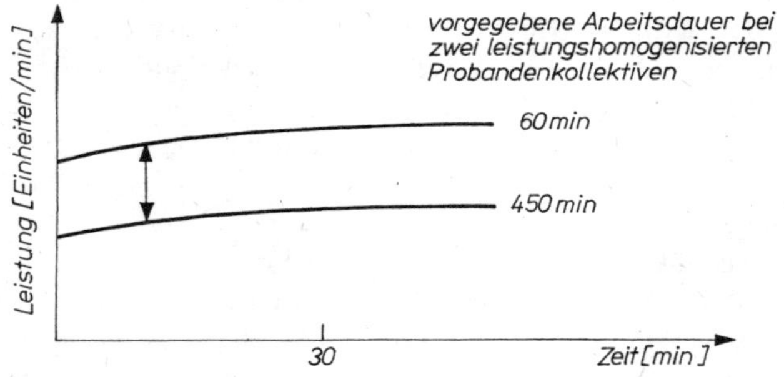

Abb. 11.2: Schematische Darstellung der Abhängigkeit der anstrengungsbedingten Leistung von der erwarteten Dauer einer Tätigkeit bei Personen mit gleichem Können.

11.2.2. Anforderungsbewältigung durch allgemeine Aktivierung oder Anspannung

Der Mensch verfügt über verschiedene unspezifische Reaktionsweisen auf Schwierigkeiten bei der Verwirklichung von Absichten; sie stehen mit Grundprozessen der höheren Nerventätigkeiten im Zusammenhang. Eine bei der Betrachtung des Arbeitsprozesses zu vernachlässigende Reaktionsform ist die allgemeine Hemmung der motorischen Aktivität. Beträchtliche Bedeutung besitzt demgegenüber die allgemeine Erregungssteigerung (Aktivierung) im Sinne vergrößerter Anstrengung oder Anspannung. Sie ist beispielsweise zu erkennen an verstärkter Zuwendung, Beschleunigung von Verrichtungen oder Vergrößerung des Kraftaufwands, wobei Tempo und Kraft nicht selten das optimale Maß übersteigen und die Zuwendung durch Starrheit gekennzeichnet ist. In der Aktivierungsforschung (5. Kapitel) werden die Beziehungen zwischen neurophysiologischen Vorgängen im auf- und absteigenden retikulären sowie limbischen Aktivierungssystem und derartigen komplexen Verhaltensmodifikationen untersucht (Lindsley 1961, Birbaumer 1975, Haschke 1980).

Die allgemeine Aktivierung hat mehrere nützliche *Wirkungen*:

- Die Aktivierung der kortikalen Tätigkeit schafft günstigere Voraussetzungen für die Analyse (beispielsweise hinsichtlich des Unterscheidens spezifischer von nebensächlichen Reizen) und Synthese tätigkeitsrelevanter Informationen.
- Die damit verbundene intensivere Zuwendung senkt die Schwellen, damit können bislang unterschwellige Reize Signalbedeutung erlangen.
- Die Beschleunigung der Bewegungen kann durch Schwierigkeiten entstandende Verzögerungen beseitigen.
- Die Steigerung der Bewegungsintensität hilft bei der Überwindung auftretender Hindernisse.

Erscheinungsformen der allgemeinen Aktivierung begleiten *Anfangsphasen vieler Lernvorgänge*. Wenn diese Lernvorgänge unzureichend organisiert sind, kommt es zu einer nachteiligen Verlängerung und ungünstigstenfalls sogar zur Verfestigung der Anforderungsbewältigung durch allgemeine Anspannungserhöhung mit den noch zu benennenden Nachteilen und Gefährdungen.

Schon Alltagserfahrungen lassen Aktivierungserscheinungen in Lernvorgängen erkennen. So beträgt die für feinmotorische Tätigkeiten wie das Schreiben, das Einfädeln einer Nadel oder das Halten und Führen des Lenkrads von Anfängern aufgebrachte Kraft ein Vielfaches der tatsächlich erforderlichen und bewegungsgünstigen Aufwendungen. Im Fortgang des Lernprozesses wird im Normalfall allmählich der überschüssige Kraftaufwand reduziert. Die zunächst unter dem Oberbegriff „Aktivierungserscheinungen" zusammengefaßten Ursachen des überoptimalen Krafteinsatzes sind verschiedener Art. Einerseits führt die noch unzureichende Abgrenzung der Impulsmuster zu einer übermäßigen Innervation der jeweiligen Antagonisten, die ihrerseits durch verstärkten Einsatz der Agonisten überwunden werden muß (vgl. die im 9. Kapitel behandelten Befunde von Metz 1970). Gleichzeitig kann andererseits die erlebte Schwierigkeit der Aufgabe zu einer allgemeinen Steigerung des muskulären Tonus führen (Masphuhl und Metz 1970).

Die übermäßige Steigerung der Bewegungsgeschwindigkeit, welche gleichfalls im Lernfortgang allmählich abgebaut wird, fällt beispielsweise beim Erlernen des Schwimmens auf. Hier ist die Ursache hauptsächlich eine emotionale (angstbedingte) Anspannungserhöhung.

Das gehäufte Vorkommen von Aktivierungserscheinungen in Lernvorgängen darf allerdings nicht dahingehend mißverstanden werden, daß sie nur bei noch unzureichendem Kenntnis- bzw. Fertigkeitsniveau auftreten können. Beispielsweise ist die emotional bedingte Anspannungserhöhung unabhängig vom Ausbildungsstand.

Den oben aufgezählten positiven Wirkungen von allgemeinen Aktivierungserscheinungen stehen allerdings auch **Nachteile** gegenüber. Diese Nachteile werden dann gravierend, wenn die allgemeine Aktivierung nicht als vorübergehende, sondern als langfristige oder ständige Bewältigungstechnik eingesetzt wird. Bei allen Äußerungsweisen handelt es sich um blinde Formen der Überwindung von Schwierigkeiten (Tomaszewski 1964, 1966). Für sie ist kennzeichnend, daß sie

- nicht notwendig zum Erfolg führen,
- nicht selten sogar Fehler (Ausschuß, Materialbeschädigung, Unfälle) verursachen und
- stets unrationelle Bewältigungsweisen darstellen. Die mangelhafte Effektivität der Bewältigung hat mehrere mögliche Folgenbereiche, die besonders ausgeprägt bei der Fixierung der Aktivierung auftreten und dabei sogar den Charakter von Gefährdungen annehmen können. Dazu gehören:

— — beschleunigte Ermüdung;

- rascheres Entwickeln von Verschleißerscheinungen und (im Falle der Fixierung) von Abnutzungserkrankungen. Bei durch häufige, einförmige und unrhythmische Wiederholungen gefährdeten Tätigkeiten können unter bestimmten Voraussetzungen (darunter auch kraftbetonte oder abrupte Ausführungsweise) gehäufte Überlastungsschäden der Arme und Hände (z. B. Sehnenscheidenentzündungen) auftreten. Ihre wiederholt festgestellte Konzentration gerade in der Ausbildungsphase geht u. a. auf unzureichende Vorkehrungen zum Abbau des überoptimalen Krafteinsatzes und der muskulären Verspannungen in der Ausbildungsmethodik zurück. Die Entwicklung zweckmäßiger Anlernverfahren — wie von Elßner (1970) vorgeschlagen — senkt die Erkrankungshäufigkeit.

— — Behinderung der Entwicklung optimaler Tätigkeitsstrukturen. Die erhöhte Konzentration auf bestimmte Signale oder Tätigkeitsbestandteile führt zur Verringerung der Sensibilität und Zuwendungsmöglichkeit für andere Signale oder Tätigkeitsbestandteile. Dadurch können komplizierte Situationen entstehen, welche die Tätigkeitsbestandteile, auf welche sich der Ausführende konzentriert, zusätzlich im Sinne eines circulus vitiosus erschweren.

Die Unzulänglichkeiten einer ständigen Anforderungsbewältigung durch allgemeine Aktivierung können besonders anschaulich bei Mehrstellenarbeit (Mehrmaschinenbedienung) nicht hinreichend dafür ausgebildeter Arbeiter zutage treten. Diese Arbeitskräfte beherrschen nicht ihre Maschinen, sondern ihre Arbeitsweise wird durch den technologischen Ablauf diktiert. Sie arbeiten hastig, für fehlervorbeugende Arbeiten (wie Wartung, Materialvorbereitung) fehlt ihnen Zeit; sie gelangen nicht zum Aufbau eines planmäßigen Vorgehens, sondern bedienen die Maschinen im Turnus des Anfalls von Bedienerfordernissen. Sie berichten über Erwartungsspannungen, Unruhe und den Eindruck, vom technologischen Vorgang getrieben zu sein. Bei Hochmotivierten, die jedoch noch nicht über das erforderliche Können verfügen, können sich im Extremfalle neurotische Erscheinungen entwickeln. Zur Vermeidung sind Qualifizierungsmaßnahmen erforderlich, die sich angemessener Formen der Veränderung der Tätigkeitsstruktur zur Anforderungsbewältigung (11.3.1. bis 11.3.4.) bedienen.

Insgesamt gilt, daß veränderte Anforderungen, langfristig betrachtet, nicht allein vermittels allgemeiner Anspannungserhöhung bewältigt werden können. Umgekehrt kann vielmehr gerade ihretwegen oftmals das über lange Zeit gewünschte Resultat nicht erreicht werden. Dieser Sachverhalt gilt gleichermaßen für vorwiegend körperliche wie für vorwiegend geistige Arbeitstätigkeiten. Wenn auch bei vorwiegend geistigen Tätigkeiten die Erscheinungsweisen der Aktivierung anders (man denke etwa an den Stimulantienmißbrauch) und weniger leicht faßbar sind, können auch hierbei eindeutige Überbeanspruchungserscheinungen auftreten, wenn langzeitig Anforderungsbewältigung durch Aktivierung bei einer unökonomischen Bewältigungstechnik vorliegt (Thiele 1960).

Die allgemeine Aktivierung als elementarer Vorgang zur Veränderung von Tätigkeitsstrukturen zum Zwecke der Anforderungsbewältigung hat nach alledem einen Doppelcharakter:

— In mäßiger Ausprägung und bei kurzfristiger Nutzung schafft sie günstige Voraussetzungen für das aktuelle Überwinden von Schwierigkeiten sowie für das Erlernen zweckmäßigerer Bewältigungstechniken.

— Übermäßige Ausprägung wird dagegen zum Hemmnis aktueller Anforderungsbewältigung sowie diesbezüglicher Lernvorgänge. Bei Chronifizierung können darüber hinaus Gefahren für die Gesundheit und für Sachwerte entstehen. Sie sind bei Typ-A-Verhalten besonders hoch (4. 7.).

Praktisch gilt es damit vor allem, drohenden Chronifizierungen vorübergehender, unrationeller, aktivierungsbedingter Bewältigungsformen durch geeignete Ausbildungsverfahren vorzubeugen (s. z. B. Elßner 1970) und übermäßig intensive Ausprägungsformen rechtzeitig zu erkennen. Die in der Motorik leicht erkennbare charakteristische Hast ist dafür ein zweckmäßiges Indiz.

Es gilt, überhöhte Anspannung zu erkennen, um sie zu beherrschen und erforderlichenfalls regulieren zu können.

11.3. Längerfristige Veränderungen der Regulation: Lerngegenstände und Lernformen

Lernen bezeichnet Informationsverarbeitungsvorgänge zum Aufbau von verhaltensregulierendem Gedächtnisbesitz, der eine zweckmäßigere Auseinandersetzung mit sozialen und gegenständlichen Anforderungen ermöglicht. Wir sahen im 3. und 4. Kapitel: Arbeitstätigkeiten können gekennzeichnet werden durch Beziehungen zwischen der arbeitenden Person als Subjekt der Tätigkeit, dem Arbeitsgegenstand, den eingesetzten Mitteln, dem zu erreichenden Resultat, das als Ziel vorweggenommen ist, und den Ausführungsbedingungen auch gesellschaftlicher und kooperativer Art. Das bedeutet für Lernen im Arbeitsprozeß: Lernen in Arbeitstätigkeiten ist ein vermittelter Vorgang des Aufbaus von Gedächtnisbesitz. Der arbeitend Lernende realisiert seine Beziehungen zu anderen Menschen über den Arbeits- bzw. Lerngegenstand und zum Gegenstand über die Kooperation mit anderen Menschen. Lernen in der Arbeitstätigkeit ist nicht abstrakt oder gegenstandslos möglich (Lompscher 1982). Es gibt mehrere gegenstandsspezifische Formen der Bewältigung von Anforderungen, die Lernen voraussetzen. In einer vereinfachenden Einteilung sind das (Tomaszewski 1964, 1966):

1. die Sensibilisierung von Analysatoren,
2. die psychische Automatisierung von gleichartig wiederkehrenden Tätigkeitskomponenten oder „Unterprogrammen“,
3. der Aufbau bzw. auch umgekehrt die Verkürzung der begrifflichen Fassung von Tätigkeitsabschnitten (Verbalisierung),
4. die intellektuelle Analyse zum Zwecke des Aufbaus effektiver Arbeitsverfahren.

Diese unterschiedlichen Lerngegenstände stehen mit verschiedenen Lernformen im Zusammenhang. Während beispielsweise die ersten zwei ein Lernen als Erfahrungsgewinn aus der **Auswertung vorgängiger Erfahrungen** darstellen, spielt bei der vierten zusätzlich ein Lernen als Erfahrungsgewinn aus **gedanklich antizipierten und erwogenen Möglichkeiten** die ausschlaggebende Rolle. Die Verbalisierung ist beiden Lernformen zuzuordnen. Im einzelnen:

11.3.1. Anforderungsbewältigung durch Sensibilisierung

Unter den getrennt oder kombiniert wirksamen Wegen zur Verbesserung von Tätigkeiten im Zusammenhang mit der Anforderungsbewältigung wurden auch Verfeinerungen im Erkennen, Unterscheiden und Identifizieren von Reizen mit Signalcharakter benannt. Die einschlägigen Grundvorgänge behandelt das 6. Kapitel. Dieser Abschnitt beschränkt sich auf Bedingungen und Wirkungen von **Steigerungen der absoluten Empfindlichkeiten und der Unterschiedlichkeitsempfindlichkeiten** im Arbeitsprozeß.

Der Arbeitsprozeß nimmt unter den möglichen sensibilisierenden Bedingungen[3] eine besondere Stellung ein. Die besondere Stellung von Arbeitstätigkeiten unter den sensibilisierenden Bedingungen geht nicht allein auf die Lebensbedeutsamkeit und auf die Dauer der Ausübung von Arbeitstätigkeiten zurück, sondern auf die umfassenden, gesellschaftlich bewerteten **Rückmeldungen** über den Ausfall des Tätigkeitsergebnisses, welche ungewöhnlich günstige Voraussetzungen für die Verfeinerungen in der Rezeption tätigkeitsleitender sensorischer Informationen darstellen. Das Besondere beruht letztlich im Einbau der Reize in die Arbeitstätigkeit so, daß deren Resultat von der feineren Rezeption dieser Reize abhängt.

Die Sensibilisierung im Arbeitsprozeß kann dabei mindestens auf drei verschiedenen **Wegen** entwickelt werden (vgl. die zusammenfassende Darstellung bei Ananjew 1963):

- im unmittelbaren Einfluß der Arbeitstätigkeit auf die beteiligten analysatorischen Systeme, also einen vielschichtigen **Lernprozeß**.

Fachkräfte der Textilindustrie sind beispielsweise nach langer Übung imstande, mehr als hundert Nuancen eines Farbtons zu unterscheiden. Die berufserfahrenen Reinstimmer von Akkordeons der vogtländischen Musikinstrumentenindustrie nehmen Tonhöhenunterschiede von wenigen Zent (1 Zent ist ein Hundertstel eines temperierten Halbtonschritts) wahr.

- im Zusammenhang der Entwicklung **technischer Mittel**, die den Bereich der sinnlichen Erkenntnis erweitern und neue Arten der Sensorik erforderlich machen.

Bei dieser Erweiterung handelt es sich nicht darum, daß sich neue rezeptorische Elemente entwickeln, sondern um in der zentralen Verarbeitung komplexer Informationen entstehende neue Bereiche sensorischer Meldungen. Die spezifisch menschliche Entwicklung der Sensibilität ist hier wie in anderen Zusammenhängen hauptsächlich ein Resultat der Entwicklung der Verarbeitungsvorgänge im kortikalen Abschnitt der Analysatoren. So ist das „Fahrgefühl" eine komplexe Beschleunigungs- und Stabilitätsempfindlichkeit, deren Entwicklung an schnelle Fahrzeuge gebunden ist. Die Arbeit an Mikromanipulatoren entwickelt eine Feinstempfindlichkeit der Propriozeptoren der Hände. Nochmals andere Erweiterungen der Sensibilität werden bei der Radarbeobachtung erworben.

- infolge von Rückwirkungen **intellektueller Komponenten** der Arbeitstätigkeiten auf beteiligte sinnliche Erkenntnisvorgänge.

So erkennt der Chemiker feinste Verfärbungen einer Reagenz leichter, wenn er auf Grund von Überlegungen um ihr Auftreten weiß; eine intellektuell geführte und gerichtete Orientierungstätigkeit ist wirksamer als eine ungelenkte Rezeption.

Übergänge zwischen den verschiedenen Wegen der Sensibilisierung sind zahlreich: Eine aus der Auswertung eines EKG erschlossene und somit erwartete Anomalie der Herzklappengeräusche kann als solche auf Grund dieser Erwartung unter Umständen überhaupt erst gehört werden. Hier treten die technische Vermittlung über ein anderes Sinnesgebiet und die intellektuelle Vermittlung verkoppelt auf.

[3] Zu sensibilisierenden Bedingungen gehören beispielsweise auch die behandelte Aktivierung, pharmakologische Einflüsse, Adaptation, verbale Einwirkungen und interanalysatorische Wechselwirkungen.

Die sich so entwickelnde Sensibilisierung auf bestimmte, für die Regulation von Arbeitstätigkeiten erforderliche Reize muß von einer vorübergehenden *allgemeinen* Empfindlichkeitssteigerung infolge Aktivierung unterschieden werden. Die hier gemeinte arbeitstätigkeitsspezifische Sensibilisierung ist ein spezieller Prozeß, der sich nur auf ganz bestimmte Reize bezieht und häufig verbunden ist mit einer Abnahme der Empfindlichkeit gegenüber anderen, im Hinblick auf die Aufgabe unwesentlichen (d. h. nichttätigkeitsleitenden) Reizen. Dieser **Kontrastierungseffekt** kann bis zum Erlöschen des Wahrnehmens derartiger Reize führen.

Dieser Vorgang leistet für den Geübten also eine wichtige **Auswahl** der Reize mit Signalfunktion aus dem Strom einwirkender Reizerreger. Bereits im 6. Kapitel wurde dargestellt, daß sich im Zusammenhang damit eine andersartige, klassifizierende Wahrnehmungsweise entwickelt: Die Signale werden bereits wahrgenommen mit ihrer Stellung in einem System von Handlungsimpulsen. Beispielsweise wird nicht lediglich die Farbe eines glühenden Werkstücks gesehen, sondern es wird „gesehen", daß das Werkstück weiter erhitzt werden muß.

Der Begriff „Sensibilisierung" darf folglich nicht über den wesentlichen nichtsensorischen, **mnestischen und intellektuellen Anteil** hinwegtäuschen. Gerade dieser bietet die günstigsten Ansatzpunkte zur Förderung der Sensibilisierung.

Da die Sensibilisierung eine Hervorhebung *regulativ* wirksamer Signale ist, wird die hier interessierende tätigkeitsstrukturverändernde Funktion der Sensibilisierung einsichtig. Sensibilisierung modifiziert Strukturen von Arbeitstätigkeiten durch sich entwickelnde oder verfeinernde Signale als Regulationsgrundlagen von Arbeitstätigkeiten.

11.3.2. Anforderungsbewältigung durch psychische Automatisierung

Im Abschnitt 9.4.4. wurde die Entwicklung relativ verfestigter, funktioneller sensumotorischer Einheiten (sensumotorischer Fertigkeiten) abgeleitet und dargestellt, daß neben anderen Veränderungen in der Tätigkeitsstruktur dabei auch Veränderungen in der Bewußtseinsrepräsentanz von Teiltätigkeiten auftreten, die als psychische Automatisierung bezeichnet werden.

Der Begriff der psychischen Automatisierung deckt strenggenommen mithin nicht alle Veränderungen in der psychischen Struktur von Arbeitstätigkeiten ab, die im Falle relativ gleichbleibender Aufgaben und Ausführungsbedingungen sensumotorisch akzentuierter Tätigkeiten in einem Lernprozeß entwickelt werden. Dennoch wird er — im Sinne einer erweiterten Verwendung — auf Grund seiner Gebräuchlichkeit in arbeitspsychologischen Zusammenhängen übernommen.

Während die Sensibilisierung vorwiegend Anforderungen aus der Einwirkung schwacher Reize bzw. Reizunterschiede gerecht wird, entspricht die psychische Automatisierung Anforderungen aus der Komplexität von Arbeitstätigkeiten — unter der Voraussetzung ihrer relativen Stabilität. Der Organismus antwortet auf relativ invariante Anforderungen mit der Entwicklung von entsprechend gefestigten Handlungsstrukturen, die den Charakter von „automatisch" (d. h. gleichsam von selbst und ohne fortwährende absichtliche Kontrolle) ablaufenden, jedoch für den bewußten Einsatz noch verfügbaren Unterprogrammen der Tätigkeit annehmen. Eine physiologische Grundlage wurde von Pawlow in der Ausbildung dynamischer Stereotype bedingter Verbindungen beschrieben.

Die im Prozeß der Automatisierung entstehenden Kennzeichen der betroffenen Tätigkeiten sind mannigfaltig. Diese **Veränderungen** beziehen sich auf alle Aspekte der Regulation (Tomaszewski 1961, Seymour 1967, Volpert 1969):

Das **Orientieren** wird stereotypisiert und dabei qualitativ verändert. Die Anzahl der Signale verringert sich, Signalgruppen werden zu Superzeichen rekodiert, ihr Informationsgehalt steigt; die Anteile der Sinnesgebiete verlagern sich, Möglichkeiten zu Antizipationen steigen, die Information wird vorwegnehmend gesammelt. Im **Entwerfen** tritt neben das Ziel als Vorwegnahme des Resultats das Aktionsprogramm für die Ausführungsweise der Tätigkeit. Die Entwurfsprozesse werden durch Aktualisierung eines gespeicherten Rahmenaktionsprogramms abgelöst. Damit wird auch das **Entscheiden** vereinfacht. Die anfängliche Wahl wird durch die Aktualisierung eines der signalisierten Situation zugeordneten Aktionsprogramms aufgehoben. Im **Ausführen** sind die Kontrollvorgänge durch die objektive Vereinfachung der Verrichtungen gleichfalls vereinfacht. Es bilden sich stabile Muster von einander zugeordneten Signalen und motorischen Aktivitäten, welche zu einer hochgradigen zeitlichen und räumlichen Organisation der Verrichtungen führen.

Analysieren wir einige dieser **Strukturmodifikationen** näher:

1. Die relative Stabilität der Anforderungen ermöglicht ein zeitweiliges Lösen von der aktuellen sensorischen Kontrolle und die Antizipation der für die Bewegungsregulation erforderlichen Afferenzen (Volpert 1969):

Die Zeit für die sensorische Zuwendung wird verkürzt und auf informationshaltige Tätigkeitsabschnitte konzentriert; die Zeitabstände zwischen den Orientierungsphasen werden vergrößert. Zugleich greift die Orientierung der gegenständlichen Veränderung so voraus, daß die motorischen Teiloperationen unmittelbar ineinander übergehen können.

Beispielsweise beim Werfen und dem Auffangen von Gegenständen kann im Verlaufe des Übens die kontinuierliche Abnahme der Zeit, über die der Gegenstand vor dem Fangen beobachtet wird, sowie der Zeit, über die der Gegenstand während des Flugs nach dem Werfen verfolgt wird, nachgewiesen werden. Da gleichzeitig mit dieser Verkürzung des Zeitbedarfs für die Aufnahme relevanter Informationen die Sicherheit des Treffens und Fangens steigen, entwickelt sich also insgesamt eine qualitativ verbesserte, effektivere Aufnahmeweise der bewegungsregulierenden sensorischen Daten (Whiting 1970).

Die gleichzeitige Entwicklung der antizipativen Regulation, mit anderen Worten des visuellen bzw. vorstellungsmäßigen Vorwegnehmens regulationsrelevanter nachfolgender Verrichtungsteile ist beispielsweise beim lauten Lesen leicht erkennbar: Im Fortgang des Lesenlernens eilt die visuell vermittelte Erfassung dem Aussprechen zunehmend bis zu einer textabhängigen optimalen Spanne voraus; eben dieses Vorauseilen ist die unerläßliche Grundlage eines sinnbetonten lauten Lesens.

Diese Veränderungen in den Orientierungsgrundlagen ermöglichen verschiedene Formen von „Überlappungen", die für Arbeitsstudium und Arbeitsgestaltung bedeutungsvoll sind. Die im Üben entstehenden kognitiv/motorischen Überlappungen (Abb. 11.3) bilden Grundlagen für Überlappungen zwischen zwei motorischen (z. B. manuellen) Verrichtungen (Abb. 11.4).

2. Bei den erwähnten verbesserten Strategien der aktuellen Informationsaufnahme kann auch eine veränderte Arbeitsteilung zwischen den sogenannten äußeren und inneren Regulationsmechanismen (vgl. 9. Kapitel) vorliegen. Für Struktur und Ergebnis von

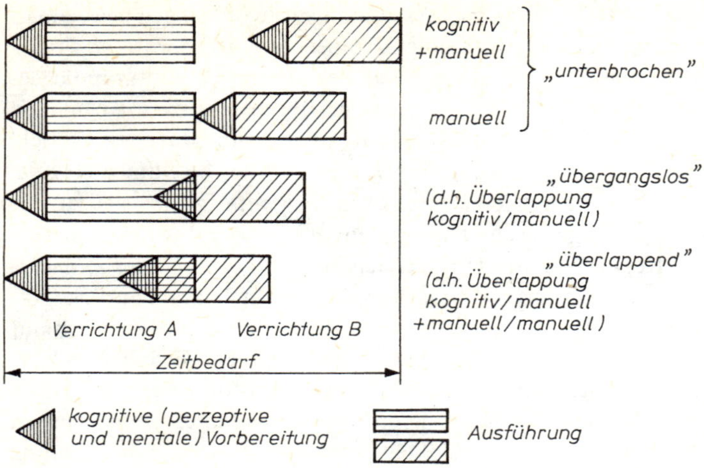

Abb. 11.3: Zur Differenzierung des arbeitswissenschaftlichen Überlappungsbegriffs durch Berücksichtigung psychischer Regulationsvorgänge: Übergangsformen beim Ausführen manueller Arbeitstätigkeiten (unter Verwendung von Angaben bei Stackelberg 1970).

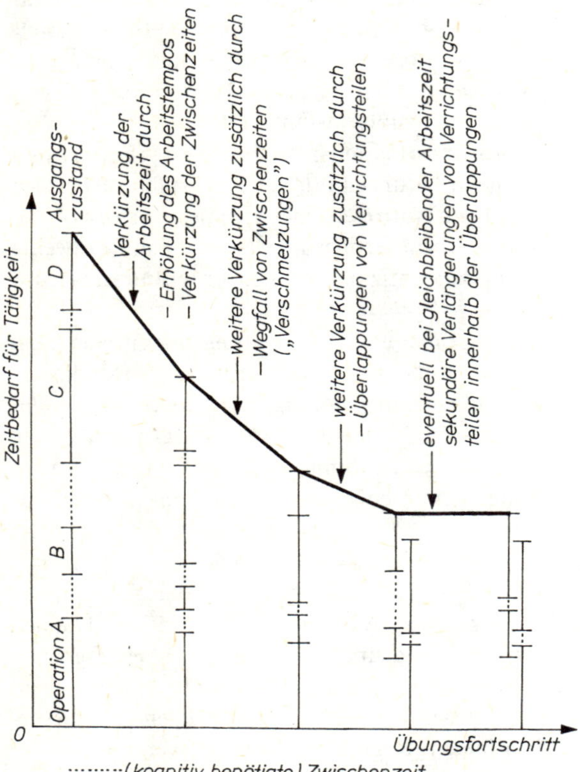

Abb. 11.4: Überlappung von (motorischen) Verrichtungsbestandteilen und Veränderung der Ausführungsstruktur (unter Verwendung von Befunden von Frey).

Tätigkeiten sind ausschlaggebend die erlernten Verknüpfungen zwischen den bewegungsregulierenden Afferenzen verschiedener Sinnesgebiete. Dabei bestehen erlernte, wechselnde Führungsverhältnisse zwischen Propriozeption und Telerezeptorik. Ein grundlegender psychomotorischer Lernprozeß ist die Entwicklung der propriozeptiven Regulation auf der Grundlage der telerezeptiven: Bei auf visueller Regulation aufbauenden Verrichtungen verlagert sich mit dem Übungsfortgang der Hauptanteil der beteiligten Regulationsmechanismen von den aktuellen telerezeptorischen weg, und zwar teils zu den aktuellen propriozeptiven, teils zu gespeicherten regulativ wirksamen Informationen.

Im zweiten Fall, bei der Regulation aus dem Gedächtnis, wird ein Teil der *aktuellen* Datenaufnahme und -verarbeitung erübrigt. Wir kommen in Punkt 3 darauf zurück.

Bei den Anteilsverringerungen der visuell vermittelten Regulation handelt es sich nur um Dominanzverlagerungen. Die visuell vermittelte Regulation bleibt beteiligt und liefert notwendigerweise auch bei automatisierten und vorwiegend propriozeptiv regulierten Verrichtungen noch Informationen über das geforderte Bewegungsergebnis, zumeist über die Lage im Raum, und behält auch die Möglichkeit, in jeder Phase der Verrichtung korrigierend einzugreifen. Diese Dominanzverschiebung ist eine Ursache der Tempobeschleunigung beim Erwerb von Fertigkeiten (vgl. die Laufzeiten für interne und externe Regulation, Tab. 9.4).

Die beteiligten Regulationssysteme stehen in Beziehung zur Bewußtseinsrepräsentanz. Während visuell vermittelte Regulationsvorgänge teilweise bewußtseinspflichtig, stets aber bewußtseinsfähig sind, gibt es bei den propriozeptiv vermittelten vorwiegend zwar bewußtseinsfähige, aber nicht bewußtseinspflichtige Vorgänge; viele propriozeptiv vermittelte Regulationsvorgänge sind sogar nicht bewußtseinsfähig.

3. Ein ausschlaggebender Teil der aktuellen Informationsaufnahme und -verarbeitung im Orientieren, Entwerfen und Entscheiden wird erübrigt durch das Abrufen gespeicherter Programme aus dem Langzeitgedächtnis beim Auftreten eines Signals, dem sie assoziativ zugeordnet sind (Poulton 1971). Mit dem Abruf fertiger Programme kann zeitweilig von der Regulation mittels Rückkoppelung zur antizipatorischen Programmsteuerung übergegangen werden.

Durch das Verschieben von aktuellen Aufnahme- und Verarbeitungsoperationen zum Programmabruf entfallen die bei der Aufnahme und Verarbeitung erforderlichen, meist bewußtseins*pflichtigen kurz*zeitigen Gedächtnisvorgänge zugunsten der *nicht*-bewußtseinspflichtigen *Lang*zeitgedächtnisinhalte. Es entstehen **(kognitive) Fertigkeiten**.

Wie die Dominanzverlagerung in den regulierenden Sinnesgebieten führt auch diese Dominanzverlagerung zwischen den beteiligten Gedächtnisphasen zum Abbau der Bewußtheit der Regulation.

4. Die Entwicklung von Fertigkeiten entlastet höhere Regulationsebenen. Dieser Sachverhalt kann als ein andere einschließendes Hauptkennzeichen der Strukturveränderungen bei Fertigkeitsentwicklung angesehen werden (Volpert 1971). Danach können im Sinne der heterarchischen Organisation übergeordnete Regulationsebenen zwar erforderlichenfalls steuernd und kontrollierend auf untergeordnete einwirken, diese besitzen jedoch eine relative Autonomie, welche einen selbständigen Vollzug ermöglicht (vgl. 4. Kapitel). Die übergeordneten Regulationssysteme werden bei der Fertigkeitsentwicklung also nicht ausgeschaltet, sie geben vielmehr weiterhin Initialimpulse und können bei Störungen eingreifen.

Phänomenal entspricht dem die als Automatisierung bezeichnete Ausführungsmöglichkeit ohne fortwährende bewußte Führung und Kontrolle der Ausführungsweise. Die Operationenfolge läuft nach dem bewußten Ausgangsimpuls, dem Entschluß, unter ungestörten Bedingungen gleichsam „von selbst" ab. Als bewußtes Regulativ verbleibt das Ziel der Tätigkeit.[4] Die Möglichkeit, die Ausführungsweisen bewußt zu machen, bleibt jedoch im Prinzip erhalten, wenngleich bei hochgradig geübten Vollzügen ein wirklich differenziertes Bewußtmachen auf große Schwierigkeiten stößt und die flüssige und sichere Verrichtungsausführung sogar beeinträchtigen kann. Auch die bewußte Kontrolle ist also nicht ausgeschaltet, sondern zeitweilig entlastet.

Die Abnahme des Grades der Bewußtheit der Ausführungsweise ist verknüpft mit einem objektiven **Einfacherwerden**, einer Anforderungsverringerung, bei den betroffenen Arbeitstätigkeiten (Annett und Kay 1956):

- Anstelle einer Serie von einzelnen Umgebungsreizen, welche zur Regulation einer Operationsfolge erfaßt und verarbeitet werden müssen, vermag der Anfangsreiz einer Serie einen Stereotyp auszulösen; regulativ wirksame Informationen können zu Komplexreizen verdichtet sein, denen erlebnisseitig die Vorstellung des Handlungsziels entspricht.
- Operationen, die ursprünglich für Hilfsfunktionen oder zur Unterscheidung sensorischer Regulationsgrundlagen erforderlich waren, fallen weg.
- Einzeloperationen verbinden sich zu verschiedenartigen Operationskomplexen (vgl. Überlappungen). Die sensorische Vereinfachung durch Selektion und Verdichtung in den regulativen Merkmalen und der motorische Zusammenschluß zu Verrichtungskomplexen bilden die in Abschnitt 9.4.3. behandelte Entwicklung sensumotorischer Einheiten als geschlossene Unterprogramme, die ihrerseits in übergeordnete Programme eingebaut werden.
- Die möglich werdende Vorwegnahme paßt künftige Verrichtungsetappen den Ausführungsbedingungen besser an; Abweichungen von den günstigsten Bahnen und Zeitverläufen werden verringert, wodurch sich die Regulationsanforderungen objektiv vereinfachen, der (Re-)Afferenzstrom wird redundant. Damit entsteht allerdings zugleich eine Quelle spezifischer Fehlertypen (Erwartungs- oder Einstellungs- und Voreilungsfehler; dazu im 10. Kapitel).

Anfangs ist die Zahl der verschiedenen Bewegungen auf Grund der geringen Übung groß. Viele verschiedene Reafferenzen entstehen. Erst allmählich werden sie gleichartiger (redundanter), ihr Informationsgehalt sinkt.

Diese objektive Vereinfachung der Regulationsanforderungen ist eine erste, informationelle Quelle der bei Lernvorgängen mit dem Effekt der psychischen Automatisierung feststellbaren **Entlastung**. Eine zweite, vorwiegend energetische Quelle behandelt Punkt 5 dieses Abschnitts.

Die Entlastung des Bewußtseins von der ständigen Führung und Kontrolle der Ausführungsweise von Tätigkeiten ermöglicht das Befassen mit noch bevorstehenden Aufgaben. Sie stellt mit anderen Worten eine Entlastung *für* ein antizipatives Regulieren dar. Damit werden die in Abb. 11.4 veranschaulichten Überlappungen zweier Verrichtungen möglich. Die vorwegnehmende Vorbereitung nachfolgender Verrichtungsteile

[4] Volpert (1969) kennzeichnet diese auf den Vollzug automatisierter Komponenten bezogene Kontrollfunktion des Ziels mit dem Begriff des Motorik-Superzeichens.

ist darüber hinaus die Hauptursache für die eindrucksmäßig imponierende „Flüssigkeit", „Geschmeidigkeit" und „Eleganz" hochgeübter Bewegungssequenzen.

5. Entlastung liegt bei automatisierten Verrichtungen noch in einer anderen Hinsicht vor. Im sensumotorischen Lernprozeß wird die Effektivität der Bewegungen durch Veränderungen im Verhältnis von Anspannung und Entspannung bei Agonisten und Antagonisten verbessert. Als Ausdruck dessen verändern sich die myoelektrischen Aktivitätsmuster.

Metz (1970, S. 84) stellte bei Untersuchungen an den oberen Extremitäten fest:

„1. Die bioelektrische Gesamtaktivität während der Agonisten- und Antagonistenphase desselben Muskels bei einer Folgefunktion sinkt mit steigendem Übungsfortschritt (vgl. Abb. 11.5).

2. Je weiter der Trainingsprozeß fortgeschritten ist, desto besser wird der Antagonist relaxiert (vgl. Abb. 11.6).

3. Je höher der erreichte Trainingsstatus ist, um so kürzere Zeit zeigt der Agonist ein hohes Aktivitätsniveau (vgl. Abb. 11.7).

Der Zusammenhang zwischen der Leistungsgüte und dem Ausprägungsgrad der drei Parameter ist statistisch signifikant. Die trainingsbedingten Veränderungen der Muskelaktivität sind unabhängig von der Bewegungsgeschwindigkeit und den passiven Außenkräften, die die Bewegung überwinden muß . . . Die Verminderung des Niveaus der myoelektrischen Aktivität läßt sich ausschließlich auf eine Reduktion

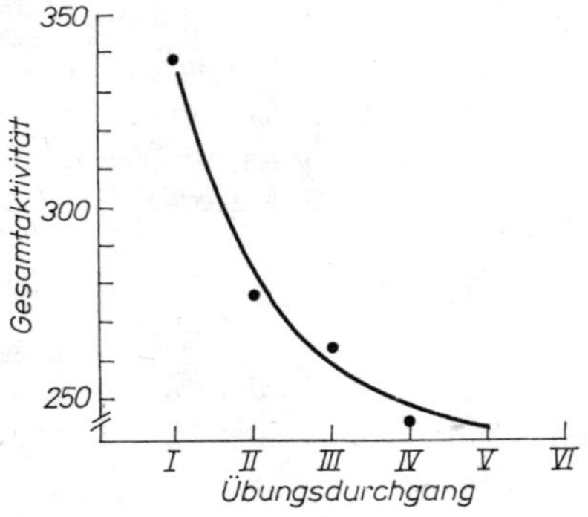

Abb. 11.5: Gesamtaktivität im Übungsprozeß (Metz 1970, S. 65).

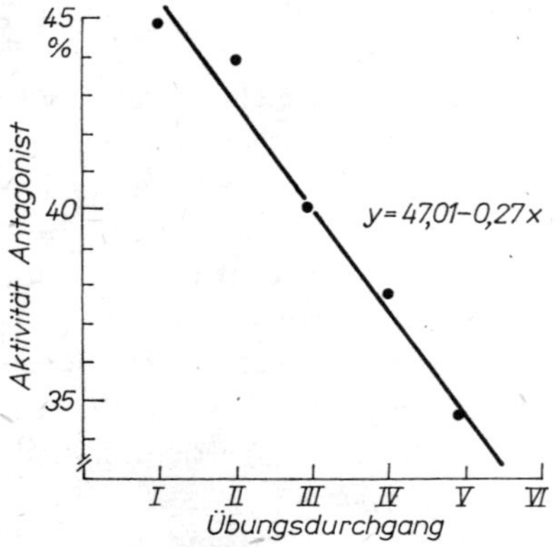

Abb. 11.6: Relatives Aktivitätsniveau des Antagonisten im Übungsprozeß (Metz 1970, S. 67).

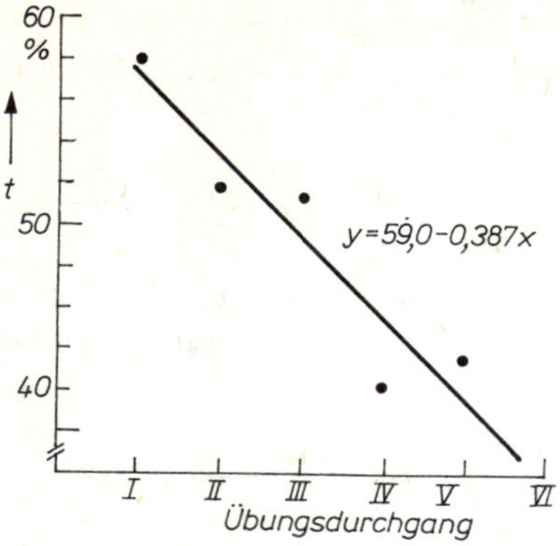

Abb. 11.7: Aktivitätsdauer im Übungsprozeß (Metz 1970, S. 67).

der Antagonistenaktivität zurückführen. Die lernabhängige Reduktion der Muskelaktivität entspricht einer Senkung des Energieaufwands und somit einer zunehmenden Ökonomie des Bewegungsablaufs."

Die Befunde machen verständlich, warum bei durch hohe Bewegungseinförmigkeit und -häufigkeit gefährdenden Tätigkeiten Überlastungsschäden der Extremitäten, wie Tendovaginitiden, Epikondylitiden oder Bursitiden (WHO-Klassifikation Nr. 731), signifikant gehäuft während der Anlernung auftreten können.

Die dargestellten strukturellen Kennzeichen automatisierter Arbeitstätigkeiten lassen erkennen, daß verschiedene Dimensionen zur Kennzeichnung der Automatisiertheit herangezogen werden müssen, und es wird deutlich, daß es unterschiedliche Grade der Automatisiertheit gibt.

Die unter dem Oberbegriff der Automatisierung zusammengefaßten Strukturveränderungen betreffen alle Seiten und Ebenen von Arbeitstätigkeiten:

- den Bereich der bewußtwerdenden Regulationskomponenten,
- die Anzahl, Art und Verflechtung der unmittelbar beobachtbaren motorischen Verrichtungskomponenten sowie
- die ihnen zugrunde liegenden, instrumentell erfaßbaren muskulären Aktivitätsmuster.

Die umfassenden Strukturveränderungen bedingen mehrere praxisrelevante Vorzüge der Fertigkeiten, die über die übungsbedingte Verringerung des Zeitaufwands, welche auf recht verschiedene Weise zustande kommen kann (vgl. Abb. 11.3 und 11.4), und die Verbesserung der Ausführungsgüte hinausgehen:

a) Sind Fertigkeiten ausgearbeitet, so können **verschiedene Vollzüge gleichzeitig** ausgeführt werden. Operationen, die ursprünglich optimale Erregungsbedingungen erforderten, können nunmehr durch teilweise gehemmte Hirnrindengebiete abgewickelt werden, was sich phänomenal darin ausdrückt, daß sie ohne ständige Aufmerksamkeitszuwendung realisiert werden können. Der Grundtypus dieser gleichzeitigen Abwicklung besteht in der kognitiven Vorbereitung nachfolgender Tätigkeitsabschnitte während der psychisch automatisierten sensumotorischen Ausführung eines vorangehenden. Umfassende kognitive Vorbereitung – z. B. Planung – von Tätigkeiten wird erst nach dem Ausarbeiten von Fertigkeiten möglich.

b) Die Stabilität der Ausführungsweise ist erhöht; zeitliche Schwankungen sind auf das erreichbare Minimum reduziert, die Zuverlässigkeit des Erreichens eines forderungsgerechten Produkts ist maximal.
c) Mit der Aufmerksamkeitsentlastung und der Erhöhung der Stabilität der Ausführungsweise kann bei bestimmten Arbeitstätigkeiten eine Erhöhung der Arbeitssicherheit verbunden sein. Das ist dann der Fall, wenn die Arbeitssicherheit gewährleistet werden muß auf dem Wege über zusätzliche Forderungen an die Aufmerksamkeit des Werktätigen, welche jedoch erst durch die psychische Automatisierung von Abschnitten der Arbeitstätigkeit für diese Zusatzaufgabe frei wird.
d) Mit der psychischen Automatisierung ist eine aus den benannten unterschiedlichen Quellen gespeiste Beanspruchungsverringerung verknüpft, welche der Qualifizierung mit dem Ziele des Fertigkeitserwerbs eine wesentliche Rolle im Rahmen des Gesundheitsschutzes und darüber hinaus in der persönlichkeitsfördernden Gestaltung des Arbeitsprozesses zuweist.

Mit den durch psychische Automatisierung erzielbaren umfassenden Veränderungen in der psychischen Struktur von Arbeitstätigkeiten ist jedoch auch ein potentieller **Nachteil** gegeben. Dieser mögliche Nachteil wurzelt in den gleichen Wesenseigenschaften, welche die Vorzüge automatisierter Ausführungsweisen bedingen: Mit der abnehmenden Bewußtheit und mit der Stabilisierung der Ausführungsweise kann nicht nur vorteilhafte Anpassung, sondern zugleich problematische Verfestigung einhergehen. Fertigkeiten stellen Anpassungseffekte dar, welche die potentielle Anpassung (die Anpassungsfähigkeit) beeinträchtigen. Obgleich man als Vorteil der Verfestigung die Herabsetzung der Anfälligkeit für Störreize anführen könnte, so überwiegen ihre möglichen Nachteile eindeutig:

- Die Verfestigung in einer routinemäßig gleichbleibenden Ausführungsweise wird nachteilig, wenn die Umstände einen Wechsel erfordern. Ein besonderer Typus von Fehlhandlungen kann aus dieser verfestigten Ausführungsweise resultieren (vgl. 10. Kapitel).
- Die Verfestigung erschwert häufig auch unter gleichbleibenden äußeren Bedingungen die weitere Vervollkommnung der Leistung, weil entstandende Stereotype relativ schwer umbildbar sind. Dieser Sachverhalt ist aus der übungspsychologischen Literatur unter dem Begriff der Plateaubildung bekannt. Unter einem Plateau ist zu verstehen die Verfestigung der Ausführungsweise einer Tätigkeit bei einem noch unzureichenden Leistungsniveau trotz weiteren Übens. Ob derartige Plateaus im Übungsprozeß entstehen, ist abhängig von der Art der Organisation des Übungsvorgangs. Plateaus entstehen also nicht unausweichlich und sind im Falle ihrer Entstehung überwindbar.
- Die Verfestigung erschwert das Bewußtmachen, Verbalisieren und das verdeutlichende Demonstrieren der Ausführungsweise betroffener Arbeitstätigkeiten.

Hierin besteht eine Ursache der Schwierigkeiten, welche beim Lehren von Arbeitstätigkeiten durch erfahrene Praktiker entstehen. Für sie sind komplexe Tätigkeiten so hochgradig miteinander verschmolzen und vereinfacht, daß eine Wiedergabe der ursprünglichen, beim Lernen zu durchlaufenden Vielfalt der Vollzugsbestandteile erschwert ist. Daher wird von ihnen viel vorgemacht, aber wenig erklärt und verdeutlichend (zerlegend, akzentuierend, verlangsamend) demonstriert.

Durch zweckmäßiges Anlernen, nämlich systematische Variation der Ausführungsbedingungen in der Phase der Festigung, und durch die sprachliche (s. 7.2.) und intellektuelle (8. Kapitel) Durchdringung der Verrichtung kann eine nachteilige Verfestigung zugunsten der erforderlichen Disponibilität vermieden werden. Insbesondere die Verbalisierung, die Verknüpfung der Verrichtung mit der beweglichsten Signalart – mit dem Wort –, ist geeignet, die Verfestigung zu vermeiden bzw. zu überwinden. Die bewußte, durch die sprachgestützte Selbstinstruktion vermittelte Einsetzbarkeit von automatisierten Ausführungstechniken kennzeichnet die wirkliche **Beherrschung** als höchste Qualifikationsstufe beim Erlernen von Arbeitstätigkeiten.

11.3.3. Anforderungsbewältigung durch begriffliche Fassung (Verbalisierung)

Die kognitive und regulative Funktion der Sprechtätigkeit auch in vorwiegend körperlichen Arbeitstätigkeiten wurde im 7. Kapitel dargestellt. Hier verbleibt die Frage, ob – und gegebenenfalls in welcher Hinsicht – durch Verbalisierung die Regulation von Arbeitstätigkeiten verändert werden kann.

Veränderungen in den psychischen und in den Ausführungsstrukturen von Arbeitstätigkeiten sind sowohl möglich durch

- lernbedingten **Abbau** der sprechmotorischen Komponenten wie
- gleichfalls lerngebundenen **Aufbau** sprechmotorischer Komponenten von Arbeitstätigkeiten.

Beide Vorgänge können leistungsverbessernd wirken. Daß entgegengesetzt gerichtete Vorgänge gleichartige Wirkungen aufweisen können, erklärt sich aus ihren unterschiedlichen Ansatzpunkten:

a) Der **Abbau der beteiligten Sprechmotorik** wirkt leistungsfördernd beim Erlernen sprachlicher Tätigkeiten bzw. der Verarbeitung symbolischer Information (Lesen, Schreiben, Schreibmaschine schreiben, Eingeben in Datenerfassungsgeräte, Rechnen). Die vollentfaltete Sprechmotorik – als lautes oder inneres Sprechen – ist in diesem **primären** Lernprozeß ein Zeichen unzureichender Automatisierung. Es fehlen die oben behandelten Vorzüge einer psychisch automatisierten Ausführungsweise. Das äußere oder innere Mitsprechen verlangsamt nicht nur den jeweiligen Prozeß, sondern verhindert zugleich die Abwendung der Aufmerksamkeit auf andere Tätigkeitskomponenten (z. B. den Inhalt des Schriftsatzes oder den Sinn des nachzuschreibenden Textes). Dementsprechend ist die Beteiligung der Sprechmotorik um so höher, je niedriger das Ausbildungsniveau in den elementaren Kulturtechniken wie Lesen, Schreiben und Rechnen ist (Nowikowa 1957, Anderson 1982).[5] Die Alltagsbeobachtung lehrt bereits, daß Schulan-

[5] Einschlägige Befunde aus dem Vergleich von Kindern und Erwachsenen (Bem 1967) und Befunde von Merz (1969) bei komplexen Rechenaufgaben von Typus KLT besagen, daß das Sprechen und Hören der eigenen Sprache hierbei auch bei Geübten die Leistung *verbessert*. Dieses Ergebnis widerspricht unserer Aussage nicht, weil die Leistungsverbesserung dabei zurückgeht auf die Verbesserung des *Behaltens der* Zwischenresultate, nicht auf eine Verbesserung der Operationen selbst.

fänger zunächst nur laut lesen und mitsprechend schreiben können. Die Verkürzung der Sprechmotorik beim Schulkind ist leicht verfolgbar.

Mit dem Abbau der Sprechmotorik beim Erlernen sprachlicher Tätigkeiten verändert sich deren Struktur nach alledem im Sinne der bereits behandelten leistungsfördernden psychischen Automatisierung sprachlicher Tätigkeiten.[6]

b) Andere Verhältnisse liegen beim lernabhängigen **Einbau der Sprechmotorik in nichtsprachliche Tätigkeiten** vor **(Verbalisierung).**

> Unter Verbalisierung wird das **innere oder laute In-Worte-Fassen und damit begriffliche Fixieren** von zuvor vom Arbeitenden nichtsprachlich erfaßten **Bedingungen oder Bestandteilen von Arbeitstätigkeiten** verstanden (Tomaszewski 1961).

Auch hierbei modifizieren sich die psychische und Ausführungsstruktur der betroffenen Arbeitstätigkeiten. Dieser Verbalisierung als Aufbau der Sprechmotorik liegen jedoch andere Vorgänge zugrunde; sie ist lernbedingte Verknüpfung sprachlicher Vorgänge mit ursprünglich außersprachlichen, mit der Verarbeitung nichtsymbolischer Information. Veränderungen in der psychischen Struktur von Arbeitstätigkeiten treten durch das sprachliche Fassen ursprünglich nichtsprachlich gefaßter (nicht benannter) Sachverhalte in dem Maße auf, in welchem eine Benennung erfolgen kann.

Die durch diese Verbalisierung bewirkten Strukturveränderungen sind in wesentlichen Hinsichten den durch die psychische Automatisierung hervorgerufenen entgegengesetzt. Damit sind sie geeignet, möglichen Nachteilen der psychischen Automatisierung (s. dazu 11.3.2.) entgegenzuwirken. Während die Automatisierung die psychische Struktur von Arbeitstätigkeiten bei einer „Verarmung" des Bewußtseins vereinfacht, wird durch Verbalisierung tieferes Verstehen, also **Bereicherung** des Bewußtseins erreicht (Tomaszewski 1961).

Da die im 7. Kapitel dargestellten kognitiven und regulativen Funktionen der Sprechtätigkeit die Dimensionen kennzeichnen, in denen Verbalisierung im einzelnen struktur- bzw. regulationsmodifzierend wirken kann, genügt hier zusammenfassend die Benennung wichtiger **Veränderungsrichtungen**:

1. Mit Hilfe der Verbalisierung wird die **Bewußtheit** von Bestandteilen der Arbeitstätigkeit – und damit die psychische Struktur dieser Tätigkeit – verändert. Dabei können sowohl nicht bewußt kontrollierte Verrichtungsabschnitte unter bewußte Kontrolle genommen werden, wie randbewußt ausgeführte eine intensivere Zuwendung erfahren. Kritische Reflexion der Ausführungsweise wird im objektivierenden Medium der Sprache möglich.

Bei nicht sprachlich formulierten Problemlösungsaufgaben vom Typus des Figur-Reasoning ergeben sich beim Verbalisieren signifikante Leistungssteigerungen. Demgegenüber fanden sich Hinweise, daß bei sprachlichen Aufgabenreihen die Verbalisierung im Fall mittlerer Schwierigkeiten keine Leistungssteigerung bewirkt. Diese Befunde bestätigen die unterschiedliche Wirkung sprechmotorischer Aktivität bei sprachlichen und nichtsprachlichen Aufgaben (Issing 1962, Hofgen 1967, zit. nach Merz 1969).

[6] Diese Feststellungen stehen nicht im Widerspruch dazu, daß bei erheblichen Schwierigkeiten bei sprachlichen Leistungen die Beteiligung der Sprechmotorik wieder ansteigt und dabei fördernd auf die Leistung wirkt. Es handelt sich dabei um den für Fertigkeiten festgestellten Vorgang der zeitweiligen Wiederunterstellung unter die bewußte Kontrolle (vgl. 9.4.4.).

2. Durch begriffliches Wahrnehmen wird die **Orientierung** vertieft und erweitert; regulativ wirksame Merkmale werden genauer und rascher ausgesondert und fixiert. Wissen wird in rationeller Weise zugänglich. Diesen erweiterten Regulationsgrundlagen entsprechen veränderte Ausführungsstrukturen.
3. Durch die Koppelung an das Wort gewinnen Arbeitstätigkeiten und ihre Abschnitte **Flexibilität**. Die an Selbstinstruktion gebundene Beherrschung im Sinne der Ausführung unter wechselnden Bedingungen und Abfolgeeinordnungen löst das starre, stereotypisierte Können ab. Strukturveränderungen werden erleichtert. Die Verbalisierung besitzt hohe praktische Bedeutung für Umlernvorgänge und Anlernprozesse.
4. Die **synthetisierende** (superzeichenbildende) Funktion der Sprache faßt mehrere Operationen und Folgen von Reizen zu größeren Struktureinheiten zusammen.
5. Die Sprachtätigkeit steigert die Möglichkeiten **antizipierender** Situationsanalyse und darauf aufbauend des Entwurfs umfassender vorausgreifender Aktionsprogramme. Als Grundlage intellektueller Vorgänge vermittelt sie die Möglichkeit des Planens.

c) Trotz dieser vielgestaltigen Richtungen, in denen das sprachliche Erfassen zuvor vom einzelnen Arbeitenden nicht verbalisierter Sachverhalte die Struktur von Arbeitstätigkeiten verändert, könnte die **Praxiswirksamkeit** derartiger Strukturveränderungen fraglich erscheinen. Dieser Eindruck wäre falsch. Die möglichen Verbesserungen der Ausführungsweise und die daraus resultierenden unmittelbaren und mittelbaren Produktivitätssteigerungen rechtfertigen den für die Verbalisierung zu betreibenden Aufwand.

Als Beleg und zugleich als Beispiel des praktischen Vorgehens diene eine von Elßner (1970) geleitete Entwicklung eines neuartigen Anlernverfahrens, welches das Einbeziehen von Sprechimpulsen in die Regulation einer manuellen Arbeitstätigkeit zum Inhalt hat. Das Anliegen ist die Beseitigung eines Schwerpunkts an arbeitsbedingten Überlastungsschäden der oberen Extremitäten bei Lehrlingen und Jungfacharbeitern mit Hilfe der Entwicklung einer Lehrmethode für effektivere und zugleich erkrankungsvorbeugende Arbeitsweisen. Führendes Kennzeichen dieser Methode ist die Nutzung sprechmotorischer Impulse und deren allmähliche Interiorisierung im Sinne der theoretischen Konzeption Galperins (1966).

Auf der Basis psychologischer und medizinischer Arbeitsstudien wurde zunächst die optimale Form der Gesamttätigkeit ermittelt und in lehrbare Einheiten zergliedert, denen sodann Sprechimpulse zugeordnet wurden. Diese Sprechimpulse entwickelte Elßner für Anfänger, Fortgeschrittene und Könner in unterschiedlicher Detailliertheit. Zugleich wurde in Abhängigkeit vom Können die Verwendungsweise variiert, nämlich vom lauten, ausführlichen Vor-sich-hin-Sprechen bis zum stark gekürzten, fast unterschwelligen innerlichen Mitsprechen. Schließlich entwarfen die Untersucher als Lehrmaterialien zur Entwicklung der Orientierungsgrundlagen Filme, Bilderreihen und Arbeitsbögen mit den Tätigkeitseinheiten und den zugeordneten Sprechimpulsen.

In der eigentlichen Unterrichtung wurde sowohl theoretisch – im Sinne der Entwicklung und Festigung der Orientierungsgrundlage – wie praktisch der sprechmotorisch abgestützte und fixierte Optimalvollzug erarbeitet. Ohne diese sprechmotorische Fixierung mit dem Effekt des bewußten Erfassens und Einordnens des durch minutiöse Feinheiten ausgezeichneten Optimalvollzugs wäre – wie fehlgeschlagene frühere Versuche beweisen – das ökonomische und stabile Erarbeiten des Optimalvollzugs durch alle Lehrlinge nicht möglich geworden.

Das Hauptergebnis ist neben der Verallgemeinerung der effektiven Ausbildungsmethode ein erheblicher, signifikanter Rückgang der Überlastungsschäden auf 24% des als 100 gesetzten Ausgangsstands (wobei daran noch andere Maßnahmen in vermutlich geringerem Umfange beteiligt sind).

Weitere Belege für die Effektivität sprachgestützten mentalen Trainings gaben wir in Abschnitt 9.5.

Die Verallgemeinerung dieser theoretisch wohlbegründeten Ausbildungsmethodik unter Nutzung der Sprechmotorik kann beträchtlichen ökonomischen Gewinn erschließen.

11.3.4. Anforderungsbewältigung durch intellektuelle Durchdringung: Die Einheit von Arbeiten, Lernen und Forschen

Die umfassendsten und wirkungsvollsten Veränderungen der Struktur von Arbeitstätigkeiten werden durch intellektuelles Analysieren und Entwerfen (darunter Planen) erzielt. Strategien und Arbeitsweisen sind das Ergebnis intellektuell vermittelter Aufgabenbewältigung hochgradig strukturbeeinflussender Art.

Umfassende Veränderungen werden einerseits dadurch möglich, daß intellektuelle Vorgänge auch auf hierarchisch untergeordnete Regulationsebenen *ausstrahlen*. Auf diese Weise sind ebenso ganze Handlungsfolgen abhängige Komponenten intellektueller Vorgänge und Ergebnisse (z. B. Pläne), wie auch sensumotorische Komponenten einzelner Handlungen von intellektuell vermittelter Situationseinsicht oder einzelnen intellektuellen Operationen (z. B. Transformationsoperationen) modifiziert werden. Andererseits ist die umfassende Auswirkung intellektuell vermittelter Aufgabenbewältigung dadurch bedingt, daß intellektuelle Durchdringung *alle* Seiten der Tätigkeit betrifft (vgl. 8.1.2.) und die aktuell intellektuell abgeleiteten Bewältigungstechniken zur Verallgemeinerung und Speicherung besonders geeignet sind.

Die unübertroffene **Effektivität** intellektueller Anforderungsbewältigung hängt mit den im 4. und 8. Kapitel erörterten Vorzügen des Operierens im Abbildbereich, den dafür erhöhten Freiheitsgraden einschließlich der weitreichenden zeitlichen Vorgriffsmöglichkeit des Denkens zusammen.

Die Modifikationen von Arbeitstätigkeiten bei intellektueller Durchdringung sind gekennzeichnet durch eine **Verlagerung** des bedeutungsmäßigen und zeitlichen Gewichts von den ausführenden auf die **vorbereitenden Tätigkeitsabschnitte**. Diese Verlagerung bezieht sich nicht nur auf die regulativen, sondern auch auf unmittelbar im praktischen Vollzug sichtbare Komponenten.

In Arbeitsstudien wurde wiederholt nachgewiesen, daß im Ausmaße umfassenderer intellektueller Durchdringung bei Bedientätigkeiten die Häufigkeit und die Dauer wichtiger manueller Verrichtungen abnimmt, obgleich – oder besser gerade weil – die Leistung steigt. Wir hatten das Beispiel der leistungsstarken Weber zitiert, die auf Grund zweckmäßiger Vorbeugungsmaßnahmen weniger Stillstände zu beheben haben (weniger reaktiv manuell tätig sind) als die leistungsschwachen. In einer Untersuchung von Schärerinnen konnten wir einen gleichartigen Zusammenhang nachweisen (Abb. 11.8.).

Beide Teilkollektive benötigen für die Behebung der langdauernden Stillstände gleichermaßen etwa den doppelten Zeitaufwand der kurzdauernden. Bei leistungsstarken Schärerinnen treten jedoch signifikant *weniger* langdauernde Stillstände auf als bei leistungsschwachen, und sie sind daher einen wesentlich kleineren Teil der Arbeitszeit mit Stillstandsbeseitigung befaßt als letztere.

Letztlich liegt ein Wechselwirkungszusammenhang vor: Durch prophylaktische Tätigkeiten ergeben sich weniger Stillstände; ein geringerer Zeitanteil für die Stillstandsbehebung ermöglicht mehr prophylaktische Tätigkeiten.

Die bei der intellektuellen Aufgabenbewältigung zeitlich wie bedeutungsmäßig leistungsbestimmenden gedanklichen Operationen beziehen sich auf

- Organisation und Planung,
- Vorbereitung,
- Überwachung und Vorbeugung (Stillstands-, Fehlerverhütung).

Diese intellektuellen Operationen bauen auf differenziertem Wissen auf (vgl. Wissen um Auftretenshäufigkeit von Stillständen sowie Wissen um Behebungsdauer), das mit informativeren Signalen handlungswirksam verknüpft ist (vgl. individuelle Signalinventare, 6. Kapitel).

Ein Beispiel zur Wirkung adäquaten Wissens um die Behebungsdauer von Stillständen liefert Tab. 11.3.

Im Fall der Behebungsdauer ermöglicht ein präziseres Wissen um den zeitlichen Aufwand für das Beheben unterschiedlicher Stillstandsarten ein zweckmäßigeres Rangieren der Behebungsreihenfolge (rasch zu behebende Stillstandsursachen werden vor langwierigen erledigt) bei gleichzeitigem Stillstand mehrerer Webstühle und damit eine beträchtliche Senkung der unproduktiven Stillstandszeit. Das Beispiel läßt zugleich erkennen, daß derartiges Wissen vielfach selbst das Ergebnis intellektueller Analyse ist.

Tab. 11.3: Gegenüberstellung der tatsächlichen (objektiven) und der erwarteten (subjektiven) Behebungsdauer bei 8 Stillstandsursachen für leistungsstarke und leistungsschwache Schärerinnen (n = je 5) (Bereits der Augenschein läßt bei der leistungsstarken Gruppe die stärkere Übereinstimmung an der Konzentration auf die Hauptdiagonale erkennen.) Rp Rangplatz

Objektiv	Subjektiv								Σ|diff.|
	1	2	3	4	5	6	7	8	
Rp 1	5								0
2		4	1						1
3		2	2	1					3
4			1	3	1				2
5				1	4				1
6						3	2		2
7						2	3		2
8								5	0
	ΣΣ|diff.|								11

leistungsstarke Gruppe

Objektiv	Subjektiv								Σ|diff.|
	1	2	3	4	5	6	7	8	
Rp 1	3		1	1					5
2	1	4							1
3	1	1	1	1	1				6
4			2	2	1				3
5			1	1	2	1			4
6						1	3	1	5
7						3	2		3
8					1			4	3
	ΣΣ|diff.|								30

leistungsschwache Gruppe

Es gilt: ΣΣ|diff.| leistungsstark < ΣΣ|diff.| leistungsschwach

Werktätige, die mittels intellektueller Analyse den Arbeitsablauf bewußt gestalten, verfügen als Voraussetzung über ein differenzierteres Wissen (operatives Abbildsystem) um operativ bedeutsame Eigenschaften des Produktionsprozesses als andere.

Damit resultiert insgesamt sowohl eine qualitativ wie quantitativ andersartige psychische wie Ausführungsstruktur der intellektuell durchdrungenen Arbeitstätigkeiten (vgl. Tab. 8.6, S. 327). Das leistungsbestimmende höhere Niveau kognitiver und regulativer Vorgänge beweist sich in höherer Effektivität der Leistung, also erhöhter Leistung unter belastungsgünstigeren Arbeitsweisen.

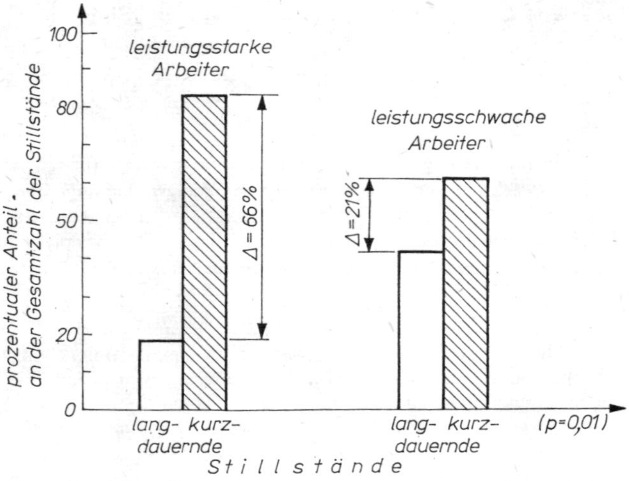

Abb. 11.8: Anteil von Stillständen, die eine lange versus kurze Behebungsdauer bei leistungsstarken und bei leistungsschwachen Schärerinnen erfordern.

Abb. 11.9 zeigt am Beispiel einer anderen Schärtätigkeit die Ausführungsstruktur zweier Schärerinnen mit unterschiedlicher intellektueller Durchdringung der Arbeitstätigkeit.

Der allgemeine und stabile Übergang zur intellektuell vermittelten Anforderungsbewältigung führt letztlich zur Modifikation des **habituellen Arbeitsstils** und darüber hinausgehend komplexer Einstellungen gegenüber Aufgaben (vgl. die im 8. Kapitel dargestellten Befunde von Goldstein und Scheerer 1941), die schließlich Komponenten eines Lebensstils zu charakterisieren vermögen. Im Zusammenhang mit einer tragfähigen, gesellschaftlich akzentuierten Motivierung kennzeichnet ein auf intellektueller, schöpferischer Durchdringung aufbauender Arbeitsstil die leistungsbesten Arbeitskräfte. An ihrer Arbeitsweise wird erkennbar, welche Bedeutung unter sozialistischen Produktionsverhältnissen „die geistige Tätigkeit für die körperliche Tätigkeit des Arbeiters hat". „Die Rekorde Stachanows und der Stachanow-Arbeiter sind das Ergebnis der Verbindung von körperlicher und geistiger Arbeit während des Arbeitsprozesses, die diesen rationalisiert" (Rubinstein 1958, S. 707). Tiefgründige Analyse von Arbeitsaufgabe,

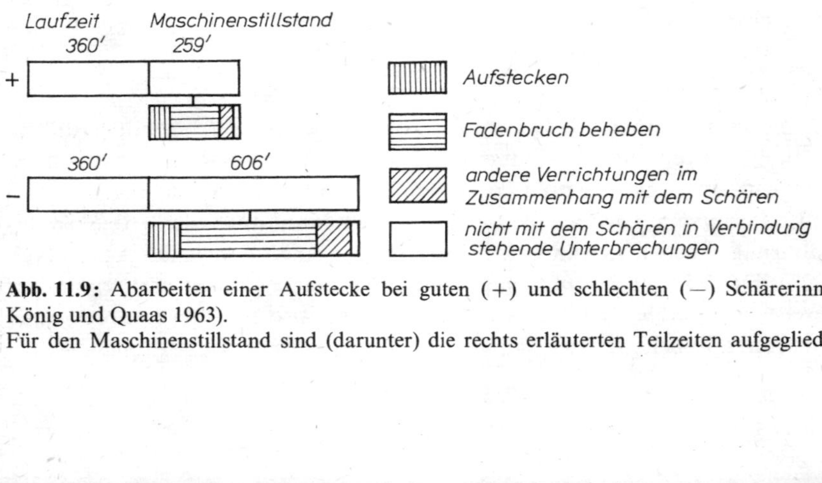

Abb. 11.9: Abarbeiten einer Aufstecke bei guten (+) und schlechten (–) Schärerinnen (Greupner, König und Quaas 1963).
Für den Maschinenstillstand sind (darunter) die rechts erläuterten Teilzeiten aufgegliedert angegeben.

Arbeitsgegenstand und Arbeitsmitteln und sachgerechte Mittel-Weg-Festlegung wird zum ausführungsregulatorischen Kennzeichen des Arbeitsstils und wandelt die Struktur der gesamten Arbeitstätigkeit der Arbeitskräfte mit Spitzenleistungen. Das Arbeiten erhält Merkmale des Forschens.

Ein derartiger Arbeitsstil setzt hohe Qualifikation voraus und fördert umgekehrt zugleich ihre Entstehung im Arbeitsprozeß selbst. Er ist eine Ausdrucksform der Entfaltung der Persönlichkeit durch die Arbeit und in ihr. Da die Arbeitstätigkeit die Hauptlebenstätigkeit des gesunden Erwachsenen ist und enge Beziehungen zwischen Arbeit und Freizeit bestehen, steht die Entwicklung eines Arbeitsstils in untrennbarem Zusammenhang mit dem Lebensstil einer Persönlichkeit (s. 12. Kapitel).

Diese intellektuell vermittelte Anforderungsbewältigung ist nichts schicksalhaft Gegebenes oder Fehlendes, das vielleicht nur von Werktätigen mit ausgeprägter formaler Leistungsmotivation (Heckhausen 1980a), hoher technisch-konstruktiver Intelligenz (z. B. im Sinne des mechanisch-technischen Verständnistests von Lienert 1958) und geeignetem kognitivem Stil (etwa ausreichender Feldunabhängigkeit im Sinne des Subtests 10 des LPS von Horn 1962) erfüllt werden kann. Damit bliebe das Anliegen auf die Auswahl Weniger für Tätigkeiten mit intellektuellen Entfaltungsmöglichkeiten beschränkt. Persönlichkeitsfördernde Arbeitsgestaltung hat ein umfassenderes anderes Anliegen. Sie will generell durch Arbeitsgestaltungsmaßnahmen erweiterte Möglichkeiten zur intellektuellen Auseinandersetzung im Arbeitsprozeß schaffen. Sie unterstellt, daß ebenso wie anspruchslose Aufgaben zu dequalifizieren vermögen (Schleicher 1973), intellektuell anspruchsvolle zur Erhaltung und Förderung auch von intellektuellen Fähigkeiten aller Werktätigen beitragen können. In diesem Zusammenhang gewinnen denkpsychologische Ergebnisse praktische Bedeutung, welche allgemeinpsychologische Möglichkeiten des Beeinflussens von Problemlösungs- und Strategiebildungsvorgängen aufdecken (Simon 1975, Sydow 1975, Krause 1982):

Ausreichende Freiheitsgrade sichern noch keine intellektuelle Auseinandersetzung. Die Freiheitsgrade und die bei ihrer Nutzung entstehenden Probleme müssen erkannt werden. Hierfür ist wichtig, daß verschiedene **Darstellungen** des gleichen Problems die Problemerkenntnis unterschiedlich erleichtern und zu ungleich schwierigen **Problemtypen** führen. Problembeschreibungen können beispielsweise verbal, bildlich-schematisch oder mengentheoretisch erfolgen. Problemtypen sind z. B. Klassifizierungs- oder Transformationsprobleme. Bei verschiedenen Problemtypen werden verschiedene Gedächtnisinhalte aktiviert und daher unterschiedlich nützliche Teilziele auf dem Weg zur Lösung gebildet. Wahrscheinlich gibt es keine generell zweckmäßigste Problembeschreibung, sondern diese hängt von den gedächtnisfixierten semantischen Relationen ab. Während beispielsweise Mathematiker ein ökonomisches Problem rascher als mathematische Aufgabe lösen, ist bei Ökonomen die verbale Darstellung vorteilhafter.

Weiter können verschiedene Problemtypen auch bei einfachen Problemräumen mit unterschiedlichen **Strategien** bearbeitet werden. Diese Strategien wiederum können sich im resultierenden **Ergebnis** und in der **Beanspruchung** unterscheiden, die als Bekräftigung und Anreiz zu weiterer intellektueller Auseinandersetzung mit der Arbeitsaufgabe zurückwirken. Diese **Wirkungskette Problemdarstellung → Problemtyp → Strategie der Problemlösung → Ergebnis und Beanspruchung** gehört zu den allgemeinpsychologischen Grundlagen persönlichkeitsfördernder, hier speziell intellektuell fördernder und damit auch motivierender Arbeitsgestaltung.

11.4. Längerfristige Veränderungen der Regulation: Veränderung in habituellen Leistungsvoraussetzungen

11.4.1. Arbeitsprozeß als Lernprozeß

Wir sahen: Arbeit schafft nicht nur gegenständliche Resultate, sondern führt stets zur Selbstveränderung des arbeitenden Menschen. „Sie hat den Menschen selbst geschaffen" (Engels 1962, S. 444). Der wesentlichste Anteil dieser Selbstveränderung entstammt dem Lernen.

Lernen tritt im Arbeitsprozeß in vielfältigen Formen auf, keineswegs nur als abgegrenzte Lerntätigkeit in der Berufsausbildung, in Weiterbildungsveranstaltungen oder eigenständigen Übungen, die zielgerichtet und absichtsvoll zur Erweiterung der Leistungsvoraussetzungen durchgeführt werden. Vielmehr ist das beiläufige, nicht beabsichtigte Lernen die Hauptform. Beide Lernarten betreffen alle Bereiche der Leistungsvoraussetzungen und damit der Persönlichkeit.

Des weiteren muß der allgemeinpsychologische Lernbegriff erweitert werden, um Lernen im Arbeitsprozeß umfassend kennzeichnen zu können. Lernen als durch informationsverarbeitende Vorgänge vermittelter Aufbau von künftig verhaltensregulierendem Gedächtnisbesitz, der eine zweckmäßigere Auseinandersetzung mit Anforderungen ermöglicht, erfaßt nur das Hinzulernen. Lernen im Arbeitsprozeß kann gekennzeichnet werden

a) als **Hinzulernen** oder Lernen im engeren Sinne, d. h. als Erweitern, Differenzieren und Organisieren von Leistungsvoraussetzungen,
b) als Lernaktivität, die Gedächtnisbesitz in einer potentiell verhaltensregulierenden Form gegen Verlernen (Vergessen) bei fehlender Nutzung und Alternsvorgängen erhält (**Erhaltungslernen**).

Damit wird nicht kurzerhand das Anwenden erlernter Leistungsvoraussetzungen als Lernen bezeichnet. Erhaltungslernen bezeichnet Lernvorgänge zum Wiederaufbau und zur Festigung tätigkeitsregulierenden Gedächtnisbesitzes, der zu selten benutzt wird, um allein durch das Anwenden voll regulationstüchtig zu bleiben. Darüber hinaus gehört zum Erhaltungslernen auch das Lernen als Umorganisieren von Leistungsvoraussetzungen, das Leistungseinschränkungen durch altersabhängigen Funktionswandel entgegenwirkt.

c) als **Verlernen** als passivem Prozeß, wenn nicht des Abbaus von Gedächtnisbesitz, so doch der abnehmenden Verfügbarkeit für die Tätigkeitsregulation bei fehlender Nutzung – sowie als aktivem Prozeß der Hemmung oder Interferenz durch das Neuerwerben widersprechender Gedächtnisinhalte.

Das „Erhaltungslernen" und das „Verlernen" sind aus der Sicht der gedächtnispsychologischen Grundlagenforschung problematische, hypothetische Vorgänge. Es ist umstritten, ob und gegebenenfalls wie Langzeitgedächtnisinhalte verlorengehen können. Nähere Darstellungen dazu bei Bredenkamp und Wippig (1977) sowie Hofmann (1983). Indessen werden in der Praxis jährlich Millionen für Lernaktivitäten ausgegeben, die Leistungsvoraussetzungen erhalten sollen (man denke an das Antihavarietraining), und der Verlust von Qualifikationen (Dequalifizierung) bei Nichtnutzung gilt vielenorts als eine Tatsache.

Lernvorgänge im Arbeitsprozeß sind zu kennzeichnen nach

a) der **Art** der angezielten Leistungsvoraussetzungen einschließlich solcher, die zur Selbstorganisation der Tätigkeiten befähigen und damit nach ihrem Wert für die Persönlichkeitsentwicklung,
b) der **Breite** der Einsetzbarkeit der betroffenen Leistungsvoraussetzungen und damit der Übertragbarkeit auf andere Arbeits- sowie Freizeitaktivitäten,
c) der **Bewußtheit** und Gezieltheit der Lernvorgänge sowie des Einsatzes der erworbenen Leistungsvoraussetzungen (Frei 1980).

11.4.2. Lernpotentiale von Arbeitsprozessen

Das Verhältnis zwischen realisiertem Hinzulernen, Erhaltungslernen und Verlernen hängt von den Lernanforderungen ab, welche die Arbeitsprozesse enthalten. Die Gesamtheit der objektiven Lernanforderungen sei als das Lernpotential eines Arbeitsprozesses bezeichnet.

Lernpotentiale als Aufforderungen zum Hinzulernen werden durch vollzogene Lernprozesse aufgehoben. Bei seltener Anwendungsmöglichkeit können höchstens Lernpotentiale als Aufforderungen für das Erhaltungslernen bestehen bleiben. Lernpotentiale sind also nichts Statisches, sondern ein sich ständig verändernder Vorgang.

Das Lernpotential kann vereinfachend erfaßt werden an Hand der Art und des Umfangs der Lernerfordernisse, die nach abgeschlossener Ausbildung und Einarbeitung langfristig verbleiben. Das Tätigkeitsbewertungssystem TBS-L (Hacker, Iwanowa und

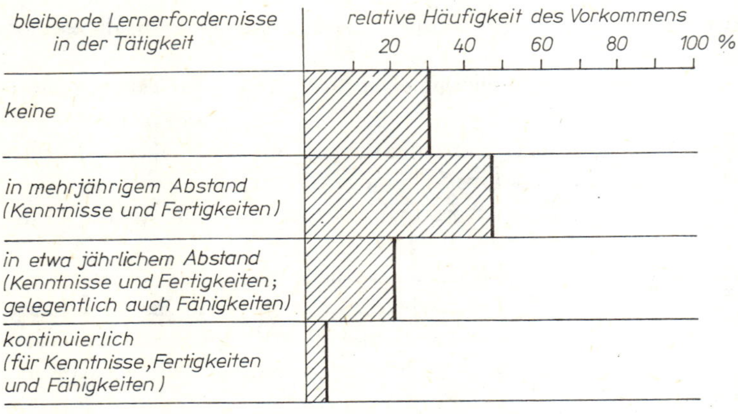

Abb. 11.10: Verteilung unterschiedlich ausgeprägter bleibender Lernerfordernisse bei einer Stichprobe von 99 Montage- und Bedientätigkeiten.
Bleibende Lernerfordernisse sind wiederholt erforderliche Lernvorgänge für die ausgeführte Tätigkeit nach Abschluß aller erforderlichen Ausbildungsstufen; Arbeitsplatzwechsel sowie Arbeitsschutzbelehrungen sind nicht einbezogen.
Erfassung mit einer Erprobungsform des TBS-L durch Iwanowa (1981). Überwiegend niedrige und mittlere Lohngruppen.

Richter 1983) erfaßt diese bleibenden Lernerfordernisse. Für eine Stichprobe von industrieller Arbeitstätigkeiten stellt Abb. 11.10 eine Verteilung der Besetzungen dieser Skala des TBS-L dar. Die bleibenden Lernerfordernisse sind stark abhängig von

- der Häufigkeit des Wechsels anforderungsverschiedener Aufträge,
- der Dauer eines Arbeitszyklus bis zum Auftreten eines gleichartigen Arbeitsgegenstands,
- der Arbeitsteilung, ablesbar u. a. an der Anzahl verschiedener Teiltätigkeiten pro Arbeitskraft wie Bedienen, Montieren, Warten, Instandhalten oder Vorbereiten,
- dem Umfang der zeitlichen und inhaltlichen Freiheitsgrade,
- dem Niveau intellektueller Anforderungen,
- der Differenziertheit und dem Zeitpunkt der Rückmeldungen,
- dem Umfang kooperativ abzustimmender Arbeitsverrichtungen.[7]

Die Frage, ob Arbeitsprozesse bleibende Lernpotentiale enthalten sollten, wird maßgeblich durch das **Menschenbild** beantwortet, das der Gestaltung der Arbeits- und Lebensbedingungen zugrunde gelegt ist. Das normative Menschenbild der sozialistischen Gesellschaft mißt Lernpotentialen als einer Grundlage für die Entfaltung des Reichtums der Persönlichkeit einen hohen Rang zu. Damit sind weitreichende gesellschaftspolitische Ansatzpunkte für das Schaffen von Lernpotentialen im gesamtgesellschaftlichen Produktions- und Reproduktionsprozeß verbunden. Das sind u. a.:

- Gewährleisten eines qualifikationsgerechten Arbeitsplatzes als Grundlage möglicher Lernprozesse;
- allmähliches Übergehen zum Durchlaufen wechselnder Arbeitsbereiche anstelle einer lebenslangen Tätigkeit in einem Beruf, eventuell auch mit wiederholt zwischengeschalteten Ausbildungsabschnitten;
- Abstimmung von Perioden unmittelbar produktiver Arbeit mit Perioden allgemeinerer, gesellschaftlicher Aktivitäten, beispielsweise in Wahlfunktionen gesellschaftlicher Organisationen.

In der konkreten **Arbeitsgestaltung** können Lernpotentiale an folgenden Ansatzpunkten beeinflußt werden:

1. **Technologisch-organisatorisches Grundkonzept einer Fertigungs-, Verwaltungs- usw. Einheit.** Beispiele sind:
- Flexible Fertigungssysteme mit rascher Umstellbarkeit auf unterschiedliche Aufträge bieten auch höhere Lernchancen als starre Systeme.
- Ein geringerer Zentralisierungsgrad der Fertigungssteuerung kann höhere Lernchancen für breitere Gruppen von Beschäftigten bieten.

2. **Funktionsteilung zwischen Mensch und Maschine.** Beispiele sind:
- Größere Anteile der Funktionen des Menschen ermöglichen ihm breitere Lernchancen als kleine (Witzgall 1982). Im Falle seltener Eingriffserfordernisse werden spezielle Trainingsprozeduren zum Erhalten der selten benötigten Leistungsvoraussetzungen erforderlich.
- Adaptive, also wahlweise nutzbare Arbeitsweisen an Maschinen (z. B. wählbare Formen des Informationsangebots auf Bildschirmgeräten) bieten gleichfalls breitere Lernchancen als fest vorgegebene.

[7] Diese Zusammenstellung ergibt sich aus Korrelations- und Clusteranalysen von 80 Montage-, Bedien- und Überwachungstätigkeiten mit der Langform des TBS.

3. Produktions- und Arbeitsorganisation, insbesondere Optimierung der Arbeitsteilung und -kombination sowie der Kooperation. Beispiele sind:

- Selbstorganisation komplexer Arbeitsaufträge durch Kollektive (z. B. in Montagenestern; Enderlein u. a. 1981, Ulich 1982),
- Aufgabenrotation; Aufgabenbereicherung als qualitativ besonders hochwertige Form der Arbeitskombination.

Im Zusammenhang mit einer veränderten Arbeitsteilung und -kombination:

- aus der Kooperation erwachsende Lernerfordernisse (vgl. 4.1.4.).

4. Kollektive Formen der Arbeitsgestaltung. Ein Beispiel ist:

- Vergabe von Gestaltungsaufgaben oder von Organisationsaufgaben an Kollektive der betroffenen Werktätigen und beratenden Fachleuten zur Lösung durch kollektive Bearbeitung, beispielsweise in Form von Neuererkollektiven (zu weiteren möglichen Formen vergleiche Duell und Baitsch 1982).

11.4.3. Lernbedingte Veränderungen habitueller Leistungsvoraussetzungen im Arbeitsprozeß

Habituelle Leistungsvoraussetzungen werden im Arbeitsprozeß nicht nur durch Lernvorgänge verändert. Hier geht es nur um die lernbedingten Veränderungen. Diese entstehen auf verschiedenen Wegen, nämlich

- über die geforderte Vorausbildung,
- über festgelegte Weiterbildungsmaßnahmen,
- durch das Lernen unmittelbar in der Arbeitstätigkeit, wenn die Anforderungen die vorhandenen Leistungsvoraussetzungen in einem bewältigbaren Umfang übersteigen,
- durch das Übernehmen von „sozialen Deutungsmustern" (erlernten Deutungsregeln von Erfahrungen mit sozialer und gesellschaftlicher Bedeutung) und von „Arbeitsrollen", beide auffaßbar als Sonderformen arbeitsbezogenen Lernens.

Auf diesen Wegen werden tätigkeitsspezifische Kenntnisse, Fertigkeiten, Fähigkeiten und Einstellungen entwickelt oder – bei langjährig fehlender Nutzung – vergessen.

Weniger geklärt ist, welche tätigkeitsübergreifenden, allgemeinen Leistungsvoraussetzungen in welchen objektiven Anforderungssituationen und unter welchen Bedingungen – insbesondere bei welchen schon vorhandenen Einstellungen und Könnensvoraussetzungen – erworben werden (Lempert, Hoff und Lappe 1979, Frese 1982).

Lernen in der Arbeitstätigkeit im Sinne des Aneignungskonzepts der marxistischen Psychologie ist durch die Gegenstände, Mittel und materiellen Bedingungen der Tätigkeit und durch die Kooperation vermittelt.

Die hier bestehenden Schwierigkeiten sind methodischer Art: Erforderlich sind Längsschnittuntersuchungen, welche Selektions- (also Auswahl-, Fluktuations-)Effekte gewissenhaft kontrollieren und die wirksamen objektiven Lernpotentiale präzise bestimmen. Derartige Untersuchungen sind kostspielig und daher recht selten.

Vergleichsweise gut gesichert sind folgende Erkenntnisse: Höhere Komplexität insbesondere von Denkanforderungen bedingt höhere **intellektuelle Flexibilität und** wahrscheinlich auch **kognitive Komplexität** (Schleicher 1973, Kohn und Schooler 1978).

Unter kognitiver Komplexität wird verstanden die Anzahl und die Feinheit möglicher Unterscheidungen, die ein Mensch zur Beurteilung und Erklärung einer Problemsituation zu machen, und die Vielfalt der Beziehungen zwischen Sachverhalten, die er herzustellen vermag (Mandl und Huber 1978).

Einstellungsveränderungen und Modifikationen von „Deutungsmustern", insbesondere während der sensiblen Phase der Aneignung eines Berufs, sind gleichfalls gut belegt (Häferli, Kraft und Schallberger 1983).

Jugendliche, deren Betriebe nach ihrer Einschätzung eine umfassende **Information** über die Betriebsangelegenheiten bieten, entwickeln sich im Verlaufe mehrerer Jahre auf der sogenannten Kontrollskala deutlich hin zur internalen **Kontrolltendenz.** Jugendliche in Betrieben mit geringerem Informationsangebot tendieren hingegen in ihrer Entwicklung zur externalen Kontrolltendenz. Anfänglich unterscheiden sich diese beiden Gruppen nicht. Die sogenannte Kontrollskala wird durch Befragen untersucht. Sie erfaßt die Tendenz eines Menschen, seine Lebensumstände entweder mehr als selbst beeinflußt (internale Beeinflussung oder Kontrolle) oder mehr als durch äußere Umstände beeinflußt (externale Kontrolle) zu erleben.

In künstlerisch-gestalterischen Berufen mit einem geringer traditionsgebundenen Milieu nimmt bei schweizerischen Jugendlichen die Einschätzung der Wichtigkeit der Berufsarbeit für die Persönlichkeitsentwicklung von **Frauen** zu, bei den übrigen Berufszweigen dagegen stark ab.

Jugendliche, deren **Berufswunsch** nicht erfüllt wurde, die aber in einem anderen Beruf anforderungsreiche Arbeitssituationen vorfanden, interpretieren ihre eigene Berufswahlgeschichte um: Sie erleben sich nicht mehr als „umgelenkt", sondern meinen, sich den anderen Beruf „eigentlich schon immer gewünscht" zu haben, und sind sehr **zufrieden**. Ihre Zufriedenheit kann sogar die der Jugendlichen übersteigen, die ihren Wunschberuf ergriffen und sich nun aber mit anregungsarmen Arbeitssituationen konfrontiert sehen.

Mit der Übernahme von unterschiedlichen „Arbeitsrollen" werden Einstellungen zu Wertbereichen erlernt, die beim langzeitig Berufstätigen verhaltenswirksam bleiben können. Zu denken ist an Einstellungen zu anderen Menschen, zu materiellen Anreizen oder zum Arbeitsinhalt. Diese Verhaltenswirksamkeit kann reichen bis zum Erziehungsstil gegenüber den eigenen Kindern. Einen Überblick dazu gab Frese (1982).

Lebenslange Lernmöglichkeiten und ihre Nutzung haben darüber hinaus eine noch viel allgemeinere positive Auswirkung, nämlich auf die **psychische Gesundheit**, spezieller die emotionale Stabilität, und damit auf das Hinausschieben von altersbedingten Einschränkungen von Befähigungen sowie wahrscheinlich sogar auf die Lebensdauer. Bei körperlich gesunden Menschen, die sich bis in das hohe Alter intensiv mit anregenden Aufgaben, das sind Aufgaben mit Lernpotentialen, auseinandersetzen, findet sich in der Mehrzahl der Intelligenzbereiche kein Abbau, sondern sogar eine weitere Verbesserung. Umgekehrt herrscht aber bei gleichermaßen gesunden Menschen ohne aktives Engagement in anregungsreichen Aufgaben ein Rückgang des Intelligenzniveaus vor (Abb. 11.11, Schaie 1980). Intelligenzleistungen können bis weit in das Rentenalter hinein bei Gesunden durch Lernvorgänge bleibend erhöht werden.

Frauen zwischen 60 und 95 Jahren steigerten ihre Leistungen im schlußfolgernden Denken durch ein sprachgestütztes und auch auf emotionale Bekräftigung abzielendes Training bleibend und verallgemeinerbar (Labouvie-Vief und Gonda 1976).

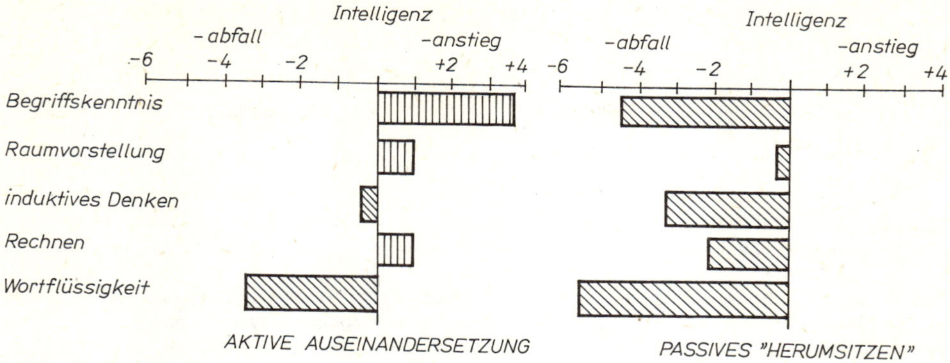

Abb. 11.11: Durchschnittlicher Intelligenzwandel bei zwei Personengruppen mit verschiedenen Aktivitätsformen über einen 14jährigen Zeitabschnitt (**T**-Werte; Primary Mental Ability Test nach Thurstone; 60 bis 74 Jahre)
Aktive Auseinandersetzung: Berufstätige mit fordernden Tätigkeiten auch im Rentenalter.
Passives „Herumsitzen“: Nicht-Berufstätige ohne regelmäßige, fordernde Aktivitäten (Schaie 1980).

Wir hatten Lernen als Hinzulernen, Erhaltungslernen und Verlernen untersetzt. Anforderungs*arme* Arbeitsprozesse *ohne* Lernpotentiale und *ohne* tätigkeits- und arbeitsprozeßinterne Ansatzmöglichkeiten von „intrinsischen“ Lernmotiven führen auf verschiedenen, wenig bekannten Wegen zur **Verringerung** von Leistungsvoraussetzungen. Geringe intellektuelle Anforderungskomplexität geht mit hoher Wahrscheinlichkeit mit dem Rückgang intellektueller Leistungen mit dem Lebensalter einher. In anregungsarmen Tätigkeiten werden wahrscheinlich weniger produktive und inhaltsbezogene Einstellungen zu Wertbereichen erworben als in anregungsreichen. Anregungsarme und als wenig bedeutungsvoll erlebte Tätigkeiten tragen wenig zur Festigung der psychischen Gesundheit und zum Hinausschieben von Alternsvorgängen einschließlich der Übernahme von „Altersrollen“ bei. Im Extremfall des Entzugs gesellschaftlich nützlicher Arbeit durch die Arbeitslosigkeit in kapitalistischen Ländern ist das Entstehen psychopathologischer Symptome ein deutlicher Beleg (Frese und Mohr 1978).

Lernbedingte Veränderungen von generalisierten Einstellungen und Fähigkeiten im Arbeitsprozeß sind Beiträge zur **Persönlichkeitsentwicklung**. Diese werden im folgenden Kapitel weiter verfolgt.

12. Psychische Regulation von Arbeitstätigkeiten und Persönlichkeit

---

Die Arbeit ist die Quelle alles Reichtums, sagen die politischen Ökonomen. Sie ist dies ... Aber sie ist noch unendlich mehr als dies. Sie ist die erste Grundbedingung alles menschlichen Lebens, und zwar in einem solchen Grade, daß wir in gewissem Sinn sagen müssen: Sie hat den Menschen selbst geschaffen (Engels 1962, S. 444).

Im Prozeß der Arbeit wird nicht nur ein bestimmtes Produkt der Arbeitstätigkeit des Subjekts erzeugt, sondern dieses selbst wird in der Arbeit geformt. In der Arbeitstätigkeit entwickeln sich die *Fähigkeiten* des Menschen, es bildet sich sein *Charakter*, seine *weltanschaulichen Prinzipien* werden gestählt und zu Einstellungen des *praktischen Handelns* umgewandelt.

An der realen Arbeitstätigkeit eines Menschen nehmen in verschiedenem Maße alle Seiten und Äußerungen seiner Persönlichkeit teil. Aber der Unterschied des objektiven Charakters und der Organisation *verschiedener Arbeitsformen* führt dahin, daß diese auch in psychologischer und insbesondere in intellektueller Beziehung *nicht gleichartig* sind (Rubinstein 1958, S. 704f., Hervorhebungen von W. H.).

Um die Arbeit als diagnostisches Mittel zu verwenden, muß man verschiedene Arbeitsformen und Arbeitsoperationen *gründlich analysieren*, ausgehend davon, welche Persönlichkeitsqualitäten man mit ihrer Hilfe *aufdecken* und *erziehen* kann (Kowaljow 1962, S. 87, Hervorhebungen von W. H.).

12.1. Arbeitsprozeß und Persönlichkeit. Einordnung und Eingrenzung

12.1.1. Wechselbeziehungen zwischen Arbeitsprozeß und Persönlichkeitsentwicklung

Arbeitsuntersuchung und Arbeitgestaltung müssen nicht nur der Steigerung von Effektivität und Produktivität dienen, sondern stets zugleich Möglichkeiten zur **Förderung der Persönlichkeitsentwicklung im Arbeitsprozeß** bereitstellen. Die Verwirklichung dieser Forderung setzt Kenntnisse über die Wechselbeziehungen zwischen Arbeitstätigkeiten und Persönlichkeitseigenschaften voraus. Marx (1955, 1962) hat dargestellt, daß das Erzeugen einer gegenständlichen Welt Hauptmerkmal der spezifisch menschlichen Tätigkeit – der Arbeit – ist, daß in dieser sich menschliches Bewußtsein – zunächst in Form der Vorwegnahme des Arbeitsergebnisses – entwickelt und daß der Arbeitsprozeß zugleich der Prozeß der **Selbstveränderung** des Menschen ist. Das zu behandelnde Problem wird durch die dialektische Beziehung in den Aussagen der 1. und 6. Feuerbach-These von Marx (1959a) beschrieben: In der praktischen, gegenständlichen Tätigkeit produziert der Mensch eine menschliche Welt einschließlich ihres ideellen Ausdrucks. An anderer Stelle (Brief an Annenkow vom 28. 12. 1846) betont Marx, „daß die Menschen [nicht nur] Tuch, Leinwand, Seidenstoffe herstellen, – ... [sondern] je nach ihren Produktivkräften auch die *gesellschaftlichen Beziehungen* produzieren, in denen sie Tuch und Leinwand produzieren. [Mehr noch], ... daß die Menschen ... auch die *Ideen*, die *Kategorien*,

d. h. den abstrakten, ideellen Ausdruck eben dieser gesellschaftlichen Beziehungen produzieren" (1959c, S. 554). Die Persönlichkeit ist jedoch nicht nur Schöpfer, sondern zugleich Ausdruck der gesellschaftlichen Verhältnisse. „In seiner Wirklichkeit ist es [das menschliche Wesen] das Ensemble der gesellschaftlichen Verhältnisse" (1959, S. 6). Der Vorgang, in dem einerseits „veränderte Menschen also Produkte anderer Umstände und geänderter Erziehung sind" und andererseits „die Umstände eben von den Menschen verändert werden" (Marx 1959b, S. 533), ist die gesellschaftliche Praxis. „Das Zusammenfallen des Änderns der Umstände und der menschlichen Tätigkeit kann nur als *umwälzende Praxis* gefaßt und rationell verstanden werden" (ebenda, S. 534). Damit sind die Grundlagen des uns beschäftigenden psychologischen Teilproblems umschrieben, an denen u. a. Rubinstein (1958), Hiebsch (1966), Klix (1980) und Holzkamp (1983) anknüpfen.

Die Wechselbeziehungen zwischen Persönlichkeit und Arbeitsprozeß, welche den vorgeschichtlich, historisch, ontogenetisch und lebensgeschichtlich analysierbaren Vorgang der Selbstveränderung des Menschen im Sinne der Marxschen Feuerbach-These ausmachen, sind vielfältig. Sie kennzeichnen die **Anthropogenese**, in welcher die Entwicklung zum Menschen u. a. durch die Benutzung von Werkzeugen und Keimformen der zielgerichteten Umweltveränderung markiert ist. Die Frühformen der zielgerichteten Umweltveränderung unter Werkzeugbenutzung formten rückwirkend die psychischen und physischen Eigenschaften des Menschen (Engels 1962a).

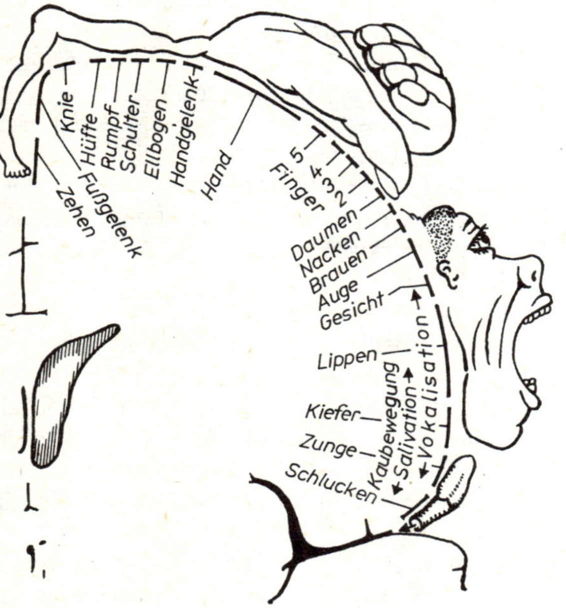

Abb. 12.1: Motorische Repräsentation des Körpers im Gyrus praecentralis beim Menschen. Die Darstellung erfolgt als Projektion auf eine Ebene. Die Abbildung soll die Größenverhältnisse der Repräsentation einzelner Gebiete veranschaulichen (motorischer Homunculus). Man beachte die Größe der Felder für die Hand und für einzelne Finger (nach Penfield und Rasmussen, zit. nach Rein und Schneider 1960).

Eindrucksvolle Belege bietet die Entwicklung der *Arbeitshand* einschließlich der ihr zugeordneten Hirngebiete als spezifisches menschliches Erkenntnis- und Wirkorgan, die ihre Parallele in der Entwicklung der Sprechmotorik und ihrer Hirnregionen im Zusammenhang mit dem Kommunikationserfordernis bei der Arbeitsteilung hat. Die Hand als Erkenntnisorgan besitzt vermittels der Leistungen des zentralen Abschnitts des taktilen Analysators die Funktion der Grundlage der spezifisch menschlich geistigen Welt. Die Termini „Begreifen" oder „Begriff" deuten die Reichweite des gemeinten Sachverhalts an. Die zunehmende Opposition des Daumens – im Gegensatz zur abnehmenden der großen Zehe – stellt nur die morphologisch augenfällige Außenseite dieses Vorgangs dar. Im Tasten, welches für die menschlichen Erkenntnisvorgänge buchstäblich Grundlagenfunktion besitzt (Ananjew 1963), hat der Daumen Schlüsselfunktion für das Zusammenschließen der Eindrücke zu räumlich orientierten, gegenständlichen Wahrnehmungen. Er vermittelt die Nullpunktfunktion im Koordinatensystem der tastenden Hand. Die außerordentliche Übergröße der kortikalen Projektionsfelder des Daumens im Gyrus praecentralis (ebenso wie des Sprechapparats) gegenüber denen anderer, größerer Körperteile kann als Beleg für die Bedeutung der Daumenfunktion betrachtet werden (vgl. hierzu den motorischen Homunculus von Penfield und Rasmussen, zit. nach Rein und Schneider 1960; Abb. 12.1).

Wechselbeziehungen zwischen Arbeitsprozeß und Persönlichkeitseigenschaften bestehen weiterhin hinsichtlich der historischen Entwicklung der **Produktionsverhältnisse** und Produktivkräfte (Leontjew 1973). Diese Wechselwirkungen liegen auf mehreren Ebenen vor. Sie betreffen einerseits die durch die Produktionsverhältnisse bestimmten unmittelbaren Einflüsse der Arbeits- und Lebensbedingungen auf die Persönlichkeit und deren Möglichkeiten zur mitverantwortlichen Gestaltung dieser Bedingungen. Unter sozialistischen Produktionsverhältnissen ist beispielsweise zu denken an die persönlichkeitsformende Wirkung der Einheit von Produzenten und Eigentümer durch die Teilnahme an Planung und Leitung, an eine Automatisierung, durch die neue Bedingungen zur schöpferischen Arbeit geschaffen werden, oder an die Entwicklung von sozialen Eigenschaften wie Hilfsbereitschaft für Leistungsschwächere oder Kollektivität auf der Grundlage der wachsenden Übereinstimmung der Interessen von Individuum und Gesellschaft. Auf anderer Ebene gehört dazu auch die Tatsache, daß die epochalen Menschenbilder als Grundlagen der Erziehung und Bewertung sowie der Persönlichkeitstheorie und Diagnostik Abbildungen des Arbeitsprozesses und seiner Produktionsverhältnisse sind (Hiebsch 1960, Schmidt 1960, 1982), die Rückwirkungen auf die Persönlichkeitsentwicklung gewinnen.

Schließlich liegen Wechselbeziehungen zwischen Arbeitsprozeß und Persönlichkeit – betrachtet innerhalb der gleichen Produktionsverhältnisse – auch in dem Sinne vor, daß **verschiedene Arbeitstätigkeiten** auf Grund unterschiedlicher Anforderungen unterschiedliche persönlichkeitsformende Potenzen besitzen und verschiedene Persönlichkeiten diese unterschiedlich bewältigen. Hierher gehört die Bedeutung der persönlichkeitsformenden Rolle verschiedener Arbeitstätigkeiten und ihrer Nutzung beispielsweise für die Aufgabenprojektierung, arbeitstherapeutische Rehabilitationsanliegen oder die polytechnische Erziehung.

Die Darlegungen dieses Kapitels **beschränken** sich dem Gesamtanliegen entsprechend auf die zuletzt benannten Wechselbeziehungen zwischen **konkreten Arbeitstätigkeiten** und bestimmten Persönlichkeitseigenschaften unter sozialistischen Produktionsverhältnissen. Diese Beziehungen zwischen konkreten Arbeitstätigkeiten und Persönlichkeitsmerkmalen umfassen drei Aspekte:

1. Persönlichkeitsmerkmale als **Voraussetzungen** für das Ausführen bestimmter Tätigkeiten, in Sonderfällen bis hin zu Eignungs- bzw. Tauglichkeitsvoraussetzungen,

2. Persönlichkeitsmerkmale als Entwicklungs- oder Lern**ergebnis** von Arbeitstätigkeiten,
3. Persönlichkeitsmerkmale äußern sich in Arbeitstätigkeiten, in besonders deutlicher Weise in persönlichen Arbeitsstilen, und sind daher in ihnen **diagnostizierbar**.

12.1.2. Persönlichkeitsmerkmale als Voraussetzungen der Zulassung zu Arbeitstätigkeiten — Auswahl und Zuordnung

In der Geschichte der Arbeitspsychologie überwog lange Zeit die Befassung mit Persönlichkeitsmerkmalen als Voraussetzungen für die Zulassung zur Ausführung von Arbeitstätigkeiten. Deutlichster Ausdruck dafür ist die Eignungspsychodiagnostik. Ihr Anliegen ist es, mit Hilfe von psychodiagnostischen Untersuchungen der Berufsbewerber eine Voraussage ihrer künftigen Ausbildungs- oder Berufsbewährung zu geben und damit eine fundierte Entscheidung — im Extremfalle bis hin zu gezielter Auswahl von bestgeeigneten Bewerbern — zu ermöglichen.

Für die einzusetzenden psychodiagnostischen Verfahren, hauptsächlich Fragebögen, Tests und Arbeitsproben, gelten strenge, bei den zum Einsatz berechtigten Diplompsychologen in der Regel durch deren Berufsvereinigungen (z. B. Gesellschaft für Psychologie der DDR) überwachte Gütekriterien.

Im realen Sozialismus sind mit der Garantie eines Arbeits- und Ausbildungsplatzes für jeden arbeitsfähigen Bürger die eignungspsychodiagnostischen Aufgaben konzentriert auf:

- psychodiagnostisch fundierte Beratung als Zuordnungshilfe bei Berufswahlproblemen. Man beachte den Unterschied zwischen Beratungen für Zuordnungsfragestellungen und Auswahlentscheidungen.
- psychodiagnostische Unterstützung von Lehr- bzw. Lernprozessen (Günther 1980),
- Psychodiagnostik im Rahmen gesundheitlicher Überwachungs- und Vorbeugungsmaßnahmen,
- psychodiagnostische Mitarbeit bei Unfall-, Havarie- und anderen Schadensanalysen und zur Schadensvorbeugung.

Die Stellung eignungsdiagnostischer Beiträge ist ausschlaggebend abhängig

- vom Menschenbild der jeweiligen Gesellschaft,
- vom Typ des diagnostischen Anliegens, also Auswahl oder Zuordnung (Plazierung),
- von den Gütekriterien der verfügbaren eignungsdiagnostischen Verfahren, also von ihrer Objektivität, Reliabilität, ihren Validitäten und der Utilität,
- von der möglichen Auswahlrate, d. h. dem Verhältnis des Bewerberangebots zum Bedarf und vom Anteil Geeigneter in den unausgelesenen Stichproben.

Für das normative Menschenbild des realen Sozialismus ist kennzeichnend, daß es die Entwicklungsfähigkeit der Menschen als weitgehend unbegrenzt ansieht, daß daher für alle Menschen umfassende Bildungsmöglichkeiten zugänglich gemacht werden, daß jedem Menschen alle realisierbaren Möglichkeiten zu einer vielseitigen Entwicklung eröffnet werden und daß dem Arbeitsprozeß für diese Entwicklung eine zentrale Rolle zugesprochen wird. Eignungsanforderungen verhalten sich umgekehrt proportional zu den Bildungs- und Qualifikationsaufwendungen: Je geringer die Aufwendungen für Ausbildungsgänge sind, desto strengere Eignungsauslese muß erfolgen, um den Anforderungen einer Tätigkeit entsprechen zu können. Entsprechend der dominanten Entwicklungs- und Bildungsorientierung des normativen Menschenbilds haben Eignungsfragestellungen daher gegenüber Bildungs- oder allgemeiner Lernfragestellungen eine untergeordnete oder Hilfsfunktion. Psychodiagnostik hat vorrangig vorhandene Leistungsvoraussetzungen und Lernfähigkeiten zum Zwecke der optimalen Zuordnung zu Lernwegen zu ermitteln und Lernfortschritte zur gezielteren Steuerung pädagogischer Prozesse zu ermitteln sowie in ihren psychischen Grundlagen aufklären zu helfen.

Die beiden diagnostischen Anliegentypen der **Auswahl (Selektion) und Zuordnung (Plazierung)** müssen klar unterschieden werden.

Bei Auswahlen wird über Annahme oder Ablehnung für eine Tätigkeit entschieden. Von Interesse ist lediglich die Prognose für diese eine Tätigkeit. Bei Zuordnungen wird für einen Menschen mit seiner Eigenschaftsstruktur die Tätigkeit gesucht, in der er sich besser (bzw. bei einem großen Auswahlbereich am besten) bewähren dürfte. Dabei kann eine Zuordnung zu einer Tätigkeit empfohlen werden, auch wenn die Prognose der Bewährung vergleichsweise wenig günstig ist. Des weiteren werden dafür Anforderungsanalysen und vergleichbare Bewährungskriterien für alle einzubeziehenden Tätigkeiten benötigt.

Praktikable Lösungen für den zweiten Aufgabentyp sind nicht häufig, obgleich er gegenüber dem praktisch wegen seiner nichterfüllbaren Voraussetzungen kaum nützlichen Auswahltyp von weitaus größerem persönlichem und gesellschaftlichem Interesse ist. Nähere Ausführungen finden sich beispielsweise bei Tack (1981) und Rothstein (1972).

Die folgenden Darstellungen konzentrieren sich dem Erkenntnisstand entsprechend auf das Auswahlproblem.

Die Effektivität von eignungspsychodiagnostischen Aussagen hängt weitestgehend ab von der **Validität**, insbesondere der prognostischen oder Vorhersagevalidität, der Untersuchungsmethoden. Wir beschränken unsere vereinfachende Darstellung daher auf dieses Gütekriterium. Eine eingehende Darstellung findet sich bei Lienert (1967) und Landy (1985). Koeffizienten der prognostischen Validität sind Maße dafür, inwieweit das eignungsdiagnostische Verfahren tatsächlich jenes Persönlichkeitsmerkmal mißt, das die künftige Bewährung in der Tätigkeit oder im Beruf bestimmt. Sie wird ausgedrückt als Wert zwischen 0,0 und 1,0. Je niedriger die Validität ist, desto größer ist der Anteil der Fehlentscheidungen, also die Zahl der zu Unrecht als ungeeignet betrachteten und zurückgewiesenen und der zu Unrecht als geeignet betrachteten und angenommenen Bewerber.

Die methodischen Schwierigkeiten beim Entwickeln valider eignungsdiagnostischer Verfahren sind sehr vielfältig:

- Man benötigt Tätigkeitsmerkmale, welche die leistungs- und damit bewährungsbestimmenden Seiten der jeweiligen Berufstätigkeit zutreffend beschreiben.
- Der zu besetzende Arbeitsplatz müßte mit diesen Tätigkeitsmerkmalen in seinen **Besonderheiten** hinreichend beschrieben sein.
- Benötigt wird weiter ein zutreffendes System stabiler Persönlichkeitsdispositionen, insbesondere Leistungsvoraussetzungen, zu denen neben den Qualifikationen auch Charaktermerkmale gehören.
- Die Dispositionen müssen den Merkmalsausprägungen der Tätigkeiten an einem konkreten Arbeitsplatz sicher zugeordnet sein, so daß für jede unterschiedliche Tätigkeit ein Satz erforderlicher Dispositionen abgeleitet werden kann.
- Die als erforderlich ermittelten Dispositionen müssen eindeutig psychodiagnostischen Verfahren mit den erforderlichen Gütekriterien zugeordnet werden können.

Keiner dieser Schritte ist jedoch bisher befriedigend gelöst.

Validität ist eine notwendige, aber keine hinreichende Voraussetzung für wirksame Eignungsvoraussagen. Besonders starken Einfluß hat des weiteren die **Auswahlrate**. Wenn keine Auswahl erfolgen kann, also aus Arbeitskräftemangel jeder Bewerber akzeptiert werden muß, dann ist der Einsatz des validesten diagnostischen Verfahrens irrelevant. Je kleiner der Anteil auszuwählender – und je größer damit der Anteil zurückzuweisender — Bewerber ist, desto niedriger kann die Validität eines diagnostischen Verfahrens sein, da bei der Auswahl nur Weniger mit den allerbesten Werten (also beispielsweise nur jedes zehnten Bewerbers) die Wahrscheinlichkeit von Fehlentscheidungen reduziert ist.

Der **Anteil Geeigneter an der Bewerbergesamtheit** ist der dritte Einflußfaktor. Wenn alle Bewerber gleichermaßen geeignet sind, ist eine eignungsdiagnostische Auslese überflüssig. Gibt es so gut wie keine Geeigneten, so ist eine effektive Auslese gleichfalls wenig wahrscheinlich. Bei einem mittleren Anteil Geeigneter an den Bewerbern kann die psychodiagnostische Auswahl am effektivsten sein.

Zur Erleichterung der gleichzeitigen Berücksichtigung dieser drei Faktoren Validität, Auswahlrate und Anteil Geeigneter bei der Abschätzung des Anteils der Bewerber, die sich in der Bewährungssituation tatsächlich als geeignet erweisen werden, wurden Tabellen, die sogenannten Taylor-Russell-Tafeln, entwickelt.[1] Sie unterstellen Normalverteilung des Eignungsmerkmals. Im Mittel liegen die Validitätskoeffizienten von Berufseignungsvoraussagen zwischen 0,30 bis 0,40. Die Auswahlrate dürfte im allgemeinen zwischen 50% bzw. 0,5 (jeder zweite Bewerber wird zurückgestellt) und 90% bzw. 0,9 (von

Tab. 12.1: Erwarteter Anteil Geeigneter in einer eignungsdiagnostisch ausgelesenen Personenstichprobe in Abhängigkeit von der Testvalidität, der möglichen Auswahlrate und dem Anteil Geeigneter in der unausgelesenen Stichprobe.
Die unterstrichenen Zahlen geben die **Erhöhung** des Anteils Geeigneter durch Eignungswahl gegenüber dem Anteil OHNE Eignungsauswahl an

		Auswahlrate								
		0,50			0,70			0,90		
Anteil Geeigneter in unausgelesener Population		0,7	0,8	0,9	0,7	0,8	0,9	0,7	0,8	0,9
Validität der Tests	0,25	0,77	.86	.93	.75	.84	.92	.72	.82	.91
		0,07	.06	.03	.05	.04	.02	.02	.02	.01
	0,35	.80	.89	.95	.76	.85	.93	.73	.82	.92
		.10	.09	.05	.06	.05	.03	.03	.02	.02
	0,45	.83	.90	.96	.78	.87	.94	.73	.83	.92
		.13	.10	.06	.08	.07	.04	.03	.03	.02

Modifizierter Auszug aus Taylor und Russell (1939, zit. nach Lienert 1967).

[1] Weiterentwicklungen dieser um 1939 entwickelten Ansätze zur Beurteilung der Effektivität von Eignungsauswahlen geben u. a. die Naylor-Shine-Tabellen (1965) und Ghiselli und Brown (1955), zusammenfassend Landy und Trumbo (1980) bzw. Landy (1985).

10 Bewerbern wird einer zurückgestellt) liegen. Bei guten Ausbildungsvoraussetzungen wird der Anteil der Geeigneten an der Gesamtzahl von Bewerbern hoch sein. Er liege zwischen 70% und 90%, also 0,7 und 0,9. Tab. 12.1 stellt dafür die Auszüge aus den Taylor-Russell-Tafeln zusammen. Man erkennt, daß bei einem vergleichsweise validen Verfahren (letzte Zeile der Tabelle) die Verbesserung zwischen 2% und 13% läge, wobei im letzteren Falle die Sondersituation unterstellt ist, daß jeder zweite Bewerber zurückgewiesen werden könnte. In der Nähe realistischer Bedingungen für Berufsbewährungssituationen in Massenberufen lägen Verbesserungen zwischen 2% und 8%. Da nicht selten solide Bewährungskontrollen unter Einschluß der abgewiesenen Bewerber fehlten, gab es gelegentlich sehr übertriebene Vorstellungen von der Effektivität von Eignungsauswahlen. Das ist ein entscheidender weiterer Grund — außer den benannten Einschränkungen durch das Menschenbild und die verfahrenstheoretischen Gütekriterien — dafür, daß im realen Sozialismus eignungsdiagnostische Auswahlen zur Sicherung künftiger Berufsbewährung nur eine untergeordnete Rolle gegenüber der Optimierung von Ausbildungsgängen bei Massenberufen spielen.

Es sind allerdings auch gesellschaftlich-ökonomische Bedingungen bekannt, in denen die Effektivität von Eignungsverfahren weitaus höher ist:

Bei extremem Bewerberüberschuß wird von Auswahlraten bis zu 100:1 berichtet. Wir wählen 10:1, also 10% für ein Beispiel. Ist des weiteren der Anteil der Geeigneten an der Bewerberzahl mittelgroß (etwa 40%), so ergibt sich sogar bei mäßiger Validität der Tests (0,45) eine erhebliche Steigerung des Anteils der Geeigneten an der psychodiagnostisch

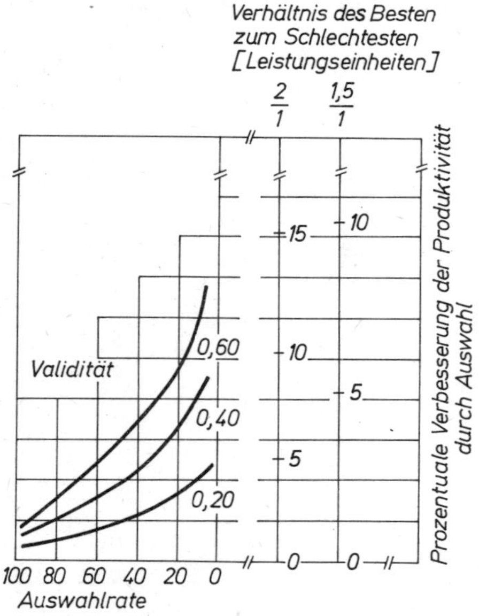

Abb. 12.2.: GHISELLI-BROWN-NOMOGRAMM (vergröbernder Auszug): Beziehung zwischen Testvalidität, Auswahlrate und Leistungsspannweite (Verhältnis des Besten zum Schlechtesten) und dem prozentualen Produktivitätsgewinn durch Auswahl (nach E. E. Ghiselli und C. W. Brown: Personell and Industrial Psychology (2 Aufl.). New York: Mc Graw hill 1955, Abb. 5—4, S. 147).

ausgelesenen Population gegenüber der unausgelesenen. Die Steigerung beträgt in unserem Beispiel ein Drittel (32%).

Die Taylor-Russell-Tafeln haben trotz ihres erprobten praktischen Wertes noch Aussagegrenzen. Der Ansatz setzt eine Zweiteilung der Untersuchten nach der Leistung in die geeigneten Erfolgreichen und die ungeeigneten Nichterfolgreichen voraus; das kann bei der kontinuierlich variierenden Leistungsdimension Schwierigkeiten bereiten. Er berücksichtigt weiter keine unterschiedlichen Grade des Erfolgs und sagt nichts über die Gewinne aus der Eignungsauswahl.

Eine über die Aussagen der Taylor-Russell-Tafeln und der weiterführenden Naylor-Shine-Tafeln (die das Problem der Trennung Geeigneter von Ungeeigneten umgehen) hinausgehende Information gibt das **Ghiselli-Brown-Nomogramm** (Abb. 12.2). Aus ihm kann die durch Eignungsauswahl zu erwartende prozentuale Verbesserung der Produktivität abgelesen werden. Dieser **Produktivitätsgewinn** hängt ab von der Testvalidität, der Auswahlrate und der Leistungsspannweite, also dem Verhältnis der Leistungen des Besten zu der des Schlechtesten. Man kann die Spanne im Mittel über verschiedenen Tätigkeiten durch ein Verhältnis in der Größenordnung von 2:1 kennzeichnen; für den konkreten Fall muß es ermittelt werden.

Bei einer Validität von 0.40 und einer Auswahlrate von 50% wäre beispielsweise ein Produktivitätsgewinn von etwa 3%, bei einer Validität von 0.50 und einer Auswahlrate von 10% ein Produktivitätsgewinn von knapp 10% zu erwarten, wenn jeweils die mittlere Leistungsspannweite von 2:1 angenommen wird.

Die finanzielle Profitabilität valider Eignungsauswahlen kann unter entsprechenden sozialökonomischen Verhältnissen sehr hoch sein. Die geschätzten Produktivitätsgewinne in einem Jahr bei der Auswahl von Programmierern für USA-Regierungsbehörden lagen bei mittleren Auswahlbedingungen zwischen 20 und 30 Millionen Dollar (eingehender bei Landy und Trumbo 1980, Landy 1985).

Eignungsdiagnostische Forschung, insbesondere für das oben skizzierte **Zuordnungsproblem**, gehört zu den wichtigsten Lücken in der psychologischen Wissenschaft.

Die folgenden Darstellungen konzentrieren sich auf das Entwickeln von Persönlichkeitsmerkmalen für bzw. durch Arbeitstätigkeiten.

12.2. Persönlichkeitsmerkmale als Ergebnis von Arbeitstätigkeiten: Zur persönlichkeitsformenden Wirkung von Arbeitstätigkeiten

12.2.1. Grundlagen und Wirkungsformen

1. Psychische Prozesse, Repräsentationen, Zustände und Eigenschaften entwickeln und äußern sich in den Tätigkeiten, für deren Regulation sie erforderlich sind. Das gilt für Kognition wie für Motivation.

Diese Entwicklung des Psychischen in gegenständliche Tätigkeiten folgt, von außen bedingt, inneren Gesetzen: Sie ist vermittelt durch und gebrochen an bereits vorhandenen psychischen Repräsentationen und Eigenschaften einschließlich bereits entwickelter Bedürfnisse, Einstellungen oder Werthaltungen (Rubinstein 1958).

Bei der Aneignung gesellschaftlich bewerteter gegenständlicher Tätigkeiten werden gesellschaftliche Normen und das in den Gegenständen, Arbeitsmitteln und Methoden verdinglichte gesellschaftliche Wissen und Können angeeignet (Leontjew 1978). Das Aneignen neuer psychischer Repräsentationen und Eigenschaften erfolgt jedoch **nicht** kurzerhand als deren **direkte** Aneignung, sondern über das Erlernen inhaltlich und strukturell konkreter gegenständlicher **Tätigkeiten**. Daher muß eine an der Persönlichkeitsentwicklung interessierte Arbeitsgestaltung zunächst ermitteln, wie die konkreten Tätigkeiten beschaffen sein müssen, in denen sich erwünschte psychische Prozesse, Repräsentationen, Zustände und Eigenschaften ausbilden können. **Persönlichkeitsfördernde Arbeitsgestaltung ist Gestaltung dieser entwicklungsförderlichen Solltätigkeiten.**

Die psychische Entwicklung des erwachsenen Menschen ist ausschlaggebend bedingt durch die Aufgaben und das System der Tätigkeiten in Arbeit, Familie und gesellschaftlichen Gruppen. Zu diesen Aufgaben gehören auch die sogenannten Rollen. „Unter der Rolle ist eine Funktion, eine normativ gutgeheißene Verhaltensweise zu verstehen, die von jedem, der die betreffende Position einnimmt, erwartet wird . . . Diese Normen, die die allgemeinen Konturen der sozialen Rolle bestimmen, hängen nicht vom Bewußtsein und Verhalten eines konkreten Individuums ab . . . Ihr Subjekt ist nicht das Individuum, sondern die Gesellschaft oder eine konkrete soziale Gruppe" (Kon 1971, S. 25; zit. nach Ananjew 1974, S. 262). Die soziale Umwelt wirkt auf die Persönlichkeit über die sozialen Gruppen ein, zu denen sie gehören. Zu diesen sozialen Wirkungen gehört auch die „Pufferung" von Belastungen durch Familienangehörige, Freunde oder Kollegen und damit auch die Vermeidung von Beeinträchtigungen in der Persönlichkeitsentwicklung.

Die Entwicklungspsychologie begreift zunehmend die Entwicklung als einen lebenslangen Prozeß, der sich also keineswegs auf das Jugend- und das frühe Erwachsenenalter beschränkt. So wird das mittlere Erwachsenenalter (25 bis 44 Jahre) als „Stufe der Konsolidierung" gekennzeichnet, gefolgt von der „Stufe der Erhaltung" (45 bis 64 Jahre), der dann ein mögliches Abbaustadium folgt (Lehr 1977). Sieht man von der Problematik jeder verallgemeinernden Stufeneinteilung ab, so ist die Orientierung auf eine lebenslange Entwicklung in der Auseinandersetzung mit der Arbeitssituation eine wichtige Gemeinsamkeit von Entwicklungspsychologie und Arbeitspsychologie, speziell der entwicklungsförderlichen psychologischen Arbeitsgestaltung.

2. Konkrete Arbeitstätigkeiten können Einfluß auf Persönlichkeitseigenschaften auf mehreren sozialökonomischen **Wegen** nehmen, nämlich

- unmittelbar durch die Anforderungen von Arbeitstätigkeiten;
- über Ausbildungsvoraussetzungen der Arbeitstätigkeit;
- mit Hilfe von Anforderungen und Einflüssen der Ausführungsbedingungen;
- vermittels der gesellschaftlichen Bewertung des Arbeitsergebnisses.

Abb. 12.3 gibt eine schematische Zusammenstellung möglicher Einflußwege der Arbeitstätigkeiten auf Persönlichkeitseigenschaften; ihre Erörterung erfolgt im Zusammenhang der weiteren Ausführungen.

Der mehrfache Einfluß von Arbeitstätigkeiten macht sie zur **wichtigsten Triebkraft** in der Entwicklung des Menschen: „Arbeit ist das Grundgesetz in der Entwicklung des

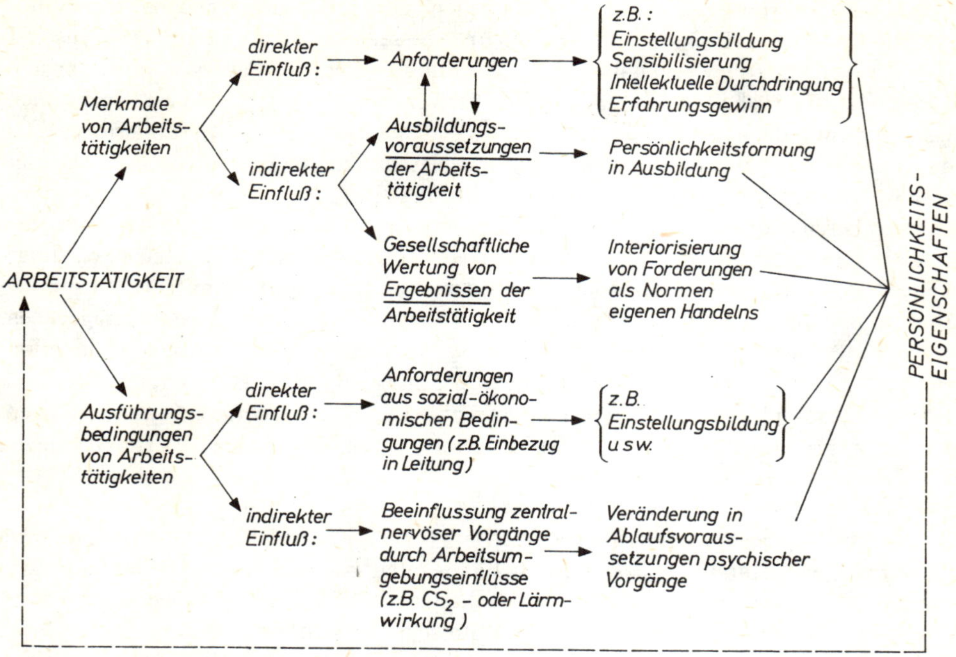

Abb. 12.3: Schema zu Arten von Einflußmöglichkeiten von Arbeitstätigkeiten auf Persönlichkeitseigenschaften.

Menschen ... Arbeiten heißt, sich in seinen Arbeitsprodukten objektivieren, sein eigenes Dasein bereichern und erweitern, Schöpfer und Gestalter sein" (S. 705). „Nur in dem Maße, wie sich die Persönlichkeit gegenständlich und objektiv in den Produkten ihrer Arbeit realisiert, wächst sie durch diese und entwickelt sich. Zwischen der Person und den Produkten ihrer Arbeit, zwischen dem, was sie ist, und dem, was sie schafft, herrscht eine eigenartige dialektische Wechselbeziehung" (Rubinstein 1958, S. 836).

„Die Arbeit ist *das wichtigste Mittel der Formung der Persönlichkeit* ... In der Arbeitstätigkeit entwickeln sich die Fähigkeiten des Menschen, es bildet sich sein Charakter, seine weltanschaulichen Prinzipien werden gestählt und zu Einstellungen des praktischen Handelns umgeformt" (ebenda, S. 704).

Idealerweise sollte die Wirkungsform von Arbeitsprozessen auf Persönlichkeitsmerkmale bestehen in der **Persönlichkeitsveränderung als Selbstveränderung vermittels des zielgerichteten Gestaltens eigener Lebens- und Arbeitsbedingungen durch die Arbeitenden**. Das entscheidende Kettenglied in diesem Selbstveränderungsprozeß ist die Arbeitstätigkeit der Werktätigen mit ihren allgemeinen und ihren individuellen oder „differentiellen" Seiten.

3. Welche Annahmen zur Persönlichkeitsentwicklung werden gemacht?

Dispositionelle Persönlichkeitseigenschaften werden als Kurzbezeichnungen für theoretisch abgeleitete, empirisch begründete Annahmengefüge mit dem Anspruch auf heuristischen Wert für Verhaltensvoraussagen aufgefaßt (Th. Herrmann 1973). Inhaltlich zählen wir hier zu Persönlichkeitseigenschaften nur Eigenschaften, die gesellschaftlich bedeutsames Verhalten oder Tätigkeiten des Menschen bedingen. Daher stehen an erster Stelle die Motive für jene Aufgaben, die sich der einzelne selbst stellt, die Charaktereigenschaften, die das Verhalten gegenüber anderen bedingen, und die Fähigkeiten (Rubinstein 1959). Die Eigenschaften, die in ihrer Wechselwirkung Persönlichkeiten kennzeichnen, werden nicht reduziert auf individuell unterscheidende Besonderheiten, sondern betreffen darüber hinaus mit anderen gemeinsame Eigenschaften (Rubinstein 1956). Alle Leistungsvoraussetzungen, also auch Fähigkeiten und Einstellungen, bilden sich – gebrochen an bereits vorhandenen Eigenschaften – in der Auseinandersetzung des Menschen mit Aufgaben beim kooperativen Ausführen von Tätigkeiten. Die unterstellte Wirkungskette ist folgende: An Eingriffspunkten in den Produktionsprozeß mit Freiheitsgraden sind motivierende Anforderungen zu selbständigen kognitiven Leistungen gegeben. Wiederholt bewältigte Aufgaben mit Freiheitsgraden ermöglichen das Entwickeln individueller Arbeitsverfahren. Bei gleichzeitiger Veränderung der Ausführungsbedingungen können disponible Strategien zum Erzeugen zweckmäßiger Arbeitsverfahren entstehen. Diese Strategien einschließlich des Bedürfnisses zu ihrer Nutzung sind Persönlichkeitseigenschaften, da sie das Handeln sowohl über längere Zeit als auch über mehrere Lebensbereiche vorhersagbar bestimmen.

Der Vorgang der gesellschaftlichen Wertung (vgl. 5. Kapitel) bekräftigt nicht nur diesen Erwerb von Handlungsstrategien als Fähigkeiten, sondern verknüpft damit die Aneignung von Motiven als habituelle Einstellungen durch die Interiorisierung von Normen. Im Arbeitsprozeß wirksame Motive unterscheiden sich individuell vorrangig durch ihren Bezug auf die drei Ergebnisbereiche von Arbeitstätigkeiten (Produkt und Selbstveränderung; Lohn; Befriedigung von außerhalb der Arbeitstätigkeit liegenden Bedürfnissen).

Persönlichkeitsentwicklung wird verstanden als Entwicklung der individuellen Möglichkeiten des Handelns in der gesellschaftlichen Umwelt, das mit gegenständlichen Produkten zugleich Eigenschaften erzeugt und motiviert ist durch individuell spezifische Verhältnisse von Produkt und Bedürfnis. „Eine Persönlichkeit konkret kennen heißt zunächst die Gesamtheit der Handlungen kennen, aus denen sich ihre Biographie zusammensetzt" (Sève 1973, S. 316). Dabei ist zu beachten: „Die Entwicklung des Menschen ist – im Unterschied zu der Ansammlung von Erfahrungen, zu der Aneignung von Kenntnissen, Fertigkeiten und Gewohnheiten – die Entwicklung seiner Fähigkeiten" (Rubinstein 1961, S. 8). Entwicklung von Fähigkeiten wird aufgefaßt als individueller Annäherungsvorgang an das normative Menschenbild der sozialistischen Gesellschaft. Der so aufgefaßte Entwicklungsbegriff schließt also Bewertungen ein, er bedeutet stets „Höherentwicklung". Die Entwicklung der Fähigkeiten vollzieht sich in der aktiven und selbständigen Auseinandersetzung mit Aufgaben.

4. Ein wesentliches Bindeglied zwischen dem aktuellen Ausführen von Tätigkeiten mit entwicklungsförderlichen Potenzen und dispositionellen Persönlichkeitseigenschaften besteht im Entwickeln relativ stabiler individueller Arbeitsweisen oder Arbeitsstile.

Unter den früher skizzierten Voraussetzungen können diese Arbeitsweisen sich als generalisierte, übertragbare Bewältigungsziele von Aufgabenklassen herausbilden. Ihre psychischen Regulationsgrundlagen können als Persönlichkeitseigenschaften betrachtet werden.

Die individuelle Ausführungsweise von Arbeitstätigkeiten kann also – als Bestandteil der Selbstveränderung des Menschen im Arbeitsprozeß – **rückwirkend** persönlichkeitsformende Wirkungen annehmen. Überdies besitzt die Ausprägung von Persönlichkeitszügen in Arbeitstätigkeiten Wert als **Kriterium** für den Stand der Persönlichkeitsförderlichkeit von Arbeitsgestaltungsmaßnahmen. Im 8. Kapitel wurden zwei unterschiedliche Strategien der Aufgabenerfüllung, die momentane und die planende Strategie, als Ergebnisse der Analyse unterschiedlicher Vorgehensweisen gegenübergestellt. Weiter wurde die Entstehung komplexer Arbeitsverfahren abgeleitet. Derartige Vorgehensweisen und Verfahren können sich verfestigen und zu einem den einzelnen kennzeichnenden persönlichen Stil der Bewältigung von Aufgabenklassen werden. Man bezeichnet diese generalisierten, stabilen, individualisierten Vorgehensweisen als **persönliche Arbeitsweise** (Hacker 1964, Klimov und Merlin 1966, Kudrina 1966, Palei 1978).

Mit der Entwicklung von persönlichen Arbeitsweisen entsteht die Möglichkeit, die Arbeitstätigkeit selbst — nicht allein zusätzliche standardisierte Tests — als psychodiagnostischen Zugang zur Untersuchung der individuellen Persönlichkeitsmerkmale zu nutzen, denn „die Handlung ist die klarste Enthüllung des Individuums, im Betreff seiner Gesinnung sowohl, als auch seiner Zwecke" (Hegel 1937, S. 297).

Persönliche Arbeitsweisen können sich u. a. unterscheiden hinsichtlich
- der Handlungs- versus Lageorientierung der Persönlichkeit (Kuhl 1980a),
- der Antizipations- und Planungsweite,
- dem momentanen versus planenden Vorgehen.

Des weiteren trägt das Entwickeln persönlicher Arbeitsweisen bei zur Nutzung vorhandener Freiheitsgrade entsprechend der unterschiedlichen individuellen Eigenschaften, wie beispielsweise kognitiver Stile oder habitueller Zielsetzungstendenzen. Diese „Individualisierung" der Selbstgestaltung durch Ausnutzung vorhandener Freiheitsgrade löst den vermeintlichen Widerspruch zwischen den für viele Menschen gedachten Arbeitsgestaltungsmaßnahmen und den individuell unterschiedlichen Voraussetzungen und Bedürfnissen einzelner Menschen. Das Angebot wählbarer Freiheitsgrade zur Beeinflusssung der eigenen Tätigkeit ist das entscheidende Kettenglied zur Lösung dieses Widerspruchs (Blumenfeld 1932; Prinzip der **differentiellen Arbeitsgestaltung,** Ulich 1978).

5. Obgleich die persönlichkeitsfördernde Wirkung mit Selbstverständlichkeit in Rechnung gestellt und fortlaufend bei der Gestaltung progressiver Arbeitsinhalte, erzieherisch, psychotherapeutisch oder in Rehabilitationsmaßnahmen genutzt wird, sind systematische psychologische Untersuchungen darüber, *welche* Merkmale von Arbeitstätigkeiten *welche* persönlichkeitsformenden Wirkungen aus *welchem Grund* besitzen, selten. Auch beim Durchmustern der arbeitspädagogischen Literatur entsteht der Eindruck, daß der Arbeit an sich, ohne weitere Differenzierungen ein allgemeiner Wert für die Persönlichkeitsformung beigemessen wird. Dem widerspräche die Erfahrung, daß es Tätigkeiten (z. B. einförmig-gleichbleibender Art mit geringen Qualifikationsanforderungen) gibt, die bei langfristiger Bewältigung keine persönlichkeitsfördernde Wirkung aufweisen und deshalb verändert werden sollen.

Diesem ungenügenden Kenntnisstand liegen zum Teil methodische Schwierigkeiten zugrunde, deren Erkenntnis einen ersten Schritt zu ihrer Überwindung darstellt:

Analysiert man Persönlichkeitseigenschaften — beispielsweise Interessenstrukturen — von Angehörigen unterschiedlicher Berufe, die eindeutig verschiedenartig akzentuierte Anforderungen aufweisen, so lassen sich relativ leicht deutliche Unterschiede feststellen. Wegen der besonderen Augenfälligkeit und des nur methodischen Anliegens wird hier ein älteres, extremes Beispiel gewählt: Wir fanden in einer vergleichenden Untersuchung (die damals erhobene Vorbildung hat sich mit der Entwicklung des Bildungssystems inzwischen grundlegend verändert) bei Kunstporzellan-Facharbeiter-Lehrlingen der Meißner Manufaktur, die eine umfassende künstlerische Vorausbildung im Rahmen einer insgesamt 7jährigen Lehre genießen, weitaus ausgeprägtere, vielseitigere, tätigere und mit dem Beruf inniger verbundene kulturelle Interessen als bei gleichaltrigen Lehrlingen in der industriellen Gebrauchskeramikfertigung. Auch die sportlichen Interessen und Betätigungen unterschieden sich hinsichtlich ihrer Ausprägungsrichtung (vgl. Tab. 12.2).

Ein Rückführen auf die objektiv unterschiedlichen Anforderungen der beruflichen Arbeitstätigkeiten ist dennoch sehr erschwert: Beide Populationen wiesen z. B. bereits unterschiedliche Schulvorbildung hinsichtlich Abgangsklasse und Notenprofil auf und unterschieden sich in der Teilnahme an den Zirkeln und Arbeitsgemeinschaften ihrer Schulen. Mit anderen Worten: Zu der prägenden Wirkung unterschiedlicher Arbeitsanforderungen auf die Persönlichkeit tritt methodisch komplizierend hinzu, daß verschiedene Persönlichkeiten zu unterschiedlichen Arbeitstätigkeiten tendieren und Zugang erhalten. Das oben erwähnte methodische Problem betrifft die Entflechtung u. a. auch dieser Wechselwirkung. Allgemeiner:

Tab. 12.2: Zum Problem des Nachweises persönlichkeitsprägender Einflüsse des Berufs: Interessenstruktur von Angehörigen von Berufen unterschiedlicher Anforderungen im gleichen Industriezweig und Territorium – bezogen auf schulische Vorbildung und Auswahlerfordernis (1954)

	Lehrlinge der	
	Kunstporzellanherstellung	industriellen Grobkeramikfertigung
Kennwerte der Interessenstruktur		
Anzahl regelmäßiger außerberuflicher kultureller und sportlicher Betätigungen (je Lehrling)	1,9	0,6
Verhältnis der sportlichen (≙ 1) zu den kulturellen Betätigungen	1:1,6	1:0,26
Anzahl außerberuflicher kultureller und sportlicher Ausbildungen (je Lehrling)	0,6	0,09
Anzahl der Mitgliedschaften in kulturellen und sportlichen Organisationen sowie GST (je Lehrling)	1,2	0,5
Kennwerte der schulischen Vorbildung		
Vollständiger Abschluß der polytechnischen Oberschule (Prozent der Lehrlinge)	100	41
Mittlere Abschlußnote der polytechnischen Oberschule	2,2	3,1
Verhältnis Bewerbungen/volkswirtschaftlicher Bedarf:	Bewerber zu Aufnahmemöglichkeiten wie etwa 10:1	Bewerberzahl niedriger als der Bedarf

Bei der Suche nach berufsbedingten Persönlichkeitsveränderungen müssen mehrere Kovariablengruppen abgespalten werden. Der dazu erforderliche Untersuchungsaufwand ist außerordentlich hoch und wird bisher nur selten aufgebracht:

- **Generations**effekte müssen durch Längsschnittuntersuchungen ausgeschlossen werden; idealerweise sind Längs- und Querschnitte zu kombinieren.
- **Selektions**effekte hinsichtlich bereits mitgebrachter Vorbildung oder Persönlichkeitseigenschaften sind durch vergleichende Untersuchungen der Bewerber, der Zugelassenen und gleichaltriger Nichtbewerber zu kontrollieren.
- **Fluktuations**effekte sind durch Untersuchungen der Ausscheidenden im Vergleich zu den Verbleibenden zu kontrollieren.

Eine zusammenfassende Methodendarstellung aus entwicklungspsychologischer Sicht findet sich bei Rudinger (1981).

12.2.2. Ingenieurmäßig nutzbare Ergebnisse zu persönlichkeitsformenden Wirkungen unterschiedlicher Arbeitsprozesse

Vergleichsweise breite, soziologische Aussagen liegen vor zu persönlichkeitsformenden Wirkungen der Produktions- und Eigentumsverhältnisse, des Charakters der Arbeit, der Bildungsentwicklung sowie des technologischen Fortschritts (zusammenfassend dazu Stollberg 1978). Lückenhaft sind die Ergebnisse dagegen, sofern nach gesicherten, für die ingenieurmäßige Gestaltung einzelner, konkreter Tätigkeiten in der sozialistischen Wirtschaft nutzbaren Vorschriften gefragt ist. Die folgende Übersicht ordnet nach den vier Wirkungswegen: Anforderungen, erforderliche Aus- bzw. Vorbildung, Arbeitsbedingungen und gesellschaftliche Bewertung.

1. Da die Arbeit ein gesellschaftlicher Prozeß ist, ein Vorgang zwischen Menschen, hat die **Bewertung** unter den Einflußfaktoren des Arbeitsprozesses wesentliche Bedeutung. Die gesellschaftliche Wertung (Fremdeinschätzung) des Menschen in der sozialistischen Gesellschaft richtet sich nicht nach seinem Besitz, sondern nach seiner gesellschaftlich nützlichen Arbeit. Auch die Selbsteinschätzung wird aus der Leistung des Individuums für die Gesellschaft bestimmt. „Diese neue bewußte gesellschaftliche Beziehung zur Arbeit ist der Kern, auf dem die ganze Psychologie der Persönlichkeit aufgebaut ist" (Rubinstein 1958, S. 834). Die Wertung beschränkt sich nicht auf die Arbeitseinstellung, sondern betrifft alle Seiten der Persönlichkeit, da alle – Fähigkeiten, Kenntnisse und der Charakter – in verschiedenem Maße an der Arbeitstätigkeit teilnehmen. Der persönlichkeitsbildende Vorgang besteht hierbei darin, daß die vorhergesehene Wertung (vgl. dazu 5. Kapitel) zu Normen eigenen Handelns interiorisiert wird.

2. Die persönlichkeitsformenden Wirkungen allgemeiner Arbeitsbedingungen werden vorzugsweise bei beeinträchtigenden Ausprägungen untersucht. Beispiele sind Wirkungen von Umweltfaktoren (Lärm, Schadstoffen) und von Schichtsystemen (Jugel u. a. 1978).

Ein Beispiel:

Beeinträchtigungen psychischer Persönlichkeitseigenschaften können – sogar im MAK-Bereich – bei langdauernder Einwirkung von Schwefelkohlenstoff entstehen, der bei bestimmten Arten der Textilfaserproduktion frei werden und in die Raumluft übertreten kann. Sie äußern sich in der Stimmungslage einschließlich Antriebshemmung (dysphorisch gereizte Depression, Apathie, gehemmter Antrieb), schwankender und gesteigerter emotionaler Ansprechbarkeit, Beeinträchtigung der konzentrierten Aufgabenzuwendung und des kurzfristigen Behaltens. Bei den beiden letztgenannten Beeinträchtigungen konnte zum Teil mit standardisierten Prüfverfahren das mit der Expositionsdauer wachsende Beeinträchtigungsausmaß quantitativ unter Ausschluß möglicher Kovariabler (wie dem Lebensalter) nachgewiesen werden (Hacker und Kühn 1969, Schneider und Seeber 1979, Seeber, Schneider und Zeller 1978). Die Gesetzgebung (7. Durchführungsbestimmung zum Gesetz zum Schutze der Arbeitskraft) sieht daher im Rahmen der Reihenuntersuchungen Gefährdeter auch die Erhebung des psychischen Status vor, um frühestmöglich beginnende, noch reversible Beeinträchtigungen erkennen und bekämpfen zu können.

Unter ungünstigen Bedingungen kann die persönlichkeitsformende Rolle von Arbeitstätigkeiten also auch **negativen** Charakter annehmen und die Persönlichkeitsentwicklung hemmen oder gar persönlichkeitsbestimmende psychische Eigenschaften beeinträchtigen. Um auch derartige Beeinträchtigungen auszuschließen, wurde der Arbeits- und Gesundheitsschutz in der DDR über die Erhaltung der körperlichen und geistigen Leistungsvoraussetzungen hinaus auf deren Förderung erweitert.

3. Der noch nicht quantitativ präzisierbare Hauptanteil der persönlichkeitsfördernden Einflüsse von Arbeitstätigkeiten wirkt *indirekt*, nämlich bereits durch die **Berufsausbildung.** Daher ist unter entsprechenden Ausbildungsbedingungen bereits bei Lehrlingen und Jungfacharbeitern ein hoher Anteil schöpferischer Aktivitäten (gemessen an Verbesserungsvorschlägen und Erfindungen) und damit in Wechselwirkung auf schöpferische Betätigung gerichtete Arbeitsmotivierung festzustellen (Kondratjewa und Platonow 1966, Tschugunowa 1966).

Wahrscheinlich hat die Güte der Berufsausbildung eine Schlüsselfunktion für die Art der späteren persönlichkeitsformenden Wirkung objektiv gleicher Arbeitsaufgaben:

Werktätige mit stabiler Normübererfüllung auf Grund überlegener intellektueller Organisation und Planung (vgl. Zielstellung in Tab. 12.3) der eigenen Arbeitstätigkeit bei schöpferischer Abwandlung vorgegebener Arbeitsanweisungen und mit hoher Beteiligung an der Neuererbewegung wiesen signifikant bessere Leistungen in der früheren berufspraktischen und der theoretischen Berufsausbildung auf als langzeitige „Normuntererfüller". Die gleichzeitig bessere Motivierung der „Normübererfüller" äußert sich in der höheren Arbeitszeitausnutzung (Anteil von t_{V_a}). Die motivierende Wirkung einer gelingenden Aufgabenbewältigung kann als mögliche Ursache dafür angesehen werden.

Tab. 12.3: Gegenüberstellung ursächlicher Leistungskennzeichen für zwei Teilkollektive mit stabiler Normüber- bzw. Normuntererfüllung, welche sich zugleich in der Güte ihrer theoretischen und berufspraktischen Ausbildung signifikant unterscheiden (Hacker und Vaic 1973)

Leistungskennzeichen	Werktätige mit langzeitiger	
	Normübererfüllung	Normuntererfüllung
– Stellen eines ablauforganisierenden täglichen Ziels der Normerfüllung	100%	57% der Population
– Schöpferische Verbesserung der vorgegebenen Arbeitsanweisungen (für das Rüsten)	77%	50% der Population
– – Einreichen von Verbesserungsvorschlägen	69%	15% der Population
– Benötigter Anteil der leistungsbestimmenden Vorbereitungs- und Abschlußzeit (t_A: Vorbereitung, Planung, Rüsten, Kontrolloperationen)	74,6%	99,4% der Vorgabezeit
– – Dreher mit höchster Normerfüllung (112,7%)	41,5%	
– – Dreher mit niedrigster Normerfüllung (74,0%)		139,0% der Vorgabezeit
– Notendurchschnitte der theoretischen und praktischen Ausbildung	besser	schlechter

Diese Ergebnisse können bedeuten, daß eine zu schöpferischer Bewältigung der leistungsbestimmenden Tätigkeitsbestandteile befähigende **Berufsausbildung zugleich Voraussetzungen dafür** schafft, daß im späteren Berufsleben **objektiv gegebene Anforderungen** ihren persönlichkeitsfördernden Effekt sowohl in motivierungsmäßiger wie in könnensseitiger Hinsicht entfalten können.

Die gleichen leistungsbestimmenden Anforderungseigentümlichkeiten, welche von der besser vorgebildeten Gruppe der Normübererfüller zu Ausgangspunkten ihrer schöpferisch erarbeiteten Mehrleistungen gemacht werden (Zeitanteile t_A, also zweckmäßiges Vorbereiten, Planen, Rüsten und Kontrollieren) sind für die mit schlechteren Berufsausbildungsergebnissen in die Produktionsarbeit eingetretenen „Normuntererfüller" die Hauptquelle ihrer stabilen Minderleistungen mit deren gleichfalls persönlichkeitsrelevanten, nämlich möglicherweise hemmenden Rückwirkungen.

Damit ist zu erwarten, daß die sich beim Lehren der intellektuellen Analyse und Planung komplexer Produktionsaufgaben bewährenden heuristischen Regeln (s. 8. Kapitel) auch Mittel darstellen, welche das Nutzen der potentiellen persönlichkeitsfördernden Anforderungen ermöglichen. Mit ihrer Hilfe können auch neue Motive der Arbeitstätigkeit entwickelt werden (Skell und Rameik 1970); jedes sich bewährende Motiv aber ist ein potentieller Charakterzug, also eine mögliche künftige Persönlichkeitseigenschaft.

Eine Ausstrahlung der Aus- und Weiterbildung bzw. des beruflichen Trainings von Fähigkeitsbereichen auf außerberufliche oder auf Freizeittätigkeiten – bis hin zu politischen Aktivitäten und zum Erziehungsstil – ist gesichert (Karasek 1978). Dabei dominieren die Ausstrahlungseffekte der beruflichen Tätigkeit auf die Freizeit eindeutig gegenüber vermutbaren Kompensationseffekten von Mängeln in der Arbeitstätigkeit während der Freizeit.

4. Die persönlichkeitsformenden Wirkungen unterschiedlicher Arbeits**anforderungen** wurden bisher relativ global untersucht. Aus untersuchungspraktischen Gründen herrschen Analysen von Fehlanforderungen vor.

In allgemeinster Hinsicht geben krankmachende psychische Auswirkungen von **Arbeitslosigkeit** in kapitalistischen Ländern deutliche Belege. Bei langer Arbeitslosigkeit wird über psychopathologische Symptome wie verringertes Selbstbewußtsein, Hoffnungslosigkeit, Kontrollverlust, Depressivität, Resignation, Störungen in den sozialen Beziehungen – auch in der Familie und ihren Erziehungsfunktionen –, psychosomatische Störungen und Alkoholismus berichtet (Frese und Mohr 1978).

Umgekehrt hat die Einordnung in sinnvolle, ausfüllende Arbeit psychisch, ganz besonders emotional, stabilisierende Wirkungen, die arbeitstherapeutisch seit langem genutzt werden.

Gesellschaftlich sinnvolle Arbeit hat demnach eine unersetzliche identitäts- und sinnerzeugende Funktion für die gesamte Lebensführung.

Fehlende anspruchsvolle Tätigkeiten in einer entsprechend stimulierenden Umgebung als **fehlendes Training** im Sinne des Erhaltungslernens beim aktiven Bewältigen von Anforderungen sind im Erwachsenenalter die ausschlaggebende Ursache für Leistungsabfälle (sogenannte Disuse-Hypothese), nicht aber kurzerhand irreversible altersbedingte Abbauvorgänge (Defizite). Deshalb kann ein eventueller Leistungsabfall auch noch im hohen Alter durch Training wieder aufgehoben werden (Labouvie-Vief und Gonda 1976, Lehr 1977).

Ein Beispiel:
Es muß befürchtet werden, daß unterfordernde, einförmig-gleichbleibende Arbeitsaufgaben, welche gleichzeitig keine Möglichkeiten zur völligen gedanklichen Abwendung bieten, bei langfristiger Wirkung Seiten der Persönlichkeitsentwicklung hemmen können (Abb. 12.4; Schleicher 1973).

Am Beispiel von zunächst noch nicht zu Persönlichkeitsmerkmalen verfestigten Indikatoren der psychischen Gesundheit, nämlich Erschöpfungs- und Depressionssymptomen, kann die Abhängigkeit psychischer Zustände von **miteinander wechselwirkenden Tätigkeitsmerkmalen** veranschaulicht werden:

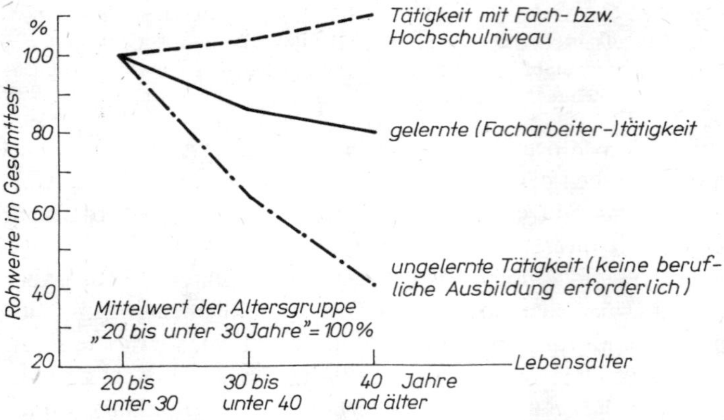

Abb. 12.4: Beziehungen zwischen Qualifikationsniveau der ausgeübten Berufstätigkeit und Entwicklung intellektueller Leistungen über dem Lebensalter (Schleicher 1973).
Die Entwicklung ausgewählter intellektueller Leistungen im Sinne der Weiterentwicklung, Erhaltung oder des Absinkens ist abhängig vom Ausmaß der trainierenden Inanspruchnahme durch die Anforderungen langjährig ausgeführter Berufsaufgaben.
Die Befunde wurden inzwischen auch bei einer eingehenderen methodischen Absicherung, nämlich bei gleichen intellektuellen Ausgangsleistungen und in Längsschnittuntersuchungen, im Prinzip bestätigt.

Die Auswirkungen hoher psychischer Anforderungen sind von den vorliegenden Freiheitsgraden für selbständiges Entscheiden und Zielsetzen abhängig. Hohe Anforderungen führen hauptsächlich bei **fehlenden** Freiheitsgraden zu Beeinträchtigungen der psychischen Gesundheit. Bei **umfangreichen** Freiheitsgraden haben hohe Anforderungen keine wesentlich erhöhten Beeinträchtigungen zur Folge; es sind sogar trainierende Wirkungen möglich (Karasek 1979). Abb. 12.5 schematisiert die Zusammenhänge.

Des weiteren ist das Ausmaß der Ausprägung der Symptome abhängig vom Verhältnis der tatsächlichen Arbeitsanforderungen zu den Anforderungen, die sich der einzelne mit Bezug auf seine Leistungsvoraussetzungen wünscht.

Oft wird von einer Häufung von Belastungssymptomen bei einer **erlebten** Überforde- und — weniger ausgeprägt — auch bei **erlebter** Unterforderung berichtet. Sie ist definiert als positive oder negative Differenz zwischen den tatsächlichen und den erwünsch-

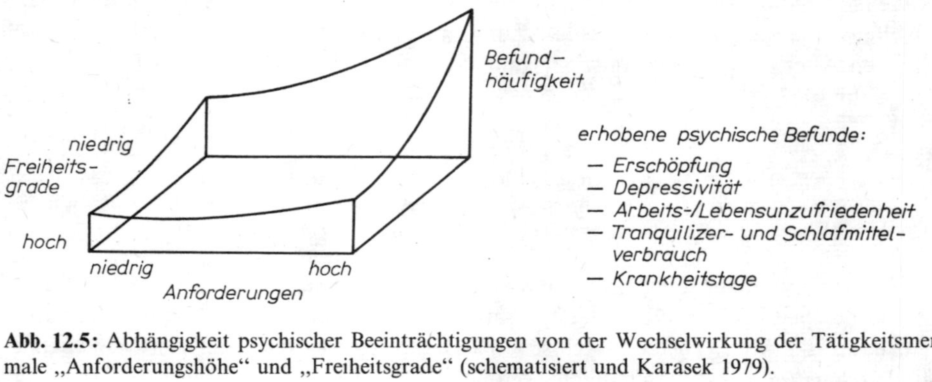

Abb. 12.5: Abhängigkeit psychischer Beeinträchtigungen von der Wechselwirkung der Tätigkeitsmerkmale „Anforderungshöhe“ und „Freiheitsgrade“ (schematisiert und Karasek 1979).

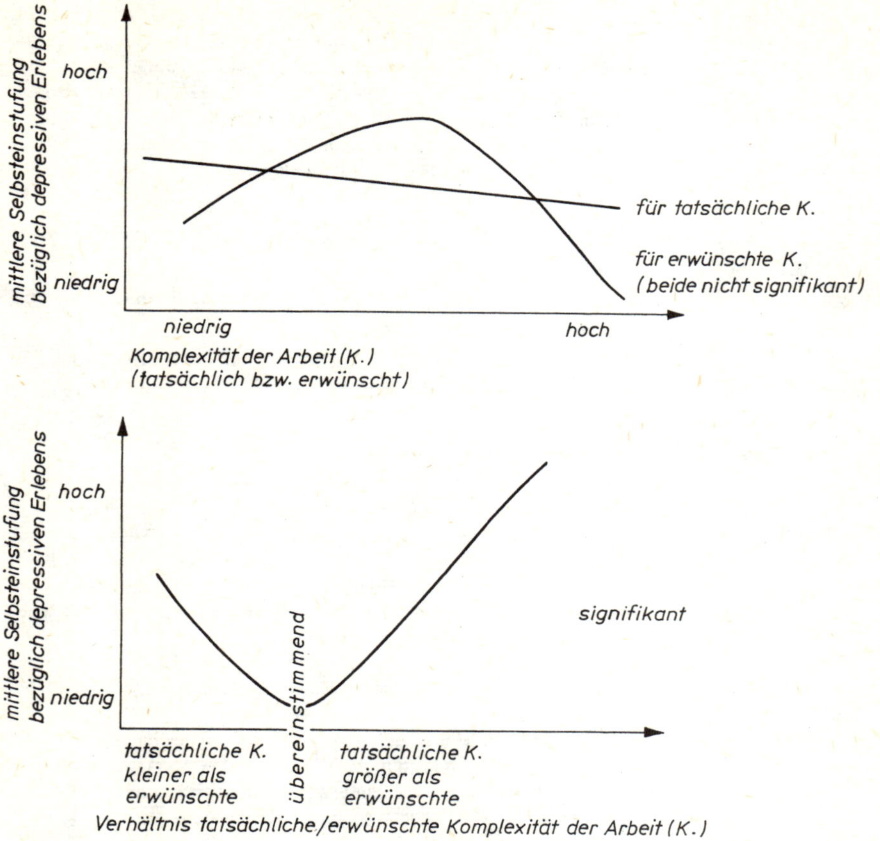

Abb. 12.6: Auswirkungen von Arbeitsprozessen auf psychische Zustände in Abhängigkeit vom Verhältnis der Anforderungen zu den Leistungsvoraussetzungen und Bedürfnissen („P-E-Fit-Konzept") (schematisiert nach Harrison 1978).

ten Anforderungen (im Sinne des Konzepts der sogenannten Person-Umwelt-Übereinstimmung). Hingegen fehlen oft Zusammenhänge zwischen Belastungssymptomen und den tatsächlichen Anforderungen für sich genommen sowie derartigen Symptomen und den erwünschten Anforderungen für sich genommen (Harrison 1978; Abb. 12.6).

Damit ist wahrscheinlich, daß die Auswirkungen von Tätigkeitsmerkmalen auf die Persönlichkeitsentwicklung außer von den Wechselwirkungen mit vorhandenen Persönlichkeitsmerkmalen der Arbeitenden auch von den Wechselbeziehungen innerhalb der Tätigkeitsmerkmale selbst abhängen.

Die arbeitsgestalterisch relevanten Merkmale der konkreten Tätigkeiten sind insgesamt hauptsächlich

- die Freiheitsgrade für selbständiges Entscheiden und Zielstellen,
- die Vielfalt, Komplexität bzw. Flexibilität der Anforderungen,
- Kooperationsmöglichkeiten.

Es ist noch nicht endgültig zu entscheiden, inwieweit diese Aussagen auch Besonderheiten der verfügbaren Untersuchungsmethodik widerspiegeln.

Viele Untersuchungen nutzen das Job-Diagnosis-Survey-Verfahren von Hackman und Oldham (1978) bzw. Adaptationen dieses Verfahrens. Seine Hauptmerkmale sind die Autonomie (Freiheitsgrade), die Anforderungsvielfalt, die Aufgabengeschlossenheit, die Aufgabenbedeutung und Rückmeldungen. Damit liegt eine Methodenabhängigkeit der oben dargestellten Befunde nahe. Diese wäre um so problematischer, als die dem Verfahren zugrunde liegende Konzeption sich in neueren Nachuntersuchungen nicht voll bestätigt. Das weitgehende Fehlen beispielsweise der Kooperation im JDS-Verfahren führt vermutlich zur Unterschätzung ihres Einflusses auf die Persönlichkeitsentwicklung.

Deutliche Veränderungen in der Persönlichkeitsstruktur durch obige Merkmale sind nachgewiesen für

- Kognition: intellektuelle Leistungen unter Einschluß von Gedächtnisvorgängen (Kohn und Schooler 1973, Althoff 1968);
- Motivation: Einstellungen, einschließlich der zur zielgerichteten Nutzung von Freiheitsgraden (das sogenannte Kontrollstreben) und Rollenorientierungen (Brosseau 1978);
- Emotion: emotionale Stabilität (Brosseau 1978).

Im Vordergrund von psychologischen Untersuchungen steht die Frage, wie die an automatisierten Produktionsanlagen auftretenden **Anforderungen,** welche vorwiegend intellektueller Art sind und sogar schöpferische Bewältigungsweisen erfordern, persönlichkeitsbildend wirksam werden (Tschebyschewa 1966, Kondratjewa und Platonow 1966, Tschugunowa 1966, Talejko 1966). Die Untersuchungen lassen erkennen, daß Arbeitstätigkeiten mit hohen intellektuellen Anforderungen vom Typus diagnostischer und prognostischer Aufgaben (vgl. 8. Kapitel) Grundlagen enthalten für

- die Entwicklung schöpferischer Fähigkeiten und Neigungen; die Neuerer- und Erfinderaktivität wird bei Arbeitskräften mit einschlägigen Aufgaben zur Massenerscheinung (Kondratjewa und Platonow 1966);
- die Entwicklung von Arbeitseinstellungen mit hohem persönlichkeitskennzeichnendem Wert; zum Schwerpunkt der Befriedigung gewährenden und zugleich motivierenden Seiten des Arbeitsprozesses wird der schöpferische Beitrag zur verbesserten Produktion und zur erweiterten Befriedigung gesellschaftlicher Bedürfnisse. Auf die eigene Person zentrierte Motive treten hinter sachzentrierte zurück.

Weitere Belege wurden im Zusammenhang des Lernens im Arbeitsprozeß dargestellt (vgl. 11.4.3.).

Das Ausmaß der Gesamtveränderungen ist stark abhängig von der Bedeutung, die der arbeitende Mensch seiner Arbeitstätigkeit beimißt.

Methodisch gut gesichert ist der Beitrag anspruchsvoller aktiver, gesellschaftlich nützlicher Tätigkeiten, also nicht nur der Arbeit, auf die **Langlebigkeit**. Langlebige kennzeichnet „mehr Komplexität und Variabilität im Tageslauf, ein weitreichenderer Zukunftsbezug, eine positiv getönte Stimmungslage und ein größeres Ausmaß an Sozialkontakten" und größere berufliche Aktivität (Lehr 1977, S. 314; dort und bei Ananjew 1974 Angaben von Originalquellen).

Es erweist sich als ausschlaggebend: **Persönlichkeitsentwicklung im Arbeitsprozeß ist im entscheidenden Maße Selbstveränderung durch das Gestalten der prägenden Bedingungen in der eigenen Arbeitstätigkeit.**

12.3. Effektivitätssteigernde und persönlichkeitsfördernde Arbeitsgestaltung: Ziele und Bewertungsmerkmale

Die Arbeitspsychologie konzentriert sich bei der Arbeitsgestaltung auf Maßnahmen, welche die psychische Struktur und die Verlaufsform konkreter Arbeitstätigkeiten verbessern. Die zahlreichen Wege der psychologischen Arbeitsgestaltung (Abb. 12.11, s. S. 518ff.) sind Gegenstand der speziellen Arbeitspsychologie. Die allgemeine Arbeitspsychologie behandelt die allgemeinen, gemeinsamen Bewertungsmaßstäbe, Gestaltungsgrundlagen und Auswirkungen der verschiedenen psychologischen Arbeitsgestaltungsmaßnahmen.

1. In der sozialistischen Gesellschaft müssen Arbeitsgestaltungsmaßnahmen gleichzeitig mehrere Ziele sichern:

a) hohe **Effektivität** der Leistung. Die Erfüllung der gesellschaftlichen und individuellen Ziele setzt ein planmäßiges Wachstum der Arbeitsproduktivität voraus. Effektivität beschreibt ein Aufwands-/Ertragsverhältnis. Zum Aufwand gehört nicht nur der volkswirtschaftliche, sondern auch der individuelle Aufwand, z. B. in Form der erforderlichen Beanspruchung und Belastung.

b) **Schutz** der Werktätigen vor körperlichen und psychischen Beeinträchtigungen und Schädigungen durch den Arbeitsprozeß. Im Sinne der WHO-Definition von Gesundheit als vollständigem körperlichem, geistigem und sozialem Wohlbefinden sind dabei nicht nur Unfälle, Berufskrankheiten und sonstige Arbeitsschäden, sondern auch nervöse Störungen und Beeinträchtigung des Wohlbefindens wie Neurosen, Monotonieerleben oder arbeitsbedingte Übermüdung eingeschlossen. Auch ein so weit gefaßter Schutz reicht jedoch zum Erfüllen der gesellschaftlichen Zielsetzungen, die körperliche und geistige Arbeit allmählich zu verschmelzen, jedem einzelnen in der produktiven Arbeit die Gelegenheit zu bieten, „seine sämtlichen Fähigkeiten, körperliche wie geistige, nach allen Richtungen hin auszubilden und zu betätigen" (Engels 1969, S. 274), und so auf dem Wege zur kommunistischen Gesellschaft Arbeit zum ersten Lebensbedürfnis werden zu lassen, nicht aus.

c) Sicherung von Wirkungs- und **Entwicklungsmöglichkeiten** für wesentliche Fähigkeiten und Einstellungen im Arbeitsprozeß. Eine derartige „persönlichkeitsfördernde" Arbeitsgestaltung ist für die sozialistische Gesellschaft kein vordergründig zweckmäßiges Mittel zur Produktivitätssteigerung und Erzeugung von Zufriedenheit, sondern ergibt sich als Notwendigkeit aus der umfassenden gesellschaftlichen Zielstellung, die auf „universal entwickelte Individuen" mit der „Entwicklung einer Totalität von Fähigkeiten in den Individuen" (Marx 1953, S. 79, 1956, S. 68) zielt. Diese Forderung nach persönlichkeitsfördernder Arbeitsgestaltung spiegelt zugleich die sich bereits vollziehende Entwicklung der Bedürfnisse der Werktätigen, speziell ihrer Forderungen an eine befriedigende Arbeitstätigkeit wider. Persönlichkeitsfördernde Arbeitsgestaltung und Bedürfnisentwicklung stehen also in Wechselwirkung.

Wir hatten im 5. Kapitel gezeigt, daß eine zu hohen Leistungen motivierende Befriedigung nicht vorrangig an Arbeitsumgebungsbedingungen, sozialen Beziehungen und auch nicht am Lohn ansetzt, sondern daß mit großem Abstand dominiert „der Inhalt der Arbeit selbst . . ., insbesondere die Möglichkeit, in der Tätigkeit die geistigen Fähigkeiten anwenden zu können" (Stollberg 1968, S. 44ff., Sdradomyslow und Jadow 1966, Jadow, Roshin und Sdradomyslow 1971). In psychologischer Terminologie motiviert also am wirkungsvollsten die Arbeitsaufgabe. Das gilt zumindest für das mittlere Erwachsenenalter.

Welche Beziehungen bestehen zwischen den drei Zielsetzungen der psychologischen Arbeitsgestaltung? Es ist die Meinung vorstellbar, daß der Schutz und die Förderung der arbeitenden Persönlichkeit den Effektivitätserfordernissen, mindestens einer hohen Produktivität, widerspräche. Bei solcher Auffassung erschiene ein Kompromiß zwischen den drei Forderungen bereits als Optimum. In Wirklichkeit liegen aber weder Ausschließung noch ein Kompromißerfordernis vor, sondern es besteht ein Ursache-Wirkungs-Verhältnis. Mit Hilfe der persönlichkeitsfördernden Arbeitsgestaltung werden nicht nur das soziale Wohlbefinden und die Berufszufriedenheit erhöht, sondern es werden zugleich die nach bisherigem Wissen wirksamsten Leistungsmotive freigesetzt, womit die Effektivität gesteigert wird.

Eine Erklärung für das Ursache-Wirkungs-Verhältnis bieten die im 5. Kapitel dargestellen motivierungstheoretischen Überlegungen und die erwähnten empirischen Ergebnisse zur Motivstruktur der Werktätigen an. Gerade die Eigenschaften von Arbeitstätigkeiten, die am meisten zur Persönlichkeitsentwicklung beizutragen vermögen, sind zugleich Ansatzpunkte wirksamer Motivierung für die Arbeit. Nicht nur befriedigend, sondern darüber hinaus motivierend wirken bestimmte **Anforderungen der Arbeitstätigkeit** und ihre gesellschaftliche Rolle. Es handelt sich um tätigkeitsspezifische Arbeitsbedingungen wie

- Aufgaben mit der Möglichkeit zur vielfältigen Ausnutzung der Befähigung sowie zu ihrer Weiterentwicklung durch Lernen;
- Aufgaben mit Freiheitsgraden für eigenes Entscheiden bis hin zu einer schöpferischen Ausführungsweise;
- Aufgaben mit Selbständigkeit und Möglichkeiten der Verantwortungsübernahme;
- Aufgaben, deren Gelingen echtes Efolgserleben und eine entsprechende gesellschaftliche Bewertung auf der Grundlage nützlicher Beiträge für andere ermöglicht.

Hier könnte von vorwiegend hochmotivierenden Arbeitsbedingungen gesprochen werden. Damit ist nicht gemeint, daß ausschließlich diese Bedingungen motivieren, jedoch entstammen Motivierungen zu Bestleistungen hauptsächlich dieser Gruppe, und hohe Leistungsmotivation schließt andere, nämlich sachzentriertere Motive als eine durchschnittliche Leistungsmotivation ein.

Auf der anderen Seite bieten diese anspruchsvollen Anforderungen ausgeprägtere Möglichkeiten zur Nutzung und Weiterentwicklung von Fähigkeiten und zur Bestätigung des Persönlichkeitswerts als allein das Verbessern der Arbeitsumwelt, die Optimierung der Bewegungsführung oder die Verfeinerung der Anreizstaffelung durch Prämien.

Weiter ist die Erkenntnis heranzuziehen, daß das Verfügen über Leistungsmöglichkeiten bereits ein Motiv für ihren Einsatz sein kann. Insofern wäre das Unterstellen eines „Selbstverwirklichungsbedürfnisses" nicht unerläßlich.

Mithin besteht unter sozialistischen Produktionsverhältnissen die These von der bestmöglichen Leistungssteigerung durch persönlichkeitsförderliche Arbeitsgestaltung zu Recht. Ein notwendiger Widerspruch zwischen den drei Zielstellungen besteht nicht.

2. Welchen Kriterien müssen Arbeitsgestaltungsmaßnahmen genügen?

Im Produktionsprozeß können häufig im Hinblick auf die Produktivität gleichwertige Ergebnisse auf verschiedenen Wegen erreicht werden. Für das Bewerten dieser Wege sind Merkmale erforderlich. Für das ergonomische Bewerten der Gestaltungsgüte von Arbeitstätigkeiten kann eine algorithmisch abarbeitbare, ordinal skalierbare Merkmalshierarchie benutzt werden, die Vorschläge des GOST-Standards 16456-70, der TGL 29432, Rohmerts und Luczaks (1973) sowie Schmidtkes (1965) einbezieht (Abb. 12.7). In der erforderlichen Abarbeitungsreihenfolge bewertet sie die Ausführbarkeit, die Schädigungslosigkeit, die Beeinträchtigungslosigkeit und die Persönlichkeitsförderlichkeit einer arbeitswissenschaftlichen Lösung. Der hierarchische Aufbau bedeutet, daß jeweils vor dem Übergang zur nächsten Bewertungsebene die Mindestforderungen der unmittelbar vorgeordneten erfüllt sein müssen, erforderlichenfalls durch Umgestaltung. Auf jeder Ebene können quantifizierbare, zum Teil bereits gesetzlich fixierte Kriterien angegeben werden. Insbesondere bei der Persönlichkeitsförderlichkeit sind solche Kriterien noch zu präzisieren.

Jedes der vier Merkmale dient zugleich zur Leistungssteigerung: Mangelnde Ausführbarkeit — beispielsweise wegen der Unterschwelligkeit eines Signals — beeinträchtigt die Leistung. Gesundheitsschädigende Einflüsse beeinträchtigen gleichfalls direkt die Leistung und indirekt darüber hinaus volkswirtschaftliche Effektivität. Monotonie als

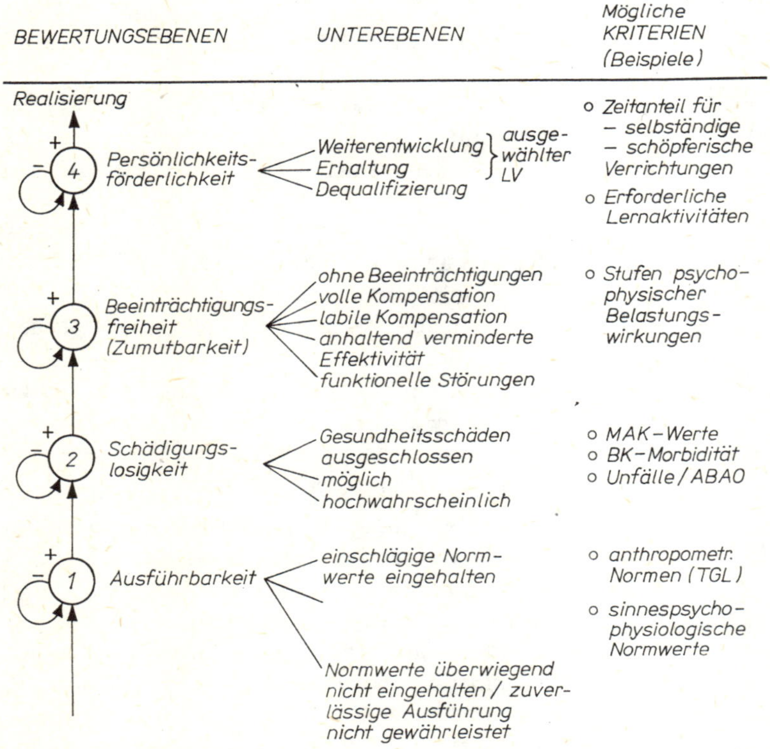

Abb. 12.7: Hierarchisches System zur ergonomischen Bewertung von Arbeitsgestaltungsmaßnahmen (LV Leistungsvoraussetzungen, BK Berufskrankheit, ABAO Arbeits- und Brandschutzanordnungen).

Verstoß gegen die Beeinträchtigungsfreiheit senkt die Leistung, insbesondere die Qualität. Persönlichkeitsförderliche Anforderungsvielfalt, eigenständige Entwicklungsmöglichkeiten oder Denkanregungen sind über die anregende Motivation besonders wirkungsvolle Quellen auch von Leistungssteigerungen. Daher ist — zumindest unter sozialistischen Produktionsverhältnissen — Leistungssteigerung keine getrennte arbeitsgestalterische Zielstellung neben oder gar in Konkurrenz mit der Sicherung von Ausführbarkeit, Schädigungslosigkeit, Beeinträchtigungsfreiheit und Gesundheits- sowie Persönlichkeitsförderlichkeit. Sie zu gewährleisten bedeutet vielmehr zugleich, mit arbeitsgestalterischen Mitteln hohe Produktivität zu sichern. Nähere Darstellungen hierzu gibt die Spezielle Arbeits- und Ingenieurpsychologie 1 (Hacker 1980).

Die zitierten Studien zur Bedürfnisstruktur weisen in Übereinstimmung mit Untersuchungen zu den objektiven Entfaltungsbedingungen der Persönlichkeit auf folgende **Hauptbedingungen für die Persönlichkeitsentwicklung im Arbeitsprozeß hin:**

a) ausreichende Aktivität (Sawalowa, Lomow und Ponomarenko 1971) bei
b) Möglichkeiten zur Anwendung und Erhaltung erworbener Leistungsvoraussetzungen; diese Anwendung muß für den einzelnen und seine Bezugspopulation — im weitesten Sinne für die Gesellschaft — nützlich sein;
c) Möglichkeiten lernbedingter Erweiterung der Leistungsvoraussetzungen in ihrer Vielfalt, insbesondere der geistigen Befähigung zum disponiblen Erzeugen von Arbeitsverfahren (bei Sève 1973 „organische Zusammensetzung des Zeitplans"; Volpert 1974a). Anwenden und Erweitern geistiger Leistungsvoraussetzungen bedeutet vorzugsweise
d) Ermöglichen selbständiger Zielstellungen und Entscheidungen sowie aus Denkleistungen abgeleiteter Verfahrenswahlen mit potentiell
e) schöpferischen Veränderungsmöglichkeiten der Verfahren, z. B. als Neuerer im Sinne der Einheit von Arbeiten, Lernen und Forschen (vgl. Kap. 11).

Diese Möglichkeiten setzen mehrere weitere Bedingungen voraus, insbesondere das Übertragen einer Aufgabe mit erkennbarem Sinn für das Gesamtprodukt und damit für andere und für die Gesellschaft, die Kenntnis des Produktionszwecks, die Kenntnis der Funktion des gefertigten Produkts, der Planaufgaben des Betriebes und der betrieblichen Entwicklung oder volkswirtschaftlicher Verflechtungen.

f) Möglichkeiten zu befriedigender sozialer Kooperation als notwendigem Bestandteil des Reichtums an Beziehungen zur Umwelt, der eine Persönlichkeit kennzeichnet.
g) Anerkennung gesellschaftlich wertvoller Leistungen in solcher Form, daß dabei eine Bestätigung der Persönlichkeit als wertvolles Mitglied der Gesellschaft erfolgt.

Wir sahen oben im Zusammenhang der Ausstrahlung arbeitsbedingter Auswirkungen auf die Persönlichkeitsentwicklung, daß damit auch Erfordernisse des aktiven Verhaltens im gesellschaftlichen und politischen Bereich berücksichtigt werden.

Diese objektiven Entwicklungsbedingungen wirken nicht mechanisch. **Sie sind nur Entwicklungsangebote**. Wichtige Vermittler der Realisierung dieser Angebote sind:

— die Bedürfnisse der Arbeitenden gegenüber der Arbeit, die Stellung der Berufstätigkeit in ihrer Werthierarchie,
— die bereits vorhandenen Leistungsvoraussetzungen, die mitbedingen, ob Lernanstöße vorliegen können oder nicht.

Zwischen den objektiven und den personalen Bedingungen bestehen Wechselbeziehungen.

Sie sind die eigentlich ausschlaggebende Bedingung für die Persönlichkeitsentwicklung im Arbeitsprozeß.

Aus der aktuellen Auseinandersetzung mit den benannten objektiven Bedingungen, also aus den Veränderungen in den individuellen Zielsetzungen, den zunehmend genutzten Entscheidungsmöglichkeiten oder den Planungsschritten, können sich zunächst relativ stabile individuelle Arbeitsweisen entwickeln. Um Persönlichkeitsbezug zu erlangen, müssen diese unter wechselnden Bedingungen genutzt, übertragbar, also generalisierbar, sein und sich bei dieser Übertragung bewähren. Neben arbeitsgestalterischen Voraussetzungen können auch ausbildungsmäßige sowie die gesellschaftlichen Bewertungen betreffende Voraussetzungen hierzu beitragen.

Zu den objektiven Bedingungen im einzelnen:

a) Die allgemeinste Forderung nach ausreichender Aktivität schafft nur die unerläßlichen Grundlagen für weitere Festlegungen. Speziell im Hinblick auf die weitgehende Entlastungsmöglichkeit des Menschen in Mensch-Maschine-Systemen durch Rechner dürfen sie jedoch nicht übergangen werden. Ausreichende Beteiligung des Menschen am Produktionsprozeß ist die Voraussetzung eines Aktivierungsniveaus, das erst ein zielgerichtetes Eingreifen ermöglicht.

Ein instruktives Beispiel gaben Sawalowa, Lomow und Ponomarenko (1971) beim Untersuchen einer zweckmäßigen Funktionsverteilung zwischen Mensch und Maschine beim Landen von Flugzeugen (Tab. 12.4), wobei an den dargestellten Wirkungen zusätzlich noch die unterschiedliche Kenntnis der Entstehungsgeschichte technischer Parameter beteiligt sein dürfte.

b) Die geforderten Aktivitäten müssen durch Zuordnung zu den Regulationsniveaus und ihren Untergliederungen hinsichtlich ihres möglichen Beitrags zur Persönlichkeitsentwicklung bewertet werden (Volpert 1974a). Im 4. Kapitel wurden die Unterschiede zwischen den Regulationsebenen dargestellt hinsichtlich

- Anzahl und Art der Freiheitsgrade für Zielstellungen,
- Inhalt und Struktur der Ziele, die zugleich die Beziehung herstellen zur Motivierung,
- Detailliertheit und Festigung der Aktionsprogramme,
- Art und Niveau psychischer Prozesse und operativer Abbilder.

Tab. 12.4: Einfluß unterschiedlicher Grade der Freisetzung des Menschen auf die Leistung eines Systems „Mensch — Maschine" (Flugzeug) (Sawalowa, Lomow und Ponomarenko 1971)

Verglichene Leistungsparameter	Handgesteuerter Flug	Nach einstündigem automatischem Flug bei „Ausfall" der Automatik	
		„aktiver" Pilot (halbautomatische Steuerung)	„passiver" Pilot (vollautomatische Steuerung)
Mittlere Abweichung vom vorgegebenen Landewinkel	4°	4°	8°
Maximale Abweichung vom vorgegebenen Landewinkel	7°	7°	22°
Mittlere Abweichung von der vorgegebenen Sinkgeschwindigkeit	2 m/s	3 m/s	4 m/s
Maximale Abweichung von der vorgegebenen Sinkgeschwindigkeit	8 m/s	10 m/s	18 m/s

Dabei wurde der verschiedene Beitrag der Ebenen zur Persönlichkeitsentwicklung verdeutlicht. Die Beiträge der sensumotorischen und der perzeptiv-begrifflichen Regulation **voraussetzend und einschließend**, besitzen die reichsten Möglichkeiten zur Persönlichkeitsentwicklung die intellektuellen Anforderungen.

Damit wird der unerläßliche Beitrag sensumotorischer Regulationsvorgänge zur Entfaltung von Persönlichkeitseigenschaften nicht verkannt, sondern es wird lediglich betont, daß sie *allein* noch keine Möglichkeiten für das Entwickeln von geistigen Fähigkeiten bieten. Ohne vollständiges Beherrschen der Fertigkeiten ist kein künstlerisches Gestalten eines Pianisten oder kein Planen eines Einrichters möglich. Aber die jeweiligen Fertigkeiten sind nicht das musikalische Gestalten oder das Entwerfen eines zweckmäßigen Arbeitsplans. Analoges gilt für perzeptiv-begriffliche Leistungen wie Identifizieren, Klassifizieren oder Zuordnen eines Handlungsschemas.

Die Forderung nach einem Leistungsanteil mit intellektuellen Anforderungen folgt letztlich aus dem normativen Menschenbild, das Persönlichkeiten fordert, die ihre Entwicklungspotenzen während des ganzen Lebens auf der Grundlage der Einheit der gesellschaftlichen und individuellen Interessen daran ausschöpfen. Solches Ausschöpfen kann analog zur Sprachkompetenz durch eine Handlungskompetenz (Volpert 1974c) beschrieben werden. Handlungskompetenz bezeichnet die lernabhängigen Fähigkeiten zum disponiblen Erzeugen realisierbarer Handlungspläne. Habitualisierte disponible Erzeugungsprozeduren von Handlungsplänen sind Persönlichkeitseigenschaften ebenso, wie ein sich verfestigendes Motiv eine potentielle Charakter- und damit Persönlichkeitseigenschaft ist. Für die Möglichkeit zum Anwenden vorhandener Leistungsvoraussetzungen und zum Hinzulernen einschließlich des Entwickelns neuer Zielstellungen und Motivierungen haben die **Freiheitsgrade für eigenständige Zielstellungen** eine ausschlaggebende Bedeutung. Für deren Wirksamwerden ist eine **Mindestvielfalt der Anforderungen** unerläßlich.

Beide Bedingungen korrelieren eng mit der **Anzahl anforderungsverschiedener Teiltätigkeiten** innerhalb eines Arbeitsauftrags, mit der **Häufigkeit des Wechsels der Aufträge**, der **Häufigkeit der Wiederholung gleichartiger Arbeitsschritte** und der **psychischen Automatisierbarkeit** der Tätigkeitsausführung.

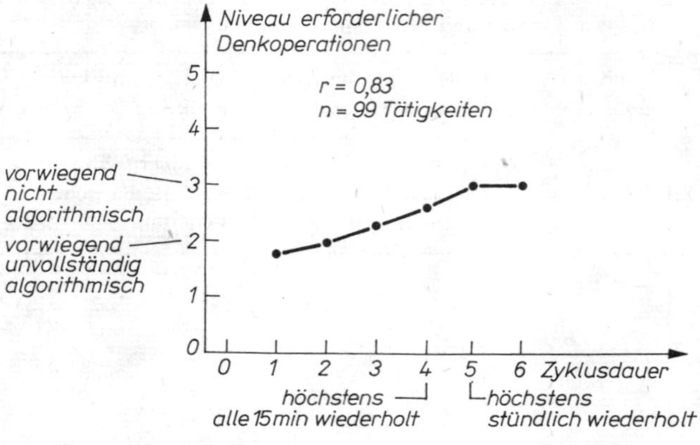

Abb. 12.8: Beziehung zwischen der Häufigkeit der Wiederholung gleichartiger Arbeitsschritte („Zyklusdauer“) und dem erforderlichen Niveau intellektueller Leistungen (Iwanowa).

Abb. 12.8 veranschaulicht an Hand einer Untersuchung von 99 Bedien- und Montagetätigkeiten, wie beispielsweise mit abnehmender Wiederholungshäufigkeit gleichartiger Arbeitsschritte das Niveau der erforderlichen intellektuellen Leistungen steigt.

Ausreichende Freiheitsgrade für arbeitsbezogene Zielstellungen der Werktätigen erhöhen nicht nur die Möglichkeiten zur geistigen Auseinandersetzung mit der Aufgabe, sondern verringern die Wahrscheinlichkeit des Auftretens von Beeinträchtigungen des psychophysischen Befindens. Abb. 12.9 belegt das für eine Stichprobe von Industriearbeitern an Hand der mittleren Häufigkeit ausgesagter phobischer Symptome.

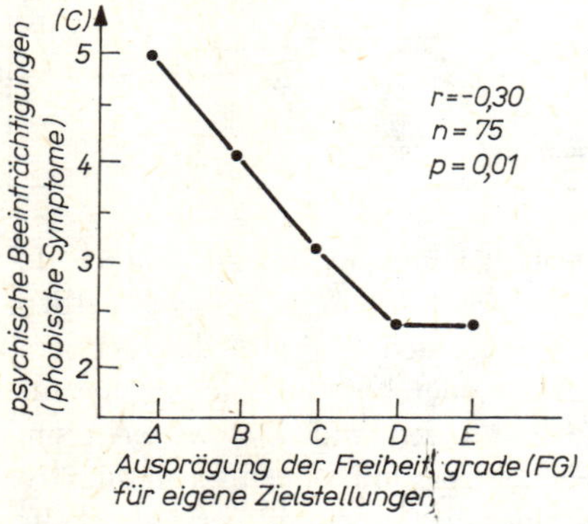

Abb. 12.9: Beziehung zwischen Freiheitsgraden für eigene Zielstellungen in der langzeitig ausgeübten Arbeitstätigkeit und psychischen Beeinträchtigungen (phobischen Symptomen) bei Industriearbeitern. Der Zusammenhang ist nicht beeinflußt von Geschlecht, Qualifikation und objektivem Gesundheitszustand. Die Stichprobe ist altershomogen. Die Intelligenz (LPS Horn) hat Einfluß; nach ihrem Auspartialisieren ist $r = -0{,}21$ (signifikant) (Richter und Engelmann 1982 unveröffentl.).
A keine FG, B zeitliche FG, C FG für Vorgehensweise und Mittel, D aufgabenbezogene FG, E problembezogene FG.

c) Intellektuelle Anforderungen können weiter differenziert werden nach reproduktiven und produktiven, ferner nach algorithmischen, nichtalgorithmischen sowie schöpferischen Anteilen (vgl. die Unterteilung 8.1.7.). Eine Zuordnung mit für praktische Gestaltungszwecke hinreichender Verbindlichkeit ist möglich; ein Hilfsmittel gibt das TBS-Verfahren.

Sowohl diagnostische wie prognostische Leistungen der Mittel-Weg-Wahl beim Festlegen von Arbeitsverfahren können selbständige oder sogar schöpferische Qualität annehmen, also beispielsweise
- das Erfassen von Freiheitsgraden,
- die komplexe Situationsanalyse,
- das Entwerfen von Handlungsschritten und ganzen Plänen,
- ihr folgenkritisches antizipatives Bewerten,
- das Entscheiden für eine Vorgehensvariante.

Eine eingehende Darstellung der hier heranzuziehenden Vorgänge gab das 8. Kapitel.

Trotz der Unerläßlichkeit intellektueller Vorgänge wäre ein Beschränken auf diese abwegig: Mit dem Erfordernis, selbständig zu entscheiden, ist zugleich Verantwortung übertragen. Anforderungen an die

Befähigung sind von Anforderungen an Einstellungen nicht zu trennen. Die technisch-organisatorische Arbeitsgestaltung und die zugehörige Qualifizierung formen gleichzeitig Einstellungen.

Mögliche quantifizierbare Merkmale für die so umrissene Persönlichkeitsförderlichkeit konkreter Arbeitstätigkeiten gibt Tab. 12.5.

Tab. 12.5: Beispiele denkbarer Kriterien für die Persönlichkeitsförderlichkeit von Tätigkeiten

- Zeitanteil der Beteiligung an der Fertigung < reaktiv / antizipativ
- Anteil von Arbeitsabschnitten mit selbständigen/schöpferischen Lösungserfordernissen
- Anteil von Arbeitsabschnitten mit Lernerfordernissen — differenziert nach Regulationsebenen —
- Verhältnis vorhandene/genutzte Befähigungsbereiche
- Längsschnittanalysen standardisiert prüfbarer Leistungsvoraussetzungen

d) Die mögliche bzw. erforderliche **Kooperation** muß hauptsächlich hinsichtlich der Inhalte von kooperativ zu verrichtenden Tätigkeitsabschnitten untersucht werden. Für die Persönlichkeitsentwicklung macht es einen Unterschied, ob Inhalt der Kooperation allein die Abfolge abzustimmender Verrichtungen oder komplizierte gemeinsame Zustandsdiagnosen, Mittel-Weg-Festlegungen und Planungen sind. Des weiteren sind kollektive, also über Zweierbeziehungen hinausgehende Abstimmungen und kollektive Verantwortlichkeiten wichtige soziale Sachverhalte mit einer potentiell persönlichkeitsprägenden Wirkung. Zwischen dem Kooperationstyp und der Qualität der Kollektiventwicklung besteht ein Zusammenhang, wobei mit zunehmender Kollektiventwicklung fachlich-sachliche Bedingungen gegenüber emotionalen kollektivbildenden Bedingungen an Bedeutung gewinnen (Strohbach 1975). Für die Einstellungsentwicklung ist bisher am deutlichsten die prägende Wirkung unterschiedlicher Kooperationsformen auf die individuelle Aneignung gesellschaftlicher bzw. sozialer Normen gezeigt worden.

Zum praktischen Ermitteln der erforderlichen Daten eignet sich folgendes **Vorgehen**:

1. Ermitteln eines repräsentativen Tätigkeitsablaufs durch wiederholte Arbeitsstudien bei verschiedenen Arbeitskräften.
2. Gliederung in Abschnitte, die dem Erleben der Werktätigen als Ziele und Teilziele entsprechen.
3. Zuordnung der Abschnitte zu einer Systematik psychomotorischer und kognitiver Teilleistungen, aufgefaßt als Anforderungen. Diese Systematik muß handlungsvorbereitende und -ausführende Prozesse und die mit ihnen verbundenen psychischen Gebilde (operative Abbilder, Kenntnisse) im Sinne einer Feindifferenzierung des Richtens, Orientierens, Entwerfens, Entscheidens und Kontrollierens des Ausführens umfassen und die Hierarchie der Regulationsebenen einschließlich der vorgeschlagenen weiteren Differenzierung innerhalb der intellektuellen Ebene berücksichtigen (vgl. 4. Kapitel).
4. Zuordnung von Auftrittshäufigkeiten zu allen Abschnitten der Anforderungssystematik. Erforderlichenfalls Bewichtung mit Schichtzeitanteilen.
5. Differenzierung der nach Auftrittsumfang gewichteten kritischen Abschnitte durch Ermittlung des Ausprägungsgrads (zum Teil objektiv-tätigkeitsanalytisch, zum Teil durch Skalierung durch die Arbeitenden selbst).

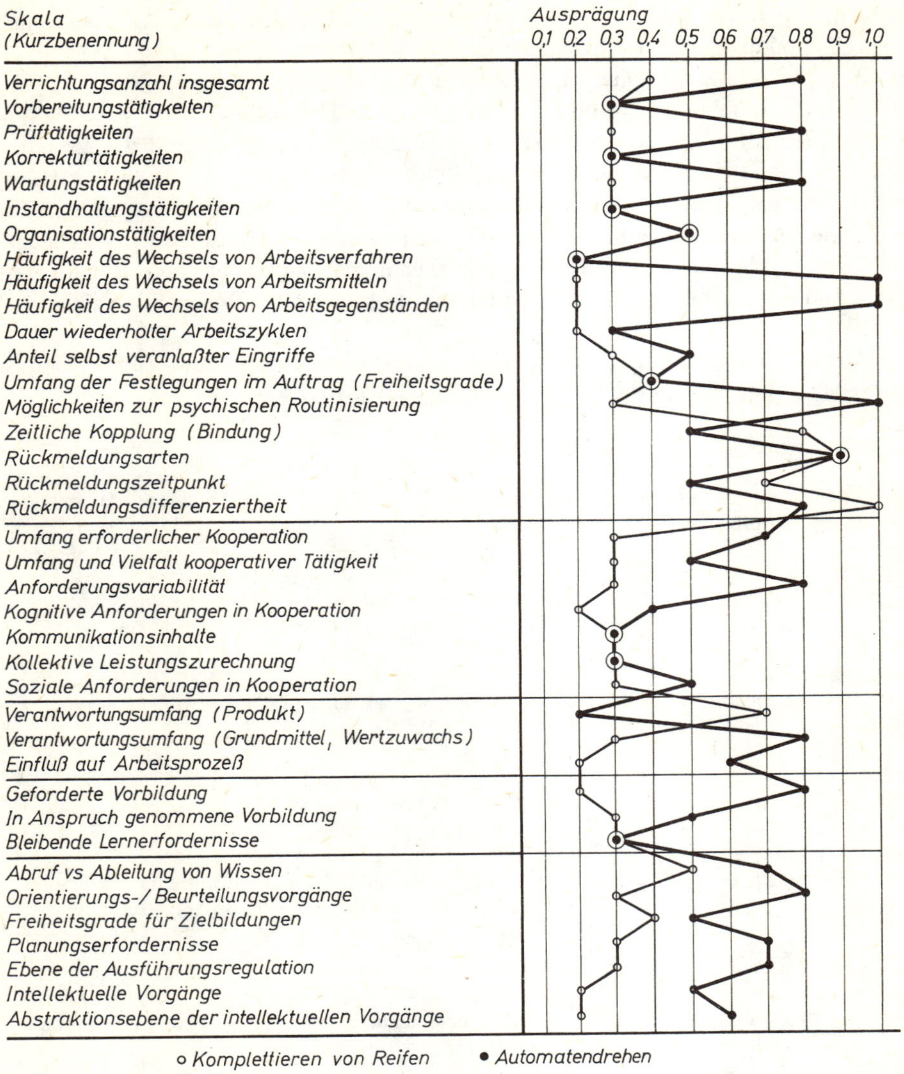

Abb. 12.10: Beispiele für TBS-Profile (Erprobungsvariante 1982; gekürzt). Die Ordinalskalen sind durch Transformation auf eine einheitliche Länge gebracht; sie sind so gerichtet, daß höheren Zahlenwerten eine größere Wahrscheinlichkeit eines Beitrags zur Persönlichkeitsentwicklung in der Arbeit zukommt.
Komplettieren von Reifen: Ventile und Felgenmuttern einsetzen und Bündeln der fertigen Schläuche. Lohngruppe 3. Geringe, noch zumutbare Ermüdungsanzeichen (BMS-Verfahren). Deutliches Erleben unterdurchschnittlicher geistiger Anforderungen (STB-Verfahren).
Automatendrehen: Bedienen und Überwachen mehrerer Drehautomaten, zum Teil auch Einstellen. Lohngruppe 6. Kein Ermüdungs- oder Monotonieerleben (BMS). Anforderungen werden als geistig anregend und mit guten Einfluß- und Kooperationsmöglichkeiten erlebt (STB).
Das Profil zeigt beispielsweise für das Komplettieren, daß Hauptansatzpunkte für eine Umgestaltung bei der geringen Anforderungsvielfalt, die mit hoher psychischer Routinisierbarkeit (Automatisierbarkeit) einhergeht, und bei den geringen Kooperationserfordernissen liegen. Das verweist auf das Erwägen eines vom Kollektiv selbst organisierten Arbeitswechsels mit vorausgehenden Arbeitsplätzen als eine Umgestaltungsmöglichkeit.

6. Überprüfung durch Beurteilung der erlebten Anforderungen durch Werktätige als Rangreihenbildung oder Ratingskalierung.

Das entscheidende Kettenglied ist die Systematik der regulativen psychischen Anforderungen. Die Kapitel 4 sowie 6 bis 9 dienten ihrer Begründung.

Das Ermitteln des Anteils der Abschnitte mit Lernerfordernissen und des Verhältnisses von vorhandenen und genutzten Leistungsvoraussetzungen kann zunächst das dargestellte Vorgehen nutzen. Darüber hinaus müßten die bei einer Gruppe von Werktätigen vorhandenen Leistungsvoraussetzungen als Grundlage der erforderlichen Vergleiche ermittelt werden. Je nach dem erforderlichen Genauigkeitsanspruch kann das theoretisch an Hand der Ausbildungsunterlagen oder praktisch durch Könnensüberprüfungen erfolgen.

Ein Hilfsmittel für die Durchführung dieser Untersuchungen und Bewertungen ist das Tätigkeitsbewertungssystem TBS-L (Hacker, Iwanowa und Richter 1983). Abb. 12.10

Tab. 12.6 a: Beispiel einer TBS-Skala: Inhaltliche Freiheitsgrade

Vorgeschriebenheit bzw. objektive Freiheitsgrade (FG) des Vorgehens: Umfang und Art der im Arbeitsauftrag getroffenen inhaltlichen Vorgaben	
Auftrag legt fest:	Freiheitsgrade für Zielsetzungen:
(0) Art und Abfolge der Aktivitäten bis zu AGSt, einzusetzende Mittel (M), Bearbeitungswege (W), Eigenschaften der zu erzielenden Ergebnisse (E)	*keine* inhaltlichen FG über das Übernehmen/Nichtübernehmen des Auftrags hinaus
(1) Art und Rahmenabfolge von Teiltätigkeiten (TT) mit geringen Variationsmöglichkeiten in der Abfolge (A); M, W, E vorgegeben	geringe inhaltliche FG für *Modifikation* von vorgegebenen A von TT
(2) M, W, E	FG beim Entwerfen der A von TT
(3) E	FG bezüglich A sowie M und W einschließlich Kooperation bei TT
(4) Nur globale, rahmenhafte Vorgaben für E	FG bezüglich A, M, W und E bei T
(5) Nur Tätigkeitsbereich	FG bezüglich A, M, W, E sowie für eigenständige Aufgabenstellung (Aufgabenfindung)

Tab. 12.6 b: Beispiel einer TBS-Skala: Zeitliche Bindung bzw. Freiheitsgrade

Zeitbindung: Technisch bzw. organisatorisch bedingte zeitliche Festlegungen bzw. Freiheitsgrade für zeitliches Disponieren eigener Tätigkeiten
(0) Keine zeitlichen Freiheitsgrade: extrem enge zeitliche Bindung bis zu Operationen (Griffgruppen) mit sehr kurzen technologisch bedingten Zeitspannen (Dispositionsspielraum höchstens bis 3 Minuten)
(1) Geringe zeitliche Freiheitsgrade: zeitliche Bindung bis zu Arbeitsgangstufen mit kurzen technologisch bedingten Zeitspannen (Dispositionsspielraum zwischen mehr als 3 Minuten und einer halben Stunde)
(2) Mittlere zeitliche Freiheitsgrade: zeitliche Bindung bis zu Teiltätigkeiten mit Dispositionsspielraum zwischen einer halben und einer Stunde
(3) Große zeitliche Freiheitsgrade: zeitliche Bindung nur für Aufträge (Tätigkeiten), d. h. große Arbeitseinheiten wie Lose, Serien mit Dispositionsspielraum innerhalb von Stunden bis zu einer Schicht
(4) Weitestgehend frei wählbare zeitliche Arbeitseinteilung bis zu Auftragskomplexen, bedingungsabhängige Dispositionsmöglichkeiten auch über Einzelschichten hinaus

gibt ein Beispiel für die damit aufstellbaren Anforderungsprofile an. Zu dem Verfahren gehören auch Bewertungshinweise. Tab. 12.6a und b geben Beispiele für die Stufung der Skalen (AGSt bedeutet „Arbeitsgangstufe").

Die erfragbare globale Arbeitszufriedenheit ist als Indikator für die Persönlichkeitsentwicklung durch den Arbeitsprozeß vieldeutig (Jadow und Kissel 1975, Bruggemann, Groskurth und Ulrich 1975). Um aussagekräftig zu werden, ist eine Differenzierung in mehrere Formen von Arbeitszufriedenheiten unerläßlich (Bruggemann 1974).

Entscheidend ist, bei praktischen Gestaltungsvorhaben von der gewissenhaften Untersuchung der Anforderungen der konkreten Arbeitstätigkeiten, der konkreten ökonomischen Möglichkeiten und insbesondere den Bedürfnissen der jeweiligen Werktätigen auszugehen. Es gilt, eine alte Warnung zu beherzigen:

> „Scheinbar monotone Arbeiten sind häufig für den betreffenden Arbeiter durchaus nicht monoton und umgekehrt scheinbar abwechslungsreiche höchst langweilig. Erst die genaue Untersuchung der seelischen Faktoren der verschiedenen Arbeiten vermag überhaupt die konkreten Aufgaben und Ziele der Erhöhung des Lebenswerts der Arbeit im einzelnen herauszustellen . . ." (Lewin 1920, S. 20).

Weiter stimmen soziologische Analysen und Erfahrungen bei der Arbeitsgestaltung darin überein, daß junge (überwiegend ledige, mit im Mittel höherer Allgemein- und Berufsbildung ausgerüstete) und ältere (vorwiegend verheiratete und mit Hausarbeit und Erziehung zusätzlich befaßte, mit im Mittel geringerer Allgemein- und spezialisierterer Berufsausbildung ausgerüstete) Werktätige die Forderung nach progressiven Arbeitsinhalten mit verschiedener Dringlichkeit stellen. Es gibt Hinweise, daß die Einflüsse des planmäßig entwickelten Bildungsniveaus auf die Forderungen an den Arbeitsinhalt größer sind als die aus dem sozialfamiliären Bereich. Exakte Varianzaufspaltungen sind unseres Wissens bisher nicht bekannt. Die Verflechtung zwischen Sozialplanung (z. B. Entlastung von Hausarbeit, Kinderbetreuung), Bildungsplanung (z. B. Anteil der Abgänger der 10. Klasse oder Abiturienten mit Berufsausbildung) und dem betrieblichen Plan der Arbeitsbedingungen (z. B. Erfüllung von Mindestempfehlungen bezüglich geistiger Anforderungen) liegt auf der Hand. Psychologische Arbeitsgestaltung kann erfolgreich nur im Rahmen dieser umfassenden planmäßigen Entwicklung der sozialistischen Arbeits- und Lebensweise betrieben werden.

12.4. Ansatzstellen psychologischer Arbeitsgestaltung. Das Projektieren von Arbeitstätigkeiten als Ausgangspunkt

Zunächst ist zu bedenken, daß eine umfassende und rationelle Arbeitsgestaltung zwar das Projektieren von Arbeitstätigkeiten voraussetzt, aber darüber hinausgeht. Arbeitstätigkeiten sind Bestandteil des gesellschaftlichen Produktionsprozesses. Die konkreten Auswirkungen der **Eigentümerfunktion** der Werktätigen bieten breite Möglichkeiten einer effektivitätssteigernden Persönlichkeitsentwicklung im gesamten Reproduktionsprozeß, also in der Planung und Leitung, beim Projektieren künftiger und Verbessern bestehender Arbeitsprozesse einschließlich der Sozialplanung. Zu denken ist an die Beteiligung in der Wettbewerbsführung der Kollektive, die sich auf die Produktionsziele, die Arbeits- und Lebensbedingungen, kulturelle und sportliche Freizeitaktivitäten bezieht; die regelmäßigen Produktionsberatungen der Brigaden; die Neuererbewegung; die Qualifizierungsmöglichkeiten während der Arbeitszeit oder Garantie eines qualifikationsgerechten Arbeitsplatzes.

„So . . . zeigt das Studium des Zeithaushalts der sich aktiv an der Rationalisierung beteiligenden sowjetischen Arbeiter, daß sie sich mehr als die anderen dem Studium und der Selbstbildung widmen, häufiger Theater und Museen besuchen, mehr lesen und sich intensiver mit gesellschaftlichen Tätigkeiten befassen. Gleichzeitig sind bei ihnen aktive Formen der Freizeitgestaltung wie etwa Sport und künstlerisches Schaffen zu beobachten. Eine interessante inhaltsreiche Arbeit läßt das Bedürfnis nach kultureller und intellektueller Entfaltung aufkommen, was sich auf den Inhalt der Freizeit auswirkt. Andererseits fördert die Selbstentwicklung, die der Mensch außerhalb der Arbeit vollzieht, ein schöpferisches Verhalten zu seiner Arbeit. Die vielfältige, aktive Persönlichkeit wird in der Wechselwirkung zwischen Arbeit und arbeitsfreier Zeit geformt" (Diligenski 1973, S. 189).

Hinsichtlich der **konkreten Arbeitstätigkeiten**, die den Gegenstand der Arbeitspsychologie ausmachen, ist das umfassende und rationelle Erfüllen der erörterten Ziele nur möglich, wenn sich die Arbeitsgestaltung nicht auf das nachträgliche Modifizieren vorgefundender technologischer Lösungen beim „Einbauen" des Menschen beschränkt, sondern das Projektieren von Arbeitsaufgaben zum Ausgangspunkt des nachfolgenden technologischen Entwerfens und Konstruierens wird. Im Sozialismus soll **die Technik den menschlichen Bedürfnissen gemäß gestaltet werden** und das produktive Leistungsvermögen und das Wohlbefinden in der Arbeit anregen (Hager 1972).

„Ähnlich der Aufgabe des Konstrukteurs, neue Technik und technologische Prozesse zu projektieren, ist es die Aufgabe des Fachmanns auf dem Gebiete der (Arbeits- und) Ingenieurpsychologie, die Tätigkeit des Menschen zu projektieren, der sich dieser Technik bedient, um technologische Prozesse zu lenken . . . Die Projektierung der Tätigkeit auf der Grundlage genauer Kenntnisse ihrer Struktur und der sie regulierenden Gesetzmäßigkeiten deckt umfangreiche Reserven für die Erhöhung der Effektivität und Zuverlässigkeit" sowie für die Persönlichkeitsentwicklung im Arbeitsprozeß („Mensch als Subjekt der Arbeit") auf (Lomow 1971b, S. 416, 428).

Ausgehend von den geplanten progressiven Arbeitsinhalten und der damit verbundenen sozialistischen Form der Arbeitsteilung bzw. -kombination **werden technisch-organisatorische Lösungen gesucht.** Dies ist möglich, da im Prinzip sowohl für die Art der Mensch-Maschine-Funktionsverteilung als auch bei festgelegter Mensch-Maschine-Funktionsverteilung für die Art der Aufgabenverteilung zwischen Menschen Freiheitsgrade für den Technologen und Konstrukteur bestehen. Praktisch ergibt sich ein Vorgang der schrittweisen wechselseitigen Abstimmung der Entwürfe für menschliche und technische Leistungen innerhalb der Produktion beim Primat der ersteren bereits beim Entwerfen.

Damit bestehen zwei Fragen:

a) Bei welchen technologischen Planungsschritten muß das Projektieren von Arbeitstätigkeiten einfließen?

- Das Erzeugen von Tätigkeiten beginnt bei der **Produktgestaltung**, z. B. durch das Vermeiden des Entstehens unqualifizierter Tätigkeiten.
- Bei der **Fertigungsprozeßgestaltung** kann eine Unterteilung in Baugruppen vorgenommen werden, die an Einzelplätzen oder von Gruppen gefertigt und auf Qualität und Funktionssicherheit kontrolliert werden können. Damit kann die Qualitätskontrolle von den Werktätigen selbstverantwortlich übernommen werden (a s m 1975).

— Beim Gestalten der **Betriebseinrichtungen** einschließlich Arbeitsmittel gilt zunächst das Prinzip, daß alle Fertigungsschritte, die nicht von einem Arbeitsmittel verrichtet werden, vom Menschen ausgeführt werden müssen. Daher ist stets zu prüfen, ob das Ausführen durch Menschen in der gegebenen Weise tatsächlich geradeso beabsichtigt ist oder nicht.

Das gilt von der Mechanisierung körperlich schwerer oder einförmiger Arbeit bis zur automatisierten Informationsvorbereitung durch Mikroprozessoren oder Rechner. Weiter können Betriebseinrichtungen so gestaltet werden, daß die Störungsbehebung, Wartung und kleinere Reparaturen vom Bedienenden selbst ausgeführt werden können. Damit kann die Vielfalt der Anforderungen vergrößert und die Möglichkeit für eine tätigkeitsbedingte, eine sogenannte intrinsische Motivierung geschaffen werden.

Durch Produkt- und Fertigungsprozeßgestaltung werden mithin festgelegt:

1. die Anforderungsstruktur bei der Herstellung des Produkts,
2. die Anforderungsverteilung auf die Arbeitskräfte und damit
3. die Art der möglichen Kollektivstruktur, also Raum-, Sukzessiv- oder Integrativverbände durch das Festlegen der Kooperationsbedingungen und der Größe der kooperierenden Gruppen.

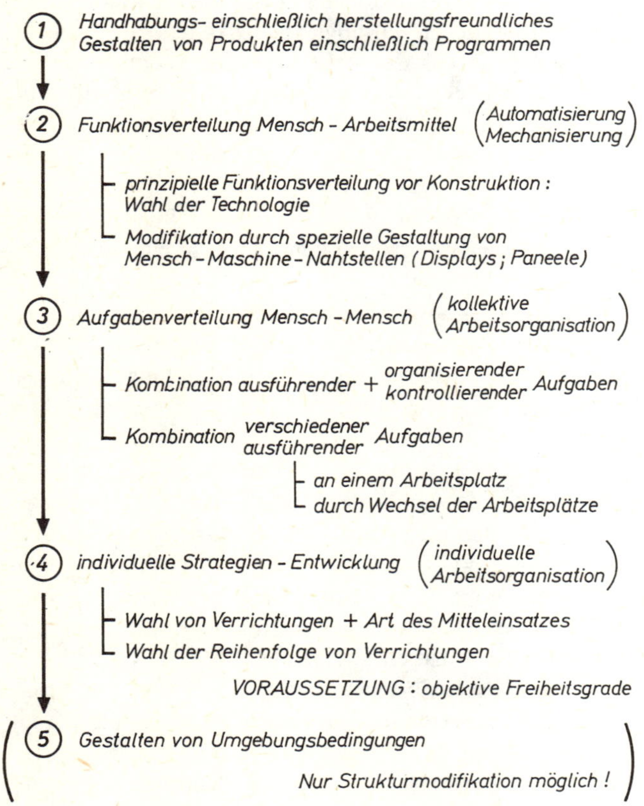

Abb. 12.11: Systematik von Möglichkeiten zur Gestaltung von Arbeitstätigkeiten.

- **Arbeitsplatz- und Vorrichtungsgestaltung** zusammen mit der **Arbeitsmethodengestaltung**. Hierbei ist zu bedenken, daß mit zunehmendem Grad der Festlegung der vorgeschriebenen Arbeitsausführung bis zu Bewegungen (mit Hilfe von Systemen vorbestimmter Zeiten) die Freiheitsgrade mit einfachen Abwechslungsmöglichkeiten oder auf höherer Ebene mit intellektuell fördernden Entscheidungsmöglichkeiten aufgehoben werden.
- Die **Arbeitsumweltgestaltung** nimmt nur indirekt Einfluß auf die Struktur von Arbeitstätigkeiten, insbesondere dadurch, daß sie Strukturdeformationen durch störende Umgebungsbedingungen verhüten kann.
- Mit den ersten drei Planungsschritten wurden zwangsläufig mit den Anforderungen auch die Qualifikationsvoraussetzungen für die Arbeitstätigkeiten grob festgelegt. Beim feineren **Festlegen der Qualifikation** wird insofern auf künftige Tätigkeiten Einfluß genommen, als das effektivitätssteigernde, persönlichkeitsfördernde Nutzen objektiver Freiheitsgrade stark von der Qualifikation abhängig ist und weil die technologisch mögliche Form flexibler Arbeitsteilung (z. B. durch systematischen Arbeitsplatzwechsel) nur verwirklicht werden kann, wenn die entsprechenden Qualifikationsvoraussetzungen vorhanden sind.

Aber auch nach der Fertigstellung der Produktgestaltung, der Technologie, der Fertigungsplanung und der Arbeitsmittelkonstruktion bestehen noch beschränktere effektivitätssteigernde und persönlichkeitsfördernde Gestaltungsmöglichkeiten. Sie betreffen Einzelheiten der Art und Weise des Ausführens der Arbeitsaufträge, nämlich die bei eingeplanten Freiheitsgraden mögliche **individuelle Organisation** und Planung der eigenen Arbeit.

b) Welche Möglichkeiten bestehen zum Erzeugen beabsichtigter Strukturen von Arbeitstätigkeiten? Das Gestalten von Arbeitstätigkeiten kann auf fünf einander untergeordneten Ebenen erfolgen (Abb. 12.11):

1. durch das herstellungs- und handhabungs- sowie wartungsfreundliche Gestalten der Produkte einschließlich der Programme und Unterlagen für ihr Betreiben, d. h. ein Konstruieren und Programmieren nicht kurzerhand allein von Maschinen oder Geräten, sondern auch der wünschenswerten Merkmale der künftigen Arbeitstätigkeiten bei ihrer Herstellung und bei ihrem Einsatz;
2. durch die Funktionsverteilung Mensch – Maschine bei der Mechanisierung und Automatisierung von Arbeitsaufgaben, der auch die Arbeitsmittelgestaltung zugeordnet ist, da die Gestaltung von Informationsgebern und Bedienbereichen letztlich nur die prinzipielle Funktionsverteilung modifiziert;
3. durch zwischenmenschliche Arbeitsteilung und -kombination (kollektive Arbeitsorganisation), die kollektive und individuelle Handlungsspielräume verändert;
4. durch das Vorsehen von Freiheitsgraden für die individuelle Organisation und Planung. Diese steht in besonders enger Wechselbeziehung mit dem Ausbilden der erforderlichen psychischen Leistungsvoraussetzungen. Stets vergrößert sie die Handlungskompetenz.
5. Dagegen vermag die Arbeitsumweltgestaltung keine Tätigkeitsstrukturen zu erzeugen, sondern nur vermittelt durch Aktivierung oder Einstellungsbildung zu modifizieren.

Tab. 12.7: Ansatzstellen für das Erzeugen von Tätigkeitsstrukturen bei verschiedenen technologischen Planungsgegenständen

Ansatzstellen für Erzeugung von Tätigkeitsstrukturen / Technische Planungsgegenstände	Mensch-Maschine-Funktionsteilung	Kollektive Arbeitsorganisation	Individuelle Arbeitsorganisation
1. Produktgestaltung	indirekte Bedingungen schaffend		
2. Fertigungsprozeßgestaltung		+	+
3. Gestaltung der Betriebseinrichtungen und Arbeitsmittel	+	+	+
4. Gestaltung von Arbeitsplatz und Vorrichtungen			+
5. Arbeitsmethoden			+
6. Umgebungsbedingungen			(+)
7. Erforderliche Qualifikation		+	+

Tab. 12.7 zeigt Zuordnungsschwerpunkte derartiger Ansatzstellen zum Erzeugen von Tätigkeitsstrukturen zu technologischen Planungsschritten.

Dabei ist zu beachten: Das Projektieren von Arbeitstätigkeiten ist noch nicht Projektieren **effektivitätssteigernder und persönlichkeitsfördernder** Tätigkeitsvarianten. Das Projektieren kann einerseits maximale Festlegung aller manuellen und geistigen Verrichtungen anstreben. Das erfolgt beispielsweise beim Einführen von Arbeitsmethoden, die auf der Basis von Bewegungsstudien bis hin zu Einzelbewegungen vorgeschrieben werden, oder bei einer Automatisierung, die dem Menschen Restfunktionen ohne Freiheitsgrade für das Entscheiden beläßt. Andererseits kann die Festlegung der Ausführungsweise eines möglichst kleinen Teils der Verrichtungen durch Anweisungen angestrebt werden, um den Ausführenden Möglichkeiten zu selbständigen Wegfestlegungen und Entscheidungen zu geben. Das bedeutet nicht, daß keine technologischen Variantenabklärungen und Sollwertfestlegungen existieren. Der Handlungsspielraum muß technologisch exakt festgelegt sein, um alle erforderlichen Erzeugniseigenschaften und eine straffe Produktionsorganisation zu sichern.

Ein Projektieren von Arbeitstätigkeiten, das Anspruch auf das Erzeugen effektivitätssteigernder und persönlichkeitsfördernder Anforderungen erhebt, muß die im vorigen Abschnitt dargestellten Forderungen erfüllen. Um Lernanstöße zu geben und denkbaren Dequalifizierungstendenzen vorzubeugen sind vorrangig neue Formen einer sozialistischen Arbeitsteilung zu entwickeln. Bei der Projektierung von Arbeiten und Arbeitsplätzen ist deswegen von einem frühen Stadium (beginnend bei den Grundsatzentscheidungen) zu berücksichtigen, daß die Bedürfnisse und Ansprüche der Werktätigen nach geistig-schöpferischer Tätigkeit wachsen. Die Eigenschaften der psychischen Struktur von Arbeitstätigkeiten, ihrer verschiedenen Regulationsebenen und der strukturmodifizierenden Vorgänge sind dabei zu berücksichtigen.

Praktische Mittel dazu sind die wissenschaftlich-technischen Pläne, welche die Verbesserung der Arbeitsbedingungen betreffen, die einschlägigen Kennziffernsysteme der wissenschaftlich begründeten Arbeitsorganisation und die ergonomischen bzw. psychologischen Standards für solche Industrieprodukte, die Arbeitsmittel sind (TGL 29432). Zu den praktischen Mitteln gehört auch das kollektive Projektieren von Arbeitstätigkeiten gemeinschaftlich durch die Arbeiter, welche die entstehenden Aufgaben später übernehmen, Techniker und Arbeitswissenschaftler. Die technologische und arbeitswissenschaftliche Ausbildung der Arbeiter schuf die Voraussetzungen für eine derartige Kooperation. Arbeitsteilige Gruppen von Arbeitern, Ingenieuren und Psychologen bewähren sich nicht nur beim Entwickeln technischer Lösungen, sondern auch beim Einführen neuer Ausbildung- und Arbeitsverfahren (Neubert und Tomczyk 1975, Schneider 1977) sowie bei der Sozialplanung. Dabei entstehen zugleich sinnvolle Neuereraufgaben.

12.5. Persönlichkeitsentwicklung durch Arbeitsgestaltung: Überblick über Möglichkeiten

Dieses Kapitel erörtert Beziehungen zwischen Arbeitstätigkeiten und Persönlichkeitseigenschaften und bezieht sich damit nur auf eine der Zielstellungen psychologisch begründeter Arbeitsgestaltung. Hier geht es nur um das **Einordnen** arbeitsgestalterischer Möglichkeiten zur Persönlichkeitsbildung (vgl. Abb. 12.12).

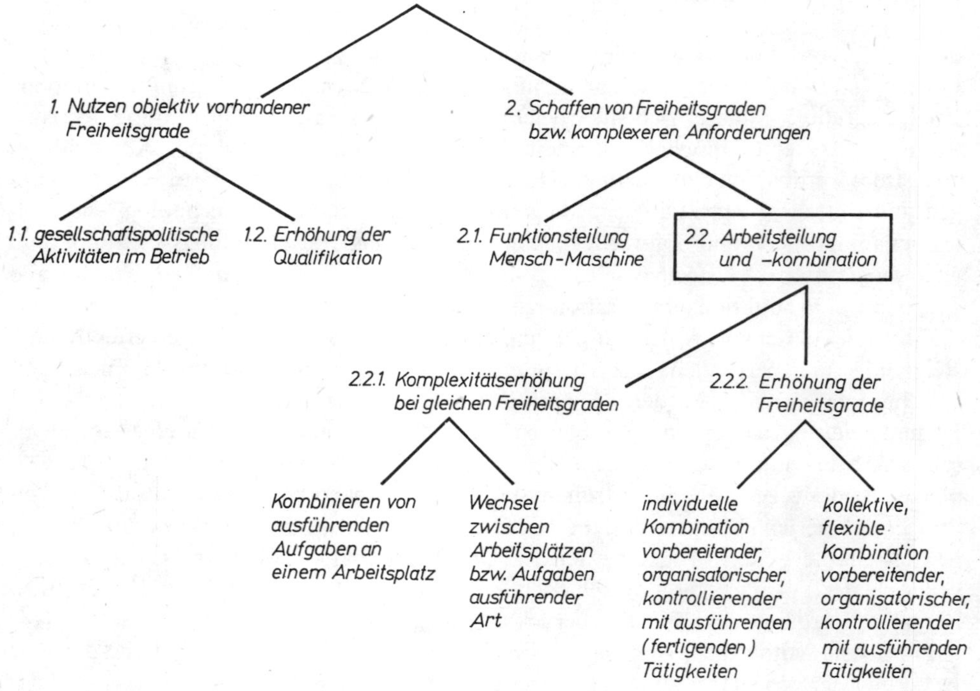

Abb. 12.12: Einordnung organisatorischer Möglichkeiten der Aufgabenstrukturierung in die möglichen Wege zu progressiven Arbeitsinhalten.

Die Einflußnahme auf die Persönlichkeitsentwicklung durch das Erzeugen von progressiven, anregungsreichen Tätigkeiten ist möglich durch

1. Ausnutzen objektiv vorhandener Freiheitsgrade für eine motivierende, selbständige intellektuelle Auseinandersetzung mit der Aufgabe und

2. das Schaffen derartiger Freiheitsgrade.

In der sozialistischen Wirtschaft ist verbessertes Ausnutzen vorhandener Freiheitsgrade möglich durch

1.1. gesellschaftspolitische Aktivitäten: Aktive Teilnahme der Werktätigen an der Leitung und Planung des Reproduktionsprozesses und

1.2. pädagogische Maßnahmen: Erhöhung der Qualifikation der Werktätigen als Voraussetzung für das Nutzen von Freiheitsgraden durch ein selbständiges Organisieren und Planen der Arbeit im Kollektiv.

Das Schaffen von Freiheitsgraden für selbständiges, Fähigkeiten entwickelndes und stimulierendes Arbeiten ist möglich durch ein diesbezügliches Projektieren

2.1. technischer Maßnahmen: Funktionsverteilung Mensch-Maschine und

2.2. arbeitsorganisatorischer Regelungen: Arbeitsteilung bzw. Kombination mit dem Ziele des Erzeugens progressiver Arbeitsinhalte auf vier verschiedenen Wegen (a . . . d).

Im einzelnen:

Zu 1.1. Die Beteiligung der Werktätigen am gesellschaftlichen Reproduktionsprozeß schließt ein das *Beteiligen an der Planung und Leitung* von Produktionsprozessen, am Entwickeln und Verwirklichen von Maßnahmen, welche die Lebens- und Arbeitsbedingungen verbessern, am Entwerfen künftiger Arbeitsaufgaben und am Verbessern bestehender. Sie geht also über das Auseinandersetzen mit der selbst ausgeführten Tätigkeit hinaus und eröffnet daher weitere Möglichkeiten für die Persönlichkeitsentwicklung im Arbeitsprozeß. Jedoch bestehen enge Wechselwirkungen mit dem Schaffen neuer und dem pädagogisch vermittelten Ausnutzen vorhandener Freiheitsgrade. Allein deshalb wäre ein Beschränken auf diese weiteren Möglichkeiten nicht denkbar: Wiederholt wurde gezeigt, daß gesellschaftlich aktivere Werktätige in ihrem Arbeitsauftrag mehr Anregungen entdecken und zu nutzen vermögen als gesellschaftlich weniger aktive. Umgekehrt sind auf allen Qualifikationsstufen jene Werktätigen häufiger in gesellschaftlichen Funktionen tätig, die Aufgaben mit mehr Freiheitsgraden, also eine anregendere Arbeit, ausführen (Tab. 12.8). Analog reichen Werktätige, die zur besseren Ausnutzung von Freiheitsgraden und damit zu höherer Leistung befähigt und bereit sind, auch mehr Verbesserungsvorschläge als leistungsschwächere bei der gleichen Tätigkeit und unter gleichen äußeren Bedingungen ein. Sie realisieren also nicht nur einen höheren Lohn, sondern machen ihre schöpferischen Ergebnisse auch der Gesellschaft zugänglich (Hacker und Vaic 1973).

Tab. 12.8: Anteil von Werktätigen mit Funktionen in gesellschaftlichen Organisationen in Abhängigkeit vom Handlungsspielraum und vom Qualifikationsniveau in der elektrotechnischen Industrie (Studentenkollektiv TU Dresden 1975)

		Angelernte	Facharbeiter	Fach-/Hochschulkader
Handlungsspielraum	klein	20,0%	50,0%	53,3%
	groß	50,0%	56,7%	70,0%

n = 180 Werktätige (in 6 Stichproben zu je 30)

Die Vielfalt der konkreten Formen der Beteiligung der Werktätigen an der Planung und Leitung des gesellschaftlichen Reproduktionsprozesses einschließlich seiner sozialen Seiten ist hier nicht darstellbar. Zu denken wäre beispielsweise an Plandiskussionen in den Kollektiven; sozialistische Arbeitsgemeinschaften von Arbeitern, Ingenieuren und Arbeitswissenschaftlern zur Vorbereitung technologischer Veränderungen; Neuerervereinbarungen; Brigadeveranstaltungen kultureller oder sportlicher Art oder an Patenschaften von Kollektiven für Sozialeinrichtungen wie Kindergärten. Da kontinuierlich neue Erzeugnisse und Technologien steigender Produktivität entwickelt werden müssen, können für die Werktätigen in der Planung und Leitung des Reproduktionsprozesses von der Rationalisierung bis zum Finden neuer Lösungen prinzipiell unerschöpfliche Möglichkeiten zu selbständigem Arbeiten geschaffen werden. Jährlich werden etwa 25% der Erzeugnisse der Industrie durch neue ersetzt.

Das Ausnutzen objektiver Freiheitsgrade als subjektive Freiheitsgrade in der **Selbstorganisation** der eigenen Arbeitstätigkeit enthält in einigen Industriezweigen große Reserven für die Persönlichkeitsentwicklung und die Effektivitätssteigerung. Als grobe Finderegel kann gelten, daß solche Reserven dort vorliegen, wo große individuelle Leistungsunterschiede bestehen. Zur Methodik ihrer Analyse vgl. Hacker, Quaas, Raum und Schulz (1974).

Wir haben bei Bedientätigkeiten Leistungsspannweiten von 30% bis 35% nachgewiesen, die im Mittel zu etwa zwei Dritteln durch unterschiedliche intellektuelle Organisation und Planung der eigenen Arbeit und zu einem Drittel auf die unterschiedliche Beherrschung sensumotorischer Fertigkeiten sowie einen verschiedenen Ausnutzungsgrad der Arbeitszeit als Ausdruck von Motivierungsunterschieden zurückführbar waren (Neubert 1972, Skell 1972, Hacker 1973, Quaas, Graff und Pohl 1975, Hacker, Rühle und Schneider 1975). Nicht nur Mengen-, sondern auch Güteunterschiede konnten in ausschlaggebendem Grade auf verschieden angemessene Beurteilungs- und Problemlösungsleistungen zurückgeführt werden. Bei Überwachungstätigkeiten in der chemischen Industrie stehen bei 80% aller erforderlichen Regelhandlungen mehrere Möglichkeiten offen, die nur teilweise erkannt und ohne Hilfe genutzt werden (Kund und Schmidt 1972).

Leistungsstärkere Arbeiter stellen sich differenziertere Ziele und entwickeln eine weiterreichende Zielhierarchie, sie nutzen eine antizipative anstelle einer reaktiven Strategie, sie stellen zutreffendere Diagnosen auf der Basis angemessenerer operativer Abbilder, nämlich präziserer Signale und eingehenderer Einsichten in technologische Zusammenhänge (Kenntnis von Freiheitsgraden, Auftrittswahrscheinlichkeiten, Zeitaufwänden, Verknüpfungsformen technischer Parameter), sie entwerfen und verwirklichen weiterreichende Pläne, die sie feiner kontrollieren. Grundlage solcher Arbeitsweise ist das Entdecken und Nutzen objektiv vorhandener Freiheitsgrade. Entscheidend ist dabei, daß leistungsstärkere Werktätige nicht nur *andere* Freiheitsgrade kennen und nutzen, womit ihr Handlungsspielraum nicht größer wäre und nicht mehr intellektuelle Leistungen umfaßte als der anderer. Vielmehr nutzen Leistungsstärkere *mehr* Freiheitsgrade speziell für vorbeugendes Gestalten des Arbeitsablaufs, wodurch die Tätigkeitsstruktur variablen Bedingungen besser angepaßt wird. Das Lehren derartiger Freiheitsgrade oder besser noch der Regeln für ihr Entdecken und Nutzen führt zu effektivitätssteigernden Möglichkeiten selbständigen und schöpferischen Arbeitens.

Eine Arbeitsweise, die den Handlungsspielraum umfassender nutzt, führt zu den höheren Leistungen ohne meßbar höhere Belastung und trägt zur Persönlichkeitsentwicklung mehr bei (Quaas, Graff und Pohl 1975, Herrmann, Naumann und Hacker 1973,

Richter, Naumann und Leuschner 1973, Hacker, Rühle und Schneider 1975). Die zusätzlich ausgeführten kognitiven Operationen sind nämlich hauptsächlich produktive intellektuelle Leistungen, welche die Handlungskompetenz nutzen und vermehren. Es werden vielfältigere Arbeitsinhalte erlebt. Die tätigkeitsbezogene Arbeitszufriedenheit ist größer. Wiederum wird der dialektische Charakter der Entwicklung von Fähigkeiten, nämlich die Vermittlung durch bereits vorhandene Leistungsvoraussetzungen und damit die Abhängigkeit von der Vorbildung, deutlich.

Zu 1.2. Das Ermöglichen persönlicher Arbeitsweisen durch ein disponibles **Befähigen** zum Erkennen und Nutzen von Freiheitsgraden hat doppelte Bedeutung: Es ist ein wichtiger eigenständiger Weg einer effektivitätssteigernden persönlichkeitsfördernden Rationalisierung. Gleichzeitig ist dieses Erhöhen umschriebener Qualifikationsbereiche die Voraussetzung für das Nutzen neu geschaffener progressiver Arbeitsinhalte, also der Wege 2.1 und 2.2.

Zu den erforderlichen Lehrinhalten gehört, die Werktätigen in den Methoden der Arbeitsanalyse und der Arbeitsgestaltung so zu schulen, daß sie gemeinsam mit beratenden Fachleuten Arbeitsverfahren selbst zu optimieren vermögen. Unter diesen Bedingungen bleiben Arbeitsverfahren flexibel und lassen individuelle, z. B. altersabhängige Unterschiede zu (Anastasi 1973).

Zum Unterstützen der Entwicklung effektiver persönlicher Arbeitsweisen eignen sich nicht alle Lehrverfahren gleichermaßen. Besonders wirkungsvoll sind heuristische Regeln, welche das Optimieren diagnostischer und prognostischer Vorgänge unterstützen. Des weiteren eignen sich denk-, sprach- und vorstellungsgestützte Lehrformen sowie Gruppendiskussionen zur Ermittlung und gleichzeitigen Vermittlung der psychischen Regulationsgrundlagen (vgl. 8.5.5. und 9.5.).

Zu 2.1. Freiheitsgrade, darunter auch solche für selbständiges intellektuelles Arbeiten, werden geschaffen oder aufgehoben bei der **Funktionsverteilung zwischen Mensch und Maschine.** Dabei handelt es sich um die wichtigste Entscheidung, die vom Konstrukteur in arbeitsgestalterischer Hinsicht gefällt wird. Alle weiteren Gestaltungsmaßnahmen operieren in dem damit geschaffenen Rahmen. Häufig wird diese Verteilung beim Konstruieren nicht bewußt als Entscheidung über beabsichtigte Anforderungen künftiger Arbeitsaufgaben behandelt, sondern sie fällt bei technologischen Erwägungen beiläufig mit ab. Aber auch wenn die Funktionsverteilung im Hinblick auf entstehende Arbeitstätigkeiten vorgenommen wurde, war bisher das Hauptanliegen die Erhöhung der Systemzuverlässigkeit. Die bisher gebräuchlichen Prüflisten für die Funktionsverteilung zwischen Mensch und Maschine sind für das Entwerfen persönlichkeitsförderlicher Tätigkeiten an Maschinen nicht ausgelegt. Das Prinzip des aktiven Operateurs erhöht zunächst gleichfalls die Systemzuverlässigkeit durch das Beseitigen von Unterforderungen des Menschen. Damit ist ein Schritt in Richtung auf eine förderliche Beanspruchung getan. Sein persönlichkeitsfördernder Wert hängt davon ab, inwieweit die zusätzlich geschaffene Aktivität den oben entwickelten Kriterien genügt.

Abb. 12.13 belegt mit einer Untersuchung aus der elektrotechnischen Industrie, daß Tätigkeiten mit mehr Freiheitsgraden, also größerem Handlungsspielraum, tatsächlich auch als geistig anregender erlebt werden.

Die persönlichkeitsfördernde Funktionsverteilung kann praktisch vielfältige Formen annehmen, die Gegenstand der speziellen Arbeitspsychologie sind: Übertragen schwerer und einförmiger körperlicher sowie routinemäßiger oder überfordernder geistiger Tätig-

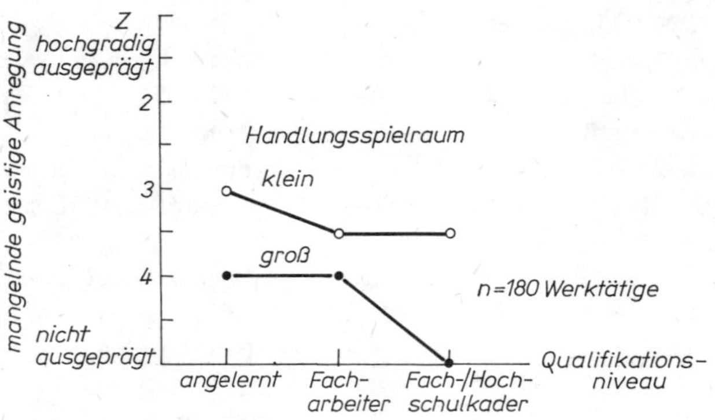

Abb. 12.13: „Mangelnde geistige Anregung" in der Arbeitstätigkeit (Skala des Screeningverfahrens von W. Meister 1975) in Abhängigkeit vom Handlungsspielraum bei Werktätigen unterschiedlichen Qualifikationsniveaus in der elektrotechnischen Industrie (Studentenkollektiv TU Dresden 1975).

keiten an die Maschine; Belassen hinreichender Entscheidungserfordernisse beim Menschen zwecks Vermeiden von Unterforderung (Lomow und Rubachin 1975); Anbieten von an sich erläßlicher Information zum Ermöglichen gedanklicher Analyse technologischer Prozesse oder unterschiedlicher individueller Strategien.

Künftig wird entscheidend sein, die Funktionsteilung und ihre Fortsetzung durch die Detailgestaltung der Nahtstellen zwischen Mensch und Maschine bzw. Rechner als ein Projektieren von Arbeitstätigkeiten zu begreifen. Mit der zunehmenden Automatisierung der Informationsverarbeitung mit Hilfe der Mikroelektronik werden Dialoge zwischen Mensch und Maschine bzw. Rechner möglich. Diese Dialoge sollten bei Bedarf vom Nutzer geführt werden, und sie sollten nutzerfreundlich gestaltet sein. Dem Nutzer sollten beispielsweise

- Freiheitsgrade bezüglich der Art seiner Beteiligung an der Funktion des gesamten Mensch-Maschine-Systems angeboten werden;
- Informationsdarstellungen sollten in ihrer Form und Detailliertheit wählbar sein;
- Hilfestellungen der Maschine für den Menschen bei der Bedienung oder Fehlersuche sollten beeinflußbar sein (Raum 1979 a, b, 1980 a, b, 1981 a, b, Raum u. a. 1979, 1980).

Zu 2.2. Die Funktionsverteilung Mensch-Maschine beläßt in der Regel dadurch noch Freiheitsgrade für das Festlegen künftiger Arbeitsanforderungen, daß verschiedene Varianten der **Arbeitsteilung zwischen den Werktätigen** durch organisatorische Lösungen bestehen (Coeterier 1971, Sperandio 1971, Ulich 1972, Triebe und Ulich 1975; zur kritischen Auseinandersetzung mit Ergebnissen unter kapitalistischen Produktionsverhältnissen Groskurth und Volpert 1975, Hacker, Schieritz und Völker 1981, Enderlein u. a. 1981). Diese Varianten bieten beträchtliche Möglichkeiten für die effektivitätssteigernde und persönlichkeitswirksame Arbeitsgestaltung:

Zu 2.2.1. Zunächst ist das Erhöhen der **Komplexität** der Aufgabe *ohne* Vergrößerung der Freiheitsgrade mit eigenen Entscheidungsmöglichkeiten möglich. Mit (a) dem **Zusammenfassen** mehrerer auszuführender Operationen an einem Arbeitsplatz (Aufgabenerweiterung) und damit der Vergrößerung der Zykluszeit oder (b) dem systematischen **Wechsel** der Werktätigen zwischen verschiedenen Plätzen (Aufgabenrotation) wird erreicht, daß seltener in der Schicht das gleiche auszuführen ist. Die Anforderungsvielfalt wird erhöht. Der Monotonieentstehung und einförmiger Belastung wird vorgebeugt. Gliederungsantriebs- und aktive Erholungseffekte sind erreichbar. Bedenkt man, daß noch immer Zykluszeiten in der Größenordnung von 100 Sekunden und damit mehrere hundert Wiederholungen gleicher Operationen oder Handgriffe pro Arbeitstag den Beruf einer großen Zahl von Werktätigen ausmachen, so sind bereits diese Gestaltungsmöglichkeiten nicht geringzuschätzen.

Abb. 12.14 beschreibt die Anforderungsvielfalt näher. Das ist möglich durch die Merkmale

- Anzahl der Arbeitsgänge pro Arbeitsplatz,
- Zyklusdauer,

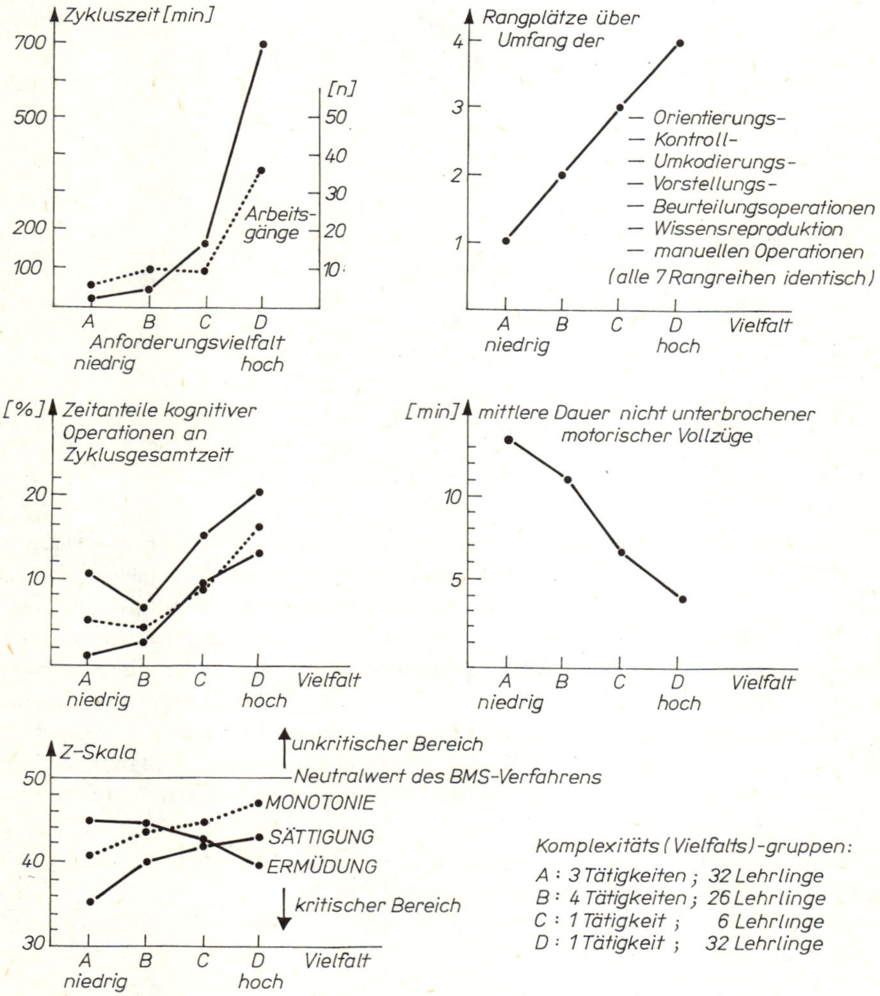

Abb. 12.14: Anforderungsvielfalt – Merkmale und Wirkungen bei Montagetätigkeiten (32 Lehrlinge) (Rötschke 1982).

— Anzahl verschiedener kognitiver (Orientierungs-, Kontroll-, Kodierungs-, Beurteilungs-, Reproduktions-) sowie manueller Operationen,
— Anteil kognitiver Operationen an der Zykluszeit und als Folge davon
— mittlere Dauer von *nicht* durch kognitive Vorgänge unterbrochenen manuellen (motorischen) Vorgängen.

Diese Merkmale wurden clusteranalytisch an Hand vieler industrieller Tätigkeiten ermittelt (Wolff 1981).

Die Monotonie und die Sättigung verringern sich mit wachsender Vielfalt. Die Ermüdung kann unter bestimmten Bedingungen mit ihr steigen.

Des weiteren ist am Erleben der Vielfalt einer Anforderungssituation neben der inhaltlichen Gliederung durch verschiedene Operationen auch eine formale Gliederung, z. B. durch Aufteilung der Arbeit in Teilmengen, möglich. Diese Mengengliederung steigert den Einsatz und die Leistung *ohne* Mehrbeanspruchung (Abb. 12.15). Zu Ehren des Entdeckers schlagen wir die Bezeichnung „Blumenfeld-Effekt" vor.

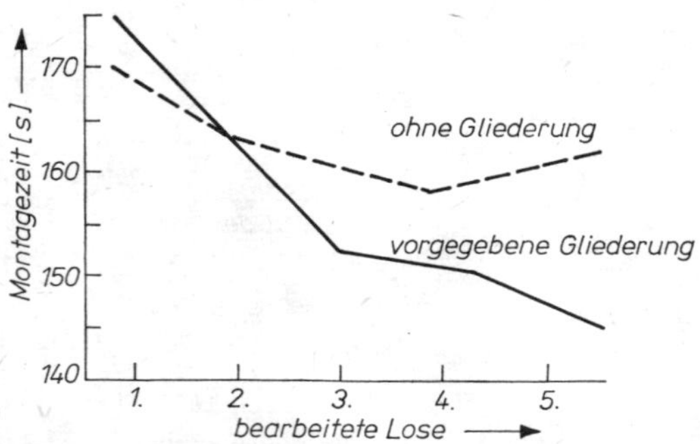

Abb. 12.15: Blumenfeld-Effekt. Verlauf der Montagezeit mit vorgegebener Mengengliederung und ohne Gliederung (Fritsche 1981) (ermittelt für Einfach- und Komplexmontage; zweistündige Arbeitszeit; $n = 20$ Probanden je Bedingung).

Zu 2.2.2. Das **Erhöhen der Anzahl der Freiheitsgrade** für selbständiges Entscheiden ist durch das Kombinieren **vorbereitender, organisierender und kontrollierender** Aufgaben **mit ausführenden** möglich (Aufgabenbereicherung). Eine die Selbstorganisation ermöglichende Kombination kann erfolgen (c) als **individuelle** Festlegung oder (d) als Festlegung von Aufgaben für **Kollektive** mit einer bedingungsabhängig flexiblen Arbeitsteilung durch das **Kollektiv** (selbstorganisierendes Kollektiv). Sowohl die individuellen wie die kollektiven Lösungsvarianten sind bei allen Klassen von Arbeitstätigkeiten möglich und bewähren sich praktisch durch erhöhte Produktivität ohne Zunahme der Belastung, durch verbesserte Persönlichkeitsförderlichkeit sowie durch verringerte Fluktuation und gesenkten Krankenstand (Gorbunowa 1968, Hermann, Naumann und Hacker 1973, Neubert und Tomczyk 1975, Quaas, Graff und Pohl 1975, Ulich 1975, 1982, den Hertog 1977, Frör u. a. 1981, Enderlein u. a. 1980).

Durch die Art der Aufgabenverteilung wird auch die Form der **Kooperation** festgelegt. Es kann ein Integrativ-, ein Sukzessiv- oder ein bloßer Raumverband entstehen. In Abschnitt 4.1.4. wurde eingehender gezeigt:

Raumverbände sind als Grenzfall der Kooperation lediglich durch das gleichzeitige Arbeiten mehrerer Menschen im gleichen Raum bei weitgehender Unabhängigkeit der zu erfüllenden Aufgaben von denen anderer Raumbenutzer gekennzeichnet. Beispiele sind die Benutzer des Lesesaals einer Bibliothek; die Arbeit mehrerer Dreher in einer Halle an verschiedenen Aufträgen bei einer Fertigungsorganisation nach dem Werkstattprinzip.

In einem **Sukzessivverband** setzt jedes Mitglied mit einer individuell verschiedenen Aufgabe die Tätigkeit des am gleichen Arbeitsgegenstand vorher tätigen Mitglieds fort. Die eigene Arbeit kann nur nach der auftragsgerechten Fertigstellung der Arbeit der vorher Tätigen ausgeführt werden. Wirkungen von Verzögerungen oder Mängeln pflanzen sich fort. Ein Beispiel ist die Fließbandarbeit oder die Montage eines Großgeräts.

Im **Integrationsverband** sind mehrere Werktätige gleichzeitig arbeitsteilig abgestimmt am gleichen Arbeitsgegenstande tätig. Ein Beispiel ist ein Operationsteam.

In der Reihenfolge der Darstellung wachsen die auftragsbedingten Kooperationserfordernisse zwischen den Mitgliedern der Verbände oder Gruppen. Sie bilden Ansatzstellen für die Kollektiventwicklung. Zwischen dem Kooperationstyp und dem Stand der Kollektiventwicklung besteht ein enger Zusammenhang, wobei mit zunehmender Kollektiventwicklung die sachlichen Faktoren gegenüber den emotionalen kollektivbildenden Bedingungen an Bedeutung gewinnen. Je größer die Abhängigkeit zwischen den Mitgliedern zur Lösung der Gruppenaufgaben ist, desto differenzierter sind beispielsweise die wechselseitigen Bewertungen der fachlichen Leistungsfähigkeit.

Damit bestehen weitgehende arbeitsgestalterische Möglichkeiten zur Beeinflußung der Entwicklung von sozialen Beziehungen der Werktätigen als einem entscheidenden Inhalt und Mittel ihrer Persönlichkeitsentwicklung.

Progressive Arbeitsinhalte fehlen nicht bei allen **Klassen von Arbeitstätigkeiten** in gleichem Maße. Das Entwickeln progressiver Formen der Arbeitsteilung ist vordringlich bei stark zergliederter Handmontage, bei einförmigen Bedientätigkeiten, bei Überwachungstätigkeiten mit seltenen Eingriffen sowie bei der routinemäßigen Datenbearbeitung (z. B. Lochen und Prüfen von Belegen, Schreibarbeiten).

Bei stark zergliederten einfachen Fertigungsaufgaben ohne komplizierte Maschinen und bei der **Handmontage** einfacher Erzeugnisse sind realistische Möglichkeiten zum Schaffen progressiver Arbeitsinhalte durch das Hinzunehmen fertigungsvorbereitender und kontrollierender Arbeitsgänge begrenzt. Kontrolloperationen existieren nur wenige, die Arbeitsvorbereitung und -organisation ist auf das Bereitstellen der Arbeitsgegenstände und -mittel begrenzt. Der Umfang erforderlicher Vorrichtungen beschränkt die Zahl der an einem Arbeitsplatz zusammenfaßbaren Arbeitsgänge, die ohnehin nicht zu vermehrten Freiheitsgraden für selbständige intellektuelle Operationen führen würden. Ein bedingungsabhängig flexibler Arbeitsplatzwechsel in kleinen Kollektiven, denen die Organisations- und Leitungsfunktionen von der Arbeitsvorbereitung, der Disposition bei Haushaltstagen oder Krankheit bis hin zur Organisation des Wechsels obliegt, stellt in solchen Fällen eine wirksame Erweiterung des Arbeitsinhalts dar.

In einem erzgebirgischen Meßgerätewerk werden beispielsweise mit Erfolg etwa 15 Arbeitsgänge von 10 Kollektivmitgliedern bei einer Kollektivnorm mit Lohnabstufungen durch Kollektiveinschätzungen in einem selbstorganisierten Wechsel ausgeführt. Die Lohngruppen konnten erhöht werden. Die Rolle des Meisters änderte sich ebenso wie die Kollektivbeziehungen.

Große Bedeutung hat bei derartigen Lösungen ein optimales Wechselregime, das auch Umstellungsschwierigkeiten berücksichtigt (Gorbunowa 1968, Urazow 1973). Die Lösungen sind bedingungsabhängig.

Das Projektieren progressiver Arbeitsinhalte führt in dieser Tätigkeitsklasse nicht zwangsläufig zum Verbannen von Bändern als Transport- oder auch als Arbeitsbänder, jedoch steigert sich der Grad der Selbstorganisation.

Ein nützlicher Weg zur Schaffung progressiver Arbeitsinhalte kann die Fertigung kompletter Erzeugnisse oder größerer Baugruppen an Einzelarbeitsplätzen unter Einschluß von Vorbereitungs-, Einricht- und Kontrolloperationen sein, sofern nicht der Umfang erforderlicher Vorrichtungen dem entgegensteht oder bei komplizierten Fertigungen bereits Anforderungen an selbständiges intellektuelles Vorgehen in ausreichendem Umfang enthalten waren (Enderlein u. a. 1980, Ulich 1982).

Bei **Bedientätigkeiten** werden seit längerem progressive Arbeitsinhalte geschaffen durch das Übertragen von Vorbereitungs-, Einricht-, Wartungs- und kleineren Reparaturarbeiten sowie durch die Selbstkontrolle der Erzeugnisse. Die beträchtlichen Spannweiten in der Normerfüllung auf Grund individueller Strategien belegen in der mechanischen Fertigung den großen Umfang nutzbarer Freiheitsgrade bei Bedientätigkeiten. Das Erfordernis verbesserter Arbeitsteilung tritt beim Einsatz numerisch- oder meßgesteuerter, also teilautomatisierter Maschinen erneut auf, die anspruchsvolle selbständige intellektuelle Operationen bei der Fertigungsvorbereitung und beim Rüsten der Maschinen dem Bediener abnehmen (Plath 1974). Als Lösung bewährt sich das Einbeziehen produktionsvorbereitender Tätigkeiten, speziell des Programmierens und Einrichtens, in die Tätigkeit des Bedieners nach entsprechender Ausbildung. Mit dem Übergang von numerisch gesteuerten (NC-) zu computergesteuerten (CNC-)Maschinen, die unmittelbar vor Ort programmiert werden können, wird diese Lösung erleichtert. Unmittelbar an der Maschine kann vom Bediener das Programm gelesen, verstanden, korrigiert und erforderlichenfalls optimiert werden. Dadurch sind erweiterte Freiheitsgrade, ein besseres Nutzen der Qualifikation und verbreiterte intellektuelle Anforderungen gegeben (Gottschalch 1982).

Bei Mehrmaschinenbedienung erweist sich das Bilden von Kollektiven von Werktätigen als besonders zweckmäßig, die Gruppen von Maschinen vollständig betreuen, indem sie erforderlichenfalls programmieren, einrichten, warten, kleine Reparaturen ausführen, bedienen, kontrollieren sowie anfallende Hilfs- und Transportoperationen erledigen. Dabei ist die flexible Aufgabenverteilung je nach der Fertigungssituation durch die Kollektivmitglieder selbst einer vorgegebenen starren Aufgabentrennung überlegen hinsichtlich der Produktivität und hinsichtlich des Umfangs der einzusetzenden kognitiven Leistungen, ohne belastend zu sein (vgl. 4.1.4.).

Ähnliches gilt für die verbleibenden Arbeitstätigkeiten in bedienarmen **integrierten Fertigungsabschnitten**. Dabei sind mehrere automatische Bearbeitungsmaschinen miteinander gekoppelt. Handhabungstechnik oder Roboter übernehmen die Beschickungs- und Entnahmeoperationen. Die verbleibenden Arbeitsaufgaben müssen durch das Kombinieren der wenigen einfachen Bedienvorgänge mit Dispositions-, Wartungs- oder Instandhaltungstätigkeiten angereichert werden. Organisationsformen mit kleinen Kollektiven und kollektiven Entlohnungsformen erfüllen die ökonomischen und sozialen Erfordernisse im allgemeinen am besten (Hinz und Werner 1982, Nagel und Sachse 1982).

Bei **Überwachungstätigkeiten** wird das Schaffen progressiver Arbeitsinhalte in dem Maße erforderlich, wie durch die Stabilisierung automatisch geregelter technologischer Prozesse nur noch Normalzustände zu registrieren sind. Als sinnvolle anregende und erforderlichenfalls unterbrechbare, bereichernde Aufgaben werden auf der Grundlage der entsprechenden Qualifikation empfohlen (Kund und Schmidt 1972, Grothus 1972, Albrecht u. a. 1979): Anfertigen von Analysen von Erzeugnissen, die bisher in Labors erfolgten; Auswerten registrierter technologischer Daten; Verstärkung der aufgabenbezogenen Kommunikation. Neben erweiterter selbständiger intellektueller Betätigung werden dabei zugleich schneller verfügbare und differenziertere Rückmeldungen als Grundlagen einer verbesserten Fahrweise der Anlagen gewonnen. Qualitätsverbesserungen und Einsparungen von ingenieurtechnischem Personal werden möglich.

Bei **geistiger Routinearbeit** sind die genutzten Möglichkeiten zur Erweiterung progressiver Arbeitsinhalte durch veränderte Arbeitsteilung mannigfaltig. Sie laufen hinaus auf das Übertragen störungsarmer Abschnitte selbständiger, Entscheidungen fordernder Aufgaben für einzelne und kleine Gruppen. Diese organisatorischen Möglichkeiten müssen beim Einsatz von Bürocomputern, Textverarbeitungssystemen und anderen durch Rechner und Bildschirmgerät gekennzeichneten neuen Technologien der Informationsverarbeitung in der Verwaltung, im Waren- und Geldverkehr von vornherein und gemeinsam mit den Werktätigen genutzt werden. Nur so kann vom Ansatz her das Entstehen nicht beanspruchungsoptimaler oder wenig persönlichkeitsförderlicher Tätigkeiten im Bürobereich verhütet werden. Die Berichte über den hohen Anteil von Arbeitenden mit gesundheitlichen Beschwerden an Bildschirmarbeitsplätzen, insbesondere mit Schmerzen im Kopf-, Nacken-, Schulter- und Armbereich sowie Klagen über Monoto-

Tab. 12.9: Beanspruchungs- und effektivitätsbezogene Rahmengütekriterien für Hard- und Software von Informationsverarbeitungssystemen

1. Flexibel benutzergesteuerte Betriebsform
   (z. B. nutzergesteuerter Frage-Auskunft-Dialog)
2. Wählbare Abarbeitungsweise der Aufträge
3. Wählbare Darstellungsform der Daten
4. Durchschaubarkeit der Funktionsweise des Systems
   z. B. – benutzeradäquate Dialogsprache
   – abrufbare Zusatzinformation über Funktionsweise
   – beständiges (gleiche Sachverhalte gleich beantwortendes) Systemverhalten
5. Aufgaben- (Antwort-, Erwartungs-) gerechte Informationsdarstellung und Belegung der Funktionstastenblöcke
   z. B. aufgabengerecht hinsichtlich
   – simultan dargebotenem Datenumfang
   – Sequenz
   – Inhalt und alphanumerischer bzw. bildhafter Kodierung
   – Antwortzeitpunkt und -verzögerung
   mit Variationsmöglichkeit gemäß Aufgabenvariation eventuell mittels Masken-, Menütechnik
6. Adaptiv benutzerunterstützende/-führende Leistungen
   z. B. als
   – Auszeichnungs-, Gliederungsmöglichkeiten
   – Bedienfehlerentdeckung, z. B. mittels adaptiver Tastatur
   – Variantenangeboten
   – Anzeige/Diagnose fehlerhafter Funktionen
   – Unterstützung bei Selbstprogrammierung durch Bediener
7. Adaptiv benutzerausbildende Leistungen
   z. B. zur
   – Anpassung an Benutzer unterschiedlicher Qualifikation
   – lehrpersonalfreie Einarbeitung
   – Hinführung zur Ausschöpfung der Systemkapazität

nieerscheinungen, in einigen kapitalistischen Industriestaaten unterstreichen das Erfordernis der beanspruchungsoptimalen und persönlichkeitsfördernden Gestaltung von geistigen Routinetätigkeiten. Zusammenfassende Darstellungen finden sich bei Spinas, Troy und Ulich (1982), Hacker (1982a), Rudolph und Schönfelder (1983). In Tab. 12.9 sind wichtige Rahmengütekriterien für rechnergebundene Informationsverarbeitungssysteme zusammengestellt, die für die Beeinträchtigungslosigkeit und Persönlichkeitsförderlichkeit gelten.

In vergröbernder Zusammenfassung lassen sich folgende **Leitsätze für das Projektieren progressiver Arbeitsinhalte**, verstanden als Anforderungen konkreter Arbeitstätigkeiten, formulieren:

1. Vermeiden kurzer Taktzeiten (< 5 Minuten) mit hoher Wiederholungshäufigkeit.
   Vermeiden langer (> 45 ... 30 Minuten) Tätigkeitsabschnitte ohne aktive, speziell antizipative Handlungserfordernisse.
2. Sichern kontinuierlicher Beteiligung der Werktätigen an der Vorbereitung sowie Organisation und Leitung für einen Produktionsabschnitt in jeder Schicht.
3. Gewährleisten von Selbstkontrollmöglichkeiten der Arbeitsergebnisse in jeder Schicht.
4. Vorsehen von objektiven Freiheitsgraden für Abfolge-, Mittel-, Weg-Entscheidungen bis zu individuellen Planungsmöglichkeiten („Autonomie“, „Kontrolle“).
   Diese objektiven Freiheitsgrade sollen nicht nur nach festen Regeln (algorithmisch) abzuarbeitende, sondern darüber hinaus selbständige intellektuelle Leistungen erfordern.
5. Ermöglichen individueller Zielsetzungen, die sich nicht auf zeit-/mengenbezogene Ziele beschränken, sondern gegenstands-/prozeßphasenbezogene, besser noch aufgaben- oder problembezogene Ziele einschließen (vgl. 189ff.).
6. Übertragen der Verantwortung für einen Fertigungsabschnitt oder Aufgabenkomplex mit erkennbarem Sinn für das Gesamtprodukt und für andere sowie die Gesellschaft.
7. Vorsehen von Kooperationsmöglichkeiten, die kooperationslose Einzelarbeit oder Raumverbände zugunsten von Sukzessiv-, besser noch Integrativverbänden meiden.
   Die Kooperation der Integrativverbände soll Ausführung und Arbeitsvorbereitung betreffen.
8. Ermöglichen eines aufgabenangemessenen Mindestumfangs an Kommunikation.

Da Arbeitsinhalte „progressiv“ nur bezogen auf konkrete Qualifikationsniveaus sein können, ist der Bezug auf die Leistungsvoraussetzungen der vorgesehenen Arbeitskräfte unerläßlich:

9. Inanspruchnehmen der Kenntnisse, Fertigkeiten und Fähigkeiten aus der beruflichen Vorbildung.
10. Schaffen von Lernerfordernissen, insbesondere bezüglich Fähigkeiten.

Die Interpretation dieser Leitsätze ist Inhalt der vorausgehenden Darlegungen. Dem arbeitspsychologischen Gestaltungsanliegen entsprechend beschränken sie sich ausdrücklich auf Anforderungen an konkrete Arbeitstätigkeiten, sie sind also keine Aussagen zu dem gesellschaftlichen Reproduktionsprozeß insgesamt. Jedoch sind die Leitsätze zugleich als Batterie von **Bewertungsmerkmalen von Arbeitsinhalten** umformbar. Da jedes Merkmal wenigstens in eine Rangskala differenziert werden kann, entsteht ein für Vergleiche im Sinne arbeitswissenschaftlicher Kennzahlen geeignetes Profil (vgl. Abb. 12.10, Seite 514).

Das bereits mehrfach erwähnte Tätigkeitsbewertungssystem TBS-L führt zu derartigen Profilen und gibt Bewertungs- und Umgestaltungshinweise. Das Verfahren zur subjektiven Tätigkeitsbewertung (STB) gibt die erforderliche Ergänzung zu den durch Arbeitsstudien gewonnenen Daten des TBS (STB-Verfahren von Nehring 1981; inzwischen ist auch eine „subjektive", die Wahrnehmung und Bewertung der Arbeitsaufgaben durch die Werktätigen erfassende TBS-Variante, das TBS-L-S, verfügbar). Einstufungen ausgewählter Anforderungen an die psychische Regulation leistet das Verfahren zur Ermittlung von Regulationserfordernissen in der Arbeitstätigkeit (VERA) (Volpert u. a. 1982). Noch zu schaffen sind valide Bewertungsmaßstäbe für die sich mit der gesellschaftlichen Entwicklung verändernden Merkmale entwicklungsförderlicher Arbeitstätigkeiten sowie Regeln für das Projektieren progressiver Arbeitsinhalte und Ausführungsbedingungen bereits in der technologischen Produktionsvorbereitung, also gleichsam bereits auf dem Reißbrett. Eingehender zu klären ist der Prozeß der Wechselbeziehungen zwischen dem Angebot von entwicklungsförderlichen Tätigkeitsstrukturen und ihrer Nutzung bis hin zum Schaffen entwicklungsförderlicher Bedingungen für sich und andere in Abhängigkeit von den schon vorhandenen Leistungsvoraussetzungen, die in entscheidendem Maße als Ergebnis früherer Auseinandersetzungen mit gesellschaftlichen Aufgaben verstanden werden müssen (Leontjew 1979).

Damit sind – wie an anderen Stellen – noch zu schließende Erkenntnislücken benannt. Die Erforschung der psychischen Regulation von Arbeitstätigkeiten hat noch einen langen und komplizierten Weg vor sich. Sie im Interesse des arbeitenden Menschen in einer ständig verbesserten gesellschaftlich sich „umwälzenden Praxis" zu beschleunigen ist unser Anliegen.

Literaturverzeichnis

A classification and terminology of mental work. Work study, 1974, June, 23–29

Aberg, U.: Förekomstfrekvens av MTMs grundvörelser, Svenska MTM-Föreningen 1, 1962

Ach, N.: Über die Willenstätigkeit und das Denken. Göttingen 1905

Ach, N.: Analyse des Willens. Berlin/Wien 1935

Aebli, H.: Denken: Das Ordnen des Tuns. Bd 1: Kognitive Aspekte der Handlungstheorie. Stuttgart 1980

Aguren, S., and J. Edgren: New factories: Job design through factory planning in Sweden. Stockholm 1980

Aiken, L. S., R. M. Fenker and S. H. Evans: Class structure in the biasing of perceived pattern similarity. J. exp. Psychol. 103, 3, 489–501, 1974

Albert, D., und F. Merz: Der Ablauf willkürlicher Bewegungen und seine Beeinflussung durch den Handlungserfolg. Ber. Inst. f. Psychol. der Philipps-Universität Marburg (Lahn) 39, 1973

Albrecht, G., H. J. Aust und G. Schmidt: Zu Problemen der Gestaltung von Arbeitsaufgaben des Anlagenpersonals in der chemischen Industrie. Sozial. Arbeitswiss. 4, 265–271, 1979

Alioth, A.: Entwicklung und Einführung alternativer Arbeitsformen. Schriften zur Arbeitspsychologie, Bd. 27. Bern 1980

Alioth, A., und E. Ulich: Gruppenarbeit und Mitbestimmung am Arbeitsplatz. In: F. Stoll (Hrsg.), Anwendungen im Berufsleben. Bd. XIII von „Die Psychologie des 20. Jahrhunderts". Zürich 1981

Allport, G. W.: Persönlichkeit, Struktur, Entwicklung und Erfassung der menschlichen Eigenart. Stuttgart 1949

Allport, G. W.: Bemerkungen zum gegenwärtigen Stand der Theorie der Motivation in den USA. Psychol. Beitr. 1, 1953

Allport, G. W.: Das Allgemeine und das Einzigartige in der psychologischen Praxis. Psychol. Beitr. 6, 1962

Allport, D. A.: Patterns and action: Cognitive mechanisms are content–specific. In: G. Claxton, Cognitive Psychology: New Directions. London 1980

Althoff, K.: Untersuchungen zum Einfluß von Berufsausbildung und Berufstätigkeiten auf Testergebnisse und Eignungsdispositionen. Dissertation Philos. Fak. Universität Gießen 1968

Ananjew, B. G.: Psychologie der sinnlichen Erkenntnis, Berlin 1963

Ananjew, B. G.: Der Mensch als Gegenstand der Erkenntnis. Berlin 1974

Ananjew, B. G., B. F. Lomow, L. M. Wekker und A. W. Jarmolenko: Der Tastsinn im Erkenntnis- und Arbeitsprozeß. Moskau 1959 (russ.)

Anastasi, A.: Fields of applied psychology. New York 1964

Anastasi, A.: Angewandte Psychologie. Weinheim/Basel 1973

Anderson, J. R.: Acquisition of cognitive skill. Psychol. Rev. 89, 369–406, 1982

Anderson, N. H.: Functional measurement and psychological judgement. Psychol. Rev. 77, 1970

Annett, J.: Feedback and human behaviour. Middlesex 1969

Annett, J., and H. Kay: Skilled performance, Occup. Psychol. 30, 112–117, 1956

Annett, J., and H. Kay: Knowledge of results and "skilled performance". Occup. Psychol. 2, 1967

Anochin, P. K.: Physiologie und Kybernetik. In: Kybernetik und Praxis. Berlin 1963

Anochin, P. K.: Das funktionelle System als Grundlage der physiologischen Architektur des Verhaltensaktes. Jena 1967

asm: Neue Arbeitsformen, Zürich 1975

Argyle, M.: The social psychology of work. Harmondsworth 1974

Ashby, W. R., and R. Conant: Every good regulator of a system is a model of that system. Inf. J. Syst. Science, 89—97, 1970

Atkinson, J. W.: An introduction to motivation. New York 1964

Attneave, F.: Applications of information theory to psychology. New York 1959

Atzler, E. (Hrsg.): Handbuch der Arbeitsphysiologie. Leipzig 1927

Auersperg, P. A., und H. Sprockhoff: Experimentelle Beiträge zur Frage der Konstanz der Sehdinge und ihre Fundierung. Pflügers Arch. ges. Physiol. 236, 1935

Auersperg, P. A., und H. Buhrmester: Experimenteller Beitrag zur Frage des Bewegtsehens. Z. Sinnesphysiol. 96, 275—309, 1936

Bachmann, W.: Zur Unfallsituation der Jugendlichen im Betrieb. Beitr. Betriebsgesdh-Schutz 6, 1961

Bainbridge, L.: Analysis of verbal protocols from a process control task. In: E. Edwards und F. P. Leeds (Eds.), The human operativ in process control. London 1974

Bainbridge, L.: Einige Typen zielgerichteten Vorgehens bei der Prozeßregulation. In: W. Hacker und H. Raum (Hrsg.), Optimierung von kognitiven Arbeitsanforderungen. Berlin 1980

Bartenwerfer, H.: Über die Auswirkung einförmiger Arbeitsvorgänge. Untersuchungen zum Monotonieproblem. Marburger Sitzungsberichte 80, 1957

Bartenwerfer, H.: Psychologische Beanspruchung, In: P. Lersch u. a. (Hrsg.), Handbuch der Psychologie, 9. Bd., Betriebspsychologie. Göttingen 1961

Bartenwerfer, H.: Einige praktische Konsequenzen aus der Aktivierungstheorie. Z. exp. angew. Psychol. 16, 195—222, 1969

Bartsch, C., H.-E. Plath und P. Richter: Phasisches Verhalten der Herzschlagfrequenz bei kognitiven Tätigkeiten. Jahrestagung „Physiologie" 1975. Weimar (unveröffentl.)

Beckmann, G., R. Vahrenkamp und B. Wingert: Mechanisierung geistiger Arbeit. Eine sozialwissenschaftliche Begleituntersuchung zum Rechnereinsatz in der Konstruktion. Frankfurt (Main) 1979

Beishon, R. L., and E. A. Bainbrigde: Problems of task description in process control. In: W. T. Singleton, R. S. Easterby and D. D. Whithfield, The human operator in complex systems. London 1967

Bem, S. L.: Verbal self-control: The establishment of effective self-instruction. J. exp. Psychol. 74, 485 to 491, 1967

Berlew, D., and D. Hall: The socialization of managers: Effects of exspections on performance. Administrative Science Quarterly 11, 207—233, 1966

Bernotat, R.: Anzeigen (Kap. 1.4.). In: H. Schmidtke (Hrsg.), Ergonomie, Bd. 2. München/Wien 1974

Bernotat, R.: Anthropotechnik in der Fahrzeugführung. Ergonomics 13, 353—377, 1970

Bernstein, N. A.: Einige aktuelle Probleme der Regulation motorischer Akte. Vop. Psichol. 6, 1957 (russ.)

Bernstein, N. A.: The coordination and regulation of movements. Oxford 1967

Bernstein, N. A.: Bewegungsphysiologie. Sportmedizinische Schriftenreihe, Deutsche Hochschule für Körperkultur Leipzig, Bd. 9. Leipzig 1975

Bestutschew-Lada, J.: Prognose sozialer Bedürfnisse Jugendlicher. Ergebnisse soziologischer Forschungen. Moskau 1978 (russ.)

Bierwisch, M.: Fehler-Linguistik, Linguistic Inquiry 4, Vol. 1, 1970.

Biometrisches Wörterbuch Bd 1. Berlin 1968

Birbaumer, N.: Physiologische Psychologie. Heidelberg/New York 1975

Birch, D., J. W. Atkinson and K. Bongart: Cognitive Control of action. In: B. Weiner (Ed.), Cognitive views of humane motivation. London/New York 1974

Blumenfeld, W.: Über die Fraktionierung der Arbeit und ihre Beziehung zur Theorie der Handlung. Bericht über den XII. Kongeß der Deutschen Gesellschaft für Psychologie. Jena 1932

Boiko, L. J.: Das Problem der Fähigkeiten und Fertigkeiten in der modernen Psychologie. In: Fähigkeiten. Informationsmaterial aus der pädagogischen Literatur der Sowjetunion und den Ländern der Volksdemokratien 16, 37—54, 1956

Bollinger, G., und S. Greif: Innovationsprozesse: Fördernde und hemmende Einflüsse für kreatives Verhalten. In: M. Irle (Hrsg.), Handbuch der Wirtschaftspsychologie. Göttingen 1982

Bolos, S., und M. Mamali: Die psychologischen Ursachen der Fehlleistungen in der Tätigkeit des Fahrdienstleiters sowie Mittel zu deren Verhütung. Forfa 11, 111, 1962

Bonz, B.: Psychodiagnostische Untersuchung der technisch-konstruktiven Begabung. Phil. Diss. TH Stuttgart 1966

Bornemann, E. (Hrsg.): Ermüdung. Lüneburg 1952

Bornemann, E.: Untersuchung über den Grad der geistigen Beanspruchung, Meisenheim 1959

Bower, G. H.: Organizational factors in memory. Cognitive Psychology 1, 1970

Brandt, I., G. Leuschner und Ch. Thomas: Erarbeitung einer Fehlersuchstrategie für die Ausbildung von Schärerinnen. Großer Beleg TU Dresden, Sektion 22, Bereich Psychologie, 1969 (unveröffentl.)

Bredenkamp, J., und W. Wippich: Lern- und Gedächtnispsychologie I und II. Kohlhammer Standards Psychologie. Stuttgart 1977

Broadbent, D. E.: Applied psychology research unit. Arbeitswiss. 3, 4, 1964

Broadbent, D. E.: Multiple goals and flexible procedures in the design of work (Comments on Dr. W. Hacker's paper). In: M. Frese und J. Sabini (Eds.), Goal-directed behavior. Hillsdale 1983

Broadhurst, P. L.: The utilisation of animals in the performance of industrial and agricultural tasks. In: Zusammenfassungen der Beiträge des XV. Internationalen Kongresses für angewandte Psychologie. Lubljana 1964, Beograd 1964

Bromme, R., und E. Hömberg: Methodische Probleme und Möglichkeiten der Untersuchung sprachlich gefaßter handlungsregulierender Kognitionen. In: W. Volpert (Hrsg.), Beiträge zur psychologischen Handlungstheorie. Bern 1980

Brosseau, K. R.: Personality and job experience. Organizational Behavior and Human Performance 22, 235–252, 1978

Brown, J. S., and A. T. Slater-Hammel: The effect of speed-up instructions upon the performance of discrete movements in the horizontal plan. Off. Nav. Res. Rep. 57, 2, 3, 1949

Bruggemann, A., P. Großkurth und E. Ulich: Arbeitszufriedenheit. Schriften zur Arbeitspsychologie 17. Bern 1975

Bruggemann, A.: Zur Unterscheidung verschiedener Formen von „Arbeitszufriedenheit". Arbeit und Leistung 28, 11, 281–284, 1974

Bruner, J. S., J. J. Goodnow and G. A. Austin: A study of thinking. New York 1956

Brunswik, E.: Perception and the representative design of experiments. Berkeley 1955

Bühler, Ch.: Psychologie im Leben unserer Zeit. München/Zürich 1962

Burkhardt, D.: Wörterbuch der Neurophysiologie. Berlin 1970

Burkhardt, F.: Stand der Unfallforschung und praktische Schlußfolgerungen. Arbeitswiss. 1, 11–14, 1962

Burkhardt, F.: Arbeitssicherheit. In: A. Mayer und B. Herwig (Hrsg.), Betriebspsychologie (Handbuch der Psychologie, Bd. 9). Göttigen 1970[2]

Busacker, R. E., und T. S. Saaty: Endliche Graphen und Netzwerke. München/Wien 1968

Bykow, K. M.: Großhirnrinde und innere Organe. Berlin 1953

Campbell, J. P., M. D. Dunette, E. E. Lawler and K. E. Weick: Managerial behavior, performance, and effectiveness. New York 1970

Caroll, J. M., L. A. Miller, J. C. Thomas and H. P. Friedman: Aspects of solution structure in design problem solving. Amer. J. Psychol. 93, 2, 269—284, 1980

Caroll, J. M., J. C. Thomas and A. Malhotra: Presentation and representation in design problem-solving. Brit. J. Psychol. 71, 143–153, 1980

Cavallo, V.: Leistungs- und belastungsbestimmende Eigenschaften operativer Abbilder – untersucht an Montagetätigkeiten. Mitteilungen der TU Dresden 1978, 22–16–78

Cerdá, E.: Persönlichkeit und berufliche Orientierung. Psychol. u. Prax. 15, 33–37, 1971

Chapanis, A., W. R. Garner and C. T. Morgan: Applied experimental psychology. London 1961

Chalupa, B.: An experimental contribution to the problem of positioning movements. Stud. Psychol. XI, 41 f., 1969

Chomsky, N.: Aspekte der Syntaxtheorie. Berlin 1970

Christina, R. W. (Ed.): Psychology of motor behavior and sport. Urbana/III. 1978

Clark, H. H.: Linguistic processes in deductive reasoning. Psychol. Rev. 76, 387–404, 1969

Clauß, G.: Zur Standardisierung psychodiagnostischer Verfahren. Probl. Erg. Psychol. 9, 1964

Clauß, G.: Zur Psychologie des aktiven Lernverhaltens. In: G. Clauß, J. Guthke und G. Lehwald (Hrsg.), Psychologie und Psychodiagnostik lernaktiven Verhaltens. Tagungsbericht. Berlin 1978

Claxton, G. (Hrsg.): Cognitive psychology: New directions. London 1980

Coeterier, J. F.: Individual strategies in ATC – freedom and choice. Ergonomics 5, 14, 579–584, 1971

Collins, A. M., and M. R. Quillian: Retrieval time from semantic memory. J. Verb. Learn. Verb. Beh. 8, 204–247, 1969

Colquhoun, W. P.: The effect of "unwanted" signals on performance in a vigilance task. Ergonomics 4, 41–51, 1961

Conrad, R.: The timing of signals in skill. J. exp. Psychol. 51, 365–370, 1956

Corlett, E. N., and J. W. Goodhand: Some ergonomic problems of arc-welding. Erg. Res. Soc. Ann. Conf. 1965, zit. nach Arbeitswiss. 4, 112, 1965

Corlett, E. N., and E. D. Megaw: The role of visual and kinaesthetic feedback in the control of apparatus by a foot pedal. Engineering Production Research Report, University of Birmingham, July 1967

Craik, K. J. W.: Theory of human operator in control systems. Brit. J. Psychol. 1, 38, 1948
Craik, F. I. M., and R. S. Lockhart: Levels of processing: A reply. Brit. J. Psychol. 79, 171—175, 1978
Cranach, M. von: Meinungsveränderung durch eigenes Handeln. Psychol. Forsch. 28, 2, 89—152, 1965a
Cranach, M. von: Meinungsveränderung durch eigenes Sprechen. Z. exp. angew. Psychol. XII, 1—9, 1965 b
Cranach, M. von, G. Ochsenbein und L. Valach: Group action and leadership Symposium „Leadership". Bad Homburg, Januar 1984 (unveröffentl.)
Cranach, M. von, U. Kalbermatten, K. Indermühle und B. Gugler: Zielgerichtetes Handeln. Bern 1980
Cranach, M. von, und L. Valach: Die soziale Dimension zielgerichteten Handelns. In: H. Tajfel (Hrsg.), The social dimension: European developments in social psychology. Cambridge 1982
Cube, F. v.: Entwurf eines Lernmodells auf der Basis der Informationstheorie. Grundlagenstudien Kybernetik Geisteswissenschaften 3, 17—63, 1962
Däumling, M., H.-J. Engler, H. Smieskol, G. Tiegel, J. K. Triebe, E. Ulich und K. Wilke: Beiträge zum Mentalen Training. Training und Beanspruchung 3, Frankfurt (Main) 1973
Deci, E. L.: Intrinsic motivation. New York 1975
Derwort, A.: Untersuchungen über den Zeitverlauf figurierter Bewegungen beim Menschen. Pflügers Arch. ges. Physiol. 236, 661, 1938
Diligenski, G.: Sozialismus und Probleme der Zukunft. Qualität des Lebens, Bd. 1, 169—199, Frankfurt (Main) 1973
Diligenski, G.: Die Bedürfnisse der Persönlichkeit und die Gesellschaft. Sowjetwiss., ges.-wiss. Beitr. 28, 10, 1009—1020, 1975
Diligenski, G. G.: Probleme der Theorie der menschlichen Bedürfnisse. Sowjetwissenschaft, ges.-wiss. Beitr. 3, 256—272, 1977
Dirks, H.: Die Personalbeurteilung im Betrieb. Stuttgart 1952 und 1962[2]
Döring, A., und K. Kretschmer: Arbeitsweisen mit unterschiedlichen kognitiven Leistungsanteilen bei Mehrmaschinenbedienung in der Weberei. Diplomarbeit Sektion 22, Bereich Psychologie der TU Dresden 1969 (unveröffentl.)
Dörner, D.: Problemlösen als Informationsverarbeitung. Kohlhammer Standards Psychologie. Stuttgart 1978
Dörner, D.: Über die Schwierigkeiten menschlichen Umgangs mit Komplexität. Psychol. Rdsch. 32, 3, 163—179, 1981
Dörner, D.: The ecological conditions of thinking. In: D. R. Griffin (Ed.), Animal mind — human mind. Berlin/Heidelberg/New York 1982
Dörner, D., und F. Reither: Über das Problemlösen in sehr komplexen Realitätsbereichen. Z. exp. angew. Psychol. XXV, 4, 527—551, 1978
Dörner, D. u. a.: Hinweise zum Umgang mit komplexen Systemen. Universität Bamberg (hektograph.) 1980
Dörner, D., H. W. Kreuzig, F. Reither und T. Ständel: Lohausen — Vom Umgang mit Unbestimmtheit und Komplexität. Bern 1983
Dornič, S.: Visuelle Kontrolle. In: D. Kovač (Hrsg.), Visuelles Wahrnehmen. Bratislava 1970
Drill, R.: Der Hammerschlag. Neue psychologische Studien 9, 139 ff., 1938
Drösler, J.: Zur Methodik der Verkehrspsychologie. In: C. G. von Hoyos (Hrsg.), Psychologie des Straßenverkehrs. Psychologisches Kolloquium Bd 1. Bern/Stuttgart 1965
Duell, W., und C. Baitsch: Arbeitsgestaltung als Lernchance. Referat 24. Tagung BDP-Sektion Arbeits- und Betriebspsychologie. München 1982
Duffy, E.: Activation and behavior, New York 1962
Düker, H.: Über reaktive Anspannungssteigerung. Z. exp. angew. Psychol. 10, 46—72, 1963
Duncker, K.: Zur Psychologie des produktiven Denkens. Berlin 1935 (Neudruck 1963 Heidelberg/Berlin/Göttingen)
Dunn, J. G.: Subjektive and objektive risk distribution. Occup. Psychol. 46, 183—187, 1972
Dunett, M. D. (Eds.): Handbook of industrial and organizational psychology. Chicago/I11. 1976
Durig, A.: Ermüdung im praktischen Betrieb. In: E. Atzler (Hrsg.), Körper und Arbeit, Handbuch der Arbeitsphysiologie. Leipzig 1927
Duscheleit, S., R. Frommann und W. Volpert: Persönlichkeitsförderliche Arbeitsplätze. In: H. Siebert (Hrsg.), Taschenbuch der Weiterbildungsforschung. Baltmannsweiler 1979

Dymerski, K. J.: Vorgestellte Handlungsvollzüge als Mittel zur Wiederherstellung und Festigung von Fertigkeiten. In: Fähigkeiten und Fertigkeiten. Informationsmaterial aus der pädagogischen Literatur der Sowjetunion und den Ländern der Volksdemokratien 16, 12–26, 1956

Eckes, Th., und H. Roßbach: Clusteranalysen. Kohlhammer Standards Psychologie. Stuttgart 1979

Edwards, W.: Behavioral decision theory. Ann. Rev. Psychol. 12, 1961

Einführung in den dialektischen und historischen Materialismus. Berlin 1972

Ellenbogen. L.: Untersuchungen zu Fragen der Fraktionierung der Arbeitsleistung. Diss. TH Dresden 1937 (unveröffentl.)

Elßner, G.: Entwicklung einer erkrankungsvorbeugenden Anlernmethodik auf Grundlage der Interiorisationstheorie Galperins. Forschungsbericht TU Dresden 1970 (unveröffentl.)

Elßner, G.: Erlernen motorischer Arbeitshandlungen auf der Grundlage von Sprechimpulsen – dargestellt an einer Anlernmethodik für das Aufstrecken von Kuoxamseide in einem Kunstseidenwerk. In: W. Skell (Hrsg.) Psychologische Analysen von Denkleistungen in der Produktion. Berlin 1972

Enderlein, H., J. Fritsch und J. Tannenhauer: Gestaltung der personellen Voraussetzungen bei der Realisierung von Montageprozessen mit progressiven Inhalten der Arbeit durch Nestmontage. Fertigungstechnik und Betrieb 31, 6, 363–365, 1981

Enderlein, H., U. Markert und J. Tannenhauer: Gestaltung progressiver Arbeitseinhalte im Montageprozeß. In: W. Hacker und H. Raum (Hrsg.), Optimierung kognitiver Arbeitsanforderungen. Berlin/Bern 1980 (Bern 1980)

Engels, F.: Anteil der Arbeit an der Menschwerdung des Affen. In: K. Marx und F. Engels, Werke, Bd. 20. Berlin 1962 a

Engels, F.: Ludwig Feuerbach und der Ausgang der klassischen deutschen Philosophie. In: K. Marx und F. Engels, Werke, Bd. 21. Berlin 1962 b

Engels, F.: Herrn Eugen Dührings Umwälzung der Wissenschaft, In: K. Marx und F. Engels, Werke, Bd. 20. Berlin 1969

Ernst, G. W., and A. Newell: GPS: A case study in generality and problem solving. New York 1969

Eysenck, M. W.: Levels of processing: A critique. Brit. J. Psychol. 69, 157–169, 1978

Faverge, J. M.: Prinzipielles zum Unfallproblem. Forfa 11, 49–59, 1962

Faverge, J. M., et A. Ombredane: L'analyse du travail. Paris 1955

Feige, K.: Präzisionsleistungen menschlicher Motorik. Z. angew. Psychol. Beiheft 99, 1934

Fell, J. C.: A motor vehicle accident causal system: the human element. Human Factors 18, 85–94, 1976

Fillmore, C. J.: The case for case. In: E. Beach and R. T. Harms (Eds.), Universals in linguistic theory. New York 1968

Fitts, P. M., and B. K. Radford: Information capacity of discrete motor responses under different cognitive sets. J. exp. Psychol. 71, 475–483, 1966

Fitts, P. M., and M. I. Posner: Performance (Basic concepts in psychology series). Belmont 1968

Fleischhacker, M., und E. Witzgall: Die Erhebung des Verbalisierungsgrades. Beiträge zur Arbeitspädagogik, Arbeitspsychologie, Arbeitssoziologie. Stuttgart: Institut für Arbeitswissenschaft und und Organisation der Fraunhofer-Gesellschaft, 1981

Fleishman, E. A.: Factor structure in relation to task difficulty in psychomotor performance. Educ. psychol. Measmt. 17, 522–533, 1957

Fleishman, E. A., and R. Simon: The role of kinaesthetic and spatial-visual abilities in perceptual-motor learning. J. exp. Psychol. 66, 6–11, 1963

Fletcher, S. G.: Speech as an element in organization of a motor response. J. speech hear. Res. 5, 292–300, 1962

Fodor, J., and T. Bever: The psychological reality of linguistic sequences. J. Verb. Learn. Verb. Beh. 4, 414–420, 1965

Förster, O.: Die Psychologie und Pathologie der Koordination. Jena 1912

Fox, J. G., and Ch. M. Haslegrave: Industrial inspection efficiency and the probability of defect occurring, Ergonomics 12, 713–721, 1969

Frank, H.: Kybernetische Grundlagen der Pädagogik, Baden-Baden 1962

Frank, H.: Die Gestaltung von geistigen Vorgängen mit Hilfe des Work-Factor-Mento-Verfahrens (Teil 1 und 2). Techn. Zentralblatt f. prakt. Metallbearbeitung 67, 3, 113–114; 4, 163–166, 1973

Frankenhaeuser, M.: Biochemische Indikatoren der Aktiviertheit. In: W. Schönpflug (Hrsg.), Methoden der Aktivierungsforschung, Kap. 7, Phänomenologische Indikatoren der Aktiviertheit. Psychologisches Kolloquium, Bd. VI. Bern/Stuttgart/Wien 1969

Freeman, G. L.: The spread of neuromuscular activity during mental work. J. General Psychol. 5, 1931
Frenz, H. G., und S. Frey: Die Analyse menschlicher Tätigkeiten. Probleme der systematischen Verhaltensanalyse. In: F. Frey und E. Ulich (Hrsg.), Beiträge zur psychologischen Arbeitsanalyse. Bern 1981
Frese, M.: Partialisierte Handlung und Kontrolle: Zwei Themen der industriellen Psychopathologie. In: M. Frese, S. Greif und N. Semmer (Hrsg.), Industrielle Psychopathologie. Bern/Stuttgart/Wien 1978
Frese, M.: Arbeit und psychische Störungen. In: U. Baumann, H. Berbalk und G. Seidenstühler (Hrsg.), Klinische Psychologie. Trends in Forschung und Praxis, Bd. 4. Bern 1980
Frese, M. (Hrsg.): Streß im Büro. Bern 1981
Frese, M.: Occupational socialization and psychological development: An underemphasized research perspective in industrial psychology. J. occup. Psychol. 55, 209–224, 1982
Frese, M., und G. Mohr: Die psychopathologischen Folgen des Entzugs von Arbeit: Der Fall Arbeitslosigkeit. In: M. Frese, S. Greif und N. Semmer (Hrsg.), Industrielle Psychopathologie. Bern 1978
Frey, P.-J.: Probleme des Lehrens von Arbeitsverfahren mittels programmierten Lehrmaterials. Diss. Dresden 1968 a (unveröffentl.)
Frey, P.-J.: Probleme der Entwicklung innerer regulierender Modelle bei der Vorbereitung von Arbeitsverfahren. In: W. Hacker, W. Skell und W. Straub (Hrsg.), Arbeitspsychologie und wissenschaftlich-technische Revolution. Berlin 1968 b
Friedman, M., and R. H. Rosenman: Association of a specific overt behavior pattern with blood and cardiovascular findings. J. amer. Medic. Ass. 169, 1286 f., 1959
Friedmann, G.: Der Mensch in der mechanisierten Produktion. Köln 1952
Frieling, E.: Verfahren und Nutzen der Klassifikation von Berufen. Stuttgart 1980
Fritsche, B.: Arbeitsgliederung – Wirkungen und Wirkungsbedingungen unter Einfluß von Selbstregulationsmöglichkeiten. Diplomarbeit Technische Universität Dresden/Sektion Arbeitswissenschaften. WB Psychologie 1981
Fritsche, B., W. Hacker, S. Rötschke und S. Wolff: Gestaltung von Arbeitsaufträgen: Zur Wirkungsweise von Anforderungsvielfalt und Freiheitsgraden. Vortrag auf dem IV. Dresdener Symposium zur Arbeits- und Ingenieurpsychologie 1982 (unveröffentl.)
Frör, P., I. Haag, G. Otto und G. Otto: Subjektive und objektive Auswirkungen der Rationalisierungsstrategien „Entmischung und Zentralisierung" im Bürobereich. In: M. Frese (Hrsg.), Streß im Büro. Bern 1981
Fuhrer, U.: Mehrfachhandeln in dynamischen Umfeldern. Göttingen 1984
Gagné, R. M.: The conditions of learning. New York 1970
Gagné, R. M., and E. C. Smith: A study of the effects of verbalisation on problem-solving. J. exp. Psychol. 63, 12–18, 1962
Gallistel, C. R.: The organization of action: A new synthesis. Hillsdale 1980
Galperin, P. I.: Kurzer Abriß der Lehre von der etappenweisen Formung von Handlungen und Begriffen. XVIII. Internationaler Kongreß für Psychologie, Sympos. 24: „Begriffsbildung und geistige Handlung". Moskau 1966 (russ./engl.)
Galperin, P. I.: Die geistige Handlung als Grundlage für die Bildung von Gedanken und Vorstellungen. In: Probleme der Lerntheorie. Berlin 1967 a
Galperin, P. I.: Die Psychologie des Denkens und die Lehre von der etappenweisen Ausbildung geistiger Handlungen. In: Untersuchungen des Denkens in der sowjetischen Psychologie. Moskau 1967 b (russ.)
Gerathewohl, S. J.: Psychologie des Menschen im Flugzeug. München 1954
Gersten, K.: Untersuchungen zur Vervollkommnung der Miteinanderarbeit. Diss., Fakultät Gesellschaftswissenschaften der Bergakademie. Freiberg 1984
Ghiselli, E. E.: Dimensional problems of criteria. J. appl. Psychol. 40, 104, 1956
Ghiselli, E. E., and C. W. Brown: Personal and industrial psychology, New York/Toronto/London 1955[2]
Giesen, H.: Einfluß von Unterbrechungen bei verschieden komplexen Handlungen. Berichte a. d. Inst. f. Psychol., Phillipps-Universität Marburg (Lahn) 28, 1971
Gilbreth, F.: Bewegungsstudien, Berlin 1921
Gjesme, T.: Psychologische Zieldistanz: Die verlorengegangene Dimension in der Leistungsmotivationsforschung. In: W. Hacker, W. Volpert und M. von Cranach (Hrsg.), Kognitive und motivationale Aspekte der Handlung. Berlin 1983

Gliszynska, Xymena: Genetische Klassifikation des praktischen Fehlers. In: Ausgewählte Probleme der Praxeologie. Warschau 1962 (poln.; s. auch Psychol. u. Prax. 4, 1965 sowie K. Alsleben und W. Wehrstedt (Hrsg.), Praxeologie, Quickborn 1966)
Gliszcynska, Xymena: The new model of worker motivation. Prakseologia 51—52, 3, 13—57, 1974
Gniza, E.: Methoden der Unfallermittlung und Unfallstatistik. Berlin 1958
Gniza, E.: Der Psychologe in der Industrie und seine Bedeutung für die Unfallverhütung. In: E. Gniza und E. Kersten (Hrsg.), Beiträge zum Betriebsgesundheitsschutz, Bd. 2: Zu aktuellen Fragen der betriebsärztlichen Arbeit. Berlin 1960
Goede, K., und F. Klix: Strategien des Erwerbs nicht benannter Begriffe. Z. Psychol. 179, 2, 149—201, 1971
Goethe, J. W. v.: Hör-, Schreib- und Druckfehler. In: Über Kunst und Altertum, II. Bd., 2. Hälfte. 1820
Goethe, J. W. v.: Brief an Wilhelm von Humboldt vom 17. März 1832. In: Goethes Briefe in drei Bänden, 3. Bd., Berlin/Weimar 1970
Goethes Gespräche mit Eckermann. Berlin 1955
Goldman-Eisler, F.: Psycholinguistics — Experiments in spontaneous speech. London/New York 1968
Goldstein, K., und M. Scheerer: Abstraktes und konkretes Verhalten. Psychol. Monogr. 53, 2, 1941 (In: C. F. Graumann (Hrsg.), Denken. Köln/Berlin 1969[4])
Goodman, D., and J. A. S. Kelso: Are Movements prepared in parts? Not under compatible (naturalized) conditions. J. exp. Psychol. General 109, 4, 475—495, 1980
Gorbunowa, L. N.: Erfahrungen bei der psychophysiologischen Untersuchung der Effektivität unterschiedlicher Formen des Arbeitswechsels. Vop. Psichol. 1, 1968 (russ.)
Görner, R.: Vorgestellter und ausgeführter Tätigkeitsvollzug — eine Möglichkeit der Erfassung von Denkverläufen in der Arbeitstätigkeit. In: W. Hacker, W. Skell und W. Straub (Hrsg.), Arbeitspsychologie und wissenschaftlich-technische Revolution. Berlin 1968
Görner, R.: Zur Entwicklung räumlicher Vorstellungen als Umgang mit inneren Modellen. In: W. Hacker (Hrsg.), Psychische Regulation von Arbeitstätigkeiten. Berlin 1976
Görner, R., J. Neubert und W. Skell: Untersuchungen zur intellektuellen Regulation von Produktionstätigkeiten. Die Technik 25, 78—81, 1970
Görner, R. u. a.: Kriterien der Konstrukteurtätigkeit. Ergebnisse einer psychologischen Untersuchung. Wiss. Z. der TH Ilmenau 1971, 17, 63—71
Gottschalch, H.: Bedürfnisse und Motive der Produzenten. Frankfurt (Main)/New York 1981
Gottschalch, H.: Spielräume technisch-organisatorischer Gestaltung bei Automation. Z. Org. 2, 77—86, 1982
Gottschaldt, K.: Der Aufbau des kindlichen Handelns. Vergleichende Untersuchungen an gesunden und psychisch abnormen Kindern. (Schriftenreihe zur Entwicklungspsychologie 1.—2. Auflage). Leipzig 1954
Graf, S.: Lehrerfolg und Lehrversagen. Beitr. Theorie u. Prax. der Berufsausbildung 1, 1958
Graumann, C. F. (Hrsg.): Denken. Köln/Berlin 1969[4]
Graumann, C. F.: Einführung in die Psychologie, 1. Bd.: Motivation. Berlin/Stuttgart 1970
Greif, S.: Konzepte der Organisationspsychologie. Bern 1983
Greupner, B.: Untersuchungen zur Ausblendungsstruktur bei Tätigkeiten mit unterschiedlichen Anforderungen an die visuelle Kontrolle und bei unterschiedlicher Vorübung. Z. Psychol. 170, 171f., 1962
Greupner, B., I. König und W. Quaas: Untersuchungen zu Ursachen inter- und intraindividueller Leistungsdifferenzen beim Schären von Kupferkunstseide. Großer Beleg TU Dresden 1963 (unveröffentl.)
Groskurth, P., und W. Volpert: Lohnarbeitspsychologie, Frankfurt (Main) 1975
Grothus, H.: Motivation durch Arbeitsbereicherung. afa-Informationen, DGB-Arbeitskreis Arbeitsstudien. 15—35, Febr./März 1972
Guensberger, E.: Untersuchung der Erscheinung der Ermüdung. Stud. Psychol. VII, 71—76, 1965
Gulowsen, J.: A measure of work-group autonomy. In: L. E. Davis and J. C. Taylor (Eds.), Design of jobs. Harmondsworth 1972
Günther, R.: Ansätze zur Diagnostik der intellektuellen Lernfähigkeit im Erwachsenenalter. Probl. Erg. Psych. 72, 28—29, 1980
Gurewitsch, K. M.: Berufseignung und Grundeigenschaften des Nervensystems. In: Wissenschaftliche Beratung zu komplexen Problemen der Kybernetik an der APN, Moskau 1970 (russ.)
Hacker, W.: Zur Methodik der Bestimmung von Belastungswirkungen mittels der Flimmerverschmelzungsfrequenz. Psychiat. Neurol. med. Psychol. 11, 1958

Hacker, W.: Zur Modifikation des sogenannten spontanen Lidschlags im Handlungsvollzug. Probl. Erg. Psychol. V und VI, 1962

Hacker, W.: Die Arbeitsweise als Persönlichkeitsmerkmal. Probl. Erg. Psychol. 10, 59–70, 1964

Hacker, W.: Grundlagen der Regulation von Arbeitsbewegungen. Probl. Erg. Psychol. 1. Beiheft 1967

Hacker, W.: Monotonie-Zustand – Entstehung, Wesen und Bekämpfung. In: H. Kulka (Hrsg.), Arbeitspsychologie für die industrielle Praxis. Berlin 1968

Hacker, W.: Kognitive Organisation in der Bewegungsregulation – Studie zu Voraussetzungen und methodischen Konsequenzen. Probl. Erg. Psychol. 33, 45–77, 1970

Hacker, W.: Psychologie und Rationalisierung. Arbeit, WAO-Sonderheft 1971

Hacker, W.: Some psychological aspects of establishing human centered man-machine systems, Abstract Guide, XX. Int. Kongreß für Psychologie Tokio 1972 (Symp. Mensch-Maschine-Systeme)

Hacker, W.: Arbeits- und ingenieurpsychologische Beiträge zur sozialistischen Rationalisierung der Volkswirtschaft. In: W. Hacker, K.-P. Timpe und M. Vorwerg (Hrsg.), Arbeits-, ingenieur- und sozialpsychologische Beiträge zur sozialistischen Rationalisierung. Berlin 1973

Hacker, W.: Anforderungen an Regulation und Zeitbedarf bei geführten Bewegungen: Zur Gültigkeit des Derwort-von Weizsäckerschen Gesetzes der konstanten Figurzeit. Z. Psychol. 182, 3, 307–337, 1974 a

Hacker, W.: Zur Effektivität unterschiedlicher Hypothesen beim Klassifizieren komplexer Muster. In: F. Klix (Hrsg.), Organismische Informationsverarbeitung, Berlin 1974 b

Hacker, W.: Zum gegenwärtigen Stand und zu Perspektiven der Bestimmung psychischer Beanspruchung im Arbeitsprozeß. Soz. Arbeitswiss. 1, 17–28, 1974 c

Hacker, W.: Zu Wechselbeziehungen zwischen Arbeitsbedingungen und der Persönlichkeitsentwicklung. 4. Kongreß Ges. f. Psychol. d. DDR, Leipzig 1975 (Manuskriptdruck)

Hacker, W.: Anforderungsabhängigkeit der Nutzung von hierarchischer Ordnung in Sequenzen. Z. Psychol. 185, 1, 1–33, 1977 a

Hacker, W.: Bedeutung der Analyse des Gedächtnisses für die Arbeits- und Ingenieurpsychologie – zu Gedächtnisanforderungen in der psychischen Regulation von Handlungen. In: F. Klix und H. Sydow (Hrsg.), Zur Psychologie des Gedächtnisses. Berlin 1977 b

Hacker, W.: Psychische Anforderungen. In: F. Stoll (Hrsg.), Die Psychologie des 20. Jahrhunderts, Bd. XIII: Anwendungen im Berufsleben. Zürich 1980 a

Hacker, W.: Handlungsregulation: Zur aufgabenabhängigen Struktur handlungsregulierender mentaler Repräsentationen. Kongreßbericht XXII. Internationaler Kongreß für Psychologie in Leipzig. Leipzig 1980^2 b

Hacker, W.: Psychologische Bewertung von Arbeitsgestaltungsmaßnahmen (Spezielle Arbeits- und Ingenieurpsychologie 1). Berlin 1980 c

Hacker, W.: Psychische Beanspruchungen bei Text- und Datenverarbeitungstätigkeiten an Bildschirmgeräten: Erfassung und Bewertung. Z. Psychol. 1982 a (Ergänzungsband)

Hacker, W.: Psychische Beanspruchungen bei Text- und Datenverarbeitungstätigkeiten an Bildschirmgeräten: Ermittlung und Gestaltung. In: Arbeitsmedizinische Praxis: Heft „Bildschirmarbeitsplätze". Berlin: Zentralinstitut für Arbeitsmedizin, 3–29, 1982 b

Hacker, W.: Ziele – eine vergessene psychologische Schlüsselvariable? Zur antriebsregulatorischen Potenz von Tätigkeitsinhalten. Psychol. f. d. Praxis 2, 5–26, 1983

Hacker, W., und A. Clauß: Kognitive Operationen, inneres Modell und Leistung bei einer Montagetätigkeit. In: W. Hacker (Hrsg.), Psychische Regulation von Arbeitstätigkeiten, Berlin 1976

Hacker, W., M. Dilova und Ch. Kunze: Wirkungen der Häufigkeitsakzentuierung bei einem Mehrklassenproblem mit unscharfen Klassen. Z. Psychol. 187, 157–177, 1979

Hacker, W., G. Herrmann und W. Naumann: Aufgaben und Ergebnisse der Arbeitspsychologen im Bereich des Betriebsgesundheitsschutzes des Bezirkes Dresden. Beitr. Betriebsgesdh.-Schutz (Zu aktuellen Fragen der betriebsärztlichen Arbeit III). Berlin 1966

Hacker, W., A. Iwanowa und P. Richter: Verfahren zur objektiven Tätigkeitsanalyse. Berlin 1983

Hacker, W., und H. Kühn: Zur Anwendung psychodiagnostischer Untersuchungsverfahren bei berufsbedingten Vergiftungen durch neurotoxische Substanzen – dargestellt an der chronischen Schwefelkohlenstoffvergiftung. Schriftenreihe ärztl. Fortb. XXXVII. Berlin 1969

Hacker, W., und B. Matern: Beschaffenheit und Wirkungsweise mentaler Repräsentationen in der Handlungsregulation. Z. Psychol. 187, 2, 141–156, 1979

Hacker, W., und B. Matern: Methoden zum Ermitteln tätigkeitsregulierender kognitiver Prozesse und Repräsentationen bei industriellen Arbeitstätigkeiten. In: W. Volpert (Hrsg.), Beiträge zur Psychologischen Handlungstheorie. Bern 1980

Hacker, W., und M. Meinel: Kognitive Komponenten beim Erlernen interner Repräsentationen: Sind behaltensökonomische Repräsentationen stets regulativ zweckmäßig? In: G. Clauß, J. Guthke und G. Lehwald (Hrsg.), Psychologie und Psychodiagnostik lernaktiven Verhaltens. Tagungsbericht. Berlin 1978

Hacker, W., und W. Naumann: Zur Verteilung von Arbeitsunfähigkeits- und Arbeitsfähigkeitsbeginn auf die Wochentage. Z. ärztl. Fortbild. 57, 330ff., 1963

Hacker, W., W. Quaas, H. Raum und H.-J. Schulz (Hrsg.): Psychologische Arbeitsuntersuchung. Berlin 1973

Hacker, W., und P. Richter: Psychische Fehlbeanspruchung: Ermüdung, Monotonie, Sättigung und Streß. (Spezielle Arbeits- und Ingenieurpsychologie 2). Berlin 1980

Hacker, W., P. Richter u. a.: Tätigkeitsbewertungsverfahren TBS – L. TU Dresden: Forschungsbericht 1981

Hacker, W., R. Rühle und N. Schneider: Psychologische Grundlagen von Arbeitsverfahren. Operative Abbilder als Ursache interindividueller Verfahrens- und Leistungsunterschiede bei Mehrmaschinenbedienung. 4. Kongreß Ges. f. Psychol. d. DDR. Leipzig 1975 (Manuskriptdruck)

Hacker, W., S. Schieritz und K. Völker: Zur Projektierung von Arbeitsteilung und -kombination, dargestellt an Montageprozessen. Sozial. Arbeitswiss. 25, 2, 98–104, 1981

Hacker, W., und H. Vaic: Psychologische Analyse interindividueller Leistungsdifferenzen als eine Grundlage von Rationalisierungsbeiträgen. In: W. Hacker, W. Quaas, H. Raum und H.-J. Schulz (Hrsg.), Psychologische Arbeitsuntersuchung. Berlin 1973

Hackman, J. R.: Task and task-performance in research on stress. In: J. E. McGrath (Ed.), Social and psychological factors in stress. New York 1970

Hackman, J. R.: E. E. Lawler III and L. W. Porter (Eds.): Perspectives on behaviour in organisations. New York 1977

Hackman, J. R., and G. R. Oldham: The job diagnosis survey: An instrument for the diagnosis of jobs and the evaluation of job redesign projects. Techn. Report 4, Yale University 1974

Haferkorn, W.: Über die zeitliche Eingliederung von Willkürbewegungen. Neue Psychologische Studien, Band IX (Motorik), 33–64, 1938

Häferli, K., U. Kraft und U. Schallberger: Berufsausbildung und Persönlichkeitsentwicklung: Hinweise aus einer Querschnittsuntersuchung. In: Bulletin eva (Nationales Schweizerisches Forschungsprogramm „Bildung und das Wirken in Gesellschaft und Beruf"). No. 5, 24–40, Basel 1983

Hager, K.: Zu Fragen der Kulturpolitik der SED, Berlin 1972

Hahn, T.: Probleme der Erforschung von Motiven der Arbeit. DZfPh 7, 829–845, 1964

Haider, M.: Elektrophysiologische Indikatoren der Aktiviertheit. In: W. Schönpflug (Hrsg.), Psychologisches Kolloquium, Bd. VI. Bern/Stuttgart/Wien 1969

Hajos, A.: Sensumotorische Koordinationsprozesse bei Richtungslokalisationen. Z. exp. angew. Psychol. XV, 1968

Hammond, K. R., and D. A. Summers: Cognitive control. Psychol. Rev. 79, 1, 58–67, 1972

Hansch, W.: Eine Analyse von FVF-Werten und Leistungsparametern von verschiedenen Übungsstadien einer Tätigkeit. In: W. Hacker, W. Skell und W. Straub (Hrsg.), Arbeitspsychologie und wissenschaftlich-technische Revolution. Berlin 1968

Harrison, R. van: Person-environment fit and job stress. In: C. L. Cooper and R. Payne (Eds.), Stress at work. Chicester 1978

Hartmann, R.: Zur Eingabe von Programmen mittels Flexowriter. In: W. Hacker, W. Skell und W. Straub (Hrsg.), Arbeitspsychologie und wissenschaftlich-technische Revolution. Berlin 1968

Harvey, N., and K. Greer: Action: the mechanisms of motor control. In: G. Claxton (Ed), Cognitive psychology. London 1980

Haschke, W.: Grundzüge der Neurophysiologie. Jena 1980^2

Haug, F. (Hrsg.): Projektgruppe Automation und Qualifikation. Bd. IV: Automatisierungsarbeit – Empirische Untersuchungen Teil 1. Argument-Sonderband 43. Berlin-West 1980

Hecker, D., D. Green und K. U. Smith: Dimensional analysis of motion. J. appl. Psychol. 40, 220–227, 1965

Heckhausen, H.: Hoffnung und Furcht in der Leistungsmotivation. Psychologia Universalis VI, 1963

Heckhausen, H.: Leistungsmotivation. In: H. Thomas (Hrsg.) Handbuch der Psychologie, 2. Bd., Göttingen 1965

Heckhausen, H.: Motivation: Kognitionspsychologische Aufspaltung eines summarischen Konstrukts. Psychol. Rdsch. 28, 175–189, 1977

Heckhausen, H.: Achievement motivation and its constructs: A cognitive model. Motivation and Emotion 1, 283–329, 1977

Heckhausen, H.: Motivation und Handeln. Berlin/Heidelberg/New York 1980 a

Heckhausen, H.: Motivationsmodelle: Fortschreitende Entfaltung und unbehobene Mängel. XXII. Internationaler Kongreß für Psychologie 1980 in Leipzig, Kongreßbände (Symposium 48). Leipzig 1980b, Berlin 1983

Hegel, G. W. F.: Werke. Band 12. Stuttgart 1937

Heil, E.: Motive der Arbeit in Brigaden der Bauindustrie. Arbeit und Arbeitsrecht 23, 604–606, 1968

Held, R., A. Efstathiou and B. Green: Adaptation to displaced and delayed visual feedback from the hand. J. exp. Psychol. 72 887–891, 1966

Hellwig, P.: Charakterologie, Stuttgart 1936²

Helm, J.: Zur Bedingungsanalyse des Sprechens bei verzögerter akustischer Rückmeldung. In: Psychologie als gesellschaftliche Produktivkraft. Ber. 1. Kongr. Ges. Psychol. i. d. DDR. Berlin 1965

Helmholtz, H. von: Handbuch der physiologischen Optik. Hamburg/Leipzig 1856

Hennig, W.: Zur Psychologie des jungen Neuerers. Jugendforschung 3/4, 7–30, 1967

Herder, J. G.: Abhandlung über den Ursprung der Sprache. In: Herders Werke in fünf Bänden, 2. Bd., Weimar 1957

Herrmann, G.: Untersuchung von Wahrnehmungsdaten und ihre Verarbeitung bei der Steuerung des Schmelzprozesses an Siemens-Martin-Öfen. In: Psychologie als gesellschaftliche Produktivkraft. Ber. 1. Kongr. Ges. Psychol. i. d. DDR. Berlin 1965

Herrmann, G.: Psychische Anforderungen bei Mehrmaschinenbedienung. Probl. Erg. Psychol. 20/21, 1967

Herrmann, G., W. Naumann und W. Hacker: Studie zur Wirkung unterschiedlicher kognitiver Strategien auf Leistung und Belastung – dargestellt an Bedientätigkeiten. In: W. Hacker, K.-P. Timpe und M. Vorweg (Hrsg.), Arbeits-, ingenieur- und sozialpsychologische Beiträge zur sozialistischen Rationalisierung. Berlin 1973

Herrmann, Th.: Psychologie der kognitiven Ordnung. Berlin 1965

Herrmann, Th.: Persönlichkeitsmerkmale. Bestimmung und Verwendung in der psychologischen Wissenschaft. Stuttgart/Berlin/Köln/Mainz 1973

Hertog, F. J. den: Arbeitsstrukturierung. Experimente aus Holland. Bern 1977

Herzberg, F.: Work and nature of man. Cleveland 1966

Heuer, H.: Über Bewegungsprogramme bei willkürlichen Bewegungen. Diss. Fachbereich Psychol., Univ. Marburg 1978 (unveröffentl.)

Heuer, H.: Bionary choice reaction time as a criterion of motor equivalence. Acta psychol. 50, 35–47, 1982

Heuer, H.: Bewegungslernen. Kohlhammer Standards Psychologie. Studientext. Stuttgart 1983

Hick, W. E.: On the rate of gain of information. Quart. J. exp. Psychol. 4, 11–26, 1952

Hiebsch, H.: Die Bedeutung des Menschenbildes für die Theoriebildung in der Psychologie. Probl. Erg. Psychol. I, 1960

Hiebsch, H.: Sozialpsychologische Grundlagen der Persönlichkeitsformung. Berlin 1966

Hiebsch, H., und M. Vorweg: Einführung in die marxistische Sozialpsychologie. Berlin 1968³

Hiebsch, H., M. Vorweg u. a.: Sozialpsychologie. Berlin 1980²

Hintze, Ch., P. Richter und R. Hartmann: Die Bestimmung optimaler Taktgrößen bei einer Montagetätigkeit. In: Bericht über den 2. Kongreß der Gesellschaft für Psychologie der DDR. Berlin 1969

Hinz, S., und F. Berner: Arbeitsorganisatorische Problemkreise bei der Weiterentwicklung von Gestaltungsformen integrierter Fertigung. Soz. Arbeitswiss. 26, 5, 405–415, 1982

Hoepfner, M., Ch. Kühn, U. Blatz und L. Müller: Untersuchungen zur Ermittlung von Regulationsgrundlagen bei der Tätigkeit von Schärerinnen im Hinblick auf die Verbesserung von Anlernverfahren und Möglichkeiten des Übergangs zur Mehrmaschinenbedienung. Praktikumsbericht TU Dresden 1968 (unveröffentl.)

Hoffmann, J.: Das aktive Gedächtnis. Berlin 1983

Hoffmann, J., und F. Klix: Zur Prozeßcharakteristik der Bedeutungserkennung über sprachlichen Reizen. In: M. Bierwisch (Hrsg.): Psychologische Effekte sprachlicher Strukturkomponenten. Berlin 1979
Höhl, H.: Arbeitsstudien als Hilfsmittel der Entwicklung von Maschinen mit optimalem Bedienbereich. Arbeitsökonomik Arbeitssch. 10, 169—182, 1966
Holding, D. H.: Repeated errors in motor learning. Ergonomics 13, 727—734, 1970
Holst, E. von, und H. Mittelstaedt: Das Reafferenzprinzip. Naturwissenschaften 37, 464—476, 1950
Holzkamp, K.: Theorie und Experiment in der Psychologie. Berlin 1964
Holzkamp, K.: Grundlegung der Psychologie. Frankfurt (Main) 1983
Holzkamp-Osterkamp, U.: Motivationsforschung 2. Frankfurt (Main)/New York 1976
Höpfner, H.-D.: Untersuchungen zur Effektivität verschiedener selektiver kognitiver Trainingsverfahren in einer Tätigkeit, die ein geplantes Vorgehen erfordert. Informationen der Technischen Universität Dresden 22—05—81, 1981
Höpfner, H.-D., und W. Skell: Zur Systematisierung von Formen des selektiven kognitiven Trainings — Klassifizierungsgesichtspunkte und Effektivitätsvergleich. Informationen der Technischen Universität Dresden 22—27—82, 1982
Hoppe, F., und K. Lewin: Erfolg und Mißerfolg. Psychol. Forsch. 14, 9—22, 1931
Hörmann, H.: Psychologie der Sprache. Berlin/Heidelberg/New York 1967
Hörmann, H., G. Mainka und H. Gummlich: Psychische und physische Reaktionen auf Geräusche verschiedener subjektiver Wertigkeit. Psychol. Forsch. 33, 289—309, 1970
Horn, W.: Leistungsprüfsystem, Handanweisung. Göttingen 1962
Hörz, H.: Der dialektische Determinismus in Natur und Gesellschaft. Berlin 1971
Hoyos, G. C. von: Möglichkeiten des statistischen Nachweises von Unfallneigungen bei Kraftfahrern. Psychol. Rdsch. 8, 264 f., 1957
Hoyos, G. C. von: Über den Zusammenhang von Verkehrsunfällen und Verkehrsverstößen im Straßenverkehr. Psychol. u. Prax. 5, 45 f., 1961
Hoyos, G. C. von (Hrsg.): Psychologie des Straßenverkehrs. Bern/Stuttgart 1965
Hoyos, G. C. von: Arbeitspsychologie. Stuttgart 1974
Hoyos, G. C. von: Psychologische Unfall- und Sicherheitsforschung. Stuttgart 1980
IfaA: Arbeitsstrukturierung mit MTM. Köln 1974
Illing, F.: Über eine Untersuchung von Ursachen interindividueller Leistungsunterschiede beim Kreuzspulen von Kunstseide. Arbeitsökonomik Arbeitssch. 4, 1960
Itelson, L.: Mathematische und kybernetische Methoden in der Pädagogik. Berlin 1967
Ignve, V. H.: A model and a hypothesis for language structure. Proceed. of the Am. Philos. Soc. 104, 444—466, 1960
Iwanowa, A.: Validierung eines Tätigkeitsbewertungsverfahrens. Diss. Naturwiss.-Mathemat. Fakultät Dresden TU 1981
Iwanowa, A., und W. Hacker: TBS — ein Verfahren zur Analyse und Auswertung der Potenzen von Arbeitstätigkeiten für die Persönlichkeitsentwicklung. Manuskript TU Dresden 1982 (unveröffentl.)
Iwanowa, A., und W. Hacker: Das Tätigkeitsbewertungssystem — Ein Hilfsmittel bei Erfassen potentiell gesundheits- und entwicklungsfördernder objektiver Tätigkeitsmerkmale. Psychologie für die Praxis 2, 57—66, 1984
Jadow, W. A., W. P. Roschin und A. G. Sdradomyslow (Hrsg.): Der Mensch und seine Arbeit — Soziologische Forschungen. Berlin 1971
Jadow, W. A., und A. A. Kissel: Zu Fragen der Arbeitszufriedenheit (Analyse empirischer Verallgemeinerungen und Versuche ihrer theoretischen Interpretation). Sowjetwiss., ges.-wiss. Beitr. 28, 8, 833—842, 1975
Jahoda, M., P. F. Lazarsfeld und H. Zeisel: Die Arbeitslosen von Marienthal. Frankfurt (Main) 1933, 1975
Janes, A.: Ein Verfahren zur Beschreibung der Verwandtschaft zwischen Tätigkeiten. Vortrag a. d. 26. Kongreß der Gesellschaft für Arbeitswissenschaft. Hamburg 1980
Jank, E.: Automatisierungsprobleme bei der Projektierung von Meß- und Regelanlagen. In: F. Klix, J. Neumann, A. Seeber und K.-P. Timpe (Hrsg.), Psychologie in der sozialistischen Industrie. Berlin 1971
Jaroschewski, M.: Psychologie im 20. Jahrhunderts. Berlin 1975
Jeffres, L. A., (Ed.): Cerebral mechanisms in behavior. The Hixon Symposium. New York 1951

Jegorow, F. G.: Psychologie der Lesefehler auf verschiedenen Unterrichtsstufen. Mitt. Akad. d. Päd. Wiss. d. RSFSR, Ausg. 1, 1945 (russ.)
Jenkins, C. D., R. H. Rosenman und M. Friedman: Development of an objective psychological test for the determination of the coronary-prone behavior pattern in employed man. J. Chron. Diseases 20, 371–379, 1967
Jesse, G.: Studie zu Leistung und Beanspruchung bei Neuerern. In: W. Hacker und H. Raum (Hrsg.): Optimierung von kognitiven Arbeitsanforderungen. Berlin 1980
Jesse, G.: Arbeitswissenschaftliche Untersuchungen zur Neuerertätigkeit als einem Element des Inhalts der Arbeit im weiteren Sinne. Diss. Gesellsch.-wissensch. Fakultät. TU Dresden. 1983
Johannson, G., and F. Backlund: Drivers and road signs. Ergonomics 13, 749–759, 1970
Johnson, N. F.: Lingustic models and functional units of language behavior. In: S. H. Rosenberg (Ed.), Directions in psycholinguistics. 1965
Jones, B., and M. R. Hulme: Evidence for an outflow theory of skill. Acta Psychol. 40, 49–56, 1976
Jones, M. R. (Ed.): Nebraska Symposium on motivation. Lincoln/Nebreska 1957
Judin, E. G.: Die Tätigkeit als erklärendes Prinzip und als Gegenstand wissenschaftlicher Untersuchung. Sowjetwissenschaft, ges.-wiss. Beitr. 3, 293–306, 1977
Jugel, M., B. Spangenberg und R. Stoffberg: Schichtarbeit und Lebensweise. Berlin 1978
Jungermann, H.: Zur Wahrnehmung und Akzeptierung des Risikos von Großtechnologien. Psychol. Rdsch. 32, 3, 217–238, 1982
Kahnemann, D.: Attention and effort. Englewood Cliffs/N. J. 1973
Kaloujnine, L. A.: Über die Algorithmisierung mathematischer Aufgaben. In: H. Kortum, W. Kämmerer und H. Thiele (Hrsg.), Probleme der Kybernetik, Bd. II. Berlin 1963
Kaminski, G.: Bewegungshandlungen als Bewältigung von Mehrfachaufgaben. Sportwissenschaft 3, 233–250, 1973
Kaminski, G.: Studieren als Handeln und als Trauern. Psychol. Beitr. 16, 310–337, 1974
Kaminski, G.: Überlegungen zur Funktion von Handlungstheorien in der Psychologie. In: H. Lenk (Hrsg.), Handlungstheorien interdisziplinär. Bd. 3, erster Halbband. München 1981
Karasek, R. A.: Job socialisation: a longitudinal study of work, political and leisure activity. Swedish Institute for Social Research. Stockholm 1978
Karasek, R. A.: Job demands, job decision latitude, and mental strain. Administrative Science Quarterly 24, 285–311, 1979
Kasl, S. V., G. W. Brooks and S. Cobb: Serum urate concentrations in male highschool students — a predictor of college attendance. J. amer. med. Ass. 198, 713–716, 1966
Kasvio, L.: Strategien beim Erlernen funktioneller Beziehungen. Diss. (A), Math.-Naturwiss. Fakultät, TU Dresden 1978
Kay, H.: Information theory in the understanding of skills. Occup. Psychol. 31, 218 f., 1957
Kay, H.: Accidents: Some facts and theories, In: P. B. Warr (Ed.), Psychology at work. Harmondsworth 1971
Keele, S. W.: Movement control in skilled motor performance. Psychol. Bull. 70, 387—403, 1968
Kentler, H.: Die Unverstandenen. Radius 4, 1964
Keßler, H.: Zeiss-Neuentwicklungen. Feinmechanik Optik 80, 137, 1963
Kiessling, A.: Über Grundlagen und Bedeutung einer differentiellen Fehlerkunde. Z. Psychol. 133, 388–393, 1934
Kiessling, A.: Fehler und Fehlhandlungen in Beruf und Leben. Industr. Psychotechn. 16, 123–129, 1939
Klapp, S. T.: Feedback vs motor programming in the control of aimed movements. J. exp. Psychol. (Percept. Perf.) 104, 2, 147–153, 1975
Klaus, G.: Spezielle Erkenntnistheorie. Berlin 1966
Klebelsberg, D. von: Analyse des Verkehrsverhaltens. In: G. C. von Hoyos (Hrsg.), Psychologie des Straßenverkehrs, Psychologisches Kolloquium, Bd. 1, Bern/Stuttgart 1965
Klebelsberg, D. von: Risikoverhalten als Persönlichkeitsmerkmal. Bern/Stuttgart/Wien 1969
Kleinbeck, U.: Arbeitsmotivation. In: C. Graf Hoyos u. a. (Hrsg.), Grundbegriffe der Wirtschaftspsychologie. München 1980
Kleinbeck, U., und K. H. Schmidt: Aufgabenwahl im Ernstfall einer betrieblichen Ausbildung: Instrumentalitätstheoretische Ergänzung zum Risikowahlmodell. Z. Entwicklungspsychol. und Päd. Psychol. 11, 1–11, 1979

Kleinow, B.: Strukturierung von Kollektiven für Nestmontagen. 4. Konferenz „Rationalisierung im Maschinenbau“, IHS Zwickau 1982 (unveröffentl.)

Kleinsorge, H.: Selbstentspannung (Relaxation), Jena 1968^3

Kleist, H. von: Die allgemeine Verfertigung der Gedanken beim Reden. Sämtliche Werke, Bd. 2. Weimar 1925

Klimesch, W.: Die Bedeutung der Verbalisierung für die Merkleistung komplexer Bilder. Z. exp. angew. Psychol. XXVII, 2, 245–256, 1980

Klimmer, F., F. M. Aulmann und J. Rutenfranz: Katecholaminausscheidung im Urin bei emotional und mental belasteten Tätigkeiten im Flugverkehrskontrolldienst. Int. Arch. Arbeitsmed. 30, 65–80, 1972

Klimow, E. A.: Die Rolle der Beweglichkeit der Nervenprozesse bei der Herausbildung eines individuellen Stils der Arbeitstätigkeit bei Webern, die mehrere Maschinen bedienen. Vortragsthesen der 1. Konferenz der Gesellschaft für Psychologie. Moskau 1959 (russ.)

Klimow, E. A.: Individuelle Besonderheiten der Bewegungsdynamik in Verbindung mit typologischen Unterschieden in der Nachwirkung von Hemmungsprozessen. In: U. Merlin u. a. (Red.), Probleme der Psychologie der Persönlichkeit und der Arbeitspsychologie. Perm 1969 (russ.)

Klimow, E. A., and U. Merlin: Individual styles of labour as determined by the general type of nervous system. XVIII. Int. Kongreß für Psychologie, Sympos. 38, Personality and Labour. Moskau 1966

Klix, F.: Über Handlungsverläufe in verschieden starken Belastungssituationen. In: Bericht über den 21. Kongreß der Gesellschaft für Psychologie in Bonn. Göttingen 1958

Klix, F.: Vorbereitende Untersuchungen zu kybernetischen Analysen des Problemlösungsverhaltens. In: Bericht über den 25. Kongreß der Gesellschaft für Psychologie in Münster 1966, Sympos. Problemlösungsverhalten in kybernetischer Sicht. Göttingen 1967

Klix, F.: Neue Ergebnisse und Entwicklungstendenzen in der kybernetischen psychologischen Erforschung kognitiver Prozesse. In: F. Klix (Hrsg.), Kybernetische Analyse geistiger Prozesse. Berlin 1968

Klix. F.: Die Optimierung des Informationsaustausches in Mensch-Maschine-Systemen als psychologische Aufgabenstellung – Versuch einer Präzisierung des Gegenstandsgebietes der Ingenieurpsychologie in der sozialistischen Volkswirtschaft. In: F. Klix. J. Neumann, A. Seeber und K.-P. Timpe (Hrsg.), Psychologie in der sozialistischen Industrie. Berlin 1971 a

Klix, F.: Information und Verhalten. Berlin 1971 b

Klix, F.: Das menschliche Gedächtnis als Gegenstand psychologischer und interdisziplinärer Forschung: 4. Kongr. Ges. f. Psychol. d. DDR. Leipzig 1975, 33 (Manuskriptdruck)

Klix, F.: Strukturelle und funktionelle Komponenten des menschlichen Gedächtnisses. In: F. Klix (Hrsg.), Psychologische Beiträge zur Analyse kognitiver Prozesse. Berlin 1976

Klix, F.: Semantische Information und die Repräsentation von Begriffen im menschlichen Langzeitgedächtnis. In: Hauske und Butenandt (Hrsg.), Kybernetik 1977 – Cybernetics 1977. München 1978

Klix, F.: Erwachendes Denken. Berlin 1980

Klix, F.: Begabungsforschung – ein neuer Weg in der kognitiven Intelligenzdiagnostik. 6. Kongreß der Gesellschaft für Psychol. der DDR. Leipzig 1983

Klix, F., W. Gutjahr und J. Mehl (Hrsg.): Intelligenzdiagnostik. Berlin 1967

Klix, F., und B. Krause: Zur Definition des Begriffs „Struktur“, seine Eigenschaften und Darstellungsmöglichkeiten in der Experimentalpsychologie. Z. Psychol. 176, 22–54, 1969

Klix, F., und H.-J. Lander: Die Strukturanalyse von Denkprozessen als Mittel der Intelligenzdiagnostik. In: F. Klix, W. Gutjahr und J. Mehl (Hrsg.), Intelligenzdiagnostik. Berlin 1967

Klix, F., J. Neumann und A. Seeber: Mensch und Technik. Einheit 2, 1965

Klix, F., J. Neumann, A. Seeber und K.-P. Timpe (Hrsg.): Psychologie in der sozialistischen Industrie. Berlin 1971

Klix, F., J. Siebenbrodt und K.-P. Timpe (Hrsg.): Ingenieurpsychologie und Volkswirtschaft. Berlin 1966

Koch, S. (Ed.): Psychology. A study of a science, Vol. 5. New York/London/Toronto 1963

Kohl, W.: Neue Qualifizierungsmethoden in der Industrie. Fraunhofer Gesellschaft: Beiträge zur Arbeitspädagogik, -psychologie, -soziologie. Stuttgart 1982

Köhler, U.: Vorschläge zur Prophylaxe bei Überlastungsschäden des Bewegungsapparates. Z. ges. Hyg. 9, 1963

Köhler, U.: Kriterien der persönlichen Arbeitsweise bei der mechanisierten Fertigung. In: Psychologie als gesellschaftliche Produktivkraft. Ber. 1. Kongr. Ges. Psychol. i. d. DDR. Berlin 1965

Köhler, U.: Psychologische Arbeitsanalyse als Verfahren für Tätigkeitsvergleiche. In: F. Frei und E. Ulich (Hrsg.), Beiträge zur psychologischen Arbeitsanalyse. Bern 1981

Kohn, M. L., and C. Schooler: The reciprocal effects of substantive complexity of work and intellectual flexibility: A longitudinal assessment. Amer. J. Sociol. 84, 24–52, 1978 a

Kohn, M. L., and C. Schooler: Occupational experience and psychological functioning: An assessment of reciprocal effect. Amer. Sociol. Rev. 38, 97–118, 1978 b

Köhring, G.: Zur stabilen Fahrweise chemischer Anlagen. Presseinformation des Ministerrats der DDR 10, 1971

Kondratjewa, C., and K. Platonow: Forms of labour and individual creative ability, XVIII. Int. Kongr. f. Psychol. Sympos. 38: Personality and Labour. Moskau 1966

König, C.: Zu einigen methodischen Problemen mehrdimensionaler Untersuchungen der Entwicklung intellektueller Fähigkeiten beim berufstätigen Erwachsenen. Informationen der Technischen Universität Dresden 22–19–80. 1980 a

König, C. Probleme der Planung von Untersuchungen zur Entwicklung intellektueller Fähigkeiten bei berufstätigen Erwachsenen. Informationen der Technischen Universität Dresden 22–22–80. 1980b

Konopkin, D. A.: Zur funktionellen Struktur des Prozesses der Selbstregulation. In: A. Kossakowski (Hrsg.), Psychologie im Sozialismus. Berlin 1980

Konz, S. A., and G. L. Dickey: Manufacturing assembly instruction, a summary. Ergonomics 12, 1969

Kossakowski, A.: Grundlegende Komponenten der Interiorisierung von Normen des Sozialverhaltens. Pädagogik 1. Beiheft 1968

Kovač, D. V. (Hrsg.): Visuelles Wahrnehmen. Bratislava 1970

Kowaljow, A. G.: Die Erforschung der Schülerpersönlichkeit mit Hilfe des pädagogisch-psychologischen Experiments. Probl. Erg. Psychol. III/IV, 85–94, 1962

Kratzer, H., I. Schucknecht und J. Zabel: Untersuchung zur kognitiven Struktur der Schärtätigkeit. Großer Beleg TU Dresden, Sektion 22, Bereich Psychologie, 1969 (unveröffentl.)

Krause, W.: Problemlösen heute – Manuskript ZKI der Akad. d. Wiss. der DDR. Berlin 1980

Krause, W.: Problemlösen – Stand und Perspektiven I, II. Z. Psychol. 190, 1, 17–36, 2, 141–169, 1982

Krauss, Ch., und I. Rehn: Arbeitstätigkeitsanalysen bei Maschinenschreiberinnen, Praktikumsbericht Institut für Psychologie der TU Dresden 1965 (unveröffentl.)

Krenauer, M., und W. Schönpflug: Regulation und Fehlregulation im Verhalten. III. Zielsetzung und Ursachenzuschreibung unter Belastung. Psychol. Beitr. 22, 3, 414–431, 1980

Krestownikow, N. A.: Physiologie der Körperübungen. Berlin 1955

Kreuzig, H. W.: Über den Zugang zu komplexem Problemlösen mittels prozeßorientierter kognitiver Persönlichkeitsmerkmale. Z. exp. angew. Psychol. XXVIII, 2, 294–308, 1981

Krueger, L. E.: The effect of acoustic confusability on visual search. Amer. J. Psychol. 3, 389–400, 1970

Kudrina, L.: Typological differences in labour activity of the adjusters in stress and normal situation. XVIII. Int. Kongr. Psychol. Sympos. 38: Personality and Labour, Moskau 1966

Kudrjawzew, T. W., und I. S. Jakimanskaja: Zum Problem der Ausbildung des technischen Denkens. Vop. Psychol. 4, 1964 (russ.)

Kuhl, J.: Kurzanweisung zur vorläufigen Version des HAKEMP (Fragebogen zur Erfassung der Handlungskontrolle bei der prospektiven Handlungsplanung bzw. nach Mißerfolgserfahrung). Ruhr-Universität Bochum 1980 a

Kuhl, J.: Action- vs state-orientation: A meta-cognitive moderator of expectancy-value interactions. Kongreßbericht XXII. Internationaler Kongreß für Psychologie in Leipzig. Leipzig 1980 b Kurzfassungen Bd. 2, 551

Kuhl, J.: Motivational und functional helplessness: The moderating effect of state-versus action-orientation. J. Personal. Soc. Psychol. 40, 1, 155–170, 1981

Kuhl, J.: Motivation, Konflikt und Handlungskontrolle. Berlin 1983

Kukla, A.: Foundations of an attributional theory of performance. Psychol. Rev. 79, 6, 454–470, 1972

Kulka, H.: Funktion und Menschenbild der bürgerlichen Betriebspsychologie. Probl. Erg. Psychol. I, 1960

Kulka, H. (Hrsg.): Arbeitspsychologie für die industrielle Praxis. Berlin 1968

Kund, J., und G. Schmidt: Erfordernisse und Möglichkeiten zur Erhöhung des Anteils schöpferischer Arbeit des Bedienpersonals von Chemieanlagen. Soz. Arb. wiss. 6, 458–468, 1972

Kunkel, E.: Unfallneigung im Straßenverkehr. Köln: TÜV 1973

Künstler, B., und K. Zimmer: Toward the analysis of motivational influences in coping with mental load. XXII. Internationaler Kongreß für Psychologie in Leipzig. Kurzfassungen Bd. 2, 598 Leipzig 1980

Labouvie-Vief, G., and J. N. Gonda: Cognitive strategy training and intellectual performance in the elderly. J. Geront. 31, 327–332, 1976

Lachmann, R., J. L. Lachmann and E. C. Butterfield: Cognitive psychology and information processing: an introduction. Hilsday 1979

Laesar, S. G.: Über Kreativitätsforschung. Psychol. Rdsch. XXXII. 2, 83–102, 1981

Landa, L. N.: Das Verständnis zwischen heuristischen und algorithmischen Prozessen und einige Probleme ihrer Herausbildung durch den programmierten Unterricht. Wiss. Z. Pädagogisches Institut Güstrow 5, 1966/67 (Sondernummer)

Landa, L. N.: Algorithmierung im Unterricht. Berlin 1969

Lander, H.-J.: Einführung in die Denkpsychologie. Vorlesung, Weiterbildungstagung der Gesellschaft für Psychologie der DDR, Sektion Arbeits- und Ingenieurpsychologie. Berlin 1971 (unveröffentl.)

Lander, H.-J., J. Neumann und A. Seeber: Zur Analyse von Fehlhandlungen bei Schaltoperateuren. Probl. Erg. Psychol. 15, 79 1965

Landy, F. J.: Psychology of work behavior. 3. Aufl. Homewood/Ill. 1985

Landy, F. J., and D. A. Trumbo: Psychology of work behavior (revised edition). Homewood/Ill. 1980

Lange, B.: Funktionalwertverteilung und Mittelfindung. Diplomarbeit Humboldt-Universität Berlin/Sektion Psychologie. Berlin 1963

Langer, D.: Informationstheorie und Psychologie. Göttingen 1962

Lehrbuch der Marxistischen Philosophie. Berlin 1967

Lantermann, E. D.: Interaktionen: Person, Situation und Handlung. München 1980

Lantermann, E. D.: Beliefs about and feelings toward situations in the context of goal-directed actions. Universität Kassel 1981 (unveröffentl.)

Lehr, U.: Psychologie des Alters. Heidelberg 1977[3]

Lehwald, G.: Aspekte der Zielbildung aus der Sicht der Handlungs- und Motivationspsychologie. In: H. Schröder (Hrsg.), Psychologie der Persönlichkeit und Persönlichkeitsentwicklung. Berlin 1982

Lejeune, W.: Beitrag zur statistischen Verifikation der Minderheiten-Theorie. Köln/Opladen 1958

Lempert, W., E. Hoff und L. Lappe: Konzeptionen zur Analyse der Sozialisation durch Arbeit. Materialien aus der Bildungsforschung Nr. 14. Max-Planck-Institut für Bildungsforschung Berlin (West) 1979

Lenin, W.: Werke, Bd. 27. Berlin 1960

Lenk, H. (Hrsg.): Handlungstheorien interdisziplinär. Bände 1 bis 3. München 1981

Leonrad, J. A., and R. Conrad: Maintenance of high accuracy without augmented feedback. Natur (Lond.) 199, 4892, 512 f., 1963

Leonowa, A. B., und J. K. Medwedjew: Funktionelle Zustände des Menschen in der Arbeitstätigkeit. Moskau 1981 (russ.)

Leontjew, A. N.: Probleme der Entwicklung des Psychischen. Berlin 1964

Leontjew, A. N.: Das Problem der Tätigkeit in der Psychologie. Sowjetwiss., ges.-wiss. Beitr. 4, 415–435, 1973 a

Leontjew, A. N.: Tätigkeit und Bewußtsein. Sowjetwiss., ges.-wiss. Beitr. 5, 515–529, 1973 b

Leontjew, A. N.: Tätigkeit, Bewußtsein, Persönlichkeit. Berlin 1979

Leontjew, K. L., A. J. Lerner und D. A. Oschanin: Zu einigen Fragen der Untersuchung des Systems „Mensch-Automat". Probl. Erg. Psychol. Sonderheft Ingenieurpsychologie 1963

Leplat, J.: Les Criteres dans les Etudes Ergonomics de Securite Routiere. Int. Kongr. f. Ergonomie. Amsterdam 1973 (Manuskript)

Leplat, J.: Die Beseitigung und Vermeidung von Störungen und ihre Rolle bei der Analyse von Abbildungen (representations). Probl. Erg. Psychol. 59, 1976

Leplat, J., et X. Cuny: Les Accidents du Travail. Paris 1974

Leplat, J., und J.-M. Hoc: Die Verbalisierung bei der Analyse kognitiver Prozesse. In: W. Hacker und H. Raum (Hrsg.), Optimierung kognitiver Arbeitsanforderungen. Berlin 1980 (Bern 1980)

Lersch, Ph.: Aufbau der Person. München 1956

Leuschner, G.: Einfluß von Umfang und Redundanz des Informationsangebotes auf die Reaktionszeiten und Beanspruchungswirkungen. Diplomarbeit TU Dresden 1971 (unveröffentl.)

Lewin, K.: Die Sozialisierung des Taylorsystems. Schriftenreihe Praktischer Sozialismus 4, 3–36, 1920
Lewin, K.: Untersuchungen zur Handlungs- und Affektpsychologie. Vorbemerkungen über die psychischen Kräfte und Energien und über die Struktur der Seele. Psychol. Forsch. 7, 1926
Lienert, G. A.: MTVT: Mechanisch-technischer Verständnistest. Göttingen 1958
Lienert, G. A.: Testaufbau und Testanalyse, Weinheim/Berlin 1967
Likert, R., und J. G. Likert: Problem solving in groups. In: R. Likert und J. G. Likert (Eds.), New ways in managing conflict. New York 1976
Lindsley, D. B.: The reticular activating system und perceptual integration. In: D. E. Sheer (Ed.), Electrical stimulation of the brain. Austin/Texas 1961
Linke, G.: Analyse der Tätigkeit des Bedienens einer mittleren Datenverarbeitungsanlage. In: W. Hacker, W. Skell und W. Straub (Hrsg.), Arbeitspsychologie und wissenschaftlich-technische Revolution. Berlin 1968
Linke, J.: Die Arbeitsanalyse als Element einer Handlungsanalyse. In: F. Frei und E. Ulich (Hrsg.), Beiträge zur psychologischen Arbeitsanalyse. Bern 1981
Locke, E. A.: Towards a theory of task motivation and incentives. Organizational Behavior and Human Performance 3, 157–189, 1968
Lomow, B. F.: Ingenieurpsychologie. Berlin 1964
Lomow, B. F.: Zur psychologischen Struktur des Informationsprozesses durch den Menschen. Z. Psychol. 171, 296–305, 1965
Lomow, B. F.: Zur Rolle der Praxis in der Entwicklung der Theorie der allgemeinen Psychologie. Sowjetwiss., ges.-wiss. Beitr. 10, 1069–1979, 1971 a
Lomow, B. F.: Entwicklungsstand und Perspektiven der Psychologie in der UdSSR unter dem Aspekt der Beschlüsse des XXIV. Parteitages der KPdSU. Z. Psychol. 179, 4, 410–437, 1971 b
Lomow, B. F.: Some tendencies of engineering psychology development. Abstract Guide. XX. Int. Kongreß für Psychologie Tokio 1972 (Symp. Mensch-Maschine-Systeme)
Lomow, B. F.: The activity ot the operator as a problem of human engineering. Int. Kongr. angew. Psychol. Montreal 1974, Abendvortrag (Manuskript)
Lomow, B. F., und W. F. Rubachin: Einige Aspekte der psychologischen Entscheidungstheorie. Probl. Erg. Psychol. 59, 1976
Lomow, B. F., und N. J. Vergiles (Hrsg.): Motorische Komponenten des Sehens. Berlin 1979
Lompscher, J.: Theoretisch-methodologische Probleme der psychologischen Tätigkeitsanalyse. Probl. Erg. Psychol. 68, 7–19, 1979
Lompscher, J.: Zur Anwendung des Tätigkeitskonzeptes auf die Analyse und Ausbildung der Lerntätigkeit. Päd. Forschung 23, 5, 62–74, 1982
Long, J.: Effects of randomly delayed visual and auditory feedback on keying performance. Ergonomics 18, 3, 337–347, 1975
Lorenz, K.: Über tierisches und menschliches Verhalten. Gesammelte Abhandlung, Bd. II, 237. München 1965 (Wiederabdruck)
Luchins, A. S.: Mechanization im problem solving: The effect of Einstellung. Psychol. Monogr. 54, 248 ff., 1947
Lukas, P.: Handlungssicherheit durch industrielles Training – Antihavarietraining. Soz. Arb. wiss. 14, 5, 1970
Lukow, G. D.: Militärpsychologie – psychologische und pädagogische Fragen bei der militärischen Bildung und Erziehung. Berlin 1961
Luria, A. R.: Die regulative Rolle der Sprache bei der Bildung willkürlicher Bewegungen. Z. wys. nerv. dejat 6, 1956 (russ.)
Luria, A. R.: The directive function of speech in development and dissolution. Word 15, 341–352. 453–464, 1959
Luria, A. R.: The genesis of volutary movements. In: O' Connor (Ed.), Recent soviet psychology. Oxford 1961
Luria, A. R.: The functional organization of the brain. Scientific American 3, 66, 1970 a
Luria, A. R.: Die höheren kortikalen Funktionen des Menschen und ihre Störungen bei örtlichen Hirnschädigungen. Berlin 1970 b
Luria, A. R.: Towards the problem of the historical nature of psychological processes. Internat. J. Psychol. 6, 259–272, 1971
Luria, A. R.: The working brain. Harmondsworth 1973

Luria, A. R.: Sprache und Bewußtsein. Berlin 1982
Macher, F. (Hrsg.): Methoden und Verfahren des Arbeitsstudiums. Berlin 1974
Magoun, H. W.: The waking brain. Springfield 1958
Malmo, R. B.: Activation: A neuropsychological dimension. Psychol. Rev. 66, 363—386, 1959
Mandl, H., und G. L. Huber (Hrsg.): Kognitive Komplexität. Göttingen 1978
Mandl, H., W. Schnotz und S.-P. Ballstädt: Learning from text seen from the perspective of action theories. XXII Internat. Kongreß für Psychologie 1980 in Leipzig. Kurzfassungen Bd. 1, Them. Sess. 8, 159. Leipzig 1980
Marbe, K.: Praktische Psychologie der Unfälle und der Betriebsschäden. München/Berlin 1926
Mariott, R.: Size of working group and output. Occupat. Psychol. 23, 47—57, 1949
Marstedt, G., und K. Schahn: Eine Analyse des Zusammenhangs von Arbeitsbedingungen und psychischen Störungen. Psychol. Prax. XXI, 1—12, 1977
Marx, K.: Zur Kritik der Hegelschen Rechtsphilosophie. Einleitung. In: K. Marx und F. Engels, Werke, Bd. 1. Berlin 1956
Marx, K.: Thesen über Feuerbach. In: K. Marx und F. Engels, Werke Bd. 3. Berlin 1959 a
Marx, K.: Lohnarbeit und Kapital. In: K. Marx und F. Engels, Werke, Bd. 6. Berlin 1959 b
Marx, K.: Brief an P. W. Annenkow. In: K. Marx und F. Engels, Werke, Bd 4. Berlin 1959 c
Marx, K.: Das Kapital, Bd. 1. In: K. Marx u. F. Engels, Werke, Bd. 23. Berlin 1962
Marx, K.: Grundrisse der Kritik der Politischen Ökonomie. In: K. Marx und F. Engels, Werke, Bd. 42. Berlin 1983
Marx, K., und F. Engels: Deutsche Ideologie. In: K. Marx u. F. Engels, Werke, Bd. 3. Berlin 1959
Marx, K., und F. Engels: Ergänzungsband, Erster Teil. Berlin 1968
Maschewsky, W.: Zwischenauswertung der Befragungsergebnisse in der Herzinfarktstudie des Wissenschaftlichen Zentrums Berlin. Berlin-West: Wissenschaftszentrum. Institut für vergleichende Gesellschaftsforschung 1980
Maslow, A. H.: A theory of human motivation. Psychol. Rev. 50, 370—396, 1943
Masphul, B., und A. Metz: Veränderungen im EMG bei der Beurteilung perzeptiver Muster unterschiedlicher Schwierigkeit. Z. Psychol. 177, 286—305, 1970
Matern, B.: Über die Güteklassenzuordnung von Kunstseiden auf Grund von Wahrnehmungskriterien. Probl. Erg. Psychol. 15, 39—52, 1965
Matern, B.: Untersuchungen zur regulativen Funktion der Sprache in Tätigkeiten der Primärdatenerfassung. Diss. TU Dresden 1971 (unveröffentl.)
Matern, B.: Gegenstand, Aufgaben und Methoden der Arbeitspsychologie. Arbeitswissenschaftliche Lehrbriefe 4. Berlin 1972
Matern, B.: Untersuchungen zur Ermittlung der Regulationsgrundlagen bei Anlagenfahrern und die Gestaltung von Anlernverfahren. 4. Kongr. Ges. f. Psychol. d. DDR, Leipzig 1975 (Manuskriptdruck)
Matern, B.: Einfluß der Art der Signaldarbietung auf das Erlernen funktioneller Beziehungen. In: W. Hacker (Hrsg.), Psychische Regulation von Arbeitstätigkeiten. Berlin 1976 a
Matern, B.: Mentale Repräsentationen funktioneller Beziehungen — Beschaffenheit, Entstehung, Funktion. Diss. (B) Naturwiss.-Math. Fakultät der TU Dresden 1976 b
Matern, B.: Erwerb mentaler Repräsentationen funktioneller Beziehungen. In: G. Clauß, J. Guthke und G. Lehwald (Hrsg.), Psychologie und Psychodiagnostik lernaktiven Verhaltens. Tagungsbericht. Berlin 1978
Matern, B.: Psychologische Arbeitsanalyse (Spezielle Arbeits- und Ingenieurpsychologie 3). Berlin 1983
Matern, B., P. Fechner, B. Lehmann und H. Übel: Qualität psychischer Regulationsgrundlagen bei Tätigkeiten des Anlagenfahrens. Probl. Erg. Psychol. 65, 5—16, 1978
Matousek, O., und J. Ružička: Psychologie der industriellen Arbeit. Berlin 1968
Mauch, H. J., und B. Wildenmann: Werkstattform bei Bosch-Siemens. Personal 5, 206—210, 1982
Mayer, A. (Hrsg.): Organisationspsychologie. Stuttgart 1978
McCormick, E. J.: Human factors engineering. New York/London 1964
McGuigan, F. I.: Covert oral behavior as a function of quality of handwriting. Amer. J. Psychol. 3, 377—388, 1970
McNeilage, P. F.: Motor control of serial ordering of speech. Psychol. Rev. 77, 182—196, 1970
Meichenbaum, D.: Self-instructional strategy training: A cognitive protheses for the aged. Human Development 17, 273—280, 1974

Meier, A.: Zur Vorbereitung des Nachwuchses der Arbeiterklasse. Lebensweise/Kultur/Persönlichkeit. Schriftenreihe Soziologie. Berlin 1975

Meister, W.: Ergonomische Komplexanalyse: Arbeitspsychologisches Screeningverfahren. Forschungsbericht, Forschungsverband Arbeitsmedizin. Berlin 1975 (unveröffentl.)

Melzer, W.: Zum Einfluß sequentieller Ordnungen auf das Erlernen von Funktionen. Diss. (A), Naturwiss.-Math. Fakultät der TU Dresden 1978

Melzer, W.: Erarbeitung und Erprobung eines Trainingsprogramms in der Industrie. Informationen der TU Dresden 22—30—81. 1981

Melzer, W., und S. Melzer: Möglichkeit des Vergleichs kognitiver Anforderungen bei Tätigkeiten an Werkzeugmaschinen. In: W. Hacker (Hrsg.), Psychische Regulation von Arbeitstätigkeiten. Berlin 1976

Mento, A. I., N. D. Cartledge and E. A. Locke: Maryland vs Michigan vs Minnesota: Another look at the relationship of expectancy and goal difficulty to task performance. Organizational Behavior and Human Performance 25, 419—440, 1980

Merkel, J.: Die zeitlichen Verhältnisse der Willenstätigkeit. Philos. Studien 2, 73, 1885

Merz, F.: Der Einfluß des Verbalisierens auf die Leistung bei Intelligenzaufgaben. Z. exp. angew. Psychol. 16, 114—137, 1969

Metz, A.: Änderung der myoelektrischen Aktivität während eines sensomotorischen Lernprozesses. Z. Psychol. 1/2, 51—88, 1970

Metz, A.-M.: Arbeitspsychologische Aspekte der betrieblichen Qualifizierung. In: W. Hacker, K.-P. Timpe und M. Vorwerg (Hrsg.), Arbeits-, ingenieur- und sozialpsychologische Beiträge zur sozialistischen Rationalisierung. Berlin 1973

Metzger, W.: Über die Notwendigkeit kybernetischer Vorstellungen in der Theorie des Verhaltens. Z. Psychol. 171, 336 f., 1965

Metzker, A.: Analysis of operator's internal representations with control tasks in power stations. XXII. Internationaler Kongreß für Psychologie 1980 in Leipzig. Kurzfassungen, Bd. 2. Leipzig 1980

Metzner, H., S. Schunk und G. Schmidt: Diagnosetätigkeit der Arbeitskräfte in der mechanischen und automatisierten Produktion. Soz. Arbeitswiss. 4, 263—273, 1971

Meyer, D. A., D. E. K. Smith and C. E. Wright: Models for the speed and accuracy of aimed movements. Psychol. Rev. 89, 5, 449—482, 1982

Meyer, G.: Arbeitsbedingungen und Analgeticaverbrauch im Betrieb. In: Psychologie als gesellschaftliche Produktivkraft, Ber. 1. Kongr. Ges. Psychol. i. d. DDR. Berlin 1959

Milerjan, E. A.: Psychologische Eigenarten bei der Übertragung der betrieblichen Fertigkeiten bei älteren Lehrlingen. Vop. Psichol. 1, 1960 (russ.)

Milerjan, E. A.: Psychologie der Ausbildung allgemeiner Arbeitsfähigkeiten. Autoreferat der Diss. Leningrad 1968 (russ.)

Miller, G. A.: The magical number seven, plus or minus two: Some limits on our capacity for processing information. Psychol. Rev. 63, 81—97, 1956

Miller, G. A., and N. Chomsky: Modells of language users. In: Handbook of Mathematical Psychology II. New York/London 1963

Miller, G. A., E. Galanter und K.-H. Pribram: Plans an the structure of behavior. New York 1960, Moskau 1965 (russ.)

Miller, R.: Persönlichkeit und Gemeinschaft. Zur Kritik der neothomistischen Persönlichkeitsauffassung. Berlin 1961

Miller, R. B.: Development of a taxonomy of human performance. Design of a system task vocabulary. Technical report 11. American Instituts of Research. Washington 1971

Mittenecker, E.: Methoden und Ergebnisse der psychologischen Unfallforschung. Wien 1962

Moles, A.: Die kybernetische Methodik in Problemen der Sprachwissenschaft. Z. Psychol. 171, 325, 1965

Monty, R. A., E. S. Geller, R. E. Savage and L. C. Perlmuter: The freedom to choose is not always so choice. J. exp. Psychol.: Human Learning and Memory 5, 2, 170—178, 1979

Moog, W.: Reaktionszeiten auf eingeschobene Signale in ihrer Abhängigkeit von der Komplexität der Rahmenhandlung. Arch. ges. Psychol. 121, 121—147, 1969

Müller, J.: Grundlagen der Systematischen Heuristik. Berlin 1970

Murrell, K. F. H.: Ergonomie-Grundlagen und Praxis der Gestaltung optimaler Arbeitsverhältnisse. Düsseldorf/Wien 1971

Näätänen, R., and H. Sumala: Road-user behavior and traffic accidents. Amsterdam/Oxford/New York 1976

Näätänen, R.: The inverted-U relationsship between activation and performance: A critical review. In: S. Kornblum (Ed.): Attention and performance. New York 1973

Nachreiner, F., R. Obliers und J. Rutenfranz: Zur Frage einer Abhängigkeit der Entdeckungsleistung in Vigilanzversuchen von der Reizereignisrate. Studia psychol. 18, 1, 26 ff., 1976

Nagel, U., und J. Sachse: Zur Nutzung des Arbeitsvermögens beim Einsatz von Industrierobotertechnik. Sozialist. Arbeitswiss. 26, 5, 393—403, 1982

Naylor, J. C., and L. C. Shine: A table for determining the increase in mean criterion score obtained by using a selection device. J. Industr. Psychol. 3, 33—42, 1965

Nebylizyn, W. D.: Über die Zuverlässigkeit der Arbeit des Operateurs in automatisierten Systemen. Vop. Psichol. 6, 1971 (russ.) und Probl. Erg. Psychol. Sonderheft Ingenieurpsychologie 1963

Nehring, R.: Verfahren zur subjektiven Tätigkeitsbewertung. Diss. Naturwiss.-math. Fakultät der TU Dresden 1981

Nepomnjashaja, W. J. u. a.: Wertorientierung als zentrale Komponente der psychologischen Struktur der Persönlichkeit. Vop. Psichol. 1, 1980 (russ.)

Neubert, J.: Leistungen und Wege der Problemlösung bei der Arbeit an Drehmaschinen. Diplomarbeit TU Dresden 1965 (unveröffentl.)

Neubert, J.: Zur Aktualgenese aufgabenspezifischer Tätigkeitsstrukturen. In: W. Hacker, W. Skell und W. Straub (Hrsg.), Arbeitspsychologie und wissenschaftlich-technische Revolution. Berlin 1968

Neubert, J.: Intellektuelle Prozesse bei der Genese von Tätigkeitsstrukturen. Diss. TU Dresden 1969 (unveröffentl.)

Neubert, J.: Beziehungen zwischen Gesundheitsverhalten und Arbeitsgestaltung. Z. ges. Hyg. 21, 3, 181—183, 1975

Neubert, J.: Aufgabenorientierter Informationsaustausch und individueller Lerngewinn. In: W. Hacker und H. Raum (Hrsg.), Optimierung kognitiver Arbeitsanforderungen. Berlin 1980 (Bern 1980)

Neubert, J., und W. Skell: Zur Untersuchung des Denkens in der Produktion. In: F. Klix, J. Siebenbrodt und K.-P. Timpe (Hrsg.), Ingenieurpsychologie und Volkswirtschaft. Berlin 1966

Neubert, J., und R. Tomczyk: Beziehungen zwischen Produktionsanforderungen, innerem Modell, Arbeitsweise und Arbeitsergebnssen bei einer komplexen Überwachungstätigkeit. 4. Kongr. Ges. f. Psychol. d. DDR. Leipzig 1975 (Manuskriptdruck)

Neubert, J., und R. Tomczyk: Aufgabenorientierter Informationsaustausch als Methode der Entwicklung rationeller Arbeitsverfahren. Diss (A) und Diss. (B) Naturwiss.-math. Fakultät TU Dresden 1981 (unveröffentl.)

Neumann, E.: Facharbeiter in den Produktionsbelegschaften der Eisen- und Stahlindustrie. Arbeit und Leistung 23, 1969

Neumann, J., und K.-P. Timpe: Der Einfluß perzeptiver und kognitiver Faktoren auf das Erlernen des Dualkodes. In: W. Hacker, W. Skell und W. Straub (Hrsg.), Arbeitspsychologie und wissenschaftlich-technische Revolution. Berlin 1968

Neumann, J., und K.-P. Timpe: Arbeitsgestaltung. Berlin 1970

Neumann, R.: Steigerung der Effektivität des Anlernprozesses sensomotorischer Tätigkeiten durch den Einsatz von mentalem Training — eine Studie. Probl. Erg. Psychol. 51, 5—17, 1975

Nevelski, P. B.: Memory span and amount of information. Soc. Psychol. and Psychiat. 4, 9—19, 1965/66

Newell, A., I. C. Shaw und N. A. Simon: Elements of a theory of human problem solving. Psychol. Rev. 3, 1958

Newell, A., and H. A. Simon: Human problem solving. Englewood Cliffs/New Yersey 1972

Nisbett, R. E., and T. D. Wilson: Telling more than we can know: Verbal reports on mental processes. Psychol. Rev. 84, 3, 231—259, 1977

Nitsch, J.: Theorie und Skalierung der Ermüdung. Eine Studie zum Beanspruchungsproblem. Köln 1970

Norman, D. A.: Memory and attention. New York/London/Sidney/Toronto 1969

Norman, D. A.: Categorization of action slips. Psychol. Rev. 88, 1, 1—15, 1981

Norman, D. A.: Learning and memory. San Francisco 1982

Novikova, I. A.: Elektrophysiologische Untersuchung des Sprechens. Mat. d. Psychol. Konf. 1955, Akad. d. Päd. Wiss. d. RSFSR, Moskau 1957 (russ.)

Nowakowska, M.: Language of motivation and language of action. The Hague 1973

Oesterreich, R.: Handlungsregulation und Kontrolle. München/Wien 1981

Offe, H., und M. Stadler (Hrsg.): Arbeitsmotivation. Psychologie und Gesellschaft 12. Darmstadt 1980

Offe, S., und H. Offe: Leistungsmotivation und Arbeitsmotivation. In: H. Offe und M. Stadler (Hrsg.), Arbeitsmotivation. Darmstadt 1980

Oschanin, D. A.: Das operative Abbild eines gesteuerten Objekts. XVIII. Internationaler Kongreß für Psychologie, Sympos. 27: Theoretische Probleme in Mensch-Maschine-Systemen. Moskau 1966 (russ./engl.)

Oschanin, D. A.: Dynamisches operatives Abbild und konzeptuelles Modell. Probl. Erg. Psychol. 59, 37–48, 1976

Oschanin, D. A., und O. A. Konopkin (Hrsg.): Psychologische Probleme der Regulation der Tätigkeit. Moskau 1973 (russ.)

Osterloh, M.: Handlungsspielräume und Informationsverarbeitung. Schriften zur Arbeitspsychologie Nr. 37. Bern 1983

Paivio, A.: Imagery and verbal processes. New York 1971

Palei, J. M.: Erfolg der Tätigkeit, Aktivierung und individueller Stil. In: G. Clauß, J. Guthke und G. Lehwald (Hrsg.), Psychologie und Psychodiagnostik lernaktiven Verhaltens. Tagungsbericht. Berlin 1978

Parducci, A., and Linda F. Perret: Category rating scales: effects of relative spacing and frequency of stimulus values. J. exp. Psychol. (Monogr.) 89, 2, 427–452, 1971

Paul, Ch., und J. Richter: Empirische Untersuchung über das Abbild funktioneller Beziehungen von Prozeßparametern als Ausgangspunkt für die Trainingsgestaltung. 4. Kongr. Ges. f. Psychol. d. DDR. Leipzig 1975 (Manuskriptdruck)

Pawlow, I. P.: Gesammelte Werke. Berlin 1953–1956

Pecotich, A., and G. A. Churchill: An examination of the anticipated-satisfaction importance valence controversy. Organizational Behavior and Human Performance 27, 213–226, 1981

Perczel, J.: Work and personality. XVIII. Internationaler Kongreß für Psychologie, Sympos. 38: The personality and labour. Moskau 1966

Peters, W., and A. A. Wendborne: The time pattern of voluntary movements. Brit. J. Psychol. 26, 4, 1936; 27, 1, 1936

Petzold, P.: Grundfragen und einige Probleme der Ingenieurpsychologie. In: H. Kulka (Hrsg.), Arbeitspsychologie für die industrielle Praxis. Berlin 1968

Pew, R. W.: Acquisition of hierarchical control over the temporal organization of a skill. J. exp. Psychol. 71, 764–771, 1966

Piaget, J.: Probleme der Entwicklungspsychologie. Vop. Psichol. 3, 31ff., 1956 (russ.)

Piaget, J.: Psychologie der Intelligenz. Kindler-Taschenbücher 1976[2]

Pickenhain, L.: Grundriß der Psychologie der höheren Nerventätigkeit. Berlin 1959

Pickenhain, L.: Die Bedeutung innerer Rückkoppelungskreise für den Lernvorgang (gezeigt am Beispiel des motorischen Lernens). 4. Kongr. Gesellschaf. f. Psychol. d. DDR, 109, Leipzig 1975a (Manuskriptdruck)

Pickenhain, L.: Zur Einordnung der psychischen Erscheinungen als höchste Integrationsebene der Umweltbeziehungen des Menschen (mit Bemerkungen zu dem Phänomen der altered states of consciousness). Psychiat. Neurol. med. Psychol. 27, 11, 660–667, 1975 b

Pietrasinski, S.: Training zur Intensivierung von Innovationen. Wiss. Z. Pädagogisches Institut Güstrow 5, 1966/67 (Sondernummer)

Pilopp, M.: Untersuchung von Denkvorgängen bei der Planung und Durchführung praktischer Arbeiten im Bereich der Berufsausbildung. Diplomarbeit TU Dresden 1967 (unveröffentl.)

Pilopp, M., und W. Skell: Zur Entstehung technologischer Pläne und deren Verwirklichung in der praktischen Produktionstätigkeit. In: W. Hacker, W. Skell und W. Straub (Hrsg.), Arbeitspsychologie und wissenschaftlich-technische Revolution. Berlin 1968

Plath, H.-E. Zur tätigkeits- und anforderungsanalytischen Beurteilung der Veränderung des Inhalts der Arbeit. Soz. Arb.wiss. 7, 516–527, 1974

Plath, H.-E., und P. Richter: Ermüdung, Monotonie, Sättigung, Streß (BMS) — Verfahren zur skalierten Erfassung erlebter Beanspruchungsfolgen. Berlin 1984

Plath, H.-E., und P. Richter: Erfassung von Beeinträchtigungen durch Belastungswirkungen, Monotonie und psychische Sättigung. Arbeitswissenschaft 1, 27–37, 1976

Porter, L. W., und E. E. Lawler: Managerial attitudes and performance. Homewood, III. 1968

Posner, M. J., and S. W. Keele: Retention of abstract ideas, J. exp. Psychol. 83, 304–308, 1970

Poulton, E. C.: On prediction in skilled movements. Psychol. Bull. 54, 467–478, 1957

Poulton, E. C.: Skilled performance and stress. In: P. B. Warr (Ed.), Psychology at work. Harmondsworth 1971

Pribam, K.-H.: Languages of the brain – experimental paradoxes and principles in neuropsychology. Prentice-Hall Inc. 1971

Prystav, G.: Vorhersehbarkeit und Kontrollierbarkeit aversiver Reize als belastungsinduzierende Variable. Arch. ges. Psychol. 132, 121–128, 1980

Puni, A. Z.: Abriß der Sportpsychologie. Berlin 1961

Putz-Osterloh, W., und G. Lüer: Über die Vorhersagbarkeit komplexer Problemlöseleistungen durch Ergebnisse in einem Intelligenztest. Z. exp. angew. Psychol. XXVIII, 2, 309–334, 1981

Quaas, P.: Anwendungen der Clusteranalyse. Probl. Erg. Psychol. 70, 77–85, 1979

Quaas, W.: Die Untersuchung inter- und intraindividueller Leistungsdifferenzen, dargestellt am Beispiel des Schärens von Kupferkunstseide. Probl. Erg. Psychol. 15, 7–38, 1965

Quaas, W.: Der Einfluß der Umgangserfahrung auf den Größeneindruck von realen Gegenständen. Wiss. Z. Technische Universität Dresden 1, 1968

Quaas, W.: Zu einigen Aspekten des Wesens und der Rolle von Signalen in der Arbeitstätigkeit. Probl. Erg. Psychol. 28/29, 11–20, 1969

Quaas, W.: Task dependence of the effect of standards on the perception of a series of objects. In: H.-G. Geissler und J. Zabrodin (Eds.), Advances in psychophysics. Berlin 1976

Quaas, W., H.-J. Graff und G. Pohl: Zur Verursachung und Auswirkung individueller Arbeitsweisen. 4. Kongr. Ges. f. Psychol. d. DDR, Leipzig 1975 (Manuskriptdruck)

Quaas, W., und H. Raum: Zur Problematik der Begriffsfassung von Arbeitsanforderungen, ihrer Erfaßbarkeit und praktischen Bedeutung. In: W. Hacker, W. Quaas, H. Raum und H.-J. Schulz (Hrsg.), Psychologische Arbeitsuntersuchung. Berlin 1973

Rameik, A.: Einfluß fördernder Bedingungen (heuristischer Regeln) auf technologische Planungen bei wiederholter Einwirkung. Diplomarbeit TU Dresden 1969 (unveröffentl.)

Rasmussen, J., and A. Jensen: Mental procedures in real-life-tasks: a case study of elektronic troubleshooting. Ergonomics 17, 4, 293–307, 1974

Raum, H.: Methodik zur Prüfung von symbolischen Kennzeichnungen. Forschungsbericht TU Dresden 1976 (unveröffentl.)

Raum, H.: Erprobung eines Verfahrens zur Analyse der Gestaltungsgüte von Maschinensymbolen. In: F. Klix und K.-P. Timpe (Hrsg.), Arbeits- und Ingenieurpsychologie und Intensivierung. Berlin 1979 a

Raum, H.: Informationsgestaltung auf Bildschirmanzeigen. Sozial. Arbeitswiss. 4, 272–279, 1979 b

Raum, H.: Untersuchungen zu determinierenden Variablen menschlicher Informationsverarbeitungsleistungen am Beispiel der Identifikation visueller Muster. Wiss. Z. Techn. Universität Dresden 29, 3/4, 693–698, 1980 a

Raum, H.: Gestaltung der Arbeit an Bildschirmen – Erkenntnisstand und offene Probleme. Sozial. Arbeitswiss. 4, 285–293, 1980 b

Raum, H.: Probleme der Gestaltung der Arbeit an Bildschirmgeräten: Bearbeitungsstand und Bearbeitungsnotwendigkeiten. Z. ges. Hyg. 27, 8, 591–596, 1981 a

Raum, H.: Alternatives Informationsangebot — ein Weg zur aufgabenabhängigen Gestaltung der Bildschirmarbeit. In: Konferenzmaterial der IV. Intern. Ergonomiekonferenz, Dresden 1981 b

Raum, H., W. Hacker und B. Matern: Projektierung von Arbeitstätigkeiten und die Gestaltung des Informationsangebotes. Wiss. Techn. Universität Dresden 6, 1436–1441, 1979

Raum, H., und Ch. Stocklöw: Aufgabengerechte Optimierung des Informationsangebots auf Bildschirmen. In: W. Hacker und H. Raum (Hrsg.), Optimierung von kognitiven Arbeitsanforderungen. Berlin 1980 (Bern 1980)

Raynor, J. O.: Future orientation and motivation of immediate activity: An elaboration of the theory of achievement motivation. Psychol. Rev. 76, 606–610, 1969

Raynor, J. O.: Future orientation and study of achievement motivation. In: J. W. Atkinson and J. O. Raynor (Eds.), Motivation and achievment. Washington 1974

Raynor, J. O., J. W. Atkinson and M. Brown: Subjective aspects of achievment motivation immediately before an examination. In: J. W. Atkinson and J. O. Raynor (Eds.), Motivation and achievment. Washington 1974

Reed, S. K.: Pattern recognition and categorization. Cogn. Psychol. 3, 8, 382–407, 1972

Rehtanz, H.: Probleme der Durchsetzung des Arbeitsschutzes bei der sozialistischen Rationalisierung. Soz. Arb.wiss. 5, 341–351, 1972

Rein, H., und M. Schneider: Physiologie des Menschen. Berlin 1960

Reitman, W. R.: The study of heuristics. XVIII. Internationaler Kongreß für Psychologie, Sympos. 25: Heuristische Prozesse im Denken. Moskau 1966

Rentzsch, M.: Einfluß des Lärms auf die Leistungsparameter des Systems „Mensch-Maschine" am Beispiel eines Universalbaggers UB 20. Diss. TU Dresden 1971

Restle, F., and E. Brown: Organization of serial pattern learning. Psychology of learning and motivation, Bd. 4, 249–331, 1970

Richter, H.: Zum Problem des ideomotorischen Phänomens. Z. Psychol. 161, 161–254, 1957

Richter, J., und A. Seeber: Entwicklung und Anwendung eines psychologischen Trainingsverfahrens für Anlagenfahrer der chemischen Industrie. DDR-Med.Rep. 3, 6, 520–522, 1974

Richter, P.: Entwicklung von Verfahren zur Feststellung von Belastungswirkungen (bzw. Überlastungserscheinungen) nach Merkmalen der Arbeitstätigkeit, deren Bedingungen und Auswirkungen, sowie Erprobung dieser Verfahren an Arbeitsplätzen der Dosenspinnerei. Praktikumsbericht Sektion 22, Bereich Psychologie der TU Dresden 1966 (unveröffentl.)

Richter, P.: Zu einigen psychologischen Problemen bei der Gestaltung von Montagetätigkeiten kleiner Bauelemente. Vortrag auf der Jahrestagung der Gesellschaft für Arbeitshygiene und Arbeitsschutz/ Sektion Elektrotechnik, Dresden 1970 a (unveröffentl.)

Richter, P.: Psychologische Faktoren bei der Montage kleiner Bauelemente. Forschungsbericht TU Dresden 1970 b (unveröffentl.)

Richter, P.: Experimentelle Untersuchungen zum Einfluß von Komponenten der Aufgabenstruktur auf die Informationsverarbeitung und deren Belastungswirkungen. Diss. Math.-naturwiss. Fak., TU Dresden, 1973

Richter, P.: Streßrelevantes Verhalten, Arbeitsleistung und Gesundheit. Hochschulpäd. Abschlußarbeit TU Dresden 1981 (unveröffentl.)

Richter, P., H.-J. Naumann und G. Leuschner: Analyse von Leistungs- und Beanspruchungskriterien bei der Verarbeitung redundanter Informationsangebote. In: W. Hacker, K.-P. Timpe und M. Vorwerg (Hrsg.), Arbeits-, ingenieur- und sozialpsychologische Beiträge zur sozialistischen Rationalisierung. Berlin 1973

Rieber, M.: Mediational aids and motor skill learning in children. Child Develop. 2, 559–567, 1968

Riedel, J. (Hrsg.): Arbeitskunde, o. O. 1925

Rizkowa, N. J.: Einige Methoden der Kodierung von Information. Probleme der Ingenieurpsychologie, Bd. 3, Leningrad 1965 (russ.)

Rohmert, W., J. Rutenfranz und E. Ulrich: Das Anlernen sensomotorischer Fertigkeiten (Wirtschaftliche und soziale Aspekte des technischen Wandels in der BRD), 7. Bd., Frankfurt (Main) 1971

Rohmert, W., und H. Luczak: Zur ergonomischen Beurteilung informatorischer Arbeit. Int. Z. angew. Physiol. 31, 209–229, 1973

Rohrbaugh, J.: Improving the quality of group judgment: Social judgment analysis and the nominal group technique. Organizational Behavior and Human Performance 28, 272–288, 1981

Rose, H., and H. Jansen: Erlernte Sprachlosigkeit – vom Verlust des Sprachvermögens beim Einsatz von Computertechnologien. Hektograph. Manuskript 1983

Rosenberg, S. H. (Ed.): Directions in psycholinguistics. New York 1965

Rosenfeld, G.: Theorie und Praxis der Lernmotivation. Berlin 1976[11]

Rosenfeld, G.: Kognitive Komponenten der Antriebsregulation. In: A. Kossakowski (Hrsg.), Psychologie im Sozialismus. Berlin 1980

Rosenstiel, L., von, W. Molt und B. Rüttinger: Organisationspsychologie. Stuttgart 1979

Rothstein, M. Scheduling manpower by mathematical programming. Industrial Engineering 4, 4, 29–33, 1972

Rotter, J. B.: Generalized expectancies for internal versus external control of reinforcement. Psychol. Monogr. 80, 609, 1966

Rubinstein, S. L.: Fragen der psychologischen Theorie. Zur gegenwärtigen Situation in der Psychologie. Informationsmaterial aus der pädagogischen Literatur der Sowjetunion und der Länder der Volksdemokratien 17, 43, 1956
Rubinstein, S. L.: Grundlagen der Allgemeinen Psychologie. Berlin 1958
Rubinstein, S. L.: Theoretische Fragen der Psychologie und das Persönlichkeitsproblem. In: Beiträge zur Psychologie der Persönlichkeit. Informationsmaterial aus der pädagogischen Literatur der Sowjetunion und der Länder der Volksdemokratien 25, 1959
Rubinstein, S. L.: Das Denken und die Wege seiner Erforschung. Berlin 1961 a
Rubinstein, S. L.: Das Problem der Fähigkeiten und Fragen der psychologischen Theorie. Beiträge zum Begabungsproblem. Berlin 1961 b
Rubinstein, S. L.: Sein und Bewußtsein. Berlin 1961, 1962
Rubinstein, S. L.: Prinzipien und Wege der Entwicklung des Psychischen. Berlin 1963
Rudik, P. A.: Probleme der Sportpsychologie. Moskau 1960 (russ.)
Rudinger, G.: Tendenzen und Entwicklungen entwicklungspsychologischer Versuchsplanung — Sequenzanalysen. Psychol. Rdsch. 32, 2, 118—136, 1981
Rudolph, E., und E. Schönfelder: Checkliste zur Gestaltung von Bildschirmarbeitsplätzen. TU Dresden 1983 (unveröffentl.)
Rühle, R.: Inhalte, Methoden und Effekte der Analyse und Vermittlung operativer Abbilder bei Bedientätigkeiten der Mehrstellenarbeit. Diss. (B) Naturwiss.-math. Fakultät TU Dresden 1979
Rüssel, A.: Arbeitspsychologie. Stuttgart/Bern 1961
Rutenfranz, J.: Über das Verhalten der Pulsfrequenz bei Arbeit unter Zeitdruck. Int. Z. angew. Physiol. 18, 1960
Ryan, Th. A., and P. C. Smith: Principles of industrial psychology. New York 1954
Sander, F. Arbeitsbewegungen. In: J. Riedel (Hrsg.), Arbeitskunde. o. O. 1925
Sanders, A. F.: Psychologie der Informationsverarbeitung. Wien 1971
Santen, J. H. van: Mento-Factor: The application of Mento-Factor to the optimization of man-work system in routine mental work. Work Study 1, 36—43, 1973
Saporoshez, A. V.: Ursprung und Entwicklung der Bewegungskontrolle beim Menschen. Vop. Psichol. 1, 24—36, 1958 (russ.)
Saporoshez, A. V.: Die Entwicklung der willkürlichen Bewegung. Moskau 1960 (russ.)
Sauer, C., M. Kumpf und H. Volkmann: Kognitive Moderatoren der Wirkung von Lärm. Z. exp. angew. Psychol. XXVII, 1, 120—134, 1980
Sawalowa, J. D., B. F. Lomow und W. A. Ponomarenko: Das Prinzip des aktiven Operateurs und die Funktionsverteilung zwischen Mensch und Maschine. Vop. Psichol. 5, 1971 (russ.)
Schaie, W. K.: Intelligenzwandel im Erwachsenenalter. Z. Geront. 13, 4, 373—384, 1980
Schappé, R. H.: Motion element synthesis: an assessment. Percept. Mot. Skills 20, 103—106, 1965
Schenk, J., und A. Ruschke: Zur Persönlichkeit von Verkehrsunfällern. Psychol. u. Prax. 23, 4, 179—186, 1979
Schenk, S., und G. Schmidt: Psychologische Analyse einer unauffälligen Verteilung von Straßenbahnunfällen in einer Großstadt. Probl. Erg. Psychol. 40, 49—59, 1972
Schilder, P.: Das Körperschema. Ein Beitrag zur Lehre vom Bewußtsein des eigenen Körpers. Berlin 1923
Schiller, F. v.: Über Anmut und Würde. Meyers Klassikerausgaben: Schillers Werke, Bd. 7, Philos. Schriften, Bibl. Inst. Leipzig/Wien o. J.
Schindler, R.: Zur Herausbildung von Störungsidentifikationsalgorithmen in Abhängigkeit von der Unterweisungsmethode. 4. Kongr. Ges. f. Psychol. d. DDR, Leipzig 1975 (Manuskriptdruck)
Schindler, R.: Experimentelle Untersuchungen zur Anwendbarkeit des Prinzips des Tätigkeitswechsels bei kognitiv akzentuierten Tätigkeiten. In: W. Hacker und H. Raum (Hrsg.), Optimierung von kognitiven Arbeitsanforderungen. Berlin 1980 (Bern 1980)
Schindler, R., und F. Fischer: Handlung und Handlungswissen. Zum Training von Bildschirmarbeitstätigkeiten. Wiss. Z. der HUB 6, 597—606, 1984
Schkaratan, O. I.: Das Verhältnis zur Arbeit und die Effektivität der Arbeit. Sowjetwissenschaft, ges.-wiss. Beitr. 4, 523—532, 1982
Schleicher, R.: Die Intelligenzleistung Erwachsener in Abhängigkeit vom Niveau beruflicher Tätigkeit. Probl. Erg. Psychol. 44, 25—56, 1973
Schmalt, H. D.: Methoden der Leistungsmotivmessung. In: H. D. Schmalt und W. U. Meyer (Hrsg.), Leistungsmotivation und Verhalten. Stuttgart 1976

Schmidt, G.: Ansätze zur gezielten Weiterbildung von Anlagenfahrern in der chemischen Industrie auf der Grundlage psychologischer Analysen des Arbeitsprozesses. In: W. Hacker, K.-P. Timpe und M. Vorwerg (Hrsg.), Arbeits-, ingenieur- und sozialpsychologische Beiträge zur sozialistischen Rationalisierung. Berlin 1973

Schmidt, G.: Analysen von Aufgabenlösungsprozessen bei vorwiegend kognitiven Tätigkeiten als Grundlage für die Ermittlung von Qualifizierungsinhalten. 4. Kongr. Ges. f. Psychol. d. DDR, Leipzig 1975 (Manuskriptdruck)

Schmidt, H.-D.: Der Einfluß des epochalen Menschenbildes auf die Grundvoraussetzungen der Psychodiagnostik. Probl. Erg. Psychol. I, 1960

Schmidt, H.-D.: Leistungschance, Erfolgserwartung und Entscheidung. Berlin 1966

Schmidt, H.-D.: Grundriß der Persönlichkeitspsychologie. Berlin 1982

Schmidt, K.-H., U. Kleinbeck und W. Rohmert: Die Wirkung von Merkmalen der Arbeitssituation und Persönlichkeitsvariablen auf die Arbeitszufriedenheit und andere motivationsbezogene Einstellungsvariablen. Z. exp. angew. Psychol. 28, 3, 465—485, 1981

Schmidt, K.-H., W. Schweissfurth, U. Kleinbeck und J. Rutenfranz: Einige arbeitspsychologische Ergebnisse zur Wirkung von Arbeitsinhaltsveränderungen. Z. Arbeitswiss. 33, 2, 101—107, 1981

Schmidt, R. A.: A schema theory of discrete motor skill learning. Psychol. Rev. 4, 229—261, 1975

Schmidt, R. A.: The schema as a solution to some persistent problems in motor learning theory. In: G. E. Stelmach (Hrsg.), Motor control: Issues and trends. New York 1976

Schmidtke, H.: Informationstheoretische Analyse des Übungseinflusses auf die Reaktionszeit bei Wahlreaktionshandlungen. In: Bericht über den 16. Int. Kongr. Psychol. Bonn 1960 a

Schmidtke, H.: Über die Struktur willkürlicher Bewegungen. Psychol. Beitr. V. 3. 1960 b

Schmidtke, H.: Versuche über den Einfluß der Übung auf psychomotorische Leistungen. Psychol. u. Prax. 5, 1961 a

Schmidtke, H.: Untersuchungen über die Abhängigkeit der Bewegungsgenauigkeit im Raum von der Körperstellung, Forschungsbericht des Landes Nordrhein-Westfalen 941. Köln/Opladen 1961 b

Schmidtke, H.: Zur Frage der informationstheoretischen Analyse von Wahlreaktionsexperimenten. Psychol. Forsch. 26, 3, 157—178, 1961 c

Schmidtke, H.: Die Ermüdung. Bern/Stuttgart/Wien 1965

Schmidtke, H.: Überwachungs-, Kontroll- und Steuertätigkeiten: Berlin/Köln 1966

Schmidtke, H., und H. Schmale: Optische Reaktionszeit als leistungsbegrenzender Faktor bei Kontrolltätigkeiten. Psychol. u. Prax. 4, 147—155, 1960

Schmidtke, H., und F. Stier: Der Aufbau komplexer Bewegungsabläufe aus Elementarbewegungen. Köln/Opladen 1960

Schneider, B.: Zur Unfallhäufigkeit Jugendlicher im Alter von 17 bis 24 Jahren. Arbeitsökonomik Arbeitssch. 3, 148—155, 1959

Schneider, H., und A. Seeber: Psychodiagnostik bei der Erfassung neurotischer Wirkungen chemischer Schadstoffe. Z. Psychol. 187, 2, 178f., 1979

Schneider, N.: Untersuchungen zur Effektivität von kognitiven Lehr- und Trainingsmethoden unter industriellen Bedingungen. Diss. Naturwiss.-Math. Fak. TU Dresden 1977 (unveröffentl.)

Schneider, W., and R. M. Shiffrin: Controlled and automatic human information processing: I. Detection, search and attention; II. Perceptual learning, automatic attending, and a general theory. Psychol. Rev. 84, 1, 1—66; 2, 127—190, 1977

Schober, H.: Das Sehen, Leipzig, Bd. 2, ^{3}1964; Bd. 1, 1970

Schönpflug, W. (Hrsg.): Methoden der Aktivierungsforschung, Kap. 7: Phänomenologische Indikatoren der Aktiviertheit. Psychologisches Kolloquium, Bd. VI. Bern/Stuttgart/Wien 1969

Schönpflug, W.: Regulation und Fehlregulation im Verhalten: I. Verhaltensstruktur, Effizienz und Belastung — theoretische Grundlagen eines Untersuchungsprogramms. Psychol. Beitr. 21, 2, 174—202, 1979

Schönpflug, W.: Handlungstheoretisch orientierte Untersuchungen an Datensichtgeräten. 24. Tagung Sektion Arbeits- und Betriebspsychologie BdP. München 1982

Schreyögg, G., H. Steinmann und M. Zauner: Arbeitshumanisierung für Angestellte. Stuttgart 1978

Schröter, B.: Der Einfluß der visuellen Regulation von Handlungen auf die raum-zeitliche Struktur der Handbewegungsbahn. Diplomarbeit TU Dresden 1965 (unveröffentl.)

Schulte, B.: Perspektiven der rationellen Büroarbeit. Arbeit und Leistung 10, 177—181, 1970

Schulz, H.-J.: Besonderheiten der sensumotorischen Struktur einer einfachen Zielbewegung. Wiss. Z. Technische Universität Dresden 6, 1643—1648, 1963

Schulz, H.-J.: Untersuchung zur sensumotorischen Struktur einer zur Fertigkeit gewordenen Zielbewegung. In: Psychologie als gesellschaftliche Produktivkraft. Ber. 1. Kongr. Ges. Psychol. i. d. DDR. Berlin 1965

Schulz, R.: Probleme der Entwicklung sozialistischer Persönlichkeiten und Kollektive im Prozeß der Rationalisierung und Automatisierung. Lebensweise, Kultur, Persönlichkeit, Schriftenreihe Soziologie. Berlin 1975

Schultz, J. H.: Das autogene Training. Stuttgart 1964[11]

Schwiercz, L., und H. Hiebsch: Entscheidungsmodelle in der Psychologie von Gruppenleistungen. Wiss. Beitr. Friedrich-Schiller-Universität Jena 1969

Sdradomyslow, A. G., und W. A. Jadow: Der Einfluß der Unterschiede im Inhalt und Charakter der Arbeit auf das Verhältnis zur Arbeit. In: P. Bollhagen (Hrsg.), Soziologische Forschung — Grundsätze und Methoden, Berlin 1966

Seamin, J. G., and M. S. Gazzaniga: Coding strategies and cerebral laterality effects. Cogn. Psychol. 5, 249—256, 1973

Seeber, A.: Psychodiagnostik in der Arbeitspsychologie — Probleme und Ergebnisse. Diss. (B) Humboldt-Universität Berlin, Naturwiss.-math. Fak. 1981

Seeber, A., H. Schneider und H. J. Zeller: Ein psychologisch-neurologischer Fragebogen (PNF) als Screeningmethode zur Beschwerdeerfassung bei neurologisch Exponierten. Probl. Erg. Psychol. 65, 23—44, 1978

Seidel, H., und H. Strempel: Industrielle Fertigung (Projektierung technologischer Prozesse). 3. Lehrbrief, II. Ausgabe. Berlin 1966

Seifert, K.-H.: Die Organisation der Arbeitsmotorik in Mensch-Maschine-Systemen. Psychol. Rdsch. XIX, 109—124, 1968

Seiffge-Krenke, I.: Probleme und Ergebnisse der Kreativitätsforschung. Bern 1974

Seligman, M. E. P.: Helplessness. San Francisco 1975

Selz, O.: Über den Anteil der individuellen Eigenschaften der Flugzeugführer und Beobachter an Fliegerunfällen. Eine psychologische Untersuchung auf unfallstatistischer Grundlage. Z. angew. Psychol. 15, 1919

Seminara, J. L., S. Seidenstein, S. K. Eckert and D. L. Smith: Human factors methods for nuclear control room design. Vol. 1: Human factors entracement of existing nuclear control rooms. Electric Power Research Institute. Palo Alto 1979

Senders, J. W.: Wer ist wirklich schuld am menschlichen Versagen? Psychologie heute 8, 73—78, 1980

Setschenow, I. M.: The part played by the sense organs in the work performed by the hands of people with and without sight. In: I. M. Setschenow (Ed.), Selected physiological and psychological works. Moskau 1952/56

Sève, L.: Marxismus und Theorie der Persönlichkeit. Berlin 1973

Seymour, W. D.: Industrial skills. London 1967

Sheer, D. E. (Ed.): Electrical stimulation of the brain. Austin/Texas 1969

Shiffrin, R. M., S. T. Dumais and W. Schneider: Characteristics of automation. In: J. Long und A. D. Baddely (Eds.), Attention and performance IX. Hillsdale 1981

Shiffrin, R. M., and W. S. Geissler: Visual recognition in a theory of information processing. In: R. C. Solso (Ed.), Contemporary issues in cognitive psychology. The Loyola symposium Washington 1973

Siegl, P.: Psychologische Analyse von Zielannäherungsprozessen. In: W. Hacker, K.-P. Timpe und M. Vorwerg (Hrsg.), Arbeits-, Ingenieur- und sozialpsychologische Beiträge zur sozialistischen Rationalisierung, Berlin 1973

Silve, A. B., and R. H. Price: Verbal processes in shape recognition. J. exp. Psychol. 3, 373—379, 1970

Simon, H. A.: The functional equivalence of problem solving skills. Cogn. Psychol. 7, 2, 268—280, 1975

Simon, J. R., and R. C. Smader: Dimensional analysis of motion VIII: The role of visual discrimination in motion cyles. J. appl. Psychol. 39, 5—10, 1955

Simonson, E., S. Simonson und A. Sokolov: Beiträge zur Physiologie der motorischen Koordination, I. Mitteilung: Die räumliche Koordination aufeinanderfolgender Bewegungen, II. Mitteilung: Über die Koordination der Bewegungszeit. Arbeitsphysiologie 7, 577, 598, 1934

Singleton, W. T.: Some recent experiments in learning and their training implications. Ergonomics 11, 53—60, 1968

Singleton, W. T., R. S. Easterby and D. D. Whitfield: The human operator in complex systems. London 1967
Sintschenko, W. P.: Das Prinzip der Tätigkeit in der psychologischen Forschung. Probl. Erg. Psychol. III/IV, 57–65, 1962
Sintschenko, W. P., und E. A. Gordejewa: Funktionelle Struktur der Handlung. Moskau 1982 (russ.)
Sintschenko, W. P., und B. M. Munipow: Die Zukunft des Homo faber. Impact of Science on Society 30, 2, 143–151, 1980
Sintschenko, W. P., W. M. Munipow und G. L. Smoljan: Ergonomische Grundlagen der Arbeitsorganisation. Berlin 1976
Sintschenko, W. P., und N. J. Vergiles: Die Herausbildung der Art und Weise des Sehens. Moskau 1969 (russ.)
Skell, W.: Zielstellung, Gegenstand und Methoden von Untersuchungen der intellektuellen Regulation von Produktionsarbeiten. In: W. Hacker, W. Skell und W. Straub (Hrsg.), Arbeitspsychologie und wissenschaftlich-technische Revolution. Berlin 1968 a
Skell, W.: Zur Auswirkung fördernder Bedingungen auf Planungstätigkeit und nachfolgenden Fertigungsprozeß. In: W. Hacker, W. Skell und W. Straub (Hrsg.), Arbeitspsychologie und wissenschaftlich-technische Revolution. Berlin 1968 b
Skell, W. (Hrsg.): Denkleistungen in der Produktion. Berlin 1972
Skell, W., und A. Rameik: Der Einfluß von Denkhilfen auf die Entwicklung der Fähigkeit zum technologischen Planen. Berufsbildung 12, 640ff., 1969 und 1, 17ff., 1970
Skell, W., und M. Ringel: Erste Erfahrungen mit Selbstinstruktionstraining in einer praxisnahen Lebenssituation. Informationen der Technischen Universität Dresden 22–11–78, 1978
Slak, S.: Phonemic recoding of digital information. J. exp. Psychol. 3, 398–406, 1970
Slama-Cazacu, T.: Bemerkungen zur sprachlichen Kommunikation in dem Arbeitsprozeß. Rev. Psihol. 2, 1962 (rum.)
Smirnow, A. A., A. N. Leontjew, S. L. Rubinstein und B. M. Teplow: Psychologie. Berlin 1960
Smith, K. U., and W. Smith: Perception and motion. Philadelphia/London 1962
Smith, W. M., J. W. Crary and K. U. Smith: Delayed visual feedback and behavior. Science 132, 1960
Sokolow, A. N.: Inneres Sprechen und Verstehen. Wiss. Mitt. der Staatlichen Wissenschaftlichen Forschungsinstitute für Psychologie, Bd. 2. Moskau 1941 (russ.)
Sokolow, A. N.: Die graphische Gegenüberstellung des logisch vorauszusetzenden und des tatsächlichen Lösungsverlaufs von Aufgaben. Psychol. Beitr. II, 2, 1963
Sokolow, A. N.: Innere Sprache und Denken. Moskau 1968 (russ.)
Sokolow, E. N.: Neurodynamisches Reizmodell und Orientierungsreflex. Probl. Erg. Psychol. II, 1ff., 1961
Sokolow, J. N.: Die Wahrnehmung und der bedingte Reflex. Moskau 1958 (russ.), Oxford 1963 (engl.)
Sperandio, J. C.: Variation of operator's strategies and regulating effects on workload. Ergonomics 5, 14, 571–577, 1971
Sperling, G.: Successive approximations to a model for short-term-memory. In: A. F. Sanders (Ed.), Attention and performance. Amsterdam 1967
Spiegel, Ju. J.: Stahlwerkerausbildung: Die Systematisierung der Erfahrungen von Stahlwerkern aus der Praxis mit dem Ziele der Ausbildung und Information. ONTI NKTP SSSR 1935 (russ.)
Spinas, P., N. Troy und E. Ulrich: Leitfaden zur Einführung und Gestaltung von Arbeit mit Bildschirmsystemen. Rüschlikon 1982
Sprung, L., und H. Sprung: Grundlagen der Methologie und Methodik der Psychologie. Berlin 1984
Stackelberg, S. von: Koordinieren einzelner Arbeitschritte. Arbeit und Leistung 24, 7/8, 143f., 1970
Stadler, M., und T. Wehner: Kognitive Komponenten bei der operativen und perzeptiven Antizipation zielgerichteter Bewegungen. In: W. Hacker, W. Volpert und M. von Cranach (Hrsg.), Kognitive und motivationale Aspekte der Handlung. Berlin 1983 (Bern 1983)
Stadler, M., T. Wehner und H. Hübner: Ansätze zur Systemanalyse kognitiver Antizipationsleistungen. In: W. Volpert (Hrsg.), Beiträge zur Psychologischen Handlungstheorie (Schriften zur Arbeitspsychologie 28). Bern 1980
Stadler, M., und A. Windheuer: Untersuchungen über instruktionsinduzierte Denkstile. Z. exp. angew. Psychol. XXIV, 2, 342–351, 1977
Steinak, S.: Vergleichende Untersuchungen zur Erfassung der Arbeitsweise aus verschiedenen Arbeitstätigkeiten. Diplomarbeit TU Dresden 1963 (unveröffentl.)

Steinak, S.: Regulationsprobleme bei der manuellen Dateneingabe mittels Zehnertastaturen. In: W. Hacker, W. Skell und W. Straub (Hrsg.), Arbeitspsychologie und wissenschaftlich-technische Revolution. Berlin 1968

Steinak, S.: Untersuchung zur Sicherung der Dateneingabe an Zehner-Norm-Tastaturen durch handlungsadäquate Anordnung von Bedienteilen. Diss. Dresden 1970 (unveröffentl.)

Steinak, S., und W. Hacker: Methodische Grundfragen der Bedienbereichsgestaltung, dargestellt an Büromaschinen. In: F. Klix, J. Siebenbrodt und K.-P. Timpe (Hrsg.), Ingenieurpsychologie und Volkswirtschaft. Berlin 1966

Steinbuch, K.: Die Lernmatrix, Kybernetik I, 1961

Steinbuch, K.: Automat und Mensch. Berlin/Heidelberg/New York 1965

Steiner, I. D.: Group process and productivity. New York/London 1972

Stelmach, G. E. (Ed.): Motor control issues and trends. New York 1976

Stelmach, G. E. (Ed.): Information processing in motor control and learning. New York 1978

Stelmach, G. E., and V. A. Diggles: Control theories in motor behavior. Acta Psychol. 50, 83–105, 1982

Stenderhoff, E.: Ermüdung und Erholung. In: E. Bornemann (Hrsg.), Ermüdung. Lüneburg 1952

Stier, F.: Informationsverarbeitung am Arbeitsplatz. Werkstatt und Betrieb 101, 473–478, 1968

Stoll, F.: Projekt „Arbeit und Persönlichkeit" des Schweizerischen Nationalfonds. Projektinformation. Zürich 1982

Stollberg, R.: Arbeitszufriedenheit. Berlin 1968

Stollberg, R.: Arbeitssoziologie. Berlin 1978

Straub, W.: Leitlinien einer Psychologie der Willensbildung. In: Psychologie des Gemeinschaftslebens. Ber. 14. Kongreß der Deutschen Gesellschaft für Psychologie. Jena 1935

Straub, W.: Psychologische Vorträge zur Verbesserung der betrieblichen Arbeit. Material des Internatslehrgangs der DHZ Maschinen- und Fahrzeugbau 1957 (unveröffentl.)

Straub, W.: Zur Methodik der Bestimmung von Wirkungen der Belastungen durch vorwiegend geistige Arbeit. In: W. Hacker, W. Skell und W. Straub (Hrsg.), Arbeitspsychologie und wissenschaftlich-technische Revolution. Berlin 1968

Strohbach, G.: Beziehungen zwischen Kooperationsstruktur und Kollektiventwicklung in Produktionsbrigaden. Diss. Phil. Fak. der Friedrich-Schiller-Universität Jena 1975

Sverkova, R. T.: Besonderheiten des Stellens technischer Diagnosen. Vop. Psichol. 2, 30–44, 1963 (russ.)

Swets, J. A., W. P. Tanner und T. G. Birdsall: Decision processes in perception. Psychol. Rev. 68, 301–340, 1961

Sydow, H.: Strukturerkennung in kognitiven Prozessen. Diss. (B) Math.-Nat. Fak. der Humboldt-Univ. Berlin 1975

Sydow, H.: Ausbildung und Wirkung interner Repräsentationen im Problemlöseprozeß. Arbeitstagung von Psychologen sozialistischer Länder in Potsdam 1978. Gesellschaft für Psychologie der DDR. Berlin 1978

Tack, W. H.: Auswahl und Plazierung von Mitarbeitern. In: F. Stoll (Hrsg.), Anwendungen im Berufsleben: Arbeits-, Wirtschafts- und Verkehrspsychologie. Bd. XIII von „Die Psychologie des 20. Jahrhunderts". Zürich 1981

Talejko, E.: The motivation of the creative activity of inventors and rationalizers in industry. XVIII. Internationaler Kongreß für Psychologie, Sympos. 38: Personality and labour. Moskau 1966

Taylor, F. V.: Psychology and the design of machines. J. Amer. Psychol. 12, 249–285, 1957

Taylor, F. V.: Human engineering and psychology. In: G. Koch (Ed.), Psychology. A study of science, Vol. 5. New York/London/Toronto 1963

Taylor, M. S.: The motivational effects of task challenge: A laboratory investigation. J. Organizational Behavior and Human Performance 27, 255–278, 1981

Telegina, E. D., und T. T. Wolkowa: Zielbildung und motivational-emotionale Regulation der Tätigkeit. In: O. K. Tichomirow (Hrsg.), Psychologische Mechanismen der Zielbildung. Moskau 1977 (russ.)

Tent, L.: Untersuchungen zur Erfassung des Verhältnisses von Anspannung und Leistung bei vorwiegend psychisch beanspruchenden Tätigkeiten. Arch. ges. Psychol. 115, 1/2, 106–170, 1962

Thiele, E.: Überforderungssyndrom beim modernen Menschen. In: Beiträge zum Arbeitsgesundheitsschutz, Bd. 2 (Zu aktuellen Fragen der betriebsärztlichen Arbeit). Berlin 1960

Thiele, G.: Zum Problem der Freiheitsgrade des Denkens. In: Bericht über den 2. Kongreß der Gesellschaft für Psychologie der DDR. Berlin 1969

Thomas, A.: Handlungspsychologische und psychomotorische Prozesse beim Training bewegungszentrierter Sportarten. Manuskript Univ. Münster, Psychol. Institut. 1973

Tichomirow, O. K.: Experimentelle Analysen der heuristischen Tätigkeit beim Menschen. XVIII. Internationaler Kongreß für Psychologie, Sympos. 25: Heuristische Prozesse im Denken. Moskau 1966

Tichomirow, O. K. (Hrsg.): Psychologische Mechanismen der Zielbildung. Moskau 1977 (russ.)

Tichomirow, O. K.: Untersuchungen zur Zielbildung. In: A. Kossakowski (Hrsg.), Psychologie im Sozialismus. Berlin 1980

Tillmann, W. A.: The psychiatric and social approach to the selection of accident prone drivers. London 1948

Timpe, K.-P.: Ansätze zur Modellierung eingeübter sensomotorischer Prozesse. In: F. Klix (Hrsg.), Kybernetische Analysen geistiger Prozesse. Berlin 1968

Timpe, K.-P.: Zum gegenwärtigen Stand einiger Anwendungsmöglichkeiten der Informationstheorie in der Psychologie. Probl. Erg. Psychol. 33, 21–45, 1970

Timpe, K.-P.: Die Aufgaben der Ingenieurpsychologie beim Aufbau des entwickelten gesellschaftlichen Systems des Sozialismus. In: F. Klix, J. Neumann, A. Seeber und K.-P. Timpe (Hrsg.), Psychologie in der sozialistischen Industrie. Berlin 1971

Timpe, K.-P.: Zu einigen Fragen der psychologischen Arbeitsgestaltung. In: W. Hacker, K.-P. Timpe und M. Vorwerg (Hrsg.), Arbeits-, ingenieur- und sozialpsychologische Beiträge zur sozialistischen Rationalisierung. Berlin 1973

Tomaszewski, T.: Moderne Tendenzen der Arbeitspsychologie. In: Psychologische und pädagogische Probleme der Arbeitsproduktivität. Warszawa/Wrocław 1960 (poln.)

Tomaszewski, T.: Automatismus und Bewußtsein in der Produktionsarbeit. Forfa 10, 1961

Tomaszewski, T.: Die Struktur der menschlichen Tätigkeiten. Psychol. u. Prax. 8, 1964

Tomaszewski, T.: Arbeitsanalyse nach allgemeinen Tätigkeitsmerkmalen. Psychol. u. Prax. 10, 1966

Tomaszewski, T.: Schema einer psychologischen Analyse der Berufe. In: W. Hacker, W. Skell und W. Straub (Hrsg.), Arbeitspsychologie und wissenschaftlich-technische Revolution. Berlin 1968

Tomaszewski, T.: Der praktische Nutzen psychologischen Wissens. Psychol. u. Prax. 13, 96–106, 1969

Tomaszewski, T.: Tätigkeit und Bewußtsein. Beiträge zur Einführung in die polnische Tätigkeitspsychologie. Weinheim/Basel 1978

Tomaszewski, T. (Hrsg.): Zur Psychologie der Tätigkeit. Berlin 1981

Tomczyk, R.: Kollkektive Ermittlung und Vermittlung von Regulationsgrundlagen. In: W. Hacker und H. Raum (Hrsg.), Optimierung von kognitiven Arbeitsanforderungen. Berlin 1980 (Bern 1980)

Trachtenbrot, B. A.: Wieso können Automaten rechnen? Berlin 1965

Triebe, J. K.: Entwicklung von Handlungsstrategien in der Arbeit. Z. Arbeitswiss. 31, 221–228, 1977

Triebe, J. K.: Psychoregulativ akzentuierte Trainingsverfahren: Ein Versuch zur Erfassung mental vergegenwärtigter Leistungen. In: W. Hacker und H. Raum (Hrsg.), Optimierung von kognitiven Arbeitsanforderungen. Berlin 1980 (Bern 1980)

Triebe, J. K., H. Fischer und E. Ulich: Problemstudie zur Informations- und Entscheidungsfindung bei der Auswahl von Bewerbern für den öffentlichen Dienst. Studienkommission f. d. Reform des öffentl. Dienstrechts, Bd. 10, Baden-Baden 1973

Triebe, J., und E. Ulich: Zu einigen Fragen einer Erweiterung des individuellen und kollektiven Handlungsspielraums. Probl. Erg. Psychol. 59, 7–18, 1976

Trommer, H.: Zielsetzungen und Ergebnisse der sowjetischen Ingenieurpsychologie. Probl. Erg. Psychol. VII, 27, 1963

Troy, N.: Zur Bedeutung der Streßkontrolle: Experimentelle Untersuchungen über Arbeit unter Zeitdruck. Diss. ETH Zürich 1981, Nr. 6795

Truijens, C. L., und C. A. P. G. van der Mast: Multiples Merkmals-Wahrscheinlichkeitslernen – ein Instrument zum Studium der Informationsintegration in komplexen Systemen. Probl. Erg. Psychol. 59, 49–66, 1976

Tschebyschewa, W. W.: Psychologische Besonderheiten bei der Arbeit der Automateneinrichter. Mat. der 2. transkaukasischen Konferenz der Psychologen. Jerewan 1960 (russ.)

Tschebyschewa, W. W.: Labour as a condition for personality development in modern workers. XVIII. Internationaler Kongreß für Psychologie, Sympos. 38: Personality and labour. Moskau 1966

Tschebyschewa, W. W.: Einige Besonderheiten des Denkens in Arbeitstätigkeiten – nach sowjetischen Untersuchungsergebnissen. In: W. Hacker, W. Skell und W. Straub (Hrsg.), Arbeitspsychologie und wissenschaftlich-technische Revolution. Berlin 1968

Tschugunowa, A.: Social and psychological sources of the creative activity of young workers. XVIII. Internationaler Kongreß für Psychologie, Sympos. 38: Personality and labour. Moskau 1966

Turvey, H. M. T.: Preliminaries to a theory of action with reference to vision. In: R. Shaw and J. Bransford (Eds.), Perceiving, acting, and knowing. Hillsdale 1977

Tversky, L.: Pictorial and verbal encoding in a STM task. Percept. Psychophysics 6, 225–233, 1969

Uhl, C. N.: Learning of interval concepts: I. Effects of differences in stimulus weights. J. exp. Psychol. 66, 264–273, 1963

Uhl, C. N.: Effects of multiple stimulus validity and criterion dispersion on learning of interval concepts. J. exp. Psychol. 72, 519–527, 1966

Ulich, E.: Unterforderung als arbeitspsychologisches Problem. Psychol. u. Prax. 4, 156–161, 1960

Ulich, E.: Some experiments on the function of mental training in the acquisition of motor skills. Ergonomics 10, 411–419, 1967

Ulich, E.: Arbeitswechsel und Aufgabenerweiterung. REFA-Nachrichten 4, 265–275, 1972 a

Ulich, E.: Zum Problem der Anfangsleistung bei der Prüfung sensumotorischer Fertigkeiten. Bericht III. Europ. Kongr. f. Sportpsychologie. Köln 1972 b

Ulich, E.: Über verschiedene Formen des Trainings für das Erlernen und Wiedererlernen psychomotorischer Fertigkeiten. Rehabilitation 13, 2, 105–110, 1974

Ulich, E.: Möglichkeiten einer Verbesserung der Qualität des Arbeitslebens. Jahresber. Neue Helvet. Ges. 1975 a

Ulich, E.: Begründung und Bedeutung von Maßnahmen zur Erweiterung des Handlungsspielraumes in der Arbeitstätigkeit. 4. Kongr. Ges. f. Psychol. d. DDR. Leipzig 1975 b (Manuskriptdruck)

Ulich, E.: Entwicklungsmöglichkeiten des Menschen in der Arbeit. Industrielle Organisation 47, 566–568, 1978

Ulich, E.: Subjektive Tätigkeitsanalyse als Mittel zur antriebsregulatorischen Stimulation. In: Berichte der III. Arbeitswissenschaftlichen Tagung der TU Dresden 1981. Dresden 2, 1981

Ulich, E.: Alternative Arbeitsstrukturen – dargestellt am Beispiel der Automobilindustrie. Bericht zur BDP-Tagung, Sektion Arbeits- und Betriebspsychologie. München 1982

Ulich, E., P. Groskurth, und A. Bruggemann: Neue Formen der Arbeitsgestaltung. Frankfurt (Main) 1973

Ulich, E., I. Udris, F. Frei und A. Alioth: Zur Frage der Individualisierung von Arbeitstätigkeiten. In: W. Hacker und H. Raum (Hrsg.), Optimierung von kognitiven Arbeitsanforderungen. Berlin 1980 (Bern 1980)

Ungerer, D.: Zur Theorie des sensomotorischen Lernens. Beiträge zur Lehre und Forschung der Leibeserziehung, Bd. 36. Schorndorf bei Stuttgart 1973

Urazow, V.: Steigerung der Arbeitsproduktivität auf der Grundlage psychophysiologischer Untersuchungen. Socialist. Trud 10, 83–90, 1973 (russ.)

Usnadse, D.: Psychologische Untersuchungen. Tbilissi 1966 (russ.)

Vaic, H.: Psychologische Untersuchung zur Regulation des Kochprozesses in der Zellstoffherstellung. Probl. Erg. Psychol. 26, 55–68, 1968

Vaic, H., und J. Friedrich: Der Einfluß von physischer und mentalkonzentrativer Belastung auf die Grundfrequenz der Sprache von Operateuren. Militärmedizin 1, 26–31, 1980

Valter, V.: Mathematische Formulierung einer Hypothese für die Verallgemeinerung eines grundlegenden psychophysiologischen Gesetzes. Studia Psychol. VII, 31–34, 1965

Volpert, W.: Untersuchungen über den Einsatz des mentalen Trainings beim Erwerb einer sensumotorischen Fertigkeit. Diss. Köln 1969

Volpert, W.: Sensumotorisches Lernen. Training und Beanspruchung 1, Frankfurt (Main) 1971

Volpert, W: Fertigkeit und Können. Zur hierarchischen Struktur und Handlung. Kongr. „Sport in unserer Welt". München 1972 a

Volpert, W.: Zur Effektivitätskontrolle von Trainingsmethoden und Trainingsprogrammen. Sportwiss. 2, 3, 278–286, 1972 b

Volpert, W.: Handlungsstrukturanalyse als Beitrag zur Qualifikationsforschung. Sport/Arbeit/Gesellschaft, Bd. 5. Köln 1974 a

Volpert, W.: Die „Humanisierung der Arbeit" und die Arbeitswissenschaft. Heft zu politischen Gegenwartsfragen 16. Köln 1974 b

Volpert, W.: Handlungskompetenz und Sozialisation. In: S. Güldenpfennig, W. Volpert und P. Weinberg (Hrsg.), Sensumotorisches Lernen und Sport als Reproduktion der Arbeitskraft. Köln 1974 c

Volpert, W.: Überlegungen zum Vorgang der Planerzeugung. Probl. Erg. Psychol. 59, 19–24, 1976 a

Volpert, W.: Optimierung von Trainingsprogrammen. Untersuchungen über den Einsatz des mentalen Trainings beim Erwerb einer sensumotorischen Fertigkeit. Lobra (Lahn) 1976² b

Volpert, W.: Der Zusammenhang zwischen Arbeit und Persönlichkeit aus handlungstheoretiseher Sicht. In: P. Groskurth (Hrsg.), Arbeit und Persönlichkeit: Berufliche Sozialisation in der arbeitsteiligen Gesellschaft. Hamburg 1979

Volpert, W.: Zur Erforschung effektiver innerer Modelle. In: W. Hacker und H. Raum (Hrsg.) Optimierung von kognitiven Arbeitsanforderungen. Berlin 1980 a (Bern 1980)

Volpert, W.: Psychologische Handlungstheorie – Auswertungen zu Stand und Perspektive. In: W. Volpert (Hrsg.), Beiträge zur psychologischen Handlungstheorie. Bern 1980 b

Volpert, W.: The model of the hierarchical-sequential organization of action. In: W. Hacker, W. Volpert and M. von Cranach (Eds.), Cognitive and motivational aspects of action. Berlin 1982

Volpert, W.: Das Modell der hierarchisch-sequentiellen Handlungsregulation. In: W. Hacker, W. Volpert und M. von Cranach (Hrsg.), Kognitive und motivationale Aspekte der Handlung. Berlin 1983 a

Volpert, W.: An den Grenzen des Modells der hierarchisch-sequentiellen Handlungsorganisation. TU Berlin-West und FU Berlin-West. Berliner Hefte zur Arbeits- und Sozialpsychologie, Nr. 3, 1983 b

Volpert, W., R. Oesterreich, S. Gablenz-Kolaković, T. Krogoll und M. Resch: Verfahren zur Ermittlung von Regulationsanforderungen in der Arbeitstätigkeit. Technische Universität Berlin-West 1982

Vroom, V. H.: Work and motivation. New York 1964

Walter, K.: Zu theoretischen und praktischen Problemen der Steigerung der Arbeitsproduktivität bei der Gestaltung der entwickelten sozialistischen Gesellschaft in der DDR. Grundfragen der Steigerung der Arbeitsproduktivität. Abhandlungen der Akad. d. Wiss. d. DDR 75. Berlin 1975

Walter, W. Grey: Die Beziehungen zwischen elektrischen Zeichen von Erwartung im menschlichen Gehirn und der autonomen Funktion während der Ausarbeitung instrumenteller und klassischer bedingter Reflexe. Dtsch. Ges.wesen 19, 875 1965

Wargo, M.: Human operator response speed, frequency and flexibility. A review and analysis. Human factors 9, 221–238, 1967

Waßmund, B.: Untersuchung zu einer Störung der visuellen Bewegungsregulation – die bewußte Auseinandersetzung mit dieser Störung. Probl. Erg. Psychol. 26, 1968

Waßmund, B.: Schreib- und Griffdruckstudien im Rahmen von Untersuchungen zur sensomotorischen Bewegungsregulation. Diss. TU Dresden 1971 (unveröffentl.)

Weber, E.: Grundriß der biologischen Statistik. Jena 1961

Wehner, Th., H. Hübner und M. Stadler: Die Anwendung interpersoneller Biosignalverarbeitung für die Rehabilitation. Bremer Beiträge zur Psychologie. Universität Bremen 1982[16]

Wehner, Th., und M. Stadler: Frequenzanalytische Untersuchungen zur kognitiven Steuerung von Mehrfachhandlungen durch Rhythmisierung. Z. Psychol. 190, 2, 183–201, 1982

Wehner, Th., M. Stadler und K. Mehl: Handlungsfehler. Gestalt Theory 5, 4, 267–292, 1983

Wehrkamp, R., and K. U. Smith: Dimensional analysis of motion, II. J. appl. Psychol. 36, 201–206, 1952

Weidig, R.: Sozialistische Gemeinschaft. Berlin 1969

Weimer, H.: Zur Theorie und Praxis des Fehlerproblems. Z. Psychol. 149, 288, 1940

Weiner, B.: Die Wirkung von Erfolg und Mißerfolg auf die Leistung. Bern/Stuttgart 1975

Weiner, B.: Attributionstheoretische Analyse von Erwartungs-mal-Nutzenstheorien. In: H.-D. Schmalt und W.-U. Meyer (Hrsg.), Leistungsmotivation und Verhalten. Stuttgart 1976

Weinert, A. B.: Lehrbuch der Organisationspsychologie. München/Wien 1981

Weizsäcker, V. v.: Der Gestaltkreis – Theorie der Einheit von Wahrnehmen und Bewegen. Stuttgart 1947

Welford, A. T.: Ergonomics of automation. In: D. H. Holding (Ed.), Experimental psychology in industry. Harmondsworth 1969

Welford, A. T.: On the nature of higher order skills. J. occupat. Psychol. 53, 107–110, 1980

Wendrich, P.: Methodische Probleme bei der Anwendung von Algorithmen zur Strukturanalyse von Arbeitshandlungen bei Belastungsuntersuchungen. In: W. Hacker, W. Quaas, H. Raum und H.-J. Schulz (Hrsg.), Psychologische Arbeitsuntersuchung. Berlin 1973

Wendrich, P.: Reliabilitätskonzeption für Daten aus empirischen Arbeitsuntersuchungen. Informationen der Technischen Universität Dresden 22—7—78, 1978 a

Wendrich, P.: Betrachtung eines Beispiels zu Reliabilitätsproblemen bei Arbeitsanalysedaten. Informationen der Technischen Universität Dresden 22—10—78, 1978 b

Whitfield, P. R.: Creativity in industry. Harmondsworth 1975

Whiting, H. T. A.: An operational analysis of a continuous ball throwing and catching task. Ergonomics 13, 445—454, 1970

Wiendieck, G.: Arbeitszufriedenheit: Ein Kunstprodukt der Sozialforschung? In: W. Bungard (Hrsg.), Die „gute" Versuchsperson denkt nicht. Artefakte in der Sozialpsychologie. München/Wien 1980

Wiener, N.: Kybernetik — Regelung und Nachrichtenübertragung im Lebewesen und in der Maschine. Düsseldorf/Wien 1963²

Wilde, G. J. S.: Theorie der Risikokompensation der Unfallverursachung und Folgerungen für die Unfallverhütung, Hefte zur Unfallheilkunde, Heft 130, 134—156, 1978

Wilder, J.: Das Ausgangswertgesetz — ein unbeachtetes Naturgesetz. Z. ges. Neurol. u. Psychiat. 137, 317, 1931

Wilke, K.: s. Däumling u. a.

Wilson, G. D., O. E. Tunstall and H.-J. Eysenck: Measurement of motivation in predicting industrial performance. Occup. Psychol. 46, 15—24, 1972

Witkin, H. A.: The problem of individuality in development. In: P. M. Kaplan and S. Wapner (Eds.), Perspectives in psychological theory. New York 1960

Witte, W.: Somästhesie und haptische Wahrnehmung. Studium Generale 10, 569—608, 1964

Witzgall, E.: Qualifikationsförderliche Arbeitsstrukturen. Beiträge zur Arbeitspädagogik, -psychologie, -soziologie. Fraunhofer-Gesellschaft. Stuttgart 1982

Wofac Corporation SMC: The detailed work-factor mento manual. N. J. 1967, 1973⁵

Wolf, F.: Tendenzen der sozialistischen Persönlichkeitsentwicklung bei der Verwirklichung des wissenschaftlich-technischen Fortschritts und Probleme ihrer Interpretation. Lebensweise, Kultur, Persönlichkeit, Schriftenreihe Soziologie. Berlin 1975

Wolff, S.: Zielsetzungsmöglichkeiten als Merkmale progressiver Inhalte der Arbeit. Diss. Naturwiss.-math. Fakultät der Technischen Universität Dresden 1981

Wolff, S., und Th. Wolff: Tätigkeitsbewertungssystem — Kurzform. VE Kombinat Nachrichtenelektronik. Berlin 1980

Wörterbuch der Kybernetik, Berlin 1968

Wörterbuch der Psychologie. Berlin 1976

Wright, J. von, and M. Meretoja: Encoding in anticipation of various tests of retention. Scand. J. Psychol. 16, 108—112, 1975

Wunderli, R.: Psychoregulativ akzentuierte Trainingsmethoden. Z. Arbeitswiss. 32, 2, 106—111, 1978

Wundt, W.: Grundriß der Psychologie. Leipzig 1913

Wygotski, L. S.: Denken und Sprechen. Berlin 1964

Yerkes, R. M., and J. D. Dodson: The relation of strength of stimulus to rapidity of habit formation. J. comp. Neurol. Psychol. 18, 459—482, 1908

Yukl, G. A., and K. N. Wexley: Readings in organizational and industrial psychology. New York/London 1971

Zeigarnik, B.: Über das Behalten unerledigter Handlungen. Psychol. Forsch. 9, 1927

Ziebig, W.: Über den Zusammenhang zwischen Unfallhäufigkeit und Arbeitsplatzalter. Arbeitsökonomik Arbeitssch. 6, 264—277, 1962

Zimmermann, J.: Probleme der persönlichkeitsfördernden Arbeitsgestaltung des Arbeitsprozesses. Kolloquiumsthesen, Institut für Gesellschaftswissenschaften beim ZK der SED, Lehrstuhl Philosophie. Berlin 1968 (unveröffentl.)

2. Durchführungsbestimmung zur Verordnung über die Verhütung, Meldung und Begutachtung von Berufskrankheiten (Gesetzblätter der DDR, Teil I, Nr. 12 (Februar 1981) und Nr. 28 (August 1981)

Anordnung zur Richtlinie über die Anwendung der wissenschaftlichen Arbeitsorganisation, GBl. DDR, Teil I, Nr. 19, 1975

Arbeitsgesetzbuch der DDR. Berlin 1978

Arbeitshygienische Komplexanalyse, Ministerium für Gesundheitswesen, Berlin 1982
Arbeits- und Brandschutzanordnung 216 – Rechenstationen vom 10. Juni 1971. GBl. Teil II, Nr. 57, S. 501 ff. 1971
Beschluß des Präsidiums des Obersten Gerichts der DDR vom 7. 2. 1973: Zur Arbeitsweise bei der Einholung und Prüfung psychiatrischer und psychologischer Gutachten. Neue Justiz, Beilage 2, 1973
Einschätzung der Beanspruchungssituation und der Arbeitsbedingungen. Hinweise für den Untersucher. Forschungsverband Arbeitsmedizin der DDR. Berlin 1976
Ergonomische Komplexanalyse, Teil II, III. Forschungsverband Arbeitsmedizin der DDR. Berlin 1972
Ministerium für Gesundheitswesen (Hrsg.): Arbeitsmedizinische Tauglichkeits- und Überwachungsuntersuchungen. Neuregelung der Rechtsvorschriften und Methodik 1980
TGL 2860/56: Zeitgliederung in der Produktion, Begriffe, Kurzzeichen, Erläuterungen
TGL 29432: Rahmenmethodik zur Bewertung der Qualität industrieller Erzeugnisse
TGL 32604: Anthropometrische Werte
TGL 22315: Arbeitsplatzmaße, Körpermaße
TGL 22312: Wirkungen mechanischer Schwingungen auf den Menschen
TGL 22310/01: Maximal zulässige Konzentrationen nichttoxischer Stäube in der Luft am Arbeitsplatz
TGL 10724: Arbeitsräume
TGL 10687: Schallschutz
TGL 200-0617: Beleuchtung mit künstlichem Licht
TGL 31343: Projektierungskataloge
TGL 36987/03: Wissenschaftliche Arbeitsorganisation. Zeitgliederung der materiellen Arbeitsprozesse – Be- und Verarbeitungsprozesse
ISO 6385-1981 Ergonomic principles in the design of work systems
ISO R 447-64: Betätigungsrichtung der Steuervorrichtungen an Maschinen
DIN 33400: Gestalten von Arbeitssystemen nach arbeitswissenschaftlichen Erkenntnissen; Begriffe und allgemeine Leitsätze
DIN 33405: Psychische Belastung und Beanspruchung
DIN 66234: Bildschirmarbeitsplätze
DIN 45641: Lärm
DIN 5034:Licht, Beleuchtung
DIN 33402: Körpermaße
VDI-Richtlinie 2058: Lärmbeurteilung bei unterschiedlichen Tätigkeiten
GOST 16456-70: Erzeugnisqualität; ergonomische Kennziffern; Nomenklatur
ZfA: Katalog arbeitswissenschaftlicher Richtlinien (KAR) des ZfA Dresden: Arbeitswissenschaftliche Bewertung von Erzeugnissen – Rahmenmethode (Entwurf) Dresden 1975

Nachtrag bei Korrektur

Ballstaedt, S., H. Mandl, W. Schnotz, S.-O. Tergan: Texte verstehen, Texte gestalten. München/Wien/Baltimore 1981
Baumann, M.: Lernen aus Texten und Lehrtextgestaltung. Berlin 1982
Chi, M., R. Glaser and E. Rees: Expertise in problem solving. In: Sternberg, R. (Ed.): Advances in the psychology of human intelligence. New Jersey, V. 1, 7–76, 1982
Häublein, H.-G. u. a. (Hrsg.): Handbuch für den Gesundheits- und Arbeitsschutz, Bd. II, Berlin 1978
Luria, A.: Sprache und Bewußtsein. Berlin 1982
Miller, J. R., and W. Kintsch: Readability and recall of short prose passages: A theoretical analysis. Journal Exp. Psychol. 6, 335–354, 1980
Seminara, J. C., W. R. Gonzales and S. O. Parsons: Human Factors Review of Nuclear Power Plant Control Room Design. Electric Power Research Institute Palo Alto/Calif.; Research Project 501: Final Report 1976
Simon, H. A.: Information processing models of cognition. Annual Review of Psychology 30, 363–396, 1979
Volpert, W.: Zauberlehrlinge. Die gefährliche Liebe zum Computer. Weinheim/Basel 1985

Sachregister